学术顾问（以姓氏笔画为序）

王春光（中国社会科学院社会学所研究员）
方文（北京大学社会学系教授）
冯钢（浙江大学社会学系教授）
庄孔韶（云南大学西南边疆少数民族研究中心教授）
刘少杰（中国人民大学社会学系教授）
李强（清华大学社会学系教授）
李路路（中国人民大学社会学系教授）
沈原（清华大学社会学系教授）
郑也夫（北京大学社会学系教授）
周晓虹（南京大学社会学系教授）
周长城（武汉大学社会学系教授）
彭泗清（北京大学光华管理学院教授）

社会学译丛

社会研究方法

定性和定量的取向

（第7版）

[美] 劳伦斯·纽曼（W. Lawrence Neuman） 著

郝大海 等 译

SOCIAL RESEARCH METHODS

QUALITATIVE AND QUANTITATIVE APPROACHES，7E

中国人民大学出版社

·北京·

序　言

随着新版本的面世，本书出版的时间已有二十载。在每个版本中，我不断地更新并做出些许调整——我相信本书的大幅调整会受到忠实读者的欢迎。我持续努力使之成为一本关于社会科学研究的综合且权威的介绍性读物，而新接触社会研究的学生将会发现它非常通俗易懂。

本书不只是关于研究方法，更涉及研究方法论。方法是研究设计、测量、数据收集与数据分析的技术。方法论则包含了方法和其他更多的内容，它的重点在于理解整个研究过程。与研究方法相比，方法论更聚焦于核心原则，以此来指导质性研究并且学习对方法进行合理的判断。方法论包含一种对社会研究所嵌入的社会政治环境的认识，社会研究在更广泛科学共同体和科学事业中的位置，以及一些社会研究所依赖的社会现实与知识创造假设。一本关于方法论的书的目的，便是帮助学生成为研究技术员，并引导他们发展成为善于反思的社会科学家。

自 20 年前的初版以来，本书已经在几个方面具有独特性。第一，我完全认可社会研究的定性与定量的研究方法。二者皆是引导社会科学研究的极具价值的方法，能够促进研究者的知识汲取与研究感悟。第二，我对构成社会研究的一些方法的基础——认识论问题进行讨论。通过理解支持不同研究方法的基础假设，我相信学生和研究共同体的成员能够明白，每种方法是如何能够成为创造重要社会科学知识的基础的。这些经常缺乏阐释的、隐式的假设也能够使我们知晓，为什么每种方法如此运作以及不同的方法如何能够与其他的方法进行互补。第三，我从最近的研究文献中找了很多例子来说明方法论的概念或技巧。我相信，方法论本身将在特定研究的实质内容中鲜活地展现出来。学生们可以通过观察积极投身于知识创造实践的社会科学家如何将方法论应用于特定的研究来更好地学习方法论。第四，本书中统计与量化数据分析章节仍然为基本内容，不过更为偏重方法思维的层面，而非实操计算层面。对于计划从事量化研究的学生们来说，我认为他们需要完成专门的统计课程学习，而本书仅对统计分析提供基础。

本书中，除更新了案例，也结合了特定技术的最新进展或方法论领域的争论等相关内容。

此外，我也在第六版的基础上做出了调整，旨在改善描述的清晰性并且增加学生的参与度。我重新撰写了几个章节，包括当中的理论与研究设计部分。在一些章节开始的部分，以案例研究来切入，我增加这些案例研究是为了使抽象的方法论思想更具象、更切题。我也改变了本书叙述的角度，我现在讲的更多的是作为社会科学研究共同体的成员的我们做什么，以及将学生读者定位为那些将很快进行方法论选择和计划从事某个社科研究的人。本书包含以下补充材料：教师指南（含测试项目）、测试题库、讲义大纲（PPT 版），学生版 SPSS 软件（本书特价版）和研究装备套组。装备套组为读者提供了使用本书的目标、各章节概要、记忆卡片、习题测试、自学光盘及帮助学生学习和理解的活动策划。[①]

① 原文如此。——编者注

这一版本延续了我的承诺，即向学生们展现社会研究是一个令人激动且至关重要的过程，即一个由
viii 真实的人们在真实世界中开展调查研究并且最终推动知识发展的过程。社会研究是一个鲜活的发现和知
识创造过程。对于这个过程，大多数学生能够熟练掌握，或者至少在适度的努力和学习中理解。专业研
究者虽承担着重要的使命，作出了较高的贡献，但作为普通人的他们，也仅是生活在真实的社会、政治
和历史维度构筑的现实世界中的芸芸众生。

最后，特别指出的是本书以全球读者为对话对象。作为研究者，我们应意识到诸如文化的假设、信仰和价值观念是如何影响社会研究行动的。因为我们若想开展社会研究，去考察发生在真实人类社会中的重要问题，我们便必须对民族中心主义者和国家主义者保持敏感，即对二者如何限制社会研究保持敏锐，以提升社会认识。

致　谢

谨对《社会研究方法》第七版的各位审稿人——堪萨斯州立大学的查迪恩·L. 贝尔德（Chardie L. Baird）、加利福尼亚大学欧文分校的塞缪尔·L. 吉尔摩（Samuel L. Gilmore）、塞奇（Sage）学院的布赖恩·鲁宾逊（Bryan Robinson），以及北卡罗来纳州立大学的玛格丽特·E. 斯蒂夫勒（Margaret E. Stiffler）表示谢意。

目　录

第一部分　基　础

第二部分 计划和准备

第三部分 定量资料的收集和分析

第四部分 定性资料的收集和分析

第五部分 与其他人交流

第一部分

基　础

第1章 为何做研究？ 1

> 社会学家是这样一种人，他们注重以专业学科的方式来了解社会，而这种专业学科的本质是科学的。这意味着对于自己研究的社会现象，社会学家的发现和论述都是在一个定义严格的参考框架内的。
>
> ——伯杰（Peter Berger），《社会学入门》（*An Invitation to Sociology*），16 页

我写这本书是为了帮助你学习社会科学家如何开展研究，并以此指导你进行自己的研究。在这一章中，我主要讨论两个问题：一、为什么你应该学习做社会研究[①]；二、做社会科学研究的基础是什么。在随后的章节中，我会深入地探究社会研究的多种方法并考察在开展研究时使用的原则和技术。

社会科学研究非常普遍，它影响着你的日常生活，以及你的家人、朋友、邻居和同事。出自社会科学研究的发现出现在广播新闻节目、杂志、报纸、网站和博客上。它们覆盖很多议题和领域：法律和公共安全、学校教育、医疗保健、个人和家庭关系、政治热点、商业活动以及国际和社会的趋向。从处理与家人、朋友和同事的关系，到参与社区生活或公共政策，再到商业活动、职业生活与医疗保健领域中的日常决策，我们都直接或间接地使用着科学社会研究的知识和原则。社会研究不仅为大学课堂和教师服务，也为高中老师、家长、企业主、广告人、公司经理、管理人员、官员、服务人员、医护人员和其他人员服务。这些人参考社会研究来培育儿童、降低犯罪率、应对健康问题、销售商品或服务、理解新闻事件等等。社会科学研究的重要性和中心性是毋庸置疑的。尽管有零星的批判，但研究本身是与理解一般的社会生活和人们每天做出的决策高度相关的。

为了考察社会调查的实用性，我们考虑以一对夫妇抚养一个三岁的孩子为例。研究（Wrigley & Derby，2005）发现，付费儿童托管是相当安全的，而且不同类型的照料在死亡率上具有显著的差别。托管中心的照料远比私人在家照料更安全。另外的一项研究（Bridges，et al.，2007）表明，托管中心在提高孩子的阅读能力和数学成绩的作用上是显著的，但是对于社会行为的测量有着消极的影响（例如，孩子们展现出较少的合作和较多的竞争）。那些两到三岁的幼儿，与小于或大于该年龄段的其他孩子相比，获益最多。而积极的家长介入可以减轻孩子从托管中心习得的负面行为表现。还有研究（Love，et al.， 2
2003）表明，儿童托管中心在质量上参差不齐。相比于照料的时长，以及提供照料的是父母还是托管中心，照料的质量对照料结果产生更大的影响。另有研究（Sosinsky，Lord & Zigler，2007）显示，非营利和非宗教附属的托管中心在质量上普遍高于其他类型。基于这些发现，一对年轻的夫妇可能会决定寻找一个特定类型的儿童托管中心，投入更多的时间核查它所提供的服务质量以及为鼓励孩子发展社交技能做出的特别努力。这项研究不仅是与特定的父母们相关，而且对于公共政策和社区如何解决孩子照料问

① 本书“社会研究”“社会科学研究”并用，原文如此。——译者注

题也有意义。

社会科学研究产生有价值的信息并扩展我们的理解，但是它并不是百分之百正确的。它并不是每次都保证完美的结果或者是提供“绝对真实”。这或许是一些人怀疑研究的基础知识或者包括媒体评论员在内的一些人甚至嘲笑专业的研究者和研究结果的原因。尽管有一些嘲笑，但是与其他了解世界和做出决策的可替代性选择直接比较时，调查研究无疑是胜出的。这就是为什么当想要学到更多或是做重大的决定的时候，专家学者、受过教育的人以及有责任感的领导者会坚实地求助于社会研究的方法、原则和发现。

本书考察了社会科学研究的方法和方法论。这两个术语可能看起来是同义词，但是方法论范围更广，是方法的概括。方法论指理解整个研究过程，包括社会组织背景、哲学假定、伦理准则和研究事业中新知识的政治影响。方法指的是我们在研究中寻找案例、测量和观察社会生活、收集和验证数据、分析数据，并报告结果所使用的具体技术的集合。这两个术语是紧密联系、不可分离的。

读书和做社会研究是令人兴奋的，因为这是一个发现的过程，在其中我们可以学习到很多新的事物。做社会科学研究需要恒心、个人诚信、对模糊不清事物的忍受力和与他人的互动，以及从事高质量工作的自豪感。它同时也需要逻辑思考、仔细遵从规则，并且不断重复研究步骤。在研究过程中，我们以一种系统的方法，将理论或观点与事实结合起来。我们同样需要使用我们的创造力。为了开展研究，我们必须进行组织与规划。我们需要选择适当的研究方法来处理一个特定问题。我们必须坚持以合乎伦理或道德的方法来对待研究参与者。此外，我们须清晰地与他人交流并从中获得知识。

在本章中，我们思考的是一些科学社会研究的替代性选择以及回答为什么研究是首选。我们接下来要检查研究事业的科学研究工作，包括做研究的步骤和科学社会研究的类型。

一、社会科学研究之外的选择

在这一部分，我们着眼于社会科学研究之外的四种通常被使用的替代性选择，人们依靠其获得知识并做出决策：

- 个人经历和常识。
- 专家和权威人士。
- 大众和媒体信息。
- 意识形态信仰和价值。

（一）来自个人经历和常识的知识

如果我们遇上某些事，如果我们亲眼看见或亲身经历，我们可能会信以为真。个人经历或“眼见为实”，是知识获取的主要类型，不妙的是，它也会带领我们误入歧途。某些事情会产生视觉假象或海市蜃楼般的景象。看起来是真实的事物实际上源于错觉，即时性和直接性的个人经历强大到我们很容易陷入假象而毫无察觉。

3 这也就是很多人坚持相信他们经历的事情，而不相信他们通过阅读一项精心设计以避免陷入个人经验错误的研究所获悉的知识的原因。当调查研究与个人经历和常识所告知我们的事情相矛盾时，这一点尤其如此。而且，个人经历中的错误加强了双方的这一状况。很少人甚至故意使用来自个人经验的曲解，通过宣传、诱骗或欺诈、魔术技巧、政治操纵和广告噱头来误导别人。整个研究领域力求揭示我们错判、高估或低估以及犯错的方式。这里有一个案例：女人们倾向于涂抹那些不起作用的润肤霜。进一步说，美容产品越是效用欠佳，她们就越愿意持续使用它。一项对300个年龄在27岁到65岁的女性的研究发现，她们通过使用霜、维生素和其他美容护理产品尝试使自己拥有更年轻的容貌。这一发现并不符合我们的期望：当产品和护理没有效用时，大多数女性仍然忠诚如斯！当女性感到护理没有效果时，有 27%的人停止使用它们。当女性感觉护理有作用时，有 55%的人停止使用它们。研究者认为女性之所以持续做某些不起作用的事情，是因为当人们对自己感觉不太好时，相比成功，恐惧是一个更有力的激励因素。[①]

虽然揭示我们误判趋向的研究读起来有趣，但这些研究指出了一个一般性的原则：日常推理和感知是有缺陷和容易出错的。更为重要的是，如果真的发生，我们很少能立即觉察或是发现这些错误。

知识来源于个人经验、常识“事实”以及可能正确的推理，但是它们会把我们引入迷途（见拓展方框 1.1：我们所想、我们将要所做以及我们实际上所做）。例如，常识认为在高中发放免费的避孕套将会鼓励青少年参与性行为，或认为实施严厉的惩罚，诸如死刑，能够减少暴力犯罪——但大量的研究表明这些观点是错误的。大部分人认为目击者对犯罪的描述是理想的，但是研究却表明他们是非常不准确的。我们中的很多人会担心悲惨事故和恐怖事件的发生，像是飞机的坠毁和学校枪击事件。然而，我们倾向于忧虑“错误的”事情，因为我们对事物的判断与基于精心研究所得的真实的可能性相去甚远。同样地，我们可能会被表象所误导。当碰撞测试和事故记录显示运动型实用汽车不如很多看起来温顺的汽车安全时，很多人为了安全性会去追逐大而且看起来强劲的运动型实用汽车。[②]

拓展方框 1.1

我们所想、我们将要所做以及我们实际上所做

社会科学家指出一个悖论，大多数人强烈谴责公开的种族歧视，然而明目张胆的种族歧视行为却仍然发生。为了验证这一点，卡瓦卡米与其合作者（Kawakami，et al.，2009）开展了一个实验。他们认为，或许人们不准确地估计了他们目睹种族歧视时的感觉和行为。为了验证这个观点，他们向非黑人学生询问如果种族歧视行为发生，他们的所感以及他们认为自己将会做什么。他们中的大多数人预测自己会感到气愤，然而，当研究者让种族歧视行为展现在他们面前时，大多数学生仅表现出少许苦恼。大多数学生声称他们将避免与那些发表粗鲁的种族歧视言论的人打交道，但人们所说的再次与他们的实际行为不相符。研究结果表明，种族歧视持续存在的原因是，当种族歧视发生时，那些认为他们会感到气愤或采取实际行动的很多人，事实上对此漠不关心。显然，我们并不擅长预测当事件发生时，我们在实际情况下将会如何行动。

“常识”误解有实际的结果，而且媒体也经常复制和扩散这些误解，学校或公司也会在此基础上制定策略，并且立法者和政客也以此为基础制定新的法律或政策。我们经常会在日常决策中犯以下五种错误， 4
但研究过程试图削减这些错误。

- 过度概括。
- 选择性观察。
- 过早妄下断语。
- 光环效应。
- 错误共识。

1. 过度概括（overgeneralization）发生在当我们握有一些可信的证据，然后假设这些证据也适用于其他的状况之时。注意“过度”这个词。一般化概括是准确的，但也受到限制。在某些情况下，少量的证据就可以推广到某个更大的情形，但是仅在我们非常小心地这样做的时候才可以如此。不幸地，我们中的很多人倾向于推广到更远，乃至超出有限证据支撑的可接受范围。我们经常将某些证据从我们熟知的

---

① 见 Parker-Pope（2007）的面霜研究和相关研究。

② 关于自我认识的局限，参见 Wilson & Dunn（2004）；关于不准确的目击者描述，参见 Wells & Olson（2003）；关于不准确的风险评估，参见 Gowda & Fox（2002）和 Paulos（2001）；关于学校避孕套，参见 Kirby 等（1999）；关于 SUV，参见 Bradsher（2002）。

领域推广到不熟悉的领域。举例来说，数年来，我认识了5位盲人，他们都非常外向和友善。我可以就此推论所有盲人都是友善的吗？我个人所接触的5位盲人可以充分代表地球上所有的盲人吗？

2. 选择性观察（selective observation）与过度概括有点不同，它发生在当我们特别注意某些人或事，并且从中进行概括的时候。人们时常聚焦于某些特殊的案例或情形，特别是当它们符合我们预设的观点时。我们也倾向于找出证实我们已经持有的观点的证据。与此同时，我们中的大多数人忽略所有类别的案例。我们经常把与我们观点相矛盾的信息视为可以忽略的例外情况。例如，我认为超重的人相比于瘦的人更加外向和友善，这个观点来自从我的父母和媒体资源中习得的刻板印象。我观察超重人群的时候，不自觉地特别关注他们的微笑和大笑等。我观察瘦的人更多是在他们看起来严肃、心烦意乱或是气愤的时候。由于没有意识到这一点，我观察人群和情形的这一实践进而加强了我所预设的思维方式。研究同样也记录我们“找寻”的倾向以及歪曲记忆以使其更加契合我们已有的想法。

3. 过早妄下断语（premature closure）常与前两个错误一起发生，它发生在当我们觉得掌握了全部的答案，因而不再需要倾听、寻找信息或进行质疑之时。事实上，在某种情况下，我们需要停止收集信息并得出结论。很遗憾，大多数人有些懒惰或马虎。通常我们收集小数目的证据或是短时间跟进某些事项，然后就认为我们已经考察明白。我们找到这些证据来验证或拒绝某个观点，并在收集到小数目的证据后就此打住，然后就贸然决策妄下断语。

4. 光环效应（halo effect）在我们对所认为的高度积极和富有声望的事物进行过度概括时发生。我们给予我们所尊敬的事情或人物一个光环或一个积极的声望。这一光环“影响”我们知之甚少的其他的事情或人群。如此，我拿起一份由某位出自某所著名大学（就说是哈佛或剑桥吧）的学者所写的报告，假定该学者非常聪明且天资卓越，那么我期望该报告也是优秀的。对一位不知名大学的学者所撰写的报告，我不会做出同样的假设。我事先持有一个观点，并且我并不仅基于报告本身的优点来处理每份报告。也许一个名人或我相信的人支持一个我几乎不了解的产品或政治候选人，那么我会将积极地将其感受为一个自行发现的替代或制定决策的捷径。

5 **5. 错误共识（false consensus）**是由几十项研究所证明的一个心理效应（Marks & Miller，1987）。它表明我们并不擅长将我们自己所想的和我们认为别人所相信的区分开来。简而言之，我们倾向于看到其他大部分人的见解和我们自己的相同。这并不是一个故意符合和复制多数人观点的问题，而是，我们大部分人感觉到我们自己的观点与其他人的相比是“普通的”或“平常的”。当这可能为真时，我们就会大大高估我们的观点与他人的观点的匹配程度。研究表明，在社会事件和问题中，我们中大部分人并不十分擅长判断周围人的想法。

社会研究会帮助解决个人经验中的错误部分。研究标准、规则和原则被设计来减少在个人经验中时常出现的误判、偏见和歪曲的想法。

（二）来自专家和权威的知识

我们所获知的大多数知识大概来自我们的父母、师长、专家，也来自书本、电影、电视、互联网以及其他媒体。我们经常接受某事为真，是因为一些具有专业知识或是处在权力位置上的人认为它是真的，或是因为它有权威且可靠的出处。这是利用权威作为知识的基础。在众多方法中，依赖专家和权威人士的智慧是一个快速、简单且低成本的学习事物之道。专家可能花费大量的时间来掌握某项事物，而我们则可以从他们的经验和努力中获益。

依赖专家有其局限性，而且很容易高估他人的专业能力。权威人士也可能对他们所知无几的领域大放厥词，他们可能是完全错误的。某一领域的专家可能试图把他的权威扩展到某个不相干的领域。利用光环效应，某一领域的专家可能会不合理地在一个不同的领域中充当专家。你是否曾经看过某位电影明星或足球英雄尝试说服你去购买一个产品的商业广告？

谁来决定谁是不是一个真正的专家或权威人士？个人可能在一个令人印象深刻的私人“智库”——

如 X 科学研究中心——中成为“资深研究员”或“助理学者”。有的智库是合法的，但是许多智库是那些富有的特殊利益群体为了鼓吹其政纲所作的掩护。这些智库中没有限制头衔的规定，而且群体中的每个人都可以成为“学者”。智库能够使得一个“专家”在大众媒体上做出权威的论断，给人留下一种中立和渊博的印象。而这些人可能缺乏真正的专业技能，而且基于观点和意识形态而不是通过研究做出论断。[①] 在本章的最后，你将会读到关于科学共同体如何运作以及它是如何决定谁成为一个真正的专家的内容。

即使我们将合法的专家定位在特定领域，他们或许也不同意。或许你听说过关于健康和饮食的研究，这几十个以建议为基础的研究相互矛盾且令人迷惑。你可能会问，如果存在这么多的分歧，那么研究有什么重要性。这种情况的发生源于与科学研究关联不大的“研究”和“科学”这两个词充斥在大众媒体之中。不幸的是，当技术上没有进行真正的研究来支持某一论述时，媒体还是经常使用“研究”这个词语。但是，科学家或专家当时并不是百分之百认同。在很多领域——最佳饮食、健康实践、公共政策或气候变化——仍然存在一些争议。在这一章节的最后，你将会读到科学性原则和科学共同体的运作，并且可以看到争议是如何产生的以及它是怎样被处理为科学研究过程的一部分的。

对于我们来说，比起找到一个专家，更为重要的是学习到如何独立思考和自己进行研究评价。此外，总是依赖于专家和权威与自由民主社会的基本原则是不相符合的。专家可能会提倡强化自己权力与地位的思想。如果我们只遵循权威，那么我们就会失去独立判断的能力。这也是学习研究和获得技能的一个原因，如此我们就可以从薄弱的研究中得到有说服力的评价。 6

（三）基于大众和媒体信息的知识

除了依赖常识、个人经验和专家之外，我们还可以通过交谈和从媒体上获得信息来拓展我们的知识。这是很好的想法，但是有明显的局限性。与他人交谈对我们获取信息可能很有帮助，但是研究发现绝大多数人在科学素养、地理知识和逻辑思维等方面很薄弱。这是事实，尤其是在富裕的、进步的和有教养的国家，比如 21 世纪的美国（参阅后续章节中的扩展方框 1.2：科学素养）。我们拥有使用先进技术（一部 iPhone、地理位置定位系统或者带有先进装备的汽车）的能力并不意味着我们能以理性的、科学的方式去思考。2006 年一项针对 18～24 岁青年男性和女性的调查发现，近一半人不能在美国地图上找到纽约或俄亥俄州的具体位置（分别为 50％和 43％），而且大多数人（63％）不能在中东地区的地图上找到伊拉克，尽管自 2003 年美国入侵伊拉克以来存在密切持续的新闻播报。美国人口中相当多的人相信一些科学所否认的现象，诸如 UFO（34％）、星座与占星术（31％）、鬼魂和精灵（51％）、女巫（34％）和恶魔（61％）。[②]

正规学校教育的平均水平已经上升，但缺乏事实性知识的很多人仍然依赖于不准确的信息，或是坚持非逻辑思维。有些人接受了学校教育，但却所获甚少或是不继续运用他们在学校、日后的日常生活以及工作决策中获得的知识、技能和思维方式。同样，许多人“随大流”，或者依赖于大众的意见。大众媒体经常在没有认真评估的情况下附和大众的意见。正如你所知道的，仅仅因为大多数人相信某事是真实的并不会使它成为事实。然而，我们中的许多人只是遵循“大多数人的想法”，即使这可能是错误的。

我们中的许多人都依赖于大众媒体（即电影、电视、报纸、杂志和互联网资源）获得信息。遗憾的是，媒体倾向于把不同类型的陈述——一些基于可靠的研究而另一些没有真正的研究支持——混在一起。此外，媒体还会歪曲社会问题。媒体倾向于延续文化神话，或是创造出一个现实中可能不存在的严重的社会问题，即“炒作”。我们可能在大众媒体上听到了一个可怕的问题，但经过严密的检查和一些研究，我们可能会发现它被严重夸大了。

---

① 来自 Rampton & Stauber（2001：274－277，305－306）。

② 地理信息的结果来自《国家地理》（2006）。关于不明飞行物、恶魔等的调查结果来自哈里斯民意调查（2003，2005）。

路怒症的例子

美国人听到很多关于路怒症（road rage）的说法。《新闻周刊》（*Newsweek*）、《时代周刊》（*Time*）和大多数主要城市的报纸都曾以头条新闻的形式报道过它。主要的国家政治官员曾对此举行过公开听证会，而且联邦政府为执法和交通部门提供了数百万美元的财政补贴以减少它。加利福尼亚州的一位心理学家现在专门研究这种失调，并在几个主要的电视节目中登场对其进行讨论。

“路怒症”一词最早出现于1988年，直到1997年，纸质媒体每年都刊登超过4 000篇相关文章。尽管媒体注意到“侵略性驾驶”和“车轮背后的愤怒”，但并没有科学证据涉及路怒行为。这个术语没有精确定义，可以指任何东西，从来自汽车的射击、对手势的使用、将骑行者撞出马路，到追尾，甚至对汽车修理费用的愤怒。在路怒症发展成为一种流行症状并蔓延开来的时间内，所有关于撞车和事故的数据均显示出下降的趋势。

相反，媒体报道引发了人们对路怒症的看法。在听到或读到关于路怒症的信息并对这一行为贴上标签后，人们开始留意粗鲁的驾驶行为并进行选择性观察。在它得到适当的研究之前，我们无法对其形成准确认知，但这种行为的数量似乎没有改变。得出的结果可能是，这一全国流行的“路怒症”是大众传媒报道所激发出来的广泛流传的荒诞认知。

假日浩劫的例子

7 报纸和电视报道中充斥着有关许多交通事故发生在假日的可怕警告。因此，美国7月4日的周末假期是非常致命的，平均每年有161人死亡，但这一假期与其他时间相比可能并没有更加危险，甚至可能更安全一点！怎么会这样呢？在与其他周末进行仔细比较并计算出额外的驾驶量后，这一假日的事故率并没有太大的不同。而安全倡导者在媒体上宣传和歪曲统计信息，则是为了鼓励人们更安全地进行驾驶。

经验教训

路怒症和假日浩劫并不是独特的情况，虚假陈述在许多社会问题中都有发生。尤其是在广播媒体中，“问题倡导者”强调引人注目的案例，或有选择性地利用统计信息引起公众关注并鼓动公众关注某一社会问题。媒体的报道与其说是错误的，不如说是误导。他们对公众的说服比对整个情况给出一个仔细记录的描述更有效。如果我们依靠大众媒体的报道来了解社会世界、主要趋势或严重的问题，我们就很容易被误导（Best，2001；Fumento，1998；Wald，2004）。

研究记录了贫困、犯罪和很多其他在电影、电视和杂志中展现的问题，而后者并不能准确地反映社会现实。那些为电视节目和电影剧本创作或“改编”现实生活的作家经常歪曲事实。这很少是故意的；相反，他们会重复他们所获知的错误信息，并且他们的主要目标是娱乐。例如，在400部描述精神治疗的电影中，只有5部是准确的。同样，媒体对美国穆斯林人口规模的报道比科学估计的数字多出两到三倍。在新闻杂志的照片中，非裔美国人占所有穷人的62%，而在电视新闻中，这一比例为65%，但事实上在种族混合的穷人中，只有29%是非裔美国人。我们在电视上或在照片上的所见强烈地塑造着我们对社会问题的看法。媒体的扭曲意味着，如果我们依赖媒体获取社会世界的相关知识，那么我们将经常获得不准确的知识。①

除了告知信息和娱乐我们之外，媒体还提供了一个公开讨论的平台，在其中，竞争的利益集团试图赢得公众的支持。那些赞成或反对一项事业的人将发起公共关系运动，并利用媒体来塑造公众的思维。如前所述，政策倡导智库有时会有假“专家”在媒体上讨论相关话题。此外，近年来，被称为“假电视

---

① 关于精神病治疗的媒体失实报道，参见Goode（2002）；关于穆斯林人口，参见Smith（2002）；关于非裔美国人的贫困，参见Gilens（1996）。

新闻”的视频新闻发布（VNR）的数量呈现显著增长。VNR 是一个大公司或宣传组织支付费用所制作的精细的视频，它看起来就像独立制作的新闻报道。在一个 VNR 中，男演员或女演员扮演独立记者。“记者”呈现的似乎是中立的信息或新闻。实际上，这是一种公关或促销声明。大多数电视台在没有告知观众消息来源的情况下播放了 VNR。电视新闻报道可能是一种复杂的宣传，旨在影响我们对某一话题或产品的看法。在接受大众传媒作为权威之前，我们必须小心谨慎。①

许多认真的科学作家和严肃的记者试图提供准确的以研究为基础的信息。然而，它们可能被其他媒体信息的数量和重要性所掩盖。正如你将在本章后面看到的，大众媒体不是学习研究的最好来源。相反，依靠科学共同体的交流系统，任何人都可以免费获得一些研究知识，并花时间去探索它。

（四）服从于意识形态信仰和价值观的知识

尽管社会科学研究具有明显的优点和实用性，但一些管理者和决策者有意地不使用它，而是基于他们的政治、宗教或意识形态信仰促进和维护行动。例如，在 2001 年，美国联邦政府开始资助“信仰为本”的社会项目。有研究质疑这些项目的有效性，更甚的是，这些社会项目取代了由研究所支持的项目。

与此同时，在政府机构任职的知识渊博的科学家被政治任命官员所取代，这些人致力于某些特定的 *8*
意识形态。与意识形态观点相矛盾的、受人尊敬的研究成果从官方有关健康或环境的公共信息中被删除。② 美国政府的主要官员曾一度宣扬反科学的信念。乔治·W. 布什（George W. Bush）总统的一名高级助手声称，他反对将“基于现实的共同体”，定义为“相信解决方案从对可辨的现实所进行的审慎而明智的研究中寻得”（Susskind，2004）的人。在第 3 章中，当审视社会理论时，你会再次看到意识形态问题。

有关替代性选择如何解释社会生活中的某一个方面的例子，详见表 1.1。

表 1.1　社会研究的其他解释

实例问题：女人比男人更可能承担洗衣服的活。

*个人经验和常识：*根据我的经验，男人不像女人那样关心衣服或外表，所以女人来洗衣服是有道理的。当我和我的朋友们长大以后，我的母亲和他们的母亲洗衣服，而女性朋友们则是为她们的男友做这件事，男人却从来没有这样做过。

*专家和权威：*专家们认为，儿童时女性被教导制作、挑选、修补和清洗衣服，这是女性关注外表和照顾家庭中的孩子或其他人的一部分。依据童年的基础，则是女人承担洗衣服的活。

*流行和媒体信息：*电影和电视广告展示的是，女人经常洗衣服并享受这一过程，而男人则讨厌洗衣服并把它搞得一团糟。所以，女人必须洗衣服，因为她们喜欢且擅长。这是我们随处可见且人人都这样认为的事情。

*意识形态信仰：*对女性而言，适当且自然的劳动分工是掌家、照顾孩子、监督家务，包括做饭、打扫和洗衣服。

二、研究包含什么：科学方法

科学社会研究在“基于事实的共同体”中处于核心地位。它依赖于人们在社会现实中严谨研究的经验、事件和事实。尽管社会研究帮助我们回答有关于社会世界的问题，但它也会提出新的问题进而改变

① 视频新闻报道由媒体与民主中心（网址：http：//www.prwatch.org/fakenews3/summary）和消费者产品安全委员会（网址：http://www.cpsc.gov/businfo/vnrprod.html）刊载。另参见 Barstow & Stein《布什主政下，包装电视新闻的新时代》，《纽约时报》（2005 年 3 月 13 日）；Aiello & Profitt（2008）。

② 关于“基于宗教信仰的”计划，请参见 Goodstein《基于教会的项目成果缺少数据》，《纽约时报》（2001 年 4 月 24 日）；Crary《基于信仰的监狱增加》，《今日美国》（2007 年 10 月 14 日）；Ferguson 等（2007）；Reingold 等（2007）。关于科学在政府中的限制，见 Mooney（2005）和忧思科学家联盟（2004）。

我们看待世界的方式。社会研究依赖于科学自身的过程和证据，这与随机观察、常识推理和其他评析证据的方式，如纯粹的逻辑-理性推理（数学或哲学的验证）和法律-司法程序，是有所区别的。接下来，我们在科学社会研究的背景下来审查*科学*。

（一）科学

大部分的人在听到“科学”这个名词时，第一印象很有可能是一间实验室，其中有试管、电子设备和显微镜，奇异的宇宙飞船以及身穿白色实验服的人。这些外在特征只是科学的一部分。物理和生物科学——生物学、化学、物理学和动物学等——涉及的是物理世界与物质世界（例如，岩石、植物、化学物质、天体、肌肉、血液和电等）。这些自然科学处在新科技的前沿，受到大量的公众关注。所以，当大多数人听到“科学”这个名词时，最先想到的就是这些。

社会科学（诸如人类学、经济学、人文地理学、心理学、政治学和社会学）所涉及的研究探讨的是人类的社会文化生活：信仰、行为、关系、互动、制度等。正如我们将物理和生物科学的相关知识应用
9 于更具实用性的领域（如农业学、航空学、工程学、医学和药物学），我们也将社会科学知识应用于相关领域（如咨询服务、罪犯公正、教育、公司经营、营销、公共管理、公众健康、社会工作和城市规划）的现实问题。

社会科学又被一些人称为“软科学”（soft science）。这不是因为这些领域不够严谨，而是因为它们的主题——人类的社会生活——是变动不定、不易观察且难以精确测量的。一门科学的研究主题（例如，人类的态度、原生质或是星系）决定了这门科学所使用的技术与工具（例如，调查、显微镜或望远镜）。我们会在第 4 章中讨论物理科学和社会科学之间的关系。

科学是人类的发明。当今的科学出现在近四百年前思想的重大转折之际。它开始于西欧历史上的理性时代或启蒙时代（17 世纪到 19 世纪）。启蒙时代开创了新的思想，包括逻辑推理、审查物质世界、笃信人类进步以及质疑传统的宗教和政治信条。科学以过往的知识为基础，并从研究自然界开始。尔后，它扩展到关于社会世界的研究之中。工业革命，这一急剧的社会转型，传播了科学的思想。科学和相关应用领域的进步并不是基于自身产生的——而是依靠每一位个体研究者的成就和奋斗来推动的。它也受到一些重大社会事件的影响，这些事件包括战争、经济萧条、政府政策或民众支持的转变等。

在科学推理确立并得到广泛传播以前，人们使用的是非科学的方法。除了前面提到的这些方法以外，还有一些是现代社会中不太被广泛接受的方法（例如，神谕、神秘主义、巫术、占星术和灵魂学等）。尽管这些非科学的体系还持续存在，但科学如今已经被普遍接受。当然，今天我们仍然使用非科学方法来研究科学无法解释的领域（例如，宗教、艺术、文学形式以及哲学等）。

*科学*涉及两个方面，即产生知识的体系与由此体系所得到的知识。科学历经了几个世纪的漫长的演变，仍然处于缓慢而稳定的发展当中。它整合了关于世界的假设、累积的认识、对知识的取向以及很多特定的程序、技术和工具。作为一种被称为科学共同体（详见后续章节的相关讨论）的社会设置，科学体系是最切实可见的。

科学所产出的知识被系统化为理论并建基于经验数据之上。让我们来审查一下三个术语：*理论*、*数据*和*经验*。很多人会把理论与观点、毫无依据的信念和大胆的猜想相混淆。“科学家将理论理解为具有充分的依据的观点……而普通公众将其理解为‘只是一个理论’，且并不比关于此事的任何其他观点更合理有效”（Yankelovich，2003：8）。到目前为止，**社会理论（social theory）**可以定义为一个由逻辑上一致且相互联系的观点所构成的连贯体系，其中，这些观点是对知识进行凝缩和系统化的产物。你将会在第 3 章中读到关于社会理论的类型的相关内容。可以将社会理论看作一张地图，它可以帮助人们更好地设想这个世界的复杂性，发现联系，并解释事物发生的原因。我们利用数据来进行判定，是理论正确并需要保留，还是理论错误并需要调整或被废弃。**数据或资料（data）**是研究者根据科学规则和程序仔细搜集到的经验证据或信息的形式。**经验主义（empirical）**是指基于人类感知经验（诸如触觉、视觉、听觉、嗅觉和

味觉）的证据或观察。当然，对于世界的某些方面，科学研究者并不能使用他们的感觉来进行直接的观察（例如，智力、态度、意见、情绪、力量、权威、夸克、太空黑洞、力场和地心引力等）。但是，科学研究者创造出了专业的仪器和技术来间接地观察和测量这些方面。 10

数据经验观察可以是*定量的*（即精确表达为数字），也可以是*定性的*（即表达为语言、图像或物体）。在这本书之后的部分，你将会看到我们如何测量社会世界的各方面以产出定量或者定性的数据。

（二）伪科学、垃圾科学和"真正的"科学

经过几个世纪，科学在全世界得到了广泛的尊重和认可。然而，很多人仍然缺乏科学素养（详见拓展方框 1.2：科学素养）或者把真正的科学与**伪科学（pseudoscience）**相混淆。伪科学的英文前缀 *pseudo* 在希腊语中是错误和假冒的意思。借由电视、杂志、电影、报纸、高度标榜的专门研讨班或讲习班等，大量的伪科学出现在我们的生活中。有些人利用很少的科学事实、谬见、幻想或希望编织出科学的外在特征（如技术行话、看上去复杂的机器、复杂的公式及统计，或者白色的实验外套），并宣称一种"奇迹般的疗效""一种新的神奇的治疗方法""革命性的学习计划""创造性的科学""外来访客的证据""新时代的精神动力"。伪科学中的所谓的专家，可能持有高级学位，但这些学位通常来自不相关的学术领域，或是来自一所非常薄弱且末端的学校。

除了专家之外，杂志或书籍也提供通俗化或"热门的"社会科学。它们中的一些确实是由正统的社会研究者所创作，并传递给广大的观众，是具有精确性的科普知识读本。其他一些对非专业人士而言貌似正统的社会科学，实际上展现的却是对社会科学的歪曲或滥用。这些作者写作的目的是在社会科学的伪装下提升某种特定的政治或社会地位，而这些书并不符合科学共同体的标准。例如，著名的《海特性学报告女性篇》(Hite Report on female sexuality) 是一个有严重错误的研究，进行这项研究的人不是一个科学家，她严重地扭曲了真实的社会关系。尽管有如此劣势，但这并不影响此书成为畅销书，以及在电视谈话节目和报纸中引发广泛讨论。同样如此的还有《钟形曲线》(*The Bell Curve*) 这本书，此书声称非裔美国人智力低下。[1] 不幸的是，电视或电台广告、报纸，或是当地书店能买到的书籍充斥着观点、个人信仰，以及有严重缺陷的调查。粗心的顾客非常容易被误导，而且容易将正统的社会科学与错误或非常武断的书籍相混淆。

可能你已经听说过**垃圾科学（junk science）**这个术语。20 世纪 80 年代，公关公司创造了这个词，并使之成为一种诋毁真实科学证据的策略。公关公司使用这个术语来攻击那些呈现于法庭的研究结果，而后者记录了有实力的大企业所造成的伤害或虐待。在新闻稿和公开声明中，这些公司操纵语言对**垃圾**与**可靠的**科学（即，研究支持自己的立场）进行对比。**可靠的**和**垃圾**是夸张且不严密的术语。更重要的是，对于两者来说，研究的特性、方法论或者精确度都没有质的区别。公关人员将"垃圾科学"这一术语应用于他们所反对的任何研究中，而不管这些研究如何正确或严谨，相应地，也将"可靠科学"这一术语应用于他们应对反对者挑战的任何研究中，而不管这些研究有多少漏洞和瑕疵。例如，烟草行业把垃圾科学作为一种策略来批判二手烟的相关研究，同时花费数百万美元以否认吸烟对健康的危害。[2] 他们这样做的目的是迷惑评委会和公众，并给人一种科学家缺乏一致性的研究证据的印象。相比于伪科学或垃圾科学，真正的科学来自科学共同体的观点、操作和成果（详见下一小节）。 11

拓展方框 1.2

科学素养

五十多年以来，教育工作者中的领航者、商业领袖和政策制定者强调了对利用定量和科学的素养来

---

① 参见 Herrnstein & Murray (1994) 和 Fischer 等 (1996) 的评论。

② Rampton & Stauber (2001: 223) 讨论了"垃圾科学"。

完成专业工作的需要，以及在复杂的世界中做出正确的日常决策。量化素养或计算能力是用数字和其他数学概念进行论证的能力。具有定量素养的人可以从数量空间角度思考并运用这种思维来解决问题。他们了解如何通过计算和测量来收集数据，并以函数关系图、图解、图表和表格的形式呈现。缺乏定量知识被称为科学盲（innumeracy）（Paulson，1990）。科学素养是理解科学知识的能力，应用科学的概念、原则和理论，使用科学的过程来解决问题和做出决策，并以反映核心科学价值观的方式进行互动（Laugksch，2000：76）。经济合作与发展组织（Organization for Economic Co-Operation and Development，OECD）的国际学生评估计划（Programme for International Student Assessment，PISA）开展了一系列国际研究，来考察学生对科学的了解程度，并将科学素养定义如下（PISA，2006：23）：

- 科学知识和利用这些知识来识别问题、获取新知识、解释科学现象并就科学相关问题得出基于证据的结论。
- 理解科学作为人类知识和探究形式的特征。
- 意识到科学和技术如何塑造我们的物质、知识和文化环境。
- 愿意作为具有反思精神的公民参与到科学相关的议题中，并借助科学思想。

缺乏定量和科学素养的人很容易接受伪科学并做出误判。科学盲还将引导记者报道不准确的新闻，并致使读者或观众在阅读报告时缺少足够的怀疑精神。由于不了解基本的数学概念，那些不懂数学的人通常做出糟糕的金融投资决策，并经常在赌博和相关活动上亏钱。缺乏以上各种素养的人在评估风险方面表现不佳。而那些缺乏科学素养的技术管理专业人士——劳动力市场中快速增长且高薪的人群的职业前景黯淡。

你可能会认为，你与他们不一样，你处在技术先进、超现代化的社会中。但是，人们可以使用现代技术（计算机、手机、iPod、飞机等）并保留伪科学的思维，或依靠巫术和超自然的信念来解释事件的决策。拥有使用先进技术的能力并不意味着一个人以理性、科学的方式进行思考。

只有25%～28%的美国成年人具备科学素养。总体而言，其他发达国家的成年人具有大致相同的一般科学素养。然而，针对高中生的国际数学和科学测试通常显示，美国在其他国家中排名第20位。2002年到2003年，在美国和九个欧洲国家进行的跨国研究证实，与其他所有发达国家相比，美国成年人在支持进化论方面接近底线：2009年只有32%。2007年6月，《今日美国》（*USA Today*）盖洛普民意调查发现，37%的美国人拒绝接受进化论，反而有56%的人赞成宗教解释。2007年3月的一项民意调查发现，39%的人的一些认识与全球科学界的观点完全相反：科学证据不支持进化。2006年，皮尤研究中心发布的一项民意调查显示，超过一半的美国人认为，公立学校应该在科学问题上教授宗教的观点，并且应该在全国范围内强制开展。2006年的一项盖洛普民意调查发现，超过一半的人认为人类没有进化（Polling Report，2007）。科学家普遍认同全球变暖，84%的科学家认为地球因人类活动（如燃烧化石燃料）而变得越来越温暖，但只有49%的公众认同这一点。超过90%的科学家赞成在一般研究和干细胞研究中使用
12 动物，而只有略超过一半的公众支持这一点（Pew Research Center for the People and the Press，2009）。

虽然进化论在美国已经极度政治化，如一些民选官员试图将宗教信仰作为科学强加在公立学校的教育中，但美国人在普通的科学定量思维和其他科学概念方面还是表现不佳。尽管人类获得了X射线，但只有大约10%的美国公众知道放射物是什么，而大约20%的人认为太阳围绕地球旋转这一观点早在17世纪就已经被科学所抛弃［《科学的头脑？在美国，不是很多》，迪恩（Dean），《纽约时报》（*New York Times*），2005年8月30日］。你可能认为大学生更有头脑。而研究发现，许多大学生使用了不合逻辑的“巫术”而非科学的思维。很多大学生承认伏都教的巫术力量是一些人生病的原因，大学体育迷认为他们的想法会影响篮球比赛的结果，因为他们在电视上观看了比赛（Pronin，Wegner，McCarthy & Rodriguez，2006）。

（三）科学共同体

科学共同体给科学带来了活力，它支撑起科学的假设、态度和技术。**科学共同体（scientific community）**是一种由人、组织和角色以及一套规范、行为和态度等共同运作而成的社会设置。它不是一个存在于某个物理空间位置上的具有地理意义的共同体，也没有达到每个人都互相认识的程度，尽管成员之间进行着频繁的交流和互动。科学共同体的成员是一个松散的专家集合，他们共同分享着训练、道德原则、价值、技术和职业道路。①

这个共同体是由一系列同心圆所组成的。它的圈或层建立在研究者的生产率和参与度的基础之上。其核心是少数高效、富有创造力和严肃的科学领导者。基于职业生涯阶段和对知识的贡献，他们随着时间的推移逐渐进出核心。处在边缘或外圈的是数以百万计的从业者、临床实践者和技术人员。他们经常使用和应用最初由核心内部人员开发和完善的知识、原则和技术。在外圈工作的专业人员形成一定程度的专业知识，并使用多种科学研究的原则和技术。不过，他们对科学的了解可能不如处在科学共同体的中间或核心位置上的人那么深刻。而且，处在外圈上的那些人通常较少参与到推进整个科学事业的过程之中（即，产生重要的新知识）。尽管如此，每个使用科学方法和科学结果的人，无论是处在核心、中间层还是外层，都可以从对科学共同体如何运作及其关键原则的理解中获益。

科学共同体的界限与成员资格并没有明确的定义。并不存在任何会员卡或记录名册。在某些方面，科学领域的哲学博士学位（Ph. D.）是非正式的“会员票”。Ph. D. 代表着博士头衔，它是比硕士更高一级的学位，培养学生从事独立研究的能力。但是科学共同体中的一些成员并没有博士学位，而很多获得博士学位的人并不从事开展研究的职业，而是专注于与公众相关的教学、行政、咨询、实践实务、顾问或知识分享等领域。事实上，大约有一半获得科学博士学位的人并没有追随活跃的研究者所从事的事业。

位居科学共同体核心的是从事全职或兼职研究工作的研究者，他们通常在助理的协助下开展研究工作，其中多数助理是研究生。做研究助理或多或少地如同学徒，是掌握科学研究细节的最佳方式。大部分科学共同体的核心成员受聘于学院、大学或研究机构。另外有些科学家为政府、非营利性的组织机构 13
或私营企业组织，诸如劳动统计局（Bureau of Labor Statistics）、全国民意研究中心（National Opinion Research Center）或兰德公司（Rand Corporation）工作。大部分科学家集中在十几个先进的工业国中的大约 200 所研究型大学或机构中。换句话说，科学共同体虽然在地理上是分散的，但是它的成员却倾向于在小的群体中共同工作并定期相互沟通。这个科学共同体接纳范围很广，并且其中的任何人都可以为其做出贡献。一条黄金准则就是与共同体中的其他人分享个人的研究成果和技术等（即新知识）。随着时间的推移，基于对新知识的无偏估计，共同体对新知识的重要性或价值达成共识。生产和评估新知识的过程是高度动态的，因为几乎每天都会产生新的知识。

我们难以明确得知科学共同体的规模。截至 2006 年，在科学或者工程技术领域的从业者就占了美国劳动力总数的百分之三（V. S. Census，2008：Table 790）。这个较大的科学共同体的基础单位是学术领域或学科（如社会学、生物学、心理学等）。学术领域尽管存在一些重叠之处，但这种划分确实给我们提供了认识总体规模的更优方法。美国有大约 11 000 名人类学家、16 000 名社会学家以及 15 000 名政治学家，其中大多数人拥有博士学位。但与相关技术专业领域的从业人员相比，这些人的数量较少，而后者有大约 180 000 名建筑师、950 000 名律师以及 820 000 名医生。每年，大约有 600 人获得社会学的博士学位，相应地，约 15 000 人获得医学博士学位，约 38 000 人获得法律博士学位。

回想一下，只有大约一半在科学领域获得高级学位的人成为终身活跃的研究人员。在职业生涯中，活跃的研究人员可能只完成了两项到十项研究。只有少数研究人员是高产出的，并且开展了大量研究，

---

① 关于科学共同体的更多信息，请参阅 Cole（1983）；Cole，Cole & Simon（1981）；Collins（1983）；Collins & Restivo（1983）；Hagstrom（1965）；Merton（1973）；Stoner（1966）；Ziman（1968）。

尤其是具有高度影响力以及获得广泛阅读的研究。任一时刻，在全世界范围内也许有一百名研究人员正对一门学科内的特定主题（例如，离婚或死刑）进行研究。[1] 他们在研究中所获得的新知识可能会影响全球当前以及未来几代数百万民众的生活。这种知识创造的过程，使我们成为科学共同体中的积极参与者或新研究成果的消费者，对个人来说既有益又令人振奋。

（四）科学共同体的规范和价值观

在所有的人类共同体中，人们的行为受到社会规范的约束。在多年的学校教育和与他人的定期互动中，研究人员学习并内化了专业的规范和价值观。这些规范和价值观是相辅相成的，共同塑造一个科学家的独特角色。专业规范是正当行为的典范，但这一典范在实践中并不总是完美地运行。研究人员也是有血有肉的平凡人，同样有着偏见、自我、野心与私人生活。这些因素可能会影响一些研究人员，使之违反共同体的规范。[2]

科学共同体并不是在与“现实世界”隔绝的真空中运作，它受到社会、政治和经济力量的影响（关于这些问题的讨论见第3章和第16章）。但是，规范和价值观也给我们讲述了科学共同体以及大的研究单位是如何运作的。它们同样还可以为正确开展研究课题提供指导，以及为良好的研究实践提供准则。

科学共同体的五项基本规范（norms of the scientific community）（见总结回顾方框1.1：科学共同体的规范），与其他社会领域（例如，商业、政府、法律）的规范并不相同，往往使专业研究人员与众不同。例如，在*普遍主义*（universalism）的规范下，科学家倾向于钦佩一位才华横溢、富有创造力的研究人员，即使这个人有奇怪的个人习惯或不修边幅。科学家们可能会彼此激烈争论并“撕碎”一份精心准备
14 的研究报告，而这属于*有条理的怀疑主义*规范的一部分。科学家通常非常开放并愿意倾听新的想法，无论它们最初显得多么古怪。接下来的*无私利性*指的是科学家有些许超脱性的倾向。他们认为研究结果，包括他们自己研究的结果，是尝试性的，并受到外部的评估和批评。他们希望其他社会科学家能够读到自己的研究报告，并且做出回应，对开放性的坚定信仰引导许多社会科学家反对所有形式的审查制度。这正符合*共享主义*的规范，或者说在不考虑个人所有权的情形下分享新知识，而这如同在我们共同食用的共享汤中加入一种配料。共享主义也并非总能运行不悖，特别是当它与利益动机发生冲突时。例如，烟草、制药和计算机芯片行业中的科学家发表的研究成果经常被公司管理者压制或严重拖延，对于这些管理者而言，利益驱动是高于共享主义的科学规范的。[3] 科学家也期待能够本着严格的*诚实性*的规范，开展研究并报道研究成果，如果有人在这上面作假，将触犯众怒。

总结回顾方框1.1　科学共同体的规范

1. 普遍主义。 不论做研究的是谁（例如，老年人或年轻人，男性或女性），也不论开展研究的地点在哪里（例如，美国或法国，哈佛或是哪所不知名的大学），研究只根据科学价值加以判断。

2. 有条理的怀疑主义。 科学家不应该漫不经心地或毫不批判地就接受新的观念或证据。他们应当挑战与质疑每项研究所有的证据和主题，并对其进行严密的审查。批判的目的不在于人身攻击，而在于确保研究经得起细致且严格的检验。

3. 无私利性。 科学家必须保持中立、公正、敏锐，广纳所有非预期的观察或新的观念。科学家不应该僵化地坚持某种特定的观点或看法，而是应该接受甚至找寻与他们立场相反的证据，并且应该诚实地接纳基于高质量研究的所有发现。

---

[1] 参见Cappell & Guterbock (1992) 和Ennis (1992) 对社会学专业的研究。

[2] 关于科学家的社会角色的更多信息，参见Ben David (1971)，Camic (1980) 和Tuma & Grimes (1981)。Hagstrom (1965)，Merton (1973) 和Stoner (1966) 讨论了科学规范，Blume (1974) 和Mitroff (1974) 探讨了违反规范。

[3] 详见《药物公司，日渐宽容地，允许坦诚的研究出现》，《纽约时报》(1997年4月16日)；《就未经授权的评论进行争执，让英特尔尴尬不已》，《纽约时报》(1997年3月12日)；Barry Meier《菲利普莫里斯关于成瘾的截尾数据》，《纽约时报》(1998年5月7日)。

4. 共享主义。科学知识必须与他人分享，它属于每个人。创造科学知识是一项公开的行为，而研究发现则是公有财产，开放给所有的人使用。开展研究的方式必须给予详尽的描述。在被其他的研究者评审并以一种专门的形式公开发表文体之前，新的知识是不会被正式接受的。

5. 诚实性。这是个一般性的文化规范，但在科学研究方面尤为突出。科学家要在所有的研究中保持诚实，不诚实或舞弊是科学研究的一项重要禁忌。

（五）科学方法、态度或方向

你可能已经听说过科学方法，可能想知道它如何适应这种讨论。科学方法（scientific method）并不是某个单一事物，而是科学共同体所使用的观念、规则、技术和方法的集合。它源于科学共同体内所形成的共识。与“科学方法”相比而言，掌握科学的方向或态度是重要的。科学共同体重视技术、以创造力为荣、讲求高质量的标准和勤奋工作的态度。正如格林内尔（Grinnell，1987：125）所说：

> 大部分人了解“科学方法”，而不是科学态度。而“科学方法”只是一个理想的结构，科学态度才是人们看待世界的方式。从事科学研究可以采用很多方法，但使其成为科学方法，则是依据它们是否被科学共同体接受。

科学的发展方向趋向于在精确性、逻辑性、采用长远视角、灵活开放以及愿意广泛分享信息等方面齐头并进（Yabkelovic，2003）。相比之下，非科学思维不耐烦于追求极高的准确性或严谨性，而是想要得到对当下特定问题的明确而直接的答案，并且对免费分享的一切事物表现出强烈的占有欲和忧虑。

（六）科学期刊论文

你可能曾经读过一本社会学期刊或专业杂志中的某篇论文。当科学共同体产生新知识时，它们通常 15
以学术专著或学术期刊论文（称为研究专著）的形式发表。第 5 章会对学术期刊做详尽的讨论。大多数研究成果通常第一时间出现在**学术期刊论文（scholarly journal articles）**中。而这些论文是科学家们彼此进行正式交流以及传播科学研究结果的方式，也构成了广为讨论的“知识爆炸”的一部分。每个学科或学术领域可能有 50 到 300 种期刊。每种期刊可能每一两个月就会出版一期，每期会有 5 到 25 篇文章。例如，社会学研究的顶级期刊《美国社会学评论》（*American Sociological Review*），每年就刊登约 65 篇论文。学术期刊论文对研究过程与科学共同体来说，是至关重要的，但是我们对它的了解却并不充分。[1]

想想看，当研究者完成了研究之后会做些什么事。首先，研究者会以一种特定的格式把研究与研究的结果写成研究报告。通常，研究者会在诸如美国社会学学会（American Sociological Association）或研究社会问题的社团这样的专业协会上做一个 20 分钟的口头报告。他们面向数十位社会学家和学生，给出一个对此研究的口头总结并回答观众的提问，并且影印数份报告寄送给少数其他研究者，请他们提出批评与建议。最后，研究者将副本发送给诸如《社会力》（*Social Forces*）或是《社会科学季刊》（*Social Science Quarterly*）等学术期刊的编辑。每位编辑都是受人尊敬的研究者，他们被其他科学家选出来监督这份学术刊物。当编辑收到研究报告时，他会取走唯一出现作者姓名的封面页，然后再将报告发送给数位评审员进行**匿名评审（blind review）**。审稿者是处于同一专业领域或从事过主题研究的科学家。审查之所以称为“匿名”，一方面是因为审稿者不知道执行这项研究的是谁；另一方面，研究者也不知道审稿的是谁。这种做法强化了普遍主义的规范，因为审稿者只能就论文本身的优缺点来进行评判。他们根据其条理清晰度、对高标准的研究方法论的坚持以及对知识的原创性贡献，来对这项研究进行评价。审稿者将他的评论意见反馈给编辑，由编辑决定是拒绝此研究报告还是要求作者修改，抑或是采纳并发表。

---

[1] 关于科学的交流和出版系统的描述见 Bakanic 等（1987），Blau（1978），Cole（1983），Crane（1967），Gusfield（1976），Hargens（1988），Mullins（1973），Singer（1989）和 Ziman（1968）。

几乎所有的学术领域在出版时都用同行评判，但不是所有的学术领域都有匿名评审流程。诸如社会学、心理学以及政治学等学术领域对几乎所有的学术期刊都使用匿名评审，并且通常有三个或更多的学者共同审查某项研究。相比之下，生物学、历史学以及经济学等领域则是应用一种混合的审查过程。有时审查者知道作者的身份，而且只有一两个学者对这项研究进行审查。包含多名评审员的匿名评审会减慢这一进程，并且降低文章的采纳率。[1]匿名评审是一种确保质量的非常谨慎的方法，其目的是在科学共同体中推进有条理的怀疑主义和普遍主义规范的实现。

某些学术期刊得到了广泛的阅读和很高的推崇，因此往往收到的论文要比刊登出来的多得多。例如，主要的社会科学期刊，如《美国经济学评论》（*American Economic Review*）、《美国社会学评论》、《美国政治学评论》（*American Political Science Review*）和《社会问题》（*Social Problem*）仅接受10%～15%的提交稿件。甚至那些较不受推崇的期刊也会拒绝半数以上的提交论文。而论文的发表则表明它已被科学共同体所暂时接纳。出版一本书涉及一个与发表论文略有差异的评审过程，还涉及成本和销售量的考量，而接受率通常低于期刊。[2]

与你在报摊上看到的给作家付费的流行杂志不同，学术期刊不会向作者付费。实际上，为了使论文入选，他们通常需要支付少量的费用以作行政管理之用。社会学家希望通过学术期刊将他们的研究展现
16 给同行（即别的科学家或研究者）。同样地，审稿者也不会因审查论文而获得酬劳，他们把这份工作当成身为科学共同体成员的一项职责。科学共同体的成员们尊敬那些能在顶级学术刊物上发表许多论文的研究者，因为这些论文证实这些研究者不仅在学术训练方面非常纯熟，而且还是促进科学共同体基本目标——对科学知识的累积做贡献——的领航人。

发表论文是社会科学家获得同行尊重、在科学共同体中获得荣誉以及确立作为一名深有造诣的研究者的声望等的重要方式。更多来自同行（即知识渊博的社会科学家）的尊重能够推动科学家进入科学共同体的核心。而且，论文的发表和来自同行的尊重还可以帮助社会科学家获得进一步研究的资金支持、奖金、优秀学生的追随、更佳的工作环境、收入颇丰的工作机会以及加薪。[3]

即使你从未发表过一篇学术期刊论文，但你或许会阅读到其中的一些文章。这些论文是科学研究体系中极为重要的构成要素。大多数新的科学知识首次出现在学术期刊上。积极的社会科学家和大学老师会定期阅读期刊，以了解产生的新知识及其使用的研究方法。

（七）作为转化过程的科学

在研究过程中，社会科学家应用各种科学方法将思想、预感和问题，有时也被称为*假设*，转化为新知识（我们将在第6章讨论假设）。因此，社会科学研究过程实质上将我们的思想、理论、猜测或问题转化为具有真正价值的“成品”：新知识。新知识可以提高我们对社会世界及其运作的理解，并可能被用来帮助解决问题或扩展未来的知识和理解。

很多刚踏入社会研究领域的新人通常感到不知所措，而且觉得开展一项研究力所不逮。开展研究需要分析性的论证、复杂的专业技能、精神的高度专注以及有效的时间付出。而随着时间的推移以及实践和教育的培养，大多数高校学生会发现他们可以掌握开展研究的基础知识。社会研究的学习与其他活动的学习并没有什么差别。你会期望从小的和简单的开始，并且一遍又一遍地进行实践，进而从经验和教训中进行学习。逐渐地，你将会发现自身有明显的提升并能够进行更大和更复杂的尝试。除了要吸收科学的态度之外，你还需要掌握如何以及何时应用特定的研究技术。学习本书后，你应该可以掌握社会科学研究的基本方法和方法论，并能够在此基础上开展研究。

---

① 见 Clemens & Powell（1995：446）。

② 见 Clemens & Powell（1995：444）。

③ 关于科学奖励和分层制度的更多内容，参见 Cole & Cole（1973），Cole（1978），Fuchs & Turner（1986），Gaston（1978），Gustin（1973），Long（1978），Meadows（1974）以及 Reskin（1977）。

三、社会研究的类别

你或许会认为社会科学研究意味着开展一项调查或一项实验，而且可能会使用示意图、表格和函数关系图等高级统计数据。或者，你可能认为社会科学研究或许涉及在一些自然情境，如在一家咖啡馆、家庭聚会或是课堂，对人们所执行的日常事务进行细致观察。这两种看法都是部分正确的。一些社会科学研究涉及定量数据（即数字形式的数据），而其他的研究则使用不涉及统计的定性资料（即非数值）。

继前面几个章节之后，你将会在本书中看到对定量与定性数据以及进行社会科学研究的相关方法所进行的检查。这两种方法都使用多种研究技术（例如，调查、访谈和民族志）来收集和分析经验资料。尽管定性研究和定量研究存在实际上的差异，但是两者的重叠度也很高。遗憾的是，一种方法的拥护者并不总是理解或欣赏另一种方法。一些社会科学家将两种方法间的差异视为与分歧者的战争。莱文（Levine，1993：xii）称定量方法为"真正的社会科学"，并声称定量方法在反对定性研究中"赢得了斗争"。而登茨与林肯（Denzin&Lincoln，2005：ix）却认为，"定性的变革正在接管社会科学和相关的专业领域，且这一扩展令人惊叹"。 17

虽然这两种研究类型共享核心的科学原则，但是它们也在诸多重大方面上存在着差异（见表 1.2）。每种方法各有各的长处和局限，各具擅长的主题或议题，其经典研究对社会生活也都提出了真知灼见。不论研究者采取的是哪种类型的研究，他们都希望避免本章前面所探讨的那些误判和错误。所有的科学家都系统地收集数据、进行细致的比较以及运用批判性思维。通过了解这两种方法，你能更好地理解全部的社会科学研究，并以互补的方式使用它们。

表 1.2 定量方法与定性方法的对照

定量方法	定性方法
测量客观事实	建构社会现实、文化意义
关注变量	关注互动的过程、事件
关键因素：信度	关键因素：真实性
价值中立	价值存在且明确
理论与数据相分离	理论与数据相融合
不受情境影响	受情境限制
多个个案与受试者	少数个案与受试者
统计分析	主题分析
研究者保持中立	研究者置身其中

资料来源：Cresswell（1994），Denzin and Lincoln（2003a），Guba and Lincoln（1994），Marvasti（2004），Mostyn（1985），and Tashakkori and Teddlie（1998）.

拉金（Ragin，1994：92）解释了这两种增强和精简数据的方法是如何互相补充的：

> 所有定性方法共同具有的关键特征，在与定量方法比较之后，都可以被明显辨识。大部分的定量技术是资料的精简器，它们对数据资料进行精简以便察看事物的整体面貌……定性方法则相反，它们是资料的增强剂。当资料被增强后，才能更清楚地看到个案的关键方面。

最理想的方法是进行一项多方法研究，利用定量和定性两种方法的优点，但这种情况很少发生，原因有几个。混合方法更耗时；而且，很少有研究人员精通多种方法；此外，每种方法都使用一种不同的逻辑来指导研究过程，在一项研究中混合不同的逻辑，增加了相当大的复杂性。

四、研究过程的步骤

为了进行研究，我们遵循一系列的步骤。但是，基于我们采纳定量方法还是定性方法以及所开展的社会研究类型（第 2 章和第 4 章所讨论的是研究的类型），研究过程的确切顺序和具体步骤也不尽相同。稍后你将发现，此处概述的这些步骤可能是稍微简化的或是对实际研究过程的理想化，但它们仍然提供了一个有用的基础。

（一）社会研究中的定量方法

1. *选择一个主题*。这可能是一个一般的研究领域，或者是一个专业的或个人兴趣的问题。主题很广
18 泛，比如离婚的影响、犯罪的原因、无家可归的影响或精英们如何使用媒体。

2. *聚焦问题*。主题过于宽泛，无法进行实际研究。这使得下一步变得至关重要：我们必须缩小主题，把重点放在可以解决的具体研究问题上。这通常需要回顾研究文献（在第 5 章中讨论）并形成假设（在第 6 章中讨论），这些假设通常来自社会理论（在第 3 章中讨论）。例如，一个宽泛的主题——犯罪的原因——变成明确的研究问题：相较于那些有较弱民族文化情结且融入新的社会的东亚男性青少年移民，带有很强的民族文化情结且没有融入新社会的东亚男性青少年移民更容易参与到犯罪行为当中吗？这里要格外注意，最初的犯罪原因这一宽泛主题是如何变成更聚焦的问题的。我们关注犯罪的一个具体原因（即社会融入的程度），并着眼于一个特殊的群体（即来自东亚的男性青少年移民）。

3. *研究设计*。一旦我们解决了一个研究问题，我们就需要进行研究设计（在第 6 章至第 11 章中进行讨论）。设计一项研究需要做出很多决断，包括选择案例或样本的类型、如何测量相关因素，以及采用什么具体的研究方法（例如，调查问卷或实验）。在这个阶段，决策也是由理论决定的。

4. *收集数据*。在我们详细设计了一项研究之后，我们必须以数字的形式仔细记录和验证信息。接下来，如果它不是计算机可读的格式，我们还必须把数字数据进行转换。

5. *分析数据*。这一步通常需要使用计算机软件来操作数值数据，以创建许多示意图、表格、函数关系图和统计度量（见第 12 章）。这些计算机生成的文档提供了数据的精简图。

6. *解释数据*。在生成图表和统计数据之后，我们必须确定它们的含义。我们检验分析数据，并使用与研究主题相关的知识，进而利用理论来回答我们的研究问题。我们考虑数据的替代性解释，将我们的结果与过去研究的结果进行比较，并从中得到更广泛的启示。

7. *告知他人*。在这个阶段，我们以一种特定的格式写一篇关于该研究的报告（见第 6 章），并对该研究及其结果进行描述（见图 1.1）。

我们接下来讨论三个采用定量方法的社会研究。每一种都是定量研究，这将是本书后面章节的重点：实验研究（第 9 章）、抽样调查（第 10 章）和现有统计数据研究（第 11 章）。

作者与研究题目：洛厄里（Lowery，2007）和同事，“阈下启动对学业成绩的长期影响”。

1. *选择一个主题*。启动和学业成绩。

2. *聚焦问题*。那些被与智力相关的词语“启动”阈下刺激的在读大学生在考试中的学业成绩提高了吗？*阈下*的意思是用某种方式呈现某种东西，结果是接收者没有自觉地意识到它。当一个词、图像或信
19 息提醒、准备或“设置”一个人的后续行为时，启动就会发生。

3. *研究设计*。作者进行了两个类似的实验。第一个实验于本科生统计学课堂伊始，有 70 名学生参与。第二个实验在社会心理学入门课程的课堂上，有 78 名学生参与。在这两个实验中，作者在电脑屏幕的

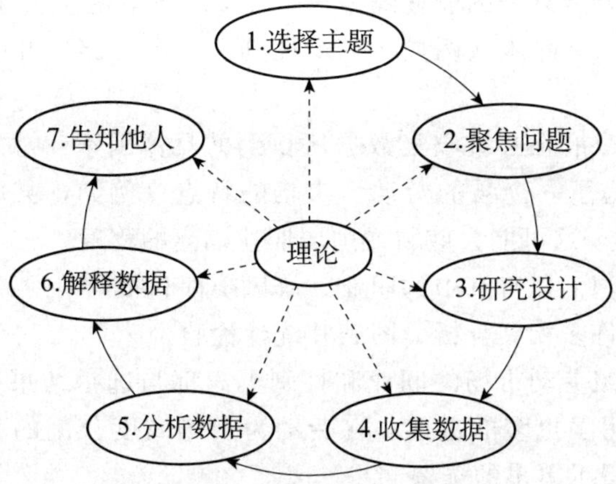

图 1.1　定量研究过程的步骤

不同侧面给学生展示了一些词语。他们告诉学生，这项研究是有关他们定位这些词语的能力的（这不是事实）。随机的一半学生看到了与智力有关的词语（例如，敏锐的、聪慧的、天才、有教养的）。而随机的另一半学生看到了不相关的词语。两个实验的学生都参加了一个练习考试。几天后，他们在课程中参加了考试。

4. *收集数据*。本研究的数据是统计学和社会心理学入门两个学习班中，学生在练习测验和实际考试上的测试结果。

5. *分析数据*。作者研究了各种表格并进行了统计检验。

6. *解释数据*。结果显示，两个学习班中接触或“启动”智力相关词语的学生在两项测试中得分都高得多。

7. *告知他人*。该研究及其结果发表在学术期刊《基础和应用社会心理学》（*Basic and Applied Social Psychology*）上。

理论是如何适用的呢？作者重新考察了阈下启动理论。他们研究了在启动事件发生后，产生的效果是否可以持续数天。

作者与研究题目：埃杰尔与特兰比（Penny Edgell & Eric Tranby，2007），“宗教对理解美国种族不平等的影响”。

1. *选择一个主题*。宗教和种族态度。

2. *聚焦问题*。一个白人福音派基督教的亚文化和信仰体系是否鼓励或阻止一个个人主义者对不公平和非裔美国人持有不支持的立场？

3. *研究设计*。这项研究的作者在 2003 年开展了一项大规模的全国调查，涉及 2 081 名随机选择的美国成年人。

4. *收集数据*。在 30 分钟的电话访谈中，随机选择的成年人回答了很多关于社会背景、宗教实践和信仰、对种族不平等的理解以及非裔美国人的信仰等方面的问题。

5. *分析数据*。作者研究了很多具有百分比和统计检验的表格。

6. *解释数据*。作者发现，具有强烈的保守的新教信仰且参与宗教活动最多的调查受访者倾向于对黑人不平等进行个人主义的归因（即个人的失败和缺乏动力），而不是进行结构性的解释（即种族歧视）。此外，在保守的基督教徒中，女性的观点与男性的不同，受教育程度较高的与较低的也不同。

7. *告知他人*。作者准备了对研究及其结果的描述文本，并将其投递给了学术期刊《社会问题》。

理论是如何适用的呢？作者探讨了一个理论，即认为白人福音派的亚文化培养了对社会和政治问题的特殊态度；它并不强调结构性的解释（歧视，政府救助），而是强调个人主义和自立自助的解释。

作者与研究题目：麦克维与索博尔维斯基（Rory McVeigh & Julian Sobolewski，2007），“红县，蓝郡，以及基于性别和种族的职业隔离”。

1. *选择一个主题*。社会不平等和投票。

2. *聚焦问题*。基于性别和种族划分的职业隔离——社会不平等的主要来源——影响人们在2004年美国总统大选中如何投票吗？当一个群体（例如，一个性别、一个种族）几乎垄断某种工作类型时，就会发生职业隔离。

20 3. *研究设计*。作者指定了政府在县级收集数据所得到的具体因素：总统候选人的选择以及基于种族和性别的职业隔离。他们还考虑了一个县的劳动力市场的特点（例如，县的种族混合、妇女和非白人的教育文凭以及流动到县的程度），这可能会威胁或削弱职业隔离的程度。

4. *收集数据*。数据来自美国人口普查中的职业、人口统计和投票。

5. *分析数据*。作者研究了许多相关分析、图表和统计检验。

6. *解释数据*。作者发现县级劳动市场的职业和性别隔离都与选举结果有关。在拥有平等或综合劳动力市场的县，民主党候选人获得了更多的选票。在劳动力市场高度分割的县，尤其是在其他威胁破坏分割的条件下，共和党候选人获得了更多的选票。

7. *告知他人*。作者将对研究及其结果的论述提交给了学术期刊《美国社会学杂志》(*American Journal of Sociology*)。

理论是如何适用的呢？作者运用种族竞争理论和劳动力市场分割理论来解释县级不平等如何影响当地的政治氛围和投票行为。

（二）社会研究中的定性方法

许多采用定性方法的社会科学家遵循的是一套略微不同于定量研究的步骤。这些步骤也根据具体的定性研究方法而有所不同。此外，这种方法更流畅、更不线性或循序渐进（见第5章）。

1. *自我评估和历史考察*。与定量研究一样，社会学家也从一个主题开始，但这一开始伴随着对自我进行评估，以及将研究主题置于社会历史背景下。许多定性研究人员依赖于个人观点、传记或特定的时事来确定一个感兴趣或重要的主题。

2. *选取一种视角*。定性研究人员可能会考虑理论-哲学范式（在第4章中讨论），或者将他们的探究置于与其他研究者正在进行的讨论中。这意味着所进行的是选择一个可能包含许多潜在问题的研究方向，而不是缩小研究主题的范围。

3～6. *研究设计、收集数据、分析数据和解释数据*。与定量研究一样，定性研究人员也进行研究设计（第6章）、收集数据（第13、14章）、分析数据（第15章）以及解释数据等步骤。与定量研究人员相比，定性研究人员更可能同时收集、分析和解释数据。这是一个在多个步骤之间来回反复的流动过程。通常研究者不仅使用或考察过去的理论，而且还建立新的理论。在解读数据阶段，定性研究者还创造新的概念和理论解释。

7. *告知他人*。这两种方法都很相似，但是在此处，报告的风格也依据使用的方法不同而有所差异（见第16章）。（见图1.2）

接下来我们考虑两个定性研究的例子。每个例子都说明了一种类型的研究，这也是几个章节的重点内容，即田野调查-民族志（第14章）和历史-比较研究（第15章）。

作者和研究题目：文卡特斯赫（Sudhir Venkatesh，2008），“黑帮老大的一天”。

1. *自我评估和历史考察*。作者描述了他的个人兴趣和研究背景，并解释了他对城市贫困的兴趣是如何转移到城市住宅区中的黑帮的。

2. *社会文化背景*。物质-社会背景：芝加哥南部，并位于作者所就读的芝加哥大学附近的一个城市住
21 宅区。贩毒团伙在那些贫困率很高的住宅区中运作，而且非裔美国人在其中占据很高的比例。

3～6. *研究设计、收集数据、分析数据和解释数据*。作者最初试图进行定量研究，但最终放弃了这一方法。相反，他在1990年至1998年的8年间，每周都有几天与帮派成员和住宅区的人进行交谈，并对他的所见所闻、所思所想都进行了详尽的记录。

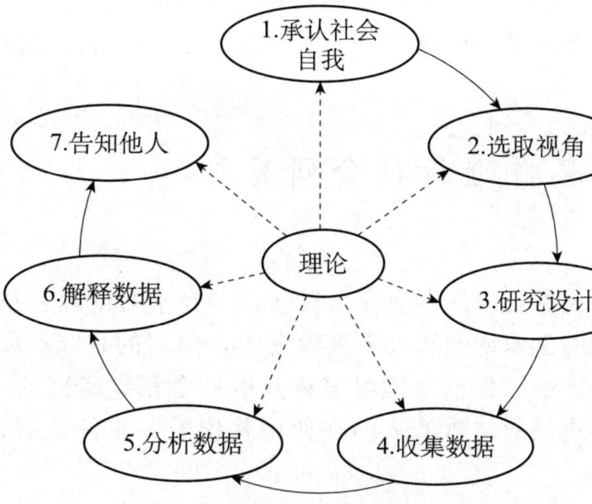

图 1.2　定性研究过程的步骤

7. *告知他人*。在最初的研究结束大约 10 年后，研究发表在所出版的一本半学术的书——《黑帮老大的一天》(*Gang Leader for a Day*) 中，尽管作者在此期间撰写了一些相关的研究和书籍。

理论如何适用：和许多民族志一样，这个研究基本上是描述性的，没有什么理论。作者提供了关于黑帮如何向当地社区提供社会组织和服务的理论、毒品交易的经济情况以及当地穷人如何与其他的人进行日常生存谈判的一些理论。

作者和研究题目：麦卡蒙（Holly McCammon，2008）和六位同事，“成为完整的公民：美国妇女的陪审团权利运动，改革的步伐和战略性的调整适应”。

1. *选择一个主题*。妇女获得完整的公民权。

2. *社会文化背景*。在 1920 年获得全国性的选举权后，美国妇女并没有获得担任陪审团的权利。直到 1975 年，最高法院才支持妇女获得这项权利。各州的妇女在明显不同的时间获得了该项权利（有时也会失去和恢复权利)。在妇女团体的倡导下，这一问题几十年来一直备受争论。

3～6. *研究设计、收集数据、分析数据和解释数据*。这七位作者花了两年时间收集了 15 个州在 19 世纪最初 10 年到 20 世纪 60 年代末的陪审团权利运动的数据。他们在各州共访问了 22 个档案馆（有历史记录的专门图书馆)。他们审查了运动组织的记录，查阅了当地报纸和有关的杂志，并阅读了各州所有相关的法律和政治文件（即法院判决、立法听证和法规)。除了分析每个州和运动组织的细节资料外，他们还研究了各州为妇女制定陪审团权利所需的时间跨度，以及对每个组织及其活动的具体特征进行了分类。主要的发现是，在获得陪审团权利最快的州，相关组织采取了战略行动。他们不断调整自己的要求，寻求一系列政治盟友，并改变他们的言论方式。在进展非常缓慢的州，相关的活动团体是零星的、不一致的或不灵活的，并且未能利用变化的条件。

7. *告知他人*。对这项研究及其结果的描述被刊登在了《美国社会学杂志》这一学术期刊上。

理论如何适用：作者想要解释为什么一些社会政治运动迅速实现了其政治目标，而另一些却进展缓 22
慢。他们以过去的社会运动理论为基础，通过一个运动，提出了“战略性调整”的新理念。

图 1.1 和图 1.2 所示的七步过程是过于简化的版本。在实践中，我们很少在完成第 1 个步骤之后再进行第 2 个步骤，完成了第 2 个步骤再进行第 3 个步骤，依此类推。研究更多的是一个互动过程，这些步骤彼此之间互相融合，后一个步骤可能会刺激对前一个步骤的重新考量。这个过程并不全然是直线的，在抵达终点之前，可能有很多不同的流动方向。研究也并不会到了第 7 个步骤就突然结束。其实研究是一个持续不断的过程，一个研究的完成常会刺激出新的思考和新的研究问题。

这个七步骤的环图是为单项研究计划而设的。每项研究都建立在先前研究的基础之上，并且对整个知识体系的成长有所贡献。开展科学研究与累积新知识的整个大工程，需要许许多多来自不同领域的研究者投身于成千上万个研究计划。单个研究者可能同时执行多项研究，而数个研究者可能合作开展同一个研究。同样地，一个研究可能会产出一篇或多篇学术论文，有时一篇论文会报告几项较小的研究。

五、为什么要学习怎样进行社会研究？

在大学、研究中心以及政府机构工作的专业社会科学家，经常与助理和技术人员一同开展社会研究。他们的研究结果通常出现在专门的学术期刊和大学教科书中，他们的研究扩展了我们对社会世界的认识，并对广泛的公共知识产生间接的影响。你想要学习怎样开展社会科学研究的一个原因可能是以某种方式增进社会世界的知识，而这一方式是通过规避人们在使用替代的、非科学的方法进行知识创造时产生的许多失败来达成的。

在报社、电视网络、市场调查公司、学校、医院、社会服务机构、政党、咨询公司、政府机关、人事部门、公共利益机构、保险公司或法律事务所等工作的人，同样也进行社会研究。他们将社会研究作为工作的一部分，并使用相同的社会科学研究方法。这些人在内部使用他们的研究结果，并没有广泛地分享或发表它们，但基于研究的发现比先前使用的猜测、预感、直觉和个人经验产生更明智、更少偏颇的决断（见总结回顾方框 1.2：从业者与社会科学）。除了增加知识，你想要学习怎样开展社会研究的第二个原因可能是出于实践的考量：为了提高决策能力。

不幸的是，有少部分的人和组织使用不当或者滥用社会研究：使用粗陋的研究方法、曲解研究发现、
23 操纵研究以找到先前确定的结果等等（我们将会在第 3 章中详细介绍）。除此之外，一些人认为他们被过度研究或被研究赋予过多的信息。例如，在选举期间，人们拒绝选举投票后的民意测验研究，应答率有所下降。反对滥用社会研究的消极反应，一般而言，会产生对研究消极的看法。你想要学习怎样开展社会研究的第三个原因可能是：把合法的、有价值的研究与虚假或开展得不充分的研究、伪科学以及滥用的研究区分开。

总结回顾方框 1.2　从业者与社会科学

科学并没有，也不可能，提供给人们固定且绝对的“真理”。这是因为科学是个缓慢的、不完善的减少虚假的过程。这是对最佳可能结果的追求与探索，由一群以一种谨慎、系统、开放的方式勤勉地开展工作的、有献身精神的人来加以实现。许多人不适应科学所具备的辛勤的步调、犹豫不决的过程和不确定性。他们想要的是立即的、绝对的答案。许多人转而成为提供终极真理的宗教狂热分子或是煽动群众的政客。对于那些必须在日常工作中迅速做出决定的勤奋的实务工作者（如人类服务工作者、医疗保健专业人士、刑事司法官员、新闻记者或政策分析师）来说，这意味着什么呢？他们必须放弃科学思考，全凭常识、个人信念或是政治教义吗？不，他们也能使用社会科学的思考。以他们的工作来说，这不是件易事，但是他们可以办得到。他们必须一心一意努力去找出目前可以得到的最佳知识，进行仔细、独立的推论，避免已知的错误或谬误，并警惕任何提供完整且最终答案的学说。从业者必须以开放的心胸来接受新的思想，使用多元的信息来源，并且不断地质疑用来支持某种行动方案的证据。

六、结论

本章介绍了什么是社会研究、研究过程如何运作以及谁在进行研究等内容。还提及了研究之外的其

他方法：获得快速、简易和实用知识的方法，这些知识往往包含错误、误传和歪理。本章展示了科学共同体如何运作、社会研究如何融入科学事业以及为何科学与期刊论文的规范对科学共同体至关重要。本章还概述了研究的步骤。

社会研究是为人、关于人和由人进行的研究。虽然我们提到了许多原则、规定或程序，但是不要忘记，社会研究是一项人类的活动。研究者也是人，和你我并无不同，只是他们沉浸于创造与发现知识的事业。很多人发现社会研究十分有趣、令人兴奋。他们进行研究，希望发现新的知识并且获得对社会世界更为深入的了解。不论你是否会成为专业的社会研究者，不论日后你在工作上是否会用到一些研究方法或技术，还是你只会用到研究结果，你都会因了解研究过程而受益良多。如果你能就此开始建立你自己与研究过程的私人联系，你将会因此而富足充实。

米尔斯（Mills，1959：196）在他的《社会学的想象力》（*Sociological Imagination*）一书中提出如下相当有价值的建议：

> 在智力工作中，你当学会应用你的生活经验：持续不断地检验并诠释它。在这个意义上，技能是你自己的核心，你可以亲自投身于每一项你可以从事的智力产品中。

关键术语

blind review	匿名评审	data	数据或资料
false consensus	错误共识	halo effect	光环效应
innumeracy	科学盲	junk science	垃圾科学
norms of the scientific community	科学共同体的规范	overgeneralization	过度概括
		premature closure	过早妄下断语
pseudoscience	伪科学	scholarly journal articles	学术期刊论文
scientific community	科学共同体	scientific literacy	科学素养
selective observation	选择性观察	social theory	社会理论

复习题

1. 社会研究以外的知识来源有哪些？
2. 为什么社会研究总是比其他方法来得高明？
3. 社会研究总是正确的吗？它能够回答所有的问题吗？试解释之。
4. 科学与神谕如何在不同时代服务于相似的目标？
5. 什么是科学共同体？它的角色是什么？
6. 科学共同体有何规范？它会发挥什么效果？ 24
7. 在学术社会科学期刊上发表研究的过程是什么？
8. 开展一项研究计划涉及哪些步骤？
9. 研究步骤并不是严格固定的，这句话的意思是什么？
10. 哪类人会从事社会研究？出于什么理由？

第2章

25 # 社会研究的主要类型是什么?

> 不论是社会学家、政治学家还是人类学家所做的学术研究，其目的都是要回答与其相关研究领域内的理论问题。相反，应用社会研究的目的则是运用数据和资料来做决定。
>
> ——鲁宾（Herbert J. Rubin），《应用社会研究》（*Applied Social Research*），6－7页

大学毕业3年后，提姆与莎拉相约用午餐。提姆问莎拉：“你在社会资料公司当研究员的新工作怎么样？做些什么呢？”莎拉回答说：“我现在正在执行一个针对六所托儿所的应用研究项目，我们对托儿所老师进行横截面调查，以此为一个非营利组织的评估研究提供描述性数据资料。”莎拉对她的托儿所研究项目的描述涉及了社会研究的不同维度。在本章中，你将对社会研究的不同维度有更深入和全面的了解。

第1章展现了一幅社会科学研究的简单图景。社会研究有许多种不同的类型与规模。我们可以用不同的方法来组织研究：实验性的或非实验性的研究，个案研究或跨个案研究，定性或定量研究。[①] 我们可以通过五个维度（见图表2.1）来组织很多种类的研究。这些维度包括：我们如何使用研究调查结果，其主要受众是谁；我们为什么开展一项研究；个案的数量及我们如何来检验它们；我们如何组织时间；我们决定利用哪种方法来收集数据和资料。针对以上任一维度，你都可以展开一个独立的调查研究。

你会发现，学习这些不同的维度以及它们之间的相互关系是非常有用的。首先，你能更容易地理解学术期刊里的研究报告。当你辨别出了某一研究的维度，你便能更快地了解该研究说的是什么，以及它是如何展开的。其次，当你自己开展研究时，你要做出许多决定，而当你制订某一特定研究计划时，每一个维度都可以看作一个决策点。为了做出好的决策，你应该注意权衡每个决策点的利弊得失。此外，这些维度都是相互关联的，有些维度经常一起出现（比如研究目的和资料收集方法）。随着对这
26 些维度的不断了解，你会逐渐学会如何最好地结合不同维度以解决你感兴趣的特定研究问题。

图表2.1　　社会研究的维度和主要类型

研究的应用与受众

- 基础研究
- 应用研究
  - 评估
  - 行动
  - 社会影响

① Abbott（2004：40－79）提供了一个更为全面和复杂的方法的结构。

续前表

研究目的

- 探索
- 描述
- 解释

个案内与跨个案

- 个案研究
- 跨个案研究

时间维度的单点或多点研究

- 横剖研究
- 纵贯研究
    - 时间序列
    - 同组
    - 同期群
- 个案研究

资料收集方法

- 定量资料
    - 实验
    - 调查
    - 非反应/非互动（内容分析、二次分析、现有统计资料）
- 定性资料
    - 实地（民族志、参与式观察）
    - 历史比较

一、研究的应用与受众

社会研究有两大派别或取向。存在一种稍微超然的“科学的”与“学术的”取向以及另一种更激进、务实与行动导向的取向。这两者之间并没有严格的区分。许多研究者同时采取这两种取向，或者在不同研究生涯阶段中从一种取向转向另一种取向。这两种取向的差异在于如何应用研究成果以及谁是主要受众。

（一）基础研究

基础研究（basic research）也称作*学术研究*或*纯研究*，它增进有关社会世界的基本知识。它是大多数思考社会事件的新科学思维和方法的源泉。科学共同体便成了其主要受众。研究者运用基础研究来支持或驳斥关于社会世界如何运作和变迁、事情为什么发生、社会关系或事件为什么是某一特定的方式等理论。

有些人批评基础研究的取向，并且质疑：“基础研究有什么用?”他们认为基础研究是浪费时间与金钱，因为这种研究没有直接的用处，也无法解决迫切的问题。很多实践者想要得到他们在下周、一个月或一年内可以解决的问题的答案，而基础研究者可能花费数年的时间煞费苦心地寻找能够在未来几十年重塑思维的问题的答案。从短期来看，许多基础研究缺乏实用性，然而它建立了知识与更广泛理解的基础，而这些认知对许多议题、政策领域和研究领域都有影响。基础研究同时也是所有研究者使用的工具——方法、理论和思想——的来源。知识上的重大突破和进展几乎都来自基础研究。它为核心理论理解奠基，同时也可能对研究当时还未发生的未来的问题具有解释力。

基础研究者会检验一些看似不实际的议题，因为基础研究得出的知识要在许多年甚至几十年后才能得到应用。通常在不同的基础知识经过很长一段时间的积累后，我们才会看到它的实际应用。例如：在
27 1984 年，英国莱斯特大学的一位遗传学家杰弗瑞（Alec Jeffrey）从事于基因演变的基础研究。作为他开发的一项新技术的间接意外副作用，他学会了如何制造人类 DNA 的“指纹”或个人 DNA 的独特标记。这并不是他的本意。杰弗瑞甚至表示如果创造 DNA 指纹就是他的目标的话，他倒未必真能发现这项技术。在 20 世纪 90 年代中期，该项技术的应用得到了很大的发展。今天，DNA 分析技术也广泛地应用于对罪犯的侦查和其他领域中。许多主要实践的突破和创新都能在最初不相关联的基础研究中找到相似的起源。

很少有实务工作者（如警察、青少年犯罪者的法律顾问等）能看到自身工作与基础研究问题（比如“为什么会发生越轨行为?”）的关联性。然而对于这些基础性问题的回答激发出新的思考方式，可能对实务工作者自身工作具有巨大的改进与革新作用。公共政策与社会服务如果不能对事件和行为的本质成因有所了解，就很容易失去效能或误入歧途。当然，除了基础研究以外，应用研究也会产生新的知识。尽管如此，对于促进知识的扩张而言，基础研究至为关键。大部分基础研究是由位居科学共同体中心的研究者所开展的。

（二）应用研究

当研究者进行**应用研究（applied research）**时，他们尝试解决特定的问题，比如某雇主、当地社区或是某社会运动所提出的问题。[1] 应用研究很少建立、检验理论或与理论建立联系，大多数的应用研究都是短期和小规模的，提供能在一年或更短时间内付诸实践的实用性解决方案。例如，某大学学生会希望减少学生酗酒行为，因此它想知道，下一年学生会赞助举办无酒精舞会是否能减少因酒后驾驶遭逮捕的学生数量。应用研究特别适合被运用到这种情形中。

商界、政府机关、社会服务机构、卫生保健中心、政治组织和教育机构都在进行应用研究并基于发现做出决策。应用研究能够影响很多决策，例如建立一个旨在减少客户受惠前等待时间的项目，例如帮助警察来决定是否建立一个新的警方回应机制来减少婚姻中配偶暴力行为，又例如帮助一家公司决定把其产品 A 针对成年人而不是青少年进行市场推广。

应用研究结果的主要受众是许多活跃的实务工作者（如教师、医生、护士、销售代理、法律顾问、个案工作者、法官、经理、总监和城市管理员等）。在这些各种各样的受众中，许多人还缺少研究调查的背景和很好的科学性视角。这也会造成一些混乱。例如，法庭诉讼程序会从诸如调查这样的研究中获取研究成果，然而非科学家（法官、陪审团、律师）会在非科学的基础上评价研究方法和结果。[2] 因此他们可能误读结果或采用与科学共同体不同的评判标准。被非科学家接受的研究结论可能不会满足科学研究的基本标准，而那些被拒绝的研究结果在质量和精确度方面却可能达到了科学的最高要求。这意味着应用研究者需要非常谨慎地将科学技术知识用非专业决策者的语言表达出来。他们还需要对研究设计或研究结论的优势与局限性给予强调。

研究者能够为对研究过程的细节不感兴趣以及只想得到关键结论的简短介绍的决策者实施一项应用研究。尽管如此，研究者还应该为其准备一项完整详尽的研究报告。因为有时间且有能力对研究做出质量评估的人对此感兴趣，也可能会出现对相关问题的争论。应用研究的局限性在于，它的结果不大会以同行评议的出版物形式向大众公布。多数情况下，结果只是有限地分布，只有某一组织中的少数决策者或实际工作者可以取得。

---

① 参见 Finsterbusch & Motz (1980)，Freeman (1983)，Lazarsfeld & Reitz (1975)，Olsen & Micklin (1981)，Rubin (1983) 等对应用研究的讨论。也可参阅 Whyte (1986) 对非应用社会研究的批评以及许多社会研究影响公共议题的例子。McGrathetal (1982) 讨论了与应用研究相关的判断。

② 参见 Crespi (1987) 和 Dutka (1982) 在法律程序中对调查研究的使用。

由于应用研究直接作用于实践领域，所以容易引起争议。这并不是现在才有的事。例如，在 1903 年，埃尔伍德（Charles Ellwood）进行了一项关于监狱与救济院的应用研究，证明了这两大制度的严重缺陷。他的研究报告引起了公众极大的愤慨，然而，他却被以“诽谤他的雇主——州政府”为由告上了法庭。[①]怀特（William Whyte，1984）在其对俄克拉何马州的工厂与芝加哥的餐厅所做的应用研究中，遇到冲突之处。前一个个案中，管理者对击败工会比对学习雇佣关系更感兴趣；而在后一个个案中，餐厅老板努力使这个产业看起来体体面面，而不是让任何人了解餐厅运作的实际细节。一些企业组织有不同于研究性调查的思维模式。学会在不同的思维模式中交流、磋商则是一项重要的需要发展的技能（Reingold，1999）。还有类似的冲突性情况，有时，官员们把对政策冲突做出的应用研究作为一种延缓策略，目的只是转移批评、延迟决策，直到对该政策关注热度降低，而对相关应用研究及其结论并没有兴趣。 28

应用研究与基础研究对于方法论有着不同的立场取向（见表 2.1）。在应用研究中，研究者必须做出更多权衡或在科学严谨度上稍做退让，以获取快速而可用的结果。然而，妥协并不是草率研究的借口。应用研究者学习如何使研究与应用情境相配合，以取得实际需要与科学严谨之间的平衡。这种平衡不但需要对研究有深入的了解，而且要求对标准妥协后的可能结果有清楚的认识。

表 2.1　基础研究与应用研究的比较

比较层面	基础研究	应用研究
首要受众	科学共同体（和其他研究者）	实务工作者、项目参与者和监督者（非研究人员）
评价者	研究同行	实务工作者、监督者
研究者自主性	高	中-低
研究精确度	非常高	中等，据实际情况有不同
优先表现	被证明的事实	相关性
目的	创造新知识	解决实际问题
如何界定成功	发表，对知识和科学家们的影响	直接应用于处理特定的问题

三种应用研究类型。应用社会研究有许多种类型，这里将讨论主要的三种类型：评估研究、行动研究和社会影响评估。

1. 评估研究（evaluation research）。评估研究是一种最广泛使用的应用研究。[②] 这种类型的评估研究被广泛应用于大型科层组织（例如，企业、学校、医院、政府机关、大型非营利组织），去发现一个项目、一种新的做事方法、一种营销活动、一个政策等是否有效，换句话说，“这能行吗?”甚至有一个专门致力于推进应用研究发展的学术期刊《评估评论》（*Evaluation Review*）。

在 20 世纪 60 年代，美国联邦政府建立了许多新的社会项目，这使得应用研究在美国得到了重大的拓展。大多数研究者采取了实证主义（见第 4 章）和成本效益分析方法（将在此章后面进行论述）。直到 20 世纪 70 年代，大多政府社会项目要求通过评估研究测定项目的有效性。

典型的评估研究所提出的问题有：一个关于强制性逮捕的执法项目能否减少婚姻暴力行为？一个强奸警示项目能否减少大学中男性对女性的强迫性性行为？弹性工时项目会提高员工的生产效率吗？评估研究测量一个方案、政策、做事方式的有效性。评估研究者使用几种研究技术（例如，调查、民族志学的田野研究），但如果能使用内容分析的话，研究结果会是最有效的。 29

有些实务工作者会自己进行评估研究。但更通常情况下，外部管理者和决策者会委托他人进行研究。

① 参见 Turner & Turner（1991：181）。

② 关于评估研究的简要介绍，参阅 Adams & Schvaneveldt（1985：315－328），Finsterbusch & Motz（1980：119－158），以及 Smith & Glass（1987）。更为完整的讨论，可参阅 Burnsteinetal（1985），Freeman（1992），Rossi（1982），Rossi & Freeman（1985），Saxe & Fine（1981），以及 Weiss（1972）。

外部人员通常会对研究的范围设下限制。他们可能会指定特定研究兴趣。例如，教育局官员可能要求研究二年级到五年级之间学生数学技能的提升情况，但会告诉研究人员忽视其他科目、学习的其他方面以及儿童认知社会发展的变化。

在评估研究中，伦理道德与政治的紧张关系经常出现。这是因为人们对特定的研究结果产生了浓厚的兴趣。研究结果可能会影响到个人是否能被聘用、谁建立了政治声望，或是哪一个项目更优越。对研究结果不满意的人会批评研究者，或者批评研究方法不严谨、有偏见或者不充分。一些评估研究者也遭受过一些不正当的操纵压力，特别是对于有争议性的议题或项目。这种争议的可能性使应用研究更应保持真实性和开放性，以及严格遵循合适的研究过程。

尽管评估研究有其价值，但它也存在局限性。很少有评估研究通过严格的同行评议程序，且它们的原始数据很少能公开地检查和复制。另外，决策者可能选择性地使用或忽视评估报告（见实例方框2.1：评估研究）。许多研究关注点十分狭窄，只关注特定的输入输出而不是整个项目的程序和衍生影响。例如，1996年美国社会福利项目发生了巨大的变化或“改革”。对新项目的评估研究集中在它们是否降低了处理的福利案件数量以及新项目的管理成本，但是很少有研究关注新项目对未履行的家庭义务或儿童日益增加的痛苦的影响。为了证明这些新项目和政策的正当性，政策制定者和政客们选择性地利用了这些证据，并吹嘘其积极的效用。①

实例方框 2.1　评估研究

怀桑、阿尼斯科维兹和赖特（Wysong，Aniskiewicz & Wright，1994）评估了美国及其他42个国家10 000所学校中设立的反对滥用药物教育（D. A. R. E）项目的效果。这个项目被广泛应用，而且有很好的资金支持，受到警察、学校行政人员、家长群体和其他人的欢迎。通过警察在低年级学生中宣传，该项目试图通过提高青少年对毒品的认识、培育反毒品的应对技能以及增强自尊心来减少青少年对非法药物的使用行为。作者考察了印第安纳州一所中学的两个高年级学生群体。一个群体在七年级加入了反对滥用药物教育项目，另一个则没有加入。跟先前的很多研究一致，作者发现这两个组在首次吸毒的年龄、吸毒频率以及自尊心方面没有持续性差异。作者认为这个项目的普及可能与它的政治象征影响有关。这个项目可能对潜在目标（即使政治家、学校行政人员和其他人在道德上感觉很好，而且参与到反毒品行动中）更有效，但是对官方的目标（即减少青少年对非法药物的使用）却没有效果。

评估研究有两种类型，分别是过程评估和总结评估。*过程评估*是一种项目管理措施，指对运行的项目实行必要的监控和持续的反馈。*总结评估*则评估方案的最后结果。通常这两种类型都是必要的。

许多机构（例如，学校、政府机关、企业）都将评估研究作为进行中的运行业务的一部分。一个例子是由美国国防部在20世纪60年代首次实行的*“计划、执行和预算系统”*（Planning，Programming and Budgeting System，PPBS）。计划、执行与预算系统赖以建立的理念是，研究者把项目执行成效与其规定目标和目的进行对照从而进行评估。评估者先将一个方案分割成数个部分，再根据每个部分的成本费用
30（人事、财务等）及其达到项目明确目标的成效来加以分析。举例来说，一所妇女健康中心提供怀孕教育，这个计划包括四个部分，即外展服务、教育、劝告和转诊介绍，而其方案也有四个目标，即接触怀孕妇女并提供精神支持和安抚、提供关于怀孕的信息、告知妇女可能的危险与应当注意的事项、把怀孕妇女推荐到有关卫生保健提供者或家庭计划机构。评估研究者将会检验这个方案每个部分的费用，并且测量这个方案达到四个目标的程度。例如，研究者可能会询问：（1）中心人员去年有多少时间以及有多

① 参见 Oliker（1994）。

少供给物品被用在外展服务上？（2）有多少电话或调查可以追溯到这些努力？（3）多少来自目标团体的妇女联系或咨询了该中心？[①]

2. 行动研究（action research）。行动研究视知识为一种权力形式，它融合了对新知识的追求以及为实现某一目标对知识的运用。在行动研究中，我们并不能够保持超然，而是弥合研究一项议题与参与影响这项议题的社会政治行动之间的差距。不同类型的行动研究如下：

> 受不同哲学立场的影响，主要是由认识论和本体论的核心假设的变化而驱动，这些假设在目标和要求上规范地告知实务工作者。然而这些哲学差异的影响通常在发表的报告中没有被注意到，从而引发了歧义和冲突。（Cassell and Johnson，2006：785－786）

在第 4 章中，我们将会考虑这些哲学层面的差异。大多数的行动研究有以下五方面的特征：

- 被研究的对象也是整个研究过程的主动参与者；
- 研究结合大众的知识和普通人的关注；
- 研究考察权力关系，并且呈现社会不平等、不公正；
- 研究结果的公布是为了提高公众意识、赋权于普通大众；
- 研究直接与社会政治行动和实现社会目标紧密相关。

行动研究尝试在研究者和研究对象之间建立起平等的权力关系，避免研究者对研究对象的控制和地位、权威的影响。相反，我们鼓励研究对象的平等与直接参与。我们希望提高参与者与公众的意识，因此发表文章是次要目标。重点是与研究参与者和公众分享研究成果，而这一般通过正式报告、手册、大众媒体和会议的新闻发布等来实现。

行动研究总能吸引那些持有强烈鲜明观点的研究者（诸如：环境保护主义者、平等主义者、女权主义者等等）。比如说一个对女权主义深信不疑的研究者会认为，研究不仅增加了相关知识还促进了性别关系转化的社会变革。[②] 研究性骚扰的女权主义研究者可能建议改变政策以减少性骚扰的发生，并且告知潜在的受害者使他们能够维护权益。又或者，行动研究者要保护一个因水坝计划而将被摧毁的城镇。他们与工会干部以及经营管理者合作，重新设计工作配置以避免裁员。在发展中国家，行动研究者在不识字的贫穷农民中开展识字教育，传播问题意识，改善生活条件。[③]

参与式行动研究（participatory action research）是行动研究的一个分支，强调知识产生过程的民主化、揭露不公平、强调社会不平等和冲突，并且参与集体行动来改善群体生存状态。参与式行动研究的 *31*
一个主要观点在于：知识是在社会政治的行动主义框架下产生的。研究参与者在直接行动中了解更多信息并且增强自身能力，他们得到更多知识、更容易成功。

在参与式行动研究中，研究参与者在研究的制定、设计和实施过程中发挥着积极的作用。在合作过程中，他们与专业研究人员共同得出结论。参与者更多活跃在界定问题、项目实施方面，因为大多数参与者对专业社会研究知识都不太熟悉，而受过专业训练的研究人员充当咨询顾问和合作者，在研究设计、资料收集和数据分析/解释方面提供帮助和专门知识。

行动研究者在专业标准与适应当地条件和具体参与者关注的实际限制之间进行平衡。当地参与者的介入和控制意味着研究结果的共同所有权，而想要以专业形式发表研究结果的研究者则会被参与者们认为只是在努力推进自己的事业。这使得研究者在公共平台或渠道上发布研究结果之前得到参与者们的允许与合作显得尤为重要。[④]

拥有与研究参与者利益相反的价值/倡导的组织或个人，可能会对可见的成功的行动研究提出挑战。

---

① PPBS 和相关的评估研究在 Smith & Glass（1987：41－49）的著作中得到了讨论。

② 参见 Reinharz（1992：252）。

③ 参见 Cancian & Armstead（1992），Reason（1994）以及 Whyte（1989）。

④ 关于参与式行动研究，参见 Cassell & Johnson（2006），Kemmis & McTaggart（2003），以及 Stoecker（1999）。

因此，行动研究者需要对正当的研究程序有深入的了解，并非常仔细地记录研究方法（见实例方框2.2：行动研究）。

3. 社会影响评估（social impact assessment，SIA）。社会影响评估是在计划改变之前对可能的社会后果所进行的评估。[①] 社会影响评估研究通常是政府机构要求的更大的环境影响报告的一部分。在美国，1969年颁布的《国家环境政策法案》（National Environment Policy Act，NEPA）要求联邦政府机构在做出会“严重影响人类环境质量的行动”（NEPA，第102条）之前，做出环境影响报告（Environmental Impact Statement，EIS）。为环境影响报告准备社会影响评估需要社会科学研究，并评估正面和负面的影响。

学校、医院、监狱、住宅群、购物中心、工厂、垃圾填埋场、高速公路、机场、水库、公园、娱乐用地、发电厂等的选址和建造都需要用到环境影响报告。如果社会影响评估是环境影响报告的一部分，它将评估这些行动的可能结果，包括住房实用性和质量、人口特征（如年龄结构、种族-民族多样性、收入和受教育水平等），以及权力-权威的分布状态。它可能评估态度和看法、家庭纽带和友谊网络。环境影响报告中社会影响评估的部分会考虑对社区资源的影响，比如健康、警察、消防、卫生服务、就业、学校和娱乐机会、非营利组织的活力等。它还考虑对已在当地建立了历史和文化根基的人的不同社区的生存或存续的影响。[②]

开展社会影响评估的研究者们经常在跨学科的研究团队中工作，以测量影响的领域（见实例方框2.3：社会影响研究），但同时他们也有自己专业的组织——国际影响评价协会（International Association of Impact Assessment，IAIA），以及学术期刊——《影响评价与项目评估》（*Impact Assessment and Project Appraisal*）。

经过几十年的发展，社会影响评估研究的工具和效度都已得到了基本确立。然而这一应用研究由于下述原因并没有得到充分利用。第一，大多数的环境影响报告（EIS）不要求做出社会影响评估，立法者、政策官员和决策者在批准一个主要项目时很少会要求提供社会影响评估。除了少数大型项目以外，大多数的决策者都没有充分系统地评估社会影响，就决定改变地区规划的限制，建造新的商业园、开发
32 住宅、改变交通路线，等等，而这些决定都是基于政治和经济利益做出的。第二，社会影响评估需要时间和金钱，项目官员通常都很抗拒使用项目基金并且反对拖慢决策进程。由于他们是短期性工作，因此即便他们可以通过研究做出更全面的、从长期来看能够节省开支和减少运行障碍的决策，他们也不会把精力放在研究上面。第三，许多地方的政治文化氛围对于事前规划、“专家”建议是警觉提防和不信任的。这种不信任与对社会科学研究的有限认知有关，因此人们更倾向于传统的决策方法，比如通过主观猜测而不是基于对决策的社会影响的研究。第四，新项目的推行者和投资者往往都是反对进行社会影响评估的。因为他们担心评估研究结果会造成延误、迫使做出代价高昂的变更，或是由于指出了某些社会焦点而不得不偏离计划好的轨道。最后一点原因在于在社会影响研究的个案中，由于压倒一切的政治关切和根深蒂固的政治经济利益的影响，官员们往往忽视这些社会影响研究的结果。

实例方框2.2 行动研究

威廉斯等人（Williams, et al., 2007）运用参与式行动方法来研究加拿大萨斯卡通市的生活质量。他们于2001年和2004年分别在城市中三个地区（低、中、高收入）收集了定性和定量的资料，主要聚焦于三个主题：(1) 日益增加的收入差距；(2) 涉及社会经济地位较低人群的社会知识转化策略；(3) 如

---

① 有关社会影响研究的讨论，参阅Chadwicketal（1984：313－342），Finsterbusch & Motz（1980：75－118），Finsterbusch & Wolf（1981），也可参阅Rossietal（1982）及Wright & Rossi（1981）对“天灾”与社会科学所做的讨论。

② 参见Becker & Vanclay（2003）以及社会影响评估指导方针与原则跨组织委员会（1994）编纂的《社会影响评估指导方针与原则》，网址为http：//www.nmfs.noaa.gov/sfa/social_impact_guide.htm。

何为当地生活质量带来积极转变。研究者们建立了一个“融合式”的研究机构，它同时以大学和当地社区为基础，并采取共同领导权的模式（领导者一名来自大学，一名来自社区）。社区领袖关注萨斯卡通市的生活质量问题，并活跃在整个研究过程中。他们包含四种知识转化策略：定期接触当地传媒（如报纸和电视），开展多次社区论坛会，与几个社区组织共同创立“萨斯卡通市生活质量委员会”，雇用一名行动研究者作为政策倡导者（提倡启动新政策）。社区成员参与到研究的设计、资料收集、数据分析/解释当中。作者们把研究结论作为社区的学习手段，用于增加认知和促进行动。他们使用了几种方法来交流结果：发表短篇报告、制作海报，并在社区论坛上提交研究摘要供讨论等等。然而对研究结论的讨论并不是终结，相反，这是一个基于社区对调查结果的反应而创造新政策、计划或行动的阶段。

另一个应用研究是由夸奇等人（Quach，et al.，2008：340）进行的应用行动研究，该研究以加利福尼亚州一个县的越南美甲店店员为研究对象，“收集初步描述性信息”。作者指出，在加利福尼亚州有35 000 家美甲店，其中有300 000 名美甲师长时间在有毒有害的美甲产品中工作。在加利福尼亚州，59%～80%有执照的美甲师是越南裔，而95%是女性。在1987 年到2002 年，越南美甲店店员的比例增加了十倍，但对其健康状态几乎一无所知。研究者们希望通过该研究提高人们对健康问题的认识，并且通过成立一个社区咨询委员会监督这项研究，鼓励工作者参与其中。该研究的一个重要特征是：研究对象是移民，其中许多人英语水平有限（99%的人在越南出生，一半的人在美国生活了十年或以上）。通过当地健康中心的外展团队人员的交涉，委员会由十个越南社区成员（其中包括美甲工作者）、健康中心的患者、美容指导师、乳腺癌幸存者以及来自阿拉米达县（旧金山湾区域）的精神健康顾问组成。这一研究涵盖了来自74 个美容店的201 名美甲工作者，采用了十分钟的越南语调查问卷、焦点组访谈、美容店实地观察（比如门窗数量和通风口）等方法。这项研究呈现了许多的健康问题，过半的美甲店店员表示自从开始在该行业工作后，产生了严重的健康问题（如眼睛刺激、头痛、呼吸困难等），大多数担心自身过度暴露在工作环境的化学物质中，然而不到一半的美甲店有充足的通风系统来减少这种化学暴露。当地社区成员积极参与到研究的不同阶段中，最终使得研究者们能够通过研究结果对当地民众进行更大范围的教育，并能据此制定新的政策帮助减少工作者因暴露在有害工作环境中而造成的损害。 33

实例方框 2.3　社会影响研究

在过去30 年内，许多赌博或“博彩”形式在美国得到了扩散。1980 年，赌博只有在少数几个州是合法的，利润不到100 亿美元。而今天，赌博在48 个州都合法化，每年的利润超过500 亿美元。原因很简单，法律制定者希望不通过提高税收而寻求新的收入来源，并希望促进经济发展。博彩业带来新的就业岗位，促进经济复苏，并且可以从中“截取”巨大现金流。这对于法律制定者来说非常理想：无须提高税收，博彩业就可以创造就业机会，增强当地经济，增加财政收入。美洲印第安人享受法定的条约上的权利，意味着博彩法不适用于印第安人的土地范围。当年纽约罗切斯特市区打算新建一个赌场，肯特（Kent，2004）被委托进行一个社会影响研究，不过就像许多社会影响研究报告一样，肯特的这一报告也没有发表在学术期刊上。报告估计，这一新赌场会为城市增加1 300 个新职位，而纽约州每年会增加2 300 万美元的财政收入，罗切斯特市则每年会从赌场得到1 100 万美元的税收收入。为了评估其影响，研究比较了几个有赌场和无赌场的城市数据，同时也参考了以往对于毒瘾行为的研究。这一部分的研究既考虑到了赌场给城市带来的经济收益和额外社会成本（如犯罪率、卖淫嫖娼、非法毒品使用、成瘾赌徒等等），还表示更多的赌场增加了病态赌博的概率以及个人和家庭的成本（离婚和儿童虐待行为的增加），而最终据估计这种社会成本换算成数字约有每年1 000 万美元。

两种应用研究工具。许多应用研究者使用两种工具作为他们研究的一部分：需求评估与成本收益

分析。

在**需求评估（needs assessment）**中，研究者搜集资料以决定主要社会需求及其紧迫性。这通常是政府机构或慈善组织决定采取哪种策略帮助人们或进行进一步研究的第一步。需求评估常常被复杂的社区关系所纠缠，当我们进行需求评估时，可能会遇到若干问题（见总结回顾方框 2.1：需求评估的两难困境）。

第一个议题是优先考虑的急迫需求或问题。或许一个社区有许多问题或关注点，比如，受到家庭暴力虐待的妇女，滥用药物的青少年，露宿于公园无家可归的人，在赛马比赛中输掉一大笔钱的上班族或在乡村俱乐部中饮酒过量后酒驾的行政主管。哪个问题接受需求评估呢？最清楚可见的需要可能并不是最严重迫切的需求，也可能不是引发公众强烈抗议的需求。

第二个议题是确定需求评估的信息来源。比如说，在对一个帮助无家可归者的项目做需求评估的时候，谁应当提供所需要的资源呢？我们难道要与那些抱怨无家可归者居住在他们的街区的企业主们讨论无家可归者的需求吗？我们是否应向当下服务提供者（如社工、健康机构、学校、流浪收容所、事物仓库、流动厨房等）了解无家可归人群的信息呢？我们是否应依赖法律执行机构（如警署、监狱、法院）？
34 我们是否应询问朋友、家人或居住在街区的非专业游说者？还是说我们要去询问无家可归者本身？当然，理想情况下我们希望了解所有信息，但界定所有的范围并不容易，而且有较高的时间成本。

第三个议题是当下的需求并不能涵盖所有具有更低可见性的需求，也无法把它与长期解决方法结合起来。比如说，我们知道无家可归者需要房子，然而在对情况进行分析以后我们认为，如果这些人有了工作，自然会有房子，因此认为住房问题是由对工作的需求引起的，而就业反过来又可能是由对技能、“生活工资”和某种类型企业的需求引起的。因此想要解决住房问题，需要吸引特定类型的商业，制定新的最低工资标准，以及提供职业技能培训。表面上，明显的需求都植根于许多人没有意识到的更深层次的条件和原因。又比如说，饮用受污染的水源、饮食不规律、缺乏锻炼可能会增加个人对医疗保健服务的需求。这是否意味着需要更多的医疗服务，或更好的水处理系统，或公共健康教育项目？

第四个议题是需求评估可能会引发政治辩论，或是提出超过地方控制能力或缺乏现实执行机会的解决方案。强大的团体可能不希望某些社会需要被公开或记录下来。我们可能发现某个城市有许多未被报道的犯罪事实，但如果报道出来可能会戳破一个商会与市政府努力营造的安全、运行良好的城市形象。某个团体的需求，可能与通过制造这种需求获利的另一个团体的行动之间有着密切的关联。例如，在赛马场中投下过多赌注的那群人的需求，就与创造这种需求的赛马场的所有者或员工的行动有着直接的联系。一旦研究者记录这些需求并且提出解决方法，他很可能会卷入到这些敌对的团体之中。

总结回顾方框 2.1 需求评估的两难困境

1. 哪项议题决定最急迫的、最需要被评估的议题？
2. 应该向谁了解某一群体的需求？
3. 是否应同时考虑有意识的、可见的需求和隐藏的、未言明的需求？
4. 当多种需求同时存在时，应把何种需求纳入评估中？
5. 是应该将对需求的补救措施/解决方法加以选择和限制，以使之能在掌权者限定范围内得以实现，还是应当不论其破坏性，仍然全方面考虑所有可能性？

经济学家开发了第二个工具，即**成本收益分析（cost-benefit analysis）**。据此研究者以货币价值评估行动的未来成本与收益。我们首先确定所有后果，包括有形的后果，如创造就业机会、商业信息或毕业率，也包括无形的后果，如干净空气、政治自由、优美的景观、一个项目或行为的低压力水平等。其次，赋予每项结果一个货币值；有些可能是负值（比如成本），有些是正值（如收入），有些可能是中性的。然后计算每个结果的概率和可能性。最后，比较成本与收益，由决策者确定是否得到了平衡。

成本收益分析似乎是种非政治的、理性的和技术性的决策制定策略，但是它经常备受争议。与需求评估一样，人们对被认为相关或重要的议题的活动意见不一。因此，有些人会认为最重要的问题是公司的稳定性和盈利能力、低税和创造新的就业机会。其他人则认为，当务之急是营造健康清洁的环境，开放的绿色空间，增加艺术表达和言论自由。人们对于某一结果是积极还是消极的看法也未必一致。举例来说，我可能认为拓宽一条公路是一项收益，因为这可以使我更快地到达工作地点并减少拥堵。但是公 35
路边住户则认为这是一项成本。因为那可能使他们不得不让出部分庭院空间，并增加周围的噪音、污染和交通堵塞，降低房屋的市场价值。在一项关于纽约罗切斯特市开设新赌场的社会影响评估中（见实例方框 2.3），报告表明经济收益（效益、工作、税费）大于社会性支出（犯罪、赌博、家庭破裂和非法药物使用）。虽然它表明收益是大于花费的，但那些得到经济收益的人（像是当地的老板、纳税人和得到赌场工作的人）并不是那些支付社会支出的人（像是由于赌博而家庭破裂的人、因为增加毒品使用而导致健康状态下降的人，以及卖淫女性等）。

我们以两种方法为成本和收益分配货币价值。*意外损失评估*询问人们某件东西对他们来说值多少钱。举例来说，一个城镇考虑是否让一个有污染的工厂进入当地，因此我们想要估计对一般人会造成健康危害的空气污染成本。我们可能会这样问：对你来说，因为支气管炎咳嗽得厉害，而一年有 10 天不能上班，这值多少钱？如果在一个 20 000 人的城镇中，人们平均认定的价值是 150 美元，那么健康的意外损失评估或主观收益就是每年（150×20 000）美元，即 300 万美元。我们把这个数字和企业所赚得的高额利润，以及由于允许了工厂污染而创造的新就业机会进行平衡。这个估计法的问题是，人们很少会给出一个精确的估计值，而且不同的人也会给出非常不同的成本值。对于穷人来说，咳嗽与失去工作可能价值 150 美元，但是对富有的人来说，这可能价值 150 000 美元。另外还存在更广泛的影响，就这个例子来说，产生污染的工厂可能会迁移到以低收入者为主要居民的城镇，那将会使他们的生活条件更为恶劣，也会进一步增加穷人和富人生活质量的差距。

就以相同的例子来说，*实际成本评估*则估计实际医疗与失去工作的成本。我们会估计对健康状况的影响，然后加上医疗费用以及雇主雇用替代生病或失去工作能力的工人的费用。举例来说，如果医疗费用平均每人是 150 美元，一位替代工人每天的额外花费是 300 美元，那么每年 10 000 人的医疗费与雇用 1 000 名替代工人工作两天的总费用将是：150×10 000＝1 500 000 美元，再加上 600×1 000＝600 000 美元，估计总数为 210 万美元。这个方法忽略了人们受到的创伤与痛苦、不便，以及间接成本（例如，父母必须待在家里照顾生病的小孩、小孩因为哮喘而不能参加运动等）。用这个方法来平衡损益时，造成污染的工厂就必须多赚得 210 万美元的利润。

成本收益分析的基本假设在于我们能够给任何事物（孩子的学习、健康、爱、快乐、人的尊严、贞节）赋予货币价值，而且假设人们对于这些事物价值的评估都相去不远。我们可能会质疑这些假设。成本收益分析还可能引起道德与政治上的忧虑，因为付出成本的人可能不是得到收益的人。另外，它通常对高收入者而不是低收入者或穷人更有利。这是因为成本或收益的相对价值是依据一个人的财富与收入而定。同样节省上下班 15 分钟的交通时间，高收入者会比低收入者赋予更高的价值或收益。高收入者认为节省了 15 分钟就是赚了 50 美元，而对于低收入者而言这只是赚了 5 美元。成本收益分析通常发现。给低收入人群的生活带来不便或扰乱，更符合“成本收益”。

成本收益分析往往掩盖了决策的道德与政治层面。举例来说，我们应该拔掉一个重病老人的生命维持器插头，还是应该让其再活 6 个月。我们将成本与收益进行比较。也许需要 200 000 美元的医疗费用来延续一个人 6 个月的生命，但这 6 个月的生命对于一个没有社会生产力的人来说真的值 200 000 美元吗？除了经济层面的考虑，成本收益分析同时还有道德层面的考虑，尤其在那些涉及与决策者有情感关联的个体（比如你的奶奶）的决定时，最为显著。当决定涉及的是大团体中的许多人（比如医院里 1 000 个病 36
人的损失），因而不容易辨认出是哪些个人，或者是缺乏与决策者（比如一个远距离城市的健康保险官员）有直接关系的人时，道德议题则常被忽略。尽管非常模糊，但道德层面的议题仍然存在。

超越基础-应用研究的二分法。基础研究和应用研究的二分法是过度简化的，在其之上还能展开三种

相关的议题和讨论，因此也能在这二分法之上发展出更多的研究类型：

（1）研究所创造的知识形式。

（2）研究结论的受众范围。

（3）发起、设计和控制研究的人——独立研究者或其他。

知识形式。社会研究者创造两种类型的知识——工具性的和反思性的知识。尽管它们有重叠的部分，但这种区分也反映出了对中立、无偏向性、以任务为导向的行为与有原则性的、以价值为基础的、参与式行为的区别。大多数发表在学术期刊的研究和实务工作者进行的研究都是在建立或者拓展**工具性知识（instrumental knowledge）**。这是一种手段一目的以及任务导向型的知识，我们通常用于完成一个特定的任务或者推进对于世界如何运行的了解。我们在拓展或者发明新的研究方法的时候，在收集、证明以及积累新信息的时候都在不断创造这种知识。因此，工具性知识拓展着知识与人类认知的边界。当我们在创造工具性知识的时候，我们可以避免道德冲突和价值导向的忧虑。

与之相反，**反思性知识（reflexive knowledge）**是一种自我警示、以价值为导向的知识。它具有原则性并且最终是为了某一终极价值与目标。我们创造反思性知识是为了建立特定的道德承诺，它自觉地反映在知识创造的特定语境和过程当中，同时也强调知识的寓意所在。我们在创造反思性知识的时候，我们会问这些问题：我们为什么以及如何创造这些知识？这一知识的相关性和重要性是什么，以及对谁重要？它对其他知识以及诸如正义、真理、公平、自由或平等的道德原则有何启示？

研究结论的受众。如前所述，基础研究的主要受众是科学共同体的其他专业研究者们，而应用研究的主要受众则是非研究性的实务工作者。我们可以进一步把实务工作者这一受众划分为四个类别：公众、活动家、广义的实务工作者，以及狭义的实务工作者。每一类别都有不同的兴趣。公众只有一般性兴趣，他们在学校或大众传媒中了解到研究结论。*活动家*、社区倡议者以及行动研究的参与者则对与其切身利益相关的研究结果有着直接的、即刻的关注。*广义的实务工作者*是指高层决策者、政府或大型组织（如企业、医院、警察部门）的政策专家，他们希望整合大量的实务性知识从而有助于当下的和未来的决策形成。与之相反的是*狭义的实务工作者*，他们的目标是为当下特定而紧迫的问题寻求解决方法。

研究者自主性和委托性社会研究。在理想化的、浪漫的研究图景中，研究应当具有对知识追求的完全和无限制的自由。理想状态下的研究者是独立的，有足够的资金支持，对研究本身的开展有着完全的控制权。与之相反的则是有着诸多限制的研究，往往是受雇于**委托性研究（commissioned research）**的研究者们所进行的。大多数委托性研究对研究者自主性有着一定的限制，因为其他人提供资金支持、划定研究问题的范围、规定研究结论的散播。其他“条件”可能包括限制对特定议题而非其他进行考察。同时，研究者完成一项研究的时间可能受到严格限制，或者，他们可能会被要求使用特定的研究方法以及联系特定的人群。

37

基础和应用研究类型集的扩展。我们现在可以把知识、受众以及委托性和自主性研究结合起来，从而创建一组扩展的基础和应用研究类型以及研究者角色（见表2.2）。科学共同体的基础研究中，批判性研究可以创造反思性知识，而专业性研究可以创造工具性知识。① 比如说一个大型私人基金会或者政府机构会委托研究者进行基础研究，这就是基础契约式研究。有时，研究者在其中扮演“公知”的角色，创造反思性知识从而推进一般性讨论和公共辩论。在其他时候，研究者们可能在委托性或自主性研究中创造工具性知识。这些知识可能被用于特定政策的制定或有助于政策辩论。设计反思性研究的研究者可能担任公众教育者的角色，而当他创造的是工具性知识的时候，他可以作为参与者的咨询顾问，或扮演与参与者处于同等地位的参与式研究者角色。尽管在某些情况下，广义的或特定的实务工作者会在对于某些议题或者决策的辩论与商议中创造以及应用反思性知识，但更多情况下实务工作者会关注工具性知识。有时候广义的实务工作者把知识的创造和使用作为开放民主决策的工具，而在其他时候狭义的实务工作

① 参见 Burawoy 等（2004）。

者可能只关注特定的、具有很少应用价值或对研究结果贡献甚微的议题。[①] 当然，一个外群体或者雇佣者可以委托研究者进行研究，研究者也可以自行进行研究。

表 2.2　基础和应用研究类型集的扩展

受众	知识类型		
	反思性知识 *自主性研究*	**工具性知识** *委托性研究*	**工具性知识** *自主性研究*
基础研究类型			
科学共同体	基础批判性研究	基础契约式研究	基础专业性研究
应用研究类型			
公众	公知	专门政策	民主政策
研究参与者	公共教育者	咨询顾问	参与式研究者
广义的实务工作者	民主商议	民主契约	民主应用研究
狭义的实务工作者	专门性商议	专门性契约	专门性应用研究

二、研究目的

我们进行研究有很多原因：上司要求我这么做、课堂作业、我很好奇、室友认为这个主意不错。几乎每位研究者都有他自己的理由。我们可以将研究分成三种类型——探索新话题、描述社会现象和解释事情发生的原因。[②] 有时，一个研究或许会有许多个目标（例如，同时想要探索与描述），但是总会有一个是主要的目的（见总结回顾方框 2.2：研究类型的目标）。 38

总结回顾方框 2.2　研究类型的目标

探索性研究

- 熟悉其中所涉及的基本事实、场景和关心的问题
- 在头脑中对发生的情况绘制出大致的图像
- 为未来的研究的问题形成和关注做准备
- 提出新想法，猜测和假设
- 确定开展研究的可行性
- 开发测量和定位未来数据的技术

描述性研究

- 提供细致、高度精确的画像
- 找出与过去的资料相矛盾的信息
- 创建一组类别或区分不同的类型
- 理清各阶段或步骤出现的先后顺序
- 证明因果过程或机制
- 呈现背景信息或某个情境

解释性研究

① Hammersley（2000）对广义的与狭义的实践者进行了区分。

② Babbie（1998），Bailey（1987：38－39）与 Churchill（1983：56－77）也讨论了解释性、探索性与描述性的研究。

- 检验理论预测或原则
- 详细阐述并丰富一个理论解释
- 将某个理论扩展到新的议题或话题
- 支持或驳斥一项解释或预测
- 联结在某个一般性原则下的各个不同的议题
- 确定若干个解释中哪个是最好的

（一）探索

当议题很新，我们对此几乎一无所知且没有人做过这方面的研究时，我们使用**探索性研究（exploratory research）**（见实例方框2.4：探索性研究）。研究者的目的是要构想出较为精确的问题，以便未来研究能够据此寻求进一步的解答。探索性研究可以说是一个研究系列的第一个阶段。为了获得更为充分的信息，以便第二阶段能够设计、执行更有系统、更详尽的研究，研究者可能需要开展一项探索性的研究。它很少给出明确的答案，它回答关于“是什么”的问题，比如说，社会活动到底是什么？开展这样一项研究很困难，因为并没有很多的指导准则，也没有明确的步骤，任何事情都可能是重要的，而调查的方向也经常改变。

从事探索性研究的研究者必须具有创造性、开放性和灵活性，站在调查的立场上，探索所有的信息来源。研究者提出具有创意的问题，利用不经意发现新奇事物的天赋（即具有重大影响的意外或偶然因素）。举例来说，研究者想要发现移民到新国家的小孩是否年龄越小，受到的负面影响也会越少。然而，他们却意外地发现，某个年龄层（6岁到11岁）的小孩会比较大或较小的小孩，更容易受到移民经历中破坏性因素的伤害。[①]

（二）描述

你可能对某个社会现象已经有了精深的想法，因此想要对之加以描述。**描述性研究（descriptive research）**是将某个情境、社会背景或关系的精确的细节，呈现为一幅图画。刊登在学术期刊上的研究，或是用作政策决定的研究，大多为描述性研究（见实例方框2.5：描述性研究）。

在实践中，描述性研究与解释性研究并没有清楚的界线。在描述性研究中，研究者开始于一个明确界定
39 的主题，再进行研究以获得对于这个主题的精确描述。描述研究的产物就是这个主题的详细图像，或者是对研究问题的回答。比如说，研究关注的是严重酗酒的父母与儿童虐待的关系，研究结果表示25%严重酗酒的父母做出过肢体虐待或者性虐待儿童的行为，而只有5%的无酗酒史的父母进行过虐待。

描述性研究也展现人或社会活动的类型的图像，它主要回答“如何”以及“谁”的问题（这种事情多久发生一次？谁参与其中？）。探索新问题和解释事件成因（比如为什么酗酒父母虐待儿童）与描述事情相比不那么令人关注。大量的社会研究是描述性的，研究者们采用各种资料收集的方法：问卷调查、实地调查、内容分析以及历史比较研究。

实例方框2.4　探索性研究

大多数探索性研究使用定性的资料，一般来说定性研究对于各类证据的使用和新问题的发现有着更开放的态度。特罗夏恩斯基和布兰克（Troshynski & Blank，2008）针对参与非法毒品交易的人展开了探索性研究。这项研究的不寻常之处在于研究参与者有着非法行为，而研究者有机会接触到他们那个特定

---

① 参见Guy等（1987：54－55）学者的讨论。

圈子里的人。在三个月的时间里，作者接触到了 5 名非法毒品交易者并对其进行开放式访谈。他们的目标是发现这些交易者怎么看待自己的行为以及他们的背景是什么。

其他定性的探索性研究要更为复杂。加里（Gavlee，2005）对波多黎各的种族分类进行了人类学式的探索性研究。以往研究发现，巴西和其他许多拉丁美洲国家的人对种族的划分与美国本土的划分不一样。巴西人更注重血统的表型即外表特征，因此产生了许多种族类型，且具有易变性和不确定性。这一研究的问题是：波多黎各人采用的是哪种分类方法？而这种分类法的依据是什么？加里把关注点放在了波多黎各的一个小城市上，他去了那里并对 24 名居民进行了开放式访谈，从而学习当地人采用何种角度和分类方法。然后，他要求 42 个人对他用电脑软件分析的一系列人像进行分类整理。他发现当地人更多根据外表而不是种族进行分类，并采用五种颜色深浅度对人像进行分类。其他体征（如发质、鼻子形状等）也有次要作用。

一些探索性研究使用定量技术。克里桑（Krysan，2008）对一个关于美国不同种族的人如何寻找住房的探索性研究的调查数据进行分析。研究询问了底特律的几百人关于他们最近寻找住房的问题，包括用时多久，他们在找房的过程中考察了多少可能性，以及他们提交了多少申请。克里桑根据不同搜寻策略（如询问朋友、家人或邻居，看庭院的广告牌，网络或报纸，问专业房地产中介等）对买家和卖家以及白人和黑人进行了比较。她从比例上发现了许多共同性，但在种族和房地产中介类型、网络使用、搜寻时间和难度的关系方面发现了一些差异。人们更倾向于寻找与自己同一种族的中介；白人更倾向于上网搜寻，并大多搜寻以白人为主的社区；而黑人的搜寻范围则更广一些，耗时更久，且需要递交更多的申请才能成功。

（三）解释

当你遇到的是个已知的议题，而且对于这个议题已经做过一番描述时，你可能开始思考事情为什么会以现在这个样子呈现。这种想要知道“为什么”、试图解释的欲望，就是**解释性研究（explanatory research）**的目的。解释性研究是建立在探索性研究与描述性研究的基础之上，进而想找出事情发生的原因的研究（见实例方框 2.6：解释性研究）。除了把焦点集中在某个主题之上、呈现该主题的完整图像之外，解释性研究致力于寻求原因与理由。举例来说，一项描述性研究将会记录虐待子女的酗酒的父母的数量，而一项解释性研究更有兴趣想要了解的是为什么这些父母会虐待自己的子女。我们关注的是酗酒会不会导致虐待子女。 40

我们使用多种策略进行解释性研究。在一些解释性研究中，我们提出一种新的解释并随之提供经验证据进行证实或证伪。在另一些研究中我们列出两种或以上的竞争性解释，为每一种解释都寻找证据进行“面对面”直接比较，看哪个证据是最强有力的。又或者，我们从已有的、社会理论中衍生出的解释出发，试图用它对新的问题、情境或者人群进行解释，以此判断这种解释的有效性和解释范围，及其是否需要修改。

实例方框 2.5　描述性研究

洛厄里（Lowery，2007）和同事们的对于启动心理和学术成就关系的实验研究，埃杰尔与特兰比（Edgell & Tranby，2007）对种族不平等下的宗教和信仰研究，以及我们在第 1 章提到的文卡特斯赫（Venkatesh，2008）对黑帮的人类学研究都是描述性研究。其首要关注在于描述行为模式，而不是回答“为什么”的问题或检验已有理论。

另一个例子是昂内弗与卡伦（Unnever & Cullen，2007）对支持死刑的研究。研究者发现许多民意测试显示美国不同种族对死刑的态度有很大的区别。白人种族主义被认为是造成分歧的根源，然而“没有系统理论来解释为什么白人种族主义者更倾向于经济惩罚而非死刑”（Unnever & Cullen，2007：1283）。研究者对一个1 500人的全国样本进行了二次资料分析（见本章后面内容），发现尽管许多因素（比如独裁主义倾向、保守意识形态、宗教信仰、反平等观点）影响人们对死刑的支持，但白人群体中最有力的解释因素是白人种族主义倾向。没有种族主义倾向的白人，对死刑的支持程度与美国黑人基本一致。研究者虽然简要介绍了理论，但这些理论只用于描述死刑支持者的特征等基本概念，研究者并没有对理论进行检验或者将理论用于创建解释（见下一部分）。

三、个案内与跨个案

根据我们研究对象数量以及对个案的调查深度和强度的不同，研究也有所不同。有时候我们谨慎地从较大的总体中选出或抽样出一小部分，但仍可能涉及成百上千的个案。在其他研究（尤其是实验研究）中，我们分析了几十个人，并为这些人操纵条件设置。在另一种类型的研究中，我们集中研究一个或少部分个案，可能个案数量少于十。尽管个案的数量很重要，但在研究中更重要的地方在于，它关注的是个案自身还是跨个案的特征。正如拉金（Ragin，1994：93）所观察到的：“通常情况下，研究者总需要在个案数量和特征数量之间做出权衡。”

“个案”的概念最为核心，却也非常复杂。格林（Gerring，2007：17）称之为“定义困境”，这是因
41 为很多可能的事物都能作为个案，而这是由研究的视角和研究问题所决定的。通常来说，个案都是在特定时间和空间下存在的，也被称作“单元”或者“观测值”。个体、家庭、企业，甚至整个国家都可以看作个案，而在某个研究中作为个案的对象在另一研究中就未必了，比如说国家可以作为个案以对其不同方面特征加以考察，而个体则可作为个案从而对国家人口情况进行考察。

实例方框 2.6 解释性研究

我们在第1章介绍的麦卡蒙（McCammon，2008）和同事开展的针对陪审团权利运动的历史比较研究就是解释性研究，它解释了为何这一运动在某些州开展得比另一些州更成功。第1章中麦克维与索博尔维斯基（McVeigh & Sobolewski，2007）进行的现有数据分析研究也是解释性的，因为研究者检验了种族竞争理论和劳动市场分割理论对郡县内投票行为的解释力。

解释性研究通常列举和检验已有理论，或者把该理论拓展到更广的领域或人群。过去50年间，“接触假说”处于社会心理学理论主流地位，被主要应用于人种间的关系研究。它解释了偏见和负面态度的程度，由于人们对“外群体”的忽视和刻板印象，他们对“外群体”更倾向于有负面态度。而当他们与外群体有更多接触以后，他们会用更积极的观点来取代这种负面态度。因此“接触假说”解释了为什么人们对外群体有负面印象：因为他们之间缺乏交流。许多研究通过对接触情境和外群体威胁程度等方面的调查来检验这一接触理论。

李、法雷尔与林克（Lee，Farrel & Link，2004）把接触假说扩展用于研究美国城市里的无家可归者。研究者通过14个方面对这一群体进行测量，包括获取他们的信息（如电视和文章），进行个体观察、个体互动，以及获知他们自身或家庭成员的无家可归经验等。研究者们还对人们对无家可归者的态度进行了较全面的测量，包括人们认为是什么导致了无家可归，人们为何觉得无家可归者是危险的，又为何同情他们、持有积极态度以及维护他们的权益。研究者从1990年美国200个大城市中随机抽取了1 388名成年人进行电话访谈并对结果进行分析，发现了支持接触假说的确凿证据。与无家可归者很少或没有

接触的人相比，那些与他们接触更多的人群更倾向于对他们持有积极的态度，并支持相关救助项目的开展。同时，研究者还发现了不同种族、年龄、受教育水平和政治意识形态的人对于无家可归者的看法也存在差异。

个案的主体可能不只是简单的任意个体、家庭、企业或国家，我们选择它为“一类事件”的一部分，或因为它属于某一个案类别（George & Bennett，2005：17）。我们对个案进行研究因为它从属于某一分类——类型或类别，而我们试图通过对这种分类的研究发现不同类别之间的相似和区别所在。比如说，我不会因为艾利克斯住在我附近就把他作为个案进行研究，我可能会把他作为我想研究的某类群体的一员，即由于身体残疾无法工作而成为全职“家庭妇男”的中年男性。同样，我可能把 1962 年古巴导弹危机作为一个个案，但它是作为特定类别——国际危机处理和威慑格局之下的个案之一。

在任何研究当中，研究者都应该询问所涉及的个案数量，以及重点在于，对某几个个案进行详细考察还是在多个个案间进行比较。 42

（一）个案研究

个案研究（case-study research）考察少数个案本身的诸多特征。这些个案可以是个体、群体、组织、运动、事件或者地理单位。关于这些个案的资料是完备的、多样化的且具有延伸性的，它可以是某一时点的数据也可以是历时性数据。大多数个案研究是定性的，但这并不是固定模式，而与之相反，几乎所有的跨个案对比研究都是定量的。所以说定性研究并不能等同于个案研究，尽管“几乎所有定性研究都试图通过对个案深度和细致的了解来建立其代表类型”（Ragin，1994a：92）。① 第 1 章提到的文卡特斯赫（Venkatesh，2008）对城市黑帮的人类学研究就是个案研究，它描述了 8 年间某些特定的事件和关系是如何在芝加哥南部特定地理区域内一个黑帮当中展开的。

个案研究集中调查一个或一小部分个案，更多关注每一个个案的特定情境和细节。简单来说，它调查个案自身的特征以及外部的环境，它使得我们能把微观层面的个体行为与宏观、大范围的结构与过程联系起来（Vaughan，1992）。沃尔顿（Walton，1992b：122）说过，“个案研究的逻辑在于阐释一般社会力量是如何塑造特定社会情境以及在其中产生影响这一因果论证”。

个案研究有许多优点，它厘清我们繁杂的想法，使我们能够把抽象想法与我们详细观察到的具体个案联系起来。它还能使我们根据实际生活经验和广泛接受的证据标准来校正或调整对抽象概念的度量。另外，理论也是个案研究的强项之一，正如沃尔顿（Walton，1992b：129）所说，“个案研究更可能创造出最好的理论”。这种情况的出现归结为三个原因。首先，当我们对特定个案已有很深的了解，我们可以创造/构建新的理论，也可以根据复杂的个案或新情形重塑现有理论。其次，当我们研究特定的个案时，社会过程和因果关系的复杂细节变得更加明显，这使得我们对复杂的社会生活能做出更丰富而全面的解释。最后，个案研究提供了证据，更有效地描绘了复杂的、多影响因素的事件/情况和随着时间和空间的推移而发生的过程。个案研究还可以将整个发生情境与多个视角纳入其中。

个案研究有以下六方面的优势②：

1. *概念效度*。个案研究有助于“筛选出”和确定最感兴趣的概念/变量，并在抽象理论中进一步发展它们的核心和本质含义。

2. *启发式影响*。个案研究具有高度的启发性（即，提供进一步的学习、发现或解决问题）。它有助于建构新的理论、拓展概念、探索不同概念之间的界限。

---

① 有关个案研究的讨论，参阅 George & Bennett（2005），Gerring（2007），Miller（1992），Mitchell（1984），Ragin（1992a；1992b），Stake（1994），Vaughan（1992），Walton（1992b），以及 Yin（1988）的文章。

② 参见 George & Bennett（2005：19－22），Gerring（2007），McKeown（2004），Ragin（2008：71－84），Snow & Trom（2002）。

3. *识别因果发生机制*。个案研究能使得一个因素影响其他因素的社会过程和机制的细节清晰可见。

4. *对事件复杂性的捕捉及对过程的追溯*。个案研究可以有效描绘高度复杂和多作用因素的事件/环境，并且追溯特定时空变迁下的社会过程。

5. *校正*。个案研究使研究人员能够根据可靠的生活经验和具体标准调整抽象概念的度量。

6. *全面的阐述*。个案研究能够全面阐释事件发生的情境和过程，并允许整合多种研究视角和观点。

个案研究有着非常细微的关注点，但却能讲述宏大的故事（见实例方框2.7：个案研究）。沃尔顿
43 （Walton，1992a）在他对美国加利福尼亚州欧文斯谷的一个社区进行的个案研究中说道："我试图……通过对小的个案的镜头讲述一个大的故事。"他所研究的社区希望控制主要资源（水）和自身命运，因此在长达100年的时间里进行了各种不同形式的社会抗议。在研究中，沃尔顿考察了各种形式的资料，包括直接观察、正式与非正式访谈、普查数据、地图、老照片和旧报纸、各种历史文件和官方记录等。

实例方框2.7　个案研究

也许你看过2002年获奖电影《钢琴师》，它讲述的是维拉德斯娄·斯皮尔曼（Wladyslaw Szpilman）和波兰华沙1943年犹太人起义的事情。艾因沃纳（Einwohner，2003）对1943年犹太人起义这一单一事件进行了历史个案研究，以检验被广泛接受的社会运动理论。这一理论是建立在政治机会结构（POS）、威胁和动机框架这三点之上的。*政治机会结构*指的是在制度和资源控制中的一系列的选择和限制。当出现新机会时（比如反对派内部分裂、发展停滞、注意力分散或者资源短缺），政治机会结构"打开"了，使得运动更容易壮大和成功。这一理论也同时关注威胁，*威胁*被定义为采取某些行为（比如新出台的法律限制抗议游行，因此许多人被逮捕）或不采取某些行为对社会行动所增加的成本。第三个概念是"动机框架"。*框架*指的是人们思考和感知事物的方式。*动机框架*是行动者采取行动的依据和道德合法性。社会运动理论认为当这三种情况（政治机会结构开启、威胁程度低、人们有一个框架来激励他们采取行动）都出现的时候，社会运动能够得到推进。

艾因沃纳（Einwohner，2003）在对1943年华沙某犹太贫民窟的个案研究中对日记和历史记录进行了分析，她发现了紧闭的政治机会结构以及高度的威胁。贫民窟中的犹太人面临着有效且高强度军事力量的管控，而且纳粹开始采取系统化种族灭绝的政策。因此，一场成功的运动所具备的三个条件中有两个是缺失的，不过贫民窟的犹太人仍然形成了一个全新而激进的动机框架。他们重新赋予灾难中的死亡以价值，认为那是他们唯一的、值得尊敬的选择。他们不是把死亡看成可怕的应当逃避的事情，而是把死亡看成一种高度勇敢的、有尊严的、光荣的行为，而在一场不可能胜利的战斗中被杀死，则对个人乃至整个犹太民族都是光荣的和必要的。因此，研究发现尽管社会运动中两个关键要素（开放的政治机会结构和低程度的威胁）都缺失了，但一场大规模的社会运动仍出现了。在这种情况下，群体运动则取决于群体对于绝境中应采取何种行动这一问题的大规模和广泛的重新定义。因此，她的详细的个案研究修正了一个被广泛认可、证据充分的现存理论。

（二）跨个案研究

大多数定量研究都是从大量的个案（30～3 000个）中收集信息，而且研究关注这些个案的某些特征，而不是像个案研究一样对每个个案展开相近的调查。跨个案研究比较大量个案的选择特征，把每一个个案当作想要研究的特征的载体。

虽然某些问题可以采用一种或另一种方法，但有时也可以使用个案研究和跨个案研究设计来研究相同的问题。比如说我们对一个家庭如何决定搬家到另一个城镇很感兴趣，一种办法是我们对五组家庭进行个案研究，对每一组家庭的决策过程进行详尽的观察和深入的访谈；另一种方法是我们对丈夫职业、

家庭收入与搬到另一个城镇的决策的关系进行跨个案研究。我们调查了 1 000 户家庭，其中 250 户在过去 44
5 年内搬过家而 750 户没有，然后我们了解丈夫的职业和家庭收入。在这一研究中，每一个家庭单元都是我们关注的特征变量——丈夫职业、家庭收入、搬家决策——的载体，因此跨个案研究关注的是这些特征之间的关系而不是各个家庭内部具体发生了什么。

四、时间维度的单点或多点研究

时间是每一个研究都具备的维度，我们有两种方法把时间维度整合到研究之中：横向的和纵向的。**横剖研究（cross-sectional research）**在一个时间点上收集数据，并创建一种社会生活的“快照”。**纵贯研究（longitudinal research）**在多个时间点收集数据，并提供更多关于时间跨度内的事件、人物或社会关系的“动态图景”。总的来说，纵贯研究是更难进行的并且需要更多的资源。研究者可以在许多时间点收集许多单元的数据，然后寻找单元或个案间的模式。①

（一）横剖研究

横剖研究可以是探索性的、描述性的和解释性的，但是它与描述性研究最为契合。通常来说它最简单、花费成本最低，但很少能捕捉到社会过程和变迁。第 1 章中所描述的对于宗教信仰和种族不平等的研究（Edgell & Tranby，2007），以及对红州（共和党）和蓝州（民主党）数据的研究（McVeigh & Sobolewski，2007）就是横剖研究。在本章所描述的研究中，在波多黎各进行的关于种族的探索性研究（Gavle，2005）和在底特律进行的不同种族的人如何寻找住房的研究（Krysan，2008）都是横剖研究。对死刑观点的描述性研究（Unnever & Cullen，2007）同样也是横剖研究。

决定一项研究是横剖研究还是纵贯研究并不简单，因为这不只是一个研究花费时间长短的问题。第 1 章提到的洛厄里（Lowery，2007）和同事们关于启动效应的实验只有 4 天，但有着“长远的影响”，它是纵贯研究。埃杰尔与特兰比（Edgell & Tranby，2007）的调查数据和麦克维与索博尔维斯基（McVeigh & Sobolewski，2007）的现有统计研究数据是在几天或几个月内收集到的，但这是横剖研究。启动效应实验是纵贯研究，并不是因为研究所涉及的时间长度，而是因为研究本身的设计是考虑时间要素的。研究者们在两个不同的时间点内收集数据并把这些数据用数据分析方法进行比较。在调查和现有统计研究中，研究人员不能同时收集所有数据。他们将收集数据时的微小时间差视为无关紧要的，忽略了研究设计中的时间差异。

（二）纵贯研究

纵贯研究可以用于探索性、描述性和解释性的目的。通常来说纵贯研究比横剖研究来得复杂，涉及的成本也比较高，但它更有力。麦卡蒙（McCammon，2008）和同事们进行的关于陪审团权利运动的研究就是纵贯研究，这一研究聚焦于解释几个世纪以来这一运动的变化速度和规律。研究者收集不同时点的资料，然后进行比较。

我们现在来探讨三种纵贯研究的类型：时间序列研究、同组研究，以及同期群研究。

1. 时间序列研究（time-series research）是一种纵贯研究，研究者针对一群人或其他研究单位，搜集同一种类型、但却是横跨数个不同时期的资料。通过这些资料，研究者可以观察单位特征的稳定性或变迁，还可以追踪不同时点下情况的演变（见实例方框 2.8：时间序列研究）。

---

① 参见 Mitchell（1984）与 Stake（1994）。

45 即使是对某一事物在时间序列上的简单描述性信息也可以是很有启发性的。例如：美国自1910年的出生率这一时间序列资料（见图2.1）表明，从20世纪20年代起每个妇女生育的数量稳步下降，并一直延续到20世纪30年代和20世纪40年代早期。直到第二次世界大战结束（1945）急剧逆转。这一增长开始于20世纪50年代至20世纪60年代被称为“婴儿潮”的戏剧性高潮，随后在20世纪70年代开始下降并趋于稳定。时间序列能够揭示那些不能轻易被发现的变化。比如说，自1967年起，为了给大学的应用研究提供资料，高等教育研究机构（Higher Education Research Institute，2004）每年都在收集大量进入美国大学的学生资料。而与时间序列有关的则是询问学生他们认为最重要的价值是什么（见图2.2），并发现其在20世纪60年代和20世纪70年代出现了相反的趋势。学生们减少了对生活的哲学意义的追求，而更多寻求物质上和经济上的成功。

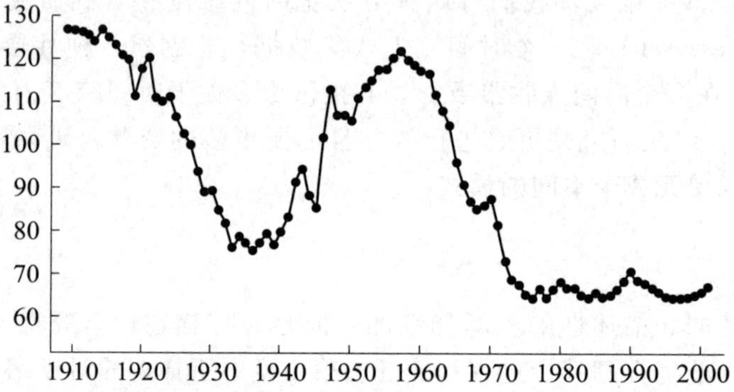

图2.1 1910年至2000年的美国出生率（每1 000名15岁至44岁妇女的分娩数）

资料来源：Calculated by author form U. S. census data.

实例方框2.8 时间序列研究

佩蒂特与韦斯顿（Pettit & Western，2004）开展了一个关于美国白人和黑人男性从1964年到1997年入狱比率的纵贯研究，研究发现在20世纪80年代，监禁比例增速达到高峰（高达300%），黑人男性的监禁率比白人男性高6到8倍。未受过大学教育的黑人年轻男性有更大可能入狱，其中三分之一的人喜欢混迹于酒吧，而这些比率在未能完成高中教育的黑人男性中则是双倍的。通过跨越时间的观察，该研究的作者表明，被监禁人数的增长是不平衡的，而且增长的被监禁人数来自美国人口的某些部分。

2. 同组研究（panel study）是一种极为强有力的纵贯研究（见实例方框2.9：同组研究），它的难度比时间序列研究要大。在同组研究中，研究者在不同的时点里观察或收集完全相同的一群人、一个团体或一个组织的数据。同组研究执行起来相当困难，而且花费较大。长期追踪一群人不是件容易的事，因为某些人可能已经亡故，或者不知道搬到哪里去了。然而，一个设计良好的同组研究所获得的结果，则
46 是非常有价值的。即使是短期的同组研究也可以清楚地显示某个特殊生活事件的影响力。然而，由于我们研究的是同一群人，我们可以发现一些独特之处。例如：布鲁尔等（Brewer，et al.，2005）考察美国“9·11”恐怖袭击事件对人们态度的影响。研究者询问人们对别的国家的信任程度，并对相同的人进行三次同组调查研究（2001年10月、2002年3月和2002年9月）。他们发现人们对其他国家的态度变化在“9·11”恐怖袭击之后并不是暂时性的，他们的不信任程度一直持续增加，一年后这种不信任程度更高。这也显示了这次恐怖袭击使得人们对他国持有积极态度的时代已经结束了，并在许多美国人中间引发了更深层次的仇外情绪。

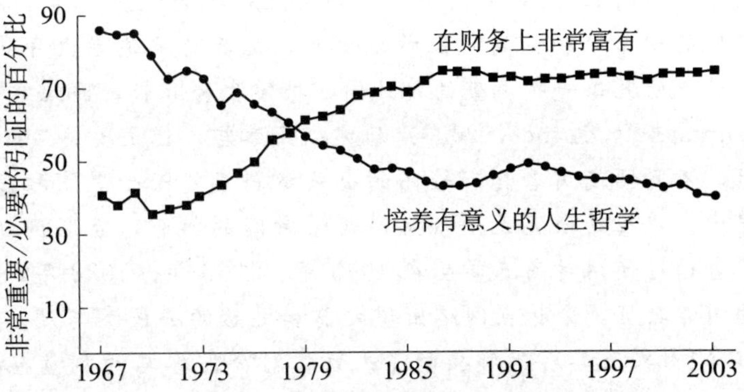

图 2.2　美国大学新生的价值取向，1967—2003 年

资料来源：From Higher Education Research Institute. （2004）. *Recent findings*，Figure 4. Retrieved September 25，2004，from www. gseis. uda. edu/heri/findings. html.

3. 同期群研究（cohort study）与同组研究近似，不过它并不是观察完全相同的一群人，而是观察在某个特定时段内共享相似生活经验的那些人（见实例方框 2.10：同期群研究）。同期群分析是一种“明确的宏观分析”［即研究者将某个类别当作整体检验，以求取重要特征（Ryder，1992：230）］。其焦点在于“同期群”、同个类型。常用的同期群类型包括：所有于同一年出生的人［称为*出生同期群*（birthcohorts）］、所有在同一时间受雇的人、所有在某年或某两年内退休的人，以及所有在某年毕业的人。不像同组研究，同期群分析的研究者并不需要确实追踪并找到完全相同的一群人，他们只要确定接受研究的那些人具有共同的生活经验即可。例如：有一个研究比较三个结婚同期群，所有的人在三个年份（1970 年、1990 年和 2010 年）中的任一个结婚，以观察婚礼仪式的特征、新娘是否在结婚时已怀孕和其他特点的不同。

五、资料收集方法

本节针对一些主要资料收集方法做一些简要的介绍。在以后几章中，你会读到关于这些方法的详尽叙述，并且学习到如何使用这些方法。根据收集的数据类型，我们可以将其分成两大类：*定量*（quantitative）——以数字的形式收集资料；*定性*（qualitative）——以文字或图片的形式收集资料。某些方法在处理特定类型的研究问题或主题时更有效。要做好研究问题与资料收集方法的匹配，需要一定的技巧、不 47
断的实践和创造力。

实例方框 2.9　同组研究

在美国的许多大城市中，有将近 50%的高中生没有毕业。尼尔德、斯托纳-伊比与弗斯滕伯格（Neild，Stoner-Eby & Furstenberg，2008）研究了九年级学生辍学问题。他们使用了“费城教育纵贯研究”（Philadelphia Education Longitudinal Study，PELS）的同组数据，长期跟踪调查了某所高中学区的 10%的学生。在学生们八年级毕业的暑假，研究者随机选择了这些学校的学生和家长进行半小时的电话访谈。而在九年级的寒假（第二次调查）和九年级结束的暑假（第三次调查），对学生和父母再次进行访谈（英语或西班牙语）。以此类推，这种每半年一次的访谈一直持续到 2000 年或 2001 年（这大概是学生高中四年级后的六个月）。而在第四年后，只有 48.9%的高中生毕业了。研究想要证明九年级学业的失败和出席率是否会对高中辍学有影响。研究者对数据进行了统计分析，发现九年级学生辍学的可能性很大，这是这个过程中的一个关键“转折点”。许多高中辍学的学生在社会适应和学术转型上面临着困难，这表现在他们有行为问题、较低的出席率和较高的挂科率上面，尤其是他们在九年级的数学和英语成绩并不能达到升入高中的标准。这一研究每一年调查的都是同一批学生和家长，因此它是同组研究。

詹宁斯与蔡特那（Jennings & Zeitner，2003）研究公民参与，但主要关注网络使用对美国人的影响。他们发现，横剖数据显示，互联网使用者具有较高的公民参与度，而受教育程度较高的人倾向于使用网络并且参与到公民组织当中。以往的研究无法确定，随着时间的推移，互联网使用的增加是否会影响一个人的公民参与度。研究者通过使用对高三学生在1965年、1973年、1982年和1997年（那时他们已经五十多岁了）进行调查的同组数据，分析在网络出现之前和之后的公民参与度。互联网在1982年出现并在1997年被广泛使用，研究对象及其后代都接受了采访。对公民参与的测量包括了广泛的行为和态度。总的来说，研究者发现，那些在互联网发明之前就参与公民组织的人在有了网络以后更倾向于使用网络，而那些开始使用网络的人也会逐渐增加自身的公民参与度。自1965年以来，在同组中的互联网用户（现在已经五十多岁）通过互联网增加了各种形式的公民参与，其使用互联网的子女后代却似乎不那么愿意参与志愿活动和社区服务。因此，网络的使用对老一代人的公民参与度的提升要比年轻一代明显得多，尤其是那些把网络作为最终目的而不是了解公共事务工具的年轻人。

（一）定量资料

实验。**实验研究（experimental research）**使用自然科学研究中所发现的逻辑与原理（详见第9章：实验研究）。实验可以在实验室中或真实世界中进行。它们通常只涉及少数人（30至100人），并回答一个
48 相当明确的研究问题。内容分析对解释性的研究最为有用。

在大部分的实验中，就像你在第1章读过的关于启动效应和学习成就关系（Lowery，et al.，2007）的研究，研究者将受试者（在研究中约为70名）分为两个或两个以上的小组。然后，其中有一个小组被施加了研究者感兴趣的条件：“实验处理”——比如说在其实验中一组的学生就被称赞聪明，而两组的其他条件都是一致的。然后研究者精确地测量两个小组的反应。通过控制环境，并只对其中一个给予实验处理，研究者从而可以得出结论，小组反应上所出现的任何差异是不是实验处理造成的。

实例方框 2.10　同期群研究

安德森与芬特纳（Anderson & Fetner，2008）使用了1981—1982年、1990年和2000年对不同国家的人进行的跨国调查的数据，并研究了美国和加拿大对同性恋的包容度问题。研究者发现，对同性恋的包容度随着出生同期群和时间的推移在增加。也就是说，越晚出生的人越包容同性恋，而每个人都会在自己生命周期里变得对同性恋越发包容。比如说，出生在1920—1929年的人在1981—1982年被询问对同性恋的包容度的时候，要比他们在20年后（2000年）再次被询问时要低。而在1980年和2000年询问该问题时，1960—1962年出生的人要比1920—1929年出生的人对同性恋包容度高，当然，二者的包容度都随年龄增长而增加。这一研究的有趣之处还在于美国和加拿大的对比。1980—1982年，（所有出生同期群的）加拿大人相比美国人而言对同性恋包容度都更低，因此，在1981年至1982年的调查中，出生在20世纪20年代、40年代或60年代，60多岁、40多岁或20多岁的加拿大人不如美国人宽容。然而在1990年和2000年的调查中，（每一出生同期群的）加拿大人却比美国人有更高包容度。事实上，从1990年到2000年，美国人包容度的增加是要比加拿大人较少的。同时，调查中最年轻同期群（出生在20世纪60年代）的加拿大人对同性恋包容度的增加要比美国同一同期群的人快得多。一个更详细的分析显示，在加拿大，来自大城市、小城镇和乡村的人对同性恋包容度都在增加，而在美国，小城镇和乡村的人的包容度并没有随时间增加，只有城市和大城镇在增加。如果只对1981—1982年横剖数据进行研究，我们发

现不同同期群之间包容度差异较小而且美国人的容忍度较高，而看 2000 年横剖数据的时候会发现，同期群的差异巨大，且加拿大人要比美国人包容度高得多。因此通过比较纵向的数据，我们可以看到两个国家人们的观念是如何在同期群差异和时间变化下进行不同的变化的。

在另一个同期群研究中，布拉特与金（Bratter & King，2008）对美国 2002 年全国代表性样本数据——15～44 岁已婚或曾经结婚、并有其第一任配偶种族记录的人（共 1 606 名男性和 4 070 名女性）进行了分析。研究者研究了同一婚姻同期群（同一年或同一时期内结婚的人），比较同种族婚姻和跨种族婚姻的夫妻，以及他们的婚姻是否完整持续还是在后来的某个时间点结束。他们研究了六个婚姻同期群（1980 年前、1980—1984 年、1985—1989 年、1990—1994 年、1995—1999 年和 2000 年后结婚的人）。不同同期群间的比较显示，跨种族婚姻有更高的离婚率，但这一结论不适用于所有同期群，而主要是 1980 年中后期结婚的人。研究还发现，白人女性和黑人男性夫妇、白人女性和亚裔男性夫妇的离婚率要比白人夫妇高，但是，非白人女性与白人男性夫妇、西班牙裔与非西班牙裔夫妇的离婚率与白人夫妇离婚率相近，甚至还要更低一些。

调查。作为研究者，我们会使用调查问卷或者访谈来了解人们在一些研究环境（像是实验和实地研究）的信念或观点。**调查研究（survey research）**会使用书面调查问卷或者做正式的访谈来收集大量人群 49
的背景、行为、信仰或态度等方面的信息（详见第 10 章：调查研究）。通常我们会在短期内询问（100 到 5 000 个人）几十个问题。第 1 章中埃杰尔与特兰比（Edgell & Tranby，2007）所开展的研究讨论了宗教信仰和种族不平等，在 2003 年秋季，他们对 2 081 个人进行了 30 分钟的电话采访以收集资料。与内容分析不同的是，研究者不会操作任何情境或条件来观察人们的反应，而只是仔细记录受访者对问题的回答。研究者通过随机抽样的方法选取受访者（第 8 章会讨论随机抽样），这使得研究者能够合法地将信息从一些人（如 1 000 人）推广至更广泛的人群中（如几百万人）。研究者通常会以图表、图、表来呈现收集的信息，并用统计数据进行分析。而调查法更经常用于描述性研究，有时用于解释性研究，却很少用于探索性研究。

非反应研究。在实验和调查研究中，我们通过创造实验条件和直接提问的方式，积极地让研究对象参与进来。这些都被称为*反应式方法*，因为研究的参与者意识到自己参与了研究，所以可以进行某些形式的互动。其他定量的研究被称为**非反应研究（nonreactive research）**，因为研究参与者并不知道有关他们的信息是研究的一部分。有四种形式的非反应研究：非介入性研究（第 11 章会详细展开）、现有统计资料分析、内容分析和二次资料分析。*二次资料分析*对以往调查研究收集、储存的定量数据（通常来自调查）进行统计分析。我们在此只简单介绍两种非反应式研究：内容分析和现有统计资料研究。

内容分析。**内容分析（content analysis）**是检验书面文件或其他传播媒介（例如，图画、电影、歌词、广告）中的内容、信息或符号的一种方法。使用内容分析，研究者首先确定准备分析的资料（例如，教科书、电视节目、报纸文章），然后建立记录其特定方面内容的系统。这个系统可能包括计算某些字眼或主题出现的频率。最后研究者对记录下的资料，通过图表等形式进行分析。内容分析是一种非互动式方法，因为这些资料内容的创造者并不知道将来谁会对此进行分析。这一方法使研究者能够发现并呈现大量内容资料中通常未被注意到的特征。内容分析大多用于描述性研究，但也可以用在探索性与解释性的研究中（见实例方框 2.11：内容分析）。

现有统计资料。从事**现有统计资料研究（existing statistics research）**（将在第 11 章讨论），研究者先要找出前人所搜集的信息来源，它们通常是以政府报告形式存在的。然后研究者以新的方式重组这些资料，来解决研究问题。找出资料的来源并验证它们的质量可能相当花时间。通常，研究者开始一项研究时，并不知道是否能获取必要的资料。我们可以将现有统计资料研究用于探索性、描述性或解释性研究，但它最常被用于描述性研究。社会研究中的时间维度见图 2.3。 50

51

图 2.3　社会研究中的时间维度

实例方框 2.11　内容分析

劳伦斯与伯克兰（Lawrence & Birkland，2004）对 1999 年科伦拜高中校园枪击案后的校园枪击事件进行了内容分析。研究者们对媒体报道如何影响这一议题的最终立法很感兴趣。他们对四个数据源的内容进行了检查和编码，这四个数据源分别为 1999 年 4—8 月两家主要报纸上提及该枪击案的新闻报道、1999 年电视新闻、1999—2000 年国会针对这一议题的辩论以及 1999—2000 年提出的国会的立法法案。研究者发现媒体和辩论提到的可能的枪击原因（比如流行文化、同辈压力）都没有在国会立法决议中得到体现，而其他问题（如校园安全、枪支获取途径等）则有所体现。而对于法律执行程度的测量这一问题在媒体中没有得到关注，却在国会辩论和立法过程中成为首要关注点。

（二）定性资料

定性资料可以以多种形式呈现：照片、地图、开放式访谈、观察、文字记录，等等。我们可以简单地把这些资料归结为两种主要类别：实地研究（包括民族志、参与式观察、深度访谈等）和历史比较研究。

实地研究。 **实地研究（field research）**是对一小群人进行一段时间的民族志式个案研究（实地研究将在第 13 章讨论）。它开始于一个并未严谨形成或描述的问题，然后研究者选择一个社会群体或地点加以研究、获得进入、选择扮演这个环境中的某个社会角色并开始观察。实地研究者谨慎地在这个情境下展开一段时间的观察与互动，时间长短不一，从数个月到几年都有。他们逐渐与被研究者熟识，有时可能进行非正式的访问。数据以每天详细笔记的形式记录下来。在观察期间，研究者不断思考他们所观察的事物，并根据其重要性改进想法。最后，他们离开田野地点，重新阅读田野笔记，准备撰写书面报告。实地研究通常用在探索性与描述性的研究之中，偶尔也会用于解释性的研究［参见第 1 章文卡特斯赫（Venkatesh，2008）的帮派研究；详见实例方框 2.12：实地研究］。

实例方框 2.12　实地研究

米奇尔・邓奈尔（Mitchell Duneier，1999）在纽约市的格林尼治村，进行了一项关于街头小贩的实地研究。他通过在一个成为他朋友的小贩那里浏览书籍得以进入这个圈子。这个小贩把他介绍给其他的小贩、乞丐、无家可归者以及其他人。邓奈尔断断续续进行了四年的观察，在这期间当过卖报者和清道夫。作为一个白人大学教授，需要适应每天的生活，并且获得低收入的非裔美国人的接受，后者靠在路边卖二手书和杂志维持生计。除了对街边生活进行观察和录音记录之外，邓奈尔还进行许多非正式访谈，读了相关的文献，并让一个摄影记者对研究现场和当地的人拍了好多照片。

邓奈尔对流行的“破窗”理论进行了批评，这个理论是关于社会控制和减少犯罪的。别人只看到无秩序的街头环境导致的越轨行为和犯罪，他却发现了丰富而非正规的社会生活，那些为生存挣扎的穷人们满怀忠诚、尊严和积极的事业心。他指出那些处于中上阶层的政府官员和企业领导人经常提倡制定法律和法规，这些法律和法规威胁并破坏了他所发现的这个流动、健康、非正式的社会结构，因为他们不认识那些人，也不了解街边的生活。他们只看到社会无组织的一面，因为那些在路边人群中谋生的人的动荡生活与中上阶层世界不能相互协调。中上阶层的世界是庞大、复杂的结构的中心，充满正式的规则、官方的程序、固定的等级以及标准化的工作。

历史比较研究。 **历史比较研究（historical comparative research）**是对相关类型研究的集合。有些研究 52
观察过去某段历史时期中、某个或几个社会背景下社会生活的方方面面，另一些则考察一种不同的文化或比较两个或更多的文化（我们在第 14 章中考察历史比较研究）。研究者可能集中探讨历史上某段或几段时期，或是比较一种或多种文化，或同时探究历史时期与文化。这和实地研究一样，研究者开始时先提出一些粗略的研究问题，然后随着研究的进展，再不断地修订与阐释当初的研究问题。研究者通常混合使用各种不同来源的证据，包括：现有的统计数据、文献（书籍、报纸、日记、照片和地图）、观察结果，以及访谈记录。历史比较研究可以是探索性的、描述性的或是解释性的，但是最为常见的是描述性研究。并不是所有的历史比较研究都采取定性研究的路径，有些研究也会考察不同时点以及不同文化的定量资料（比如调查数据）。

你在第 1 章中读到了对于在美国陪审团权利运动的历史比较研究以及本章前面的华沙犹太人起义（见
实例方框 2.7）。在这些个案中，研究者考察了某一个国家/文化的历史事件。研究者当然也可以运用跨国 53
甚至跨时间的视角进行研究（见实例方框 2.13：历史比较研究）。

实例方框 2.13　历史比较研究

马奥尼（Mahoney，2003）提出了一个关于美洲西班牙殖民地的谜团，主要围绕 15 个曾经属于西班牙殖民帝国的大陆领土国家进行研究。他发现这些国家的经济排序从1900年到2000年没有发生过改变，也就是说1900年最贫穷的国家（玻利维亚）在2000年仍是最不发达的。这种稳定结构与美洲地区在20世纪发生的重大变革和进步形成了鲜明对比。追溯到17世纪西班牙帝国的鼎盛时期，马奥尼发现当初最富有的、处于中心地位的殖民地在后来变成了最穷的国家，而当初最穷的、边缘化的、停滞不前的殖民地在19世纪后期则成了发达、最富有的国家。

为了解开这一谜团，马奥尼使用了两种定性资料分析方法：路径依赖和定性比较分析（QCA）（两者都在第15章中有详细介绍）。他的资料包括了地图、国家经济和人口数据以及对某些国家的几百个历史研究。他总结道，最中心最繁荣的西班牙殖民地都是在自然资源最丰富的地区（为了开采和向欧洲运输），大量的土著居民生活在这些地方（作为强制劳动力）。在这些殖民地，当地精英阶层建立了僵化的种族-民族等级系统，他们把政治经济资源集中到自己手里而把社会的广大人群排除在外。这一系统一直持续到了19世纪，那时出现了新的政治事件、贸易模式、经济形势等。在1700—1850年，那些自由主义的精英对新思想持有开放态度，但他们并没能在繁荣的中央殖民地取得成功。相比之下，南美处在西班牙殖民统治边缘的地区却较少受到僵化等级制度的束缚。能够创新和适应的新精英阶层崛起于形势的“大逆转”中。在这一历史性“转折点”之后，一些国家在19世纪末有了社会经济发展的基本开端。这些国家建立了推动它们前进的政治经济体系和制度，也就是说，它们“锁定”了能给它们带来日渐增长的回报的方向和道路。

马奥尼（Mahoney，2003：53）认为，“利用当前单元的属性来解释各单元之间的差异往往是不充分的”。换言之，横剖方法采用某一时点的数据试图解释不同国家的区别是不足够的，它无法捕捉到重要的长期的动态过程。因此，一种包含了长远历史事件影响和长期研究视角的解释则是更为优化的。

六、结论

本章概述了社会研究的维度。你看到可以用多种不同的方式（例如，通过研究目的、通过研究方法等）把研究加以分类，而这些研究维度彼此之间会有松散的重叠（见图表2.1）。研究维度是贯穿社会研究领域的“路线图”。

在下一章中，我们将讨论社会理论。你在第1章中读到理论这个词，本章中也提到了一点。你在第3章中将学到理论与研究方法怎样联手出击，也将学到数种不同类型的理论。

关键术语

action research	行动研究	applied research	应用研究
basic research	基础研究	case-study research	个案研究
cohort study	同期群研究	content analysis	内容分析
cost-benefit analysis	成本收益分析	cross-sectional research	横剖研究
descriptive research	描述性研究	evaluation research	评估研究
existing statistics research	现有统计资料研究	experimental research	实验研究
explanatory research	解释性研究	exploratory research	探索性研究
field research	实地研究	historical-comparative research	历史比较研究
instrumental knowledge	工具性知识	longitudinal research	纵贯研究

needs assessment	需求评估	nonreactive research	非反应研究
panel study	同组研究	participatory action research	参与式行动研究
reflexive knowledge	反思性知识	social impact assessment	社会影响评估
survey research	调查研究	time-series research	时间序列研究

复习题

1. 什么情况适合使用探索性研究？它能完成什么任务？
2. 描述性研究会产生哪种类型的结果？
3. 什么是解释性研究？它的主要目的是什么？
4. 基础研究与应用研究有何主要差异？
5. 谁可能从事基础研究，结果可能是什么？
6. 解释三种应用研究的差异。
7. 时间序列研究、同组研究和同期群研究之间有何差异？
8. 成本收益分析有哪些潜在的问题？
9. 什么是需求评估？执行这项研究可能有什么难度？
10. 解释定性与定量研究的差异。

55

第3章 理论与研究

理论的一项主要功能是通过概念的帮助对经验进行整理。它还从社会现象的研究者所面临的海量“事实”当中筛选出了相关的方面与资料。

——刘易斯·科瑟（Lewis Coser），《古典社会学理论的应用》（*The Uses of Classical Sociological Theory*），170页

在美国，人们的吸烟率下降了。我们怀疑，这是由于那些旨在警告人们吸烟对健康产生危害的公共运动的影响。我们发现，与那些受教育程度较低以及低收入的人相比，受教育程度更高而且收入更高的人更倾向于少抽烟。一种有关社会资源的理论认为，这是因为，与那些受教育程度较低以及低收入的人相比，受教育程度更高而且收入更高的人读的书更多，具有一种长期时间视野，并有可以用来调节生活方式的更多资源。然而，吸烟并不只是一个有关健康的议题。它也可以作为一种象征性的时尚表达，以及一个关于文化品位的生活方式的议题。同样，受教育水平与收入水平也不只标志着知识与社会资源，还显示着属于不同阶层文化的身份（即，不同社会阶层的人在文化上将彼此区分开的方式）。有一种关于文化品位的理论认为，采用中上阶层生活方式的人很少吸烟，是因为这在文化上对他们所属的阶层而言是不太时尚的。相比之下，那些采用劳工阶层生活方式的人更有可能吸烟，部分地是因为这是他们阶层文化的一个特征。有关阶层文化的其他方面还包含音乐品位。受教育程度较高的、高收入的人倾向于喜爱古典音乐，而受教育程度较低的、低收入的人则倾向于喜爱蓝调音乐以及重金属音乐。一种有关文化品位的理论表示，从逻辑上而言，由于不同阶层的生活方式，在音乐方面的品位与吸烟行为是相关的。这一点就是帕姆佩（Pampel，2006）所发现的事情。但那些结果甚至比以上所说的还要有趣。受教育程度较高的、高收入的人与受教育程度较低的、低收入的人都喜爱爵士音乐。爵士音乐这一亚文化长期以来都包括吸烟行为。帕姆佩发现，在同一社会阶层中，与那些非爵士音乐爱好者相比，爵士音乐爱好者更有可能会吸烟。这一点与文化品位理论是一致的。

56 在前面所概述的个人音乐品位与其吸烟行为之间的联系，可能会是意料之外的，但它作为例证却说明了理论的力量以及理论对研究的影响。理论有助于我们理解社会生活的复杂性。它不仅解释了人们行为背后的原因，而且还为我们提供了研究视角并指明了研究方向。正如帕姆佩在文化品位理论的指引下提出新的问题并对吸烟行为进行再检验这个例子所说明的那样，理论可以为我们提供以新的方式另辟蹊径来探索并思考社会世界的概念。它还展示了不同理论如何为解释事件提供竞争性的解释。

许多初学者畏惧理论。他们觉得理论是一个由与日常生活脱节的晦涩难懂的术语以及许多抽象概念所组成的迷宫。我希望你能明白，理论不仅是有用的，而且对于理解你身边的社会世界是至关重要的。

理论有很多作用：澄清思考、拓展理解、深化探讨、丰富分析。理论在推进知识发展以及在组织我们实施研究中发挥着关键作用。本章是对社会理论的一个基本介绍，后续章节将介绍更多关于理论的内容。

我的学生们与我分享了他们关于社会理论的焦虑和困惑，其中一种困惑来源于很少有学生能理解社会理论所真正涉及的内容。理论有多重含义，并以多种形式呈现，这无助于人们理解理论。即使是专家们也在争论理论的含义，并给出了多种定义：

（1）理论是一组在逻辑上相互关联的一般性命题，这些命题会在两个或多个变量之间建立联系。

（2）理论是对一个特定社会现象的解释，这一解释确定了一组因果关联的因素或条件。

（3）理论通过提供一个具有启发性的解释并告诉我们“这是怎么一回事”来洞察一个社会现象的真实含义。

（4）理论是一位著名社会思想家所要表达的真实含义。

（5）理论是一个完整的世界观，或者说是一种观察、解释并理解世界上各种事件的方式。

（6）理论是基于一种政治道德观念的批判，它提出并代表了一种信念-价值观。它从这一种信念-价值观出发来批判对手的立场和论点。

（7）理论是对我们如何发展有关社会世界的知识（例如，我们如何真正建构对社会现实的观念）的核心议题或关键问题的哲学评论。[1]

另一种对理论的困惑来源是，我们大多数人在日常生活中都会听到或使用一些看似是理论却并不是理论的解释。理论是解释，但解释并非都是理论。解释为我们理解事物提供了思路，并告诉我们什么是重要的事物、人们做出某种行为的原因，以及这个世界上的事件是如何结合在一起的。我们可以通过和朋友们的交谈，或从政治领袖和商业领袖所说的话中，或者是在电视节目、报纸报道甚至是电影中听到各种解释。以上这些都是解释，但却尚未达到社会理论所提供的解释的标准。

许多人在碰到不熟悉的抽象概念时会变得焦虑。我们都知道，这个世界上既有我们能够触及并看到的具体事件与物质对象（例如，你拿着的这本书），也有存在于我们精神中的抽象概念（例如，自由与正义的含义）。当我们碰到许多不熟悉的抽象概念，并且这些概念（不管是有意还是无意地）缺乏清晰界定时，我们会很快地感到焦虑和沮丧。社会理论是由相互关联的抽象概念构成的。其中的一些概念与可观察到的世界或那些熟悉的概念之间只有松散的联系。

最后一种困惑来源与研究直接相关。（这是因为）我们之中作为研究者的一部分人，无法使理论变得
清晰易懂。尽管要多耗费一些时间和精力，但当一项研究的理论变得清晰明确之后，我们就都能更轻松 57
地评价这项研究的优点和缺点了。因此，这并不奇怪：只有当我们了解了构成一个理论的那些概念并发现了它们之间的联系时，对抽象概念的讨论才能使我们感到舒服。

一、什么是理论？

在第 1 章中，我们讨论过，社会理论是一个由相互关联的概念构成的体系。它将有关社会世界的知识凝炼并组织起来。我们也可以把它视为一种用于解释这个社会世界的某些方面的运作方式及其原因的系统化的“讲故事”类型。

许多在社会理论方面的课程强调社会思想的历史，或教育我们那些伟大的思想家说了些什么。古典社会理论家[例如，涂尔干（Emile Durkheim，1858—1917）、马克思（Karl Marx，1818—1883）、米尔斯（C. Wright Mills，1916—1962）、滕尼斯（Ferdinand Tönnies，1855—1936）和韦伯] 创造了许多创新性的概念。他们通过发展出为后来的几代人奠定基础的高度原创性、广泛性的理论，从根本上改变了我们

① Gabriel Abend，The Meaning of “Theory”，*Sociological Theory*，Volume 26，Issue 2，May 28，2008，pages 173 - 199.

观察和理解我们周围社会世界的方式。我们不断地研究他们的著作，是因为这些著作提供了许多创造性的、相互关联的概念。像这样能够创造深刻的概念并从根本上改变我们看待社会世界的方式的真正的天才，是非常稀少的。然而，尽管他们的贡献是有价值的，但理论并不仅仅来源于古典社会理论家的著作。同样，理论也并不仅仅只是我们从最近的几位主要理论家［例如，杰弗里·亚历山大（Jeffrey Alexander，1947— ）、皮埃尔·布迪厄（Pierre Bourdieu，1930—2002）、詹姆斯·科尔曼（James Coleman，1926—1995）、米歇尔·福柯（Michel Foucault，1926—1984）、安东尼·吉登斯（Anthony Giddens，1938— ）、欧文·戈夫曼（Erving Goffman，1922—1982）］那里所学到的东西。理论家们创造了许多新的概念和理论，而我们都能使用理论。

理论不是一成不变的。我们在不断地修正旧理论并发展新理论。理论以多种形态和规模呈现。一些理论是宽泛的思想体系，而另一些理论则是对某一特定议题的狭义的、具体的解释。就其核心而言，我们使用社会理论来组织和系统化我们的思考，并以此来深化和拓展理解。由于理论将知识组织了起来，所以理论也成了一种在彼此之间有效交流的方式。

我们大概在日常生活中都碰到过社会理论，虽然其中很少明确表现为社会理论或被标识为社会理论。举例来说，报纸上或是电视上有关社会议题方面的文章或报道，通常依赖于隐含的社会理论或是片面的社会理论。这些理论可能是肤浅的、不完整的，但是它们包含着假设、相互关联的概念，以及解释。举例来说，一份报纸报道可能会讨论公众对某一议题（比如“同性婚姻合法化”）的支持或反对。这份报道可能会提供一种社会理论来解释为何合法化是有争议的。它可能会说，反对意见来自宗教组织以及那些害怕传统的社会价值观被破坏的人。这一理论具有多个假设：宗教组织可以影响新的法律；有些人奋力维持过去或当前的社会规范；而且有些人和一些宗教组织对有关婚姻的法律具有很强的看法。这一理论包含了许多概念，诸如传统价值观、婚姻形式、法律或宗教组织。它提供了一个解释：一些组织或一些具有强烈信念的人公开表示政治反对，可以阻止民选政府的官员通过一项法律。在日常生活中，媒体并非理论的唯一来源。政治领袖们在讨论公共议题时，频繁地表述着社会理论。一位声称缺乏教育会导致贫困的政治家，就是在表述一种社会理论。与我们在社会科学研究中所使用的理论相比，这些隐含的、片面的理论缺乏系统性，表述并不严谨，并且更难以通过经验证据加以检验。

与典型的外行人的理论相比，社会科学的理论更为抽象和复杂。然而，一项关于好的理论的原则——**简约性（parsimony）**——是很有帮助的。它意味着，越简单越好，最好的理论具有最少的复杂性。好的理论没有多余的或额外的元素。如果我们有两个同样令人信服的理论，那么，更简单的那个更好。

大部分研究或多或少地包含着一些理论。问题不在于我们*是否*在研究中运用理论，而在于我们*如何*运用理论，以及运用哪种*类型*的理论。与在基础性研究或在解释性研究中的地位相比，理论在应用性研究或描述性研究中的地位并不突出。一旦我们意识到理论与研究如何结合在一起，我们所实施的研究将
58 会被设计得更好、更强。理论也有助于我们对自身在一项研究中所做的事情的思考更为敏锐。如果我们对自己研究中的理论清楚而明确，其他人就会更容易地阅读并理解我们的研究。一项薄弱研究的标志，是其理论处于不清晰、不完整或缺乏好的表述的状态。

二、社会理论与意识形态

许多人会将社会科学的理论与某一社会政治意识形态或是某一道德-宗教信条混淆起来。这是可以理解的。在日常生活中，我们会碰到许多与社会理论具有相同特征的信条与意识形态。在美国，关于进化论与“神创论”的争论，作为例证说明了许多外行人对科学理论的误解。民意调查显示，有一半的美国公众希望学校既教进化论，也教“神创论”，因为人们认为这两者都是“理论”（Pew Forum，2005）。然

而，进化论达到了作为一种科学理论的资格，因为它具有逻辑一致性、开放性、与其他科学知识的整合以及经验性检验的特征。而“神创论”（或其被称为“智慧设计论”的变体）则不符合这一标准，与之相反，它是基于一种道德-宗教信条的意识形态的一部分。

道德-宗教信条是以信仰为基础的观念体系。它们依赖于信徒将其视为绝对真理而接受并且大多不会去质疑的神圣教义或著作，这些信条是一种意识形态的类型，或一种非科学的观念体系。许多有关公共议题方面的争论都涉及意识形态，要么是道德-宗教的意识形态，要么是社会政治的意识形态，要么是两者兼有。例如那些频繁出现于大众媒体上的、来自各种政治-道德观念的拥护者的信条，那些频繁出现于企业或利益集团的媒体宣传活动中的信条，或者那些频繁出现于政治家为公共政策或新的法律所做的辩护中的信条。

它们所具有的许多共同的特征，导致人们很容易将某一意识形态误认为是一种社会科学理论。二者都告诉我们各种事物为什么会是这个样子：为什么犯罪会发生；为什么有些人会贫穷而另一些人则不会；为什么离婚率在某些地区会很高；等等。二者都包含着对人类以及社会世界的基本本质的假设。二者都告诉我们，什么是重要的，而什么则是不重要的。二者都提供了由各种想法和概念所组成的体系，并且都将各种概念相互联系起来。

科学共同体认为，理论对于科学事业而言是至关重要的。好的理论对于澄清思考、拓展并深化我们的理解，以及随时间推移而积累知识来说都是必不可少的。科学共同体对意识形态的看法则有所不同，其认为意识形态是一种非科学的世界观。虽然意识形态可能适用于提出一些非科学的问题，但是对于评价真理主张或者在社会科学的许多议题或问题上建立知识而言，它却是一种不合法的方式。对于科学共同体中的很多人来说，意识形态是一种与科学的基本原则相对立的、造成困惑的来源。有时候，当社会科学反驳了其意识形态化的信念体系的某些方面时，意识形态的捍卫者们会对社会科学持敌对态度。

作为一种“半吊子理论”，**意识形态（ideology）**缺乏构成一种真正的社会科学理论所必需的几个关键特征。我们可以从七个方面入手将意识形态与理论区分开来（也可参见总结回顾方框 3.1）。

1. *答案的确定性*。许多人在意识形态中寻找安慰，是因为意识形态为其提供了绝对真理与确定的答案。它们为人们提供了保障感和安全感。与之相反，社会科学理论所提供的则是暂时性的答案，并允许其存在不确定性。许多人对社会科学理论的持续的不确定性、犹豫不决以及暂时性感到不安。社会科学理论要求我们对模糊性具有高度的宽容，要求我们不断地提出问题，并要求我们不断地保持怀疑。

2. *知识体系的类型不同*。意识形态提供的是一个几乎不变的封闭的知识体系。意识形态声称其知道所有问题的答案，并且无须改进。相比之下，科学则是一个不断成长和变化的开放式的知识体系。科学的答案是未完成式的，每当我们获得新的证据和知识时，它的答案就会被修正。我们总是在不断地修正 59
理论并反思理论。理论总是向着更高的水平不断地进化、成长或发展——有时迅速，有时缓慢；有时直接，有时却只有在暂时性的掉头或转向之后才能继续发展。

3. *假设的类型不同*。意识形态与社会科学理论都包含着假设。意识形态中的假设往往是固定的、不可调整的，以及不容置疑的。大多数意识形态化的假设源自以下三种来源之一：宗教观念或宗教信仰（例如，基督教或伊斯兰教的某一特定教派）；某种基于价值观的立场（例如，自由主义者、社会主义者或法西斯主义者）；或出于某一特定社会立场的观点（例如，一位有钱有势的精英，或一个无家可归、一贫如洗的人）。当假设来源于某一特定社会立场的时候，意识形态保护并促进了社会的那一部分（例如，富有的投机者，或贫困者）。相比之下，社会科学理论的假设则来源于科学共同体内部的开放式的争论与讨论，并随时间推移而进化。我们稍后（在第 4 章和第 16 章）会讨论价值中立与客观性的议题。在此，我们可以将社会科学理论通过“试图对假设保持中立”——或者，即使不是彻底中立，也是对其假设保持直言不讳和开放性的态度——与意识形态区分开来。

正如以上所说的那样，意识形态经常反映出社会的某一部分的世界观。那么，研究者或科学家的社会地位是否会影响到社会理论呢？有些人会说，研究者在其理论中，必须与所有特定的社会利益保持距离、保持独立；另一些人则允许社会政治观点存在于研究进程的某些领域中，只要他们对此保持明确即可。但仍然有人说，研究者在社会中占据着一种独一无二的*关系性*位置（Mannheim，1936）。所谓*关系性位置*（relational position），指的是社会研究者来自社会的各个领域，对所有社会领域的各个方面保持高度关注，并对其自身独特的社会地位自觉地进行反思。

4. *对规范性陈述的运用不同*。意识形态包含着许多规范性假设、规范性陈述，以及规范性概念。它们提出了一种规范性的姿态或立场。所谓*规范性陈述*（normative statement），指的是包含“世界应该是什么样子”的陈述。它告诉我们什么是可取的、什么是恰当的、什么是合乎道德的、什么是正确的，以及什么是不可取的、什么是不恰当的、什么是不道德的、什么是错误的。意识形态像社会理论一样会告诉我们世界是什么样子的、为什么是这个样子的，但却会更进一步地告诉我们“世界应当是什么样子的”（见拓展方框3.1：解释离婚）。意识形态模糊了在描述性的、基于事实的主张（*发生了什么事情或人们怎样生活*）与解释（*事情发生的原因或人们采用某种生活方式的原因*）和规范性立场（*事情早就应当发生或人们应当怎样生活*）之间的界限。

相比之下，很少有社会科学理论会提出某种具体的规范性陈述。它们提供的是描述性陈述（如“这是这个世界运作的方式”）以及解释。在社会理论中，存在着许多彼此分离的规范性立场。我们可以将某一理论中的描述（例如，一些人在挨饿）或解释（例如，某些人为了卖出更高的价钱而控制粮食供给，这导致另一些人挨饿）与一种或多种规范性立场（例如，没有人应该挨饿，或弱者挨饿会使人类更强大）联系起来。尽管描述、解释与规范性立场不必出现在同一理论中，但这也不是固定不变的。

总而言之，在社会理论中，规范性的道德立场与描述性陈述或解释是保持距离或保持分离的；而在意识形态中，规范性立场则是嵌入描述性陈述与解释之中的、与其密不可分的。这导致人们无法将规范性立场从意识形态中剔除出去。

5. *对经验证据的运用不同*。科学理论与意识形态之间的一个关键区别涉及经验证据。一种意识形态的支持者，会以保护意识形态信念的方式，选择性地展示并阐释证据。他们通常会强调与某种核心价值观念或宗教信仰相一致的个人体验，将其作为一种凌驾于谨慎的经验观察之上的终极证据。作为一个已经拥有“全部答案”的封闭的信念体系，意识形态拒斥或否认与其相矛盾的证据。当某种意识形态面临着对其压倒性的负面或矛盾证据时，它是不会屈服或改变的。从意识形态化的世界观出发，信奉某种意识形态的人将会选择性地再阐释对其不利的证据，将其当作一种例外来处理，或声称其为与这一意识形
60 态的主张不相关的证据。信奉一种意识形态的人，总是能够找到拒斥矛盾性证据的方式。这是一种“不要用事实来迷惑我，我知道我是对的”的立场。事实上，当被提出不利证据时，信奉某种意识形态的人会对那些持反对意见者产生恐惧和敌意。

拓展方框3.1

解释离婚

意识形态怎样解释离婚

在过去的30年里，美国社会经历了一个道德-社会的崩溃。家庭曾经是强大的，主妇们不会远离家庭外出工作，而会与她们的孩子和丈夫共同度过更多的时光。由于宗教和道德教育，家庭是强大的，离婚是稀少的。然而，在最近的几十年里，道德沦丧已经蔓延开来。人们对宗教与道德权威的尊重变少了。负面的行为、政府的政策，以及大众媒体都削弱了家庭，并导致了离婚的增加。

评价 这一解释使用了诸如*道德-社会的崩溃*、*家庭的力量*、*离婚*、*主妇与其孩子和丈夫共同度过的时光*、*道德沦丧*、*失去尊重以及媒体信息*等概念。这些概念缺乏精确的定义与测量，而它们发生的确切时序也是不确定的。这些概念是模糊的，并具有高度的主观评价性（例如，*沦丧*、*崩溃*、*糟糕*）。对这一解释的检验是困难的，而且这样一个长时期的框架则表明，发生于同一时期内的其他因素也会产生影响。

社会理论怎样解释离婚

一个家庭是否保持完整（即，已婚夫妇没有离婚）或强大（即，彼此之间共度时光并相互表达感情、付出更多时间来养育孩子、表现出积极的社会互动模式），取决于其资源以及社会-情感压力的水平。资源包括物质性（收入、教育、住房）、社会性（朋友与扩展家庭、在社区组织中的参与）、认知性（例如，学校教育、知识、接下来的当前事件）、心理性（正面的自我形象、成熟性，以及对他人的尊重）的因素。压力则包括对未来的不确定性以及有关生活条件的不稳定性（例如，家庭成员没有固定工作、健康状况糟糕或每况愈下、作为犯罪的受害者，以及情绪不稳定）。与那些资源水平低而压力水平大的家庭相比，那些具有充分资源而且压力水平比较低的家庭通常会更为强大，并更有可能保持完整。

评价　这一解释使用了四个概念：（三种类型的）*资源*、*压力*、*家庭的力量*以及*保持完整*。它表明了定义或测量每一个概念的方法。各个概念之间的关系是明确的，并可以经验性地加以检验。

社会理论是一个开放式的观念和解释体系；它们欢迎所有证据。因为社会科学理论对不断进行的争论、修正或改变持开放态度，所以它们在不断地进化。来自各种研究的证据，可能会支持、拓展、拒斥或修正某一理论。我们会有规律地将理论与*所有*相关的经验证据——不管是支持性的证据，还是矛盾性的证据——结合起来。我们使用证据来评价一个理论，而不是使用证据来捍卫一个理论。我们永远无法事先知道证据是否会支持理论。任何研究都可能会发现表明一个理论存在弱点并需要修正的证据。

在社会科学中，我们假设，随着时间的推移，社会研究会生产出累积性的知识和证据；它会随着时间发展而建立起来。因为研究和理论是累积性的，我们不会在碰到任何负面证据时自动地舍弃某一个理论。我们将所有证据放在一起进行评估。如果在经过经年累月的研究之后，我们积累了广泛的经验证据来支持某一理论，我们可能就只是通过对其进行缓慢的调整以适应新的负面证据。尽管如此，对于某一理论来说，任何负面证据都会提出一些问题。如果新的证据一再显示无法支持某一理论，那么我们就不得不去更改它或替换它。 *61*

6. *对逻辑一致性的需要不同*。意识形态通常包含着逻辑上的自相矛盾，而且许多意识形态依赖于循环论证。循环论证的形式有许多种类型；从真正的逻辑推理的角度来看，其中的有些论证是逻辑谬误或错误。它们只是简单地用稍微有所不同的或更厉害一点的术语来重复同一段陈述，以此作为其"证据"或理由。在意识形态中，当发现某一逻辑上的矛盾或谬误时，典型的反应就是否认它或将其掩盖起来。相比之下，我们作为社会科学家则坚持理论在逻辑上的一致性。我们不断地进行尝试，以便根除和剔除所有的逻辑谬误。如果我们发现了矛盾或谬误，我们会修订理论，或者用一个不含矛盾或谬误的不同理论来替代它。

7. *透明度不同*。意识形态与理论之间的区别，对我们实施研究的方式具有启发性。在社会科学研究中，我们会有意识地注意一个理论的假设、概念及其关系，并使其明确化。理论及其在研究中的位置是非常公开化的；我们作为社会科学家是毫无隐瞒的。与其透明性相结合的，是对公开争论和挑战的欢迎。相比之下，意识形态则通常包含着模糊性及难以明确描述的特征。意识形态通常包含着那些被笼罩在神秘或隐秘之中的领域，它们寻求的是顺从和尊重，而不是严谨的争论和挑战。

总结回顾方框 3.1　社会理论与意识形态

基本差异	意识形态	理论
答案的确定性	不容置疑的绝对的确定的答案	未完成的与不断发展的暂时性、有条件的答案
知识体系的类型	封闭的、固定的观念体系	开放式的、不断拓展的观念体系
假设的类型	基于信仰、道德观念或社会立场的隐含的假设	基于有根据的开放式争论以及理性讨论的明确的、不断变化的假设

续前表

基本差异	意识形态	理论
对规范性陈述的运用	将描述性论断、解释和规范性陈述杂糅在一起	将描述性论断、解释和规范性陈述分开处理
对经验证据的运用	选择性地使用证据；避免对论断直接检验；抵制、否认或无视矛盾性的证据	通盘考虑所有证据，寻求对论断的反复检验；基于新的证据而不断改变
对逻辑一致性的需要	自相矛盾与逻辑谬误	最高水平的一致性与自洽性，努力避免谬误
透明度	避免透明性	鼓励透明性

三、社会理论的组成部分

（一）假设

所有理论都包含内置**假设（assumption）**，即有关那些我们无法观测或无法从经验上加以评估的事物的本质的陈述。它们是必要的起点。在社会科学中，我们会对人类的本质（例如，人类在本质上是相互竞争的，或人类在本质上是善良与相互合作的）、社会现实（例如，发现并控制那些隐藏的要素是很容易的），或某一特定现象或议题做出假设。62

有一种假设的类型是*背景假设*：有了它，我们才能继续进行探索。有些关于复杂社会议题的理论，例如有关种族歧视的理论，就依赖于多种隐含的背景假设。其中与种族歧视相关的一些假设是：在一个社会中，人们会认识到种族类别与种族区别；他们会基于人们在种族群体中的成员身份来看待个体间的区别；他们会将人们的性格、动机、特征与其在种族群体中的成员身份联系起来；并据此对其进行品评。以上这些都是背景假设。因为，如果人们并不在“种族”（即，某些与祖先有关的外貌特征）之间进行区分，或从来都不将人的特征与其在种族群体中的成员身份联系起来等等，那么，*种族歧视*这个概念将不再有用。因此，解释这一议题的概念和理论，是建立在背景假设的基础之上的。

除了背景假设之外，还有*“牵引”*（tractable）假设（即，它们具有牵引力，并允许我们展开更深入的讨论）（Abbott，2004：152）。一个牵引假设，可能成立，也可能不成立。如果我们想要研究种族歧视，我们可能会假设人们所具有的种族歧视程度是不一样的，而且有些人是根本没有种族歧视的。我们可能会假设，人们对其他种族的人有种族歧视，却对自己种族的人没有歧视。我们可能会假设，人们的种族歧视会长时间持续下去，不会在顷刻间出现或消失。

（二）概念

*概念*是建构理论的基石。[①] **理论概念（theoretical concept）**是我们用符号或文字所表达出来的想法。在自然科学与数学中，我们通常会以诸如希腊字母（例如，π 或 Σ）或公式（例如，$s=d/t$，其中 $s=$ 速度，$d=$ 距离，$t=$ 时间）等符号的形式来表示理论概念。相比之下，大部分社会科学家则以文字来表达他们的概念。虽然数学和自然科学的特殊符号会使人紧张，但是，以特殊方式使用日常词语来表达社会科学的概念，也会造成困惑。在以文字表达的概念与以符号表达的概念之间的区别，无须夸大。从根本上来说，文字也是一种符号，它们是我们通过语言所习得的符号。

让我们来看一个关于你已经很熟悉的概念的例子——*高度*。你可能会用*height*这个词来描述它，或用“h”这个符号来书写它。其文字上的字母或读音的结合，象征着或代表着在你脑海中的某个概念。不管

① 有关对概念的更为详细的讨论，可参见 Chafetz（1978：45－61），Hage（1972：9－85），Kaplan（1964：34－80），Mullins（1971：7－18），Reynolds（1971）和 Stinchcombe（1973）。

是中文的汉字“高度”，或法语的单词*hauteur*、德语的单词 *höhe*，还是西班牙语的单词*altura*，都象征着同一个概念。在某种意义上，一门语言就是人们在生活中的某些时刻所习得的以声音或文字来表达想法的一种一致性做法。学习概念和理论就像学习一门语言一样。[①]

概念并不仅仅存在于社会科学理论之中。它们无处不在，而且你每时每刻都在使用它们。*高度*就是一个来自日常生活的简单概念，但它意味着什么呢？我们可能会发现，*高度*这个概念用起来很容易，但却很难去界定或描述。这是常有的情况：我们会在使用概念时发现很难彻底地想清楚其全部含义并对其下一个好的定义。*高度*这个概念，是关于一种物理关系的抽象概念。作为一种物质对象所具有的特征，它表示其从顶端到底端之间的距离。我们界定概念的典型做法，是同时运用例子与其他的概念。我们可以通过使用“顶端”“底端”“距离”这些概念来为*高度*下定义，并使用物理世界中的大量例子对其进行说明。

高度是一个我们非常熟悉的概念。所有的人、建筑、树木、山川、书本等等，都具有高度。我们可以测量任何物体或生物的高度，并对其进行比较。高度为零虽然很罕见但也是可能的，高度也会随时间变化而增加或减少。正如其他的许多词语一样，我们可以将*高度*这个概念用于多种用途。我们将*高度*这个词用于多种表达形式，如战争的白热化（height of the battle）、盛夏时分（height of summer）以及时尚巅峰（height of fashion）。

*高度*这个词指的是一个抽象概念。我们将其概念与这个词的发音与写法结合起来。构成这个词的发 63
音，与这个词所代表的概念之间，并不存在天然的联系。这种联系是随意的，但却仍然十分有用。符号的存在，使我们能够使用一个单一的符号来向其他人表达某一个概念。这一点非常重要：我们通过使用有形的符号，才能在彼此间交流脑海中抽象的、无形的概念。

概念包含两个部分：*符号*（一个词、短语或书写字符）与*定义*。我们通过多种方式学习定义。我们可能会从自己父母那里学到*高度*这个词所代表的概念及其定义。我们可能会在一种文化中，通过学习说话与学习社会化的过程来习得许多概念。我们的父母可能并不会教给我们字典上的定义。相反，他们可能会通过发散性的、无言的、非正式的过程来教导我们。他们会向我们展示许多例子；我们会观察并倾听他人运用某一词语的方式。当我们用词不当时，我们会使他人感到困惑，或使他人对此进行纠正。最终，我们掌握了这一概念。以上就是我们在日常用语中习得大部分概念的方式。如果我们的父母将我们与电视以及其他人隔离开，再教给我们说：描述从顶端到底端之间距离的概念是*zodige*，那么我们就难以与其他人进行交流了。如果想要概念有价值，人们就必须与他人共享有关概念的同一套符号或术语及其定义。

我们在日常生活中所使用的大部分概念有一些模糊不清的定义。相似地，在某一特定的文化中，人们的价值观与经历也会影响或限制日常概念。居住在前工业化的、没有电力供应的偏远地区的那些从未用过电话的人，是难以理解电脑或因特网的概念的。同样，也有一些日常概念（例如，邪恶的灵魂、恶魔）根植于错误的观念、古代的神话或民间传说之中。

日常概念与那些被运用于社会科学中的概念是不同的，但是其差异并不是绝对的，或者说并不明显。在社会科学中，某些最先从研究中发展起来的、具有精确的技术性定义的概念，已经渗透到更广大的文化与语言之中。随着时间发展，它们逐渐变得不那么精确，并发展出了不同的含义。诸如性别主义、生活方式、同辈群体、城市扩张与社会阶层等概念，都是最早产生于社会理论中的技术性概念。

社会科学的概念来自哪里呢？许多概念来自日常生活、个人体验、创造性的想法或日常的观察之中。有的人详细阐述了一个想法，并提供了一个定义，其他人会讨论这个想法，努力使其更为清晰和准确。有些社会科学的概念则来自古典理论之中。人们通过深入思考与反思来发展出一些新的概念，有时是在研究中检验其发现之后提出的，有时是结合在不同情况下的发现与想法提出的。笼统地说，大量的社会科学概念构成了一种专门性的语言。我们使用它来讨论、分析并考察我们身边的社会世界。许多人将这

---

① 有关如何以翻译的形式将社会学的解释与理论概念化的问题，可参见 Turner（1980）为此提供的有趣讨论。

种语言称为*行话/黑话*(jargon)，这是一个名声不佳的称呼。

许多领域的专家都使用行话。它是一种彼此之间交流的简化形式。物理学家、律师、艺术家、会计师、管道工、动漫爱好者、兰花种植户，以及汽车修理工都有专门性的语言或行话。他们使用它们来指代他们经常讨论的各种概念或对象，其中的一些语言并不是众所周知的或为大家所共享的。举例来说，出版商与印刷者们有这样一些行话：诸如*无齐行指令的穿孔纸带*(idiot tape)、*字体*(fonts)、*留白*(cropping)、*中间色*(halftone)、*毛条校样*(galley proof)、*适压印刷*(kiss impression)、*斑点*(hickeys)、*未排足的行*(widows) 和*字距调整*(kerning) 等术语。对于内行人来说，行话是一种快速高效的交流方式。然而，当人们滥用一种专门性语言来困扰、排斥或诋毁他人时，这种专门化的语言就会得到负面的名声，这就是我们通常所说的那种*黑话*。与那些不了解某种专门化语言的人使用行话交谈，会导致无法交流，并经常会招致不满。

一旦我们学习了社会科学的概念，并开始在那些了解其含义的人群中使用这些概念，我们就会发现，对讨论想法和议题而言，这些概念是一种高效、简洁与精确的方式。然而，对于尚未学习这些概念的新手或外行人而言，一个充斥着社会科学概念的术语的讨论，听起来则像是令人费解的黑话。

抽象的层次。各种概念因其不同的**抽象层次 (level of abstraction)** 而异。有些概念是非常具体的，指的是我们能够看到并触及的对象，比如披萨、树木、猫咪、手机，或一次大学考试。另外一些概念则是
64 不属于直接的、日常的经验生活的抽象的精神创造物。抽象概念指的是这个世界我们无法轻易地体验或轻易地表达的某些方面。尽管如此，它们也有很大的价值，因为它们能够组织我们的想法并拓展我们的理解。虽然我们无法直接地看到诸如爱国主义、社会资本、自尊心、情感伤痛、恐慌、恐惧、认知失调、政治权力或组织权威等概念，但是我们可以“感受”到或认识到运作于日常生活中的它们。

为了界定那些简单的、具体的概念，我们使用许多例子并指向可见的物理特征。相比之下，那些复杂的、抽象的概念则往往需要正式的、像词典一样的定义。它们的定义结合了几种其他的、不太抽象的或低层次的概念。例如，*高度*这个概念并不是很抽象，但我们依然使用*顶端*、*底端*与*距离*这些抽象层次稍低一点的概念去定义它。相似地，*侵略*这个概念也比我们用于定义它的那些概念，比如*袭击*、*打击*、*呼啸*、*推进*、*截击*、*物理伤害*或*威胁严重的人身伤害*等要更为抽象。我们也可能会使用诸如*态度*或*刻板印象*等其他抽象的概念来界定*种族歧视*。

作为社会科学家，我们倾向于以比在日常生活中更为精确的方式界定概念。我们将理论中的概念与研究以及经验资料联系起来。这是因为，只有当我们对自己的概念有清晰的、具有逻辑一致性的定义的时候，知识才能得到推进。

对于推进知识以及实施研究而言，具有清晰、明确并准确的定义的概念是必不可少的。有些研究或理论性的论文发展出了全新的概念，但我们通常还是依赖于既有的概念。然而，许多概念具有多重定义，因此我们必须选择该使用哪种定义。甚至在我们选择了一种定义之后，我们也可能会希望去修正或澄清这一既有的定义。

威默（Wimmer，2008：973）讨论并重新定义了*族群边界*(ethnic boundary)（即群体的边界）这个概念。他将族群（ethnicity）这个概念重新定义为“一种基于对共同文化与共同祖先的信仰的主观归属感”。这是许多定义中的一种定义，而且其他人已经用过了这种定义。社会研究者们已经讨论过了界定*族群*与*种族*(race) 这两个概念的方式。威默认为，族群这个概念是一个更为宽泛的概念。他将*种族*与*民族*(nationhood) 定义为族群的两个子类型：种族是基于表型特征的族群类型，而民族则是基于某一共同体的民族主义精神的族群类型。其他子类型还包括基于对某种共同的宗教性、地区性或语言传承的信仰的族群类型。

威默（Wimmer，2008）明确地反对那种使用在日常生活中对种族或族群的理解的想法。（因为）美国人对这些概念的理解是重叠、模糊而矛盾的（有关最近的证据，可参见 Hitlin，Brown & Elder，2007；Morning，2009)。威默想要避免以其在某种单一文化中的概念来界定它们，因为这样做会导致跨文化比

较与理论建构受到限制。他指出：

> 这个世界上既有在人口中存在表型差异却没有种族性群体的社会，也有不存在表型差异却有从种族上加以界定的群体的社会，这两者形成了鲜明的对立；除此之外，还有像美国的种族一样具有排他性的非种族化的族群分化体系。（Wimmer，2008：975）

以上这个例子说明了我们应该怎样来界定概念。它同样凸显出了大众在日常生活中所使用的概念与社会理论及研究中所使用的概念之间的张力。公众对概念的定义，通常是重叠、模糊而矛盾的。为了深化对于社会世界的理解并创建清晰的理论，我们想要的是精确的、不重叠以及不矛盾的理论性定义。但我们也会研究公众看待及思考这个世界的方式。如果我们借用了公众的定义，我们的定义可能会贴近于公众在日常生活中使用概念的方式，但却可能会是模糊的、重叠的和矛盾的。如果我们采用的是学术的定义，那么它们可能无法与公众对这些概念的理解紧密地联系起来，但是我们的定义会是准确的、不重叠的与不矛盾的，能够促进清晰的思考与知识的真正进步。另一种额外的困惑来源是，有些公众所使用的词语（例如，种族），与我们在社会理论中所使用的词语是一样的。最后，这样的一些议题意味着，我们要清晰地认识这些概念并谨慎地界定它们。 65

总而言之，谨慎并仔细地思考想法或概念，并对它们加以明确而清晰的定义，是一个重要的研究任务（我们在第7章会更详细地讨论这一问题）。这样的理论化工作，能够为我们实施研究以及增进我们对于周围世界的理解提供关键性的基础。

单一概念与概念丛。我们很少会以彼此孤立的形式使用各种概念。各种概念形成了相互联系的集群，或者说**概念丛（concept cluster）**。这不仅存在于社会理论的概念中，而且存在于日常生活中所使用的概念里。理论具有一系列相互关联的概念，这些概念是相互一致的，而且是相辅相成的。这一系列概念在一起形成了一个更为宽泛的意义网络。举例来说，在有关*城市衰退*的讨论中，我们可能会看到诸如城市扩张、经济增长、城市化、郊区、中心城市、复兴、贫民区、公共交通、犯罪率、失业、白人迁移与少数种族等相互关联的概念。将这些概念合在一起使用，会形成相辅相成的一系列我们运用于理论化或研究之中的想法。

我们可以将日常生活中的概念与社会理论中的概念简化为两种类型。一种类型是具有一定范围的值、量或额度的概念。这种类型的概念的例子包括*收入总额*、*温度*、*人口密度*、*教育年限*以及*暴力程度*。这些概念属于*变量*，或者说*变量型概念*，你将在第6章看到相关内容。另一种类型的概念表示的则是分类型或非变量型的现象（例如，*科层制*、*家庭*、*大学文凭*、*无家可归*以及*感冒*）。

简单概念与复杂概念。除了具体概念或抽象概念、变量型概念或非变量型概念这两种分类之外，概念还可以被分为简单概念或复杂概念。*简单概念*仅有单一维度，在一个单一的连续统上进行变化。*复杂概念*则具有多重维度或多个子部分。我们可以将复杂概念分解为多个简单的或单一维度的概念。总之，尽管真实情况并不总是这样，但越复杂的概念往往越抽象，越简单的概念往往越具体。

下面是一个有关复杂概念的例子。鲁斯彻梅尔与其合作者（Rueschemeyer，et al.，1992：43－44）主张民主具有三个维度：（1）拥有普选权的定期的自由选举制度，（2）有民选的、用于控制政府的立法机构，（3）有言论自由与结社自由。他们承认，其中的每一个维度都会在不同程度上有所差异（例如，每个人都参与投票的定期的、完全开放的自由选举与只允许一小部分人参与投票的不定期的限制选举）。通过将这三种简单的概念或维度结合起来，鲁斯彻梅尔等人创建了关于政治体制的不同类型的概念。在以上三种维度上表现都很低的政体是极权主义政体，在三种维度上表现都很高的是民主主义政体，处于两者之间的其他组合，则要么是威权主义政体，要么是自由主义寡头政体。不同政体类型所指向的概念，比以上三种维度所涉及的概念更为复杂。

另一种关于复杂概念的类型是**理想型（ideal type）**。它是一种用于将一组较为具体的概念组织起来的更为宽泛、更为抽象的概念。理想型是一些纯粹的、抽象的、试图定义问题现象之核心的模型。它们是勾勒出我们感兴趣的问题的核心部分的思想图示。它们的规模比理论要小，但却有助于建构一个完整的理论。理想型并不是解释，因为它们并未说明事情发生的方式或原因。定性研究者经常使用理想型来观察被观测到的现象在多大程度上能与理想型相契合。一个非常著名的理想型概念，是马克斯·韦伯（Max Weber，1864—1920）的*科层制*概念（见实例方框3.1：马克斯·韦伯的科层制理想型）。它将科层制组织与其他类型的组织区分开来。在真实生活中，并不存在与这一理想型完美契合的组织，但是这个模型却有助于我们思考并研究科层制组织。

66 **概念分类（concept classification）**是一种介于简单概念与成熟理论之间的概念类型。[①] 它有助于将抽象、复杂的概念组织起来。通过将一些简单概念在逻辑上组合起来，我们可以创建一种被称为分类的复杂概念类型。通过参考以下几个例子，你可以很好地掌握这一点。分类的一种主要的类型是**类型学（typology）**或者说分类学[②]，即研究者将两个或更多个单一维度的简单概念从逻辑上结合起来，由这两个概念的交叉形成新的概念。新的概念可以表现出存在于简单概念之间的交叉或重叠。

实例方框3.1　马克斯·韦伯的科层制理想型

- 科层制是受一套规则体系管理的持续发展的组织。
- 组织行为受到超然的、非人格化的规则管理。
- 分工明确，不同的职位被赋予了不同的职权范围。
- 层级性的权威关系占据主导，即，低层级的职位受高级职位指挥。
- 行政行为与规则等受到明文规定的制约。
- 个人无法占有或买卖其职位。
- 为确保职员对组织的忠诚，职员以工资而非顾客报酬的形式作为其收入。
- 组织财产与其官员的财产是分离的。

资料来源：Adapted from Chafetz *A Primer on the construction and testing of theories in sociology*（1978：72）F. E. Peacock Publishers.

默顿（Merton，1938）关于越轨行为的失范理论，就是一个简单而完美的、被广泛使用的类型学。它使我们得以通过两个简单概念——（1）在一个社会中被定义为值得追求的目标，（2）人们用于达成这些目标的手段——来理解越轨行为与非越轨行为。这一类型学建立于两种关系的基础上：（1）人们是接受还是拒绝社会所定义的目标；（2）人们用于达成这些目标的手段是不是被社会所认可的（即，合法的）。基于这些概念（见表3.1），默顿的类型学区分出了顺从行为与几种不同的越轨行为类型。顺从，或者说非越轨行为，是当人们接受社会所定义的目标（例如，取得高收入）并通过社会所许可的方式（例如，找一个好工作并努力工作）来实现它们时所发生的。不同形式的越轨行为则发生于与其不同的情况下。默顿有关个体如何适应社会目标及采取何种达成目标之手段的类型学，总结了他的那些复杂概念，并为其每一个子部分确定了名称。举例来说，逃避主义（retreatism）模式描述的是那些同时拒绝了社会所定义的目标与社会所许可的、达成目标的合法手段的人，比如酗酒者或宗教隐士。这种类型的越轨行为者，同时拒绝了社会所定义的、受人尊敬并能获得物质财富（例如，房子、汽车）的目标，与达成目标的合法手段（例如，诚实、有份工作）。

---

① 有关对分类的讨论，可参见Chafetz（1978：63-73）与Hage（1972）。

② 有关类型学与分类学的更多讨论，可参见Blalock（1969：30-35），Chafetz（1978：63-73），Reynolds（1971：4-5），Stinchcombe（1968：41-47）。

表 3.1　罗伯特·默顿的个体适应模式

适应模式	社会界定的目标	合乎制度手段
顺从模式	接受	接受
创新模式	接受	拒绝
仪式模式	拒绝	接受
逃避模式	拒绝	拒绝
革命模式	新的替代目标	新的替代手段

另一种不同的概念类型学则建立于古典社会理论的基础之上。赖特（Wright，1978）发展了马克思关于资本主义社会中社会阶级的理论，并随后用来自当代美国社会的经验资料检验了他的理论创新。赖特指出，在马克思看来，不平等与剥削是以对三种类型的资源的控制为基础的：（1）投资（即，营利性财产或资本）；（2）生产组织；（3）劳动力（即，他人的工作）。赖特认为，阶级社会中的组织，创造了能够授予权力（即，指挥他人工作）的职位或位置。他还认为，阶级社会中的组织，创造了能够控制以 67
上三种类型资源（见表 3.2）的职位。处于能够控制这三种所有类型资源的位置的人，构成了最有权力的群体，或者说成了这个社会中统治性的社会阶级。在市场经济下，这就是所谓的资本家阶级。其成员包括主要投资者、所有者，以及银行或企业的总裁。资本家们制定投资决策（是否需要以及在哪里建立一个新工厂），决定组织生产的方式（例如，使用机器人还是低薪工人），并对其他人发号施令。而靠近底层的阶级则由工人构成。他们所占据的位置使他们对于投资和组织生产的方式毫无发言权。他们没有权威，而且必须服从于他人的命令才能保住工作。至于那些协助资本家的经理人或管理人员，则介于这两种主要的阶级之间。当马克思在19世纪中期发展其理论时，他们还是一个尚未完全出现的准阶级。这一阶级能够控制社会中的部分资源而不是全部的主要资源。赖特的分类同样也指出了马克思曾经论及的另一个阶级，即小资产阶级。它是由小规模的、自雇佣的独立经营者或农民构成的。这个阶级的成员拥有并经营他们自己的生意，但是除了自家人外没有雇用其他人手。马克思曾认为这个阶级势必萎缩并消亡，但时至今日其依然存在。与默顿一样，赖特将一系列简单概念（即，拥有的或不具有的资源类型）结合起来，使其成为一个在理论上强有力的复杂分类（即，资本主义社会中的社会阶级结构）。

表 3.2　埃里克·赖特的社会阶级体系

社会阶级	对社会资源的控制		
	投资	*生产*	*劳动力*
资本家	+	+	+
经理人	−	+	+
管理者	−	−	+
工人	−	−	−
小资产阶级	+	+	−

注："+"表示有控制权，"−"表示控制权很少或没有控制权。

最后一个概念分类的例子来自沃尔德（Walder，2003），他想了解的是由采用计划经济的社产主义政体向采用市场经济的转型。他使用两个要素——（1）对私有资产利用的限制程度；（2）政治变革的程度——创建了一个具有四种类型的后共产主义政体的分类。他利用这两种要素交叉分类而创建了一个概念化的类型学。他使用这一类型学及其他的一些概念，解释了由计划经济向市场经济的平稳转型，并判断了在不同的转型社会中，哪些社会政治集团会获得权力（见表 3.3）。请注意，所谓概念分类，其自身并不能构成完整的理论解释。为使其能解释某些结果发生的原因，我们还需要为其添加一些其他的理论观点。

表 3.3　四种转型的路径

		政治变革的程度	
		高	低
对接受私有资产的限制程度	高	1	2
	低	3	4

范围。各种概念因范围而异。有些概念的范围是非常狭小的，只能应用于特定的社会情境或社会活动中，或者是受到时间与空间限制的。我们很难在特定情境之外运用这些概念。其他的一些概念的范围则是非常宽泛的。它们可以极大地超越时间与空间限制，被应用于许多不同的情境或活动中。这些宽泛的概念，往往比范围狭小的概念更为抽象。

一个有关范围狭小的概念的例子，是"足球流氓行为"。它指的是从20世纪60年代后期兴起的英国足球迷以及在一定程度上的其他欧洲足球迷的暴力行为。这一概念是受到时间与地域的限制的。尽管在
68 其他的大众观赏性赛事中，也有人参与过骚乱或暴力行为与破坏财产的行为，但是这一概念相对而言更针对英国足球迷的骚乱行为。另一个例子则是日本的*karoshi*现象，或者说"过劳死"现象。纵观历史与不同的文化，人们死于过度劳动是很常见的，但是这一概念从狭义上讲，指的是那些从事白领工作的日本男性，他们在面临巨大社会压力的情况下，经年累月地为其公司加班加点（例如，每天16～18个小时）、不加休息地工作。这一概念与20世纪70年代至90年代日本企业的工作文化是相关联的。相比之下，那些范围更为宽泛的相似概念，如体力劳动或文职工作，则广泛适用于各个历史时期以及不同的文化背景。

那些范围狭小的概念，与具体的日常生活更为贴近。这使它们更容易被认可。我们可以将具体情境的特征与某一社会背景下的结构融入其中。同时，这样做会导致这些概念难以被概括以及难以用于建构对社会生活的一般性的理论理解。那些范围宽泛的概念（例如，社会参与、情感温暖）则具有与之相对的优点和缺点。这些概念在不同时期与社会背景之间搭建了桥梁，而且它们增进了我们的一般性理解。然而，它们也忽略了特定社会情境与历史条件下的那些重要的背景细节。

（三）关系

社会理论并不仅仅是假设与概念的集合，它们还会说明各个概念之间的关系。它们会告诉我们，概念在彼此之间是不是相互联系的，以及如果是相互联系的话，其背后的原因是什么。通过勾勒出一个由假设、概念和关系所组成的完整的复合体，理论为我们提供了一副用于说明某些特定关系为何会存在或为何不存在的完整图像。

关系的形式。除了告诉我们各种概念是否相关以外，理论还会对其关系进行说明。举例来说，一个理论可能会告诉我们，某种关系是强的或弱的、直接的或间接的、正向的或负向的。它可能会告诉我们，某个概念对其他概念的影响是加强还是削弱、是直接的还是延迟的。好的理论可以显示出，某个概念对于另一个概念而言，到底是必要的先决条件（即，必需的及必不可少的），还是仅仅是充分条件（即，它是有所牵连但却不必非要存在的）。有时，某个理论会提出，一个概念与另一个概念是相关的，但却仅在某些特定条件下相关（这被称为*或然关系*，在本书后续部分将会进行讨论）。理论还会说明对某种关系的运作方式（可参见本章后续相关部分）的解释形式（例如，因果解释、结构性解释等等）

命题与假设。社会理论包含多种命题，这些命题是关于各种概念之间的关系的。**命题（proposition）**指的是一个关于两个或更多个因素或概念之间的相关性，以及这一关系的类型的理论性陈述。它是一个可能已经被验证或未经检验的想法。研究的一个主要目的，是去发现一个理论的命题是否符合经验证据或经验资料。有些理论命题是以假想的形式呈现的，其他命题则是能够用经验资料加以检验的。**假设（hypothesis）**指的是一个能够从经验上加以检验的命题形式。它是一种关于某一关系的尝试性陈述，因为

当我们开启一个研究的时候，我们并不清楚假设在经验世界中是否实际成立。当我们在多种情境下对假设重复多次经验性评估之后，我们对其真实性的把握才会增加。通过对假设进行经验性评估，我们可以知道一个理论命题是不是得到支持的，或者我们可以决定到底是修正它还是将它从理论中彻底剔除。不过，虽然很多研究是为了检验假设而设计的，但也有些研究是没有假设的。

（四）分析单位

这个社会世界是由许多单位所组成的，比如个人、群体、组织、运动、制度、国家等等。研究者们为了让理论概念适用于一个或更多个上述这样的**分析单位**（**units of analysis**），需要对其进行剪裁调整。举例来说，*侵略*这个概念就可以被应用于个人、群体、组织和国家等多个分析单位。这可以用以下几种陈述来说明：杰米是一个具有*侵略性*的孩子；这个篮球队在昨晚的表现很有*侵略性*；这家名为XYZ的企业*侵略性地*打入了新的市场；联合国谴责X这个国家对其邻国的*侵略*行为。其中，一个孩子的侵略性（拍打另一个四岁孩子或踢打老师），明显与一个运动队的侵略性（身体接触与阻拦）、企业的侵略性（降低价格并发起针对其竞争性产品的大规模广告运动）或国家的侵略性（派遣军队和坦克去其他国家）不同。 69

当我们实施研究的时候，我们必须让概念与我们想要分析的具体类型的单位像手和手套一样相互匹配。这意味着，我们要在设计研究与测量概念（相关内容将在第6章和第7章讨论）的时候，将概念与分析单位搭配好。如果我们考虑的是一个抽象概念，比如侵略这种可应用于多种分析单位的概念，我们必须决定该使用哪一种分析单位，并在接下来的工作之前根据这一单位来调整定义概念的方式。

（五）理论的各个方面

现在你已经知道了社会理论的组成部分，你可以进一步考虑它的其他形式了。社会理论可能会令人困惑，因为它具有许多个方面。为了简化问题，我们可以将它们划分为五个主要的方面：

（1）*理论化的取向*。包括演绎与归纳两种取向。

（2）*分析的层次*。包括微观、宏观与中观。

（3）*理论化的焦点*。包括实质理论与形式理论。

（4）*解释的形式*。包括因果解释、结构性解释与诠释性解释。

（5）*理论化的范围*。包括经验概括、中层理论与理论框架。

这几个方面乍看上去似乎是令人生畏的。好在它们之中，只有一小部分主要的组合是被频繁使用的。当你对这几个方面熟悉之后，你将发现，在实施研究的时候，它们有助于澄清与简化应用理论的方式。

（六）理论化的取向

从理想的角度而言，你可以从两种方向入手来建构并检验理论：（1）从抽象的思考出发，随后将理论中的概念与具体的证据从逻辑上结合起来；（2）从对经验证据的具体观察出发，随后通过对证据进行概括来建构更为抽象的概念。在实践中，大部分研究者是相当灵活的，他们倾向于在研究的不同阶段交错使用这两种理论化的取向（见图3.1）。

演绎法。为了在**演绎取向**（**deductive direction**）上理论化，我们会从一些抽象概念或一个能够勾勒出各个概念之间逻辑联系的理论命题出发。随后我们用具体的证据来检验这些概念与命题。我们从概念、理论或一个思想图示转向可观测的经验证据。第2章所讨论的对于接触假说的研究，就使用了演绎的理论化取向。研究者从以下理论命题出发：由于缺乏了解以及负面的刻板印象，如果在一个社会“群际外”的人与其他人缺乏人际接触，会导致他人对其产生负面看法。研究者将这一命题转化为一个可以被加以检验的经验性假设：与“群际外”的个体增加社会接触和了解，以及增进熟悉性，会减少“群际内”的人对其负面的观念、态度与说法。这一理论化的案例，是从抽象的层次出发而进入到具体的、经验性层次（包括特定的“群际外”人群、社会接触的各种形式以及观念或态度）。 70

归纳法。 为了在**归纳取向（inductive direction）**上理论化，我们会从对经验世界的观察出发，将发生的事情反映出来，并以逐步抽象化的方式对其进行思考，向着理论化的概念和命题迈进。我们可以从一个一般性的话题与若干个粗略的概念入手，随后，随着归纳性的操作，我们可以将其完善并发展为更为精确的概念。我们通过从经验观察出发，转向更为抽象的思考来建构理论。在第2章所提到的，邓奈尔（Duneier，1999）在其关于纽约市街头摊贩的研究中，就使用了归纳的理论化取向。只有当他将经验资料的收集完成之后，他才发展出了一个理论理解。他说："我最开始是从自己在街上的所见所闻中得到启发的"（Duneier，1999：341）。邓奈尔（Duneier，1999：342）将其描述为一个类似于医学专家为具有多种症状的病人看病所使用的方法的过程。只有当他分析完了所有症状之后，这位专家才能做出诊断，或提供一个能够解释许多表面症状的深层原因的连贯的故事。

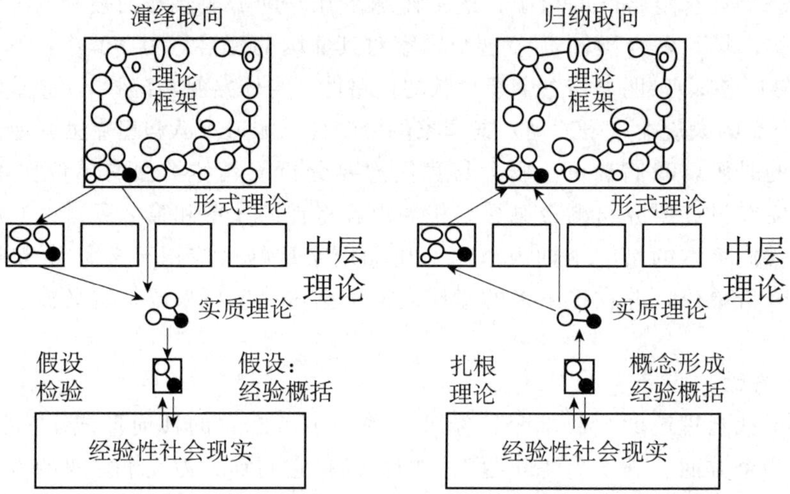

图3.1 理论化的演绎取向与归纳取向

许多研究者使用一种特定类型的归纳的理论化方法。这种方法被称为扎根理论（grounded theory）。它涉及的是从头开始发展新的理论观点，而不是检验既有的理论观点。你将在第6章与第14章看到更多与其相关的内容。

扎根理论是一种在定性研究取向中被广泛运用的方法。但是它并不是唯一的方法，也并不是所有的
71 定性研究者都使用它。

扎根理论是一种"使用一套——用于建构关于某一现象的、由归纳导出的理论的——系统化程序的定性研究方法"（Strauss & Corbin，1990：24）。扎根理论的目的，是建立一种忠实于证据的理论。它是一种发现新理论的方法。研究者可以用它来比较不同的现象，以了解其相似之处。研究者可以将微观层次的事件视为一个在更宏观层次上的解释的基础。扎根理论与更实证主义取向的一些理论具有某些共同的目标（关于实证主义理论的讨论，见第4章）。它所要寻找的理论，是可以与精确严密的证据进行比较的理论，是具有可复制性和概括性的理论。通过跨社会情境的比较，扎根理论的研究取向追求的是一种一般性的理论。

定性研究者们在扎根理论之外，也使用其他的一些方法。一些定性研究者采用"深描"，这是一种对信息提供者的世界观进行真实描述的方法。他们通过对某个单一的社会情境进行挖掘，来阐明那些维持着稳定的社会互动的微观过程。而其他的一些研究者的目标，则是提供关于事件或某一情境的非常准确的描述。他们通过分析特定的事件或情境，来获得对于一个社会更大的动态变化的理解。还有另外一些研究者采用既有理论来分析特定的情境，他们将其置于一个宏观层次的历史背景下进行分析。为了重构理论和理解社会行动，他们揭示了微观层次的事件之间的联系，以及微观层次的情境与更大的社会势力之间的关系（关于以上几种替代性方法的总结，可参见Burawoy，1991：271－287；Charmaz，2003；

Hammersley，1992）。

（七）分析的层次

社会现实具有从微观到宏观的多个层次。微观层次的社会生活包括通常发生于小规模环境中的少数个体之间短期内面对面的互动（例如，一位女顾客在一家快餐店与雇员或一位在她后面排队等待的男顾客简短交谈）。在社会现实的微观层次上，人们参与直接的（通常是在一个封闭的物理环境中的）人际接触。为了分析该层次的社会现实，社会科学家发展出了**微观层次的理论（micro-level theory）**与概念。举例来说，麦克法兰（McFarland，2004）发展出了一个关于在高中教室内的破坏行为的微观层次的理论。基于对师生们在教室内的互动的细致入微的观察，他指出，其中的主角与反派的行为方式，具有模式化的特征和不同的结果（也可参见实例方框 3.2：归纳性的微观层次理论）。

与微观层次相对的宏观层次，则包括大规模的社会事件（例如，18 世纪的西欧帝国主义列强与中华文明碰撞的模式）与整个社会制度（例如，某个国家的整个刑事司法体系）。**宏观层次的理论（macro-level theory）**，解释的是在大规模社会单位中运作的通常持续时间长达数十年或更久，或范围涵盖巨大的地理空间的事件、过程、模式以及结构。马奥尼（Mahoney，2003）对一个多世纪以来的西班牙裔美国人的研究（见第 2 章的实例方框 2.13），就是一个宏观层次的理论化案例。

介于微观层次与宏观层次之间的，则是中观层次，或者说中间层次。**中观层次的理论（meso-level theory）**聚焦于组织、社会运动或社区的层次。随着我们社会世界的不同层次的研究，我们也发展出了适用于相应层次上的分析的理论与概念。 72

实例方框 3.2　归纳性的微观层次理论

在其对两个差异很大的玩具店的研究中，威廉斯（Williams，2006）通过她经由在每个商店各工作六个星期所得出的观察，归纳性地发展出一个微观层次的理论。她的目标是通过对日常互动的观察来“描述并分析那些统治着大型玩具店的规则”（Williams，2006：19－20）。威廉斯观察并记录了上百种有关男性、白人、高收入者在工作场合的日常例程、非正式的商店规则以及在与顾客和员工的互动中得到优待的方式。这些行为强化了占主导地位的社会等级制度，即男性相对于女性、白人相对于非白人、高收入者相对于低收入者的主导地位与特权。在这两个商店中，所有主管人员都是白人男性，所有从事“男性化”工作（例如，安保工作、装卸工作、后台装配工作）的雇员都是男性（有一半是非白人），而所有从事“女性化”工作（例如，收银台工作、客户服务工作）的雇员则都是女性。唯一的例外是其中一家商店的电子区，它是一个独立的区域，其中的所有雇员都是亚裔男性。这两家商店，有一家店属于“高端”商店并销售高价玩具，另一家店则像是一个仓库，因为里面的顾客都是工人阶层。不过这两家商店的职员和经理采用的却是同一种“客户服务”原则：他们将白人女性顾客视为潜在的“大客户”，而将黑人男性顾客视为潜在的盗窃犯。威廉斯的微观层次理论显示了非正式的日常规则是如何在非常不同的环境下维持阶层、种族与性别不平等的。日常的购物/销售互动几乎从未改变过任何社会等级的关系，而是不断地再生产这些关系。

（八）理论化的焦点

我们建构、完善并检验或验证两种类型的理论：实质理论与形式理论。**实质理论（substantive theory）**关注社会现实的某个特定的内容或话题领域，比如家庭关系、违法行为，或种族-族群关系。我们已经看过两个相关的例子，一个是聚焦于经济发展的理论，即马奥尼（Mahoney，2003）对西班牙裔美国人的研究（见第 2 章）；另一个则是聚焦于社会不平等是如何在日常的面对面互动中进行再生产的理论，即威廉斯（Williams，2006）对玩具店的研究（见实例方框3.2）。

形式理论（formal theory）则关注于跨越多重话题领域的一般性过程或结构，比如社会认同的形成、冲突的卷入或权力的行使。它是更为概括和抽象的。一个关于资源的获取途径以及权力与权威的维持的理论，可能会适用于多个领域。它可以用来解释，在发达资本主义社会中，富有的企业主如何使用其获取有价值的资源的途径，来维护其经济与社会权力（见表3.2）；或者在由计划经济向市场经济的转型中，政治精英如何通过运用对资源的控制来努力保持其权力（见表3.3）；以及19世纪的殖民地精英，如何在一个严密的资源控制体系下以一种阻碍了后来国家发展的方式把持住地方权力（见实例方框2.13）。运作于以上三种情境中的，是同一种社会经济的动态过程：政治精英群体通过使用其对有价值的资源的所有权与控制权，来维护其权力地位并抵抗对其权威的挑战。

这两种类型的理论也有相互交叉。有关某一话题的实质理论，经常会借鉴并结合形式理论，而形式理论则可以被应用于多个实质领域中。正如莱德（Layder，1993：44）所说："理论的积累过程，在多重实质理论与形式理论的鼓舞下得到加强。"

73 每一种理论化焦点都有其优点与局限性。实质理论可以为某一特定的话题领域提供强有力的解释。它包含了特定的情境、过程或事件中的详细信息。尽管如此，跨越话题领域的概括则可能是困难的。与形式理论相比，实质理论中的概念往往抽象层次更低，范围更狭小。不过，与形式理论相比，我们会更容易发现正在发生的事件与实质理论之间的相关性。形式理论的优点，是其跨越、衔接多重话题领域并增进一般性知识的能力。它的缺点，则是由于其理论缺乏具体议题与社会背景的根基，我们不得不对其进行调整才能看到它与特定议题或话题的相关性。形式理论有助于我们认识并解释跨越多重话题的相似特征。形式理论更为抽象，这使其显得更为复杂，更容易以纯逻辑性、分析性的形式来表达。

（九）解释的形式

预测与解释。理论的主要目的是解释。然而，解释具有两层含义：理论解释与普通解释。研究者关注**理论解释（theoretical explanation）**，它是用于说明某件事情为何会以特定形式呈现或事情为什么发生的一个逻辑性的论证。当我们进行理论解释的时候，我们通常指的是一般性的规则或原理，而且我们会将它与一个其概念之间具有许多联系的理论性论证联系起来。而*普通解释*则指的是把事情说清楚，或以举例说明与让他人易于了解的方式来描述它。举例来说，一个好老师能够在通常意义上进行"解释"。而在我们为自己的"解释"（例如，涉及某一理论的逻辑论证）做"解释"（例如，用易于理解的话来说明）的时候，这两种类型的解释也会融合起来。在我们考察理论解释的几种形式之前，我们先要做一个有关解释与预测的区分，因为许多人会将解释与预测混为一谈。

*预测*是一个主张某件事情将会发生的陈述。*解释*则是将在特定情况下发生的事情，与一个关于"事情运作方式"的、更为抽象或基础的原理从逻辑上联系起来，以回答"为什么"的问题。在解释中，特定的情况往往被证明是更为一般性的原理的实例或特例。预测比解释来得容易，而解释则比预测更有逻辑的力量，因为好的解释也能进行预测。一项具体的解释很少会预测到一个以上的结果，但是同一个结果可以被多种竞争性的解释预测。虽然预测不如解释有力，但很多人却会因戏剧化地预测到某事而欣喜若狂。

举个关于赌博的例子，可以说明解释与预测之间的差异。如果我进入一家赌场，并能连续正确地预测下一张出的牌或是轮盘上出现的下一个数字，此举势必造成轰动。我会赢得很多的钱，至少直到赌场人员意识到我总是在赢钱并开始赶我走为止。然而，与我能进行预测这项事实相比，我进行预测的方法更为有趣。告诉你我如何预测下一张出的牌，会比告诉你我有预测出牌的能力更有吸引力。再举一个例子来说，你知道太阳在每天早上都会"升起来"。你可以预测，在每天早上的某个时刻，不论是否会被云遮住，太阳都会升起来。但是为什么会是这样呢？一个解释是巨龟背着太阳穿过天空。另一个解释是神将点了火的弓箭射出，横越天空，我们将之视为太阳。现在已经很少有人相信这些古老的解释了。或许你接受的解释，是涉及地球的自转、太阳的位置，以及太阳系星体的理论。在这个解释之中，太阳并没有移动，其表现出来的移动是由地球的自转造成的。我们生活在一个既绕着自己的地轴运转又绕着距离自己数百万英里[①]之外的一颗恒星运转的星球之上。这三个解释都做了相同的预测：太阳会在每天早上升起。正如你所看到的，一个薄弱的解释，也能做出准确的预测。而一个好的解释，则取决于一个被经验观察所证实的、发展良好的理论。

诺贝尔奖获得者、物理学家温伯格（Steven Weinberg，2001：47）曾经给出一个“硬科学”视角的解释：

> 那些从事纯理论研究而非应用性研究的科学家，通常会告诉公众和赞助机构，他们的使命是对某事或某物做出解释……在物理学这个有限的背景下，我认为一个人能……（区分）解释与单纯的描述，这样就能把握物理学家所说的他们已经解释了某些规律性的含义……只有当我们证明某个物理学原理能从另一个更基本的物理学原理中推导出来的时候，我们才能**解释**这一物理学原理。 74

理论解释呈现为三种形式：因果解释、结构性解释与诠释性解释。每种解释都会解释或回答某些事件发生的原因。每种解释都会将某一特定案例与某些类型的一般性原理联系起来。

因果解释。**因果解释（causal explanation）**表明的是一种在概念或变量之间的因果关系。我们在日常语言中就会用到这种类型的解释，尽管日常语言往往是相当随意与模棱两可的。以下就是因果解释的例子：贫穷会导致犯罪，或社会道德的衰落会导致离婚增加。这就是基本的因果解释。而社会科学家在讨论因果关系时，则试图做得更为精确和确切。他们还试图确定因果过程运作的方式或原因。

早在18世纪的苏格兰哲学家大卫·休谟（David Hume，1711—1776）的年代，哲学家就已经在讨论“原因”这个概念了。有些哲学家主张因果关系发生于经验世界之中。尽管我们很难看到它，但是在客观现实中，它却“就在那里”；并且我们可以发现它的间接证据。其他哲学家则主张，因果关系并不存在于客观现实中，它是“在我们头脑中”的一种精神构造；我们主观地创造了因果关系的概念，以帮助我们认识客观现实中的事件。而许多社会科学家则是在未参与上述的哲学讨论的前提下，利用因果关系建构理论并实施研究的。

因果关系的条件。我们需要具备三种东西才能建立因果关系：时间顺序、经验性关联以及排除其他看似合理的原因（见实例方框3.3：因果关系的三个要素）。这其中还隐含着第四个条件：这一因果关系是有意义的，或者与某个理论框架或某些更为宽泛的假设相符。现在让我们来考察其中最基本的三个条件。不过，除了这三个条件以外，一个完整的解释还需要做到指明因果机制并提炼出一个因果链条。

1. *时间顺序*的含义是，原因在发生时间上必须早于结果。这一常识性假设确立了因果关系的方向：由原因导出结果。你可能会问，原因怎么可能发生于其结果之后呢？这确实不可能，只不过时间顺序属于因果关系所需的条件之一。时间顺序就推论一项因果关系而言，只是必要条件而非充分条件。有时候，人们会犯下仅仅根据时间顺序来讨论“原因”的错误。举例来说，1968年，美国有十几个城市爆发了种族暴动，那是在剧烈的太阳黑子风暴发生后的一天。这一时间顺序，并没有在太阳黑子风暴和种族暴动之间建立起因果联系。毕竟，对于某一特定事件来说，所有此前的人类历史都是发生于其之前的。时间顺序这个条件，只是为了简单地消除研究者对在时间上较晚发生的潜在原因的顾虑。

在横剖研究之中，时间顺序的问题是相当棘手的。举例来说，一名研究者发现，与其他人相比，受过较多正规教育的人，对他人表现出的偏见态度较少。究竟是受过更多的教育会减少偏见，还是偏见较重的人会逃避接受教育呢？再看另一个例子：在我课上得到高分的学生，都说我是位出色的教师。这究竟是因为我教得好，让学生们收获很大而得到高分，还是因为得到高分让他们感到快乐，所以他们才通过称赞我来作为回报呢（即，高分导致了正面评价）？这是一个“先有鸡还是先有蛋”的问题。为了解决

---

① 1英里约为1.6千米。——编者注

这个问题，研究者需要引入其他信息，或通过设计研究来检验时间顺序。简单的因果关系是单向性的，
75 由原因导向结果单一方向运作。更为复杂的理论则会说明互为因果的因果关系，也就是说，交互因果关系或同步因果关系。举例来说，努力用功使学生得到好成绩，而得到了好的成绩也会激励学生继续努力用功读书。理论之间通常具有交互关系或反馈关系，但是这些关系很难加以检验。有些研究者将单向关系称为*非递归关系*，而将交互效应的关系称为*递归关系*。①

实例方框3.3　因果关系的三个要素

我在报纸上看到，有几名政客参观了芝加哥的一所天主教学校，这所学校在教育孩子方面的记录比一些公立学校更加成功。参观后的第二天，他们召开了一个新闻发布会，表示支持新的法令以及支持将税收资金转移向天主教学校。作为一个希望孩子受到良好教育的人，我对这个故事很感兴趣；但作为一个社会科学家，我却必须对这件事进行批判性的评价。这几名政客的理论认为，与公立学校相比，天主教学校更能促进孩子的学习。其因果关系中有两个要素：时间顺序（首先孩子进入天主教学校上学，随后孩子的学习进步了）和关联（那些在天主教学校上学的孩子在学习上比那些在公立学校上学的孩子表现得更好）。社会研究者都知道，只有这些信息是不够的。他们会首先试图排除替代性的解释，然后再试图去理解因果关系的作用机制（即，在天主教学校中，发生了什么有助于促进孩子学习的事）。举例来说，这几名政客未能排除替代性解释，比如这两种类型学校中的孩子可能具有不同的家庭背景，正是这种不同的家庭背景影响了孩子的学习，导致了学习方面的差异。如果这两种类型的学校中的孩子具有相同的家庭背景（比如，父母的教育和收入、家庭的宗教信仰及宗教信仰的强度、是双亲家庭还是单亲家庭、父母对孩子教育的关心程度），那么这几名政客的思路就是正确的。接下来，关注的焦点将是天主教学校是如何促进孩子的学习的。如果家庭背景的差异很大，那么这几名政客就犯了一个大错误。不幸的是，政客们很少接受社会研究方面的训练，并大多在没有认真推理或缺乏对准确经验调查的耐心的情况下，迅速而高调地做出决策。幸运的是，社会学家科尔曼（James S. Coleman）和其他一些人已经开始研究这个问题了（Coleman & Hoffer，1987）。

2. ***关联*（association）**的含义是，两种现象以一种模式化的方式同时出现，或以共同作用的形式呈现。人们经常会将*相关*（correlation）与关联这两个词混为一谈。② 相关具有一个特定的技术性定义，并需要在统计学上满足一定的要求。关联则是一个更为一般性的概念。相关系数指的是一种表示关联强度的统计测量。有时候，研究者也将关联称为*共变*（concomitant variation），因为两个变量会一起变化。图3.2中是38个来自低收入社区的人与35个来自高收入社区的人。你能看到其中在种族（由浅色或深色的阴影人形来表示）与收入水平之间的关联吗？有些人会误将关联当作真正的因果关系。举例来说，我上大学的时候，每周我在星期五的考试都考高分，而在星期一的考试中则都考不好。虽然星期几和考试成绩之间有关联存在，但并不表示星期几是考试成绩高低的原因。相反，其关联背后的原因是，每个周末我都打20小时的工，因而到了星期一我已经是十分疲惫了。如果你无法找到关联，就不可能有因果关系存在。这就是为什么研究者希望发现相关及其他对关联的测量。然而，仅仅发现了关联，也并不意味着一定有因果关系。关联是一个必要条件而非充分条件。换而言之，对因果关系的证明需要找到关联，但仅凭关
76 联还不够。

---

① 递归（recursive）指的是一个可以无限自我重复的程序或一个通过反馈循环不断重复发生的迭代过程。当应用于因果关系时，递归表示的是，一个原因变量（X）作用于一个结果变量（Y），从而产生一个效应（Y），但是产生（Y）效应的这一过程会在后续时间重复进行，而且其自身会反过来作为一个原因对原先的原因变量（X）产生影响。

② 目前流行的方法或统计翻译教材确实不太区分这两个英文单词，译者这里遵从作者的本意，做出相应区分。——译者注

图 3.2 收入与种族的关联

为了证明因果关系，并不一定需要关联是完全的关联（也就是说，某个变量每一次出现，另一个变量也一定出现）。在上述的有关考试成绩和星期几的例子中，如果在 10 个星期五中我得到 7 个 A、2 个 B、1 个 C，而在 10 个星期一中，我的成绩是 6 个 D、2 个 C 和 2 个 B，就可以说二者之间存在关联。不过，虽然存在关联，但这种关联却不是完全关联。在图 3.2 中，种族与收入水平之间的关联，也不是完全关联。

3. *排除替代性原因*指的是，我们必须证明结果是由原因变量所导致的，而不是由其他因素导致的。这也被称为*非虚假关系*，因为一种在实际上是由其他未被认识到的原因所导致的、表面上的因果关系，被称为虚假关系（可参见第 6 章的相关讨论）。虽然我们可以观察到时间顺序与关联，但却无法从经验上排除所有逻辑上的替代性原因。排除所有可能的替代性原因，只是一个理想化的条件。这意味着，我们只能间接地证明这一条件，或者说排除那些更为明显的替代性解释。在实验研究中，我们通过在研究设计本身之中建立控制以消除替代性原因，并将实验环境与除了主要原因变量之外的其他所有变量的影响隔离开来。在非实验研究中，我们则是通过确定可能的替代性原因并对其进行测量以排除它们。这种做法常见于调查研究之中。一旦我们完成了对潜在的替代性原因的测量，我们就可以通过使用统计技术来分析，对结果变量产生影响的，究竟是原因变量，还是其他的某些变量。

4. *指明因果关系中的机制*的含义是，我们在创建因果关系的时候，必须证明有两个以上的变量是相关的，即“所谓令人满意的解释，要求我们讲清楚社会的‘齿轮与螺丝钉’”（Hedstrom & Swedberg，1998：7）。仅仅说明某个自变量与因变量之间是有联系的——仿佛这一联系是通过某种未知过程的“黑匣子”形成的——是不够的。我们要说明的内容不能仅限于此。一个完整的因果解释，要确定一个因果关系并指明其**因果机制（causal mechanism）**。

如果我们说，我们发现在人们的社会阶层与其健康状况之间具有较强关联，我们会陈述相应的“理论”，比如，与低阶层的人相比，高阶层的人活得更长、生病更少。然而，这并不足以说明人们的社会阶层导致了不同的健康结果。我们还必须解释，社会阶层影响健康结果的原因与方式是什么？简而言之， 77
我们应当确切地描述，是什么让社会阶层影响了健康结果。我们可能会认为，更高的社会阶层可以为人们提供更多社会资源（知识、社会联系、空闲时间、灵活的工作时间表），这使他们得以在饮食上更健康、生活压力更小，以及参加体育锻炼等等——这一切导致了更好的健康结果。在这个解释中，社会资源（包括“熟知”“认识合适的人”“有获得机会的渠道”等资源）就是连接社会阶层与健康结果的机制。

要看到一个完整的因果解释中的机制（特别是在自然科学中），可能是困难的。我们可能会假设，在亚原子粒子之间，或在遥远的星系之中存在着某些看不见的机制，以此来解释我们所能观察到的事物。随着研究的进展，我们会观察到机制的大致轮廓。虽然在一开始，我们只能在理论上对其进行预测。即使我们目前无法直接观察这一机制，我们依然可以将我们对其运行方式的思考描述出来。

我们可以使用在我们看来将输入变量与结果联系起来的某一过程模式来阐明机制。在经济学中，市场就是一种常用的机制，它是一种在独立的、各有其所需及资源的买卖双方之间进行交换的机制。市场解释了供给-需求关系运作的方式。在社会学中，默顿的自我实现预言也是一种常用的机制。自我实现预言指的是，对某一情境的定义会激化相应的行为，使错误的定义变成现实。在一个自我实现的预言中，存在着一种“负反馈”机制会将人们在某一时刻的信念与行为联系起来，并导致后来的结果。银行挤兑就是有关自我实现预言的一个经典例证。一家银行的财务状况可能是非常稳定的，但却有谣言称其将要倒闭。这种新的对情境的定义，尽管是不准确的，却会导致人们抓紧时间去银行提款。随着人们大量从银行提取现金，这家银行的财务状况就恶化了。而银行财务状况的恶化，则激起了更多有关“银行将要倒闭”的谣言。新的谣言反过来又会进一步激化挤兑行为。最终，不断加剧的恐慌（对情境的错误定义）与挤兑（基于定义的行为）导致这家银行倒闭了（错误的定义变成了现实）。

有时候，我们会将理论表述为一种法则性的概括：当X发生时，Y就会发生。然而，这样的“理论”并不是完整的解释（Elster，1998）。完整的解释需要有因果机制。因果机制通常比一般性法则更为详尽明确，但又比具体的实例更为一般化。在一个完整的解释中，因果机制可能是对某些机会或个人意愿的安排，它比特定的机会或某种意愿的一般性要强，却比法则性陈述的一般性要弱。因果机制会增加复杂性。与“如果有条件B，就会产生结果R”这种简单法则不同，我们发现，在特定情境下，如果有条件B，有时候会产生结果R，而有时候却会产生结果P或D。这一机制解释了，为什么条件B并不总是会导致结果R，而是会产生其他结果。比如，我们或许会认为，当经济条件恶劣（B）的时候，人们会反抗（R）。然而，随着我们对许多具体情境的研究，我们发现，事实并不总是这样的。有时候人们会反抗，有时候人们则会沉默地接受自己的命运（P），而在另一些时候，他们会相互斗争，走向自我毁灭（D）。对于一个完整的解释而言，我们必须将能够说明恶劣的经济条件在什么情况下会造成上述的每一种结果的因果机制纳入其中。

5. *提炼因果链条*指的是一个对因果链条的每一部分进行评估的过程。以下是一个在因果理论中的关联的例子：失业率上升会导致虐待儿童事件增加。其中，我们想要解释的是虐待儿童事件增加的原因。我们对此的解释则是，这是由失业率上升所导致的。为了“解释”虐待儿童事件的增加，我们必须确定其主要原因；但是，对于一个完整的解释而言，还需要指明这一主要原因运作的方式（即，将因果机制确定下来，并将其置于一个因果链条之中）。在这个理论中，其因果机制是人们失业的背景环境。一旦人们失去了工作，他们会感到自我价值的丧失，并承受着巨大的压力，他们会更容易变得沮丧以及动辄发火。他们内在的社会控制受到削弱，生活的模式也被彻底打乱。高度沮丧而内在社会控制度低的人们，通常会将他们的怒气以暴力的形式发泄在与他们有着亲密人际接触的人身上（例如，朋友、配偶、孩子）。这种现象，在他们无法将其怒气发泄到导致失业的真正源头（例如，雇主、政府政策或“经济势
78 力”）上时，尤其如此。这一机制，属于更大的社会过程或因果链条的一部分，并且它发生于最初原因（失业）与其结果（虐待儿童）之间。

我们可以对一个因果链条中的每一部分进行检验。除了确定失业率上升与虐待儿童事件增加是否会一起发生之外，我们还可以考虑失业是否会增加人们的沮丧不安，而沮丧不安的人对待其家庭成员是否会更为暴力。有一种典型的研究策略，就是将某一因果链条分割为几个部分，然后运用资料对这一链条的每一部分进行检验。

因果关系图。可以使用文字、图像或以图文并茂的形式来展示因果关系及理论。我们通常以因果关系图的形式来提供对某一关系的简单图示。这会使他人更容易看到其中的因果关系。这种符号表示法有效补充了对因果关系的文字描述，同时也是一种传递复杂信息的捷径。

最简单的因果关系图，是一个双变量模型。如图3.3（a）所示。我们使用字母、圆圈或方框来表示变量。一般的惯例是用*X*来表示原因，*Y*来表示结果。而箭头表示的是因果关系的方向（例如，由自变量到因变量）。有时，当存在一个以上的原因时，我们会使用下标（例如，X_1、X_2）来表示不同的原因。变量的关系则是用带有方向箭头的线加以表示的。因果关系用直线表示。由于关联并不意味着因果关系，一般的惯例是以两端带箭头的曲线来表示关联，而以一条单箭头的直线表示因果关系。

正向因果关系与负向因果关系。因果关系可以是正向的，也可以是负向的。许多人在表述因果关系时，如果没有加以说明，则表示其为正向关系。**正向关系（positive relationship）**的含义是，原因变量的值越高，结果变量的值就越高。举例来说，随着一个人的受教育年限的值增加，其预期寿命会变长。**负**

向关系（negative relationship）的含义则是，原因变量的值越高，结果变量的值就越低。举例来说，随着一个人的受教育年限的值增加，其偏见与歧视的倾向会减小。在因果关系图中，加号(＋)表示正向关系，负号(－)表示负向关系。图 3.3 展示了一些可以被绘制为因果关系图的关系的实例。研究者不会选择用因果关系图来展示非常简单的关系，比如图 3.3（a）中的关系。但是，随着因果关系的数量与复杂性不断增加，这种图示就会越来越有用。

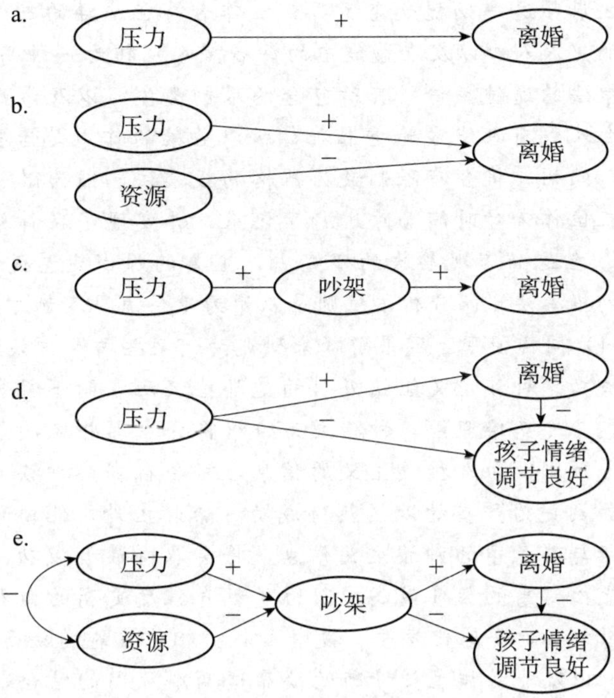

图 3.3 因果关系图

注：对每一个图示中关系的解释如下。

a.（财务、社会、情感等）压力的水平，与一对夫妇离婚的可能性之间具有正向的关联。

b. 虽然（在财务、社会、情感等方面的）压力水平与一对夫妇离婚的可能性之间是正向关联，但是其（财务、社会、情感等）资源的占有量与离婚的可能性之间却是负向关联。

c. 压力的水平与一对夫妇吵架的频率具有正向关联，而夫妇吵架的频率与其离婚的可能性之间具有正向关联。

d. 压力的水平与一对夫妇离婚的可能性具有正向关联，而与这对夫妇的孩子的情绪调节的良好程度则具有负向关联。除此之外，离婚这一过程本身对孩子的情绪调节具有负面影响。

e. 压力的水平与资源的占有量彼此之间具有负向关联（即，那些具有更多资源的人受到压力的可能性会更小，或者说其更善于处理压力）。压力的水平与一对夫妇吵架的频率之间有正向关联，但资源的占有量却与其是负向关联。而吵架的频率则与这对夫妇离婚的可能性具有正向关联。此外，吵架与离婚过程本身都与这对夫妇的孩子的情绪调节的良好程度具有负向关联。

有时候，某个原因变量对结果变量的影响，是有中介或有条件的。这意味着，原因变量只有在某些条件下才能产生影响。举例来说，在允许个人自由与合法离婚的现代社会中，早婚会导致离婚，但在高度传统型的社会中，则不会如此。对某个作为基本因果关系的中介变量的第三因素，可以用图示将其表示为与在原因变量与结果变量之间带箭头的直线相交叉的带箭头的第三条线。在第 2 章中，你所看到的对于接触假说的研究，使用的就是因果解释。研究者发现，更多的接触可以减少负面的态度（也可参见实例方框 3.4：对种族冲突的解释）。

实例方框 3.4 对种族冲突的解释

贝伦斯、尤根与曼扎（Behrens，Uggen & Manza，2003）对美国剥夺重罪犯的公民选举权的现象提供了一个因果解释。他们指出，美国有着在发达的民主国家中对重罪犯限制最为严格的投票法。而州一级的各地投票法则具有较大差异：一些州毫无限制，一些州禁止被判监禁的重罪犯参与投票，其他的一些州则禁止服过刑的重罪犯的终身投票权。三位作者拓展了既有的“种族威胁假说”这一理论，以解释为何有些州的投票法有着高度严格的限制而另一些州却并非如此。其他的一些学者已经通过发展这一理论解释了不同种族之间的经济竞争。在民权运动前的时代，一个白人占多数的州是不允许黑人参与投票的，但在《民权法案》通过之后，这一切就改变了。三位作者将在这样的一些州里的、潜在的愤怒而强大的黑人势力（例如，大量的黑人人口以及在监狱中的许多黑人）作为一种高度的种族威胁以进行测量。他们查看了这些州限制性投票法的通过年份、其所包含的限制类型，以及该州总人口与监狱羁押人数中的黑人比例。由于黑人远比白人更有可能成为重罪犯，所以监禁的作用是恰当的。这一理论认为，那些具有最高程度的“种族威胁”的州，将会有限制最为严格的投票法，因为限制性投票法取代了更为直接地剥夺黑人投票权的形式。三位作者对时间顺序进行了记录，并发现了在种族构成与限制性法律之间所存在的、符合其假说的关联。在这一宏观层次的研究中，主要的原因变量是在监狱中的大量黑人人口，主要的结果变量则是限制性的投票法，而分析单位则是以州为单位（见实例方框3.4的图示）。

麦克维（McVeigh，2004）同样使用了因果解释来研究为何某些白人种族主义组织会在美国的某些地区取得比在其他地区更大的成功。种族主义组织吸引的是那些经历了向下社会流动的白人，并提供一些指责非白人造成其困难的信息。麦克维假设，种族主义组织将会在那些地区条件与其种族主义主张最为契合的地区取得最大成功。他预测，白人种族主义的信息，将会在那些种族多样性更高、经济状况不稳定性更强，以及收入不平等加剧更为严重的地区获得成功。除此之外，他还预测，针对这些情况，那些没有替代性的非种族主义诊断与其竞争的种族主义信息，将会取得最大成功。他认为，在那些白人受教育程度参差不齐的地区，替代性信息的数量最高，因为受教育程度更高的白人，会向其他白人传播有关经济衰退原因的替代性信息（例如，全球化竞争、技术革新、相关技能的缺乏等）。他假设，白人在经济上落后于附近可见的非白人，以及非种族主义诊断的缺席这两个原因的结合，解释了种族主义组织在某些区域的成功。在这一研究中，麦克维测量了经济状况、种族主义组织的成功程度，并以村（即该研究
79 的分析单位）为单位测量了白人的混合教育程度（见实例方框3.4的图示）。

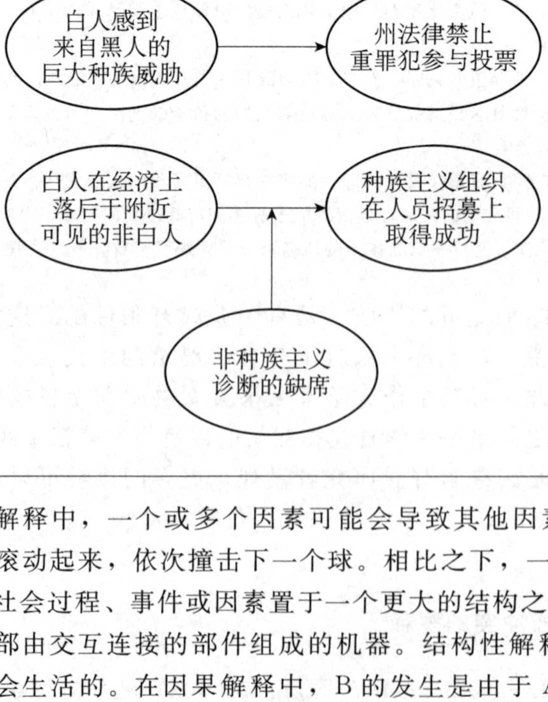

结构性解释。 在一个因果解释中，一个或多个因素可能会导致其他因素的响应。就像是一串球，只要触及其中的一个，就会自发滚动起来，依次撞击下一个球。相比之下，一个**结构性解释（structural explanation）**的逻辑则是将某个社会过程、事件或因素置于一个更大的结构之中。这一结构就像是一个蜘蛛网、一个轮辐式的轮子，或一部由交互连接的部件组成的机器。结构性解释是通过说明其某一部分如何
80 与更大的结构相适应来解释社会生活的。在因果解释中，B的发生是由于A导致了B。而在结构性解释

中，B 的发生则可能是由于 B 是被置于一个更大的结构中的，它可以为 B 提供或封锁通往这一结构中其他领域的通路。 81

应用结构性解释的主要有三种类型的理论，分别是：序贯理论、网络理论与功能理论（见图 3.4）。

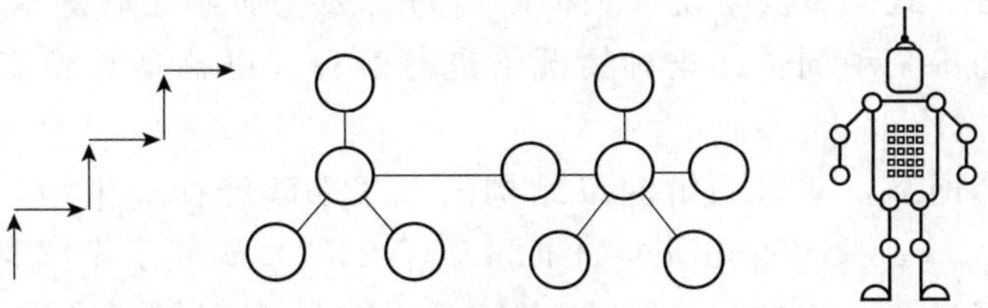

图 3.4　结构性解释的形式

1. **序贯理论（sequential theory）**强调的是事件发生的顺序或次序；它会在一个随时间推移而展开的发展过程中，将必要的早期步骤与可能的后续步骤确定下来。序贯理论描绘的是一系列有序的阶段。几乎所有人、所有组织或所有事件都遵循着次序。

对于某一特定过程（比如某个儿童的道德成长、某段亲密关系的成熟、家庭的形成、城市的扩张、组织的发展与衰亡、冲突的加剧或解决，或社会的发展）而言，可能只有一条单一的路径，或一个狭窄的路径选择范围。除了确定某一过程的各个步骤或阶段之外，序贯理论还会解释它沿着各个步骤进行移动的速度，在某一阶段的停滞，及这一过程之中会触发不同发展方向或步骤的关键转折点。一个序贯理论，会确定基本步骤与可选步骤，或早先的某一特定步骤对可能的下一个步骤进行限制的方式。它不是因果理论，因为早先的步骤并不会导致沿着次序进行的移动；相反，阶段性次序的结构限制了可能发生的事情。因此，一个序贯理论可能会这样进行表述（见图 3.4）：

除非步骤 A 被完成，否则要移动到步骤 B 是不可能的，而从步骤 A 到步骤 C 的唯一方式，就是要通过步骤 B。 82

正如你在第 2 章所看到的，马奥尼（Mahoney，2003）对西班牙裔美国人村落的研究，所使用的就是序贯理论。他发现，在西班牙裔美国人村落的早期发展阶段（即殖民主义阶段）所发生的事件，形成了后续阶段发展路径的方向。奥斯特尔、约翰逊与莫蒂默（Oesterle，Johnson & Mortimer，2004）在他们对年轻人的志愿主义的追踪研究中，也提供了一个序贯理论的解释。他们采用的是一种“生命历程”的视角，即一种“人的角色与活动在人生不同阶段的不同意义”（Oesterle，Johnson & Mortimer，2004：1124）的视角。因此，在一个人生命中的某一特定阶段所发生的事件的影响，与其在其他阶段发生时所产生的影响是不同的，而相同的影响则会形塑后续阶段所发生的事件。他们指出，进入成年期之前的过渡阶段，是一个人学习新的社会角色与成年人的角色期望的关键阶段。他们考察了从 1988 年开始的对九年级学生（15 岁到 16 岁）进行追踪调查的面板数据，该调查持续了 9 年，研究对象在该调查的不同阶段分别为 18 岁到 19 岁和 26 岁到 27 岁。他们发现，研究对象在前一阶段的活动，对在最后一个阶段所发生的事具有强烈影响。与那些早期阶段（18 岁到 19 岁）的主要活动是全职上学的人相比，那些早期阶段的活动是全职工作或全职育儿的人在后续阶段（26 岁到 27 岁）做志愿活动的可能性更小。同样，在早期阶段做过志愿活动，可以用来预测一个人在后续阶段是否会做志愿活动。

2. **网络理论（network theory）**解释的是以在一个网络中的位置为依据的社会关系。它通过参考网络中的关系性位置或其大小和形状、各位置之间联系的类型及存在、联系的重叠与密度、网络的中心性、网络中位置或节点之间的流动来解释社会关系。[①] 所谓位置，可以指在人、组织、城市或国家之间的关系网络中的点或节点。这些位置以及网络的结构，有助于解释交流的便利、权力关系、等级关系以及网络

① 有关网络理论的讨论，可参见 Collins（1988：412－428），Fuhse（2009），Galaskiewicz & Wasserman（1993），以及 Schweizer（1997）。

中的流动速度。

网络理论家是通过参考某种模式、某套语法规则或某些结构来进行解释的。其解释所证明的是，某些事件与某一更大的模式或某一更大的联系系统相符合。网络理论是一种类似于用于解释人们为什么会以特定方式使用语言的推理形式。举例来说，某种语言的语法规则是规定将X和Y组合起来陈述，或规定一个句子需要一个名词与一个动词。在这种情况下进行解释，也就是对涵盖某一情境的语法规则进行确定。

许多研究都会考察社会网络，并以图解网络结构的形式来解释社会生活。恩特威斯尔、福斯特、林德富斯与卡内达（Entwisle，Faust，Rindfuss & Kaneda，2007）研究了泰国某地区农村社会的网络。他们发现，通过亲属关系或其他社会纽带将人们联系起来的网络，是因村而异的："有的网络稀疏，有的网络密集；有的网络是多孔式的，有的则不然。即便如此，这种多样性也是很重要的。"（American Journal Sociology，2007：1524）网络对于一个村庄与邻近村庄的关系、村内的经济活动，以及人们是否会从村中迁出等等，都有很大影响。网络结构形塑了活动流与村内的合作程度。为了说明上述这些发现，作者们提供了一个涉及六户家庭的图示（见图3.5）。其中，实线表示的是兄弟或姐妹之间的关系，点状虚线表示的则是帮助收割水稻的关系。据该图显示，a、b、d和e这几户人家是在一起干活的。虽然在a和d或b和e之间，并没有直接的家族联系，但是，由于他们在网络中通过d有间接的联系，他们就会合作干活。网络的一个关键性影响，是对社会凝聚力的影响。正如作者所指出的那样："平均而言，与行动者之间纽带较少的网络相比，那些行动者之间纽带更多的网络更有凝聚力……一个网络越有凝聚力，信息就越有可能通过社会纽带传递给其所有成员，且各项活动就越有可能在网络成员之间进行协调。"（American Journal Sociology，2007：1508）换言之，网络影响了一个村庄内的活动发生的方式。更重要的是，
83 与松散的网络相比，具有许多交互联系的、密集的整体网络更有社会凝聚力。凝聚力（cohesion）的含义是，与那些在网络稀疏的村里的人相比，人们共享信息、共同合作并能更快、更轻松地完成任务（*American Journal Sociology*，2007：1515）。

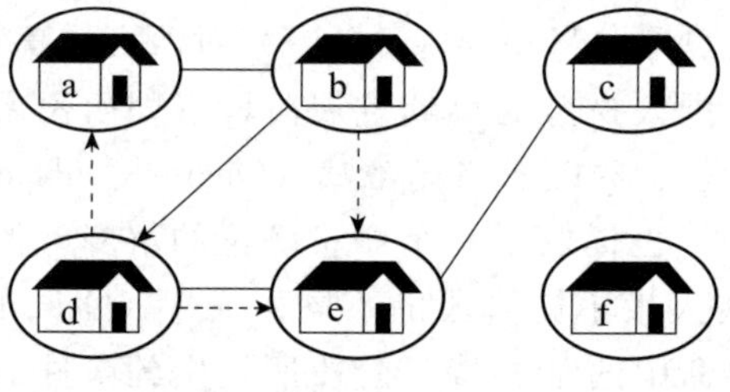

图3.5 涉及六户家庭的图示

资料来源：From The Construction of a Global Profession：The Transnationalization of Economics，by Marion Fourcade. *American Journal of Sociology*，Volume 112 Number 1（July 2006）：145－94（page 151）.

3. **功能理论（functional theory）** 使用的是一系列相互依存的关系系统的概念。[①] 一个系统中的不同部分会依赖于其他部分，而所有部分组合起来又会作为一个整体发挥功能。一个部分的成功或失败，对其他部分与整个系统都会产生影响。这里的系统，可以指一个家庭、一个社会群体、一个正式组织，或整个社会。功能理论认为，系统的长期存续，需要满足某种平衡或均衡的条件，才能保持平稳运行。如果一个关键的部分出了问题，那么这个系统就无法履行某种重要的职能，除非能找到对这一职能的替代者。系统的各个部分通常是专门化的，或者说各自在满足系统的不同需求或功能方面更为高效或有效，

① 有关功能理论的简要介绍，可参见Chafetz（1978：22－25）。

因此符合一种模式化的分工。功能理论是通过某一部分与涉及所有职能的结构相适应的方式来对各个部分进行解释的。就像人体中或机器人的组成部分一样，系统中的每一部分（例如，头、手、足）都履行着专门性的功能。

有关社会变迁的某个功能理论认为，社会的发展经历了不同的发展阶段——从传统社会向现代社会演进。随着时间的推移，社会变得日益分化和复杂化，并演化出一种带有个人主义色彩的更为专门化的分工。这些发展使得作为整体的系统更为高效。不过，专门化和个人主义可能会引起社会的分裂，并需要系统的调节。它们可能会削弱系统履行功能的某些传统方式。然而，新的社会关系类型将会涌现出来，以代替那些传统的方式，这些新的类型将会履行同样的职能，以满足系统存续的需要。

卡尔明（Kalmijn，1991）采用了一种功能性的解释，来解释美国人在选择婚姻伴侣方式上的转变。他的解释依赖于现代化理论，该理论认为，现代化的历史过程（工业化、城市化和世俗化）形塑了社会的发展。作为现代化的一部分，现代人对传统行事方式的依赖也减少了。传统的宗教观念与地方性社区纽带，与家庭对年轻成年人的控制一样被削弱了。人们不会再在小型的同质化社区中度过整个人生。年轻的成年人从他们的父母以及地方性宗教组织的控制下取得了独立。社会为了履行相应的职能，会以某种方式组织人们选择并找到与其享有共同的基本价值观的结婚对象。在过去，父母和宗教在选择婚姻伴侣方面扮演着主要角色。而在现代社会，人们则会远离狭小的地方环境，并在学校的环境中度过更多时间。他们会在学校环境中，特别是在大学中，遇见作为其潜在婚姻伴侣的其他未婚者。教育在现代社会中履行着主要的社会化职能。它影响着一个人的未来收入、道德观念与价值观，以及业余爱好。在美国，随着时间推移，人们的择偶趋势变为，人们会更少选择与其具有共同宗教信仰的人结婚，而日益倾向于选择与其具有相似教育程度的人结婚。在传统社会中，家庭与宗教组织曾经扮演的为人们提供道德价值观的社会化功能与为其联系结婚对象的角色，在现代社会中，已经被高等教育所取代了。 84

诠释性解释。**诠释性解释（interpretive explanation）**的目的，是促进理解。为此，它所采用的方式是，将我们想要解释的东西（例如，某种社会关系、某个事件、某一文化性实践），置于一个具有某种意义系统的特定社会情境与环境之中。其解释的目标是，让他人得以从精神上把握社会世界的某些领域的运行方式，并将我们想要解释的事物置于其中。这一目标是通过帮助他人在一个整体世界观与意义系统之中理解我们想要解释的事物来实现的。由于每个人的行动方式都是由他的主观世界观所形塑的，因此解释的目标就是了解其推理模式与看待事物的观点。这个过程类似于解读一个文本或一部文学著作，其中的意义来自某种文化符号系统的背景。

富特雷尔与西密（Futrell & Simi，2004）用一项诠释性的解释，研究了美国白人的权力运动，他们关注的是运动、集体认同或一种成其为"我们"的共同意识。他们考察了分裂为许多个组织（例如，"三K党"、"基督教认同"群体、"雅利安国"、"新纳粹主义"群体）的种族主义运动的成员——同时也是被更大的社会所边缘化的人。他们研究了这些成员是如何交流他们的观念的，以及当其激进的观念可能会导致他们失去工作并丧失大部分人际关系的时候，他们又是如何从事激进主义行动的。在访谈并收集了56个激进主义分子从1996年到2003年的资料之后，两位作者发现，这些成员参加了一些小型的国内聚会（例如，学习小组、仪式性派对），在这些聚会上，他们重申了自己对该群体的承诺并反对与局外人的主流观念保持一致。这些聚会是小型的、封闭的，并植根于持续性的私人关系。在这种聚会上，这些成员感到自己可以公开并安全地表达种族主义的意识形态。其家庭成员与亲密的朋友也支持这种"文化庇护所"。因此，这些成员创建并找到了一个"自由空间"，在其中，他们可以在那些志同道合的人里寻找认同来肯定自己的激进主义观念。通过将政治表达的机会嵌入表面上看似"正常"的活动（家庭学校、学习小组、露营旅行、派对）中，他们缩小了自身与外界的距离。由于他们搭建了一个保护性的社会环境，他们因而可以维持并赞美一种被伪装成主流的激进主义意识形态及认同。

（十）理论化的范围

不同理论化陈述的范围是有差异的。其中的一种极端情况是经验概括（empirical generalization），它是一种依赖于具体概念并与实质理论相匹配的、范围狭小的理论陈述；它是关于一种被认为是在经验层面上运作的关系的、低层次的描述性陈述。它概括的范围超出了特定的案例与一组观察的范围，但其超出的程度并不太大。举例来说，与那些结婚年龄比较大（在31岁以上）的人相比，那些在其非常年轻的时候（21岁以下）结婚的人，更有可能离婚。我们希望通过指明使离婚或多或少可能发生的历史、文化或其他条件来验证这一概括。如果经验概括包括一个解释，而且是简单而具体的解释，那么它就并不算是一个完整的社会理论。举例来说，那些在较年轻时结婚的人，更有可能在后来离婚，因为他们在结婚时还不够成熟。

中层理论具有一个更为宽泛的理论化范围，并使用来自某个形式理论或实质理论的更为抽象的概念。一个关于离婚的**中层理论（middle-range theory）**，将会包括大量与更为抽象的概念相联结的经验概括。
85 离婚可能会作为“婚姻不稳定性”这个更大的概念的一部分，而结婚年龄则可能会与一个人生命周期的不同阶段及他或她所习得的社会角色联系起来。对婚姻关系的维持可能会被置于某些其他社会势力（例如，性别意识形态、社会的反对或接受、影响离婚的法律、朋友或亲属群体、宗教压力）的背景下。一项研究可能会详细阐述并检验中层理论中的某些特定部分，而且，随着时间推移所不断积累的、对理论许多部分的经验性支持，有助于推进作为一种解释的理论向前发展。

理论框架（theoretical framework）（也被称为*理论体系*或*范式*）的范围是最广的，并且是与经验概括相对立的另一种极端情况。一个理论框架并不仅仅是一个形式理论或实质理论，它还包括许多个可能会共享着共同的基本假设与一般性概念的形式理论和实质理论。社会学中有几种主要的理论框架。① 它们是观察并思考这个社会世界的不同取向或笼统的形式。它们提供了假设、概念以及解释的形式。举例来说，每个理论框架可能都有一套自己关于家庭、犯罪与社会变革的理论。某些理论框架（例如，符号互动论）的取向更趋近于微观层次的分析。而另一些（例如，冲突论）则更擅长宏观层次的分析。具体的研究很少会检验或比较整个框架。更常见的是，研究是在一个理论框架之下为某个理论的一部分内容（例如，有关犯罪的冲突理论中的某个命题）搜寻证据。在实例方框3.5中，卡尔明以对婚姻伴侣选择模式的变迁的研究里的四种理论层次作为例子，说明了理论化的不同范围。正如你即将在第4章中所看到的那样，每个理论框架都各有一套进行研究的整体研究取向。拓展方框3.2总结了社会学中的四种主要理论框架，并简述了每个理论框架的假设与关键概念。

实例方框3.5　卡尔明“移动的边界”中的理论层次

理论框架：结构功能论认为，工业化与城市化的过程，将人类社会由一种传统的形式转变成一种现代的形式。在这一现代化的过程中，社会制度与实践方式发生了演化。这一演化的过程，包括满足社会系统的基本需求、通过社会化向人们灌输文化价值观，并规范社会行为。在传统社会中用于满足需要以及维持社会系统的那些制度，已经被现代化形式的制度所取代。

形式理论：世俗化理论认为，在现代化的过程中，人们逐渐脱离了对传统宗教信仰与地方性社区纽带的依赖。在传统社会中，为人们赋予先赋性社会地位的那些制度（例如，家庭、教会和社区），同时也

---

① 参见Craib（1984），Phillips（1985：44-59），Skidmore（1979）。Bart & Frankel（1986）在其著作的第1章也提供了一个基本的介绍。Jasso（2004）则提供了一个关于社会科学知识的三重模型，包括经验性分析、理论性分析与框架性分析，并主张知识的进步是在所有这三个层面及其相互关系中产生的。

控制了社会化，并规范着社会生活。而在现代社会中，它们已经被那些为人们赋予自致性地位的世俗化制度（例如，教育、政府和媒体）所取代。

中层实质理论：一项关于通婚模式的理论指出，现代社会中的年轻成年人，在那些家庭、宗教与社区影响都比较大的小地方的环境下度过的时间很少。与之相反的是，他们待在学校环境中的时间日益增加。在学校环境中，特别是在大学里，他们有机会遇到其他未婚的年轻成年人。在现代社会中，教育履行着主要的社会化职能。它影响着一个人的未来收入、道德观念与价值观，以及业余爱好。因此，年轻的成年人在择偶时，会更少地选择以共同的宗教信仰或地域纽带为基础，而更多地选择以相似的教育程度为基础。

经验概括：美国人曾经一度倾向于与具有相似宗教信仰以及籍贯的人结婚。这种做法正被与具有相似教育程度的人结婚的做法所取代。 86

拓展方框 3.2

社会学的主要理论框架

结构功能论

主要概念：系统、均衡、反功能、分工。

关键假设：社会是一个由处于均衡或平衡状态中的各个相互依赖的部分所构成的系统。随着时间的推移，社会已经由一种简单类型的社会演化成一种各个部分高度专门化的复杂类型的社会。社会的各个部分满足着社会系统的不同需求，或履行着社会系统的不同功能。社会是由一套关于价值观的基本共识，或一套价值系统而被紧密地联系起来的。

交换论（也称理性选择理论）

主要概念：机会、报酬、赞同、平衡、信用。

关键假设：人的互动与经济交易相类似。人们在付出与得到资源（象征性资源、社会赞同或物质资源）、努力争取最大利益的同时，也在避免痛苦、损失和丢脸的事。交换关系趋向于平衡。如果失去平衡，有信用的人就能支配他人。

符号互动论

主要概念：自我、参照群体、角色扮演、感知。

关键假设：当人们进行社会互动时，他们传递并接受符号性的沟通。人们创造出对彼此以及对社会环境的感知。人们在很大程度上根据他们的感知而采取行动。人们完全基于他们之间的互动来看待自身与他人。

冲突论

主要概念：权力、剥削、斗争、不平等、异化。

关键假设：社会是由利益相互对立的不同群体所组成的。强制与争取权力的企图，总是存在于人类关系之中。如果有必要的话，那些掌握权力的人甚至会试图通过散布迷信或者使用暴力的方式，来保持权力。

（十一）动态组合

你已经看到了理论的许多个方面（见总结回顾方框 3.2）。只有那些天真的、新手研究者才会错误地认为理论与研究之间毫无关联，或认为研究者只需收集资料即可。当我们尝试设计一个研究的时候，如果我们试图不使用理论而继续下去，我们会发现自己变得不知所措。我们会把时间浪费在收集无用的资料上面，缺乏精确的概念，并陷入迷糊盲目的思维陷阱之中。我们会发现难以组织论点、聚焦研究议题，或难以向他人做出关于我们的研究的清晰的描述。

对于上述所有这些困难而言，其背后的原因很简单。理论为我们界定了探究与思考某一话题的方式。它为我们提供了概念、基本假设，将我们导向那些重要的问题，并为我们提示了理解资料的方法。理论有助于我们进行联系，并看到研究发现中所具有的更为广泛的意义。用一个比喻来说就是，理论能够帮助我们看到整片森林，而不只是一棵树。

理论实际上在所有研究中都有一席之地，但其重要性有差异。一般来说，与其在基础性解释研究中的地位相比，理论在描述性应用研究中的重要性要小一些。理论在应用与描述性研究中的角色是间接的。在其中所使用的概念通常更为具体，而且并不是以建立一般性知识为目标。尽管如此，我们仍会在描述性研究中使用理论来提炼概念、评估某个理论的假说，并间接地检验假设。

理论并不是一成不变的。它是临时性的、开放性的、可修改的。理论会从两方面发展为对社会世界
87 的构成及其运作方式的更为精确、更为全面的解释。理论会在我们清晰并有逻辑地辛勤思考下有所进步，但是这一努力的成果是有限的。理论与研究发现的不断互动，才是促使理论产生重大进展的方式。

总结回顾方框 3.2　社会理论的组成部分与几个方面

社会理论的四个部分

1. *假设*。
2. *概念*。因抽象层次而异（具体概念与抽象概念）；单一概念与概念丛；简单概念与复杂概念（例如，分类、类型学）；以及范围（狭义概念与宽泛概念）。
3. *关系*。关系的形式，命题与假设。
4. *分析单位*。

社会理论的五个方面

1. *理论化的取向*。演绎性取向（从抽象到具体）与归纳性取向（从具体到抽象）。
2. *分析的层次*。微观层次、中观层次、宏观层次。
3. *理论化的焦点*。实质理论与形式理论。
4. *解释的形式*。因果解释、结构性解释（序贯理论、网络理论与功能理论）与诠释性解释。
5. *理论化的范围*。经验概括、中层实质理论与理论框架。

科学共同体是基于经验性结果来拓展并修改理论的。如果我们采用的是演绎性的取向，就会用理论来指导研究设计以及对结果的阐释。我们是基于结果来反驳、拓展或修正理论的。只有通过不断地进行经验性研究来检验一个理论，我们才能对其某些方面的真实性增强把握。一个理论的核心命题与中心原则是不太容易进行检验的，而且通常是较少会被驳倒的。在一个缓慢的过程中，随着不支持某个理论的证据与日俱增，而且无法取得具有逻辑一致性的解释，我们就可以做出抛弃或改变这一理论的决定。

如果我们采用的是归纳性的取向，我们则会遵循一个稍微有所不同的研究过程。归纳的理论化取向是从若干个假设与宽泛的概念出发的。理论是随着我们收集与分析资料的过程从零开始发展起来的。一个特定领域中的理论是慢慢涌现出来的，是一个概念接一个概念、一个命题接一个命题地逐渐发展起来的。这一过程类似于一个漫长的孕育期。随着时间的推移，各种概念与经验概括一一涌现并趋于成熟。很快地，各种关系变得明显起来，而我们也可以结合来自不同研究中的知识，将其编织为更为抽象的理论。

理论是至关重要的，因为它们为我们提供了解释。不同的理论提供了不同的解释，而不同的解释类型则告诉我们这个世界以不同形式运行的方式。有些研究评估了某一种理论，另一些研究则是拓展了某一理论或发现了一个理论的不足之处并为其添砖加瓦。你已经在本章开头的实例方框中看到了这一点：仅仅考虑教育和收入，是无法完全解释吸烟行为的。还有一些研究提出了两种或两种以上竞争性的理论

解释，并试图创建一种针锋相对的竞争，以观察哪种理论能够更好地对事件进行解释。

有时候，一个研究会比较由两种或两种以上理论解释所提供的竞争性预测。举例来说，克雷格（Kraeger，2008）比较了对男高中生参与反社会行为（打架与不良行为）与其参加高中运动队之间关系的两种解释——社会控制理论的解释与社会学习理论的解释。社会控制理论认为，参加学校运动将会减少反社会行为。这是因为学校运动是由成年人所管理的、在制度上得到准许的行为。运动在男青年之间创造了社会纽带，并将他们与常规行为联系在一起。参与越轨行为则会导致运动员地位的丧失与在同辈群体中社会地位的降低。参加运动所需的时间也会减少可供参与反社会行为的空闲时间。此外，有组织的学校运动还可以促进“团队合作”与“公平竞争”这种亲社会的价值观。社会控制理论认为，有关男高中生运动员的暴力行为的报道，可以被归因为一部分缺乏足够控制与社会整合的不服管束的人。

相比之下，社会学习理论则认为，我们要么从家庭与同辈群体那里学习亲社会行为，要么从中学习反社会行为。高中的体育运动既可以促进亲社会的价值观，又可以促进反社会的价值观：比如带伤上阵、不接受限制以及炫耀非学业性成就。某些比赛或运动（比如勇敢者游戏）比其他游戏更能鼓励人采用攻击性的身体行为、恐吓行为，对内部成员的忠诚以及“角色竞争”。学习理论的一个分支，即男性气质理论（masculinity theory）指出，某些运动（例如，足球、橄榄球、冰球相对于游泳、田径、棒球与网球）是具有“超男性气质”（hypermasculine）的。超男性气质的运动，强调的是一种个人暴力的运用，比如将自己的身体作为武器、野蛮的身体接触，与原始的身体支配。这些运动将同辈群体中的成功及声望与一种特殊形式的“男性气质”联系在一起。这种形式的男性气质与其他那些被贴上“软弱”与“优柔”标签的男性气质是绝缘的。社会学习理论与男性气质理论都预测，与参加其他运动的人或未参加高中学校运动的人相比，那些参加超男性气质运动或拥有参加此类运动的朋友的男生更有可能会参与反社会行为，比如打架。 88

上述的两种理论提供了两种竞争性的解释：（1）参加学校运动或拥有参与此类运动的同辈群体能够减少反社会行为；（2）参加某些运动或拥有参与此类运动的同辈群体会增加反社会行为。克雷格（Kraeger，2008）考察了一份包括 6 397 名男高中生的全国性样本的数据。他所考察的是，在 12 项高中学校运动中有所参与或拥有参与相关运动的朋友的男高中生，以确定其是否与学生们参与反社会行为（即，打架或其他违法行为）之间有联系。研究表明，那些拥有许多参加超男性气质运动（比如足球）的朋友的男高中生，特别是在其自身也参与此类运动的情况下，有很高的可能性会参与打架。相比之下，那些参加其他学校体育运动（比如田径）的男生，参与打架的可能性则比较低。他的发现为社会学习理论的解释而非社会控制理论的解释提供了更多的支持。

四、结论

在这一章，你学习了有关社会理论的组成部分、目标和类型的知识。理论和研究划分为两部分，只是人为的划分。理论的价值及其对于开展一个好的研究的必要性是相当清晰的。缺乏理论引导的研究者，很少能够做出高质量的研究，而且经常会发现其陷于束手无策之境。同样，不将理论与研究相结合，或不以经验现实为基础的理论家，则会陷入难于理解的胡乱猜测或猜想的危险之中。现在，你对科学共同体、研究的多种维度以及社会理论应该已经相当熟悉了。在下一章，你将会看到研究者在进行社会科学研究时所采取的多种相互竞争的研究取向。

关键术语

association	关联	assumption	假设

causal explanation	因果解释	causal mechanism	因果机制
concept classification	概念分类	concept cluster	概念丛
deductive direction	演绎取向	empirical generalization	经验概括
formal theory	形式理论	functional theory	功能理论
grounded theory	扎根理论	hypothesis	假设
ideal type	理想型	ideology	意识形态
inductive direction	归纳取向	interpretive explanation	诠释性解释
level of abstraction	抽象层次	macro-level theory	宏观层次的理论
meso-level theory	中观层次的理论	micro-level theory	微观层次的理论
middle-range theory	中层理论	negative relationship	负向关系
network theory	网络理论	parsimony	简约性
positive relationship	正向关系	proposition	命题
sequential theory	序贯理论	structural explanation	结构性解释
substantive theory	实质理论	theoretical concept	理论概念
theoretical explanation	理论解释	theoretical framework	理论框架
89 typology	类型学	unit of analysis	分析单位

复习题

1. 具体概念与抽象概念有何不同？试举例说明。
2. 研究者如何使用理想型与分类框架对概念做详细的说明？
3. 概念如何包括内置的假设？试举例说明。
4. 理论化的演绎取向与归纳取向有何差异？
5. 请描述微观、中观、宏观层次社会现实的差异。
6. 讨论预测与理论解释的差异。
7. 因果关系的三大条件是什么？其中哪一个是永远无法被完全证明的？为什么？
8. 为什么研究者使用因果关系图来呈现因果关系？
9. 结构性解释与诠释性解释有何不同？
10. 几个主要的理论框架在研究中各扮演什么角色？

第4章 方法论的意义

90

> 社会科学纠缠不清、令人困惑的问题——现在应该可以明显地看出来——长期以来一直被隐藏在对科学本质的争议当中。
>
> ——赖特·米尔斯（C. Wright Mills），《社会学的想象力》（*The Sociological Imagination*），119 页

许多人会问，社会科学是不是*真正的*科学？他们所想到的科学，只是自然科学（例如，物理学、化学和生物学）。有关科学的含义显著地形塑了我们进行社会科学研究的方式。我们可以从两方面定义科学：（1）实务科学家实际在做什么以及科研机构到底是如何运行的；（2）哲学家们经过剖析之后又用什么来作为21世纪科学的核心意义。有一点很清晰。许多在社会学和哲学中关于科学的研究告诉我们，社会科学的实践和意义比大多数人所想的要更为微妙和复杂。如科林斯（Collins，1989：134）所说："现代的科学哲学并没有摧毁社会学的科学，并没有说科学是完全不可能的，反而给了我们关于科学是什么的一个更为灵活的图像。"

关于是什么使科学成为"科学的"的问题，有一段漫长的争论史，并且其与对社会研究的了解相关。它在各种社会科学之间搭建了桥梁，并考虑了在自然科学和社会科学之间是否有某种分立或统一的存在。一些哲学家及伟大的社会理论家，如孔德（Auguste Comte，1798—1857）、涂尔干、休谟、马克思、穆勒（John Stuart Mill，1806—1873）以及韦伯都仔细地思索过这个问题。尽管经过了两个多世纪的讨论与争议，但如今这个问题仍然困扰着我们。显而易见，这不是用一个简单的答案就可以回答的。

这个问题之所以并非只有一个答案，是因为进行科学研究的方式不止一种，而是有多元化的科学，或者说有多种可选择的研究取向。"研究取向是一个一般性的术语，它比理论与方法论的所指范围更为宽泛。它包括认识论或有关知识论、研究目的以及不管是理解、解释还是规范性评估的一系列问题"（Della & Porta，2008：1）。每一个关于社会科学的研究取向，都建立在某些哲学假设上，并且有一个关于最好的研究由什么而构成的基本立场。这些取向在各个国家的社会科学领域内被发现。虽然，像阿本德（Abend，2006）曾经争论过的那样，在不同国家内占主导的可能恰好是不同的社会研究取向。更具体地说，盛行于美国的研究取向，在其他地区的那些社会科学家之中，可能不会被广泛地接受或使用。

也许研究取向的多元性在一开始会使你感到混乱，但是一旦你了解它们，你就会发现，研究和理论的其他方面变得更为清晰了。如果你意识到具体的研究技巧（例如，实验法或参与式观察）所依赖的假设的话，那么它们就更有意义了。除此之外，研究取向还会帮助你理解当你阅读社会调查著作时所遇到的不同的视角观点。同样重要的还有，研究取向给你提供了一个在你想深入研究的可供选择的研究类型中做出明智选择的机会。你也许会对某一种或另一种研究取向感到更为舒服。 91

了解这些研究取向并不简单。当你阅读有关某些研究的报告时，作者很少会告诉你，他所运用的研

究取向是哪一种。许多研究者仅仅是很少意识到可供选择的不同研究取向。他们在接受研究方法的训练时间接地学习了某种研究取向的原则和假设（Steinmetz，2005a：45）。在不同社会科学家之中，以及在不同应用领域之中所使用的研究取向，在进行研究时有很大差异。[①]

在此我所呈现的主要研究取向是一些理想类型，并强调了它们之间的差异，因而你可以更为清晰地看到它们各自的关注点。尽管这些研究取向的运作，依赖于不同的核心假设、相互竞争的原则、相互对比的优先事项，但人们可以通过使用不止一种研究取向来实施研究，并学到很多东西。每一种研究取向都以其自身所特有的术语，为知识的进步做出了显著的贡献。正如罗思和梅塔（Roth & Mehta，2002）所说的那样，我们可以利用多种研究取向来研究同一社会事件，并从每一种取向的运用中获得大量知识。每一种研究取向，都提供了一种不同的视角或观点，这不仅对我们想要研究的社会事件来说是这样的，对那些最为重要的问题、相关资料的类型以及创建知识的一般性方式来说，也是如此。

一、哲学基础

本章所讨论的研究取向，有助于结合哲学上的抽象议题与具体的研究技术。这些抽象议题说明好的社会研究包括哪些特征，论证我们为什么应该做研究，为什么要把道德政治价值与研究连在一起，并且引导研究者采取合乎伦理的行为。它们是研究者进行研究的宽泛的框架。库奇（Couch，1987：106）将之概述如下：

> 这些研究传统……在本体论和认识论的立场上，构成了当代社会学上几个激烈争论的基础……各方都主张他们所提倡的思考框架提供了获取有关社会现象知识的工具，而且各方认为对方的努力充其量也不过是误导的。它们的不同之处在于应该留意什么社会现象，该如何接触社会现象，以及该如何分析这些现象。

引言中提到了哲学的两个领域：本体论和认识论。不管研究者承认与否，所有科学的研究，都依赖于来自这两个领域的假设及原则。我们并不需要对实施研究所需的哲学性假设进行深度讨论，然而，我们在进行研究时，确实会暗中地在这些哲学性假设中做出选择。我们之中的大部分人不加反思地接受了这些假设。然而，随着逐渐意识到这些假设的存在，你可以更好地理解是什么影响了你有关研究的那些选择。不同的哲学性假设彰显了社会研究的那些不同取向“如何”以及“因何”而异。

这并非是一本有关科学哲学的书，但是研究的方法论依赖于由本体论及认识论的那些假设所构成的基础。一旦你了解了它们，你就能开始认识到许多社会科学家之间的争论及差异的那些基础。通过考虑那些假设并明确那些假设，你将逐渐变成一个更棒的研究者。这是因为，意识到那些假设并对其具有反思性——而非不加反思地接受它们——将帮助你更清晰地思考。如科利尔（Collier，2005：327）所说：

> 既有的科学，尤其是社会科学，并非是拒斥哲学的。许多人从哲学的立场出发来假想科学是什么样的，并且试图模仿。更深一步，他们的实践者时常忘记他们的哲学依据，并因此将这些依据变成了不可挑战的教条。

在从事研究的实践活动与对作为科学中根基的哲学性议题的关切之间的分工，造成了一个不妙的后

---

① 本书主要关注的是社会学方面（Steinmetz，2005a）。关于人类学的讨论，参见 Kean（2005）。关于教育研究的讨论，参见 Bredo&Feinberg（1982）与 Guba &Lincoln（1994）。关于心理学的讨论，参见 Harré，Secord & Rosnow（1981）。关于政治科学的讨论，参见 Hauptmann（2005）与 Sabia &Wallulis（1983）。关于经济学的讨论，参见 Hollis（1977），Mitchell（2005）与 Ward（1972）。关于不同研究取向的一般性讨论，参见 Nowotny &Rose（1979）。

果。许多实践研究者关注于掌握特定的研究技巧。而这遗留下了“对于社会科学的哲学家来说，经验研究可能会是什么，以及它可能会给他们带来什么影响”的问题，并且这种隔阂“掩盖了现有研究实践之范围的某个或许更为准确的图景：分歧性的多种研究取向的现实”（Mihic，Engelmann &Wingrove，2005：483）。 92

我们现在要转向与社会科学主要研究取向直接相关的、有关哲学及其中的某些分工的两个领域——本体论与认识论。

本体论（ontology）关注的议题是，“存在”是什么，或现实的基本本质是什么。当我们进行一项研究时，我们会对所要研究的事物及其在世界中的位置进行假设。在本体论中的两种基本的立场，是唯实论者和唯名论者。唯实论者认为这个世界“就在那里”。他们认为，世界早已被组织进预存的分类之中，只是等待我们去发现而已。唯实论者的假设是，“真实世界”独立于人类及其对它的诠释而存在。这种假设，使得触及真实世界中的事物变得不那么困难。用一句谚语来说就是，“所见即所得”。唯实论者中的一个子群体——批判现实主义者，则修正了这一假设。他们声称，直接掌握现实，不是那么容易的；我们对于所谓“就在那里”的现实的探究，可能会轻易地被扭曲或搅乱。我们预存的观念、主观性-或文化性诠释，浸染了我们与现实的接触。批判现实主义者为了控制这种诠释的影响，增加了一些保障措施或修正性的东西。

唯名论者假设，人类从未直接地体验过某种“就在那里”的现实。我们对所谓“真实世界”的体验，总是通过某种诠释的透镜或图式以及内在的主观性而产生的。主观性-文化性的信念，影响了我们所看到的事物，以及我们体验现实的方式。我们个体的生物性或文化性世界观，总是在将我们的体验组织进各种分类及模式之中。这一切是在我们无意识的情况下发生的。唯名论者承认，有些诠释性的图式，比其他的图式更为迟钝，但他们仍然坚持，我们无法完全移除诠释性透镜的存在。我们总是被限制在我们内心的想法、文化背景以及主观性所能触及的范围之内。

让我们把唯实论者与唯名论者之间的抽象区别讲得更具体一些。如果一个唯实论者看见了一条毯子，她会说，现实向她呈现了一条毯子，一种铺在地板上并供人走在上面的东西。她观察一个人的面部特征，头发、肤色，并以此发现这个人属于世界上哪一个种族群体。她深入检查一个人的身体，例如骨骼、生殖器、胸部以及激素的化学检验结果，还有毛发的覆盖率来看这个人在生理上是男人还是女人。相比之下，一个唯名论者看见一条毯子，也许会问这是什么。他会问这是什么做的、怎样被创造的、干什么用的、为什么会在这里，以及特定的历史文化环境与人们在这种特定环境中的实践如何形塑了我们所看到的事物。它仅仅是某种用来擦干净人的脚或供人在上面行走的东西吗？会有某些人一整天都待在毯子上面坐着、睡觉和吃饭吗？会有人将其挂在墙上以保持房间温暖吗？它能成为一件令人赞赏并给人们带来美的享受的艺术品吗？人们会将毯子视为一种宗教物品并崇拜它吗？当唯名论者观察到一个人的肤色及面部特征时，他是困惑的。为什么会有关于种族区别的分类？当关于种族的整个观念随着文化和历史时期的不同而剧烈变化时，这样的分类又会包含什么？相似地，唯名论者观察一个人的躯体并关心其物理性差异上的模糊性。是否每一个人都清楚一个人或另一个人的生物学性别？而生物学-物理性上的性别差异，在多大程度上能与某个社会中的社会性别差异相匹配？与种族分类一样，性别分类的数量及其彼此之间的区别，也因文化和时代不同而有较大差异。唯名论者所看到的东西，很大程度上来自他们将某种主观性的观点强行施加于那些可见的、物理性的表面现象，而其他人所见的可能会很不一样。

我们可以将“唯实论者-唯名论者”的本体论假设放在一个连续统上加以考察（见图4.1）。忠实的唯实论者认为，我们所见的即为存在，而且我们可以轻松地捕捉到它，以生产客观的知识。而批判现实主义者则更为谨慎，并承认主观性-文化诠释会浸染我们对现实的某些体验。温和的唯名论者认为，“主观性-文化性”的那些因素，极大地形塑了我们对于物质世界及社会世界的所有体验，而且我们从来都未能将这些因素完全移除。极端的唯名论者则认为，我们对每一份物质性-社会性体验的基本理解，都严重依 93

赖于“诠释性-文化性”因素。如果没有这些因素的话，那些体验是毫无意义的；而且，任何形式的客观性知识，都是不可能的。

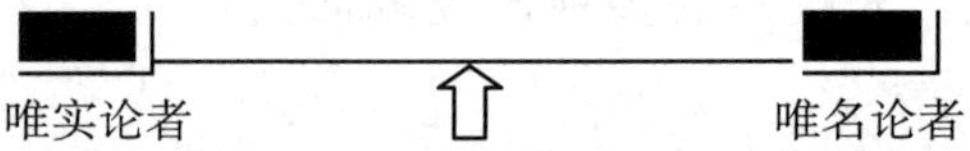

图 4.1　本体论假设

认识论（epistemology）是关于我们如何了解我们周围的世界，以及是什么使得某个主张成为确切的议题的。我们了解或知晓世界的方式，根植于我们的本体论假设之中。认识论包含的内容有：我们为了生产知识所需要的东西，以及一旦我们生产出了科学性的知识，它会是什么样的面貌。

如果我们采取唯实论者的立场，我们可以通过仔细地观察现实来生产知识并了解现实。唯实论者认为，有一个独立于我们的内在想法以及我们对经验世界的看法而存在的“就在那里”的经验性世界。随着我们对经验性证据的收集，我们会发现我们关于现实的某些想法被证据所验证或被发现与证据一致，而另一些想法则是错误的，因为它们缺乏支持性的经验证据。随着我们对经验现实的探究，我们会将真相从神话或幻象中区分出来，并生产客观性的知识。而当我们将这些经过验证的想法汇总并组织起来之后，我们将会发现广泛的原理或法则以解释现实所包含的内容及其运作的方式。我们可以通过用经验资料检验预存的、关于现实的想法和猜想，来演绎性地生产新的知识。我们也可以通过归纳性的工作，将证据汇总并组织进更为高阶的概括之中。通过演绎性与归纳性的工作方式，随着时间推移，我们可以将有关现实的广泛领域的正确想法从错误的想法中区分出来。

如果我们采取唯名论者的立场，所谓的观察将不会导向关于现实的知识，因为某些诠释以及主观性的观念，极大地影响了所有的观察行为。这对于我们可能会观察的那些人来说也是如此——他们的诠释以及主观性的观念，形塑了他们所有的言行举止。我们和其他人当成“现实”而体验到的东西，是作为某一发生于特定时间和地点的、持续不断的行动及诠释的过程的结果而被构建出来的。要将某种客观性的、“就在那里”的现实，从那些诠释中或从它所发生的时间/地点的那些影响中分离出来，是不可能的。我们最好的对策，是去承认我们自身所特有的诠释及观点。我们会尝试去发现其他人在其日常生活中所持有的内在的、主观性的诠释及观点。关于社会生活的一般性法则，即所谓适用于所有地方和所有人的法则，是不可能被创建出来的。我们所能生产出来的、关于这个世界的最好的知识，是对特定环境下特定的人的深思熟虑的诠释。我们可以提供某些对于特定环境下我们所认为的、其他人所做的事情以及我们所认为的、他们这么做的原因的诠释。为了生产社会科学知识，我们必须既归纳性地观察、诠释及反映他人在特定社会情境下的所言所行，又同时反映我们自身的体验及诠释。

二、三种研究取向

所谓科学，是人类的创造物。它并非某种如同镌刻于石头上的神圣文本一样被流传下来的东西。在 19 世纪早期以前，只有致力于安乐椅式冥想的哲学家与宗教学者才会研究或从事有关人类行为的写作。早期思想家主张，我们可以用科学中的原则来研究社会世界。这些思想家坚持认为，通过对社会世界的严谨的、系统的观察，再结合谨慎的和有逻辑的思考，可以产生一种新形式的、有价值的知识。

94 慢慢地，“我们可以用科学的原理来研究社会世界”这种想法获得了广泛的接受。接下来的议题，就是实施有关探究社会现实的科学研究的方式。一个简单的答案是，借鉴自然科学（例如：物理学、生物学和化学）并尽可能地复制/采用它们的假设以及研究方法。

许多社会研究者接受了这个答案，但它又提出了很多难题：第一，即使是自然科学家也在争论科学的含义。被称为*科学方法*的东西，只是一组松散的、抽象模糊的、仅能提供有限指导的原则，而科学家在实际工作中所使用的，是好几种不同的方法。第二，有些学者指出，人类在性质上不同于自然科学研究的对象（星星、岩石、植物、化学成分、鱼类等等）。人类具有思考和学习的能力，对于自身以及他们的过去有所感知，而且还有动机与理智。有些人就产生了疑问：面对这些独特的人类特性，我们到底是仅需要对自然科学的研究取向进行一些调整，还是需要发展出一种彻底独立的、特殊的科学？

本章中的三种研究取向，是从许多具体论点中提炼出来的核心思想。① 它们是一些理想类型。虽然我们作为社会研究者，在实践中可能会将每种取向的元素混合在一起，但是，这些取向却代表着关于社会科学研究的那些观点与替代性假设之间的差异。② 这些研究取向是不断发展的，提供了观察、测度和理解社会现实的不同途径。

为了简化相应的讨论，我们将有关这三种研究取向的那些假设和思想，整理为十组问题的答案的形式（见图表 4.1）。

图表 4.1　十个问题

1. 进行社会科学研究的终极目的是什么？
2. 社会现实的基本特征是什么（本体论的问题）？
3. 什么是人类的基本特征？
4. 对于人的能动性的观点是什么（自由意志、决断力及理性）？
5. 科学与常识之间的关系是什么？
6. 哪些因素构成了一个对社会现实的解释或理论？
7. 如何确定一个解释是对还是错？
8. 什么才算是好的证据？事实信息是什么样的？
9. 什么是社会科学知识的关联性或者运用？
10. 社会政治价值从哪一点上介入了科学？

三种研究取向，分别是*实证主义社会科学*、*诠释的社会科学*和*批判的社会科学*。大部分现行的社会科学研究建立在前两个研究取向的基础之上。实证主义是最为古老、最广为使用的研究取向。而另外两种非实证主义的研究取向，则代表着一种可以追溯到一个多世纪之前的有关社会科学研究的不同的观念及假设。

每一种研究取向，都与不同的社会理论以及不同的研究技术相结合。在科学的研究取向、社会理论与研究技术之间，并没有严格的联系。一个研究取向就像一个研究计划、研究传统或者科学**范式（paradigm）**。范式，一个因科学哲学家库恩（Thomas Kuhn，1970）而声名鹊起的概念，指对理论与研究所持的基本取向。范式有许多个定义。一般而言，一个科学范式是指一整套思想体系，其中包括：基本假设、想要回答的重要问题或是想要解答的难题、使用的研究技术，以及什么是可靠的科学研究的范例。实证主义在社会科学领域已成为一种具有统治性地位的范式，尤其是在美国自 1945 年起的社会科学实践中。人类学和历史学是实证主义色彩最少的领域，经济学和实验心理学是实证主义色彩最多的领域，而政治科学和社会学也在某种程度上混杂着实证主义色彩。虽然有多种范式③在社会学的领域中相互竞争，但 95
"自从 1945 年起，除了短暂的一段认识论动荡的时期以外，社会学一直由实证主义者所主导"（Steinmetz，2005a：25）。

---

① 特别参见 Friedrichs（1970），Giddens（1976），Gouldner（1970）以及 Phillips（1971）。对于一般性的介绍，可参见 Harré（1972），Suppe（1977）与 Toulmin（1953）。

② 与本章所讨论的研究取向相似的社会科学的哲学分野可参见 Benton（1977），Blaikie（1993），Bredo&Feinberg（1982），Fay（1975），Fletcher（1974），Guba&Lincoln（1994），Keat&Urry（1975），Lloyd（1986），Mulkay（1979），Sabia&Wallulis（1983），Smart（1976），Wilson（1970）。

③ 有关范式的讨论，参见 Eckberg & Hill（1979），Kuhn（1970；1979），Masterman（1970），Ritzer（1975）以及 Rosnow（1981）。

三、实证主义社会科学

实证主义社会科学（positive social science，PSS）被运用得最为广泛。而*实证主义*就广义来说，是自然科学的研究取向。事实上，大部分人认为，实证主义研究取向就是科学。实证主义有许多版本，而且在科学哲学领域以及研究者中，已经有一段漫长的历史。① 然而，对于许多研究者而言，实证主义已经变成一个令人心生轻蔑、唯恐避之不及的标签。特纳（Jonathan Turner，1992：1511）观察到，“*实证主义*不再是一个清晰的指示物。相反，很明显对许多人来说，做个实证主义者并不是件好事”。从名称上来说，实证主义有许多类型，诸如逻辑实证主义这个为大众所接受的或传统的观点、后实证主义、自然主义、覆盖因果律模型和行为主义。斯坦梅茨（Steinmetz，2005b：227）将“在过去半个世纪的美国社会学中占据上风的本体论、认识论以及方法论假设的特殊组合”称为*方法论实证主义*。

在18世纪末到19世纪初，西欧的哲学家发展出了实证主义。两位英国哲学家，大卫·休谟和约翰·斯图尔特·穆勒分别在《人性论》（*A Treatise of Human Nature*，1739—1740）与《逻辑体系》（*A System of Logic*，1843）中，勾勒出了实证主义科学的基本要素。法国的社会学奠基人奥古斯特·孔德则写出了《实证哲学教程》（*Cours de Philosophie Positivistic*，英文为 *The Course Of Positive Philosophy*，1830—1842），阐述了社会科学的实证主义原则。法国古典社会学家涂尔干在其著作《社会学方法的规则》（*Rules of the Sociological Method*，1895）中运用了实证主义的假设，该书成为早期社会研究者的一本主要教材。

> 实证主义建立了一个关于科学的特定模型，如：价值无涉、原子论式、探究因果法则等。这些要素，被认为是自然科学的特征，以及是使自然科学如此成功的特征。实证主义假设，社会科学仅是通过仿效它们，就可以取得类似的成功。（Collier，2005：328）

实证主义与许多特定的社会理论相结合。最为人所熟知的，是它与结构功能主义理论、理性选择理论以及交换理论等研究框架之间的关联。实证主义研究者比较喜欢精确的定量资料，而且时常使用实验法、调查法以及统计分析法。他们寻求严谨确切的测量工具并“客观地”进行研究，并且通过仔细分析测量所得的数据来检验假设。许多领域（公共卫生管理、犯罪裁断、市场研究、政策分析、项目评估）中的研究者，都信赖实证主义社会科学。

20世纪六七十年代，实证主义取向在英国、加拿大、斯堪的纳维亚和美国的主要社会学期刊中占据主导位置。到了20世纪八九十年代，它在欧洲期刊中的地位急剧下降，但在北美的期刊中仍占据着主导位置。②

实证主义者指出：“科学只有一个逻辑，任何渴望冠上‘科学’这个头衔的智力活动都必须遵守这个逻辑。”（Keat & Urry，1975：25，原文中就有强调表示）据此，社会科学与自然科学必须使用相同的方法。由是观之，自然科学与社会科学间的差异，乃是由于社会科学尚未发展成熟或是过于年轻，以及社会科学的主题不同所致。到最后，所有的科学包括社会科学在内，都会像最先进的科学——物理学——一样。各种科学之间的差异可能存在于它们研究的主题间的差异（例如，地质学不同于天体物理学或微生物学，因为研究的对象不同），但是所有的科学享有一组共同的原则与逻辑。

实证主义社会科学是*为了发现并证明一组能够用于预测人类活动一般模式的概率性因果法则而将演*
96 *绎逻辑与对个体行为所做的精确的经验观察结合起来的一种被组织起来的方法*。

---

① Halfpenny（1982）、Steinmetz（2005）与 Turner（1984）对社会学中的实证主义进行了概述。也可参见 Giddens（1978）。Lenzer（1975）撰有一篇对孔德的精彩介绍。

② 参见 Gartell（1996）与 Gartell（2002）。

（一）问题

1. *进行社会科学研究的终极目的是什么？*

研究的终极目标是得到科学的解释——以发现与记录人类行为的**因果法则（causal laws）**。如特纳（Turner，1985：39）所说，“社会世界服从于抽象法则的发展，那些抽象的法则可以经由谨慎细心所搜集到的资料来加以检验”，而且研究者需要“发展抽象的原则与模型，来解释社会世界中那些恒久不变的、贯穿古今的属性”。实证主义者认为科学家置身于永无止境的知识追求。学习得越多，全新的复杂问题随之出现，结果就有越多的东西需要学习。某些实证主义社会科学的观点坚持认为：人类永远无法了解所有的知识，因为唯有上帝才能拥有关于一切的知识；然而，上帝给予人们获取知识的能力，我们就有责任尽可能地去发现新知识。

2. *社会现实的基本特征是什么？*

现代实证主义者采用了唯实论者的本体论。现代实证主义者认为，社会现实与自然现实是真真实实地“就在那里”存在的，并等着人们去发现。这指出，人的知觉与智力可能是有缺陷的，对现实做出确切的说明也许不是那么容易。但是现实确实存在。再者，社会现实不是随机的，而是有着固定的模式与秩序的。少了这项假设（也就是说，如果世界是混乱与无规则的），那么逻辑与预测将成为不可能的事。科学使人能够发现这项秩序和自然法则。“科学的这项基本观察法则，被视为真实的、根本的和肯定的，因为它是建立在自然界的构造之中的。从两者都是等着被人们发现的这层意义而言，发现一条法则就像发现美洲一样”（Mulkay，1979：21）。

唯实论者（又称*本质主义者*、*客观主义者*或*经验现实主义者*）的本体论关于现实的假设，在常识性的思考之中、特别是在“盎格鲁-欧洲”社会中占主流。其假设是，我们所能见到并触及的东西（例如，经验现实），并不过于复杂。我们所观察到的东西，反映了这个世界上的事物、人以及各种关系的更为深层的本质。这是一种“所见即所得”或“向我展示”的立场。事物就像它们所呈现出来的那样，是由世界的自然秩序所创造出来的。因此，种族、性别以及对时间和空间的测度，都仅是“自然而然的”而已。这种观点具有很多意义。举例来说，由于某些涉及“男性特性”的因素，男性所犯下的罪行多于女性。一个关于时间的相关假设是，它是线性的，或是直线流动的。过去发生的事情总是与现在有所不同，正是因为时间只朝一个方向流动——向未来前进。

另外两个关于实证主义社会科学的假设是，社会现实的基本模式是稳定的，我们对于现实的知识是累积性的。随着时间的流逝，社会现实中的核心规则并没有改变，我们今天发现的法则在未来依然有效。而知识的积累性特征则意味着，我们可以逐次逐个地研究现实的许多独立的部分，然后再将碎片叠加在一起以获得一个关于整体的图像。随着时间的推移，我们就能叠加越来越多的知识，并不断扩展我们对于这个世界的理解。

3. *什么是人类的基本特征？*

实证主义社会科学假设，人类是自利的、趋利避害的、理性的哺乳动物。相同的原因对每个人都会产生相同的结果。我们通过观察人类的行为以及在外在现实中所看到的事物，就可以对人有所了解。这比发生在内在主观现实中的事物更为重要。有时，这被称为一种关于**人性的机械模型（mechanical model of man）**，或是行为主义的研究取向。指的是人们对像施加在物体上的力一样真实的外在力量做出回应。涂尔干（Durkheim，1938：27）说道：“社会现象是事物，并应当被当作事物来加以研究。”这种对于可观测的、外在的现实的强调，提醒研究者不必去研究那些不可见的、内在的行为动机。 97

4. *对于人的能动性的观点是什么（自由意志、决断力及理性）？*

实证主义社会科学强调关系的**决定论（determinism）**，并寻找产生影响的那些原因和机制。实证主义社会科学探究外在的力量、压力和结构作用于个体、群体、组织或社会所产生的结果（比如，行为和态度）的方式。实证主义社会科学不注重个体的主观性或内在的原因，并淡化了任何意义上的自由意志与自由选择。（因为）心理过程不像那些对人的行为和选择产生主要影响的、个人无法控制的结构性力量或条件那么重要。虽然作为个体的人可能会认为自己能够自由地行动并做出任何决定，但实证主义者却强调，作用于人们身上的、强大的社会压力与社会情境，会形塑绝大多数（如果不是全部的话）的人类行为。甚至是那些使用理性选择解释的实证主义者，也更多地关注识别那些允许他们能够预测人们将会选择什么的条件的组合，而不是关注个人如何推理和做出选择。实证主义者假设，一旦他们知道了那些外在的因素，个体的推理在很大程度上就只是遵循着某种机械式的、理性的决策逻辑。

很少有实证主义者相信绝对决定论，该论调把人类看成是始终必须以同样方式反应的机器人或木偶。相反的，因果法则是概率性的。法则能够解释大多数人或多种情形。研究者可以估计某个被预测行为出现的概率。换句话说，法则使我们能够精确地预测某个社会行为在大群体中发生的次数。因果法则无法预测每个情况下某个特定人物的某项特定行为。不过，因果法则可以说，在情况X、Y和Z下，一半的人会出现某项特定的行为的概率是95%。举例来说，研究者无法预测在下次选举时约翰·史密斯会给谁投票。不过，在了解了有关史密斯的数十件事实之后，同时应用政治行为法则，研究者便可以精确地指出，有85%的可能性他（以及像他这类的人）会给C号候选人投票。这并不是说，史密斯先生不能把票投给他想要投给的候选人，而是说，他的投票行为有固定的模式，并受到外在社会力量的影响。

5. *科学与常识之间的关系是什么？*

实证主义者认为在科学与非科学之间存在一个明显的分界点。在众多寻求真理的方法中，科学是特别的，也是“最好”的一个方法。科学知识比其他低劣的获取知识的方法要更好，而且终将取代那些低劣的方法（例如，巫术、宗教、占星术、个人经验和传统）。科学从常识那儿借来了一些概念，但是它取代了常识中那些松散、不合逻辑、缺乏系统以及充满偏见的部分。科学共同体以其特有的规范、科学的态度和技术而得以有规律地产生“真理”，而常识则只在罕见的情况下才会偶尔产生真理。

在实证主义传统下从事研究的学者时常创造出一套全新的词汇——一组和科学思想相关的术语。他们想要使用更具有逻辑一致性、更加精心思考提炼出来的概念，而不是日常生活中常用的概念。实证主义研究者“在研究一开始就应该形成新的概念，而不该依赖外行人的概念……对精确有特殊的偏好，相信建立在学科基础之上的语言，而不是日常生活中的模糊笼统的语言”（Blaikie，1993：206）。涂尔干在其《社会学方法的规则》一书中，就警告研究者“要毅然拒绝使用科学领域以外的概念”，“将自己从禁锢一般人心智的靠不住的概念中释放出来”（Gilbert，1992：4）。

6. *哪些因素构成了对社会现实的解释或理论？*

实证主义社会科学的解释是**通则性（nomothetic）**（*nomos*在希腊语中意指*法律*）。它建立在一般法则的基础之上。通过发现因果关系，科学解释了为什么社会生活是现在这个模式。解释所采取的形式为：Y
98 是X造成的，因为Y与X是因果关系的特定例证。换言之，实证主义社会科学的解释说明了适用于或者涵盖于对社会生活的特定观察的一般性因果法则。这就是为什么实证主义被认为是一种使用**覆盖因果律模型（covering law model）**的解释模型。

实证主义社会科学假设，认为法则的运作是根据严谨的逻辑推理进行的。研究者以演绎逻辑将因果法则与社会生活中所观察到的特定事实加以联结。实证主义者相信最后能以带有公理、推论、假设以及定理等正式的符号系统来表达社会科学的法则理论。总有一天，社会科学理论看起来会像数学与自然科学中的理论一样。

人类行为的法则应该是放之四海而皆准的，不论是在哪个历史时期，也不论是在哪个文化中。如前所述，法则是以概率的形式对集体的人类现象做出陈述。举例来说，对2010年多伦多犯罪率上升的一项实证主义社会科学的解释，会提到在任何一个时代任何一个地方都可以发现的因素（像是离婚率的攀升、传统道德价值认同的式微）：19世纪90年代的孟买、20世纪40年代的芝加哥或是21世纪20年代的新加坡。这些因素在逻辑上源于一个普遍性的法则（例如，传统道德秩序的崩溃导致犯罪行为比率的上升）。

7. *如何确定一个解释是对还是错?*

实证主义在西方思想的启蒙时代（后中世纪时代）得到发展。① 它包含一个非常重要的启蒙思想：人能够认识真理，而且通过运用理性能够分辨虚假与真理，就长期而言，经过数世纪之后，理性的使用与真理的追求终将使人类生活的环境得到改善。随着知识的增加和无知的减少，情况将有所改善。这项乐观主义的信仰——知识随时间的流逝而累积增长——在实证主义者如何在错误的解释中筛选出真理方面，扮演了一个重要的角色。

实证主义社会科学的解释，必须满足两个条件：(1) 在逻辑上没有矛盾；(2) 与观测到的事实一致。不过，这还不够，可复制性也是必要的。② 任何一位研究者必须要能复制或者再生产出他人的研究结果。这为知识创造的整体性加上了一个检查机制。它能确保诚实，因为会有人不断以坚实、客观的事实来检验解释。所有相互对立的解释都处于一种开放的竞争状态，使用公正无私的规则，精确地对中立的事实加以观察，并严格地遵循逻辑性思考。时间一久，随着不同的研究者对理论进行独立的检验并积累研究成果，科学知识也得到积累。举例来说，一位研究者发现在加利福尼亚州的圣迭戈市，失业率的上升与虐待儿童事件的增加有关。然而，我们并不能只靠这一项单独的研究来说明失业率与虐待儿童之间的因果关系。证实一个因果关系，需要由其他研究者在其他地区实施独立检验，以及对失业率和虐待儿童的仔细测度来发现同样的关系才行。

8. *什么才算是好的证据？事实信息是什么样的?*

实证主义社会科学采取一种二元论者的观念，假设冰冷的、可观察的事实从根本上与想法、价值或理论不同。经验事实独立于个人的想法或思想而存在。我们可以通过使用我们的感觉器官（视力、嗅觉、听觉和触觉），或者使用可以扩展这些感觉的工具（例如，望远镜、显微镜、盖氏计算机）来体验经验事实。有些研究者将这一说法比作两种语言：一种是经验事实的语言，而另一种则是抽象理论的语言。如果人们对于这些事实有不同的意见，必定是由于测量工具的不当使用，要不然就是漫不经心或是不正确的观察所造成的结果。“科学解释涉及对现象进行准确与精细的测量”（Derksen & Gartell，1992：1714）。使用感官所获得的关于可观测的现实的知识，比其他方式所得到的知识（例如，直观、情绪化感受）更好。因为它能使我们区分关于社会生活的正确的想法与错误的想法。

实证主义者赋予经验观察以特权地位。他们假设，我们所有人都共享对经验世界的同样的基本体验。这意味着，事实知识不能只是基于某个人的观察与主观推理，而必须能够与他人交流与分享。独立观察 *99*
事实的理性的人会就这些事实得到主观一致的结论。这被称为**主体间性（intersubjectivity）**，或被称为对这些事实所共同享有的主观性承认。

许多实证主义者都接受由侨居澳大利亚的英国哲学家波普尔爵士（Karl Popper，1902—1991）在其著作《科学发现的逻辑》（*The Logic of Scientific Discovery*，1934）中所概述的证伪原则。波普尔认为，对某种知识的主张“永远无法加以证实，也无法得到充分合理的解释。所能做的只是拒绝接受”（Phillips，1987：3）。证实因果法则的好证据绝不只是累积支持性的证据，它还涉及寻求与因果法则相抵触的证据。一个经典的例子是，如果我想要检验所有天鹅都是白色的这个主张，而我找到了 1 000 只白天鹅，这时我还不算完全证实了一个因果法则或模式。只要有人找到一只黑天鹅，就足以驳斥我的主张，只要一个负面的证据就够了。这意味着，研究者是在寻找否证，即使在那个情况下，他们充其量也只能说：“到目前为止，我尚未找到任何一个负面的证据，所以那个主张可能是正确的。”

9. *什么是社会科学知识的关联性或者运用?*

为了使人们能够通过锻炼来操控社会世界并对其进行准确的预测，实证主义者尝试去了解社会世界运作的方式。简而言之，随着我们对人类行为规律的发现，我们就可以运用这些知识来改变和改善社会

---

① 摘自 Bernard（1988：12 - 21）。

② 参见 Hegtvedt（1992）。

状况。这种知识的工具化形式（在第2章所讨论的）将研究结果视为人们用于满足其需要并操控社会环境而使用的手段或工具。因此，实证主义社会科学运用的是一种**工具取向**（**instrumental orientation**）；在这种导向中，知识的关联性是，它使人们能够掌握或操控周围世界中的事件。

实证主义社会科学对于知识的运用，具有一种**技术统治论视角**（**technocratic perspective**）。*technocratic*（技术统治论）这个词，是*technology*（技术）与*bureaucracy*（官僚制）的组合。实证主义社会科学认为，经过了多年的专业训练后，研究者深入地发展了技术专长，作为一名专家，研究者会尝试去满足大量官僚组织（比如，医院、商业公司、政府机构）所需的信息。这些组织可能倾向于询问以“提高运转效率和实现组织目标或组织目的的有效性”为导向的问题。研究者作为一名技术专家的角色，是为其他人提出的问题提供答案，却不会提出不同的问题、将调查重新定向到新的领域、挑战问题的基本前提或无视领导者为控制官僚组织所设定的目标。

10. *社会政治价值从哪一点上介入了科学？*

实证主义社会科学力求建成一门**价值无涉的科学**（**value-free science**），也就是客观的科学。客观这个名词有两个意义：（1）观察者对他们所见的事物有一致的看法；（2）科学的知识不是以价值、意见、态度或是信仰为基础的。[①] 实证主义者视科学为社会的一个特殊的、独特的部分，不带有任何私人的、政治的或宗教的价值。科学的运作可以独立于影响其他人类活动的社会与文化力量的支配，因为它涉及按照超越个人偏见、成见和价值的方式进行的严格的理性思考与系统性的观察。因此，科学共同体的规范与运作维持了科学的客观性。社会化的结果使科学家接受一套独特的专业规范与价值。研究者接受并且内化了这些规范，并视之为科学共同体成员的一部分。科学共同体已经创造出一个相当详尽的检查与平衡
100 系统，以防止价值偏见。研究者的正确角色是，做个“不偏不倚的科学家”。[②] 实证主义社会科学这项关于价值的论调，对人们如何看待知识与道德议题产生了极大的冲击：

> 关于科学知识的实证主义理论，就其已成为所有知识之标准的程度而言，道德见识与政治承诺不是被视为非理性而丧失了合法性，就是被贬为主观偏好。道德判断现在则被当作个人意见看待。(Brown，1989：37)

（二）小结

实证主义社会科学研究被当作科学的同义词而被广泛地传授。很少有人意识到实证主义社会科学的那些假设的起源。在18、19世纪的西欧，发展这些假设的学者都受过宗教训练，而且都生长在一个接受某种特定宗教信条的文化历史背景之下。许多实证主义的假设，当你在后面几章读到定量研究技术与测量时会再度出现。一个实证主义的研究取向意味着研究者从一般性的因果关系开始。这个因果关系是研究者根据逻辑从一般性理论中所导出的一个可能存在的因果法则。他以合乎逻辑的方式把这个关系中的抽象概念与对社会世界的精细测量连接起来。当研究者测量社会生活、检验证据和重复他人的研究时，一直保持着无私、中立和客观的立场。从这些过程中对理论中所概述的社会生活法则进行经验检验与证明。图表4.2提供了一个对实证主义社会科学的总结。

实证主义社会科学从什么时候起居于主导地位？又为什么会居于主导地位？这个故事说来话长，而且颇为复杂。许多人将之视为纯知识的自然进展或是不可避免的进步。实证主义社会科学的扩展，大部分是由于政治与社会大环境的变迁。实证主义在美国取得主导地位，并且，在第二次世界大战之后，当美国成为领导群雄的世界强权，实证主义社会科学就在许多国家成为社会研究的典范，更进一步迈向客观主义——一种更强的实证主义观，在20世纪20年代崛起于美国社会学界。研究者从采用不太正式、不甚精确的定量技术进行社会改革取向的研究，日益转向模仿自然科学强调“价值无涉”以及在这个意义

---

① 相关讨论，参见Derksen & Gartrell (1992：1715)。

② 参见Couch (1987)。也可参见Longino (1990：62-82)，他对实证主义中的客观性进行了精彩的分析。

上追求的严谨的技术，客观主义也随之成长。研究者创造出精细测量个人外在行为的工具，以产生可以应用统计分析的定量资料。客观主义取代了以局部地区为基础的研究。通常那类研究不但属于行动导向，而且大多为定性研究。客观主义成长的原因则在于研究者之间相互竞争声望与地位，再加上其他的压力——包括来自私人基金会［福特基金会（Ford Foundation）、洛克菲勒基金会（Rockefeller Foundation)］的经费、大学行政主管想要避免不符合常规的政纲、研究者追求严谨专业主义公共形象的欲望，以及日益膨胀的政府与企业科层组织对信息的需求。这些压力联合起来重新界定了社会研究的性质。技术性较低的、应用性的、由社会改革者（通常是女性）执行的地方性研究，常常在非政治性的、主要由大学院系的男性教授所从事的精确定量研究面前黯然失色。[①] 二战以后，在联邦政府大规模扩充对研究的资金期间所做出的决策，也将社会科学向实证主义方向推进了一大步。

图表 4.2　对实证主义社会科学的总结

1. 社会科学的目的是发现规律。
2. *本质主义者*的观点是，现实是能够被经验性地证明的。
3. 人类是有着理性思维、个性化的哺乳动物。
4. 对人的能动性采取了*决定论*的立场。
5. 科学知识与其他知识是不同的，也优于所有其他知识。
6. 解释是探究普遍规律的，是通过*演绎推理*来推进的。
7. 解释通过来自其他研究者的*可复制性*而被验证。
8. 社会科学证据需要*主体间性*。
9. 从*技术统治论的视角*出发，对所使用的知识采取一种*工具取向*。
10. 社会科学应该是*价值无涉的*和客观的。

四、诠释的社会科学 *101*

诠释的社会科学（interpretive social science，ISS）可以向前追溯到德国社会家韦伯和德国哲学家狄尔泰（Wilhelm Dilthey，1833—1911）。在其主要著作《人文科学导论》（*Introduction to the Human Sciences*，1883）中，狄尔泰主张科学有两个完全不同的类型：*自然科学*与*人文科学*。前者是基于抽象的*解释*。后者则植根于移情式的理解，或是***理解*(verstehen)**生活在某个特定历史背景下的人们。韦伯主张社会科学需要研究有意义的社会行动，或是有某个有目的的社会行动。他运用*理解*，并认为我们必须知道塑造个人内在情感以及指导个人以某种特定形式行动的个人理由和动机。

> 我们应该讨论“社会行动”。不论在何处，人类行为都与他人的行为在意义上产生主观的关联。举例来说，两个骑自行车的人不小心相撞，不该被称为社会行动。但是我们可以把他们先前想要躲避对方的企图，界定为社会行动。社会行动并不是对社会学因果解释有特殊意义的唯一行动，但它却是“诠释社会学”的基本研究对象。(Weber，1981：159)

诠释的社会科学与**诠释学（hermeneutics）**——源于19世纪的一种关于意义的理论——有关系。这个名词来自希腊神话中的一个神——赫尔墨斯，该神的职责是向人传达神的欲望，就“字面的意思来说，是指把模糊不清之处弄明白”(Blaikie，1993：28)。诠释学多见于人文学科（哲学、艺术、历史、宗教研究、语言学和文学评论）。他强调详细的阅读或检验文本，*文本*可以是一席对话、书面文字或图片。我们

① 相关讨论参见 Bannister（1987），Blumer（1991a；1991b；1992），Deegan（1988），Geiger（1986），Gillespie（1991），Lagemann（1989），Ross（1991），Schwendinger & Schwendinger（1974），Silva & Slaughter（1980）以及 Smith（1996）。

进行“阅读”，以揭露隐藏在文本中的更深、更丰富的意义。每位读者都把自己的主观经验带进文本之中。当研究文本时，研究者或读者试着吸收或进入文本中所提出的整体观点，然后形成对各部分与整体之间的相关性的深刻理解。换句话说，真正的意义很少从表面看起来就简单易懂、一目了然。只有通过详尽地研究文本，思考它所传递出来的多种信息，并寻找各部分的相关性，才能获得意义。①

诠释的社会科学有许多不同的类型：诠释学、建构主义、常人方法论、认知社会学、唯心论社会学、现象学社会学、主观主义社会学以及定性社会学。② 诠释社会学的研究取向与社会学中的符号互动论或是20世纪二三十年代的芝加哥学派相结合。由于诠释研究者经常使用参与式观察与实地研究，它常被称为研究的定性方法。这些技术要求研究者花费几个小时与被研究者进行直接的私人接触。其他的诠释的社会科学研究者以特别详尽的方式，分析对话的录音或是研究行为的录像带，寻求微妙的无序语言的交流，并从情境中了解互动的细节。实证主义研究者会精确地测量从成千上万人身上筛选出来的定量细节，并使用统计分析。然而，诠释研究者可能与十多个人一起生活大约一年的光阴，使用细致的方法来搜集大量详尽的定性资料，以便深刻地理解这些人是如何创造日常生活中的意义的。

102 诠释的社会科学关心的是人们如何互动、如何与他人相处。大体上来说，诠释研究取向指为*了能够对人们如何创造与维持他们的社会世界有所理解并给予诠释。研究者通过直接详尽地观察在自然环境下的人们，对具有社会意义的行动进行系统性的分析。*

（一）问题

1. *进行社会科学研究的终极目的是什么？*

对诠释研究者而言，社会研究的目的是增进对社会生活的理解，并发现人们在自然情境下建构意义的方式。诠释研究者想知道，对被研究者而言，什么是有意义的，什么是他们所关心的，或者个人是如何体验日常生活的。研究者通过逐渐了解某个特定的社会情境，并从局内人的角度来审视这一情境，来达成这个目标。诠释研究者哈珀（Douglas Harper，1978：12）概述了他那个为期十年、对一家乡下修理店的老板威利进行的研究的目的，他说：“这个研究的目标是要分享威利看待事物的视角。”

诠释研究者研究**有意义的社会行动（meaningful social action）**，而不只是外在的、可观察的人类行为。社会行动是人们附上主观意义的行动，是带有目的或意图的活动。其他物种缺乏文化与思维推理能力，无法精心安排计划和为他们的行为附上意义。因此社会科学家应该研究人类社会行为的独特之处。研究者必须将社会行动者的理由以及行动的社会情境考虑在内。举例来说，身体上的反射性动作，如眨眼睛，在人类行为中是个很少带有某种意图的社会行动（亦即出于某个理由或某个动机而采取的行动），但在某些情况下，这也可能成为社会行动（例如，使眼色）。社会行动者的活动需要的不只是个目的，还必须是社会的，而“要被视为社会的行动，成为能够引起社会科学家兴趣的行动，行动者必须使行动带有主观意义，而且必须直接与他人的活动发生关联”（Blaikie，1993：37）。

大部分人类行为很少具有与生俱来的意义，只有在共享同一意义体系的人群之中所形成的社会情境下才能获得其意义。这种共同的意义体系，使他们能够把人类行动诠释成某个具有社会关联的符号或行动。举例来说，在某个情况下向他人伸出一根手指头，可能表示某个社会意义。而这个行动所表达的特定意义（像是指示方向、友谊的表示、粗鄙的手势）依据的是社会行动者所共享的文化意义体系。

2. *社会现实的基本特征是什么？*

诠释的社会科学将人类的社会生活视为一项成就，是由进行互动的社会人有目的的行动刻意创造的

---

① 有关解释学的更深入的讨论，参见 Bleicher（1980）及 Schwandt（1994；1997）。Sewell（1996；2005）同样讨论了文本“解读”的重要意义。

② 有关诠释的科学取向的讨论，可参见 Berger & Luckman（1967），Bleicher（1980），Cicourel（1973），Garfinkel（1967；1974b），Geertz（1979），Glaser & Strauss（1967），Holstein &Gubrium（1994），Leiter（1980），Mehan & Wood（1975），Silverman（1972）以及 Weber（1974；1981）。

结果。与实证主义者的看法——社会生活“就在那里”，等待着我们去发现——形成对照的是，诠释的社会科学采用一种更偏向唯名论的本体论。即，社会现实在很大程度上是人们所感知到的形象，它是因为人们对它的体验并赋予其意义而存在的。社会现实是流动的、短暂的。通过在与他人不断交流与商谈的过程中持续互动，人们得以建构出社会现实。它们的运作是建立在对人及围绕着人的事件之上的一些未经检验的假设和视为理所当然的知识之上的。社会生活是随着人们与他人的互动以及建构意义的过程而在人们的主观体验中产生的。为了真正理解人们的社会生活，最为关键的是捕捉人们对现实的主观感受。在诠释的社会科学中，“接近他人是可能的，不过只能通过间接的方式：我们所体验到的，最初是手势、声音和行动，而只有在理解的过程中，我们才能从外在符号走进隐藏着的内在生活”（Bleiche，1980：9）。

在诠释的社会科学中，有一种**建构主义者取向（constructionist orientation）**，这种取向假设：现实是由人们通过他们的互动及信念而建构出来的。所谓造成人们所见的现实的内在本质并不存在。举例来说， 103
当你看到一把椅子时，在椅子内并不存在什么“椅子的特性”；你所看到的称其为椅子的东西，源自特定社会和特定时代的人们对椅子的定义、接受和理解。确实，这把椅子是具有特定形状的木制品、金属制品或布制品的物理对象，但是，你所看到的、作为经验现实的这一把椅子，源自那些告诉你要将某一对象定义为椅子的社会文化过程。

总而言之，人们在社会世界中所见到的、所体验到的，都是被社会性地建构出来的。正是因为人们的经验是被社会性地建构出来的，才使得这些经验的确不是虚幻的、无关紧要的或无足轻重的。一旦人们将这些社会性的创造物当作真实的，或当作事实，那么这些创造物就会产生非常真实的后果。举例来说，如果被社会性地建构出来的现实告诉我，住进我隔壁公寓的那个人有过暴力犯罪并携有枪支，那么，不管我所建构出来的信念是否与实际的物质现实相一致，我都会据其而做出相应的反应。对于建构主义者来说，人们生活于被建构出来的现实之中，并相信和接受这种与物质现实具有一定联系，但却多少有些区别的现实。

建构主义者提醒说，人们会将他们周围的社会世界视为理所当然来行动，仿佛社会世界是自然的、客观的、固定的现实的一部分。举例来说，人们接受一星期有 7 天，却很少有人意识到一星期可以不同——一星期可以有 3 天、5 天甚至 10 天。一星期有 7 天并非是物质现实，但人们将其视为理所当然，并把它当成是某种自然的、固定的现实的一部分。我们现在所接受的“星期”，就是一种社会性的建构物。它是被人们在特定的地方和具体的历史条件下创建出来的。

实证主义社会科学的语言与现实有直接联系，而且，为了使语言准确地反映现实，它试图让语言成为一种纯粹的、逻辑性的以及尽可能精确的事物。相比之下，建构主义者则将语言视为由社会建构物所组成的。随着我们对语言的学习，我们学会去用某些特定的方式来思考并观察这个世界。语言与本质性的现实只有很小的直接联系；它包含着某种为我们观察和体验世界的方式增添色彩的世界观。这种差异继续影响着其他人的社会概念，比如性别与种族。举例来说，盎格鲁-欧洲社会将性别划分为两种类别，并基于肤色的深浅将种族粗浅地划分为六种类别。实证主义社会科学的现实主义本体论认为，性别和种族都是真实的（也就是说，男性和女性或不同种族在现实中有着本质性的区别）。相比之下，建构主义者则认为，语言以及习惯性的思考方式决定了人们看到的事物。他们也许会看到一个具有两种性别和六种肤色的世界，但是，在其他的文化中，却可能看到的是不只两种性别，或是一个不同的种族类型的数量，并将种族差异基于某种不同于肤色的东西上面。与实证主义社会科学对“冰冷的铁的现实”的追求相比，建构主义者强调的是人们创造社会建构物，并将它们作为真实的“事物”来使用的那些过程。[①]

实证主义社会科学假设，所有的人都以相同的方式体验这个世界。诠释的研究取向则质疑人们是否以同样的方式体验社会现实与物质现实。对于诠释的社会科学研究者来说，关键的问题是：人们如何体验这个世界？他们创造、共享意义吗？诠释的社会科学举出无数个例子显示，几个看到、听到甚至触摸

---

① 参见 Roy（2001：7－13）对本质主义者与建构主义者之间的研究取向分歧的讨论。

到相同物体的人却得出截然不同的意义，或给予完全不同的诠释。诠释研究者争论说，实证主义者把一种体验世界的方式强加在他人身上。相比较之下，诠释的社会科学假设、人类的经验或现实有可能存在多种不同的诠释。总之，诠释的社会科学的研究取向把社会现实定义为由通过其日常社会互动来建构意义与创造诠释的人们所组成的实体。

3. *什么是人类的基本特征？*

普通人置身于一个不断通过社会互动来创造意义体系的过程之中。然后他们使用这些意义去诠释他们的社会世界，并搞清楚他们生活的意义。人类行为可能有一定的模式与规律，但这不是因为有早已存在的、等待着去被发现的法则。这些模式是在不断演进的意义体系之中，或是在社会互动所产生出来的社会惯例之中被创造出来的。对诠释研究者来说，重要的、值得探讨的问题是：人们信以为真的是什么事物？人们认为与之相关的是什么？他们如何定义他们正在做的事情？

104 诠释研究者想要发现人们对他们所做的行动持有何种意义解释。对研究者来说，试图从与一般人的感情与经验无甚相关的抽象逻辑理论中演绎出社会生活的做法，不具有多大意义。对于他们的行动，人们有他们自己的理由，研究者需要学着去了解人们使用的理由。个人的动机绝对需要列入考虑范围之内，即使这些动机是非理性的、充满深切情感色彩的，甚至带有错误的信念与偏见，仍然如此。一些诠释研究者指出，实证主义者所寻找的法则，只有在科学共同体了解人们是如何创造与使用意义体系的、常识是如何发展的，以及在各种情况下人们是如何应用常识的之后，才有可能出现。其他诠释研究者则说，人类社会生活中根本没有这类法则存在，找寻这种法则终将徒劳无功。举例来说，诠释研究者认为想要发现失业导致虐待儿童这个人类行为法则的念头，从好处来看，可谓不够成熟；往坏处说，可谓危言耸听。相反的，诠释研究者想理解人们如何产生失业的主观经验，以及失去工作对日常生活来说意味着什么。同样的，诠释研究者想要了解虐待儿童者如何解释他们的行动、他们对于施虐所提出的理由以及他们对虐待儿童有何感受。诠释研究者探索变成失业者的意义以及虐待儿童的理由，以便了解在直接身处其中的人身上，到底发生了什么事。

4. *对于人的能动性的观点是什么（自由意志、决断力及理性）？*

与实证主义对决定性的关系与外在的力量的强调相反，诠释的社会科学强调的是唯意志论的个人的自由选择，有时也将其称为*人的能动性*。诠释的社会科学采用**唯意志论（voluntarism）**，并将人们视为具有意志力（能做出有意识的选择）的存在。虽然社会环境和主观观点有助于形塑一个人所做的选择，但是人们也能创建或改变这些环境，并有能力发展出或形成某种观点。诠释的社会科学研究者，强调关注个体决策过程、主观感受以及理解事件的方式的重要性。在诠释的社会科学中，对于人们的行为来说，这一内心世界与人们观察和思考的方式，即使不比实证主义者所强调的那些外在的、客观性条件和结构性力量更为重要，至少也是同样重要的。

5. *科学与常识之间的关系是什么？*

实证主义者认为常识是比科学拙劣的知识。与之形成对照的是，诠释社会科学研究者则主张，普通人靠常识来指导他们的日常生活，因此我们必须先抓住常识。所谓常识，就是人们用来组织与解释世上的事件的那些成堆的日常生活理论。了解常识至为关键，因为其中充满人们置身于例行性的社会互动时所使用的意义。

诠释的社会科学认为，常识与实证主义的法则是用于诠释世界的两种可供选择的方式，也就是说，他们分别是两套不同的意义体系。两者都没有全部的答案，亦无优劣高下之别。相反，诠释研究者认为这两个意义体系在其自身的领域内都具有同等的重要性，都是为不同的目的而创造的不同方式。普通人的言行举止如果完全按照科学进行的话，那么他们在日常生活中将无法过日子。举例来说，人们是用非系统化的经验、习惯和猜测来煮蛋。严格应用自然科学的做法，将会要求煮蛋者了解决定把水加热的物理学法则，以及支配鸡蛋内部成分变化的化学法则。甚至当自然科学家不在他们的专业领域中“从事科学研究”时，他们使用的仍然是常识。

诠释研究取向指出，常识是了解他人的一项主要的信息来源。个人的常识与对现实的感知，源于实用主义取向以及个人对于这个世界的一组假设。人们不知道常识是否肯定为真，但是为了把事情做好，他们必须假设常识为真。诠释哲学家舒茨（Alfred Schutz，1899—1959）称此为**自然态度**（**natural attitude**）。它根据以下这项假设：世界在你出生之前就已存在，而在你死后，亦将继续存在。人们根据他们 105
在与他人进行社会互动的过程中所创造的意义体系，发展出各种方法来维系或再生产对现实的感知。

6. 哪些因素构成了对社会现实的解释或理论？

实证主义社会科学理论尝试去模仿自然科学中的理论，诸如演绎性的公理、定理和相互关联的因果法则。不同于由相互关联的法则与命题所建构出来的迷宫，诠释的社会科学理论述说的是一个故事。诠释的社会科学理论描述并且诠释人们如何进行他们的日常生活。虽然其中会包括一些社会科学的概念与有限的概括，但其与被研究者的经验与内在现实不会相距太远。

诠释社会科学的研究取向是表意性与归纳性的。**表意性**（**ideographic**）是指，这个研究取向提供的是一种符号式的表象或“丰厚”的描述。一份诠释研究报告读起来比较像一本小说，或是一本传记。它充满丰富的细节描述和有限的抽象化。对社会背景的诠释分析，就像诠释一部文学作品，具有内在的连贯性并且植根于文本，只不过在这里指的是被研究者认为有意义的日常生活经验。

诠释的社会科学理论的目的，是提供一种诠释性的解释（见第 2 章）。诠释的社会科学试图通过揭示人们在日常生活中所使用的意义、价值、诠释图式和生活规则，让读者深入感受另一个人的社会现实。举例来说，诠释的社会科学理论，可能会描述人们在某种情境下用以认清与诠释他们的经验的典型。**典型**（**typification**）是指人们用来分类、组织他们日常生活中经历到的一连串事件的一个非正式的模型、图式或一组信念。

据此，诠释的社会科学理论，就如一张勾勒出社会世界的地图，或是一本描绘了地方性风俗与规范的旅游指南。举例来说，一篇有关职业赌徒的诠释性报告会告诉读者这批人的生涯路线及其在平常生活中所关心的事务，会描述所研究的特定人物、观察的地点及活动和赌博所用的策略。阅读者会知道专业赌徒谈话的方式、他们如何看待他人，以及他们的恐惧与野心。虽然研究者会提供一些概括与组织性的概念，但整份报告实际上是一份对赌界的详尽描述。理论与证据交织在一起，创造出一个统一的整体。概念与概括也穿插在文本之中。

7. 如何确定一个解释是对还是错？

实证主义社会科学以可以重复进行的方式，按照逻辑从理论演绎出假设，进而搜集资料、分析资料。对诠释的社会科学而言，如果被研究者觉得理论说得通，如果能够让他人有更深入的了解，或者进入到被研究者的生活现实中，那么该理论即为真。如果研究者能够传达他对他人推理、感觉和观察事物的方式的深刻的理解，那么该理论或描述就是准确的。预测或许是可能的，不过那是一种发生在两个非常亲近的人之间的一类预测，比如已经结婚好长一段时间的两个人。一个诠释的社会科学的解释，就是记录行动者的观点并将其转化为一种读者能够理解的形式。斯马特（Smart，1976：100）称之为**适当性假设**（**postulate of adequacy**）：

> 适当性假设主张，如果一份关于人类行动的科学性解释，想要做到像对个体行动者而言的行动脚本一样，那么该解释必须让他读得懂，并能让他将之转化为行动，甚至对作为他同伴的那些行动者来说，也都能按照一种对日常生活的常识性诠释来加以理解。

研究者并不是当地人，而像一位述说某个外国风土人情的旅行者。像这样一种局外人的观点，绝对无法等同于被研究者所表述的第一手解释，不过越是接近当地人的第一手解释，当然也就越好。举例来 106
说，检验一份对职业性赌博的诠释的社会科学研究的真实性的方法，就是找一位职业赌徒来阅读它，通过他来证实该研究的准确性。一份好报告会告诉读者足够的有关职业性赌界的信息，如果读者将之消化吸收的话，那么当他遇到一位职业赌徒时，他对赌博术语、赌徒生活类型的了解，可能会促使这位职业赌徒询问该读者是否也是一位职业赌徒。

8. *什么才算是好的证据？事实信息是什么样的？*

在实证主义研究取向中，好的证据是可观测的、精确的以及不受理论与价值影响的证据。相比之下，诠释的社会科学则认为特定情境与意义的特征，对于理解社会意义来说是必不可少的。有关社会行动的证据，不能脱离行动所发生的情境以及置身其中的社会行动者所赋予它的意义。正如韦伯（Weber，1978：5）所说："当我们通过共情式的参与而能够掌握行动所发生的情绪化背景时，就会获得人同此心、将心比心的精确性。"

诠释的社会科学认为事实是变动不定的，埋藏在诠释取向的意义体系之中。事实并不是不偏不倚的、客观的、中立的。事实是偶然性的，是视特殊情境而定的。事实依赖于特定事件与特定情境下的特定人物的结合。实证主义社会科学的假设——由中立的局外人对行为以及清楚客观的事实进行观察——在诠释的社会科学中则被视为有待讨论的问题：在社会生活中，人们是如何观察暧昧不明的事物并赋予意义的？诠释研究者认为，社会情境充满大量的暧昧不明之处。大部分的行为或陈述可能都有几个不同的意义，可以从不同的角度加以诠释。在一连串社会生活中，人们持续不断地对各种情境中所透露的线索"进行思考"并赋予其意义，直到他们弄清楚"到底是怎么回事"为止。举例来说，我见到一名女子伸出手来，手掌向前。即使是这么一个简单的动作，都带有多种不同的潜在含义，如果不知道具体的社会情境，我无法知道那个手势的意义。那可能是她在挡开一位盗匪、晒干她的指甲油、招呼一辆计程车、展示一枚新戒指、指示来车停下来等，或是她在一家便利商店的柜台前表示要买五个烤饼。[①] 人们只有在考虑到事件所发生的社会背景之后，才能够给予某个动作或陈述以适当的意义。

诠释的社会科学研究者很少会问问卷式的调查问题，很少会汇集许多人的答案，也不会声称持有某件对问题有意义的事物。对诠释的社会科学研究者来说，每个人对调查问题的诠释，都必须被置于情境中（例如，个人以前的经验，或是调查访问的情境），而且每个人答案的真正意义也会随着访谈或询问的情境有所不同。再者，由于每个人都对问题及答案赋予了或多或少不同的意义，把所有的答案集合起来是毫无意义的。

当研究一个背景或一份资料时，常人方法学这个学派的诠释研究者经常使用**悬置法（bracketing）**。悬置法是一项智力练习，研究者先确认出在某个社会情境下被视为是理所当然的那些假设，然后把它们暂时搁置在一旁。诠释的社会科学研究者询问并再检验对置身于日常事件中的那些人有某种"明显"意义的事件。举例来说，在一个办公室的工作环境中，一位快30岁的同事对这位男性研究者说："今晚下班后，我们会一起去打垒球。你要和我们一起去吗?"在此没有明说的是，研究者应该知道垒球的规则、有一副自己的手套、在比赛前换下工作时的西装并换上其他的衣物。悬置法揭示了什么是"大家都知道的事"，什么是大家都认定如此却很少明说的事。这有助于让那些促使其他事件成为可能并作为行动所依据之基本理解的潜在框架的社会情境所具有的关键特性得以明确地显现出来。

9. *什么是社会科学知识的关联性或者运用？*

107 诠释的社会科学家想要了解这个世界是如何运作的，从而获得一种对于他人的更深入的理解，欣赏人类生活经验的广泛多样性，并更好地认识共同的人性。与那种将知识视为工具或手段的观念相反，诠释的社会科学研究者试图把握普通人的内心生活与主观体验。这种人文主义的研究取向，将关注点聚焦于人们在日常生活中处理其实际事务的方式，并将社会知识当作一种切实的成就来对待。

根据诠释的社会科学的**实践取向（practical orientation）**，社会科学知识的关联性，来自其以一种真实、全面的方式来反映普通人在常见场合的处事方式的能力。诠释的社会科学同样强调，要整合有关知识创造的那些社会情境，并创建一种形式更为灵活的（在第2章所讨论过的）知识。

诠释的社会科学研究者倾向于在运用及应用新知识时，使用一种**超验视角（transcendent perspective）**。所谓*超验*，意味着超越常规的物质体验及感知方式。在社会研究中，它意味着不停留在人类经验的表面的、可观测的层面，而是深入到其内在的、主观的层面。与那种将人当作被研究者所研究的外在

---

① 更多的例子和解释，参见 Brown（1989：34）。

对象的方式不同，超验视角要求研究者考察人们复杂的内心生活。同样地，与那种只研究眼前所展现出来的社会状况的方式不同，研究者应当考察人们积极地建构并改变现有社会状况的过程。诠释的社会科学研究者试图加入并参与到被研究者之中，以此来获取与他们的熟悉和默契。超验视角强调，研究者应当与被研究者携手合作以创建相互理解并影响社会状况。

10. 社会政治价值从哪一点上介入了科学?

实证主义社会科学研究者呼吁排除价值，在无涉政治的环境下进行研究。与其相比，诠释的社会科学研究者则主张，研究者应该反省、重新检验并且分析属于研究他人的过程之一部分的个人观点与感觉。诠释的社会科学研究者需要——至少是暂时性地需要——与他所研究的对象所具有的社会政治价值或承诺进行共情或共享。而这正是诠释的社会科学在价值观上采取**相对主义（relativism）**立场的原因。

诠释的社会科学研究者质疑做到价值无涉的可能性。这是因为诠释性研究认为价值与意义无所不在、无处不存。被实证主义社会科学称为价值无涉的概念，只不过是另一套意义体系与价值——实证主义科学的价值——罢了。诠释研究者采取相对主义立场，并且不会认定任何一套价值比较好或比较差。应当明确地认识到，多种不同价值的存在是显而易见的。

（二）小结

诠释的社会科学研究取向，多年来一直以实证主义的忠实反对者自居。虽然有些实证主义社会研究者认为，诠释研究取向在探索研究中颇为有用（见第 2 章），但却很少有实证主义者认为诠释研究取向是科学的。在后面几章中，当你考察实地研究，以及在较小的程度上考察历史比较研究时，你会再度读到有关诠释研究的内容。诠释研究取向，是那些敏锐地把握社会情境、使用不同方法以求进入他人看待世界的方式之中、更为关注获取共情式理解而非检验人类行为的法则的社会研究技术的基础。图表 4.3 提供了对诠释研究取向的一个总结。 *108*

图表 4.3	对诠释的社会科学的总结
1. 社会科学的目的是理解社会情境中的社会意义。	
2. *建构主义*者的观点认为，现实是被社会性地创造出来的。	
3. 人类是能够创造并强化共享的意义的互动性社会生物。	
4. 对人的能动性采取了*唯意志论*的立场。	
5. 科学知识不同于其他形式的知识，但也并不优于其他形式的知识。	
6. 解释是*表意性*的，是通过*归纳推理*来推进的。	
7. 解释通过对被研究者的*适当性假设*而被验证。	
8. 社会科学证据是偶然性的、因情况而异的，而且往往需要*悬置*。	
9. 从*超验视角*出发，对所使用的知识采取一种*实践取向*。	
10. 社会科学在价值观上应当采取*相对主义*立场。	

五、批判的社会科学

批判的社会科学（critical social science，CSS）研究取向，有包括*辩证唯物主义*、*阶级分析*和*批判的结构主义*在内的多个不同版本的称呼方式。[①] 批判的社会科学融合了通则性研究取向与表意性研究取向。

---

① 有关批判科学研究取向的讨论，可参见 Burawoy（1990），Dickson（1984），Fay（1987），Glucksmann（1974），Harding（1986），Harvey（1990），Keat（1981），Lane（1970），Lemert（1981），Mayhew（1980；1981），Sohn-Rethel（1978），Veltmeyer（1978），Wardell（1979），Warner（1971）与 Wilson（1982）。

它同意诠释的研究取向对实证主义社会科学的许多批评，但是它又加上些许它自己的批评，而且在某些观点上，它与诠释的社会科学也有分歧。这个研究取向可以追溯到马克思、弗洛伊德（Sigmund Freud，1856—1939）的一些著作，之后由阿多尔诺（Theodor Adorno，1903—1969）、弗洛姆（Erich Fromm，1900—1980）以及马尔库塞（Herbert Marcuse，1898—1979）发扬光大。批判的社会科学常与冲突理论、女性主义分析和激进的心理疗法联系在一起。它也和批判理论有所关联——该理论最早是在20世纪30年代由德国的法兰克福学派发展起来的。[①] 批判的社会科学批评实证主义科学使用的理性方式过于狭隘、反民主，而且在其对推理的运用中也缺乏人文主义。这个说法在阿多尔诺的多篇论文中——《社会学与经验研究》(Sociology and Empirical Research，1976a）与《社会科学的逻辑》（The Logic of the Social Sciences，1976b）——都有概述。这个学派尚活在世上的著名代表人物哈贝马斯（Jürgen Habermas，1929—）在其《知识和人类旨趣》(*Knowledge and Human Interests*，1971）中又进一步阐释了批判的社会科学。在教育学领域中，弗莱雷（Paulo Freire，1921—1997）的《被压迫者教育学》（*Pedagogy of the Oppressed*，1970）也落在批判的社会科学研究取向之中。

另一个例子是法国社会学家布迪厄及其诸如《实践理论大纲》（*Outline of A Theory of Practice*，1977）之类的著作。[②] 布迪厄既拒斥实证主义者所采取的那种客观的、像法律一样的、定量的经验研究，也拒绝诠释的社会科学采取的唯意志论的研究取向。布迪厄主张，社会研究必须是反思性的（例如，在研究和批判某个主题的同时也要研究和批判它自身），也必然是政治性的。他同样坚信，研究的目标是揭露并阐明日常事件。

诠释的社会科学批评实证主义社会科学无法处理现实中的人所持的意义以及他们能够感觉和思考的能力，因为它忽视了社会情境，采取了非人文主义的研究取向。批判的社会科学同意这些对实证主义的批评，并相信实证主义是在为现状做辩护。批判研究者批评诠释研究取向太过主观、过于相对主义。诠释研究者把人们的思想看得比实际的状况（例如，真正的贫困、压迫与暴力）更加重要，把关注点聚焦在地方化、微观层次以及短期的环境中，而忽略了更为广阔的、长期的结构性状况。对批判的社会科学研究者来说，诠释的社会科学是与道德无关的和消极被动的。它并未采取一个强烈的价值立场，也不主动帮助人们辨别周围错误的幻觉，以便改善他们的生活。总体而言，批判的社会科学把社会科学界定为*一种批判性的旨在帮助人们改变现状并为其自身建设一个更美好的世界的通过超越表面的幻象来揭露物质世界中的真实结构的探究过程*。

（一）问题

1. *进行社会科学研究的终极目的是什么？*

109 在批判的社会科学的视角下，研究的主要目的并非简单地去探究社会世界，而是去改变社会世界。批判的社会科学研究者旨在通过揭示社会控制、权力关系以及不平等的潜在来源以便批判和改造社会关系而进行研究。批判的社会科学通过揭露现状而为人们赋权，特别是为那些社会上边缘化的弱势人群赋权。更具体地讲，批判的社会科学想要破除谎言，揭露隐藏着的真相，并帮助人们改善其生活。对于批判的社会科学来说，研究的目的在于“以一种使批判的社会科学本身成为引导社会秩序转变的方式来解释社会秩序”(Fay，1987：27)。

批判的社会科学研究者质问令人尴尬的问题，揭露伪善并调查情况，以便激起激烈的群众行动。“所有科学的要旨，实际上也是所有学问的要旨，是改变与发展我们的理解，并减少虚幻错觉……学问就是为了减少无知与幻觉。它有助于将我们从不被觉察的限制、教条与虚伪的支配中释放出来”（Sayer，1992：252)。

---

① 有关法兰克福学派的讨论，参见Bottomore（1984），Held（1980），Martin（1973）以及Slater（1977）。更多有关哈贝马斯作品的讨论，可参见Holub（1991），McCarthy（1978），Pusey（1987），以及Roderick（1986）。

② 参见Swartz（1997）对布迪厄的论述。

举例来说，一名批判的社会科学研究者进行一项关于都市租房中的种族歧视情况的研究：白人房东会拒绝将房子租给少数族裔租客吗？批判研究者不会只发表一篇报告，然后等待该市政府的住宅管理处采取行动。研究者会把这份报告提供给报社并会见草根性组织来讨论这项研究的发现。他们会与社会活动家合作，以社会正义的名义发起政治行动。当草根人士来到住宅管理处站岗，并与申请入住公寓的少数族裔人士蜂拥而至，或组织赴市政府游行要求政府采取行动时，批判研究者预测这将迫使房东把公寓出租给少数族裔房客。研究的目标就是赋权。金奇洛和麦克拉伦（Kincheloe & McLaren，1994：140）说道：

> 在为个体而赋权的情境中，批判的研究能够被最好地理解。渴求以批判为名的研究，必然与某种企图对抗特定社会中或是社会中某个领域内的不公正的尝试有关。这样研究才能成为一种鼓励变革的努力，不会因被贴上“政治的”标签而觉得尴尬，而且也不怕与某种解放意识扯上关系。

2. *社会现实的基本特征是什么？*

批判的社会科学接受了实证主义社会科学在某些方面的前提假设，即，有一种独立于我们的感知而存在的经验现实；它同时也认同诠释的社会科学对于我们从自身的主观经验、文化信念和社会互动中建构出来的、被我们当作现实的事物的关注。批判的社会科学采取一种批判现实主义的本体论，这种本体论将现实视为由多个层次（经验性层次、真实的层次、现状的层次）组成的事物。① 我们可以运用我们的感觉来观测经验性的现实。然而，我们所体验的表面的、经验性层次的现实，是由那些运作于不可观测的层次中的、更为深层的结构以及因果机制所生成的。随着时间的推移，理论与研究有助于我们理解那些不断生成并修改社会结构的、运作于真实层次的结构以及运作于现状层次的因果机制。

我们可以直接地观测真实层次的结构。这些结构不是持久性的，而是可以演化的，而且我们可以修正它们。举例来说，在真实层次上的性别结构，形塑了我们可以观测到的、人们在表面层次上的特定行动。研究者可以借助其理论洞察力与谨慎的调查研究来慢慢地揭露那些深层次的结构，但是这一任务是艰巨的，因为结构是会变化的。更深层次的那些结构，并不会在经验性层次上生成某种立竿见影的表象。它们可以处于闲置或潜藏状态，然后被激活出来，并在表面层次上涌现出来。同时，各种各样的结构其彼此之间也并非是绝缘的。一种结构的表象，可能会被另一种反作用性的结构所压制或复杂化。

运作于现状层次的那些因果机制，具有内在矛盾性，并以一种制造结构性冲突的自相矛盾的方式运作。这些机制可能会包含某些看似是对立的或是存在冲突的，但实际上则是某个单一的更大发展过程的一部分的力量或过程。一个生物学的类比有助于说明这一观点：死与生显然是对立的两个事物，然而死亡自我们出生那天起就开始了；我们的身体伴随着我们生活的每一天而衰老，向着死亡而迈进。这就是生与死之间的内在矛盾。为了生存，我们的身体必须老化，或走向死亡。死与生表面上看似是两个对立的事物，但实际上却是某个单一的发展过程的两个相互联结的组成部分。对于上述这种悖论式的发展过程的发现与理解，被称为**辩证（dialectic）**，是批判的社会科学中的一项核心任务。 *110*

批判的社会科学认为，我们对于经验现实的观察与体验，并非是纯粹的、中性的、无中介的，倒不如说，各种观点、信念与诠释浸染了或影响了我们观察到的事物以及观察的方式。我们对经验现实的了解，虽然能帮我们把握事物的本质，但却是以一种不完整的方式来把握的。这是因为，我们对于经验现实的体验，依赖于各种观点和信念。批判的社会科学强调，我们对于经验现实的体验，总是依赖于理论与概念。我们所持有的理论与概念，不管是常识性的还是科学性的，都使我们敏感于经验现实的特定方面，为我们提供了我们所认识到的、与经验现实的特定方面相关的信息，并影响了我们对其特征进行分类和划分的方式。随着时间的推移，新的理论见解与概念，使我们能够认识到表面的、经验性现实中的更多方面，并提高了我们对更深层次的现实的理解。

---

① 有关唯实论的讨论，参见 Bhaskar（1975），Miller（1987）与 Sayer（1992）。

总之，实证主义社会科学强调外在的现实运作于人们身上的方式，而诠释的社会科学强调人们对于现实的内在主观性建构。批判的社会科学则强调，有一种预先结构化的而非由我们所创造的更深层次的现实。它在我们体验到它并对其进行思考之前就已经存在，并对人们产生了真实的影响。而在同一时间，我们建构了形塑了我们对于经验现实的体验的观察及思考现实的方式。我们的思考可以引导我们采取行动，从而改变更深层次的现实结构。批判的社会科学将我们理解现实的能力视为一种交互性的发展过程，在其中，人们的思想、体验和行动随着时间的推移而彼此相互作用。

批判的社会科学指出，社会变迁与冲突并不总是那么明显或可观察的。社会世界充满着幻觉、谎言和扭曲。对世界的初步观察常因人类的知觉与知识的有限性，而只得到片面性与误导性的结果。表面现实的面貌不必建立在刻意的欺瞒之上。对于对象、事件或者社会关系的特性所产生的即时感受很少能揭示出所有的信息。这些幻觉使得社会上的某些群体得以掌权并剥削他人。德国社会学家及政治思想家卡尔·马克思和恩格斯（Marx & Engels，1947：39）强有力地阐明了这一观点：

> 统治阶级的思想在每一个时代都是占统治地位的思想……支配着物质生产资料的阶级，同时也支配着精神生产的资料，因此……那些缺乏精神生产资料的人的思想，一般是受统治阶级支配的。

批判的社会科学认为，虽然主观性意义是重要的，但是塑造社会关系的还有一些真实的、客观的关系。批判研究者探究社会情境，并且将其置于一个更为广阔的历史情境之中。

举例来说，一名诠释的社会科学研究者研究男老板与其女秘书的互动，并提供了一篇关于他们的行为规则、诠释机制和意义体系的多姿多彩的报道。与之相比，批判的社会科学研究者则以某个观点开始（例如，女性主义），指出被诠释性描述所忽略的议题：为什么老板是男的、秘书是女的？为什么老板与秘书的角色具有不平等的权力？为什么大型组织所创造出来的这类角色在我们的社会中随处可见？不平等的权力在历史上是如何产生的？为什么秘书总是女的？社会上的性别角色如何影响到这层关系？为什么在秘书感受到羞辱时，老板还能在朋友面前大言不惭地述说与秘书上床之类的低俗笑话？就老板所拥有的日常生活条件（可观的收入、乡村俱乐部的会员、新的汽车、大房子、退休计划、股票投资）与秘书所面对的条件（每小时低廉的工资、有小孩要照顾、担心如何付账单、电视是她唯一的娱乐，等等）而言，老板与秘书的角色如何彼此对立、相互冲突？秘书可以加入其他人的行列里一起挑战她的老板与其他类似老板的权力吗？

3. *什么是人类的基本特征？*

实证主义社会科学将人类视为哺乳动物，并将其行为视为理性的个体行动。诠释的社会科学将人类视为通过其创建并维系社会意义的能力而界定的从根本上而言的社会生物。批判的社会科学认同二者的部分观点，即人类既是由社会结构所塑造的、理性的决策者，也是建构意义与社会结构的、有创造力的
111 生物。社会存在于人们之前，也存在于人们之外，但是它只有在人们的积极参与下才能存在。人们创造了社会，而社会创造了——反过来又在不断创造社会的——人。[①] 因此，人类存在于一个持续性的关系过程之中。

批判的社会科学指出，人们会被误导，并具有尚未觉醒的潜力。这种事情发生的一个重要方式是通过**物化（reification）**。当我们忽略了我们与我们自身所创造的事物之间的联系或关系并脱离其中时，“物化”就发生了。通过切断我们与我们自身的创造物之间的联系，我们无法再从中认识我们自身，反而将它们视为控制我们的外在力量。通过“忘记”以及忽视这些联系，我们丧失了对我们的创造物的控制权。人类具有惊人的潜力，只是由于从（很大程度上是我们自身所造成的）信念、状况和情境中挣脱出来是困难的，所以这些潜力尚未觉醒。为了唤醒其全部的潜力，人们必须超越眼前的表象，突破他们所物化的事物，从而看到他们是如何拥有改变局面的能力的。

---

① 有关批判现实主义的相关讨论，参见 Archer 等（1998），Bhaskar（2003），Danermark 等（2002），Groff（2004）。

4. *对于人的能动性的观点是什么（自由意志、决断力及理性）?*

批判的社会科学糅合了决定论与唯意志论以强调**有限自主性（bounded autonomy）**，或者说是强调行动者与社会结构是如何合作的。“有限自主性”论提出，所谓的自由意志、选择与决策，都不是无限制的、无止境的；倒不如说，它们要么必须保持在受限制的选择范围内，要么被限制在由文化性或物质性的界限所组成的范围内。批判的社会科学研究者辨别了选择的范围，或者说至少是人们认为现实的备选项的选择范围，并考虑了选择中的决断力。人们可以做出选择，但是，这些选择，仅限于他们认为是可能的潜在选择。物质性因素（例如，自然资源、身体能力）和文化性-主观性图式（例如，信念、核心价值观、深度内化的社会规范），决定了人们认为可能或不可能的事物，而且人们是基于他们认为是可能的事物而行动的。

休厄尔（Sewell，1992）观察到，社会结构既是文化性的，同时又是物质性的。人们所思、所想，或所感受到的事物（即文化），形塑了人们在物质世界中的行动。物质性的对象、条件与资源，依赖于文化性的图式。研究者认同“所谓的硬资料本身就是需要被诠释的文化性产物”（Sewell，2005：190）。如果一个人的世界观将某一行动定义为不可能的行动，将某一物质资源定义为不可获得的资源，将某一选择定义为被阻塞的选择，那么他或她的“自由意志”选择就是被限制的。如果出于某些文化性的原因，一个人无法将某一种昆虫视为食物来源，或者无法在道德上将一个人同时拥有三个老婆视为是可能的，那么文化信念就限制了他对物质资源的利用，并使某些行动对于他而言变得不可能。物质性因素与文化性-主观性因素会交互作用。那些定义了可获得的物质资源的文化性-主观性信念，限制了人们的决断力；而物质条件则形塑了人们的文化性-主观性经验与信念。在一定的条件下，人类的集体行动可以改变物质条件与文化信念的深层结构，而这可以拓展决断力的范围。

5. *科学与常识之间的关系是什么?*

批判的社会科学认为常识包含着**虚假意识（false consciousness）**，这个概念指的是人们误解了客观现实下他们真正的最佳利益，并且做出了违反他们真正最佳利益的行动。客观现实藏在谎言与幻觉的背后。虚假意识对诠释的社会科学来说是毫无意义的，因为那意味着社会行动者使用一个虚假的、无关客观现实的意义体系。诠释的社会科学指出，人们创造并且使用这些意义体系，研究者只能描述这些体系，而不能判断它们的价值。批判的社会科学则表示，社会研究者应该研究主观想法与常识，因为这些事物塑造了人们的行为。然而，它们同时也包含着谎言与幻觉，这些谎言与幻觉可以掩盖一个客观的世界，在这个世界中，对资源与权力的控制是不平等的。

批判研究者所说的那些结构，不是那么容易看得见的。要能看见这个结构，研究者必须先动手做破除谎言的工作并揭开它们表象的面纱。小心翼翼的观察还不够。仔细的观察并不能分辨出要观察什么，何况观察一个幻觉并不能够驱除它。研究者必须使用理论去挖掘表面关系之下的事物，观察充满危机与强烈冲突的那些时期，探查相互关联性，回顾过去并考虑未来的可能性。揭露更深层次的现实并不容易，但却是必不可少的，因为表面的现实充满了意识形态、谎言、扭曲失真和错误的表象。“常识倾向于将社会现象自然化，并假定这样的情况就是必然的情况。不加批判地建立在常识基础之上的那种社会科学……不断地再生产着这些错误”（Sayer，1992：43）。 112

6. *哪些因素构成了对社会现实的解释或理论?*

除了演绎推理和归纳推理之外，批判的社会科学还使用“溯因推理”来创建解释性批判。美国哲学家皮尔斯（Charles S. Peirce，1839—1914）通过拓展推理的其他形式而发展出了**溯因推理（abduction）**。溯因推理从某一潜在的规则开始“尝试”，并探究从这一规则中可能会产生什么，而非以大量的观察或一个理论前提为开始。将想法和观察结果都置于不同的替代性框架中，然后进行检查，并提出“如果-怎样”的假定推测问题。使用“溯因推理”的研究者依次应用并评估多个框架的有效性，并在此过程中对资料和想法都进行创造性的重新定位与重新描述。

溯因推理很少会产生某个单一的、决定性的事实；相反，随着它对更深层次的理解的推进，它消除了某些替代性选择。在某些方式上而言，它是所有人类感知的一个方面。溯因推理类似于一个有洞察力、有创造力的侦探解决犯罪的方式——通过获取资料（线索）并将其置于另一些可能（会导致犯罪）的场景中来解决犯罪问题。对不同场景的关注，为同样的观察赋予了新的意义。因此，溯因推理意味着在应用不同的规则或方案的基础上，反复地对想法和资料进行重新评估，并从中学习。

解释性批判（explanatory critique）始于这样的前提：当我们研究社会生活时，我们同时研究事物"本身"以及人们思考或理解我们所研究的"事物"的方式。实际的状况与人们对这些状况的信念都是相关的，而且这两者也有可能不匹配。由于一个解释性批判可能不同于主流的信念，所以它具有实际的、道德的以及政治的多重含义。这种解释既说明了现实状况（或者说阐述了事件发生的原因），又同时批判了现实状况（或者说指出了差异，揭露了谎言，辨别了矛盾）。

当我们在解释性批判中描绘社会状况时，我们往往会启发人们并帮助解放人们。随着这种解释对现实在表面层次之外的某些方面的揭露，人们可能会意识到社会的深层结构。解释性批判解释了某些深层次的因果机制，而一旦这些机制被揭露出来，人们就可以了解如何通过影响这些机制以改变更大的社会结构。解释性批判通过这种方式，展示了一种采取行动并实现社会变革的路径。

7. 如何确定一个解释是对还是错？

实证主义社会科学通过演绎假设、重复观察来检验假设，然后将这些结果结合起来以证实或推翻某些因果法则。诠释的社会科学则质疑，对于我们所研究的那些对象而言，意义体系与行为规则是否是有意义的。批判的社会科学通过精确地描述由深层结构所生成的那些状况来检验理论，并随即应用这些知识来改变社会关系。一个批判的社会科学理论教导人们关于他们自身的经验，帮助他们理解其历史角色，并能够被用来改善他们的处境。

批判的社会科学理论能够指导人们的实际行动，同时也以人们对它的运用为基础而被修正。一个批判的社会科学理论随着它所试图解释的世界的发展而不断发展，并与它所试图解释的世界相互影响。由
113 于批判的社会科学试图通过洞察那些隐藏的结构来解释并改变这一世界，所以对某一解释的检验就不是稳定不变的。对理论的检验是一个不断应用理论并修正理论的动态的、持续的过程。知识是随着通过行动而不断地消除无知、拓展见识的过程增长的。

批判的社会科学通过将理论应用于实践，并随即运用这些实践的结果修订理论来区分好的理论与坏的理论。所谓**实践（praxis）**，意味着当解释有助于让人们理解世界并采取行动以改变世界时，才是有价值的。正如塞耶（Sayer，1992：13）所主张的那样："知识主要是通过各种活动获得的，包括试图（通过劳动或工作）改变我们的环境的活动，以及我们与他人进行互动的活动。"

批判的实践试图消除研究者与被研究者之间的隔阂，以及科学与日常生活之间的隔阂。举例来说，一个批判的研究者发展出一个有关房屋租赁歧视的解释。他会通过运用这一解释来尝试改变状况以检验这一解释。如果这一解释指出，深层的经济关系是造成歧视的原因，房东拒绝把房子租给少数族裔是因为如果只把房子租给白人的话比较有利可图。那么，能够使得将房子租给少数族裔也会有利可图的那些政治行动，应该会改变房东的行为。相反，如果该解释指出，某种深层的种族仇恨是造成房东歧视的原因，那么建立在利润基础上的行动策略将不会成功。接下来，批判的研究者将会通过结合新的研究与新的政治行动，将种族仇恨作为房东的行为基础进行检验。

8. 什么才算是好的证据？事实信息是什么样的？

实证主义社会科学假设，世界上存在着所有理性人都同意的无可争议的中立事实。这种二元论主张认为，社会事实就像物体一样，它们独立于价值或理论而存在。诠释的社会科学将社会世界视为由人们（那些创造并协商意义的人）创造的意义所组成的。诠释的研究取向拒斥实证主义的二元论，而代之以一种对主体性的强调，即证据是存在于那些参与者的主观理解中的任意事物。批判的研究取向则尝试在客体与主体的鸿沟之间搭起桥梁，于是他们指出，物质条件下的事实独立于主观感知而存在，但是这种事实并不具有理论中立性。相反，事实需要来自某个价值、理论与意义的框架中的诠释。

举例来说，在医疗保健方面，美国所耗费的国民生产总值的比例要高于任何其他的发达工业国，然而，它在婴儿死亡率方面，却位居最后一名——第 29 位（每 1 000 名新生儿中有 7 名会死亡），这是一个“事实”。诠释这个事实的批判的社会科学研究者指出，美国有许多人没有得到卫生保健的照顾，而且美国缺乏一个覆盖所有人的医疗保健体系。这个事实包括了向某些人提供医疗服务的体系，是一个由营利性保险公司、制药企业、医院与其他从目前安排中获益巨大的人所组成的复杂体系。这一体系中的某些有权有势的群体日益富有，而社会上那些较为弱势、贫穷的群体，则获得低质量的照顾，或完全没有得到卫生保健的照顾。批判的社会科学研究者审察这些事实，质问是谁从中得利，又是谁在承受损失。

理论帮助批判研究者找出新的事实并且从琐碎的事实中找出重要的事实。理论像是一张地图，告诉研究者到何处去寻找事实。一旦找到事实后，又当如何诠释。批判研究取向指出，自然科学的理论也有这项功能。例如，生物学家透过显微镜观察红细胞——一项建立在血液与细胞理论以及生物学家所接受的关于微观现象的教育之上的“事实”。没有这个理论与教育，生物学家看到的只是没有意义的小点。显然，这样来看，事实与理论是相互关联的。

批判的社会科学指出，就寻找与理解关键事实而言，只有某些理论是有用的。理论是建立在一组道德政治价值基础上的、有关“这个世界是什么样的”问题的信念与假设。批判的社会科学声明，某些价值是优于其他价值的。[①] 因此，为了诠释事实，我们必须理解历史，采取一组道德政治价值，并且知道到哪里去寻找深层的结构。不同版本的批判科学提供了不同的价值立场（例如，马克思主义与女性主义）。 114

9. *什么是社会科学知识的关联性或者运用?*

随着批判的社会科学研究者对这个世界的运作方式的了解，他们将主观性理解与分析客观条件的方法联系起来，以揭示那些未被看到的势力以及那些未被认识到的不公。这激励着人们去采取行动。对于批判的社会科学而言，知识并不是一种供人操纵的工具，它也不是一种对人们内在主观体验的捕捉与再现；相反，知识意味着积极参与这个世界上的事务。知识可以让人们从过去的思维桎梏中解放出来，并帮助人们掌握其周围的事情。它并不是一项将要被人们占有的事物，而是一项将日益增强的意识与采取的行动结合起来的进程。

批判的社会科学研究者糅合了工具取向与实践取向，并在实证主义社会科学所强调的外在经验现实与诠释的社会科学所强调的内在主观现实的二元对立之间搭建了桥梁。批判的社会科学运用反思性知识（见第 2 章）提供了“第三种途径”——**反思性的辩证取向（reflexive-dialectic orientation）**。这一途径“并不是这些观点之间的合并或调和，它本身就代表了一种立场”（Danermark，et al.，2002：202）。与将外在现实与内在现实视为对立的做法相反，反思性辩证取向将其视为一个处于发展过程中的、单一动态整体的两个方面。单一的外在现实取向与内在现实取向都是不完整的。这两方面作为一个整体而共同运作，并在相互交织中彼此相互影响。

批判的社会科学对知识的运用采取一种**变革视角（transformative perspective）**。要*变革*，就意味着去*根本性地改变，去认识那些基本的结构，去突破那些现有的限制*。这一视角超越了表面层次的现实，从而将主观理解与外在现实重新结合，并随之运用更新后的意识作为参与那些有可能改变外在条件与未来意识的行动的基础。知识的关联性在于它在一个持续性的循环中将人们的意识与人们对具体行动的参与联系起来，对这些行动的结果进行反思，并随之将人们的意识提升到一个新的层次的能力。

10. *社会政治价值从哪一点上介入了科学?*

批判的社会科学有一种行动主义者的取向。社会研究是一项要求研究者忠于某一价值立场的道德政治活动。批判的社会科学拒斥实证主义社会科学有关价值无涉的说法，并视之为一种迷信。同时，它也

---

① 关于女性主义者有关女性特有的观点的论述，参见 Sprague & Zimmerman（1989）。关于研究者偏好某类研究对象的讨论，参见 Rule（1978a；1978b）。

攻击诠释的社会科学所采取的相对主义立场。对诠释的社会科学而言，天才的现实与白痴的现实是同样有效与同样重要的。判断这两种不同的现实或相互冲突的观点的基础，即使有，也是相当薄弱的。举例来说，诠释研究者不会说一个种族主义者的观点是错的，因为任何一个观点对那些相信它的人来说，都是真实的。批判的社会科学则主张，只有一种观点或少数的几种观点是正确的。至于其他的观点，不是明显错误的，就是误导性的。所有的社会研究*必须*从某一价值或从某一道德立场的观点出发。对批判的社会科学而言，客观的立场并不等于价值无涉。客观性要求的是一种对现实没有扭曲的、真实的图像。“它挑战了科学必须受到不受政治干扰的保护的信念。它主张，某些政治——某些追求解放性的社会变革的政治——能够增进科学的客观性”（Harding，1986：162）。

批判的社会科学坚持认为，“否认研究者具有自己的观点”这一立场本身就是一种观点。这是一种技术专家式的观点：实施研究并忽视道德问题，满足雇主的要求并服从命令。这种观点认为，科学是一种任何人都可以使用的手段或工具。在纳粹科学家进行了反人类的实验，并在之后声称他们是无辜的（因
115 为他们“只是服从命令”，他们“只是科学家”）的时候，这种技术专家式的观点受到了强烈的批判。实证主义社会科学采用了这一研究取向，并且生产了技术官僚型知识——一种最适合被掌权者用来主宰或控制其他民众的知识类型。[①]

批判的社会科学拒斥实证主义社会科学与诠释的社会科学，认为它们不闻不问，关心的只是研究这个世界，而非对其采取行动。批判的社会科学坚持认为，知识是一种力量。社会科学知识可以用来控制人们，它可以藏在象牙塔内任由知识分子把玩，也可以被传授给民众，帮助他们掌握并改善他们的生活。研究者研究什么、怎样研究，以及研究结果会如何，都涉及价值与道德，因为知识对人们的生活会产生具体的影响。那些研究细枝末节的行为的研究者、那些无法深入研究表面之下的事物的研究者，或那些将研究结果埋藏在大学图书馆里的研究者，都在做出一种道德选择。这一选择是：从被研究者那里获取信息，而不牵连他们或解放他们（见拓展方框4.1：拓展个案法和批判的社会科学）。批判的社会科学质疑这种选择的道德性，即使这并非有意识的选择。

拓展方框 4.1

拓展个案法和批判的社会科学

布洛维（Michael Burawoy，1998）的拓展个案法是批判的社会科学的一个例子。他说，该方法将反思性科学应用到了民族志或实地研究中。反思性科学是批判的社会科学的一种类型，它主张社会研究应当是研究者和被研究者之间的一种对话。因此，主体间性不仅存在于科学家之中——如实证主义所主张的那样，它也存在于研究者与被研究者之间。布洛维确定了反思性科学的四个特征：

1. 研究者与主体参与者的互动。从他们的彼此互动中发展出来的分裂或干扰有助于揭示和更好地阐明社会生活。

2. 研究者在某些特定的情境中，可以采用主体参与者的视角，但并不能仅仅停留于此。研究者将来自多个个体主体与特定情境的许多观点汇总在一起，并将其整合进更为宽泛的社会进程中。

3. 研究者在从内到外地（即，从被研究者的主观观点的角度入手）研究社会世界的同时，还要从外到内地（即，从作用于人的外在力量的角度入手）进行研究。

4. 研究者总是不断地建构和重构理论。这是在与被研究者的对话中进行的，同时也是在与科学共同体中其他研究者的对话中进行的。

布洛维采用了拓展个案法来研究赞比亚的金矿工人。他认为，实证主义社会科学最适合于那些人们在其中“无力抵抗更为广大的经济与政治体系”（Burawoy，1998：30）的情境——换言之，就是那种人

---

① 关于批判的科学对实证主义作为技术官僚取向并被用作支配工具的相关批判，参见 Habermas（1971，1973，1979）。他主张采取一种解放式的研究取向。

们在其中被支配、无法掌握自身生活的情境。批判的社会科学的研究取向则适合于那种人们在其中力图抵抗或减少权力差别和支配的情境。这一研究取向强调了解放的条件，即人们开始质疑或挑战那些迫使他们生活于其下的权力与控制的外在力量。

（二）小结

虽然很少有全职的学术型研究者采取批判的科学研究取向，但是这一研究取向通常被社区行动团体、政治组织和社会运动所采用。它只是很少出现在学术期刊中。批判的社会科学研究者可能使用任何一种研究技术，但是他们比较倾向于使用历史比较法。这是因为它强调变迁，而且它有助于让研究者发现那些深层的结构。批判的社会科学研究者与其他取向的研究者的区别，并不在于他们所使用的研究技术，而是在于他们如何切入一个研究问题、他们所探究的问题的类型，以及他们进行研究的目的。图表 4.4 提供了对批判的社会科学的一个总结。 116

图表 4.4　对批判的社会科学的总结

1. 社会科学的目的是揭示那些被隐藏起来的事物，从而解放人们并为人们赋权。
2. 社会现实具有多重层次。
3. 人们具有尚未觉醒的潜力，并被物化所误导；社会生活则是关系化的。
4. 对人的能动性采取了*有限自主性*的立场。
5. 科学知识是不完美的，但是可以对抗*虚假意识*。
6. 运用*溯因推理*来创建*解释性批判*。
7. 解释是通过*实践*而被验证的。
8. 所有证据都依赖于理论，而某些理论则揭示了更为深层的证据类型。
9. 从*变革的视角*出发，对所使用的知识采取一种*反思性辩证取向*。
10. 社会现实以及对它的研究，必然包含一种道德-政治的维度；而在推进人类的自由以及为人类赋权的方面，各种道德-政治的立场则是不平等的。

六、女性主义研究与后现代研究

在上述三种研究取向之外，还有另外两种不太知名的研究取向：女性主义研究与后现代研究。这两种研究取向都批评实证主义社会科学，并基于诠释的社会科学与批判的社会科学而提供不同的研究取向。它们仅从 20 世纪 80 年代才开始获得社会的注意。

（一）女性主义研究

*女性主义研究*是由那些持有女性主义的自我认同，并有意识地运用女性主义视角的人（其中大部分是女性）所实施的研究。她们使用多种研究技术，以试图为女性赋予发言权，并努力去纠正主流的、以男性为主导的研究视角。诸如《女性求知的方法》（*Women's Ways of Knowing*，Belenky，et al.，1986）之类的著作主张，女性的学习方式与表达方式不同于男性。

女性主义的研究假设，女性的主观体验不同于男性的主观体验。① 许多女性主义研究者认为，实证主义社会科学代表着一种男性立场的观点：它是客观性的、逻辑性的、任务导向性的，以及工具性的。它

---

① 参见 Olsen（1994）。

反映了男性化的对个体竞争、对支配与控制环境，以及对“铁一般的事实”的强调。它反映了一种强调去发现作用于这一世界的那些力量，而非去探究那些与这个世界进行互动并在这个世界中进行合作的方式的父权主义导向。

相比之下，女性则强调适应性以及对人际关系的逐步发展。女性将社会世界视为一张遍布着通过信任感与相互义务而联系在一起的人们的交互关联的人际关系网。女性倾向于强调主观、移情、过程导向和包容性的社会生活。女性主义的研究也是行动取向的，并且试图推进女性主义的价值（见拓展方框4.2：女性主义研究的特征）。

女性主义研究者声称，许多非女性主义的研究充满了（对女性的）性别歧视，而这在很大程度上，是更为广泛的文化信念以及男性研究者占据优势所造成的结果。这类研究过于把男性的经验类推到所有人的身上，而忽略了性别是一种根本性的社会分化。关注点聚焦在男人的问题上，并以男性观点为参照点，而且假设了传统的性别角色分工。举例来说，当家庭中的男性成年人找不到稳定的工作时，传统的研究者会说，该家庭面临了失业问题。当同一个家庭的女性在社会上找不到一份稳定的工作时，则不会被同样认为该家庭面临失业问题。同样，*未婚妈妈*是被传统研究者广泛使用的一个概念，但是却没有一个与之对等的*未婚爸爸*的概念。

拓展方框4.2

女性主义研究的特征

- 对女性主义价值立场和视角的拥护。
- 拒斥存在于假设、概念以及研究问题之中的性别歧视。
- 建立一种研究者和他或她所研究的对象之间的移情式联系。
- 对于性别关系和权力是如何渗透到社会生活中的各个领域具有敏感性。
- 将研究者的个人感觉和个人经验整合到研究过程之中。
- 在选择研究技术和跨越不同学术领域的界限方面具有灵活性。
- 承认人类经验中的情感性维度与相互依赖的维度。

117 ■ 寻求促进个人变化和社会变迁的行为导向研究。

女性主义研究取向从根本上将研究者视为一种性别化生物。研究者体验现实的方式，必然由其性别而被形塑，进而影响到他们的研究。除了性别对研究者个人造成的影响以外，基本的理论假设与科学共同体也呈现为一种被性别化的文化情境。性别对文化有着普遍的影响力，并塑造了那些在科学研究的社会进程中无法将其孤立与隔离的基本的信念与价值因素。①

女性主义研究者无法保持客观或置身事外。她们与其研究的对象互动、合作。她们将个人生活与职业生活融为一体。举例来说，女性主义研究者会试图去了解受访者的体验，同时也会把她本身的经验与感觉和受访者分享。这个过程可能会促使研究者与受访者之间发展出一种私人关系，而这种关系也可能会随时间的累积而发展成熟。莱因哈兹（Reinharz，1992：263）声称：“正式关系与私人关系之间隔阂的模糊化，正如研究项目与研究者的生活之间……隔阂的去除，是大多数——即使不是全部的——女性主义研究的一项特征。”

一位女性的视角的影响，与其渴望寻求与她所研究的对象发展出一种亲密关系的欲望，甚至会出现在生物科学的领域中。女性主义研究者倾向于避免使用量化分析与实验法。她们使用多重方法，通常是质性研究与个案研究。戈雷利克（Gorelick，1991）批评许多女性主义研究者对诠释的社会科学的亲和

① 参见 Evelyn Fox Keller（1983）有关 Barbara McClintock 的传记，以及她的其他有关性别与科学的著述（1985；1990），也可参见 Longino（1990）著作的第六章和第七章。

性。她认为，诠释的社会科学被局限于那些被研究者的意识中，并且无法揭露隐藏着的结构。戈雷利克要求女性主义研究者采取一种批判的社会科学的研究取向，并更为坚定地激励社会变革。

女性主义研究者拒斥实证主义者所谓的“价值无涉”的说法。举例来说，里斯曼（Risman，2001）批评了一个试图利用生物性因素去大致解释性别差异的研究。她说：“实证主义者的科学模型不但无法从这一特殊立场出发去承认并排除特殊政治价值的表达，而且，这种所谓价值无涉的科学，不仅是一种不可能实现的目标，也是一种扭曲了研究以及发表成果的不恰当的目标。”（Risman，2001：606）她指出：“所谓价值无涉，可能会成为一种隐藏（甚至可能是从科学家自身出发来隐藏）价值——那些如此深嵌于我们文化的民间智慧里，以至于被忽视的价值——的斗篷。那些认为自己是在一种与政治无关的、价值无涉的科学中工作的研究者，通常根本没有任何有意识地做决定，只是简单地忽视了占统治地位的那些假设是如何建构他们的问题的。”（Risman，2001：609）

（二）后现代研究

*后现代研究*是更为广大的后现代运动（包括艺术、音乐、文学和文化批评）的一部分。这类研究肇始于人文学科，根源于存在主义、虚无主义和无政府主义，以及海德格尔（Martin Heidegger，1889—1976）、福柯、尼采（Friedrich Nietzsche，1844—1900）、萨特（Jean-Paul Sartre，1905—1980）与维特根斯坦（Ludwig Wittgenstein，1889—1951）等哲学家的思想之中。后现代主义是对现代主义的一种拒斥。*现代主义*是指兴起于启蒙时代的基本假设、信仰和价值。现代主义依赖逻辑推理。它对未来持乐观的态度，并且相信进步，对科技与科学充满了信心，并且拥抱人道主义的价值（也就是说根据对人类福祉的功效来判断思想的价值）。现代主义主张，世界上存在为大多数人所认可的真、善、美的标准。[①]

后现代主义不认为在艺术或人文科学与社会科学之间存在明显的区分。它分享了批判的社会科学去除社会世界神秘面纱的目标。它试图解构或撕下表象以揭露隐藏在内部的结构。像极端形式的诠释的社会科学那样，后现代主义不信任抽象的解释，并且主张研究最多只能做到描述，因此所有的描述都具有
相同的价值。研究者的描述从来不比其他人的描述更为高明或低劣，只不过描述的是研究者个人的经验。 *118*
超越诠释的社会科学与批判的社会科学的是，后现代研究试图彻底转变或拆解社会科学。极端的后现代主义者拒绝接受有一个关于社会世界的科学的存在的可能性。后现代主义者不信任所有系统化的经验观察，并且质疑知识可以概括或随时间而累积。他们认为知识有不同的形式，有属于个人或地域的特性。罗森诺（Pauline Rosenau，1992：77）主张：

> 几乎所有的后现代主义者都拒绝把真理当作一项目标或是理想来追求，因为那正是现代性的缩影……真理必须参考秩序、规则和价值。依赖逻辑、理性和理智，这些都是后现代主义者所质疑的事物。

后现代主义者反对以置身事外的、中立的方式来呈现研究结果。当某人阅读某篇报告时，该报告的研究者或撰写者绝不该被隐藏起来。他们的存在在报告中必须是明明白白、毫不含糊的。因此，后现代主义的研究报告就好像是一件艺术作品。它的目的在于启发他人，提供娱乐，引起回应或挑起好奇心。后现代的报告的呈现常带有舞台、表演或戏剧的风格。它们可能是以一篇小说作品、一部电影或一场戏剧的形式展现的。后现代主义者主张研究者所创造的有关社会生活的知识若能通过一场戏剧或是一件音乐作品来传达，会比通过一篇学术期刊论文来传达效果更好。它的价值在于讲一个故事，这个故事可能会激发出阅读这个故事或有过类似经历的人的共鸣。后现代主义者是反精英主义者，而且拒绝把科学用于预测或制定政策决议。后现代主义者反对世人使用实证主义科学去增强权力关系和控制人民的科层制形式（见拓展方框 4.3：后现代研究的特征）。

---

① 摘自 Brannigan（1992）。

拓展方框 4.3

后现代研究的特征

- 拒绝所有意识形态和所有被组织起来的信念体系，包括对所有正式的社会理论的拒绝。
- 强烈地依赖直觉、想象力、个人体验和情感。
- 充满了无意义感和悲观主义，认为世界永远不会改进。
- 极端的主体性，其观点认为，精神世界与外在世界之间没有分别。
- 狂热的相对主义，认为世界上存在无数的解释，没有任何一种解释比其他的解释更为强而有力。
- 充满异质性、混乱性和复杂性。
- 拒绝研究过去或相异之处，因为只有此时此地是相关的。
- 认为因果关系是不可能被研究的，因为生活过于复杂，而且变化过于迅速。
- 断定研究永远无法真正地呈现社会世界中所发生的情形。

七、结论

本章提出了两个重要的概念。第一，存在着相互竞争的、基于有关社会科学的目的及社会现实的本质的哲学假设的社会研究取向。第二，作为理想类型的研究取向，对与研究相关的基本问题给出了不同的回答（见表4.1）。大多数研究者主要是在一种研究取向之下从事研究，不过也有不少研究者同时结合了其他研究取向的某些要素来从事研究。

记住，你可以根据这三种研究取向中的任何一种来研究同一个主题，但是每个研究取向对于该怎样进行研究，则有不同的要求。对此，可以用有关少数族群与多数族群之间的就业竞争与歧视的主题为例来说明。这项研究涉及四个国家中的少数族群：澳大利亚内地的原住民、加拿大西部的中国人、美国中西部的非裔美国人，以及英国伦敦的巴基斯坦人。

实证主义社会科学的研究者首先会从一个有关多数族群与少数族群关系的一般性理论中演绎出若干假设。理论或许会以因果陈述或预测的形式出现。接下来，研究者搜集现有的政府统计资料，或是进行一项调查，以对该理论所确认的因素进行精确测量。诸如初次求职的形式、多数族群相对于少数族群的比例，或种族差异的明显程度。最后，实证主义社会科学的研究者使用统计分析来正式检验该理论对于
119 就业歧视程度与工作竞争激烈程度所做的预测。

表 4.1　对社会科学的五种研究取向的差异的总结

	实证主义社会科学	诠释的社会科学	批判的社会科学	女性主义研究	后现代研究
1. 研究目的	为了发现自然法则，以便人们对事件进行预测与控制	为了理解并描述有意义的社会行动	为了破除谎言，并为人们赋权，以便改变社会	为了给人们赋权，以便推进照顾他人的价值观以及平等的价值观	为了表达主观性的自我、为了好玩，以及为了娱乐与刺激他人
2. 社会现实的本质	稳定的、事先存在着的、能够被人们发现的模式或秩序	对于由人类互动所创造的情境的不固定的定义	由隐藏着的、潜在的结构所宰制的多重层次	使人们遭受压迫的、“性别化-结构化”的权力关系	无序的、不固定的、没有总体规划与真正模式的事物

续前表

	实证主义社会科学	诠释的社会科学	批判的社会科学	女性主义研究	后现代研究
3. 人类的本质	由外在力量所形塑的、自利的、理性的个体	能够创造意义，并不断使其世界有意义的社会性生物	拥有受制于幻觉而尚未觉醒的潜力的、具有创造性和适应性的人	拥有尚未觉醒的（通常受制于那些看不见的力量的）潜力的性别化生物	拥有尚未觉醒的潜力的创造性生物和能动性生物
4. 人的能动性	强有力的外在社会压力形塑了人们的行动；所谓自由意志在很大程度上是幻觉	人们具有显著的决断力；他们发展出了意义并有做出选择的自由	人们具有受制于结构化限制的有限自主性以及自由选择性，但是这种限制是可以被改变的	以性别为基础的结构化限制制约了人们的选择，但是新的思考和行动能够打破这种限制	人们拥有极大的决断力，而且所有的结构都是幻觉性的
5. 共识的角色	显然不同于科学，与科学相比不具有效度	强大的、由普通人所使用的日常生活理论	掩盖了权力以及客观状况的虚假意识	掩盖了权力以及客观状况的虚假意识	优于科学形式或官僚化形式推理的社会现实的本质
6. 理论的本质	一种由相互关联的定义、定理、原则所构成的逻辑性、演绎性体系	一种对某一群体生成与维系其意义体系的方式的解释	一种揭示真正的状况并帮助人们采取行动的批判	一种揭示真正的状况并帮助人们认识到让世界更美好的途径的批判	一种能够取悦、震撼、刺激他人的艺术性表达的展示与操作
7. 正确的解释	与法则具有逻辑性的联系，并以事实为基础	获得那些被研究者的共鸣或认同	为人们提供改变世界所需要的工具	为帮助人们从压迫性关系中解放出来而提供思想或工具	没有一种解释更为正确；对于那些接受了它们的人来说，所有的解释都是正确的
8. 好的证据	是以其他人所能复制的、精确的观察为基础的	嵌入在由流动性的社会互动所构成的情境中	是由一种能够透视表面层次的理论所提供的	是由一种能够揭示性别结构的理论所提供的	具有审美属性，并与人的内在感受产生共鸣
9. 知识的关联性	采取工具取向：知识使人们得以掌握并控制事件	采取实践取向：知识帮助我们移情式地拥抱或共享他人的生活世界与体验	采取辩证取向：知识让人们认识并改变更为深层的结构	知识提升了人们的意识，并为人们赋权以便其进行改变	正统知识不具有特殊价值，它可以为人们提供娱乐或个人享受
10. 价值的位置	科学是价值无涉的，除了在选择主题时以外，价值在科学研究中是没有位置的	价值是社会生活整体的一部分，没有一种群体的价值是错误的，有的只是差异	所有的科学必然从某一价值立场出发；有些立场是对的，有些立场是错的	价值对于研究来说是必不可少的，而女性主义者的价值是更被偏爱的	价值是研究的重要组成部分，但是所有的价值立场都是平等的

诠释的社会科学研究者会亲自观察，并与每一个国家的来自少数族群与多数族群的特定人物都亲自交谈。从与他们的谈话与观察中，诠释研究者得以了解到每个群体视什么为主要的问题，以及群体成员是否认为就业歧视或工作竞争是其日常关心的重点。研究者把人们所谈到的问题置于他们日常事务的情境之中（例如，缴房租、卷入到家庭纷争中、面临法律纠纷、生病等）。当研究者知道了多数族群或少数族群的人对歧视的看法、他们得到工作的方式，以及他们实际上能做些什么以获取或保住工作之后，研究者就用他人所能理解的方式来描述他的研究发现。 120

批判的社会科学研究者从观察较大的社会情境与历史情境入手。这包括诸多因素，诸如英国殖民主义者对澳大利亚的侵略以及该国曾经是个监狱殖民地的历史、促使中国人移民到加拿大的经济状况、美国奴隶制度的遗毒与争取民权的斗争、英国殖民帝国的兴衰以及来自其前殖民地的移民等。研究者从一种道德-批判的立场展开探究：多数族群会歧视少数族群，并对其施以经济剥削吗？研究者查询许多资料来源以记录剥削的潜在模式，并测量每个国家的歧视程度。研究者可能会检验有关这两个族群之间收入差异的统计信息、亲自考察其生活状况，以及陪着人们一起去接受工作面试或是进行调查来发现人们现在正在想些什么。一旦研究者发现了就业歧视是怎样妨碍少数族群找到工作的，他就会将研究结果提供给少数族群的组织，并就其发现进行公开演讲，在少数族群成员阅读的报纸上发表研究结果，从而揭露真实的状况并鼓励政治-社会行动。

在一门有关社会研究的课程中，所有这一切关于三种研究取向的知识，对你来说有什么意义呢？第一，这意味着目前并不存在一种单一的、绝对正确的、进行社会科学研究的研究取向。但这并不意味着怎么做都行，也不意味着这三者之间不存在共识性的基础（见拓展方框 4.4：三种社会科学研究取向的共同特征）。倒不如说，这意味着进行社会研究的基础尚未被定于一尊。换言之，有不止一种研究取向处于“发展之中”。这种情况或许会一直存在下去。了解这三种研究取向，将会有助于你阅读研究报告。研究者通常会依赖其中的某一种研究取向，但却很少会告诉你他所使用的是哪一种研究取向。

拓展方框 4.4

三种社会科学研究取向的共同特征

1. *都是经验性的*。每一种研究取向都根植于与景象、声音、行为、情境、讨论以及人们的行动相关的、可观察的现实。研究绝不是单凭编造与想象所能完成的。

2. *都是系统性的*。每一种研究取向都强调以精密与仔细的态度来从事研究。所有的研究取向都拒斥盲目的、编造的或是草率的思考与观察。

3. *都是理论化的*。每一种研究取向的理论本质各有不同，但是它们都强调对概念的运用以及对模式的观察。所有的研究取向都不会主张社会生活是杂乱无序的。它们都主张解释或理解是有可能实现的。

4. *都是公开性的*。所有的研究取向都认为，研究者的工作必须坦率地告知其他的研究者；它应当是明确的、共享的。所有的研究取向都反对将研究过程隐藏起来、留作私用或秘而不宣。

5. *都是自我反思性的*。每一种研究取向都认为，研究者需要对他们所做的事认真思考并保持自觉。绝不可盲目地或是不加思考地进行研究。研究涉及严谨的筹划，并且要求有自我意识。

6. *都强调研究进程的永无止境*。所有的研究取向都将研究视为不断前进的、不断演化的、不断变化的、不断提出新问题的以及不断追求卓越的进程。所有的研究取向都不会将研究视为静态的、固定的或封闭的。当前的知识与研究程序并不是一成不变的或是已经被盖棺论定的。它们都涉及对新的思考方式与做事方式的一种开放的态度以及持续性的调整变化。

因此，尽管这些研究取向之间存在着差异，但所有的研究取向都认为，通过自我反思性的、永无止境的、公开性的研究进程，社会科学会努力去创造经过系统性收集的、建立在经验性基础上的理论化
121 知识。

第二，这三种研究取向意味着，当你从事研究时，你所试图达到的目标（例如，发现法则、确认潜在结构、描述意义体系）将因你所选择的研究取向而异。这三种研究取向与第 2 章所讨论的研究类型之间的对应关系是相当松散的。举例来说，实证主义社会科学可能会进行成本收益分析，诠释的社会科学研究者倾向于从事探索性研究，而批判的社会科学研究者则偏好行动取向的研究。如果你在从事社会研究时对这些研究取向有所了解，你就可以对用于实施研究的研究类型做出一个明智的选择。

第三，社会研究中所使用的各种技术（抽样、访谈、参与式观察等）完全基于不同研究取向的假设及理念。你通常会见到某个研究技术被提出来，但却没有交代该技术最初所依据的背景理由。了解了这些研究取向之后，你对某个研究技术所依据的原理将有更好的了解。举例来说，精确的测量与实验研究的逻辑直接源于实证主义的研究取向，而实地研究则建立于诠释的研究取向基础上。

到目前为止，我们已经看到了研究过程的整体运作、研究与理论的不同类型，以及社会研究的三种基本研究取向。现在，可以说你应该已经掌握了社会研究的基本概要。在下一章，你将会看到确定具体

的研究计划的方式。

关键术语

abduction	溯因推理	bounded autonomy	有限自主性
bracketing	悬置法	causal laws	因果法则
constructionist orientation	建构主义者取向	covering law model	覆盖因果律模型
critical social science（CSS）	批判的社会科学	determinism	决定论
dialectic	辩证的	epistemology	认识论
explanatory critique	解释性批判	false consciousness	虚假意识
hermeneutics	诠释学	ideographic	表意性
instrumental orientation	工具取向	interpretive social science（ISS）	诠释的社会科学
intersubjectivity	主体间性	meaningful social action	有意义的社会行动
mechanical model of man	人性的机械模型	natural attitude	自然态度
nomothetic	通则性	ontology	本体论
paradigm	范式	positivist social science（PSS）	实证主义社会科学
postulate of adequacy	适当性假设	practical orientation	实践取向
praxis	实践	reflexive-dialectic orientation	反思性的辩证取向
reification	物化	relativism	相对主义
technocratic perspective	技术统治论视角	transcendent perspective	超验视角
transformative perspective	变革视角	typification	典型
value-free science	价值无涉的科学	verstehen	理解
voluntarism	唯意志论		

复习题

1. 就各个研究取向来说，社会研究的目的是什么？
2. 各个研究取向如何界定社会现实？
3. 就各个研究取向而言，人类的本质是什么？
4. 各个研究取向对科学与常识的看法有何差异？
5. 就各个研究取向而言，什么是社会理论？
6. 各个研究取向如何检验社会理论？
7. 各个研究取向对事实的看法是什么，它们各自又是如何搜集事实的？ 122
8. 价值无涉的科学对每一种研究取向来说如何可能？试解释之。
9. 诠释的社会科学与批判的社会科学对实证主义的批评有何相似之处？
10. 第 1 章提到的科学模型和科学共同体与三种研究取向中的每一种之间的关联是什么？

123 # 第5章 文献回顾与伦理关怀

虽然我们如今并非生活在免于俗事与超越历史的时代中，但我们的问题也不是如何处理那些“本身应该为真”的知识，而是人们在了解到他所获得的知识受制于时代与社会位置之后，会如何处理他的求知问题。

——卡尔·曼海姆（Karl Mannheim），《意识形态与乌托邦》（*Ideology and Utopia*），188页

在对芝加哥家族团体贩毒项目的田野调查中，文卡特斯赫（Venkatesh，2008：185－186）认识到：“四年的深入研究使我逐步意识到，如果继续一直在做的研究，我很可能会遇到许多麻烦……我认识了一位律师，从他那学到了一些很重要的东西。最重要的是，如果我知道了一个涉及人身伤害的事件，我有义务告诉警察……类似于律师、医生和神父被授予的特权，这里没有‘为研究对象保密’这一说。这意味着，如果我被传唤指证贩毒团伙，我将会按照法律规定的义务去参与……这个法律上的指导最终有助于我对自己的研究进行认真的反思……”

你正准备设计一项有关团伙犯罪的研究。当你将研究主题聚焦成一个具体的研究问题（例如，家族犯罪团体会给其他居民提供服务或保护吗？或者他们只是在利用其他居民？）时，你马上遇见了两个议题。首先，你要考虑过往是否有一些与这一问题相关的研究（即回顾与团伙犯罪问题相关的学术文献）。实际上，将主题聚焦为研究问题的过程，是与文献回顾交叉进行的。其次，还需要考虑，如何以合乎伦理道德的方式来收集团伙犯罪的信息。具体的伦理关注点取决于研究的问题和资料收集技巧。人类作为实验对象的争议在调查研究、实验和实地研究中要比在已有文献研究、二次资料分析、内容分析和历史比较研究中更加突出。在那些有可能侵犯个人隐私或涉及违法行为的有争议的主题和领域中，该议题要比在那些较少涉及隐私的“安全主题”中更加明显。研究非法团伙，你不仅要保护自己免受身体攻击，而且要了解合法的含义。理想情况下，你不想在不了解法律伦理问题时就开展长达四年的调查研究和改变研究方向，这与开篇提到的文卡特斯赫的研究不同。

124 前面几章中，我们审视了一个人开始研究之前的背景议题：科学共同体如何运作、各种研究类型、理论与研究的关系和广泛的研究社会科学的方法。在这一章和接下来的三章中，我们将关注人们在设计一个研究的早期阶段遇到的具体和实际问题：回顾文献、考虑伦理问题、设计研究方案、对社会世界的不同方面的测量和决定收集什么样的资料。

一、文献回顾

回顾在你的研究问题上所积累的文献，是研究过程中早期的和必不可少的步骤。这适用于所有研究问题和所有研究类型。同生活中的其他领域一样，在你开始尝试自行解答一个问题之前，最好先找出别人已经知道了什么。一些陈词也在强调这个建议：不要浪费时间“重新发明轮子”，在开始一项探险之前一定要提前“做好功课”。这确实是对的，无论你是一项研究的消费者还是即将开始自己研究的研究者。

我们先来看一下文献回顾可以满足的不同目的，并探讨一下什么是*文献*，在哪里可以找到它，以及它包括哪些内容。然后，我们将探究一下进行系统性的文献回顾所需的技术。最后，我们再来看看如何写文献回顾，以及它在研究报告中的位置。

文献回顾基于以下两个假设：知识是累积起来的，我们从他人的成果中学习并在他人的成果上建立起我们自己的研究。科学研究是许许多多相互分享研究成果的研究者以共同体的力量来追求知识的集体努力。虽然某些研究可能特别重要，个别研究者可能因此而成名，但是就某项研究来说，只不过是创造知识的整个过程中极其微小的一部分罢了。今天的研究建立在昨日研究的基础之上。研究者阅读各种研究以便比较、复制或批评各项研究。

文献回顾的写作随其广度与深度而有所不同。不同类型的回顾有不同的目标，各自擅长于满足文献回顾的四大目标（见拓展方框 5.1：文献回顾的目标）之一。一位训练有素的研究者可能要花上超过数年的时间，才能完成一篇关于某个宽泛问题所有文献的既详尽又专业的摘要回顾。但同一位研究者可能只要花费不到一周时间，就能完成一篇某个具体领域内相当专门性的文献回顾。着手写作文献回顾时，研究者会针对要探讨的主题或知识领域，确定要投入研究的时间和精力、准备讨论的层次和深度，从而决定要进行哪种类型的文献回顾（见拓展方框 5.2：六种文献回顾类型）。你可以在一篇具体的文献回顾中结合不同类型文献回顾的特点。

拓展方框 5.1

文献回顾的目标

1. *说明对某一知识体系熟悉的程度，并且建立可靠性*。一篇文献回顾可告诉读者，研究者了解某个领域中的研究，并知道哪些是主要的议题。一篇好的文献回顾能够增加读者对研究者专业能力与背景的信任。

2. *呈现前人研究的路线，以及目前的研究与前人研究有何关系*。一篇文献回顾会提纲挈领地告诉读者有关某个问题研究的发展方向，并呈现出知识的发展过程。一篇好的文献回顾会给出一项研究计划在学术背景下的定位，说明其与某个知识体系的相关性。

3. *整合并概括某个领域内已知的事物*。一篇文献回顾会汇集各种不同的研究结果，并进行综合分析。一篇好的文献回顾，要指出前人研究中的共识或争议，以及还有哪些主要问题尚待解决。作者收集到目前已知的内容，指出未来研究发展的方向。

4. *向他人学习并刺激新想法的产生*。一篇文献回顾告诉读者其他学者已经发现的事物，这样研究者便可从他人的研究中获益。一篇好的文献回顾指出目前研究的误区，并提出重新研究的建议和假设，指出值得仿效的程序、技术和研究设计，以便研究者能更好地聚焦假设，并获得新的启发。

（一）文献后设分析

文献**后设分析（meta-analysis）**是研究者在整合性回顾或方法论回顾中使用的一项特殊技术。[①] 后设
125 分析需要研究者收集大量以前的研究项目的细节资料，并对这些信息进行整合。后设分析分为五步进行：

（1）把所有潜在的研究课题定位于一个明确的主题或研究问题上。

（2）构建一致性的准则，并以相关性和质量来筛选研究课题。

（3）找出并记录每项研究课题的相关信息。

（4）整合和分析获取的信息，并把它转化成一般性研究结果。

（5）在研究结果的基础上做出概括性总结。

拓展方框 5.2

六种文献回顾类型

1. *背景回顾*。一种较常见的文献回顾，是具体研究和一个较大的知识体系之间的连接。它通常出现在一篇报告或论文的开头，研究者通过把它置于一个更广泛的框架下，向读者展现背景回顾如何继续或建构一个思想和研究的发展线路。

2. *历史回顾*。专业性回顾，研究者追溯某个问题发展历史。它可以与理论回顾和方法论回顾结合在一起，向读者展现一个概念、理论或者研究方法是如何随着时间变化而发展的。

3. *整合性回顾*。常见性回顾，陈述某个主题领域内目前的知识状态，并且指明其中的共识与争议。它经常和背景回顾结合在一起，或者可能会以独立论文的形式发表，从而为其他研究者提供服务。

4. *方法论回顾*。整合性回顾的一个具体类型，在这类回顾中，研究者评估以往研究在方法论上的优劣，描述相互冲突的研究结果，并且显示不同的方法论（如研究设计、样本和测量）如何造成不同的研究结果。

5. *自学回顾*。展示研究者对某个学科领域的文献的熟悉程度，它往往是教学计划和课程要求的一部分。

6. *理论回顾*。专业性回顾，这类回顾把聚焦于同一主题的一些理论或概念陈述出来，然后在假设的完整性、逻辑一致性和解释的范围的基础上对他们进行比较。

对于定量研究的后设分析而言，第三步中的相关信息通常包括样本大小、变量的测量手段、方法论质量和变量影响的大小。而在第四步中，这类信息用于统计上的分析（见实例方框5.1：定量研究的后设分析）。定性研究的后设分析有一点不同。第三步中的相关信息在定性研究中包括定性描述，这个定性描述被编码成一组类别。而在第四步中，研究结果被定性整合，目的是揭示反复出现的主题（见实例方框5.2：定性研究的后设分析）。

除了用后设分析从众多研究中找出主要研究结果外，我们也可以用它识别调查者如何在研究案例中定义和运用主要概念。例如，富尔克森和汤普森（Fulkerson & Thompson，2008）用了18年（1988—2006）的时间来验证“社会资本”这一概念。他们找到了1 218篇相关论文，其中，有450篇学术期刊在标题或摘要上提到了术语“社会资本”。接着，他们把这些期刊论文用七种不同的方式进行编码，从而找出这个概念的“创始学者”。除此之外，他们还运用了统计技术分析样本，这些样本可以体现出定义在不同时期和专门领域的用途。

（二）在哪里可以找到研究文献

研究者以这样几种书面形式来呈现自己的研究报告：专著、学术期刊文章、学位论文、政府文件和

① 参见 Hunt（1997）和 Hunter 等（1982）。

政策报告。他们也以论文的形式将研究报告发表在专业学会的会议上。本节将简要地讨论每一种类型，指出一条如何找到这些文献的简单路线。 126

实例方框 5.1　定量研究的后设分析

程和陈（Cheng & Chan，2008）就工作不安全感的问题对133项研究进行了后设分析，他们的关注点是工作不安全感对健康结果的影响。他们认为有三个因素，分别是：工作任期（也就是一个人在一个岗位上工作了多久）、年龄和性别。程和陈的目的是想了解工作任期、年龄和性别是如何可能削弱健康的，或者是工作不安全感如何影响健康结果。首先，在1980—2006年发表的一些研究的数据库中，通过搜索关键字*工作安全感*和*工作不安全感*，他们找到了可能相关的研究。此外，他们也手动搜索了15篇学术期刊，查阅未发表的学位论文，并联系了著名学者了解关于他们任何已开展过但未发表的研究。接着，研究人员对潜在的研究按选择标准进行筛选。如果一篇报告想要被这项研究所采纳，那么它必须是英文出版，用与作者定义相匹配的方式引用术语*工作不安全感*，报道出统计结果的具体类型和包含所有变量的利弊。在他们确定了133篇研究报告后，两名研究生评分员对每篇研究结果进行编码。信息编码包括样本大小、重要变量的度量法、变量间的相互关系和统计结果的大小。然后，程和陈对这些编码信息进行统计分析。从他们的统计分析结果中，两名研究者总结出，相较于年轻和经验不足的员工，老员工和拥有更长工作任期经验的员工，会由于工作不安全感而导致更多负面的身体和心理的健康结果。

实例方框 5.2　定性研究的后设分析

马斯顿和金（Marston & King，2006）对1990—2004年出版的268篇定性研究的论文进行了后设分析，这些研究是关于年轻人的性行为的。他们的关注点是年轻人的性行为是怎样可能影响艾滋病感染的，因为近一半的艾滋病感染出现在年轻人群体中。研究者想检验定性研究，因为他们对性行为过程中发生了什么、性行为的原因和性行为的背景很感兴趣。相比之下，大多数的定量性研究只调查简单、孤立的问题，如年轻人使用避孕套的比例。他们找出1990—2004年出版的所有英文版的研究文章，这些文章提供了针对10～25岁年龄阶段性关系的定性经验证据。研究人员不仅把那些关注其他问题（如药物使用）的研究文章计入在内，而且把有关性行为的文章也包括在内。他们查找了大量信息库的文章和书籍，并在英国研究了150个学术图书馆目录。他们通过搜索标题发现了5 452篇潜在的报告，但根据标题的相关性缩小范围，发现只剩下2 202篇报告，他们把这些研究报告继续缩窄至268篇（246篇期刊文章和22本书），这里的缩窄是有相应标准的：不包括对儿童性虐待和性工作的研究和那些不能全文获取的研究。除此之外，他们还把文献分级为初级的和高质量的（非常详细的描述性行为发生的背景）以及次级的（例如关于观点的报告、缺乏证据的陈述）。在这268份研究报告中，有121份归类于初级报告。马斯顿和金运用之前回顾和编码文献/研究时所采用的比较主题分析方法，以此来表示在研究中发现的主题（如对女性的暴力行为、对尴尬的恐惧），接着，他们把这些编码分解成具有概括性的总体主题。他们确定了七个概括性主题，例如，性别刻板印象严重导致了不同的社会期望（如女性，而非男性，应当是纯洁的；男性希望寻找肉体上的快乐，而女性追求的是浪漫的爱情）。 127

期刊。你可以在报纸、大众杂志、广播或电视以及互联网的新闻摘要中发现社会研究结果，但是这些不是全面、完整的研究报告，完整的研究报告需要进行文献回顾。它们是记者为一般听众挑选出来的浓缩的摘要，它们缺少许多能够让他人进行严谨评估所需要的基本细节。教科书和百科全书也使用浓缩的摘要，以向那些新的研究者介绍某个主题，但它们同样也不适合用于准备文献回顾，因为缺少许多基

本的研究细节。

纵观世界上出版的学术文章，一开始你可能会产生畏惧。当被要求做“文献回顾”时，许多初学者会去网上搜索话题，或者去查阅熟悉的非专业、非学术的杂志和报纸文章。社会科学的学生需要区分报道调查研究的学术出版物和面向大众的流行或外行娱乐杂志及新闻文章间的区别（见表 5.1）。他们需要告别公共资源，依靠为专业读者撰写的严谨的学术出版物。

专业的调查人员用以下几种形式之一来表明研究的结果：学术研究的书（常被称为*专著*）、学术期刊上的文章、编辑过的学术著作的内容和专业会议上提交的论文。简化的、缩略的、“预先消化的”文章版本出现在为初次了解该议题的学生编写的教科书中，或者出现在公共出版物的新闻摘要中。可惜，简化的总结会给一个完整的研究带来不完整或扭曲的情景。因此，研究人员必须立足于原始的学术期刊文章，这样才能看出作者说了什么以及数据显示了什么。

上层水平的本科生和研究生在写严肃的研究论文时，应当借助于学术文献，这些学术文献是出版在学术期刊上的原始文章。不幸的是，学生可能会发现一些学术或技术文章太难以理解，这样的好处就是这些文章是“真货”或是原始的报告，而不是其他人（误）读了的“原著”。

研究人员也可能会看到一种对主题或研究问题发表评论的非研究型出版物，这些观点讨论出现于杂志[如《美国展望》（*American Prospect*）、《卡托杂志》（*Cato Journal*）、《评论》（*Commentary*）、《国家》（*Nation*）、《国家评论》（*National Review*）、《新共和》（*New Republic*）、《纽约书评》（*New York Review of books*）、《政策评论》（*Policy Review*）、《公共利益》（*Public Interest*）]。在这里，专业人士对受过教育的公众与其他专业人士写文章以表达意见、信仰、价值观念和猜测。这些杂志不包含原始的实证研究或实际科学调研，它们可能会被归类为“学术期刊”（相对于一般杂志而言）和“同行评议”。但它们不包括实证研究的原始报告。比如，《政策评论》涵盖许多话题：执法、刑事司法、国防和军事、政治、政府和国际关系，还有政治科学。保守党领导的“智囊团”——遗产基金会，会出版一些资料，以此来作为保守党员对主要政治问题进行辩论的论坛。有时候，教授或从事严肃调查研究的专业人员，也会在这样的出版物中发表他们的观点和思考。这些出版物必须被谨慎使用，因为它们所呈现的是辩论、观点和评价，而不是严肃的实证研究的官方报告。如果你想写一篇基于实证研究的论文（如一个实验、调查数据、田野调查），你需要依靠专业的来源。如果你使用一篇观点性文章，你就要把它当成这样的文章，不要把它和实证社会科学研究混淆。

研究人员使用专门的以计算机为基础的搜索工具，在学术文献中查找文章。此外，他们还必须学习涉及文献来源的专业版式或引文类型。专业的社会科学家定期运用搜索工具来开发和建立越来越多的调查研究和科学知识。对于严肃的研究使用者和研究人员来说，了解如何定位研究，识别、读懂和评估研究，还有适当引用学术来源，是他们要掌握的极重要的技术。

128 ***学术期刊。***可用于文献回顾的首要资源是那些刊登经过同行评议的研究报告的学术期刊。在学院或大学图书馆以外很难找到这些期刊。如第1章所述，学术期刊是大多数研究者传播研究新发现的场所，也是科学界信息交流体系的中心。

表 5.1 出版物的类型

类型	举例	作者	目的	优点	缺点
同行评议的学术期刊	《社会科学季刊》（*Social Science Quarterly*），《社会力》（*Social Force*），《当代民族志杂志》（*Journal of Contemporary Ethnography*）	专业研究人员	向专业人员报告经验研究，增进知识	最高的质量，最准确，最客观，富含细节	转为专业，难以读懂，需有背景知识，不总是当下的议题

续前表

类型	举例	作者	目的	优点	缺点
半学术的专业出版物	《美国展望》，《社会》(*Society*)，《美国人口统计》(*American Demographic*)	教授，专业的政策制定者，政治家	与受教育良好的公众分享和讨论新的发现及意义	较为精确，较为易读	缺少完整的细节和解释，结论通常混合着讨论
新闻杂志和新闻报纸	《华尔街日报》(*Wall Street Journal*)，《基督教科学箴言报》(*Christian Science Monitor*)，《新闻周刊》，《时代周刊》	有声望的新闻记者	对当前事件进行的一般公众容易阅读和理解的新闻报道	容易读懂，便于理解，及时	半精确，不全面，有歪曲或者是单方面的观点
严肃的观点性杂志	《国家》，《世事周刊》(*Human Events*)，《公共利益》，《评论》	教授，专业的政策制定者，政治家	向受教育良好的公众提供有价值导向的思想观点	谨慎撰写，有理有据	单方面的观点，有很强的价值导向
面向公众的流行杂志	《绅士季刊》(*Esquire*)，《乌木》(*Ebony*)，《红皮书》(*Redbook*)，《福布斯》(*Forbes*)，《财富》(*Fortune*)	新闻记者，其他作者	娱乐性，及时性，与一般公众讨论时事	简单易读，容易查找	经常是浅显的，不精确和不全面的

有些学术期刊是专门化的。它们只刊载对专著的综述，即提供专著的评论和评估，而没有研究报告[例如，《当代社会学》(*Contemporary Sociology*)，《政治与法书评》(*Law and Politics Book Review*)]；或只刊载文献综述的文章[例如，《社会学年鉴》(*Annual Review of Sociology*)、《心理学年鉴》(*Annual Review of Psychology*)和《人类学年鉴》(*Annual Review of Anthropology*)]，研究者向其他学者给出一篇"研究领域的说明"文章。如果专门性文献综述出版物刊载的是最近发表的针对某个特定主题的文章，那它是很有帮助的。许多其他学术期刊是综合性的，既有文献综述，也有专著综述、研究报告和理论文章。 129

没有简单的办法或"认证标准"来区分学术期刊与其他期刊，也无法简单地区分研究报告与其他类型的文章。这需要我们给出某种判断标准，或向有经验的研究者、专业图书馆员请教。尽管如此，区分出版物类型对于进行研究来说也是十分重要的。区分出版物类型的最佳方法是阅读许多学术期刊上的文章。

在不同的学术领域，期刊数量是不同的。心理学有超过400种期刊，而社会学约有250种，政治科学和传播学的刊物比社会学略少些，人类学、考古学和社会工作大约有100种，城市研究和妇女研究大约有50种，犯罪学大约有12种。"纯"学术领域的期刊通常比市场营销或社会工作这类"应用"领域的期刊要多。每种刊物一年大约刊登几十篇至上百篇文章。

你也许奇怪是否有人曾读过所有这些文章。一项研究发现：在一组379篇论文所构成的样本中，其中有43%在发表后的第一年中，就被别的研究所引用，而83%在发表后的6年内会被其他研究所引用。[①] 正如第1章所述，学术期刊在声望和接受率上是不同的，一些声望较高的期刊会拒绝90%提交给它们的报告。社会科学期刊的退稿率远比其他学术领域的退稿率要高，而且退稿率一直在上升。[②] 这并不意味着研究者在从事低质量的研究。相反，这表明评审过程变得更严谨，标准在提高，有更多的研究者在从事

① 参见 Hargens (1988)。

② 参见 Hargens (1991)。

研究，所以，在声望较好的期刊上发表文章的竞争在加剧。

你可以在网上找到许多学术期刊文章的完整篇。通常，为了获取这些文章，你需要借助图书馆的在线文章查找服务，当然，你需要为这些服务支付专门的订阅费用。有些期刊或出版社提供有限的文章供浏览或出售它们。例如，我可以免费在线浏览《社会科学季刊》（一个受推崇的期刊）的当前文章，但当我想在线阅读《政策与社会》（*Politics and Society*）的一篇文章时，我被要求支付25美元。然而，要是我在我的大学图书馆里阅读这篇文章的话，我就不需要支付费用。

几个互联网服务商在互联网上提供完整、精确的学术期刊文章的复印件。例如，JSTOR和MUSE提供精确的复印件，但只有往年少数几种学术期刊。其他互联网服务商，如人类学资源、Proquest、EBSCO HOST或Wilson Web，提供数量有限的学术期刊中近期所发表文章的完整的文本格式，大多数文章的文本格式与他们的印刷格式是一样的。除了用引擎工具搜索资源库里的文章外，你也可以选择一个特定的期刊，然后浏览其内容表里的特定问题。浏览对于产生有关研究主题的新想法、以创造性的方式看待一个老套的话题、了解如何将一个想法扩展到新的领域中来说，是非常有用的。每个搜索工具都有它自己的搜索程序和学术期刊中对应的列表，没有哪个搜索工具拥有所有年份所有期刊的文章。

最近有一些仅在互联网上呈现的学术期刊，这些期刊被称为*电子期刊*（e-journals）［例如，《社会学研究在线》（*Sociological Research Online*）、《社会心理学的当代研究》（*Current Research in Social Psychology*）、《世界系统研究杂志》（*Journal of World Systems Research*）］，它们提供经过同行评议的研究报告。渐渐地，互联网形式会取代印刷形式。但当前95%的学术期刊是采用印刷形式，并且大多数期刊提供网上完全文本形式。网上获取资料的方式几乎总是要求你使用图书馆的在线服务，而这个服务要向图书馆支付年费才能使用。特定的期刊和特定的年份在网上仍不能找到。

一旦确定了报道社会科学研究的学术期刊，就需要确定用某个特定类型的文章来呈现研究结果，因为期刊上还有其他类型的文章。定量研究是很容易确定的，因为它们通常包括方法或数据部分、图表、统计公式和数字表格。定性研究较难确定，许多学生会将它们与理论文章、文献综述文章、观点讨论文章、政策建议、书评和司法案例分析等混淆起来。区分这些文章类型，既需要对研究的不同类型有一个
130 很好的把握，也需要有大量阅读的经验。

大部分大学的图书馆中会设有学术期刊区，或者，在某些情况下，可能和专著混合陈列在书架上。你可以查看图书馆内的指示图，或询问图书管理员在哪里可以找到这些书架。最新一期的期刊，不论看起来是很薄的册子还是很厚的杂志，常被放置在“最新期刊”区。但是它们只是被暂时放置在那里，直到图书馆搜集到该卷所有的期数为止。

各领域内的学术刊物常和通俗杂志陈列在同一个区位中。这些都是期刊，或是图书馆馆员的行话中所谓的“系列”。因此，你会发现通俗杂志［例如，《时代周刊》、《大道与小径》（*Road and Track*）、《四海一家》（*Cosmopolitan*）、《大西洋月刊》（*The Atlantic*）］陈列在紧挨着天文学、化学、数学、文学、哲学以及社会学、心理学、社会工作和教育学等学术性刊物的架上。期刊按照名称分类，登记在卡片目录或电脑分类系统之中。图书馆可以为你提供一份它们所订期刊的目录。

学术期刊最少是一年才出版一期，最多会频繁到每周出版一期。大部分是一年出版4～6期。例如，和其他标题带有“季刊”的期刊一样，《社会科学季刊》，是一年出版4期。为了便于找到论文出处，图书馆馆员与学者发展出一套寻找期刊论文的系统。每一本期刊都被编上一个日期、卷数和期数。有了这些信息，论文的搜寻变得更加容易。这些信息——再加上作者、论文题目和页数等细节——被称为论文***出处***（**citation**），用在参考文献中。当期刊第一次发行时，即为第1卷第1期，此后依次增加卷数与期数。虽然大多数期刊依照相似的系统分类，但也有不少例外，因此必须留意出处的信息。就大多数期刊而言，一年归为一卷。如果你看到某刊物上写着第52卷，可能意味着这本期刊已经发行52年了。虽然不是全部，但是大部分期刊都是从每年一月开始新的一卷。

大部分期刊的页数是依照卷数而非期数来编订的。通常一卷期刊的页码开始于第1期的第1页，然后

依此编排页码到全卷结束。例如，第 52 卷第 4 期的第 1 页可能是第 547 页。大部分期刊编有每卷的索引以及各期的目录，列出每期刊登论文的作者姓名、篇名和论文的起始页码。各期中少则有 1～2 篇论文，多则刊登有 50 来篇论文。大多数期刊每期刊载 8～18 篇论文。每篇论文的长度介于 5 页到 50 页之间。每篇论文通常在文章首页刊有**摘要（abstract）**或是将摘要集中刊登在每期的开头处。

许多图书馆不保留时间久远的旧期刊版本。为了节省空间与成本，他们只收藏微缩影片。大多数学术领域都有上百种学术期刊，每一种期刊每年的成本在 100 美元到 3 500 美元之间，只有大型的研究图书馆订购得起全部期刊。如果你必须向远距离的图书馆借阅某本期刊或复印某篇论文，你可以通过*馆际借阅服务*来达到这个目标，这个系统是图书馆出借图书或资料给其他图书馆的方式。很少有图书馆出借最新一期的学术期刊。

一旦你找到期刊区，可以漫步浏览书架上陈列有哪些期刊。你会发现不少登载研究报告的期刊。每份学术期刊和馆内常规藏书一样，根据期刊名称，都有书码。图书馆通常根据书名的英文字母顺序编排。遇到期刊改名，若仍将之陈列在原名称的书架上，可能会造成混乱。

大部分期刊都会刊载报道某个学术领域内的研究论文。因此，大部分数学期刊会登载新近的数学研究或数学证明之类的报告；文学期刊登载对于某些文学作品的书评与文学批评；而社会学期刊则登载社会学研究报告。有些期刊涵盖的领域较广（社会科学、教育学、公共事务学），因而刊登整个领域内相关的研究报告。其他的期刊则专注于某个次级领域的研究（例如，家庭、犯罪学、儿童早期教育、比较政治学）。 *131*

出处格式。论文的出处是进行搜寻的关键工具。假设你想要阅读帕姆佩的关于美食文化、音乐和吸烟行为的研究，你会见到下列出处：Pampel，Fred C. 2006. "Socioeconomic Distinction，Cuitural Tastes，and Cigarette Smoking." *Social Science Quarterly*，87（1）：19－35。这个出处告诉你，你能在 2006 年出版的《社会科学季刊》中找到这篇论文。这个出处并未提供月份的信息，但给出了卷数（87）、期号（1）和页数（19－35）。

标明文献出处的方式有很多种。在正文中标示文献出处的方式各有特色，在括弧内写下作者的姓氏与出版年份的文内标示法是广受欢迎的方法。完整标示文献出处的方法常出现在论文中自成一个单元的参考文献或参考书目部分。标示文献完整出处的格式有许多不同的方式，期刊论文、专著和其他类型的著作，各有不同的交代出处的方式。在标示期刊论文出处时，最好请教老师，或者参考期刊或其他说明标示出处格式的规定。几乎所有标示出处的方法，都要求写出作者姓名、论文题目、期刊名称、卷数与页数。除了这些基本要素之外，其间的差异颇大。有些除了作者的姓氏之外还列出了作者的名字，有些则只列出作者名字的缩写。有些标示出所有作者的姓名，有些只列出第一位作者。有些包括有关期数与出版月份的信息，其他则不提供这些资料（见图 5.1）。

标示出处的格式有时会颇为复杂。关于这个问题，在社会科学中其实有两份主要的参考工具，《芝加哥论文格式手册》（*Chicago Manual of Style*），其内有将近 80 页的篇幅论及书目与参考文献的格式；《美国心理学学会出版手册》（*American Psychological Association Publication Manual*），该手册中有 60 页是讨论这个问题的。在社会学界，《美国社会学评论》所列的两页格式规定，被学界广为遵循。

书籍。书籍传播许多类型的信息，启发思想、娱乐读者。书的种类繁多：图画书、教科书、短篇故事书、小说、流行虚构小说与非虚构小说、宗教书籍、儿童书籍等。本节所关心的是内容属于原创性研究报告或研究论文集之类的书籍。图书馆对其采取与其他图书相同的方法，将这类书籍上架、编码。通过图书馆的分类系统，你能够找到该书的出处信息（例如，书名、作者、出版社）。

区别某本书是某个研究的成果报告，还是一般论述著作，不是件易事。你更可能在大学图书馆中找到这类书。有些出版者，像大学出版社，专门出版这类书。但是，除了阅读之外，没有其他方法可以确保准确辨认一本书属于哪一种类型。有些类型的社会研究更可能以专著的形式出现。例如，人类学家与历史学家做的研究比经济学家或心理学家做的研究更有可能以书本篇幅的报告来发表。然而，有些人类学家与历史学家的研究则以文章的形式发表，而有些经济学家、心理学家的研究报告则像一本书的篇幅一样长。在教育学、社会工作、社会学和政治学领域中，长篇、复杂的研究结果可能以两三篇论文或是专著的形式发表。涉及详尽的临床或民族志描述的研究，以及复杂的理论或哲学讨论，通常是以专著的形式发表。最后，想要同时与科学界同行和知识大众进行交流的作者，可能会写本书，借此搭起学术的学院派与非小说的通俗作品间的桥梁，找出原创性的研究论文可能发表在哪些书中，是件相当困难的事，因为没有任何一本书罗列出所有这些资料。

有三种类型的书其内容以论文集或研究报告为主。第一种是基于教学目的所编纂的书，称为*读本*，可能会收录原创的研究报告。通常，读本将发表在学术期刊上同一个主题内的论文搜集编纂成册，便于非专业者阅读与了解。第二种论文集搜集关于某一议题的学术文献，也可能包括原创的研究报告或者理论述评。有些论文集收录了一些围绕期刊中某些难以定位的专门议题而写的原创研究报告。在目录中列出论文的题目与作者。图书馆将这类论文集和其他书籍一同放置于书架上，有些图书馆的目录系统也包
132 括这类论文集。第三种是年度出版的研究丛书，收录了其他地方找不到的研究报告。这类丛书是学术期刊与论文集两者的混合物：逐年出版、每年出版一卷，但它们不是期刊。这些年刊［像《政治社会学研究评论》（*Review of Research in Political Sociology*）、《比较社会研究》（*Comparative Social Research*）］同专著摆在一起。有些年鉴专门刊登文献回顾（例如，《社会学年鉴》《人类学年鉴》）。这些年刊年鉴并没有像学术期刊一般详尽的目录。对某个学术领域的新人来说，找出它们的唯一方法，就是多花些时间在图书馆里，或是向熟悉这个领域的研究者请教。

美国最老的社会学期刊——《美国社会学杂志》（*American Journal of Sociology*）——刊登了一篇由比尔曼和巴克纳（Peter Bearman & Hannah Bückner）完成的有关童贞保证的研究报告。该文刊登于 2001 年 1 月（第 4 期）的第 859～912 页。该期刊是由 3 月份起刊，该期是第 106 卷，即已创刊 106 年。下文列出标示该文出处的方法。两种最常用的方式是《美国社会学评论》和美国心理学学会（American Psychological Association，APA）所采用的方法。

《美国社会学评论》的格式：

Bearman，Peter and Hannah Bückner. 2001. “Promising the Future：Virginity Pledges and First Intercourse.” *American Journal of Sociology* 106：859－912.

美国心理学学会的格式：

Bearman，P.，and Bückner，H. （2001）. Promising the future：Virginity pledges and first intercourse. *American Journal of Sociology* 106，859－912.

其他的格式：

Bearman，P.，and H. Bückner. “Promising the Future：Virginity Pledges and First Intercourse，” *American Journal of Sociology* 106（2001），859－912.

Bearman，Peter and Hannah Bückner，2001.
“Promising the future：Virginity pledges and first intercourse.” *Am. J. of Sociol*. 106：859－912.

Bearman，P. and Bückner，H. （2001）. “Promising the future：Virginity pledges and first intercourse.” *American Journal of Sociology* 106（January）：859－912.

Bearman，Peter and Hannah Bückner. 2001.
“Promising the future：Virginity pledges and first intercourse.” *American Journal of Sociology* 106（4）：859－912.

Bearman，P. and H. Bückner. （2001）. “Promising the future：Virginity pledges and first intercourse.” *American Journal of Sociology* 106，859－912.

Peter Bearman and Hannah Bückner，“Promising the Future：Virginity Pledges and First Intercourse.” *American Journal of Sociology* 106，no. 4（2001）：859－912.

图 5.1　期刊论文的不同出处标示法

书籍的出处标示比文章要简短。这包括作者姓名、书名、出版地、出版年份，以及出版社的名称。

学位论文。取得博士学位的研究生需要完成一份原创性的研究作品，写成*博士论文*。这份博士论文会被装订起来，收藏在授予该博士学位的大学的图书馆中。大约半数的博士论文会出版成书或以论文的 133
形式发表。博士论文属于原创性的研究，是珍贵的信息来源。有些取得硕士学位的学生，会进行原创性的研究，并且将之撰写成硕士论文。但是只有少数硕士论文会从事严肃的研究，因而它们比未出版的博士论文更难找到。

专门性的索引会列出学生所完成的博士论文及授予其博士学位的大学。例如，《全球博士论文摘要》（*Dissertation Abstracts International*）列有博士论文的作者姓名、题目和学校。这本索引依据博士论文的主题加以编辑，并且附上每份博士论文的摘要。如果大学许可，你可以通过馆际借阅服务向授予博士学位的大学借阅大多数的博士论文。另外一种方式是向类似密歇根大学安雅柏校区（the University of Michigan，Ann Arbor）的全国博士论文微型胶卷/影印本中心购买美国各大学博士论文的复印件。也许有人提出收藏其他图书馆的博士论文影印本的要求，有些大型的研究图书馆也会收藏它们。

政府文献。美国联邦政府、其他国家的政府、州或省政府、联合国，以及其他像是世界银行之类的国际机构，都赞助过某些研究并且出版研究报告。许多大学图书馆收藏这些文献，将其陈列在“政府文献”区。这些报告很少出现在分类目录系统中。必须使用专门的出版物目录与索引，而且通常要有图书馆馆员的协助才能找到。大部分的大学图书馆只收藏最常被借阅的政府文献与报告。

政策报告与研讨会论文。执行全面的文献回顾的研究者，都会考察这两大文献来源。有一些可以在网上找到，这两大来源对所有的研究者来说都不易取得，但是对训练有素的专家来说，则不构成障碍。研究机构和政策中心［例如，布鲁克林研究所（Brookings Institute）、贫困研究所（Institute for Research on Poverty）和兰德公司（Rand Corporation）等］也出版论文与报告。一些主要的研究图书馆会购买这些报告，并将它们与专著摆放在一起。确定这些机构已经出版了哪些报告的唯一方法，就是直接致函这些研究机构或政策中心，索求已出版的报告目录。

每一年，学术界的专业学会（例如，人类学、刑事司法、地理学、政治科学、心理学和社会学）都会举行年度会议。数以百计的研究者聚集一堂，发表、听取或讨论最新研究的口头报告。与会者大都可以取得口头报告的书面资料。身为该学会会员而未参与会议者，会收到该会的议程表，表中会列出各篇论文的题目、作者和作者的工作单位。他们可以直接写信给作者索取他发表的论文报告的复印件。许多（而不是全部）论文日后都会以期刊论文的方式发表。这些报告可能会被收录在索引或摘要汇编之类的信息当中（于下文中讨论）。

（三）怎样进行系统的文献回顾

界定和细化主题。研究者在开始一项研究时，必须有计划、明确界定出一个主题与研究的问题，着手文献回顾时，也必须从一个定义清楚、焦点明确的研究问题与搜寻计划开始。一个好的文献回顾主题要有一个和研究问题一样明确的焦点。举例来说，“离婚”与“犯罪”太过宽泛。比较适当的文献回顾主题可能是“带有前次婚姻所留下子女的家庭的稳定性”或是“各国经济不平等与犯罪率的关系”。如果你为某项研究进行背景回顾，这篇文献回顾涵盖的范围应该比你要检验的某个特定研究问题稍微广泛一些。研究者常常是在回顾了所有文献之后，才决定最后准备锁定的研究问题。文献回顾会带出比这个研究问题更为宽泛的焦点。

设计搜寻资料的计划。在选出研究焦点问题准备进行回顾之后，下一步就是规划搜寻资料的策略。回顾者需要决定回顾的是哪一类文献、回顾文献的广度以及准备回顾的资料类型。达到目标的关键在于谨慎、有条理和有组织。设定搜寻的参数：需要花多少时间、最远搜寻多久以前的文献、最少回顾几本研究报告、准备跑多少个图书馆等。 134

同时，要决定好如何记录你找到的每一个参考书目的出处，以及如何记笔记（例如，是记在笔记本内，还是记录在3″×5″卡片上，抑或是记录在电脑档案中）。你必须建立一个资料夹或电脑档案，尽可能记下所有相关的资料来源，以及临时想到的新资料来源。随着文献回顾的进展，焦点应该越来越明确。

找出研究报告。找出研究报告要依据报告的类型以及你所搜寻的“路径”。一般说来，为了避免单一搜寻法的限制，通常使用多种搜寻策略。

学术期刊论文。诚如前面所讨论的，大部分社会研究会发表在学术期刊上。目前有多种期刊，每一种期刊有多篇论文。因此，论文搜寻的工作量可能会相当庞大。好在在线服务和分类化出版已经使这项工作变得容易多了。

你可能已经用过《期刊文献读者导览》（*Reader's Guide to Periodical Literature*）之类的一般出版物索引目录。很多学术领域内编有学术文献的“摘要”或“索引”［例如，《心理学摘要》（*Psychological Abstracts*）、《社会科学索引》（*Social Sciences Index*）、《社会学摘要》（*Sociological Abstracts*）、《老年学摘要》（*Gerontological Abstracts*）］。对与教育相关的主题来说，“教育资源信息中心系统”（Educational Resources Information Center，ERIC）特别有用。目前已有超过100种诸如此类的出版物。拥有图书馆参考文献区和在线查询服务，你可以根据文章的标题、作者或主题迅速找到文章。

从上述讨论来看，好像你所要做的不过是到图书馆的参考文献区去找本索引目录做主题查询便完事了。不过，整个经过远比这个复杂得多，同时，列在索引目录与摘要集里的主题是相当广泛的。你感兴趣的研究问题可能落在许多主题领域之内。你必须将之一一找出。举例来说，就高中生违法吸毒的这个主题而言，你可能需要察看下列主题：吸毒、药物滥用、物质滥用、药物法、非法药品、高级中学、初级学校。每个主题领域之下，有许多论文都和你要进行的文献回顾无关。而且在文章刊出与被编入索引之间可能会有3个月到12个月的时间差。

大部分研究取向的图书馆订购科学信息中心（Institute for Scientific Information）出版的《社会科学期刊论文索引》（*Social Science Citation Index*，*SSCI*）。这是一个珍贵的信息来源，收录超过1 400种期刊信息。这本索引和其他索引目录或摘要集并无不同，不过要了解如何使用它，则须下番功夫。《社会科学期刊论文索引》总共有四册。其中一册是来源索引，提供期刊论文完整的出处信息。其他三册论及来源索引中的论文，将其按照主题、论文作者任职的大学（或研究中心）或在其他论文的参考文献中提到的作者加以编排。

研究者通过几种方法——作者、论文题目、主题或是关键词——来进行计算机化的文献检索。关键词是出现在论文题目中的可能表示主题的词语。大多数计算机检索，常会用到6～8个关键词，并且同时考虑多个同义词。计算机检索法有很多种方式，而且大多是就题目或摘要检索某个关键词。如果你选择的词太少，或是选定的范围很窄，你将会漏掉许多相关的论文。如果你选择很多个关键词，或者是非常广的范围，则会跑出一大堆毫不相干的论文。学习选取适量关键词的最佳途径，只有靠尝试，从错误中学习。

在我多年前执行的关于大学生如何界定*性骚扰*的研究中（Neuman，1992），我使用了下列几个关键词：*性骚扰*、*性攻击*、*骚扰*、*性别平等*、*性别公平*以及*性别歧视*。我后来发现了几个重要的研究，但其标题与这些关键词没有联系。我也试过*大学生*与*强暴*这两个关键词，但是得到了一大堆我光浏览都浏览不完的无关资料。

有许多计算机辅助检索的资料库或资料系统。任何人只要有台计算机及网络连线，他就可以检索世
135 界各地的期刊论文索引集刊、图书馆目录以及其他的信息来源。

所有计算机化的检索方法都按照相同的逻辑编辑而成，但是每一套都有自己的操作方法需要学习。在我的研究中，我检索了过去7年的资料，使用了5个计算机化的学术期刊资料库，包括《社会科学索引》、《科罗拉多地区研究图书馆》（*Colorado Area Research Library*，CARL）、《社会档案》（*Sociofile*）、《社会科学期刊论文索引》以及《心理学文献目录》（*PsychLit*）。

相同的论文经常同时出现在多个资料库之中，而每一个资料库都会收录一些其他资料库中找不到的新论文。这项事实给我们一个教训：“不要只依赖计算机化的文献检索、摘要服务或某个学科的文献，或

是武断地界定年代。”（Bausell，1994：24）举例来说，通过研读已发表论文的参考书目，我找到了几篇最新的很好的没有被任何一个电脑资料库收录的学术论文。我的研究过程颇为典型。使用关键词检索，我很快地就浏览了超过200篇的文献题目或摘要。我从中筛选出80篇文章、一些报告和书进行阅读。发现其中有49篇可用，而且这些论文都在已发表论文的参考文献中。

学术专著。找出某个主题的学术性专著可能会是件颇为困难的事。图书馆分类系统内的主题经常要么是不够完整，要么就是太过广泛，以致没有多大用处。再者，尽管你可以使用馆际借阅服务，对其他图书馆进行搜寻，但是所列出的也只是某一个图书馆的馆藏。图书馆依据书籍的主题加以编排建档。另外，主题分类可能反映不出你感兴趣的主题所在或是某本书中所讨论的主题。图书馆馆员会协助你找寻收藏在其他图书馆的书籍。例如，《国会图书馆全国联合目录》（*Library of Congress National Union Catalog*）列出了美国国会图书馆内所有的藏书。图书馆馆员能够查询其他图书馆的馆藏书目，或者你也可以使用互联网。并没有一个十拿九稳的方法，可以帮助你找出相关的书籍。最好的建议是使用多套检索方法，包括查阅刊登书评与论文书目的期刊。

学位论文。一份名为《全球博士论文摘要》的刊物登载有大部分的博士论文。类似期刊论文的索引与摘要，《全球博士论文摘要》也根据广泛的主题分类、作者和日期，将所有的博士论文加以编排整理。研究者可以在包含某个主题的学科领域中，查询所有的论文题目。不幸的是，当你找到你要的论文与摘要之后，可能会发现取得该本论文需要等待不少时间，而且还需支付其他额外的费用。

政府文献。图书馆内的政府文献区，皆备有分门别类的政府文献目录，供读者查阅。美国联邦政府出版了一份相当有用的索引目录，书名是《政府文献月刊》（*Monthly Catalog of Government Documents*），常可在电脑中查到。该刊从1885年开始出版。但是若要查询10年以前的文献资料，则应该使用其他的辅助来源进行查询。这份月刊按年编有索引，而月刊本身编有主题、题目、作者索引。另一个有用的资料来源是《国会听证会索引》（*Indexes to Congressional Hearings*），该书载有自20世纪30年代末期以来，美国国会召开的所有委员会与会议议题的资料。《国会记录》（*Congressional Record*）则搜罗有美国国会对于法案项目、投票记录和议案修改的资料。《美国法规汇编》（*United States Statutes*）则依年份和主题登录有美国联邦各州的法案。美国政府每日出版的刊物，《联邦总览》（*Federal Register*）刊载联邦机构的各种法令规则与公告，同时也含有月刊与年鉴索引。此外，还有其他涵盖条约、技术公告之类的索引。其他国家的政府也有类似的名录。例如，英国政府的《政府出版物索引》（*Government Publications Index*）便汇编整理出一年内的政府出版物；《国会报告》（*Parliamentary Papers*）则刊载官方的社会与经济研究，范围涵盖过去200年。使用这些专门性的索引时，最好能有图书馆馆员从旁以其专业知识提供协助。索引编制者所采用的主题分类，未必完全符合你所研究的特殊问题。

政策报告与研讨会论文。这是最难找到的文献来源。它们被列在已出版的研究书目当中，有些则列在摘要或索引目录之中。想要找到这些研究著作，可尝试几种方法：写信给研究中心向它们索取出版目录、向专业会议索取会中发表的论文报告目录。一旦你找到一份研究报告的出处，就可以试着写信联络 136
相关的作者或机构。

（四）如何评价研究论文

在你确定了一篇论文后，你需要仔细阅读和评价它，这在一开始会很难，但慢慢地就会变得容易许多。指导方针除了可以帮助你阅读和评价文章外，还可以为你编写研究报告提供模板。

1. *检查标题*。一个好的标题是明确的，不需要对研究结果有任何的描述而体现了研究的本质，同时，它也避免了问一些是否的问题。好的标题会描述文章的主题，可能会涉及一个或两个主要变量，然后再讲述文章的背景和参与者，如“新加坡初中学校的学校治理和纪律问题中的家长参与”，就是一个比较好的标题。好的标题会让读者了解这项研究，而差的标题则是模糊不清的、过分强调技术细节或行业术语，这样的例子如“对行为焦虑分段降低的影响因素的三步相关分析”。

2. *阅读摘要*。好的摘要能把一篇文章的重要信息提炼出来，它会给出研究的目的和运用的方法，突出重要的研究结果，并避免了含糊地提及未来的影响。通过标题初步筛选之后，你应该能够从准备好的摘要中确定报告的相关信息。除此之外，标题和摘要还为你检查报告做了充分的准备。我建议两个阶段的筛选过程，用标题和摘要确定文章的初始相关信息。如果出现相关性信息，要快速浏览文章的引言和结论部分，然后决定它是不是一个真正的“守门者”（换言之，值得对整篇文章慢慢地、细细地阅读）。最有可能的是，你会发现只有少数文章对你的研究目的很重要，而多数文章只是略微涉及。这些略微涉及的文章只适合略读，找出一到两个明确的相关信息。注意不要断章取义。

3. *阅读文章*。在阅读整篇文章之前，你可能会略读开头的前几段和快速扫描一下结尾，这样，你对整篇文章的主要内容有个基本印象。阅读学术文章时，某些因素可能会影响时间和努力的付出量，还有总体的结果。在三种情况下，付出的时间和努力会减少，结果会增加：（1）这是一篇高质量的文章，有明确的目的、整洁的书写和流畅而富有逻辑的组织结构；（2）明显的集中于某一特定问题或问题；（3）拥有可信赖的理论背景，知道许多实质性话题和熟悉研究方法。正如你所看到的，这在很大程度上要依赖于读者的准备。你可以建立好的读者准备，通过识别研究的维度（第2章）、理论运用（第3章）和方法运用（第4章），对一篇文章迅速做出评价。要在心里知道，作者是面向不同读者而写。他们可能会关注于一个狭隘的、高度专业的科学共同体领域，或为具有广泛代表性的几个领域的学生和学者而写，或为政策制定者、议题倡导者和应用型人才而写。

当你阅读一篇高度相关的文章时，要从导言部分开始。它有以下三个作用：（1）介绍广泛的话题，使其过渡到一个特定的研究问题，而这些问题将会是研究的主焦点；（2）建立研究问题的意义（就扩展知识、连接过去的研究或解决应用问题而言）；（3）概括一个理论框架或定义主要概念。有时，一篇文章混合有引言和文献回顾的背景，也有时候，文献回顾是一个独立部分。

为了能有一个好的文献回顾，你必须要有选择性地、综合全面地、挑选关键的和最近的文献进行回顾。通过有选择性的文献回顾，你不需要列出所有甚至写上一个议题，只需找出最具相关性的文章。通过综合全面的文献回顾，你就会涵括过去高度相关的研究，并且不遗漏任何重要的东西。不只是仅仅讲述过去的研究，你应该慎重评估，那就是，你对一些特定研究的细节做出评论，并对它们做出评价，因为它们与最近的研究有关。直到你的研究结束后你才会完全了解它，所以，在你的研究完成后，你要计
137 划着微调和重写它。你应该把最近的研究包括在你的文献回顾中，根据其大小和复杂度，你可以区分理论、方法、结果和评价。例如，你可能会回顾理论问题和纠纷，审查以往研究人员使用的方法，并总结结果，强调任何有分歧或不一致的地方。评估以往的研究可以为你解释进行最近研究的重要性。

根据文章中运用的研究方法类型，一个假设或方法可以遵循文献回顾。这些章节概述了具体的资料来源或资料收集的方法，描述了如何测量变量和是否运用了抽样方法，如果是的话，对它再进行细节描述。你会发现这些部分写得很紧，并包含许多技术细节，它们在定量研究中比在定性研究中长。

方法部分过后是结果部分。如果这项研究是定量研究，它应该不只是呈现数据表的汇集或者系数和百分比。此外，它还应该讨论表格和资料显示了什么。如果它是定性研究，它应该不只是一个引用的列表或者直接性描述。数据呈现的组织通常开始于简单地画一个宽范围，然后进入复杂性和特定的结果，数据呈现包括对重要发现明确的讨论和指出它们的重要性。在定量研究中，没有必要在一个表或图表中讨论每一个细节，只需要说明主要发现和任何意外或不寻常的发现。在一篇好的文章中，作者将通过数据引导读者，指出研究的是什么，并显示所有数据的细节。在定性研究中，资料的组合通常会讲述一个故事或呈现一系列推理，读者跟随作者的故事，但可以自由地发问。

在一些文章中，作者把讨论部分和结果部分放在一起，而在另一些文章中，它们是分开的。讨论部分超越了简单的描述，它详尽阐述了结果的含义、对于过去的发现、理论或应用问题。这部分可能包含从文献回顾中构建过去研究发现的含义以及特定研究问题的含义，讨论部分还可以包含对任何意想不到的发现的评论。

大多数研究人员会在讨论部分提出研究方法的局限性，这通常包括具体措施、抽样、案例、场所或其他因素如何限制研究结果的普遍性，或是这些因素对那些可替代性解释的开放性。完全公正与开放是被期待的，在一篇好的文章中，作者是自我批判的，并意识到研究的缺点。

在你阅读了讨论部分和结果部分后，再次阅读文章的结论或总结部分。一个好的结论再次回顾了研究的研究问题、主要研究发现和重要的意想不到的结果，它还概述了以后要进行研究的蕴意和方向。你可能想找一个附录，这个附录可能包括额外的研究细节，可以回顾参考书或参考文献。一篇文章的参考文献可以给你带来相关的研究或理论陈述。

阅读和批判性评价学术文章需要集中精力和时间，并可以通过实践得到改善。同行评议过程和退稿率不同，文章的质量也不尽相同，有些可能包含错误、草率的逻辑或者分歧。请注意标题和导言可能和结论部分的特定细节不相吻合，研究者并不总是描述所有的发现。带有明确的重点目标的读者通过仔细研读文章，可以在结果中注意到新的细节。例如，作者可能没有在明显的统计表或图表中提及重要的结果，或者对次要和边缘结果给予了太多的关注。当你评价一篇文章时，仔细观察这项研究报告是怎样进行的，它是怎样有逻辑地整合在一起的，还有它的结论是否真的都来自所有的研究结果。

(五) 如何做笔记

收集到相关文献综述后，很容易感到有太大的信息量，所以，你需要系统地做好笔记。传统的方式是把笔记写在带标签的卡片上。然后编排这些笔记卡片，根据它们之间的联系或报告、论文的框架，把 *138*
它们放在一起。这种方法目前仍在使用。但是，当前大多数人使用文字处理软件，收集许多文章的影印件或印刷版。

找到某项文献来源之后，一个好的办法是给笔记卡片或电脑档案建立两种文件：一个是*来源文件*，另一个是*内容文件*。在来源文件中为每一项来源记下*所有*文献性信息，即使其中一些你并不使用或以后删除掉。在一个完整的文献来源中，不要忘记任何细节，如页码数量、第二作者的姓名，如果没有记录，将来你会后悔的。删除一项你用不到的来源要比日后发现自己需要或者因疏忽而漏掉细节再确定它们容易得多。我推荐建立两种来源文件，或者说将主要文件划分成两部分：*已有文件*和*潜在文件*。有关来源的已有文件是指你已经找到，而且已经对内容做了笔记的文件。潜在文件是指你已经追踪或读过的可能有启发性作用的新来源文件。你可以在任何时间将你找到的新来源文件或你读到的文献性信息加到潜在文件中去。在报告快完成时，随着已有文件变成你的参考文献，潜在文件也就消失了。

这个文件包含有关来源的实质性信息，通常是主要发现、方法论的细节、概念定义和有趣的转引。如果你直接从一个来源转引，或希望从一个来源摘取特殊的信息，你就需要记下转引所在的特定页码。在每一个内容文件中，通过关键信息（如作者和日期）连接文件。

记录什么。研究者必须决定要从一篇论文、一本专著或其他的来源中，记录下什么信息。就记录方向而言，记得太多总比记得太少要好。一般而言，要记录被检验的假设、测量主要概念的方法、主要的研究发现、研究的基本设计、使用的群体或样本，以及对未来研究的建议（见图 5.2）。查阅别的研究报告的参考书目与注释来源，看看哪些可以加进你的文献搜集，也是明智之举。

复印下所有相关的论文与报告可以省下记录重点的时间，而且可以确保你得到整份资料。你也可以在复印件上做笔记。对于这种方法，要注意几件事。第一，对进行大量的文献搜集而言，复印的成本是相当高昂的。第二，须遵守著作权法。美国的著作权法只允许个人研究用途的影印。第三，不要忘了要复印全文，包括引文的资料。第四，组织整理整篇论文是相当烦琐累人的，尤其是在一篇文章中有多处可能被引用之时。第五，除非你仔细地把重点都画了出来，或是做好完整的重点记录，否则你可能得把整篇文章重新阅读一遍。

系统地整理笔记。搜集了众多的参考资料与记录了大量的笔记之后，你需要一个将这些资料整理组织起来的框架。其中一种做法是快速浏览完所有的笔记，在脑海里勾勒出这些研究论文彼此之间的关系

图像，然后将这些研究论文或特殊的发现分门别类。在敲定最后一个之前，最好先试用几个不同的组织框架。组织整理资料的技术，靠的是熟能生巧。举例来说，把相同主题的笔记放进同一堆中，或是画出图表来比较讨论同一个问题的不同报告，列出相同与相异的论点。

在组织整理笔记的过程中，你会发现有些资料并不合适，必须将这些不相关的笔记割舍。同样，你也会发现某些断裂，以及某些相关的领域或主题是你尚未查询到的。这使你必须再回到图书馆去找。

最好的整理资料的方法依据文献回顾的目的而定。*背景回顾*意味着围绕某个特定的研究主题，将近年来的研究报告组织起来。*历史回顾*意指根据主题及其出版日期，组织整理相关的研究。*整合性回顾*意味着围绕某个领域中的共同发现与检验的主要假设，将相关的研究组织起来。*方法论回顾*意指根据主题组织研究，而在主题之下，再根据研究设计与使用的方法做进一步的整体归类。*理论回顾*意指根据理论
139 与准备探讨的思想家，把相关的研究组织起来。

在参考文献卡片上记录资料的全部信息（来源文件）

Bearman，Peter，and Hannah Bückner. 2001. "Promising the Future：Virginity Pledges and First Intercourse." *American Journal of Sociology* 106：859－912.（January，issue no. 4）.

笔记卡（内容文件）

Bearman and Bückner，2001　主题：少女怀孕和性行为，誓言/诺言，处女，初次性行为，南部地区浸信会教友，身份运动

从1993年起，南部浸信会在青少年中发起了一场运动，这些青少年公开承诺在他们结婚之前将一直保持处子之身。有超过250万的青少年做出了这样的承诺。本研究要考察青少年的承诺是否影响到性行为的时间，以及做出承诺的青少年和未做出承诺的青少年是否有区别。运动的批评者对这些行为表示不满，因为承诺的支持者们常常拒绝性教育，对婚姻持一种过于浪漫化的观点，并坚持传统的性别角色。

假设

青少年希望做出一些成年人喜欢做的行为，而这些行为往往是禁止青少年做的。这种禁止是通过一定的社会控制来实现的，社会控制限制了青少年做出违禁行为的机会。非传统家庭的孩子拥有很大的自由，但却缺乏监管，因此很容易做出违禁行为（性行为）。那些生活在传统家庭中并且与父母很亲近的青少年，其性行为通常会较晚。而那些在家庭之外、与"身份运动"有密切联系的青少年，会根据运动所教授的标准来改变其行为。

方法

数据来源于1994年至1995年对美国公立或私立学校7～12年级的青少年的全国健康调查。141所学校的90 000名学生回答了问卷，第二份问卷是由这90 000名学生中的20 000人来完成的。该问卷问及了承诺、宗教的重要性以及性行为。

发现

140 该研究发现在承诺者中，初次性行为的时间明显延后。但是，承诺的影响根据青少年的年龄不同而不同。此外，承诺只在一定的社会环境（比如，在那些将承诺部分地视为社会准则的地区）中产生作用。承诺者通常更具宗教虔诚，身体发育不是很成熟，并且多来自传统的社会和家庭背景。

图5.2　一张论文笔记卡的实例

（六）动手撰写文献回顾

一篇文献回顾的完成，需要有良好的计划与清楚流利的写作，这都需要经过多次的修改才能完成。所有好著作的写作规则（例如，条理分明的组织框架、导言与结论，以及章节之间的起承转合等）都适用于撰写一篇文献回顾。撰写时，记清楚你写作的目的，然后将其清楚有效地表达出来。

作者必须通过文献回顾的组织框架，告诉读者他撰写这篇论文的目的。文献回顾错误的写作方式是，罗列一系列研究报告及个别研究发现的摘要。这种做法并未传达写作这篇回顾的目的。相反，这使得文

献回顾读起来像是陈列的笔记重点。作者在撰写文献回顾的过程中，可能过于漫不经心而跳过了组织资料的重要步骤。文献回顾*正确*的撰写方式，当是把相似的研究发现有系统地组织起来。为大家所接受的做法是，先提出最重要的观点，然后以合乎逻辑的方式将这些发现与论述连接起来，并且指出整个研究领域中的矛盾之处与弱点（见实例方框 5.3：好的与差的文献回顾的实例）。

（七）在社会研究中使用互联网

互联网对社会研究者的工作方式进行了革新。仅仅十几年前，互联网还很少被使用；但是现在，多数社会研究者都使用互联网来帮助他们查阅文献、与其他研究者交流、寻找其他的信息源。互联网也正以一种爆炸性的速度在扩展和变化。虽然互联网对于社会研究而言的确是件喜事，但它也被证明并非像人们一开始认为的那样是种灵丹妙药。虽然互联网提供了发现信息的新的、快的和重要的方式，但它也仅仅是众多方法中的一种。使用互联网进行社会研究有它的优缺点。

优点

1. *互联网简单、快捷、价格低廉*。互联网覆盖范围广泛，而且在很多地区都可以使用。这种近乎免费的资源可以使人们从几乎任何地方获取原始资料，包括当地公共图书馆、家庭、实验室或教室、咖啡店，或者任何一台与互联网系统相联结的电脑。同时，互联网也不会关闭，它能一天运行 24 小时，一周运行 7 天。只要稍加训练，多数人都能很快地进行研究，并在互联网上获取信息，而这些信息在几年前是需要他们长途跋涉到更大的研究图书馆才能获得的。与人工搜寻相比，在互联网上搜寻数量极大的信息会更加简单快捷，而且互联网极大地扩展了原始资料的数量和类型。一旦信息被找到，研究者可以在电脑中保存它或在本地站点将信息打印出来。

2. *互联网具有“链接”功能，这种链接提供了一种发现和连接更多信息来源的方式*。很多站点、主页以及其他的互联网资源网页都有“热点链接”，只要简单地点击一下链接指示符（指示符通常是一个按钮或突出的词或短语），就可以从相关网址或资料来源收集信息。互联网将人们与更多的信息联结起来，并提供了一种获取交互参考材料的即时性方式。互联网可以很容易地将某种原始资料嵌入到网络上与之相关的资料之中。

3. *互联网加速了全球信息的流动并产生了一种“民主化”效应*。它提供了一种远距离和跨国境的快速信息传递（比如，文本、新闻、数据和图像）。人们无须为了一份报告而等上一周，也无须为了一份外文出版物而长途跋涉并等上一个月，互联网上的信息通常在几秒内就能获得，无须任何花费。事实上，由于互联网对于何人可以在网上发文章或者文章内容如何并没有限制，因此很多以前在出版或发行他们的文章方面存在困难的人，现在可以很容易地做到这一切。互联网的开放性强化了普遍主义的原则。

4. *互联网是一个范围极广的信息源提供者，有些信息在形式上是十分有趣并活力十足的*。与传统学术刊物和资料的白纸黑字的文本相比，互联网上的信息更易传递和获取。互联网以多种形式来传递信息，包括明亮的色彩、图形、“活动”的图像、音频（例如，音乐、语音）、图片甚至视频。作者和其他的信息创造者可以在他们的表述中展现出极大的创造性。

缺点

1. *互联网上的信息没有质量控制*。与标准的学术出版物不同，互联网上很少有严格的检查过程，或者根本就没有。任何人都可以任意在网上发布信息。这些信息可能质量较差，没有文献资料的证明，可能存在极强的偏见，也可能完全就是虚构的，或者纯粹就是欺骗性的。互联网上的很多东西都是“垃圾”。一旦人们找到了资料，真正的工作就是将这些“垃圾”与有用的信息区分开来。人们应该谨慎对待这些网页，因为有人可能将街上散发的广告传单贴到了网页上；这些网页有可能纯粹是胡说八道，但也 141

可能具有真正有价值的信息。另一个问题就是，网站上那些“浮华之物”比如明亮的色彩、音乐或“活动”的图像可能会使那些网络生手分心。这些“浮华之物”与重要内容相比，更容易吸引那些初次使用者，他们可能会将这些“浮华之物”与有用的信息相混淆。与缓慢仔细地阅读和研究文本资料相比，互联网上的阅读方式更加快捷，人们对各种信息的关注时间都是很短的（见拓展方框5.3：网站：小心网上冲浪）。

实例方框5.3　好的与差的文献回顾的实例

一篇较差的文献回顾实例

性骚扰有许多不同的结果。亚当斯、科特基与帕吉特（Adams，Kottke & Padgitt，1983）发现有些女学生说她们之所以避免选某些教授的课，或避免跟某些教授做研究，是因为修那些课会使她们承受被性骚扰的风险。他们也发现男学生与女学生的反应相当不同。他们的研究调查了1 000名男性与女性大学生及研究生。本森与汤姆森（Benson & Thomson，1982）在《社会问题》（*Social Problem*）一书中的研究列举了许多性骚扰所造成的问题。哲届与韦纳（Dziech & Weiner，1990）在其著作《好色的教授》（*The Lecherous Professor*）一书中，罗列出一长串受害人所遭遇的困难。

研究者从各种不同的角度来探讨这个主题。亨特与麦克莱兰（Hunter & McClelland，1991）对一个规模较小的人文艺术学院的大学生进行调查研究。他们得到一组300名学生所构成的样本，让这些学生观看各种各样经过特殊处理的照片，照片上显示着受害人的反应与受害情境。杰屈克与弗雷茨（Jaschik & Fretz，1991）给中东部一所大学的90位女学生放映了一部录像带，录像带中是一名助教性骚扰的典型例子。在该行为被贴上*性骚扰*标签之前，很少有女同学会指称这个行为是性骚扰。当被问到是否认为该行为是性骚扰时，有98%的同学说是。柏丁与罗西（Weber Burdin & Rossi，1982）重做了前人的一项性骚扰研究，只不过他们面向的是麻省理工学院的学生。他们让59位学生评定40个假设状况。赖利、卡朋特等（Reilley，Carpenter，Dull & Bartlett，1982）则对加州大学圣巴巴拉分校250位女同学与150位男同学进行研究。他们同时也有一个由52位教职员组成的样本。要求两组样本填答一份问卷，问卷内容是评定照片中情境的性骚扰程度。波波维奇等多位学者（Popovich，et al.，1986）联合制作了一份有9个条目的性骚扰量表。他们对一所中等规模的大学的209位学生以15到25人为一组的方式进行研究。结果发现学生看法相当不一致。

一篇好的文献回顾实例

性骚扰的受害者承受着各种不同的结果，从自尊心减低、自信心丧失，到拒绝参与社会互动、改变职业目标和自暴自弃（Adams，Kottke & Padgitt，1983；Benson & Thomson，1982；Dziech & Weiner，1990）。举例来说，亚当斯等人（Adams，et al.，1983）指出，13%的女同学说，为了避免承受性骚扰的风险，她们会避免选修某些教授的课，或避免跟那些教授做研究。

关于校园性骚扰的研究有各种不同的研究取向。除了调查研究之外，许多研究者使用经过特殊处理的照片与特别设计的假想剧情进行实验（Hunter & McClelland，1991；Jaschik & Fretz，1991；Popovich，et al.，1987；Reilley，Carpenter，Dull & Bartlett，1982；Valentine French & Radtke，1989）；Weber Burdin & Rossi，1982）。受害者口头上的反应与情境因素显然会影响到观察者是否会把某项行为贴上性骚扰的标签。举例来说，杰屈克与弗雷茨（Jaschik & Fretz，1991）发现，在看过这部典型的助教进行性骚扰录像带的女学生中，只有3%的人一开始就指出这是性骚扰。相反，她们称录像带中的行为是带有“性别歧视的”“粗俗无礼的”“不够专业的”“下贱无耻的”。当她们被问到那是不是性骚扰时，则有98%的人同意那是性骚扰的举动。罗斯科等学者（Roscoe，et al.，1987）也指出，在标记性骚扰行为时也遇到相同困难。142

拓展方框 5.3

网站：小心网上冲浪

互联网的快速普及和不断增长的对互联网信息的依赖使人们受益匪浅。由于互联网的无规则性，任何人都可以创建一个网站，发表任何言论。在2000年，有超过6 000的美国居民上网查找有关健康的信息。在这些使用互联网的人当中，超过70%的人承认他们在网上找到的健康信息会影响到其治疗决策。一个有关互联网上健康信息的研究发现，大部分的健康信息是不完整的或不准确的（Berland，et al.，2001）。研究者使用了10个英语搜索引擎和4个西班牙语搜索引擎来查找4个研究项：乳腺癌、幼儿哮喘、抑郁症、肥胖。他们发现，在健康网页上仅有不到四分之一的相关背景资料提供了有用的相关信息。

34位医学家共同评估了25个健康网站的质量。他们发现仅有不到一半的网站提供了合乎主题的完全正确的信息。研究者发现，超过一半的时间里，在同一网站中某一部分信息是与相同主题下的另一部分信息相矛盾的。他们还发现，在是否提供了完整的资料来源信息方面，各网站也存在巨大差异。平均起来，仅有65%的网站提供了精确的作者记录和资料的时间。

---

2. *很多极好的资料和某些对社会研究而言最为重要的原始材料在互联网上是找不到的*。与通行的想法不同，互联网上并非所有的信息都是免费的，也并非所有的人都可以获得。通常，免费信息是有限的，只有那些付费的人才能获得更多的信息。

3. *在互联网上寻找资料是比较困难而且耗时的*。要找到特定的原始资料并不是那么容易。不同的搜索引擎会提供不同的搜索结果。最好是使用多种搜索引擎（Google、Bing、Yahoo、Altavista、Lycos以及AskJeeves.com），因为它们的运行方式是不同的。我用了四种不同的搜索引擎，搜索同一专题*选民的权力被剥夺*，所有的搜索都控制在五分钟之内。我看了每个引擎的前三个搜索结果。每个搜索引擎产生一个或多个其他引擎遗漏的方面。只有两个网站出现在一个以上的搜索引擎，剩下的都只有一个。这两个网站，在排名前三的"点击"不止一次，其中一个是断开的链接。显然，你想使用多个搜索引擎搜索出比第一页更多的结果。多数搜索引擎都是在对网页的简要描述中搜寻特定的词。此外，搜索引擎通常会找到上万条的资料，这些资料太多了，不可能一一查看。有的信息之所以会出现在搜索结果的"顶端"，可能是因为在它们的简要描述中有多处与搜索词相吻合。你所需的"最好的"相关资料可能会沉没在搜索结果的第150项。

4. *互联网的资料可能很"不稳定"，而且也很难用文献证明*。当你进行网络搜索时，你会找到一些有用的网页信息，但当你一星期后再来搜索时，你会发现原来的网页信息已经不见了。记住这些网页所在的特定网址是十分重要的（网址通常以"http：//"开头）。这一网址指向的是在世界某处的一台电脑中的电子文件。网页与图书馆中的期刊文章是不同的，图书馆中的期刊文章存放在书架或缩影胶片上，这些信息可以保存很多年而且任何人都可以看，而网页则会很快被删除掉。这意味着我们不可能很容易地检查某个网页的参考资料，核实文献中的引用材料，或者我们也不可能回溯到最原始的材料，同时，互联网上的信息很容易被复制、修改甚至歪曲，从而产生新的复本。例如，某人可以通过修改某个文本或图像从而创造出一个新的网页，并将这些错误信息广泛传播，这就产生了版权保护问题和原始资料的著作权问题。

要想了解互联网，了解它的术语以及怎样区分有价值的网站，需要大量的时间和实践。现实中，并 143
没有在互联网上搜寻最好的网站的方法，所谓最好的网站就是拥有有用信息和可信信息的网站。与那些不明来源或不明地址的个人主页所提供的材料相比，或者与某个商业组织和某个政治/社会议题倡议群体的支持者所提供的材料相比，由大学、研究机构或政府机构所提供的材料会更加可信。除了容易被移动或者被删除之外，很多网页或资料来源不能提供易于引用的完整信息。一份较好的资料能够提供完全的或更完整的有关作者、日期、地点等的信息。

二、社会研究中的伦理

现在，让我们从回顾文献转向第二个主要问题，该问题是我们在设计研究之前需要解决的。研究都具有伦理道德维度，尽管如你在第4章中所见到的，不同的科学研究取向对这个问题有不同的表述。所有的研究取向都意识到了研究中的伦理维度。我们很难正确评价研究者在研究开始时所面临的伦理道德困境，但是如果等到研究进行到一半的时候再来评价就太晚了。研究者需要让自己做好准备，并且在设计研究时就考虑到伦理问题，以使合理的伦理实践被纳入研究设计之中。

伦理准则与其他的研究者可以为你提供一些指导，但是是否合乎伦理地行动最终取决于研究者个人。在道德与专业上，研究者有信守伦理的义务，尤其是在研究对象对伦理问题毫不知情，甚至毫不关心之时，更应该如此。事实上，许多研究对象对保护他们的隐私与其他权利，可能尚不如研究者那般关切。[①]

伦理议题源自对进行研究的适当方法的考虑、两难和冲突。伦理界定了什么是正当的、什么是不正当的，或者说什么是“合乎道德”的研究程序。虽然没有什么固定的规则，但是仍然有一些大家都同意的原则。这些原则实行起来，可能有所冲突。许多伦理议题牵涉到两种价值（追求科学知识与被研究者或社会上其他人士的权利问题）之间的平衡。必须在诸如增进我们对社会生活的了解、改进决策质量或帮助参与研究者等这类的潜在利益，与诸如失去尊严、自尊、隐私或民主自由之类的潜在损失之间，做权衡取舍。

伦理研究的标准要比社会上许多其他组织（例如，讨债公司、公安部门、广告商）的标准更加严格。专业的社会研究需要研究者同时具有关于研究技术的正确知识（例如，抽样），以及对于研究所牵扯到的伦理层面问题的敏感度。

（一）个体研究者

伦理的问题从研究者这里开始，也在他这里结束。研究者的个人道德准则是抗拒非道德行为的最有力武器。在研究执行之前、研究执行的过程之中，以及研究完成之后，研究者有机会也*应该*去反省研究行为，考量自己的良知。讲伦理的研究依靠的是个别研究者的诚实正直与价值观。“如果认真考虑了价值观问题，那么就不是只说不做，而必须将其作为社会学者行为的指导原则。研究者的价值观决定了谁将会是调查的对象、做这个研究是为了什么，以及是为谁效劳”（Sagarin，1973：63）。

（二）合乎伦理的理由

如果大部分进行社会研究的人都是出于对他人的真心关切，那么研究者怎么会做出不负伦理责任的行为呢？除了少数心术不正的人之外，大部分不合乎伦理的行为是由于研究者所承受的压力，使他在伦理上投机取巧。研究者面对的各种各样的压力包括：建立职业生涯、出版论文、推展知识、取得声望、荣耀家人或朋友、保住工作等。合乎伦理的研究需要较长的时间才能完成，花费较多的金钱，更加复杂，也更加可能还没完成就被终止了。此外，书面的伦理标准都是一些模糊的原则，因此为违反伦理的行为开辟了许多空间，而且被逮到的机会也非常小。

从事合乎伦理的研究，也没有什么机会获得奖励。违反伦理的研究者如果被抓到，可能会面对公开
144 的羞辱、生涯被毁以及可能的法律制裁等后果，但是合乎伦理的研究者并不会赢得任何赞扬。伦理行为来自研究者在接受专业训练的过程中对伦理原则的内化而产生的敏感度，来自专业角色以及与其他研

① 参见 Reynolds（1979：56－57）与 Sieber（1993）。

究者的私人接触。此外，科学共同体的规范也强化了强调诚实与公开的伦理行为。那些以专业研究者角色为取向的、追求科学精神并经常与其他研究者定期交流的研究者，其行为比较可能合乎伦理。

不当科学行为。研究共同体反对违反伦理的行为，也称为**不当科学行为（scientific misconduct）**，这包括作假与抄袭。不当科学行为发生在研究者伪造、歪曲资料或收集资料的方法，或是抄袭别人的作品时；也包括对科学共同体在执行研究或撰写研究报告方面，所共同接受的做法的重大偏离。研究机构与大学有政策与程序来检测这些不当行为，将这些事件告知科学共同体与赞助机构，并且处罚（例如，减薪或解聘）涉及这些事件的研究者。[1]

研究欺骗（research fraud）发生在研究者伪造或自创并非真正收集到的资料，或谎报研究执行方式的时候。虽然这类事件很少出现，但是仍要严肃对待。最著名的造假案例是英国教育心理学之父希瑞·伯特爵士（Sir Cyril Burt）的丑闻。伯特逝世于 1971 年，是一位备受尊崇的研究者，他的双胞胎研究说明了智力的基因基础，使他举世闻名。1976 年却有人披露他的资料与合作研究者的名字都是伪造的，而不幸的是，科学共同体已经被误导了近 30 年。

*剽窃*也是一种造假行为，发生在研究者窃取其他人的概念或书面资料时，或是使用时未注明出处时。剽窃的一个特殊类型是窃取另一位研究者、助手或学生的作品，然后当作自己的著作发表。这些都是严重违反伦理标准的行为。[2] 第 16 章将进一步探讨剽窃问题。

违反伦理但是合法。有一些行为可能违反伦理，但是并没有触犯法律。合法行为与谨守伦理的行为之间的差别可以用剽窃个案来说明。美国社会学学会曾经报道，东新墨西哥大学（Eastern New Mexico University）的一位院长 1988 年所写的一本连一个注释都没有的著作，包含杜福斯大学（Tufts University）一位社会学教授 1978 年的论文的许多内容。这种做法没有不合法：它并没有违反著作权，因为该社会学家的论文并没有获得美国政府所认定的著作权。然而，依据专业行为的标准来看，这个行为显然是违反伦理的。[3]（见图 5.3）

法律	伦理	
	是	*否*
是	合乎伦理并合法	合法却不合乎伦理
否	违法但是合乎伦理	不合乎伦理并违法

图 5.3　社会研究中法律与道德行为的研究分类图

（三）权力

研究者与研究对象或员工与助手之间涉及权力与信任的关系。实验者、调查主持人或研究调查者相对于研究对象或研究助手来说，拥有某种权力，这个权力是由证照文凭、专业才能、训练和科学在当代社会中的角色所合法授予的。某些伦理议题涉及的就是这些权力和信任关系的滥用。

研究者执行研究的权威受到专业共同体与社会的认可，因此附带的责任是他必须指导、保护和关照被研究者的利益。例如，一位外科医生被发现在没有获得许可的情形下，对 33 位妇女进行了一项妇科实 145
验治疗。这既不道德，又破坏了这些妇女对他的信任。这些妇女信任这位医生，但是他却滥用了这些妇女、专业共同体和社会所给予他的信任。[4]

---

① Broad & Wade（1982），Diener & Crandall（1978：154－158），以及 Weinstein（1979）都讨论过研究造假的问题。也参见 Hearnshaw（1979）与 Wade（1976）对 Cyril Burt 的讨论。Kusserow（1989）以及国家卫生研究院（the National Institute of Health）1989 年 9 月 1 日的周报《向导》简要陈述了几起当时发生的不当科学行为议题。

② 参见《在教务委员会发现他抄袭之后，知名哈佛心理学家辞职》，《高等教育编年记事》（1988 年 12 月 7 日）。

③ 参见 Blum（1989）与 D'Antonio（1989）对这个抄袭案例的评论。

④ 参见《医生被控从事“不道德”的检验》，《纽约时报》（1988 年 12 月 7 日）。关于权力与信任一般性的讨论，参见 Reynolds（1979：32）。

寻求伦理指导的研究者并不孤单。他可以向多处寻求支援：专业同行、伦理咨询委员会、机构审查委员会或是大学或机构中的受试者委员会、专业协会的伦理规章，以及讨论研究伦理的论著等。

（四）与研究对象有关的伦理议题

你曾经做过某个研究的受试者吗？如果做过，你是被如何对待的呢？科学共同体对被研究者可能遭到研究负面效应的关注，远多于对其他任何伦理议题的重视，遵守伦理的研究要求研究者在增进知识与不干扰他人生活这两项价值之间求取平衡。给予研究对象不受干扰的绝对权利可能会使经验研究根本无法进行，但是如果给予研究者追根究底的绝对权利，则可能会损害到研究对象的基本人权。因此而产生的道德问题就是：在什么时候研究者有理由冒着让被研究者承受身体上的伤害或是使他们感到尴尬无比甚或受到惊吓的危险来进行研究呢？

法律与伦理规章明确规定了某些禁止事项：绝对不可对研究对象做出不必要的或无法挽救的伤害；尽可能确保研究对象的自愿同意；对于出于研究目的而收集的个人资料，绝对不可以做出不必要的羞辱、辱骂或是释放对研究对象不利的信息。这些都是最起码的标准，需要进一步的阐述（例如，就某个特定情况而言，所谓的*不必要*指什么）。

保护人类受试者的历史缘起。对研究对象所受待遇的关注，发生在许多以科学的名义做出危害基本人权的事件被披露之后。其中最为臭名昭著的案例就是纳粹德国对犹太人与其他人所进行的“医学实验”。在这些实验中，研究者以科学研究的名义执行了许多可怕的酷刑。举例来说，把人放入冰冻的水中，看需要经过多长时间人才会死亡，故意使人饥饿至死，以及从儿童身上截取四肢移植到其他人的身上。[1]

这类违反人权的行径并不只发生在纳粹德国，也不只发生在过去。一个违反伦理研究的例子是塔斯感吉梅毒研究（the Tuskegee Syphilis Study），也被称为坏血事件（Bad Blood）。直到20世纪70年代的一份新闻报道才使这个丑闻曝光。美国公共健康部从前赞助过一个研究，在该研究中，亚拉巴马州罹患梅毒的贫穷、未受过教育的黑人，因研究者急于研究出现于该症后期的严重生理失能而未加以治疗，致使他们死于梅毒。这个研究开始于1929年，当时可用于治疗梅毒的盘尼西林还没被发现，但是那个研究却一直持续到已经发现了治疗方法之后。尽管他们对受试者的处理违反伦理，但是研究者仍然能够持续出版他们的研究结果达40年之久。该研究于1970年结束，但是直到1997年，美国总统才承认这是不道德行为，并对研究的受害者正式道歉。[2]

不幸的是，坏血事件还不是个特例。冷战时期，美国政府为了军事和政治目的，阶段性地放弃了研究的伦理原则。1995年，报道揭示了美国政府在20世纪40年代批准对毫不知情的人注射放射性物质。20世纪50年代，美国政府警告了柯达及其他胶卷制造商，因其为防止胶卷模糊而进行的原子实验中产生了核放射微尘，但却没有告知附近居民其对健康的危害。在20世纪60年代，美国军方将LSD（一种迷幻药）给一些毫不知情的士兵，导致他们患有严重的精神失常。今天，这些做法被广泛地认为违反了两条基本的伦理原则：避免生理上的伤害和告知同意原则。[3]

身体伤害、心理虐待及法律伤害。社会研究会伤害到研究对象的方式可能有下列几种：身体伤害、
146 心理伤害、法律伤害，以及对个人职业或收入所造成的经济伤害。身体伤害很少发生，即使是受到较多干预的生理医学研究。某些类型的伤害比较常出现在某种类型的研究之中（例如，较常出现于实验研究中的伤害必不同于常出现在实地研究中的伤害）。研究者必须熟知所有可能出现的伤害类型，竭尽所能地

---

① Lifton（1986）对纳粹医疗实验进行了说明。

② 参见Jones（1981）和Mitchell（1997）对坏血事件的讨论。

③ Diener & Crandall（1978：128）对这些例子做过讨论。

将这些伤害减至最低。[①]

身体伤害。最直截了当的伦理原则是研究者不应该造成任何身体伤害。合乎伦理的研究者会在研究开始之前，预先设想可能涉及的风险，包括基本的安全事项（建筑物的安全、桌椅和仪器）。如果研究的内容涉及压力，在预计研究对象或助手会受伤或遭受攻击的危险时，他就得排除高危险性的受试者（例如，心脏有问题者、精神衰竭者或患有疾病者）。研究者对因参与研究而造成的伤害，负有道德与法律上的责任，如果他不再能够保证受试者的人身安全，就该立即终止该研究（见实例方框5.4：三个充满道德争议的个案）。

心理虐待、*压力或失去自尊*。社会研究中很少有会对受试者造成身体伤害的风险，但是社会研究者可能把人们置入充满压力、尴尬、焦虑或令人不快的情境当中。通过把受试者安排在会使他们在心理上产生不适或感觉有压力的真实情境中，研究者得以了解人们如何回应真实生活中产生高焦虑的情境。使受试者产生不适感是否违反伦理呢？著名的米尔格拉姆的服从研究（Milgram obedience study）的伦理问题，仍然在争议之中（见实例方框5.4）。有些人认为，事先做好预防措施，然后从中获取知识的价值，远比受试者承受的压力与潜在的心理伤害重要。而其他人则相信，要受试者承受极度的压力与永久伤害的风险，这个代价未免太大了。

社会研究者曾经通过多种方式制造情境使受试者产生高度的焦虑或不适感，例如：出示毛骨悚然的照片给受试者看；刻意骗男同学说他们具有强烈的女性人格特征；骗学生说他们没及格；制造令人极度恐惧的情境（例如，被锁在一间烟雾弥漫的房间内）；要求受试者去伤害别人；使人陷入一种否定自己信念的社会压力情境；指使受试者说谎、欺骗或偷窃。[②] 研究助人行为的研究者经常使受试者陷入一种紧急状况，以观察他们是否会为“受害者”提供协助。举例来说，皮利亚文及其合作者（Piliavin，et al.，1969）就通过安排某人假装突然昏倒在地上的情境，来研究地铁内的助人行为。在这个实地实验中，搭地铁的乘客都不知道这是个实验，也没有机会表示是否自愿参与。

敏锐的研究者会察觉对受试者的自尊造成的伤害。例如，沃尔斯特（Walster，1965）想要观察女性对自我价值感觉的改变是否会影响到她们的浪漫爱情。在她的研究中，她先给女大学生做人格测验，然后告诉她们假的结果。某些女生得知她们缺乏想象力与创造力，然后有位假装也是受试者的英俊男研究生开始与这些女生交谈。这位男研究生表现出好像对某位女生非常有意思，并且要求和她约会吃晚饭。研究者想要了解的是女生受到男生吸引的浪漫感受。在这个实验之后，研究者告诉受试者这是一场恶作剧，事实上并没有约会，那个男生也并不是真的对她有意思。虽然这些受试者最后被告知真相，但是她们的自尊心与心理都受到了伤害。[③]

只有经验丰富、会对引起焦虑或不适的情境事先做好预防措施的研究者，才可考虑从事会导致强烈压力或焦虑的实验。在研究计划阶段，他们应该先向曾经做过类似研究的学者与心理健康专家请教，过滤高危险性的群体（例如，有情绪问题或心脏衰弱的人），并且要安排发生危险状况时对研究采取紧急干预或终止的措施。研究者总是应该在研究之前就取得受试者的告知同意（下面将会讨论），而且在研究结束之后立即向他们做实验的执行报告。

一个核心的原则是研究者绝对不应该向参与者制造*不必要*的压力。*不必要*是指（压力）超出了取得预期效果所需的最低限度，或者是指压力没有直接的、合规的研究目的。对于最低限度压力的了解来自经验，最好是从比较小的压力开始，宁愿冒没有发现效果的风险，也比制造过多的压力要好。如果压力 *147*
的程度会产生长时间的作用，研究者应该持续追踪，并且为受试者提供免费的心理咨询。产生压力和焦

---

① 参见 Warwick（1982）对研究参与者的伤害类型的讨论。参见 Reynolds（1979：62－68）《论生物医疗研究的伤害率》。Kelman（1982）针对不同研究类型讨论不同类型的伤害。

② 学院顾问报告说，对约会的焦虑与自尊低落，是大专女生主要的问题（Diener & Crandall，1978：21－22）。也参见 Kidder & Judd（1986：481－484）。

③ 参见 Dooley（1984：330）以及 Kidder & Judd（1986：477－484）。

虑感的研究也会有一种危险，即实验者对他人感受出现麻木不仁或产生一种操纵他人的心态。研究者在执行了对受试者造成心理伤害的实验之后，应该要表达歉意和悔意。把受试者置于产生焦虑的情境下的实验可能也会使讲伦理的研究者感到不安。

实例方框 5.4　三个充满道德争议的个案

米尔格拉姆的*服从研究*通过检验服从权威的压力强度，试图找出纳粹统治下的大屠杀的恐惧是如何发生的（Milgram，1963，1965，1974）。在受试者签过“告知同意表”后，在事先串通好的随机选择下，受试者被分配去当“老师”，而实验者的一个同谋则扮演“学生”。老师测验学生对文字的记忆力。如果学生记错，老师就增加电击的强度，对学生施加处罚。学生被安排在另一个房间，老师只能听到学生的声音，但看不到学生。电击的仪器以明显伏特数值的增减标明。学生一旦犯错，老师就打开电源开关。学生也发出叫声，好像正承受极大的痛苦。在场的研究者则向老师说诸如“你必须继续”之类的话语。米尔格拉姆报告说：“我们观察到受试者冒汗颤抖、说话结巴、紧咬下唇、紧张到指甲都戳到肉里去了，这些都是该实验的特点，而不是异常反应。”（Milgram，1963：375）被实验的危险程度吓到的受试者的百分比，远超过预期。于是引起了对于使用欺骗手段以及对受试者经历到的极端情绪压力的伦理关注。

汉弗莱斯的《茶室交易研究》（*tearoom trade study*）（一份关于男同性恋者在公共休息室中邂逅的研究）一书中（Humphreys，1975），在汉弗莱斯假扮“守望皇后”（护卫与把风者）时，他观察了大约100位男性的性行为。受试者被人跟踪到自己的汽车附近，他们的车牌被秘密地记录下来，他们的姓名与住址也被汉弗莱斯以假冒市场研究员的方式从警察的登记册中取得。一年后，汉弗莱斯在伪装下利用一个关于健康调查的虚构故事，到受试者的家中对他们进行面访。汉弗莱斯小心谨慎地将受试者的名单储藏在保险箱中，并将受试者的辨识名牌销毁了。他显著地发展了对于经常涉足茶室活动的同性恋者的知识，扭转了早先对他们的错误想法。这个研究曾经也引起争议：受试者从未同意被研究，研究者采用了欺骗的手法，受试者的名单有可能会被用来要挟受试者，并导致婚姻破裂或是提出犯罪诉讼。

在*津巴多囚犯实验*中（Zimbardo，1972，1973；Zimbardo，et al.，1973，1974），男生被分到两个角色扮演的组别：狱卒与囚犯。实验开始之前，志愿者们接受了人格测验，只有那些属于“正常”范围内的同学被选出来，正式参与实验。志愿者签了两个星期的合约，扮演囚犯的同学被告知，他们将会受到监视，他们的公民权利有部分暂时停用，但是绝不会对他们施加暴力。在斯坦福大学一栋大楼的地下室的模拟监狱中，囚犯受到去个人化的待遇（穿上标准的制服，以号码来称呼），而狱卒则被军事化（穿上制服，佩带电棍，戴反光太阳眼镜）管理。狱卒被告知要维持某种合理的秩序，按8个小时轮班，而囚犯每天24小时都被关在监牢里。出乎意料的是，志愿者太过投入他们的角色。囚犯变得被动失常，而狱卒变得越来越具攻击性、专横、缺乏人性。到了第六天，津巴多基于伦理原因，宣告实验结束。其中受试者承受的造成永久的心理伤害甚至身体伤害的风险，实在太大了。

法律伤害。研究者有责任保护受试者不至增加被逮捕的风险。如果参与研究会提高被逮捕的风险，受试者就不会信任研究者，也不会愿意参与未来的研究。研究者或许可以在进行某类研究之前取得不受
148 到执法机关干预的保证。例如，美国司法部就对研究犯罪行为的研究者提供书面弃权书。然而，作为本章开篇的关于帮派的研究表明，对研究人员的保护是有限的，他们需要谨慎。

潜在法律伤害是汉弗莱斯（Humphreys）1975年的“茶室交易”研究（见实例方框5.4）所遭受的一项批评。在新泽西州反对所得税实验（the New Jersey Income Tax Experiment）中，参与实验的人收到收入补贴，但是对于他们是否收到了福利给付支票，则没有提供明确的核查办法。一位地区检察官索要这些参与者的资料，以便确认“诈领福利给付”。换句话说，研究对象因为参与这个实验遭到触法的风

险。最后这个争议得到解决，但是它说明研究者应该对潜在的法律问题有所警觉。

研究者在收集资料时若发现了非法活动，也会引发相关的伦理议题。研究者必须把保护研究者-受试者关系以及对未来研究者效益的价值，与对无辜第三者可能造成的潜在伤害，做个衡量取舍。研究者要对他自己的决定负责任。例如，范马恩（Van Maanen，1982：114－115）在其对警察的实地研究中，报道说看到警察殴打民众，也目睹非法行动以及不按规定的程序作业，但是他写道："在这些棘手的纠纷发生当时及其之后，……我谨守警察的行事作风：不透露一点风声。"

实地研究者经常面对困难的伦理抉择。例如，当泰勒（Taylor，1987）研究一家精神病院时，发现院中人员对收容者加以辱骂并施以虐待。他有两种选择：放弃研究并请求调查，或者保持沉默，继续做完几个月的研究，发表所有的发现，然后推动终止虐待的行为。在权衡各种状况之后，他选择后者，现在他是一位积极争取精神病院病患权利的倡导者。

类似的伦理难题（接下来讨论）可以从纽约一家餐厅失火的个案中看出来，这个案例因涉及机密问题而变得更加复杂。有位社会学研究生进行餐厅侍者的参与观察研究。在研究期间，田野地点——一家餐厅——失火了，于是怀疑有人纵火。地方执法当局要求察看田野笔记，还想询问研究者餐厅里的一切活动。这时研究者就面临一个难题：他是应该配合调查而破坏研究伦理所承诺的信赖、保密和诚信，还是应该坚守保密的原则保护研究对象，而去面对藐视法院与妨害司法的处分，包括罚款与坐牢？他想要做出合乎伦理的行为，并且又不必入狱服刑。经过好几年的法律缠斗，最后解决的方式是研究者做出有限的合作，同时获得法官裁决保住田野笔记的保密性。但是，这个议题花了好几年的时间才得以解决，研究者付出了可观的金钱与个人成本。[①]

观察非法行为可能是某些研究的目的。暗中进行观察并且记下非法行为，然后向执法机关提供信息的研究者违反了对研究对象应该遵守的伦理标准，并且危害到未来的研究。然而，对于非法行为知情不报的研究者等于间接纵容犯罪行为，可能会因此而吃上从犯的官司。研究者是该做个寻求知识的专业者，还是做个自主的卧底线人呢？

对研究对象的其他伤害。研究对象可能会面对其他类型的伤害。例如，某次的调查访问要求受访者回想不愉快的事件，可能因此造成他们的焦虑与不安。讲伦理的研究者对任何不利于研究对象的事，会异常敏锐，思考能够采取的预防措施，权衡潜在利弊得失。另一种对研究对象的伤害是对他们的职业或收入造成负面影响。例如，研究者进行一项受雇者的调查研究，得到的结论是督导员的表现欠佳，结果使督导员失去了工作。或者某位研究者研究福利给付的支领者。结果，这些支领福利给付的人丧失了他们的健康保险，使得他们的生活质量降低。据此，研究者该负什么责任呢？讲伦理的研究者会思考研究对被研究者的生活可能带来的后果。但是对于上面这类问题并没有确定的答案。研究者必须个别评估每个个案，衡量潜在利弊得失，并且对其决定负起责任。 *149*

欺骗。有任何人对你说过半真半假或是完全不真实的话，好使你去做某些事吗？你对这种情况的感觉如何？社会研究者遵守的一个主要伦理原则是**自愿同意原则（principle of voluntary consent）**：绝对不要强迫任何人参与研究，也不要欺骗人，除非有正当的研究理由需要这样做。参与社会研究的人在大部分情况下应该都是明确表示同意参与的那些人。不参与的权利，在研究者使用欺骗、伪装研究或使用隐藏性的研究方法时，成为一个重要的议题。[②]

社会研究者有时在实地研究与实验研究中用到欺骗的方式或是对研究对象说谎。一位研究者可能基于方法论上的正当理由而误传他的行为或真实意图：如果研究对象知道真正目的，他们可能会调整自己的行为，而使想要了解他们真正会做出什么行为变成不可能的事；或者如果研究者告知实情，那么他就绝不可能有机会进入研究地点。如果研究者可以不用欺骗手段就完成同样的事，那么欺骗就不可能是更

---

① 参见 Hallowell（1985）以及《对田野笔记保密的威胁》，《ASA 注释》（12：6）。

② 更多有关不接受研究的权利的论述，参见 Barnes（1979），Boruch（1982），Moore（1973），以及 Sagarin（1973）。

好的方式。

欺骗只有在基于某个特定的方法论目的下，才可以被接受。即使如此，也应该以最低限度为之。用到欺骗手段的研究者应该取得告知同意，绝对不可错估风险，并且在事成之后总是要对受试者进行实验执行报告。我们可以描述涉及的基本程序，只隐瞒关于研究的某些信息。

告知同意。社会研究有个基本的伦理原则是：绝不强迫任何人参与研究；参与必须是自愿的。仅取得研究对象的同意还不够，还需要让他们了解他们将被要求去参与的是什么活动，这样他们才能做出告知后的决定。受试者可以从阅读和签署给予**告知同意（informed consent）**的陈述（这是一份书面的同意参与协议书，在受试者了解了研究程序之后表示愿意参与的书面文件）中获知他们的权利以及他们涉入的是什么活动。

美国联邦政府并没有要求所有涉及人类受试者的研究都做到告知同意。然而，研究者还是应该得到书面同意，除非他们有由**机构审查委员会（institutional review board，IRB）**决定的可以不这么做的很好的理由（例如，隐藏身份的实地研究、使用二手资料等）（参见下文有关机构审查委员会的讨论）。

告知同意陈述书提供特定的信息（见拓展方框5.4：告知同意）。① 关于涉及的程序或问题的种类与使
150 用资料的一般性陈述，对取得告知同意来说，已经足够了。在辛格（Singer，1978）执行的一份研究中，其中一组随机抽取的调查被访者收到了一份详细的告知同意陈述书，而另一组则没有。结果并没有发现任何显著的差异。如果有的话，那就是拒绝签署这类陈述书的人更可能会猜测或以“不答”来回答问题。在辛格及其同事（Singer，et al.，1995）对文献的分析中发现，在研究者问到高敏感的主题时，谨慎地对保密性做出保证会改善受试者的反应。在其他状况下，广泛地保证保密性却不会影响到受试者会如何回答，或者是否会回答。

拓展方框5.4

告知同意

陈述所包括的项目：

1. 关于研究的目的与程序的简要描述，包括期望的研究执行期限。
2. 说明参与研究可能涉及的风险与不适。
3. 对记录的匿名保密与绝不外泄做出保证。
4. 关于研究者的身份，以及何处可以取得关于受试者权利或是关于该研究问题的信息。
5. 关于参与完全是出于自愿，并且随时可以终止，而且没有惩罚的陈述。
6. 可能使用替代程序的陈述。
7. 关于支付给受试者的任何好处或报酬，以及受试者人数的陈述。
8. 提供研究发现摘要报告的陈述。

签署告知同意陈述书对大部分调查研究、实地研究以及二手资料研究是有选择性的，但是对实验研究则经常是强制性的。而在文献研究和大部分电话访问研究中，这也不可能做到。一般规则是：对受试者造成潜在伤害的风险越大时，越有必要做出书面的告知同意陈述。总而言之，需要取得告知同意的原因很多，而不需要取得告知同意的理由则少之又少。

隐蔽观察。获得知情同意可能会使调查和实验研究变得容易些，但一些实地研究者认为观察现实生活领域环境的行为是不合适的，除非是隐蔽观察，否则他们将无法进入或开展研究。在过去，实地研究者用隐蔽观察，比如假装酗酒，这样他们就可以加入这个群体寻求招待，继而可以对它进行研究。实地

---

① 告知同意要求与规定在 Maloney（1984）的著作中有详尽的讨论。也参见 Capron（1982）以及 Diener & Crandall（1978：64－66）。

研究者有三个选择，可以模糊知情同意和不完全知情同意间的界限。借用谍报的语言，法恩（Fine，1980）把隐蔽分为深层隐蔽（研究人员不透露任何研究角色的信息，充当完完全全的参与者）、浅层隐蔽（研究人员透露研究什么时候开始，但具体细节是模糊的）和不加隐蔽（研究人员直接表明目的并征求同意）。

一些人支持隐蔽观察、免除知情同意的实地研究（Herrera，1999）。原因之一是，知情同意在实地研究中是不切实际和具有破坏性的，它甚至可能通过打搅参与者或当地社区而制造一些伤害。这种推理的难度在于，确保参与者尊严的道德准则超过了研究人员的实际利益。这个推理是自私的，它把做研究置于一个比坚守诚信或隐私更高的地位，并且认为研究人员比参与者能更好地判断研究风险。道德伦理标准告诉我们，必须尊重我们所研究的所有人的自由/自主，并让他们自己做决定。参与者不会一直是单纯的，一旦他们知道了研究目的是未经允许地窥探他们的“隐私”，他们可能会感到被冒犯。

另一个原因是，人类的交流和日常事务充满了隐蔽活动，包含一定数量隐蔽活动的日常生活与众多的“群众观察者”或无害窃听者有密切关系。隐蔽性和欺骗性行为在日常生活中普遍存在，零售店、执法人员、安全人员都会进行这样的行为。这是有预期的和无害的，那么为什么研究者要表现得不一样呢？用“所有人都在做”和“它终将会发生”的话语，都不是豁免的正当理由。这里的问题涉及做研究的道德伦理。或许窥阴癖、监测和卧底线人的使用在一些社群中在增加，但这能使他们在道德上正确以及保证个人隐私吗？我们应该把他们作为社会研究中保证诚实和信任的典型吗？不断增长的隐蔽监视可能会助长公众的愤世嫉俗、不信任和不合作。知情同意的缺乏是伦理的灰色地带。很多人认为，与已获取知情同意的研究相比，未获取知情同意的研究的道德伦理风险要大得多。

隐蔽研究仍具有争议，许多研究者相信所有的隐蔽研究都是不道德的。[①] 美国人类学学会（American Anthropolagical Association）的伦理准则谴责这样的研究为“不切实际的和不可取的”。即使那些认同隐蔽研究在某些情况下是合乎道德的人也坚决主张，只有当公开观察行不通的时候，隐蔽研究才可以被采用。除此之外，我们过后应该通知参与者，给他们一个机会来表达自己的顾虑。 151

欺骗和隐蔽研究都会增加公众的嘲讽和不信任，并且会降低公众对社会研究的尊重。实地研究中的虚假陈述类似于民主社会中的卧底或告密者。欺骗会增加经常被研究的人群的怀疑。在一个案例中，欺骗的频繁使用降低了帮助行为。1973 年，在西雅图的华盛顿大学里，当一个学生被枪击后，其他行走在校园里的学生都没有试图帮助受害者。后来才发现，许多围观者没有提供帮助是因为他们认为枪击是作为实验的一部分。[②]

特殊群体与新的不平等关系

特殊群体与强迫。某些受试者总体或群体没有能力给予真正的自愿告知同意。**特殊群体（special population）**可能缺乏必要的胜任能力或是可能间接受到强迫。学生、监狱犯人、受雇者、军事人员、无家可归者、领取福利津贴者、小孩或是精神迟滞者，都可能同意参与研究，然而他们可能没有充分的能力来做决定，或者他们可能是因为想要得到某些好处（例如，比较好的成绩、提早假释、获得升迁或是额外的服务）就同意参与研究。

研究如果涉及“无行为能力”者（例如，小孩、精神迟滞者）是不合乎伦理的，除非满足两个条件：法律监护人授予书面同意，研究者遵守所有的不伤害受试者的伦理原则。例如，研究者想要对中学生进行抽烟与毒品/酒精使用的调查。如果这项调查是在校内举行，学校方主管必须给予许可，而且对任何法律上未成年的受试者的研究，都需要获得家长的同意书。其实最好也取得每一位学生本人的同意。

强迫他人参与研究是不合乎伦理的，这包括给予他们用其他方法无法取得的特殊利益。例如，指挥官命令士兵去参与研究，教授规定学生要做过受试者才能通过这门课，或是雇主期待受雇者完成一项调

---

① 关于隐藏身份的研究在 Denzin & Erikson（1982），Homan（1980），以及 Sieber（1982）中有所讨论。也参见 Miller & Tewksbury（2000），特别是第 1 节和第 4.3 节。

② 参见 Diener & Crandall（1978：87）以及 Warwick（1982：112）。

查作为持续雇用的条件等，这些都是不合乎伦理的做法。即使是研究者以外的其他人士（例如，雇主）强迫别人（例如，受雇者）参与研究也是不合乎伦理的行为。

是否涉及强迫参与有可能会是个复杂的议题，研究者必须对每个个案分别加以评价。例如，一位被判有罪的犯人被给予两种选择：坐牢或参与一个实验性的复原项目。这位被判有罪的犯人可能不相信这个项目的收益，但是研究者可能相信它可以帮助这名犯人。这是个强迫的案例，但是研究者必须判断该研究对受试者以及对社会的收益，是否比在伦理上禁止强迫更重要。

教师有时候会要求修社会科学课程的学生作为受试者参与研究。这是一种特殊的强迫案例。用于支持这种要求的论点有三个：从其他途径找受试者可能非常困难并且可能费用惊人；以学生为受试者的研究所得到的知识将对未来的学生和社会都有利；学生将会因直接体验真实的研究情境，而对研究有更多的了解。在这三种论点中，只有第三种可以算是支持有限强迫的理由。有限强迫只有当它具有明确的教育目标、学生有选择参与或不参与研究的权利，以及在遵守其他伦理原则的情况下，才可以被接受。[①]

制造新的不平等关系。另一种伤害发生在拒绝一群受试者参与可使其享受某些服务或某种好处的某个研究计划之时。例如，研究者有可以治愈罹患某种可怕疾病［比如说获得性免疫缺陷综合征（AIDS）］
152 的一种新处方。为了确定这个新处方的效果，某些受试者得到这个新药，而其他人则拿到安慰剂。这个设计可以证明这种药剂是否有效，但是控制组中服用安慰剂的受试者则可能会面临死亡。当然，在对新药是否有效有更多了解之前，那些服用新药的人可能也会死亡。对于那些被随机分配到控制组的受试者，不给他们服用潜在可能治愈病痛的新药是合乎伦理的行为吗？

研究者有三种方式可以降低不同的受试者之间所经历的新的不平等关系。第一，对于没有服用“新的、改良的”处方的受试者，继续给予他们到目前为止所可以得到的最好的治疗方式。换句话说，并没有中断控制组所得到的帮助，而是为他们提供在新疗法通过检验前可行的最好方法。即使以相对的观点来看，控制组的受试者是处于暂时落后的位置，但这层补救措施确保了他们并没有受到绝对不利的处理。第二，研究者可以使用**交叉设计（crossover design）**，这是指将第一次实验过程中的控制组（即那些没有受到处理的人），在第二次实验时变成实验组，原来的实验组变成控制组。第三，研究者小心持续地监控研究结果。如果在实验早期时发现新的治疗方法具有高度的成效，那么就应该把新的疗法提供给控制组的受试者使用。同样地，在具有医学疗效或可能造成身体伤害的高风险实验中，研究者可以使用动物或其他替代品来代替用人来做实验。

隐私、匿名和保密。如果关于你个人生活的隐私性细节在没有告知你的情形下被公之于世，你会有什么感觉？社会研究者为了研究社会行为而触及研究对象的隐私，因此他们必须对保护研究对象的隐私做些预防工作。

隐私。调查研究者以一种能够窥视个人隐私细节的方式，深入探索信仰、背景和行为时，他们就侵犯了个人的隐私。实验研究者有时候使用双向镜或隐藏式麦克风对受试者进行“监视”。即使受试者获知他们将被研究，他们仍然不了解实验者要察看什么。实地研究者可能观察非常私人层面的行为或窃听人们的对话。在实地实验与民族志学的实地研究中，隐私可能在完全没有预先通知的情况下遭到侵害。当汉弗莱斯（Humphreys，1975）在公共休息室（同性恋接触之地）扮成一位“守望皇后”时，他在未告知研究对象的情况下，观察到非常隐私的行为。当皮利亚文及其合作者（Piliavi，et al.，1969）叫人在地铁车站跌倒来研究助人行为时，那些在地铁车站搭车的人的隐私权就被侵害了。人们经常在公共场所（例如候车室、大街上、教室等）中遭人研究，但是某些公共场所要比其他地方更为隐私（试想使用潜望镜来观察那些自以为是独自一人在厕所里的人）。[②]

讲伦理的研究者只会在必要的最低限度以及正当的研究目的下，触犯他人隐私。此外，他会保护研

---

① 参见 Diener & Crandall（1978：173－177）以及 Kidder & Judd（1986：469）。

② 参见 Boruch（1982），Caplan（1982），Katz（1972）以及 Vaughan（1967）对隐私的讨论。

究对象的信息免于曝光。

在一些情况下，隐私会受到法律的保护。一个触犯隐私的案子曾造成一条联邦法律的通过。在 1954 年*维奇塔陪审团研究*（*Wichita Jury study*）中，芝加哥大学法律学院（University of Chicago Law School）的研究者记录了陪审团的讨论，以考察陪审团商议的团体过程。虽然研究发现很重要，而且也采取了必要的预防措施，但是仍然引起了国会的调查，并且在 1956 年通过一项法律，规定不论出于何种目的，一概禁止"干扰"任何大小陪审团的运作，即使有陪审团成员同意也不允许。[①]

匿名。研究者以完成收集资料之后不暴露研究对象的身份的方式，来保护隐私权。这有两种形式：匿名与保密。**匿名（anonymity）**是指研究对象维持匿名或不留姓名的状态。例如，实地研究者提供关于某个特定个人的社会图景，但是赋予他一个假名与假住址，并修改他的某些特征。研究对象的身份被保 153
护，他是谁不为人知。调查与实验研究者为了保护匿名者，会尽可能地很快就丢弃研究对象的姓名或地址，只用密码代号来指称研究对象。如果使用邮寄调查的研究者在问卷上使用密码以调查哪些被访者没有回复，那么被访者的匿名就无法获得充分的保护。在专题小组研究中，同一个研究对象会受到长期追踪，就不可能做到匿名了。同样，历史研究者会在历史或文献研究中使用特定的人名。如果原始资料来自公共来源，他们可能会这样做；如果来源不是大众都可以取得的，研究者就必须取得文件所有人授权使用特定姓名的书面同意。

要保护研究对象的匿名性不是件易事。在《大众社会中的小镇》（*Small Town in Mass Society*）中关于一个虚构城市——"春田市"（Springdale）——的研究里（Vidich & Bensman，1968），我们可以很轻易地认出这个城镇与其中的特定人物。城镇居民对研究者对他们的描绘感到不满，因此发动游行来嘲弄这些研究者。就像在印第安纳州牧曦区（Muncie）的著名的中镇研究里，人们时常可以认出社区研究中所研究的小镇那样。然而，如果研究者用虚构的信息来保护个人的身份，那么所研究的事物与报道与他人的事物之间的差距便会引发哪些是研究发现、哪些是造假的问题。

保密。即使匿名是不可能的，研究者也要保密。匿名防止任何人获知特定个人的身份。**保密（confidentiality）**则是指信息中可能附有姓名，但是研究者对这项资料保密或者不让公众知道。信息不会以一种连接特定个人与其答案的方式显示出来，而仅以整体的形式公开呈现（例如，百分比、平均数等）。

研究者可能维持匿名但不保密，或者保密但不匿名，尽管这两者通常会一起出现。没有保密的匿名意味着所有关于特定个人的细节都会曝光，但是个人的姓名不被呈现。保密而未匿名则是指不公开信息，但是研究者私下将个人姓名及其答案关联起来。

为保护受试者的身份不至曝光，已经形成相当详尽的程序：获取匿名答案，使用握有登录名单解码锁钥匙的第三方名单监护人，或使用随机答题技术（第 10 章讨论）。过去的错误做法表明有必要采取这些做法。例如，迪恩纳与克兰德尔（Diener & Crandall，1978：70）报道在 20 世纪 50 年代，美国国务院（the U. S. State Department）与联邦调查局（FBI）索取参与著名的金赛性学研究的人员记录。金赛性学研究机构（Kinsey Sexinstitute）拒绝接受政府的要求，并且威胁说宁可销毁所有的记录也不向政府提供任何资料，最后政府机关终于让步。研究者的道德责任与伦理准则驱使他们宁可选择摧毁记录也不愿意将之交给政府官员。

保密可以保护受试者不受身体伤害。例如，我遇见一位研究非民主社会中秘密警察内部行动的研究者。如果他把提供信息者的名字泄露出来，他们可能得面对不是某种死刑就是入狱的厄运。为了保护受试者，他的所有笔记都是用密码写的，并且将所有记录以极机密的方式收藏起来。虽然他居住在美国，但是他的生命受到外国政府的威胁，而且发现有人试图到他的办公室行窃。在其他情况下，其他的原则可能比保密更具有优先性。 154

---

① 更多有关维奇塔陪审团研究的讨论，参见 Dooley（1984：338－339），Gray（1982），Robertson（1982），Tropp（1982：391），以及 Vaughan（1967）。

社会研究者为使研究合乎伦理经常付出高昂的个人代价。虽然李克·史卡斯（Rik Scarce）——华盛顿州立大学社会学博士班的一位学生——从未有过违反任何法律或是被判刑的记录，谨守美国社会学学会规定的伦理原则，但是他却因藐视法院而被关进史波肯（Spokane）监狱长达16周之久。他之所以会入狱是因为他不想违反社会研究的资料保密原则，而拒绝在陪审团前做证。史卡斯一直研究的是激进的动物解放团体，也出版了一本关于这个主题的书。他访问了一位受试者，这位受试者被人们怀疑曾领导某个团体从事动物器材的破坏行动，以致造成15万美元的损失。两位法官不接受应该对社会研究资料保密的做法。①

参与者的信息是私有财产。如果你出于研究目的而免费给出了有关自己的信息，你是否就失去了对这些信息的所有权利呢？这些信息会被用来与你作对吗？那些参与研究的被研究者已经意识到，研究者将带走有关他们的信息并会对这些信息进行分析。这些信息可用于各种各样的目的，包括那些与被研究者的兴趣相悖的行动。当人们的信息被大型组织收集、购买、分析、交流的时候，信息工业便应运而生。关于购买习惯、个人口味、消费方式、信用等级、投票方式等方面的信息正在被很多私人组织或公共组织所使用。信息是私有财产的一种形式。与物质财产不同，信息在交换以后仍然具有价值，这与“智力”财产（版权、软件、专利权）是相同的。

多数人并没有将有关自身的信息视为自己的财产，他们总是免费提供这些信息。在补偿很少或几乎没有补偿的情况下，他们向研究者提供了他们的时间和信息。然而隐私权问题和收集更多信息的问题使我们可以合理地将个人信息视为私有财产。如果个人信息成为私有财产，那么个人对信息的保有、出卖以及放弃的权利就会变得十分明晰。当信息用于与被研究者为敌时，或者用于那些当被访者知道后肯定会反对的方式时，伦理问题显得尤为突出。例如，某项研究调查不吸烟群体中人们的习惯以及心理结构。如果一个受雇于烟草企业的市场研究公司获得了这些信息，他们就可以设计出一种商业活动从而促使这些不吸烟者吸烟。如果这些不吸烟者被告知了信息的用途，那么他们可能会拒绝参加调查。通过给被访者一份研究结果复件，并在是否同意调查的声明中注明主办者以及信息将在何处使用，如此一来研究者就可以增加研究的公平度。

有关研究参与者的资料由谁控制的议题是与社会科学方法相联系的，该方法在第4章已经被突出强调了。在实证主义和自然科学中，对自然界的描述和理解已经成为一个专家化的领域。这些专家控制了从普通人那里所获得的信息，并用这些信息来创造神奇的药物、方便的物品、个人或企业的财富或者噩梦般的武器。实证主义意味着，专家对信息的收集和使用是与研究参与者和普通公众相分离的。实证主义有两种可选择的方法，它们都以各自的方式表明，被研究者应该参与到研究的过程之中和对资料、结果的使用当中。②

研究参与者的强制性保护。美国联邦政府已经出台了保护研究参与者及其权利的法律法规。这些法律约束是建立在由美国卫生部和保护研究风险公共事业部（the U.S. Department of Health and Human Services Office for the Protection from Research Risks）所制定的各种法令规章基础之上的。虽然这仅仅是由一个联邦机构出台的法令，但大多数研究者和其他政府机构却将其视为一种准则。现行的美国政府法令是由公共卫生服务（Public Health Service）政策发展而来的。该政策于1966年开始实施，并于1971年得到了扩充。《国家研究法案》（National Research Act，1974）建立了保护生物医学和行为研究中的人类受试者国家委员会（National Commission for the Protection of Human Subjects in Biomedical and Behavioral Research），该委员会明显扩充了各项法律法规。同时上述法案还要求大多数研究需要征得被研究者的同意。于是，保护伦理准则的重任就落到了研究机构和大学的肩上。卫生部和公共事业部于1981年制定该法令，直到现在它还在起作用。有关不当科学行为和保护资料保密性的法令在1989年就已经得

① 参见 Monaghan（1993a，1993b，1993c）。

② 参见 Gustavsen（1986）。

到了完善。

联邦法令遵循了某种生物医学模型，保护被研究者使其不会受到身体上的伤害。其他法令则要求所有的研究机构、大学、学院都要建立机构审查委员会，以此来对所有被研究者的使用进行监督。机构审查委员会由研究者和社区成员组成。类似的委员会也对研究中动物的使用进行监督。该委员会还监督、控制、检查所有研究过程对人类被研究者的影响，以及他们所采用的伦理指导方针。当某项研究初次被提出时，委员会就会在初始阶段对研究过程进行检查。机构监督委员会通常不会对下列研究进行监督，诸如教育测试、“普通教育实践”、大多数对公共行为的调查研究和观察，以及对那些无法确认个体身份的既存资料的研究。① 155

（五）伦理与科学共同体

外科医生、律师、咨询师和其他专业人员都有一套**伦理准则（code of ethics）**，以及行业评审委员会或从业许可制度。这些信条载明专业的标准，并在遇到实际问题时提供指导原则。② 社会研究者不是为了报酬而提供服务，他们没有受过多少伦理训练，也很少有这方面的从业证明。他们把伦理议题带进研究之中，因为这是他们在道德上对社会负有的责任，也是为了防止社会研究被指责为麻木的或被认为会虐待受试者。专业社会科学协会有其伦理准则。这些信条叙述适当的与不适当的行为，代表专业学者对伦理问题的共识。所有研究者并不可能对所有的伦理议题都持相同的看法，它们对于伦理准则也有不同的解释，但是研究者应该将遵守伦理准则作为其成为专业共同体成员的资格要求的一部分。

研究的伦理准则可以追溯到**纽伦堡准则（Nuremberg code）**，这是在第二次世界大战后不久，在纽伦堡军事法庭上，盟国对纳粹的战争罪行所采用的原则。这些信条是针对集中营实验的残酷行为所产生的回应，列出了伦理准则以及人类受试者所享有的权利。纽伦堡准则中的原则解决的是人类受试者的问题，起初集中于医学实验，后来成为社会研究伦理准则的基础。类似的人权信条，例如，1948年的联合国《世界人权宣言》（Universal Declaration of Human Rights）以及1964年的《赫尔辛基宣言》（Declaration of Helsinki），也都对社会研究者有所启示。③（见拓展方框5.5：合乎伦理的社会研究的基本原则）

拓展方框5.5

合乎伦理的社会研究的基本原则

- 伦理的责任依赖于个体研究者。
- 不可为了私利而剥削受试者或学生。
- 知情同意书是被极力推荐的，或者说，是必需的。
- 尊重所有关于隐私权、保密，以及匿名的保证。
- 不可强迫或羞辱受试者。
- 只有在必要时才可使用欺骗，而且用后必须进行报告，告知受试者整个情况。
- 使用适合主题的研究方法。
- 勘测并去除对研究受试者所造成的不利结果。
- 预估研究可能造成的后果，或是公布研究结果可能会产生的结果。
- 知道谁是提供研究经费的赞助者。
- 从事比较研究时，寻求与东道国合作。
- 发布研究设计的细节以及结果。

---

① 有关IRB的讨论参见Maloney（1984）和Chadwick等（1984：20）。

② 参见Abbott（1988），Brint（1994）和Freidson（1986，1994）对专业人士的论述。

③ 参见Beecher（1970：227-228）与Reynolds（1979：28-31，428-441）。

- 根据资料诠释研究结果。
- 使用方法论上的高标准，并且力求精确。
- 不从事不可告人的研究。

---

156 专业社会科学协会［例如，美国心理学学会（American Psychological Association）、美国人类学学会、美国政治科学协会（American Political Science Association），以及美国社会学学会］从20世纪六七十年代便开始采用伦理准则。专业社会科学协会都有审查伦理准则的委员会，并且会对可能的违反情形召开公听会，但是它们并不具有强制执行的能力。对稍微违规的情形所施加的处罚可能会与书面规定不符。如果没有违反法律，那么最大的惩罚也不过是对严重违反伦理的事件给予详尽的负面报道。这种报道可能导致研究者失去工作、被学术期刊拒绝刊登其研究发现，以及得不到研究经费——换句话说，就是被逐出专业研究者共同体的大门。

伦理准则不局限于规范研究者的思维模式和提供指导原则，这些信条还会协助大学与其他机构防止合乎伦理的研究遭到外界政治利益团体的滥用。例如，一位研究者在1994年访谈了24位工作人员，在完成观察之后，他记载了在密瓦奇公共防卫办公室（Milwaukee Public Defenders Office）中的工作人员不但工作量严重超负荷，而且无法有效地为穷人提供法律保护。获知这些研究发现后，公司的高层官员就和大学进行联系，想要进一步了解在他们单位中是哪些人和研究者谈过话，这意味着公司可能会对那些工作人员采取惩罚措施。大学的行政单位便可引用普遍接受的保护人类受试者的信条来保护研究者，并且可以拒绝透露这些信息。[①]

（六）伦理与研究赞助者

揭发者。你可能找到一份替赞助者做研究的工作，这位赞助者可能是一位与研究者签约，让其做研究的雇主、某个政府机构或某家私人公司。在赞助者出钱支付研究之时，尤其是在应用研究中，就会出现特殊的伦理问题。研究者可能会被要求在伦理上或专业研究标准上做些妥协，才能得到一份合约或继续被雇用。研究者需要订立伦理界线，超过这个界线他们就拒绝赞助者的要求。面对来自赞助者的不正当要求，研究者有三种选择：对该组织或更大的群体表示忠诚、抽身离开这个状况或是表达反对立场。[②]这表示他们不是向赞助者屈服或辞职不干，就是成为一位专门吹哨纠正别人违规行为的**揭发者（whistle-blower）**。研究者必须选择他自己的行动路线，但是最好在与赞助者建立关系的初期就考虑到伦理问题，并且尽早表达出对这个问题的关切。

做个揭发者可能会是件相当辛苦与危险的事，这牵涉到三种当事人：目睹不符合伦理行为的研究者、外界机构或媒体，以及雇用组织中的管理者。研究者必须确认某种行为很严重地违反了伦理规范，而且这种行为是组织认可的。在用尽内部途径仍无法解决问题后，就要转而向外求援。局外人可能对这个问题感兴趣，也可能不感兴趣，也许可以帮忙，也可能使不上力。局外人通常有自己的优先顺序（不使组织呈现出很坏的情形或者煽动某个问题）——它们与研究者的主要目的（结束违反伦理的行为）并不相同。监管者或管理者可能会设法诋毁或惩罚任何揭露问题与行为不忠于组织的人（见实例方框5.5：揭发者的故事）。诚如弗雷谢特-施拉德尔（Frechette-Schrader，1994：78）所言："纠正别人的违规行为是一种特殊类型的不忠于组织的行为，或者更准确地说，是忠于比效忠雇主更高的原则。"即使在最好的情况下，这种问题也可能会花上很长时间才能解决，而且会造成很大的情感压力。遵守道德规矩、纠正别人违规行为的人必须要有做出牺牲的准备——失去工作或升迁的机会，减薪或是遭到不想要的调职，被工作场所的朋友排斥或者负担诉讼费用。这些仍然不能保证做正确的事来改变不道德的行为，或防止研究

---

① 参见《UW保护博士论文资料来源》，《首都时报》（1994年12月19日，4页）。

② 参见Hirschman（1970）《论忠诚、退出与呼吁》。也参见Rubin（1983：24－40）《论应用研究中的伦理议题》。

者遭到报复。 157

实例方框 5.5　揭发者的故事

一个微生物学博士，大卫·富兰克林（David Franklin），被华纳-兰伯特（Warner-Lambert）聘为医疗联络人，他的工作是获得医生的信任，并为他们提供科学信息，以此来向他们出售药品。在对富兰克林的训练中，他被要求做一个药品虚假索赔，并告诉他如何规避法律的伦理规则来增加销售。此外，他还被告知要夸大研究的结果，而这些结果确实表明了一些药物的好处并且隐藏了副作用。当他向上级提出担忧和说明有关危险副作用的出版报告时，他的投诉被驳回了。他观察到，该公司给了医生数百万美元，让他为药物的益处做推荐，或做文章的作者，而这些文章实际上是由该公司的营销部门所写。他认为，公司正在搞非法活动和危害人们。仅四个月后，他就辞去了这份工作，但被威胁不能透露有关该公司的任何信息。他对这家公司进行揭发的法律案件，花费了七年时间才最终解决。

资料来源：Excerpt from Melody Petersen，“Doctor Explains Why He Blew the Whistle，” *New York Times*（March 12，2003）.

受人资助进行研究的应用社会研究者，需要认真思考他们的专业角色。他们可能想要维持某种不受雇主干扰的独立性，坚持做个致力于专业的共同体成员。许多人发现抵御赞助者施压的一种方式，是参与专业组织［例如评估研究学会（Evaluation Research Society）］，维持与赞助者之外的研究者的经常接触，以及采用最新最好的研究方法。最不可能在接受赞助的情境下仍坚持伦理准则的研究者，是那些孤立的、缺乏专业安全感的人。不论情境如何，不合乎伦理的行为绝不可以被那种“就算我不这样做，别人也会这么做”的论点给合理化。

得到特定发现。如果赞助者直接或间接地告诉你应该要得到什么样的结论时，你该怎么做？如果要以必须得到某种结果作为进行研究的先决条件的话，讲伦理的研究者是会拒绝参与研究的。所有研究的进行都不应该对可能得到的研究发现进行任何限制。例如，某个调查机构获得一份对购物中心联合会进行研究的合约。这个联合会正与一个想要在购物中心举行示威的政治团体有法院诉讼。调查组织中有位访问员反对问卷上许多他认为是无效的、偏向购物中心联合会的题目。在他联络某家报社、暴露这些有偏颇的题目后，他就被解雇了。然而，许多年之后，在一个“内部揭发者”的诉讼案中，这位访问员因反对该调查组织而收到了超过六万美元的奖金来补偿积欠薪资、精神痛苦和惩罚性赔偿。[①]

另一个施压以求得特定研究发现的例子，发生在教育测验的领域。用标准化测验来测量美国学童的成就一直受到批评。举例来说，在美国大约有 90％的学区中的学童在这类测验中的分数都在“平均以上”，这被称为*沃伯冈湖效应*（Lake Wobegon effect），这个名字取自沃伯冈湖这个神秘城市的故事。根据电视节目主持人加里森·凯勒（Garrison Keillor）的说法，这个湖区的“所有儿童都在平均以上”。出现这种不寻常的研究发现有许多原因，最主要的原因是研究者把目前学生的成绩，与好几年前参加测验的学生的成绩标准进行比较。研究者面临着来自教师、学校校长、督学以及学校董事会的强大压力，这些人想要获得一个可以使他们对学童父母与选民报告他们的学区是在“平均以上”的研究结果。[②]

研究方式的限制。赞助者可以通过直接或间接地界定哪些可以研究或是限制使用（例如，限制经费）的研究技术来限制研究吗？赞助者可以合法设定使用研究技术的条件（例如，做调查还是做实验）并限制研究经费的额度。然而，研究者必须遵守普遍接受的研究方法。研究者应该提出一份真实的评估，指出在某种经费水准下可以完成哪些事。 158

关于限制的议题在**委托研究（contract research）**中最为常见，即某家公司或政府机构要求进行一项

① 额外的讨论，参见 Schmeling & Miller（1988）。
② 参见 Fiske（1989），Koretz（1988），以及 Weiss & Gruber（1987）对教育统计所做的讨论。

特殊的研究。通常委托研究会面对质量与花费之间的取舍。一家知名私人社会研究公司阿布特协会（Abt Association）的主席阿布特（Abt，1979）就认为，要以研究实际需要的经费来进行一项委托研究是件难事。一旦研究开始进行，研究者对于计划可能需要重新设计，因而费用可能就会增加。契约上规定的程序，不是那么容易就能中途改变的，研究者可能会发现他被契约绑住，被迫采用不那么理想的研究程序或方法。研究者因此陷入一个两难的局面：完成契约、做一个质量低劣的研究，或者不执行契约、失去金钱与未来的工作机会。

如果研究者无法坚持普遍接受的研究标准，就应该拒绝继续进行研究。如果赞助者想要用有偏差的样本或具诱导性的题目，讲伦理的研究者也会拒绝合作。如果合法的研究证明赞助者的初步想法或计划的行动方向是错误的，研究者可以预期合约将会终止，或是遇到违反专业研究标准的压力。从长期来看，赞助者、研究者、科学共同体，以及整个社会都会蒙受违反正规研究做法所带来的伤害。研究者必须决定他是要做个"枪手"，即使违反伦理也要提供给赞助者任何他想要的东西；还是要做个专家，承担起秉持较高道德原则来教育、指导甚至反对赞助者的义务。

研究者可能会问：如果赞助者对应用研究发现或真相不感兴趣的话，为什么他们要进行社会研究呢？答案是，这类赞助者只把社会研究当成一种工具，用来使其决策或行为合理化，而这是其他方法无法做到的。他们滥用研究者身为专家的地位，只为达到他们自己短浅的目的。他们是在欺诈，并试图利用社会研究诚实与正直的名声来"敛财"。当发生这种事时，合乎伦理的行动方针是揭发和阻止这种行为。

不准发表研究发现。如果你进行研究，但是研究发现显示赞助者看起来是个坏蛋，或者赞助者不希望公开研究结果时，那该如何呢？这对应用研究者而言并非一种不寻常的情况。例如，社会学家为威斯康星州彩票委员会进行一项关于州政府赞助赌博的影响研究。在报告完成之后、公开之前，委员会要求研究者把叙述赌博负面社会影响的许多章节给抽掉，并且删除研究者提出成立社会服务机构，以帮助那些赌博成瘾、无法自拔的赌客的建议。这时研究者就陷入相当困难的处境。应该先考虑哪种伦理价值呢？为出钱做研究的赞助者遮掩隐藏，还是为所有想了解真相的人揭露事实并独自承担苦果呢？[1] 有位罗马天主教神父在调查美国主教对官方的天主教政策的不满时，被他的上级命令不准对外泄露研究发现并销毁问卷。然而，在他完成24年的神职任期退休后，却把他的研究结果公布出来。[2] 为了合乎伦理，研究者付出了极大的个人与经济代价。

政府机关会对抵触官方政策或使高层官员难堪的科学信息进行压制，也会对受雇于政府机构、对外公开内部信息的社会研究者采取报复行动。例如，一位受雇于美国人口普查局（U. S. Census Bureau），研究1991年对伊拉克发动波斯湾战争造成死亡的社会研究者报道说，政府官员基于政治理由不准对外公布研究发现。这位政府机关很想解雇的研究者报告说，美国政府主要的社会统计部门不是拖延公开就是低估高死亡率的研究发现。在可以公开信息之前，必须先经过政治派任的官方首长的允许。她指控说，政治派任的首长最感兴趣的是保护行政单位的外交政策。另外一个例子显示，美国国防部（U. S. Defense
159 Department）命令销毁那些显示美国军队中有10%男同性恋或女同性恋的研究，以及那些不支持将同性恋赶出军队的研究。在2005年，白宫威胁不太知名的司法统计局（Bureau of Justice Statistics）首脑，针对他发布关于种族的法律执行数据，将给予他降级甚至解雇的处罚。政府机构每年都会发布关于犯罪模式、毒品使用、警察战术和入狱人口的信息，这份资料清晰地记录了一旦种族群体被警察拦住，他们将会被怎样不平等地对待，但政治监督者要求删除报告中引用的不平等。这份资料是2002年通过对80 000人进行采访得到的，它表明了在那一年，被警察拦住的黑人司机、白人司机和拉美裔司机的比率几乎相同，大体为9%。然而，被警察拦下后，接着会发生什么不同，那就要取决于司机的种族和

---

① 参见《政府试图使作者改变彩票报告》，《首都时报》（1989年7月28日，21页）。

② 参见 Chambers（1986）。

种族地位了。[①]

在接受赞助的研究中，研究者可以在研究*开始之前*就公布研究结果的条款进行谈判，并且签署关于这个条款的契约。尽管那些较少有伦理顾忌的竞标研究者不会考虑这一点，但是在还没有得到这种保证时就进行研究，可能极为不明智。或者，研究者也可以接受赞助者的批评与敌视，并且在赞助者的反对下公布研究发现。大部分研究者倾向于第一种做法，因为第二种做法可能会把未来的赞助者都给吓跑。

社会研究者有时候也会进行自我检查或延后公布研究发现。他们这样做是为了保护提供信息者的身份，维持他们的工作或保护他们个人或家庭成员的安全。[②] 这是一种干扰较少的审查，因为它不是外在力量强加的。这是由某个与研究关系密切、对可能结果了如指掌的研究者才会做到的。研究者对他们的研究负有最终责任。通常他们可以利用许多不同的资源，但是同时也面对许多相互竞争的压力（见拓展方框5.6：评估研究中错误的一般类型）。

拓展方框5.6

评估研究中错误的一般类型

■ 问“错误”的研究问题（比如，在最适于询问具体化问题的时候，却去询问总结性的“是或不是”的问题，或者询问的问题排除了最主要的因素）。

■ 在关于某个研究方案的决定已经做出以后，却要进行评估性研究，将该研究仅仅作为拖延或为已经做出的决定寻找正当理由的一种方法。

■ 使用一种不适合方案评估工作的研究设计或资料收集技术。

■ 对研究设计或资料收集过程进行干预，以便产生研究者所需要的结果。

■ 当评估结果明确显示某个方案是无效的时候，却继续进行该研究。而当评估结果明确显示某方案具有有效性的时候，却要终止该方案。

■ 抑制或消除积极的结果，以此来消除或毁掉某个方案，也可能抑制或消除消极的结果，以此来继续或扩展某个方案。

资料来源：Adapted from Stevens & Dial (1994), Who also provide examples of misuse.

隐瞒真正的赞助者。对赞助者的身份保密，是合乎伦理的行为吗？例如，一家堕胎诊所想要赞助一个关于宗教团体反堕胎态度的研究。研究者必须在以下几个方面的伦理价值之间取得平衡：向受试者公开赞助者身份，违反赞助者的保密要求而透露研究结果，以及受试者合作意愿降低的可能性等。如果公开结果，最重要的伦理准则就是披露真正的赞助者。对于向受试者透露真正的赞助者这个伦理议题，并没有形成多大的共识。普雷瑟和同事们（Presser, et al., 1992）发现，被访者的答案可能会受到调查赞助者是谁的影响。如果被访者相信调查是由对这个议题采取强硬立场的报社进行的，他就不太会抵触这家报纸对这个议题的公开立场。如果被访者相信调查赞助者是中立的学术组织，就很少有这种问题。伦理准则要求向受试者透露研究的赞助者，除非有一个很好的方法论原因证明可以不这么做。 *160*

（七）女性主义社群主义伦理学研究

一些研究者采用解释性或批判性的社会科学方法（见第4章），把大多数伦理争议、道德规范和审查委员会视为不足和根植于实证主义的假设。他们提出女性主义社群主义伦理学研究的模型来替代基于正式程序、成本与收益的理性化功利主义平衡，以及抽象的道德良善原则的研究伦理。他们认为，“对于专

---

① 参见 Dale W. Nelson《分析家：战争死亡人数误算》，《威斯康星州评论》（1992年4月14日，3A页）；《前任长官指出五角大楼弃置关于同性恋的研究发现》，《首都时报》（1993年4月1日）；Eric Lichtblau《简介报告导致的纷争和降级》，《纽约时报》（2005年8月24日）。

② 参见 Adler & Alder (1993)。

业伦理准则来说，道德的成分不能被减少”（Christians，2003：232）。与参与式行动研究（见第2章）一致，他们认为，研究参与者应该参与讨论如何开展研究和如何积极地参与研究。伦理应该反映研究的最主要目的——准许研究参与者根据他们自己的日常经验和促进人类自由的目标参与研究。

女性主义社群主义者模式依赖于四个伦理准则。第一，合乎伦理的研究是多方面的，它承认并吸收了人类经验的多样性，它开展的前提是，所有人的生命都处在性别、种族、阶级和宗教的社会构建背景下。人们生活在多元的社群中，每个社群都会有想要说的话。第二，伦理研究要求研究人员要与参与者就他们日常生活经验的道德困扰进行一次交谈。如果这个社群里的人是研究人员所要研究的，那么他就要着手参与到这个社群热议的道德争论和讨论中。此外，研究人员不应该附加他们自己抽象的尊重法律的权力或准则。第三，涉及研究人员和参与者的、基于公开平等的条件的研究过程，将揭露权力关系和引发社会批评，有助于促进更大的反响和共鸣。第四，研究人员与参与者的合作关系将会使“侵犯隐私、知情同意和欺骗都不是问题”（Christians，2003：234）。

女性主义社群主义伦理学研究模型仍处于发展的早期阶段，仍需继续进行。虽然如此，它批判伦理研究的主流方法是过于正式合规、过程导向的和过于抽象的。此外，它还突出了社会科学的某种取向（就像在第4章概述的那样）是如何在研究伦理中与道德议题连接的。

三、结论

本章是社会研究的一般性基础与具体研究设计之间的一个过渡。本章讨论了两项与准备设计一项研究有关的议题：文献回顾和伦理关怀。这涉及一项具体研究在一个更大的科学共同体的背景中的位置，也将一项研究与一种更高层次的关怀相联系。

在第1章中，我们讨论了科学对社会的独特贡献，以及社会研究怎样成为有关社会世界知识的来源。社会研究的视角和技术能成为了解世界的有力工具。然而，伴随着这种能力而来的是责任，包括对自己、对研究对象、对研究共同体、对更大的社会的责任。这些责任之间有时可能会产生冲突。

最终，你个人必须决定以合乎伦理的方式来进行研究，坚持并护卫你采取的社会科学取向所遵循的原则，并且要求他人做出合乎伦理的行为。由社会研究产生的知识所具有的真实性，以及它的使用或滥用都取决于你这样的研究者个人，你需要就自己的行动以及社会研究应该如何与社会相一致的问题，进行不断的反思。

161 在下一章中，我们将检验定性研究和定量研究中都会出现的基本设计取向和议题。

关键术语

abstract	摘要	anonymity	匿名
citation	出处	code of ethics	伦理准则
confidentiality	保密	contract research	委托研究
crossover design	交叉设计	informed consent	告知同意
institutional review board（IRB）	机构审查委员会	meta-analysis	后设分析
Nuremberg code	纽伦堡准则	principle of voluntary consent	志愿同意原则
research fraud	研究欺骗	scientific misconduct	不当科学行为
special population	特殊群体	whistle-blower	揭发者

复习题

1. 进行文献回顾的四大目标是什么？
2. 哪一种研究出处最容易找到，哪一种最不容易找到？
3. 如何找到一篇博士论文？
4. 如何区别一篇好的与差的文献回顾？
5. 利用网络进行社会研究的优缺点是什么？
6. 防止研究中出现违反伦理行为的基本措施是什么？
7. 欺骗与强迫参与研究的做法是如何与自愿同意原则相抵触的？
8. 解释米尔格拉姆、汉弗莱斯、津巴多等人的研究中所涉及的伦理议题。
9. 什么是告知同意？它如何保护研究的受试者？
10. 匿名与保密的差异是什么？

第二部分

计划和准备

第6章

研究设计的策略

本质性的问题必须被转化为社会研究的语言……为仔细思考选项及某些调查任务的适当顺序制定出一套办法，由此你将会完成对一个研究问题的回答。

——罗伯特·奥尔福德（Robert Alford），《研究的技巧》（*The Craft of Inquiry*），25 页

1995 年，在芝加哥热浪中，几天内就死了超过 700 人。新闻报道和官员都很少对其做出回应。公众和媒体关于此次灾难的讨论也很快消失。克莱因伯格（Klinenberg，2002）用社会研究方法，包括民族志的实地研究、访谈、文献考察（报纸、数据报表、各种记录、地图）和统计数据分析对这次“极端事件”做了“社会解剖”。这项研究被设计用来回答一个问题：这么多人是如何以及为何迅速死亡的？他用社会研究“解剖”这次事件，揭露它潜在的社会政治因素和经济因素。这项研究会告诉我们这次灾难是为何及如何发生的。它表明了应该怎样设计社会调查研究，并以此回答那些还未得到解答甚至被忽视的重要问题（比如几天内成百上千的人突然死亡的原因）。

本章关注在研究过程中引导你的策略以及进行研究设计所涉及的议题。你的设计及实施研究的策略将取决于研究是定量的还是定性的。对于一个定量的研究，在收集或分析数据之前，你需要制订详细的计划。你可能会问：如何才能最好地创建一个逻辑严密的设计，从而精确地定义和度量所有变量，选择一个代表性的样本，收集数据，并进行统计分析？对于一个定性的研究，你试着让自己完全沉浸在一系列的数据中，同时在收集数据的过程中对新的见解保持高度的敏锐性。你可能会问：如何才能最好地捕捉到富有活力的社会生活的丰富性、质感和感觉？当然，你可以把定量研究和定性研究的特点结合起来，形成互补优势。混合方法有优势，但也增加了复杂性，而且更耗时。我们在“三角校正”这一部分内容中可以看到其优势。 164

一、三角校正

测量员和水手通过从多个位置进行观测来测量物体间的距离。通过从不同的角度或视角观察事物，他们就能确定它的实际位置（见图 6.1）。这个过程被称为**三角校正（triangulation）**，在社会研究中，我们通常会形成这样一种观念，即我们从多个角度观察事物要比只从一个角度观察会学到更多。

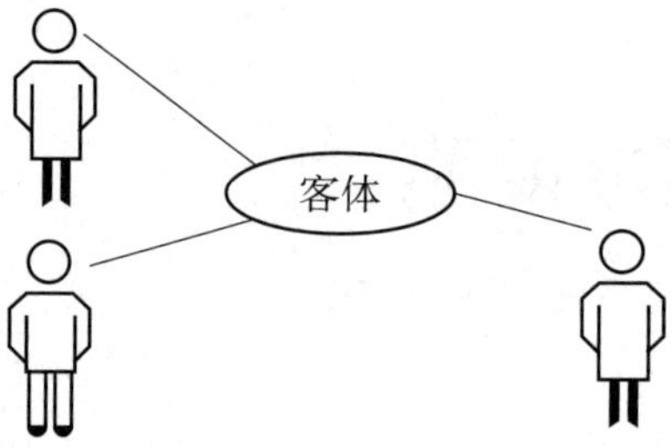

图 6.1　三角校正——从不同的视角观察

社会研究者通常用几种类型的三角校正（见拓展方框 6.1：四种三角校正的实例）。最常见的类型是*测量的三角校正*，即研究者对同一现象进行多重测量。例如，如果你想了解一个人的身体健康状况，首先，你需要让他完成一份有多选题的问卷，然后你要做一次开放式的非正式访谈。还要询问一个与他同居的伴侣或者照顾者关于他的健康情况。在访问他的个人医师的同时还要细看他的医疗记录和实验测试结果。通过运用多种方法，你将得到一幅精确的图像，特别是运用每一种方法都会呈现出一幅相似的画面会让你的自信心不断增强。从不同方法中看到的区别也同样会引发你对问题的思考。

拓展方框 6.1

四种三角校正的实例

主题：流行的美国电影中的暴力行为数量。

测量：创建关于暴力行为的三个定量变量——电影中出现的频度（如出现杀人、打架的数量等）、强度（喊叫的声音大小和时长、面部表情或身体动作表现出来的疼痛强度），以及清晰的画面展示的程度（如展现尸体、流血、切断的身体部位、对伤害的特写镜头）。

观察者：让五个不同的人独立地观看、评价并记录 10 部最受欢迎的美国电影中的暴力形式和程度。

理论：比较女权主义、功能主义和符号互动论分别是如何解释流行电影中暴力的形式、原因和社会性结果的。

方法：对 10 部流行电影进行内容分析，将其作为实验以测量实验对象对每部电影中暴力行为的反应，调查看电影的公众对于每部电影中的暴力行为的看法，并对观众在电影放映期间的行为以及放映后即刻
165 的行为进行实地观察。

另一种类型是*观察者的三角校正*，是由第一种类型变化而来。在许多研究中，访谈或对人们行为的观察都是由一个研究者独自完成的。而仅有一个研究者意味着观察者的任何一种局限性（比如某一领域技能的欠缺、对某一事件的看法不够全面、对某些细节不够关注等）都会变成该项研究的局限性。多个观察者或研究者则会增添多个视角、个人背景和社会特征，这些都会降低局限性。例如，两个人在一个育儿中心交互观察 10 个 5 岁孩子的行为。一个观察者是在大城市医院中有过 25 年工作经验的 60 岁的白人男性儿科医师。另一个观察者是 31 岁的西班牙裔女性，她在一个小城镇的小学中有六年从教经验并有两个孩子。每一个观察者可能注意和记录不同的数据。将各种观察者的数据结合在一起，就有可能形成一幅比单独依靠其中一人更完整的情景画面。

*理论的三角校正*需要使用多个理论视角来规划研究或解释数据。每个理论视角都有假设和概念，而人们透过它们来观察和理解社会世界。例如，银行工作关系的研究可以利用冲突理论来强调权力的差异和不平等。该研究可以强调基于权威地位的薪酬和工作条件的不平等（例如，经理 VS. 出纳员）。这项研究揭示了相关社会背景的差异：一位拥有工商管理硕士学位的中年白人男性经理和一个年轻的拥有大专文凭的非裔美国女性出纳员。此外，还可以将理性选择理论应用于个人利益最大化的决策和理性策略。这一视角强调了银行经理如何根据其客户的贷款或储蓄账户的大小来分配投入的时间和精力。这也表明，

一个出纳员对自己的时间和精力进行不同的投资，取决于她是否相信其管理者能为她提供晋升的机会。每个不同的视角都引导着这项研究：它识别相关数据，提供一组概念，并帮助解释数据的内涵和意义。

*方法的三角校正*意味着混合定性和定量类型的研究方法和数据。大多数研究者都只专攻一种类型的专门技能，但不同的方法或类型有互补的优势。由于两种类型间只有部分交叉，所以一项采用了两种类型的研究会更为全面。定性和定量两种研究方法的混合可以表现为几种方式。① 一种是按顺序使用不同的类型，先是用某一类然后再用另一类；另一种方式是在研究中平行或同时采用两种类型。在开篇的研究中，克莱因伯格混用了对死亡问题的定量数据的统计分析和定性的访谈、记录分析等方法。（见实例方框6.1：多重方法的研究）。

二、定性和定量的研究取向

在所有的研究中，研究者都系统地搜集、分析经验资料，谨慎地检验其中的模式，以便了解和解释社会生活。研究方法中的差异会产生误解和误会。而事实上，它们之间是能够被相互理解的，只要付出足够多的时间和精力，就能够理解每一种方法及各种方法之间如何补充和完善。接下来，我们看几种差异的来源。

第一种差异源于数据自身的性质。与数字形式的*硬数据*相比，*软数据*（即词语、句子、照片和符号）规定了与之不同的研究策略和数据搜集技术。这些差异可能会导致定量研究的工具对于定性研究而言不适合或不相关，反之亦然。

定量与定性研究之间的第二种差异源于研究过程的原则与对社会生活的假设。定性和定量研究原则有不同的侧重点，因此也发展出了两套不同的“研究语言”。定量研究更多地依赖于实证主义原则，使用变量和假设的语言，强调的是精确测量变量和检验假设。定性研究者经常依赖于诠释的或批判的社会科学原则，用“个案和情境”、文化意涵的一套语言进行表述，并强调对出现在社会生活的自然状态下的个案进行细致考察。有趣的是，女性研究者比男性研究者更多地采用定性的研究取向。② 166

实例方框6.1 多重方法的研究

在美国，李和比恩（Lee & Bean，2007）在一项多种族身份认同的研究中混用了定量和定性研究方法。他们发现自从1970年以来，随着移民的增加社会多样性也在增长，而且美国人口普查在2000年首次提供将自己归类于多种族分类的选项。新的多样性与历史悠久的单一类别和占主导的白人-黑人二分型种族划分形成对比。李和比恩问到多种族身份的人在普查中选择单一或者多种族身份时，是感到自由还是感觉受到高度限制。他们也问到在普查表格中选择多种族身份是一种象征性行为还是一个人多种族的日常生活的反映。在定量研究部分，作者分析了2 000个普查数据，而且混合了自认为是多种族身份的人群。在定性研究部分，他们对来自加利福尼亚州南部和北部的46名多种族身份的成年人进行了深入的半结构式的访谈。访谈中，李和比恩询问了一个人以什么原因、什么方式确认自己的身份，这一身份是否随时间和情境改变，以及与种族和族群相关的使用语言等其他实践的问题。他们采访的成年人来自各个国家各个种族，有亚洲人，有白人，有拉美人，也有黑人。基于访谈结果，李和比恩发现，较于其他种

① 参见Tashakkori & Teddlie（1998）。

② Ward & Grant（1985）与Grant等（1987）分析了社会学期刊中的研究，并且指出有较高比例的定性研究的文章处理有关性别的话题，但性别研究本身并不太具有定性研究的特征。

族混合类别的人群来说，多种族身份的黑人不太喜欢称自己为多种族者。这一现象在美国历史传统中有迹可循，即人们习惯于把有一点黑人血统的人都统称为黑人。如果一个人同时具有白人和亚洲人或者拉美人的血统，或者具有拉美人和亚洲人的混合血统，那么他的变通性就更大一些。部分亚洲人和白人的混血儿或者拉美人和白人的混血儿都认为自己是白人，因为公众对于亚洲人和拉美人的外表有一套刻板印象和狭隘的认知。另外一部分白人和亚洲人的混血儿或者白人和拉美人的混血儿则表示会因其多种族身份而自豪，即使这在其日常交往中造成了一些差异。在不同的场合下，人们的种族标签和自我定义其实并非一成不变。把定量研究和定性研究结果放在一起看，李和比恩提出，种族区分的界限在拉美人和亚洲人中间消失的速度比黑人要快。他们得出结论：一种新的黑人和非黑人的对立正在逐渐浮现并取代旧的黑人和白人的对立，但是在所有的种族类别中，黑人的劣势地位仍然存在。

定量和定性研究的第三种差异在于研究者在研究中想要完成的到底是什么。“好研究的核心”（无论是定量的还是定性的）“是一个难题和一个想法”（Abbott，2003：xi）。在所有的研究中，我们试图解决困惑或回答问题，但因研究方法不同，我们会选择通过不同方式来达到这些目的。在本章开头提到的热浪研究中，克莱因伯格（Klinenberg，2002）提问为什么这么多人死亡。但是他也问了他们是怎样死亡的以及为什么某一类人受到很大影响而其他人没有。在定量研究中，我们经常试图对脑海中已有的关系或假设进行证实或者证伪，我们关注在大量案例中发现的结果和影响。假设检验远不止简单地发现正确或错误的答案，还包括认识到在某些情境下是正确的答案，在其他情境下却并非如此。在热浪研究中，克莱因伯格问道：不同的社会阶层是否影响人们在热浪中死亡的概率？通过定量数据，他对死亡的700人和未死亡的上千人的社会阶层进行比较，从而检验社会阶层和死亡率的关系。

在许多定性研究中，我们经常针对有限的个案提出新的假设、详细描述因果机制或过程中的细节。回到热浪研究中，克莱因伯格（Klinenberg，2002）检验现有的关于社会阶层和死亡率的假设。当他仔细
167 观察了因果机制（这一机制导致一部分人死亡而非另一部分人）时，他又在此基础上提出了新的假设。他得知高死亡率发生在贫困和犯罪事件频发地区。男性比女性死亡人数要多，非裔美国人死亡人数比拉美裔美国人或白人要多。在不同的低收入地区行走、直接采访了很多人后，他提出了用于解释同一阶层的人在热浪中的存活率的极大差异的城市隔离机制。他调查了年长的非裔美国人的社会处境，发现当地社会环境是关键性的因果机制。他还关注了20世纪90年代中期影响了芝加哥社会情境与当地环境的更重要的力量。

第四种差异在于定性和定量研究都有自己独特的“逻辑”和研究路径。定量研究中，我们运用系统性逻辑并遵循线性研究路径。定性研究中，逻辑来自不断的实践，并遵循非线性研究路径。在接下来的部分，我们将考察不同研究的逻辑与路径。

（一）重构逻辑和实践逻辑

我们学习和讨论研究倾向于遵循两大逻辑中的一个。① 这些逻辑可以帮我们总结出研究策略在精确度、程序化和标准化的程度上的不同。在具体研究中，大多数研究者都会混用这两套逻辑，但是他们用到每个逻辑的比例会依据研究需要而有所不同。

重构逻辑（reconstructed logic）强调明确的研究过程，它被重建或者重申为在一项实际研究中把许多凌乱的细节变成一套理想化的、正式的步骤，标准化的实践和一致的原则、条件与规则。你可以把它理解为是“如何实施一个高质量研究”的“原模型”。遵循这个逻辑就像烹饪时按照现成的配方来做就行。例如，进行一次简单随机抽样的规则是非常直截了当的（在第7章中有讨论），只要遵循一套按部就班的

---

① 参见Kaplan（1964：3-11）的有关讨论。

程序，就可以完成。

实践逻辑（logic in practice）是相对凌乱的，而且与实际具体的研究操作紧密相连。实践逻辑更多来自具体真实的研究实践，而非仅是一套重述的、理想化的规则。这套逻辑极大依赖于那些活跃的、有经验的研究者之间共享的“本能判断”与“行业诀窍”。我们最好的学习途径是多了解和阅读他人的研究、成为一名研究学徒，以及获益于经验丰富的学者们相互传递的“民间智慧”。实践逻辑就像烹饪时没有可参照的菜谱，因此需要添加少许作料直到“看上去像是对了”，在烹饪时不断调整直到得到我们想要的某种特定的味道。

我们可以看出在定量研究报告中，重构逻辑占有重要成分。相反，定性研究报告可能根本不讨论方法（常见于历史比较研究），或者可能在某个特殊的研究中加入个人的现身说法（常见于实地研究）。标准化研究方法的缺失并没有降低定性研究的效度，但是对初学者来说，要想掌握这门技巧需要更多的时间和不同的思维方式。

（二）线性和非线性研究路径

这条路径是个隐喻，意指做事的先后顺序：什么事应最先要完成、已经完成了多少，以及下一步该做什么。这条路径也许已经有许多研究者走过，而且还留下了路标。或者你也可以沿着一条蜿蜒的小路走到一个陌生的地方，那里几乎没有其他人去过。这条路没有什么标志，所以你向前走，转向一边，有时后退一点，然后再向前走。 168

线性研究路径（linear research path）奉行一套固定的步骤顺序，就像一道阶梯引领你去某个清楚明白的方向。遵循线性研究路径，我们可以沿着这种直接、狭窄、笔直的路径到达目标，这是西欧与北美文化中最常见的模式，它在定量研究中应用得最广泛。与之相比，**非线性研究路径（nonlinear research path）**要求研究者用连续的、相互交替的方法移动，我们可能前进，可能后退，有时候前进之前会倒退甚至误入歧途。它更像一个螺旋楼梯而非直梯，我们由其缓慢朝上移动，而不是直线向上。在每个循环或重复的过程中，研究者搜集到新的资料并且有新的领悟。

那些习惯于直接、线性取向的研究者，可能会对不太直接的非线性路径感到不耐烦。虽然非线性路径不是无组织的、未界定的混乱状态，但非线性路径看起来确实效率低且没有严格性。习惯了非线性路径的研究者，用线性路径时会有堵、“被困住”的感觉。对他们来说，线性路径显得死板。他们认为这个方法会阻碍其自然的、无意识的创造力。

每种路径都有自己的优势。线性路径富有逻辑性、容易实施、有效率。非线性路径在理解整个事情中创造出真实的感觉、捕捉意义中的微小细节、将某些分歧的信息完整化以及转换视角等方面更有优势。每种路径都有自己的学科规范与严谨性。线性路径强调逻辑性和精确度，因此具有自然科学性。非线性路径从人文学科中寻求策略（如暗喻、类比、主题、动机、反语等），并且适用于翻译等工作，对这些工作而言，精致微妙的意义、细微复杂的言外之意或是情境差异都可能是极为重要的（见图6.2有关每一条路径的图示）。

（三）客观性和完整性

所有的社会研究者，都希望在其研究中保持公正、诚实、真实和无偏见。但是，偏见、不诚实或不道德都可能存在于包括社会研究在内的整个研究之中。不过，这两种主要研究方法以不同的方法为减少困难，确保诚实、真实的研究做出了贡献。

在定性研究中，我们经常试图获得透彻的第一手研究资料，因此，我们不想拉远我们自己和我们正在研究的对象或事件的距离。获得透彻的第一手资料并不意味着我们能随意插入个人观点、随意对待资料收集或是有选择地使用资料以支持个人的偏见，相反，我们需要充分利用个人的洞察力、感觉和人性视角来更全面地理解社会生活。我们要在“亲密”和“分离”中保持一个正确的态度，我们会把个人诚实正直摆在最前面。某些技术可能会有助于这一点，其中之一就是对我们自己的观点、想法和预先的假设保持高度警惕，然后把它们“悬置”或者放在一边，接着我们会超越它们，看得更远。相比试图埋葬或者拒绝我们的假设、观点和价值观，我们发现承认它们、坦诚地对待它们是最好的。之后我们可能意识到他们是如何影响我们的。我们尝试直率地、坦诚地参与我们的研究制定、处理研究中的人际关系及相关问题，进行研究然后报告结果。

研究者个人的开放性和完整性是定性研究的核心。相反，定量研究中我们强调中立和客观。定量研究者运用重复原则，遵循标准化的方法论程序，用数字来测量，然后用统计学（应用数学的一个领域）来分析数
169 据。[1] 总之，定量研究试图最小化或剥离人的主观性因素。正如波特（Porter，1995：7，74）所说：

> 理想化的专家应该是机械化的和客观的……以具体方法为基础的……这种客观性的理想化状态既可以是关于科学的，也可以是关于政治的。客观性意味着受制于规律或法则，而不是人。这意味着个人的利益和偏见要服从于公共的标准。

图 6.2　线性和非线性路径图示

定量研究的完整性问题反映了自然科学的方法。它经常使用一种明确的、客观的方法。例如精确的陈述语言、标准化方法、数字化测量、统计学和可重复性。

定量社会研究通常分享自然科学效度的特点：明确的、标准化的程序，精确的数字化测量方法和重复性。相反，定性研究的效度更多地依赖于可靠的、可信的研究者及其个人的完整性自我修养和可靠度。[2] 定性研究的四种其他形式的效度，在一定程度上并行于定量研究发现的客观过程。[3]

第一种形式表明，研究者仔细评估各种形式的证据，并且检查它们的一致性。例如，实地研究者倾听并记录一个学生的叙述：“史密斯教授向琼斯教授扔橡皮擦。”实地研究者会谨慎地对待这个证据。为了给这个论断寻找有力支持，研究者会考虑其他人说了什么，寻找令人信服的证据，并审视其内部的一致性。研究者会问，这个学生是否拥有关于这个事件的第一手知识，以及该学生的感觉或个人利益是否会致使其撒谎（例如，该学生不喜欢史密斯教授）。

170 第二种效度是定性研究者记录的大量详细的笔记。除了对证据的逐字的细致描绘，笔记中还包括资料来源的注释、研究者的注解，以及用于组织笔记的关键术语，各种引证、照片、地图、图表、释义和数字统计。大量的信息、庞大的多样性，及其连锁的、相辅相成的描述会对证实其真实性起作用。

第三种效度来源于其他观察者。大多数定性研究者通常独自工作，但是其他人也能够了解其用到的证据。例如，一个实地研究者往往研究生活在一个特殊情境中的人们，其他研究者也可以拜访相同情境

---

① 有关将使用定量技术和统计技术作为研究信任的替代性手段的议题，参见 Collins（1984），Porter（1995）和 Smith & Heshusius（2004）。

② 有关讨论参见 Schwandt（1997），Swanborn（1996），Tashakkori & Teddlie（1998：90－93）。

③ 关于核查的例子，参见 Agar（1980）与 Becker（1970c）。

中的人，和相同的人聊天，他的研究对象能够阅读其研究的内容，并且查证或者提问。类似地，研究者引用历史资料、档案资源和其他可视资料时，其他研究者也可以查看其参考资料及其来源。通过列出精确的引用，留下“审计追踪”路径，其他人也可以检查参考文献并查证资料来源。

第四种真实性的类型是通过我们公开揭露结果的方式得来的。在定量研究中，我们坚持用标准形式写研究报告。详细地解释我们是如何遵循公认的过程的，我们描述研究的每一个步骤，用表格、图表展示定量数据，把数据文件提供给别人进行再分析。我们提供研究中所有问题的答案。定性研究者的报告中并不公开呈现其笔记的所有细节、记录的访谈内容、照片或者原始资料，而这些资料多得能填满整个房间。取而代之的是，我们把相互交织的细节串联起来，并且使用交叉引用的资料。通过我们的写作与展现，提供足够的结构和细节，使之能向读者呈现一种“我在场”的感觉。通过提供丰富的具体描述，如地图、照片和逐字引证，我们传达与某一特定情境密切相关的知识，我们在读者间建立起一种能够共享的熟悉感。通过展示如大山一样丰富的经验证据，一位娴熟的定性研究者可以重现视觉图像、声音、气味、紧张感乃至整个大的氛围。

(四) 预先计划的和逐渐形成的研究问题

研究的开始有很多种方式，但通常第一步工作是选择一个主题。① 选择主题并没有定式。不论你是经验丰富的研究者，还是刚入门的初学者，最佳方针就是对一件你感兴趣的事进行研究。有很多选择主题的方法（见拓展方框 6.2：主题的来源），我们可以始于一个主题，但它太大了，而且仅仅是一个起点，研究者必须把它浓缩为一个焦点集中的研究问题。我们如何实施，随我们的研究是定性的还是定量的而变化，所有的研究都可以在某些主题下进展得很好。研究贫困问题可以测量一些官方数据，做调查，进行民族学领域内的研究，或者完成一份基于史实的对比分析。有些主题非常适合定性研究（如，人们如何通过参与哥特摇滚青年亚文化重塑他们的自我认同），有些主题非常适合定量研究（如，在过去五十年，公众对死刑的看法如何发生了变化，个人关于这个问题的意见是否受相关问题的影响、是否受媒体在相关议题上曝光度的影响）。

定性研究者经常从缺乏明确界定的研究主题开始，这些主题在研究过程中逐渐显现，并且可能随着新证据的出现而改变方向。这是在第 5 章中出现的文卡特斯赫案例（Venkatesh，2008）。他从自己感兴趣的内城住房项目的贫困问题入手，又转向了贩毒黑帮的研究。随着资料收集的过程，研究进一步聚焦于特定研究问题。文卡特斯赫把他的主题越来越多地从黑帮活动转向尖锐的问题：那些在低收入群体住房项目中的黑帮成员，是为何以及如何维持其地下经济体系、保护低收入项目的居民，并且提供服务的？

定性研究的灵活性督促我们持续关注整个研究过程。一个重要的研究问题可能会在研究过程中才会变得清晰。在研究者收集到一些数据并开始准备初步分析后，可以聚焦并完善研究主题。在许多定性研究中，最重要的问题和最有趣的问题通常在我们沉浸到资料中之后才会变得清晰。研究者需要对意料之外的想法、数据和议题保持乐观的态度。研究者需要不断地重估研究初期所关注的主题，随时准备着改变研究的方向并追寻新的证据。与此同时，研究者还需要进行自我克制，遵守学科规范。如果我们不断地改变研究焦点，却没有一个很好的结果，那么我们通常完成不了一项研究。在大多数情况下，都需要达到一种平衡的状态。 171

拓展方框 6.2

主题的来源

1. 个人经验。你可以根据发生在你身上或是你所知道的某些事件中，选择研究主题。举例来说，暑假时你在一间工厂打工，当地工会发动一场罢工，你对当时的状况没有强烈的情绪反应，但是迫于情势，

---

① 问题选择与主题筛选在 Campbell 等（1982）以及 Zuckerman（1978）的论著中皆有讨论。

你必须表明立场支持其中一方。你注意到紧张气氛的出现，经理与劳工变得相互仇视对方，这个经验使你选择工会或是组织化的劳工作为你研究的主题。

2. *出于对媒体报道事件的好奇心*。有时候你读到报纸杂志上的文章，或是看了某个电视节目，结果令你颇感困惑。你读到的消息使你提出疑问，甚或促使你去重复别人的研究，看看会不会得到相同的结果。举例来说，你读到《新闻周刊》上一则有关无家可归者的报道，但是你对于哪些人是无家可归者所知不多，对于为何他们会无家可归这个问题是否长期以来一直存在等，也不甚了解。这促使你选择无家可归者作为这次研究的主题。

3. *某个领域内的知识状况*。基础研究通常都是被新的研究发现以及拓展新知识领域的理论所驱策。随着理论发展的愈发详尽并且得到进一步的扩展，势必要寻求某些议题或问题的解答，只有这样该领域方能向前迈进。正是这些议题被确认和研究，知识才会发展。例如，你读到有关民众对死刑态度的报道，了解到大部分研究指出支持死刑的人士多具有一个潜在的信念：罪犯都是天生的邪恶之徒。你注意到目前尚未有人研究是否信仰某种宗教的人多支持死刑的处分，因为他们的宗教灌输这种天生的邪恶之徒的观念；也没有任何研究描述这些宗教团体分布的地理位置。这个领域的知识引导你选择对死刑的看法与不同地区的宗教信仰作为研究方案的主题。

4. *基于解决问题*。应用研究的主题常始于某个需要解决的问题。举例来说，你的工作是校内咨询员，你想要帮助大学新生建立彼此之间的友谊。你的问题建议你选择大学新生的交友过程作为你的主题。

5. *社会奖励*。这个术语是由辛格尔顿（Singleton，1988：68）及其同事提出的。意指某些主题相当“热门”或是提供某些研究机会。举例来说，你读到一则消息，说有一大笔经费提供给从事疗养所的研究，但是很少有人对这个题目感兴趣。你需要一份工作，所以你选择疗养所作为研究主题。

6. *个人价值*。有些人对某种宗教信仰、政治或社会价值十分热衷。例如，你强烈信仰种族平等，每当听到种族歧视，你马上就会义愤填膺。你强烈的个人信仰促使你选择种族歧视作为研究主题。

7. *日常生活*。日常生活中的古老谚语、小说、歌谣、统计数字以及道听途说（特别是那些与你意见不同的人的言论）都可以找到潜在的话题。举例来说，你听说过主场优势在篮球比赛中非常重要。这个陈述促使你以“主场优势”作为研究主题。

对于定性研究者而言，典型的研究问题包括：某种特定的情境或社会状态是如何产生的？人们、事件以及情境是如何维持这一状态的？一种情境改变、发展或结束的过程是什么？另一种不同类型的问题试图确认现存的信念或假设。［例如，在麦克德莫特（McDermott，2006）的一项关于亚特兰大和波士顿
172 工人阶级的研究中，南部和北部白人是否在针对其他族裔的行为方面存在差异。］最后一种类型的问题则试图发掘新的想法。①

在定量研究中，研究者先将某个主题浓缩为一个焦点集中的问题，并将此作为最后确定研究设计之前的一个独立环节。他们还将此作为发展一个可检验假设的过程（稍后会讨论到）的一个环节，并以此来指导资料收集之前的研究设计工作。②

在定性研究中，研究者通常利用现有资料来聚焦主题。但在定量研究中，研究者则无法利用现有资料的优势，而是需要运用其他技术。刚开始进行某个主题的研究时，应该问自己一个问题：就这个主题而言，最令你感兴趣的是什么？对一个你所知甚少的主题，应先从阅读开始，建立你对这个主题背景知识的了解。阅读文献资料可以引发更多的关于聚焦研究问题的灵感。

在大多数定量研究中，研究问题指的是数量有限的几个变量之间的关系。这就意味着研究者需要尽可能地将能使聚焦主题变成研究问题的变量列出来（见拓展方框6.3：将主题浓缩为研究问题的方法）。

---

① 参见Flick（1998：51）。

② *例外*是二次资料分析和现有统计资料研究。在这些情形中，定量研究者经常将注意力集中在研究问题上，并在检查了可用的数据后发展出一个特殊的假设来检验它。

举例来说，“什么原因会造成离婚”这个问题就不是一个好的研究问题。一个比较好的研究问题是“结婚年龄与离婚有关系吗”。第二个问题指出了两个变量：结婚年龄与离婚事件是否发生（见实例方框 6.2：不好的和好的研究问题实例）。

拓展方框 6.3

将主题浓缩为研究问题的方法

1. *文献检索*。已发表的论文是研究问题的极佳来源。这些论文通常具有某种适当的明晰程度，并以以下方式对研究问题提出建议：

a. 完整地复制先前的研究方案，或是只做略微的改变。

b. 探讨前人研究中发现的非预期性结果。

c. 遵循作者在其论文结束时所提出的对后续研究的建议。

d. 延伸既有的解释或理论，将之运用到新的主题或情境当中。

e. 挑战某些研究发现，或试图驳斥某项关系。

f. 清楚说明干预的过程，思考关系形成的环节。

2. *与他人讨论你的想法*。

a. 向对某个主题知之甚详的人请教其曾经思索过的问题。

b. 找出那些在某个主题上与你意见不同的人，并和他们探讨可能的研究问题。

3. *将主题应用到某个特定的情境*。

a. 把主题集中到某段特定的历史时期或时间阶段。

b. 把主题压缩到某个特定的社会或地理单位。

c. 思考哪些次级群体或群众类属/单位涉及其中，以及它们之间是否有所差异。

4. *界定研究的目的与期望的结果*。

a. 研究问题是探索性的、解释性的还是描述性的？

b. 研究属于应用性的还是基础性的研究？

个人经验也能引发对特定主题的兴趣，它可能会使得研究者把从监狱中被释放的人们作为研究主题，就像佩格（Pager，2007）所做的那样。研究者可以阅读大量的关于囚犯和再入囚犯、缓刑方面的书籍和文章。一个重点研究的问题可能是一个有非暴力犯罪记录的人得到一份工作是否比没有犯罪记录的人要更困难。具体而言，问题在于犯罪记录的类型与前囚犯的具体求职结果。这就有两个变量，一个人是否有犯罪记录和是否得到工作。一种比较常见的研究问题会问：在众多因素中，哪一个因素对结果的影响最大？我们可能会像佩格一样问：种族分类（黑人 VS. 白人）与犯罪记录是否会影响个体找到工作的机会？种族会造成差异吗？犯罪记录会造成差异吗？这两种因素对获得工作的影响是相互独立的、相互抵消的还是相互加强的？ 173

实例方框 6.2　不好的和好的研究问题实例

不好的研究问题

无法经过检验、非科学的问题

- 堕胎应该合法化吗？
- 死刑是正确的吗？

一般性的主题，不是研究问题

- 酗酒与吸毒的处理

- 性与老化

是组变量，而不是问题

- 死刑与种族歧视
- 都市衰败与帮派

太过模糊、模棱两可的问题

- 警力影响不良行为吗？
- 我们可以做些什么来防止虐待儿童？

需要进一步明确的问题

- 虐待儿童事件有增多的情形吗？
- 贫困如何对儿童产生影响？
- 什么是生长在贫困环境中的儿童会经历到，而其他儿童没有经历到的问题？

好的问题

探索性的问题

- 威斯康星州在过去10年间是否出现了新形式的虐待儿童事件？

描述性问题

- 虐待儿童，不论是毒打还是性虐待，是否在父母离异的家庭中比在完好如初、从未离异的家庭中更加常见？
- 在贫困家庭中长大的小孩相较于非贫困家庭的小孩，是否更可能有医疗、学习、社会情绪适应上的困难？

解释性问题

- 离婚经验导致的情绪不稳定会增加离婚父母毒打虐待孩子的机会吗？
- 缺乏足够的金钱接受预防治疗是贫困家庭小孩遭遇到比较严重医疗问题的主要原因吗？

另外一个确定研究问题的方法，是明确该问题的答案普遍适用的那个**总体（universe）**。所有的研究及其研究问题都只适用于某一类个人、组织或其他单位。总体是指研究问题能够覆盖或我们所能总括的所有单位的总和。例如，在佩格（Pager，2007）的研究中，他的研究单位是个人，特别是年轻的男性白人或黑人。那么总体就是在美国他能找到的20～30岁的黑人和白人。

当把主题提炼成一个研究问题，并设计一个研究方案时，你也需要考虑实践中的限制因素。设计一个完备的研究方案是个有趣的学术练习，但是如果你想要实际执行一个研究方案，实际操作上的限制因素将会影响你对整个方案的设计。主要的限制因素包括：时间、成本、获取资源的途径、主管机关的许可、伦理道德的考虑，以及专业知识。如果你有5个星期的时间，每个星期有10个小时可以用来实行研究方案，但是对这个研究问题的解答需要花费2年的时间才能实现，那么你就得重新规划研究问题，使其更加细化。

时间总是考虑因素之一。然而，估算获取一个研究问题的答案所需的时间不是件易事。研究问题的具体化、所使用的研究方法、研究的复杂性以及所打算收集的资料的数量与类型，都占有非常重要的位置。经验丰富的研究者，是请教精确估计的最佳对象。

成本是另外一个限制因素。因为所涉及的费用问题可能使对某些问题的回答成为不可能的事。举例
174 来说，一个关于所有球迷对他们球队的吉祥物所持态度是否取决于球队在赛季内输赢表现的研究问题，如果要在一个国家十年内的所有球队这一范围进行考察，可能只有在投下大量的时间与金钱后，才能得到答案。研究问题可以由各种球队聚焦为一种运动的球队（如足球队），由各种球迷聚焦于学生球迷，并将考察范围缩小为4所大学的3个赛季。随着时间的推移，经验丰富的研究者能帮助提供完成这项研究的预算。

获取资源的途径是一个常见的限制因素。资源可以包括：专业知识技能、特殊器材设备以及信息。举例来说，一个关于不同国家的盗窃率与家庭收入的研究问题，几乎是无法回答的问题，因为无法收集或无法使用许多国家的盗窃与收入的资料。某些问题的研究需要主管机关的同意（如查阅医疗记录），或是牵扯到违反基本的伦理道德原则（例如，对一个人说谎以及伤害他）。研究者的专业背景也是一个限制。回答某些研究问题涉及对资料收集的技术、统计方法、外语知识或是研究者可能没有的某些技能的使用。除非研究者可以获得必要的训练，或者花钱雇用另一个人来服务，否则这个研究问题就不切实际了。

总之，尽管定性和定量类型的研究者有很多方面的相同之处，但是他们通常在设计议题上有很大不同，包括：逻辑、研究路径、验证模式以及研究问题的形成（见表 6.1）。另外，不同的研究者也倾向于选择不同的“语言”，强调研究设计的不同特征与议题，这将在下文继续探讨。

表 6.1　定量研究与定性研究之比较

定量研究	定性研究
研究者检验工作开始时提出的假设	当研究者开始沉浸于资料中时，掌握和发现意义
概念以不同的变量形式出现	概念以主题、宗旨、概括和类型的形式出现
在资料收集之前制定标准化的测量体系	测量以特殊化方式进行，而且通常根据个体的环境和研究者个人而具体化
资料以来自精确测量的数字形式出现	资料以来自文献、观察和抄本的词语和画面的形式出现
理论在很大程度上是因果性的和演绎性的	理论不一定是因果性的，但通常是归纳的
程序是标准化、可重复的	研究的程序是特殊的，很少能重复
通过用统计数值和图表，以及探讨它们与假设的关系来进行分析	分析的过程是通过从例证中抽取出主题或概要和组织资料来展现一个紧凑的、一致的画面

三、定性设计议题

（一）个案和情境语言

定性研究者使用个案和情境语言，使用*拼凑术*（接下来会讨论）组织手头现成的东西，将社会过程和个案置于它们所处的社会情境中来考察，并探寻特定环境背景下的解释或独具的意义。他们尝试着从多个角度考察社会生活，解释人们是如何构造身份认同的。他们极少使用变量和假设检验，也极少将社会生活转换成精确的数字进行测量。

大多数定性研究都建立在这样的假设之上：社会生活的某些领域是内在定性的。出于此原因，对于 *175*
他们来说，定性资料并非欠精确或不完善，而是意义丰富。定性研究者并不将动态的、活态的社会生活转换成变量或数字，而是借用研究对象的概念与想法，并将它们置于一个动态的自然情境之中。他们考察的是主旨、主题、区别和想法，而不是变量。通常情况下，定性研究者采用归纳方法并依赖于*扎根理论*（第 3 章已有讨论）的形式。

有些人认为，定性资料是软性的、难以捉摸的和无形的。这并不意味着我们无法掌握这类资料。定性资料涉及记录真实事件、记录人们所说过的话（用文字、表情和语调）、观察特定的行为、研究书面的文件或是查阅视觉影像。这些都是这个社会世界的具体、实际的层面。举例来说，一些定性研究者拍下并且仔细研究人物或社会事件的照片或录影带，随之获得了“硬性的”具体的证据。[①] 这类证据同定量研

① 参见 Ball & Smith（1992）和 Harper（1994）。

究者用以测量态度、社会压力、智力等特性的数字化测量指标一样“硬性”与具体。

（二）扎根理论

定性研究者在资料收集过程中发展理论。这种较贴近于归纳式的方法，意味着理论是从资料中建构起来的，或者说是根植于资料的。而且对理论的概念化和操作化，是与资料收集和对资料的初步分析一起进行的。扎根理论使研究增加了弹性，而且使资料能够与理论互动。这也有助于定性研究者对非预期的事物持开放的心态。在项目执行过程中，如果发现了新鲜的、激动人心的事物，也可以改变研究方向或放弃自己原来的研究问题。[①]

定性研究者通过比较来建立理论。举例来说，当研究者观察某个事件时（例如，警察遇上超速驾驶者），他马上对问题进行沉思，寻找相似与相异之处。目睹警察拦下超速者，定性研究者会问：在执勤时，警察总是先用无线电告知汽车牌照号码然后才驱车向前吗？在用无线电告知该车所在位置之后，警察是否有时会先要求驾驶者下车，而在其他情况下警察则会慢步上前，然后与坐在车内的驾驶者交谈呢？当资料收集与理论化的过程交错进行时，需要进一步观察的理论问题随之出现，于是定性研究者就加入他对先前资料的思考心得，并就此以所得出的新资料来回答理论问题。

在扎根理论中，研究者从特定的观察中拓宽概念，构建组织观测数据，然后继续构建与概念有关的原则或主题。和其他理论相比较，扎根理论显得没那么抽象，而是与真实的观察物或者具体事件更接近。从数据中构建理论，创造了数据与理论的强联系。但是，这同样也是一个劣势。它可能使得在不同情境下概念和原则的连接变得更困难，它可能减缓发展通用概念、抽象知识的进度。为了弥补这一不足，研究者对其他研究中所用的概念和理论要非常熟悉，这样在自身进行运用时不会产生太多歧义，同时能指出其中的相似和不同之处。这样，我们可以建立交叉性研究，并且推进更广义的、普遍性的知识。

（三）情境是关键

定性研究者强调社会情境，因为某个社会行动、事件或陈述的意义，有很重要的成分，是视其发生时的情境而定的。如果研究者将事件、社会行动、问题的答案或对话从其发生当时所在的社会情境中抽离，或是忽视这些情境脉络，那么它们所具有的社会意义与重要性就会被扭曲。

社会情境包括时间情境（事情发生的时间）、空间情境（事情发生的地点）、情感情境（事情发生时的感受）和社会文化情境（事情发生时的社会境况和文化环境）。例如，深夜里，在一座大城市的低收入地区的街道上发生的如纸牌游戏、性行为、争吵一类的事情，体现的是在一个充斥着毒品滥用、恐惧和愤怒、暴力犯罪、卖淫等的文化环境下的极端社会经济地位不平等。但是同样的活动发生在午后一个富
176 裕郊区的大房子的后院里，社会环境放松和休闲，人们相互信任，情感上很亲密，体现的就是这种文化环境下的富裕和特权。情境将显著改变活动的意义。不同的情境有不同的寓意，因此，相同的活动或者行为可能产生不同的后果。

在定量研究中，研究者很少认为情境很重要，他们通常不会考虑它，认为它很“乱”，或者只是“噪音”，而把注意力放在精确的计算或者数字化测量方法上。因此，在定性研究中可能非常重要的情境，在定量研究中可能只是被视为不相关的噪音。举例来说，与忽视情境脉络、跨时空或文化来计算选票相反，定性研究者会问：在某个情境背景下，投票的意义是什么？研究者会视其发生当时的社会情境的不同（见实例方框6.3：背景情境对意义所具有的重要性举证），而以不同的方式理解看待相同的行为（例如，为总统候选人投票）。

情境是超越包括物理对象在内的社会事件、行为和语言的。一把手枪可以被看作一件艺术品，可以被看作一个娱乐爱好、一个暴力犯罪的重要因素，一名不负责任家长的证据，自杀行为的推动因素，或

---

① 关于理论在定性研究中的位置，参见 Hammersley（1995）。

者是社会和谐和社区保护的一种手段。不结合周围的情境，研究者很难明确某一事物的含义。

实例方框 6.3 背景情境对意义所具有的重要性举证

“在全国性选举中投票”在不同的背景情境下具有不同的意义：

1. *在一个一党专政、没有反对党候选人的政权下，法律规定人民要去投票*。不去投票的人的名字会被警方记录下来。不去投票的人被怀疑是反政府的破坏分子。不投票使他们面临罚款而且可能会失去工作。

2. *处在执政党与叛军暴力冲突情况下的国家，投票是危险的，因为双方的武装士兵都会射杀他们怀疑把票投给对手的选民*。投票的结果会使其中一方获得权力，并且剧烈地改变整个社会结构。年龄超过 16 周岁的民众都可以投票。

3. *一个民众可以从很多权力不相上下的政党中进行选择，而每个政党都代表不同的价值与政策的背景情境*。每个政党都有庞大的组织、自己的报纸、社会俱乐部，以及邻里间的组织者。选举日是国家假日，这一天人们不必去工作。选民带着身份证件，可以在当地任何一间投票所投票。投票本身是不记名的，任何 18 周岁以上的人都可以投票。

4. *只有 21 周岁以上有固定工作的白人男性才可以投票的背景情境*。家庭、朋友与邻居看得到彼此投的票。政党之间没有不同的政策；相反地，它们和种族或宗教团体相连，而且是人们的种族和宗教身份的一部分。种族与宗教团体的身份意识非常强烈，影响人们住在哪里、在哪儿工作，以及和谁结婚之类的事项。在种族与宗教团体所举办的大规模游行与持续一周的社区活动之后，举行投票。

5. *在这个背景情境下，有个非常强而有力的政党，面对一个或两个非常弱小的政党的挑战*。过去 60 年来该政党通过贪污、贿赂与威胁、恐吓掌握了政权。它得到社会各界领袖的支持（宗教组织、教育组织、企业、工会，以及大众传媒）。任何受雇于政府部门工作者（例如，所有的警察人员、邮政人员、学校教师、收垃圾者等）的工作取决于该党的持续掌权。

6. *在两个只有很少差异的政党中做选择的背景情境*。人们选择候选人主要是根据电视广告。候选人用有钱人与有较大影响力的组织的捐款来支付电视广告的费用。投票是一种模糊的公民义务，很少有人认真为之。选举是在工作日中举行。要想投票，人们必须符合许多条件而且在投票前数周就要前往登记。最近才迁入的移民以及因犯罪而被捕下狱者不能投票。 177

（四）拼凑术

定性研究者是利用手头现成材料制作东西的拼凑者，他们擅长很多领域、能利用很多资源或利用手头现有任何东西做事。[①] **拼凑术（bricolage）**技术需要利用手头资料工作，将多种可能性和结果联系起来，用一种实用、熟练和创造性的方式来完成一项任务。一位优秀的拼凑者需要具有对其所拥有的材料的丰厚知识、对秘传技术的汇集，以及灵活地将它们结合在一起的能力。典型的拼凑者好像一个别出心裁的熟练的工匠、修补者或者万事通。

定性研究类型强调发展能够利用多种技术、材料和方法满足自己需求的能力，而且通常并不进行任何事先的计划。将各种原材料混合，应用不同的方法，将零碎组合成一个整体的过程类似于熟练的工匠的拼凑，他们能够通过使用当时可用的任何东西来创造或修复许多东西。

（五）个案和过程

研究者可以将所有基于经验的社会研究分为两类：*个案研究*（只有一个或少数案例）或者*群组*（包含

---

① 参见 Harper（1987：9，74－75）和 Schwandt（1997：10－11）。

许多案例[①]）定性研究者倾向于使用“个案取向的观点，即将个案而非变量置于中心位置”（Ragin，1992a：5）。他们检验一个或少量个案的方方面面。不像典型定量研究那样追求个案的广度和表面信息，定性研究更注重少量、特定个案的深度。通常来说，以个案为导向的分析强调混乱复杂的自然情境中的偶然性（如，许多特定的因素和事件在相同的地点同时发生）。与定量研究相比，我们没有精确地测量大量数据，而是深入了解个案的知识，并敏锐地洞察了少数案例。

对案例的深入研究，试图通过展开情节或者故事叙述的方式来对某些人或具体事件进行解释、做出推论。而这又将时间跨度引入了解释中。通常关注的重点是事件出现的先后顺序，留意什么事件出现在先，以及接着出现的第二、第三件事等。把焦点放在过程中可以帮助显示个案演进的情形、冲突的出现或社会关系的发展。

（六）诠释

*诠释*这个词指的是，指定特定意义或前后连贯的含义。定量研究报告通常包括充满数字的图表。定量研究是通过数字（例如，百分比或统计相关系数）来表达的，研究者赋予数字以意义，并说明它们与假设的关系。定性研究报告则很少包括含有数字的表。唯一可见的视觉资料就是地图、照片或展示概念如何关联的图表。研究者将资料用在关于其意义的讨论之中。这些资料以文字的形式出现，包括引文或对特殊事件的描述。任何数字资料都是对正文中证据的补充。

定性研究者通过赋予资料意义、翻译资料或使其成为可以读得懂的资料，来诠释资料。不过，研究者赋予资料的意义来自被研究者的观点。他们通过找出被研究者如何看待这个世界、如何界定某个情境等方式来诠释资料。研究者要学习事件、行为和活动对于他们的意义。因此，定性诠释的第一步都是在了解它们对被研究者来说所具有的意义。[②]

做出这些社会行为的人，自有其个人的理由或行为动机。这就是**第一级诠释（first-order interpretation）**。研究者的发现以及对第一级诠释的重新建构，即**第二级诠释（second-order interpretation）**，因为研究者是以局外人的身份介入，来探寻发生了什么事情。在第二级诠释中，研究者从资料中引申出隐藏的
178 连贯性与意义感。由于意义形成于一组其他的意义之中，而不是凭空冒出来的，因此第二级诠释会把其所研究的人类行动置入“行为链”或与该行动相关的事件（它的背景情境）之中。

采用严格的诠释取向的研究者，可能只做到第二级诠释就停止了。也就是说，一旦他了解了该行动对被研究者的意义之后就罢手了。许多定性研究者走得更远，他们进一步将第二级诠释通则化，即将其与一种理论或一般性知识相连。他们朝更为广阔的诠释层级迈进，或称**第三级诠释（third-order interpretation）**，此时研究者为资料赋予一般性理论意义。

由于解释社会语境的意义通常是一项定性研究的主要目的和结果，需要记住这三级诠释为我们提供的梳理研究过程的方法。

四、定量设计议题

（一）变量和假设语言

变异和变量。简单地定义，**变量（variable）**是一个会变化的概念。定量研究的语言就是变量与变量间关系的语言。

---

① 参见 Gerring（2007：20），George & Bennett（2005）。

② 参见 Blee & Billings（1986），Ricoeur（1970），Schneider（1987）有关定性研究中文本的诠释。

你在第 3 章已经知道两种类型的概念：指称某个固定现象的概念（例如，科层制度的理想类型），以及在数量、深度和程度上会变化的概念（例如，受教育的年限）。第二种类型的概念以及对这些概念的测量就是变量。

变量具有两个或两个以上的值，一旦你开始去寻找变量，你将会发现它们到处都是。例如，性别是一个变量，它有两个值：男性或女性。婚姻状况也是一个变量，它的值可以是未婚单身、已婚、离婚或鳏寡者。犯罪类型也是一个变量，它的值有抢劫、盗窃、杀人，以及其他。家庭收入也是个变量，它的值可以从零到数十亿美元。一个人对堕胎的态度也是个变量，它的值可以从强烈赞成合法堕胎到强烈反对堕胎。

变量的值或类别称为它的**属性（attribute）**。一般很容易将变量与属性混为一谈。造成混淆的原因是因为只要在定义上稍微做些变动，一个变量的属性本身就可以成为另一个独立的变量。两者的差异在于一个是概念之间的变化，另一个是概念内部状况的变化。例如，“男性”不是一个变量，它描述一个性别种类，因此是“性别”这个变量的一个属性。然而，一个相关概念“男子气概的程度”则是一个变量。它描述在一种文化中，与男子气概这个概念相关的态度、信仰与行为的程度或强度。“已婚”不是一个变量，它是变量“婚姻状况”的一个属性。相关的概念诸如“结婚年数”或“对婚姻忠诚的程度”等则是变量。同样，“抢劫”不是一个变量，它是变量“犯罪类型”的一个属性。“抢劫次数”“抢劫率”“抢劫所获得的财物”和“抢劫类型”都是变量，这是因为它们会变化或是它们的值会在一定范围内变动。

定量研究者需要以变量的语言重新界定其感兴趣的概念。正如变量与属性的例子所表明的那样，定义上的细微变动会把一个非变量的概念转变成一个变量的概念。就如你在第 3 章所见到的，概念是理论建构的基石，概念将人们对社会世界的思考组织起来。谨慎界定的清晰概念对于理论来说，是极为根本的。

变量的类型。以因果关系为研究焦点的研究者通常会从某项结果开始，回头去寻找造成这个结果的原因。据其在因果关系中的位置，变量被分为三种基本类型。原因变量，即明确指出那些对其他事物发生作用的力量或条件的那个变量，称为**自变量（independent variable）**。而作为被另一个变量影响得出结果的变量，称为**因变量（dependent variable）**。自变量“独立于”对它发生作用的前因，而因变量则“依赖于”那个原因的作用。 179

要确定一个变量是自变量还是因变量，并不是件容易的事。不过有两个问题可以帮助你去识别自变量。第一，在时间上该变量是出现在其他变量之前吗？自变量是出现在任何其他类型变量之前的。第二，如果变量是同时出现的，那么某个变量会对另一个变量产生作用吗？自变量是会影响其他变量的发生的。研究主题与问题通常是根据因变量来进行叙述，因为因变量是要解释的现象。举例来说，假设一位研究者要考察得克萨斯州（Texas）达拉斯市（Dallas）犯罪率增加的原因，那么因变量就是犯罪率。

基本的因果关系只要有自变量与因变量就可以了。而第三类变量——**中介变量（intervening variable）**——则会出现在较为复杂的因果关系之中。它位于自变量和因变量之间，显示它们之间的关联或作用机制。就像在第 3 章谈到的一样，知识的发展不仅依赖于对因果关系的记录，也有赖于对因果关系作用机制的详细说明。在某种意义上，中介变量既是自变量的因变量，又是因变量的自变量。

举例来说，法国社会学家涂尔干发展出一套自杀理论，明确指出婚姻状况与自杀率之间存在一个因果关系。涂尔干发现的证据是已婚者比单身者有较小的可能性会自杀。他认为已婚者有较强的社会整合性（即归属于某个团体或家庭的感觉），也认为有一种类型的自杀其主要原因是人们缺乏归属于某个团体的感觉。因此，他的理论可以被重新阐述为一种三个变量的关系：婚姻状况（自变量）影响社会整合性的程度（中介变量），而社会整合性的程度又影响到自杀（因变量）。明确指出因果关系链，会使理论的内部环节更加清楚，并有助于研究者检验复杂的解释。①

---

① 有关一组因果关联中基本与表面变量的讨论，参见 Lieberson（1985：185－187）。Davis（1985）与 Stinchcombe（1968）就建立社会理论中的变量关联这一问题，进行了较好的一般性介绍。

简单的理论只有一个因变量与一个自变量，而复杂的理论则可能包含多个变量，其中含有多重自变量、中介变量与因变量。例如，一个有关犯罪行为（因变量）的理论指出四个自变量：个人经济拮据的状况、易于犯罪的机会、是否为某个不反对犯罪行为的反常（deviant）社会亚群体的成员，以及缺少对犯罪行为制裁的程度。一个多因的解释经常会明确地指出发挥最显著因果作用的自变量。

一个复杂的理论解释包括一连串互相关联的多个中介变量。例如，家庭破裂造成儿童在与同伴相处时表现出较低的自尊，这会导致儿童的压抑情绪，这种情绪又造成儿童学习成绩的下滑，这会降低其对找到好工作的期望值，并由此造成其成年后较低的收入。这一连串的变量包括：家庭破裂（自变量）、童年时的自尊（中介变量）、压抑情绪（中介变量）、学习成绩（中介变量）、工作期望（中介变量）、成年时的收入（因变量）。

关于同一主题的两种理论，可能有不同的自变量，或是对自变量的重要性做出不同的预测。此外，两个理论可能在自变量与因变量是什么的问题上看法一致，但是对于中介变量是什么或因果机制是如何运作的，持不同的意见。例如，两种理论都认为家庭破裂会造成儿童长大成人后较低的收入，但是解释
180 的方式却不同。一种理论认为家庭破裂会鼓励孩童加入反常的同辈群体，这类群体不接受努力工作的社会化规范。另一种理论强调家庭破裂造成孩童压抑情绪与较差的学业成绩表现，而后者直接影响到工作上的表现。

单一的研究方案通常只检验一个完整因果链中的一小部分。例如，一个检验6个变量的研究方案，可能是从一个更大的、更为复杂的、内含24个变量的理论中，抽取6个变量的研究。明确陈述研究方案与较大理论之间的关联，有助于强化并理清该研究方案。

（二）因果理论和假设

***假设与因果性。*因果假设（causal hypothesis）**是个有待检验的命题，或是一个关于两变量之间关系的暂时性陈述。假设是关于社会世界如何运作的猜测，它以价值中立的形式叙述出来。科林格（Kerlinger，1979：35）指出：

> 假设在科学研究中，比光是知道它们是什么以及它们是如何被建构起来的重要得多。可以这么说，它们具有将人的因素从中剥离开来的更为深层与重要的意义……假设是增进知识的有力工具，因为假设虽然是由人类做出的，但是它们可以不被人类价值与信仰所左右，而接受检验并被证明真伪。

一个因果假设有五大特征（见拓展方框6.4：因果假设的五大特征）。例如，参加宗教礼拜会降低离婚可能性的假设，可以被重新叙述为一项预测：经常参加宗教礼拜的夫妻相比很少参加宗教礼拜的夫妻较少离婚。这项预测可以用经验证据来加以检验。假设应该在逻辑上与某个研究问题及某个理论相联系。研究者检验假设的目的就是回答研究问题，或是为理论找寻经验支持。在逻辑上必然为真的陈述，或是无法由科学观察而回答的问题（什么是“好的生活”？上帝存在吗？）都不能成为科学的假设。

拓展方框6.4

因果假设的五大特征

1. 因果假设至少要有两个变量。
2. 因果假设表示变量之间存在一种因果或原因-结果的关系。
3. 因果假设的表示可以通过一个预测项或一个预期的未来结果来表示。
4. 因果假设在逻辑上与某个研究问题及某个理论相关联。
5. 因果假设是可以被证伪的（falsifiable），也就是说，能够使用经验证据来加以检验，并证明假设内容的真假。

因果假设可以通过许多方式来陈述。有时会用到*原因*这个词，但并不是必然如此。例如，一个关于宗教礼拜与降低离婚可能性的因果假设，可以有 10 种不同的陈述方式（见实例方框 6.4：陈述因果假设的方式）。

进行假设检验时，研究者避免使用已*被证明*（proved）的说法。你可能在报纸杂志、法院或者广告中听闻过*证明*（proof）这个词，但是你极少会见到科学研究者使用这个概念。陪审团会说证据“证明（proves）”某人有罪，或一个电视广告说，“研究证明我们的阿司匹林能够最快治愈头痛”。但这不是科学研究的语言。在科学研究的语言中，知识是暂时性的，知识的创造是个不断发展的过程，要避免不成熟的结论。*证明*意味着终结、绝对肯定或是不再需要进一步探究事物。证明对于谨慎自持的科学界来说是一个太过强烈的用语。证据支持或肯定假设，但是无法证明假设。即使有数以百计的研究显示同样的结果，就如同抽烟和肺癌之间的关联所得到的无数支持一样，科学家也不会说他们已经绝对地证明。他们 181
最多能够说的只是有极多的证据，或是到今天所有的研究都支持某个假设，或都与某个假设预测的一致。科学家不可能会断绝任何找出与过去发现不一致的新证据的机会，他们也不想阻断未来的探寻或停止探索干预机制的机会。历史上有许多曾经被认为是已被证明的关系，但是后来却被发现是错误的例子。证明被用于推论逻辑或数学关系上，如一道数学证明，但是不会被用在讨论经验研究上。

实例方框 6.4　陈述因果假设的方式

- 参加宗教礼拜是减少离婚的*原因*。
- 参加宗教礼拜*致使*离婚减少。
- 参加宗教礼拜与离婚的减少*有关*。
- 参加宗教礼拜*影响到*离婚的减少。
- 参加宗教礼拜与离婚的减少*相关联*。
- 参加宗教礼拜*造成*离婚的减少。
- 参加宗教礼拜*导致*离婚的减少。
- *如果*人们参加宗教礼拜，*那么*离婚的可能性就会降低。
- 参加宗教礼拜的*次数越多*，离婚的可能性*越低*。
- 参加宗教礼拜*减少*离婚的可能性。

检验与提炼假设。知识很少会在对单个假设做一次检验的基础上有所进展。事实上，如果集中于检验一个假设的单一研究方案，一般得到的很可能是一个对研究过程的扭曲了的图像。知识的发展是在很长的时间内通过整个科学界的研究者对许多假设进行检验而实现的。在许多假设的变换与筛选中，知识也随之发展。每一个假设都代表着对因变量的一种解释。如果证据不能支持某个假设，它们就会逐步被排除在思考范围之外，而那些得到支持的假设则仍留在争论之中。理论家与研究者不断创造新的假设，以挑战那些已获得证据支持的假设（见图 6.3）。从图 6.3 中可以看出，2010 年有三个论点假设，但是从 1970 年到 2010 年，研究者们曾经考虑过 11 种假设，随着时间变化，在一次或多次检验中，有 8 种假设被丢弃了。

科学家是一个抱持怀疑论的团体。在一项研究中获得的对假设的支持，并不足以使科学家就此接受假设。重复性原则指出，一个假设需要数次检验都获得一致和重复性的支持，才能获得普遍接受。另一种增强对假设信心的方法是，检验推导出假设的理论中相关的因果关联。

最强势的竞争者，即拥有最多经验支持的假设，常被视为一段时期内最好的解释。我们检验一个假设的选择越多，我们对它的信心就越强。有些假设检验被称作**关键实验**（**crucial experiment**）或关键研究。这是一种研究的类型，其中：

> 对于某个现象有两个或数个可供选择的解释，而每一个又都有经验资料的验证；设计关键实验，是为了从中产生唯一的一个可以说明那个结果的解释，这样这个解释便显示出它是“最正确的解释”。（Kaplan，1964：151－152）

因此，不常见到的关键实验或研究，是非常重要的理论检验。来自两种不同理论的假设在关键实验中正面相逢，而且其中一个会被另一个击败出局。很少会出现这种局面，不过一旦发生，则影响极为深远。

假设的类型。假设是理论因果链中的环节。研究者用它们来检验变量间关系的方向与强度。当某个
182 假设击败它的竞争对手，等于对研究者所提出的解释给予支持。假设检验的一个较为独特的方面是，研究者对支持假设的证据的处理手法不同于对否定假设的证据的处理。他们赋予否定性的证据以更大的重要性。评估假设时认为否定性证据更为关键的看法源自**证伪假设的逻辑（logic of disconfirming hypothesis）**。① 这与卡尔·波普尔（Karl Popper）的证伪思想（见第 4 章）以及零假设的使用（参见本节后面的讨论）是相关联的。

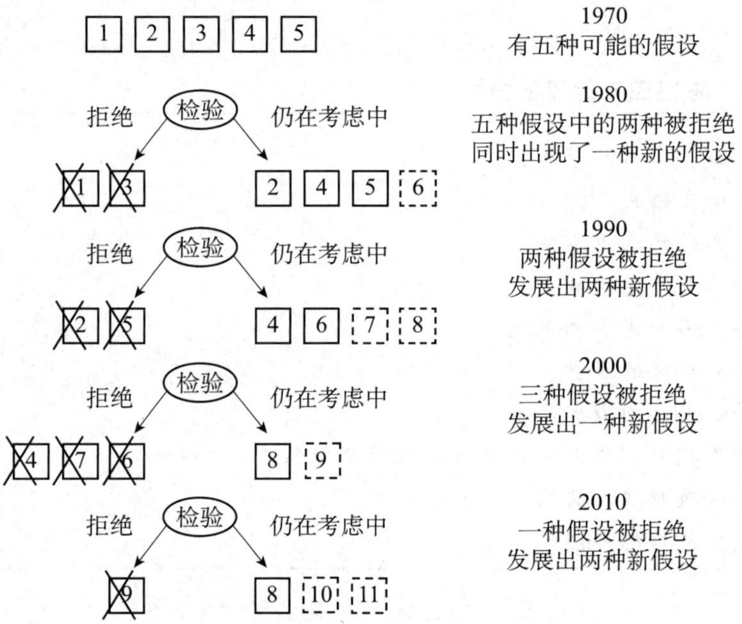

图 6.3　假设检验流程运作

回顾前面关于证明的讨论，我们不可能完全证明某个假设，但是我们能够做出否证。研究者掌握支持假设的证据时，只能说这个假设有成立的可能性，或是说这个假设目前仍然有效。而否定性的证据之所以意义重大，是因为如果证据无法支持假设，假设就好像“失去了光泽”或“蒙上了尘埃”。这是因为假设是要做出预测的，否定与不一致的证据意味着预测中会出现错误。假设中肯定或一致性的证据之所
183 以没那么重要，是因为其他的假设可能也会做出相同的预测。发现某项预测的肯定性证据的研究者，并不能就此认为某个解释比其他解释更好。

例如，一个人拿着一把雨伞站在街角，宣称他的雨伞会保护他免于被掉下来的大象压到。他的假设——雨伞提供保护——有证据支持。在他打开雨伞之后的任何时间里，他都没有被一只大象压到过。然而，这类支持性证据是薄弱的；它同时也符合另一个假设——大象不会从天上掉下来。这两个假设都预测天上掉下来的大象不会危害到这个人的安全。这个假设的否定性证据——有只大象跌落在他和他的

① Singleton 等（1988：56－60）讨论了证伪假设的逻辑。

雨伞上，并将两者都压扁——可以彻底摧毁这个假设。

研究者检验假设有两种方式：直截了当的方式与使用零假设的方式。许多定量研究者，特别是实验研究者，根据证伪假设的逻辑，使用**零假设（null hypothesis）**来建构假设。他们进行假设检验的方法是，通过找出使他们能够接受或拒绝零假设的证据来检验原假设。大多数人将假设作为预测某个关系的一种方式，而零假设的作用则正好相反。它预测的是关系的不存在。例如，莎拉相信住在校内宿舍的住校生，其成绩会比住在校外的走读生要高。她的零假设是居住地与成绩之间没有关系。研究者使用零假设和与之相对应的**备择假设（alternative hypothesis）**或实验假设。备择假设认为这个关系存在。莎拉的备择假设是在校内居住对学生成绩有正面影响。

对大部分人而言，零假设是一种倒退式的假设检验法。零假设的思考是建立在研究者想要发现一种关系的假设上，所以假设检验应该被设计成使发现一个关系更加无可抗拒。使用零假设法的研究者只能直接检验零假设，如果证据支持或引导研究者去接受零假设，他便会做出结论说，接受检验的关系不存在。这意味着备择假设是错误的。另一方面，如果研究者能够找到证据拒绝零假设，那么备择假设就仍有成立的可能。研究者无法证明备择假设为真；相反地，通过检验零假设，研究者只可能仍旧把备择假设留在争论之中。当零假设的检验累积愈来愈多的支持性证据，主张备择假设为真的论点的声势便愈来愈强。

许多人觉得零假设困惑难解。换一种方式来看，科学家是非常谨慎小心的，除非有堆积如山的证据显示某项因果关系是正确的，否则在此之前，他们宁愿认为这个因果关系是错误的。这近似于英国与美国人的法律观念，即认为除非有证据证明某人有罪，否则他就是清白的。研究者假设或据此判定零假设是正确的，直到*有正当理由的质疑*暗示其他的可能。采用零假设法的研究者，一般将之与具体的统计检验技术（例如，t 检验或 F 检验）一起使用。因此，如果统计检验表明零假设为否的可能性在 100 次中有 99 次，那么研究者就可以宣称有正当理由怀疑零假设成立的可能性。这就是当研究者说统计检验使他“在 0.01 的显著度下拒绝零假设”时，所表达的含义（在第 12 章中将会进一步讨论统计的显著性）。

另一种类型的假设是**双重负载假设（double-barreled hypothesis）**。[①] 研究者应该避免使用它，因为这类假设表明研究者思路不清、制造混淆。所谓双重负载假设是指把两个独立的关系置入一个假设之中。 184
例如，研究者陈述一个假设：一个地区的贫困与青少年人口的高度集中，会导致盗窃财物犯罪事件增多。这就是一个双重负载假设。它的意思可能是下面两种状况中的任何一种：贫困或青少年人口的高度集中会导致盗窃，或者是只有贫困与青少年人口的高度集中所产生的联合效应才会造成盗窃。如果那个“两者中任意一种”的假设是研究者想要检验的，也就是说只有一个自变量会产生影响，那么假设检验的结果就会很不清楚。举例来说，如果证据显示贫困会导致犯罪，但是青少年人口的高度集中则不会，那么这个假设获得支持了吗？如果研究者要的是联合效应的假设，那么他真正的意思是贫穷与青少年人口的高度集中必须一起发生（而不是其中的任何一个）才会导致盗窃。如果这位研究者所要的是这种联合效应，那就不是双重负载假设了。研究者应该清楚地陈述这个联合效应的假设，这样两个变量同时出现或联合作用的特殊模式才会变得清晰可见。这通常被称为*交互效应*（稍后将会讨论交互效应，也可参见图 6.4）。

（三）因果解释中的潜在错误

发展一种适用于任何理论的较好的解释（例如，因果、诠释或网络），需要避免一般的逻辑错误。这些错误可能出现在研究的开始阶段，或是在诠释和分析定量数据之时，抑或在收集和分析定性资料的阶段。从表面上看来，这些*谬误或错误的解释*最容易被当作是合理的。但是一旦深入研究，就会有严重的问题。

---

① 参见 Bailey（1987：43）有关这个术语的讨论。

185

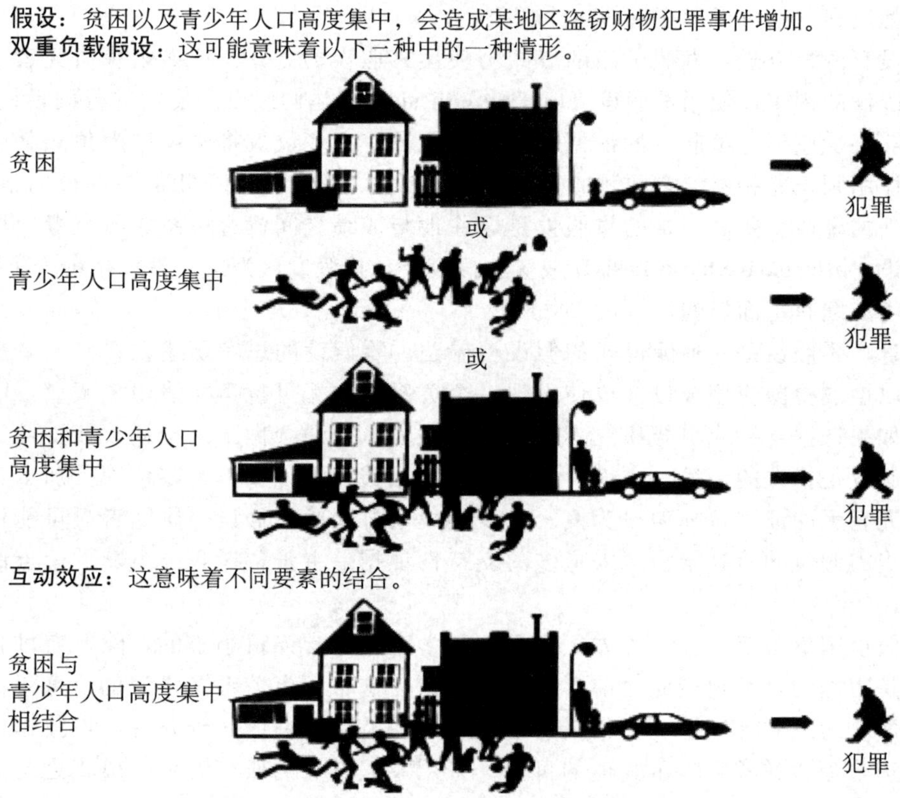

图 6.4　双重负载假设与互动效应

***同义反复。*同义反复（tautology）**是一种循环论证，它发生在某人好像是在说一些新的东西，但实际却是重复已说过的话，或叙述某些“就定义来说是正确”的话时。同义反复无法接受经验数据的检验。例如，我最近听闻关于美国国会一个议员的消息，这个议员倡议出台新的刑事法案，这会将更多十四五岁的孩子送上成人法庭。当这个议员被问到为什么他只对严厉的惩罚感兴趣，而不强调对犯罪行为的预防时，他指出攻击者会意识到实施犯罪并不划算，这样就可以阻止犯罪行为的发生。他认为唯一有效的预防犯罪的方式就是严厉的惩罚。当我刚听到这些话时，感觉有些不可思议。于是我重新审视了他的发言，并发现它是同义反复的（例如，它包含一种逻辑上的错误）。该议员之所以认为惩罚会预防犯罪行为，是因为他为预防赋予了与惩罚相同的意义。从逻辑上来说，他认为他的惩罚提案会预防犯罪，因为严厉的*惩罚*本身就是一种*预防*。政治家们会用循环论证来迷惑公众，但是社会研究者们则需要知道如何看透这些，并防止这种曲解的出现。

例子：保守主义者是带有某种态度、信仰和价值（希望受到较少的政府管制、不向高收入者收税、维持强大军队、主张公立学校教授宗教课程、废除反歧视法）的人。如果说要求较少的政府管制、维持强大的军队等会造成保守主义，这就是同义反复。在非正式的日常用语中，我们可能会说：“莎莉是个保守主义者，*因为*她相信应该减少政府的管制。”这看起来像是一个因果陈述，但它并不是一个因果解释。这种态度是把莎莉看作保守主义者的*理由*，但是这些态度并不是造成莎莉的保守主义的*原因*。她的态度是保守主义的，所以这个陈述就定义来说是正确的。就此要想给出显示这些态度与保守主义无关的证据是不可能的。

***目的论。*目的论（teleology）**源于最终的目的或目标，它有两种形式。它可能与由于在“上帝的计
186 划”之中而发生的事相关联。换句话说，一件由上帝或神发起的事件，预先决定着它一定会发生。这个词往往出现在说某个事物之所以发生是由于它是某个全能的内在精神或“*绝对精神*”（*Geist*，*spirit* 的德语）自然呈现的一部分时。于是，社会由于“国家意志”或是“天赋使命”而向某一个方向发展。这近

似于将人类本能作为原因的论断，正如在“之所以会有犯罪发生是因为它是人类的本能”这句话中认为的那样。目的论通常出现在历史理论中，这类理论认为，社会发展的方向，即迈向一个理想社会或乌托邦的运动，可以用于解释当下发生的事情。它也通常出现在功能主义的讨论中。于是，由于要满足社会系统连续性的需要，家庭就表现出某种特定形式（如核心家庭）。从逻辑上来说，这意味着社会系统维系到未来的需要导致了家庭目前的形式。目的论无法被经验所验证，也无法判定原因。

目的论违背因果论的暂时性时间顺序要求，并且缺少一个真实的自变量，因为“引发因素”极其不明确又很遥远。很多人将目的论与目标动机（对于尚未发生的事件的需要）相混淆。我们可以说目标导致行为，例如我想在某门课程上得到 A 的目标使我努力获得一个好成绩。一个人有意识的目标或要求，可以是一个合理的原因，而不是目的论的。为了说明这一点，需要概述一下因果链。首先，一个人的意识状态（如目标、要求或抱负）可以做经验上的测量。这既澄清了经验证据，又澄清了暂时性时间顺序的问题。其次，意识状态可以与将来可能发生也可能不发生的事件进行比较，就像一门课程获得明确的成绩。意识状态会导致我从事像学习（中介变量）一样的某个具体行为，学习这个行为则会增加未来事件发生的机会（课程的成绩）。有意识的人类目标不同于上帝意志、社会的*绝对精神*或是系统的需要——对于这些我们无法用经验测量，它们在一定时间内没有固定的存在形式，而且经常同实际发生的事相对应。

例子：核心家庭是西方工业社会主导的家庭形式，因为它具有维系社会的功能。这个陈述是源自结构功能论的一个无法验证的目的论陈述。它认为“社会维系”导致“家庭形式发展”。然而，我们观察一个社会是否维系的唯一方式是在事实发生之后，或者说是作为已经存在的一种家庭形式的结果。下面是关于目的论陈述的另一个例子：*因为成为世界主要强权国家是美国的命运，所以我们发现在 19 世纪早期有数以千计的移民进入西部疆域*。就是说“成为世界主要强权国家”（1920 年到 1945 年所发生的事）引发了“移民进入西部疆域”，而这则发生在 1850 年到 1890 年之间。它使用“命运”这个暧昧模糊的字眼，就像其他类似的名词（例如，“依据神的计划”）一样，是无法在因果关系中观察得到的。

***层次谬误。层次谬误*（ecological fallacy）**源自分析单位的错误配对，是指研究者握有经验证据的单位，与他想要加以论述的单位之间出现的不相称的状况。这是由于推论不当，以及将结论推广到证据所保证的范围之外的缘故。层次谬误发生在研究者以一个*较高*层次的或*集合*形式的分析单位收集资料，但是却想要对一个*较低*层次的、*非集合*形式的单位做出论述之时。这之所以是错误的，是因为某个分析单位的情况，并不总会适用于另外一个分析单位。[①] 因此，如果研究者收集到较大集体（如组织、整个国家等）的资料，然后根据这些资料做出关于个体行为的结论，那么他就犯了层次谬误。要想避免这种错误的发生，就要确保用于解释的分析单位等同于或是接近于所收集资料的单位属性（见实例方框 6.5：层次谬误的实例）。 187

例子：汤姆斯镇与琼斯镇大约都住有 45 000 人。*汤姆斯镇*中有较高比例的高收入人口，在这个镇上有半数以上的家庭收入超过 16 万美元。这个镇上所登记的摩托车数也比任何其他与它大小相近的市镇多。琼斯镇则住有许多穷人，半数家庭生活在贫困线以下，它所登记的摩托车数也比任何其他与它大小相近的市镇少。但是如果只根据这些资料就说有钱人比较可能拥有摩托车，或者说证据显示家庭收入与拥有摩托车之间有关，那么这就是个谬误。原因是我们并不知道在*汤姆斯镇*与琼斯镇中哪些家庭拥有摩托车，就整个镇来看，我们只知道两个变量——平均收入与摩托车数量。观察变量的分析单位是整个镇。或许*汤姆斯镇*中所有中、低收入的家庭都加入了一个摩托车俱乐部，但没有一个高收入的家庭加入这个俱乐部。或许琼斯镇的每个富有家庭以及每五个穷人家庭都拥有一辆摩托车。要做出关于家庭拥有摩托车的状况与家庭收入之间关系的陈述，必须就家庭而不是就整个镇来收集资料。

---

① Blalock（1982：237－263）与 Hannan（1985）采用带有技术性的名词，针对聚合观察资料与从事因果推论的一般性问题进行了讨论。O'Brien（1992）指出生态学谬误是分析层次与单位相互混淆、过度概括的逻辑谬误中的一种。

实例方框 6.5 层次谬误的实例

研究者曾批评涂尔干著名的研究《自杀论》[*Suicide*，(1897) 1957]，认为它将群体的资料当作个体层次的资料来处理，从而犯了层次谬误。在该研究中，涂尔干比较了19世纪西欧的新教与天主教地区的自杀率，并通过两种宗教中人们信仰和实践的不同来解释观察结果的差别。他指出新教徒的自杀率比天主教徒高，是因为他们的个人主义较强，而社会整合性较弱。涂尔干及早期的研究者只能获得地区性的资料。由于人们倾向于同具有相同宗教信仰的人居住在一起，于是涂尔干使用群体层次的资料（即宗教）来考察个体。

后来的研究者们（van Poppel & Day，1996）对19世纪的自杀率重新进行审视，他们仅仅使用他们能找到的几个地区的个体层次的数据。他们比较了各地的死亡记录，并查看了死亡原因的官方记录与宗教，得出了与涂尔干不同的结论。很明显地，那时的地方政府以不同方式来记录不同宗教信仰者的死亡。他们更多地用"非常规死亡"作为天主教徒的一个死亡原因，因为天主教中有一项禁止自杀的严格的道德戒律。涂尔干的较高层次上的理论或许是对的，但是他用于验证它的证据却是薄弱的，因为他使用的是群体层次的集合资料，却试图去解释个人行为。

简化论。另一个涉及分析单位的配对错误以及对证据做出不当推论的问题是**简化论**（**reductionism**），也称为*不对等谬误*(见实例方框6.6：简化论的错误)。这个错误发生在研究者解释宏观层次的事件时，但占有的只是关于多个特定个人的证据。也就是说，它发生在研究者观察的是*较低*或*非集合*形式的分析单位，却对*较高*或*集合*形式的单位的运行状况做出论述的情况之时。在某种程度上，简化论是层次谬误中
188 的配对错误的镜像。占有关于个人行为如何的资料的研究者，却对宏观层次单位的动态做出论述，这时他就犯了简化论的错误。会出现简化论的错误，是因为通常从具体的个人取得资料比较容易，同时也是由于宏观层次单位的运作比较抽象与模糊之故。利伯森（Stanley Lieberson）曾经指出这个在社会研究中经常出现的错误，导致众多论点前后不一致、相互矛盾以及混淆不清。利伯森（Lieberson，1985：108，113－114)有力地指出：

> 较低层次的关系在决定某个较高层次过程之命题的效度上，是毫不相关的。事实上，从较低层次做出的分析，是不可能得到对较高层次的结构任何有益的了解的。……如果我们感兴趣的是较高层次的过程与事件，是因为我们知道它们具有不同于只把所有次级单位的特质加总所得出的总和性质。

实例方框 6.6 简化论的错误

设想你拿起一本书，读到下文：

> 在20世纪60年代的民权时期，美国社会的种族关系发生了剧烈的变化。随着全国各地法令与法庭判决的改变，大多数白人的态度也变得比较包容。长期以来，在法律上与官方层面只对白人开放的机会（如住宅、工作、学校、投票权等）从那时起便向所有的族群开放。从1955年布朗与教育部争议案的判决，到1964年的《民权法案》，到1966年与1968年之间的"向贫穷开战"，一种崭新的、激动人心的风貌席卷全国。这正是美国最伟大的民权领袖马丁·路德·金的远见、奉献和行动的结果。

文章指出：因变量＝过去10到13年的时间里美国种族关系的主要变迁；自变量＝金的远见与行动。如果你对民权运动时代知之甚详，你会看出一个问题：整个民权运动及其成就被归功于一个单独的

人。是的，某一个人的作为的确会造成不同，有助于一个运动的开创与领导，但是运动本身的作用却不见了。社会政治运动作为一个引发力量的想法被简化为一位主要领导者的行动。那个独特的社会现象——运动本身——却被模糊化了。参与推进一个共享目标的成千上万人的行动（游行、法庭诉讼、演讲、祷告会、静坐、示威、暴动、请愿、械斗）及行动的影响却不见了。运动的意识形态、群众动员、政治行动、组织，以及策略运用都不见了。可能对运动（例如，反越战的抗议行动、约翰·肯尼迪遇刺事件所造成的心态转变、黑人分裂主义的政治活动、黑人迁徙到都市化的北方等）造成影响的宏观层次的相关历史事件与趋势也都被忽略了。

这项错误不是历史解释独有的错误。许多人只站在个人行动的立场上来思考问题，产生了个人主义的偏差，这有时被称为方法论个人主义。这个现象在极端个人主义的美国文化下尤其真切。错误在于它完全不理会分析单位，甚至强行做出超出个人的结论。简化论的错误在于将解释中的分析单位转换成较低层次的，再把个人行为降至个人身上的生物过程，将之简化为微观的神经化学活动，甚或某种次原子层次的活动。

大多数人生活在这样一种"社会世界"中，它以地方性的、直接接触的环境，以及他们与少数人的互动为生活的焦点，所以他们对日常生活实际的体会，常促使他们以个人的行动或心理过程来观察社会的趋势或事件。他们常常对更为抽象的宏观存在（社会力量、过程、组织、制度、运动或是结构）视若无睹。不能把所有社会行动简化为个人行动的这个思想，是社会学的核心。涂尔干在其经典著作《自杀论》中力战方法论个人主义，并指出甚至是极为个人的、私人的行动也能用较大的、不为个人所察觉的社会力量来解释。

与层次谬误一样，为了避免犯简化论的错误，我们必须确保解释时所用的分析单位与已有证据的分析单位非常接近。未能对分析单位做出正确思考的研究者，以及资料与理论不一致的研究者，比较容易犯层次谬误或简化论的错误。他们不是对适合于研究问题的资料做出错误的判断，就是热衷于从资料中进行过度概括或过度通则化他们的资料。 *189*

你可以做出关于你所进行经验研究的分析单位以外的单位的假设。据此，有关个人的研究建立在个人是在一组社会制度下活动的假设之上，而关于社会制度的研究则建立在有关个人行为的假设基础上。我们知道许多微观层次的分析单位组成宏观层次的分析单位时，其中的一种危险是，很容易不知不觉地使用微观单位（如个人）的原因或行为去解释宏观单位（如社会制度）的行动。某个层次的分析单位之间所发生的状况，并不必然在其他分析层次上也会出现。社会学这门学科，是建立在相信超越个人之外尚存有一个独特层次的社会实体的基本信念之上的。这个层次的解释需要超越单独个人的资料与理论。存在于宏观单位中的原因、势力、结构或过程，是不能简化成个人行为的。

例子：为什么会发生第一次世界大战？你可能听说过那是因为在1914年有一位塞尔维亚人枪杀奥匈帝国的皇储，这就是简化论。是的，刺杀是一个因素，但是国家之间的宏观政治事件——战争，不能被简化为某个人的特定行为。如果可以这样做，我们就也可以说这次战争的发生是因为那天早上刺客的闹钟响了并把他叫醒。如果闹钟没有响，就不会有刺杀事件，所以是闹钟造成了这场战争！整个事件（第一次世界大战）要复杂得多，它是许多社会、政治与经济势力在历史的某一点上共同作用的结果。某个特定个人的行为固然有其作用，但是相对于这些宏观力量而言，则只居次要地位。个人会影响事件，而事件最后再结合较大规模的社会势力与组织而影响其他人并且牵动国家，但是单独的个人行为并不是原因。因此，即使在那个时间点前后没有发生刺杀事件，很有可能还是会爆发一场战争。

虚假相关。称变量间的关系为*虚假的*，意味着这个关系是错误的，是种幻觉。如果研究者认为自己发现了一个虚假关系，他们会因此而感到兴奋，因为他们可以证明这个世界要比表面上所显现的复杂得多。由于两个变量间任何关联都有可能是虚假的，所以当研究者发现两个变量有所关联时就显得特别谨慎，因为进一步探究之后，这种关系可能构不成因果关系的基础。它可能会是个幻觉，就好像在大热天，

路面上看似出现一摊水的景象。

虚假相关（spuriousness）发生在两个变量有所关联，但不是因果关联之时，因为实际上尚有未被察觉的第三个因素，可能才是造成这个关系的真正原因（见实例方框6.7：虚假关系的实例；实例方框6.8：夜灯与虚假相关）。第三个变量同时是看似明显的自变量与因变量的原因，它能为观察到的关联做出解释。以因果关系的条件来说，未被察觉的第三个因素代表一个更强有力的替代解释。

你如何能够分辨某个关系是不是虚假的呢？而你又如何才能找出神秘的第三个因素是什么呢？你将需要用到统计技术（本书后面会有所讨论）来验证一个关联是不是虚假的。要使用它们，你需要有一个理论，或至少需要对可能的第三个因素做个猜测。实际上虚假相关是建立在某些你已经使用过的常识性逻辑基础上的。例如，你已经知道在空调的使用与冰激凌甜筒的消耗量之间有所关联。如果测量使用中
190 的空调数量和每天卖出的冰激凌甜筒数量，你会发现二者间有很强的相关，其中使用空调越多的日子，卖出的冰激凌甜筒也越多。但是你知道吃冰激凌甜筒并不会促使人们打开空调。相反，这两个变量是由第三个因素——天气炎热——造成的。与测量冰激凌的消耗量与空调使用量类似，你也可以通过统计来测量每天的温度。在社会研究中，相互对立的理论能够帮助人们在许多主题上找出哪一个第三个因素是有关的（例如，犯罪的原因及战争或虐待儿童的原因）。

实例方框6.7 虚假关系的实例

纽曼与他的合作者（Neuman，et al.，1992）在其关于新闻媒体的研究中，发现新闻来源的类型与知识之间的相关性。那些偏好从电视上获取新闻的人，比起从报纸上获得新闻的人，拥有较少的知识。这项相关通常被诠释为资讯的“低俗化”。换句话说，电视新闻造成民众的知识减少。

然而作者发现这项关系是虚假相关，“我们能够表明收看电视新闻的偏好与知识水平低之间的整个关系是虚假的”（Neuman，et al.，1992：113）。他们发现一个开始时未被发觉的第三个变量，同时可以解释偏好收看电视新闻以及时事知识的水平。他们指出：“我们发现，真正造成电视成为问题这种效应的，是认知技能较低的民众偏好从电视上获得新闻知识。”（Neuman，et al.，1992：98）缺失或隐藏的变量是“认知技能”。作者把认知技能界定为个人使用推理与运用抽象思维的能力。换句话说，那些在处理抽象、复杂知识上有困难的人转向了电视新闻报道。其他人可能也观看冲击力大、娱乐性高的电视新闻，不过他们看电视新闻的次数较少，同时也会以阅读其他对认知技能要求较高的、信息丰富的印刷物资源作为补充。信息阅读能力较弱的民众常常缺乏时事知识，以及关于其他需要抽象思考、涉及较为复杂信息的那些话题的知识。

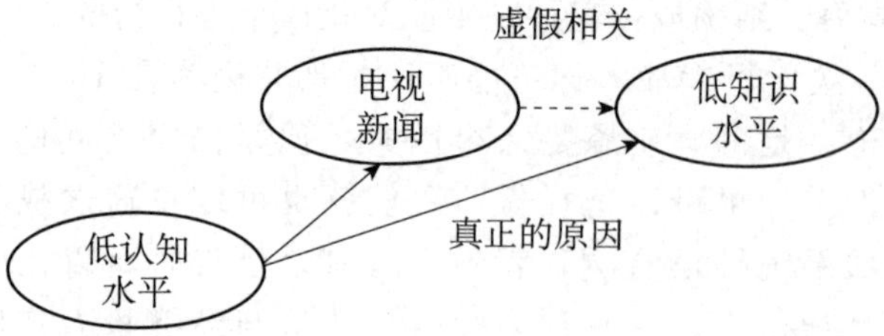

实例方框6.8 夜灯与虚假相关

很多年来，研究者观察到夜灯的使用与孩子的近视存在很强的正面相关。很多人认为夜灯在一定程度上导致了孩子视力问题的形成（见下图）。其他研究者则无法找出用于解释夜灯的使用与近视问题的形成之间因果联系的原因。1999年的一项研究给出了答案，它发现近视的父母更多地使用夜灯，而他们同

时也将其视力缺陷遗传给了孩子。将父母视力加入解释中后（见下图中的 b），该研究发现夜灯的使用与近视并无关系。因此其内在的因果联系具有误导性或者说是模糊的（《纽约时代周刊》，2001 年 5 月 22 日）。

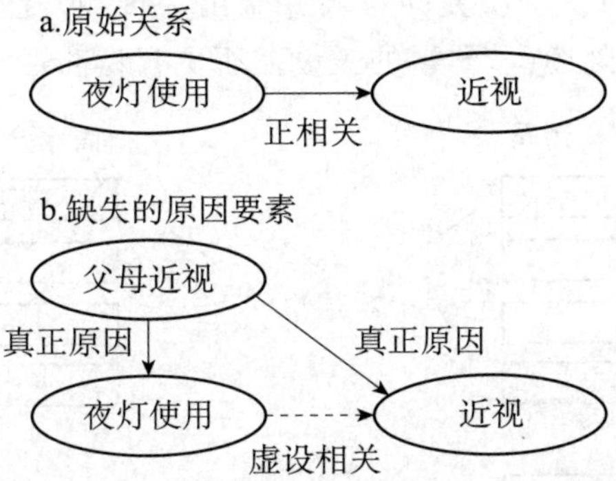

资料来源："Vital Signs：Update；New Study Vindicates Night Lights" from *The New York Times*，Health Section，5/22/2001Issue，Page（s）6.

例子：有些人认为，吸食非法毒品会导致自杀、辍学以及暴力行为。"毒品是根本问题"这一观点的支持者们指出吸食毒品同自杀、辍学及从事暴力行为之间呈正面相关。他们认为禁止吸食毒品会极大地减少自杀、辍学和暴力行为。其他人则认为，许多人之所以吸食毒品，是因为情感问题或其所居住的社区极度混乱（如高失业率、不稳定的家庭、高犯罪率、较少的社区服务、缺少文明礼貌）。那些有情感问题或是居住在混乱的社区中的人，也同样有更大的可能会自杀、辍学、从事暴力行为。这意味着减少情感问题、降低社区混乱程度，会使非法毒品的使用、辍学、自杀及暴力行为都有较大程度的减少。减少毒品吸食只会起到有限的作用，因为这忽视了问题的根源，毒品并不是最根本的原因。"毒品是根本问题"的观点是一种虚假相关，因为吸食毒品与该问题的内在联系被误导了。情感问题和社区的混乱才是真实而又通常隐蔽的原因变量。 191

我们现在可以从探讨因果解释中的错误转向对它们的预防以及对其他与假设有关的问题的讨论上来。表 6.2 提供了对主要错误的回顾，图 6.5 给予了阐释。

表 6.2 因果解释常见错误摘要表

错误类型	简要定义	例子
同义反复	通过定义或包含循环论证而使关系为真	贫困源于占有很少的钱财
目的论	将一个不恰当的目的或意图作为原因，或是被弄错了暂时性的时间序列	人们采用宗教仪式举行婚礼是因为社会需要他们这样做
层次谬误	经验观察结果对于所论述的因果关系来说分析层次过高	纽约犯罪率很高，琼住在纽约，因此她可能偷了我的手表
简化论	经验观察结果对于所论述的因果关系来说分析层次过低	由于史蒂芬失去了工作而且没有买新车，所以国家进入了长期的经济衰退
虚假相关	隐藏的第三个变量是自变量和因变量实际的原因	头发长短与电视节目有关。短头发的人喜欢看足球，长头发的人喜欢看爱情故事（隐藏变量：性别）

（四）从研究问题到假设

从宽泛的主题过渡到一个假设是颇为困难的，但是从妥当拟定的研究问题到假设的跳跃则只要一小步。好的研究问题之中包藏着相关假设的提示。此外，假设其实是对研究问题做出的尝试性解答。

试想一个研究问题的例子："结婚年龄与离婚有关系吗？"这个问题包含两个变量："结婚年龄"与"离婚"。要发展一个假设，研究者要问："哪一个是自变量？"因为结婚在逻辑上必然先于离婚，所以自变量是结婚年龄。研究者也要问："关系的方向是什么？"这时的假设可以是："结婚的年龄越小，婚姻以
192 离婚结束的机会越大。"这个假设回答了研究问题，并做出了预测。注意，研究问题可以重新加以整理，然后做出一个焦点更为集中的问题陈述："早婚的夫妻是否更容易离婚？"

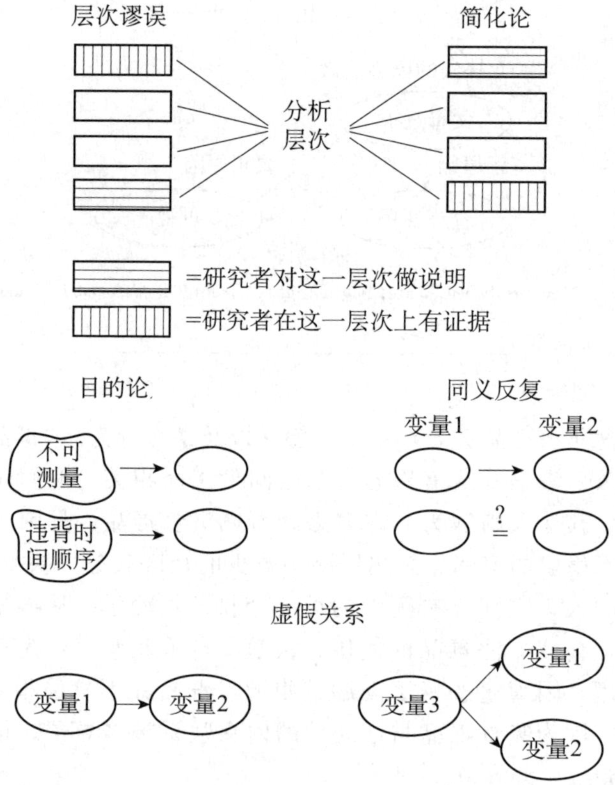

图 6.5　解释中需要避免的五种错误

从一个研究问题可以发展出数个假设。从上述同一个研究问题中可以产生的另一个假设是："结婚时配偶间的年龄差异越小，婚姻以离婚收场的可能性越小。"在这个例子里，研究者以另一种方式界定"结婚年龄"这个变量。

假设可以明确地指出，一种在某些情况下成立的关系，在其他情况下则不成立。正如利伯森（Lieberson，1985：198）所评论的那样："为了评估某项因果命题的功效，清楚地陈述出这个因果命题起作用的情境，是极为重要的。"举例来说，一个假设指出："结婚时配偶双方的年龄愈小，婚姻以离婚结
193 束的机会愈大，除非这个婚姻是发生在一个组织严密并以早婚为常态的传统宗教社群的成员之间。"

形成一个研究问题与发展出一个假设，并不需要遵循某种固定的步骤。研究者可以形成一个暂时性的研究问题，进而发展出可能的假设，而假设则会帮助研究者更清楚地陈述研究问题。这个过程是互动的，并且需要发挥创造力。

你可能会想：从一个主题发展到可检验的假设的这段过程中，理论在哪里切入？回顾第3章，可以发现理论有许多种形式。研究者可以将一般的理论议题作为主题的一个来源。理论既提供研究者用来完成变量的概念，也提供帮助研究者将变量连接成研究问题的推理论证或作用机制。一个假设可以既是研究问题的答案，又是源自某种理论的未经检验的命题。研究者可以在抽象的概念层次上来表达一个假设，也可以用较为具体、可以测量的形式重新陈述假设。具体的研究例子有助于展示研究过程的步骤。图表6.1和图表6.2分别给出了三个定量研究和两个定性研究的例子。

五、结论

本章中，你学到了开始一项研究所要做的基础性工作。你会发现社会研究中定性和定量类型或取向的不同以及如何指引研究者以不同的方式为一项研究做准备。所有的社会研究者都将他们的主题压缩为一个更加具体的、焦点集中的研究问题。研究类型的不同，意味着决策的方式和结果的不同，以及对于何时与如何集中研究焦点这两个问题的不同回答。研究的类型取决于研究者选定的主题、研究目的及研究结果已确定的用途、研究者采用的社会科学取向，以及研究者自己的假设和观点。

定量研究者遵循线性路径，强调客观性。他们更倾向于使用清晰的、标准化的程序，以及一种因果的解释。他们的变量和假设的语言可以在许多以实证主义传统为基础的科学领域中出现。其过程通常是演绎的，有着一系列出现在资料收集之前的独立环节：将主题压缩为一个焦点更加集中的问题，将模糊的、理论性的概念转化为更加明确的变量，并发展一个或多个待检验的假设。在实际操作中，研究者在各环节间来回地移动，但大体的程序是向一种单一的、线性的方向行进的。另外，定量研究者还特别注意避免在发展假设和因果解释过程中出现逻辑错误。

定性研究者遵循非线性路径，强调密切接触自然的背景环境下或是特定的文化历史情境中的具体细节。他们不太用标准化程序或明确的步骤，通常为特定的情况或研究设计情境化的手段。在其寻找真理的路上，他们关于个案和情境的语言引导他们去对特定的个案或过程进行细致的调查。他们极少将计划和设计隔离到一个特殊的前资料收集阶段，而是在整个资料收集阶段的初期都在继续发展完善研究设计。实际上，这个更加倾向于归纳性的定性研究类型，促使其向一个具体化的焦点缓慢地、灵活地发展，而这个焦点的基础就是研究者从资料中获得的东西。扎根理论就是源于研究者不断地对资料和具体情境进行的思考。

定性和定量的区别通常被夸大，并呈现出一种截然对峙的状态。通常一种社会研究类型的坚持者，都以他们自己的假设和标准来评判另一种类型。定量研究者要求知道所使用的变量和所检验的假设，定性研究者则在将人性化的东西转换成冰冷数字的道路上停滞不前。对于熟练而谨慎的社会研究者来说，其面对的挑战就是，站在另一种类型或取向的角度上去理解并正确评判它，并且承认每一种类型都有其优势和局限性。最终目标（即能够较好地理解并解释社会世界中的事件）的实现，来自对每一种类型所具有的价值的正确认识。 194

图表 6.1 定量研究案例

研究引用及其题目	里奇韦和埃里克森（Ridgeway & Erickson，2000），“地位观念的塑造与传播”	缪齐克、威尔逊与拜纳姆（Musick，Wilson & Bynum，2000），“种族和正规志愿服务：阶级和宗教的不同影响”	巴洛、巴洛与奇里戈斯（Barlow，Barlow & Chiricos，1995），“经济状况与媒体中对于犯罪的观念形态”
所用的方法论技术	实验	调查	内容分析
主题	人们形成关于他人的社会地位观念的过程	成年白人和黑人志愿服务率	美国大众传媒对于违法者的描述
研究问题	在个人之间互动时，影响互动的外在的、结构的因素是否会塑造他们后来持有的对于人们所属类别的观念	对于黑人和白人来说，有哪些不同类型的资源可以利用？以此来解释黑人较少做志愿服务的原因	经济状况是否会影响媒体如何去描述罪犯

续前表

检验的主要假设	人们可以被“教会”在事实上平等的不同类别的人之间制造阶层差别，这个过程以有限的互动为基础，其中某个类别的人比其他类别的人运用到更多的技巧	对于白人和黑人来说，社会阶级和宗教影响其志愿服务是否不同	当经济状况较差时，媒体对犯罪行为的扭曲表现为以一种否定的方式（指责他们）来展现罪犯
主要自变量	人们是否与拥有强于自己或弱于自己的技能的类别的人交往	社会阶级、宗教参与、种族	1953—1982年的失业率
主要因变量	作为个体的人是否会形成一种不平等的观念并将其应用于一整类群体中	一个人是否声称为五种组织中任何一种做过志愿服务（宗教组织、教育组织、政治或劳工组织、老年公民组织或地方组织）	报道是否出现扭曲，用媒体关注（《时代周刊》上的文章）与这几年的犯罪统计间的不匹配来测量
分析单位	未毕业的本科大学生个体	成年个体	媒体报道
总体	所有个体	美国所有成年白人和黑人	所有美国大众传媒报道

195 图表6.2 定性研究案例

研究引用及其题目	卢和法恩（Lu & Fine 1995），“民族真实性的呈现：作为一种社会成就的中国食物”	莫洛特奇、弗罗伊登伯格与保尔森（Molotch，Freudenburg & Paulsen，2000），“历史会自我重复，但它是如何做到的？城市特征、都市传统和地区成就”
所用的方法论技术	实地研究	历史比较研究
主题	异族文化在美国能够超越障碍而获得接受的展现方式，以及它们如何使用文化资源	城市形成独特的都市特征的方式
研究问题	中国餐馆提供的食品如何保持其原汁原味又同时满足非华裔的美国顾客的需求	为什么加利福尼亚州的两个城市圣巴巴拉和凡图拉，在表面上看起来很相似，却形成了不同的特征
扎根理论	异族餐馆将其食物美国化以满足当地的口味，但同时也塑造了一种原汁原味的形象。同时满足顾客的期望/口味习惯与对异国的、原汁原味的品尝经历的需求，是一个协商的过程	作者用两个概念，“捆绑”（许多因素的交互作用）和结构（已经发生的事件对后续事件产生的强制力），来精确化特征和传统。经济、政治、文化和社会因素共同塑造了独特的文化经济地区。相似的力量在不同的情境下也会产生相反的结果
现成资料	作者在四个中国餐馆进行了观察和访谈，但依赖于前人研究的证据	作者用到了历史记录、地图、照片、官方统计信息以及访谈。除了经济、社会状况之外，他们还考察了志愿组织和物质资源
过程	餐馆对食物进行了调整，以适应可用的原材料、市场环境以及当地顾客的文化和对食物品味的要求	两个城市的状况使两者因石油和高速公路而产生不同的经济发展状况。凡图拉以石油为基础建立了工业-雇佣模式，圣巴巴拉则限制两者并集中发展旅游业
情境	中国餐馆，尤其是佐治亚州亚当斯市的四家中国餐馆	过去100年间加利福尼亚海岸的中部地区

关键术语

alternative hypothesis	备择假设	attribute	属性
bricolage	拼凑术	causal hypothesis	因果假设
crucial experiment	关键实验	dependent variable	因变量
double-barreled hypothesis	双重负载假设	ecological fallacy	层次谬误
first-order interpretation	第一级诠释	independent variable	自变量
intervening variable	中介变量	linear research path	线性研究路径

logic in practice	实践逻辑	logic of disconfirming hypothesis	证伪假设的逻辑 196
nonlinear research path	非线性研究路径	null hypothesis	零假设
reconstructed logic	重构逻辑	reductionism	简化论
second-order interpretation	第二级诠释	spuriousness	虚假相关
tautology	同义反复	teleology	目的论
third-order interpretation	第三级诠释	triangulation	三角校正
universe	总体	variable	变量

复习题

1. 说定性研究用的多为实践逻辑而非重构逻辑，这种说法指的是什么？

2. 说定性研究遵循的是非线性路径，这句话的含义是什么？在哪些方面，非线性路径比较有价值？

3. 描述自变量、因变量和中介变量的差异。

4. 为什么在社会研究中我们不说*证明*某项结果？

5. 挑选一个感兴趣的话题，并围绕它提出两个研究问题。对于每一个研究问题，指出其中的分析单位与总体。

6. 如果研究者使用证伪假设的逻辑，他会使用哪两种假设？为什么否定性证据比较有力？

7. 使用带有自变量与因变量的假设，重新叙述下面这个句子：“个人一年中开车的里程数会影响他进入加油站的次数，而且这两个变量间存在一种单向的正相关关系。”

8. 比较定量和定性研究者处理个人偏见和对研究者的信任的方法。

9. 定量和定性研究者是怎样使用理论的？

10. 解释定量和定性研究者是怎样处理有关诠释资料的议题的。参照第一、第二和第三级诠释。

198

第7章 定性与定量测量

简而言之，测量本身并不是目的。它的科学价值只有从工具论的角度才能够欣赏，在工具论的视角下，我们会问测量想要达成的目的是什么，它在科学情境中扮演的是什么角色，它在调查探究中执行的是什么功能。

——卡普兰（Abraham Kaplan），《开展调查》（*The Conduct of Inquiry*），171 页

何谓穷人？有多少穷人？20 世纪 60 年代美国政府官员用贫困线测量贫困的方式回答了这些问题。新的项目为穷人提供帮助（上学、健康医疗、住房补贴等等）。他们首先想到的是这样的贫困：家里太穷了，以至于一个家庭无法购买足够的食物来防止营养不良。当时的研究表明，低收入人群在食物上要花费他们收入的三分之一。官员访问杂货店并计算居民需要花费的低价营养品有多少，再乘以 3 作为贫困线。从那时起，数字因通货膨胀而调整了。当布雷迪（Brady，2003：730）综述 1990—2001 年的文献时，他发现在美国的贫困研究中有 69.8%用了官方政府的比率。然而，很多研究发现美国官方的测量有重大的缺陷。当国家研究委员会在 1995 年检查这个测量时，研究成员们声称这个测量已经过时了，不应该保留。这个贫困测量随意设置收入层次，“它掩盖了不同程度的贫困人口群体和地理情境，并提供一个不准确的随时间变化的趋势图”（Brady，2003：718）。它未能抓住贫困的复杂性质，没有把新的家庭状况、新的帮扶项目、税费的变化以及新的生活开销考虑进去。更混乱的是，我们不能把美国一段时间以来的贫困下降情况和其他国家相比，因为每一个国家使用不同的贫困测量工具。所有关于我们
199 如何测量贫穷的方法上的改进，都会导致计数更多的人受穷，所以很少有政府官员想改变这种测量。

一、测量的必要性

作为研究者，我们经常会使用诸如斯坦福比奈（Stanford Binet）智商测验测量智力，用差异指数测量种族隔离，或用标准的犯罪报告测量犯罪量。我们需要测量来检验假设、评估解释、为理论提供经验支持或系统地研究某个应用议题。本章关注的是社会研究者是如何测量社会世界的众多方面的，例如自尊、政治权力、疏离感或种族歧视等。在定量和定性研究中都需要测量，定量研究者远比定性研究者更关心测量议题。在*定量研究*中，测量是资料收集前一个独立的步骤，并为此发展出专门的术语和技术。

由于定量研究者倾向于采取演绎取向，所以总是从概念开始，然后通过精确、细致的测量来捕捉它，并表示为数字形式。

在*定性研究*中，我们使用各种数字的替代物来进行测量，而且测量不再是一个独立的研究步骤。因为这个过程更具归纳性，在收集数据的过程中，我们在测量的同时也在创造新的概念。

测量并不是我们可以迅速跳过的神秘的技术问题（像拿卷尺量物体的长度或把一个物体放到天平上测量重量）。测量与我们感知和思考社会世界的方式以及我们在社会世界中发现的事物有着密切的联系。质量差的测量会很快毁掉一项原本很好的研究，测量在日常生活中也有影响。例如，心理学家和其他人会对智力的意义和测量进行争论。我们在求学、求职和对有关种族或遗传优越性表态中使用智商测验来测量智力。但是智力是什么？大多数的智商测验只是测量了分析推理能力（例如，抽象思考能力、逻辑推理能力等）。然而，我们意识到还有其他类型的智力：艺术的、实用的、机械的和创造的。还有人提及更多种类型：社会-人际的、情感的、身体-运动的、音乐的、空间的等。如果有许多种形式的智力，而我们狭隘地局限在一种类型的测量上，将会限制学校鉴定和培养学生学习的方式，限制选择、评估、提升雇员的方式，以及限制作为整个社会重视人的多样化的能力。

正如本章开篇所指出的，如何测量贫困将决定人们是否会从各种社会计划中得到援助（例如，廉租房屋、食品供给、健康照顾、儿童照顾等）。例如，一些人认为只有人们无法支付维持健康所需的食品的费用时才是贫困的。另一些人则认为如果人们的年收入不足平均（中等）收入的一半就是*贫困*的。还有人根据社区最低标准设置“生存工资”，包括健康、安全、卫生条件、房屋、衣物、食品、交通工具等，如果收入在这个标准以下就是*贫困*。决定如何概念化和测量贫困这个变量，将会极大地影响到千百万人的生活条件。

日常生活中，我们使用多种测量。例如，我今天早上一醒来，就跳到体重秤上，看看减肥计划完成得怎么样；瞅一眼温度计，看看需不需要穿外套；接下来，我坐进汽车，会查看一下油量表，看看油还够不够开到学校；开车时，我会注意车速表，以防收到超速罚单。到早上 8 点，我就已经测量了体重、气温、油量和车速，它们都是对物质世界的测量。这些用于日常生活，又如此精确、充分发展的测量，同样也是自然科学的基础。

日常生活中，我们对非物质世界的测量通常是不太精确的。当我们说某家餐厅很不错、巴布罗真聪明、凯伦的生活态度很消极、约翰逊确实有偏见或是昨晚的电影充满暴力时，我们就是在测量。然而，我们平日所做的像是“确实有偏见”或“充满暴力”之类的判断是不精确的、模糊的。

测量工具延展我们的感觉。例如，天文学家、生物学家使用望远镜或显微镜使我们自然的视力得到
延展。科学的测量帮助人们看到其他几乎看不见的事物，它使我们能够观察到曾经是不可见与不可知、 200
只能靠理论预测的事物。举例来说，我们不可能用天生自然的感觉来看到或感觉到磁力。磁力来自物理世界的理论。我们只能间接观察到它的效果。例如，金属片朝向磁铁移动，磁铁使你“看到”或测量到磁场。科学测量不同于我们的感官能力，它更敏感、更少随特定观察者而变化、能够得到更精确的信息。我们知道温度计比我们的皮肤感觉能够得出更特定、精确的温度信息；同样地，以一位 5 岁女孩的体重来说，相较于把她举起来，然后评断她是“重”或是“轻”，一个良好的体重计更能提供给你明确、肯定和精确的信息。

在你能够进行测量之前，我们需要先对所感兴趣的事物有个清楚的概念。这是一个基本原则，为了使我们的想法外显出来，测量将我们大脑中的想法与经验世界中所做的具体事相联系。自然科学家们运用各种理论，创造方法去“看见”很细微的事物（分子或者昆虫的器官）或者庞然大物（大型地质陆地或星球），这些东西是通过自然感官无法观察到的。所有的研究者都不断地创造新的测量（去认识我们的世界）。[①]

在社会研究的测量中，我们很容易分辨人的年龄、性别和种族（如，年龄的生理皱纹、不同性别的身体部分、各种肤色和眼型），但是社会中大部分是无法直接观察得到的（例如，态度、思想意识、离婚

---

① Duncan（1984：220－239）从实证主义的观点对测量提出了几项颇有价值的警告。

率、越轨、性别角色）。就像自然科学家发明间接的测量工具来测量“不可见的”物体以及重力的影响力一样，社会研究者也设计测量工具来测量社会世界中不易观察的层面。

二、定量与定性测量

在所有的社会研究（包括定性与定量研究）中，我们把数据与想法或概念联系起来。我们把一项研究中的数据视为一个概念的经验代表。测量将数据与概念相连接，但是测量过程的不同之处取决于数据类型和研究方式主要是定量的还是定性的。两种测量取向有三点差别。

第一点差别与时间安排有关。定量研究者在计划阶段要考虑变量并将它们转换成特定的行为，这个过程独立并处在数据收集和分析阶段之前。而在定性研究中，测量发生在资料收集过程中。

第二点差别与数据资料本身有关。在定量研究中，我们运用技术以数字的形式呈现数据资料。通常，这通过演绎将抽象的概念化为特定的数据收集方法以及由方法产生的精确的数字化信息。数字化的数据资料代表着以一个规整的、标准化的并且紧凑的方式将抽象的想法经验地表现出来。在定性研究中，数据资料有时是数字形式，通常是书写或口述文字、行为、声音、符号、物理客体和视觉图像（例如，地图、照片、录像带等）等形式。和定量研究不同，定性研究者不将所有观察转换成单一的、普通的媒介，如数字，而是以多样化的形状、规模和形式呈现。总之，数字化的数据资料将研究信息转化为标准、浓缩的格式，定性数据资料多以丰富的、多样的和非标准的方式呈现。

第三点差别涉及如何连接概念与数据资料。在定量研究中，我们在收集数据资料前就思索和考察概念，并选择测量方法来构造抽象概念与经验数据的桥梁。当然，在收集整理好数据资料之后，我们并不会停止思考并拓展新的想法，但最重要的是，在测量前我们已经明确地思考概念并且对如何进行测量也做了充分准备。

在定性研究中，我们在数据资料收集前也考察概念。然而，我们用的许多概念在数据资料收集过程中或之后被重新发展或者重新定义。我们将同时地、交互地进行数据资料重检与思考。当我们收集数据
201 资料时，我们会考察过程并发展新的想法。新的想法提供给我们有关新测量方法的方向和提示。反过来，新测量方法会决定我们将如何继续收集数据资料。简而言之，我们通过这种持续和相互作用的过程连接起概念与数据资料。

总之，在定量研究中，我们关于测量的考虑和决定发生在收集数据资料之前，且数据资料有一个标准化的、统一的形式：数字。相反，在定性研究中，我们的大多数想法和测量决定出现在收集数据资料的过程中，且数据资料没有固定形式。

三、测量过程

当测量时，我们将无形的概念、想法或者我们脑海中的构想与可以从经验上观察到的技术、过程或者程序等连接起来。① 在定量研究中，我们倾向于从一个抽象想法出发以经验数据资料结束。在定性研究

① 概念、构想与观念通常被研究者交替使用，但在意义上，这三个术语多少仍有些差距。观念是任何一个心智图像、信仰计划或印象，指任何一种模糊的印象、意见与想法。概念是一种想法，一般性的看法，或是一个对于某类事物的概略观念。构想则是一个经过系统化处理的，把观念、事实与印象加以有秩序排列的想法。这里用到构想这个术语是因为这个词强调把模糊的概念转化成有系统的有组织的想法。

中，我们在收集数据资料阶段，将数据资料与想法结合起来。然而，在一项特定的研究中，事情是比较复杂的，往往比这个一般性的陈述所暗示的更具有互动性。

研究者在测量中，都经过两个过程：概念化和操作化。**概念化（conceptualization）**是这样一个过程：获得一个构想，并通过赋予它一个概念或理论定义的方式来加以提炼。**概念定义（conceptual definition）**是以抽象的理论术语所下的定义，它涉及其他想法或构想。没有任何神奇的手法可以把一个构想转变成精确的概念定义，这需要仔细地思考、直接地观察、与其他人交换意见、阅读其他人所思所言，以及尝试各种可能的定义。

好的定义具有清楚、明晰和特定的含义，其中没有令人困惑或模糊不清之处。有时，概念化的过程是富有创造力的，并会产生新的见解。有些学术论文一直致力于将关键术语概念化。梅尔宾（Melbin，1978）将黑夜概念化为一个边界，吉布斯（Jack Gibbs，1989）分析*恐怖主义*这个概念的含义，而鲍尔与科里（Ball & Curry，1995）讨论*街头帮派*意味着什么。关键在于：对于概念，我们需要有个清楚的、非模棱两可的定义来制定合理的解释。

单独的一个构想可能同时有数个定义，而且人们可能对于这些定义会有不同看法。概念化的定义连接着理论框架。举例来说，冲突论者可能把*社会阶级*界定为社会中拥有或缺乏权力与财产的一群人。结构功能论者则把*社会阶级*界定为共享某种社会地位、生活模式或主观认同的个人。尽管人们对于这些定义各有各的看法，但是作为研究者，我们应当总是对使用哪一种定义进行明晰陈述。

某些构想（例如，疏离）是非常抽象和复杂的，它们内部又含有数个次级概念（例如，无权感），而这些次级概念又可以更加特定化（例如，住在哪里会感觉不到有决定权）。其他的构想（例如，年龄）则比较具体和简单。发展定义时，我们必须对该构想的复杂与抽象程度有所了解。举例来说，*年龄*（例如，自出生后已经活过的年数）这样具体的概念，就比像*精神面貌*那种复杂抽象的概念要更容易界定。

在测量之前，我们必须准确地区分我们所感兴趣的事物与相近事物的差异。这是常识，除非我们知道寻找的是什么，要不然如何进行观察或测量呢？举例来说，一位生物学家是无法观察癌细胞的，除非他事先知道什么叫作癌细胞，而且有显微镜并且已经学会如何在显微镜下区别癌细胞与其他非癌细胞的那些“东西”。测量过程所涉及的不仅是拥有测量工具（例如，显微镜），在测量过程中，我们还需要有三样东西：构想、测量工具，以及辨识我们要找的东西的能力。①

举例来说，我想要测量*教师精神面貌*。我首先要为教师精神面貌下个定义。*精神面貌*这个构想具有什么含义？作为一个变量的构想，它可以有不同的值——高与低或好与坏。然后，针对这个构想，制作 *202*
一个测量工具。它所展现的形式可以是调查问卷、查阅学校记录或是观察教师的行为。最后，我从调查问卷的答案、学校记录或观察结果中，将精神面貌与其他事物区别开来。

社会研究者的工作要比自然科学家困难一些，这是因为社会测量涉及与人的交谈或观察他们的行为。和行星、细胞或化学物质不同，人们所提供的答案或他们的行为都可能相当模糊。人们可能纯粹对他们被问到的问题或被观察的这项事实做出反应。因此，社会研究者肩负双重困难：第一，他必须有清楚的构想，良好的测量工具，并且有辨识他要找的东西的能力。第二，他必须尝试测量变动不居、令人困惑的社会生活，这可能会因为察觉到研究者在研究他们，而改变原有的面貌。

我该怎么发展教师精神面貌的概念化定义呢？至少有一个暂时性的运作定义使我可以开始研究。我从平日对精神面貌的理解开始——模模糊糊地，精神面貌好像是指“人们对事物的感觉”。我跑去问一些朋友看他们如何定义这个概念，我又去找字典与百科全书来查看。他们提出的定义有“信心、精神状态、热诚、开朗、团队精神、朝向某种事物的心理状态”。我去图书馆查找有关精神面貌或教师精神面貌的研究文献，看别人是如何界定精神面貌的。如果某些人已经为教师精神面貌下了一个很好的定义，我可能就直接借用这个定义了（当然要注明来源）。如果我没有找到符合我目的的定义，我就会到团体行为、个

① 进一步的讨论，参见 Grinnell（1987：5－18）。

人精神状态，以及其他的理论中去寻找这个概念。当我搜集到不同的定义、不同层面的定义与相关的概念之后，我就可以看到这个核心概念的界限范围了。

到目前为止，我已经有了一大堆的定义，需要对它们做些筛选了。大部分的人说精神面貌是一种精神状态、感觉、对某些事物的心理状况或是一种团体的感觉。我把这个构想分出两个端点，这有助于我把概念转化成变量。高精神面貌包括信心、乐观、诚意、一体感，以及祸福与共的意愿。低精神面貌则相反，指的是缺乏信心、悲观、抑郁、孤立、自私并且不愿意与人为善。

我感兴趣的是*教师*精神面貌，所以我去了解教师并为他们制定具体的概念构想。一种策略是把所有显示教师精神面貌高低的例子列出一份名单。高昂的教师精神面貌包括：说学校的好话、对额外的工作不发怨言或乐于与学生相处。低落的教师精神面貌包括经常抱怨、除非校方要求否则不参与学校活动或寻找其他工作。

精神面貌涉及的是对某种事物的感觉，人对事物是有感觉的，我列出各种不同的、教师会对之有感觉的“事物”（例如，学生、家长、薪资、学校行政、其他教师、教书这门专业）。这就引发了经常出现在发展定义时的一项议题。教师精神面貌是有数个不同的种类呢？还是说这些不同的“各种事物”是属于一个构想的不同层面呢？这个问题没有绝对的答案。我必须决定精神面貌是意味着一个单独的、具有不同部分的一般性感觉，还是某些层面或者数个独特的感觉。

我的构想是用什么分析单位（如团体还是个人）？精神面貌是一个人的特征、一个团体（例如，一所学校）的特征，还是两者皆有？就我的目的而言，我决定精神面貌只用在团体上。这等于告诉我，我研究计划的分析单位将是一个团体：一所学校的全体教师。

我要将感兴趣的构想与其他相关的构想区别开来。教师精神面貌的构想与相关概念有何相似或相异之处？举例来说，*精神面貌*不同于*心情*吗？我判定心情是比精神面貌更为个人性与暂时性的概念。同样，精神面貌不同于乐观与悲观，那是个人对未来所抱持的看法，精神面貌是一种团体的感觉，可能包括对未来的正负面感受，以及其他的信念与感觉。

如你所见，概念化是个彻底想通想透构想所具有的各种可能的含义的过程。到目前为止，我知道教师精神面貌是一种心理状态或感觉，涵盖范围自高（乐观、开朗）到低（悲观、抑郁）；它具有许多不同
203 的层面（关于学生的精神面貌、关于其他教师的精神面貌）；它是一种团体的特性；而且它会持续数月之久。对于我想要测量之物，现在的我有了一个比刚开始时更为特定的心理图像。如果我没有进行概念化的工作，我可能就会试图去测量我一开始时所下的定义——“人们对于事物的感觉”。

即使已经有了所有的概念化，但仍有模糊的地方。为了完成概念化过程，界限的划定是必须的。我必须精确地确定哪些是应该囊括，哪些又是该剔除的。例如，什么是教师？*教师*这个词包括指导顾问、校长、体育教练和图书管理员吗？那学生教师、兼职教师、临时教师、替代教师呢？它包括所有以教学为生、但是没有被学校所雇用的人（例如，合作教练员、负责指导学徒的在职督导、训练住院医生的医生等）吗？即使将人们限定在学校内，那什么是学校？学校可以包括幼儿园、培训医院、大学博士计划、以营利为目的训练人们参加标准化考试的机构、训练狗的学校、教学生打篮球的夏令营、教人们驾驶半拖挂卡车的假期学校。

有些人假定*教师*意指全日制的、受过专职训练的学校（有1～12年级）雇员，他们一天的大部分时间与学生在课堂中度过。另一些人则使用法律或官方的定义，这包括那些即使不在课堂中但具有执教资格的人，不包括那些即使他们在课堂中教学，但没有执教资格的人。关键在于概念化要求我要非常清楚地明晰我自己的想法。在开始测量之前，我必须准确地知道*教师*和*精神面貌*各自的含义。我必须以他人能够理解的、非常清晰准确的术语将我所认为的含义陈述出来。

操作化（operationalization）连接概念定义与一套测量方法或程序，或者说是构想的**操作定义（operational definition）**（即，有关特定操作或行为的定义）。操作定义可以是一份调查问卷、在实地场景中观察事件的方法、在大量媒体中测量符号内容的方法，以及任何反映、记录或表示抽象构想（如用概念定

义所表现的事物）的过程。

测量一个构想经常会有很多种方法，其中有的比较好、比较实用，有的比较差、比较不切实际。关键在于通过配合必须迁就的实际限制（例如，时间、金钱、获得的受试者人数），使我们的测量工具符合所下的概念定义。我们可以无中生有地发展出一个新的测量工具，也可以采用别的研究者已经用过的测量工具（见拓展方框7.1：制作测量工具的五项建议）。 204

操作化连接了理论语言与经验测量语言。理论充满着抽象概念、假设、关系、定义和因果关系。相反，经验测量是在特定实际情况下，结合具体的人和事的非常具体的行为。测量是指特定的操作方式或方法，用来标示某个构想是否确实存在于可观察的现实之中。

拓展方框7.1

制作测量工具的五项建议

1. 熟记概念的定义。任何测量的基本原则是使之符合研究构想所要用的概念定义。

2. 维持思路的开放。不要拘泥于某个单一的测量工具或测量类型，要发挥创造性，并且不断寻找更好的测量工具。避免卡普兰（Kaplan，1964：28）所谓的“工具法则”，意指陷入使用一种测量工具来解决所有问题的状况。

3. 借用他人的想法。无须害怕借用其他研究者的测量工具，只要你在研究中承认他人的贡献即可。在别人的研究中可以找到，或是可以从修正他人的测量工具中发展出好的测量点子。

4. 预期会遭遇的困难。当试图测量自己感兴趣的变量时，经常会遇到逻辑与实务上的问题。有时，我们可以通过预想与谨慎规划来预料并避免问题。

5. 不要忘了你的分析单位。你的测量工具应该与研究的分析单位相吻合，如此方能使你将结果推广到你感兴趣的全体。

（一）量的概念化与操作化

对定量研究的测量是一个直截了当的序列：先是概念化，然后是操作化，再就是应用操作化定义或收集数据。我们必须严格地连接抽象的想法与可精确量化的测量过程。一种方法就是运用对应法则或辅助理论。这种法则的目的是将构想的概念定义与测量构想的具体的测量方式连接起来。①

对应法则（rules of correspondence）是关于指标与抽象概念如何相称的逻辑陈述。举例来说，有个对应法则指出，如果某个人对一组包含10个陈述句的题目表示认同，就代表了那个人持有相当强烈的反女性主义的信念与价值。同样的，辅助理论解释指标如何以及为什么与构想有关联。卡迈恩斯与泽勒（Carmines & Zeller，1979：11）说：“对于社会研究而言，指出概念与指标之间关系的辅助理论与证实概念间关系的实质性研究是一样重要的。”假如，研究者想要测量疏离感。关于疏离感的定义分为四部分，每个部分分别属于生活中的不同领域：家庭关系、工作关系、社区关系以及朋友关系。一个能够表明每个生活领域中特定的行为或想法的辅助理论正好可以佐证疏离感。这个理论表明，在工作领域中，如果一个人觉得他自己失去了对工作时间、地点、工作内容以及工作伙伴的掌控，那么他就被疏远了。

图7.1显示了在一个理论与假设中，两个牵连在一起的变量的测量过程。有三个层次需要考虑：概念

① 关于连接抽象概念与经验指标的对应法与辅助理论的讨论，参见Blalock（1982：25－27）与Costner（1985）。也可参见Zeller & Carmines（1980：5），他们提供了一份图表来阐释这些规则在测量过程中的地位。布莱洛克在1979年担任美国社会学学会主席的就职演讲中说：“我相信最严重的，也是最重要的，需要我们大家马上注意的问题是概念化与测量的问题。”

层次、操作层次以及经验层次。[①] 在最抽象的层次上，令研究者感兴趣的是两个构想之间的因果关系，或称为**概念假设（conceptual hypothesis）**。在操作性定义的层次上，令研究者感兴趣的则是检验**经验假设（empirical hypothesis）**，以判断指标间的关联程度。在这个层次上我们会用到相关、统计、问卷，以及其他类似工具。第三个层次则体现了现实社会中的实际经验，当我们将实际操作指标（如，问卷）与构想（例如，疏离）相结合时，我们就会发现实际发生在经验社会世界中的事物，并且将这些事件反馈到概念层次。

正如我们所测量的，我们将三个层次结合在一起，以演绎的方式从抽象进展到具体。首先，我们概念化一个变量，赋予它一个清楚的概念定义；然后通过发展出一个操作性定义或一组指标进行操作化；最后使用这些指标，去收集数据资料并验证经验假设。

让我们转向一开始提到的案例，我如何为教师精神面貌这个构想下一个操作性定义呢？首先，我阅读他人的研究报告，查看是否已经有很好的指标存在。如果没有现成的指标，我就要从零开始发明一个。精神面貌是一种心理状态或感觉，因此我只能通过人们的谈话与行为进行间接测量。我可能设计出一份
205 教师问卷，询问他们在我的定义下，对精神面貌的各个层面有何感觉。我可能到学校去观察教师们在教师休息室中、与学生互动时以及在学校活动中的行为。我可能通过学校所保存的教师行为人事记录，查阅显示精神面貌的一些陈述（例如，缺席、要求提供申请其他工作用的推荐信或考绩报告）。我可能对学生、学校行政人员，以及其他人展开调查，以了解他们对教师精神面貌的想法。不论我选择哪个指标，我都要随着概念定义的发展，进一步锤炼这个定义（例如，写下特定的问卷项目）。

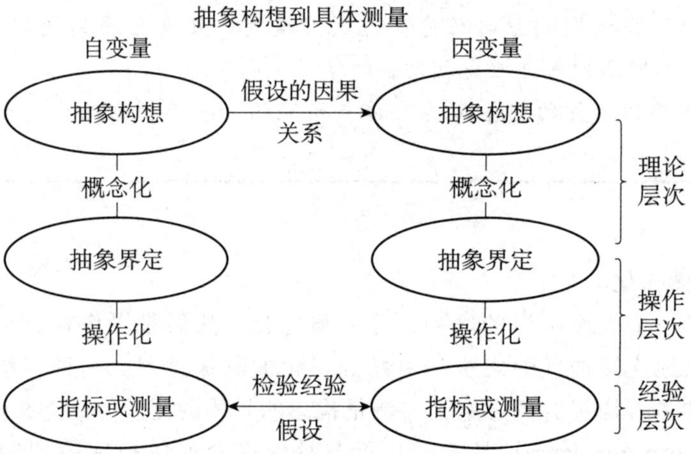

图 7.1 概念化与操作化

每个变量都需要加以概念化与操作化。在前面的例子中，精神面貌不是一个假设，而是一个变量。它可以是受别的事物所影响的因变量，也可以是影响其他事物的自变量，这取决于我们的理论假设。

（二）质的概念化与操作化

概念化。定性研究的概念化过程不同于定量研究。定性研究者在收集数据和分析过程中创立并定义“研究想法”，而不是在研究过程的早期阶段把抽象的想法定义为理论概念。概念化是形成清晰的理论定义的过程，在此过程中，我们要努力做到“合理化”，或者收集数据、整合初步想法。

当我们收集和分析定性资料时，我们要创立新概念、确定主要概念的定义，并考虑概念之间的关系。最后还要将概念连接起来形成理论关系。我们一般是在审视定性资料（例如，田野笔记、照片和地图、历史档案等）时提炼形成概念，并且还要提出一些关于数据的理论性问题（例如，这是一个阶级冲突的

① 关于三个层次的讨论，参见 Bailey（1984，1986）。

案例吗？什么是事件序列，可能有些什么不同？为什么发生在此地而不是其他什么地方?)。

我们需要用语言、具体方法的描述来清楚明白地表述定义，并且要与其他想法、数据相关联。在定性研究中，概念化很大程度上取决于资料。

操作化。在定性研究中，操作化经常先于概念化（见图7.2）并给出归纳的测量（见图7.3）。我们在 206
观察和数据采集时经常创造初步的“工作思路”，还要形成概念定义。不同于定量研究中将概念化定义转换成一系列操作测量，定性研究中是通过描述如何对资料进行特定的观察和思考来实现测量的，这些资料有助于形成工作思路，而工作思路则构成了概念定义和理论定义的基础。

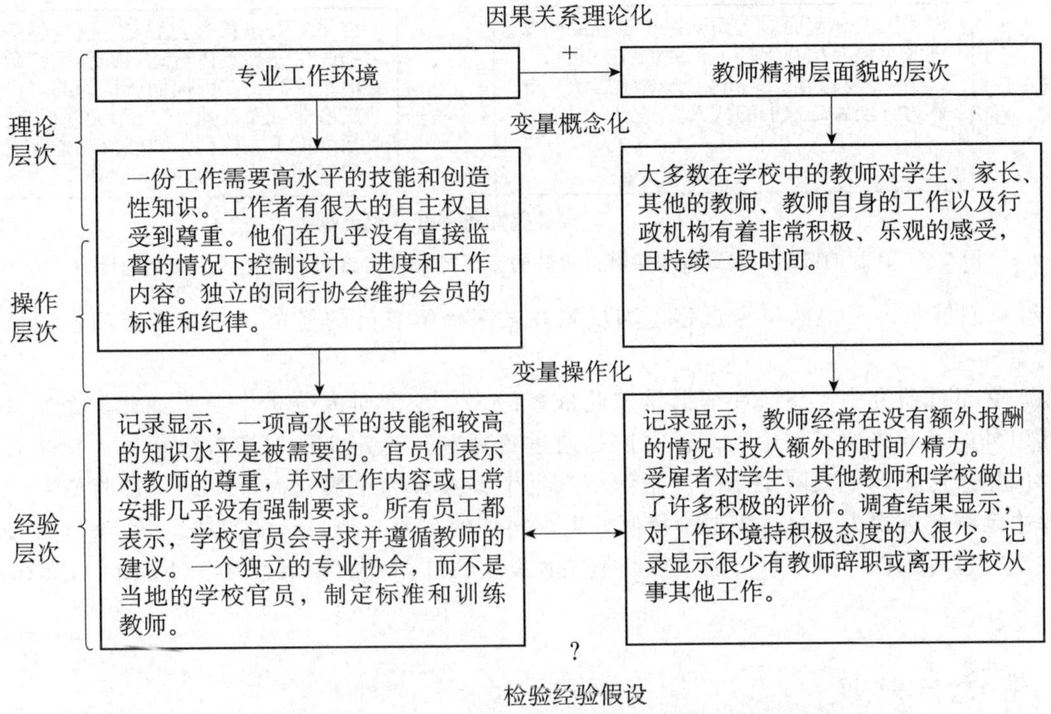

图7.2 假设演绎测量过程的实例：专业工作环境提升教师精神面貌层次

因此，定性研究中的操作化很大程度上涉及我们如何在观察和收集资料过程中发展工作思路的描述。操作化描述了我们如何收集特定的观察结果或数据，以及在数据演化为抽象结构时，我们如何努力理解这些数据。与其说这是一个事前计划技术，倒不如说是一种事后描述。

与定量操作化偏离于严格演绎过程一样，定性研究者从特定研究场景的数据以外汲取灵感。定性操作化包括研究者使用预先存在的技术和概念，它们总是与资料收集过程中出现的技术和概念混在一起。

在范塔莎（Fantasia，1988）有关劳工争议性行动的实地研究中，可以看到定性操作化的实例。范塔莎将团结文化（cultures of solidarity）作为中心构想。他将这一构想与工作场所中冲突关系的概念和非管理层工人增长的阶级意识联系在一起。他将团结文化定义为工人创造的一种文化表达形式，这种文化随着时间的推移在特定的地方不断演变。随着时间的推移，工人们逐渐形成了一种与管理层和企业主相对
立的共同的情感和团结意识。这是一个相互作用过程。慢慢地，工人们逐渐形成共同的想法、理解和行 207
动。“与其说这是脱离现实的心理态度，倒不如说这是一套广泛的适合于经验调查的实践和技能”（Fantasia，1988：14）。

范塔莎通过描述他如何收集资料来将构想操作化。他通过这个过程来说明构想，并解释有关数据资料的思考。他描述自己在收集资料中的具体行动（例如，他在一家特定的工厂的工作、参加记者招待会，以及访问他人等）并呈现资料的细节（例如，他描述了提供概念的特别的事件，比如几幅显示与工头冲突时人们站立位置的地图、重述工厂中事件的顺序、叙述管理人员的行动、复述个别工人表

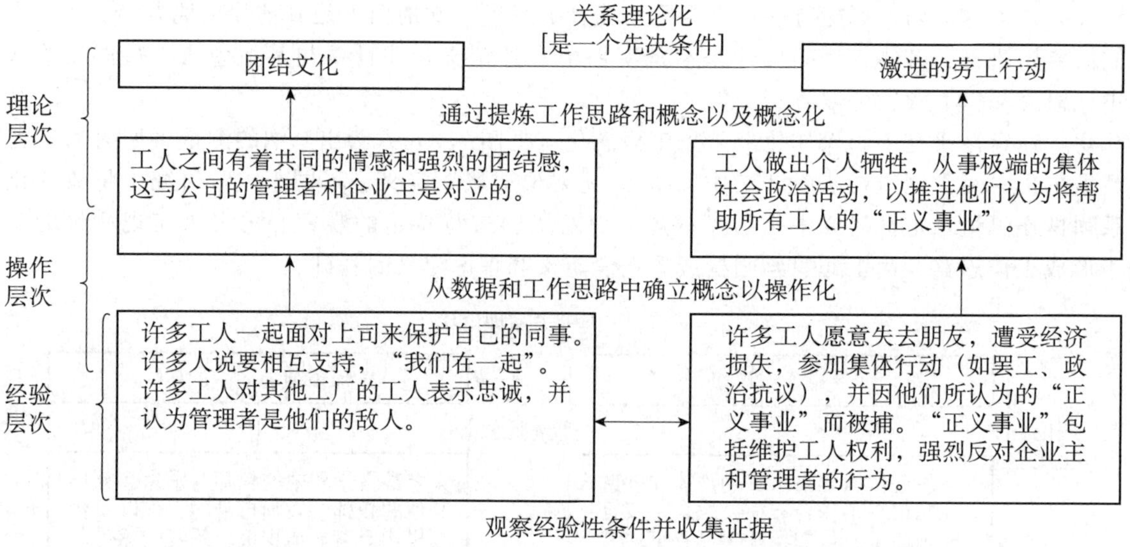

图 7.3　命题的归纳测量过程的实例：激进的劳工行动可能出现在建立团结文化的地方

述等）。他给我们展示出了他的思考过程，即反思并试图理解自己的经历，并在借鉴旧想法的基础上发展出新观念。

个案化。在定性研究中，想法和证据是彼此依赖的。在个案研究分析中更是如此。个案并不是预先给定的资料以外的经验单位或理论类别；它们是通过资料和理论定义的。通过分析某一情境，研究者组织资料同时应用想法去产生或限定个案。制作和产生个案被称为**个案化（casing）**，即将资料和理论组合在一起。要决定哪些被视为个案，需要平衡研究者观察到的东西与他自己的想法。“个案化被视为方法论的步骤，在研究过程的任何阶段都可能发生，但尤其发生在计划开始和结束时”（Ragin，1992b：218）。

四、信度与效度

所有的研究者都希望自己的测量有信度和效度，这是所有测量的中心议题。信度和效度两者将具体
208 的测量与构想相连接。完美的信度与效度事实上是无法达到的，然而，它们却是我们努力追求的理想。信度与效度是重要的，因为我们的构想经常是模糊、含混和无法直接观察到的。信度和效度是能够帮助建立发现的真实性、可靠性或可信性的概念。这两个术语具有多重含义，这里仅涉及符合与测量有关的方面。

*信度*是指可靠性或一致性，这意味着在完全一样或类似的条件下，相同的结果能被重复或再现。反过来，缺乏信度就会因测量本身而产生反复无常、不稳定或不一致的结果。*效度*意味着真实性，它也指一个概念与真的现实之间的“合适”程度。效度缺乏意味着我们用来分析社会世界的想法与真实社会世界所实际发生的现实是不匹配的。简而言之，效度解决如何使用我们的构想从而更好地测量社会现实的问题。

所有的研究者都希望进行可信和有效的测量，但除了一般层次上基本概念的一致性，定性研究者与定量研究者看待信度和效度是不同的。

（一）定量研究中的信度与效度

信度。**测量信度（measurement reliability）**意味着指标产生的数字化结果，不会因为测量过程的特性或者测量工具本身而发生变化。举例来说，我站在浴室的体重秤上查看我的体重。我一次又一次地走上

走下，如果它每次都显示相同的体重值——当然要假设这时我并没有吃东西、喝东西或改变着装等，那我就有个有信度的体重秤。一个不具信度的体重秤每次会显示不同的体重值，即使我"真正"的体重并没有改变。另一个例子是我的车速表。如果我以缓慢的车速在平坦的路面上开车，但是车速表指针却从一端跳到另一端，我的车速表就是不能够告诉我有关行车速度的可信赖的指标。事实上，有三种类型的信度。①

三种信度类型

1. 稳定性信度（stability reliability）是跨越时间的信度。它触及的问题是：如果在不同的时间使用同一个测量工具或指标进行测量，会获得相同的答案吗？上面提到的体重秤的例子就是这种类型的信度。你可以利用再测法（test-retest method）来检验指标稳定性信度的程度。验证要求对同一组人再次施测或再进行一次指标测量。如果所测量的事物是稳定的，指标也具有稳定性信度，那么每次施测都会得到相同的结果。把再测法稍加变化的另一种形式是使用一个与原本测验极为近似的可替代形式。例如，我对性别与大学咖啡厅中就座模式之间的关系有个假设。我测量因变量（就座模式）的方式是在 3 个小时内观察，记录每张桌子的男女学生人数，并且留意谁是第一位、第二位、第三位等就座的人。如果观察时，我感到疲倦或分了心，或是在 3 小时快结束时，我忘了记录，漏掉了某些人，那么我的指标的稳定性信度就不会很高。

2. 代表性信度（representative reliability）是跨越子群体或子群体的信度。它触及的问题是：如果使用同一个测量工具或指标对不同团体进行测量，会获得相同的答案吗？一个指标如果被用来测量不同的子群体（例如，不同阶级、种族、性别、年龄团体）时，都会在一个指标下得到相同结果，那么它就具有较高的代表性信度。举例来说，我的问题是关于一个人的年龄，如果 20 岁的人会给我超过他们真实年龄的答案，而 50 岁的人又会告诉我低于他们真实年龄的答案，那么这个指标所具有的代表性信度就很低。 209
要具有代表性信度，该测量工具需要能够测出每个年龄团体的正确信息。

*子群体分析*可以帮我们判定一个指标是否具有这种信度。这个分析涉及对指标进行不同子群体或子群体的比较，并且使用关于子群体的独立知识。举例来说，我想检验一道询问被访者教育程度的问卷题目是否具有代表性效度。我建立一个子群体分析查看这个题目在问男生与女生时，是否一样有效。先用这个题目来问男生与女生的教育程度。然后我获取独立的信息（例如，查阅学校的记录），核对在该题上答错的男女生人数是否相同。如果男生与女生的错误率相同，就显示这个题目具有代表性信度。

3. 等值信度（equivalence reliability）用在研究者使用**多重指标（multiple indicators）**之时。也就是说，在操作化某个构想时，使用多个特定的测量工具（例如，问卷中有数个题目全都是测量同一个构想）。它触及的问题是：不同的指标会得出一致的结果吗？如果数个不同的指标测量的是相同的构想，那么一个有信度的测量能够使所有的指标得出相同的结果。

我们使用*折半法*来检验等值信度。这涉及将同一个构想的指标分成两组（通常分组是一个随机的过程），然后再行判断这两组指标是否得出相同的结果。举例来说，我有一份 14 道题目的问卷，所有的题目都是测量大学生的政治保守主义。如果我的指标（亦即问卷题目）具有等值信度，那么我可以随机将它们分为各有 7 题的两组问卷，进而以这两份问卷进行施测，并且得到相同的结果。例如，我使用前 7 题的问卷时，发现一个主修商学的班中的 50 位学生要比另一班主修教育的学生保守两倍。我使用后 7 题的问卷也得到相同的结果。也有特殊的统计测量值（例如，克隆巴赫系数）可以判断这种类型的信度。一种特殊类型的等值信度是评价者或编码者信度。这发生在同时使用数个信息观察者、评价者或编码者之时。从某方面来说，每个进行观察的人都是个指标，因此如果观察者、评价者或编码者的意见都一致，那么这个测量就具有信度。这是在内容分析研究时，经常提及的信度类型。举例来说，我雇用 6 位学生来观察学生在自助餐厅的就座模式。如果这 6 位同学都善于观察与记录，我可以把这 6 位同学所观察到的信息合

---

① 关于信度与不同类型信度的讨论，参见 Bohrnstedt（1992a）与 Carmines & Zeller（1979）。

并成单独一个具有信度的测量值。但是如果其中有一两位学生偷懒、粗心或随便，那么我得到的测量值就会有比较低的信度。编码者信度可以通过使数个编码者测量完全相同的事物，然后比较他们得到的测量值进而从事检验的工作。例如，我让3位编码者在3个不同日子中的同一个时间内，独立编码就座模式，然后比较他们所记录的观察结果。如果他们的结果都一致，我就有信心说我的测量值具有编码者信度。特殊的统计技术可以测量编码者信度的程度。

如何增进信度。完美的信度是很罕见的。但是如欲增进测量工具的信度，可参照下面4条原则：（1）清楚地概念化所有的构想；（2）使用精确的测量层次；（3）使用多重指标；（4）使用小规模初步实验或预调查。

1. *清楚地概念化所有的构想*。如果是对单独的一个构想或构想的某个次维度进行测量，就会提高信度。这意味着研究者应当努力发展清晰明确的理论定义。构想应该被具体指明以消除来自其他构想的“杂音”（即令人分心或干扰思考的信息）。举例来说，纯净化学化合物的指标就比混合有其他物质或杂质
210 的化学产品具有信度。要从后者中把“杂质”从其他纯化学产品中分离出来，是件相当困难的事。

让我们回头来看教师精神面貌这个问题。我应该确定要把精神面貌与其他相关的概念（例如，心情、人格、精神、工作态度）区别开来。如果不这么做，我就可能无法确定我实际测量到的是什么。我也许会创建一个精神面貌的指标，同时也可以表现人格。这是说人格构想污染了精神面貌，因此产生的是一个较不可信的指标。不好的测量就是发生在用同一个指标来操作化不同构想的情况（即用同一份问卷的项目同时显示精神面貌与人格这两个完全不同的构想）。

2. *使用精确的测量层次*。后面会对测量层次做比较详细的讨论。测量层次比较高或比较精确的指标，可能会比测量层次欠精确的指标，具有较高的信度，这是因为后者所获得信息不如前者详细。如果要测量的是比较特定的信息，那么就不太可能会测到那个构想以外的其他事物。一般的原则是：尽可能以最精确的等级来测量构想。然而，以较高的测量层次进行测量是比较困难的事。例如，我有两个测量精神面貌的工具可选，一个有高或低两个值，另一个则从非常低到非常高有10个类别可选，在这种情况下，选择以10个精确的类别来进行测量会比较好。

3. *使用多重指标来测量一个变量*。第三个增进信度的方式是使用多重指标，因为对同一个构想，使用两个（或多个）指标，会比只用一个好。① 图7.4说明了在进行假设检验时多重指标的使用。某个自变量构想的三个指标被合并成一个整体测量工具A，而一个因变量的两个指标被合并成一个测量工具B。例如，关于精神面貌A，我有三个特定的测量工具：（a1）学校态度调查的题目答案，（a2）除病假之外的缺席次数，（a3）其他同事听到该位教师发出的抱怨次数。对于因变量B——给予学生额外的关注有两个测量工具：（b1）课后教师留下来会见个别学生的小时数，（b2）教师在其他的课堂上是否经常询问某位学生进步的情形。

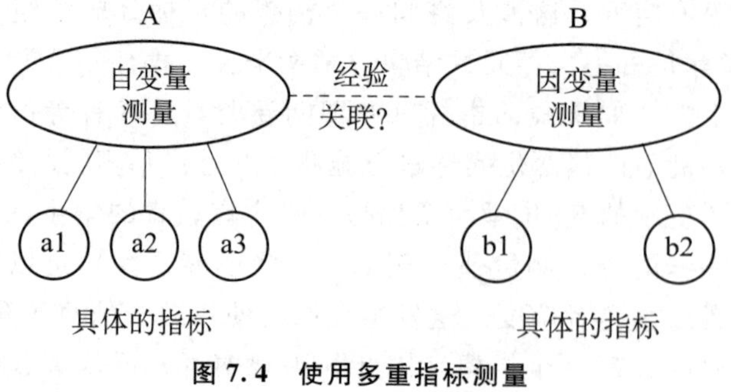

图7.4　使用多重指标测量

① 关于多重指标，参见Sullivan & Feldman（1979）。更技术性的讨论，参见Herring（1985），Herring & Costner（1985），以及Scott（1968）。

有了多重指标，我们可以构建一个指标三角形，并且对一个概念定义的内容（即，概念范畴中抽样）进行广泛的测量。我们可以用每个层面自身的指标来对构想的不同层面进行测量。当然，一个指标（例如，问卷上的一个题目）可能不够完美，但是数个测量工具不太可能犯下同样的错误。詹姆斯（James，1991）举出了一个例子来很好地说明这一原则在定义哪些人属于无家可归者方面的应用。如果我们仅仅考虑人们睡在哪儿（如，流浪者游荡的大街和公园，同时也包括官方提供的庇护所），我们就会忽略那些拥有临时住房（如睡在朋友或亲人家地板上）的人。如果我们仅仅通过官方紧急服务的登记记录来作为 211
测量数据，我们也会丢失部分数据，因为有许多无家可归的人并不会申请政府援助或正式的社会救济。然而，我们如果将官方记录与在各种地方留宿的人员数量结合起来并且将处于各种服务边缘（如街边诊所、食品生产线、临时庇护所）的人纳入研究范围，那就会得到一个关于无家可归者的比较精确的数据。为了掌握全局，多重指标测量工具会比单独一个项目的测量工具更为稳定。

4. *使用预调查并复制*。你可以通过首先使用测量的预调查版本来提升信度。在使用最终版本进行假设检验之前，先就某个测量工具制定出一个或多个草案或测试版。这比较消耗时间与精力，但是能够产生具有信度的测量工具。还是之前提到的例子，关于教师精神面貌调查，我制定了数份草案，最后才敲定完稿。我拿早期版本进行调查来确定题目是否清楚明白。

使用预调查的原则还包括借鉴其他研究者使用过的测量工具。例如，我查阅文献、寻找过去的研究曾经用来测量精神面貌的工具。如果先前的测量工具是个好工具，我可能会想要以该测量工具为基础并且使用它，当然，我会注明来源。此外，我可能想要添加若干新的指标，并且比较它们与先前的测量工具之间的差别（见实例方框 7.1：改进美国宗教成员从属关系的测量）。通过这种方式，只要使用的是相同的定义，这个测量工具的质量将有机会历久而弥新（见表 7.1）。

实例方框 7.1　改进美国宗教成员从属关系的测量

定量研究者测量个体的宗教信仰（例如，你信仰上帝吗？你信魔鬼吗？你信有来生吗？上帝对你意味着什么？）、宗教实践（例如，你多长时间祈祷一次？你经常参加宗教仪式吗？）、宗教从属关系（例如，如果你属于某个教会或宗教团体，会是哪一个？）。他们将数百个美国宗教派别划分成三个团体（新教徒、天主教徒、犹太教徒）或者是三个类别：宗教激进主义者、温和派和在 1990 年引入的温和派。

斯廷斯兰德与他的同事（Steensland，et al.，2000）重新对从属关系进行了概念化，在检验了宗教神学和社会实践的趋势后，将美国宗教派别划分成六个类别：主流的新教徒、福音派新教徒、黑人新教徒、罗马天主教徒、犹太教徒和其他教徒（包括摩门教徒、耶和华见证会教练、穆斯林、印度教教徒和唯一神教派）。作者通过检验人们的宗教观点、宗教实践，以及人们有关当代社会议题的观点，对新的六个类别进行了评估。在全美国的样本中，他们发现新分类比以前的测量更好地区分了宗教派别。

效度。效度是个被滥用的名词。有时人们用这个词来代表“真实”或“正确”的意义。效度有数个一般类型。这里我们谈的是**测量效度（measurement validity）**，测量效度也有数种类型。非测量类型的效度将在后面讨论。

当我们说某个指标具有效度时，是指这个指标所具有的效度只适用于某个特定目的与定义。同一个指标可能对其他的目的来说，可能有较低效度或者没有效度。举例来说，之前所讨论的对于精神面貌的测量（例如，关于对学校感觉的题目）可能只对测量教师的精神面貌具有效度，但是对测量警察的精神面貌则不具任何效度。[①]

① 参见 Carmines & Zeller（1979：17）。关于许多不同类型的效度，参见 Brinberg & McGrath（1982）的讨论。

就其核心，测量效度触及的是概念与操作性定义两者间有多契合的问题：契合程度越高，测量效度就越大。达成效度要比达成信度更加困难。对于效度，我们难有绝对的信心，但是某些测量工具会比其他的测量工具*更具有效度*，原因在于构想都是抽象的概念，而指标则是具体的观察。我们对于这个世界
212 的精神图画与我们在特定时空下所做的特定事物之间是有差距的。效度是动态过程的一部分，会随着证据的累积与时俱增。如果没有了效度，所有的测量都会变得毫无意义。

有些研究者使用对应法则（已于前文中讨论过）来缩短抽象概念与特定指标之间的差距。例如，某条对应法则指出：如果有位教师同意“过去5年来，这所学校的事情变得越来越糟”“没有任何改善的希望”的陈述，这就显示这位教师的精神面貌很低。另一些研究者提到*认知相关性*，这是指存在于特定指标与指标所测量的构想本体之间的一种假设性的关联。我们无法直接测量这种关联，但可以对它进行估计。[①]

表7.1　测量信度与效度类型的摘要表

信度（可信赖的测量）	效度（真实的测量）
稳定性——跨时间的考验（使用再测法进行检验）	表面——在他者的判断中有意义
代表性——跨子群体（使用子群体分析进行检验）	内容——捕获整个意义
等值——跨指标（使用折半法进行检验）	效标——与某个外在来源的一致
	■ 同时——与早先存的测量值一致
	■ 预测——与未来的行为相一致
	建构——具有一致性的多重指标
	■ 趋同效度——相同者所得之结果相同
	■ 区别效度——不同者所得之结果不同

测量效度的四种类型

1. 表面效度（face validity） 最基本、最容易实现的效度类型。这是科学界所做的判断，认为某个指标确实能够测量某个构想。换句话说，它所触及的问题是：从表面来看，人们相信定义与测量方法相符吗？举例来说，很少人会接受用“2+2=?”这种问题来测量大学生的数学能力。从表面上来看，这并不是对大学层次数学能力的有效测量。回想一下科学界所遵循的组织化怀疑论原则，它意味着其他人要细察研究的各个方面。[②]

2. 内容效度（content validity） 触及的问题是：测量工具将定义下的所有内容都代表出来了吗？一个概念定义含有数个观念，它是包含观念与概念的一个“空间”。在概念空间中，测量应该抽样或代表所有观念或区域。内容效度涉及3个步骤。首先，明确指出某个构想定义的内容。其次，从该定义涵盖的所有区域内抽取样本。最后，发展一个涵盖该定义下所有不同部分的指标。

一个内容效度的例子是，我把*女性主义*界定成一组个人对创造两性在艺术、智能发展、家庭、工作、政治和权威关系等领域上完全平等的信仰。我制作了一个测量女性主义的工具，通过这个测量工具我问两个调查问题：（1）男性与女性应该同工同酬吗？（2）男性与女性应该分享家务吗？因为这两个问题只
213 问到关于薪资与家务工作的事，所以我的测量工具只具有相当低的内容效度，忽略了其他领域（智能发展的追求、政治、权威关系，以及工作与家庭的其他层面）。如果我想制作一个具有内容效度的测量工具，我不是得扩大测量工具，就是得缩小定义。[③]

3. 效标效度（criterion validity） 使用某些标准或者规范，使得构想的指标更加精确。检验一个指标

---

① Costner（1985）以及Zeller & Carmines（1980：50-51）针对认识论做了相关的讨论。

② Kidder（1982）曾对表面效度看法不一致的问题做过一番讨论，譬如，科学共同体接受某个测量工具的意义，但是这个意义却不被受试者所接受。

③ 改写自Carmines & Zeller（1979：20-21）。

的效度是把该指标与测量相同构想的其他研究者满意的测量指标进行比较。这种效度的两种次类型是指同时效标效度和预测效标效度。[①]

具有**同时效标效度（concurrent validity）**的指标，必须要与一个已经存在的而且被断定具有效度的（例如，具有表面效度）指标有关联。举例来说，我们制作一个新的测验来测量智力。这个测验若想具有同时效标效度，就必须与既存的智力测验有高的关联度（假设对智力采用的是相同的定义）。这意味着在旧测验上得高分的人大多在新测验上也会获得高分，反过来，旧测验上得低分的人在新测验上得到的也是低分。这两种测量可能并没有必然关联，但是如果它们测量的是相同或相似的构想，在逻辑上他们应该会得到相似的结果。

效标效度如果能够通过某个指标预测到逻辑上与某个构想有关的未来事件，则被称为**预测效标效度（predictive validity）**。并不是所有的测量工具都具有这个效度。测量工具与被预测的行动必须要有所区分，但指示的都是同一个构想。不该把预测效标效度与假设检验中的预测相混淆，后者是指某个变量预测另一个不同变量。例如，许多美国高中学生参加学术能力倾向测验——学生在学校中的表现能力。如果学术能力倾向测验具有预测效标效度，那么学术能力倾向测验得分高的学生，在进入大学后会表现得很好。如果得高分的学生表现平平或与得低分的学生一样，那么学术能力倾向测验的预测效标效度就很低。

另一种检验预测效标效度的方式是选择一群有具体特质的人，然后预测他们在某个构想上会得到什么样的分数（很高或很低）。举例来说，我创造一个关于政治保守主义的测量工具，预测保守派团体的成员［例如，约翰·伯奇协会（John Birch Society）、保守者党干部会议（Conservative Caucus）、美国革命女社（Daughters of the American Revolution）、道德多数派组织（Moral Majority）］在这个测验上会得高分，而自由派团体成员［例如，民主社会主义者（Democratic Socialists）、美式生活拥戴者（People for the American Way）、美国民主行动协会（Americans for Democratic Action）］在这个测验上则会得低分。我用这些团体来“验证”这个测量工具——也就是说，我先用这个测量工具对这些团体成员进行预调查，然后再将它用作测量一般社会大众政治保守主义的测量工具。

4. 建构效度（construct validity）针对的是具有多重指标的测量工具，它论及的问题是：如果这个测量工具有效度，不同指标会产生一致的结果吗？这需要有把概念界限交代得很清楚的定义。

趋同效度（convergent validity）应用在多重指标产生趋同的结果或彼此相关的情况下。趋同效度是指同一个构想的多个测量工具都产生相同的结果，或是都以近似的模式运作。举例来说，我采用直接询问人们关于他们受过多少教育、查阅学校记录，以及请他们填答学校知识测验问卷等方式来测量“教育程度”这个构想。如果这些测量值并没有趋同（比方说，回答他们受过大学教育的人没有大学的入学记录，或者说有大学文凭的人在测验卷上的表现比高中辍学生还要差），那么我的测量趋同效度就很低，而且我也不可以把这三个指标合并成一个单独的测量工具。 214

区别效度（discriminant validity），也称为歧异效度，与趋同效度正好相反。它是指同一个构想的数个指标不但都产生一致的结果或趋同，而且测量相反的构想时，全部都得出相异的结果或负相关。区别效度认为如果两个构想 A 与 B 完全不同，那么 A 与 B 这两个测量工具就不应该有关联。举例来说，我有 10 个测量政治保守主义的题目，人们对这 10 道题目的回答方式都近似。但是我在同一份问卷中，又加入了 5 道测量政治自由主义的题目。如果这 10 道保守主义的题目会得到一致的结果，并且和那 5 道自由主义的题目都呈负相关，那么我的保守主义的测量工具便具有区别效度（见图 7.5）。

（二）定性研究中的信度与效度

定性研究者接受信度和效度的核心原则，但我们在定性的研究中并不经常看到这些术语，因为它们更经常伴随着定量测量。另外，在定性研究中，我们对这些原则的应用是不同的。

---

① 关于效标效度类型的讨论，参见 Carmines & Zeller（1979：17－19）。对建构效度的讨论参见 Fiske（1982）。

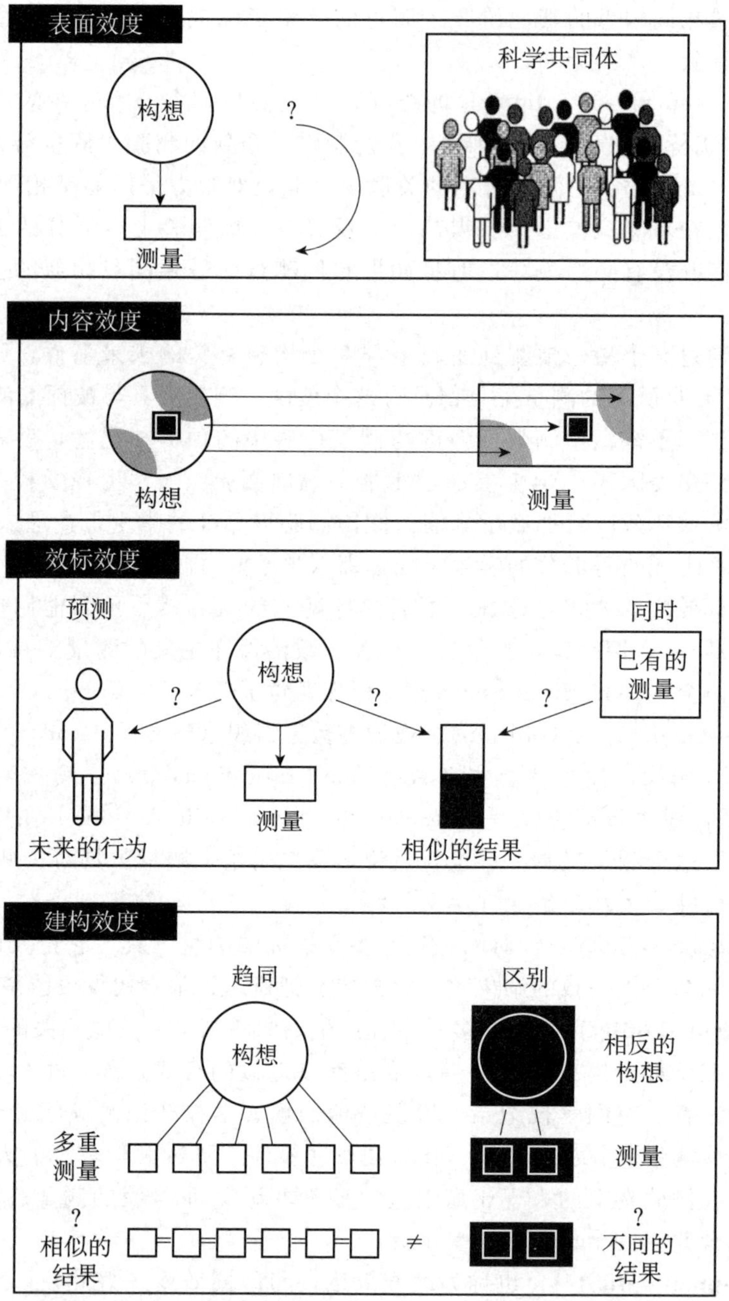

图 7.5　效度的类型

信度。信度意味着可靠性或一致性。在定性研究中，我们使用多种方法（例如，访谈、参与、拍照、研究档案等）一致性地记录观察。我们希望自己的观察随着时间的推移是一致的，这与稳定性信度的概念类似。保证信度的困难之一是我们的研究过程随着时间变化是不稳定的。而且，我们强调研究者与研究对象之间那种变化的、发展的互动价值。我们认为主观事物以及研究者与它的关系应该是一个增长的、进化的过程。把研究者与数据之间的关系打一个比方，就是一种进化关系或自然进化成熟的生物体（例如，植物）中的一种。在多数定性研究者看来定量研究取向的信度是冷冰冰的，是反复注入或应用一些固定的、无生命材料的机械装置。

在定性研究中，我们考虑一定范围的数据来源，使用多种测量方法。我们并不会拘泥于定量实证研究中的再测、等值和子群体信度，认为不同的研究者或者使用替代测量的研究者将得到不同的结果。这是因为数据收集是一个相互作用的过程，特殊的研究者在不断变化的场景中操作，场景的内容要求使用独特的、无法重复的混合测量。不同的测量以及不同研究者的相互作用是有益的，因为它们能揭示不同的因素或主观事物的维度。许多定性研究者质疑定量研究者对标准的、固定的测量的追求，他们感觉这种测量忽视了具有多种取向的各种研究者的利益，也许还会忽视社会中已经存在的众多关键方面。

效度。*效度*意味着真实性。在定性研究中，我们对真实性要比对效度更感兴趣。*真实性*意味着通过那些日常生活中的普通人的观点，对社会生活给出一个合适的、诚实的和均衡的说明。定性研究者很少关心抽象概念和经验数据之间的匹配，而是更关心对社会生活给出一个无偏见的描述，而这种社会生活是被研究对象的真实的社会经验。在多数定性研究当中，我们强调捕捉一种内在看法的方法，提供被研究对象是如何理解事件的细致描述（见拓展方框 7.2：定性研究中效度的意义）。

定性研究者对定量研究方法中的效度的替代是：生态效度或自然历史方法（见第 13 章），这两者都强调向其他人传达内部人的观点。历史研究者使用内部和外部批判（见第 14 章）来决定已有的证据是否真实。定性研究者坚持效度的核心原则和真实性（即，避免错误或歪曲的描述），并且尝试着建立起一种对世界的理解、想法和叙述与真实发生的事之间的紧密联系。 *215*

拓展方框 7.2

定性研究中效度的意义 *216*

定性研究中的测量效度并不需要证明抽象概念与其经验形式的精确校准测量之间有固定的对应。研究测量过程的其他特征对于建立效度是重要的。

第一，要考虑有效，研究者真实的主张看上去应是合理的，正如法恩（Fine，1999）评论的那样，互为主观地“足够好”（即，通过许多其他人的理解）。看上去合理意味着相关的数据和表述不是相互排斥的；它们既不是仅有的可能主张，也不是世界上一种真理的精确说明。这使得它们并不是杜撰的或任意的。相反，它们是有效的、有说服力的描述，通过经验数据展示了研究者的真实经历。

第二，当研究者的经验主张得到了各式各样的经验数据的支持，便具有了效度。任何一个特殊的独立经验细节也许是平凡的、普通的或“琐碎的”。效度正是源于许多小的、不同的细节的累积结果，它们集合在一起建立起有分量的证据。

第三，研究者连续地在不同数据中探索，并考虑它们彼此间的联系，就会增加效度。社会中的原始数据并不是简洁的、预先整理好的系统的科学概念，而是大量分离的要素，这“构成了动态的和一致的总体”（Molotch，et al.，2000：816）。当研究者意识到离散的细节间的关联时，效度就增加了。效度的增加伴随着不同领域间动态联系网络的形成，不仅是细节的数目，还包括它们之间的联系。

（三）信度和效度的关系

信度是效度的必要条件，也比效度更容易得到。虽然在成为某个概念的有效测量工具之前，必须先要具有信度，但是有了信度并不保证该测量工具一定具有效度。信度不是效度的充分条件。测量工具可以每次都产生相同的结果（证明具有信度），但是它测量的东西可能并不符合构想的定义（即效度）。

举例来说，我站到体重秤上量体重。我每次站上站下，体重秤上所显示的体重都一样，但是当我站上另一个体重秤——测量真正体重的“正式”体重秤时，它却显示我的体重是原先的两倍多。第一个体重秤得到具有信度的结果（即可信赖的与一致的结果），但是它对我的体重却没有给予一个有效的测量值。有个图形或许能够帮助你了解信度与效度的关系。图 7.6 用箭靶的类比来显示这两个概念之间的关系。靶心代表测量值与构想定义完全相符的情况。

效度与信度经常是互补的概念，但它们有时也会出现互斥现象。有些时候当效度增加时，会比较难以确保信度；反之，有些时候当信度增加时，效度会变得难以掌握。当某个构想过于抽象、不容易观察，但又俘获了某一想法的“真正本质”时，这种情况会经常出现。当测量值相当明确、便于观察时，信度最容易得到。因此，在极抽象的构想的真实本相与用具体方式测量它之间，是存在一种紧张关系的。例如，*异化*是个非常抽象、高度主观的构想，我们可以将它界定成一种核心人性丧失所展现出的内在感受，而且它赋予人的割裂感与盲目性，进而扩散到个人生活的许多层面（例如，社会关系、自我的感觉、对自然的取向）。但这并不容易，大多数人可以理解被疏远的现实，将个人与环境存在感全方位隔断。当我们对概念有了更深层次的认识后测量就变得更加困难。问卷中十分明确的题目较其他方法可能得出具有信度的测量值，但是也有捕捉不到该概念本质的风险。

（四）术语“信度”与“效度”的其他用法

很多字眼都有多个不同的定义，信度与效度也一样。除非我们清楚辨识同一个字的各种不同用法，
217 否则很容易造成混淆。日常语言中我们也用到*信度*这个词。一位*有信度的*人就是一个可以依赖、稳定和有责任感的人，他在不同的时间和情境下以相似的可预测的方式做出回应；一辆*有信度的*车是一辆可以依赖与值得信任的车，它以可预测的方式启动和运转。有时，我们也说一项研究或它的结果是*可信的*。这意味着其他的研究者可以复制这项研究并将会得到相似的结果。

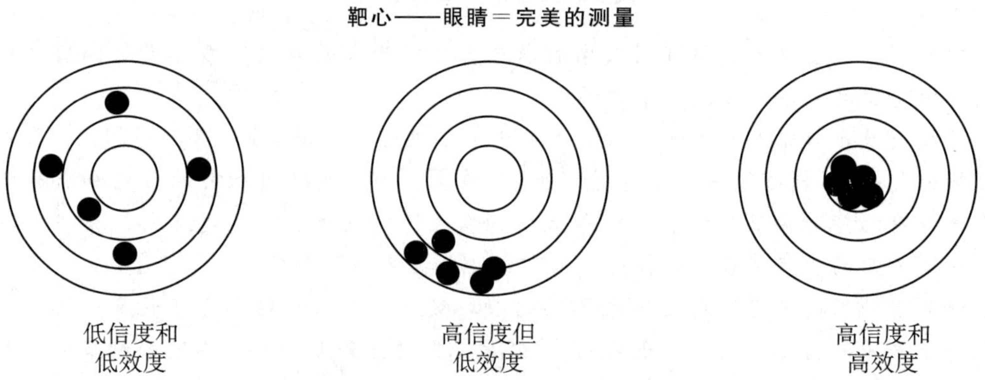

图7.6　效度和信度间关系的说明

资料来源：Adapted version of Figure 5-2 An Analogy to Validity and Reliability，page 155 from Babbie，E. R. 1986. *The Practice of Social Research*，Fourth Edition. Belmont. CA：Wadsworth Publishing Company.

*内部效度*是指研究计划的设计中没有内部错误存在。[①] 主要是用在实验研究中，是指尽管研究者尽力执行控制，但是结果还是可能有其他的解释存在（第9章会详细讨论）。

*外部效度*主要用在实验研究中，是指把某个特定情境与小团体得到的发现，推广到涵盖范围极广的情境与人群的能力。它论及的问题是：如果某些发现是发生在实验室里或某个特定的受试者团体（例如，大学生）之中，是否可以把这些发现推广到“真实”（非实验室的）世界或一般社会大众（非学生）身上（在第9章讨论）？外部效度对理论评估有很大影响。如果一般理论是对的，外部效度意味着我们可以把某一研究的结论推广到其他的情景和人群身上（Lucas，2003）。

*统计效度*是指为了达到某个目的进而选择正确的统计程序，并且满足程序所有的数学要求。而不同的统计检验或程序适用于程序教科书上描述的不同情况，因此统计效度才被纳入讨论。所有的统计程序都是建立在对使用的数字所具有的数学属性所做的假设之上。如果违反统计方法所赖以建立的主要假设，那么就此所获得的统计值，将不具效度；而就此所获得的结果，也将毫无意义。这就是我们必须知道统计过程的目的是设计和它的假设的原因。这也是为什么计算机可以正确地进行运算但其结果仍是无效的。

① 更详尽的解释，参见 Cook & Campbell（1979）。

五、有关定量测量的指导

到目前为止，我们已经讨论了测量的基本原则。定量研究者发展出专门的测量工具，帮助其完成建立操作化定义的过程，这是可信和有效的测量。本节是有关这些想法和一些测量的简短指导。

我们可以对可能的测量进行排列。一边是“最高的”，这些测量有大量高度明确的信息，区别非常准确和精确。另一边是“最低的”，通常是较为粗略或较不明确的，只有少量信息和较少的基本差异。 218
测量层次会影响到现实研究中特征测量的程度和选取指标的类型，也与构想定义中的经验假设密切相关。

测量层次（level of measurement）是由研究者在假设中构想的精确度、准确度和明确度决定的。这就意味着我们对构想的概念化程度会使含义大不相同。它会影响测量方式，会限制在数据采集后进行的统计程序的分析范围。在测量层次和测量的难易程度间经常能看到一种权衡，低层次的测量比高层次的测量较为简单和容易，然而低层次测量的结果也是精确度最低的信息，在数据分析的时候也只能进行较少的统计分析。我们可以用两种方法对待这些问题：一是连续与离散变量，二是四种测量层次。

连续与离散变量。变量不是连续的就是离散的。**连续变量（continuous variables）**有无限个沿着一个连续体分布的值或属性。这些值可以分成许多较小的区段：在数学理论中，这些区段的数目有无限多个。连续变量的例子包括：温度、年龄、收入、犯罪率和受教育时长。例如，在你完成相应学历的学习时我们可以测量出你的受教育年限。我们可以再把这些年限细分成你在课时、在课下完成作业和预习的小时数。还可以进一步精确到你在学习过程中获取和消化知识的分钟数，完成家庭作业的分钟数。更进一步，可以精确到在某一具体认知活动中你的大脑学习和加工信息所用的秒数。

离散变量（discrete variables）有一组数目相对固定的离散值或变量属性。离散变量的值并未构成一个平滑的连续体，相反的，它包含的是有限个不同类别。离散变量的例子包括：性别（男性或女性）、宗教（新教、天主教、犹太教、伊斯兰教、无神论）、婚姻状态（未婚、已婚、离婚或分居、鳏寡）以及教育程度（高中学历、社区学院、本科学历、硕士学位、博士学位）。一个变量是连续的还是离散的，将会影响到它的测量层次。

四种测量层次。测量层次的观念详细说明了连续与离散变量之间的差异。高层次测量是相对于连续变量而言，低层次则是相对于离散变量而言。四种测量层次区别于测量的精确程度。[①]

决定一个构想的适当测量层次不是一件容易的事。一个变量的适当测量层次取决于两个因素：研究者对建构的理解程度（定义和假设）和研究者所用的指标类型或测量程序。

研究者概念化构想的方式本身，可能就限制了它可以被测量的精确程度。举例来说，某些前面被列为连续变量的变量，可以被重新概念化成离散变量。温度可以是个有数千种明确区别的连续变量（例如，度和度的分数），也可以粗略地以五种间断的类别（例如，非常热、热、一般、冷、非常冷）加以测量。同样地，年龄可以是连续性的（以几年、几月、几日、几小时、几分钟、几秒钟来叙述一个人的岁数），也可以将之视为离散的类别（婴儿、孩童、青少年、青年、中年、老年）。

在研究者可以将某些连续变量转换为离散变量的同时，离散变量则无法变成连续变量，例如，性别、 219
宗教和婚姻状态，就无法转变成连续变量；然而，我们可以将定义和假设略有差异的相关构想视为连续性的（例如，女性气质、宗教信仰虔诚的程度、对婚姻关系的承诺）。以较高的测量层次来概念化与测量

① 关于测量层次这个主题的讨论与批判，参见 Borgatta & Bohrnstedt（1980）以及 Duncan（1984：119－155）。

变量，有实用的理由：我们可以将较高的测量层次降低成较低的层次，但是反过来却办不到。

四种层次的差异。从最不精确到最精确的程度，可以排列出四种层次，依次为定类、定序、定距和定比。每个层次给予研究者不同类型的信息（见表7.2）。

定类测量层次（nominal-level measurement）显示的只是类别间的差异（例如，宗教：新教、天主教、犹太教、伊斯兰教；种族：非洲人、亚洲人、高加索人、西班牙人、其他）。

定序测量层次（ordinal-level measurement）除显示差异外，还把类别排出顺序或名次（例如，字母：A、B、C、D、F；意见测量值：非常同意、同意、不同意、非常不同意）。

定距测量层次（interval-level measurement）除了涵盖前面两个功能外，还指出了类别间的区间长度（例如，华氏或摄氏温度：5度、45度、90度；IQ分数：95、110、125）。

定比测量层次（ratio-level measurement）包含所有其他层次所能做到的事，此外它还有个真正的原点，这使它可以用比例或比率的形式来陈述关系（例如，金钱收入：10美元、100美元、500美元；正式就学年数：1年、10年、13年）。在大多数实际的情形下，定距与定比层次没有多大的差异。

表7.2 四种测量层次的特征

层次	不同的类型	等级次序	被测类别有间隔距离	真正的零点
定类	是			
定序	是	是		
定距	是	是	是	
定比	是	是	是	是

某些定距测量值的任意原点可能令人困惑，但是这个原点只能帮助我们留下一个记录。例如，温度从30度升高到60度，并不是指温度真正增加了一倍，虽然数字确是两倍，这是因为华氏或摄氏温度零度时，不是一点温度都没有，这只是一个便于计算的标尺。例如，水的凝固点为32华氏度或者是0摄氏度，又或是273开尔文。水的沸点分别是212华氏度、100摄氏度或者373.75开尔文。如果有真正的零，温度中数字的实际关系可能是定比层次的。例如，在华氏摄氏度中温度由25华氏度升到50华氏度，那么后者“温暖两倍”，但这并不是正确的，因为排除了真正零点，定比关系就不复存在。在定比层次中水的沸点到冰点的温度就可以看出这一点。在定比层次中，华氏温度高于6.625倍，摄氏温度中是100倍，绝对
220 温标（开尔文）中是1.336倍。绝对温标量表中有绝对的零度（没有温度），它的比例反映了物理条件。在现实世界中与之类似的另一个任意（非真正）零点的例子，是发生在测量态度之时，这个情况是赋予态度选项一个数字（－1＝不同意、0＝无意见、＋1＝同意）。仅仅是因为数字形式的数据分析无法用统计程序来分析，而这些程序需要对真正的零值做出数学假设。

离散变量是定类与定序层次的变量，而连续变量可以由定距或定比层次加以测量。在四种层次中有一个非常有趣的单项关系。一个定比层次的测量值可以转化为定距、定序或定类层次。定距层次也常被转换为定序或定类层次。定序层次可以转换为定类层次，但是这种转换不可逆转！这是因为高层次的测量往往包含更多精确的信息。在高层次测量中，我们可以扔掉或者忽视一些明确的信息，但是在低层次测量中不可以排除那些附加的精确的信息。

对于定序测量值，我们通常至少要使用五个定序类别，并且各个类别要取得许多观察值，因为把连续构想分解成较小数量的定序类别时所产生的偏差，会随类别数目和观察数目的增多而减少。[①]（见实例方框7.2：四种测量层次的例子）

---

① Johnson & Creech（1983）检验了那些被概念化为连续变量并以一系列定序类别加以操作化时所发生的测量误差。他们指出使用的类别如果超过4个，而且样本数量够多，那么造成的误差就不会太过严重。

在继续下一步工作之前，记住两件事：第一，差不多每个社会现象都可以测量。某些构想可以直接测量并得到准确的数值（例如，家庭收入）；其他构想则需要使用代替品或代替物，才能间接地对一个变量进行测量，而且可能不会非常准确（例如，犯罪倾向）。第二，可以从其他研究者所使用的测量工具中学到很多。我们很幸运可以从数以千计的研究者的作品中学习，并不总是需要从零开始。你可以使用过去的量表或指数，或者你可以根据自己的目的而加以改良。社会生活的测量方面是个不断变化的持续过程：新的概念被发展出来、理论定义不断被陶冶锤炼、测量旧或新构想的量表或指数不断被改进。

实例方框 7.2　四种测量层次的例子

变量（测量层次）	如何测量变量
宗教（定类）	不同的宗教派系（犹太教、天主教、路德教派、浸礼会派）是无法排名的，只是彼此不同（除非信仰被概念化成哪个接近天国）。
出席状况（定序）	“你多久参加一次礼拜？（1）从不；（2）每年少于一次；（3）一年数次；（4）大约每月一次；（5）每周两三次；（6）每周若干次。”如果问的是个人实际做礼拜的次数，那这可能是用定比层次的测量。
智商分数（定距）	大多数的智力测验以 100 分为平均值、中等分或一般分。得分越高或越低表示距离平均值越远。得 115 分的人的智商略高于参加测试的人的平均水平，而得 90 分的人的智商略低于平均水平。低于 65 分或高于 140 分的人很少。
年龄（定比）	年龄是以年来测量的。有个真正的零点（出生）。请注意，40 岁的人活的岁数是 20 岁的人的两倍。

好的测量的原则。在测量一个变量时，不管我们有没有考虑使用单个含义，或者量表或指数（接下来会讨论），好的测量有三个特征，分别是：（1）变量的属性或者类别需要互斥；（2）它们应该是穷尽的；（3）测量应该是单向性的。 221

1. 互斥属性（mutually exclusive attribute）的意思是，个人或分析单元必须符合而且只能符合变量的某个属性。举例来说，一个测量宗教类型的变量，有四种属性：基督教、非基督教、犹太教和伊斯兰教。那么我们的测量就不是互斥的。伊斯兰教和犹太教都是非基督教。一位犹太教教徒和穆斯林适合分为两种类别：（1）非基督教；（2）犹太教或者伊斯兰教。同样，一个测量城市类型的变量，如果它的属性是河岸港口都市、州政府首府都市和国际口岸都市，也不具有互斥属性。一个都市可以同时兼具这三者（一个位于国际口岸、河岸港口的州政府首府都市）、三者其中任何一个或者三者都不是。为了保证变量属性的互斥性，我们需要想出更多的种类使每一个案例只有一类属性。

2. 穷尽属性（exhaustive attribute）的意思是指所有的个案都必须至少符合变量全部属性中的某一个。回到测量宗教的案例，把宗教属性分为基督教、非基督教、犹太教和伊斯兰教，为了使属性互斥我们不要非基督教，改为基督教、犹太教或伊斯兰教。这些不具有穷尽属性。佛教徒、印度教教徒或无神论者和不可知论者就不符合其中任何一项。属性应该要发展到能够涵盖每一个可能的情况，例如，基督教、天主教、犹太教或其他，就是穷尽与互斥的一组属性。

3. 单向性（unidimensionality）的意思是，在量表或指数中所有的项目应该搭配得宜，或是测量单独的一个构想。单向性在前面讨论建构与内容效度时，已经有所触及。单向性是说：如果你要把数个特定的资料结合成单独的一个分数或测量工具，所有的这些信息都应该用于测量同样的一件事物。其中一种最先进的技术——因子分析——就经常被用来检验资料的单向性。

在使用多指标、量表或指数（见下文）去得到复杂构想的不同部分，并且想抓住单向性标准时，我们会发现有很明显的矛盾。不过这只是表面上的矛盾罢了。因为理论上讲，构想是存在于不同抽象层次之间的。一般性的、高层次的或较抽象的构想所具有的定义可能包含数个子部分，而每个子部分都是构想整体内容的一部分。相反地，简单的、低层次的构想是具体的，只包含一个维度。举例来说，“女性意识”是一个高度抽象与一般性的构想，它涵盖了对社会、经济、政治、家庭和性别关系的特定信仰与态度。这个意识类型的信仰领域是那个单一总体构想的次部分，所有的部分组合在一起就是整体。这些次部分互相增强、共同形成关于女性的尊严、力量和权力的信仰体系。如果女性意识是单向的，那么就会是一个统一的信仰体系，而其变化范围横跨极端反女权主义到极端女权主义。我们可以计算原构想子部分的多种指标的趋同效度，来检测测量结果。如果某个信仰领域（例如，性别关系）在经验检验时始终独立于其他的领域，那么我们会质疑这个测量工具的单向性。

222 关于单向性，容易令人困惑的是：在某个情况下，一个特定的测量工具可以是某个简单构想的一个指标，但是在另一个情况下却指出另外一个不同且复杂构想的某个次部分。我们可以将许多简单的、具体的构想融合成一个复杂的、更抽象的构想。测量的单向性原则意味着测量一个构想时，我们必须*针对它的抽象层级*，将其概念化为一个连贯的、完整的核心概念。这表明概念化和测量的过程是紧密联系的。

一个具体的案例是，一个人在薪资方面对两性平等的态度就比性别意识（即对整个社会中性别关系的信仰）要具体，而不那么抽象。对同工同酬的态度就其本身而言是个单向性的构想，同时也可以是更为宽泛抽象的单向性构想（性别意识）的一个子部分。这并不意味着性别意识不再具有单向性。它是有多方面构想的一个更复杂的概念，可以在一个更抽象的层次进行单向性。

六、量表和指数

在这一部分中，我们将研究由研究人员创建的数百个量表和指数。[①] 我们用量表和指数衡量很多事情：官僚组织中的规范化程度、职业声望、人们婚姻的调整度、小组互动的强度、一个社区的社会活动水平、反映了女权主义的价值观的国家的性侵犯法律程度，以及一个国家的社会经济发展水平。我们将研究测量原理，考虑指数和量表结构的原理，探讨几种主要的量表和指数。

你可能会发现*量表*和*指数*这两个术语是令人困惑的，因为人们可以交替使用它们。一个研究人员的量表是另一个研究的指数。两者都产生依次或间隔层次的度量。更令人困惑的是，我们可以将量表和指数技术合并成一个单独的度量。尽管如此，量表和指数还是很有价值的。它们给我们提供了更多关于变量的信息，并扩大了测量的质量（即，增加信度和效度），胜于使用简单的单一指数。量表和指数也通过压缩和简化信息来帮助减少数据。（见拓展方框7.3：量表和指数：它们是不同的吗？）

拓展方框 7.3

量表和指数：它们是不同的吗？

在大多数情况下，研究人员可以将量表和指数视为可互换的。社会研究人员没有使用一致的命名法来区分它们。

量表是研究人员对可变结构的强度、方向、水平或效力进行限定，并在连续体上安排响应或观测数据的一种测量方法。一个量表可以使用一个指标，也可以使用多个指标。大多数测量是在定序层次上的测量。

① 关于社会研究中使用的指数和量表的编辑，参见 Brodsky & Smitherman (1983)，Miller (1991)，Robinson 等 (1972)，Robinson & Shaver (1969) 以及 Schuessler (1982)。

指数是一种测量方法，研究人员将一个结构的几个不同指标相加或组合成一个单独的分数。这个综合得分通常是多个指标的简单相加。它用于内容效度和趋同效度。指数通常是在定距或定比层次上的测量。

研究人员有时将量表和指数的特征结合在一起进行测量。研究人员有几个量表的指标（即，测量强度或方向）是常见的。他随后将这些指标加在一起得到一个分数，从而创建一个指数。

（一）指数的建构

你不时地会听到指数这个词。例如，美国报纸报道联邦调查局的犯罪指数与居民消费价格指数（consumer price index，CPI）。联邦调查局的指数是警方对七个所谓指标犯罪（杀人、重伤害、强奸、抢劫、入室偷盗、50 美元以上的偷窃和汽车盗窃）报告的总和，开始用于 1930 年起的统一犯罪报告（Uniform Crime Report，UCR）（Rosen，1995）。居民消费价格指数是一种通货膨胀的测量工具，该值的求法是购买一系列产品与劳务（例如，食品、租赁、公用物品）所需成本的总和，与前一年购买同系列物品所花费用之比较。 *223* 居民消费价格指数从 1919 年起就一直被美国劳工统计局（the U. S. Bureau of Labor Statistics）使用。薪资增加、工会契约和社会安全给付都是根据这个值来决定的。**指数(index)**是将一些项目结合成一个分数，分别测量一个构想的各种不同成分或次部分，然后将它们合并成一个测量工具。

指数有许多种类。举例来说，如果你的试卷上有 25 道题，分别出自一门课的各个不同单元，你答对的总题数是一种类型的指数。这是一种综合测量，每题测量某门课上的一小部分知识，而把所有答对或答错题目的分数加起来就得出单独的一个测量值。指数能测量出最希望居住的地区（根据失业率、通勤时间、犯罪率、休闲场所、气候，以及其他）、犯罪程度（根据综合不同类型犯罪发生的状况）、个人的心理健康状态（根据个人生活中对不同领域的适应性）等。

建立指数很容易，因此要特别注意的是使指数中的每个题目都要有表面效度。没有表面效度的题目应该被删除，构想的每个部分都应该至少以一个指标来加以测量。当然，最好用多重指标来测量一个构想的所有部分。

一个指数的例子是大学质量指数（见实例方框 7.3：指数举例）。我的理论定义为，一所高质量的大学应该有 6 个独特的性质：（1）较低的师生比；（2）高学历的师资阵容；（3）图书馆有丰富的藏书；（4）较少的退学学生；（5）较多学生继续深造、求取高学位；（6）教师出版书籍或学术报告。我依据这些项目，对 100 所大学进行评估，然后计算各所大学在这些项目上的总得分，最后得到一个可以用来比较各所大学的大学质量指数。

指数可以互相合并。举例来说，为了增强大学质量指数，我在这个指数上再加入教学质量的次指数。这个指数包含 8 个项目：（1）各班平均人数；（2）课堂中花在讨论上的时间百分比；（3）每位教师教导不同班级的数目；（4）课后学生找到教师向他请教的可能性；（5）指定阅读书籍的流通程度与数量；（6）指定作业增进学习的程度；（7）教师认识每位学生的程度；（8）学生对教学的评价。类似的次指数测量工具的建构方法也可以应用到大学质量指数的其他部分，然后它们可以结合成一个更具整体性的大学质量测量工具。这样就能够进一步发展出“大学质量”这个构想的详尽定义。

接下来，我们来看一下在建构指数中的三个重要议题，分别是：加权、缺失值、比率与标准化。

1. *加权*。在建构指数中有个重要的议题，那就是如何加权各个项目。除非有特别说明，否则一般都假设指数并没有做任何的加权。同样的，除非你在理论上有充分的理由进行不同的加权，不然就该采用相等的权数。一个*未加权的指数*是指该指数中的每个项目都有相同的权数，它只是把每个项目的分数加起来，而不做任何的修改，就好像把每个题目都乘上 1（对负面的项目则乘上－1）。就*加权指数*来说，研究者对该指数中的某些题目给予高于其他题目的评价或权衡。权数的大小来自理论假设、某个理论定义或像是因子分析之类的统计技术。

举例来说，我们可以把大学质量指数的理论定义做更加详尽的界定。我决定要使师生的百分比与有博士学位的教师人数，比每位学生拥有的图书馆藏书量或追求较高学位的学生百分比重要两倍。同样，新生退学百分比与每位教师出版著作的数量，要比图书馆藏书或追求较高学位学生的百分比重要三倍。如果用公式来表示，将更容易明白（参考实例方框7.3）。

每位教师对应的学生人数与退学人数百分比的权数值为负号，这是因为当这些数值越大时，大学的
224 质量反而会越低。加权与未加权指数可能会产生不同的结果。看看旧常春藤联盟、地方学院和综合大学，这三种大学有完全相等的未加权指数分数，但是加权之后这三种大学会有完全不同的质量分数。

实例方框7.3 指数举例

在符号表达公式中：

Q＝整体的大学质量

大学质量指数是根据下列六大项目综合成的：

R＝系所每位教师分担的学生人数

F＝系所教师拥有博士学位的比例

B＝每位学生拥有图书馆藏书的数量

D＝入学新生退学或肄业的比例

A＝继续追求高等学位的学生比例

P＝系所教师出版的书籍与学术论文数量

未加权公式：（－1）R＋（1）F＋（1）B＋（－1）D＋（1）A＋（1）P＝Q

加权公式：（－2）R＋（2）F＋（1）B＋（－3）D＋（1）A＋（3）P＝Q

旧常春藤联盟

未加权：（－1）13＋（1）80＋（1）334＋（－1）14＋（1）28＋（1）4＝419

加权：（－2）13＋（2）80＋（1）334＋（－3）14＋（1）28＋（3）4＝466

地方学院

未加权：（－1）20＋（1）82＋（1）365＋（－1）25＋（1）15＋（1）2＝419

加权：（－2）20＋（2）82＋（1）365＋（－3）25＋（1）15＋（3）2＝435

综合大学

未加权：（－1）38＋（1）95＋（1）380＋（－1）48＋（1）24＋（1）6＝419

加权：（－2）38＋（2）95＋（1）380＋（－3）48＋（1）24＋（3）6＝392

在这个案例中，加权会产生不同的指数分数，不过在大多数的情况下，加权与未加权的指数会得到相近似的结果。研究者关心的是变量间的关系，而加权以及未加权指数在变量关系的检验上，得到的经常是相似的结果。[①]

2. *缺失值*。建构一个指数时，漏失资料可能会构成一个严重的问题。如果某些个案的资料漏失，效度与信度便会受到影响。有四种方式可以用来解决这个问题（见拓展方框7.4：缺失值的处理方式），但是没有哪一种方式能够将这个问题彻底解决。

举例来说，1985年，我建构了一个适用50个国家的社会发展程度的指数。这个指数包括四个项目：生活期望、有室内水管的家庭百分比、受教育人口的百分比，以及每百人拥有的电话数量。我以联合国

① 关于加权与非加权指数的讨论，参见Nunnally（1978：534）。

统计资料作为我的信息来源。比利时的数值为 68＋87＋97＋28；土耳其的数值是 55＋36＋49＋3；不过我发现芬兰没有受教育人口的资料。我寻求其他的信息来源，但是没有一个机构有，因为芬兰根本没有收集这笔资料。

3. *比率与标准化*。这两者是相关的概念。你已经听过犯罪率、人口增长率或失业率。某些指数以及单一指标测量值是以比率来表示的。比率涉及把项目的值加以标准化，以便进行比较。指数中的项目在 225
可以合并之前，经常需要先加以标准化。

拓展方框 7.4

缺失值的处理方式

1. 删除任何一笔带有缺失资料的个案。如果一个国家被排除于研究之外，指数将会对有资料可考的国家才有效。如果其他的国家有缺失资料，那么这就会构成问题。一个对 50 个国家的研究可能变成了一个对 20 个国家的研究。同时，带有缺失资料的个案可能在某些方面具有相似性（例如，都出现在东欧或都是第三世界的国家），这就限制了该研究发现的适用性。

2. 用平均值来替代那些没有资料的个案。以其他国家平均识字率的分数来代替。这个“解决之道”把芬兰留在研究之中，但是给了它一个不正确的值。对一个只有少数几个项目的指数来说，或是一个不是“平均值”的个案来说，这个做法造成了严重的效度问题。

3. 根据非定量的信息输入资料。有关芬兰的其他信息（例如，13 岁到 18 岁在高中就学人数的比例）可用做推测识字率的一个比较好的猜测值。这项“解决之道”在这个情况下勉强可以接受。它不如测量芬兰的识字率来得好，并且全凭一个未加检验的假设——可以根据其他国家的高中学生就学率来预测识字率。

4. 输入一个随机的值。对于这个发展指数的例子来说，不是明智之举。如果该指数有大量的项目，而且个案的数量也非常多，那么输入一个随机的值是可以被接受的方式。如果是这种情况的话，删除缺失资料或许是一个比较好的、能够产生更具有信度测量值的“解决之道”。

资料来源：Allison（2001）.

标准化（standardization）涉及的程序，是先选择一个基数，然后再将原始测量分数除以这个基数。举例来说，在同一年中，城市 A 发生 10 件杀人案，而城市 B 发生 30 件杀人案。要比较这两个城市的犯罪率，原始的杀人案件数需要先以城市人口加以标准化。如果这些城市的人口相同，则城市 B 就比较危险。但是如果城市 B 的人口多很多，那么它可能比较安全。如果说，城市 A 有 10 万人，城市 B 有 60 万人，则每 10 万人的犯罪率在城市 A 为 10 件，在城市 B 则为 5 件。

标准化使不同单元可以在共同基础上做比较。标准化过程（也称为常态化）排除相关且是不同特性的效应，而使重要变量上的差异能够显现出来。举例来说，如果有两班学生，艺术班有 12 位学生抽烟，生物班有 22 位学生抽烟。研究者可以通过班级大小而将抽烟学生人数加以标准化，进而比较抽烟者比率或发生率。艺术班有 32 位学生，而生物班有 143 位学生。一种你已经知道的标准化方法是使用百分比。测量百分比时，是在 100 的共同基础上进行标准化。通过百分比，很容易就可以看出艺术班抽烟同学的比率（37.5%）是生物班（15.4%）的两倍以上。

标准化的一个关键问题在于决定使用哪个基数。在上例中，我们何以知道要使用城市大小还是班级大小作为基数呢？这个选择并不总是那么明显，它是由构想的理论定义来决定的。不同的基数会产生不同的比率。例如，失业率可以被界定为劳动人口中没有工作的人数，整体的失业率将是：

$$\text{失业率}=\frac{\text{失业人数}}{\text{具有工作能力的人数}}$$

我们可以把总人口分成一些子群体，然后得到每种子群体人数占总人口的比率。例如，男性白人、 226

黑人女性、年龄介于 18 岁到 28 岁的非裔美国男性、有大学学历的人。这些子群体的比率可能对理论定义或研究问题有比较高的相关性。例如研究者相信失业是影响整个住户或家庭的事件，因此采用的基数应该是家庭而非个人，此时失业率将是：

$$\text{失业率}=\frac{\text{至少有 1 人失业的家庭数}}{\text{家庭总数}}$$

不同的概念化过程建议采用不同的标准化基础与不同的标准化方法。当合并数个项目为一个指数时，最好是用共同的基数将这些项目标准化（见实例方框 7.4：标准化与 2000 年奥运会的真正赢家）。

（二）量表

量表（scale）常用在研究者想要测量一个人如何感觉或思考某事的情况之下。有些人称它为*感觉的硬度或效能*。量表有助于概念化与操作化过程。举例来说，研究者相信人们对某些特定政策（例如，居住、教育、外交事务）所做判断的背后必然存在一个单一的意识类型维度。量表有助于决定人们在某些特定政策上的立场是否根据某个单一构想，比方说“保守主义/自由主义的意识类型”。

量表可以去测量变量的强度、硬度或效能。图示评定量表是量表的基本形式。人们从一个极点延展到另一个极点的直线中，指出适当的一点来显示评定结果。这种量表类型很容易建立和使用，它传达一个连续的观念，而数字的分配有助于人们从事定量思考。量表假设有相同主观感觉的人会在图形量表的相同地方标示出他们的评定。图 7.7 就是个“感觉温度计”量表的例子，研究者用它来找出人们对社会中不同团体（例如，全国妇女组织、三 K 党、工会、医生）的感觉。这种类型的测量工具从 1964 年以来，就一直被全国选举研究的政治科学家用来测量人们对候选人、社会团体以及各种议题的态度。[1]

图 7.7　“感觉温度计”图示评定量表

接下来，我们看一下常用的五种社会科学量表：利克特量表、瑟斯顿量表、博加德斯社会距离量表、语意差异法、格特曼量表。

1. *利克特量表*。你可能已经使用过**利克特量表（Likert scale）**。它们的使用相当普遍，在调查研究中极为常见。利克特量表在 20 世纪 30 年代由利克特（Rensis Likert）发展出来，提供有关个人态度定序等级的测量工具。[2] 利克特量表也被称为*加总评定*或*总和量表*，因为一个人在量表上的分数是以加总这个人
227 回答的每个答案所具有的分数计算得出的。利克特量表经常要求人们表示他们同意还是不同意某个陈述。除此之外，也有其他可能的修订版本：可能要求人们回答他们赞成还是不赞成或者他们是否相信某件事“几乎一直都是真的”（见实例方框 7.5：利克特量表实例）。

---

① Wilcox（1989）和他的同事讨论了感觉温度计。

② 更多关于利克特量表的信息，参见 Anderson 等（1983：252－255），Converse（1987：72－75），McIver & Carmines（1981：22－38），以及 Spector（1992）。

实例方框 7.4　标准化与 2000 年奥运会的真正赢家

美国的运动爱好者们为美国在 2000 年奥运会上夺得了最多金牌而欢呼。然而，由于他们没有标准化，“胜利”是一个错觉。当然，美国作为世界上最富有的国家，同时也是世界第三大人口大国，在所有国家相互间一对一的竞赛中表现得不错。为了看看到底发生了些什么，需要基于人口或者财富进行标准化。标准化通过调整结果，使之看起来好像所有国家都有相同的人口和财富，这会产生更准确的描述。结果显示，巴哈马，一个拥有不到 300 000 居民（比一个中等大小的美国城市还要小）的国家，按比例算赢得的金牌数最多。按照人口或者财富调整，美国甚至没进入最优秀的国家之列；看起来美国能够取得冠军仅仅因为它庞大的人口和财富。美国的运动爱好者会保持最优秀的国家的错觉仅仅因为他们忽略了美国的比较优势。

2000 年悉尼奥运会前十的金牌得主国家

非标准化排名			标准化排名*			
排名	国家	总计	国家	总计	人口	GDP
1	美国	39	巴哈马	1	33.3	20.0
2	俄罗斯	32	斯洛文尼亚	2	10	10.0
3	中国	28	古巴	11	9.9	50.0
4	澳大利亚	16	挪威	4	9.1	2.6
5	德国	14	澳大利亚	16	8.6	4.1
6	法国	13	匈牙利	8	7.9	16.7
7	意大利	13	荷兰	12	7.6	3.0
8	荷兰	12	爱沙尼亚	1	7.1	20.0
9	古巴	11	保加利亚	5	6.0	41.7
10	英国	11	立陶宛	2	5.4	18.2
	欧洲 15 国**	80	欧洲 15 国	80	2.1	0.9
			美国	39	1.4	0.4

注：* 人口表示每千万人口的金牌数，GDP 表示每百亿美元 GDP 的金牌数。

** 欧洲 15 国是欧盟的 15 个国家，被作为一个单独的单位对待。

资料来源：Adapted from *The Economist*，October 7，2000，p. 52. Copyright 2000 by Economist Newspaper Group. Reproduced with permission of Economist Newspaper Group in the format Textbook via Copyright Clearance Center.

要制定一个利克特量表，需要至少两个类别，像是“同意”与“不同意”。使用两个选项只能创造一个粗略的测量工具，并且强迫只做两种类型的区别。通常使用 4～8 个类别会比较好。研究者可以在资料收集之后，再进行类别的结合或合并，但是以粗略类别所收集的资料，日后就无法变得更加精确。你可以加上像是“非常同意”“有点同意”“极为同意”等的类别，来增加量表类别的数量。使选择数维持到 8 或 9 个，多于这个数目的差异没有多大意义，反而会使人感到困惑。选项应该要维持偶数平 228
衡（例如，如果有“非常同意”“同意”就要有“非常不同意”“不同意”）。纽纳利（Nunnally，1978：521）说过：

> 当量表选项数目从 2 个增加到 20 个时，刚开始时信度会增加得很快，不过到 7 个左右时，信度就持平了，大约到 11 个之后，增加选项个数对信度的增加不会有多少贡献。

实例方框 7.5 利克特量表实例

罗森伯格的自尊量表

整体而言，我常觉得我是个失败者：

(1) 总是这么认为

(2) 常常这么认为

(3) 有时这么认为

(4) 很少这么认为

(5) 从未这么认为

学生评估教学量表

整体来说，我评定这门课的教学质量：

极佳　　很好　　普通　　还可以　　很差

市场研究漱口水评价量表

品牌	完全不喜欢	有些不喜欢	有点不喜欢	有点喜欢	有些喜欢	完全喜欢
X	——	——	——	——	——	——
Y	——	——	——	——	——	——

工作团体主管量表

我的主管：

	从不	很少	有时	经常	总是
让员工知道他对他们的期望是什么	1	2	3	4	5
友善且亲切	1	2	3	4	5
对待员工一视同仁	1	2	3	4	5

关于是否要在显示方向的类别（例如，“不同意”“同意”）之外，再提供中性类别（例如，“不知道”“未决定”“没意见”），研究者之间有很大的争议。有一个中性类别意味着类别数目变成奇数个。

如果所有项目都是测量同一个概念，研究者可以将一系列利克特量表的题目合并成一个综合指数。来看看斯奈德曼和哈根（Sniderman & Hagen，1985）在研究中构造的女性平等机会和自尊指数（见实例方框 7.6：利用利克特量表构造指数的实例），进行这个大型调查时，他们询问被访者有关女性地位的三个问题。研究者之后给答案打分，将选项合并成一个指数，分值为 3～15。被访者还回答了有关自尊的问题。这里注意，当给选项打分时，一个选项（问题 2）是反向打分的。以此种方式改变统计方向，是因为
229 需要避免**答案定势（response set）**。答案定势也称*答案定型*或*答案偏差*，一些人由于懒惰或心理倾向，倾向于以同样的方式（一般是同意）回答大量的选项。例如，如果答案选项是文字的，选择“非常同意”通常表明自尊，我们并不知道某个经常表示非常同意的人是真的有很高的自尊，还是简单倾向于对问题表示同意。这个人表示“非常同意”，或许不是习惯或倾向于表示同意。研究者的话语表述也能改变方向，使那些在任何时间都表示同意的人出现不一致或矛盾的观点。

实例方框 7.6 利用利克特量表构造指数的实例

斯奈德曼和哈根（Sniderman & Hagen，1985）构造指数测量对女性平等机会和自尊的信任。这两个指数的计分都是不加权的。

女性机会平等指数

问题

1. 与男性相比，女性通过教育获取高层职位的机会较少。

非常不同意　　有些同意　　有些不同意　　非常不同意　　不知道

2. 许多有资质的女性得不到好工作，具有同样技术的男性则较少遇到麻烦。

非常不同意　　有些同意　　有些不同意　　非常不同意　　不知道

3. 我们的社会歧视女性。

非常不同意　　有些同意　　有些不同意　　非常不同意　　不知道

计分：对于所有项目，完全同意＝1，有些同意＝2，有些不同意＝4，非常不同意＝5，不知道＝3。

指数可能的最高得分＝15，被访者感觉女性机会是平等的。

指数可能的最低得分＝3，被访者感觉女性机会是不平等的。

自尊指数

问题

1. 总的来说，我对自己是满意的。

同意　　不同意　　不知道

2. 我偶尔感觉自己不太好。

同意　　不同意　　不知道

3. 我有时觉得其他人并不太重视我的意见。

同意　　不同意　　不知道

计分：项目 1 和项目 3 中：1＝不同意，2＝不知道，3＝同意；项目 2 中：3＝不同意，2＝不知道，1＝同意。

指数可能的最高得分＝9，自尊高。

指数可能的最低得分＝3，自尊低。

我们经常把许多个利克特量表态度的指标合并成一个指数。量表与指数都具有与改进信度与效度有关的属性。使用多重指标的指数，就可以改进信度。使用测量一个构想或意见的数个层面的多重指标，就可以改善内容效度。最后，对个人意见的测量来说，指数分数提供一个更为精确的定量测量工具。举例来说，每个人的意见可以用从 10 分到 40 分的数字，而不是只用 4 种类别（“非常同意”“同意”“不同意”“非常不同意”）来加以测量。 230

并不一定要像前面的例子一样，使用 1 到 4 的数字来分配利克特题目的分数，也可以使用－2、－1、＋1、＋2 这样的分数。这种分数有一种优点，那就是，0 分意指中立或完全不明确的态度，而负面高分意味着被访者的态度是反对由正面高分所代表的意见。

分派给回答类别的数字是任意的。要记得的是，零分的使用并不会使量表或指数变成一种定比层次的测量。利克特量表的测量是属于定序层次的测量，因为答案显示的只是一种排名而已。除了用 1 分到 4 分或－2 分到＋2 分之外，用 100 分、70 分、50 分和 5 分也同样可以。此外，不要傻到因为用的是数字，就误以为定序类别之间的距离是定距的。虽然数字系统有很好的数学性质，不过这个时候使用数字完全是出于方便。基本的测量不过是顺序罢了。①

简单与容易使用是利克特量表的真正长处。把数个题目加以合并之后，就可以产生更具全面性的多重指标测量。这类量表有两个限制：以不同的方式合并数个量表题目，可能会产生相同的整体分数；答案定势是个潜在威胁。

---

① 有些学者把利克特量表当作定距尺度的测量工具，但是关于这点学界并未达成共识。从统计学上来说，如果利克特量表至少有 5 个回答类属，而且回答每个答案类属的人数相当平均，那么就没有多大的差别。

2. *瑟斯顿量表*。当我们对某些变量感兴趣，但变量却有数个特征或层面时，这时我们倾向于把所有的信息整合为一个单一的定距区间，瑟斯顿量表可以提供帮助。举例来说，一家干洗店——“速洁公司”——想要了解相对于它的主要竞争对手“友善干洗公司”，自己在格林市的形象。我们把受访者对该企业的态度概念化成4个层面：对地点、营业时间、服务，以及收费的看法。一般认为“速洁公司”有较便利的服务时间与地点，但是收费较高，而且服务态度不佳。相反，认为“友善干洗公司”收费较低、服务更礼貌些，但是服务时间和地点都不够方便。除非我们知道这四个层面与核心态度（干洗店的形象）之间的关联，不然他就无法明确地说民众比较喜欢哪一家商店。在20世纪20年代后期，瑟斯顿（Louis Thurstone）发展出一种能够在这种状况下分配分数的量表。这些方法现在被称为**瑟斯顿量表（Thurstone scaling）**或*相等间隔法*。[①]

瑟斯顿量表的依据是比较判断法则。这个法则论及当每个人都做出独立的判断时，如何测量或比较态度这个议题。换句话说，它是在每个人做出主观判断后，定出或固定某个人的态度相对于其他人的位置。比较判断法则是说，对于每个接受判断的物体或概念，有可能辨识出单独一个“最常见的答案”。虽然不同的人多少会做出一些不同的判断，但是个别判断通常会落在单独一个最常见的答案的附近。个别判断围绕常见答案的散布情形遵照一般称为*正态分布*的统计模式。根据这个法则，如果许多人同意两个物体互不相同，那么对这两个物体最常见的答案将会分隔很远。相反地，如果许多人对这两个物体感到困惑或不同意这两个物体有所不同，对这两个物体的常见答案就会非常接近。

在瑟斯顿量表中，我们对感兴趣的事物，设计很多的陈述（例如，超过100个），然后让多位评审除去
231 一些模糊的陈述，把陈述的数目减少到一小撮（例如，20个）。根据一个连续体（例如，从赞成到不赞成），每位评审来分别评估这些陈述。我们检验这些评估，并且根据两个因素来整理这些陈述：（1）评审的一致性；（2）陈述在可能数值范围中的位置。最后出现的一组陈述便被用来构成涵盖某个数值范围的一个量表。

瑟斯顿量表开始于为数众多的评价陈述句，这些陈述涵盖所有层面的意见。每个陈述都该清楚明确。“好的”陈述句指称的是现在，而不会被解释成事实。它们不可能得到每个人的赞同，并且是以简单句式呈现的，要避免出现像“*总是*”与“*绝不*”之类的词。我们从回顾文献、大众媒体、个人经验和询问他人中得到编写这些陈述的点子。举例来说，关于干洗商店的陈述句可能包括上面所列出的4个层面，再加上下面的这些：

- 我认为X家干洗店迅速而且准时。
- 就我的观点，X家干洗店的店面看起来整洁、有吸引力。
- 我不认为X家干洗店在清除衣服上的污垢做得很好。
- 我相信X家干洗店清洗大衣的收费合理。
- 我相信X家干洗店送回来的衣服都很干净，而且烫得很整齐。
- 我认为X家干洗店的接送服务不好。

然后我们寻找50位到300位评审。这些评审应该对陈述句中的物体或概念相当熟悉。每位评审会收到一组陈述卡片与说明，每张卡片上都有一个陈述句，评审将所有的卡片分成数堆。一堆的数目经常是7、9、11或13。这些堆的数目代表着被评估的物体或概念的数值范围（例如，从赞成到中立，到不赞成）。每位评审独自进行卡片的等级分类，不受其他评审的影响。

在评审都将所有卡片分进各堆之后，我们就建立了一个结合卡片与陈述的交叉图表和陈述句。例如，100个陈述与11堆卡片就会产生一个11×100的图表，也就是说有11×100=1 100个方格。把对某个陈述句给出某种评定等级的评审人数写入图中的对应的方格内，然后再使用统计测量（超过本书的讨论范围）计算出每个陈述句的平均分数以及评审同意或不同意的程度。我们保留评审间评分一致度最高的，或者评审间信

---

① McIver & Carmines（1981：16－21）对瑟斯顿量表有非常精彩的讨论。相关的讨论，也参见Anderson等（1983：248－252），Converse（1987：66－77），Edwards等（1957）。本文所引用的例子部分转借自Churchill（1983：249－254），他描述了计算瑟斯顿量表分数的公式。

度最高的陈述句，以及对应的代表整个数值范围的所有陈述句（见实例方框 7.7：瑟斯顿量表实例）。

用瑟斯顿量表，我们就可建构一个态度量表或是从一大堆有关态度的陈述句中选出适当的陈述句。这个方法有如下四个限制：

- 它只测量对陈述句的同意或不同意，没有涉及同意或不同意的程度。
- 它假设评审与其他人认同陈述句在评分系统中的位置。
- 消耗时间，成本很高。
- 数种不同的方式，都有可能得出完全一样的总分，因为对于同意或不同意的陈述句，各种组合可能会产生相同的平均分数。

3. *博加德斯社会距离量表*。**博加德斯社会距离量表（Bogardus social distance scale）**测量分隔社会群体与其他群体的社会距离。它是用来测量一个群体，从而决定这个群体对某个目标或“外群体”所感觉的社会距离。在 20 世纪 20 年代博加德斯社会距离量表由博加德斯（Emory Bogardus）发展出来，用以测量不同民族群体成员与其他民族结合的意愿。从那以后，它被用来察看在某一群体中的人们对某些其他群体（例如，宗教少数群体或偏差群体）感觉到的亲疏程度。[①] 232

实例方框 7.7　瑟斯顿量表实例

测量变量：对死刑的看法。

步骤 1：根据个人经验、通俗的与专业的文献，以及他人的看法，写出 120 个关于死刑的陈述句。

实例陈述句：

1. 我认为死刑是个残忍而且不必要的处罚。
2. 若没有死刑，会出现更多的暴力犯罪。
3. 我相信只有少数极端暴力的犯罪，才要用死刑。
4. 我不认为有人因为害怕死刑而被阻止杀人。
5. 我不认为犯下谋杀罪的人因为有精神失常的问题，就可以免除死刑。
6. 我相信圣经对使用死刑，具有合理的解释。
7. 对我来说，死刑本身不是问题，但是我相信以电击处死是残忍的手法。

步骤 2：把每个陈述句分别写在一张小卡片上，把 120 个陈述句分成 100 组。

步骤 3：找来 100 位乐意当评审的人士。发给每位评审一组陈述句以及评审规则，要求他们把每个陈述句摆进 11 堆中的任一堆中，1 代表非常不赞成的陈述句，而 11 则代表非常赞同的陈述句。

步骤 4：评审把每个陈述句放进 11 堆中的一个，例如，一号评审把一号陈述句放进第二堆中；二号评审把同一个陈述句放进第一堆中；三号评审也把它放进第二堆中；四号评审把它放进第三堆中。

步骤 5：从评审那里回收摆进各堆中的陈述句，然后将他们的答案画出摘要表。参见下述图表。

每个陈述获得评审认可数量图

	不赞成					中立			赞成		
陈述句	1	2	3	4	5	6	7	8	9	10	11	总计
1	23	60	12	5	0	0	0	0	0	0	0	100
2	0	0	0	0	2	12	18	41	19	8	0	100
3	2	8	7	13	31	19	12	6	2	0	0	100
4	9	11	62	10	4	4	0	0	0	0	0	100

① Converse（1987：62－69）对社会距离量表进行了描述。最完整的讨论，见 Bogardus（1959）。

步骤6： 计算评审平均分和同意程度的评分。举例来说，第1题的平均分数大约是2分，所以是一个高赞同题；第3题的平均分数接近5分，赞同程度较低。

步骤7： 选出最后20题作为死刑意见量表的题目。选择评审显示一致性高（大多数评审都将这题放进同一堆中）的题目，以及能够反映整个意见范围（从赞成到中立以至于不赞同）的题目。

步骤8： 准备一份20道陈述句的问卷进行研究，询问民众同意还是不同意这些句子。

---

233 这种量表的逻辑很简单。人们回答一系列带有顺序的陈述句：最具威胁性或有最大社会距离的陈述句位于一端，最没有威胁性或社会亲密度最高的陈述句则在另一端。这种量表的逻辑假设是，一个对与其他社会组织相处不舒适并且可能接受没有威胁的情况的人，将会对更具有威胁性的情况表现不舒适或者拒绝。

我们使用这种量表的方式有数种。例如，先给人一系列的陈述句：群体X的人进入你的国家、进入你的城镇、在你的公司工作、住在你隔壁、成为你的私人朋友或和你的兄弟姊妹结婚。然后询问他们是否对这些陈述句中的状况感到自在舒服，或者是否这些接触是可以接受的。我们常要求人们回答这些陈述句，直到他们对某种状况觉得不舒服为止。无须规定陈述句的固定数目；陈述句的数目通常是5个到9个。

我们可用博加德斯量表来观察人们对某个外群体所感觉到的距离，与对另一个外群体的距离之间有何差异（见实例方框7.8：博加德斯社会距离量表实例）。社会距离的测量值可以作为自变量，也可以作为因变量。举例来说，研究者相信具有某些特性的人会对某个群体有最大的社会距离。例如，教育，我们的假设可能是，白人对越南难民的社会距离感与教育程度呈负相关。也就是说，教育程度越低的白人所感觉到的距离最大。这时，对越南难民的社会距离是因变量，而教育程度是自变量。

社会距离量表有两个潜在限制。第一，我们必须要为某个外群体与社会背景制作专门的回答类别。第二，对研究者而言，比较被访者对数个不同群体的感觉不是件很容易的事，除非被访者在相同的时间内完成对所有外群体的社会距离量表。当然，被访者如何答完量表与被访者在特定社会情境下的实际行为可能有所不同。

4. *语意差异法*。**语意差异法（semantic differential）**是在20世纪50年代发展出来的，提供测量人们如何感觉某个概念、物体或其他人的一种间接测量工具，它利用形容词来测量对某些事物的主观感受，这是因为人们总是通过口头上的形容词来表达对事物的评价。大部分的形容词都是对立的词（例如，*亮与暗*、*硬与软*、*慢与快*）。语意差异试图通过与被评测事物相结合的形容词来进行评估，这种方式也提供了对个人感受和评估的间接测量。

使用语意差异法时，研究者先把一系列成对的对立形容词拿给受试者看，每对形容词之间有7到11个连续点，要求受试者把最能表达他们评估感受的形容词在连续点之间标出来。这些形容词可能会非常不一样，而且应该充分混合（例如，正面词不应该绝大多数时候都位于右侧或左侧）。英文中各种不同形容词可以分成三种主要的意义类别——评价（*好与坏*）、程度（*强与弱*）和活动（*主动与被动*）。这三种意义类别中，评价通常最为显著。

研究结果的分析是语意差异法中最难的部分，需要用高级的统计程序进行分析。程序分析所得到的结果告诉我们，人是如何知觉不同的概念、事物或者人的，或是不同的人如何看待相同的概念。举例来说，政治分析家可能会发现年轻的选民认为他们的候选人比较传统、软弱、迟钝，好坏参半；年长的选民则偏向于认为这位候选人比较强势、动作快、优秀，并且介于传统与现代之间。实例方框7.9（语意差
234 异法的实例）显示了某人对“离婚”和“结婚”这两个概念的评价。对每个概念的回答模式显示出这个人对这些概念的感觉，他对这两个概念的看法是不同的，而且对于离婚这个观念有比较负面的感觉。

实例方框7.8　博加德斯社会距离量表实例

研究者想要发现大学新生对来自两个不同国家（尼日利亚与德国）的交换学生的社会距离有何不同。她想要看看学生是对来自非洲的交换学生有更大的社会距离，还是对来自欧洲的交换学生有更大的社会距离。在访问中，她问到下列问题：

如果有一个（来自某个国家的）交换学生与你有以下接触，你个人是否觉得自在。请你给出最直接的反应：是或否。

——到你的学校做一个星期的访问学生。

——在你的学校注册入学，做全日制学生。

——与你选修相同的数门课程。

——在课堂上坐在你的旁边，和你一起准备考试。

——和你住在宿舍的同一层楼隔壁几间的房间内。

——和你一起住在学校宿舍，成为同性室友。

——要和你约会的异性朋友。

假设结果

表示感觉自在的新生比例

	尼日利亚	德国
访问学生	100%	100%
注册入学	98	100
同一班级	95	98
一同学习	82	88
同一宿舍楼	71	83
室友	50	76
约会	42	64

结果显示，新生与尼日利亚学生的距离比与德国学生的距离更大。几乎所有人都觉得让国际学生来访问、入学和上课很自在。距离感随着人际接触的增加而增加，尤其是当接触涉及个人生活环境或与教室没有直接关系的活动时。

统计技术可用三维空间图形来表现研究结果，可以在三维“语意”空间上画出三个语意层面。① 这个图形中，“好”在上而“坏”在下、“主动”在左而“被动”在右、“强”指向别处而“弱”指向自己。

5. *格特曼量表指数*。**格特曼量表指数（Guttman scaling index）**或称为*累加量表*，不同于前面的那些量表或指数，因为它是研究者在收集资料之后用来评价资料的方法。这意味着我们必须以格特曼量表的 235
技术来设计它的研究。格特曼（Louis Guttman）在20世纪40年代发展出这种量表，用它来判断一组指标或测量题目之间是否有关系存在。他使用多重指标来记载埋藏在概念中隐而不显的单一向度或累积强度。②

① Nunnally（1978：535－543）讨论了语意差异法。也参见Heise（1965，1970）对分析量表化资料所做的讨论。

② 参见Guttman（1950）。

实例方框 7.9 语意差异法的实例

请阅读下列成对的形容词，然后在空白处圈出最接近你第一印象的感觉。没有所谓对或错的答案。

你对离婚的看法如何？

不好的	___	×	___	___	___	___	___	___	___	好的
深刻的	___	___	___	___	___	___	___	×	___	肤浅的
脆弱的	___	___	×	___	___	___	___	___	___	坚强的
公平的	___	___	___	___	___	___	___	×	___	不公平的
安静的	___	___	___	___	___	___	___	___	×	吵闹的
现代的	×	___	___	___	___	___	___	___	___	传统的
简单的	___	___	___	___	___	×	___	___	___	复杂的
快速的	___	×	___	___	___	___	___	___	___	缓慢的
肮脏的	___	×	___	___	___	___	___	___	___	干净的

你对结婚的看法如何？

不好的	___	___	___	___	___	___	___	___	×	好的
深刻的	___	×	___	___	___	___	___	___	___	肤浅的
脆弱的	___	___	___	___	___	___	___	×	___	坚强的
公平的	___	×	___	___	___	___	___	___	___	不公平的
安静的	___	___	×	___	___	___	___	___	___	吵闹的
现代的	___	___	___	___	___	___	___	___	×	传统的
简单的	___	___	___	___	___	×	___	___	___	复杂的
快速的	___	___	___	___	___	___	___	×	___	缓慢的
肮脏的	___	___	___	___	___	___	×	___	___	干净的

格特曼量表开始于测量一组指标或题目，这些可以是问卷题目、选票或观察到的某些特性。格特曼量表指标的测量经常以简单的是与否或存在与不存在的方式进行，使用的指标可以从3个到20个。我们之所以会选择这些题目，是因为我们认为在这些题目之间有一种逻辑关系存在。然后我们把这些结果放入格特曼量表中，据以判断这些题目是否会形成对应于那个关系的某种模式。

当我们获得数据之后，接着就会思考这些答案的所有可能组合。举例来说，选择3个题目测量：儿童（1）是否知道自己的年龄；（2）是否知道家里的电话号码；（3）是否知道3个当地选出的政治官员。小女孩可能会知道自己的年龄，但是不知道其他两个题目的答案，或者3个都知道，或是只知道年龄与电话号码。事实上，对这3个题目而言，答案或回答模式（从什么都不知道到3个都知道）总共有8种可能的组合。有个数学方法可以计算出组合的数目（例如，2的三次方），你也可以写下所有对这3个题目的是或否的组合，然后就可以看到这8种可能性。

*量表图形分析*为格特曼量表的一个应用，可以使我们检验数据之间是否存在一种层级关系。答案模式可以分为两个部分：可量表化的以及误差（或不可量表化）的部分。儿童知识的那个例子中的可量表化模式是：一个答案都不知道、只知道年龄、只知道年龄与电话号码，以及三个答案都知道。其他的答案组合（例如，知道政治领导人物，但是不知道自己的年龄）也有可能，但是属于不可量表化的部分。如果题目之间存在层级关系，那么大多数答案会符合可量表化的模式。如果层级关系存在，那么题目是可量表化的，或者能够形成格特曼量表。对于层级较高的题目，一小部分可能同意，但是所有的可能会同意低层级的，反过来却不一定这样。换句话说就是，级别较高的题目是建立在中等层次上的，中等层

236

次的题目是建立在低层次题目的基础之上的。

题目可被量表化的强度或程度，是利用答案是否可以根据某个层级模式加以复制的统计法加以测量的。大部分情形介于 0 到 100％的范围内。零分代表一种没有分层结构的随机模式。100％的分数代表所有的答案都符合层级模式。还有其他的统计方法可以用来测量是否具有可量表化的属性。① （见实例方框 7.10：格特曼量表实例）

实例方框 7.10　格特曼量表实例

克罗扎特（Crozat，1998）检验了公众对各种形式政治抗议的反应。他查看了英国、德国、意大利、荷兰和美国在 1974—1990 年间，有关公众接受抗议形式的调查数据。他发现公众接受形式的模式构成一个格特曼量表。那些接受更强抗议形式（例如，罢工和静坐）的人，通常也接受更弱一些的形式（例如，请愿和示威），反过来，那些接受更弱形式的人并不总是接受更强的形式。另外，克罗扎特还检验了格特曼量表的应用性，他发现不同国家的人对抗议的态度是类似的，格特曼量表的可测量性随时间增长。所以，在两个年份中，接受抗议活动的模式是格特曼式“测量”，但 1990 年要比 1974 年更接近格特曼模式。

	抗议形式				
	请愿	*示威*	*联合抵制*	*罢工*	*静坐*
格特曼模式					
	否	否	否	否	否
	是	否	否	否	否
	是	是	否	否	否
	是	是	是	否	否
	是	是	是	是	否
	是	是	是	是	是
其他模式（只是举例）					
	否	是	否	是	否
	是	否	是	是	否
	是	否	是	否	否
	否	是	是	否	否
	是	否	否	是	是

克洛格与索耶（Clogg & Sawyer，1981）使用格特曼量表来研究美国人对堕胎的态度。他们检验人们接受堕胎的各种不同情况（例如，危及母亲的健康、因强暴而造成的怀孕）。他们发现有 84.2％的答案符合一种可以量表化的答案模式。 237

① 关于决定可量表化的改良方法，参见 Bailey（1987：349－351）的讨论。该改良法称为最小边际复制率（Mininal Marginal Reproducibility，引自 Edwards，1957），对于可量表化提供了精确的测量值。格特曼量表可以采用比是/否更多的选项，以及数量更多的问题项，不过复杂程度立即增加，而且也需要用电脑来做格特曼量表的图形分析。关于格特曼量表更加详尽与复杂的讨论，可参见 Anderson 等（1983：256－260），Converse（1987：189－195），McIver & Carmines（1981：40－71），以及 Nunnally（1978：63－66）。Clogg & Sawyer（1981）提出有别于格特曼量表的测量法。

七、结论

本章讨论了定量和定性研究中进行测量的原则和过程。测量的中心需要进行概念化，即精炼和澄清自己的设想并形成概念化定义，对变量进行操作化，即发展出一套方法和过程，连接概念定义和经验现实。然而，定量和定性研究在如何实现这些过程上是不同的。在定量研究中，我们较多地使用演绎路径，而在定性研究中则较多地使用归纳路径。尽管如此，目的仍然是相同的：在研究者抽象的设想与经验现实之间建立起清晰的联系。

本章也讨论了信度和效度原则。*信度*指的是测量中的可靠性；*效度*指的是真实性，或一个构想和数据一致的程度。在定性和定量研究中，我们都尝试进行一致的测量，都寻求用来理解世界的抽象概念和真实发生的经验之间的匹配。另外，定量研究也应用测量原则建立指数与量表。本章同样也探讨了常用的主要量表。

除了信度与效度的核心观念，我们也获悉了良好的测量的原则：为概念建立清楚的定义、使用多重指标，以及适当地使用加权与标准化的资料。这些原则适用所有的研究领域（例如，家庭、犯罪、不平等、种族关系）与许多种类的研究方法（例如，实验、调查）。

你可能已经开始了解到，一个健全的研究项目需要在每个研究步骤中恪尽职守。在任何一个步骤上如果发生严重的错误或疏忽，即使研究项目的其他步骤都进行得完美无缺，都有可能对结果造成无可挽回的伤害。

关键术语

Bogardus social distance scale	博加德斯社会距离量表	casing	个案化
conceptual definition	概念定义	conceptual hypothesis	概念假设
conceptualization	概念化	concurrent validity	同时效标效度
construct validity	建构效度	content validity	内容效度
continuous variables	连续变量	convergent validity	趋同效度
criterion validity	效标效度	discrete variables	离散变量
discriminant validity	区别效度	empirical hypothesis	经验假设
equivalence reliability	等值信度	exhaustive attribute	穷尽属性
face validity	表面效度	Guttman scaling index	格特曼量表指数
index	指数	interval-level measurement	定距测量层次
level of measurement	测量层次	Likert scale	利克特量表
measurement reliability	测量信度	measurement validity	测量效度
multiple indicators	多重指标	mutually exclusive attribute	互斥属性
nominal-level measurement	定类测量层次	operational definition	操作定义
operationalization	操作化	ordinal-level measurement	定序测量层次
predictive validity	预测效标效度	ratio-level measurement	定比测量层次
representative reliability	代表性信度	rules of correspondence	对应法则
response set	答案定势	scale	量表
semantic differential	语意差异法	stability reliability	稳定性信度
standardization	标准化	Thurstone scaling	瑟斯顿量表
unidimensionality	单向性		

238

复习题

1. 什么是测量的三个基本部分？它们要如何彼此配合？
2. 信度和效度的差别是什么？它们如何彼此互补？
3. 有哪些方法可以改进一个测量的效度？
4. 各种测量层次彼此有何差异？
5. 趋同效度、内容效度和同时效标效度的差异是什么？你可以同时满足这三者吗？为什么？
6. 为什么多重指标总是比单一指标要好？
7. 量表的逻辑和指数的逻辑有什么差别？
8. 单向性为什么是一个量表的重要特性？
9. 加权指数有何优点和缺点？
10. 标准化如何能使比较变得更为容易？

240 # 第8章 定性与定量抽样

对于任何类型的研究来说，抽样都是一个主要的问题。我们不能也不应该祈求研究自己感兴趣的每一个个案。每个科学计划都试着通过研究少数例子，发现能够被应用于所有事物的东西，按照我们的通常说法，这种研究的结果是“通则化的”。

——贝克尔（Howard Becker），《交易的诡计》（*Tricks of the Trade*），67 页

在“我能遵守的承诺”（Promises I Can Keep）这项对低收入母亲的深入研究中，伊迪和凯菲拉（Edin & Kefalas，2005）通过广泛的定性实地考察和对人口普查数据的定量分析，首次确定了在宾夕法尼亚州的费城地区的 8 个低收入社区。每个社区都符合 3 点选择标准：至少有 20%的户主在贫困线以下，至少有 20%的家庭是单亲家庭，每个社区都有大量黑人、白人和拉美裔居民。在每个社区中，伊迪和凯菲拉通过当地的专家（老师、社会工作者、公共护士、神职人员、企业主、公共房屋官员）推荐招募到一半的被访者，另外一半被访者是通过在公共电话亭张贴传单或者个人在街角联系到的，被访者均是母亲。所有的母亲前一年的收入都在贫困线以下。伊迪和凯菲拉尝试将被访者混合——50 个白人、50 个非裔美国人和 50 个波多黎各人，并试图使其中一半的人在 25 岁以下，一半的人在 25 岁以上。最终有 162 个母亲：52 个白人、63 个非裔美国人和 47 个波多黎各人。年龄从 15 岁到 56 岁不等，只有 40 个人超过 25 岁，他们表示：“抽样的结果不是随机的或是有代表性的，而是非常有异质性的。”（Edin & Kefalas，2005：238）

一、抽样的原因

当我们抽样时，我们挑选一些个案进行细致的研究，然后我们用从中了解到的内容去理解一个更大的个案集合。绝大部分，但并非全部的经验研究使用抽样。研究不同，我们用于抽样的方法是不同的。大部分关于抽样的书籍强调它在定量研究中的应用，并包含应用数学和定量举例。定量研究中的抽样主
241 要用于创造一个代表性样本［即，一个**样本（sample）**是选定的个案或者单元的小集合］，它紧密地重现或代表了大集合当中的兴趣特点，被称为**总体（population）**。

我们详细地检测样本数据，如果抽样正确，我们就能将抽样的结果一般化并推广到整个总体。我们需要在定量研究中使用非常精确的抽样步骤来制造代表性的样本，这些步骤基于概率的数学运算，因此

被称为*概率抽样*。

在大多数的定量研究中，我们想要看到一个总体当中有多少个案能分成不同的感兴趣的类别。比如，我们可能会问在芝加哥的所有中学生人口中有多少种不同的分类（比如，高收入家庭、单亲家庭、吸毒者、有过失行为的被捕者、有音乐天赋者）。我们在定量研究中使用概率抽样，因为它非常有效。研究者在它们传递的精确性上节省了大量的时间和花销。如果实施适当，研究样本或许仅花费了研究总体1/1 000的成本和时间，也可产生与总体完全相同的结果。我们对搜集关于美国有18 000 000的人口被诊断为糖尿病的数据感兴趣，在一个精心设计的1 800人的概率抽样中，我们能够把我们所了解的推广至18 000 000人的总体中。通过研究1 800个人来了解18 000 000个人比直接研究18 000 000个人要更有效率。

概率抽样有高度的准确性。对于大规模的人口来说，一个设计完好、认真执行的概率抽样产生的数据，与接触到整个总体中每个人产生的数据相比，即使不是更准确，通常也是同样准确的，但是这样的事实使很多人感到困惑。事实上在2000年，当美国政府计划进行人口调查时，所有的社会调查者和统计学家都同意抽样调查比传统去调查每一个人的人口调查方法能产生更准确的数据。一个30 000人的概率抽样的误差率非常微小，如果我们尝试去定位300 000 000中的每个单独个体，系统误差将会不知不觉地产生，除非我们采取额外的努力和花费大量的时间与金钱。另外，政府实际上是用传统方式进行人口调查的，但这是出于政治目的，而不是科学目的。

抽样在定性研究中的操作是不同的，它和定量研究通常有着不同的目标。事实上，用*抽样*字眼会在定性研究中制造疑惑，因为这个术语是紧密关联着定量研究的（Luker，2008：101）。在定性研究中，为了能使我们对总体的分类做出说明，我们很少根据数学意义上样本对于总体的精确度来抽取一小部分个体，而是在一些案例中抽取相关的类别。在定量抽样中，我们选择个案/单元，我们认为它们是整个社会某些方面或者特征的承载者。一个个案/单元的样本“代表”了更大总体的个案/单元。我们挑选少数去“代表”多数。相反地，定性抽样的逻辑是抽取社会的某个方面/特征，抽样选取的方面/特征突出或“照亮”了复杂社会生活的关键维度或过程。我们选择少数样本来提供对生活世界的议题或关系的清晰阐释、洞察和理解。在定性抽样中，我们的目标是加深对大的过程、关系或社会现象的理解。一个样本给予我们有价值的信息或者事物的新方面，这些方面强调、强化或者丰富了关键特征或情况。我们通过抽样去打开新的理论视角，展现人群或者社会环境的不同层面，或者加深我们对于复杂形势、事件或关系的理解。对于定性研究而言，“是研究对象与研究主题的相关性而非代表性决定了研究者选择哪些人进行研究”(Flick，1998：41)。

我们不应该过分强调定量与定性的区别。在一些情况下，一项以定量为主的研究也会使用定性抽样策略，反之亦然。尽管如此，大多数定量研究使用概率抽样或类概率抽样，而大多数定性抽样研究使用 242
非概率抽样和非代表性策略。

二、抽样的策略

我们想要避免两种可能的抽样错误，第一种是由粗心或者不合适的习惯引起的，第二种是为研究目标选择了一个不合适的样本。第一种错误提醒我们在抽样时要非常细致和系统化。为了避免第二种错误，我们需要用抽样策略去匹配具体的研究目标和数据。抽样策略分成两大类：一个样本将会精确地代表总体情况，或者代表其他所有。我们在定量研究中主要使用第一种策略，在定性研究中使用第二种策略。

（一）目标是建立代表性样本时的策略

在一个代表性样本中，我们的目标是建立样本数据来反映或代表那些不能直接检测的其他个案。我们有两种方法，第一种是*概率抽样技术*，它被认为是选择代表性样本的优先方法和“黄金准则”。它建立在一个多世纪以来的仔细推理和应用数学以及成千上万的自然科学和社会科学定量研究之上。有了概率抽样策略，我们尝试建立一个精确的有代表性的样本，它有着数学上可预测的误差（即精确地知道“偏离目标”的可能性）。这种抽样方法有几种复杂的子类型，在说明子类型之前，让我们先来看第二种产生代表性样本简单方法：使用非概率抽样技术。当我们想要代表性样本时，非概率抽样是一个不太准确的替代品，但当概率抽样因为成本和时间消耗太大而无法实现时，它是可以被接受的。

非概率抽样技术。理想情况下，当我们想要制造一个代表性样本时更倾向于使用概率抽样，有两种非概率抽样可作为小需求的替代物：方便抽样和配额抽样。在**方便抽样（convenience sampling）**（也叫作*偶遇*、*实用*或者*随意抽样*）中，我们选择个体的首要标准是易于接触、方便和现成的。当我们的目的不是去制造一个代表性样本时，方便抽样可能对于少数探索性研究和一些定性研究是合理的。不幸的是，它经常产生一些非常不具有代表性的样本，所以并*不建议*用它去制造一些精确的样本来代表总体。

当我们基于方便性去选择个体时，样本可能严重错误代表了总体的特征。[1] 你可能会问，既然这个方法如此不好，样本非常没有代表性，为什么还会有人去用它？原因很简单：方便抽样简单、成本低，能够快速获得。另一个原因可能是人们忽视了如何去创造一个具有良好代表性的样本。这种抽样的例子比如，电视节目在街上找人做采访，电视记者拿着摄影机和麦克风到街上和一些很方便采访到的人谈话，某一天的中午经过电视演播室的人不能代表所有人。同样地，电视记者倾向于去找那些看起来“普通”的人，避开了一些不太吸引人的、残疾的、穷困的、年迈的或者口齿不清的人。其他的例子还有：报纸让读者去裁剪下问卷然后邮寄回来，网站让读者去点击选项，或者电视节目让观众打电话进来。这些例
243 子可能具有娱乐价值，但也容易生成高度误导性数据，即使有大量的人回复也不能代表总体。

可能你想知道是什么使这些样本不具有代表性。你想了解一个有着一百万人口的XYZ市中的每个人，但只有一些人读报纸、浏览网站或者收看节目。同样，并不是每个读报纸、浏览网站或收看节目的人都对某项议题有着同样的兴趣。可能有一些人会回复，但他们中的许多人（比如五万人）是自己选择回复的，我们不能通过这些自己选择回复的人来概括总体。在总体当中很多人不看报纸，不浏览某些网站，或者不收看某些电视节目。即使他们看了，他们可能缺少参与的动机和兴趣。关于代表性样本需要记住的两个关键思想是：（1）自我选择的样本是没有代表性的，（2）一个单独的大样本不足以成为一个有代表性的样本。

出于很多目的，设计完好的**配额抽样（quota sampling）**是一种可接受的非概率抽样的替代方法，用以制造一个具有准代表性的样本。[2] 在配额抽样中，研究者首先要在总体中找出有关的类别（例如，男性和女性；30岁以下、30～60岁、60岁以上），以获得单位间的多样性。然后，决定在每一类别中各抽取多少案例——这是我们的“配额”。因此，研究者首先固定不同类别中应当抽取的个案数。

让我们回到XYZ市中的居民样本。如果你选择了30岁以下的25名男性和25名女性，30～60岁的50名男性和50名女性，60岁以上的15名男性和15名女性，一起组成一个180人的样本。尽管它体现了总体内的多样性，但它很难精确地代表所有可能的人口特征（见图8.1）。但是，配额抽样确保了样本有一些多样性。相反地，在方便抽样中，样本中的每个人可能都是同一年龄性别或者背景，在本章开头“我能遵守的承诺”中提到的抽样研究描述用的就是配额抽样（见实例方框8.1：配额抽样）。

配额抽样操作相对简单，我的学生们用配额抽样做了大学辍学者民意调查。我们使用了3个配额类别——性别，班级以及少数/多数群体的地位。我们还使用了方便选择的方法（比如采访在图书馆、教室、食堂遇到的每个人），我们提前计划了每个配额类别中应访谈的人数：50％的男性和50％的女性；35％的大一学生，25％的大二学生，20％的大三学生，20％的大四学生；10％的少数族群和90％的多数

---

① 参见Stern（1979：77－81）和Beck（1983）对有偏抽样的讨论。

② 关于配额抽样的讨论参见Babbie（1998：196），Kalton（1983：91－93）与Sudman（1976a：191－200）。

族群。我们根据大学官方数据基于学生总体大概的代表性选择了合适的比例。在研究中，学生访问员接触受访者前要确定他/她是否为学生，核实他/她的性别、班级，是否为少数族群成员。如果一个人适用于一个空缺配额（比如找到 5 名少数族群男性新生），他将被包括在样本中，调查者再进一步去提问调查问题。如果不满足配额，那么调查者表示感谢后不应问相关问题，而是去找其他人。

定额的样本有 3 个缺点。首先，样本捕捉到的只是总体多样性中的少数方面（比如性别、年龄），忽视了其他方面（比如民族、城市中的居住地、收入水平）。其次，在每个类别中固定数量的个案可能不能精确地反映在整体中的个案种类比例。可能有 20%的城市居民超过 60 岁但配额仅有 10%。最后，我们在每个配额种类中使用方便抽样，例如，我们的样本中包括 30 岁以下的 25 个男性——虽然所有这 25 个人 244
都是来自经济投资研讨会的高收入白人律师。我们无法避免在抽样中选取那些表现“友好”、想让我们选择他们的人。

概率抽样技术。概率抽样是创造一个有代表性样本的“黄金准则”，这里可能有你难以理解的专有名词，在学习这部分内容之前，我们将先回顾一下一些词汇。

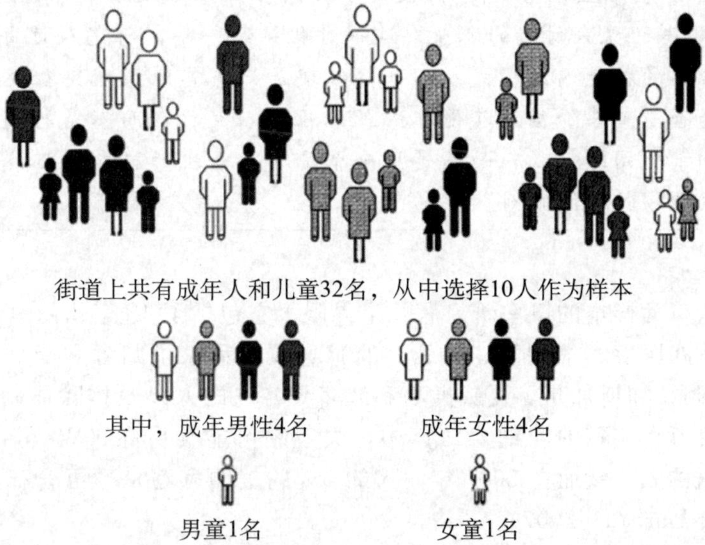

图 8.1　配额抽样

注：图中阴影表示肤色。

概率抽样的语言。研究者从一个庞大的个案群或单元中抽取出样本。每一个个案或单元都是你的**抽样元素（sampling element）**。抽样元素是分析单位或总体中的个案。它可以是个人、家庭、社区、国家、组织、书面文件或符号信息（电视广告、旗帜），以及社会行动（例如一次被捕记录、一次离婚、一次亲吻）。

大的集合体就是总体，有时也使用 universe（在第 6 章中定义）来表示。为了定义总体，研究者指明元素、标识其地理位置和时间边界，以及其他相关边界。 245

实例方框 8.1　配额抽样

两项研究说明了定量研究中配额抽样的不同用途。在一项研究中，麦克马洪、麦卡莱尼与埃德加（McMahon，McAlaney & Edgar，2007）想要研究英国公众对酗酒的看法。他们指出，过去的大多数研究都是针对年轻人的，而抑制酗酒的运动是无效的。作者想要了解公众对整个成年人群酗酒的看法。他们开展了一项调查，询问人们如何定义酗酒、对酗酒担忧的程度、酗酒的原因和解决方法。他们将配额抽样和另一种抽样方法相结合，对一座城市（苏格兰的因弗克莱德）的 586 人进行了采访。对于配额抽样，采访者在一个购物中心周围的街道上与潜在的参与者进行接触，并邀请他们参加调查。该配额基于性别和6个年龄组的平衡。另一种方法是对几个低收入社区逐户拜访。作者基于不同性别和年龄组人群获知有关酗酒观点的有用信息。他们发现，人们对酗酒的定义有很大差异，支持了“错误共识效应”，其中一小部分酗酒者认为他们的行为是正常的并被社会所接受。尽管如此，该样本并不具有代表性，因此，关于公众酗酒的程度和看法的调查结果可能无法反映出城市总体人口的行为或观点。

另一项在中国的研究是由比安、布雷杰、戴维斯与加拉斯克维奇（Bian，Breiger，Davis & Galaskiewicz，2005）进行的，他们有针对性地使用了配额抽样。他们关注中国主要城市处于不同社会阶层的人的社会网络和社会关系（如朋友、家庭）间的差异。他们选择了中国的四个城市（上海、深圳、天津和武汉），在每个城市确定一组社区，每个城市抽取100人。他们列出13个职业，代表了中国整个阶层体系和四个城市中的88%劳动人民。他们的配额是在每个城市13个职业类别中得到相同的、足够数量的家庭，并进行仔细分析。因此，人群中只有4%的人是经理，但样本中近10%是经理；人群中有40%的人从事工业工人的职业，但在样本中接近10%的人是工业工人。研究目的是检验一个家庭的社会关系是否与其他相似或不同的社会阶层相互联系这一假设。研究者要求家庭记录一份书面的与他人的社交访问（面谈或通过电话）记录，并记录来访者的职业。这一过程持续一年，研究人员每三个月采访一次。这项研究旨在比较不同社会阶层的社交网络模式。例如，经理是只与其他经理交往还是与来自各个泛阶层的人进行社交？工人阶层是否与工人阶层及其他职业低职位的人交往，而不是与高级职位人交往？由于研究目的是比较不同阶层的社交网络模式，而不是用一个具有代表性的样本来描述整个中国的情况，因此这是一个非常有效的使用配额抽样的案例。

大多数以整个美国人口为样本的概率研究有几个界限。它包括了48个州超过18岁的居民，但排除了体制化的人口（比如居住在医院、福利院、军营、监狱、收留无家可归者和受虐待妇女的避难所和大学宿舍的人）。忽略居住在阿拉加斯加州、夏威夷岛和波多黎各岛的人以及排除体制化的人口能够抛弃一些数据，例如，如果将上百万在监狱的人纳入估算中，失业率可能会更高（Western & Pettit，2005）。许
246 多研究仅仅包括了说英语的人，然而在2007年，大约5%的美国家庭是“语言孤立的”（超过14岁且说不好英语）（U. S. Census Bureau，2007）。

为了得到一个概率样本，我们从总体开始，但是*总体*是一个抽象的概念。我们必须在类似概念化的测量过程中更精确地概念化和定义总体这一概念（见第7章），例如，佛罗里达州坦帕市的所有人，或者在内华达州的所有大学学生。**目标总体（target population）**一词指研究者想要研究的特定个案群（比如，限制在2011年5月15日坦帕市18岁以上非体制中的和在坦帕市的年长的合法居民；在2010年10月在内华达州受过2年或者4年高等教育的全日制学生）。在某种程度上，目标总体类似于测量过程中的概念定义。

总体是不断变动的，因此我们需要一个临时的界限，如在一个城市的某一时刻，某些人死去，某些人抵达或坐飞机离开，某些人坐车经过城市边界。哪些人是我们需要计算在内的？我们应该将边界时间内恰好外出旅行的长期城市居民排除在外吗？一个总体（比如在2011年3月1日中午12点01分，威斯康星州密尔沃基城市中18岁的人）是一个抽象概念，它存在于头脑中但不可能具体明确地被指出来（见实例方框8.2：总体的例子）。

当概念化总体后，我们需要在某种程度上为抽象的总体概念创建一个可操作的定义，这类似于测量过程中的操作化（见第7章）。我们将抽象的概念转化成经验的、具体的、明确的包括所有总体元素的名单，这就是**抽样框（sampling frame）**。

抽样框有许多类型：电话簿、税单记录、驾驶执照记录等。列出总体的元素看似简单，其实通常是相当困难的工作，因为可能没有精确的、更新的总体所有元素的名单。

好的抽样框对于精确的抽样来说十分关键。抽样框与概念所界定的总体之间的不吻合，可能是偏差

的主要来源。正如变量的理论定义和操作定义之间的不匹配会削减抽样的效度一样，抽样框和总体之间的不匹配也会削减抽样的效度。历史上最著名的抽样案例包括抽样框的问题。[①]（见拓展方框 8.1：抽样框和抽样历史）

实例方框 8.2　总体的例子

1. 2009 年 12 月 2 日，澳大利亚年满 16 岁未被拘留在监狱、收容所以及其他类似的机构中的所有民众。

2. 2005 年 7 月，加拿大安大略省雇用 100 人以上的所有企业。

3. 1988 年 8 月 1 日到 1993 年 7 月 31 日之间在新泽西州公立与私立医院看过病的人。

4. 2004 年 11 月 1 日到 11 月 25 日之间，美国三大电视台于东部标准时间早上 7 点到晚上 11 点间播放的所有电视广告。

5. 1960 年 1 月至今获得医学学位并且现在在美国从业的所有医生。

6. 2004 年在温哥华、英属哥伦比亚或西雅图、华盛顿等城市地区染有海洛因毒瘾的所有黑人男子。

若总体是 2010 年美国太平洋海岸地区的所有成年居民，我们联系到加利福尼亚州、俄勒冈州和华盛顿州的交通部门获取每个人的驾驶证信息。我们知道有些人并没有驾驶证，这些人会非法驾驶或者不开车。驾驶证的名单即使经常更新，但随着人们搬进或搬离本州，也很快就过时了。这个例子表明我们在使用官方记录（如驾驶证）作为一个抽样框时，我们必须知道官方是如何生成这些记录的。当俄勒冈州要求人们出示社会保险号码才能获得驾驶证时，申请驾驶证的人数下降了 10%（从 2007 年 3 个月发放的 105 000 个变成 2008 年 3 个月发放的 93 000 个）。因此，上千个数据从官方记录中消失了。我们可以尝试使用税收数据，但是并不是每一个人都缴税。有些人舞弊不纳税；有些人没有收入而不需要申报；还有一些人不是已经过世了就是还不必开始纳税；再有一些人在最近一次缴纳税款后才进入或离开这个地区。选民登记记录排除了多达一半的人口。在美国，53%～77%的合格选民登记在册（Table 401，Statistical Abstract of the United States，2009）。电话号码簿更糟，有些人并没有被登记在电话簿上，有些人有着未登记在电话簿上的电话，还有一些人最近搬走了。除了一些特殊情形外（例如，在一所大学注册的所有学生名单），想要获得准确的抽样框是非常困难的。抽样框可能包含目标总体之外的某些人（如电话簿上已经搬走的人）或可能遗漏其中的某些人（如没有电话的人）。（见实例方框 8.3：抽样框） 247

拓展方框 8.1

抽样框和抽样历史

抽样历史中一个著名的案例说明了配额抽样和抽样框的限制。美国的一本主要杂志《文学摘要》（*Literary Digest*）曾在 1920 年、1924 年、1928 年和 1932 年美国总统选举前向人们寄送调查选举意向的明信片，这家杂志从车主登记簿和电话簿两个抽样框中挑选出作为样本的人的名字。人们将明信片寄回并表示支持哪方。这家杂志正确地预测了这四次选举的结果。它的成功预测众所周知，1936 年其样本量从 100 万增加到 1 000 万人，其中有 240 万人寄回明信片，这家杂志预测兰顿（Alf Landon）会大胜罗斯福（Franklin D. Roosevelt），但结果显示《文学摘要》的预测是错的：罗斯福获得压倒性的胜利。由乔治·盖洛普公司随机抽取的另一个 5 万人样本在 1%偏误内是准确的。

---

① 关于《文学摘要》抽样误差的讨论，请见 Babbie（1998：192－194），Dillman（1978：9－10），Frey（1983：18－19），以及 Singletion 及其同事（1988：132－133）的论述。

造成这次预测错误的有几点原因，其中最重要的是抽样错误。虽然杂志抽取了数量相当多的民众，但是它的抽样框并没有正确地代表目标总体（即所有选民）。它排除了没有电话或汽车的人，但在1936年这部分选民在总体中占相当高的百分比。这个抽样框排除了总体中近65%的元素，尤其是倾向于罗斯福的选民（低收入者）。这家杂志在前几次选举的预测上一直都很准确，是因为高收入和低收入人群的投票对象没有太大差异。同样地，在以前的选举中，即在经济大萧条之前，较多低收入者可能也买得起电话和汽车。

从《文学摘要》所犯的错误中可以学到两个重要的教训。第一，准确的抽样框非常重要。第二，样本的大小和它能够正确代表总体相比不太重要。一个有代表性的5万人样本比一个不具有代表性的1 000万或5 000万样本更能准确预测美国人口。

248 样本数与目标总体数间的比率称为**抽样比（sampling ratio）**。如果总体为50 000人，研究者想要从其中抽取150人，抽样比就是150/50 000＝0.003或0.3%。如果总体为500，而研究者要抽取100人，则抽样比就是100/500＝0.20或20%。通常，我们在抽样框中使用这些元素的数字可以很好地估算目标总体。

实例方框8.3　抽样框

一项由史密斯等人（Smith，Mitchell，Attebo & Leeder，1997）在澳大利亚开展的研究表明了不同的样本框能够影响抽样。作者对2 557名年龄在49岁及以上的人进行了调查，这些人居住在从挨家挨户的人口普查中招募来的一个明确的邮编区域。在所有的地址中，研究人员与80.9%的人取得了联系，其中87.9%的人做出了回应。作者搜索了每个人的电话目录和选民名单。电话目录列出了82.2%的人，选民名单包括了84.3%的人。年轻人、那些没有自己房子的人、在非澳大利亚地区出生的人明显更不可能被包含在样本框内。电话目录更可能排除职业声望较高的人，但选民名单更可能排除未婚人士和男性。

除非是数量小的特定总体（例如教室中的所有学生），当我们无须抽样时，我们会使用某个抽样数据去估算较大总体的特征。一个总体的任何特性（例如城市居民中抽烟人士的百分比、年逾21岁的女性的平均身高、相信不明飞行物的人群比例）称为总体的**参数（parameter）**。这是总体的真实特性。对大总体（例如，全国人口）而言，我们无法准确地知道总体的参数值，因此研究者必须根据样本数据来估计它。被用来估计总体参数值的样本信息被称为**统计值（statistic）**（见图8.2）。

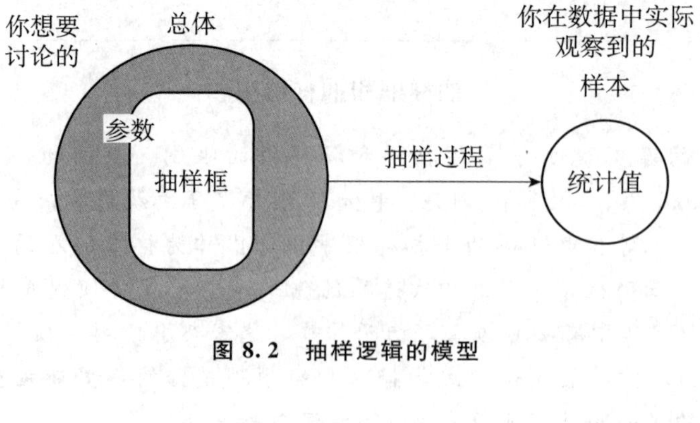

图8.2　抽样逻辑的模型

（二）随机抽样

在应用数学中，概率理论依赖于随机过程。*随机*一词有若干含义。在日常生活中，它意味着不可预测的、不寻常的、意外的或偶然的。在数学中，随机具有特定的含义：无模式的选择过程。在数学中，随机过程意味着每个元素被选中的概率是相等的。我们可以用数学方法计算出许多情况下结果的概率，并能精确地计算出真实的随机过程。 249

随机样本（random sample） 最可能生成真正代表整个总体的样本，也可以使研究者能够通过统计来计算样本和总体之间的关系，即**抽样误差（sampling error）**的大小。抽样误差是由于随机过程造成的样本数据与理想总体参数值之间的偏差。

概率抽样依赖于随机选择过程，随机抽样比非随机抽样要求更精确、需要付出更多时间和努力。正式的数学过程精确到为样本去选择哪个人，尽管精确到个人是非常困难的。在抽样中，不是所有人都是随机的，也不意味着这一过程是不加思考和随意的。例如，在一次电话调查中使用真正的随机抽样，我们可能不得不为了得到一个准确的数学意义上的随机样本而在某些天的不同时候打6～7次电话。①

本章并未涵盖随机抽样有关技术上与统计上的所有细节，而是讨论了概率抽样运作的基础、好样本与坏样本间的差异、如何抽样以及社会研究中抽样的基本原则等话题。如果你计划获得一个从事定量研究的职业，你将需要超出本书的、更多有关概率和抽样的数学和统计背景。

（三）五种随机抽样的方法

简单随机。所有概率样本都是在模仿**简单随机样本（simple random sample）**。简单随机样本首先明确了总体和目标总体，确定了具体的抽样元素（比如2011年3月亚利桑那州普瑞斯特的所有家庭）。接下来我们创造一个精确的抽样框并使用真实的随机过程（下文讨论）从抽样框中挑选元素。除了制造精确的抽样框外，下一个困难是我们必须通过随机过程去定位具体的抽样元素。如果抽样元素是一个家庭，我们可能回访或回叫5次电话来联系具体被挑选的家庭。

为了从抽样框中选择元素，我们需要创造一个随机数表来确定选择哪个元素。随机数字和被抽样的元素应一样多。随机数字范围从1（抽样框中第一个元素）到抽样框中最高的数字，如果抽样框列了15 000个家庭，我们需要从中抽取150个，我们就需要150个随机数字（由真实随机过程、从1到15 000中产生的数字）。

有两个主要的方法可得到随机数表。“老式的”方法是使用**随机数表（random-number table）**，大部分统计和研究方法的书中都附有随机数表（见附录）。这些数字都是在纯粹随机过程中产生的，因此任何一个数字出现在任何一个位置上的概率都是相同的。现在绝大多数人使用电脑程序产生随机数表，这样的程序很容易获得，而且通常是免费的。

你可能会问，一旦我从抽样框中选择了一个元素后，接下来是把它再放回到抽样框中，还是不放回去？不受限制的随机抽样被称为“随机放回抽样”，也就是一个元素被抽到后放回抽样框中，所以它存在被再次选取的可能。在不放回的简单随机抽样中，我们“丢弃”或不考虑已经被选进样本中的元素。对 250
社会科学的几乎所有的实际目的而言，随机抽样是不需要放回的。

我们可以从一个初级案例中看到简单随机抽样的逻辑：从一个罐子中取出弹珠。假设一个大罐子装满了5 000个弹珠，有红色的和白色的。弹珠是抽样元素，5 000个弹珠是总体（目标和理想），样本容量是100。我不需要一个抽样框，因为我在处理一个小的物理对象。我想要估计的总体参数值是罐子里红色弹珠的百分比。

我需要一个随机过程来选取100颗弹珠。对于小的物件，这是容易的。闭上眼睛，摇一摇瓶子，拿出一颗弹珠，重复这个过程100遍。现在得到一个弹珠的随机样本，可以从中数出红色弹珠的数目，并估计总体中红色弹珠和白色弹珠的百分比。这要比数5 000颗弹珠容易许多。我的样本中有52颗白色弹珠和48颗红色弹珠。

这是否意味总体参数值就是红弹珠占48%呢？可能是也可能不是。因为随机性，选出的样本可能有

① Traugott（1987）论述了坚持为有代表性的样本获得抽样应答者的重要性。Kalton（1983：63-69）对无应答的重要性做了论述。

些偏差。可以将这100个弹珠放回瓶子里，混合弹珠，然后选取第二组100颗弹珠的样本来检验我的结果。第二次尝试的样本中有49颗白弹珠和51颗红弹珠。现在的问题是：哪一组是正确的呢？如果从相同的总体中进行不同的抽样可能产生不同的结果，那么这种随机抽样工作有什么用呢？我一次又一次地重复这些过程，直到选取了130组不同的样本，每一组都包含100颗弹珠（见图表8.1）。大部分的人可能会发现，倒光瓶子、数一数所有5 000颗弹珠相比来说更容易，但我想了解的是抽样的过程。130组不同样本的结果展现出一套清楚的模式，红色弹珠和白色弹珠最常见的混合组成是50/50、接近这种分配模式的样本要比那些较不平均分配的样本更经常出现。总体参数值似乎就是有50%的白色弹珠和50%的红色弹珠。

数学证明和经验检验说明图表8.1发现的模式经常会出现。许多不同样本的集合就是我的**抽样分布(sampling distribution)**。它是不同样本的一个分布，显示出由许多不同的独立随机样本得到的样本结果的出现频率。如果样本大小是1 000而非100，如果有10种有色弹珠而不是两种，如果总体有100颗弹珠或1 000万颗弹珠，而不是5 000颗，如果总体是人、汽车或大学而不是弹珠时，这种模式都会出现。事实上，当越来越多组的独立随机样本从总体中抽取出来时，“钟形”的抽样分布模式就变得更加清楚了。

抽样分布的模式指出，在抽取许多组独立的样本后，真正的总体参数值（即在前面例子中的50/50分布）会比其他任何一种结果更常出现。一些样本可能偏离总体参数值，但它们较为少见。把更多的独立随机样本结果画成图形，如图表8.1所示，那么抽样分布总是看起来像一条常态或钟形曲线。这种曲线具有理论上的重要性，并在统计学中得到普遍应用。钟形曲线下的面积是众所周知的，在这个例子中，我们可以很快算出得到特定数目弹珠的概率。如果真实总体的参数是50/50，标准统计图表说明了得到50/50或40/50的概率或随机样本中任何其他分配的概率。

数学中的**中心极限定理（central limit theorem）**告诉我们，随着抽样分布中不同的随机样本组数不断增加至无限大时，样本的模式和总体参数值将变得越来越可预测。在大量随机样本下，抽样分布总会呈
251 现出一条常态曲线，并且这条曲线的中点将会是总体参数值。

图表8.1　抽样分布的例子

红色	白色	样本数量
42	58	1
43	57	1
45	55	2
46	54	4
47	53	8
48	52	12
49	51	21
50	50	31
51	49	20
52	48	13
53	47	9
54	46	5
55	45	2
57	43	1
	总计	130

从一个装有5 000个弹珠的罐子里随机抽取红色和白色弹珠，每次抽取100个，重复130次，得到130个独立随机样本。

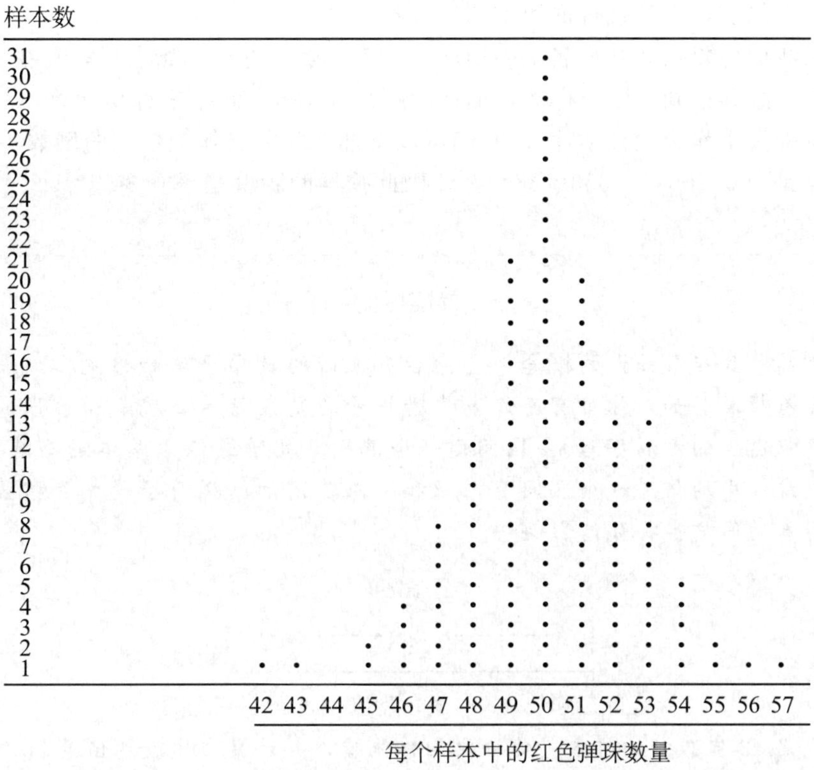

你可能没有时间或精力去选取许多组不同的样本，因而只想抽取一组样本。你并不是唯一有这种想 252
法的人。除了验证中心极限定理外，研究者很少会选取许多组样本。他们只会抽取一组随机样本，中心极限定理使他们从一组样本的结果推论总体。这个理论是针对许多组样本而言的，但可以使研究者计算出一组特定样本偏离总体参数值的概率。我们不会在本部分内容中进行计算。

重要的是，随机抽样并不能保证每个随机样本都能完美地代表总体，而是意味着大多数随机样本在大多数情况下都接近于总体。此外，我们可以精确计算出特定样本不准确的概率。中心极限定理让我们估算一个特定样本不具有代表性的概率或者它与总体参数值的偏离程度。它让我们估算出抽样误差的大小。我们利用一个样本的信息来估计抽样分布，然后将这些信息与中心极限定理和正态曲线下面积的知识结合起来。这让我们创建出非常重要的概念，即**置信区间（confidence intervals）**。

置信区间是一个相当简单但是非常强大的概念。当你听到电视或报纸有关民意调查的报道说某些调查的“误差幅度”是正负 2%时，这是一种表示置信区间的方法，它是我们用来估计总体参数值的一个特定点周围的范围。

用范围来表示是因为随机过程基于概率。它并非让研究者预测到某个确切的点，而是使研究者的结果在高置信水平（如 95%）下，总体参数值的真值会落在某个固定范围之内（如置信区间）。抽样误差或置信区间的计算超出本书的讨论层次。尽管如此，抽样分布是使研究者了解抽样误差与置信区间的关键概念。因此，研究者不能说“这个样本给予我们一个关于总体参数值的完美测量值”，但他可以说“我有 95%的把握说总体参数值的真值与样本所得值相差不超过 2%”（见拓展方框 8.2：置信区间）。

回到弹珠案例，我不能说“由一组随机样本得知，罐中确实有 2 500 颗弹珠”，但可以说“我有 95%的把握说总体参数值介于 2 540 颗到 2 550 颗之间”。结合样本特性（例如，它的大小、其中的变异）和中心极限定理，可以以某一置信水平预测总体参数值所在的特定范围。

系统抽样。**系统抽样（systematic sampling）**是一种具有快捷抽取程序的简单随机抽样。除了没有使用随机数表外，所有的事项都是一样的，研究者首先要计算**抽样间距（sampling interval）**，作为准随机抽样方法。抽样间距（例如，从 k 个元素中选取 1 个元素）告诉研究者应当如何从抽样框中选取元素，即在

选出某个元素成为样本之前，得先跳过框架中的另一些元素。

举例来说，如果我们想要从900个名字中抽出300个，随机选出起始点后，我在900个名字中选出每三个名字中的第三个，总共得到300个样本，抽样间距是3。抽样间距很容易计算，只需要样本大小和总体大小（或者以样本框大小作为最佳估计）。我们可以将抽样间距看作抽样比的倒数，从900个名字当中，
253 选取300个的抽样比是300/900＝0.333＝33.3％，因此抽样间距就是900/300＝3。

拓展方框 8.2

置信区间

置信区间是一个简单且非常强大的概念，它背后有很好的数学原理和公式。如果你有良好的数学背景，这个概念可能会有帮助。如果你对有着许多希腊符号的复杂数学公式感到紧张，这里有一个用简单公式呈现的简单例子（最少的希腊字母）。区间是一个范围，高于或低于总体某些特征（即总体参数值）的估计，如平均值或统计平均值。这个区间有上限和下限。该示例说明了计算置信区间的简单方法，并展示了样本大小和样本的同质性将如何影响它。

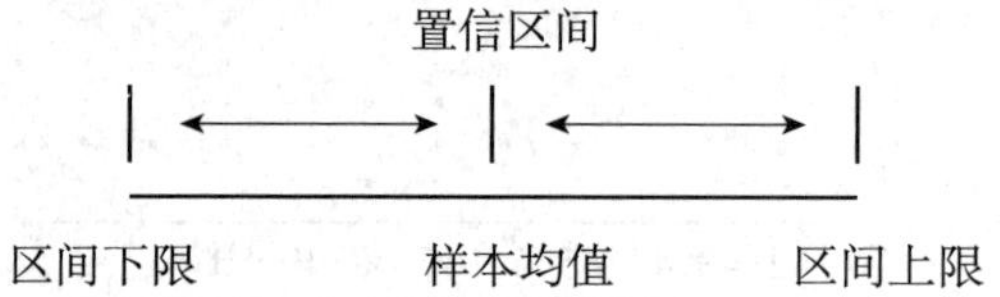

假设你抽取了9名12岁孩子的样本。你给他们称体重，并计算出体重均值是90磅[①]，标准偏差是36磅（均值和标准偏差将在第12章中讨论）。你想要围绕总体参数值（所有12岁人口的平均体重）的最佳估计建立一个置信区间。你用希腊字母 μ 来表示总体参数。

下面是如何根据一个简单的随机样本计算出总体均值的置信区间。你围绕 μ 通过在样本均值基础上加上和减去一个范围来估计一个置信水平，这是关于 μ 的最佳估计。

要计算样本均值附近的置信区间，首先要计算*均值的标准偏差*，简称为标准差。这是你在抽样分布中对可变性的估计。你用另一个希腊字母σ，来表示标准差，并把字母m作为一个下标，表示它是你对抽样分布标准差的估计。因此，标准差来自总体中所有可能的随机样本的抽样分布的标准差。

通过获得样本的标准差，并稍微调整，就能估计抽样分布的标准差。为了简化这个例子，可以跳过调整，假设它等于样本标准差。为了得到标准差你可以根据用字母N表示的样本量进行调整。公式是：

$$\sigma_m = \frac{\sigma}{\sqrt{N}}$$

让我们将这个例子具体化。比如，让我们看一下9位12岁孩子的体重。对于均值的抽样分布，均值为90磅，标准差为36/3＝12（注意9的平方根是3），置信区间有下限。这是它们的公式。

区间下限　$M - Z_{.95}\sigma_m$

区间上限　$M - Z_{.95}\sigma_m$

除了 σ_m，还有另外两个符号：

M在公式中表示样本均值。$Z_{.95}$ 代表Z分数（在第12章中讨论）在一个钟形或正态的曲线下95％的置信水平（最典型的水平）。标准曲线的Z分数是一个标准数值（即在95％的置信水平上，它的值始终是1.96）。我们可以选择95％以上的置信水平，但这是最典型使用的。

现在你已经拥有了计算置信区间上下限的所有内容。计算它们的方法是，在90的均值上加和减1.96个标准差。

区间下限　90－（1.96）（12）＝66.48

---

① 1磅约合0.454千克。——译者注

区间上限　90＋（1.96）（12）＝113.52 254

这表明你有 95％的把握相信总体参数值介于 66.48 磅和 113.52 磅之间。通过在样本中添加和减去一个量来确定上限和下限（此例中值为 90 磅）。使用 1.96 是因为当你想要 95％置信水平时的 Z 分数。根据样本容量和样本的标准差，计算出 12 为均值标准差。

你可能会看到 66.48 磅至 113.52 磅这样一个较大的范围，并认为它很大，你可能会问：为什么样本却很小，只有 9 个孩子？

这是增加样本量影响置信区间的方法。假如样本不是 9 个孩子，而是 900 个 12 岁的孩子（幸运的是，900 的平方根很容易算出是 30）。如果一切保持不变，那么 900 的样本 σ_m 是 36/30＝1.2。现在置信区间如下：

区间下限　90－（1.96）（1.2）＝87.648

区间上限　90＋（1.96）（1.2）＝92.352

有了样本量大得多的样本，你就有 95％的把握相信总体平均体重的参数值在 87.648 磅到 92.352 磅之间。

这就是同质性样本如何影响置信区间的案例。假设标准差是 3.6 磅，而不是 36 磅。如果其他的都不变，那么 σ_m 的标准差是 3.6/9＝0.4，置信区间如下：

区间下限　90－（1.96）（0.4）＝89.216

区间上限　90＋（1.96）（0.4）＝90.784

有了高同质性的样本，你就有 95％的把握相信总体平均体重的参数值介于 89.216 磅到 90.784 磅之间。

让我们回顾一下样本大小和标准差变化的置信区间：

样本大小＝9，标准差＝36，置信区间是 66.48 磅到 113.52 磅。

样本大小＝900，标准差＝36，置信区间是 87.648 磅到 92.352 磅。

样本大小＝9，标准差＝3.6 磅，置信区间是 89.216 磅到 90.784 磅。

大部分情况下，简单随机样本与系统随机样本会产生相同的结果。在一种重要情况下，不能用系统抽样来取代简单随机抽样，即样本中的元素是根据某种循环或模式组织起来的。例如，我们的抽样框是已婚夫妻的名单，且男性排在前面，女性排在后面（见表 8.1）。在这种情况下，如果使用系统抽样，该资料模式会使我们得到一组不具代表性的样本。由于个案的组织方式，系统样本可能只抽到妻子而不具代表性。当样本框以成对配偶的方式组织时，偶数的抽样间距会产生所有都是丈夫或所有都是妻子的样本。

表 8.1　系统抽样用在循环资料的问题

个案	
1	丈夫
2[a]	妻子
3	丈夫
4	妻子
5	丈夫
6[a]	妻子
7	丈夫
8	妻子
9	丈夫
10[a]	妻子
11	丈夫
12	妻子

注：随机起始码＝2；抽样间距＝4。*a* 为选中的样本。

图8.3示范了简单随机抽样和系统抽样。注意这两个样本抽到的是不同的名字。例如，亚当斯（Adams）在两个样本中都有，但是杜鲁兰德（Droullard）只出现在简单随机样本中。这是因为很少会抽出两
255 个完全一样的随机样本。

1. 给抽样框中每个个案编号。将名单上的40个人按姓氏字母表顺序排列，编上1至40号。

2. 决定抽样大小。我们将抽取两组25%（10个人名）的样本。

3. 就*简单随机样本*而言，先找一份随机数表（见附录）。使用随机数表之前，先算出需要抽取最大样本数的位数（例如说，要抽出40个人名，那么两位数就够了；若要抽出100个到999个，那么要三位数；要抽出1 000个到9 999个，则需要四位数）。从随机数表中任何一个地方开始（我们将从左上方开始），然后选取一组数字（我们将选取后两位数字）。在抽样框上圈出与选中的随机数相同的号码，据此表示该个案已被选中为样本。如果选中的随机数太大（超过40），就放弃不用。如果选出的随机数出现一次以上（例如，本例中10与21出现两次），忽略第二次抽中的不用。继续这个程序直到抽到所需的样本数（本例中为10个）。

4. 就*系统样本*而言，从一个随机的起始码开始。最简单的做法是盲目地从随机数表中抽出一个数字，然后从抽样框中找出最接近这个数字的号码。本例中，我们抽到18。从这个随机数开始计算抽样间距——在我们这个例子中是4，结果得出22。把它从抽样框中圈出来，然后从它开始计算抽样间距得出下一个号码，持续这个程序直到整份名单结束。继续数算抽样间距，好比这份名单的开头是附在名单结束之后（好像一个循环）。继续数算，直到非常接近开头的那个数字，或是正好是开头的那个数字。如果抽样间距把整份抽样框的名单分隔得很平均的话，就会得到这个结果。

编号	姓名（性别）	简单随机	系统随机	编号	姓名（性别）	简单随机	系统随机
01	Abram, J.（男）			21	Hjelmbaug, N.（男）	是*	
02	Adams, H.（女）	是	是（6）	22	Huang, J.（女）	是	是（1）
03	Aderson, H.（男）			23	Ivono, V.（女）		
04	Arminond, L.（男）			24	Jaquees, J.（男）		
05	Boorstein, A.（男）			25	Johnson, A.（女）		
06	Breitsprecher, P.（男）	是	是（7）	26	Kennedy, M.（女）		是（2）
07	Brown, D.（女）			27	Koschoreck, L.（女）		
08	Catttlino, J.（女）			28	Koykkar, J.（女）		
09	Cidoni, S.（男）			29	Kozloesh, C.（女）	是	
10	Davis, L.（女）	是*	是（8）	30	Laurent, J.（男）		是（3）
11	Droullard, C.（男）	是		31	Lee, R.（女）		
12	Durette, R.（女）			32	Ling, C.（男）		
13	Elsnau, K.（女）	是		33	McKlnnon, K.（女）		
14	Falconer, T.（男）		是（9）	34	Min, H.（女）	是	是（4）
15	Fuerstenbelg, J.（男）			35	Moini, A.（女）		
16	Fulton, P.（女）			36	Navarre, H.（男）		
17	Gnewuch, S.（女）			37	O, Sullivan, C.（男）		
18	Green, C.（男）		起始码，是（10）	38	Oh, J.（男）		是（5）
19	Goodwanda, T.（女）	是		39	Ohson, J.（男）		
20	Harris, B.（男）			40	Ortiy Garcia, L.（女）		

摘录自随机数表（以供抽取单随机样本之用）

150 10	18590	001 02	422 10	94174	22099
901 22	382 21	215 29	000 13	047 34	60457
67256	13887	941 19	110 77	01061	27779
13761	23390	12947	21280	445 06	36457
81994	666 11	16597	44457	076 21	51949
79180	25992	46178	23992	62108	43232
07984	47169	88094	82752	15318	11921

图8.3 如何抽取简单随机样本和系统样本

注：* 随机数抽取中出现两次的数字。

抽样框包含20位男性和20位女性（性别注明在每一个名字后面的括号内）。结果简单随机样本得到3位男性和7位女性，系统样本得到5位男性和5位女性。这是否意味着系统抽样比较精确呢？不是的。要验证这种说法，需要使用不同的随机数抽取一组新样本，试取前两位数字，并且从最后一个数字开始选（例如说，从11921中选11，然后从43232中选43）。同样地，也从不同的随机起始码开始选取一组新的系统样本。上一次的随机起始码是18，试一下以11为随机起始码。你发现了什么？每一种性别的人数各有多少？[①] 256

分层抽样。当我们使用**分层抽样（stratified sampling）**时，首先根据补充信息将总体分为若干个次总体（层）。[②] 将总体分层之后，研究者从每一个次总体中选取随机样本。在分层抽样中，研究者控制每一个层的相对大小，而不是任由随机过程控制各层抽到的个数。这确保了代表性，并可以固定一组样本中各层抽取的比例。当然，关于各层的必要信息并不是总能事先得到的。

总体而言，如果分层信息精确的话，通常分层抽样产生的样本会比简单随机抽样具有更高的总体代表性。一个简单的例子可以显示为什么是这样的。想象一个有51%的女性与49%的男性的总体，其总体参数值性别比率是51比49。使用分层抽样时，研究者分别从女性与男性中抽取随机样本，因此样本也保持51比49的性别比率。如果研究者使用简单随机抽样，随机样本可能出现不同于总体真实性别比率的比率。因此，使用分层抽样时，在总体代表性上犯下的错误比较少，产生的抽样误差也比较小。

当研究者感兴趣的层占总体的比例很小、而随机过程可能会漏失该层资料的时候，研究者就会使用分层抽样。例如，我们使用来自学院注册办公室的信息从20 000名大学生中选取200人的样本。调查显示，在这20 000名大学生中有2%也就是400人是离婚女性，并且她们都有5岁以下的孩子。对于我们的研究来说，这一群体很重要，应被包括在样本中。一组具有代表性的样本中应该要有4位（200名中的2%）这种类型的学生。但是如果选取的是一组简单随机样本，我们可能会漏掉她们。通过分层抽样，我们从注册办公室获得这400位学生的名单，并且其中随机抽取4位。这样就可以保证样本在这个重要的层上，能够代表总体（见实例方框8.4：分层抽样示例）。

在某些特殊的情况下，研究者可能想使样本中某层的比例不同于它在总体中的真正比例。例如，总体包含有0.5%的阿留申人，但是我们想要特别检验阿留申人。我们就会抽取较多的阿留申人，使他们占样本总数的10%。使用不等比例分层样本的研究者，若不做特殊的调整，不能直接根据样本对总体做出推论。

在某些情况下，研究者会使某个层或子群体的比例不同于它在总体中的真正比例。例如，戴维斯与史密斯（Davis & Smith，1992）的报告指出，1987年综合社会调查（General Social Survey，GSS，第11章会解释）就超额抽取非裔美国人。抽取一组美国人口的随机样本会得到191位非裔美国人，戴维斯与史密斯抽取非裔美国人的单独样本，使得非裔美国人的总数增加到544人。191位非裔美国人被访者约占随机样本的13%，大致上和非裔美国人在美国人口中的比例相等，544位非裔美国人则占这个不等比例样本的30%。研究者运用这整组样本的数据推广到全美国人口之前，必须做些调整来降低抽到的非裔美国人的数量。不等比抽样帮助研究者集中研究与某个次总体有密切利害关系的议题。在这个情况下，研究者 257
使用544位被访者比使用191位可以更精确地对非裔美国人做出概括。一组较大的样本更能够反映非裔美国人这个次总体完整的多样性。

---

① 只有一个名字同时出现在两个方法当中。分层样本中有六男四女；简单随机样本中有五男五女（完成下半部分的数字之后，再从上方最右边开始抽起）。

② 分层随机抽样的技术在Frankel（1983：37－46），Kalton（1983：19－28），Mendenhall及其同事（1971：53－88），Sudman（1976a：107－130）与Williams（1978：162－175）的作品中有更详尽的讨论。

实例方框 8.4 分层抽样示例

综合医院 100 名医职人员的样本，以职位分层

职位	总体		简单随机样本	分层随机样本	比较人数误差
	N	%	n	n	
行政人员	15	2.88	1	3	−2
院内医师	25	4.81	2	5	−3
院际医师	25	4.81	6	5	+1
登记护士	100	19.23	22	19	+3
助理护士	100	19.23	21	19	+2
药剂师	75	14.42	9	4	+5
值班人员	50	9.62	8	10	−2
出纳人员	75	14.42	5	4	+1
维修人员	30	5.77	3	6	−3
清洁人员	25	4.81	3	5	−2
总计	520	100.00	80	80	

随机从 15 个行政人员中抽出 3 人，从 25 名院内医师中抽出 5 名等。

注：传统上，N 代表总体中的个数，n 代表样本中的个数。简单随机样本超额代表了登记护士、助理护士、药剂师，但是不足以代表行政人员、院内医师、清洁人员、维修人员。分层抽样对每种职位的人员都提供了精确的代表性。

整群抽样。我们使用**整群抽样**（**cluster sampling**）解决两个问题：缺少理想抽样框的分散总体；抽取样本需要高昂成本。[①] 例如，没有单独的北美全部汽车技工的名册。即使取得了一份正确的抽样框，要想接触分散在天南地北的技工需要耗费极大的成本。因此，与其使用一份单独的抽样框，还不如使用一种包含多阶段的整群抽样设计。

*群*是包含最终抽样元素的单位，但它本身也可被暂时当作抽样元素。我们首先抽出数个群，然后再从第一个抽样阶段选出的群中再抽出第二组样本。我们随机抽出群，然后从被抽出的群中随机抽取元素。这种方法在实践上具有很大的优点。即使无法获得元素的抽样框，但是研究者仍然可以创建一个关于群的抽样框。一旦选出了一些群，就可以针对抽到的群内的元素构造出抽样框。另一个优点表现在地理人
258 口分布上，每个群中元素彼此都很接近，因此在定位或接触这些元素时可能会省下许多经费。

我们会在整群抽样的各阶段中分别选取一些样本。在一组三阶段样本中，第一阶段是随机抽取较大的群；第二阶段是在每个大群中随机抽出小群；第三个阶段是从被抽出的小群中抽出元素。例如，研究者想要一组枫树镇民众的样本。首先我们应该随机抽取该镇的街区，然后从街区里抽出住户，最后从住户中抽取个人（见图表 8.2）。虽然没有枫树镇中所有居民的准确名单，但是却有一份城市中所有街区的精确名单。在抽出一组随机街区的样本之后，研究者计算被抽出的街区中所包括的全部住户，据此针对每个街区建立住户的抽样框，然后在住户抽样阶段，使用住户名单抽取住户随机样本。最后研究者在每个被抽到的住户中抽取特定的个人。

整群抽样通常比简单随机抽样花费少，但较不精确。整群抽样中的每个阶段都会带入抽样误差，因此多阶段的整群样本会比单阶段的随机样本有较多的抽样误差。[②]

---

① 整群抽样在 Frankel（1983：47－57），Kalton（1983：28－38），Kish（1965），Mendenhall 及其同事（1971：121－141，171－183），Sudman（1976a：69－84），与 Williams（1978：144－161）中有更详尽的讨论。

② 关于这方面的讨论，参见 Frankel（1983：57－62），Kalton（1983：38－47），Sudman（1976a：131－170）与 Williams（1978：239－241）。

当使用整群抽样时，研究者必须决定整群抽样中群的数目和每个群中元素的数目。例如，在 240 位枫树镇民众的两阶段整群抽样中，研究者可能是随机选取 120 个群，每个群中选取 2 个元素，也可能是随机选取 2 个群，再从每个群中选取 120 个元素。哪种方式更好呢？有较多群的设计会比较好。因为在同一群内的元素（例如，住在同一街区中的人）往往是彼此相似的（例如，住在同一条街区上的人，往往比住在不同街区上的人更加相似）。如果选取较少的群，就会选到许多相似的元素，使得它们对整个总体的代表性降低。例如，研究者选取 2 个富人街区，再从中分别选取 120 人，就不如从 120 个不同街区中分别选取 2 个人所产生的样本具有代表性。

当研究者从较大地理区域中进行抽样，并且必须前去寻找每一个元素时，整群抽样会显著地降低交通的费用。通常须在准确性与成本间做个折中。例如，艾伦、里卡德、巴巴拉计划每人亲自访问代表北美所有大学生总体中的 1 500 个学生样本。艾伦拥有一份包含所有学生的准确抽样框，并使用简单随机抽样法。他前往 1 000 个不同的地点，在每个地点访问一或两名学生。里卡德从全部 3 000 所大学的名单中取得 3 所大学的随机样本，然后亲赴这 3 所大学，从每所大学中抽取 500 名学生进行访问。巴巴拉则抽出 300 所大学的随机样本，她亲赴这 300 所大学，再从每所大学中抽出 5 位学生进行访问。如果前往每个地区的差旅费平均是 250 美元，那么艾伦的差旅费是 25 万美元，里卡德的差旅费是 750 美元，巴巴拉的差旅费是 75 000 美元。艾伦的样本是最准确的，但是巴巴拉却能以不到其 1/3 的花费得到准确性稍微低一点的结果，里卡德的样本成本最低，但是它也最没有代表性。

户内抽样。当我们在整群抽样中抽取一个住户或类似的单元（例如家庭或住宅单元）时，就出现这样一个问题：研究者应该选取谁？如果以第一位回答电话、开门或回信的人为样本，那么就带进了潜在的偏差来源。第一位回答人应该只有在选到由他来回答真的是出于随机过程时才能回答，但是实际情形很少是这样。某些人可能不在家，而某些家庭中，某个人（例如，丈夫）可能比其他人更多地去接电话或开门。研究者使用户内抽样是为了确保随机抽出某个住户之后，住户中的个人也是随机抽出的。

有多种方法可以在某一住户中随机抽出一个人。① 最常用的方法是在知道了该户的家庭人数与结构后，使用一个选择表，它详细说明该选出谁（例如，最老的男性、最年轻的女性）（见表 8.2）。这个方法排除了任何可能源自选取第一位开门者或接电话者，或是访问员总是选取看起来最友善的人来接受访问而产生的偏差。

概率与规模成比例抽样法（PPS）。有两种抽取整群样本的方法，刚刚描述的方法是成比例的或未加权的整群抽样。说它是成比例的，是因为每个群的大小（或每阶段的元素数量）都相同。比较常见的情 259
况是每个群的大小不同。当发生这种状况时，研究者必须调整抽样不同阶段中的概率。 260

图表 8.2　　整群抽样示例

目标：从枫树镇中抽取一组 240 人的随机样本。

步骤 1：枫树镇有 55 个区，从中随机选出 6 个区。

1　2　3*　4　5　6　7　8　9　10　11　12　13　14　15*　16　17　18　19　20　21　22　23　24　25　26
27*　28　29　30　31*　32　33　34　35　36　37　38　39　40*　41　42　43　44　45　46　47　48
49　50　51　52　53　54*　55

* ＝随机选出的区

步骤 2：把选出的区分出街区，每个区包括 20 条街区。随机从每个区中选出 4 条街区。

以第三区为例（在步骤 1 中选出）：

1　2　3　4*　5　6　7　8　9　10*　11　12　13*　14　15　16　17*　18　19　20

* ＝随机选出的街区

---

① 户内抽样在 Czaia 及其同事（1982）、Groves & Kahn（1979：32－36）的著作中都有讨论。

步骤 3: 把每条街区分出住户。随机抽取住户。

以第三区第四条街区为例（在步骤 2 中选出）:

第四条街区混合有单亲户、合住户，以及每层四户的公寓大楼，由橡树街（Oak Street）、江河路（River Road）、南大街（South Avenue）和绿景路（Green view Drive）环绕而成。这条街区共住有 45 户人家，从这 45 户中随机抽取 10 户。

1	橡树街 1 号	16	″	31*	″
2	橡树街 3 号	17*	江河路 154 号	32*	″
3*	橡树街 5 号	18	江河路 156 号	33	″
4	″	19*	江河路 158 号	34	绿景路 156 号
5	″	20*	″	35*	″
6	″	21	南大街 13 号	36	″
7	橡树街 7 号	22	″	37	″
8	″	23	南大街 11 号	38	″
9*	江河路 150 号	24	南大街 9 号	39	绿景路 158 号
10*	″	25	南大街 7 号	40	″
11	″	26	南大街 5 号	41	″
12	″	27	南大街 3 号	42	″
13	江河路 152 号	28	南大街 1 号	43	绿景路 160 号
14	″	29*	″	44	″
15	″	30	绿景路 152 号	45	″

* ＝随机抽出的住户

步骤 4: 从每个住户中选出一位被访者。

整群抽样摘要叙述:

从每户中随机抽出 1 人

从每条街区中抽出 10 户

从每个区中抽出 4 条街区

从每个城市中抽出 6 个区

样本有 1×10×4×6＝240 人

表 8.2　户内抽样

从住户样本中选择个体。表 8.2 是从住户中选出的编号。

编号	姓名	成人数（年满 18 岁）	被抽出的被访者
3	Able	1 男，1 女	女性
9	Bharadwaj	2 女	最年轻的女性
10	DiPiazza	1 男，2 女	最年长的女性
17	Wucivic	2 男，1 女	最年轻的男性
19	Cseri	2 女	最年轻的女性
20	Taylor	1 男，3 女	第二年长的女性
29	Velu	2 男，2 女	最年长的男性
31	Wong	1 男，1 女	女性
32	Gray	1 男	男性
35	Mall-Krinke	1 男，2 女	最年长的男性

抽取表实例（只计算成人数）

男性	女性	被选者	男性	女性	被选者
1	0	男性	2	2	最年长的男性
2	0	最年长的男性	2	3	最年轻的女性
3	0	最年轻的男性	3	2	第二年长的男性
4＋	0	第二年长的男性	3	3	第二年长的女性
0	1	女性	3	4	第三年长的女性
0	2	最年轻的女性	4	3	第二年长的男性
0	3	第二年长的女性	4	4	第三年长的男性
0	4＋	最年长的女性	4	5＋	最年轻的女性
1	1	女性	5＋	4	第二年长的男性
1	2	最年长的女性	5＋	5＋	第四年长的女性
1	3	第二年长的女性			
2	1	最年轻的男性			
3	1	第二年长的男性			

注：＋表示“或更多”。

前述关于艾伦、里卡德和巴巴拉等人的例子，说明了未加权整群抽样的问题。巴巴拉从有 3 000 所大学的名单中抽取一组包含 300 所大学的简单随机样本，但是她犯了一个错误，即她错误地认为每一所大学都有相同的学生人数。她的方法给予了每所大学相同的被选取的机会：300/3 000 或者说是 10％的机会。但是每所大学的学生人数不同，因此每一位学生被选进样本中的机会并不相同。

巴巴拉列出每一所大学，然后从这份名单中抽样。一所有 40 000 名学生的大规模学校与具有 400 名学生的小规模学校有相同的被选取机会。但是如果她选出大规模学校，那么该校某个学生被抽到的机会 261 是四万分之五（5/40 000＝0.012 5％），然而小规模学校的学生被选取的机会则是四百分之五（5/400＝1.25％）。因此，小规模学校学生成为样本的概率是大规模学校的 100 倍。一位来自大规模学校的学生被选出的总概率是 0.125％（10×0.012 5％），而小规模学校的学生被选出的总概率则是 12.5％（10×1.25％）。巴巴拉违反了随机抽样原则：每个元素被选为样本的机会应该相同。

如果巴巴拉使用**概率与规模成比例（probability proportionate to size，PPS）**抽样法，正确地抽取样本，那么每个最终抽样元素或学生将有相同的被选中概率。她只要在抽样的第一阶段，调整大学被选取的机会，就可做到这一点。她必须给予有较多学生的大规模学校更高的被选取机会，给予较小规模的学校更低的被选取机会。她根据所有学生在总体中所占的比例来调整选取某一所大学的概率，因此一所有 40 000 名学生的大学被选取的概率是一所有 400 名学生的大学的 100 倍（见实例方框 8.5：概率与规模成比例抽样）。

随机拨号法。**随机拨号法（random-digit dialing，RDD）**是在研究项目中通过电话对大众进行访谈的抽样技术。[①] 它不是以公开发行的电话簿为抽样框。以电话簿为抽样框时，有三种人会被遗漏：没有电话的人、最近搬家的人，以及没有登记电话号码的人。所有电话访问研究都遗漏了没有电话的人（如穷人、未受教育者、旅行者），但在先进工业国家，约 95％的公民拥有电话。有几类人群不登记电话号码：想要避开代收欠款公司的人、非常有钱的人、想要维护隐私的人以及想要避免色情电话、推销员和打恶作剧电话的人。在美国一些城市地区，未登记号码的人员比例高达 50％。此外，人们会改变他们的住所，因此一年一更新的电话簿上会有已经搬走了的住户的电话，而新搬来的住户的电话则尚未登记在册。

---

① 更多关于随机拨号的问题，参见 Dillman（1978：238－242），Frey（1983：69－77），Glasser & Metzger（1972），Groves & Kahn（1979：20－21），Kalton（1983：86－90）和 Waksberg（1978）。Kviz（1984）在报告中指出，电话簿在乡村地区可以产生相当精确的抽样框，至少对邮寄问卷调查是如此。Keeter（1995）也有讨论。

如果使用随机拨号法，随机选择电话号码，则可避免使用电话簿的问题。总体是电话号码，而不是有电话的人。随机拨号法并不难实现，但是它比较花时间，而且可能使打电话的人有挫折感。

下面是随机拨号法在美国如何操作的描述。电话号码有三个部分：三个数字的区域码、三个数字的交换码或中心局码以及四位数字。例如，威斯康星州麦迪逊的区域码是608，此区域中有许多交换码（如221、993、767、455）；但是并不是所有999个可能的3位数交换码（从001到999）都同时被使用。同样，并不是所有在交换码之下的9 999个可能的4位数号码（从0 001到9 999）都在使用中。一些数字被保留下来以备未来扩充之用，或处于断线状态，或因某人搬走而暂时被撤销。因此，一个可用的美国电话号码必须包括一个有效的区域码、一个使用中的交换码以及一个四位数字。

使用随机拨号法，研究者先确认有效的区域码与交换码，然后随机抽出4位数号码。问题是研究者可能抽到任何号码，这意味着某些被抽出来的号码目前不在使用中，或是被切断了或是公用电话甚至可能是商业用电话。只有某些号码才是研究者想要的：有效住户电话号码。只有在研究者打通电话之后，他才会知道这个号码是否是住户的电话号码。这意味着研究者将花费大量时间拨打不在使用中的、商业用
262 的以及其他的电话号码。研究机构通常使用电脑抽出随机数字、自动拨号，以加快这个过程。但是仍然需要一个人在旁边接听，进而确定那个号码是否为有效的住户电话号码（见拓展方框8.3：随机拨号法）。

实例方框 8.5　概率与规模成比例抽样

亨利想亲自对住在里弗代尔（Riverdale）的居民进行1小时的面对面访谈。里弗代尔散布在一个很大的区域，亨利想减少交通时间和费用，所以他使用了*整群抽样设计*。最新的人口统计报告该城市有490 000人口，亨利只能访问220个人，约占城市总人口的0.05%。他先从城市税务和消防部门找来了地图，并将人口统计信息还原到城市街区。他了解到共有2 182个街区。最初，他想随机抽取10%的街区（如218）个，再去某个街区数出住房单元（如单个房屋、公寓楼等），然后在每一个房屋单元内选定被调查对象。但每个街区在地域和人口规模上是不相等的。他研究了每个街区的人口密度并估计出人口数，接着根据街区的平均规模构造出街区的5级分层，如下表所示：

街区类型	群数	各街区平均人口数
密度非常高	20	2 000
密度高	200	800
密度中等	800	300
密度低	1 000	50
半农村的	162	10

亨利意识到不做调整地随机选择街区不能给每个人相等的被选中的机会。例如，一个密度非常高的街区与40个密度低的街区人口相等。亨利根据街区大小调整了比例。最容易做到这一点的方法是根据最小的街区或半农村街区，将所有街区转换成相等大小的街区单位。例如，某密度非常高街区的人口是半农村街区的200（2 000/10）倍，所以亨利将选中这一街区的可能性调整为半农村街区的200倍。实际上，亨利构造了一个10人的调整群单位（因为这是半农村街区的人口数），用它们来替代第一阶段抽样中的城市街区。162个半农村街区是不变的，但调整后，每个密度非常高的街区有了20×200=4 000个单元，每个密度高的街区有200×80=16 000个单元，这样所有街区共有49 162个单元。亨利根据调整的群单位计算每个街区，许多街区具有多重的数目。例如，他分配数字1至200给第一个密度非常高的街区等，具体数字如下：

1 密度非常高的街区#1

2 密度非常高的街区#1

3 密度非常高的街区＃1

……

3 999 密度非常高的街区＃20

4 000 密度非常高的街区＃20

4 001 密度高的街区＃1

4 002 密度高的街区＃2

……

49 160 半农村的街区＃160

49 161 半农村的街区＃161

49 162 半农村的街区＃162

亨利仍想访问 220 个人，想从每一个调整群单位中选一个人。他利用简单随机抽样方法，从 49 162 个调整群单元中选出 220 个。然后，他能将调整群单元转换成城市街区。例如，如果亨利随机选中了数字 25 和 184，这两个数字都在密度非常高的街区＃1 中，这表明要在这个街区中选取两个人。如果数字 49 162被随机选中，就要从半农村街区＃161 中选一个人。亨利现在前往每一个被选中的街区，确定街区中所有的住房单元，并随机地选择住房单元。当然，亨利在选中住房单元后，会使用户内抽样方法。 263

随机拨号法的抽样元素是电话号码而非个人或住户。数个家庭或个人可能共享一个电话号码，在另外的情况下，每个人可能都有自己的一个电话号码。这意味获得有效的住户号码后，仍需做第二阶段的抽样工作，即从住户中再抽取受访者。

实例方框 8.6（样本实例，2006 年综合社会调查）展示了在特定的真实生活情境中，如何综合使用多种抽样术语与概念。

拓展方框 8.3

随机拨号法

在过去十年中，参与 RDD 调查的人数有所下降。这是由于诸如来电显示等技术的发展、销售电话的增加加剧了公众对隐私的担忧、非家庭电话号码的激增以及手机用户的增加（大多数 RDD 样本只包括固定电话号码）。当他们将基于地址的抽样（address-based sampling，ABS）新技术与对美国成年人采取随机拨号法（RDD）抽样进行比较时，林克等人（Link，et al.，2008）估计 RDD 抽样可能会丢失 15%～19%的人口数据。尽管在某些方面替代方案（ABS）优于 RDD 抽样，但它仍有其局限性，比如相比于 RDD，ABS 过度代表了说英语的非西班牙裔和受教育程度较高的人。RDD 抽样中的一个问题是通过电话联系某人。一名研究人员可能拨打几十次电话但无人接听。无应答是否意味着一个合格的人没有回答，或者这一号码没有主人？关于这一议题的研究（Kennedy，Keeter & Dimock，2008）表示约一半（47%）的未接听电话中有 6 个回访是符合条件的，但研究者未能打通。

（四）决定有关样本大小

新晋研究者经常会问“我的样本应该要有多大”。最好的答案是“看情况”。它取决于总体的特征、将采用的数据分析类型以及根据研究目标样本所需达到的置信水平。如上所述，一组大样本并不能确保就是具有代表性的样本。非随机抽样得到的大样本或根据较差的抽样框得到的大样本，代表性比不上用随机抽样和好的抽样框得到的小样本。

我们可以用两个方法设法解决样本大小的问题。第一种方法是对总体做出假设以及针对随机抽样过程采用统计方程。采用这种方法来计算样本大小需要用到统计学的讨论，因此超过了本书的讨论范围。[①]研究者必须对可以接受的置信水平（或错误的数量）以及总体的变异程度做出假设。一般来说，总体多样性越大，数据分析越精确，同时被检验的变量越多，对样本精确度的要求越高（比如在鉴定健康结果、巨大经济损失、监禁或释放无辜者等方面产生不同），需要的样本就越大。相反，当来自同质性总体、有着一个或一些变量的简单数据分析的样本被用于低风险的决定时，即使样本较小也具有同等的有效性。

第二种决定样本规模的方法是经验法则：一种习惯上或通常接受的数量。研究者使用经验法则是因为它很少需要统计估计方法的知识，而且得出的样本大小很接近统计方法计算出的结果。经验法则基于过去抽取满足统计方法要求的样本所累积下来的经验。

有关样本规模的一项主要原则是，总体越小，样本的抽样比就必须越大，因为该样本具有与整个总体产生相同结果的高概率。较大的总体能够在较小的抽样比下得出同样好的样本。这是因为随着总体规
264 模的增长，样本量对精确性的回报随之递减。

实际上，这意味着对于小总体（小于500），我们需要较大的抽样比（约30%）或150个样本，对于大总体（超过150 000），我们可以以较小的抽样比（1%）得到精确度相同的结果，约1 500个样本可以同样精确，所有的方面都是相同的。需要注意的是，150 000的总体是500的30倍，但样本仅是10倍。如果是对非常大的总体（超过1 000万）抽样，我们可以使用极小的抽样比（0.025%）或大约2 500个的样本就能够得到准确的结果。当抽样比变得非常小时，总体的大小就不再具有相关性。约2 500人的样本对2亿人口和对1 000万人口而言同样精确。这些都是近似的规模，实践中的限制（如成本）也扮演了一定的角色。

实例方框8.6　样本实例，2006年综合社会调查

对于不同类型的样本，抽样有许多不同的名称。一组复杂的样本显示出研究者如何使用不同的抽样方法。让我们看看在美国社会学界最著名的全国性调查：2006年综合社会调查（GSS）（将于第11章加以讨论）。它起始于1972年，在实际成本限制下，这一调查基于大多数最为复杂的社会科学抽样技术，在几十年中数次更新，产生有代表性的总体。其总体包括了所有居住在美国的成年人（年满18岁）。*目标总体*包括所有说英语或说西班牙语的智力健全的成年人，他们生活在家庭中，但不包括生活在制度环境中的人。研究人员将复杂的多阶段区域概率抽样应用到街区或区域层面。在街区层面，他们使用*配额抽样*，根据性别、年龄和就业情况进行配额。他们选择了同等数量的男性和女性以及同等数量超过和小于35岁的人。

抽样设计结合了*整群抽样*和*分层抽样*。美国领土划分为标准都市统计区（大城市及其郊区，美国人口普查局的分类）和非大都市乡村。大城市及其郊区和乡村按地区、年龄和种族分层。根据每个乡村或大城市及其郊区的住房单元的数量，研究人员调整并使用了*概率与规模成比例（PPS）抽样*。

这个抽样设计有三个基本阶段。*阶段1*：从已经分层的"基本抽样单元"中随机选择一个"基本抽样单元"（如美国人口普查区、大城市及其郊区的一部分或乡村）。研究者根据在地理区域是否有稳定的邮寄地址来对总体进行分层。*阶段2*：随机选择较小的地理区域单元（如人口普查区、乡村的部分区域）。*阶段3*：在街区或较小地理区域单位中随机选择居住单元。在最后一个阶段中，研究者将居住者作为抽样单位，从居住街区中随机选择住户。选择地址后，访问者联系住户，从中选择符合条件的被访者。研究者查阅配额选择表来选取可能的调查对象并访问了表中某一类型的受访者（如年纪第二大的人）。访问者使用电脑辅助访问（CAPD）（见第10章）。

① 更进一步有关选择样本规模的问题，参见Grosof & Sardy（1985：181－185），Kalton（1983：82－90），Sudman（1976a：85－105）与Williams（1978：211－227）。

在 2006 年的样本中，研究人员首先确定了 9 535 个可能的家庭住址或地点。然而，在他们筛除无效地址和那些不说英语或西班牙语的人之后，这一数字下降到 7 987。考虑到拒答、病重、无资格或未完成访问的人（23.3%），最终样本包含 4 510 人。（详见：http：//publicdata. norc. org：41000/gss/Documents/Codebook/A. pdf.）

一个相关原则是针对小样本的：若样本数略微增加，精确性会有很大提高。以同样的程度增加样本数，对提高小样本精确性比对大样本好得多。举例来说，样本数从 50 个增加到 100 个可以使误差从 7.1%降低到 2.1%。但是如果样本数从 1 000 个增加到 2 000 个，则只能使误差从 1.6%降低到 1.1%（见表 8.3）。 265

表 8.3　99%置信水平下，不同总体随机抽样的样本规模

总体规模	样本规模	样本占总体比例（%）
200	171	85.5
500	352	70.4
1 000	543	54.3
2 000	745	37.3
5 000	960	19.2
10 000	1 061	10.6
20 000	1 121	5.6
50 000	1 160	2.3
100 000	1 173	1.2

对数据分析的计划会影响到所需样本的大小。如果要分析总体中的一些子群体，则需要较大的样本。例如我们想知道年长的黑人女性和其他子群（比如年长男性、其他种族和年龄的女性等）在城市中的生活对比，我们需要一个很大的样本，因为子群在整个样本中占很小比例（如 10%），一个经验法则是对要进行分析的子群体最好抽取约 50 个个案。因此，如果想要分析某个在总体中只占 10%的团体，则应有 10×50＝500 个个案的样本，以确保有足够的个案进行子群体的分析。你可能会问在收集到样本统计值前如何获知子群仅占样本的 10%？这是个合理的问题，我们通常会采用其他来源的信息（比如过去的研究，某地区的官方统计数字）进行估计，进而从估计中规划我们需要的样本大小。

做推论。研究者进行概率抽样是为了从样本推断总体。事实上，统计数据分析中子区被称为*推论统计*（见第 12 章）。研究者直接观察样本中的统计值，但不仅对样本本身感兴趣。如果我们从大学校园里的 10 000 名学生中抽取 300 名样本，我们对于用 300 名样本的信息来推断 10 000 名学生的总体特征更感兴趣。因此，在我们具体拥有的信息（样本数据中测量的变量）和真正感兴趣的信息（总体参数）间存在着差距（见图 8.4）。

在第 7 章中，你学习了如何利用抽象概念与具体指标之间的差距来表达测量逻辑。具体的可观测的数据的测量是抽象概念的一种近似。研究者利用这种近似来推断他真正感兴趣的事物（也就是概念与因果法则）。概念化与操作化缩短了测量中的差距，正如抽样框、抽样过程及推论缩短了抽样过程的差距。

研究者可以通过直接观察抽样中对概念的测量和经验关系来整合抽样与测量的逻辑（见图 8.4）。我们将在样本中的经验观察推论或概括出总体中的抽象因果法则和参数值。类似地，抽样逻辑与测量逻辑的效度间也可类比。在测量中，研究者需要有效的概念指标，即能准确代表不可见的抽象概念的具体可观察的指标。在抽样中，研究者想要得到几乎没有抽样误差的样本，即能够准确代表不可见、抽象的总体的具体个案集合。有效的测量与它所代表的概念相差无几，良好的抽样几乎没有样本误差，并且其估计值与总体参数值差异不大。

研究者想要降低抽样误差。在同样良好的抽样框和精确的随机过程下，仍有两个因素决定抽样误差：样本大小与样本的异质程度。在其他因素不变情况下，样本越大，抽样误差越小。样本的同质性越高，
266 样本的误差也就越小。同样，有大量同质性样本的总体会有较少的抽样误差。我们可以这样思考：如果一个瓶子中有红色和白色弹珠共 1 000 个，从中拿出 10 个或 50 个弹珠来判断红色弹珠个数，则最好是抽 50 个。同样，如果瓶子里有 10 种颜色的弹珠，同只有两种颜色弹珠相比，我们几乎不能精确推测其中红色弹珠的数量。

267

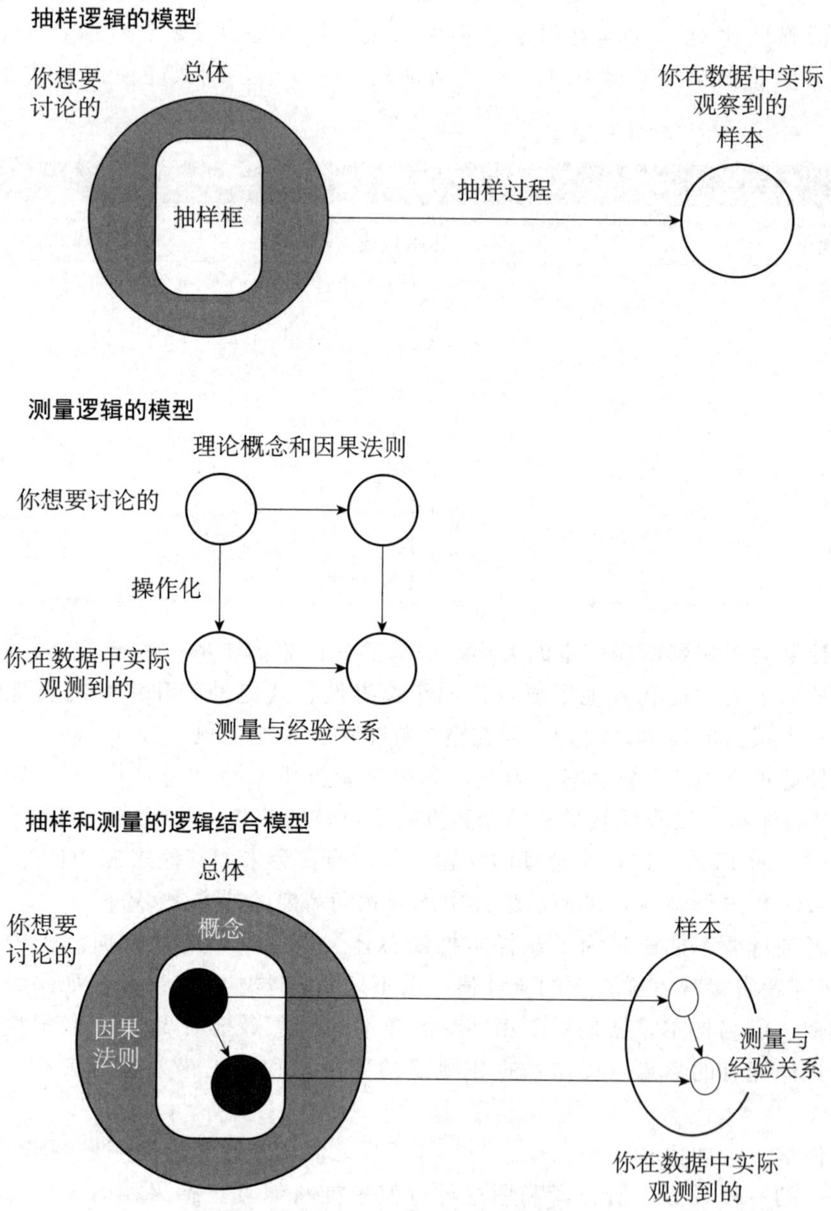

图 8.4　抽样和测量的逻辑结合模型

抽样误差与置信区间有关。如果两组样本除规模大小外完全相同，则个案较多的样本抽样误差小、置信区间窄。同样，如果两组样本其他方面相同，只是其中一组个案彼此更相似，那么同质性较高的样本抽样误差小、置信区间窄。较窄的置信区间意味着在某个置信水平下，对总体参数值会有较准确的估计。

例如，研究者想要估计砖匠的年收入。现有两组样本，从样本 1 得出，在 80%置信水平下总体参数值估计值为 33 000 美元，置信区间是 30 000 美元到 36 000 美元。但是研究者想要达到 95%的置信水平。

现在，置信区间是 25 000 美元到 45 000 美元。而在 95%置信水平下，抽样误差较小的样本（因为它的样本规模较大）的置信区间可能就是 30 000 美元到 36 000 美元。

（五）目标与建立代表性样本不同时的策略

在定性研究中，调查目的可能不需要从大量案例中选择一个有代表性的样本，相反，非代表性样本通常更适合研究的目的。在非代表性样本中，你不需要预先决定样本大小，也不需要了解样本来源的大的群体或总体大小，不像概率抽样需要基于数学理论的再计划方法，非概率抽样通常选择那些有具体内容的案例，表 8.4 展示了非概率抽样的各种抽样技术。

表 8.4　非概率抽样的类型

抽样类型	抽样原则
方便抽样	用任何方便的方式抽取个案
配额抽样	使用随机方法，从能够反映总体多样性的各个预先确定的类别中抽取预定数目的样本
立意抽样	用不同方法获得符合特定标准的所有可能个案
雪球抽样	通过一些被选个案推荐选择新个案，再通过得到的个案推荐新的个案，如此不断选取下去
异常个案抽样	选择基本不同于主导形式的个案（立意样本的特殊形式）
连续抽样	连续选取样本，直到没有额外的信息或者是新的特征（通常与其他抽样方法结合使用）
理论抽样	选择能够帮助揭示对于一个特定背景或者主题具有重要理论意义的个案
自适应抽样	多阶段抽样，诸如带立意的雪球抽样，这种方法适用于隐藏总体

（六）立意抽样或判断抽样

立意抽样（purposive sampling）也被称为*判断抽样*，是一种在特殊情况下可接受的抽样类型。它用于探索性研究或实地研究中。[1] 它借助专家的判断来选择个案，或者以心中特定的目的来选择个案。如果目 268
标是选出一个代表性样本或用它来挑选“平均”或“典型”个案就不大适合。在立意抽样中，选取的个案极少代表总体。

立意抽样可能选择特别能提供信息的独特个案。例如，研究者想要使用内容分析法来研究杂志内容，以发掘文化主题，我们用 3 种流行的女性杂志来做研究，因为这些杂志引领潮流。本章开篇“我能遵守的承诺”中，研究者使用立意抽样选了 8 个邻居，研究者可能使用立意抽样来选取很难以接近的、特殊的总体中的成员。例如，娼妓。列出所有娼妓的名单，再从名单中进行随机抽样是不可能的。相反，使用当地知识（例如，娼妓招徕客人的地方、娼妓交往的社会团体）、当地专家（例如，在红灯区工作的警察、其他娼妓等）可确定研究计划中所要包含的娼妓样本。研究者使用多种不同的方法来确认个案，因为其目的是获得尽可能多的个案。

我们也能用立意抽样来确定特殊类型的案例，深入调查后对该类型有更深刻的了解（见实例方框 8.7：立意抽样）。

实例方框 8.7　立意抽样

凯瑟琳·布利（Kathleen Blee）的研究“组织的种族主义之中”（Blee，2002）使用了立意抽样来研究那些属于种族主义仇恨组织的妇女。她研究目的是了解女性为何和如何积极参与种族主义仇恨组织（例如，“新纳粹”、“三 K 党”）。她希望“建立一个广泛的、全国性的妇女种族主义组织成员的样本”

---

① 关于立意抽样的深入讨论，见 Babbie（1998：195），Grosof & Sardy（1985：172－173），和 Singleton 等（1988：153－154，306）。Bailey（1987：94－95）描述了“空间”抽样，它是立意抽样的一种变体。

（Blee，2002：198）。要得到一个概率样本是不可能的，因为没有任何组织的名单存在，并且组织对成员名单保密。

布利避免使用雪球抽样，因为她想采访那些不合群的女性。为了选择适合成为样本的女性，她首先研究了传媒（录像带、书籍、通信、杂志、传单、网站），这些内容是“在美国一年时间内由每一个自称种族主义者、反犹太主义者、白人至上主义者、基督徒身份、新纳粹、白人权力光头党和白人分裂组织分享的”（Blee，2002：189）。她还从监控种族主义者群体的反种族主义组织中获得了名单，并检查了杜兰大学图书馆和堪萨斯大学关于右翼极端主义的档案。她发现了一百多个活跃的组织。从这些数据中，她发现了那些有女性成员或活跃人士的组织，并将名单缩小到30个种族主义组织。然后，她试图在美国四个主要地区的15个州找到属于不同意识形态和组织形式的有组织的妇女。

在一种集群抽样中，她首先定位组织，然后在组织中找到活跃积极的女性。为了让女性接受访谈，她利用私人关系和知情人的推荐：“假释官、惩教官员、新闻记者和新闻工作者、其他种族主义活动人士和前活动家、联邦和州的帮派、律师和其他研究人员”（Blee，2002：200）。她最终找到了年龄在16岁至90岁之间的34名女性，并对她们分别进行了两次6小时的生命史访谈（见第13章）。

（七）雪球抽样

社会研究者常对相互关联的人或者组织网络感兴趣。[①] 这种网络可以是全世界探讨相同问题的科学家、在一个中等规模城市中的精英分子、一个有组织的犯罪家族、出任主要银行和企业董事会的董事或
269 在大学校园中彼此有性关系的人。其中的关键特征是每一个人或单元都和其他部分有直接或间接的联系。这并不意味着网络中每一个人会彼此直接认识、相互交往或是受对方的影响。相反，从整体来看，大部分的人和事物都会因直接或间接的关系，置身于一个具有相互关联的网络中。

例如，莎莉和提姆并不直接认识对方，但他们两人有一位共同好友——苏珊，因此他们之间存在一种间接的联结，这三个人都是相同友谊网络的一部分。研究者以描绘*社会关系网图*来表达这种网络，社会关系网图是一些由线段连接起来的圆圈组合而成的图形。圆圈代表每一个人或个案，而线段代表友谊或其他联系（见图8.5）。

雪球抽样（snowball sampling）也称为*网络*、*关系链*、*声望*或*被访者驱动抽样*，是一种在网络中抽取（或选择）个案的方法。这一方法使用滚雪球的类比，雪球开始的时候很小，但是当它在潮湿的雪地上滚动而增加额外的雪片时就越变越大。雪球抽样是一种多阶段的技术，它开始于一个或少数人或个案，然后根据与初始个案的联结而扩展开来。

例如，我们要研究某个社区中青少年之间的友谊关系网络。我们从三个互不相识的青少年开始。每一位青少年说出四位亲密朋友的名字，接下来我们找到四个朋友，要求他们说出四个经常往来的朋友名字，这将继续到下一轮的四个人，并再次重复。不久后就会牵扯进许多人。样本中的每一个人都直接或间接地和初始三位青少年有关联，有些人可能写出同样的名字。当研究者停止追问，这可能是因为没有新的名字被提出来，封闭网络已经出现；也可能是因为网络变得太大，到了研究者能够研究的极限。而样本中所包含的人，至少是被网络中的某一个人指出来的其亲密的朋友。

（八）异常个案抽样

当研究者感兴趣于与主导模式、主流不同的个案，或与其他个案主要特征不同的个案时，研究者会采用**异常个案抽样（deviant case sampling）**，也称为*极端个案抽样*。与立意抽样类似，研究者使用多种技

---

① Babbie（1998：194－196），Bailey（1987：97）和Sudman（1976a：210－211）对雪球抽样有所讨论。关于计量社会学和社交的讨论，Bailey（1987：366－367），Dooley（1984：86－87），Kidder & Judd（1986：240－241），Lindzey & Byrne（1968：452－525），Singleton等（1988：372－373）也有相关论述。Galaskiewicz（1985），Granovetter（1976）和Hoffmann-Lange（1987）讨论了网络抽样议题。

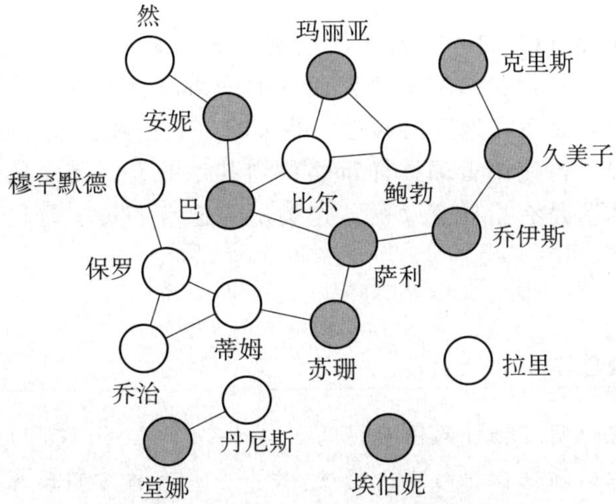

图 8.5 朋友关系的社会关系网图

注：阴影表示不同肤色。

术来确定具有某种特征的个案。其目的是确定一个不平常、有差异或特殊的个案集合，并不要求它代表总体。之所以选中某些异常个案，是因为它们不寻常。研究者希望通过考察那些落在一般模式之外的个案，或者说包含超出主流事件的东西，更多地了解社会生活。

例如，我们想要研究高中辍学学生。此前研究表明大多数辍学学生来自低收入、单亲、少数族裔家庭。在这种家庭环境中，父母和/或兄弟姐妹教育程度较低，或者他们自己就是辍学学生。另外，很多辍学学生被卷入违法行为中。我们可能从那些多数族裔成员，那些没有犯罪记录或违法行为的人，那些来自双亲稳定、中高等收入家庭的人中寻找辍学学生。通过观察非典型的辍学学生，我们可以了解更多有关辍学的原因。 270

（九）连续抽样

连续抽样（sequential sampling）与立意抽样类似。我们使用立意抽样试图找到尽可能多的相关个案。连续抽样的不同之处在于，我们持续地搜集个案，直到新信息的数量达到一定程度或者新信息已经穷尽。原则是搜集个案直至达到饱和点。用经济学术语表示，就是说信息搜集要符合边际收益，即新增个案带来的收益增值是有意义的。这需要我们不断地对已搜集到的个案进行评估。例如，我们确定并计划对 60 位 70 岁以上的寡妇进行深度访谈，她们丧偶已经超过 10 年。从研究者的目的看，搜集另外 20 位生活经历、社会背景和世界观与前 60 位不同的寡妇就不必要了。

（十）理论抽样

在**理论抽样（theoretical sampling）**中，我们的抽样（例如，人群、情景、事件、时间段等）来源于扎根理论。不断增长的理论兴趣引导个案的选取。研究者根据样本提供的新见解来选取个案。例如，实地研究者可能会在工作日观察某个地点和一群人。理论上，他也许会问，在其他时间或地点的其他方面改变后，人们的行为是否相同。于是研究者可能会在其他时间段（例如，夜晚和周末）进行抽样以获取更丰富的图像，了解重要的条件是否是相同的。

（十一）自适应抽样和隐藏总体

与对一般性总体或看得见、接触得到人的抽样相反，对**隐藏总体（hidden population）**（例如，从事秘密行为或隐蔽行为的人群）的抽样在关于异常或污名化行为（例如，性暴力的受害者、非法吸毒者）的研究中是一个被反复提及的议题。该方法说明了抽样原则、混合定性和定量的研究风格、概率和非概率抽样技术相结合的创造性应用。

自适应抽样（adaptive sampling）是一个基于早期观察进行调整的设计。[①] 比如，用雪球抽样让一个非法吸毒者说出其他吸毒者。但是，我们基于研究话题的网络路径调整了追踪路径。我们能够确定一个地理区域，随机分成几个部分，然后在地区内通过一些策略（比如随机拨号或者贴传单）来选择参与者。一旦确定目标隐藏总体的成员，再使用雪球抽样策略找到其他的人。艾滋病研究者或者非法吸毒者的研究者所采用的抽样"隐藏总体"是有指导意义的，这类研究通常依赖于改良后的雪球抽样（见实例方框
271 8.8：隐藏总体）。

实例方框 8.8　隐藏总体

三项有关隐藏总体的研究说明了抽样的困难。马丁与迪安（Martin & Dean，1993）从纽约市中抽取男同性恋者的样本。这些男性必须住在纽约市、超过18岁、没有被诊断出患有艾滋病并且和其他男性有过性行为。作者从立意样本开始，使用5种不同来源招募291位被访者。他们首先接触纽约市内150个以同性恋或双性恋为主要成员的组织，然后从中筛选出90个组织，这些组织中选择适合这项研究的男性。研究者再以会员人数进行分层随机抽样，从90个组织中抽出52个组织为样本，再从每个组织中随机抽出5位成员。有关马丁与迪安研究的报道出现在当地的新闻上，这引来了41位自愿参与的志愿者的来电。另外32位男性是由早先参与预调查的被访者介绍而来的。此外，有72位男性是在纽约市一年一度的同性恋大游行中挑出来的，还有15位合格的男性主动联系了纽约市立诊所，要求参与研究。研究者接下来使用雪球抽样，要求291名男性中的每一个人给三位男同性恋朋友发送一份招募信息。每个同意参与的朋友还被要求给三位朋友发送招募信息。一直持续这个过程，直到从原先的291位男性向外招募5层后才停止。最后，迪安招募了746位男性参与这项研究。马丁与迪安拿他们的样本与旧金山男同性恋者的两组随机样本进行查对，那两组样本中，有一组是500人，通过随机拨号抽样选出，另一组有823人，是对旧金山人口普查数据进行整群抽样所得。他们将自己的样本与旧金山的两组样本在种族、年龄以及出柜比例方面进行了比较。

赫卡索恩（Heckathorn，1977，2002）在康涅狄格州的两座小城及周边地区研究活跃的药物注射者。1996年7月，医务人员在这些地区诊断出390名艾滋病患者，他们中大约一半都用了药物注射，他采用的是立意抽样，每个样本元素必须满足一定的条件。赫卡索恩还使用了修正的"双重酬劳系统"雪球抽样方法。它给每一位完成访谈的被访者一份金钱酬劳，如果该被访者又提供了另一位访谈对象，将获得第二份金钱酬劳。要求第一位被访者不能向研究者提供新被访者的身份，在实际操作中被当作*匿名*（即保护朋友）。尤其在美国环境中，这避免了"告密者"议题和"毒品战争"中的污名。这种修正了的雪球抽样类似于连续抽样，一段时间后，能找到的新提名者越来越少，直到研究者达到饱和或平衡。

万格等人（Wang，et al.，2006）使用受访者驱动抽样方法，在俄亥俄州的三个乡村地区招募了249名吸毒者，以检查药物滥用和卫生保健需求。为了获得有效样本，参与者必须年满18岁且不滥用药物，在过去一个月没有使用可卡因或甲基苯丙胺。找到合适的参与者后，研究人员付给参与者50美元。参与者可以通过招募合格的同伴获得额外10美元。在滚雪球过程中，每个后续参与者也被要求推荐新参与者。研究者首先确定了19个人作为研究对象。结果，只有略多于一半的人（19人中的11人）参与了这项研究。在大约18个月的时间里，研究人员获得了249名参与者。他们将研究样本与非法药物使用人群的估计特征进行了比较，发现最初确定的参与者（白人）的种族构成导致了该种族类别的过度表现。否则该方法理应能够找到隐藏总体的合理样本。

---

① 自适应抽样的相关论述可参见 Martsolf 等（2006），Thompson & Geber（1996），Thompson（2002）和 Thompson & Collins（2002）。

三、结论

本章讨论了概率抽样和非概率抽样（见总结回顾方框8.1：抽样的类型）。关键是抽样策略应当和特定的研究目的相匹配。一般而言，概率抽样倾向于得到一个有代表性的样本，它允许在数据分析中使用统计检验。除了简单随机抽样之外，本章还介绍了其他概率抽样：系统、分层、随机拨号法和整群抽样。 272
虽然本书没有涉及随机抽样背后的基础数学或统计理论，但从对抽样误差、中心极限定理以及样本大小的讨论中可以看出，当目标是创造一个有代表性的样本时，概率抽样能够创造最大的精确性。

总结回顾方框8.1 抽样的类型

八种非概率抽样

抽样类型	原则
自适应抽样	使用隐藏总体可能的地理位置获得一些个案，再使用随机或招募方法，使用雪球抽样扩展一些个案
方便抽样	用任何方便的方式随意抽取个案
异常个案抽样	选择基本不同于主导形式的个案（立意样本的特殊形式）
立意抽样	用不同方法获得符合特定标准的所有可能个案
配额抽样	从能够反映总体多样性的各个预先确定的群体中随意选取预定数目的样本
连续抽样	连续选取样本，直到没有额外的信息或者是新的特征（通常与其他抽样方法结合使用）
雪球抽样	通过一些被选个案的介绍选择新个案，再通过得到的个案来介绍新的个案，如此不断选取下去
理论抽样	选取能够帮助揭示对于一个特定背景或者主题具有重要理论意义的个案

四种概率抽样

抽样类型	原则
整群抽样	为大型集群单元创建一个抽样框，随机抽取一个集群单元样本，在每个选定的集群单元中创建一个抽样框，然后随机抽取一个案例样本，如此选取下去
简单随机抽样	为所有个案创建一个抽样框架，并使用纯随机过程（例如，随机数表或计算机程序）来选择个案
分层抽样	为每一种个案类别创建一个抽样框，从每个类别中抽取一个随机样本，然后将几个样本组合起来
系统抽样	创建一个抽样框，计算抽样间距1/k，选择一个随机起点，然后每1/k选取1个样本

本章还讨论了几种类型的非概率抽样：方便抽样、异常个案抽样、配额抽样、连续抽样、雪球抽样和理论抽样。除方便抽样外，这些类型的抽样方法最适合于那些目的不是创建一个高度代表总体的样本的研究。 273

在进入下一章之前，有必要重申所有社会研究的基本原则：不要过分区分研究历程中的每一个步骤，而是去学习这些步骤之间的相关性。研究设计、测量、抽样，以及特殊的研究技术都是互相关联的。不幸的是，在一本教科书中，信息的呈现必然受限于依序个别呈现的方式。实践中，研究者在设计研究和开发测量工具时也应考虑资料收集的方法。同样，抽样议题也会影响到研究设计、变量测量以及资料收集的策略。在后面数章中你会看到，好的社会研究取决于同时对不同研究步骤的质量控制，这些步骤包括：研究设计、概念化、测量、抽样以及资料收集与处理。研究者在任何一个步骤上犯重大错误，都可能使整个研究变得毫无价值。

关键术语

adaptive sampling	自适应抽样	central limit theorem	中心极限定理
cluster sampling	整群抽样	confidence intervals	置信区间
convenience sampling	方便抽样	deviant case sampling	异常个案抽样
hidden population	隐藏总体	parameter	参数
population	总体	probability proportionate to size（PPS）	概率与规模成比例
purposive sampling	立意抽样	quota sampling	配额抽样
random-digit dialing（RDD）	随机拨号法	random-number table	随机数表
random sample	随机样本	sample	样本
sampling distribution	抽样分布	sampling element	抽样元素
sampling error	抽样误差	sampling frame	抽样框
sampling interval	抽样间距	sampling ratio	抽样比
sequential sampling	连续抽样	simple random sample	简单随机样本
snowball sampling	雪球抽样	statistic	统计值
stratified sampling	分层抽样	systematic sampling	系统抽样
target population	目标总体	theoretical sampling	理论抽样

复习题

1. 什么时候可以采用立意抽样？
2. 雪球抽样适用于什么情况？
3. 什么是抽样框？为什么它很重要？
4. 当总体中有数个不同群体，且研究者想要确保每个群体都贡献样本，此时选择哪种抽样方法最好？
5. 如何由抽样比得到抽样间距？
6. 研究者应该在何时考虑使用概率与规模成比例抽样法？
7. 随机拨号法中的总体是什么？它能避免抽样框问题吗？请做出解释。
8. 研究者如何决定要使用多大的样本？
9. 抽样逻辑与测量逻辑有何关联？
10. 什么时候使用随机拨号法？它有什么优点与缺点？

第三部分

定量资料的收集和分析

第9章 实验研究

275

实验是具有显著特点的研究活动，即研究人员决定调查发生的基础条件。全部或部分的，研究者……创造、构建或控制研究设置。

——威勒和沃克（Willer & Walker），《建立实验，检验社会理论》（*Building Experiments, Testing Social Theory*），2页

佩格（Pager，2007）想要检测服刑经历对刑满释放后得到工作机会的影响。另外，他对于种族是否影响获得工作机会也很好奇。他创建了一个实地实验，在实验中，他聘请大学适龄男性作为"测试人员"。测试人员一半是白人，另一半是黑人。在2001年，测试者申请在美国密尔沃基大城市报纸上已经登广告的初级职位。工作不要求工作经验，只需要有高中文凭。佩格使每一个种族测试者在年龄、外貌、表现风格上相匹配。他训练测试者，检查他们的面试技巧，并且为他们每一个人创造一份假的简历。对于每个种族一半的测试者，他在所创造的简历上标明因为藏毒而判重罪并且服刑18个月。另一半的人有着几乎相同的简历，但是没有犯罪记录。佩格随机分配测试者去应聘广告上的工作。在这个研究中，自变量是测试者的种族和犯罪记录。因变量是雇主是否给测试者提供一份工作。佩格发现那些简历上有犯罪记录的测试者和黑人测试者获得较少的工作机会。当他把两个自变量放在一起考察时，他发现，相比同等情况下没有犯罪记录的黑人测试者，一个有犯罪记录的白人测试者更有可能获得工作机会。在威斯康星州，正如在许多其他的州一样，当犯罪和工作无关的时候，法律禁止来自种族和刑事定罪的雇佣歧视。佩格还考察了相关数据，发现他在密尔沃基观察到的种族影响可能在其他主要的城市地区有更大的影响。 276

在前面的章节中，你获悉了研究设计的基础知识。本章及后面三章则侧重于定量研究技术。我们从实验研究开始。

实验研究比其他的研究技术更直接地建立在实证主义方法的原则上。[①] 自然科学家（例如，化学家或生物学家）和相关的应用领域（例如，农业、工程和医学）的研究人员都开展实验研究。我们在教育、刑事审判、新闻业、市场营销、护理、政治学、心理学、社会工作和社会学中使用实验来检验社会议题和社会理论。正如本章开头佩格（Pager，2007）所开展的求职中的种族和犯罪记录的实验所示，这个实验为我们提供了关于一个或两个变量如何影响一个因变量的有力证据。

---

① Cook & Campbell（1979：9-36，91-94）极力主张对实验研究因果关系的实证主义方法进行修正。他们提出了一种"批评-现实主义"的方法，它具有第4章概述的批评方法的一些特点。

通俗地讲，实验是指修正一个情境下的某种事物，然后将其结果与未做任何修正的情境下所得的结果做比较。举例来说，我想要发动我的车，但是出乎我的意料，它无法启动。我做清理电池通路的“实验”，因为我有一个简单的假设，那就是，它是造成问题的原因，然后试着再发动它。我修正某种事物（清理电池通路），然后将结果（车子是否可以启动）和先前状况（它无法启动）做比较。实验从“关于原因的假设”开始。我的假设是，电池通路上所形成的障碍，是车子无法启动的原因，一旦清除了这个障碍，车子就可以启动了。这个常识性的实验很简单，但它却阐明了实验中的三个关键步骤：（1）从因果假设开始；（2）修改与原因密切相关的情境的一个特定方面；（3）比较结果。

在本章开头的例子中，佩格（Pager，2007）的假设是种族传统和犯罪记录是否影响一个有资格的人获得工作机会。他基于种族选择测试人员，并通过与种族传统和犯罪记录相联系的方式创建虚假的简历来调整被试者的求职处境。然后，他依据种族背景和犯罪记录比较了对工作机会的影响。

与其他社会研究技术相比，实验研究在检验因果关系上最有效。之所以如此，是因为我们特意地让实验设计满足因果关系的三个条件（即，自变量先于因变量的时序、两个变量相关联的证据以及排除替代性因素）。

一、合适的技术

初出茅庐的研究者经常会对哪种研究技术最适合某个特定的研究问题而感到苦恼，这可能是一个困难的决策，因为技术和问题之间没有现成的、固定的搭配。因此，需要在“基于充分了解的判断”的基础上进行决策。你可以通过了解不同技术的优劣长短、阅读许多已发表研究的方法部分、协助有经验的社会研究人员，以及通过独立开展研究来获得实践经验等方式来培养判断能力。

实验可以有效地检验和聚焦关于因果关系的证据。与其他研究技术相比，实验既有优点也有局限，这些方面有助于我们了解实验最适合哪些情境。

实验经常是人为的。它是对复杂社会世界所进行的有目的的简化。我们倾向于认为“人为的”意味着负面性，但韦伯斯特与塞尔（Webster & Sell，2007：11）却认为：

> 实验最大的优势在于，它们是人为的这一事实。也就是说，实验允许研究者的观察活动发生在一个已经被设计和创造的环境中，而不是发生在自然情况下。

人为意味着实验者有意识地控制该研究情况，并且对于一个假设来说，可以删除没有因果关系的变量，有目的地合并理论上的相关变量。人为也意味着我们鲜少能在自然世界中遇到这样尖锐的焦点和精
277 准效应。我们的实验包括自变量和因变量，但是排除了不相关的或者**混淆变量**（**confounding variable**）（即变量不是我们假设检验的一部分）。比如，化学家是在自然世界中发现纯钠的。在受控制的实验室环境中，化学家将纯钠与另一种纯化学物质精确混合，以研究其效果。受控制的无菌实验室是人为的，纯钠是人为的，化学家将其与之混合的物质是人为的，但结果可以产生在现实世界中具有很大的实用性的新知识和新化合物。

社会科学实验有一个很强大的逻辑。但是，我们面临许多实践和伦理限制。在一个实验中，我们操纵世界的一些方面，然后测试结果；但是，我们不能为了获取科学知识，而操纵人类生活的很多方面。而实验，我们被限定在具有可操纵性这一特定条件的问题上，并且这些问题显然符合人类研究的伦理标准。但是，实验无法回答诸如以下问题：相比于没有上大学的人来说，完成大学教育的人的年平均收入会更高吗？有弟弟妹妹的人会比独生子女有更灵活的领导手腕吗？参与多个社团的人会更多地参与竞选吗？这是因为实验条件或干预通常是不能被操纵的。研究者不能随机指定成千上万的人上大学而另一些人不上，以便发现日后谁挣钱更多。研究者不能让夫妻生多个孩子或者只生一个孩子以便考察领导技能

是怎么样在孩子中产生影响的。实验者不能强迫人们加入或退出某些组织或从不加入它们，以此来观察他们是否参与竞选。虽然我们无法操纵我们感兴趣的许多情况或变量，但我们能够在模拟此类干预或条件方面具有创造性。

对于那些范围或规模较窄的问题，实验通常是最好的选择。我们通常可以在短时间内用有限的资源组装和开展大量实验，并可以对理论上的重要假设做出检验。例如，我们可以在不到一个月的时间内以非常低的成本复制像尼维（Niven）这样的研究（见实例方框 9.1：关于死刑意见的新闻报道）。

通常，比起宏观的理论和问题，实验更适合于微观层次（比如，个人或者小群体现象）。因此社会心理学家和政治心理学家倾向于进行实验。实验方法不能轻易解决需要考察整个社会范畴或者跨越很多年的时间范围的问题。

实验鼓励研究者去分离并瞄向一个或几个原因变量。尽管实验有能力证明一两个变量的因果效应，但如果我们想同时考虑几十个变量，那么实验就无效了。对于需要我们同时检验许多变量的影响以及横跨一系列的复杂环境或众多社会群体进行条件评估的问题来说，实验多数情况下是不适用的。

实验提供了针对假设的集中检验，每一项实验在特定环境下考察一个或两个变量。通过收集、比较和综合许多独立实验的结果，知识获得缓慢地发展。这种构建知识的策略与其他研究方法不同，在其他研究方法中，一项研究可能可以在各种社会环境下同时检验 15 到 20 个变量。

惯例也会影响与实验最相匹配的研究问题。对于一些主题或者研究问题，很多研究者利用实验方法进行研究，撰著颇丰，这有助于针对这些问题快速、顺利地进行学术交流。而且，它还支持以微小的调整复制过去的实验，并精确地隔离特定变量的影响。对于专门利用实验来研究某些议题的研究者来说，实验的专业知识可能是一个限制，因为他们倾向于期望每个人都使用实验方法。这些研究人员通过良好实验的标准来评估新研究，并且可能更慢地接受和吸收来自非实验研究的新知识。 278

我们还可以在研究中进行混合实验和非实验方法以扩展理解。例如，我们想研究人们对坐轮椅的人的态度。我们可以调查 1 000 个人对坐轮椅的人的态度。或是进行实地调查研究，在现实环境中观察人们面对坐在轮椅上的我们时所做出的反应。我们还可以设计一个我们与他人互动的实验——有时在轮椅上，有时在没有轮椅的情况下站立或行走，然后注意人们对每种情况做出何种反应。为了更好地检验理论并得出更全面的理解，我们结合了所有研究类型的知识（见实例方框 9.2：利用实验和调查方法来检验和应用认同理论）。

实例方框 9.1 关于死刑意见的新闻报道

尼维（Niven，2002）指出，在最近几十年的民意调查中，绝大多数（75%～80%）美国人支持死刑。然而，如果人们可以在对谋杀判处死刑和终身监禁不得假释（LIWP）的判决中进行选择，那么他们对死刑的支持率下降近一半。尼维发现超过 90%的媒体报道对死刑的意见，这大大超过公众的实际支持，但是少有关于很多人更偏向于 LIWP 作为相同犯罪情况下的替代性选择的报道。尼维假设，如果人们接触到的媒体报道告诉他们公众对 LIWP 替代方案具有高度的公众支持，那么对死刑的支持可能会改变。为检验他的假设，尼维在迈阿密国际机场等候区待了两个多星期，并且为了他的研究征募了 564 个受试者。他随机分配人们读三篇报纸文章的其中一篇，这是他的自变量。一篇报纸文章讲述的是关于对死刑的压倒性的公众支持，另一篇则关于公众对 LIMP 的支持，第三篇是与死刑无关的关于机场扩张计划的报道。他告诉受试者一个背景故事：这是关于报纸文章的写作风格的研究。受试者完成一份关于文章的清晰度和组织脉络的问卷来掩盖实验的目的。他想知道具有不同政治信仰的人是否以同样的方式对文章做出反应，在这一前提下，他设置了一个关于政治信仰的部分。这部分包括他的因变量，即 3 个问题：支持或反对对谋杀罪处以死刑的决定，对死刑或 LIMP 的优先选择，以及对更多还是更少的州将会采纳死刑的评估。他的研究结果显示，在死刑问题上，阅读了关于对死刑的压倒性支持的文章的受试者与阅读了有关机场扩张的对照组之间没有差异。两个组有超过80%的人支持死刑，一半多一点的人更偏向于LIMP，大多数人认为更多州将来会采用死刑。阅读了有关LIMP文章的受试者对死刑的支持率较低（62%），相比死刑更偏向于LIMP（比例对应为43%、57%），并预测将来会有更少的州采用死刑。因此，尼维验证了他的假设，即仅报道公众支持死刑的媒体故事使得公众对死刑的支持超过LIMP的替代性选择并得到了保持。

二、实验的简史

从心理学开始，社会科学开始借鉴自然科学的实验方法。但是在1900年之前，实验法并未普遍被心理学界所接受。[1] 德国心理学家与生理学家冯特（Wilhelm M. Wundt，1832—1920）将实验法引进心理学。19世纪后期，德国是研究生教育的中心，世界各地许多杰出社会科学家都前来德国从事研究。冯特建立了一个进行心理学实验的实验室，并成为社会研究的典范。到了1900年，在美国和其他国家的许多
279 大学中，研究者都建立起心理学实验室来进行社会研究的实验。然而，著名哲学家和心理学家威廉·詹姆斯（William James，1842—1910）没有使用或接受实验方法。实验取代了比较接近解释性社会科学所使用的那种倾向于哲学的、内省的和综合性的研究取向（第4章已讨论）。

实例方框9.2 利用实验和调查方法来检验和应用认同理论

特兰休（Transue，2007）将实验逻辑与调查研究方法结合在一项研究中，并通过将其应用于真实的公共政策问题来检验抽象的社会科学理论。他的工作为越来越多的文献提供了帮助，这些文献主要阐述，美国人对种族差异的微妙强调如何加剧在公共问题上的种族分歧。

根据社会认同理论，我们会自动地把其他人分成内群体（我们属于的群体）和外群体（我们不属于的群体）。这些群体形成了基本的社会边界和社会距离感或亲近感。我们也有多重身份。广泛理论的子集和自我归类认为，我们依据自身哪个身份更加活跃，而将其他人重新归类为内群体或外群体的成员。社会边界和社会距离感取决于最显著的内群体。我们对内群体成员感觉更亲近并对外群体成员感觉更疏离。启动是一个激活特定身份的过程。一旦激活，这种身份往往会对后续行为或思维产生更大的影响。一旦提及一个身份（即，它已经被启动），它就移动到最前部即自我认知部分并且因此影响我们的行为。

在过去的大多数关于社会认同理论的研究中，研究人员对学生的小便利样本进行了实验室实验，并测试了一个临时的、人为创造的身份对一个设计的问题的影响。特兰休（Transue，2007）寻求更多的外部效度。为了获得外部效度，他利用了一个大的成年人随机样本、一个真正的社会身份和一个公共政策问题。1998年夏天，他在美国的大城市明尼阿波利斯市开展研究，使用随机拨号法抽取了405个美国白人公民进行电话调查（见第8章、第10章电话调查）。特兰休将两个真实身份因素，即种族和民族，纳入考量。这一点建立在过去的研究之上，这些研究表明那些事先被告知或提醒种族的白人在投票时更有可能以种族主义的方式思考。他所考察的真正政策问题是支持为公立学校纳税。

对于自变量——社会认同，特兰休向随机分配的调查对象子集，询问两个问题中的一个："你对你的种族或种族群体的感觉有多亲密？"或者"你对其他美国人有多亲密？"这个问题激发或提高了对身份的认知。在随后的调查中，他向随机分配的调查对象子集，询问了两个关于支付教育税的问题："改善公立

[1] 有关实验历史的讨论，请参见Danziger（1988），Gillespie（1988），Hornstein（1988），O'Donnell（1985），Scheibe（1988）以及Webster & Sell（2007：6-9）。

学校的教育”或“提高少数族裔的机会”。这是主要的因变量。特兰休假设相比于被启动美国国家认同身份的白人，那些被启动种族认同的白人将会拒绝支付税收来帮助少数族裔。他还认为，具有美国国家身份认同的白人比那些具有种族身份认同的人更强烈地支持对公立学校征税。

特兰休发现，具有种族认同并被问及帮助少数族裔的白人对缴纳教育税支持最少。最大的支持来自具有美国国家认同身份并被问及改善公立学校教育的白人。特兰休还研究了那些对他们的种族族群强烈认同的白人，并将他们与那些有较弱或没有种族认同的白人进行了比较。与社会认同理论相一致，他发现有强烈种族认同的白人对纳税以提高少数族裔的机会表现出强烈的抗拒。在这个研究中，一个被启动的种族自我认同增加了一个人种族群体的显著性，并增强了与种族类别相关的社会边界。对一个种族群体内部的强烈认同相应地增加了人们与种族群体外部的社会距离，并降低了向他们提供援助的愿望。

从 1900 年到 1950 年，社会研究人员详细阐述了实验方法，直到它在一些研究领域中发展到根深蒂固。在社会生活的科学研究刚刚获得公众广泛认可的时代，实验的诉求是以客观、公正、科学的方法来研究心理和社会生活。四种趋势加速了实验社会研究的扩展：行为主义的兴起、量化的扩展、研究参与者的变化以及方法的实际应用。让我们简要地梳理一下每个趋势。 280

1. *行为主义*（behaviorism）是心理学的一个学派，由美国人华生（Watson，1878—1958）创立，后经斯金纳（B. F. Skinner，1904—1990）发扬光大。行为主义强调对精神生活的可观察行为或者后果进行测量，并提倡以实验法对假设进行严格的实证检验。

2. *量化*或对社会现象进行数字测量是在 1900 年到 1950 年之间发展起来的。研究者把社会结构概念化为量化的衡量标准，而其他的不可量化的结构（例如，精神、意识、意愿）则被摒弃于经验研究之外。其中一个例子是用智力测验（IQ）来测量心智能力。智力测验最早是由法国人比奈（Alfred Binet，1857—1911）开发出来的，后来被翻译成英文，并于 1916 年获得修正。智力测验很快得到了广泛的使用和认可，它成为一个以分数显示个人主观性的心智能力的方法，同样也成为一种对人们进行排名的客观科学的方式。1921 年到 1936 年发表的论文中就有超过 5 000 篇讨论智力测验的问题。[①] 许多量表与指数的技术就是在这期间发展出来的，并且社会研究者开始了对应用统计的使用。

3. 随着时间的推移，作为研究参与者的人发生了改变。早期的社会研究报告都附上了研究参与者的姓名，大多数参与者是专业的研究人员。后来的报告对参与者进行匿名，并仅报告他们的行为结果。后来，转而使用大学生或学校儿童作为研究参与者。研究人员和研究参与者之间的关系变得越来越有距离感。这种距离反映出实验的实施者对待研究中的参与者更加冷静、疏远和客观的趋势。研究人员认为，在研究中减少与研究参与者的情感联系可以在实证主义意义上变得更加中立或价值无涉和真正“科学”。

4. 随着研究人员意识到实验的实际应用，企业、政府、医疗机构和学校出于应用目的也越来越多地使用实验方法。例如，第一次世界大战期间，美国陆军利用智力测验将数千名士兵分配到不同的军事岗位。“科学管理”运动的领导者泰勒（Frederick W. Taylor，1856—1915）提倡把实验法引进工厂，与经营管理结合，以改善工厂的工作环境进而提高工人的生产率。在 20 世纪 20 年代，教育研究人员针对教学方法和班级规模对学习的影响进行了许多实验。

在 20 世纪五六十年代，研究人员更加关注可能会进入实验设计的替代解释或混淆变量的可能来源。他们设计实验来减少这些潜在的错误，并在数据分析中越来越多地使用统计程序。在日益严格的社会科学实验设计中，坎贝尔与斯坦利（Campbell & Stanley，1963）出版的一本书带来了新的转折点，因为他们定义了实验方法的基本设计和议题。

到 20 世纪 70 年代，研究人员越来越多地评估研究的方法论上的严谨性。与此相关的一个趋势是，欺

---

① 详见 Hornstein（1988：11）。

骗的使用越来越多，并且对道德问题的关注也相应增加。例如，现在常见的汇报实践直到20世纪60年代才开始实行。[①] 在过去的三十年里，研究的趋势是使用更复杂的实验设计和统计技术进行数据分析。

实验和理论

我们进行了两类社会科学实验：基于经验的实验和以理论为指导的实验（Willer & Walker，2007a，2007b）。一个实验的实践过程大同小异，但是每种类型都有不同的目的。大多数的实验研究都是基于经
281 验的。

在基于经验的实验中，我们的目标是确定一个自变量是否对一个特定的因变量有显著影响。我们想要记录和描述一个影响（即，它的规模、方向或形式）。通常，我们会在可控的环境下，通过经验证明这种效应，从而将其推广到“现实生活”中（见本章后面的关于外部有效性的讨论）。我们将实验的发现一般化到自然或“现实世界”的环境中。例如，所罗门·阿施（Solomon Asch，1955）的著名实验——通过让8位学生辨别三条线证明了群体压力产生从众效应。一旦阿施证实了群体一致性的力量，我们就把这一效应从他对8名学生的辨明三条线的具体研究推广到参与大多数现实生活任务的不同规模的人群中。佩格2007年的一项基于经验的研究开启了本章的讨论。它展示了种族和犯罪记录对求职的影响。正如尼维（Niven，2002）关于新闻报道和死刑意见的研究（见实例方框9.1）一样，尼维的研究论证了阅读新闻报道对死刑观点的影响。

在一个以理论为指导的实验中，我们通过将我们认为世界如何运作的一个抽象模型（即理论），转换为含有具体测量的一项特定的研究设计来进行演绎。实验是理论模型的复制品。当我们对一个以理论为指导的实验进行归纳时，我们将这个理论概括为一个世界如何运作的模型。我们的首要任务是检验理论，并获悉是否有经验证据加以支持。我们不关心自变量的影响；相反，我们关注的是，找到理论的具体期望或预测与经验发现密切吻合。我们很少担心理论的实验测试相对自然世界而言，是否是高度人为的和不现实的。我们主要的关注点在于实证结果是否与我们的理论相符。我们寻求大量重复实验来反复证明证据与理论相符，或理论能够经受住无数次的检验。事实上，正如韦伯斯特与塞尔（Webster & Sell，2007：21）所指出的：“实验结果本身并不有趣，除非它们建立在理论之上。”

我们经常在实验中使用统计技术来观察理论预测的结果发生的可能性有多大。如果理论预测的结果有很低的概率却有规律地发生，我们就会增强对理论正确性的信心。这里有一个简单的例子。我的朋友认为他能分辨出5个品牌的健怡可乐。我让他在4天内喝了20杯。其中，每个品牌各占五分之一，并且它们的顺序是打乱的。如果他能在20次中全部猜中，我相信他确实能够分辨其中的差别。仅凭运气或可能性，他的正确率仅有20%。如果一个理论支持我朋友百分之百正确这一可能性，那么我们对理论的信心就会增强，但百分之百正确鲜有发生。然而，如果我的朋友正确率为90%，那么我认为他的评估非常好却不完美。如果他的正确率为30%，这比仅凭运气更好一点，所以我对他所做的评估的信心很低。在理论检验中，我们对解释的信心因理论的预测是否远超仅凭运气所做的预期以及理论是否能经受住反复的检验而有所不同。

在实例方框9.2中，特兰休所做的研究报告具有以理论为指导的实验的特征。他试图复制理论的检验，而这一理论经受住了以前多次实验的检验，这一理论即社会认同理论。他运用启动效应来激活自我分类，以选择一个群体身份，然后提供支持该理论的证据。他的研究不同寻常，因为它结合了调查方法和现实的政策议题。在后续章节中论述的另一项关于接触假说的研究（见实例方框9.7：关于大学室友的实地实验）也是一个以理论为指导的实验，尽管其应用于现实生活中。虽然我们通常在高度受控的人工环境中开始以理论为指导的实验，但我们也可以在自然环境中扩展和复制它们。

---

① 世界大战后的事件，参见Harris（1988）以及Suls & Rosnow（1988）。更多使用欺骗的讨论，参见Reynolds（1979：60）。

三、随机分配

作为研究人员，我们总是在进行比较。“将苹果与苹果进行比较；不要将苹果与橙子进行比较”这句陈词滥调无关于水果，而是与比较有关。这意味着有效的比较取决于比较基本相似的东西。 282

比较的方法有很多。[①] 我们可以比较同一个人在一段时间内（例如，在完成培训课程之前和之后）的表现——一个受试者的内部实验。然而，我们通常更感兴趣的是一种处理方法或自变量是否会产生影响，而不是其是否会导致一个人发生改变。我们可以对一组人进行两次比较（例如，完成培训课程之前和之后，各组 30 人）。我们也可以在一系列处理前后（例如，连续三个培训项目）比较同一组 30 个人，来考察是否每次都有影响。这些都是组内实验。或者，我们也可以比较两组，各组 15 人：其中一组接受某一处理，而另一组没有接受某一处理（例如，培训课程）。这则是一个组间实验。

随机分配通过创建相似的组别，进而促进实验比较。出于比较目的，我们不希望该组在变量方面存在差异，这些变量可能会为因果关系提供替代性解释。举例来说，我们想比较两个小组，以确定完成消防培训课程对每个人应对火灾能力的因果效应。除了参加课程外，我们希望这两个小组在其他所有方面都相似。如果两组除了培训课程外都是相同的，我们可以自信地比较结果，并获知是课程导致了我们所发现的任一差异。如果这些组不同（例如，一个人当过消防员，或一个人是更年轻以及身体更健康的参与者），当我们对他们进行比较时，我们就不能确定培训课程是造成我们观察到的任何差异的唯一原因。

（一）为什么要随机分配？

随机分配（random assignment）是为了比较的目的而分配个案（例如，个人、组织）到不同组别的方法。这是一种将参与者集合分成两组或多组的方法，以增强我们的信心，相信这些组之间没有系统性的区别。这是一种纯粹的机械方法：分配是自动进行的。研究者不可以随意根据自己的偏好或特定个案的特性（例如，你认为此人表现友好，一些人想要和朋友在一个组内，把所有迟到的人放在一个组内）来进行分配。

随机分配是统计或数学意义上的随机，而不是日常意义上的随机。我们可以说*随机*是指没有计划的、偶然的或意外的。在概率论中，*随机*是一个过程，其中每个个案被选中的机会是相等的。通过随机选择，研究者可以计算出某个特定个案出现在某个组别（团体）而不是另一个组别的概率。例如，选取 50 人并利用随机过程（比如抛一枚均质硬币）将一部分人分到一个组（硬币呈现正面）或另一个组（硬币呈现反面）。这一方式使得所有的参与者拥有相同的机会被分配到这一组或另一组。

随机过程的美妙之处在于，经过许多个别的随机事件之后，非常具有预测性的状况就会出现。虽然这个过程完全出于偶然，也无法预测某个特定情况下的特定结果。不过经过许多次的情形之后，我们可以做出非常精确的预测。

随机分配是*无偏的*，因为研究者想要证实某个假设的欲望或研究参与者的私人利益都不会进入这个选取过程。*无偏*并不意味着在每一次随机分配的选择中，各组都是同一的，但也非常接近于这一状况：我们可以用数学方法确定选取某个案的概率，从长远来看，通过多次独立的选择，所有组的平均值将会是相同的。

随机抽样和随机分配都是选取纳入研究的个案的过程。当我们进行随机分配时，我们利用随机过程

---

① 参见 Field & Hole（2003）对不同比较的回顾。

选取一组个案进入两个或者更多的组别。相比之下，在随机抽样中，我们从一个更大的个案集合中选取
283 一个较小的个案子集（见图9.1)。我们既可以进行抽样也可以进行随机分配。首先，进行抽样以获得一个较小的个案子集（如20 000人中抽出150人)，然后再利用随机分配来把这个更小的子集划分为多个小组（例如，把150人划分为三组，每组50人)。

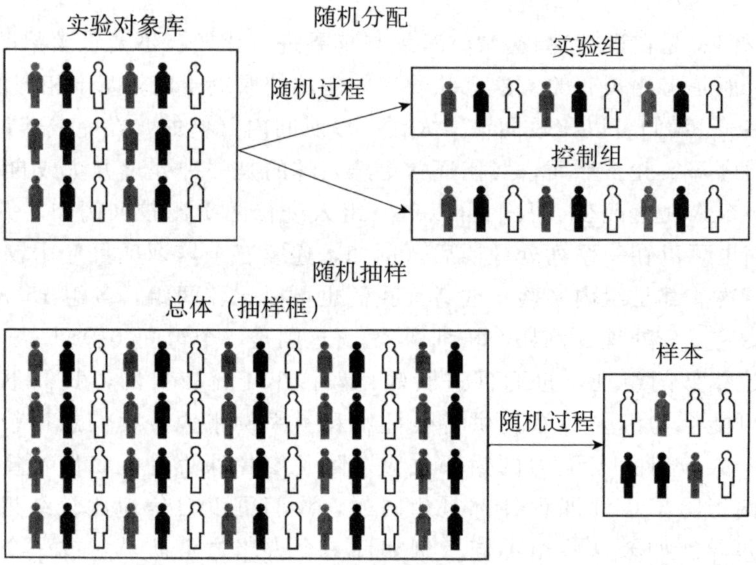

图9.1 随机分配和随机抽样

（二）如何进行随机分配

随机分配的实际操作非常简单。我们从某个个案（即个人、团队、组织或诸如此类的分析单位）集合入手，然后利用随机过程（比如，要求受试者报数、抛硬币或丢掷骰子）把这个集合中的个案分成两组或多组。举例来说，我们想把32人分成各有16人的两组。随机的方法是让每个人在一张标准大小的纸条上写下各自的姓名，将纸条放进帽子里，闭着眼睛将纸条混合均匀，然后抽出前16人为第一组，后16人为第二组。由于随机分配到某个特定的情境靠的全是概率，所以可能会出现某个极不寻常的情境，而组间也可能有所差异。例如，虽然是极端不可能的事，但是仍然有可能发生具有某个相同特性的所有个案，都被分到同一组当中的情况。例如，在16个男生和16个女生组成的32个人中，所有的男生被分到一组，所有的女生被分到另一组。虽然是极端不可能的事，但是在随机分配中，通过随机机遇仍然有可能发生（见图9.2)。

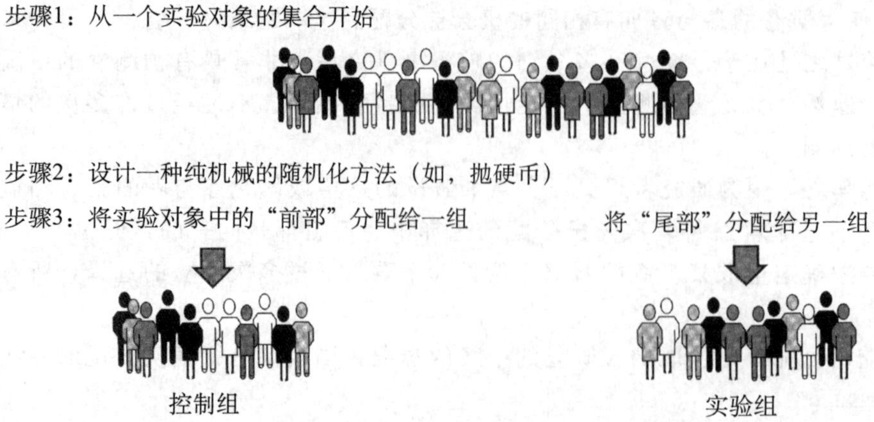

图9.2 如何进行随机分配

(三) 匹配与随机分配

如果随机分配的目的是要得到两个（或更多）完全等价的组，你可能会问：配对每个组中个案的特 284
征不是更容易吗？有些研究者的确根据某些特性（如年龄与性别）对个案分组进行匹配。匹配是随机分配的替代性方式，但它并不是常用的方法。

匹配引出几个问题：匹配的相关特征是什么以及可能做到完全的匹配吗？个案间的差异很大，我们无法明确哪些个案可能是相关的。举例来说，我们比较各有15名学生的两组，其中一组有8位男生，这意味着在另外一组也应该有8位男生。第一组中有2位男生是独生子：一位来自父母离异的家庭，另一位则来自完整的家庭。前者较高、较瘦而且是犹太人，后者较矮、较胖而且是天主教教徒。为了对这两组进行匹配，难道我们必须从夫妻离异的家庭中找到一位高高瘦瘦的、身为独生子的犹太男生，并且从完整家庭中找到一位矮矮胖胖且是天主教教徒的独生子吗？那位高高瘦瘦的犹太男生只有22岁，而且他还是一名预科医生，而那位矮矮胖胖的天主教教徒的男生仅为20岁，正在攻读会计专业。我们难道也需要匹配这两位男生的年龄与职业理想吗？真正的匹配很快就会成为一项不可能完成的任务。

四、实验设计的逻辑

(一) 实验的语言

在实验研究中，许多研究称呼参与者为**受试者（subjects）**，虽然近年来，*研究参与者*的称谓更为常见。

实验的构成部分。我们可以将实验分为七个部分，但是并不是所有实验都包含这些部分，而某些实验除了这七个部分之外，还包括其他部分。

(1) 处理变量或自变量。

(2) 因变量。

(3) 前测。

(4) 后测。

(5) 实验组。

(6) 控制组。

(7) 随机分配。

在大部分实验中，我们创造一个情境或是进入一个正在发生的情境，然后稍加修正。**处理（treatment）**（或刺激、操作）是我们在情境中所做的。这个名词来自医学：医师对病人施以某种处理；医师干 285
预病人的生理或心理状态，并对其做出某种改变。处理就成为一个自变量或一组自变量。在本章开篇描述的研究中，佩格（Pager，2007）有两个自变量：一个是固定特征（测试者的种族），另一个则是被操作的（虚假简历上的刑事犯罪记录）。在尼维（Niven，2002）的研究（见实例方框9.1）中，处理是参与者在机场等候区接受阅读的三个新闻报道中的任一个。在特兰休（Transue，2007）的研究（见实例方框9.2）中，处理是参与者在电话调查中所听到的两个关于身份问题的任一个。

有时，我们会竭尽全力去创造实验处理。一些实验处理可能会采取阅读不同的错误记录、阅读不同的新闻故事、听取不同的调查问题或者观看不同的录像的方式（见实例方框9.4：关于社区偏好的因子实验）。其他的处理可能复杂到把参与者置于有着精巧仪器的情景、筹划创建的物理环境或人为虚构的社会情境之中。在第4章所介绍的著名的米尔格兰姆与津巴多（Milgram & Zimbardo）的实验中对此有所提及（也参见本章中的实例方框 9.6）。我们希望处理能够发挥效果，能够产生特定的反应、感觉或行为（参见本章后面的实验现实性部分）。

实验研究中的*因变量*或结果是受试者的身体状况、社会行为、态度、感觉或信仰在受到处理之后所产生的变化。因变量可以通过纸笔作答的指标、观察、访问或生理反应（例如，心跳或流汗的手掌）而被加以测量。

在实验期间，我们通常不止一次地测量因变量。**前测（pretest）**是在采用处理之前对因变量所做的测量，**后测（posttest）**是将处理引入实验情境之后对因变量所做的测量。

实验研究者经常会出于比较的目的，而将参与者分为两个或多个组。一个简单的实验有两个组别，其中只有一组会受到实验处理。**实验组（experimental group）**是受到处理或有处理出现的那个组，而没有处理的组称为**控制组（control group）**。当自变量具有许多不同的取值时，则使用多个实验组。

进行实验的步骤。遵照研究过程的基本步骤，我们依次要决定主题，缩小到可以检验的研究问题，然后提出带有变量的假设。最初的一个关键步骤是规划一个特定的研究设计（下面将会讨论）。我们需要决定实验的组数、如何与何时建立处理情境、测量因变量的次数，以及参与者从开始到结束的经历。我们经常进行*小规模初步实验*(即开展“预检”)。

当研究者把受试者找来，随机把他们分配到不同的组别之后，实验便开始了。参与者接到明确、预先计划好的指示。接下来，我们执行前测，即在实验处理之前，先测量因变量。然后，其中一组会接受处理（或一个高层次的实验处理），最后我们进行后测，再次测量因变量。我们也会在参与者离开之前，针对实验对他们进行访谈。记录下参与者在因变量上的测量值并检验每组的结果，以察看假设是否得到支持。

实验中的控制。控制在实验研究中至关重要。[1] 我们想要控制实验情境的所有维度，据此以突显实验
286 处理的效果。通过控制混杂变量，我们消除了可能破坏我们建立因果关系的尝试的替代性解释。

我们有时会使用欺骗手法来控制实验情境（详见本章后面的“关于实验伦理”部分）。当我们借由书面或口头的指示、其他人的行动或情境中的各种维度有意地误导参与者，**欺骗（deception）**就发生了。这可能涉及使用**同谋者（confederate）**——其假装成参与者或旁观者，但实际上是替研究者工作，并巧妙地误导参与者。米尔格拉姆的实验使用了同谋者，本章后面的实例方框 9.6 中描述的关于残疾同事的研究也是如此。

借由欺骗，研究者设法对受试者所见、所闻、所信之事进行控制。这通常意味着要编造一个**封面故事（cover story）**，即我们在关于真实的研究目的方面误导参与者，给他们一个错误的解释。封面故事有助于满足好奇感，但却减少了需求特征（参阅本章后续）。许多研究都会使用封面故事（见实例方框 9.1、9.4、9.6 和 9.7 中的研究）。

（二）设计的类型

研究者把实验的各部分（例如，前测和控制组）结合起来，构成一个**实验设计（experimental design）**。举例来说，有些设计缺乏前测，有些没有控制组，其他的一些设计则有许多实验组。一些广泛使用的标准设计都有特定的名称。推荐学习标准化设计基于以下两个理由。第一，当阅读研究报告时，研究者可能只会提到标准化设计的名称，而不会对之做任何的描述。第二，标准化设计说明了组合设计各个部分的常用方法。我们可以采用这些方法来进行实验，或创建变异模式。

下面用一个简单的例子说明各种设计。让我们设想一下，如果想要了解服务员一开始就先介绍自己的名字并在端上饭菜 8 至 10 分钟后询问顾客“一切都满意吗”，如此他们（男服务员和女服务员）是否能收到更多的小费，那么因变量是收到小费的数量。研究在某个镇两边同一类型的餐馆中进行，以保证顾

---

① Cook & Campbell（1979：7－9）以及 Spector（1981：15－16）讨论了实验中的控制。

客类型和小费的平均数是相同的。

经典实验设计。所有设计都是**经典实验设计**（**classical experimental design**）的变体，到目前为止所讨论的设计类型包括随机分配、前测、后测、实验组和控制组等部分。

实例。研究者对刚刚受雇的 40 位新雇员进行了完全相同的两个小时的课程培训，指导他们遵循一个脚本，即不要一开始就介绍自己的名字，也不要在客人就餐时再回来询问确认。接下来他们被分为两组，每组 20 人，被派到两个餐馆中去工作。研究者记录了一个月中所有参与者收到的小费数量（前测值）。然后，实验者对餐馆 1 中的参与者（实验组）进行"重新培训"。研究者告知他们从此以后先介绍自己的名字，并在端上饭菜 8 至 10 分钟后询问顾客"一切都满意吗"（处理）。并提醒在餐馆 2 的这一组（控制组）继续不先介绍名字且不在就餐时间进行询问确认。在第二个月，记录两个组的小费数量（后测值）。

前实验设计。某些设计没有用到随机分配，可视为一种妥协或捷径。这些**前实验设计**（**preexperimental design**）是用在那些很难应用经典设计的情境中的。这种设计的缺点是很难进行因果推论。 287

*单次一组研究设计*也被称为*单组只后测设计*。**单次一组研究设计**（**one-shot case-study design**）只有一个组、一个实验处理和一个后测。因为只有一个组，所以就没有随机分配。

实例。研究者对刚刚受雇的 40 位服务员进行完全相同的两个小时的课程培训，让他们先介绍自己的名字，并在端上饭菜 8 至 10 分钟后询问顾客"一切都满意吗"（处理）。所有的参与者都开始工作，研究者记录一个月中所有人的小费数量（后测值）。

单组前后测设计。设计只有一组参与者、一个前测、一个实验处理和一个后测，没有控制组和随机分配。

实例。研究者对刚刚受雇的 40 位新服务员进行两个小时的课程培训，指导他们遵循一个脚本，即不要首先介绍自己的名字，也不要在客人就餐时再回来询问确认。所有人都开始工作，实验者记录了一个月中所有参与者收到的小费数量（前测值）。然后，实验者对所有的 40 个参与者（实验组）进行了"重新培训"。实验者指导参与者从此以后先介绍自己的名字，并在端上饭菜 8 至 10 分钟后询问顾客"一切都满意吗"（处理）。在第二个月，记录两个组小费的数量（后测值）。

这是一种对单次一组研究设计的改进，因为研究者在处理前后都要测量因变量的值。但是它缺少一个控制组。研究者无法确知在前测和后测之间除了处理之外的其他因素是否对引起后果起作用。

*静态组别比较*也被称为*不等组单纯后测设计*。**静态组别比较**（**static group comparison**）有两组参与者、一个后测和一个处理，没有随机分配和前测。其缺点是后测结果的差异可能源于不同组之间的差别，而不是处理引起的。

实例。研究者对刚刚受雇的 40 位新服务员进行了两个小时的课程培训，指导他们遵循一个脚本，即不要首先介绍自己的名字，也不要在客人就餐时再回来询问确认。他们可以自己选择一个餐馆去工作，保证每个餐馆的服务人数不能超过 20 人。所有人都开始工作了。一个月之后，研究者对餐馆 1 中的参与者（实验组）"重新培训"。指导受试者从此以后先介绍自己的名字，并在端上饭菜 8 至 10 分钟后询问顾客"一切都满意吗"（处理）。在餐馆 2 的这一组（控制组）也进行"重新训练"，继续之前的操作，即不要首先介绍自己的名字，也不要在客人用餐时询问确认。在第二个月，记录两个组小费的数量（后测值）。

准实验与特殊设计。这些设计如同经典实验设计，但比经典实验设计更能够肯定地确认出因果关系。**准实验设计**（**quasi-experimental design**）可以帮助研究者在很难做到经典设计或不适用经典设计的情况下，检验因果关系。被称为*准实验*是因为这个设计是经典实验设计的变体。有些使用到随机分配，但是没做前测；有些使用两个以上的组别；其他的一些则针对一组参与者在不同时间点上进行多次观察的方式以取代控制组。一般来说，研究者对这些设计中自变量的控制能力，要比在经典实验设计中弱（见表 9.1）。 288

表 9.1　经典实验设计与其他主要设计的比较

设计名称	随机分配	前测	后测	控制组	实验组
经典实验设计	有	有	有	有	有
单次一组研究设计	无	无	有	无	有
单组前后测设计	无	有	有	无	有
静态组别比较	无	无	有	有	有
两组只后测设计	有	无	有	有	有
时间序列设计	无	有	有	无	有

两组只后测设计。这个设计与静态组别比较大致相同，只有一点差异：参与者所在的组别是随机分配的。除了前测，它具有经典实验设计的所有部分。随机分配降低了纳入处理前组别间差异的可能性，但由于没有前测，研究者无法确定在因变量上两组从一开始时就处在同等水平上。

在另一个包含随机分配的两组只后测设计例子中，林德与斯特罗梅茨（Rind & Strohmetz，1999）对餐馆小费进行了研究。该实验处理包括在顾客账单背面写上即将推出的特价的信息。参与者是在新泽西州的一家高档餐馆就餐的81个派对人员。处理是女服务员是否在顾客的账单后面写上餐馆的特价信息，因变量是小费的数量。有两年经验的招待都被发给随机洗过的卡片，其中一半有信息，另一半没有信息。在给顾客账单之前，从口袋的卡片中随机地抽一个。如果是有信息的，服务员在顾客的账单背面写上即将推出的特价商品。如果是无信息的，账单背面就什么也不要写。研究者记录小费的数量和餐桌上顾客的数量。他们指示服务员对所有的顾客都要这样做。结果显示，高额的小费来自那些收到优惠信息的顾客。

间断时间序列。在一个**间断时间序列设计（interrupted time-series design）**中，研究者可以在处理前（前测）和处理后（后测）使用许多多因变量测度来测量某一组随时间变化的因变量。

相等时间序列。**相等时间序列设计（equivalent time-series design）**是一种类似于间断时间序列设计的单组设计。它可以在一段时间内扩展，但是，这一设计并不是一次处理，而是多次进行相同的处理。与间断时间序列设计一样，我们在处理前后多次测量因变量。关于酒类销售和自杀率的研究（见实例方框
289 9.3：间断时间序列、酒类销售和自杀率）对相等时间序列进行了阐述。

实例方框 9.3　间断时间序列、酒类销售和自杀率

各国政府面临着经济利益集团的强大压力，即经济利益集团要求政府修改法律，以便从酒类销售中获取更多利润。在加拿大大部分西部地区，一个公共组织垄断控制着酒类销售和分布，支配了几乎整个20世纪。私有化的支持者指明了酒精饮品的经济利益，包括出售之前政府拥有的零售店和酒类销售许可证。其他人则指出私有化对消费和健康的影响。关于酒精饮品销售私有化的研究表明，私有化极大地扩大了酒类的供应和消费。

加拿大阿尔伯塔省历经三个阶段实现酒销售私有化：1985年，私营葡萄酒商店开业。1989—1990年，私营冷啤酒商店开业，在农村地区的旅馆销售烈酒和葡萄酒。最后是1994年所有酒类商店实现私有化。在全国其他地方消费下降的时候，酒精饮品的销售点大量增加，烈酒的消费量急剧增加。在阿尔伯塔省，私有化和违法犯罪有关，例如酒类销售店被非法入侵以及不太严格执行未成年购买酒类的法律。阿尔伯塔省的酒后驾车死亡率也是全国最高的。过去的许多研究也表明，自杀率与酒类销售之间有着强烈的关联。

扎尔克曼与曼（Zalcman & Mann，2007）使用一个三阶段间断时间序列设计来测量在1976年至1999年之间，阿尔伯塔省酒类销售私有化对自杀率的影响。他们将每个私有化阶段后自杀率是否会发生变化纳入考虑。他们还把相同年份阿尔伯塔省的自杀率和安大略省的自杀率进行了比较，在安大略省，

酒类销售仍然是政府的垄断行业。

研究人员发现，1985年葡萄酒零售商的私有化使阿尔伯塔省的男性和女性自杀率分别增加了51%和35%。在1989—1990年，烈酒和葡萄酒销售私有化之后，男性和女性的自杀率出现了显著上升，大约分别为17%和52%。1994年的私有化事件大大提高了男性自杀率，大约为19%，但是没有增加女性的自杀率。部分自杀率的增长是短期激增，但长期自杀率也有所上升。通过追踪过去时段的自杀率，比较控制组或安大略省的数据，作者提供了酒类销售私有化的影响证据。

拉丁方格设计。有时，我们感兴趣的是不同序列或时间顺序中的几个自变量如何影响一个因变量。**拉丁方格设计（Latin square design）**使我们能够研究这类情况。举例来说，一位地理老师要教给学生三个单元的课程：阅读地图、使用指南针，以及经纬度（LL）系统。这些单元的教授可以按照任何一种顺序，但是老师想要知道哪种顺序最能帮助学生学习。某个班级的学生首先学习阅读地图，然后是如何使用指南针，最后是经纬度系统。另一个班级则先教授使用指南针，然后是阅读地图，最后是经纬度系统。在第三个班级则先教经纬度系统，然后是指南针的使用，最后是阅读地图。老师在每个单元之后都会进行测验，在学期结束后学生还要参加一个综合测验。学生被随机分配到不同的班级，由此老师可以发现以某种顺序或其他顺序来教授课程单元是否会增进学习效果。

所罗门四组设计。我们认为进行前测可能会影响到处理或因变量。前测有时候可能会使参与者对处理有所感知，或提高他们在后测时的表现（参见下文对测验效果所做的讨论）。理查德·L.所罗门 290
（Richard L. Solomon）发展的**所罗门四组设计（Solomon four-group design）**就解决了前测效应的问题。他结合经典实验设计与两组只后测设计，并且随机将参与者分为四组。例如，心理健康工作者想要得知一种新的训练方法是否能够改善病人的应对技能。心理健康工作者以一个20分钟的压力事件反应测验来测量病人的应对技能。由于病人可能从参与测验本身学习到对付问题的能力，所以采用所罗门四组设计。心理健康工作者随机将病人分成四组，其中，两组进行前测，其中一组获得新训练方法，另一组接受旧方法。另外两组不进行前测，其中一组获得新训练方法，另一组接受旧方法。所有这四组都接受相同的后测，然后比较各组后测的结果。如果两个处理（新方法）组得到类似的结果，而两个控制（旧方法）组得到相近的结果，那么心理健康工作者就知道前测对学习不会造成影响。如果有前测的两组（一个处理，一个控制）和另外没有前测的两组得到不同的结果，那么就可以得出前测本身可能会影响到因变量的结论。

因子设计。有时我们对两个或两个以上自变量的同时作用感到好奇。**因子设计（factorial design）**联合使用两个或多个自变量，而且对变量（有时候称为因子）之间各个类别的组合，都要加以检验。当每个变量都包括数个类别时，组合的数目会变得非常多。在这种类型的设计中，处理不是每个自变量；相反，它是变量类别的任一组合。研究者以简略的方式讨论因子设计。一个“二乘三因子设计”可写成2×3。这意味着这个实验有两个处理，其中一个有两个类别，另一个有三个类别。一个2×3×3的实验设计是指有三个自变量，一个有两个类别，另外两个各有三个类别。

例如，克里桑（Krysan，2009）和他的同事想要研究社区偏好，但是，很难同时检验一个社区的种族和社会阶层特征，所以他们使用了一个阶乘设计（见实例方框9.4：关于社区偏好的因子实验）。他们研究的三个自变量是参与者的种族（两种类别：黑人和白人）、邻居的构成（三种类型：全部是白人、全部是黑人、种族混合），和社会阶级（五个阶层）。因变量是基于1到7的评级基础上的社区合意性。所以形成了一个2×3×5的因子设计。（作者还询问了他们对自己种族的认同程度。）

在因子设计中，处理可以对因变量产生两种类型的影响：主效应和交互效应。主效应仅存在于单因子或单处理设计中。换句话说，我们只是检查了处理对因变量的影响。在因子设计中，自变量类别的特定组合可以产生超出单因子效应的效果。我们称它们为**交互效应（interaction effect）**，因为组合中的类别相互作用产生超出每个变量的效应。交互效应具有特殊的意义，因为它表明不仅一个自变量有影响，而且特定的组合也有独特的影响，或变量只有在特定条件下才有影响。

291 马勒-约翰逊与达米（Mueller-Johnson & Dhami，2010）（见实例方框例9.5：模拟陪审团以及年龄和罪行的交互效应）在审讯的情景下创造了一个模拟陪审团，其中，参与者作为陪审团。研究者呈现了罪犯的各种特征组合，以查看它们对判决决定的影响（见图9.3）。研究者改变罪犯的年龄、健康状况、犯罪的严重程度和犯罪前科以创造一个2×2×2×2的因子设计。他们发现罪行的严重性、年龄和犯罪前科是主效应。触犯更严重的罪行、更年轻的罪犯和那些之前有犯罪前科的人比触犯较轻的罪行、更年老的罪犯和没有犯罪前科的人相比，获得更长的刑期。他们也发现了一些交互效应，其中一个就是对于那些有犯罪前科的人来说，年龄和罪行的严重程度的交互效应。

实例方框9.4 关于社区偏好的因子实验

克里桑（Krysan，2009）和他的助手创建了一个实验，研究美国成年的黑人和白人对社区的偏好。过去的研究也关注过这个问题。然而，同时考察种族和社会阶层两个变量是很困难的，而且不可能断定人们偏爱某个社区是因其社会阶层或种族特征。作者提出："我们分析的核心是两个研究问题——（1）社区偏好是无肤色差别的还是有种族意识的？（2）如果偏好是种族意识的，它们反映的是与自己的'同类'住在一起的愿望，还是避免与另一个种族群体住在一起的愿望？"（Krysan，2009：529）在2004—2005年，作者在底特律地区选择700多名参与者，在芝加哥大城市地区选择近800名参与者。为了区分社会阶层和种族对社区的影响，作者让参与者观看了不同社会阶层和种族混合的社区的录像。他们总共制作了13个视频。这些社区由五个社会阶层和三个种族混合阶层组成。

> 我们选择不同的社区以表达不同的社会阶层水平，基于这一假设，受访者以房屋和财产的规模、房屋维修情况以及其他从观察中收集到的线索特征为基础来推断社会阶层。每一个不同的社区依次有三个不同的种族变量：（1）所有居民都是白人；（2）所有居民都是黑人；（3）三名居民是白人、两名居民是黑人。（Krysan，2009：537）

一个视频是一个控制组，其中并没有人。在其他的每个录像中，5个人（演员）作为从事普通活动的居民出现。他们注意到：

> 在每一个社区中，都有一个场景，即三个人在车道上、前院、邮箱前或一辆正在被维修的车周围交谈。居民穿着短袖衬衫，不戴帽子，以增加受访者发现种族身份的可能性。每个社区的居民在年龄、性别和着装风格上都大致地匹配。（Krysan，2009：537）

在实际研究之前，为了验证人们是否按照预期看到了社区的阶级和种族构成，作者向一小群其他参与者展示了录像，将其作为一种操控检验。观看完录像后，研究者要参与者按照利克特量表的七个分值，从非常满意到非常不满意，对每一个社区进行评分。他们说："我们的因变量是四个社区的合意性等级，因此我们的分析单位是录像。考虑到每一个调查对象看到和评价的基准录像是相同的——一个没有居民的上层工人阶层社区，我们把这个社区的等级作为一个响应级别控制列入在内。"（Krysan，2009：539）作者使用了一个带有三个自变量的因子设计：研究参与者种族、社区的社会阶级和社区种族混合程度。研究者随机分配参与者观看同一社区的不同种族构成。在他们的许多发现中，作者提出："我们的基本结论是种族本身决定白人以及黑人在一定程度上如何看待居住空间。居住偏好不仅仅是对一个社区基于阶层特征的反应；它们还由居住在那里的人的种族所塑造。"（Krysan，2009：538）
292

实例方框9.5 模拟陪审团以及年龄和罪行的交互效应

马勒-约翰逊与达米（Mueller-Johnson & Dhami，2010）创建了一个模拟陪审团。他们塑造了一个审讯的情景且由参与者组成一个陪审团。作者呈现罪犯特征的各种组合，以了解它们如何影响陪审团的判刑决定。判决结果呈现为刑期的时长。陪审团中的陪审员是来自英国一所大学的 47 名学生（36 名女生，11 名男生）。作者改变罪犯的年龄、健康状况、犯罪的严重程度和犯罪前科，从而创建了一个 2×2×2×2 的因子设计。在过去的实验中，他们发现了罪行的严重程度、年龄和犯罪前科是主效应。健康状况差的人被判的刑期较短，不管之前犯罪前科的数量，年龄较大（66～72 岁）的罪犯比年龄较小（21～26 岁）的罪犯被判的刑期较短。有前科及较严重罪行的较年轻的罪犯获得较长刑期。在这一研究中，他们调查了性侵儿童的罪犯。之前的罪行是没有犯罪前科或者四年前与儿童有过性接触，犯罪的严重程度是曾经隔着衣服触摸一个 7 岁女孩的生殖器或在过去的一年中摸过十次裸露的生殖器。参与者通常在 15 分钟之内决定一个判决。作者发现在年龄、犯罪的严重程度和先前的犯罪前科之间存在有趣的交互效应。那些之前有一次犯罪前科且年龄较大的罪犯比年龄较小且犯罪较轻的罪犯获得更长的刑期，但如果罪行更严重，则刑期会更短。换句话说，犯罪前科和犯罪程度较轻共同导致年龄较大的罪犯获得较长的刑期。这与“老色鬼”的刻板印象模式一致。

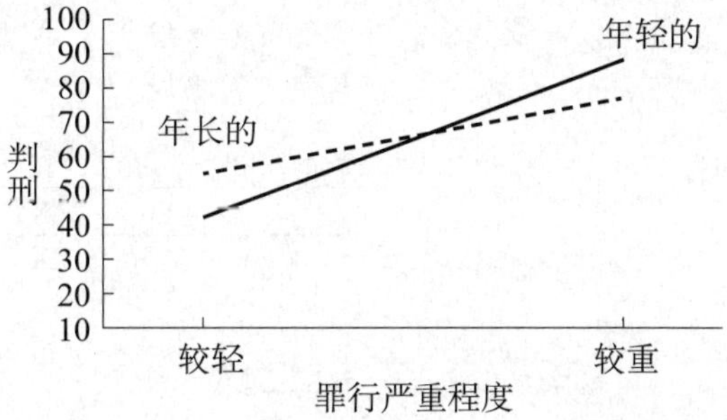

图 9.3　模拟陪审团对有一次犯罪前科的性侵犯的判决

（三）设计符号

设计实验有许多种方式。**设计符号（design notation）**是一种以符号来表示实验设计各个部分的速记系统。① 例如，它以两行内五或六个符号来表示对实验各个部分长篇大论式的繁复描述。一旦你学会了设计的这些表示符号，你将发现思考与比较设计类型变得轻而易举。它使用下列符号：O＝因变量的观察值；X＝处理；R＝随机分配。带有下标的 O 自左至右的排列方式依据时间顺序，前测为 O_1，后测是 O_2。当自变量有多于两个等级的值时，也可以用 X 的下标来做区分。表示符号的排序是根据时间顺序，由左向右排列，R 是最先出现，接着是前测、处理，然后是后测。符号以行来排列，每一行代表一组参与者。例如，一个有三个组的实验的符号表示为有一个 R（如果使用的是随机分配），接着是三列的 O 和 X。每一列都彼此对齐，这是因为每一组的前测、处理和后测发生的时间都大致相同。表 9.2 给出了很多标准实验设计的符号表示。

五、内部与外部效度

（一）内部效度的逻辑

只有当自变量影响因变量时，才会产生**内部效度（internal validity）**。除了自变量之外，还存在其他 293

① Cook & Campbell（1979：95－96），Dooley（1984：132－137）以及 Spector（1981：27－28）讨论了研究设计的符号。

会对因变量产生影响的变量，它们会威胁到实验的内部效度。这些变量被称为混淆变量，它们混淆实验的逻辑，把假设中的变量关系之外的一切排除在外。这些变量使得研究者不能理直气壮地说造成因变量
294 出现变化的真正原因是实验处理。它们被称为**人为因素（artifact）**。这是因为不必要的变量或者混淆变量不是来自你测量的自然关系而是由于特定的实验安排。一个人为因素的出现是偶然的，因为在准备研究的期间，你无意地引入了一些改变事物的东西。例如，你在参与者来参加一个关于不睡觉对情绪影响的实验之前打扫房间，但是你用来擦桌椅的清洁剂会让很多人感到烦躁不安。你的结果表明没有睡觉的人更易怒。然而，这不是因为缺少睡眠，而是清洁剂的副作用。你想要排除人为因素和混淆变量——除了处理之外可能影响因变量的所有内容。那么，你可以通过控制实验条件和使用实验设计来达到这一目标。因此，内部效度的逻辑是通过实验情境的控制与实验设计，来排除实验处理以外的变量。接下来，我们将对内部效度的主要威胁进行研究。

表 9.2　各类实验设计的符号概述

设计的名称	设计符号
经典实验设计	R → O　X　O R → O　　O
前实验设计	
单次一组研究设计	X　O
单组前后测设计	O　X　O
静态组别比较	X　O O
准实验设计	
两组只后测设计	R → X　O O
间断时间序列	O　O　O　O　X　O　O　O
相等时间序列	O　X　O　X　O　X　O　X　O
拉丁方格设计	R → O　X_a　O　X_b　O　X_c　O R → O　X_b　O　X_a　O　X_c　O R → O　X_c　O　X_b　O　X_a　O R → O　X_a　O　X_c　O　X_b　O R → O　X_b　O　X_c　O　X_a　O R → O　X_c　O　X_a　O　X_b　O
所罗门四组设计	R → O　X　O R → O　　O R → 　X　O R → 　　O
因子设计	R → X_1　Z_1　O R → X_1　Z_2　O R → X_2　Z_1　O R → X_2　Z_2　O

注：字母下标表示不同的处理背景。数字下标表示统一处理变量下的不同类别，比如性别中的男性或女性。

（二）对内部效度的威胁

下面是12种常见的威胁内部效度的状况。①

1. *选择偏差*。当一个实验有一组以上的参与者时，**选择偏差（selection bias）**就会产生。你想要比较这些组，但是它们不同，或者不能形成等价的组。这个问题之所以发生是因为设计时没有做好随机分

① 关于内部效度威胁的进一步讨论，见 Cook & Campbell（1979：51－68），Kercher（1992），Spector（1981：24－27），Smith & Glass（1987）以及 Suls & Rosnow（1988）。

配。例如，设计一个关于攻击性的两组实验，如果你不使用随机化或随机化是无效的，实验组可能由于偶然因素而有所不同。比如选取 60 名积极参加各种校园活动的参与者，碰巧的是，实验组的许多参与者都玩过足球、橄榄球、曲棍球和摔跤，而控制组主要由音乐家、下棋好手以及画家组成。选择偏差的另一个例子是关于人们躲避交通拥堵能力的实验。如果被分配到同一组的参与者来自农村，没有多少交通经验，而另一组参与者在大城市长大，有交通经验，那么就会出现选择偏差。对前测分数进行比较可以帮助研究者查明这类威胁。如果前测分数在组别间没有差异，那么就不存在选择偏差的问题。

2. *历史*。这是实验当中出现了与处理无关的事件，因而影响到因变量的一种威胁。**历史效应（history effect）**大都发生在持续时间较长的实验中。例如，进行一项为期两周的对宠物狗的感觉评估的实验，在实验进行到一半时，附近一家狗舍发生火灾，导致许多小狗死亡和受伤，而媒体则刊登受伤的动物和许多当地人为这起事件哭泣的相关新闻报道。

3. 成熟。在实验过程中，除了实验处理之外，参与者的生理、心理或情感历程会发生变化，并影响因变量，这项威胁的结果就是**成熟效应（maturation effect）**。成熟效应发生的时间周期可以是小时、月或年，这取决于因变量和研究设计。例如，在为期一天的八小时推理能力实验中，参与者会感到无聊和困乏，结果，他们得到的分数会比较低。另一个例子是对 1～6 年级儿童游戏类型的实验。游戏类型受身体、情绪和成熟变化的影响，这些变化不是实验处理的效果，而是随着孩子的成长而发生的。具有前测与控制组的设计有助于研究者断定成熟度或历史效应是否存在，因为这时实验组与控制组都会随时间的推移而出现类似的变化。 295

4. *测试*。有时候前测本身会对实验造成影响。这种**测试效应（testing effect）**会威胁到内部效度，因为此时不只有实验处理对因变量施加影响。所罗门四组设计有助于研究者查明测试效应。例如，您可以预先测试以确定参与者对地质学和地理学的了解程度。实验处理是一系列关于地质学和地理学的视频，观看时间超过 2 天。如果受试者因为记得前测的问题而影响他们的学习（如，集中精力），或是影响到他们如何回答后测问题，那么测试效应就存在。如果存在测试效应，研究者就不能说是只有处理影响了因变量，而是因变量受到了前测记忆和处理二者的共同影响。

5. *仪器效应*。这项威胁与稳定性信度有关。当测量工具或者因变量的量度标准发生了改变，**仪器效应（instrumentation）**就会发生。例如，在减肥实验中，体重秤的弹簧在实验期间变松了，这就会造成后测时得到较小的数值。另一个例子是展示录像的实验处理中，视频播放器材不能正常工作导致一些参与者无法观看。

6. *实验减损*。**实验减损（experimental mortality）**或实验*损耗*是发生在某些受试者不再继续参与实验的情形之下。虽然减损这个词意味着已故，但是并不一定意味着参与者已经亡故。如果很多参与者在实验中途离开，不继续参与实验，研究者就无法获知最后的结果与他们留下的情况是否有所不同。举例来说，某项减肥实验开始时有 60 位参与者，在计划结束时只剩下 40 位，他们每人的体重都减少了 5 磅，而且也没有任何副作用。离开的 20 人可能与留下的参与者中的 30 人有相当大的差异，那就会改变最后的实验结果。也许这个计划对那些离开的人是有效的，他们在体重减少 25 磅后就离开了。或者，也许这个项目使他们生病从而迫使他们放弃，或是他们没有看到任何改善就退出了。研究者应该留意并且记录试验各个阶段参与者的数量，以便查明它对内部效度的影响。

7. *统计回归效应*。这一威胁并不容易从直觉上来了解，它是极值问题或随机误差的趋势，使得整个组的结果向均值靠拢。它出现在两种情况下。

统计回归效应（statistical regression effect）发生的第一种情况是对因变量来说，参与者是不同寻常的。因为他们不同寻常，所以不会在一个方向上做出更进一步的反应。例如，研究者想要获知玩暴力电子游戏是否会让人更具攻击性，他从警戒森严的监狱中选取一组暴力犯作为实验的参与者。对他们进行前测，让他们玩 60 小时极端暴力的电子游戏，然后执行后测。出乎研究者的意料，实验前后没有任何变化。这可能是因为罪犯本身就极具攻击性，所以实验处理并不能使他们更具攻击性。有时，有些人甚至在后测时表现出更弱的攻击性。[1]

第二种情况涉及测量工具的问题。如果许多参与者在某个变量上的分数非常高（在上限上）或非常低（在下限上），那么仅有随机就会造成前测与后测结果的变化。例如，研究者对80位参与者进行一项简单的数学测验，其中77人得到满分。然后再给出一个实验处理以提高分数。这时因为很多参与者已经得到满分，所以那些得到高分数的人可能会随机只朝一个方向移动——答错某些题目，而只有三个人的分数可能得到提高，因此随机误差就会降低这组的平均值。因此，仅从可能性上来说，小组平均水平可能
296 会出现在较低的后测。所以，研究者需要监测分数范围来发掘统计回归效应是否存在。

8. *处理扩散或污染*。**处理扩散（diffusion of treatment）**是指因不同组的参与者互相交流，获知其他参与者受到的处理而带来的威胁。研究者可以借由孤立各组的参与者或要求参与者承诺不向将会成为参与者的其他人透露关于实验的任何信息，来避免这个问题。例如，参与者参与为期一天的关于记忆生字方法的实验，实验组被教授使用一个简单的方法，但是控制组可以使用成员想要使用的任何方法。在休息时间，实验组的参与者告诉控制组的参与者那些增进记忆生字的新方法，然后控制组的参与者就使用这个方法。为了减少这种威胁，研究者可以采取诸如实验后与参与者进行访谈的方式来获取扩散的可能性的相关信息。

9. *补偿性行为*。在那些对一组参与者有价值而对另一组参与者没有价值的实验中，且这种差异被广泛认知时，就会出现**补偿性行为（compensatory behavior）**。这种组间的不平等可能会酝酿出减低差异的愿望、两组间的竞争或者充满愤恨的自暴自弃。这些行为除了影响处理之外，还会影响因变量。例如，一所学校接受一种处理，即提供较长的午休时间以提高学习效果，但是在另一个学校的学生则只有一个常规的午餐时间。一旦这种不平等被公开，控制组（没有长时间午休的学校）中的参与者就会更加努力学习以克服这种不平等。或者，控制组可能会因为不平等的实验处理而感到挫折，结果降低学习上的投入。这种威胁不容易查明，除非获得外部信息（参考前面关于处理扩散的讨论）。

10. *实验者期望*。如果实验人员间接地传达了一个期望的结果，那么这一行为可能会威胁到内在效度。[2] 这一行为被称为**实验者期望（experimenter expectancy）**。由于对假设有强烈的信念，即使是诚实的实验者也可能无意中传达出想要的结果。例如，你要研究参与者对残障者的反应，并坚信相比于男性，女性对残障者更敏感。借由目光接触、谈话语调、停顿，以及其他非语言交流，你可能会无意识地鼓励女性参与者表达她们对残障者的积极感受；研究者则借由非语言行为对男性参与者传递正好相反的信息。

双盲实验（double-blind experiment）是一种旨在控制实验者期望的设计。这个实验中与参与者直接接触的人并不知道关于假设或处理的细节，这种方法之所以被称为*双盲*法，是因为参与者与和他接触的人双方都不知道实验的细节（见图9.4）。例如，研究者想要检验一种新药是否有效，他使用三种颜色的药丸——绿色、黄色与红色，然后将新药放入黄色药丸内，将旧药放入红色药丸内，将绿色药丸作为“*安慰剂*”（即一个空的或无效的处理）。发药丸与记录药效的助手并不知道哪种药丸内含有新药，他们仅仅管理药丸并且记录药丸的颜色。只有不直接与参与者接触的研究者知道哪种颜色的药丸包含哪种药，也由他来检验研究结果。在医学研究中，双盲实验设计几乎是强制的，因为实验人员的期望效应是被公认的。

297 11. *需求特性*。与反应性相关的对内部效度的威胁（将在本章的后面部分讨论）被称为**需求特性（demand characteristic）**。参与者可能会发现关于实验目的或假设的线索，而且他们可能会为了取悦研究者，而改变他们的表现以符合他们所认为的研究者的预期（即，支持假设）。这就是我们经常以封面故事的形式使用轻微的欺骗的原因..

---

① 这个例子摘自 Mitchell & Jolley (1988: 97)。

② Aronson & Carlsmith (1968: 66-70), Dooley (1984: 151-153) 以及 Mitchell & Jolley (1988: 327-329) 对实验者期望进行了讨论。

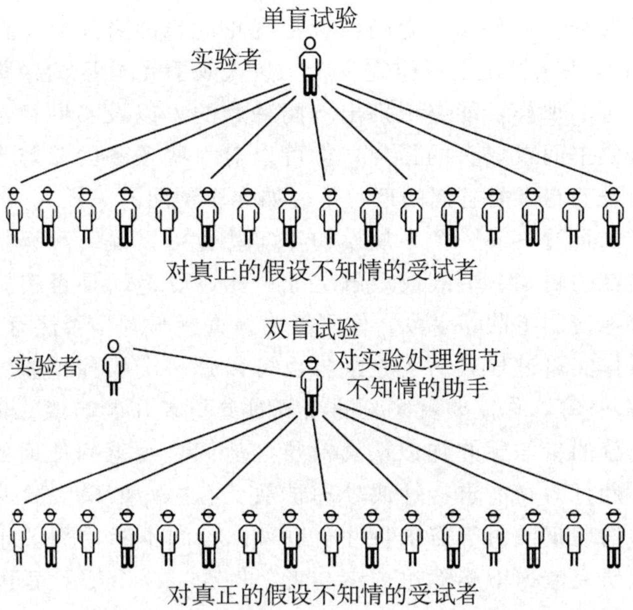

图 9.4　双盲实验：对单盲或一般实验和双盲实验的说明

12. *安慰剂效应*。最后一种对内部效度的威胁是**安慰剂效应（placebo effect）**，安慰剂是一个空的或无活性的处理，例如，医学研究中的糖丸。安慰剂效应出现在当参与者收到的是安慰剂，却出现接受真正处理时所发生的状况时。例如，一个为重度吸烟者创建的戒烟实验中，研究者给一些参与者一片含有抗烟碱成分的药片以减少他们对尼古丁的依赖而给另一些参与者一片安慰剂（空药丸）。如果接受安慰剂的参与者也停止吸烟，这意味着参与实验并接受某种参与者相信会帮助他戒烟的药物，就能产生这种效果。参与者对安慰剂的信念本身可能已经对因变量产生了影响（关于内部效度威胁的总结见表 9.3）。 298

表 9.3　内部效度和外部效度问题

内部效度	外部效度
选择偏差	总体推广性
历史效应	自然类推性
成熟效应	理论一般化
测试效应	现世实在性
仪器效应	实验现实性
实验减损	霍桑效应
统计回归效应	
处理扩散	
补偿性行为	
实验者期望	
需求特性	
安慰剂效应	

实验者经常使用**操控检验（manipulation check）**来增加内部效度。操控检验是检验理论上显著变量（如，假设中的自变量、因变量和中介变量）的过程。其目的是验证实验条件是否达到预期效果的测量效度（如变量是否真正测量理论概念），或实验现实性的程度（本章后面将讨论实验现实性）。我们通过操控检验以确保在我们实验中的变量和条件正如我们所预期的运行，并且帮助我们排除可能的内部效度威胁。

我们用前测、小规模初步实验和实验报告来检验“操控”（实验情境中的测量和介入）。我们可能创建一个某些实验条件下的前测。例如，你让一个同谋者伪装成残障者，并让预备的研究参与者对其进行观察。作为一个检测，你需要询问参与者认为同谋者是真正的残障者还是扮演的。在关于社区偏好的研究中（见实例方框9.3），在使用录像之前，研究者让少量人观看了社区的录像。研究人员的这一做法是为了验证人们是否如同所期望的那样，能够识别出不同种族的人以及不同社区的社会阶层。在一个实验中，如果你计划给参与者提供书面或口头的指导，你可以对一些预备的参与者进行前测。你可以询问参与者这些指令是否清晰，以及参与者对它们的理解是否如你所预期的一样。

整个实验过程的一个“试运行”或一个小规模初步实验也可以是一种操控检验。在小规模初步实验期间或之后，你需要寻找潜在的缺陷、事故或误解之处。你还要追问是否实验的所有部分都进行得顺利并且达到了预期效果。如果你使用了欺骗手段，你可能要检查参与者是否注意且接受了“封面故事”。

在小规模初步实验或具体实验过程后的实验报告也可以是一个操控检验。为了撰写实验报告（与伦理报告强调消除谎言或欺骗不同），你需要就实验的细节对参与者开展访谈。你想要了解他们认为发生了什么事，他们是否感到了充分的参与感并加以认真对待，他们是否感到任何的困惑、焦虑或不适。你可以在此类访谈中，讨论补偿性行为和需求特性或处理扩散。有时，如果实验者发现参与者误解了实验的重要方面，看穿了封面故事的欺骗或由于需求特性（也可以参阅本章后面关于反应性的讨论）而对行为进行了修正，实验者将会从研究数据中删除这个参与者。例如，一个实验者可能在下面的情形中删除一个参与者的数据：参与者透露出她（他）没有接受加之于研究上的欺骗，而是相信这一研究是关于对残障人士的反应研究（实际上确实如此），并且基于这一信念做出反应（即显示需求特性）（见实例方框
299 9.6：谁帮助残疾同事?）。

实例方框9.6　谁帮助残疾同事?

米勒与沃纳（Miller & Werner，2007）用两个处理条件和一个控制组进行一个关于帮助行为的实验室实验。研究者想要知道什么样的人会帮助残疾的同事。过去的研究发现，人格特征与对残疾人的态度之间存在着积极的关系。研究人员测量了三个性格特征：公平偏好、女性特征和印象管理。公平偏好源于这样一种观念，即每个人都必须为获得回报而付出一定的努力。一些人更宽仁（即，即使他们产出少，但他们因为更加努力也应该得到相等的回报），一些人感觉应该如此（即，如果做得少，就不应该得到更大的奖励）。传统的女性特征是善良、乐于助人和善解人意。印象管理是对他人有意识的自我表现。那些在印象管理方面得分高的人会有意识地在公共场合展示自己想要的形象。研究者利用本科生商业管理课程的三部分共500多名学生完成了测量个人特征的调查。从这些人中，研究者选择133个志愿者进行实验。他们将残疾这一关键的自变量操作化为三个水平：没有残疾、智力残疾和身体残疾。他们还做了一项操控检验，要求84名参与者阅读不同人的描述，并对这些人的描述进行评分，这些描述包括身体残疾、智力残疾或没有残疾。作者在报告中写道：

> 为了减少混淆变量，实验的每一环节都使用同一个同谋者。这名同谋者是该校非商科博士项目的一名男研究生。研究人员利用了相同的实验搭档，以便在种族、外貌吸引力、性格和其他可能导致参与者反应差异的特征上做到无差异。实验的同谋者是一个25岁的身材瘦小的白人学生。（Miller & Werner，2007：2668）

一开始，每个参与者和同谋者都准备并阅读了一本自传。在身体残疾的情况下，这名同谋者坐在轮椅上，且自传中显示过去的一场汽车交通事故使他依靠轮椅才能生活。在智力残疾的情况下，这名同谋者在其自传中展现了他的困境并报告那次事故造成其脑部损伤和短期记忆障碍。接下来，参与者和同谋者要完成一项复杂的折纸和封信封任务，这需要一些体力活动和脑力计算。每一个人被告知她（他）完成任务将会获得报酬，但是必须在5分钟内完成。这项任务需要迅速完成，但在规定的时间内完成还是相

当容易的。在身体残疾的情况下，坐在轮椅上的同谋者很难通过移动来完成这项任务。在智力残疾的情况下，同谋者在进行完成任务所需的心理计算时表现出很大的困难。在没有残疾的情况下，同谋者仅仅表现为行动迟缓。在以上三种情况下，参与者清楚地知道同谋者不能及时完成任务。所以，因变量就是参与者是否协助同谋者。研究人员对实验过程进行了录像，然后由一名训练有素的独立观察员对参与者给予同谋者的帮助进行评分。结果表明，公平偏好和印象管理对因变量有影响，而女性特征则没有影响。而且在宽仁的公平偏好和印象管理上得分高的参与者提供更多的帮助。身体残疾的人比智力残疾的人获得更多的帮助，而这两种残疾的人比没有残疾的人获得的帮助更多。在实验后的简要访谈中，研究者告诉参与者这项研究的真正目的，并询问他们认为研究是关于什么的。研究者删除了5个参与者的数据，“因为他们的言论显示，他们的评定可能存在偏差。这类言论包括‘我认为残疾学生是一个圈套’，‘我认为残疾学生是一个诱饵’，‘我认为你想要获知我们和残疾人一起工作的反应’等等。”(Miller & Werner, 2007: 2671) 300

（三）外部效度与实地实验

即使实验者去除所有影响内部效度的因素，但仍存在**外部效度**（**external validity**）的问题。外部效度是将实验结果推广或一般化的有效性问题。如果一项研究缺乏外部有效性，那么这些发现可能只适用于特定的实验。因为我们在基础研究中寻求一般化的理论知识，在应用研究中寻找与现实问题相关的发现，缺乏外部效度的发现几乎是无用的。然而，穆克（Mook，1983）在一篇被广泛引用的文章《为外部无效辩护》（“In Defense of External Invalidity”）中认为，将实验推广到自然的、真实的环境并不是很多实验的目标。相反，我们可能有其他的理论目的（参见后面关于理论一般化的内容）。

外部效度的问题是复杂的。事实上，赛伊（Thye，2007：81）认为“围绕实验的最容易被误解的问题可能是外部有效性问题”。原因是外部效度涉及多个类型的一般化。[①] 外部效度围绕一般化的三个问题进行回答：我们能从一个实验中特定的参与者集合推广到整个人群吗？我们能够从高度受控和人工设置的实验环境中的结果推广到最自然、“现实世界”的情况吗？我们能从一个特定实验的实验性证据推广到变量间关系的抽象理论模型吗？为了回答这些问题，我们可以认为外部效度涉及三种不同形式的类推：总体的、自然的、理论的（见图9.5）。

***总体推广性*（populational generalization）**。这一形式的外部效度的关键在于，我们是否能够准确地将我们在一项研究中从特定人群中获得的结果推广到全世界或人群总体、案例总体。为了一般化这些发现，我们应该详细说明我们希望推广的领域，并考虑提供证据来支持这种一般化。例如，在一个大学中，从一门课程中选择100个本科生志愿者进行了实验。我们向哪些人群推广发现结果？是面向同一年同一所大学所有课程中的所有本科生，还是面向同一时期同一个国家的所有大学生，抑或面向任何时期的全人类？为了改善实验中外部效度的总体推广形式，我们将从群体中抽取随机样本并对抽样参与者进行实验。

自然类推性（**naturalistic generalization**）是大多数人在听到*外部效度*这个词时首先想到的。自然类推性的关键在于，我们能否将从人为创建并控制的、类似实验室的环境中所获知的实验结果准确地推广到“现实生活”的自然环境中。对于自然的推广，我们需要考虑两个问题：现世实在性和反应性效应。

现世实在性（**mundane realism**）关注的是实验或情境是否与真实世界相似。例如，在让参与者记住4个无意义音节字母的一项研究中，如果你让他们学习的是真实的信息，而不是为了实验而发明的无意义的音节，那么这一实验会具有较高的现世实在性。[②]

反应性（**reactivity**）是指参与者意识到自己正处于研究中而做出应对的一种效应。参与者在实验中可

---

① 关于外部效度的讨论，见 Aronson & Carlsmith（1968：22-25），Cook & Campbell（1979：70-80），Lucas（2003）以及 Zelditch（2007）。

② 关于外部效度的讨论，请参见 Lucas（2003），Mook（1983），Willer & Walker（2007b）以及 Vissersi 等（2001）。

能会做出不同于他们在真实生活中的反应，因为他们知道自己是研究的一部分。**霍桑效应（Hawthorne effect）**就是一种特殊类型的反应性效应。[①] 它来自埃尔顿·梅奥（Elton Mayo）在20世纪二三十年代在
301 西屋电气（Westinghouse Electric）位于伊利诺伊州霍桑（Hawthorne）的工厂所做的一系列实验。研究人员修改了工作条件的许多方面（如照明、休息时间），并测量了生产率。他们发现不论做出什么样的改变，在每一次修改工作条件后生产率都有所提高。出现这种奇特的结果，不是因为劳动者对处理做出反应所致，而是他们得知自己作为实验的一员且被观测而获得额外的关注所导致的。虽然后来的研究质疑这一研究报告中的劳动者是否确实如此反应，但是这个名字仍然用来表示一种由研究人员关注所引起的效应。

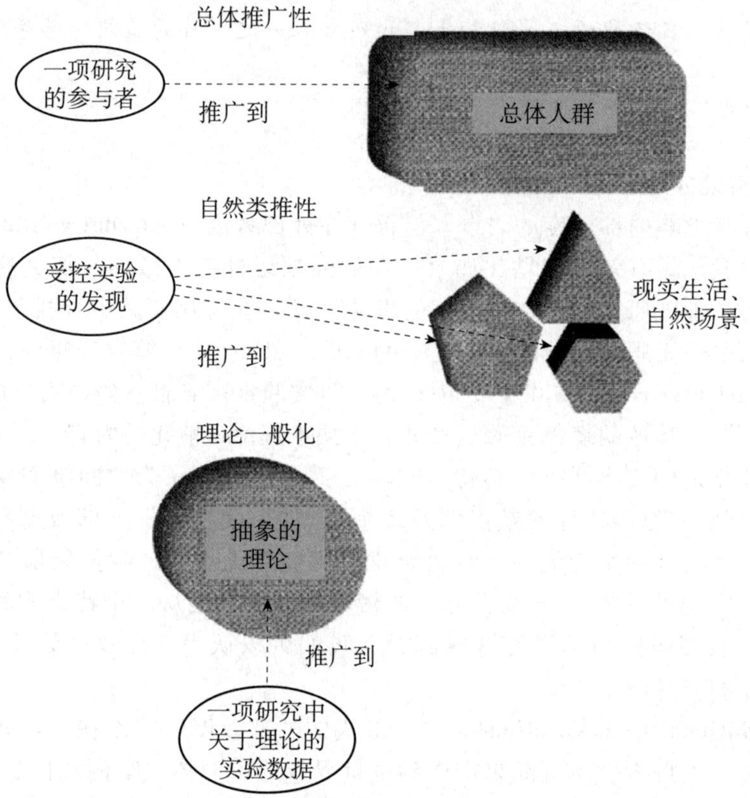

图9.5　外部效度推广的三种类型

在外部效度的问题上，反应性效应的关键点在于，我们能否准确地将发生在人们意识到他们正在被研究的环境中的活动，推广到自然环境中。反应性效应最有可能发生在一个高度受控的实验中，在这个实验中，研究参与者知道实验者创造了条件并且正在观察他们的行为或反应。

让我们设想一下，你在一所大学教室里或实验室里进行一项实验，在这个实验中，参与者知道他们正在参与这项研究。你要求参与者参与一些人为创造的任务（如，组装一个拼图）或者你使用欺骗手段
302 创造人为情景（如，告知参与者你有一个高智商的协助者）。在完成任务后，你要求参与者完成一份问卷，在这份问卷中，你询问他们对高智商人群的感受。那么，你可以把你的研究发现推广到日常生活中的什么情景之中呢？是包含有不同智力水平的人的所有现实生活中的工作情境，还是所有类型的工作任务和社会阶层，抑或是那些在日常生活中自然形成并保留在每日的思想、行为或谈话中的人们的所有态度？在一个实验中，为了改善外部效度的自然推广形式，需要进行一项实地实验。

---

① 霍桑效应在Roethlisberger & Dickenson（1939），Franke & Kaul（1978）以及Lang（1992）中都有描述。另见Cook & Campbell（1979：123－125）和Dooley（1984：155－156）的讨论。Gillespie（1988，1991）讨论了实验的政治背景以及它是如何塑造实验的。

理论一般化（theoretical generalization）关注的是，我们能否对抽象理论的概念和关系进行准确的一般化或推广。借由这一理论，我们希望对特定实验中的一系列测量和活动安排进行检验。这可能是最困难的一种推广类型，因为它包含了其他几个概念：**实验现实性（experimental realism）**、测量效度和控制混淆变量（高内部效度）。实验现实性是加诸人们身上的实验处理或环境设置所带来的影响，当参与者沉浸于实验中并真正地受到影响时，实验现实性就会发生。如果参与者自身不受影响，且实验几乎对他们没有影响，那么实验现实性就是微弱的。

实地实验。我们在受到高度控制的实验室里进行实验，但实验也有可能在真实的生活中或田野情境下进行，这时研究者对实验情境的控制能力就比较小。控制程度的变化像是个连续体，一端是高度控制的**实验室实验（laboratory experiment）**，发生在一个特定情境之下或实验室之内；另一端则是**实地实验（field experiment）**，发生在"田野"——例如，地铁列车上、售酒店铺里或公共人行道上等自然情境。实地实验中的参与者经常不知道他们正涉入一个实验，因此会以很自然的方式做出反应。例如，研究者让实验的同谋者假装在地铁列车内突然心脏病发作，以观察四周人士的反应。[①]

一些实地实验，例如特兰休所做的关于种族身份和学校税金的实验或克里桑[②]和同事所进行的关于社区偏好的实验（见实例方框9.2和9.4），涉及召集参与者并向他们提供现实性的选择。另一些则是"自然实验"，即在没有研究者完全控制的情况下出现类似实验的情况，就像阿尔伯塔省酒类销售的私有化一样（见实例方框9.3）。当研究人员利用关键变量的随机分配条件时，就会出现一种相关的自然实验，正如大学室友种族混合的事例（见实例方框9.7：关于大学室友的实地实验）。

实验者的控制程度和内部及外部效度有关。实验室实验往往有较高的内部效度、较低的外部效度，也就是说它们的逻辑性较为严谨，也能做到较好的控制，但是更加不易推广。实地实验则有较高的外部效度，但是内部效度较低，即它们更容易推广，但是不易进行控制。准实验设计更为常见。例如，在大学室友的实验中，室友的情况非常真实，并持续了数月。这个实验比把人们放在实验室环境中并询问他们假设会做什么有更多的外部效度。

六、实践中的考虑

每一种研究方法都有从经验中学到的实用主义策略——"行业技巧"。它们解释了有经验的研究人员的成功研究与新手研究人员面临的困难之间的区别。这里讨论其中的三个。

（一）计划与小规模初步实验

所有社会研究都需要计划。在实验研究的计划阶段，我们需要思索其他的替代解释或威胁内部效度的因素以及如何避免它们，并开发出简洁利落、组织完善的资料编码系统。此外，还需要对我们将使用的任何设备（如计算机、摄像机、录音机）进行试运行。在小规模初步实验之后，我们还要采访参与者以发现实验中需要改进的方面。 303

实例方框9.7　关于大学室友的实地实验

接触假说认为，与外群体的长期亲密接触可以减少偏见。舒克与法齐奥（Shook & Fazio，2008；

① 参见Piliavin等（1969）。

② 此处疑为原书印刷错误。——译者注

719）希望“评估跨种族关系的性质，测试跨种族接触的效果”。然而，当我们用自我报告态度来测量偏见时，人们经常会控制偏见反应，即使他们可能怀有偏见的态度，他们也不会表现出偏见。当一个人看到不同种族的人的视觉图像与不同的形容词搭配时，一种间接测量隐性或“自动”种族偏见的技术以秒为单位测量反应时间（Fazio，et al.，1995）。反应速度间接地衡量了种族偏见，因为当我们试图隐藏真实态度时，我们的反应会更慢。为了进行一个长时间的实地实验，研究者在大学生宿舍进行随机分配，并以房间短缺为由来阻止换宿舍。这项研究包含136个白人和126个黑人美国大学新生。通过随机分配，一些人有相同种族的室友，另一些人有不同种族的室友。室友种族是自变量。在学期前两周和最后两周，研究者让学生们参加一个座谈会。他们询问了学生几个问题，包括室友满意度、与室友的活动以及社会网络。学生还完成了一份关于种族态度和群际焦虑的问卷。另外，研究者设计了一系列任务，要求学生对电脑屏幕上的各种图像做出反应。在完成了几次这样的计算机任务以创造一个“封面故事”之后，最后一项任务是对与形容词匹配的面孔图像做出反应：一半的面孔是非裔美国人，一半是白人。这间接地测量了种族偏见。因此，作者对种族态度和跨种族社会互动进行了多项前测和后测测量。以往室友研究的结果显示，不同种族的室友相比于同种族的室友而言，社交互动较少，对室友的满意度也较低。在本研究中，相同种族的室友满意度略有下降，但是不同种族的室友满意度略有上升。在为期三个月的研究中，对不同种族的室友而言，群际焦虑有所下降，而室友之间的社交互动也有所增加。对于同种族的室友来说，种族偏见的直接和间接的衡量结果都没有改变。无论如何，正如接触假设所预测的那样，不同种族室友的学生在前测和后测的偏见水平显著下降。

（二）对参与者的指示

大部分实验涉及给予参与者某些说明指示，以便“设置舞台”。我们应该仔细讲解指示，遵照准备好的脚本，使所有的参与者听到相同的指示。这个步骤确保的是信度。当用到欺骗时，指示对建立真实的开头故事很重要。阿伦森与卡尔史密斯（Aronson & Carlsmith，1968：46）指出：“初出茅庐的实验者最常犯的一项错误就是把指示说得太过简略了。”

（三）实验后的访谈

在实验结束时，我们还需要对参与者进行访谈，这有三个原因。第一，如果研究用到欺骗，我们必须在伦理上向研究参与者**汇报（debrief）**（即解释实验的真正目的并回答任何参与者的问题）。第二，我们可以通过这个机会了解参与者在想什么，以及参与者对情境的界定如何影响到他们的行为。第三，我们
304 可以向参与者解释不把实验真实面目透露给其他潜在参与者的重要性。

七、实验研究的结果：进行比较

比较对所有研究都至关重要。经过仔细比较实验研究的结果，我们会了解到许多可能对内部效度构成威胁的因素，并且获知处理对因变量是否有所影响。在本章讨论的每一项研究中，研究人员仔细分析定量数据，以检验自变量的影响，并考虑潜在的内部效度问题。

表9.4显示了较为复杂的比较情况。该表是使用经典实验设计，进行一系列5个减肥实验所得到的结果。这个例子中，恩里克瘦身诊所的30位实验组参与者平均减少了50磅，而在控制组的30位参与者的体重则几乎没有减少，在实验中只有1人中途离开。苏珊的科学节食计划也取得了同样惊人的效果，但是她的实验组有11人中途退出，这显示出有实验减损的问题。卡尔热量控制计划的实验组人员的体重减少了8磅，控制组为2磅，但是两组的平均体重在开始时就有31磅的差异，这意味着存在选择偏差的问题。

纳塔利营养中心没有实验减损或选择偏差的问题，但是实验组的参与者减掉的体重并不比控制组的参与者多，看起来这个处理是无效的。波林的减肥计划也避免了选择偏差以及实验减损问题，他的实验组的参与者减少了32磅的体重，但是控制组的结果也一样，这意味着可能发生了成熟效应、历史效应或处理扩散效应。据此，看起来恩里克瘦身诊所的处理是最有效的。

八、关于实验伦理

在大多数实验中，伦理考量是一个很重要的问题，因为实验通常具有侵入性（即，干扰正常活动）。实验处理可能涉及让人们置身于人为设计的社会情境中，要求他们参与特定的活动，或者操纵他们的情绪或行为。在此过程中，我们倾听他们说什么，观察他们的行为并记录他们的反应。伦理要求限制了允许侵入的数量和类型。我们绝不能让研究参与者置身于危险之中，当我们把他们置于尴尬或焦虑的境地时，我们必须采取预防措施。持续监测和控制实验事件，以确保实验的安全性和伦理性。[1]

有时，我们可能在社会实验中使用欺骗手段来暂时误导参与者。这种不诚实行为可能是可以接受的，但前提是没有其他方法来实现特定的研究目标。即使是非常有价值的目标，我们也只在有限制的情况下使用欺骗。欺骗的数量和类型不能超过特定目的所需的最低限度。此外，我们必须尽快向研究参与者进行汇报，告知他们曾被暂时欺骗并向他们解释真实情况。

九、结论

本章讨论了实验研究。在大多数实验设计中，我们使用随机分配来创建两个（或更多）组，我们可以将其视为等效组，从而进行比较。实验研究为因果关系提供了精确而相对明确的证据。它严格遵循实证主义社会科学方法的原则，并产生我们能用统计学进行分析的定量结果。

本章还讨论了如何将实验的各个部分组合起来以产生不同的实验设计。在经典实验设计的基础上，我们对前实验设计、准实验设计和设计符号进行了讨论。

你知道内部效度（实验内在逻辑的严谨程度）是实验研究的一个关键思想。威胁内部效度的因素是处理以外的其他可能替代解释。你也学到了外部效度，以及实地实验如何才能获得最大的外部效度。对内部效度的各种可能的替代解释的威胁被确定为外部效度和实地实验在外部效度中最大化自然类推性的方法。

实验研究的真正长处在于它建立了因果证据所需要的控制与逻辑严谨性。总的来说，实验往往比其 305
他研究技术更容易复制，更便宜，也更省时。实验研究当然也有一些限制。某些问题是无法用实验方法 306
来解决的，这是因为在那种情况下，是不可能进行控制与实验操作的。另一个限制是实验通常一次只检验一个或数个假设，这会肢解知识，由此使得综合许多研究报告的结果成为必要。外部效度是另一个潜在问题，因为许多实验依赖于大学生的小型非随机样本。[2]

---

① 参见 Hegtvedt（2007）对实验中的伦理问题的评论。

② 参见 Graham（1992）。

表 9.4 结果的比较——古典实验设计：减肥实验

	恩里克的瘦身诊所			纳塔利的营养中心	
	前测	后测		前测	后测
实验组	190（30）	140（29）	实验组	190（30）	188（29）
控制组	189（30）	189（30）	控制组	192（29）	189（28）
	苏珊的科学节食计划			波林的减肥计划	
	前测	后测		前测	后测
实验组	190（30）	141（19）	实验组	190（30）	158（30）
控制组	189（30）	189（28）	控制组	191（29）	159（28）
	卡尔的热量控制计划			比较的符号	
	前测	后测		前测	后测
实验组	160（30）	152（29）	实验组	A（A）	C（C）
控制组	191（29）	189（29）	控制组	B（B）	D（D）

比较

	A-B	*C-D*	*A-C*	*B-D*	（*A*）-（*C*）	（*B*）-（*D*）
恩里克	1	49	−50	0	−1	0
苏珊	1	48	−49	0	−11	0
卡尔	31	37	−8	−2	−1	0
纳塔利	2	1	−2	−3	−1	−1
波林	1	1	−32	−32	0	−1

A-B：两组一开始的体重相同吗？假如不相同，可能会出现选择偏差。

C-D：两组以同样的方式结束吗？假如不是，处理可能是无效的，或者可能存在很强的历史效应、成熟效应、处理扩散效应。

A-C：实验组有变化吗？如果没有，处理可能是无效的。

（A）-（C）和（B）-（D）：实验组与控制组的参与者数量有变化吗？如果出现大的下降，那么实验减损可能对内部效度构成威胁。

解释

恩里克：无明显的内部效度威胁，显示出处理的效果。

苏珊：可能存在实验减损问题。

卡尔：可能存在选择偏差问题。

纳塔利：无明显内部效度威胁，显示出处理无效。

波林：历史效应、成熟效应和处理扩散的威胁是很可能存在的问题。

注：数字是平均磅数。括号内的数字是每组参与者数量，实验组和对照组遵循随机分配的原则。

这一章还解释了，仔细检查和结果的比较可以提醒我们在研究设计中可能存在的问题。最后，本章提出了实验中的一些实践和伦理的考量。

在下一章中，我们将会检验其他研究技术。非实验方法的逻辑不同于实验方法，实验方法把焦点缩小集中在少数几个假设中，经常只有一个或两个自变量、一个单独的因变量，通常只检查少数参与者。相反，通过使用其他方法，我们通常可以同时检验许多假设，测量许多自变量和因变量，并使用大量随机抽样的研究参与者。

关键术语

artifact	人为因素	classical experimental design	经典实验设计
compensatory behavior	补偿性行为	confederate	同谋者
confounding variable	混淆变量	cover story	封面故事
control group	控制组	debrief	汇报

deception	欺骗	demand characteristic	需求特性
design notation	设计符号	diffusion of treatment	处理扩散
double-blind experiment	双盲实验	equivalent time-series design	相等时间序列设计
experimental design	实验设计	experimental group	实验组
experimental realism	实验现实性	experimenter expectancy	实验者期望
external validity	外部效度	factorial design	因子设计
field experiment	实地实验	Hawthorne effect	霍桑效应
history effect	历史效应	interaction effect	交互效应
internal validity	内部效度	interrupted time-series design	间断时间序列设计
laboratory experiment	实验室实验	Latin square design	拉丁方格设计
manipulation check	操控检验	maturation effect	成熟效应
mundane realism	现世实在性	naturalistic generalization	自然类推性
one-shot case-study design	单次一组研究设计	placebo effect	安慰剂效应
posttest	后测	preexperimental design	前实验设计
pretest	前测	quasi-experimental design	准实验设计
random assignment	随机分配	reactivity	反应性
selection bias	选择偏差	Solomon four-group design	所罗门四组设计
static group comparison	静态组别比较	subjects	受试者
testing effect	测试效应	treatment	处理

复习题

1. 实验的七个要素或部分是什么？
2. 前实验设计和经典实验设计的区别是什么？
3. 哪一种设计允许对各种不同的处理顺序做检验？
4. 有位研究者说：“这是一个 3×2 的设计，以恐惧程度（低、中、高）和逃脱的容易程度（容易或困难）为自变量，以焦虑为因变量。”这是什么意思？假设只使用后测来做随机分配，设计的符号是什么？ 307
5. 间断时间序列设计与相等时间序列设计的差异是什么？
6. 内部效度的逻辑是什么？控制组的使用如何能符合这种逻辑？
7. 所罗门四组设计如何显示测试效应？
8. 什么是双盲实验？为什么要用它？
9. 实地实验或实验室实验有比较高的内部效度吗？外部效度呢？解释原因。
10. 实验现实性和现世实在性之间的差异是什么？

308 # 第10章 调查研究

每一种资料收集的方法，包括调查在内，都仅仅是知识的近似值。每种方法提供对于现实不同的一瞥，单独使用时各自都有它们的极限。在着手进行调查之前，如果能够先想想看这是不是处理这个问题最适当、最有效果的方法，研究者将会做得更好。调查法在研究某些问题（如民意）时，是非常有价值的，但是对其他问题可能毫无价值。

——沃里克与利宁格（Donald P. Warwick & Charles A. Lininger），《抽样调查》（*The Sample Survey*），5－6页

在公众民意调查中，大多数美国人表示他们会给合格的女性总统候选人投票。对合格的女性候选人的支持从1937年的33%稳定地增长至2005年的92%。然而，当提及一些有争议的议题时，调查研究者清楚地知道可能会出现社会期许效应（即人们给出一个假的观点，如此使自己与社会规范相一致）。斯特雷布等（Streb, et al.，2008）假设许多美国人在调查中对待这一议题是不真诚的。检验这一假设需要创造性。他们创建了一个包括四个议题的列表（比如说，汽油价格上涨、被要求系好安全带）并且询问有多少问题“让你觉得气愤或不快”。他们创造了第二个具有同样问题的相同列表，但是纳入了第五个议题：“一个女人担任总统”。他们随机地挑选了超过1 000人完成这每份列表并且进行了电话调查。作者发现当女人作为总统这个条目出现在列表上时，使人们气愤或不快的条目数量提高了26%。这证明在民意调查中大约四分之一的人给出了一个虚假且具有社会期许效应的答案，他们实际上是反对一个女性总统候选人的。

调查法是社会学最常使用的资料收集方法，它有多种形式——电话调查、网络民意调查和各种类型的问卷调查。所有这些都依赖于专业的社会研究调查原理。很多人会说，他们将要做个调查来获取信息，
309 其实这种情况应该表述为，他们需要最合适的方式来获取最佳数据。调查可以为我们提供准确、可靠和有效的数据，但要做到这一点，需要认真的努力和思考。一般公众对调查技术的熟悉程度以及开展调查的简易程度可能成为调查法的一个缺点。尽管它们被广泛使用并广受欢迎，但缺乏谨慎，调查很容易产生误导的结果。正如本章开篇所描述的社会期许偏差问题（在本章后面讨论），调查方法论需要审慎评估。在本章中，你将学会了解调查研究及其局限。

调查研究是在社会科学的实证主义影响下发展出的研究方式。[①] 正如调查领域中的资深专家格罗夫斯（Robert Groves，1996：389）所言：“调查产生关于自然本质的统计信息，是定量动物。”调查法询问大

① 对调查中严格的实证主义方法的批评，参见Carr-Hill（1984b），Denzin（1989），Mishler（1986）和Phillips（1971）。

量的人（通常这些人被称为*受访者*）关于他们的信仰、意见、特征，以及过去或现在的行为的问题（见拓展方框 10.1：在调查中问什么?）。调查法适用的研究问题有关自我回答的信念或行为。研究者经常在一次单独的调查中，同时提出许多问题，从而测量许多变量。这使我们能够在一次调查中收集描述性信息并测试多个假设。

拓展方框 10.1

调查中问什么?

下面数个类别虽有重叠但是全都可以在一次调查时加以询问：

1. *行为*。你多久刷一次牙？上一次县市选举时你有没有去投票？你最后一次拜访近亲，是什么时候？

2. *态度/信仰/意见*。你认为市长做的是什么工作？你认为别人在你背后说了很多你的坏话吗？最近国家面临的最大问题是什么？

3. *特征*。你是已婚、未婚、单身、离婚、分居还是丧偶？你有没有加入工会？你多大年龄？

4. *期望*。你计划在未来 12 个月内买新车吗？你认为你的子女将会接受多高的教育？你认为这个镇上的人口会增长、减少还是维持不变？

5. *自我分类*。你认为你是自由派、温和派还是保守派？你认为你的家庭属于哪个社会阶级？你认为你是虔诚的教徒还是没有宗教信仰？

6. *知识*。上一届选出的市长是谁？这个都市中有多少比例的人是非白人？在这个国家中，拥有马克思的《共产党宣言》(*Communist Manifesto*）合法吗?

我们可以使用调查进行探索性、描述性或解释性研究。然而，在询问受访者的“为什么”问题（例如，你认为犯罪为什么会发生?）时，我们应该保持谨慎。[①] 这些问题可能会告诉我们人们的信仰和主观理解，但人们往往有不完整、错误或扭曲的观点。我们不希望混淆人们所说的或相信事情发生的原因与社会世界中的实际因果关系。

一、调查研究的历史

现代的调查可以追溯到古时候各种形式的人口普查。[②] *人口普查*是政府收集的有关一个地区全体人口特征的信息。例如，《土地调查清册》（*Domesday Book*）就是 1085 年至 1086 年征服者威廉（the Conqueror William）所进行的英格兰人口普查。早期的人口普查不是评估可以征税的财产，就是评估可以征召服役的年轻人口。随着代议民主政治的出现，政府官员利用人口普查的资料，以区域内的人口为基础，分配应选民意代表的席位，并为公共服务的改善拨款。

调查法在英美两国被用作社会研究，始于 19 世纪的社会改革运动。调查法帮助人们记录早期工业化所产生的城市状况和贫困。早期调查是描述性的，没有使用科学抽样或统计分析。例如，在 1851—1864 年之间，梅休（Henry Mayhew）根据与街头市民的谈话和日常生活的观察，出版了 4 卷本的《伦敦劳工与伦敦贫民》（*London Labour and the London Poor*）。随后的研究，布思（Charles Booth）的 17 310
卷本的《伦敦居民的劳动与生活》（*Labour and Life of the People of London*，1889—1902)，以及朗特

① 问“为什么”的问题需要特别的技巧。参见 Barton（1995）和 Wilson 等（1996）。

② 关于调查研究史在 Converse（1987），Hyman（1991），Marsh（1982：9 - 47），Miller（1983：19 - 125），Moser & Kalton（1972：6 - 15），Sudman（1976b），以及 Sudman & Bradburn（1987）中，都有所讨论。

里（B. Seebohm Rowntree）的《贫困》（*poverty*，1906）也在记录英格兰的城市贫穷。同样的研究亦见诸美国《1895 年赫尔之家的地图与报告》（*Hull House Maps and Papers of* 1895）与杜波依斯（W. E. B. DuBois）的《费城的黑人》（*Philadelphia Negro*，1899）等作品之中。

在 20 世纪早期，加拿大、英国和美国的社会调查运动将调查法作为定性社区实地研究的组成部分。社会调查运动是一个以行动为导向的社区研究项目，它采访人们并记录情况以获得社会政治改革的支持。到了 20 世纪 40 年代，实证主义的定量调查在很大程度上取代了早期的调查研究。

早期的社会调查是基于许多定量与定性资料，针对某个特定地区所进行的详细经验研究。它们的目标是让公众了解快速工业化的问题。有些早期社会调查的领导者——从事赫尔之家与殖民运动研究的凯利与亚当斯（Florence Kelly&Jane Addams）以及非裔的美国人杜波依斯——由于种族与性别歧视，都不在学术生活的主流范围内。凯利、亚当斯和杜波依斯由于当时的种族和性别歧视而难以获得正式的学术工作。这些早期的社会研究提供令人印象深刻的 20 世纪早期的社区日常生活图像。举例来说，1914 年出版的 6 卷本《匹兹堡调查》（*Pittsburgh Survey*）便是依据面对面的访谈，现有有关健康、犯罪和工伤的统计资料，以及直接观察记录撰写而成的。

到了 20 世纪 20 年代和 20 世纪 30 年代，研究者开始使用统计抽样方法，尤其是在《自由文摘》（*the Literary Digest*）（在第 8 章中讨论）停刊之后，他们创造了态度量表和指数（在第 7 章中已讨论）以更精确、定量的方式来衡量意见和主观信念。应用领域的专业人士（如农业、教育、卫生保健、新闻、营销、公共服务和慈善）采用了调查技术，以衡量消费者行为、公众意见和当地需求。

到了 20 世纪 30 年代，接受实证主义倾向的专业研究人员迅速取代了利用调查来记录当地的社会问题的社会改革者。专业的研究人员将自然科学的原理结合起来，力求使调查方法更加客观、定量和非政治性。在进步时代（1895—1915）结束后，许多学术研究者试图与社会改革政治保持距离。研究人员和大学之间为了地位、声望和资金的竞争加速了调查法的重新定位或实证主义的“现代化”。这一时期出现了几个调查研究中心：普林斯顿大学的公共意见研究办公室，伦西斯·利克特（Rensis Likert）领导下的美国农业部项目调查部门（你在第 7 章里读到过），和哥伦比亚大学的无线电研究办公室。一份致力于推广调查研究方法的出版物《公众意见季刊》（*Public Opinion Quarterly*）始于 1937 年。几个大型的私人基金会［卡内基（Carnegie）、洛克菲勒（Rockefeller）、塞奇（Sage）］资助了以定量和实证主义为导向的社会研究的扩展。[1]

调查研究在第二次世界大战期间，特别是在美国本土，得到急剧扩张。学院派社会研究者与产业界的实务工作者汇集在首府华盛顿特区，为大战做研究。调查人员得到了慷慨的资金和政府支持，以研究平民和士兵的士气、消费需求、生产能力、对敌宣传和轰炸效果。战争期间的合作致使学院派研究者和实务工作者相互学习，他们获得了进行大规模调查的经验。学院派研究者帮助实务工作者了解准确测量、抽样和统计分析，而实务研究者则帮助学院派研究者了解组织和进行大规模调查时实务层面的事宜。政府官员和企业高管看到了利用大规模调查信息的实际好处。学术社会科学家意识到他们可以增进对社会事件的理解，并用调查数据检验理论。

第二次世界大战后，许多政府调查研究机构都遭裁撤。这一部分是出于缩减成本的需要。再者，政
311 治保守派改革者可能会使用调查法来记录社会问题。他们担心，这些有关恶劣的待遇和环境的信息可能会被用来推进保守派反对的政策，比如帮助失业工人，或者在种族隔离的美国南方各州促进非裔美国人的种族平等。

战后，许多研究者回到大学，成立新的社会研究组织，比如 1947 年在芝加哥大学成立的国家民意调

---

① 参见 Bannister（1987），Blumer（1991a，1991b），Blumer 等（1991），Camic & Xie（1994），Cohen（1991），Deegan（1988），Ross（1991），Sklar（1991），Turner（1991）与 Yeo（1991）。也参见 R. Smith（1996）有关政治意识形态的冲突以及民间基金会是如何影响调查的研究。

查中心（National Opinion Research Center）。1949年利克特从农业部门出来在密歇根大学创立了后来的调查研究所（Institute for Survey Research）。

起初，大学对接受新的调查研究中心犹豫不决。调查研究不但费用过高，而且需要许多的人力。此外，传统的社会研究人员对定量研究持谨慎态度，对将一种在私营企业中流行的技术引入大学持怀疑态度。应用研究和以商业为导向的调查对象的文化与基础研究人员的学术文化发生了冲突，然而调查法的使用却在美国和其他发达国家迅速增加。到1948年，法国、挪威、德国、意大利、荷兰、捷克斯洛伐克和英国都先后设立了国家调查研究机构。[①]

包括调查研究在内的出版物在20世纪50年代到20世纪60年代加速发展。举例来说，在1939—1950年，发表在社会学期刊上的论文大约有18%是使用调查法。这个数字到了1964—1965年已上升到55%。在20世纪60年代，高等教育与社会科学领域的快速扩张，也刺激了调查研究的成长。在20世纪70年代，计算机第一次被使用，他们对大规模的定量数据集提供统计分析，数百名研究生学习了调查研究技术。[②]

20世纪70年代以来，定量调查研究已经大量出现在私人企业、政府和很多学术研究领域（如，传播学、教育学、经济学、政治学、公众健康、社会心理学和社会学）。专业的调查行业仅在美国就雇用了超过6万人。其中大部分是兼职工作者、助理或是半专业人员。大约有6 000名全职的专业调查研究者负责调查的设计与分析。[③] 韦斯伯格（Weissberg，2005：11）认为调查研究将成为一门独立于使用它的许多领域（如社会学、政治学、营销学）的学科。

专业从事教育、医疗、管理、市场营销、政策研究和新闻都使用调查研究。世界各地的中央与地方政府资助调查，以提供政策决定所需要的信息。私营部门的调查研究包括民意调查［例如，盖洛普（Gallup）、哈里斯（Harris）、罗珀（Roper）、扬克罗维奇（Yankelovich）和联盟（Associates）等］、市场调查［例如，尼尔森（Nielsen）、市场真相（Market Facts）和市场研究公司（Market Research Corporation）等］，以及非营利的研究机构［例如，马西马蒂卡政策研究中心（Mathematica Policy Research）、兰德公司（Rand Corporation）］。[④] 除此之外，调查研究也有几个专业组织。[⑤]

在过去的二十年中，研究者们对调查过程本身的研究越来越多，并发展出了关于调查访谈的沟通互动过程的理论。他们可以在问卷设计中明确视觉线索和其他线索的有效性，认识到问题措辞或排序的影响，根据社会需要进行调整，结合计算机相关技术，建立关于调查对象的合作或拒绝的理论。[⑥]

二、调查研究的逻辑

如第9章所述，在实验研究中，我们将少数人分成相等的组，检验一到两个假设，操纵条件使某些参

---

① 参见Scheuch（1990）对许多国家开展的全国调查的介绍。

② 参见Converse（1987，383－385），《美国统计学摘要》，以及Rossi等（1983：8）的论述。

③ 参见Rossi等（1983：10）。

④ 参见Bayless（1981）有关研究三角机构的讨论。

⑤ 包括美国民意研究协会（American Association for Public Opinion Research）的一些组织成立于1947年。美国调查研究组织理事会是美国商业民意调查公司的一个组织，世界民意研究协会是一个国际商业民意调查机构。参见Bradburn & Sudman（1988）。

⑥ 可参考Bishop等（1983，1984，1985），Bradburn（1983），Bradbur & Sudman（1980），Cannell等（1981），Converse & Presser（1986），Groves & Kahn（1979），Groves等（2000），Groves & Couper（1998），Hyman（1991），Groves等（2000），Groves & Couper（1998），Schuman & Presser（1981），Schwarz & Sudman（1992，1994），Sniderman & Grob（1996），Brodburn & Sudman（1983），Sudman等（1996）以及Tanur（1992）。

与者接受处理，并控制环境以减少对内部有效性的威胁（即混淆变量）。在实验结束时，我们得到了定量的数据，并比较了参与者对因变量的反应。调查研究遵循不同的逻辑。我们通常抽取许多回答相同问题的受访者。用这些问题测量许多变量，同时检验多个假设。然后从有关过去行为、经验和特征等问题中推论出时间的先后顺序。举例来说，受教育年限或被访者的种族发生在现在的态度之前。我们通过统计
312 分析变量之间的关联来确定因果关系。调查研究者在规划一项调查时，便预期可能出现的替代解释，并且对这些替代解释（控制变量）加以测量，然后用统计分析检验这些变量的效果，以排除其他可能的解释。调查研究通常被称为相关研究，因为研究者不像在实验中那样控制和操纵条件。在调查研究中，我们使用控制变量来统计近似实验者对混淆变量的物理控制。

进行调查的步骤

进行一项调查，研究人员先从一个理论或应用研究的问题开始。我们可以将调查研究中的步骤划分为如图 10.1 所示。在第一阶段，研究者先发展出一个测量工具——调查问卷或访谈提纲。受访者自行阅读问卷中的题目，据此回答。*访谈提纲*是一组由访问员读给受访者听的问题，访问员根据受访者提供的答案加以记录。为简化讨论，我将只使用*问卷*这一个名词来代表。

调查研究以演绎的方式进行。首先，我们将变量加以概念化，然后将每个变量操作化为一个或多个调查问题。这意味着我们需要写出题目并且不断加以改写，以求清晰、完整。一旦有了一组调查问题，我们就必须将它们组织在问卷上，并对问题进行分组和排序。我们的研究问题、受访者类型和调查类型（请参阅本章后面的调查类型）应该指导我们如何做到这一点。

假设你要进行一项调查。准备一份问卷时，事先需要考虑你准备如何记录和组织资料。你也应该用一小部分与最终调查结果相似的受访者对问卷进行小规模初步实验（或预调查）。如果会用到访问员，你必须要训练他们如何使用问卷。在预调查和受访者培训中，你需要询问受访者和访问员题目是否清晰，并探究他们对题目的解释，就此判断设计的题目含义是否明确清楚（参见本章后面“预调查和认知访谈”）。[①]

313 在这个阶段，你还需抽取受访者的样本。计划阶段完成之后，你就可以收集数据了。你必须亲自通过电话、邮寄或通过互联网找到抽样的调查对象，并为受访者提供完成问卷或访谈的指导。问题则通常遵循一个简单的刺激/反应或题目/答案的模式。你必须在受访者给出答案后立即准确地记录下来。当所有受访者都完成问卷，你也表达了对其参与的谢意后，你需要将这些资料组织起来，以便进行统计分析。

进行调查研究需要有良好的组织。调查研究可能相当复杂并且用到相当庞大的经费，也可能牵涉许多人与事和各个不同阶段的协调以及准确记录的保存。[②] 你必须记录每个受访者对每个问题的回答。为了完成这项任务，你应该给每位被抽到的受访者分配一个编号，并且在问卷上标注号码。

收集了所有的数据之后，需要审查个人问卷上的答案，存储原始的问卷，并且将问卷上的信息转变成计算机可读并可用作统计分析的格式。精细的簿记与标签是必不可少的。如果你粗心大意，你可能会丢失数据，或者最终得到毫无价值、不准确的数据。

在调查研究中，可能会出现错误或误差（见拓展方框 10.2：调查研究中误差的来源）。误差可能发生在抽样和受访者选择（在第 8 章中讨论）中、在创建调查问卷或访谈提纲中，以及处理和加工数据过程中。接下来，我们将研究当我们为调查问卷编写问题时应当避免的误差。

---

① 有关预调查技术的讨论参见 Bishop（1992），Bolton & Bronkhorst（1996），Fowler & Cannell（1996）以及 Sudma 等（1996）。

② 关于调查研究的管理，参见 Backstrom & HurshCesar（1981：38－45），Dillman（1978：200－281；1983），Frey（1983：129－169），Groves & Kahn（1979：40－78），Prewitt（1983），Tanur（1983）以及 Warwick & Lininger（1975：20－45，220－264）。

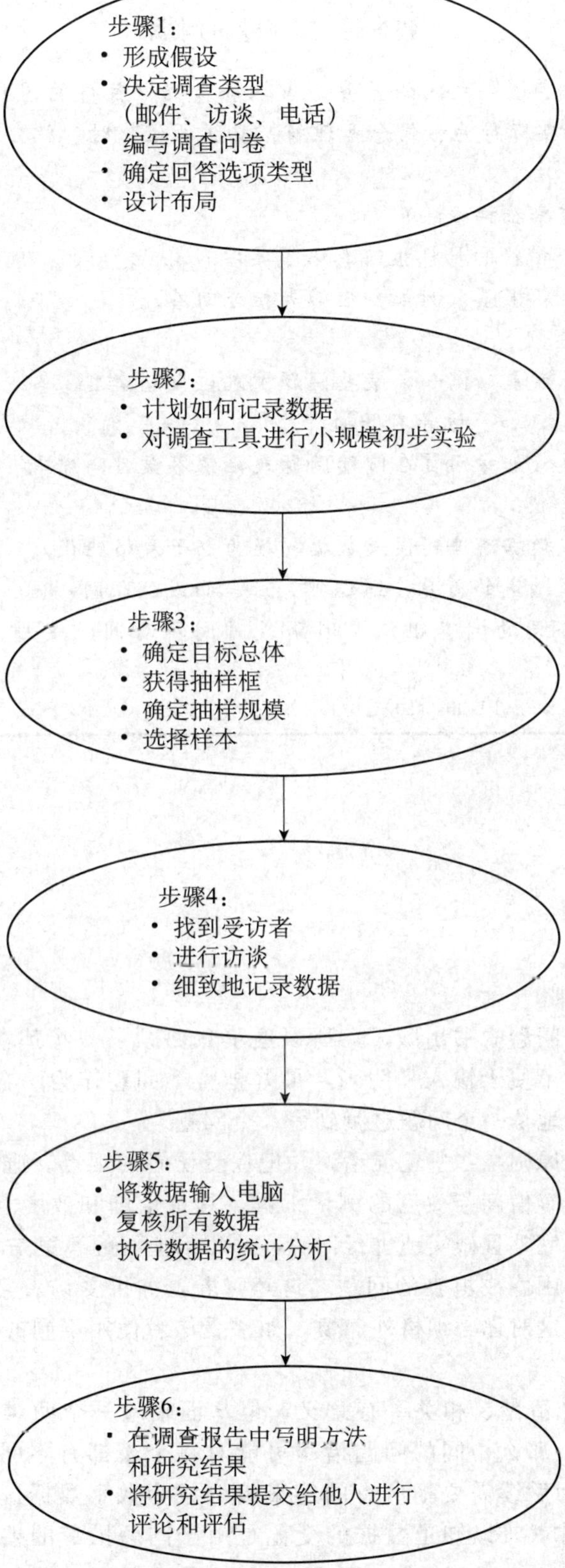

图 10.1　调查过程中的步骤

拓展方框 10.2

调查研究中误差的来源

误差是所获得的值与“真实值”之间的差异。当调查数据（获得的值）不能准确反映调查研究人员试图理解的总体中调查对象的实际行为、信念和理解（真正的值）时，就会出现这种情况。

1. 选择受访者中的误差。

a. 抽样误差（如采用非概率抽样方法）。

b. 涵盖误差（例如，一个糟糕的抽样框架忽略了某些人群）。

c. 抽样单位水平上的无应答误差（例如，应答者拒绝回答）。

2. 回答调查问题中的误差。

a. 针对调查项目的无应答误差（例如，某些问题被跳过或忽略）。

b. 受访者造成的测量误差（如受访者不仔细听）。

c. 访问员造成的测量误差（如访问员在阅读问题或记录答案时马虎）。

3. 调查管理的误差。

a. 调查后的误差（例如，数据清理错误或数据转换为电子表格错误）。

b. 模式效应（如调查方式造成的差异：通过邮寄、当面或互联网）。

c. 可比性误差（例如，不同的调查组织、国家或时间段对同一受访者在同一问题上形成不同的数据）。

资料来源：Weisberg（2005：10－28）and Willis（2005：13－17）.

三、构造问卷

（一）优质题目的撰写原则

已经有几十本关于写调查问卷的书出版了，所以这里只回顾了一些基本的内容。撰写优质的调查问卷涉及艺术和科学的结合。为了便于输入和明晰，最好把整个问卷作为一个完整的整体，在几句引言和说明之后，这些问题就能流畅地从一个问题过渡到另一个问题。

写好调查问卷的两个关键原则是：避免混淆，并记住受访者的观点。避免混淆说起来容易做起来难。314 好的调查题目提供给研究者具有信度与效度的测量工具。具有信度和效度意味着受访者应该迅速掌握你对每一个问题所预期的含义，完整且诚实地进行回答，并相信他们的答案是有意义的。

不要问那些让受访者感到困惑或沮丧的问题。这意味着，如果受访者是异质的，来自你不熟悉的生活环境，或是高于你的层级，这时你必须格外谨慎。如果受访者使用不同的词，或者以不同的方式思考，你必须保持警惕。

你希望所有的问题都同样清楚、相关、有意义，但却面临着一个两难的境地。如果受访者来自不同背景，有不同的参考框架，那么相同的问题措辞可能对每个人都有不同的含义，但你期望的是每个受访者获知相同的问题，因为后续需要把所有的答案组合成为数字数据进行分析。如果每个问题都是为每个受访者量身定制的，你就难以知道数据的变化是由于问题措辞的差异还是由于受访者之间的实际差异。

调查问卷的设计需要技巧、练习、耐心和创造力。当你写调查问卷的时候，你可以通过了解10件应该避免的事情来理解写作的原则。这里叙述的只包括经常遇到的潜在问题。[①]

1. *避免行话、俚语和缩略词*。行话与技术名词有许多形式。如水管工所说的*蛇*(snkes)[②]，律师提及的*坦率真诚*(uberrimafides)[③] 的合同以及心理学家大谈的*俄狄浦斯情结*。俚语是某个亚文化所使用的行话。例如，都市陋巷中流浪汉所说的*雪鸟*(snowbird)[④]，以及滑雪者所说的反脚（goofyfoot）[⑤]。专业人士或不同亚文化的成员可能对行话或俚语很熟悉，但只会让外行人士感到困惑。另外，避免使用首字母缩略词，同一个缩略词通常有很多含义。例如，我收到了来自中西部社会学协会（Midwest Sociological Society，MSS）的一封信。看看这个缩略词，你会发现 MSS 还指制造商标准化协会（Manufacturers Standardization Society）、海洋系统模拟器（Marine Systems Simulator）、医学学生协会（Medical Student Society）、明尼苏达州的洞穴协会（Minnesota Speleological Society），以及其他使用 MSS 缩略词的十几个协会。我属于一个专业协会，亚洲研究协会（Association for Asian Studies），简称 AAS。6 个其他的学术组织也使用相同的缩略词：美国天文学会（American Astronomical Society）、美国自杀学协会（American Association of Suicidology）、美国听觉学会（American Audiology Society）、美国宇航学会（American Astronautical Society）、美国古物学会（American Antiquarian Society），以及亚述学术协会（Assyrian Academic Society）。

当你调查公众时，你应该使用流行文化的语言（即在电视上或在当地报纸上出现的关于八年级阅读词汇的内容）。调查人员发现，受访者经常误解基本词汇，并对许多词感到困惑。例如，一项调查询问受访者是否认为电视新闻是公正的。研究人员后来发现，大量的受访者忽略了“公正”这个词，而研究人员假设每个人都知道这个词。不到一半的受访者理解了这个词的恰当含义，超过四分之一的人不知道它的意思，另一些人则赋予它特别的含义，十分之一的人所认为的含义与其真正含义完全相反。在另一个案例中，不到高中学历的四分之一的受访者（约占美国成年人口的 20%）不知道什么是阴道性交。[⑥]

2. *避免模棱两可、混淆和模糊不清*。模棱两可与模糊不清使大部分的题目设计者头痛不已。研究者们很容易做出可能让受访者感到困惑的隐含假设。举例来说，“你有多少收入?”这个题目可以指周薪、月薪或年薪，家庭收入或个人收入，税前或税后收入，今年或是去年的收入，仅指薪水或是指所有的收入来源。这种混淆会导致受访者对问题的回答不一致。如果研究者要的资料是去年的税前家庭收入，则应该明确地进行询问。许多受访者可能不知道这一点，但他们会告诉你他们每周的实得工资（见第 6 项，“避免问及超出受访者能力范围的问题”）。[⑦] 另一个模棱两可的状况是使用不明确的字眼或答案选项。举例来说，对于这个问题“你定期慢跑吗？是否”的答案系之于“*定期*”这个词的含义。有些受访者把 315
“*定期*”界定为每天，其他人的定义可能是一周一次。为了减少受访者搞不清楚状况的情形，从而得到更多的信息，应该尽可能使用明确的字眼——与其问“是否*定期*慢跑”，不如问“是否大约一天慢跑一次”“一星期数次”“一周一次”等（见拓展方框 10.3：改进不清楚的问题）。

拓展方框 10.3

改进不清楚的问题

这里有三个由经验丰富的专业研究者撰写的调查问题。他们在一次预调查后修订了最初的用词，该

---

① 类似的禁止事项，可参见 Babbie（1990：127 - 132），Backstrom & Hursh-Cesar（1981：140 - 153），Bailey（1987：110 - 115），Bradburn & Sudman（1988：145 - 153），Converse & Presser（1986：13 - 31），deVaus（1986：71 - 74），Dillman（1978：95 - 117），Frey（1983：116 - 127），Fowler（1984：75 - 86），Moser & Kalton（1972：318 - 341），Sheatsley（1983：216 - 217），Sudman & Bradburn（1983：132 - 136）以及 Warwick & Lininger（1975：140 - 148）的论述。

② 一种工具，细长而灵活的螺旋钻。——译者注

③ 拉丁语短语。——译者注

④ 指吸毒者。——译者注

⑤ 指右脚在前的滑行脚位。——译者注

⑥ Binson & Catania（1998），Foddy（1993）和 Presser（1990）。

⑦ Sudma & Bradburn（1983：39）认为，即使是简单的问题（例如，“你通常买什么牌子的软饮料?”）也会引起问题。对一个品牌非常忠诚的受访者很容易回答这个问题。

调查显示15%的回答者要求澄清问题或给出了不适当的回答（如：不知道）。正如你所看到的，提问的措辞是一门艺术，可以通过实践、耐心和预调查来加以改进。

初始问题	疑问	修订后的问题
你定期锻炼身体或者参加体育运动吗？	锻炼身体怎么来计数？	你定期进行运动或者兴趣爱好、身体活动或锻炼（包括散步）吗？
你每周吃黄油的平均天数是多少？	人造黄油是不是也作为黄油进行计算呢？	下一个问题有关黄油——不包括人造黄油。你每周有几天吃黄油？
（下面是有关鸡蛋的问题）典型的一天你要用多少份鸡蛋？	多少个鸡蛋算一份？什么是典型的一天？	你吃鸡蛋的那些天里，经常会吃多少个鸡蛋？

	回答问题的百分比		要求澄清的百分比	
	原题	修订题	原题	修订题
锻炼问题（回答“是”）	48%	60%	5%	0
黄油问题（回答“无”）	33%	55%	18%	13%
鸡蛋问题（回答“一”）	80%	33%	33%	0

资料来源：Survey questions adapted from Fowler，*Survey Research Methods*，Sage Publications. 1992.

3. *避免情绪化的语言和声望偏见*。文字有表面的意义，也有内含的意义。同样，在社会中，头衔和职位（例如，总统、专家）带有声望或地位。带有强烈情感内涵的词汇和与地位高的人有关的问题会影响受访者回答调查问题的方式。最好使用中性的语言，避免使用带有情感“包袱”的字眼，因为受访者的答案可能是针对带有情感的字眼，而不是议题本身。举例来说，“你怎么看待付钱给威胁要窃取爱好和平人民的自由的凶残恐怖分子?”这个题目就充满了情绪化的字眼，像“*凶残*”“*自由*”“*窃取*”“*和平*”。

当问题涉及一个非常有声望的人、团体或机构，而受访者对有声望的人或团体的感觉掩盖了他如何
316 回答问题时，就会产生**声望偏见（prestige bias）**。你不知道你是在衡量受访者对一个有名望的人的感觉，还是他们对这个问题的真实想法。例如，你会问：“大多数医生说吸烟会导致吸烟者的肺部疾病，你同意吗?”那些认为最好与医生意见一致的人可能会同意，即使他们个人不同意。

4. *避免复合问题*。这为了避免歧义性。你希望每个问题都是关于一个主题的。而**复合问题（double-barraled question）**是由两个或更多个题目混合而成的。举例来说，如果受访者被问道：“你的雇主是否提供养老金和医疗保险福利?”在一家提供医疗保险福利但不提供养老金的公司工作的受访者可以回答“是”，也可以回答“否”。听到“*和*”这个词并认为它的意思是“*和*”“*或*”的受访者将会回答“是”。而听到“*和*”并且认为这意味着“*两者都*”或“*以及*”的受访者将会回答“否”。在复合问题中，你不能确定受访者的意图。如果你想问两件事共同发生，那么就问两个独立的问题，每个题目对应着一个单独的问题。在数据分析中，你可以观察，对一个问题回答“是”的人是否对另一个问题的回答也是“是”。

5. *避免诱导性问题*。你总是希望受访者相信所有的选项都是同样合理的，永远不要让他们意识到你想要的答案。*诱导性的题目*（或*暗示性的题目*）是通过措辞用字，引导受访者选择某个答案而不是其他答案。诱导性题目有许多形式。举例来说，“你不抽烟，是吧?”这个题目就有诱导受访者回答他们不抽烟的倾向。

暗示性的题目可以引导受访者得到积极或消极的答案。举例来说，“市长应该花更多纳税人的钱，使道路保持最佳状态吗?”会诱导受访者回答不同意，而“市长是否应该拨出资金来修复那些已经变得危险、迫使司机进行昂贵维修的有坑坑洼洼的街道?”会引导受访者回答同意。

6. *避免问及超出受访者能力范围的问题*。问一些受访者不知道的事情会造成困惑、沮丧和不准确的回答。受访者并不是总能记起过去事情的细节，而且可能根本就不知道某些特定的事实信息。例如，询问一位40岁成年人“你6岁时，对自己的兄弟有何感觉?”可能毫无意义，就像在问一个受访者不知道的问题（例如，外交事务中的技术问题或一个组织的内部政策问题）一样。受访者可能会给你一个答案，

但这个答案并不可靠，也毫无意义。当许多受访者不太可能知道某个问题时，可以使用特殊的问题格式（我们将在本章后面进行讨论）。

借助受访者的思考模式来重新组织题目。例如，很少有受访者能够回答“去年你的车加了多少加仑的汽油?”但受访者或许能回答他在一周中加了多少加仑汽油的题目。有了这个答案，就可以通过计算估算出受访者 1 年的购买量。[①]

非常清晰地提问能减少受访者误差。清晰的问题有内在的线索，使差异明确。例如，与其问：“你给过去婚姻中你的孩子付钱了吗?”不如问：“你是否支付子女抚养费?”对于肯定的答案，可以接着问：“除了抚养费，你还付了赡养费吗?”“你有其他的财务责任，如支付医疗保险、学费、按揭或租金吗?”[②]

7. *避免错误的前提*。如果你以受访者不同意的前提开始一个问题，并提供了选择，受访者可能会感到沮丧，而且不知道该如何回答。大约两年前，我遇到了一个有错误前提的问题，但它不是在一个调查中。我在航空公司停止提供免费空中小吃后不久，坐了一次飞机。一个乘务员递给我一份可选择的小吃并且问我：“你想用现金支付还是信用卡?”我犹豫了一下，然后意识到这是一个计谋，目的是让我为一 *317*
份我不喜欢的而且可选择的小吃买单。我回答说“都不”然后很快地拒绝了。在这个场景下，错误的前提是我想要买这份小吃。我对这个前提有些恼火。显然，这个错误的前提也激怒了其他人，因为六个月后，航空乘务员不再试图诱骗乘客去买这些小吃。

8. *避免询问有关遥远的未来的打算*。避免询问人们在假设的情况下，他们可能会做的事情或决定。诸如“假如街尾开了一家杂货店，你会到那儿买东西吗?”之类的题目，这是白费功夫。最好是询问当前或最近的态度与行为。对于明确的、具体的和相关的问题，受访者给出的答案比那些与直接经验无关的问题的答案更可靠。

9. *避免双重否定*。双重否定在一般用语中，不是造成文法错误就是容易引起混淆。例如，“我并非一个工作机会都没得到”，语法和逻辑上意指受访者有一份工作。有些人将第二个否定用以强调。这种赤裸裸的错误是很少见的，但是更复杂的双重否定形式会把人搞得糊里糊涂。它们发生在要求受访者回答同意或不同意时。举例来说，你会问：“你同意还是不同意学生不应该被要求参加综合考试才能毕业?”这句话令人困惑。不同意是双重否定；它是指*不同意不*做某事。你应该让问题简单明了。

10. 避免重叠和不平衡的选项分类。应使选项类别或选择互斥、穷尽且达到平衡（在第 7 章中可以了解互斥和穷尽的属性）。互斥是指回答类别不会重叠。数字重叠的答案很容易就可以修正（例如，5～10，10～20，20～30 修改为 5～9，10～19，20～29）。文字选项的模棱两可是另一种类型的答案重叠。举例来说，“你对现在的工作感到满意吗？或有什么令你不满意之处吗?”假设我对我的工作总体上满意，但对有些特别的事情不满意。穷尽是指每个受访者都有一个选项可以回答。例如，问受访者：“你在工作，还是处于失业?”就会忽略那些没有工作也没有失业的受访者，比如全职家庭主妇、度假的人、全日制学生、永久残疾且无法工作的人，以及退休的人。为了避免这些问题，首先要认真考虑你真正想要测量什么，并考虑所有可能的受访者的情况。举例来说，当询问受访者有关就业的问题时，你想获知的是关于主要工作或所有工作的信息，关于全职工作或全职和兼职工作的信息，还是关于有偿工作或无偿或志愿工作的信息?

使回答选项的类别保持平衡。不平衡的类别产生了一种引导问题。“市长工作做得如何？杰出的、出色的、很好的、令人满意的?”是一个不平衡的选择。另外一种类型的不平衡题目忽略了某些信息，例如：“五个市长选举候选人中你支持哪一个？奥斯韦戈（Eugene Oswego），还是其他任何一位?”

研究者可以通过提供相反的两端来平衡答案。很显然，单词“诚实”和“不诚实”有不同的意义和

---

① 参见 Schaeffer（2000）和 Sudman 等（1996：197－226）。

② 见 Dykema & Schaeffer（2000）。

内涵。让受访者评价市长是高度诚实、有点诚实、不太诚实，与让受访者评价市长是非常诚实、有些诚实、既不诚实也非不诚实、有些不诚实、非常不诚实，是不一样的。提问的方式可能会让你对人们的想法获得不同的看法。除非有特殊的目的，否则最好在一个连续体的两端，均等地给受访者提供相反的两极（见表10.1）。①

（二）帮助受访者回想

我们经常想问受访者关于过去的行为或事件。受访者在回答调查问题时的准确回忆能力各不相同。②准确回想要消耗受访者比花三两分钟填答一份调查问卷更多的时间与精力。再者，一个人准确回想的能力随着时间的增长而减弱。虽然大部分的受访者能够准确回想起过去两周内发生的重要事件，但很少有

318 人能准确回想起两年前发生的小事件。

表10.1 调查问题编写的易犯错误总结

要回避的事情	不够优质的题目	可能的改进
行话、俚语、缩略词	直到你完全喝爆前，你昨晚在酒里泡了多久？	昨晚你喝了多少啤酒？
模棱两可、混淆和模糊不清	你经常出去吃饭吗？	在典型的一周中，你有多少次离家在饭馆、自助餐厅或者其他餐饮场所吃饭？
情绪化的语言和声望偏见	备受尊敬的格雷斯委员会文件称：令人震惊的350亿美元的税收被完全浪费在卑鄙的政府采购行为、糟糕的管理、财政赤字、“不完善”的合同管理、个人滥用职权以及其他挥霍行为上。对您来说，减少政治拨款支出和消除政府消耗是最优先考虑的事吗？*	国会采取措施减少政府浪费对你来说有多重要？ 非常重要。 有些重要。 无所谓。 有些不重要。 一点也不重要。
复合问题	你支持还是反对提高社会保障救济金和增加军费开支？	你支持或反对提高社会保障救济金吗？ 你支持或反对增加军事开支吗？
诱导性问题	你是否履行了爱国义务，在上次选举中投票给市长？	你是否在上个月的市长选举中投票？
超出受访者能力范围的问题	两年前，你每个月看多少小时电视？	在过去的两周里，你一天花在看电视上的时间有多少小时？
错误的前提	什么时候你停止打你的女/男朋友？	你曾经掌掴、拳击或殴打过你的女/男朋友吗？
遥远的未来的打算	在你大学毕业、找到工作且定居后，你会投资很多钱在股票市场吗？	在近两个月你有确定的计划投资股票市场吗？
双重否定	你不同意那些不想建立一个新的城市游泳池的人的观点吗？	这里有一个建立新的城市游泳池的方案，你是否同意这个方案？
重叠和不平衡的选项分类	你发现我们的宾馆服务是非常好、很好、优良还是好？	请评价我们宾馆的服务等级：非常好、很好、一般或差。

注：*表示从我在1998年5月收到的国家共和议会委员会（National Republican Congressional Committee）的邮寄问卷中节选的真实问题。这同样也是个双重问题。

319 调查研究者承认，记忆比我们假设的更不可靠。影响记忆的因素有很多：主题（带有威胁性的或是社会期望的）、同时发生的或是随后发生的事件、该事件对个人的重要性、情境状况（问题的用字措辞和访谈的类型），以及受访者对内部一致性的需要。此外，回想（如，家乡镇长叫什么名字）比认知（如，看一组名字，然后辨识家乡镇长的名字）困难多了。

要求受访者回想会涉及许多复杂问题，但这并不等于调查研究者不可以问及过去的事件。我们必须

---

① 关于连续体的使用，见 Ostrom & Gannon (1996)。

② 参见 Abelson & associates (1992)，Auriat (1993)，Bernard 等 (1984)，Croyle & Loftus (1992)，Gaskell 等 (2000)，Krosnick & Abelson (1992)，Loftus 等 (1990)，Loftus 等 (1992)，Pearson & Dawes (1992)，Sudman 等 (1996) 和 Weisberg (2005：76－81，127)。

专门为此目的编写调查问题，并谨慎地解释结果。为了提高回忆效果，我们应该给予受访者更多的说明与更多的思考时间。可以帮助受访者进行回想，例如，一个确定时间框架或是位置参考。不要问“你去年冬天多久参加一次体育赛事?”而应该问：“我想知道你去年冬天参加了多少次体育赛事，让我们一个月一个月地回想。去年12月你是否购票参加过任何一场体育赛事？现在回想1月，1月份你去参加过收费的体育赛事吗?”（见实例方框10.1：在调查中如何测量看电视的程度）

实例方框 10.1 在调查中如何测量看电视的程度

普赖尔的两项研究（Prior，2009a，2009b）说明了使用回想型调查问题来测量看电视的困难程度。我们测量媒体使用的主要方式是在调查中进行自我报告。在过去的10年里，近50个主要学术期刊的研究使用了媒体使用情况的调查自我报告作为数据。不幸的是，人们不能准确地进行回忆，并且在调查中会过分夸大媒体的使用情况。过去一周看电视新闻的自我报告比媒体公司尼尔森（Nielsen）根据其内置的使用监控技术所得结果高出三倍。虽然大多数人口统计群体都被高估了，但普赖尔发现，在18～34岁年龄组数据的高估程度最高。在这个年龄段，大约有35%的人说他们每天都看电视新闻，但是尼尔森的技术显示只有5%的人确实如此。即使是更准确的年长年龄组，也高估了2倍。普赖尔从受访者在调查中如何回答的相关文献中发现三种对调查中不准确回想行为的解释：“满意”“有缺陷的估计”和“社会期许”。“满意”这个词描述的是人们由于缺乏动力或没有足够努力去寻找记忆而导致回想不准确。当人们不使用好的记忆搜索策略来回想时，就会产生错误的估计结果。社会期许指的是人们报告他们认为是社会上的适当或规范的答案。在一系列的调查问卷格式的实验中，普赖尔发现很少有人支持“满意”或“社会期许”，至少在电视新闻回忆方面是这样。即使给他们额外的时间思考，告诉他们答案很重要，问第二次时，人们也会夸大其词。当人们被告知有多少人看电视新闻时，他们会戏剧性地改变答案，以保持一致。然而，当给予回想一些帮助，极端夸大的情况会减少。当人们得到一个“锚”或一些额外的事实信息以帮助他们回想时，他们的估计会有所提高。受访者被问到：“下一个问题是关于CBS、ABC和NBC的晚间全国网络新闻。这与你居住地区的当地新闻节目不同，也不同于有线电视新闻频道。如CNN或福克斯新闻频道。过去一周，你多少天在电视上看了全国网络新闻?”一组受访者听取了下面的开场白：“近期，电视新闻观众减少了很多。在一个典型的工作日的晚上，不到十分之一的美国人会观看全国网络新闻。”听到这段介绍性陈述的受访者花了更长的时间回答问题，并且给出了更低的观看新闻的报告。普赖尔的研究表明，如果受访者有更多的时间来回答问题，并且在回想的过程中得到帮助，他们可能会在调查问题中给出更准确的回忆。 320

当被问及过去的事情时，受访者往往会**压缩（telescope）**时间。回忆事件的发生要比真实时间早（向后压缩）或晚（向前压缩）。有几种方法可以减少压缩（见拓展方框10.4：四种减少压缩的方法）。

拓展方框 10.4

四种减少压缩的方法

1. *情境框架*。要求受访者回想某个特定的情境，然后再询问有关细节（“请告诉我你结婚那天发生了哪些事件?”）。

2. *解构*。询问受访者多个特定事件，然后再把每个事件的答案加总起来（“上个星期你从自动售货机买东西了吗？那么再上一个星期你买过吗?”）。

3. *标定*。询问受访者某件事是发生在重大事件之前还是之后（“这是2010年6月大地震之前还是之后发生的?”）。

4. *有界限地回想*(追踪调查)。询问受访者上次访谈后发生的事情（“我们上次谈话是在两年前；从那时起，你做过什么工作?”)。

（三）真实的回答

关于敏感话题的问题。我们有时会问及一些敏感性的话题，或是受访者觉得对自我形象有威胁的议题。它们包括有关性行为、吸毒或酗酒、心理健康、违法行为或不受社会欢迎的行为等问题。[①] 受访者不愿意完全如实地回答此类题目。因此，为了询问这些问题，我们调整了询问的方式，而且对结果要尤其谨慎（见表10.2)。

表 10.2　　威胁性题目与敏感性话题

话题	非常不安的比例
手淫	56%
性行为	42%
使用大麻	42%
使用兴奋剂和镇静剂	31%
喝醉	29%
爱抚与亲吻	20%
收入	12%
和朋友赌博	10%
喝啤酒、葡萄酒或烈酒	10%
快乐和幸福	4%
教育	3%
职业	3%
社会活动	2%
一般休闲	2%
体育活动	1%

资料来源：Adapted from *Improving Interview Method and Questionnaire Design*. Bradbum and Sudman. 1980. JosseyBass. ISBN 10：087589402X.

敏感性话题中的题目是自我保护这个较为广泛主题的一部分。大多数受访者都努力向别人展示自己的积极形象。我们可能会感到羞愧、尴尬，或害怕给出真实的答案，或可能会发现诚实地面对我们的行为在情感上是痛苦的，更不用说向别人承认它们。当这种情况发生时，我们会低估我们希望隐藏或认为违反社会规范的行为或态度。人们可能会少报自己感染的某种疾病或残疾（例如，癌症、心理疾病、性病)、从事的非法或越轨行为（例如，漏税、吸毒、饮酒、从事不正常的性行为）或较少披露其经济状况(例如，收入、存款、债务)。

我们可以通过四种方式增加对敏感话题的诚实回答：创造舒适和信任、使用强调的措辞、建立一个不敏感的语境、使用匿名提问方法。下面将进行逐一论述。

1. *创造舒适和信任*。在提出问题之前建立信任和舒适的环境。在开始访谈之前，我们可以明确地重
321 申匿名和保密的保证，并强调需要从受访者那里得到诚实的回答。我们也可以问一些敏感的问题，只不过需要在“热身期”之后，即，问一些不具威胁性的问题并创造出信任和舒适的感觉。

① 参见 Bradburn (1983)，Bradburn & Sudman (1980)，Sudman & Bradburn (1983) 关于威胁或敏感问题。Backstrom & Hursh-Cesar (1981：219)，Warwick & Lininger (1975：150－151) 也提供了有用的建议。Fox & Tracy (1986) 讨论了随机回答技术。也见 DeLamater & MacCorquodale (1975) 关于测量性行为和 Herzberger (1993) 关于敏感话题的讨论。

2. *使用强调的措辞*。修改问题措辞以减少威胁。例如，你可以问"你是否曾经入店行窃过?"这一问题带有控诉的语气，并使用了带有情感色彩的词"入店行窃"，而这是一种违法行为。你也可以这样问："你有没有从商店里拿过东西而不付钱呢?"这只描述了行为，避免使用情感性的词汇，并留下了在可接受的条件下发生的可能性（例如，意外忘记支付）。

3. *建立一个不敏感的语境*。我们还可以通过提供不敏感的环境信息来减少威胁，以使受访者诚实地回答敏感话题变得更容易。一种方法是首先询问比我们真正感兴趣的行为更严重的行为。例如，一个受访者可能会犹豫是否回答关于入店行窃的问题，但是如果回答了关于一长串严重犯罪的问题（例如，持械抢劫、入室盗窃），它就会显得不那么严重，此时我们可能会得到诚实的回答。

4. *使用匿名提问方法*。提问形式对受访者如何回答敏感问题有很大影响。那些允许增加匿名性的形式，如自填调查问卷或基于网络的调查与像面对面访谈那样需要与他人互动的形式相比，会增加对敏感问题的诚实回答的可能性。①

电脑辅助个人自填问卷调查（computer-assisted self-administered interviewing，CASAI）和**电脑辅助个人访谈（computer-assisted personal interviewing，CAPI）**等技术创新使受访者具有一定程度的匿名性。CASAI通过让受访者在电脑屏幕上阅读问题或者用耳机听问题来进行"采访"。受访者通过移动鼠标或在键盘上打字来应答。即使当访问员或其他人出现在同一个房间里，受访者也与人的接触处于半隔绝状态，只与自动化系统互动。在CAPI中，受访者使用笔记本电脑，而访问员可以帮助或回答问题。受访者会在耳机上听到问题，并且/或在屏幕上阅读，在没有访问员直接观察的情况下输入答案。在完成以电脑为基础的访谈时，受访者似乎认为即使其他人在场，他们也有隐私。②

在面对面访谈情形中，询问具有威胁性题目的一项复杂发明是**随机化应答技术（randomized response technique，RRT）**。这项技术所使用的统计超出了本书的讨论范围，但与本章开篇关于女性总统候选人中所描述的方法相似。其基本思想是使用已知的概率去估计未知的比例。下面是RRT操作过程。访问员向受访者给出两个题目，一个是带有威胁性的（例如，"你吸食海洛因吗?"），另一个是不具威胁性的（例如，"你是九月出生的吗?"）。用随机的方法（例如，抛硬币，用正面表示海洛因问题，用反面表示生日问题）来选择要他回答的题目。访问员并不知道选出的是哪个题目，只是记下受访者的回答（是或否）。通过使用有关随机结果的概率知识（例如，九月出生的人的百分比），我们可以估计敏感的频率。

我们希望得到对敏感话题的如实回答，并希望减少受访者给出不诚实的社会可接受的答案的可能性，这一点正如本章开头所述。然而，**社会期许偏差（social desirability bias）**非常普遍。当受访者为了符合流行的社会规范而扭曲答案时，就会出现这种情况。人们倾向于夸大自己的文化涵养（例如，阅读、参加文化活动）、捐钱给慈善机构、拥有美满的婚姻生活和良好的亲子关系等。一项研究发现，在一次调查中，回答给地方慈善机构捐过钱的人中有34%的人实际上根本没有捐过款。③ 因为规范要求个人在选举中投票，所以许多人在没有投票的时候就报告已经投票。在美国，那些承受着最大压力的人（即那些曾被一个敦促他们投票的组织联系过的受过高等教育、支持某个政治党派、宗教信仰强烈的人）最有可能夸大投票结果。这种对投票的错误表述"严重扭曲"了基于自我报告调查数据的投票研究（Bernstein，et al.，2001：41）。 322

减少社会期许偏差的一种方法是，用让违反规范的行为看起来不那么令人反感的方式来表述问题，或者给受访者提供"保全面子"的选择。他们还能提供多种回答，这些回答给了回答者"保全面子"的选择。举例来说，贝利和他的同事（Belli，et al.，1999）通过在他们的投票问题中加入诸如"许多人因为没有登记、生病或没有时间而无法投票"这样的陈述，减少了对投票的夸大，并容许受访者"保全面

① 关于调查格式和诚实回答的研究，请参阅Holbrook等（2004），Johnson等（1989），Schaeffer & Presser（2003：75）和Tourangeau等（2002）。

② 参见Couper等（2003），DeMaio（1984）和Sudman & Bradburn（1983：59）。

③ 更多关于具有威胁或敏感主题和计算机辅助技术的调查，见Aquilino & Losciuto（1990），Couper & Rowe（1996），Johnson等（1989），Tourangeau & Smith（1996）和Wright等（1998）。

子”。他们提出四种回答选项：“我在11月5日的选举中没有投票，我考虑过投票但是没有投票，我一般都投票但是这次没有投票，我确定我在11月5日投过票。”只有最后一个答案清楚地、不含糊地指出人们的投票情况。以这种方式表达，更多的人承认他们没有投票。

知识性问题。研究指出，大多数的民众无法正确地回答出基本的地理问题，不能说出他们选出的领导人的名字，或是确认重要的政治文件（例如，《独立宣言》）。如果我们用知识性问题来了解被调查者知道什么，我们需要小心，因为受访者可能会由于不想显得无知而撒谎。[1] 知识性问题是重要的，因为它们涉及了人们做出判断和形成意见的基础，并告诉我们，人们是否基于不准确的信息而形成观点。

纳多和他的同事（Nadeau，et al.，1993）发现，大部分的美国人严重高估了少数族裔占总人口的比例。只有15%（正负6个百分点）的美国成年人准确地答出非裔美国人占美国总人口的12.1%。有超过一半的人认为这个比例超过30%。同样，犹太人占美国总人口的3%左右，但是大多数的美国人（60%）却认为这个比例是10%。一项由西格尔曼和尼米（Sigelman & Niemi，2001：93）做出的后续研究发现，和其他受访者一样，“非裔的美国人自身至少也高估了黑人人口”。认为黑人人口占美国人口一半的非裔美国人（大约30%）是如此认为的白人（15%）的两倍。显然，许多美国人对他们国家的真正种族构成有一种扭曲的看法。

种族问题并不是唯一一个公众有歪曲认识的问题。例如，当我们向美国人询问政府对外国援助的支出时，很大一部分人会说它太高了。然而，如果我们问他们的政府应该在外国援助上花多少钱，人们报告的金额实际上比政府目前的支出要多。这种情况造成了一个两难的局面。如果我们以一种方式询问这个问题，我们会发现公众说支出太高了，但是如果我们以另一种方式来询问，我们发现公众（间接地）说它比应该的支出要低。这样的困境并不是外国援助问题所独有的。在许多问题上，如大学费用、医疗保健计划、对穷人的援助等，受访者都提供了支持或反对某个问题或政策立场的意见，但如果我们以不同的方式询问他们，他们的立场就会发生逆转。

这一困境并不意味着我们不能通过调查获得对公众意见的有效测量。这提醒我们，社会生活是复杂
323 的，撰写优质的调查问卷来了解人们的想法需要努力和勤奋。如果我们漫不经心地进行询问，我们可能会得到一个表面的、没有经过认真考虑或基于不准确的知识的观点。或者，我们得到的观点可能不过是受访者鹦鹉学舌、拾人牙慧而已，即来自邻居说过的话或电视宣传中听到的“原声片段”。

你可能认为，对国家的种族构成或外国援助支出的看法不准确，是因为这些信息超出了人们的日常生活经验，但人们也可以对生活在他们家中的人的数量给出不准确的答案。这不是由于无知，而是来自他们日常生活的复杂性。有些人不会将边缘人（例如，离开了一周的男朋友、因怀孕争吵后离家出走的成年女儿，或者是在金钱纠纷后离开的叔叔）报告为家庭成员的一部分。然而，这种边缘人可能没有另一个永久住所。如果我们问他们住在哪里，他们会说他们仍然住在那些没有将他们包括在内的家庭里，而且他们打算回到之前的家庭中。[2]

我们的调查研究目的是获得准确的信息（即，对人们真正的想法、行为或感觉的一个有信度和效度的测量）。预调查问题（本章稍后讨论）有助于实现这一点。它揭示的是问题是否处于适当的难度。如果99%的受访者回答不了这个问题，那么我们就没有什么收获。我们必须用言辞表达问题，如此才会放心地说他们不知道答案。例如，“如果有的话，你在多大程度上听说过？”

我们可以用一个受访者不可能知道答案的**测谎题（sleeper question）**来检查受访者是否夸大了他们的知识程度。例如，在一项确定哪些美国民权领袖被受访者认可的研究中，研究人员添加了一个虚构人物的名字。这个人被15%的受访者所“认可”。这意味着15%的受访者“认可”的实际领导人可能是不明身份的。另一种方法是问受访者一个开放式的问题，比如在他们认出一个名字后，问他们：“你能告诉我关

---

① 关于知识问题的讨论，见Backstrom & Hursh-Cesar（1981：124－126），Converse & Presser（1986：24－31），Sudman & Bradburn（1983：88－118）与Warwick & Lininger（1975：158－160）。

② 关于“谁知道谁住在这里？”可能会很复杂，参见Martin（1999）和Tourangeau等（1997）。

于这个人的什么吗?”(见后文“开放式与封闭式问题”)

相倚问题。有些问题只适用于特定的受访者，研究者应当避免询问与受访者无关的题目。**相倚问题 (contingency question)**(有时也被称为分支问题或*跳过*问题)由两个(或两个以上)部分的题目组成。[①] 问题的第一部分的答案决定了接下来应该问受访者两个不同问题中的哪一个。相倚题目筛选出适合回答第二个问题的受访者。根据第一个问题的答案，受访者或访问员依照指示跳到另一个题目或跳过特定的题目。(见拓展方框 10.5：相倚问题的实例)

(四) 开放式与封闭式问题

开放式和封闭式调查问题的优点得到研究人员的积极讨论。[②] **开放式问题 (open-ended question)**(无结构性、自由填答)所提问的(例如，“你最喜欢哪一个电视节目?”)是受访者可以给出任意答案的问题。**封闭式问题 (closed-ended question)**(结构化、有固定答案的)所问及的问题提供一个固定的答案选项集供受访者从中选答(例如，“照你看来，总统的工作做得很好、好、普通还是不好?”)。这两种题目形式各有利弊(见表 10.3)。在此，关键的议题不是哪种题目形式最好，而是在某个情况下哪种题目形式最适用。你对开放或封闭问题的选用，取决于研究的目的与实际的限制。使用开放式题目需要访问员逐字记录，然后还要耗费大量时间加以编码，这对很多研究来说可能不切实际。 324

拓展方框 10.5

相倚问题的实例

问题版本 1(非相倚问题)

在过去的一年中，当你坐在汽车后座上时，你使用安全带的频率是多少?

问题版本 2(相倚问题)

在过去，你有没有坐过汽车后座?

没有 [跳到下一个问题]

有→当你坐在后座上时，你使用安全带的频率是多少?

结果	总是使用	从不使用
版本 1	30%	24%
版本 2	42%	4%

在试调查中，研究人员发现，许多在版本 1 中回答“从不使用”的受访者没有坐过汽车后座。版本 1 产生了歧义，因为从来没有坐过后座的受访者和那些坐过后座但没有使用安全带的受访者都回答“从不使用”。而版本 2 使用相倚问题形式澄清了这一问题。

资料来源：Adapted from Presser，*Evaluating Survey Questionnaires*，Hoboken，NJ：Wiley.(2004). Reprinted by permission of John Wiley & Sons，Inc.

大规模的调查使用封闭式的题目，因为对受访者与研究者来说，它执行起来都较为快速也较容易处理。然而，当受访者被迫用研究者所创造的寥寥数个预先确定好的答案来表达他的信念和感受时，很多重要的信息可能因此而遗漏。要想知道受访者如何思考、发现对受访者来说真正重要的事物，或者对于

① 在 Babbie (1990：136-138)，Bailey (1987：135-137)，deVaus (1986：78-80)，Dillman (1978：144-146) 和 Sudman & Bradburn (1983：250-251) 中讨论了相倚问题。

② 关于开放式和封闭式问题的进一步讨论，见 Bailey (1987：117-122)，Converse (1984)，Converse & Presser (1986：33-34)，deVaus (1986：74-75)，Geer (1988)，Moser & Kalton (1972：341-345)，Schuman & Presser (1979；1981：79-111)，Schuman & Presser (1983：149-155) 与 Warwick & Lininger (1975：132-140) 的论述。

有许多答案类别的问题（如年龄）来说，开放式题目是最好的题型。

在问卷中混合使用开放式与封闭式题目可以减少只用一种题目类型的缺点。混合使用两种类型的题目也可以改变访问步调，有助于访问员建立与受访者间的融洽的关系。使用封闭式问题进行定期追问（即访问员的跟进问题，稍后讨论），可以揭露受访者的推理模式。让访问员定期地使用追问来询问受访者的想法可以检查受访者是否如你所期望的那样理解问题。但是，追问不是撰写明晰的问题或为受访者创建一个理解框架的替代品。如不仔细规定，追问可能会影响受访者的回答或者为没有观点的受访者获取答案，但是，灵活的或对话式的访谈（在本章后面讨论）是鼓励进行多次追问的。举例来说，“你上周做了任何挣钱的工作吗?”一个受访者可能犹豫后回答“是的”。访问员追问：“你能告诉我你所做的确切工作吗?”受访者可能回答说：“星期二和星期三，我花了几个小时帮我的好友约翰搬家到他的新公寓。为此他给了我40美元，除此外我没有做其他工作或者任何付薪的活。”如果你的目的是只得到正式雇佣的报告，那么这个追问就揭示出了受访者的误解。我们还可以使用**半开放式问题（partially open question）**（即，最后选项为开放选项“其他”的一组固定选项），它允许受访者提供一个固定选项之外的答案。

完全依赖封闭式题目可能会得到扭曲的结果。举例来说，一份研究比较开放式与封闭式问题（“什么
325 是国家现在面临的主要问题?”）发现，根据问题的形式，受访者将不同的问题列为最重要的问题。诚如舒曼与普雷瑟（Schuman & Presser，1979：86）所说，“几乎所有的受访者都是就调查者所提供的优先排序框架做排列组合，*无论这个框架是否符合受访者本人的优先排序*”。另一个研究分别以开放式与封闭式题目来询问受访者有关工作中什么是最重要的事物。有半数回答开放式版本的受访者，所给予的答案完全不在封闭式问题所列出的选项之中。

表10.3 封闭式问题与开放式问题

封闭式问题的优点
- 更容易也更快地被受访者回答。
- 不同受访者的回答更容易比较。
- 答案更容易编码和统计分析。
- 回答选项可以明确问题对受访者的意义。
- 受访者更有可能回答敏感话题。
- 少有不相关或困惑答案的问题。
- 表达能力较差或文化程度较低的受访者并不处于劣势。
- 容易回答。

封闭式问题的缺点
- 可以提出一些受访者原本不会有观点。
- 没有观点或知识的受访者无论如何都可以作答。
- 受访者可能会感到沮丧，因为他们期望的答案不在选择之列。
- 如果提供了许多（例如，20个）答案选项，就会令人困惑。
- 对一个问题的误解可能会被忽视。
- 受访者的回答之间的区别可能是模糊的。
- 可能会出现笔误或错误回答。
- 迫使受访者对复杂问题做出简单回答。
- 迫使受访者做出在现实世界中不会做出的选择。

开放式问题的优点
- 允许无限个可能的答案。
- 受访者可以进行详细的回答，并可以限定和澄清回答。
- 可以帮助我们探索意想不到的发现。
- 允许对复杂问题做出充分的回答。
- 允许创造力、自我表达以及丰富的细节。
- 揭示了受访者的逻辑、思维过程和参照系。

开放式问题的缺点
- 不同的受访者在回答中给出不同程度的细节。
- 回答可能是不相关的，或者隐藏在无用的细节中。
- 难以进行比较和统计分析。
- 难以对回答进行编码。
- 口齿伶俐、文化程度高的受访者具有优势。
- 对于迷失方向的受访者来说，问题可能过于笼统。
- 答案是逐字逐句记录下的，这对访问员来说存在困难。
- 必要增加应答时间、思考和精力。
- 受访者可能会被问题吓到。
- 答案在问卷中占了很大的空间。

研究的早期或探索阶段，开放式问题尤其有用。对大规模的研究而言，研究者在试调查中使用开放
326 式问题，之后便依照所得到的答案开发封闭式题目。

研究者制作封闭式问题时，要做许多决定。应该给予多少个选项？应该提供一个中间的或中立的选项吗？选项的先后顺序应该如何排列？应该包括哪些类型的选项？回答上述问题并不容易。举例来说，

两个答案选项太少了，多于七个选项也没什么好处。研究者要测量有意义的区别，而不是消灭这种差异。给予更多数量的明确答案可以得到更多的信息，但是答案的数量太多则会给受访者造成困扰。例如，把“你对你的牙医满意吗?”(答案为是与否）改写成：“你对你的牙医有多满意？非常满意、有些满意、有些不满意和一点都不满意。”给予研究者更多的信息，也给予受访者更多的选择。

（五）中立的立场，无态度和选择性拒绝

如果没有得到每个受访者的有效回答，则会削弱一项调查的真实性。受访者可能以三种方式产生无效回答。

1. *动摇的意见*。这包括错误地夸大了一种与社会期许偏差有关的立场，或错误地低估或隐瞒一个与敏感话题有关的立场。

2. *假积极*。受访者选择了一种态度立场，但由于缺乏对某一问题的认识，也没有真正的意见或观点。

3. *假消极*。当受访者拒绝回答某些问题或在他确实有信息或确实有观点的情况下不回答时引起。

这三种类型的回答是重叠的。第一种涉及一个朝向规范性立场回答的不准确的趋势，第二种则是用无端猜想代替严肃的回答，第三种是对调查做出部分回答和选择性的不回答。[①]

中立的立场。调查人员就他们是否应该为那些缺乏知识或没有立场的人提供一个中立的立场或一个“没有意见”的选择展开了辩论。[②]

一些人反对提供中立的立场，也不主张提供没有意见的选项，而是更倾向于让受访者自己做出回答。[③]这一观点认为，受访者致力于**满意即可（satisficing）**，或者说追求最低要求的满意结果。也就是说，他们选择没有意见或中立的立场，以避免积极认真的回答。那些持这种观点的人认为，受教育程度最低的受访者可能在他们有观点的时候选择没有意见的选项，而向受访者施压，要求他们给出答案，并不会降低数据质量。

另一些人则认为最好提供一个中立（“没有意见”）的选择，因为人们回答问题往往是为了取悦他人或不显得无知。受访者可能会对虚构的问题、对象和事件发表意见。通过提供一种无态度（中立或没有意见）的选择，我们可以识别没有意见的受访者，并将他们与真正有意见的人区分开来。

无态度。无态度这个议题可以从区别三种类型的态度问题来加以处理：**标准格式问题（standard-format question）**、**准过滤问题（quasi-filter question）**和**全过滤问题（full-filter question）**（见拓展方框 10.6：标准格式问题、准过滤问题和全过滤问题）。标准格式问题不提供“不知道”这个选项，受访者要自动想到。准过滤问题提供“不知道”这个选项。全过滤问题是相倚问题的一种特殊类型。先问受访者是否有某个观点或意见，然后再要求那些表示有观点或有意见的受访者进行说明。 327

拓展方框 10.6

标准格式问题、准过滤问题和全过滤问题

标准格式问题

这里有一道关于其他国家的问题，你是否同意这个说法？“俄罗斯的领导人基本上是想要与美国和睦相处。”

---

① 参见 Gilljam & Grandberg (1993)。Moors (2008) 指出，通常在统计测试中，五种选择和六种选择的效果是一样的，但有时六种选择更好，“最优”的解决方案取决于调查项目的内容。

② 关于“不知道”或“没有意见”和回答选项中的中立立场，请参阅 Backstrom & Hursh-Cesar (1981: 148-149), Bishop (1987), Bradburn & Sudman (1988: 154), Brody (1986), Converse & Presser (1986: 35-37), Duncan & Stenbeck (1988), Poe 等 (1988: 140-141), Sudman & Bradburn (1983: 140-141), Schuman & Ptesser (1981: 13-178)。有关过滤问题的更多信息，请参见 Bishop 等 (1983, 1984)。Bishop 等 (1986) 和 Weisberg (2005: 134-136)。

③ 参见 Krosnick 等 (2002), Schaefer & Presser (2003: 79-80) 和 Tourganeau (2004: 786)。

准过滤问题

这里有一个关于其他国家的陈述："俄罗斯领导人基本上是想要与美国和睦相处的。"你同意、不同意还是没有意见?

全过滤问题

这里有一个关于其他国家的陈述。并不是每个人对这个问题都有自己的观点或意见。如果你有观点或意见，尽管说出来。这个陈述是："俄罗斯领导人基本上是想要与美国和睦相处的。"你对这个说法有意见吗？没有（转到下一题），有（继续回答）。你是否同意?

有关不同问题形式的结果的实例

	标准格式（%）	准过滤（%）	全过滤（%）
同意	48.2	27.7	22.9
不同意	38.2	29.5	20.9
没有意见	13.6 *	42.8	56.3

注：* 是自愿回答。

资料来源：Adapted from Schuman and Presser（1981）. *Questions and Answers in Attitude Surveys：Experiments in Question Form，Wording，and Context*（116－125）. Academic Press. With permission from Elsevier. Standard format is from Fall 1978；quasi- and full-filter forms are from February 1977.

这三种格式背后的逻辑是，如果缺少"没有意见"的选项，许多受访者会回答这个问题，但当我们提供了"不知道"选项时，他们则会选择"不知道"，或者如果直接问他们，他们会说没有意见。这种受访者被称为**游离者（floater）**，因为他们游离在有答案与不知道之间。微小的措辞变化可能会改变他们的答案，所以研究者用准过滤问题或全过滤问题将他们筛选出来。过滤问题不会消除所有受访者对不存在议题的回答，但是可以减少这一问题。

中间选项的游离者在有中间答案时，就选中间答案，如果没有中间答案，就选择另一个替代答案。他们对于议题感到矛盾或者没那么严肃。这涉及一点轻微的**近因效应（recency effect）**，也就是说，受访者更可能选择研究者所提供的最后一个选项。近因效应指出，最好以连续体的方式呈现答案并把中立的立场摆在中间。

态度包含两个方面：方向（赞成或反对）以及强度（强烈地或微弱地支持某个态度）。举例来说，两位受访者都反对堕胎，但其中一位持有强烈的态度并坚定地致力于它，另一个人的观点则表现为软弱无
328 力、摇摆不定。如果我们只问一个同意/不同意的问题，受访者可能会以同样的方式回答；然而，我们可以通过提供更多的选择（强烈同意/同意）或一个相倚问题（同意/不同意，然后问你有多强烈的意愿持有这一观点）来获取态度的两个方面。

选择性拒绝。除了满意即可的问题，即受访者通过选择意见没有或者是中立的回答以避免为回答而付出努力，一些受访者拒绝回答某些问题。这经常涉及敏感问题。受访者拒绝回答，而不是给出一个与社会规范不相宜的答案。

例如，在1992年，超过三分之一的美国人拒绝回答关于种族融合的敏感问题。当许多受访者不回答一个问题时，如果没有回答的人实际上持有一个观点，那么调查结果就可能会产生误导。例如，如果反对种族融合的受访者回答"不知道"，那么结果似乎比所有受访者都回答了问题更赞成种族融合。在对不回答做出调整后，贝林斯凯（Berinsky，1999）发现支持种族融合的美国人比例从49.4%下降到34.9%。他警告说："受访者在调查访谈中表达的意见不一定与他们在处理调查问题时的观点一致。"（Berinsky，1999：1225）

同意/不同意，排序还是评级？测量价值观和态度的调查研究者长期以来一直争论着两个有关受访者提供答案的议题。[①] 问卷题目应该先进行陈述，然后问受访者同不同意，还是应该提供给受访者特定的选

① 不同意/同意与替代性选择的争论在 Bradburn & Sudman（1988：149－151），Converse & Presser（1986：38－39），Schuman & Presser（1981：179－223）和 Sudman & Bradburn（1983：119－140）中进行了讨论。Backstrom & Hursh－Cesar（1981：136－140）讨论了询问利克特量表同意/不同意的问题。

项？问卷应该包括一组问题，要求受访者加以评定（例如，同意/不同意），还是应该给受访者一个问题列表，并强制受访者对其进行排序（例如，从最赞同到最不赞同）？

最好提供给受访者明确的替代性选择。举例来说，不要问："你同意还是不同意这项陈述：'男人更适合管理国家'？"而应这样问："你认为男性更适合管理国家，还是女性更适合管理国家，抑或是两者都同样适合？"教育程度较低的受访者更可能同意一个陈述，而明确的强制选择替代方案鼓励思考，并且避免答案定势偏差——一些受访者倾向于同意（在第 7 章你可以阅读答案定势的内容）。

在被问及价值观时，受访者往往表现出很少的差异，并且他们的答案集中在极端值上。一个解决方案是使用"排序-评级"程序。研究者首先让受访者对价值观进行排序，从最重要到最不重要。然后，受访者给每个等级赋值。比如，受访者将价值观（如世界和平、个人财富、家庭安全）按重要性进行排序，然后他们进行赋值，1 到 10 对应最重要到根本不重要。受访者可能会将世界和平的价值排在个人财富之前，但是当被要求对世界和平或个人意义的重要性进行评级时，受访者可能给出世界和平的评定等级为 4，个人财富的评定等级为 8。①

请记住，我们必须公平地提出替代性选择，而不是为受访者提供一个选择替代方案的理由。举例来说，如果你用"你是支持节能法还是因为法律很难执行而反对节能法？"来替代简单的问法："你是支持还是反对节能法？"那么你就创造了一个反对节能法的题目。要求受访者根据假想的连续体来评定题目（例如，哪一个是最好的），不如要求受访者从等级排名的选项中选出答案（例如，请给我你的第一选择、第二选择和第三选择）。受访者可能把数项评定得同样高，但是如果要求他们将题目排出顺序，他们则会排出上下等级顺序。②

在应答量表上附上数字可以给予受访者一些帮助，并给他们提供理解的线索。如果研究者根据明显的两极概念来概念化一个变量，最好给予回答类别正负分数（例如，+5 分到 -5 分）；如果是根据某个单项的连续体来概念化变量，那就使用正向分数（例如，0 到 10 分）。再说一次，我们的做法表明了我们应该如何对问题和答案选项进行组织。

视觉表现，包括使用颜色、符号和图片，可以影响受访者对问题的反应。视觉有时比问题更能产生大方面的改变。受访者倾向于把回答的中间部分理解为一个典型的或中间的选项，在问卷调查中，把空间上的亲密看作相似的意思，在垂直列表中视最顶端的项为最令人满意的选项，并将答案之间的空间差异或不同颜色的使用视为意义上更显著的差异。此外，受访者发现，与横向组织相比，纵向组织答案选项能减少混淆。③ *329*

问题格式和问卷设计可能影响我们获得的结果。洛克伍德、桑斯特和代尔曼（Rockwood，Sangster & Dillman，1997）询问大学生每天的学习时间。一些学生得到了 5 个选项的"低集"，即每天从 0.5 小时到 2.5 小时以上。其他学生则得到了 5 个选项的"高集"，即每天少于 2.0 小时到超过 4.5 小时。在得到"低"选择的学生中，有 28%的学生说他们学习超过 2.5 个小时。在得到"高"选择的学生中，有 69%的学生学习超过 2.5 个小时。显然，答案的选项会影响结果。研究者也同样比较了相同问题与答案选项的调查形式。他们对一部分学生采用邮寄问卷的形式，对另一部分学生采用电话访问的形式。答案随调查形式而改变。通过邮寄方式在五个答案选项中"低"选择的学生中，23%的学生说他们每天学习超过 2.5 个小时。另外一些通过电话访问获得"低"选择的学生中，42%的学生给出了每天学习 2.5 小时的答案。另外的通过以上两种方式获得"高"选择的同学的答案与此相似。在同一个调查中，研究者通过比较邮寄问卷和电话访问，利用相似的"高"选项与"低"选项集合来询问学生看电视的时长。对于看电视的话题，答案选项或形式的范围并不影响回答。

这个研究告诉我们三件事。受访者以问题中答案选项的范围作为指引；相对于不那么匿名的调查形

---

① 参见 McCarty & Shrum（2000）和 Narayan & Krosnick（1996）。

② 排序与评级问题在 Alwin & Krosnick（1985），Krosruck & Alwin（1988）和 Presser（1984）中讨论过。也参见 Backstrom & Hursh-Cesar（1981：132－134）和 Sudman & Bradburn（1983：156－165）询问排序与评级问题的格式。

③ 关于具体设计问题的更多信息，请参见 Christian & Dillman（2004），Dillman & Redline（2004），Kaplowitz 等（2004），Ostrom & Gannon（1996），Schwarz 等（1991）和 Tourangeau 等（2004）。

式（比如访谈），更匿名的调查形式（如邮寄问卷）使他们回答问题时更诚实；答案选项与调查形式对某些话题的回答的影响大于其他话题。[①]

（六）措辞问题

我们在制作问卷时面临两个措辞问题。第一个问题，前面已经讨论过，是使用简单的词语和语法来减少混淆。第二个问题涉及特定字眼或短语的影响。这个问题更加棘手，因为我们事先不知道某个字眼或短语是否会影响回答。

文献记载最为详尽的、有关使用“*禁止*”与“*不可以*”之间差异的讨论，说明了措辞差异的问题。[②]这两个词有相同的意义，但是更多的人比较愿意接受不可以做某件事，而不是禁止做某件事。一般而言，教育程度较低的受访者最容易受到极微小的措辞差异的影响。

某些字眼似乎会触发情绪反应，而这类问题不久前才被研究者注意到。例如，史密斯（Smith，1987）发现，依据题目询问的是“帮助穷人”还是“提供福利”的支出，在美国调查的答案存在重大差异（例如，多出两倍的支持）。他指出“*福利*”一词对美国人而言，带有强烈的负面含义（懒惰的人、浪费和昂贵的计划），最好避免使用。

可能出现的**措辞效应（wording effect）**，可用一个看似毫无争议的题目做个示范。彼得森（Peterson，1984）检验四种询问年龄的方式：“你多大?”“你几岁?”“你哪一年出生的?”“你是18岁～24岁、25岁～34岁……”他用出生证明记录来检验答案，结果发现有98.7%到95.1%的受访者是依据问题的形式来决定是否给予正确答案的。他也发现得到最少错误答案的题目形式，有最高的拒答率，而得到最多错误答案的题目形式，有最低的拒答率。这个例子表明，在一个没有争议的事实问题上的错误可能会随着细微的措辞变化而变化。

330

（七）问卷设计议题

调查或问卷的长度。一份问卷或一次访问应该多长?[③] 研究者偏好长的问卷与访问，因为它们更具成本效益。一旦受访者被抽出、联络上了，并完成了其他的题目，那么再额外问些题目的成本是很小的。问卷与访问并没有绝对合适的长度，长度取决于调查的形式（随后讨论），以及受访者的特征。一次5分钟的电话访问很少会有什么问题。邮寄问卷则更多样。一份简短的（3页）问卷适用于一般社会大众的调查。也有研究者针对一般社会大众，成功地完成一份长达10页（大约100题）的问卷，但较长问卷的回复明显减少。对受过高等教育的受访者和一个热门的话题，使用15页的问卷也许依然可行。持续1小时的面对面访谈并不罕见。在特别的情况下，也有进行3～5个小时的面对面访谈。

题目的先后顺序或次序。有关题目排列顺序议题，调查研究者面临3个问题：整份问卷的组织、题目顺序效应和语境效应。

1. *问卷的组织*。一般而言，应该安排题目的先后顺序，使受访者的不适应和混乱减到最低。一份问卷有开头、中间和结束的问题。在对调查做过简要的解释之后，最好使开头的问题读起来愉快、有趣，而且容易回答，使受访者对这份问卷感到自在舒适。避免开始就问一些令人厌烦与有威胁感的问题。把中间部分的问题组织成共同的话题。主题不同的题目混杂在一起，会使受访者混乱。将相同主题的题目摆在一起，并且在这个部分的开头做个简短的陈述说明（例如，“现在我想问你有关住宅的问题”），可帮助受访者明确方向。流畅、合乎逻辑地呈现题目的主题，有系统地组织题目，以协助受访者运用记忆力、

---

① 参见Dillman（2000：32-39）和Dillman & Christian（2005）的讨论。

② 关于问卷中措辞效应的讨论，可参见Bradburn & Miles（1979），Peterson（1984），Schuman & Presser（1981：275-296），Sheatsley（1983），Smith（1987）。Hippler & Schwarz（1986）在德意志联邦共和国发现了*禁止*和*不可以*之间的相同区别。

③ Dillman（1978：51-57；1983），Frey（1983：48-49），Herzog & Bachman（1981），Sudman & Bradburn（1983：226-227）讨论了调查问卷的篇幅。

舒适自在地进行回答。不要以敏感的问题来结束一份问卷，通常以“谢谢你的合作”作为问卷结尾。

2. *顺序效应*。问卷中问题出现的顺序会影响受访者的回答。[①] 这种**顺序效应（order effect）**在观点不坚定的受访者、受教育程度较低的受访者、年龄较大的受访者或记忆力丧失的受访者中表现得最为明显。[②] 例如，如果题目 1“支持单身女性进行常规流产”，排在题目 2“已检查出胎儿后流产是可接受的”的后面，则赞同题目 1 的人数会增加；如果只问题目 1，或将题目 1 排在题目 2 前面，就不会有这种结果了。拓展方框 10.7 给出了顺序效应的典型实例。

对较早问题的回答可以通过两种方式影响后面问题的回答：通过内容（即，问题）以及通过受访者的回应。举例来说，一个被调查的学生被问到：“你支持或赞成给学生的教育捐款吗?”回答的变化依赖于该问题的前一个问题。如果该问题在“平均一名美国学生负担的学费是多少?”之后，受访者认为“捐款”是资助学生要担负的费用的意思。如果这个问题在“瑞典政府为学生支出的费用有多少?”之后，受访者会认为这是指政府投入的捐款。之前的回答也会影响回应，因为已经回答了一部分问题的受访者假设不存在重复。举例来说，一名受访者被问及：“你妻子怎么样?”下一个问题是：“你的家庭怎么样?”大部分受访者会认为第二个问题的意思是除妻子外的其他家庭成员，因为他们已经给过有关妻子的回答。[③]

3. *语境效应*。调查研究者观察到在调查中存在严重的**语境效应（context effect）**。[④]“语境不仅仅包括一个问题对其他问题的影响。它包括访问员的影响、访谈的环境甚至历史背景……目前，我们仍没好好了解问卷的上下文影响是如何同调查中的回答影响产生关系的。”（Schuman，1992：18）语境在邮寄调查中比在电话调查中更明显，因为受访者能看到所有的问题。[⑤] 331

拓展方框 10.7

问题的顺序效应

问题 1

“你认为美国应该让来自共产主义国家的新闻记者进入美国，并且让他们把观察到的新闻发送回他们的报社吗?”

问题 2

“你认为像俄罗斯等国家应该让美国新闻记者进入其国内，并且将他们的报道发送回美国吗?”

	回答“是”的百分比	
在前的问题	问题 1 中回答“是”（共产主义的记者）	问题 2 中回答“是”（美国的记者）
问题 1	54%	75%
问题 2	64%	82%

回答第一个问题所创造出来的情境影响到第二个问题的答案。

资料来源：Adapted from Schuman and Presser (1981). *Questions and Answers in Attitude Surveys：Experiments in Question Form，Wording，and Context*，p. 29. New York：Academic Press. With permission from Elsevier.

---

① 关于问题的先后次序或问题的顺序效果，参见 Backstrom & Hursh-Cesar（1981：154－176），Bishop 等（1985），Bradbum（1983：302－304），Bradburn & Sudman（1988：153－154），Converse & Presser（1986：39－40），Dillman（1978：218－220），McFarlan（1981），McKee & O'Brien（1988），Moser & Kalton（1972：346－347），Schuman & Ludwig（1983），Schuman & Presser（1981：23－74），Schwartz & Hippler（1995）和 Sudman & Bradburn（1983：207－226）。另见 Knauper（1999），Krosnick（1992），Lacy（2001）和 Smith（1992）关于问题顺序效应的问题。

② Krosnick（1992）的一项研究和 Narayan & Krosnick（1996）的元分析表明，教育降低了反应顺序（首要或近因）效应，但是 Knauper（1999）发现年龄与反应顺序效应密切相关。

③ 这个例子来自 Strack（1992）。

④ 关于环境影响的进一步讨论，见 Schuman（1992），Smith（1992），Todorov（2000a，2000b）和 Tourangeau（1992）。

⑤ Tarnai & Dillman（1992）讨论了调查方法如何影响语境效应。

实际上可以做两件事来处理上下文的这一语境效应。使用**漏斗次序（funnel sequence）**来安排题目出现的先后顺序，也就是说，在问具体问题之前先问较为一般性的问题（例如，在问及具体疾病之前，先问一般健康状况）。或者，将受访者分成两部分，给其中一部分人的问卷是根据某种序列的安排，给另一部分人的则根据另一种序列安排。然后检验结果，察看题目次序是否发挥作用。如果发现顺序效应，哪个顺序告诉你受访者真正的想法呢？这个问题你是无法明确知道答案的。

举例来说，数年前，我班上的学生进行了两个问题的电话调查：对犯罪的关切以及对反醉酒驾车新法令的态度。随机抽出一半的受访者先听到有关醉酒驾车法令的题目，另一半先听到有关犯罪的题目。我检验所得到的结果，察看是否出现任何语境效应——因话题出现顺序而产生的差异。我发现，先被问到有关反醉酒驾车法令的受访者，比先被问到犯罪题目的受访者，对犯罪所显现的恐惧感较低。类似地，他们与那些先听到犯罪题目的受访者相比，更支持反醉酒驾车的法令。受访者回答第一个问题时所产生
332 的情境，影响到受访者对第二个问题的回答。在受访者被问到一般犯罪问题、思考过暴力犯罪之后，醉酒驾车似乎成了不怎么重要的问题。相对地，当受访者被问到反醉酒驾车法令问题并且把醉酒驾车行为视为犯罪之后，他们对一般犯罪问题可能就表现得更不关切。

我们需要记住，如果问题是含糊不清的，那么语境的影响就会很大。因为受访者会利用语境去解释、理解问题。关于同一话题的前一个问题并且问题紧接在前一个问题之下，会产生很大的语境效应。举例来说，沙德曼和他的同事（Sudman，et al.，1996：90－91）对比了三种询问受访者有多少人关注政治的方式。当他们单独问这个问题的时候，大约21%的受访者说他们“偶尔”或“根本没有”关注过政治。当在问及受访者所推选的议员最近做了什么事情之后，他们又问了这个问题，回答没有关注的人的比例几乎翻了一番（39%）。关于议员的认识问题使得很多受访者感到他们真的不知道多少。当一个有关被推选议员为该地区提供“公共关系工作”的问题放在这两个问题之间时，29%的受访者表示他们不关心政治。这个问题给受访者一个不知道第一个问题的理由——把他们的无知归咎于代表他们的议员。问题的语境会产生影响，研究人员需要时刻意识到这一点：“问题理解不仅仅是问题措辞的功能。受访者使用上下文的语境所提供的信息来判断问题的含义。”（Sudman，et al.，1996：69）

排版设计和格式。有两个关于格式与排版设计的议题：问卷整体的布局和题目与答案的格式。

问卷的排版设计。无论是对访问员还是对受访者来说，排版设计都是相当重要的一项工作。[①] 问卷应该是清楚、整齐和容易阅读的。将识别信息（如组织名称）放在问卷上，并给每个问题一个数字。不要把所有题目挤在一起，也不要让问卷看起来混乱。在邮资与印刷上省下一点小钱，可能会由于回复率较低、访问员和受访者有疑惑而降低有效性，进而使你付出更大的代价。带有高质量的图表、题目间距适中，以及优美排版的专业问卷外观不但可提高调查的准确度与完成率，而且有助于问卷阅读的流畅。如果使用访谈形式，可以创建一张*封面*（在第13章中讨论）作为管理使用问卷的一部分。这张封面应该包括访问的时间和日期、访问员的名字、受访者的身份号码、访问员的评论和观察。

在问卷上写下对受访者与访问员的指示说明。用不同的形式印制说明文字（例如，用不同颜色、字体），作为区别的标志。这对访谈是非常重要的，据此访问员可以区分出哪些是问受访者的题目，哪些是给访问员的说明指示。

对邮寄问卷来说，排版设计更是关键，因为这时没有一位友善的访问员会与受访者互动。取而代之的是借助问卷的外观说服受访者。

邮寄调查中，需附上一封印有机构抬头、措辞谨慎、专业的说明信，交代研究者是谁，并且提供受访者遇上问题随时可以打电话询问的电话号码。执行的细节至为关键。如果受访者收到一大包巨额邮资的指明给该住户的黄色信封，或是问卷大小不符合回邮信封时，他们将不会回答。

---

① 关于格式和排版设计的讨论，见 Babbie（1990），Backstrom & Hurch-Cesar（1981：187－236），Dillman（1978，1983），Mayer & Piper（1982），Sudman & Bradburn（1983：229－260），调查研究中心（1976），Warwick & Lininger（1975：151－157）。

网络调查仍然是新的领域，研究人员正在学习哪些设计特点是最有效的，而视觉设计细节很重要（参见本章后面的“网络调查”部分）。

题目格式。调查研究者要决定问题与答案的格式。应该让受访者圈出答案、勾选方格、填充圆点还是填空？原则是使答案明确、易于辨识。勾选方格或括弧，以及圈出数字是最清楚的方法。将答案垂直列出，比将答案水平列出来容易阅读（见拓展方框 10.8：问题格式的实例）。如前所述，遇到相倚问题时，应该使用箭头与说明文字。利用视觉辅助工具也颇有用处。举例来说，用温度计样式的图形来问受访者对某人的感觉是温暖还是冷漠。**矩阵型问题（matrix question）**（或“*网格问题*”）是呈现一系列使用相同答案分类题目的简便方法，不但节省空间，还可以使访问员或受访者在给出同一类答案时，更容易下笔。 333

拓展方框 10.8

问题格式的实例

水平式与垂直式答案选项的例子

你认为离婚很容易、很难还是一般？

·很容易　　·很难　　·一般

你认为离婚很容易、很难还是一般？

·很容易

·很难

·一般

矩阵问题的例子

	非常同意	同意	不同意	非常不同意	不知道
老师说话速度太快	○	○	○	○	○
这门课我学到很多	○	○	○	○	○
考试非常容易	○	○	○	○	○
老师说了许多笑话	○	○	○	○	○
老师讲课很有条理	○	○	○	○	○

一些答案类别选项的例子

很好、好、普通、不好

赞成/不赞成

赞成/反对

非常同意、同意、部分同意、部分不同意、不同意、非常不同意

太多、太少、刚刚好

较好、较差、差不多

定期、经常、很少、从来没有

总是、大部分时候是、有些时候是、很少、从不

很可能、较不可能、没有差别

非常感兴趣、感兴趣、不感兴趣

无应答。无法从每个被抽中的受访者那里得到有效的回答会削弱调查的有效性。除了研究型调查，人们还被要求对来自慈善机构、市场公司、候选人民意测验等的许多调查做出回应。慈善机构和市场公司得到的应答率较低，而政府组织得到的应答率要高得多。无应答可能是调查研究的主要问题，因为如

果样本中有很高比例的受访者没有回答，研究者就不能推广结果，特别是当不应答的受访者与应答的受
334 访者不同时。

几乎所有人都在一段时间内完成了调查，而在20世纪60年代之后，主要报纸的调查或民意调查结果迅速增长。到了20世纪70年代，似乎每天都有报纸报道援引调查或调查结果。随着调查越来越多地被使用，应答率已经下降。调查中的拒答率差别很大。对于学术机构来说，它们的范围从25%到33%不等。在美国，主要学术调查的无应答率从20世纪50年代的不到10%上升到20世纪80年代的25%。调查研究方面的公共合作在大多数国家已经下降，而荷兰的拒答率最高；在美国，这一比例也高达30%。[1] 然而，商业民意调查（Roper，Gallup，CBS等）和竞选民意调查的拒答率往往更高，高达50%。

研究人员发现，越来越多的拒访者使得调查质量下降。此外，一般调查的参与率下降，因为人们认为调查过多。其他拒绝的原因包括对陌生人的恐惧、更紧张忙碌的生活方式、隐私的丧失以及对政府或权威的不信任。滥用调查来推销产品或说服人们、蹩脚的问卷设计以及对调查解释得不充分也会增加对合法严谨调查的拒绝。

最感兴趣、见多识广以及活跃的社会成员往往积极参与调查。这意味着，拒答既损害了调查的有效性，又忽略了人口中的某一特定部分人群。在美国，拒不回应者往往是受教育程度较低的非白人年轻男性。

研究者确定了五种无应答的类型（见拓展方框10.9：有关应答率的疑惑）。[2]

（1）*定位*——抽样的受访者能被定位吗？

（2）*联系*——被定位的受访者是在家还是经过多次尝试后才联系上的？

（3）*合格*——取得联系的受访者的年龄、种族、性别、国籍等是否符合调查要求？

（4）*合作*——合格的受访者是否愿意接受访谈或填写问卷？

（5）*完成*——合作的受访者是在结束前停止回答，还是开始用“不知道”或“没有意见”回答大多数问题？

提高总体的调查应答率需要减少每一种类型的无应答。

拓展方框10.9

有关应答率的疑惑

这里有些关于应答率的疑惑，因为总应答率取决于五个组成应答的成功率，每一部分都有各自的应答率：

定位率：抽样框中受访者所占的百分比。

联系率：联系到的受访者的百分比。

合格率：已联系的合格受访者的百分比。

合作率：已联系的合格受访者同意参与的百分比。

完成率：完成整个调查的合作受访者的百分比。

总应答率：在最初的抽样框里被定位、联系、合格、合作并完成整个问卷的受访者的百分比。

举个例子，研究者从一个拥有1 000个受访者的抽样框开始，通过电话或地址确定了950人，能联系到的为800人（通过访问员或成功邮寄），测定780人合格（如，符合基本标准、说某种语言、智力上胜

---

① 有关讨论，见Couper等（1998）；de Heer（1999）；Keeter等（2000）；Sudman & Bradburn（1983：11）；《调查激增，但回答却越来越少》，《纽约时报》（1990年10月5日）。Smith（1995）以及Sudman（1976b：114－116）也讨论了拒答率。

② 关于无应答率和拒答率的更多讨论，请参见Backstrom & Hursh-Cesar（1981：140－141，274－275），DeMaio（1980），Frey（1983：38－41），Groves & Couper（1998），Groves & Kahn（1979：218－223），Martin（1985：701－706），Nederhof（1986），Oksenberg等（1986），Schuman & Presser（1981：331－336），Sigelman（1982），Stech（1981），Sudman & Bradburn（1983），Yu & Cooper（1983）。有关计算应答率的方法的讨论，请参见Bailey（1987：169），Dillman（1978：49－51），Fowler（1994：46－52）和Frey（1983：38）。

任的)。他们找到700人配合回答问卷或访谈，并且690人完成了整个问卷或访谈。这产生以下比率：定位率：95%，联系率：84.2%，合格率：97.5%，合作率：89.7%，完成率：98.6%，总应答率：69%。总应答率是所有其他比率的乘积：0.95×0.842×0.975×0.897×0.986=0.690。

定位率。提高定位率意味着使用更好的抽样框和地图或电话目录。改善联系使得多次重复通话、改变通话时间、延长联系时间成为必要。在美国，几个因素和不能取得联系有关——高人口密度、中心城市、非业主自住住房（即租用）、高犯罪率、少数民族人种数量的高比例、物质屏障的存在（如，围墙、窗户的栅栏、看门狗或禁止非法入侵标志），以及一个成年人单独生活或没有孩子的家庭。尽管他们可能更容易被找到或接触，但是有高收入和受教育程度较高的人们一旦被联系到，可能难以达成合作。正如格罗夫斯和库珀（Groves & Couper，1998：130）观察到的："我们在数据中发现，高社会经济地位的家庭对社会调查的合作程度比低社会经济地位的家庭的合作程度要低。"虽然来电显示有所增加，但很少有受访者使用来电显示和电话筛选技术来阻碍调查研究。[①] 335

联系率。访问员和受访者之间的初次接触是拒绝参与是否发生的关键点。通过向受访者展示社会调查主题或结论对他非常重要（如，有极大的利益或将会产生直接好处），或访问员使用"适应"（本章后面会讨论）将调查介绍修改得适合受访者，或提供小奖励（如几美元），这些都能增加合作。

合格率。我们可以通过建立仔细的受访者筛选办法，使用更好的样本框架定义，以及拥有多语言的访问员来提高合格率。我们可以通过在访谈前发送信件主动提出重新安排面试、使用小的激励措施（例如，如前所述，小礼物或金钱）、调整面试官的行为和陈述（进行眼神交流，表达诚意，解释抽样或调查，强调访谈的重要性，阐述保密承诺）等来减少拒绝的发生。我们也可以使用不同的访问员（不同的人口特征，年龄、种族、性别或民族）、使用不同的访谈方法（电话或面对面访谈），或接受家庭中的其他成员作为受访者。

合作率。与使用标准的学术信函相比，使用新闻风格的信件和私人电话，使得城市居民、低收入者和少数族裔的合作有所增加。对政府和社会服务机构持悲观态度并感到被误解的受访者，在访问员用他们易于理解的术语向他们解释了调查的性质后，更有可能参与进来。[②]

如前所述，小额预付激励在各种类型的调查中都明显提高了受访者的配合度，似乎对调查构成或未来参与没有负面影响。举例来说，布雷姆（Brehm，1994）发现，在没有提前联系的情况下，71%的受访者愿意合作，但是通过提前联系（一封信）以及激励（1美元），该比例提高到78%，而且受访者更健谈。此外，受访者没有感到为参与调查支付的钱数不同是不平等的。[③]

在一项调查中，我们并没有认为受访者的态度、信仰和观点已经得到了充分的发展，当他们在调查中被问及时，他们已经准备好了去检索和传递这些信息，相反，我们看到的是一个涉及多个过程的调查。第一是要赢得合作动机，让人们充分参与调查过程。第二是帮助受访者正确地理解调查问题，并根据记忆或过去的经验组织出适当而准确的回答。第三是帮助应答者正确地回答或提供适当的回应（参阅本章前面的实例方框10.1）。

两个相关的理论有助于解释合作动机的过程。社会交换理论或总体设计方法（Dillman，1978，2000），将正式调查视为一种特殊类型的社会互动。一个受访者的行为基于他期望得到的作为合作的回报。为了提高应答率和准确性，我们需要尽量减少合作的负担，使参与变得非常容易，并通过福利（良好的体验、物质激励和情感奖励）来最大化回报。 336

杠杆效应理论（leverage saliency theory）认为，显著性或兴趣/动机因受访者而异。不同的人对调查过程的具体方面有积极或消极的评价（例如，时间长短、调查的话题、赞助商）。为了使调查合作最大化，我们需要在调查过程的早期确定并提出积极评价的方面。两个实际的影响是赞助和适应。*赞助*是指

① Link和Oldendick（1999）研究了电话筛选。

② 请参阅Pottick & Lerman（1991）以了解该研究的讨论。

③ 在Brehm（1994），Couper（1997），DeLeeuw等（2007），Goldstein & Jennings（2002），Singer（1999），Singer等（1998），Singer等（1999），Singer等（2000）和Trussell & Lavrakas（2004）中讨论了说明和激励。Dillman等（1996）讨论了受访者的诉求。

为调查支付费用。当访问员在对特定对象的介绍中调整他们所说的内容时，突出他们认为会鼓励受访者进行合作的内容，就会出现**适应（tailoring）**的情况。通过调查培训的访问员对一系列的家庭类型和关注点非常敏感，他们能够"阅读"背景和各种语言及非语言的线索。访问员应该能够迅速地转换到不同的脚本以说服受访者，并针对特定的受访者进行针对性的说服。①

完成率。迪尔曼（Dillman，2000：252）报告说，如果一个人亲自递交问卷，而不是在门阶或邮件中收到问卷，那么他的自填问卷完成率较高。他通过亲自向受访者递送问卷的方式，并发送两个后续的提醒，包括提供一项完成调查的货币激励，使应答率达到77%（相比之下，不包括一个或多个方法的情况下，回复率为53%至71%）。

总应答率。大量的文献研究了如何提高邮寄问卷的回收率的问题（见拓展方框10.10：增加邮寄问卷回收率的10种方法）。②

拓展方框10.10

增加邮寄问卷回收率的10种方法

1. 将调查问卷发给特定的人，而不是"居住者"，并按头等邮件寄出。
2. 在有抬头的信纸上附上一封印有机构单位、措辞谨慎、注明日期的说明信。信中，请求受访者惠予合作、保证保密、解释调查目的并且告知访问员的姓名与电话。
3. 要附上邮资已付、写好地址的回邮信封。
4. 问卷版面应该非常整齐、有吸引力，搭配合理的问卷页数。
5. 问卷应是专业印刷、易于阅读的，并且有清楚的说明。
6. 对未回复者寄发两封催询函。第一封于寄出问卷后一个星期寄到，第二封在寄出第一封后一星期寄达。温和婉转地要求对方合作，并表示愿意再次寄上问卷请其回答。
7. 不要在重要假日期间寄发问卷。
8. 不要把题目印在问卷的背面。相反地，留出空白请受访者表达意见。
9. 本地的以及被视为合法的赞助者（例如，政府机构、大学、大企业）会得到比较高的应答率。
10. 如果可能的话，附上一笔小额酬金（如1美元）作为激励物品。

从1940年到1988年发表的25份期刊的邮寄调查回复中，有115篇文章的元分析（在第5章中已解释）揭示了说明信、4页或更少的调查问卷、有邮资的回邮信封，以及一笔小额的金钱奖励都会提高回收
337 率（yammarino，et al.，1991）。另一项比较邮寄与网络调查的元分析发现，邮寄调查的应答率更高。大学生受访者对网络调查反应更积极，但其他受访者（如医生、教师、消费者）更喜欢邮寄调查。后续的提醒对邮寄调查似乎比对网络调查（Shih & Fan，2008）更有效。建议遵循总体设计方法，并帮助受访者使其调查简单而有趣。

四、调查的类型：优缺点

（一）邮寄和自填问卷

优点。研究者可将问卷直接交给受访者，或是用邮寄的方式寄给受访者，由他们自己阅读问卷上的

① Brehm（1994）；Groves & Couper（1996，1998，2004）和Groves，Presser & Dipko（2004）讨论了适应。

② 关于增加邮件问卷回收率，参见Bailey（1987：153－168），Church（1993），Dillman（1978，1983），Fox等（1988），Goyder（1982），Heberlein & Baumgartner（1978，1981），Hubbard & Little（1988），Jones（1979）和Willimack等（1995）。

说明指示与题目，然后写下他们的答案。这种调查类型显然是最便宜的，而且只要一个研究者单独就可以完成。研究者可将问卷寄到广大的地理区域之内。受访者可在自己方便的时间完成问卷，而且如果有必要，受访者也可以查阅研究者的记录。邮寄问卷有匿名性，并且避免了访问员偏差。它们是非常有效的调查工具。如果目标群体受过高等教育或对研究主题或调查机构相当感兴趣时，应答率可能会很高。

缺点。由于许多人并没有完成并邮寄问卷，所以邮寄问卷最大的问题就是应答率低。大部分的问卷在两周内会被寄回，其他的会在两个月内陆续寄回。研究者可以通过给未回复者寄提醒信来提高应答率，但这也增加了收集资料的时间与成本。

研究者无法控制邮寄问卷在何种情况下完成。一封在饮酒宴会上、在嬉笑怒骂的人潮中完成的问卷，可能会和一位认真的受访者完成的问卷一起被寄回。再者，当受访者给予不完整的答案时，没有人在旁为其理清题目的含义或是进行追问、多挖掘一些信息。除了被抽到的受访者之外可能有其他人（例如，配偶、新住户）在研究者不知情的情况下，拆阅邮件并完成问卷。研究者无法直接观察受访者的身体特征、对题目的反应，以及填答的环境。举例来说，一位 70 岁贫穷的白人妇女，独自居住在农场上，她可以谎称自己是位富裕的、年约 40 岁的亚裔男性医师，住在不远的镇上，还有 3 个小孩。诸如此类极端刻意的谎言非常罕见，但是很多严重的错误却非研究者所能察觉的。此外，不同的受访者可以在不同的时间间隔内完成问卷调查，或者以不同的顺序回答问题。不完整的调查问卷也是一个严重的问题。

邮寄问卷形式限制了研究者可使用的题目种类。需要视觉辅助的题目（例如，看这张图片，告诉我你看到了什么）、开放式问题、很多相倚问题，以及复杂的题目，用邮寄问卷所得到的效果都很差。同样，邮寄问卷也不适合那些完全或几乎不识字的人填答（见表 10.4）。

表 10.4 调查类型及其特点

特点	调查类型			
	邮寄问卷	电话访问	面对面访谈	网络调查
行政议题				
成本	便宜	中等	昂贵	最便宜
速度	最慢	快	慢到中等	最快
长度（问题的数目）	中等	短	最长	中等
应答率	最低	中等	最高	中等
调查控制				
追问的可能	否	是	是	否
特定的受访者	否	是	是	否
问题次序	否	是	是	是
只有一个受访者	否	是	是	否
视觉观察	否	否	是	是
不同问题成功的机会				
视觉辅助	有限的	没有	是	是
开放式问题	有限的	有限的	是	是
相倚问题	有限的	是	是	是
复杂问题	有限的	有限的	是	是
敏感问题	有些	有限的	有限的	是
偏差的来源				
社会期许	否	有些	更严重	否
访问员偏差	否	有些	更严重	否
受访者的阅读技能	是	否	否	有些

（二）电话访问

优点。电话访问是一种非常受欢迎的调查方法，因为大约有 95%的人口可以通过电话联络上。访问员打电话给受访者（通常是在家里），问问题，然后记下答案。研究者从名单和电话簿或使用随机拨号来抽取受访者，并且能够快速联络上许多距离极为遥远的民众。一组电话访问员能够在几天之内访问全国 1 500位受访者，而且经过十几次联络之后，应答率可达 80%。电话访问比邮寄调查问卷花费更多，因为它需要访问员的时间。一般来说，电话访问是一种灵活的方法，它具有面对面访谈的优势，但成本要低得多。访问员控制问题的顺序，可以使用一些试探性的追问。一个特定的受访者被选中，并且很可能独自回答所有的问题。我们知道什么时候问题能得到回答，并且能够有效地使用相倚问题。

338 大多数研究人员在电话访问中使用计算机辅助技术，我们在这里讨论其中两个。[①] **电脑辅助电话访问（computer-assisted telephone interviewing，CATI）**系统被广泛应用。当使用 CATI 时，访问员坐在电脑前，而电脑会给受访者打电话。访问员戴着耳机和耳麦，从电脑屏幕上读出问题，然后受访者通过电脑键盘输入答案。计算机程序将控制接下来出现的问题，并允许出现复杂的相倚问题。CATI 加速了访问过程，减少了访问员的失误。它还减少了让访问员在纸上写回复，然后让其他人将信息输入电脑的这一步骤，并加速了数据收集的速度。

交互式语音应答（interactive voice response，IVR）包括几种通过电话技术实现的计算机自动系统，并广泛应用于市场营销。IVR 有一个应答器，在电话中听取问题和答案选项，并通过按键式输入或语音
339 （计算机使用语音识别软件）来指示应答。与现场访问相比，IVR 可能有一些优势，比如快速和自动地进行数据收集，没有访问员阅读或记录错误，以及高匿名性。一些 IVR 用一个现场访问员来招募受访者，然后记录下他们的问题。IVR 可以在非常短且非常简单的调查中获得成功。

缺点。IVR 有一个急剧下降的比率（多达 40%的人没有完成长问卷）。[②] CATI 和传统电话访问的缺点是成本较高，访谈时长有限。此外，不可能接触到没有电话的受访者，而且打电话的时间，也可能遇上受访者没空的情况。使用电话访问员减少了匿名性，同时也引入了潜在的访问员偏差。电话访问难以使用开放式题目，需要视觉辅助的题目也不可能被使用。访问员或许只能记录下严重的干扰（例如，背景噪音）与受访者的语气（例如，生气、轻率）或迟疑。

调查研究者在人们只有固定电话时就发展出了电话访问。自 2000 年起，手机的普及成为事实。到了 2006 年，美国大约四分之一的年龄在 18 到 24 岁的成年人在家庭生活中只使用手机，不受目前 RDD 固定电话抽样程序的影响。那些只使用手机的人口不断上升，这表明越来越多的人需要结合使用手机和固定电话的样本。与固定电话的调查相比较，手机调查往往有着较低的应答率，较高的拒答率，并且由最初的拒绝转向参与的比率也较低。早期的研究对手机访问提供了一些建议，比如说在每个工作日晚上的时候打电话，让手机的铃声长于固定电话，对采访时机不佳的暗示要格外警觉（比如说，受访者正在开着摩托车），需要对回拨做一个日程表，并且决定在再联系这个手机号码之前需要等多久。[③]

（三）面对面访谈

优点。面对面访谈有最高的应答率，并允许最长和最复杂的调查问卷。它具有电话访问的所有优点，并且访问员可以观察环境、使用非语言的交流，以及视觉辅助工具。训练有素的访问员可以问所有类型的题目，可以问复杂的问题，并且可以广泛地进行深入的追问。

缺点。高额的成本是面对面访谈最大的缺点。访问员的培训成本、交通费、监督成本，以及人事成

---

① CATI 在 Bailey（1987：201－202），Bradburn & Sudman（1988：100－101），Freeman & Shanks（1983），Frey（1983：24－25，143－149），Groves & Kahn（1979：226），Groves & Mathiowetz（1984），Karweit & Meyers（1983）等书中都有论述。

② 参见 Tourangeau 等（2002），Tourangeau（2004a：791－792）和 Weisberg（2005：30－37）。

③ 关于手机调查访谈问题，请参阅 Brick 等（2007），Lavrakas 等（2007）和 Link 等（2007）。

本可能会非常惊人。访问员偏差在面对面访谈中也是最高的。访问员的外貌、语气、提问的措辞等都可能会影响到受访者。此外，能够对访问员进行监督的程度也不及电话访问，在电话访问中，督导员可利用监听的方式进行监督。[①]

针对敏感问题的面对面访谈的一个变体是电脑辅助个人访谈（CAPI，在前面的章节中描述过）。一名 CAPI 访问员携带一台笔记本电脑，受访者在笔记本电脑上完成问题。访问员的作用是激励受访者完成工作并澄清问题。

（四）网络调查

直到 20 世纪 90 年代末，公众才广泛接触到互联网和电子邮件。比如说，在 1994 年，美国只有 3%的人口在家或者工作时使用电子邮箱，到 2007 年，62%的家庭同时使用电子邮箱和网络联系。一些预测显示，到 2012 年，77%的家庭将实现联网。其他国家的互联网接通率更高，例如，韩国 97%，荷兰 82%，加拿大 79%，日本 77%。[②]

优点。网络调查或者电子邮件调查非常快捷和便宜，它们允许灵活的设计并且可以使用视觉图像甚至音频或视频。这两种形式的网络调查是静态和互动的。静态的网络或电子邮件调查就像是在电脑屏幕上展示一张问卷。互动的网络或电子邮件调查有一些相倚问题并且可能根据先前的回答向不同的受访者展示不同的问题。 340

缺点。网络调查的一个不寻常的缺点是它们既便宜又简单。就像韦斯伯格（Weisberg，2005：38）所说的："在互联网上进行民意调查可能并不昂贵，所以很多团体在不注重质量的情况下进行民意调查。"网络调查有三个缺点或方面需要注意：覆盖面、隐私和验证、设计项目。第一个关注点涉及抽样和互联网接入及使用的不平等。老人、低教育程度者、低收入者和农村居民可能更少接触，甚至其中少部分人表示他们在未来没有接触网络的计划。另外，许多人有多个电子邮箱地址。

第二个关注点涉及保护受访者的隐私。安全的网站有密码或者 PINs 和高保密的保护系统。需要对受访者进行验证，以确保抽样的受访者单独参与且只参与一次。

第三个关注点包括设计的复杂性和灵活性。需要验证许多网站的软件和硬件组合的兼容性。我们只是刚开始学习设计网络调查最有效的方式。比如说，最好在每个屏幕上提供一个或几个问题，使整个问题以一致的格式显示在屏幕上，并使用下拉框选择答案。最好包括一个进度指标（作为激励），比如用一个时钟或符号来指示进度（受访者已经完成了多少和还有多少调查问题未完成）。最好保持简单的视觉外观（有限的颜色和字体）和一致性。任何电脑操作（例如，使用下拉式屏幕）都需要非常清楚的说明，而且应该包括"点击这里"的说明。另外，最好让受访者更容易在问题之间来回切换。在网络调查中，提供细节的问题和在开放式问题上为答案提供大片的空间可以帮助引导更长和更完整的答案。在实施阶段使用专用服务器和足够的宽带来处理需求，以避免技术故障和"漏洞"是很重要的。[③]

（五）特殊情况

有许多种特殊的调查。一种是对组织（例如，企业、学校）的调查。研究者询问关于机构的若干问题，也是为了获知在机构中谁拥有必要的信息。明确调查的意义也很重要，因为组织的负责人会收到许

---

① 对于调查的比较，参见 Backstrom & Hursh-Cesar（1981：16－23），Bradburn & Sudman（1988：94－110），Dillman（1978：39－78），Fowler（1984：61－73）和 Frey（1983：27－55）。

② 关于网络和电子邮件调查的讨论，请参见 Birnhaum（2004），Couper（2000），Couper（2008），Couper 等（2001），Fox 及其同事（2003），Koch & Emrey（2001）和 Tourangeau（2004a：792－794）。有关互联网的使用，请参阅 2009 年 6 月 3 日《美国人口普查局报告：十年互联网使用的三倍》（网址：http：//www.census.gov/Press-Release/www/release /archives/communication _ industries/013849）；《到 2012 年实现 77%的家庭宽带上网》，《TMC 网》（2008 年 7 月 29 日）（网址：http：//www.tmcnet.com/voip/ip-communications/articles/35393-gartbroadbroadb & Internet-Reach-77%-householts-2012.html）。

③ 参见 Couper，Conrad & Tourangeau（2007）；Couper（2008）；Dillman（2000：376－400）；以及 Smyth 等（2009）。

多来自四面八方索讨信息的请求，他们不可能一一答复。

调查白领精英需要特别的方法。[①] 在企业、政府部门以及其他种种机构中有权有势的领导者，不是那么容易就可以接近的。他们的助手会拦截邮寄问卷，或限制面对面访谈和电话访问。如果能找到一位有名望的人士打电话进去或寄封推荐信的话，接近他们的机会就会大增。一旦研究者约好了见面时间，应由研究者而不是访问员执行这次访问。使用高比例开放式问题的私人性访问，通常会比全部都是封闭式问题的访问更成功。保密是至关重要的，因为精英们往往掌握着很少有人掌握的信息，而且他们对那些被认定为已经提供的特定信息非常敏感。

时间预算调查（time budget survey）是社会调查的一种特殊类型，用以研究人们如何分配他们的时间。对城市计划、性别上的劳动分工、生活质量、大众传媒使用以及空闲的研究都使用时间预算调查。在这个调查里，受访者同意详细记录在几天内自己的活动，通常在日记里，每隔 10 或 15 分钟就记下活动。举例来说，大约 10 年前，我所在大学的几名教授被要求参与一项时间预算调查。这个调查由想了解教授们花多少时间在学术研究活动上的政府官员组织。这些教授填写详细的日志，记录他们在家和工作
341 中每 15 分钟所做的事情，并持续两周的时间。官员们认为教授们的工作时间太少。在所有会议、社区服务活动、研究工作、课程准备和规划、撰写试卷和评分、论文评估、学生建议和直接教学时间加起来的情况下，大多数教授每周工作 55 到 60 个小时。顺便说一句，本科生倾向于认为教授们一周工作 40 个小时左右。[②]

（六）成本

如果把所有的成本都考虑进来，那么专业水准的调查研究会是非常昂贵的。依使用调查类型的不同，成本也不一致。一个简单的公式是，邮寄调查每花费 1 美元的费用，电话访问调查则花费约为 5 美元的费用，而面对面访谈的费用约为 25 美元。网络调查除了设置的时间外，几乎不需要任何成本。

成本的差异很大。[③] 除了适度的供应费用外，最高的费用是雇用专业人员（编制一份调查问卷并进行预调查）、雇用文职人员和访问员以及培训访问员的人工费用。刚起步的研究者往往会低估所需的所有费用和时间。在 2008 年，一份两页的邮寄调查问卷发送给 300 名受访者，花费了我 2 500 美元，约合每份 8.33 美元。这并不包括为撰写和检查问卷或对数据进行统计分析而支付的费用。由于有 60% 的应答率（180 份回寄邮件），每完成一份问卷的实际成本接近 13.89 美元。

专业的调查机构每完成 15 分钟的电话访问收费是 70 美元或更多。面对面访谈的成本更高，根据访谈时间的长短和差旅费的不同，完成一份专业的面对面访谈的成本可能超过 200 美元。一个极端情况是，对 1 000 名地处分散的普通大众构成的受访者进行面对面访谈，成本超过 30 万美元，完成时间为 1 年。另一个低成本的极端例子是，一位高中老师复印了一份一页纸的自填问卷，分发给 100 名学生填答，这里除了老师的时间和辛苦外几乎没什么成本。老师在短短一周的时间内准备和分发问卷，收集答完的问卷，以及把结果制成表格。

五、调查访谈

在过去的几十年里，我们对访谈误差的认识经历了三个阶段。在 20 世纪 60 年代和 20 世纪 70 年代，

---

① Dexter（1970）讨论了精英访谈。也见 Galaskiewicz（1987），Useem（1984），Verba & Orren（1985）和 Zuckerman（1972）。

② 关于时间预算调查，见 Andorka（1987），Bittman & Wajcman（2000），ERIC（1976），Hornsby-Smith（1974），Jordan & Layzell（1992），Mattingly & Bianchi（2003），Meyer（1998），Milem 等（2000）和 Wiedmer（1993）。

③ Dillman（1983），Groves & Kahn（1979：188－212）讨论了成本问题。

我们关注的是如何停止错误，因为受访者没有充分认识到调查访谈情况的严肃性。为了改善调查访谈，我们让访问员强调完整和准确的答案的重要性，或者示范适当的应答行为。到了20世纪80年代至20世纪90年代，改善访谈的方式转变为规范访问员的行为。我们仔细地培训访问员，让他们认真阅读每一个书面的调查问题，使用中立的追问，一字不差地记录受访者的回答，并且不带任何评判性。我们强调让每一次访谈的情形都保持一致。

标准的访谈基于**自然假设模型（naive assumption model）**（Foddy，1993：13）。我们试图减少调查的实际经验与模型假设中所表达的理想调查之间的差距（见拓展方框10.11：调查访谈的自然假设模型）。

到2000年，一些研究人员提倡放弃标准化的方法，采用另一种替代的访谈形式，即一种灵活的**会话访谈（conversational interview）**，这基于协作性接触模型（在本章后面讨论）。访谈被视为一种社会情境，在这种情境下，受访者必须解释调查问题的含义。访问员与受访者合作或协助，以便受访者准确地掌握研究者在问题中的意图。访问员积极地工作是为了提高有关复杂议题或有关受访者很难表达他们的想法的问题的准确性。 342

大多数专业的调查研究人员仍然依赖标准化访谈，并对会话式访谈的效度产生怀疑。他们相信访问员效应会扭曲或导致产生偏见的回答。然而，两种访谈方法都有它们的辩护者。提倡标准化访谈方法的人认为，更精确的调查问题措辞可以解决任何受访者的误解。对话式访谈的倡导者则强调社会互动过程的流动性和社会多元化的受访者所持有的不同社会现实性或理解。这些倡导者认为，我们的目标是对调查研究人员提出的问题背后的意图做出一个共同的解释，而不是在问题中重复同样的话。为了在不同的受访者中达成共识，访问员可能会用不同的方式问一些受访者某个问题。只有受过良好训练、善于社交的访问员，对每个调查问题的研究意图有深刻的了解，才有可能与许多不同的受访者达成对该意图的共同理解。我们可以在第4章社会科学实证主义与解释方法的假设中追溯到标准访谈与会话式访谈不一致的原因。①

拓展方框10.11

调查访谈的自然假设模型

1. 研究人员已经清楚地概念化了所有被测量的变量。
2. 问卷中没有措辞、问题的顺序或相关效应。
3. 受访者积极主动并愿意回答所有问题。
4. 受访者信息完整并能够准确地回想起事件。
5. 受访者对每个问题的理解完全符合研究人员的意图。
6. 如果受访者不知道这些假设，他们会给出更多真实的答案。
7. 受访者在没有得到提示或建议的情况下，会给出更真实的答案。
8. 访谈情形和具体的访问员对回答没有影响。
9. 访谈过程对受访者的信念或态度没有影响。
10. 受访者的行为与他们在访谈中的口头回答完全吻合。

（一）访问员的角色

使用访谈法来收集资料的情况很多。雇主面试未来的员工、医疗人员询问病人、心理健康专业人员询问病人、社会服务工作者询问贫民、记者采访政治人物或其他人、警察讯问目击者或罪犯、脱口秀主持人访谈名人（见拓展方框10.12：非研究型访谈的类型）。调查研究者的结构式访谈是一种专门化的访

① 参见Maynar等（2002），Schwartz（1996）和Weisberg（2005：72-91）。

谈类型。和大多数的访谈一样，它的目标是希望从他人处得到正确的信息。[①]

访谈是两个陌生人之间的一种短期的、次要的社会互动，他们的目标很明确，即一个人从另一个人那里获得特定的信息。这个互动中的社会角色包括访问员与被访者或受访者。信息是通过一场结构化的访谈获得的，在这一过程中，访问员询问事先准备好的问题、记录答案，而受访者则进行回答。这种访谈在几个方面都与普通的交谈不同（见表10.5）。

对访问员而言，重要的问题是很多受访者不熟悉调查中自己所处的角色，而且“受访者对研究者期望自己做什么，通常并没有清楚的概念”（Turner & Martin，1984：282）。结果，他们可能以另一种他们所熟知的角色取而代之（如，一场亲密的对话或治疗会诊、填报表格的一种程序、一次公民对政策选择的公投、一次测验或一种访问员试图诱骗受访者的欺骗形式）。即使是一项精心设计的、专业的调查，后
343 续研究也发现，只有一半的受访者完全理解研究人员想要表达的问题。受访者不是对题目重新加以诠释使之合乎个人的特殊状况，就是把题目理解成比较容易回答的形式。[②]

拓展方框10.12

非研究型访谈的类型

1. 工作面试。雇主会问一些开放式的问题来收集应试者的信息，并观察应试者如何表现自己。应试者（受访者）先发制人，努力表现出正面的自我形象。雇主（访问员）努力找出应试者真正的才能与缺点。由于雇主有权接受或拒绝应试者，所以面试中充斥着严肃、判断的口气。这个情形经常造成紧张与有限的信任。当事双方可能有相互冲突的目标，各自可能使用一些欺骗的手段。面试结果也不需要保密。

2. 协助谈话。以助人为业的专业人员（例如，顾问、律师、社会工作者、医生等）寻求有关诉求者的难题的信息，包括：背景与现状。这类专业人员（访问员）利用这些信息来了解诉求者（受访者）的问题，并将其转化为专业术语来解决问题。语气充满了严肃与关切之情。关系通常不怎么紧张，而且具有高度的互信。当事双方拥有解决诉求者难题的共同目标，甚少涉及欺骗。谈话结果通常是保密的。

3. 新闻采访。记者从名人、新闻人物、目击者，以及幕后人物那里收集资料，以供日后制作有新闻价值的新闻报道时使用。记者（访问员）使用不同的手法试图挖到新奇的信息，其中有些可能不是轻易便能透露的，并且试图从新闻来源（受访者）挖到值得引述的引文。记者结合其他信息来源，选择性地使用所获得的信息，通常超过受访者所能控制的范围。语气、信任和紧张程度随采访的状况而有很大的变化。当事双方的目标可能不大相同，双方多少都使用些欺骗的手段。采访结果不用保密，可能还获得不少宣传。

4. 讯问与调查审问。刑事司法官员、审计人员或其他主管严厉地讯问某个被指控的嫌犯或其他掌握不当行为信息的相关人士，从中获取信息。官员（访问员）会将这类信息视为证据，对某人（很可能是受访者）提起诉讼。由于相互不信任，充满着极为紧张的关系。当事双方的目标南辕北辙，经常耍诈欺骗。审问结果很少是保密的，而且可能成为官方公开记录的一部分。

5. 娱乐访谈。节目主持人提出他自己的看法，向名人或其他来宾提出开放式问题，而来宾可能偏离主题，或自个儿独白了一阵子。主要的目标是激发观众的兴趣、享受或欢乐。通常各人展现的风格远较其所透露的信息更引人注意。主持人（访问员）寻求观众的即时反应与回应，而来宾（受访者）则努力猛打知名度。语气轻快、不紧张、充满高度的信任感。双方有相同的目标。他们可能互相欺骗或联合起来欺骗观众。通常是不保密的。

---

① 关于访谈的更多信息，请参见 Brenner 等（1985），Cannell & Kahn（1968），Converse & Schuman（1974），Dijkstra & van der Zouwen（1982），Foddy（1993），Gorden（1980），Hyman（1975），Moser & Kalton（1972：270－302）和调查研究中心（1976）。关于电话访问的讨论，参见 Frey（1983），Groves & Mathiowetz（1984），Jordan 等（1980）和 Tucker（1983）。

② 参见 Turner & Martin（1984：262－269，282）。

人们可以混合使用各种不同类型的访谈，而且常常同时使用数种类型。举例来说，处于社会控制角色而不是助人角色的社会工作者，可能会执行一项调查性访谈。或者，一位帮助犯罪受害人的警察，可能使用协助谈话，而不是讯问。

访问员的角色也很难把握。他们有时会占用受访者的时间甚至侵犯其隐私，取得信息，但并不一定给受访者带来直接好处。他们可能需要解释调查研究的性质，或许在访谈中给出关于社会角色的暗示。同时，访问员必须保持中立和客观。他们努力减少尴尬、恐惧和怀疑，使受访者轻松自在地提供信息。好的访问员掌控社会互动的节奏与方向，以及答案的内容和受访者的行为。 344

调查访问员是不带评判性的，不会用语言或非语言表达他们的观点。如果受访者给出了一个令人震惊的答案（例如："我因为殴打我的女儿并且用香烟烫她而被逮捕了三次。"），那么访问员不要表现出震惊、惊讶或不屑，而是要以一种事实的态度来看待答案。访问员应该给受访者以这样一种感觉，即他们可以给出任何真实的答案。如果受访者询问访问员的意见，访问员应礼貌地重新引导受访者，并指出这样的问题是不合适的。例如，如果一个受访者问："你觉得怎么样？"访问员可能会回答："我们对你的想法感兴趣，我想什么都无所谓。"

访问员能帮助定义情境，并确保受访者获得所需要的信息、理解所期望的内容、给出相关的和严肃的答案并积极配合。访问员比受访者做的事情更多。面访的访问员大约仅有35%的时间是花在访谈上，有40%的时间是花在找出正确的受访者上，15%的时间花在来去访谈的路上，10%的时间花在阅读调查资料与处理行政和记录的细节工作上。[①]

表10.5 普通交谈与结构化调查访谈之间的差异

普通交谈	调查访谈
1. 每个参与者提出的问题和回答都是相对均衡的。	1. 绝大部分时间是访问员提问、受访者回答。
2. 存在感受和观点的公开交流。	2. 只有受访者才能表达自己的感受与观点。
3. 陈述判断且试图说服其他人接受某一观点。	3. 访问员不做评判，也不试图改变受访者的观点或信念。
4. 人们可表达内在的深层感觉以获取同情，或当作治疗性的放松。	4. 访问员试图获得对具体问题的直接回答。
5. 礼节性的回答是常见的（例如，"嗯嗯"、摇头、"你好吗？"、"很好"）。	5. 访问员避免做出影响受访者的礼节性的回答，寻求真实的答案而非礼节性的回答。
6. 参与者交换信息并纠正他们所知道的事实错误。	6. 受访者提供了几乎所有的信息。访问员不纠正受访者的事实错误。
7. 主题不断变换，每个人都可提出新主题。讨论焦点可转移至不相关的主题。	7. 访问员控制着话题、方向和节奏。他让受访者"忙于任务"，并遏制不相关的话题。
8. 语气可以从幽默转变成快乐、感动、悲伤、生气等。	8. 访问员试图在整个面试过程中始终保持一种温暖、严肃和客观的语气。
9. 人们可以回避或忽视问题，而且可以给出轻率的或模棱两可的答案。	9. 受访者不应回避问题，应深思熟虑，如实作答。

资料来源：Adapted from Gorden（1980：19－25）and Sudman and Bradburn（1983：5－10）.

（二）访谈的阶段

访谈历经不同的阶段，开始是自我介绍，然后进入主题。在面对面访谈中，访问员进门后，要出示授权文件，以打消受访者的顾虑，赢得对方的合作。访问员要准备好应对以下问题："为什么选上我？" 345
"这有什么用处？""我不知道这件事。""总之，这是怎么一回事？"访问员要解释为什么选中了受访者，

① 来自Moser & Kalton（1972：273）。

而不是其他人。

访问的主要部分是由提问与记录答案构成的。在一个标准的访谈中（不是谈话式），访问员完全根据问卷上的文字提问，不增减文字，也不改变说法。他们按照顺序提问题，除非问卷上有特别注明，否则他们不会返回某一题或是跳过某一题。他们用令人舒适的节奏进行，并给予非指导性的回应，以维持受访者回答问题的兴趣。

除了提问之外，访问员要准确记下答案。对封闭式问题而言，这是相当容易的，访问员只要在正确的方框里做上标记。但是对开放式问题来说，这就不是件容易的工作。他们要仔细地倾听、写下让人看得懂的笔记，而且要逐字照受访者所说进行记录，不能更改文法或俚语。更重要的是，访问员绝对不可以概括或意述，因为这可能会漏掉某些信息或扭曲了答案。例如，受访者说："我很关心我女儿的心脏问题，她只有10岁，已经很难爬楼梯了。不知道她将来老了怎么办。对她来说，心脏手术风险太大，而且费用太高。她必须适应心脏病人的生活。"如果访问员只记下"关心女儿的健康"，那么就失掉了很多资料。

访问员知道如何与何时进行深入**追问（probe）**。追问是个中立的要求，请受访者澄清某个模糊的答案，或完成某个未完成的答案，或寻求某个相关的答案。一旦访问员辨认出不相关或不正确的答案，就需要采用追问。[①] 追问有许多种类型。3到5秒的停顿通常是很有效的策略。非语言交流（例如，头稍微倾斜、扬起眉毛、目光接触）也颇为有用。访问员可重复一道题目，或在复述受访者的答案后停顿一下。也可以问一道中立的问题，例如，"还有其他原因吗?""你能告诉我关于那件事的更多信息吗?""你能为我再多解释些吗?"（见拓展方框10.13：对封闭式问题进行追问和记录完整答案的例子）

受访者通常会以不同于调查设计者的意图来解释简单的问题。例如，"不准确的报告不是一种不诚实的回答倾向或素质。在某一场合或在回答特定问题时诚实的个人，在其他场合或其他问题上可能不诚实"（Wentworth，1993：130）。

减少误解的技巧，如对话式的访谈，偏离了标准化访谈的模式。除了引入偏差之外，对话式的访谈还需要更多的时间和更严格的访问员培训。然而，正如康拉德和肖伯（Conrad & Schober，2000：20）所发现的那样，受访者的"理解可以变得更加一致（回答更具有可比性），当某些访问员的行为（关于问题意义的论述）不太一致时"。自相矛盾的是，非标准化的访谈可以通过提高受访者解释调查问题与回答的意义的一致性，从而提高信度。

鉴于这种复杂性和可能的失真，勤奋的调查研究人员应该做些什么呢？我们至少应该用开放式问题和追问来补充封闭式问题。开放式问题需要更多的时间，需要训练有素的访问员，并产生可能不那么标准化、更难以量化的回答。基于自然假设模型的固定答案问卷，隐含了一种比在许多情况下更简单、更机械的回答方式。对访问员偏差、文化意义和访谈场景的探究，为社会研究的定性和定量提供了经验。在所有的研究中，我们努力消除访问员偏差和受访者困惑的来源。在过去的十年中，定量调查研究人员
346 发现，定性研究人员对人们在不同的社会背景下如何构建意义提供了有价值的见解。

拓展方框10.13

对封闭式问题进行追问和记录完整答案的例子

访问员问：你从事什么职业？

受访者回答：我在通用汽车公司工作。

追问：你在通用汽车公司做什么工作？在那里，你做哪一类型的工作？

---

① Backstrom & Hursh-Cesar（1981：266-273），Foddy（1995），Gorden（1980：368-390），Hyman（1975：236-241），Schober & Conrad（1997）和Smith（1989）讨论了追问的使用。

访问员问：你失业多久了？

受访者回答：很久了。

追问：你能更具体地告诉我，你目前的失业期是从什么时候开始的吗？

访问员问：从整体来思考这个国家的前途，你认为明年我们会有好日子过呢，还是日子更难过？或者你有其他的看法？

受访者回答：可能好，可能坏，这要看情况，谁知道呢？

追问：你认为会发生什么事？

记录一道封闭式问题的答案

访问员问：在 1 到 7 的等级中，你如何看待极刑或是死刑？1 代表强烈支持，7 代表强烈反对。

（赞成）1 ____ 2 ____ 3 ____ 4 ____ 5 ____ 6 ____ 7 ____（反对）

受访者回答：大概是 4。我认为所有的杀人犯、强暴犯和暴力犯都该被处死，但是我不赞成用在偷车这种小罪上。

最后一个阶段是离开，是指访问员答谢受访者后离去。接下来，访问员要去一个安静、私密的场所，汇整编辑问卷，趁记忆犹新之时，记录下其他的细节，包括访问的日期、时间和地点。访问员通常会对受访者和访谈情况做一个简略的描述，包括受访者的态度（例如，严肃、生气或高兴）和任何其他不寻常的情况（例如，“在回答第 27 题时，电话响了，受访者打了 4 分钟电话后才重新开始”）。要记下访谈时遇到的任何中断情况（例如，“十几岁的儿子走进房间，坐在对面，打开电视，把音量调得很大，然后看了一场棒球赛”）。访问员也应该记下个人的感觉，以及任何可疑的事项（例如，“当问到婚姻问题时，受访者显得紧张慌乱”）。

（三）访问员的训练

大规模的调查需要雇用数位访问员。① 进行专业水平的访谈需要慎选访问员，并且对他们进行严格的训练。与任何其他雇用情况一样，要获得稳定的高质量工作表现，适当的薪酬与良好的督导很重要。不幸的是，专业的访问员并不总是获得报酬丰厚或稳定的雇用机会。过去，大部分访问员是从那些愿意接受不规律工时工作的中年妇女中挑选出来的。良好的访问员是和蔼可亲的、诚实的、准确的、成熟的、有责任感的、有中等资质的、稳定的和积极的。他们没有威胁感的外表、有与多种类型的人相处的经验，并且沉稳机智。如果调查涉及高犯罪地区，访问员还需要受到保护。 347

研究者会考虑到访问员的外表、年龄、性别、种族、所讲的语言甚至声音（见本章后面关于访问员偏差的讨论）。举例来说，在一次研究中，研究者雇用了受过训练、有同质社会背景的女性电话访问员，奥肯柏格、科尔曼与卡内尔（Oksenberg、Coleman & Cannell，1986）发现，很少有受访者会拒绝接受音调高、变化多、讲话大声、速度快、语音清楚、抑扬顿挫并且声音听起来很愉悦的访问员的访问。针对访问员的大多数专业培训大约持续 2 周时间。这类课程通常包括：讲课与阅读，观察专业访问员进行访谈，在办公室或田野进行模拟访谈并对其进行记录和评估，进行多次实践和角色扮演。访问员需要学习调查研究的相关事宜与访问员的角色。虽然不知道预期的答案是什么，但他们会逐渐熟悉问卷和问题的目的。

尽管大部分访问员是独自工作的，但是针对大规模调查，研究者会在数个访问员中分派一个督导员。

---

① 在采访者培训方面，请参阅 Backstrom & Hursh - Cesar（1981：237 - 307），Billiet & Loosveldt（1988），Bradburn & Sudman（1980），Oksenberg 等（1986），Singer & Kohnke - Aguirre（1979），Tucker（1983）。Olson & Peytchev（2007）发现访问员的经验越多，负面影响越大，表明访问员在获得更多经验后会变得草率或匆忙。

督导员对这个领域相当熟悉，协助访问员解决问题、监督访问员，并确保工作按时完成。对电话访问而言，督导员的工作是协助打电话、记录访问员到达与离开的时间、监控访问电话。在面对面的访谈中，督导员的工作是检查访问员是否真的进行了访谈，这意味着要向受访者打电话或寄明信片进行确认。他们也可以检查应答率与未完成的问卷，以了解访问员是否得到受访者的配合，他们还可以抽出一些样本进行回访，分析答案或观察访谈过程，以察看访问员是否准确地提问和记录答案。

（四）访问员偏差

调查研究者限制访问员的行为，以减少偏差。理想情况下，受访者如何回答问题，是不会受某个特定访问员的行为影响的，答案原本的样子不会由于变换其他访问员来问而有所改变。访问员被禁止的行为超出了要求准确阅读每个问题的指示，而访谈偏差有多种形式（见拓展方框10.14：六类访谈偏差）。

我们始终在探查影响调查访谈的因素。我们知道访问员的期望会产生严重的偏差。访问员预期访谈很困难，就会遇上很困难的情形，访问员期望得到某种答案，就很可能得到那种答案（见图表10.1）。恰当的访问员行为与准确的宣读问题可能很难做到，但还有许多其他形式的访问员偏差。

另外，访问员偏差还可能是由对受访者的年龄和种族的预期引起的。在美国一项重要的全国性调查中，研究人员发现，访问员将黑人受访者编码成智力较低者，将较年轻的受访者编码成智力较低和见识较少者。为了减少调查结果中的此类偏差，需要进行更严格的访问员培训。[①]

拓展方框10.14

六类访谈偏差

1. *受访者的错误。*忘记、尴尬、误解，或是因某人在附近出现而说谎。

2. *无意的错误与访问员的疏忽。*联络到错误的受访者、读错问题、遗漏问题、按照错误的顺序提问、记录一个错误的答案或是误解受访者的意思。

3. *访问员有意地破坏。*有意地更改答案、删掉问题或用不同措辞来问问题，或选择另外的受访者。

4. 访问员因为受访者的外貌、生活状况或是其他的答案，*而对受访者的答案产生某种期待，于是影响了答案。*

5. *访问员未能深入追问，*或是追问不当。

6. *由于访问员的外表、语气、态度、对答案的反应或是在计划之外所做的评论，影响到受访者的答案。*

348 访谈进行的社会场景会影响回答。举例来说，依据这个问题是在家里还是在学校里被问及，高中生对同一个问题会给予不同的答案。别人的存在常常会影响我们的反应，所以我们通常不希望他人在场。然而，有其他人在场也不总是会产生影响，特别是当其他人是小孩时。[②] 例如，齐普和托特（Zipp & Toth，2002）在配偶参加访谈时，他们在许多态度问题上的看法更加一致；妻子们会根据丈夫的反应来修改她们的答案，而丈夫的回答则变化不大。

访问员明显的身体特征，如种族和性别经常会影受访者的回答，特别是问题与种族和性别议题相关时。举例来说，非裔美国人和西班牙裔美国人的受访者在回答关于种族和民族相关的问题时，会表达出不同的政治立场。甚至在电话访问中，当受访者对访问员的种族或民族有所了解时，这种情况也会发生。一般而言，当访问员与受访者属相同的种族群体时，能得到更准确的答案。就一些明显的议题而言，性别也会影响访谈，例如，性行为以及支持与性别有关的集体行动或两性平等。然而，正如韦斯伯格

① 参见 Leal & Hess (1999)。

② 参见 Bradburn & Sudman (1980)，Pollner & Adams (1997)，Zane & Matsoukas (1979)。

(Weisberg，2006：61) 所指出的："在美国，访问员的匹配很少被使用，除非有必要使用能说另一种语言的访问员……在其他一些国家，访谈匹配更有必要，正如在阿拉伯国家，一种性别的访问员与另一种性别的受访者交谈被认为是不合适的。"①

图表 10.1　影响回答的访问员特征

访问员期望效应的例子

提问的女性访问员本身	*女性受访者回答说大部分的家具是丈夫购买的*
大部分家具是丈夫购买的	89%
大部分家具不是丈夫购买的	15%

种族或民族外表效应的例子

	回答"是"的百分比	
访问员	*"你认为政府员工中有太多犹太人吗?"*	*"你认为犹太人有过多的权力吗?"*
看起来且名字听起来像犹太人	11.7%	5.8%
只是看起来像犹太人	15.4%	15.6%
看起来不像犹太人	21.2%	24.3%
看起来且名字听起来不像犹太人	19.5%	21.4%

注：受访者有关种族的刻板印象会影响其在访谈中的问答。

资料来源：Adapted from *Interviewing in social research* by Herbert H. Hyman with William J. Cobb et al.; foreword by Samuel A. Stouffer. © 1954，1975 University of Chicago Press，p. 153.

访问的特征也以多种方式影响回答。例如，当访问员是个残疾人时，与他们回答自填问卷相比，受访者会减少有关"幸福"的自我报告水平。很显然受访者不想显得比访问员更幸运。然而，当受访者与一个残疾人同在一个房间里自填问卷时，他报告的幸福水平要比单独填答时更高。显然，与没有其他人 349
生活情况的提醒相比，由于残疾人的出现，受访者感到相对更好些。② 受访者根据访问员的特点对相同问题赋予不同的答案，这威胁到代表性信度（你在第 7 章中读到了有关代表性信度的内容）。

（五）文化意义和调查访谈

对调查误差和访谈偏差的研究，为人们如何创造意义和获得文化理解提供了前沿信息。③ 当同样的词语因社会情境、说这些词语的人、说这些词语的方式，以及说的人与听的人之间的社会距离等的不同，而有了不同的意义与暗示时，着实令我们感到困惑。当受访者误解了调查研究的性质，在问题的措辞或访问员的微妙行为中寻找答案的线索时，调查研究就变得复杂了。再者，"重要的是，不要忽略这样的事实，即访谈场景本身不同于其他表达态度的环境，因此我们不应该期望受访者在访谈中所表达的态度会与在其他社会情境下所表现的态度完全吻合"④。

我们面临着一个两难困境：那些努力以中立和一致的方式行事的访问员，力图减少由于个体访问员的行为导致无效度的偏差的类型，然而，据解释性或批判性的社会科学研究者所说，包括女权主义研究人员，这样的尝试也带来了其他问题。（见拓展方框 10.15：访谈：实证主义和女权主义方法）。⑤

非实证主义研究者认为，意义是在社会情境中创造的；因此，对于所有的受访者来说，标准的调查

① 详见 Anderson 等（1988），Bradburn（1983），Cotter 等（1982），Finkel 等（1991），Gorden（1980：168－172），Reese 等（1986），Schaffer（1980），Schuman & Converse（1971），以及 Weeks & Moore（1981）。Davis（1997）发现，当非裔美国人接受白人采访时，他们会"自我施加言论自由的限制"，而且不太可能说白人压制黑人，或者黑人没有影响变革的权力。

② Sudman 等（1996：74－76）。

③ 参见 Bateson（1984），Clark & Schober（1992），Foddy（1993），Lessler（1984）以及 Turner（1984）。

④ 摘自 Turner & Martin（1984：276）。

⑤ 关于调查研究访谈的批评，参见 Briggs（1986），Cicourel（1982）和 Mishler（1986）。

问题措辞不会产生相同的含义。例如，一些受访者通过讲故事来表达情感，而不是用固定的答案直截了当地回答问题。非实证主义研究者提倡调查情境的**协作性接触模型（collaborative encounter model）**。这个模型把所有人的接触都看作高度动态的、复杂的相互作用，甚至是微小的、无意识的反馈形式（例如，说“嗯”、大笑、微笑、点头）也会产生影响，并给会话式的访谈以暗示。协作性接触模型还允许采访者在回答固定选择问题时，将受访者提供的信息整合起来，而标准化的访谈禁止这些行为或将这些信息视为错误，因为它们不符合预先设定的标准化格式。

根据协作性接触模型，在复杂的人际互动中，人们常在简单的问题上添加些自行诠释的意义。例如，我的邻居问我一个简单的问题：“你多久割一次你的草坪？”我可能用下列方式解读他的问题：

我多久亲自割一次草坪（而不是让别人帮我修剪）？

我多久割一次草坪以清除杂草（而不是用我的割草机去剪树叶）？

我多久割一次整个草坪（而不是只切除快速生长的部分）？

我在一个季度、一个月或一周中多久割一次草？

大多数的季节里，我多久割一次草（去年我的割草机坏了几次，天气很干燥，草长得比较慢，所以我没有经常割草）？

在短短的几秒之内，我对问题做了个诠释，并且给了它一个答案。但是我与我邻居之间开放与持续的互动使我可以要求澄清，接着问数个问题，以帮助我们达到相互的了解。

350 调查访谈互动与日常对话不同，调查访谈是标准化、人为的互动，它对不同的受访者一视同仁，以控制访谈的情形，形成一致的测量。日常对话则含有特别设计来查明与纠正误解，它依赖于细微的意义差别和交换意见。在日常对话中，人们通过以下方式获得社会意义：依赖情景中的线索、调整与涉入其中的人之间的互动，以及建立文化框架（通常是以种族、阶级、性别、地域和宗教为基础）。日常对话中的流畅互动是自我调节的，因为不同的人对相同的字词、短语和句子，并不总是赋予相同的意义。例如，男人与女人对他们的健康有不同看法。一个男人说自己很健康，与一个女人用同样的答案回答相同的问题的含义是不同的。通过标准化的人际互动，调查访问趋向于去除日常对话的一些特征，而正是它们产生了自我修正、促进不同的人之间分享意义，以及建立人们之间的理解。[①]

拓展方框 10.15

访谈：实证主义和女权主义方法

在本章中，我们主要考虑了调查研究访谈的实证主义方法。在理想的调查访谈中，访问员压抑本身的感觉与信念。访问员应该客观和中立，使得就算换一个访问员也会得到相同的答案。

女权主义研究者对访谈的处理则大不相同。女权主义的访谈类似于定性访谈（将于第14章中讨论）。奥克利（Oakley，1981）批评实证主义的调查访谈是男性范式的一部分。这是一种社会情境，情境中的访问员在压制个人情感表达的同时，运用控制与宰制，充满操纵与工具性格。访问员与受访者都成了获得客观资料的媒介。

女权主义研究的目标各有不同，但有两个共同的目标：给予女性主观经验较大的可见度，以及增加受访者对研究过程的参与。女权主义访谈的特征如下：

——偏好无结构化与开放式的格式。

——偏好对一个人进行多次访谈。

——创造社会关联、建立值得信赖的社会关系。

① 有关日常谈话和调查访谈的其他讨论，参见 Beatty（1995），Conrad & Schober（2000），Groves 等（1992），Schober（2000），Groves 等（1992），Moore（2004），Schaeffer（2004），Schober & Conrad（2004），Smith（1984），以及 Suchman & Jordan（1992）。

——访问员透露个人的经验。

——鼓励女性开放、愿意倾听和理解的技能。

——避免控制，通过淡化职业地位来鼓励平等。

——仔细倾听，访问员会与受访者产生情感的交流。

——以受访者为导向，而不是以研究者为导向或以问卷为导向。

——鼓励受访者用她们觉得舒适的方法来表达自我，例如，讲故事或一些题外话。

——在女性中创造一种赋权感和团队精神。

（六）预调查和认知访谈

在正式调查之前，进行对调查访谈和问卷的预调查是很重要的。对调查过程中的小规模初步实验和认知加工模型的系统研究，有助于我们更好地了解调查过程。我们发现回答调查问题的过程有几个步骤：解释和理解问题，检索相关信息，整合和评估信息，选择一个答案选项。近期的一个研究领域是认知测试或**认知访谈（cognitive interviewing）**，在这一领域中，我们研究的是在预调查的情形下，能够如何回答问题。[①] 351

认知访谈可以通过让一小部分预调查参与者在回答问题时口头报告他们的想法，帮助我们识别正在开发的问卷中的问题。它为了解受访者的想法和他们在回答调查问题时遇到的问题提供了一个窗口。认知访问员会深入追问有关回答问题的过程的额外信息。我们使用这些信息来改进问卷或访谈过程（见拓展方框10.16：改进问卷的方法和预调查）。

另一个相关的发展借鉴了民族方法学（见第13章对此进行的讨论）和会话分析来研究作为一种特殊的社会互动和言语活动的访谈过程。这些方法支持协作性接触模型，并建议对非标准化的访谈行为进行处理，比如受访者的问题或访问员反馈的微小形式（说“嗯”、大笑、微笑），以此来了解更多关于访谈的信息。[②]

拓展方框10.16

改进问卷的方法和预调查

1. *边想边说访谈*。在回答每个问题的过程中，受访者出声解释自己的想法。

2. *回顾性访谈和有针对性的追问*。在完成一份问卷调查后，受访者向研究人员解释选择每个回答或答案的过程。

3. *专家评估*。一个由经验丰富的调查研究人员组成的独立小组对问卷进行审查和评论。

4. *行为编码*。研究人员密切监控访谈过程，经常使用音频或视频，以查明是否存在虚假陈述、犹豫、错过指示、无应答、拒绝、困惑的表情、不符合任何答案选项的答案等等。

5. *实地实验*。研究人员在实地环境中执行问卷调查项目的替代形式，并比较结果。

6. *小插曲和汇报*。访问员和受访者面对的是虚构的“栩栩如生”的简短情景，并被问及他们会使用哪个问卷答案选项。

资料来源：Dillman and Redine（2004），Fowler（2004），Martin（2004），Tourangeau（2004a，2004b），van der Zouwen and Smit（2004）and Willis（2004）.

---

① 关于认知访谈，见 Conrad & Blair（2009），Willis（2004，2005）和 van der Zouwen & Smit（2004）。

② 关于预调查方法，诸如认知访谈和相关技巧，见 Maynard 等（2002），Maynard & Schaeffer（2004），Moore（2004），Schaeffer（2004），Schober & Conrad（2004）和 Willis（2005）。

六、调查伦理

正如所有社会研究，人们可以用合乎伦理或不合伦理的方式来进行调查。调查研究中的第一个伦理议题是对隐私权的侵犯。[①] 人人都有隐私权。受访者有权决定在何时或是向谁透露私人信息。调查研究者会因问及亲密的行动或是个人的信仰，而侵犯到受访者的隐私。如果是在一个舒适自在而且互相信任的情境下被问到这类问题，受访者可能会准确、诚实地提供这些信息。当受访者认为我们为了正当的研究目的而需要严肃的答案，并且相信他们的答案会受到保密时，最有可能进行回答。研究者应该以尊重的态度对待所有的受访者，减少他们的焦虑或不适，也有责任维护资料的保密性。

第二个伦理议题涉及受访者的自愿参与。受访者可以在任何时候同意回答问题或拒绝参与。参与研究的受访者均应是"知情同意"。研究者依赖受访者的自愿合作，所以研究者需要细致地问些成熟的问题、以尊敬的态度对待受访者并认真地保守秘密。

第三个伦理议题是调查的运用与伪调查。由于调查的普及，一些组织和有些人便利用调查来误导他人。**伪**
352 **调查（pseudosurvey）**是一种调查格式，用于劝说某人做某事，但很少或根本没有兴趣从受访者那里了解信息。冒牌者假借调查进入他人屋内"纠缠"（名为调查实为推销东西），侵犯个人隐私。在1994年美国大选期间，曾发生过一项伪调查案例，是以"打击对手为目的的民意调查"。在这个案例中，一个不为人所知的调查机构打电话给潜在投票者，问他们是否支持某位候选人。如果投票者支持这位候选人，访问员就接着问，如果他们知道这位候选人有不良的人格特征（例如，曾因醉酒驾车被捕、使用非法药物、提高定罪下狱犯人的工资），是否还会支持这位候选人。该访问的目的不在于测量候选人的支持倾向，相反，其目的是确认出某位候选人的支持者后，试图以负面的信息压制投票。我接到过此类电话，一位竞选市长的落选者也曾接到这样的电话，而他正是此次民意调查的压制对象。没有人因为使用这种竞选策略而遭到起诉。

第四个伦理议题是滥用调查结果、使用设计拙劣或故意作弊的调查。人们也许要求调查给出其无法提供的答案，或不了解调查数据的局限性。此外，设计与准备调查的人员可能缺乏进行规范调查的足够的训练。依据粗心或设计不良的调查制定的政策，可能会造成浪费并给民众带来痛苦。这类误用使得了解调查研究的复杂性和只进行方法上合理的调查研究变得非常重要。

另一个问题是，大众媒体对调查结果的报道可能会造成滥用。[②] 阅读调查结果的人很少会鉴赏这项调查，但是研究者应该将调查的所有相关细节包含在内（见拓展方框10.17：报告调查研究时应包括的10个项目），以便减少调查结果的误用，并增加对那些未提供相关信息的调查的质疑。在大众媒体的调查报告中，超过88%的报告没有披露调查的研究者，只有18%的报告提供了调查是如何进行的细节。[③] 我们敦促媒体的报道包括这些信息，而发生这种状况的背景，则是媒体报道调查的次数远多于其他类型的社会研究。

拓展方框 10.17

报告调查研究时应包括的10个项目

1. 所使用的抽样框架（例如，电话簿）。

---

① 关于调查研究所特有的伦理问题，参见Backstrom & Hursh-Cesar（1981：46－50），Fowler（1984：135－144），Frey（1983：177－185），Kelman（1982：79－81）以及Reynolds（1982：48－57）。Marsh（1982：125－146）与Miller（1983：47－96），对于赞成与反对调查研究的使用，进行了非常有用的讨论。对于知情同意的使用，Singer & Frankel（1982）以及Sobal（1984）中都有所讨论。

② 关于媒体对调查结果的报道，参见Channels（1993）与MacKeun（1984）的讨论。

③ 参见Singer（1988）。

2. 调查执行的日期。
3. 样本所代表的总体(例如,美国成年人、澳大利亚的大学生)。
4. 收集信息的样本规模。
5. 抽样方法(例如,随机)。
6. 所提问题的准确措辞。
7. 使用的调查方法(例如,面对面访谈、电话访问)。
8. 赞助这次调查的机构(谁支付调查费用并进行调查)。
9. 应答率或实际联络上且完成问卷的人数所占的百分比。
10. 任何缺失的信息或当报告特定问题的结果时,"不知道"的回答。

目前,没有质量控制标准来规范美国媒体对民意调查的报道。近五十年来,专业调查研究团体一直在寻求媒体只报道具有足够科学样本、严格的访问员培训和监督、令人满意的问卷设计、公开的数据和对调查机构完整性的控制的研究,但没有成功。[①] 不幸的是,大众媒体的报道既有偏颇的、误导性的调查结果,也有严谨、专业的调查结果,没有明确的区分。所以,公众对所有调查都感到困惑和不信任,这并不奇怪。

七、结论

在本章中,你学习了调查研究。调查研究是应用最广泛的社会研究方法。你也阅读了若干设计优质调查问题的原则。撰写问卷时,有许多事项必须避免,也有许多项目必须纳入。本章介绍了各种调查研究的优点和缺点,并指出访谈,尤其是面对面访谈,可能不是那么容易做的。 353

虽然本章的焦点集中在调查研究上,但研究者在其他定量研究(例如,实验法)中也会用到问卷来测量变量。调查法是一门独特的技术,常被称为*样本调查*,因为这个方法经常与随机抽样法一起使用,是一个向很多人提问相同的题目,进而检验他们的答案的过程。

调查研究者努力使误差减到最小,但是调查资料常带有误差。调查中的误差经常彼此混在一起。举例来说,误差可能来自抽样框架、来自无应答、来自问题的措辞或出现的先后顺序,以及来自访问员偏差。但是,不要让潜在的误差打消了你使用调查法的念头。相反,要学着在设计调查研究时非常细心,并谨慎地对结果进行推广。

关键术语

closed-ended question	封闭式问题	cognitive interviewing	认知访谈
collaborative encounter model	协作性接触模型	computer-assisted personal interviewing (CAPI)	电脑辅助个人访谈
computer-assisted self-administered interviewing (CASAI)	电脑辅助个人自填问卷调查	computer-assisted telephone interviewing (CATI)	电脑辅助电话访问
context effect	语境效应	contingency question	相倚问题
conversational interview	会话访谈	double-barreled question	复合问题
floater	游离者	full-filter question	全过滤问题

① 摘自 Turner & Martin (1984: 62)。

funnel sequence 漏斗次序
leverage saliency theory 杠杆效应理论
naive assumption model 自然假设模型
order effect 顺序效应
prestige bias 声望偏见
pseudosurvey 伪调查
randomized response technique (RRT) 随机化应答技术
sleeper question 测谎题
standard-format question 标准格式问题
telescope 压缩
wording effect 措辞效应
interactive voice response（IVR）交互式语音应答
matrix question 矩阵型问题
open-ended question 开放式问题
partially open question 半开放式问题
probe 追问
quasi-filter question 准过滤问题
recency effect 近因效应
satisficing 满意即可
social desirability bias 社会期许偏差
tailoring 适应
time budget survey 时间预算调查

复习题

1. 什么是调查研究经常询问的6类事项？每类各举一个不同于本书所提供的例子。
2. 为什么调查研究被称为相关研究？它与实验研究有何不同？
3. 设计调查问卷的题目时，有10大应该避免的事项，请写出5项。
4. 哪些话题通常会对受访者构成威胁？研究者如何询问这些话题？
5. 开放式问题与封闭式问题的优缺点是什么？
6. 什么是全过滤、准过滤和标准格式的问题？它们和游离者有怎样的关系？
7. 标准访谈与会话访谈的区别和相对优点是什么？
354 8. 什么是认知访谈？它如何改进调查研究？
9. 邮寄问卷、电话访问、网络调查和面对面访谈各在什么情况下是最好的方法？
10. 什么是CATI和IVR？分别用在什么时候？它们与CASAI或CAPI有何不同？

第11章 非反应研究与二次分析

358

在一些研究情境中，单独使用访谈法或问卷法会导致产生无法回答的竞争性解释。强调这些不太常用的测量方法是为了补短板，并为评估有效性的威胁提供信息。使用这些测量工具的成本很高，这对研究者提出了更高的要求。

——韦布等（Eugene Webb，et al.），《社会科学中的非反应测量》（*Nonreactive Measures in the Social Sciences*），315－316页

贝姆-莫拉维茨和马斯特罗（Behm-Morawitz & Mastro，2008）探讨了年轻人的媒体曝光，特别是"坏女孩"趋势。根据2004年的一部电影，"坏女孩"是指通过社会性攻击的方式获得奖励和愉悦感的青少年女性。作者在网上搜索出90部发行于1995年至2005年的青春电影。青春电影以青少年观众为市场，片中青少年影星扮演青少年角色。他们从90部电影中选出票房最高的20部。作者编码员花了48小时用样本外的青少年电影训练了三名编码员。编码员学会识别电影中的主角、配角、社会性合作行为（如帮助朋友、解决冲突）、社会性攻击行为（羞辱别人、排除异己）以及这些行为的积极或消极后果。编码员在作为样本的20部电影中识别了139个主角或配角，大多数（87%）年龄在15至18岁，其中超过一半（55%）是女性。编码员识别了337起社会性攻击事件，534次社会合作行为。对数据的统计分析表明，"男性和女性因与女性发生社会冲突而受到奖励的可能性都比受到惩罚的可能性更大"（Behm-Morawite & Mastro，2008：136）。作者接下来对136名大学本科生（19～20岁）展开了调查。他们发现，看过最多青春电影、与片中角色产生共鸣的大学生更可能相信社会性攻击行为会使他们在同龄人中更受欢迎。

实验与调查研究都是反应研究，也就是说，被研究者知道他们在被研究的这项事实。在本章中，我们将讨论**非反应研究（nonreactive research）**，或者说被研究者没有意识到他们正在被研究的情况。本章将介绍四种非反应研究技术，非反应研究技术大部分是根据实证主义者的原则，但诠释主义者与批判主义者也常使用。我们将首先看一组创造性的非反应测量方法。接下来是*内容分析*。最后两种技术是*现有统计资料与二次资料分析*，指从政府文献或以前的调查中收集信息。尽管这些数据在初次收集时可能是通过反应式方法得到的，但研究者可以不受反应式研究的影响提出新的问题。 359

一、非反应研究

当我们注意到一些令人感兴趣的变量时，非反应研究就开始了。我们采用非反应或**无干扰测量（un-**

obtrusive measure）（即不突兀的或非入侵式的测量）方法，尽管被研究者没有意识到对他们的研究，但他们"自然地"留下了他们的社会行为或行动等证据。我们根据这些证据，在不打扰被研究者的情况下，推断他们的行为或态度。未被注意的观察也是一种非反应方法，间接表明了一种建构。

例如，罗森布卢姆等人（Rosenbloom，et al.，2009）对以色列两个城市（人口数为300 000）、两个镇（人口数为3 000）和两个村庄（人口数为800）的1 062名司机进行了未被注意的观察并记录了信息。他们记录下五种类型的交通违法行为：（1）不系安全带；（2）不使用儿童安全座椅；（3）开车时使用手机；（4）不遵守"让道"标志；（5）在非指定区域内停车。基于匿名性，研究者推测，更多的交通违法行为将在更多城市地区发生。但是，他们发现，在小镇和村庄发生了更多的交通违法行为，违法者中男性多于女性。这项研究是非反应的，因为被研究者观察的司机从不知道他们是研究的一部分。

（一）非反应或无干扰观察的类型

非反应测量方法有很多种，研究者发明了间接测量社会行为的创造性方法（见实例方框11.1：在石碑上发现资料）。因为这些测量方法除了都属于非反应之外，没有其他共同性，所以最好通过许多例子来学习。一种类型是**耗损测量（erosion measure）**，考虑表面的磨损或破坏；另一种类型是**增值测量（accretion measure）**，测量留下的事物。①

实例方框11.1　在石碑上发现资料

福斯特与其同事（Foster，et al.，1998）调查分析了从1830年到1989年伊利诺伊州的一个地区中10个公墓的墓碑。他们得到了2 028位死者中超过2 000人的出生日期、死亡日期以及性别等数据。研究者了解到这个地区与其他地区有所不同。他们发现怀孕期有两个高峰（春天和冬天），10岁到64岁的女性比男性的死亡率更高一些，年轻人倾向于在晚夏去世，而老年人倾向于在晚冬去世。

360 研究者检验了不同历史时期的家庭画像，观察家庭成员座位模式反映出的家庭内部的性别关系。城市人类学家曾经检验垃圾堆的组成，试图从人们扔掉的东西中了解他们的生活方式（例如，酒瓶数揭示了酒的消费量）。根据垃圾检验所得的信息，民众少上报了40%～60%的酒类消费量（Rathje & Murphy，1992：71）。研究者通过检验汽车送修前收听的电台频道来研究司机的收听习惯；通过观察博物馆不同展厅内瓷砖的磨损情形，了解人们对不同展品的兴趣；通过研究高中男校与女校厕所内的图样，发现图画主题的性别差异；通过研究高中年鉴，比较后来有心理问题的学生与没有心理问题的学生的在校活动情况；通过记录汽车保险杠上表示支持不同政治候选人的贴纸，从而观察某位候选人的支持者是否比另一位候选人的支持者更可能遵守交通规则。有些研究者甚至通过记录电视播放广告期间因上厕所而带动的水压变化来研究电视收视习惯。②（见拓展方框11.1：非反应测量的实例）

拓展方框11.1

非反应测量的实例

实物追踪

耗损：用磨损程度预测使用情况。

举例：研究者检查了某一日间托儿所同一时间购买的儿童玩具。磨损较多的玩具表示小孩对这个玩具有更大的兴趣。

① 参见Webb等（1981：7-11）。

② 对于非反应测量的目录，参见Bouchard（1976）和Webb等（1981）。

增值：实物证据的累积可以预测人们的行为。

举例：研究者检查了男女宿舍里垃圾桶或资源回收桶内的铝制饮料瓶的饮料品牌，以此预测不同性别的人所喜欢的饮料的类别。

档案

定期记录：定期出版的公开记录会透露很多信息。

举例：研究者检查了婚姻登记处新郎新娘的年龄资料。地区性的差异可以解释出这个国家某些地区的男性与更年轻的女性结婚的偏好比其他地区更高。

其他记录：不定期或私人的记录也可以揭示很多问题。

举例：研究者记录了 10 年期间入学学生数量稳定时一个学院院长办公室所买的纸的数量。所买的纸的数量的增多意味着行政文书工作的增多。

观察

外貌：人的外貌可能体现出某些社会因素。

举例：研究者观察学生从而了解他们在校队打赢比赛或是失败后，是否更有可能穿戴校服与校徽。

对行为进行计数：统计有多少人在做某事，有助于了解状况。

举例：研究者统计当看到停止标志时，将车骤停或慢慢停下来的男性与女性人数。这些数字反映出两性驾驶行为的差异。

持续时间：人们在做某件事上所花的时间可能预示了他们的注意力的所在。

举例：研究者测量男人与女人在一幅裸体男像和一幅裸体女像前停留的时间。时间长短可能显示两性对同性或异性裸体画的兴趣与困窘。

（二）记录与归档

使用非反应方法遵循定量测量的逻辑，尽管定性研究者也在研究中使用非反应观察。研究者首先将一个构想概念化，然后将构想与非反应测量相结合。变量的操作化定义是指研究者系统地记录观察值的方式。 361

如同其他研究，研究者除了感兴趣的构想之外，还要排除观察的原因。例如你想要了解消费者对某一商店橱窗展示出的十种商品的感兴趣程度。你的操作性的定义是在商店展示的十种商品前的消费者流量。你用隐藏的摄像机来测量消费者流量。你需要澄清消费者流量的意义（例如，靠近入口的摄像机会导致较高的流量；人们远远观看展出的商品；人们停留在展柜前穿外套而不是看着商品；展柜前的路是通向另一区域的通道；流量只是代表了一个良好的视觉显示位置）。接下来，你要系统地考虑视频上的内容：将它与其他商店的位置进行比较，看看展柜前人的数量，注意他们走过的速度或在展柜前停留的时间，数出看展柜的消费者人数。你需要定期记录结果（例如，每小时、每天、每周）。

二、内容分析

（一）什么是内容分析

在内容分析研究中，研究者收集和分析文本内容。内容可以是文字、含义、图片、符号、想法、主题或任何被传递的信息。**文本（text）**指任何作为沟通媒介的书面的、可视的或口头的内容。它包括书籍、报纸或杂志文章、广告、演讲、官方文件、电影或录像带、音乐歌词、照片、服装、网站或艺术品。

在第2章中，你阅读了1999年哥伦拜恩高中枪击事件后学校枪击事件的内容分析研究。本章中关于“坏女孩”的研究也是一个内容分析研究的例子。（见实例方框11.2：抗衰老产品网站上的信息是什么？）

实例方框 11.2　抗衰老产品网站上的信息是什么？

同性别歧视和种族主义一样，年龄歧视也需要一套积极或消极的刻板印象和信息来加强权力关系、不平等和社会特权。卡拉桑蒂（Calasanti，2007）通过网站查看广告给老年消费者传递了怎样的信息。她识别了一组包含96个抗衰老网站的样本，将图像和文本编码成不同类别。编码类别包括老龄/老化问题，对问题/老龄的解决方案，性别角度的老龄，老龄化的身体，对阶级、种族和性取向的描写。老龄歧视传递出的一个重要信息是，如果你能修复自己的身体防止它老化，你就应该这样做；否则，你是一个边缘人或失败者。卡拉桑蒂发现了抗衰老广告不仅促进了各种用来隐藏衰老体征的方式，也表现出了理想人的样子——一个特殊的种族（白人）、阶级（中产阶级或更高）和性取向（异性恋）。广告呈现了男性在竞技比赛或工作中占主导地位，在性方面也比较自信。在广告中，老龄女性是迷人的性伴侣，成为年轻女性的竞争者并能接受性。这些广告暗示人们不可能老，同时具备特定的性别特征，至少在白人、中产阶级、异性恋的理想中是这样。它们告诉观众，看起来老意味着同时失去性别和性（即变成一个无性别的中立人，既不是男性也不是女性），只有看起来年轻才能使他们重获这些有社会价值的资产。

内容分析的应用有近一个世纪之久，并被广泛用在不同的领域——文学、历史学、新闻学、政治科学、教育学和心理学等。1910年德国社会学学会（German Sociological Society）的首届年会中，马克斯·韦伯建议使用内容分析法来研究新闻报纸。[①] 在定量内容分析中，使用客观的、系统的计数和记录程
362 序来对文本中的内容进行数值描述。内容分析也有定性或解释性的版本（见拓展方框11.2：定性研究者如何研究文件或统计报告?）。本章重点关注文本内容的定量数据。

拓展方框 11.2

定性研究者如何研究文件或数据报告？

采用诠释主义或批判主义取向的定性研究者同样研究含有统计信息的文件或数据报告，但他们所做的同实证主义者截然不同。他们将文件或数据报告看作文化物象或是沟通社会意义的媒介。他们将文件看作一系列带有意义的文化物象（如纪念碑、日记、乐谱、购物清单、电影、照片、画作、工程制图、网页）。例如，一张建筑平面图就是带有社会意义、展示空间安排的文件。一些办公室坐落在良好的位置，并有着大窗户，这是为拥有较高职业地位的人设计的。

除了将文件或数据报告当作中立的内容容器外，定性研究者检查了它们的创造、分配和接受过程。同建构主义视角一致（在第4章中有所讨论），定性研究者强调从文件创造（包括作者的意图）到它的消费和被不同接收者/消费者接收或消费的全过程，接着将这些文件置于社会情境中加以考察。总之，他们将文件或数据报告看作用它自身方式携带社会意义的文化物象。尽管研究者可能会检查文件或报告的内容，但他们不将自己局限于此。

定性研究者强调人们考虑和互动是建立在通过语言或数字传达出的意义之上的。例如，一份文件可能传达出医保工人的健康信息、授权个人进入一项社会服务、售卖产品给消费者、告知政府官员某一地理区域里存在的问题、允许或拒绝某人进入某国。不同的人可能将同一文件或报告在不同时期用作不同

① 参见 Krippendorff（1980：13）。关于内容分析的定义，参见 Holsti（1968a：597），Krippendorff（1980：21－240），Markoff 等（1974：5－6），Stone & Weber（1992）以及 Weber（1985：81，注释1）里的内容。

用途，“读取”或解释文件的过程通常取决于培训并遵守规则。例如，人们学习查看医疗记录、数据报告或护照。根据不同的规则和目的，人们在看同一个文件时可能看出不同的内容（例如保险报销的授权或为医疗结果开处方、检验一项假设或为一栋新的公共建筑筹集资金、允许某人进入某国、兑现支票等）。定性研究者观察文件的多个方面和它的内容。例如，杂志上的一篇文章的内容可能取悦读者，这是作者建立声望、引起公众辩论的手段，同时也增加了杂志销量［参见 Griswold（1987，1994）和 Prior（2003）对文化物象和文件的研究］。

内容分析是非反应的，因为分析内容的研究者不可能影响到原作者通过文本中文字、信息、符号的安排运用与读者或接收者交流的过程。例如，我，作为一本书的作者，撰写文字、画出图表，向作为学生的你传递研究方法的内容。我们不知道本书的写作方法与你阅读本书的方式会被进行内容分析。

内容分析使你在沟通的原始资料（即书本、文章、电影）中看见并揭示内容（即信息、意义、符号）。你用一种不同于普通的读书或看电视节目的方式来探究和发现内容。内容分析可以在客观、定量的基础上来证明，无论基于非系统观察所得的情感是否为真。它产生可重复的、精确的文本结果。在收集数据之后，你用统计数据来分析它们，就像实验研究员或调查人员所做的那样。

（二）适合内容分析的主题

内容分析可用于多种目的，研究流行歌曲的主题、圣诗中的宗教象征、报纸标题的走向、社论的意识形态、教科书或电影中性别角色的刻板印象、电视商业广告与电视节目中不同肤色种族人群出现的方式、开放式调查问卷的答案、战争时期敌方的宣传品、流行杂志的封面、自杀遗言的人格特征、广告词中的主题、谈话时的性别差异等。 303

研究者根据内容分析所做的概括受限于文化交流本身。内容分析不能决定某个论断的真假或评估文学作品的美感。内容分析可以揭露文本的内容，但不能分析内容的意义。研究者应该直接检验文本。霍尔斯蒂（Holsti，1968：602）警告说：“内容分析可以作为主观检验文献的辅助，但不能取而代之。”

内容分析法适用于三种类型的研究问题：关于大量文本的、内容散乱的、很难看到的内容或偶然观察到的文件。你可以利用抽样或多个编码员来测量数量众多的文本（例如，20 年的报纸文章）。你可以研究“千里之外”的主题，例如敌对的外国广播或在 20 年间由同一导演制作的 15 部电影的常见主题。更重要的是，内容分析能够揭露偶然观察时很难发掘的信息，甚至是文本的撰写者和文本的阅读者可能都没有意识到的文本中涉及的所有主题、偏见或特征。例如，幼儿图画书的作者或许没有意识到他向儿童所描绘的传统的刻板化的性别角色，但是经过内容分析，很高程度的性别刻板印象就被揭示出来。[①] 另一个例子是谈话内容在全是男性的群体与全是女性的群体间的差异。人们或许没有注意，在同性团体中，女性谈论的话题更多的是人际关系与社会关系，相反，男性谈论的话题更多的是关于个人成就与攻击性的。[②]

（三）测量与编码

在大多数定量研究中，进行内容分析时做到仔细的测量至为关键。研究者将分散、含糊不清的符号交流转变为精确的、客观的、定量的资料。为了达到此目的，研究者必须非常谨慎地设计并且详细记录编码的过程以便使研究的可重复性成为可能。例如，想要测定电视剧从负面刻板印象去描绘老人角色的频率，研究者会建构一个测量“负面的老人刻板印象”的方法。这个概念化的过程或许会产生一份对老

① Weitzman 等（1972）是这种研究的典型。

② 参见 Aries（1977）的例子。

年人的刻板印象或其负面形象概括的清单（例如，年迈的、健忘的、精神错乱的、体弱的、有听觉障碍的、行动迟缓的、病痛缠身的、住在护理中心的、怠惰的、保守的等），这不能确定能否精确反映老年人的特点。例如，如果有 5%的年龄超过 65 岁的老人住在养老院，但是电视上出现的老人有 50%被描绘成住在养老院，这就是电视剧刻画负面的老人刻板印象的证据。[①]

在内容分析中，观念的操作化是根据**编码系统（coding system）**（即一组关于如何观察文本并且执行内容记录的指示或规则）进行的。研究者将它对应到某一文本或交流媒介的类型（例如，电视剧、小说、杂志上广告的照片），这取决于研究者的分析单位。

进行内容分析时，分析单位可能相差很大。它可以是一个单词、一个词组、一个主题、一个剧情、一篇新闻评论、一个角色等。在本章开篇对“坏女孩”的研究中，分析单位是电影角色。除了分析单位之外，研究者也使用其他与分析单位相同或不相同的单位：记录单位、内容单位、计数单位。这些单位之间有些许差异，而且容易混淆，但是每一种单位都扮演着独特的角色。只有在简单的计划中，这三种单位才被视为同一个。例如，你可能注意到汽车或卡车的电视广告的特点（广告是记录单位）、出现在它
364 之前或之后的电视节目或其他商业广告（内容单位），并记录每个广告中出现的人的数量和特征（人是一个计数单位）。

进行内容分析时使用的测量方法是**结构化观察（structured observation）**：根据一套书面规则，进行系统的、仔细的观察。这套规则解释了如何归类与分类观察到的事物。与其他测量方法一样，分类类别务必互斥与穷尽。书面规则使研究的重复性得以实现并且提高了研究的信度。虽然研究者以初步编码规则开始进行内容分析但他们会开展试点研究并完善编码系统。编码系统能用来辨识文件内容的四项特性：频率、方向、强度和幅度。在一次内容分析的研究中，研究者可能只测量其中一种特性或同时测量四种特性。（见拓展方框 11.3：我们测量什么？）

拓展方框 11.3

我们测量什么？

1. *频率*是指某件事是否发生，如果发生，发生得多频繁。例如，在某个星期中，有多少年纪大的人物出现在电视节目上？他们占所有出现角色的百分之多少？他们出现的节目占所有节目的百分之多少？

2. *方向*是指信息在内容中沿着一个连续体的方向（例如，正面的或负面的、支持或反对）。例如，研究者设计一份高龄电视角色表演方式的列表。我们可以将行为分成三类：积极的（友善的、明智的、善良的、体贴的）、中立的、消极的（险恶的、愚钝的、自私的、行动迟缓的、健忘的）。

3. *强度*是指信息在某个方向表现的力度或力量。例如，一个电视角色可能是积极的（如到处跑、说话大声快速）或消极的（如站着几乎一动不动、少言寡语、声音小）。一个特征，例如健忘，可能是轻微的（例如，出门忘了带钥匙、花较长时间想起十年不见的友人的名字），或是比较严重的（例如，不记得自己的名字、不认识自己的孩子）。

4. *幅度*指文本信息的大小、时间的总量或信息所占空间的大小。测量一张广告纸或照片的大小或空间很容易。我们可以通过字数、句子、段落或一页所占空间（例如，几平方厘米）等方式计算文本空间。录像带或录音带之类的文本则可以通过播放时间的长度来加以测量。例如，在一部两个小时的节目中，某个角色或许只出现几秒钟，或者连续在每一个镜头中都出现。

---

① 关于内容分析研究的例子，可参见 Berelson（1952），Carney（1972），McDiarmid（1971），Myers & Margavio（1983），Namenwirth（1970），Sepstrup（1981），Stempel（1971），Stewart（1984），Stone 等（1966）。关于内容分析测量问题的讨论，可参见 Weber（1983）。

（四）编码、效度和信度

编码需要仔细查看文本，并以非常系统的方式将其转换为重要的单词、符号或消息的度量。内容分析编码有两种主要类型：显性和隐性。

一篇文本中看得见的、表面的内容称为**显性编码（manifest coding）**。例如，研究者计算某个词组或单词（例如红色）在一篇书面文本中出现的次数，或者某个特定的动作（例如接吻）是否出现在一张相片或录像带的场景之中。显性编码系统拥有研究者想要定位出的词组或动作。对于书面文本，研究者可以将信息扫描成电子形式并使用电脑程序计数文本中的单词和短语。为了实现这些，研究者首先需要创造一个全面的有相关单词或短语的列表。①

显性编码具有高信度，因为要编码的成语或单词不是有就是没有。可惜，显性编码并不考虑出现的单词或成语在文本中的含义。相同的字可能因上下文而具有不同的意义。那些具有多重含义的单字便影响了显性编码的测量效度。

例如，我读过一本***红色***封面（*red* cover）的书，它实际上是***障眼法***（*red* herring）。很不幸，这个出版者 365
陷入财政***赤***字中（drown in *red* ink），因为当书正走***红***（*red* hot）时，编辑没有处理好繁文缛节（*red* tape）。该书提到一个有关***红色***（*red*）消防车的故事，该车只有在树叶变***红***（*red*）后才会在***红***灯（*red* light）前停下来。书中也提到一群***红色***党徒（*Reds*）带着***红***旗（*red* flag）到一幢***红色***校舍（*red* schoolhouse）。他们遭到一些***热***血（*red*-blooded）的***乡巴佬***（*red*-necks）的反对，这些乡巴佬吃***生***肉（*red* meat）、崇拜***红***（*red*）白蓝三种颜色。主角是个***红***鼻子（*red*-nosed）的斗牛士，他挥舞***红***披风（*red* cape）力战***红***狐狸（*red* foxes），而不是公牛。***红***唇（*red*-lipped）***红***帽的小骑士（Little *Red* Riding Hood）也出现在这本书中。她在***红***灯区（*red* light district）吃了很多***红***辣椒（*red* peppers）后，眼睛变***红***了（*red* eyes），脸也是***红***彤彤的（*red* faced）。结果被她***红***头发（*red* head）的母亲打***红***了屁股（*red* backside）。

使用**隐性编码（latent coding）**（也称为*语义分析*）的研究者寻找文本中潜藏的、隐含的意义。例如，研究者阅读一段文章之后，决定该文是否带有色情的主题或浪漫的情感。研究者的编码系统包含一般性的规则，来指导研究者诠释文本内容的含义，决定文本中出现哪些主题与情感。本章开头“坏女孩”的研究使用了隐性编码，其可靠性往往不如显性编码，它取决于编码员对于语言与社会意义的知识储备。②练习、实地操作、制作编码规则都有助于信度的改善，但这仍旧很难前后连贯地确认主题、情绪和偏好。然而，隐性编码的效度超过显性编码，因为人与人之间的意义交流在很多情况下以隐性的方式表现，要看交流时的前后文意，而不是靠特定的文字。

研究者可以同时使用显性编码与隐性编码。如果两种方法得到的结果一致，那么最后发现的结果便获得强大的支持，如果两种方法得到的结果并不吻合，那么研究者可能需要重新检验所使用的操作性定义与理论定义。

在许多研究中，研究者需要对大量单元中的信息编码。某个研究计划可能涉及几十本书籍、上百个小时的电视节目或约 100 个网站（如在开篇的案例中）。除了亲自对这些信息编码之外，研究者可以雇用助手来协助编码。研究者教导编码员如何使用编码系统，训练他们如何填写记录纸。编码员应该了解有哪些变量，遵守编码系统的规则、询问如何处理不太清楚的状况。正式开始编码后，研究者必须记录下他是如何处理一个新的具体的编码的状况以保持前后一致的。

使用数个编码员的研究者一定要随时检验编码员之间的一致性。研究者可以要求编码员独立编码相同的题目，再检验他们编码的结果是否具有一致性。研究者测量编码员之间的**交互信度（intercoder reliability）**，是一种对等信度，用统计系数来表示编码员之间的一致性程度（见拓展方框 11.4：克里彭多夫α

---

① Weber（1984，1985）以及 Stone & Weber（1992）对用电脑来处理内容分析资料的技术进行了概述。

② 参见 Andren（1981：58－66）和 Holsti（1969：94－126）对信度和隐性编码或语义分析的讨论。

系数）。[1] 该统计系数总是与内容分析的研究结果一起列出。本章开篇方框中描述的研究报告了每一个测量变量的交互信度测量（*克里彭多夫α系数*）。为了创造系数，三名编码员每人编码10%的在研究中使用的电影。α系数范围是0.72～1.0，大部分在0.80以上。

当编码过程历经相当长的时间（比如超过三个月）才能完成时，研究者通过让每位编码员独立编码以前做过的数份文本样本来检验稳定性信度，来看编码系统是维持稳定不变，还是有所改变。例如，一部六个小时的电视单元剧在四月份已经完成编码，在不让编码员翻阅以前的编码记录之下，在七月份要求他再编码一次。如果编码差异不大，表明有稳定的信度，如果差异过大，就需要重新训练编码员并重新编码。

研究者研究了许多可视化“文本”，例如照片、图画、雕像、建筑物、衣物以及录像和电影。视觉“文本”比写作文本分析起来更为困难，因为它是通过图像、象征和隐喻来间接传达信息或情绪化内容
366 的。此外，可视化影像还经常包含混合信息和多层次意义。

大多数人对主流文化的关键符号的含义有着共同认识，但人们可能会以不同的方式解读符号。例如，对于一个国家的国旗的意义，你是应该将其“解读”为爱国主义、对国家的责任、对传统的尊重，还是将其解读为权力的滥用、来自警察或军队的侵略性呢？从1945年到1999年，日本很少在公立学校展示国旗。后来政府颁布了一项法律，要求学校展示国旗和演奏国歌，此举引起了巨大的争议。保守的政客们希望这面旗帜能给年轻人灌输更多的爱国主义精神。但是，国旗与日本过去的军事侵略和对民主的压制有着强烈的联系，日本的极端右翼团体经常宣扬国旗的展示，因此遭到许多老师和其他人的反对。

拓展方框11.4

克里彭多夫α系数

克里彭多夫α系数是最为广泛使用的、最知名的测量编码员间一致性或评估交互信度的方法。克里彭多夫（Klaus Krippendorff）发明了编码员间信度系数作为测量工具来测量观察者、编码员、评判者、评价者间的一致性。当观察者完全一致时，观察不一致的系数 $\alpha=1$，信度最高。如果观察者达成的一致似乎是偶然产生的结果，则暗示着信度的缺失，$\alpha=0$。这正如编码员没能够成功地观察文本或信息，然后根据投掷骰子来获得数据。

α的通常形式是 $\alpha = 1 - \dfrac{D_0}{D_e}$

其中 D_0 是观察不一致值，D_e 是当单元的编码可归因于偶然性而非其性质时，预期的不一致值。

公式背后的数学原理以及更进一步的细节内容超出了本书的层次（Hayes & Krippendorff，2007；Krippendorff，2004）。用于此公式的数据来自两个或多个训练有素的编码员针对同一组数据独立工作对变量赋值。与系数有关的细节会根据编码员的数量、变量值的范围等而改变。系数α被运用于多种情形：编码员的任一数字、任一变量类型或方法、任一层次的方法（定类、定序、定距、定比）、任一未完成的或缺失的数据、任一样本大小。一些数据处理程序能够计算这些数据。

美国联邦旗帜对不同的社会群体有着截然不同的含义。[2] 对许多非裔美国人来说，它象征着种族隔离、奴隶制和白人在种族隔离时代的暴力压迫。对许多年长的白人来说，它象征着地域文化遗产和优雅的“老南方”的生活方式。对另一些人来说，它象征着反叛、个人自由和拒绝外部强加的权威。对于美国以外的一些人来说，这只是一个与美国有关的丰富多彩的时尚宣言。有几种解读作为符号的旗帜的可能方式。

① 关于交互信度的多种测量方式，参见Krippendorff（1980）的论述。关于趋同效度的相关议题，参见Fiske（1982）。

② 关于联邦旗议题的信息，可参见Copper & Knotts（2006），Holyfield，Moltz & Bradley（2009）以及Newman（2007）的讨论。

为了进行内容分析，研究者必须“解读”可视化文本的多重含义并诠释各种象征性图像的意义。这样的解读并非机械性的（如，图像 X 表示 G 含义），它在很大程度上取决于文化背景，因为图像的含义是寓于文化范畴的。它还取决于一个许多符号组成的领域内的交互关系。联邦旗帜的含义可能因年龄、种族、地理位置等不同而有所不同。它的显示方式也不同，如在“三 K 党”（Klu Klux Klan）的集会上，在密西西比大学的橄榄球赛上，作为格鲁吉亚州旗的一部分，在摩托车“骑手”夹克的背上，联邦旗帜可能有不同的含义。在我的家乡，我在报纸上读到一篇文章，说警察正在追踪一群宣扬种族仇恨的高中帮派，他们打架斗殴，恐吓非白人。帮派的标志（在帽子和夹克上）是联邦旗帜。国家的象征，如自由女神像，也被用来传达社会或政治信息（见实例方框 11.3：杂志封面和移民）。

社会政治集团可能会建构新的符号或斗争来控制现存主要符号的意义。例如，有的人想赋予圣诞树以宗教的含义；有的人则想赋予它传统的庆祝和家庭的价值而不包含宗教含义；还有另外一些人出于商业理由想赋予它节假日的含义。因为符号有着复杂多层的含义，研究者在内容分析中需要将定量资料与对图像的定性判断结合起来。 367

实例方框 11.3　杂志封面和移民

查维斯（Chavez，2001）对美国主要杂志的封面进行了内容分析，这些杂志主要涉及美国的移民问题。仔细查看 10 家杂志从 20 世纪 70 年代中期到 20 世纪 90 年代中期的封面，可以发现三类内容：乐观的、杞人忧天的以及中立持平的。除了对信息的分类鉴别，他也注意到了图片中人物的组合（如，种族、性别、年龄以及着装）以及主要象征的反复使用，如自由女神像或者美国国旗是如何来传达信息的。查维斯认为，杂志的封面是一个创造文化意义的地方或位置。杂志封面上的可视化图像有多层含义，当读者阅读图像并调动自身的文化知识时，他们会建构具体的含义。总的来说，封面传达出一种世界视野以及关于民族及其人民的信息。例如，杂志封面的自由女神像是强烈的同情的象征（信息：欢迎移民），后来改为有显著的亚洲面部特色的形象（信息：亚洲移民改变了国家文化，改变了国家的种族构成），或者是展示一个大的停止标志（信息：移民走开）。查维斯（Chavez，2001：44）观察到：“杂志上的图像既曾经又正在帮助结构化和建构当今的‘美国认同’。”

（五）怎样进行内容分析

1. *规划研究问题*。研究者首先从一个主题研究问题入手。当问题涉及信息或符号之类的变量时，进行内容分析似乎比较适当。例如研究电视台如何报道当地市长竞选。研究问题可能是电视台是否平均报道了每位候选人。研究者建构出“新闻报道”，包括报道的数量（报道的时间）、醒目程度，以及报道内容是否偏袒某个候选人。研究者调查民众对于报道的看法，但是直接使用内容分析法检阅新闻是一个更好的方法。

2. *决定分析单位*。研究者必须决定分析的单位。例如，在一次政治活动中，分析单位是每个地方电视台每天的新闻节目，或者每天在所有地方电视台上某两个晚间新闻节目中的每一个新闻报道或片段。研究者可以通过候选人或发行团体来计算电视广告，也可以在电视的特别报道上研究候选人的辩论或访谈节目。

3. *制定抽样计划*。随机抽样在内容分析中非常有用。首先，研究者必须定义总体和抽样元素。例如，总体可能是某一特定时期内某一类型文件中的所有单词、所有句子、所有段落或所有文章。同样，在特定的时间段内，它还可以包括每一段对话、情景、场景或特定类型的电视节目。例如，你可能想看看电视新闻节目、商业广告、选举前一年以及随后的一个月的辩论或访谈节目如何报道候选人。你必须决定是否收看白天播放的新闻节目和周一至周五播放的两个晚间新闻节目的特别报道。你是应该选择在每天任何时间播放的商业广告还是限制研究总体，只选择多数人看电视的时间？你的分析单位可以是新闻节目中关注竞选活动和提名候选人的部分，出现候选人形象或名字的广告，或是出现一个或多个候选人的访谈节目。在13个月的时间里，你的总体可能包括所有的新闻节目片段、商业广告以及在四个地方电视
368 台播出的访谈节目。

在指定目标总体和抽样元素之后，你需要制订详细的计划，包括建立抽样框、确定样本大小和抽样比率。你可能记得在第8章中，建立抽样框是创建一个精确的随机样本的关键步骤。为了抽取13个月里所有有关市长候选人的报道，你应该列出所有的新闻片段、商业广告和辩论-访谈节目。实际上，你可能有三个单独的样本，一个用于商业广告，一个用于新闻部门，一个用于辩论。因为同样的广告可能播放很多次，你可能会创建一个广告可能出现的时间列表（抽样框）并根据播放时段随机采样。因为一个新闻节目可能没有、有一个或几个集中于选举和候选人的部分，你可能需要搜索每个站点的节目日志来获取所有可能的片段的列表，然后将其作为一个抽样框使用。如果只有少数的辩论-访谈程序，你可能会囊括整个总体。

当你计划一个项目时，你应该计算所需的工作时间。例如，在试点测试中，你可能会发现平均要花15分钟的时间来查看并编码一个30至60秒的广告，花20分钟在3至5分钟的新闻节目上以及花3个小时在一个30分钟的辩论或访谈节目上。这并不包括采样，定位广告、新闻片段或辩论的时间。假设抽样框有300个商业广告、80个新闻片段、5个辩论，从中抽取100个广告、40个片段以及5个辩论，当你收集并整理所有的视频提要之后，编码时间将是（15分钟×100个广告）＋（20分钟×40个片段）＋（180分钟×5个辩论）＝3 200分钟即约53小时。你可以考虑雇用助理程序员。

4. *构建编码分类和记录单*。你需要确定所有的兴趣变量。通常，这些变量来源于文献综述、你自己的想法或理论，或初步的试验数据分析。如果使用它们，你应该为你自己和编码员创造一个非常明确的编码系统。显性编码或隐性编码系统将确切地描述如何将编码员看到或听到的信息转化为几个代码类别。要组织代码，你应该创建一个记录表。这是一个网格或页面，上面记录该单元的编号和每个变量的编码信息（见表11.1）。你应该经常测试编码系统和记录单，并记录一些试验数据（大约12个单元）。

5. *编码和编码员的信度检查*。最后，如果你使用多个编码员，请检查编码员的信度。通常情况下，这意味着选择总样本的10%，并让每个编码员使用相同的单元，彼此独立编码。如果有必要，放弃不准确的编码员并重新编码信息。

6. *数据收集和分析*。在准备好编码系统、记录表并培训所有编码员后，你就可以收集和检查数据了。将数据输入电脑进行统计分析、解释结果并准备一份报告。

（六）推论

基于结果的推论是内容分析中的一个关键问题，它描述了文本中的内容。它不能揭示创造文本的人的意图，也不能揭示文本信息对那些接收信息的人的影响。例如，内容分析显示，儿童书籍中包含了性别刻板印象。这并不意味着书本上的性别刻板印象一定会影响孩子的信念或行为；你需要对孩子的认知进行单独的研究来验证此推论。在本章开头描述的研究中，作者用调查方法进行了第二项研究，来了解他们的内容分析结果如何影响青春电影的观众。

三、现有统计资料/文献

（一）适合的主题

有关社会世界的许多类型的信息已经被收集好并以统计文件（书、报告等）、图书馆中可得的出版物

表 11.1　有关市长选举的电视广告记录单的内容分析实例 369

广告编号______广告日期______广告时间______编码员＃______
播放广告的电视台______持续时间______赞助商______
候选人 A 的视觉呈现______候选人 A 的声音______
候选人 B 的视觉呈现______候选人 B 的声音______
候选人 C 的视觉呈现______候选人 C 的声音______
除候选人外出现的其他人的数量______
老年人的数量______非老年的成年人的数量______儿童的数量______
性别比例______种族 W______B______H______A______O______
职业结构______
广告中涉及的所有议题：
1. 税______
2. 学校______
3. 犯罪______
4. 住房______
5. 公共交通______
6. 道路______
7. 社会服务______
8. 公园______
9. 商业______
10. 城市扩张______
11. 水/空气质量______
12. 未来愿景______
13. 邻居______
14. 火灾/治安______
15. 分区______
16. 图书馆______
17. 生活质量______
18. 老年服务______
19. 青年服务______
20. 多元文化议题______
21. 公共健康______
22. 创造工作岗位______
23. 有效的政府______
24. 公共声音______
25. 与其他政府部门合作______
候选人 A 由______背书
候选人 B 由______背书
候选人 C 由______背书
候选人 A 在（上述问题编号）______议题上被______批评
候选人 B 在（上述问题编号）______议题上被______批评
候选人 C 在（上述问题编号）______议题上被______批评

或录入电脑的记录等形式呈现。不论哪种形式，研究者可以带着心里的研究问题和变量搜集资料库，将资料重新整理并进行统计分析，以新的方式提出研究问题。370

由于统计资料各式各样，很难将它们分成各类主题。任何主题——只要资料收集已经完成，并且对外公开——研究者都可以进行研究。事实上，现有统计项目并不完全适合研究设计的演绎模型。不如说，研究者在发现有某些资料可用后，创造性地将现有资料加以组织，并将其转变成某个研究问题的变量。

如果研究者可以控制条件并操作自变量，这样的主题最适合实验法。如果是研究者提出问题，了解回答者的态度或行为，这样的主题最适合调查研究。内容分析则适合那些牵涉到文化交流信息内容的研究主题。如果主题涉及官僚组织收集到的信息，那么应采用现有统计资料分析。公共机构或私人组织系统地收集了许多类型的资料用于制定政策或作为一项公共服务。很少有直接为了某个特定的研究问题而收集的。因此，当研究者想要检验的假设中涉及官方报告中包含的社会、经济、政治情况的变量时，就可采用现有统计资料研究。这些资料包括了对组织或组织内成员的描述。通常，这些资料都经过长期的收集。例如，研究者可用现有统计资料了解在150个城市20年中失业率与犯罪率是否相关。

现有统计资料对跨时段、跨国界的研究很有价值。在第1章中，你阅读了麦克维与索博尔维斯基（McVeigh & Sobolewski，2007）关于红县和蓝郡的现有统计资料研究。人口普查（见拓展方框11.5：人口普查）是一种有价值的现有统计资料（见实例方框11.4：现存人口普查数据和20世纪早期的入籍）。

拓展方框11.5

人口普查

几乎每一个国家都会做人口普查或规律性的人口统计。例如，澳大利亚从1881年开始，加拿大从1871年开始，美国从1790年开始。大多数国家每五年或十年开展一次普查。除了人口数量，普查官员也收集诸如住房条件、种族、宗教信仰、教育等相关信息。

普查数据是一项高质量的现有统计资料主要来源，但它可能是有争议的。在加拿大，一项关于统计同性伴侣同居的尝试引起了社会讨论，即政府是否应该记录社会的变化。在英国，穆斯林少数群体在2001年时十分欢迎宗教议题的调查，因为他们认为自己过去一直被官方忽略。在美国，种族的测量方法被热议，因此在2000年人口普查时，人们可以将自己填在多种族一栏。

美国2000年人口普查也引起了公众的争议，因为它忽略了数以千计的人，他们大多来自移民集中、少数民族聚集的低收入区域。一些拥有多个住房的高收入人群被重复计数。政客间的持续辩论是为了通过科学抽样方法来结束错数并调整人口普查。事实证明，相比之下，政客不太关心提高普查的科学准确度，而是更关注能够使他们获得政治前景或选民的固定的传统方法，因为政府使用普查数据来划分投票区域并向区域分配公共资金。

（二）社会指标

在20世纪60年代期间，许多社会科学家不满于政策制定者可获得的信息，发动了“社会指标运动”来预测社会福利情况。他们希望通过将经济状况指标（如国民生产总值）和社会福利信息结合来扩大理解从而更好地为政策制定官员提供信息。因此，社会运动的参与者希望测量社会生活的质量从而影响政
371 策制定。[1] 今天，很多书籍、论文和报告讨论了社会指标。一本学术性杂志，《社会指标研究》（*Social Indicators Research*），致力于社会指标的创造和评估。自1976年起，美国人口普查局每三年发布一次《社会指标》（*Social Indicators*）报告，联合国也在很多国家中收集了社会福利测量方法。

实例方框11.4　现存人口普查数据和20世纪早期的入籍

布隆拉德（Bloemraad，2016）利用现存数据，研究了20世纪初期美国公民身份的获得或者说入籍。她注意到，许多评论员反对当今快速增长的移民中低水平的公民身份获得和80～100年前对欧洲移民的统一入籍。但是，关于这一早期过程很少有确凿的证据，在这一空白中充斥着谎言。布隆拉德分析了1900年、1910年、1920年美国人口普查数据中的成年女性移民。美国政府收集了人口普查数据并将它们公开

① 社会指标的讨论可参见Bauer（1966），Duncan（1984：233－235），Juster & Land（1981），Land（1992），Rossi & Gilmartin（1980）和Taylor（1980）。也可参见Ferriss（1988）对计划和社会预测中使用社会指标的讨论。

以供数据分析。入籍是一项使得非公民变为公民的合法程序。它需要一定时长的居住、无犯罪记录、语言测试和其他一些特点。在 1900 年到 1920 年期间，由于来自欧洲的移民规模变大，拥有美国公民身份的移民比例从 67%降至 49%。布隆拉德使用精巧的数据分析探究了入籍的四项解释：个体的资源和技能、对公民身份的规章和科层的壁垒、公民身份相关的代价和好处以及与移民直接相关的政治动员程度。人口普查调查了居住年份、年龄、读写能力和英语水平。布隆拉德发现入籍率在地理区域上大不相同。其中一项重要因素是当地对新来的人的欢迎程度。尽管一些地方史指明了这一过程，但在她对数百万个案进行大规模数据分析前，我们仍没有全国范围内的、一般化的发现。她最显著的结论是移民的居住地而非出生地、英语能力或读写能力更影响入籍可能性。总之，当地对移民的接受程度决定了他们成为公民的速度，而非像过去的研究或政治评论家主张的那样，移民个体特点起决定因素。

一套**社会指标（social indicator）**是测量社会福利的方法，可被运用到政策制定中。在下列领域中，许多具体的指标可被用来测量以下相关领域的社会福利：人口、家庭、住房、社会保险与福利、卫生与营养、公共安全、教育和培训、工作、收入、文化和休闲、社会流动、投票选举和公众在社会与宗教组织的参与。联邦调查局公布的犯罪指数表明了整个美国社会的犯罪总量。社会指标可以测量社会生活的消极面，比如婴儿死亡率（出生第一年的婴儿死亡的比率）或酗酒率，也可以预测社会生活的积极面，如工作满意度或带卫生设施的住房单元的比例。社会指标常常包括潜在的价值判断（如，哪种犯罪比较严重或者何谓高质量的生活）。

瓦萨学院（Vassar College）社会政策创新研究所（Institute for Innovation in Social Policy）为美国创造了一套社会健康指数（Index of Social Well-Being）的社会指标。这项指数利用美国政府现存的各项统计资料，结合了 16 个社会问题领域（见图表 11.1）的测量。从 1970 年该指数开始以来，将某一年某个项目的水平与有记录以来该项指标最好年份的记录相比较。测量范围从 0 到 100，100 是最高分数。1973 年，美国的社会福利达到了最高水平，该指标得分为 77.5 分。总体来说，在 1970 年至 2007 年，这一指数从 66 跌至 56，这意味着当时美国的社会福利水平远远不如过去的几十年。[①] 372

图表 11.1　美国的社会健康指数

16 个用来衡量社会健康的社会指标

婴儿死亡率	健康保险覆盖
儿童贫困	老龄化：老年人的贫困
虐待儿童	老年人自杀
青少年自杀	杀人
青少年药物滥用	与酒精有关的交通事故
高中毕业	发给失业者或贫民的粮票覆盖
失业	经济房
平均工资	收入不平等

2008 年美国社会健康指数

等级	社会健康评分	等级	社会健康评分
1. 明尼苏达州	75.0	26. 密苏里州	51.4
2. 艾奥瓦州	71.1	27. 密歇根州	48.9
3. 新罕布什尔州	67.2	28. 俄勒冈州	47.8

① 参见 Herbert（2003），Miringoff & Opdycke（2007）以及 Ravo（1996）的论述。

续前表

等级	社会健康评分	等级	社会健康评分
4. 内布拉斯加州	67.0	29. 罗得岛州	46.8
5. 夏威夷州	63.1	30. 科罗拉多州	44.6
6. 佛蒙特州	62.7	31. 纽约州	43.9
7. 康涅狄格州	61.2	32. 佐治亚州	43.7
8. 北达科他州	61.1	33. 阿拉斯加州	43.6
9. 犹他州	60.6	34. 内华达州	42.6
10. 新泽西州	59.9	35. 加利福尼亚州	41.7
11. 爱达荷州	59.7	36. 西弗吉尼亚州	40.8
12. 弗吉尼亚州	59.7	37. 俄克拉何马州	40.1
13. 宾夕法尼亚州	58.6	38. 蒙大拿州	39.4
14. 缅因州	57.4	39. 亚拉巴马州	38.8
15. 印第安纳州	55.9	40. 南卡罗来纳州	38.0
16. 堪萨斯州	55.9	41. 得克萨斯州	37.8
17. 特拉华州	55.7	42. 路易斯安那州	37.5
18. 伊利诺伊州	55.2	43. 阿肯色州	36.4
19. 威斯康星州	55.2	44. 肯塔基州	36.2
20. 马里兰州	54.9	45. 田纳西州	35.5
21. 俄亥俄州	54.4	46. 佛罗里达州	34.3
22. 南达科他州	53.8	47. 北卡罗来纳州	33.4
23. 怀俄明州	53.4	48. 亚利桑那州	32.8
24. 马萨诸塞州	53.1	49. 密西西比州	31.0
25. 华盛顿州	52.2	50. 新墨西哥州	26.8

资料来源：http：//iisp. vassar. edu/socialhealth08. html. Institute for Innovation in Social Policy. Vassar College. Reprinted by permission.

373 **（三）定位数据**

现有统计资料的主要来源是政府、国际机构或私人。如果你计划进行现有统计资料研究，先与信息专业人员讨论你感兴趣的主题是明智之举。例如，图书馆馆员能指导你寻到可能的数据。许多现有文献是“免费”的——也就是说，都是公开陈列在图书馆里的——但是找寻某个特定信息需要耗费大量的时间与精力。进行现有统计资料分析的研究者将很多时间花在图书馆或网上。在找到信息后，他们立即将之记录在电脑文档或记录表上，以便日后进行分析。通常来说，电子版的统计数据是可得的。例如，研究者可以使用密歇根大学的社会科学资料档案，而不必从书本中记录投票资料（稍后讨论）（见拓展方框11.6：报纸的报道作为资料来源）。

拓展方框 11.6

报纸的报道作为资料来源

许多社会研究者使用报纸报道作为资料来源，他们不仅分析文章的内容，也将报道作为一种确认与统计关键事件（如社会抗议）的方法。报纸即使不能覆盖所有事件（即选择偏差）或不报道事件中的全部信息（即描述偏差），但也是无价的公共信息源。此外，这些类型的偏差可能会因不同的地理区域或历史时期而不同。虽然主要的报纸都有主题索引，但它们并不是按社会研究的目的组织起来的。报纸可以用来衡量跨时间的社会事件，尤其是在新闻自由的国家。特别地，“对许多历史和比较的研究设计，报纸仍然是关于抗议事件的唯一资料来源”（Earl，et al.，2004：76）。

研究者可以创造性地使用这些资料。（见实例方框 11.5：现有的统计资料、中性名字和集体行为）虽然有很多可获得的资料，但我在此仅讨论一个小样本。关于美国的最宝贵的统计信息来源是《美国统计摘要》（*The Statistical Abstract of the United States*）。自 1878 年以来，它每年出版（少数例外）并在图书馆和互联网上公开。它是美国政府机构收集的许多报告和统计数据表的精选汇编。它有来自数百个更详细的政府报告的摘要信息，可以进一步加以审查。它有着 1 400 张图表、表格和来自数百个政府和私人机构的统计列表，除非花时间浏览它的许多表格，否则你很难掌握所有的信息。 374

实例方框 11.5　现有的统计资料、中性名字和集体行为

中性名字没有明确标记孩子性别，可以用作男孩名或女孩名。一些人认为，作为其减少性别区隔与不平等的广泛社会影响的一部分，女权运动将减少儿童名字中的性别标记。其他人观察到在大多数社会中性别仍然是命名的最主要特征。即使种族或阶级创造了独特的新名字，性别区隔仍被保留。

利伯森（Lieberson，2000）等人研究了伊利诺伊州 1916 年到 1989 年的现有统计资料，从计算机记录的 11 000 000 名白人孩子的出生证明中发现，中性名字是罕见的（约 3%），仅在最近几年有轻微的中性名字的趋势。此外，父母更倾向于给女孩起中性名字，名字中的性别区隔是不稳定的（即，名字往往随着时间的推移而失去其中性的意思）。作者指出，父母给孩子命名这一相似的集体行为模式也在另一个研究领域中起作用：社区的种族隔离。由于主体民族较少的移动，种族间的住宅变化是不平等的；较弱势的种族只能占据主体民族放弃的区域；由于新的隔离在一段时间后会被修复，整合是不稳定的。

大多数政府发布的统计信息都是类似的，如《澳大利亚年鉴》（*Yearbook Australia*）、《加拿大年鉴》（*Canada Yearbook*）、《新西兰官方年鉴》（*New Zealand Official Yearbook*）①，以及英国的《年度统计摘要》（*Annual Abstract of Statistics*）。许多其他国家出版的年鉴也包含历史数据。

准确查找政府统计文件本身就是一门艺术，有些出版物仅仅是为了协助研究者而存在：《美国统计指数》（*American Statistics Index*）是美国政府统计出版物的综合指南和索引，提供工业、商业、社会教育、金融和美国国际其他主题的客观指导。② 联合国和世界银行等国际机构有针对不同国家的出版物和统计信息（例如，识字率、从事农业的劳动力比率、出生率）。例如，《人口年鉴》（*Demographic Yearbook*）、《联合国教科文组织统计年鉴》（*UNESCO Statistical Yearbook*）、《联合国统计年鉴》（*United Nations Statistical Yearbook*）。

其他出版物提供专门主题的数据来源。例如，有一些出版物包含社会背景、职业和其他名人的生平履历，在一些标准下这些信息是重要的。这些出版物依赖于那些被认为重要的人自愿提供的信息。另一信息来源是企业或其高管。③ 最后，还有一些出版物专门研究政治、投票和政治家的信息（见拓展方框 11.7：提供社会数据的专门出版物）。

---

① 也有不少非英文版的年鉴，例如，德意志联邦共和国的 *Statistisches Jahrbuch*、法国的 *Annuaire Statistique de la France* 以及丹麦的 *Statiskisk Ti Arsoversigt*。日本政府编印有英文版的《日本统计手册》（*Statistical Handbook of Japan*）。

② 政府指南包括《英国政府出版物指南》（*Guide to British Government Publications*）、澳大利亚官方出版物和爱尔兰官方出版物。大多数国家都有此类出版物，诸如《联合王国国会手册》（*DOD's Parliamentary Companion for the United Kingdom*）以及《澳大利亚联邦国会手册》（*Parliamentary Handbook of the Commonwealth of Australia*），它们都与《美国政治年鉴》属同一类型。

③ 关于商业资讯来源的列表，可参见 Churchill（1983：140－167）与 Stewart（1984）。

四、调查数据的二次分析

二次分析是现有统计资料研究的特殊情况。它对别人收集用于初级调查（例如，实验、调查、内容分析）的定量数据进行统计分析。在过去的二十年中，随着越来越多的数据可获得，许多社会科学家开始二次分析研究。它相对便宜，允许跨组、跨时间、跨国家比较，它增进了可复制性，允许探索最初设计者没有考虑的问题，如利用青少年健康调查研究宗教（见实例方框 11.6：二次资料分析，用旧数据回答新问题）。

大规模调查数据的收集成本非常高而且很难进行。对大多数研究人员来说，运用严格技术的大型全国调查所需的时间与金钱是承担不起的。幸运的是，大型调查数据集的组织、保存和传播都大大改进。今天，过去调查的档案是对研究者开放的。

密歇根大学的政治和社会研究协会（Inter-University Consortium for Political and Social Research，ICPSR）是世界上主要的社会科学数据档案馆。有 17 000 多份调查研究和相关的信息集都存储于此并以合适的成本提供给研究者。在美国和其他国家的中心也持有不同的调查数据。①

美国综合社会调查（General Social Survey，GSS）是一项被广泛使用的数据来源。它是由芝加哥大学全国民意研究中心（National Opinion Research Center at the University of Chicago）自 1972 年起在多数年份进行的年度调查。近年来，该调查也覆盖了其他国家。这些数据在较低的水平上公开用于二次分析（见拓展方框 11.8：综合社会调查）。②

局限性

尽管二次资料分析和现有统计资料分析的使用越加增长与流行，但使用中仍存在着局限性。并非因为原始资料是由政府机关或其他来源所收集的，使用中就不会有任何问题。

第一个危险是研究者所使用的现有统计资料或二次资料也许并不适合他的研究问题。开始前，研究者需要考虑资料的单位（例如人群的类型、组织）、资料收集的时间和地点、所使用的抽样方法以及资料
375 涉及的特定议题或主题（如人口普查）。例如，研究者想检验在美国的拉丁人和盎格鲁人之间的种族紧张，但可利用的二次资料只包括西北太平洋和新英格兰州的资料，这就要重新考虑一下研究问题或是否使用这份资料。

拓展方框 11.7

提供社会数据的专门出版物

名人信息的来源

《谁是谁在美国》（*Who's Who in America*）是一个受欢迎的公开履历信息出版物，起源于 1908 年。它列出姓名、出生日期、职业、荣誉、出版物、会员、教育、职位、配偶和孩子姓名。特别版致力于美国特定地区［例如，《谁是谁在东部》（*Who's Who in the East*）］、特定的职业［例如，《谁是谁在金融业

---

① 美国其他主要的调查资料档案包括：芝加哥大学的全国民意研究中心、加州大学伯克利分校的调查研究中心（Survey Research Center，University of California-Berkeley）、辛辛那提大学的行为科学实验室（Behavioral Sciences Laboratory，University of Cincinnati）、威斯康星大学麦迪逊分校的资料与计划图书服务中心（Data and Program Library Service，University of Wisconsin-Madison）、康涅狄格-斯托尔斯大学的罗珀中心（Roper Center，University of Connecticut-Storrs），以及北卡罗来纳大学教会山分校的社会科学研究所（Institute for Research in Social Science，University of North Carolina-Chapel Hill）。也可参见 Kiecolt & Nathan（1985）与 Parcel（1992）。

② 参见 Alwin（1988）与 Davis & Smith（1986）的论述。

和工业》(*Who's Who in Finance and Industry*)] 和特定的子群（例如妇女、犹太人、非裔美国人）。

《美国传记词典》(*Dictionary of American Biography*）比《谁是谁》列入了更少人的更详细的信息。它始于1928年，不断更新和补充信息。例如，补充7列572人，每人约一页，详细描述了事业、旅行、出版物的标题以及和其他名人的关系。

《传记词典主索引》(*Biographical Dictionaries Master Index*）是众多诸如《谁是谁》出版物中的名字索引［例如，《谁是谁在曲棍球》(*Who's Who in Hockey*)］。如果研究者知道一个名字，索引可以告诉他去哪里能找到该名字的传记资料。

商业和公司信息的来源

《邓白氏主要工业企业》(*Dun and Bradstreet Principal Industrial Businesses*）是135个国家约51 000家企业的指南，包括销售信息、员工人数、高级职员和产品。

《谁拥有谁》(*Who Owns Who*）来源于多个国家或地区（例如北美、英国、爱尔兰、澳大利亚)。它列出了母公司、子公司和连属公司。

《标准普尔公司董事和高管登记簿》(*Standard and Poor's Register of Corporations, Directors and Executives*)，收录了约37 000个美国和加拿大公司。它包括企业的信息、产品、人员、产业和销售数字。

政治问题信息的来源（美国）

《美国政治年鉴》(*Almanac of American Politics*）是一年出版两次的出版物，包括美国政府官员的照片和简介。委员会的任命、投票记录和类似的信息提供给国会议员和行政部门的领导人。

《美国投票：当代美国选举的选票统计手册》(*America Votes: A Handbook of Contemporary American Election Statistics*）包含大多数投票州和国家办事处的详细信息。初选结果信息到县一级。

《美国政治重要统计》(*Vital Statistics on American Politics*）提供了政治行为的数十个表格，如每一个国会议员候选人的竞选开支、初级和最终的投票、各个政治组织所做的思想评级和选民登记规定状态的概要。

第二个危险是，你必须理解所使用资料的实质性主题。因为资料容易获得，但你可能对主题知之甚少，对结果做出错误的假设或错误的解释。在使用任何资料之前，你应该研究实质性主题的细节。例如，如果你使用德国高中毕业率数据，但你不了解有着独特学术和职业轨道的德国中学教育体系并假设德国和美国系统是相同的，你很可能在解读结果上犯严重的错误。

第三个危险是为了给人科学严谨的印象而过分详细地引用统计数据。这可能导致**误置精确性谬误(fallacy of misplaced concreteness)**。当有人引用统计数据过于详细，超出了应有的范围，并造成细节“过载”，给人一种精确的错误印象时，就会产生这种谬误。例如，现有统计报告显示，澳大利亚的人口是 376
19 169 083人，但最好是说它略高于1 900万。在2000年的社会调查中，你可能会计算出离婚人士的比例为15.654 95，但最好报告为有15.7%的人离婚了。①

实例方框 11.6 二次资料分析，用旧数据回答新问题

为了完成二次资料分析，研究者可以用已经收集好的资料来回答与该调查原目的不相关的新研究问题。尤克等人（Uecker, et al., 2007）用健康调查来研究宗教。数据来源于全国青少年健康长期调查(National Longitudinal Study of Adolescent Health)，这是一项基于学校的三部分面板数据（第2章中有面板研究的内容）和相关社会行为的调查。第一面板是由1994年到1995年132所学校20 745名7至12年级的美国青少年组成的随机样本，第三面板是2001—2002年回访原初随机样本中的15 197名被访者（那时他们已经18至25岁）。研究者的兴趣是解释年轻人从青少年成长为成年人后宗教参与的下降情况，

① 这个议题的讨论参见Dale等（1988：27-31），Horn（1993：138），Maier（1991）和Parcel（1992）。

而不是健康情况。但是，健康调查包括了宗教参与、宗教在一个人生活中的重要程度、对宗教组织的情感等问题。作者使用这些问题作为他们的独立变量。过去的研究已经解释了由于进入大学世俗的影响，年轻人的宗教参与下降。但是在分析了这些资料后，作者发现上大学的年轻人同未上大学的人一样保持着宗教信仰。作者发现同居、婚前性行为、酒精和毒品的使用降低了宗教在年轻人生活中的重要程度，而不是他们是否去上大学，这与人们所认为的相反，更高的受教育程度对宗教信仰几乎没有影响。

拓展方框 11.8

综合社会调查

综合社会调查（GSS）是最为人所熟知的、常被社会研究者用作二次资料分析的调查资料。综合社会调查的任务是“取得方便整个社会科学研究群体使用的即时、高质量并且具有科学相关性的资料”（Davis & Smith，1992：1）。这些资料以电脑可以读取的档案形式储存，并且可以用低廉的成本购得。资料档案与编码手册都没有版权。使用者不必取得许可，就可复制或流传资料。你可能会发现有超过 2 000 篇研究论文与书籍的研究引用了综合社会调查的资料。

自 1972 年起，芝加哥大学全国民意研究中心几乎每年都进行全国性的社会调查。典型的年度调查包含了约有 1 500 名美国成人居民的随机抽样样本。研究小组选出要纳入研究的问题，而研究者个人可以对要调查的问题提出建议。中心每年会重复询问一些问题与主题，另一些主题则是每隔四年或六年循环问一次；或是在某些特定的年份中，加入一些额外的主题。例如，1988 年的特定主题是宗教，1990 年的特定主题是团体间的关系。

访问员通过面对面访谈来收集资料。全国民意研究中心的员工谨慎选择访问员并且对他们进行社会科学方法论与调查访问的训练。每年有 120 位至 140 位访问员受雇从事综合社会调查。其中有 95%是女性，而且绝大多数是中年人。全国民意研究中心招募会说双语的访问员以及少数族裔访问员。受访者与访问员之间在种族上是一致的。访问通常持续 90 分钟，大约有 500 个问题。应答率一般在 71%到 79%。拒绝参与调查是无应答的主要原因。

国际社会调查项目计划（International Social Survey Program）在其他国家也从事相类似的调查研究。最初是德国的全国调查（German ALLBUS）与英国社会态度调查（British Social Attitudes Survey），后来参与者增加，包括澳大利亚、奥地利、意大利、匈牙利、爱尔兰、以色列、荷兰、瑞士与波兰等国。其目标是定期举行全国性的普查，某些相同的问题在各个合作国家都会被问及。

分析单位与变量属性。进行现有统计资料分析常有的问题是找出适当的分析单位。许多统计数字是
377 集合的，不是个人的。例如，一份政府文献表格中的资料是以州为单位的统计资料（例如失业率、犯罪率），但是研究问题的分析单位是个人（例如，“失业的人更可能犯财产罪吗？”）。在这种情况下，可能会犯层次谬误。这对二次资料分析来说，不是个问题，因为研究者可以从档案中取得每位被访者的原始信息。

一个相关的问题是现成文献或调查题目中变量属性的类别问题。如果收集的原始资料具有许多极为精细的类别，那这就不是个问题。但如果收集的原始资料是较为宽泛的类别，或是不符合研究者的需要，问题就来了。例如，如果研究者感兴趣的是有亚洲血统的人，而资料中族群血统的类别是“白人”、“黑人”或“其他”时，研究者就面临问题了。亚洲人与其他族群都被包括在“其他”项之内。有时候一些组织的资料是按照精细类别收集的，但是出版时只提供宽泛的类别。所以需要花更多的力气寻找该机构是否收集了更精细的信息，或是哪里可以得到更精细的信息。

效度。当研究者的理论定义与收集资料的政府机构或组织的定义不相符时，就会产生第一个效度问题。官方政策与程序清楚说明了官方统计的定义。例如，研究者定义工作伤害包括工作中的小割伤、瘀

伤、挫伤，但是政府报告中的官方定义只包括需要去医院或请医生治疗的伤害，那么符合研究者定义的许多工作伤害就不会出现在官方文献当中。另一个例子是，研究者将失业人口定义为有好的工作机会就应该去工作、想要全职工作却不得不从事兼职工作或放弃寻找工作的人。但是官方对失业人口的定义只包括那些现在正积极找工作（不论是全职还是兼职）的人。官方的统计资料不包括那些已经停止找工作、不得不从事兼职工作或是那些相信找不到工作而放弃寻找的人。在上述两例中，研究者的定义皆与官方不同。

当研究者依赖官方数据，并将它当作研究设想的替代品时，第二个效度问题就会出现。这是必然会发生的情况，因为研究者无法收集到原始资料。例如，研究者想要知道有多少人曾经仇恨犯罪，于是他用警方逮捕仇恨犯罪案件的统计资料作为替代值。但是这个测量值并非完全有效，因为许多仇恨犯罪并没有向警方报案，就算报案了也未必总会把嫌犯逮捕到（见拓展方框 11.9：关于仇恨犯罪的官方统计，准确性上的缓慢改善）。

研究者或许想要研究因婚前怀孕而“被迫”结婚的案例。研究者使用官方记录中的结婚日期与小孩出生日期的资料来评定这桩婚姻是否为婚前怀孕不得不结婚的案例。但这些资料并不能说明已经怀孕是结婚的动机。一对情侣大有可能已经计划好要结婚，与怀孕毫无关系，或是结婚时不知道已怀有身孕。同样，有些没有记录小孩出生日期的婚姻可能被误判为婚前受孕，或虽然已经怀孕，但是可能因流产或堕胎没有将小孩生下来。此外，也有可能是婚后才受孕的，但小孩是早产儿。如果是以小孩在结婚日期之后不到九个月出生，来判定一桩婚姻是因为婚前怀孕而被迫结婚的，会有不少误判，降低了效度。

由于研究者无法控制收集资料的方法，就产生了第三个效度问题。政府部门的工作人员只为政府报告收集资料。研究者全靠这些人进行精确的资料收集、组织、报告与出版工作。收集原始资料时所产生的系统误差（例如，人口调查员故意不调查贫穷地区、伪造资料或是在驾驶执照上填写错误的年龄）、整理与报告资讯时的偏差（例如，警察部门对犯罪报告档案整理漫不经心，以致漏失一些资料）以及出版资料时所产生的错误（例如，打错表格中的数字），都会降低测量的效度。

这一问题发生在美国永久失业人口的统计数字上。一位大学研究者重新检验了美国劳工统计局收集资料的方法，发现了误差。永久失业的数据来自一个 50 000 人的样本，但是政府的调查机构没有为这一较高的未应答率进行修正。修正过的报告显示在 1993 年到 1996 年，失业人口数量下降了 7%，而首次报 378
告中并未发现这一变化。[①]

拓展方框 11.9

关于仇恨犯罪的官方统计，准确性上的缓慢改善

政府的犯罪统计数据是现有统计数据中最常被用于社会研究的数据。统一犯罪报告（Uniform Crime Reporting，UCR）项目，始于 1920 年，是美国国家犯罪统计中最常用的数据源。每个州和地方执法机构给联邦调查局发送最主要的犯罪（即，报告给警察或逮捕的犯罪）统计数据。1973 年，司法部加上了另一个犯罪数据，即全国犯罪受害调查（National Crime Victimization Survey，NCVS）。这是对49 000 户有代表性的样本进行的年度调查。调查询问家庭成员是否有超过 12 岁的犯罪受害人。在 20 世纪 80 年代，加州大学河滨分校添加了简单犯罪数量这一项目。国家基于事件的报告系统（National Incident-Based Reporting System，NIBRS）包括更多有关犯罪情形的细节（例如地点、参与者、时间）。现在它覆盖了大约 15%的美国人口，但它正缓慢扩张。

1990 年，美国颁布了新的仇恨犯罪法，包括对受害人的种族、宗教、族裔或性取向有偏见或成见的行为，并对这种行为增加处罚。FBI 在其年度报告《仇恨犯罪统计》（*Hate Crime Statistics*）中做出的总结，是国家获取此类犯罪信息的主要来源。关于这一新犯罪报告的准确度，说明了官方统计的一些复杂性。

全国仇恨犯罪法颁布后，联邦调查局培训当地执法官员执行新的法律。1991 年，只有 29%的美国人

---

① 参见 Stevenson（1996）。

口有一个执法机构参与了这个培训项目。1999年，参与人口已经上升到85%。然而，大多数参与机构每年报告零犯罪。自1994年以来，约85%的培训执法机构报告零犯罪。这些零犯罪报告可能不完全准确。一项对有零犯罪报告的地方的研究发现，那里有37%的仇恨犯罪，但在报告系统中却并非如此。大区域的报告存在差异。具有最高总犯罪率的美国南部有着最低仇恨犯罪报告。一些研究表明，地方对仇恨犯罪的态度影响了受害者向警方报告的意愿。此外，并不是所有的地方警察机构都会采取同样认真的态度对待仇恨犯罪。从2000年开始，全国犯罪受害调查开始添加仇恨犯罪的问题。

总之，仇恨犯罪立法的几十年后，相关犯罪数据还是有限的。报告的准确性因地理区域和警察机构而参差不齐。数据采集提供了关于仇恨犯罪的数量与类型的基本认识，但这一采集工作提高得很慢。严谨研究仇恨犯罪的研究人员需要把国家的官方报告和其他包含更多细节的信息来源结合起来，并重点关注当地地理区域（Nolan，Akiyama & Berhanu，2002）。

信度。信度问题也令现有统计资料的研究者深感头疼。当官方的定义或是收集信息的方法因时间而改变时，信度问题就会产生。官方对工作伤害、残障失能、失业等的定义，会做定期的修改。就算研究者了解这种变化，也无法进行一致的测量。例如，在20世纪80年代的早期，计算美国失业率的方法有了改变。之前，失业率的计算是用失业人数除以所有的民间劳动力数量。新的方法是用失业人数除以民间劳动力与军队服役人数的总和。同样，当警察局将资料记录输入电脑时，犯罪案件报告的数目有明显的增加，这不是因为犯罪率增加了，而是因为记录保存的方法改善了。

379 对等信度也可能是个问题。例如，全国犯罪数量的测量值取决于各警察局提供正确的信息。如果该国某个地区的警察局记录保存得杂乱无章，那么这个测量值便不具有对等信度。同样地，有关警察局的研究指出，要求提高逮捕率的政治压力与逮捕数字之间有密切的关联。例如，某个城市的政治压力可能会增加逮捕率（例如打击犯罪），而另一个城市的压力却可能是减少逮捕率（例如，为了让政府官员们的面子更好看，选举前的犯罪数字可能会出现短暂的减少）。

代表性信度是官方政府统计存在的问题。例如，美国劳工统计局发现在利用性别中立测量程序之后，女性失业率增加了0.6%。直到20世纪90年代中期，当访问员仅仅问女性“操持家务还是干其他事情”时，回答“操持家务”的女性被归为家庭妇女，而不是失业，即使是正在找工作的女性。一旦女性被问到和男性相同的问题，“你是在工作还是在干其他事情?”更多的女性会回答她们没有在工作，而是在忙“其他事情”，比如找工作。这显示了创立政府统计的方法论细节的重要性。

官方统计资料可用来进行国际比较，但是各国政府收集资料的方法不一样，数据质量也有所差别。例如，1994年，美国官方报告的失业率是7%，日本是29%，法国是12%。如果各国定义和收集资料的方式都是一样的，包括丧志劳工和非自愿性兼职劳工的比率，美国的失业率应该是9.3%，日本应该是9.6%，法国应该是13.7%。为了评估政府统计数据的质量，《经济学人》（*The Economist*）杂志邀请了20位顶尖的统计学家组成队伍来评估13个国家的统计数字，评估依据为没有政治干预、信度、统计方法论以及涉及的主题。质量最高的五个国家依次是加拿大、澳大利亚、荷兰、法国和瑞典。美国、英国和德国并列第六名。美国统计数字的质量受到高度分权、比任何国家雇用更少的统计专家以及在数据收集的范围上缺乏行政激励等因素的影响。

国际范围内的数据收集是有争议的。联合国的国际劳工组织（International Labor Organization of the United Nations）报告说几个国家总体经济活动的官方报告是不准确的，因为它们不包括性产业。在一些国家（尤其是泰国和菲律宾），数以百万的人（主要是年轻女性）受雇于性产业，数十亿美元的税收来自卖淫与性产业。这对经济有很大影响，但没有任何一个官方报告或者统计信息将它纳入其中。[①]

---

① 参见《好的统计手册》，《经济学人》（1993年9月11日）；《被忽视的守门人》，《经济学人》（1994年9月5日）；《受到谴责的谎言太少了吗?》，《经济学人》（1996年3月30日）。也可参见《联合国敦促财政计算要包括性交易在内》，《纽约时报》（1998年8月20日）。

缺失数据。令使用现有统计资料与文献的研究者头疼不已的一项问题是缺失数据（参见第 7 章的讨论）。有的情况是资料收集到但遗失了。更常见的是，无法收集到此数据。可能由于研究者和政府机构的官员决定不收集信息导致资料缺失。决定收集什么信息的人可能不会收集后来研究者为了提问而需要的这些资料。政府机构会因为政治、预算或其他的理由，开始或停止资料的收集。例如，20 世纪 80 年代初期，美国联邦政府为了缩减成本停止收集社会研究者认为极其珍贵的资料。尤其当研究者从事时间跨度长的研究时，缺失资料尤其成问题。例如，对美国停工数与罢工数感兴趣的研究者能够取得 19 世纪 90 年代迄今的资料，除了 1911 年后的五年这一段时间，因为在此期间联邦政府并没有收集这笔资料。

五、推论与理论检验问题

当基于非反应数据进行因果推论和检验理论时，研究者需要格外小心。用非反应和无干扰测量来建立时间秩序、减少替代性解释是困难的。就内容分析而言，研究者无法根据文本内容推断其对读者可能产生的效果，只能使用调查研究的相关逻辑来显示变量间的关联。 380

六、伦理关怀

对伦理问题的关心不是大部分非反应研究首要的问题，因为被研究者并没有直接参与到研究之中。主要的伦理问题是使用别人收集的资料时的隐私性和机密性。另一个更大的伦理议题是：官方统计资料是社会与政治的产物。一些研究者或官方机构基于潜在的理论和价值预设来收集数据。官方测量或统计可能会是政治冲突的对象，以及将政策推向特定政治走向的推动力。一旦政府机构将某个测量工具定义为官方，它就会影响公共政策并导致另一番景象，如果使用同样有效的另一种测量工具，结果将会不同。例如，20 世纪 30 年代经济大萧条时期的政治实践主义者伪造了许多社会状况的数据（例如，在公立精神病院死亡的病人数）。在此之前，政府和其他机构并不认为这些状况足够重要或值得大众关注。同样，不同年龄的非白人学生在美国各级学校注册率的统计资料也只有在 1953 年之后才存在，还有不少非白人种族的资料在 20 世纪 70 年代后才有。较早的时候，这些资料对公共政策来说没多大意义。

官方统计资料的收集会激发民众对某个问题的关注，而民众对这个问题的关切又能刺激新资料的收集。例如，在政府机构开始存留因酒精造成的交通事故的统计资料之后，醉酒驾驶才成了一项公共议题。

政治和社会价值观影响着政府机构收集的统计数据。大多数官方统计数据的设计和收集出于自上而下的行政规划目的。这些数据可能不符合研究者的目的，也可能不符合那些不同意官僚决策者想法的人的目的。例如，政府机构测量生产出来的钢铁吨数、铺设公路的英里数以及每户人家平均的人口数。其他社会状况的统计数字，像饮用水的质量、通勤所需的时间、与工作相关的压力或需要托人照顾的儿童人数，可能都没有收集，因为官员认为那是不重要的信息。在许多国家，官员将国民生产总值（gross national product，GNP）当作测量社会进步的关键指标，但是国民生产总值忽略了社会生活的非经济维度（如陪伴儿童玩耍的时间）以及无报酬的工作类型（如家庭主妇）。可取得的资料反映了政治争议的结果和决定需要收集什么资料的官员的价值取向。①

---

① 参见 Block & Burns (1986)，Carr-Hill (1984a)，Hindess (1973)，Horn (1993)，Maier (1991) 与 Vanden Berg & Vander Veer (1985)。也可参见 Norris (1981) 与 Starr (1987) 的讨论。

七、结论

在本章中，你学习了几种非反应研究技术。它们是在不影响被研究者的情况下，进行观察或测量社会生活各方面的方法，从而得出客观的、数字化的、能够加以分析的、说明研究问题的数字资料。这类技术可以与其他类型的定性或定量社会研究结合，同时探讨很多个研究问题。

如同任何一种定量资料一样，研究者需要关注测量问题。虽然很容易就可从某项调查或政府文献中取得资料，但这并不意味着那些资料的测量是按研究者的兴趣构建的。

你应该意识到非反应研究有两个潜在问题。第一，现成资料的可取得性限制了研究者能够提出的研究问题。第二，非反应变量的效度通常较弱，因为它们测量的不是研究者感兴趣的变量。虽然现有统计资料分析与二次资料分析是低成本的研究技术，但是研究者对于资料收集过程缺乏控制力，也缺乏实质
381 的了解。这些潜在的错误来源意味着研究者尤其应当提高警惕、谨慎小心。

在下一章中，我们从设计研究计划与收集资料转入资料分析。这些分析技术适用于前面章节中呈现的定量资料。到目前为止，你已经学会如何从确立一个主题，到设计研究计划与测量工具，然后着手资料收集。接下来，你将学习如何读取资料，看看它们能告诉你关于假设或研究问题的什么信息。

关键术语

accretion measure	增值测量	coding system	编码系统
erosion measure	耗损测量	fallacy of misplaced concreteness	误置精确性谬误
intercoder reliability	交互信度	latent coding	隐性编码
manifest coding	显性编码	nonreactive research	非反应研究
social indicator	社会指标	structured observation	结构化观察
text	文本	unobtrusive measure	无干扰测量

复习题

1. 内容分析适用于什么类型的研究问题？
2. 编码时要观察与记录内容的哪四大特征？
3. 使用现有统计资料时，需要留意哪些信度问题？
4. 二次资料分析有哪些优点与缺点？
5. 为什么从事内容分析的研究者要使用多个编码员？这种做法可能会遇到哪些问题？
6. 在用内容分析法进行推论时有哪些限制？
7. 在进行内容分析时会用到哪些分析单位？
8. 现有统计资料有哪些聚类问题？
9. 内容分析有哪三项效度问题？
10. 研究者应该注意到在使用现有统计资料时有哪些限制？

第12章 定量资料分析

统计可以被视为一种处理资料的方法，此定义强调这样的观点：统计是一种关于收集、组织和分析数字化事实或观察对象的工具。……描述统计的主要任务是将信息以一种便利的、可使用的和易理解的形式呈现出来。

——鲁尼恩和哈伯（Richard Runyon & Audry Haber），《行为统计学基础》（*Fundamentals of Behavioral Statistics*），6 页

如果你阅读一篇基于定量资料的研究报告或论文，你可能会发现它充满了包含数字的图表、图形和表格。不要被它们吓唬住。研究者提供图表、图形和表格是想给读者一个压缩的资料图像。图表与表格使你能查看研究者收集到的证据，并使你能自行检测证据。当你自己收集定量资料时，你也会用类似的技术来揭示资料所蕴含的意义。你需要组织和处理这些定量资料，使它们展示社会世界中有趣的事物。在本章中，你会学到组织和分析定量资料的基本要素。定量资料分析是个复杂的知识领域。本章内容并不能取代一门社会统计的课程，它只涵盖了基本的统计概念，以及了解社会研究所必需的资料处理技术。

应用前面几章介绍的技术，收集到的都是数字形式的资料。这些数字代表变量的取值，是对研究对象、被访者或其他个案的特性的测量。这些数字最初是以原始数据形式记录在问卷、记事本、记录表或计算机文件之中的。为了查看这些原始资料能为假设提供什么信息，研究者将对其进行几种处理：将原始资料重新组织成适合计算机读取的格式，以图表形式来概括资料的特性，对结果进行解释或赋予理论意义。

一、资料的处理

（一）资料编码

在我们用定量资料验证假设之前，需要先把资料转换成另一种特殊形式。在上一章中，你已经接触过资料编码的概念。所谓资料编码是指系统地将原始资料重新组织成为使用计算机上的统计软件可进行分析的格式。正如内容分析中的编码那样，研究者创建并一以贯之地应用把信息从一种格式转换成另一种格式的规则。[①]

① 关于编码与处理定量资料的最实际的建议来自调查研究。参见 Babbie（1995：366－372），Backstrom & Hursh-Cesar（1981：309－400），Fowler（1984：127－133），Sonquist & Dunkelberg（1977：210－215）以及 Warwick & Lininger（1975：234－291）。

384 如果资料是以数字形式完整有序地记录在记录纸上，那么编码只是一项简单的事务性工作。但是，如果研究者想要编码的对象是调查中开放问题的答案，那么编码就会与隐性内容分析过程一样，成为一件高难度的工作。为了给那些不是以数字形式存在的开放式资料或其他数据编码，研究者使用编码程序和编码簿。**编码程序（coding procedure）**是一套用某些数字来代表变量属性的规则。例如，研究者把男性编码为1，把女性编码为2。对于利克特量表，把强烈同意编码为4，同意编码为3，以此类推。变量的每个类别与缺失信息都需要一个编码。编码程序详细解释了研究者是如何将非数值型信息变为数值的过程。

编码簿（codebook）是一份（一页或多页的）文件，内容包括编码程序以及变量在以计算机读取格式表示的数据中的位置。当你对资料编码时，制作一份完整有序、内容详尽的编码簿，并多准备几份副本是非常重要的。如果你没有写下编码程序的细节，或者弄丢了编码簿，就等于失去了开启这些资料的钥匙，你不得不重新对原始资料进行编码。

在收集任何资料之前，研究者要开始思考编码程序与编码簿。例如，许多调查研究者在访谈或收集数据之前，会预先对问卷进行编码。预编码是指将编码类别（例如，1是男性，2是女性）编进问卷，并在其中创建编码簿的特征。[①] 如果研究者没有预编码，那收集资料后的第一个工作就是制作一个编码簿，同时，还必须给每个个案一个识别码以作追踪之用。接下来，研究者再将每份问卷上的信息转换为计算机可以读取的格式。

（二）数据录入

大部分被设计来进行数据分析的计算机程序，要求把数据制作成网格格式。在网格中，每一行代表一个被访者、参与者或个案。用计算机的术语来说，它们被称为**数据记录（data records）**。每一条数据记录都是针对每一个个案的。一列或一组列则代表某个特定的变量。从列与行的交会点（例如，第7行第5列）可以反推得到数据的原始来源（例如，第8位被访者在问卷条目——婚姻状况上的回答）。被指定给变量的列或列组称为**数据栏位（data field）**，或简称为*栏位*。

举例来说，研究者把三位被访者的调查资料，编码成计算机格式，例如，图12.1所示的数据文件的开头。人们难以轻易地读取这一格式的数据，而且少了编码簿，这将毫无意义。这一数据文件把三位被访者对50个调查问题的答案压缩为三行或三列。许多研究计划的原始资料看起来就像这样，除了可能超过1 000行，每行可能又有100多列之外。举例来说，对250位学生进行的15分钟的电话调查，可以生成一个250行乘以240列的数据网格。

图12.1中编码簿说明前两个数字标示的是被访者识别编号，因此这些实例资料来自第1位（01）、第2位（02）和第3位（03）的被访者。注意，研究者用0作为一个占位符以减少1与01的混淆。个位数在第2列，十位数则是在第1列。编码簿说明第5列为性别变量：个案1与个案2是男性，个案3则是女性。第4列告诉我们个案1与个案2是由卡洛斯访问的，个案3是由索菲娅访问的。

有四种方法可以将原始定量数据输入计算机：

385 1. *编码表*。汇集资料，然后将它从初始形式转换成网格格式（编码表），接着再将编码表上的信息一行行地录入计算机。

2. *直接录入法［包括电脑辅助电话访问（CATI）］*。资料收集完成后，可以坐在计算机（或类似记
386 录装置）前，听或看着资料进行录入，或者让被访者自己录入。为了使用**直接录入法（direct-entry method）**，计算机应预先设定可以接受资料的程序。

3. *光学扫描*。汇集资料，然后通过涂满正确的“点”的方式，将它录入光学扫描卡（或让被访者录入资料）上。接着再利用光学扫描仪或阅读器将资料转换到计算机中。

---

① 注意，在性别编码中，男＝1，女＝2，或男＝0，女＝1，也可以任意颠倒数字。使用数字而非字母（如字母M和F）的唯一原因是许多计算机的程序能够很好地处理所有的数字。有时候将资料编码为0会导致混淆，所以1通常是最小值。

4. *条形码*。汇集资料，将之转换成不同宽度的条形，分别表示不同的数值，然后利用条形码阅读器，将其转入到计算机中。

（三）数据清理

资料编码过程中，最重要的事就是正确性（见实例方框 12.1：数据处理举例）。编码或把数据键入计算机时所发生的错误，会威胁到测量的效度，造成错误的结果。如果你有完美的样本、测量工具、收集资料时丝毫没有错误，但在编码程序或把数据键入计算机时却发生了错误，整个研究项目可能会因此而毁于一旦。

摘录自调查问卷

被访者编号______________　　　　访问员姓名______________

被访者性别：________男　________女

1. 第一个问题是关于美国总统的。对于以下说法，你是否非常同意、同意、不同意、非常不同意，或没意见。

美国总统的表现实在太棒了。

____非常同意　____同意　____不同意　____非常不同意　____没意见

2. 您今年几岁？__________

摘录自编码数据

列

000000000111111111122222222223333333333444……（以 10 为单位）

123456789012345678901234567890123456789012……（以 1 为单位）

01 212736302 182738274 10239 18.82 3947461……

02 213334821 124988154 21242 18.21 3984123……

03 420123982 113727263 12345 17.36 1487645……

……

前 3 个个案，第 1 列到第 42 列的原始数据。

摘录自编码簿

列	变量名称	描述
1—2	编号	被访者的识别编号
3	空格	
4	访问员	收集资料的访问员： 1＝苏珊 2＝卡洛斯 3＝胡安 4＝索菲娅 5＝克拉伦斯
5	性别	访问员报告的被访者性别 1＝男性，2＝女性
6	总统表现	美国总统的表现实在太棒了 1＝非常同意 2＝同意 3＝没意见 4＝不同意 5＝非常不同意 空白＝缺失资料

图 12.1　三个个案的编码数据和编码簿

小心翼翼地编码之后，研究者要检查登录的正确性，也就是“清理”数据。研究者可以随机抽取

10%～15%的数据做二次登录。如果你在样本里没有发现任何录入错误，研究就可以继续进行。但是如果发现错误，就必须重新检查所有录好的数据。

在把数据键入计算机之后，研究者有两种检验登录的方法。第一种方法是**可能编码清查（possible code cleaning）**（或称为*概略编码清查*）是指全面检查所有变量的类别，查看是否出现不可能存在的编码。例如，被访者的性别编码为1=男性，2=女性。如果发现有一个个案在性别变量上的代码为4，那就表示编码错误。第二种方法为**列联清查（contingency cleaning）**（或称为*一致性清查*），是指交叉分类两个变量，然后寻找逻辑上不可能存在的组合。例如，交叉检查教育与职业分类时，如果某位被访者的记录是从来没有通过八年级的考试，但同时也被记录为是位医学博士，这时研究者就必须检查登录错误。

数据被键入计算机之后，研究者可以以某种方式进行修改，但是不可以使用比收集到的原始数据更细微的分类。例如，研究者可以将定比层次的收入数据分组为五个定序类别，也可以折叠变量类别并结合几个指标的信息，创建一个新的指标变量。

二、单变量的结果

（一）频数分布

*统计*这个名词可以指一系列收集到的数字（例如表示某个都市有多少人口的数字），也可以是应用数学的一支，用于操作与总结数字所代表的特性。社会研究者同时使用这两种类型的统计，但是这里我们把焦点集中在第二种类型上：操作与总结代表研究计划所得的数字资料的方法。

描述统计（descriptive statistics）描述数字资料。可以根据所涉及的变量个数而做不同的分类：单变量、双变量和多变量（分别指一个、两个，以及三个或以上的变量）。单变量统计描述一个变量。描述一
387 个变量的数字资料的最简单方法就是**频数分布（frequency distribution）**。这个方法可以用于定类、定序、定距或定比资料。举例来说，如果我有400位被访者的资料，我想看一下性别信息的概况，最简单的方法是用原始计数或百分比频数分布的方式（见图12.2）。同一资料也可以用图形来呈现。

实例方框12.1　数据处理举例

没有比亲自处理数据更好的替代方式。这里有个资料准备的例子，取材自我带领我的学生执行的一项研究。我任教的大学调查三分之一的大学生，想知道校园内大学生对性骚扰的想法与经验。一队研究人员抽取了一组随机样本，并且制作自填问卷，分给大学生填答。被访者把答案画在光学扫描卡上，就像复选测验所用的那种答案纸。这个故事始于发出的3 000多份光学扫描卡。

卡片回收后，我们大致浏览了每张卡片，查看有没有明显的错误。尽管我们告诉被访者要用铅笔清楚涂黑每个圆圈，但是仍然发现有200位被访者使用了钢笔，另外有200位被访者用很淡的铅笔涂得不清楚。我们清理这些卡片，重新用铅笔再画一次。同时，我们也发现了25张不能用的卡片，这些卡片不是被损毁了，就是被弄得面目全非，要不然就是填答得不完全（例如，70题中只答了前两题）。

接下来，我们把那些可用的光学扫描卡读进计算机。让计算机来产生每个变量各个属性出现的数字，也就是频数。查阅这些数字，我们发现数种错误。有些被访者一题填了两个答案，而题目只要求填一个答案，或是只可能有一个答案。有些则填下不可能出现的答案编码（例如，性别的答案上填写4，而实际上可能的答案只有1为男性，2为女性），还有人在每个题目上都圈画相同的答案，这表明他们并没有认真回答。对每个有错误的案例，我们回头找出原来的那张光学扫描卡，看看是否能找出任何线索。如果不能，我们重新把这些案例归类为拒绝回答，或将之记录为缺失资料。

这份问卷有两个相倚题目。对于这两题，只要被访者答案是“否”的，都跳过接下来的五题。每一题我们都制作一个表格。我们仔细查看是否所有第一题答“否”的，都跳过接下来的五题，或是接下来的五格都是空格。我们发现大约有35个回答“否”的被访者，接着回答了下面的五个题目。我们回头查看每张卡片，设法弄清楚被访者真正的意图。大部分的情形是，被访者确实答“否”，说明他们没有看清楚请他们跳答的说明。

最后，我们检查每个变量各个属性的频数分布，看看是否合理。结果令我们非常诧异，大约有600位被访者圈选本土美国人作为种族题目的答案。此外，大约超过半数提供这种答案的是大一新生。查对校方记录之后，显示校方注册名单上只有大约20位是本土美国人，亦即美洲印第安人，超过90%的学生是白人、非西班牙高加索人。被访者圈选为黑人、非裔美国人或美籍墨西哥人的百分比与校方记录相吻合。据此我们得出一个结论，某些高加索白人被访者并不知道“本土美国人”这个词是指美洲印第安人。显然，他们误把它当成“白人、高加索人”，而没有圈选“白人高加索人”。由于我们只期望样本中有七位本土美国人，所以我们就把“本土美国人”的答案记录为“白人、高加索人”。这等于说我们重新把样本中的本土美国人归类为高加索人。至此，我们可以分析数据了。

一些常见的图示法有直方图、条形图和饼图。条形图和饼图用于离散变量。在长条之间存在着垂直或水平方向的小的间隔。尽管术语并不十分贴切，但**直方图（histogram）**通常就是针对定距或定比资料 *388*
笔直而下的一幅条形图。[①]

对定距或定比资料而言，研究者经常把资料分成不同的组。分组后的类别必须是互斥的。定距或定比资料常被画成**频数多边图（frequency polygon）**。图上个案的数目或称为频数，沿着纵轴标示，而变量的值或称为分数，则沿着横轴标示。把各点资料连起来后，就成为频数多边图。

389

（二）集中趋势测量

研究者经常想把一个变量的资料汇总成单独的一个数字。他们使用三种**集中趋势测量（measures of central tendency）**（即频数分布中心点的测量值：均值、中位数和众数）。很多人称它们为*平均值*，是一种比较不精确、不清楚的表达方式，指涉的是同一概念。

众数（mode）最容易使用，而且不论是定类、定序、定距还是定比资料，都用得上。它就是最常出现的数字。举例来说，6，5，7，10，9，5，3，5 这个数列的众数就是 5。一个频数分布可能有一个以上的众数。例如，数列 5，6，1，2，5，7，4，7 的众数是 5 和 7。如果数列很长，那么很容易就可从频数分布表上找出众数——只要找出出现频数最多的那个数就是了。至少总会有一个个案的分数会等于众数。

中位数（median）是位居中央的那一点。它也是第 50 个百分位数，也就是说，有一半的个案在该值之前，而另一半的个案在该值之后的那一点。它可以用于定序、定距或定比资料（但是不能用于定类资料）。你用目测就可以找出众数，但是算出中位数则需要一些工夫。最简单的方法是先将分数从高到低排列，然后数出中间的那个点。如果分数的个数是奇数，这就很简单。有 7 人在等公交车，他们的年龄是 12，17，20，27，30，55，80。年龄中位数就是 27 岁。要注意中位数并不容易改变，如果 55 岁和 80 岁的两人上了公交车，换了两位 31 岁的人加入等车行列，则中位数仍然没有改变。如果分数的个数是偶数，那么事情就有点复杂了。例如，在公交车站牌处的 6 个人年龄分别是 17，20，26，30，50，70。中位数就落在 26 与 30 中间的某处。计算中位数的方法是把这两个位于中间的分数加起来除以 2，即 26＋30＝56，56/2＝28。年龄中位数即为 28 岁，即使没有人是 28 岁。注意在这个数列中没有众数，因为每一个人的年龄都不一样。

---

① 关于呈现定量资料的许多不同方法的讨论，参见 Fox（1992），Henry（1995），Tufte（1983，1991），Zeisel（1985：14－33）。

原始频数分布

性别	频数
男性	100
女性	300
总计	400

百分比频数分布

性别	百分比（%）
男性	25
女性	75
总计	100

同一信息的条形图

分组资料的频数分布

第一份工作的年收入（美元）	频数
5 000 以下	25
5 000～9 999	50
10 000～15 999	100
16 000～19 999	150
20 000～29 999	50
30 000 及以上	25
总计	400

频数多边形的实例

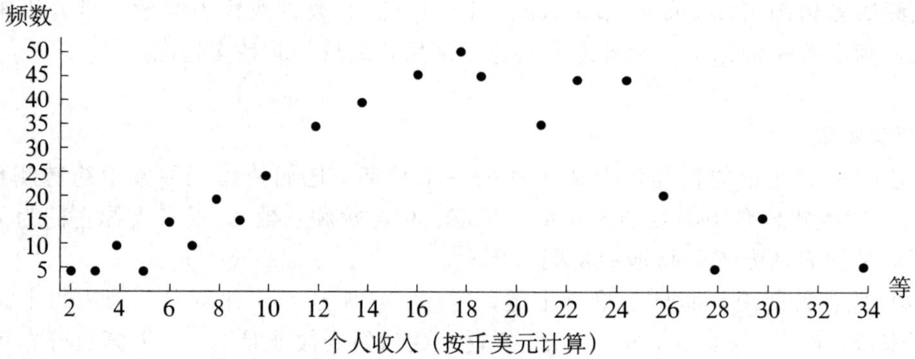

图 12.2 单变量统计的例子

均值（mean），也称为*算术平均数*，是最常使用的集中趋势测量值。它只能用于定距或定比资料。[①] 计算平均数是将所有分数加总起来，再除以分数的总个数。例如，上例的平均年龄是 17＋20＋26＋30＋50＋70＝213，213/6＝35.5。在这个数列中没有一个人的年龄是 35.5 岁，而且平均数并不等于中位数。

均值受到极端值（非常大或非常小的值）改变的影响很大。举例来说，如果 50 岁与 70 岁的两人离开，换上两位 31 岁的人。这个时候的新数列是 17，20，26，30，31，31。均值将会是 17＋20＋26＋30＋31＋31＝155，155/6＝25.8。因此，当若干极大值移去时，均值就会下降很多。

如果频数分布形成一个**正态分布（normal distribution）**或钟形曲线，那么这三个集中趋势测量值都会相等。如果分布是一种**偏态分布（skewed distribution）**（即有较多的个案集中在分数较高或较低的那一端），那么这三个数值就不会相等。如果大部分个案的分数较低，但其中有些个案的分数极高，那么均值
390 会最大，中位数居中，众数最小。如果大部分个案的分数较高，但有些个案的分数极低，那么均值会最小，中位数居中，众数最大。一般而言，中位数最适合用于偏态分布上，虽然其他大部分的统计分布用的是均值（见图 12.3）。

① 测量定序资料的特殊均值类型和其他特殊情况的其他统计量，都超出了本书讨论的范围。

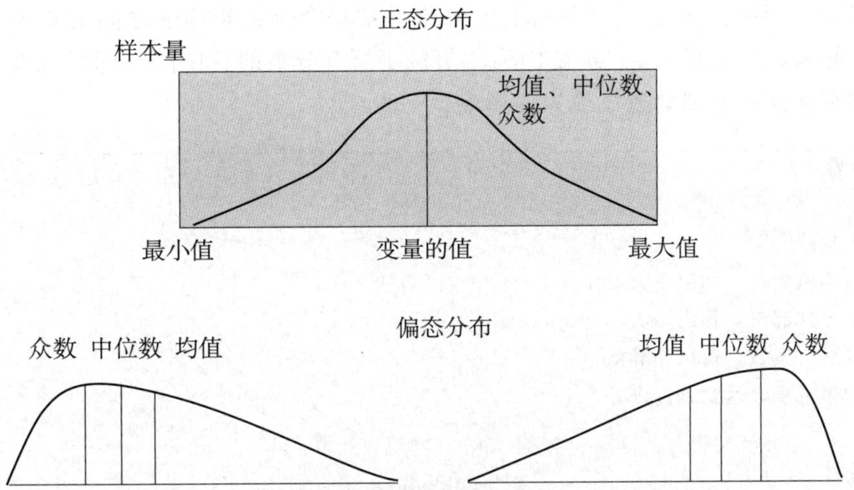

图 12.3　集中趋势的测量

（三）变异的测量

集中趋势测量是用一个数字来描述一个分布。然而，它们提供的只是分布的中心点。分布的另一种特性是它环绕着中心点向外*散布*、*离散*或*变异*的程度。两个分布可能有完全相同的集中趋势，但是各自距中心的离散程度可能完全不同。举例来说，一家酒店门前的公交车站牌边有 7 个人，他们的年龄分别是 25，26，27，30，33，34，35。他们的中位数与均值都是 30 岁。在一家冰激凌店前的公交车站牌边也有 7 个人，他们的年龄则是 5，10，20，30，40，50，55，这 7 个人年龄的中位数与均值和前面的 7 个人完全相同。但是冰激凌店前 7 个人的年龄分布从中心向外扩散的程度更高，或者说这个分布有比较大的变异。

*变异*有重要的社会意义。例如，在城市 X，家庭年收入的中位数与均值是每年 37 600 美元，变异为 0。*零变异*是指每个家庭的年收入完全等于 37 600 美元。城市 Y 的家庭年收入也有相同的中位数与均值，但是有 96%的家庭年收入是 14 000 元，4%的家庭年收入是 350 000 元。城市 X 有完全相等的家庭年收入，城市 Y 的家庭年收入则有很大的不同。研究者如果不知道这两个城市家庭年收入的变异程度，可能就会漏掉很重要的信息。

研究者有三种方法测量变异量：**全距（range）**、百分位数，以及标准差。全距是最简单的，包括最大的与最小的分数。例如，酒店前公交车站牌边人群的年龄全距是从 25 岁到 35 岁，即是 35－25＝10（岁）。如果 35 岁的人上了车，另外来了一位 60 岁的人，那么全距就变成 60－25＝35（岁）。全距有其限 391
制，因为它只告诉我们极端的高值和低值。例如，下面两个六人团体的年龄全距都是 35 岁：30，30，30，30，30，65 与 20，45，46，48，50，55。

百分位数（percentile）告知在分布中某个特定位置上的分数值。你已经学过的一个百分位数是中位数，即第 50 个百分位数。有时候第 25 个与第 75 个百分位数，或第 10 个与第 90 个百分位数也会被用来描述一个分布。例如，第 25 个百分位数是指在一个分布中有 25%的分数不是等于该值就是小于该值。计算百分位数的过程和计算中位数的方法是一样的。如果有 100 个人，想要找出第 25 个百分位数，你就需要先把分数排列出来（即用变量的数值来测量），然后从下往上数，算到第 25 位为止。如果总数不是 100，你只要把分布调整成百分比就可以了。

标准差（standard deviation）是最难计算的离散量数，但是它也是最有意义与最常用的量数。全距与百分位数适用于定序、定距和定比资料，而标准差只能用于定距或定比资料。计算标准差要利用到均值，也就是计算所有分数与均值的“平均距离”。如果个案数目多于 10 个，一般人就很少会动手计算标准差，因为计算机与计算器几秒钟就可以完成这项任务了。

让我们看看图12.4所列的标准差计算过程。如果你把每个分数和均值之间的差异（也就是把每个分数都减去均值）加起来，你将得到0。这是因为均值位于所有分数的正中间。同时也要注意，与均值差别最大的分数对平方和与标准差都会造成最大的影响。

计算标准差的步骤：

1. 计算均值。
2. 每个分数减去均值。
3. 把每个分数与均值的差，加以平方。
4. 把这些差的平方加起来，得出平方和。
5. 把平方和除以总个案数，得出变异数。
6. 求出变异数的平方根，这就是标准差。

计算标准差的实例

（8位被访者，变量＝受教育的年数）

分数	分数－均值	（分数－均值）的平方
15	15－12.5＝2.5	6.25
12	12－12.5＝－0.5	0.25
12	12－12.5＝－0.5	0.25
10	10－12.5＝－2.5	6.25
16	16－12.5＝3.5	12.25
18	18－12.5＝5.5	30.25
8	8－12.5＝－4.5	20.25
9	9－12.5＝－3.5	12.25

均值＝15＋12＋12＋10＋16＋18＋8＋9＝100，100/8＝12.5

平方和＝6.25＋0.25＋0.25＋6.25＋12.25＋30.25＋20.25＋12.25＝88

变异数＝平方和/总个案数＝88/8＝11

标准差＝变异数的平方根＝$\sqrt{11}$＝3.317年

下面是标准差的公式符号：

符号：

X＝个案分数　　Σ＝希腊文的总和符号，把所有分数加总

$\bar{X}$＝均值　　N＝总个案数

公式*：

$$标准差=\sqrt{\frac{\sum(X-\bar{X})^2}{N-1}}$$

图12.4　标准差

注：*公式中出现的些微的差异，是依据研究者用的是总体的资料，还是样本的资料或总体的估计值。

标准差本身的用处有限，主要是用于比较。例如，A班学生家长受教育年数的标准差是3.317年，B班是0.812年，C班则是6.239年。这些标准差可以告诉研究者B班学生家长有非常近似的受教育年数，但是C班学生家长在受教育年数上则有很大的差异。事实上，在B班中，一位“普通”学生家长的受教育年数只多于或少于该班所有家长受教育年数的均值不到1年，因此这班同学家长的同质性非常高。然而在C班中，一位“普通”学生家长的受教育年数都多于或少于均值6年以上，因此这班同学的家长有比较高的异质性。

我们使用标准差与均值来创造**Z分数（Z-score）**。Z分数使你可以比较两个或两个以上的分布或团体。Z

分数又称为*标准分数*，它以与均值相差几个标准差的数目来表示在频数分布上的各个点或各个分数。分数表示的是它们在分布中的相对位置，而不是绝对的数值（见拓展方框 12.1：计算 Z 分数）。Z 分数能告诉我们很多信息。举例来说，A 厂的销售经理凯蒂每年赚 70 000 美元，而 B 厂的迈克则赚 60 000 美元。虽然他们两人在绝对薪资上有差距，但是在每家工厂中，相对于其他员工的水准，他们的薪资则是相同的。凯蒂的薪资比她所在的工厂中其他三分之二的员工多，而迈克的薪资也比他所在的工厂中其他三分之二的员工多。

下面介绍如何使用 Z 分数的另一个例子。汉斯与海迪是一对双胞胎兄妹，但是汉斯比海迪矮。和其他同年龄的女孩相比，海迪的身高等于均值；所以她的 Z 分数为 0。同样，汉斯有的也是同年龄男孩的平均身高。因此，在这两个比较团体中，这对双胞胎有相同的 Z 分数，这就是说他们有相同的相对身高。

根据均值与标准差，很容易就可计算出 Z 分数。例如，有位雇主对来自国王学院与皇后学院的学生进行访问。她获知这两所学院很类似，而且采用的评分等级都是 4.0 量表。然而，国王学院学生各科成绩的平均积分点是 2.62，标准差为 0.50；而皇后学院学生各科成绩的平均积分点是 3.24，标准差为 0.40。 392
因此雇主就怀疑皇后学院的成绩判定比较宽松。从国王学院毕业的苏泽特的平均积分点是 3.62，而从皇后学院毕业的乔治的平均积分点是 3.64。两位学生都学习同样的课程，因此雇主就想根据两所学院的实际成绩分布来调整两位学生的成绩（即算出标准分数）。他先分别把两位学生的成绩减去均值，再除以标准差来算出 Z 分数。苏泽特的 Z 分数是 3.62－2.62＝1.00，1.00/0.50＝2；乔治的 Z 分数是 3.64－3.24＝
0.40，0.40/0.40＝1。因此，这位雇主得到苏泽特的成绩比国王学院的平均成绩高两个标准差，而乔治 393
的成绩则只比皇后学院的平均分数高一个标准差。虽然苏泽特的绝对积分点比乔治低，但是相对于他们自己学院的学生，苏泽特的成绩则要比乔治高。

拓展方框 12.1

计算 Z 分数

我个人并不喜欢 Z 分数的公式，该公式为：

Z 分数＝（分数—均值）/标准差，或用符号表示：

$$Z=\frac{X-\overline{X}}{\delta}$$

其中 X＝分数，$\overline{X}$＝均值，δ＝标准差

我通常利用简单的概念图来帮我完成这项计算，而这个概念图同样会显示 Z 分数的功能。试想一份学童年龄的资料，均值为 7 岁，标准差为 2 岁。我该如何计算一位 5 岁儿童米高（Miguel）的 Z 分数呢？或是如果我知道亚修达的 Z 分数为＋2，而我想知道她的实际年龄，那我该怎么做呢？我先在＋3 与－3 之间画出一条线，以 0 为中点。我把均值放在中点 0 的地方，因为 0 的 Z 分数为均值，并且 Z 分数测量的是离均值远或近的距离。超过 3 我就不画了，因为从目测可知大多数的情况下，所有的个案都会落在距离均值三个标准差之内。

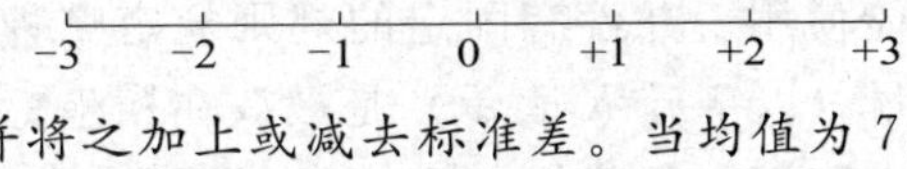

现在，我标示出均值的值，并将之加上或减去标准差。当均值为 7，标准差为 2 岁时，多于均值（＋1）的标准差的值为 7＋2，或说 9 岁。就一个值为－2 的 Z 分数而言，我记为 3 岁。这是因为它等于比均值 7 岁小两个标准差，每个标准差等于两岁（共 4 岁）。我的图现在看起来像这样：

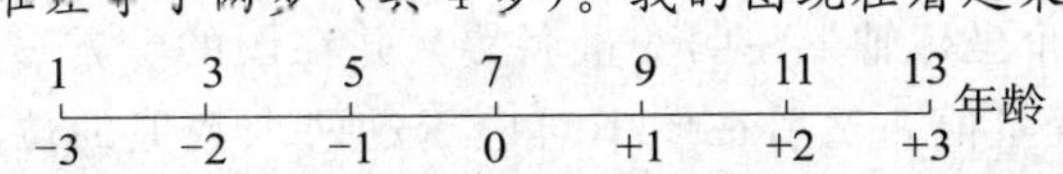

现在很容易看出来五岁的米高有个－1 的标准差，而亚修达的 Z 分数是＋2，相当于 11 岁。我可以从 Z 分数读出年龄，也可以从年龄读出 Z 分数。至于分数，像是－1.5 的 Z 分数，我只要应用相同的原理把它转化为年龄，就得到 4 岁。同样，年龄为 12 岁的 Z 分数为 2.5。

三、双变量的结果

（一）双变量的关系

单变量统计（univariate statistics）只单独描述一个变量。**双变量统计（bivariate statistics）**要有价值得多。它可以使我们同时考虑两个变量，并且描述这两个变量间的关系。即使是简单的假设都需要两个变量。双变量统计分析告诉我们变量间的**统计关系（statistical relationship）**——这是指同时出现的事物。例如，河水污染与饮用河水的人染病的事实之间就存在着一种关系。这是一种两变量间的统计关系：河水污染与饮水人群的健康。

统计关系建立在两个概念——协变与独立——之上。**协变（covariation）**是指事情一起发生或有所关联。*协变*意指一起发生变化，在某个变量上有某个特定值的个案，在另一个变量上很可能也有某个特定值。例如，在收入变量上有较高值的人，很可能在生活期望的变量上也会有较高的值。同样，收入较低的人生活期望也低。

394 通常是以比较简短的方式来描述这个现象——收入与生活期望相关，或者说收入与生活期望协变。我们也可以说，了解一个人的收入就可以告诉我们这个人可能的生活期望，或者说生活期望是依据收入而定。

统计独立（statistical independence）与协变相反，它意味着变量间没有关联或没有关系。如果两个变量是独立的，在某个变量上有某个特定值的个案，在另一个变量上并不会有任何特定值。例如，丽塔想要知道兄弟姊妹的数目是否和生活期望关联。如果这两个变量是独立的，则有较多兄弟姊妹的人将会和独生子女有同样的生活期望。换句话说，知道一个人的兄弟姊妹数目并不能使丽塔了解那一个人的生活期望。

大部分研究者是以因果关系或期望协变的方式来陈述假设的。如果他们使用零假设，这是假设变量间的关系是独立的。它用在正式的假设检验上，并且常见诸推论统计（将于下一部分讨论）。

研究者使用几种技术来决定两个变量之间是否存在关系。三种基本技术是散点图或曲线图、关系图，百分比表，关联测量或用单独一个数字来表示协变量的统计测量（例如，相关系数）。参见图表12.1的图形资料。

（二）散点图

***散点图的定义*。散点图（scattergram）**是你将每一个个案或观察值描绘出来后，所得到的图形，其中两个坐标轴代表的都是变量的值，用于以定距或定比资料来测量的变量，很少用于定序变量，而且只要有任何一个变量为定类变量，就不能使用。并没有固定的规则规定哪种变量（自变量或因变量）要位于横坐标或纵坐标上，但是通常自变量（以字母 X 表示）是被放在横坐标上，因变量（以字母 Y 表示）则被放在纵坐标上。每个坐标轴的最小值都在左下角，最大值的位置则在上方或右方。

制作散点图。从两个变量的全距开始，画出标示各变量数值的坐标轴，再在坐标轴上写上数值（用方格纸写会比较好）。然后在两个坐标轴上注明变量名称，并在图的上方写上标题。你现在已经准备好资料了吧。找出每个个案的两个变量值，然后在图中对应于这两个数值的位置上画出记号。例如，你要制作一个关于受教育年数与子女数的散点图。你先看第一个个案的受教育年数（例如，12年）与子女数（例如，3个）。然后就在图上找出“受教育年数”变量的值为12与“子女数”变量的值为3的交点，最后在这个地方画上一点来代表这个个案资料。对每个个案都进行如上操作，直到所有点都被画到散点图上。

图表 12.1　精确绘制图形

图 A 的模式显示剧烈的变迁，1990 年剧烈下跌后紧接着快速地复苏而不稳定。图 B 的模式要稳定得多，1989 年到 1990 年平稳下跌，其他年份的情况基本持平。这两张图都源于同一份资料——1985 年至 2002 年美国企业破产率。*X* 轴（底边）是相同的年份单位。图 A 中 *Y* 轴的量值是从 60 到 160，而图 B 中 *Y* 轴的量值是 0 到 400。图 A 的模式看起来变动比较剧烈，只是因为 *Y* 轴量值的关系。阅读图表时，应当留意查对度量单位。有些人刻意选择某个度量单位，以缩小或强调资料中信息的模式。

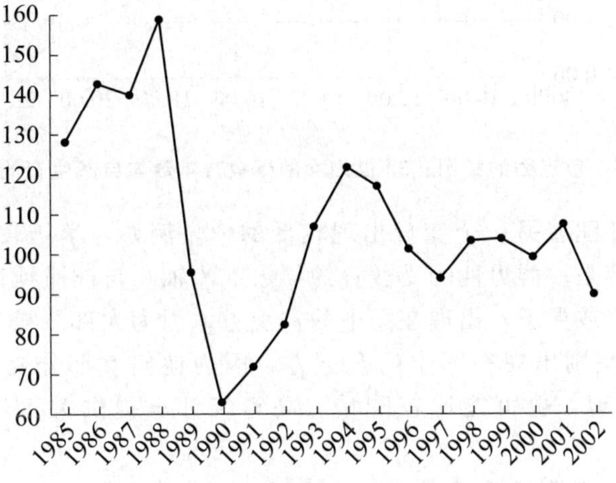

图A

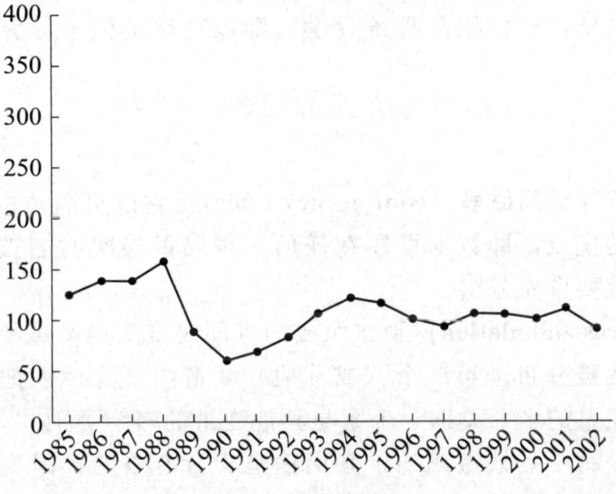

图B

图 12.5 的散点图是根据 33 位妇女的资料所画出的图形。它显示妇女受教育的年数与她生育的子女数之间呈现负向关系。

研究者从散点图中可以看到双变量关系的三个层面：形式、方向和精确度。

1. *形式*。变量关系有三种形式：独立、直线和曲线。独立或说没有关系是最容易辨识的。看起来就像没有任何模式的随机散布，或者是完全平行于横坐标或纵坐标的一条线。**线性关系（linear relationship）**是指可以从个案的迷阵中，看出一条从某个角落伸展至另一个角落的直线。**曲线关系（curvilinear relationship）**是指个案的迷阵中央会形成像是 U 形、倒 U 形或 S 形的曲线。 395 396

2. *方向*。线性关系可以是正向或负向的。正向关系的图形大致上是从左下角往右上角延伸的对角线，较高的 *X* 值倾向于与较高的 *Y* 值一起发生；反之，较低的 *X* 值与较低的 *Y* 值一起出现。收入与生活期望的例子描述的就是正向的线性关系。负向关系的图形大致上是从左上角往右下角延伸的直线。这意味着

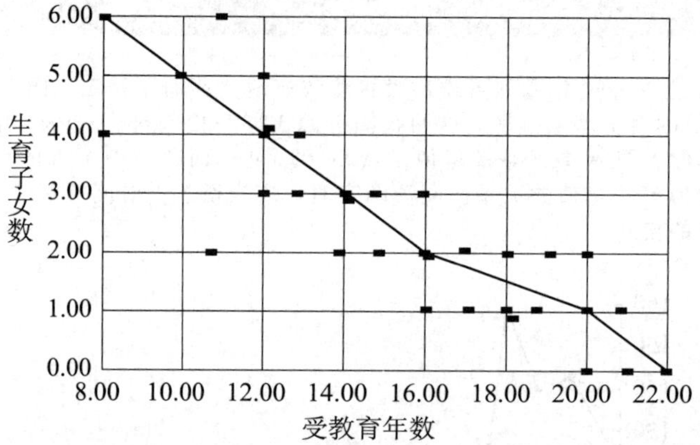

图 12.5 散点图的实例：33 位妇女的受教育年数与自然生育的小孩数

一个变量出现较高的值，会伴随着另一个变量出现较低的值。例如，学历较高的人更不可能被捕。如果我们拿到一张散点图，其内容是一群男性的受教育的年数（*X* 轴）与被捕频数（*Y* 轴）的资料，就会看到大部分被捕频数较多的个案（或男子）出现在图中的左上方，因为大部分被捕的人受教育的年数比较少；而大部分被捕频数较少的个案则出现在图中的右下方，因为他们大部分受教育的年数比较多。对于这个关系的假想线可能比较平坦，也可能比较陡峭。高等统计学提供关于这条直线斜率精确数值的测量法。

3. *精确程度*。双变量的关系因精确程度不同而不同。精确程度是图形上各点的散布程度。高精确度发生在各点位于描述变量关系的直线附近，而低精确度则发生在各点广泛分布于这条直线的两侧。我们用目测就可以看出精确度的高低，或使用高等统计学，即以一种类似于计算单变量标准差的方式来测量变量关系的精确度。

（三）双变量表

我们在很多情景中使用双变量**列联表（contingency table）**。它以更简洁的形式表示与散点图相同的信
397 息。它有一个散点图所不及的优点，即数据可以在任何一种测量层次的上被测量，但是如果是有许多不同的值的定距与定比数据，就要事先分组。

这个表是根据**交叉表（cross-tabulation）**制作而成的（同时交叉两个或更多变量）。它是“列联”的，因为变量中每一类别中的个案被分布进第二个（或其他）变量中。这种表把所有变量同时分布在多个变量的类别中，表示通过一个变量的多个类别，个案与其他变量的多个类别“列联起来”。

制作百分比表。列联表是由个案数组成的，其用途是十分有限的，因为从案例数看出关系模式是很困难的。通过“标准化”数据，或者是将它们转化为百分比，我们能清楚看到变量间的关系模式，即使案例数的变异很大。制作一个百分比表并不难，但是要使它看起来具有专业性，则需要一些方法。我们先回顾一下亲手制作一个表所需经过的步骤，因为计算机制表也是应用相同的原则。我们先从原始资料入手（见实例方框 12.2：原始资料与频数分布）。

如果你手动制作频数分布表，你可能会觉得原始数据和表之间的一个中间步骤是很有用的［即建立一个混合频数分布表（compound frequency distribution，CFD）］。这个表类似于频数分布，只是它是两变量各个值的配对组合。例如研究者想要查看年龄与法定饮酒年龄态度间的关系。年龄是一种定比量数，因此必须先把它分组，以使定比变量能被当成定序变量来处理。定比或定距数据在百分比表中，必须被转换为定序层次，否则一个变量可能会有 50 个类型，这样的表根本无法阅读。

混合频数分布表有每一种类别的组合。年龄有 4 种类别，态度有 3 种类别，因此就有 3×4＝12 格。建立混合频数分布表的步骤如下：

1. 确定所有变量类别的可能组合。

2. 将符合各组合类别的个案数记在该格之内。

3. 计算各组合类别的个案数目。

如果没有缺失资料的问题，那么就把各类别内的个数（例如，所有“同意”的个数或所有“61 岁以上”的个数）加起来。在实例中，缺失资料构成一个问题。合成频数分布表中的 4 个“同意”类别加起来为 37（20＋10＋4＋3），而不是单变量频数分布时的 38，这是因为 38 个个案中有一个漏掉了年龄的资料。

下一个步骤是建立表格的各个部分，标明列与行的名称（见图 12.6）。自变量通常放在行中，但也不一定要遵守这个习惯。然后将混合频数分布表中的每个数字填入表中相对应于变量类别的方格内。例如，在混合频数分布表中显示小于 30 岁而且回答同意者为 20（最上面的数字），图 12.6 相对应的方格内也填入一样的数字（左上方格）。

图 12.6 是原始计数或频数表。每个方格内的是个案的数目。这很容易制作，但是要解释原始计数表却很困难，因为各列或各行有不同的总计值，而真正有意义的是，与其他方格比较之后，每个方格的相对大小。

原始计数表可以通过三种方式转换为百分比表：按行、按列和按总数。前两种常被用来表示关系。按总数求得百分比几乎从未被使用过，也不易揭示关系。

是按行还是按列求得百分比会更好呢？每一种都很适当。让我们先来看看把一个表百分比化的机制。计算各列的百分比时，先算出每个方格相对于列总和的百分比，这也包括列变量的总和与列变量的**边缘** 398

实例方框 12.2 原始资料与频数分布

原始资料实例

个案	年龄	性别	受教育年数	态度	所属政党
01	21	女	14	1	民主党
02	36	男	8	1	共和党
03	77	女	12	2	共和党
04	41	女	20	2	独立党
05	29	男	22	3	民主社会党
06	45	女	12	3	民主党
07	19	男	13	2	缺失资料
08	64	男	12	3	民主党
09	53	女	10	3	民主党
10	44	男	21	1	保守党

（态度分数，1＝同意，2＝没意见，3＝不同意）

两个频数分布：年龄群与对改变饮酒年龄的态度

年龄群	个案数	态度	个案数
30 岁以下	26		
30～45 岁	30	同意	38
46～60 岁	35	没意见	26
61 岁以上	15	不同意	40
缺失资料	3	缺失资料	5
总计	109	总计	109

混合频数分布表：年龄群与对改变饮酒年龄的态度

年龄群	态度	个案数
30岁以下	同意	20
30岁以下	没意见	3
30岁以下	不同意	3
30～45岁	同意	10
30～45岁	没意见	10
30～45岁	不同意	5
46～60岁	同意	4
46～60岁	没意见	10
46～60岁	不同意	21
61岁以上	同意	3
61岁以上	没意见	2
61岁以上	不同意	10
小计		101
任一变量的缺失资料		8
总计		109

399 格（**marginal**）。例如表12.1中，第一列的总和是26（在30岁以下的有26人），而该列第一个方格是20（在30岁以下且同意者有20人）。所以百分比就是20/26＝0.769＝76.9%，或者列边缘格的第一个数值是37/101＝0.366＝36.6%。按行或列进行百分比计算可以得到不同的单元格百分比，除非边缘格相同。

原始计数表（a）

态度（b）	年龄组（b）				总计（c）
	30岁以下	31～45岁	46～60岁	61岁以上	
同意	20	10	4	3	37
没意见	3（d）	10	10	2	25
不同意	3	5	21	10	39
总计（c）	26	25	35	15	101

缺失资料（f）＝8　　（e）

表格的构成部分

（a）给每个表格一个表名，以变量的名称命名，提供背景信息。

（b）标示行与列变量的名称，写上变量每个类别的名称。

（c）列入行与列的总计。这些为边缘格总和，等于该变量的单变量频数分布。

（d）每个数字或位置，相对应于每个变量值的交会点，称为方格。

（e）变量类别内个数以及总计数值共称为表格的主体。

（f）如果有缺失资料（被访者拒绝回答、提前结束访问或是说“不知道”等的个案），在表格附近列上缺失个案的个数，说明原来的个数总值。

图12.6　不同年龄群对改变饮酒年龄的看法，原始计数表

计算各列百分比的方式也是一样的。计算每个方格的数值为列总和的百分比。例如，同样用数值为20的方格，我们现在想要知道它对列总数37的百分比，那么应该是20/37＝0.541＝54.1%。对同一个方格而言，按行或按列计算出来的百分比并不会一样，除非列边缘格的数值相等。

行与列的百分比使研究者可以讨论不同的问题。行百分比表回答了这个问题：在那些想要降低饮酒年龄的人中，各个年龄段的比例是多少？在“同意”的被访者中，有54.1%来自年龄在30岁以下的群体。列百分比表解决了这个问题：在每个年龄群中，不同态度的人各占多少百分比？

由前面资料可知，在30岁以下的那一组中，有76.9%是持同意的态度。从行百分比表中，你了解到在同意的人当中有略多于半数的人年龄是在30岁以下。从列百分比表中，你了解到在30岁以下的人当中，超过75%的人是持同意态度的。第一种把表格百分比化的方式，告诉我们具有某种态度的人的资料；第二种把表格百分比化的方式，则告诉我们某个特定年龄群的资料，并让你能够进行对比。 400

表 12.1　不同年龄群对改变饮酒年龄的看法，百分比表

列百分比表

	年龄组				
态度	30 岁以下	30～45 岁	46～60 岁	61 岁以上	总计
同意	76.9%	40.0%	11.4%	20.0%	36.6%
没意见	11.5%	40.0%	28.6%	13.3%	24.8%
不同意	11.5%	20.0%	60.0%	66.7%	38.6%
总计	99.9%	100%	100%	100%	100%
（总个数）	（26）*	（25）*	（35）*	（15）*	（101）*

缺失个案数＝8

行百分比表

	年龄组					
态度	30 岁以下	30～45 岁	46～60 岁	61 岁以上	总计	总个数
同意	54.1%	27.0%	10.8%	8.1%	100.0%	（37）*
没意见	12.0%	40.0%	40.0%	8.0%	100.0%	（25）*
不同意	7.7%	12.8%	53.8%	25.6%	99.9%	（39）*
总计	25.7%	24.8%	34.7%	14.9%	100.1%	（101）*

缺失个案数＝8

注：*对百分比表来说，必须提供个案总数，百分比就是根据括弧内的个案总数计算的，总和约100%。这样才能从百分比表转换成原始计数表，然后再转换回来。

你的假设可能暗示需要查看行或列的百分比。开始时，计算每一种百分比，并且练习解释或指出每个表的含义。举例来说，你的假设是一个人的年龄影响其对法定饮酒年龄的态度，那么感兴趣的是，最支持或最不支持的人的年龄。这建议你关注列百分比，因为你想比较的是不同年龄人群的态度。然而如果你的兴趣在于描述不同态度的人的年龄组成，那么行百分比就比较合适。如蔡塞尔（Zeisel，1985：34）曾经指出，只要交叉表中的任何一个因素能够被视为另一个因素的原因，如果又是根据那个原因因素的方向计算各格的百分比，那么百分比将最具有说明性。所以，如果年龄是原因变量，那么就要按行创建百分比表。

401 不幸的是，在百分比表中，如何按行或列记录自变量和因变量，如何记录百分比并没有统一标准。大多数研究者按列记录自变量以及百分比，但也有不少人按行记录自变量以及百分比。

阅读百分比表。一旦你了解表是如何制作的，阅读与弄懂它的意义就会是件非常容易的事了。阅读一个百分比表，首先要看清它的标题、变量名称，以及任何背景信息。接下来要查看百分表计算的方向：按行还是按列。注意表12.1的百分比表都有相同的标题，这是因为它使用的是相同的变量。注意标题中的资料是如何被计算成百分比的将会很有帮助，只是很少会有这方面的说明。有时候研究者呈现的是更为简化的表，省略掉100%的总和值或边缘格值，这会增加阅读难度。最好包括表的所有部分，并且清楚地列出方格的名称。

研究者研读百分比表，以便进行比较。比较的方向与百分比计算的方向相反。这听起来让人疑惑，但实践起来却简单。一种经验法则是：如果表是向下求得百分比的（即按列计算的），就跨行比较；如果表是横向求得百分比的（即按行计算的），就比较列的差异。

例如，表12.1按行计算百分比的部分，就进行各列或年龄群的比较。同意的人中大部分属于年轻群体，而且百分比随着年龄的增加而减少。大部分没有意见的人是中年龄层的人，而不同意的人则出现在岁数较大的年龄层中，特别是46～60岁的群体。当阅读表12.1按列计算百分比的部分时，要做跨行比较。例如，年龄最小的群体大部分持同意的态度，而且他们是唯一同意态度占大部分的团体。相较于另外两个年龄最大的团体，这个年龄群的不同意百分比只有11.5%。

看穿百分比表中的关系需要实践。如果表中没有任何关系，各行或各列方格中的百分比看起来会相当接近。当有线性关系存在时，对角线上会有比较大的百分比。如果有曲线关系，最大百分比值会在各方格中显示出一种图形。例如，有最大值的方格可能在右上角、下方中央和左上角。中等大小的表（即有9个到16个方格）中，大部分的方格有一些个案（至少要有5个个案），而且关系很明显精确时，是最容易看出关系的。

阅读散点图的原则可以帮助你看出百分比表中的关系。想象有个被分成12个大小相等区域的散点图。每一个区域内个案数对应于覆盖在散点图上表格中方格内的个案数。这个表相当于散点图的浓缩简化形式。散点图中双变量关系线对应于百分比表中对角线上的方格。因此，查看显著关系的简单方法就是圈出每一列中最大百分比的方格（对按列计算百分比的表而言）或每一栏中最大百分比值的方格（对按行计算百分比的表而言），然后再看看是否有直线出现。

挑出最大百分比方格的法则很有效——但是有一项重要的警告。在百分比表中的类别必须是定序或定距的，并且要和散点图中的定序一样。在散点图中，变量类别的最小值开始于左下方。如果表中类别的定序不一样，这个法则就没有用了。

举例来说，表12.2A看起来像是有正向关系，表12.2B看起来像是有负向关系。这两个表使用的都是相同的资料，也都是按行来计算百分比的。真正的关系是负向的。再仔细地看一遍：只有表12.2B年龄类别的顺序才和散点图一样。如果还有疑问，回想一下正向关系与负向关系的基本差异。正向关系是指当一个变量增加时，另一个变量也跟着增加。负向关系是指当一个变量增加时，另一个变量则会减少。

没有百分比的双变量表。研究者可以利用集中趋势测量值（通常是均值），把资料浓缩精简成另一种类型的双变量表。用在其中有一个变量是定类或定序变量，而另一个变量则以定距或定比层次加以测量的情况中。在定类或定序变量的每个类别中列出定距或定比变量的均值（或类似的量数）。这种类型的表
402 不是利用合成频数分布表来制作的，相反，所有个案要先分为定序或定类变量，然后在每个变量的类别中，根据原始资料计算出所有个案的均值。表12.3显示在每个态度类别中被访者的平均年龄。结果指出不同意的被访者的平均年龄要比同意或没有意见的那些被访者的平均年龄大得多。

表 12.2A　各年龄层接受学校教育的人数百分比

年龄	接受学校教育的年数 0～11	12	13～14	16＋	总计
30 岁以下	5％	25％	30％	40％	100％
30～45 岁	15％	25％	40％	20％	100％
46～60 岁	35％	45％	12％	8％	100％
61 岁以上	45％	35％	15％	5％	100％

表 12.2B　各年龄层接受学校教育的人数百分比

年龄	接受学校教育的年数 0～11	12	13～14	16＋	总计
61 岁以上	45％	35％	15％	5％	100％
46～60 岁	35％	45％	12％	8％	100％
30～45 岁	15％	25％	40％	20％	100％
30 岁以下	5％	25％	30％	40％	100％

（四）关联测量

*关联测量值*描述一个关系的强度，更常见的是描述方向的单一数字。它把一个双变量关系的信息浓缩简化成单独的一个数字。关联的测量值有很多种。哪种正确则视数据的测量层次和特定的研究目标而定。许多测量值是用希腊字母来命名的，α、λ、γ、τ、χ^2 和 ρ 是最常使用的关联测量值。这里要强调的是对它们的诠释，而不是计算过程。要了解每一个测量值，你需要完成一门初级统计的课程。一些测量值，就像“伽马”（Gamma），适用于定序测量层次（见拓展方框 12.2：伽马）。其他的测量值，就像相关系数，假定数据是定距层次的（见拓展方框 12.3：相关）。

表 12.3　关于改变饮酒年龄的态度，被访者按年龄均值划分

对饮酒年龄的态度	年龄均值	个数
同意	26.2	(37)
没意见	44.5	(25)
不同意	61.9	(39)
缺失个案数＝8		

这里所讨论的大部分基础测量值遵循的是**消减误差比例（proportionate reduction in error，PRE）**的逻辑。这个逻辑问的问题是：对某个变量的知识会在多大程度上降低在猜测第二个变量时所造成的误差？*独立*是指对一个变量的知识并不会降低在另一个变量上的误差机会。如果变量间是独立的，则测量关联的量值会等于 0。

如果因变量与自变量之间存在强烈的关联或关系，那么根据第一个变量的知识来预测第二个变量时，只会出现很少的误差，或者说降低误差的比例会很大。猜测正确的频数多到数不胜数，意味着如果变量间有关联存在的话，关联的测量值会是个非零的数值。表 12.4 描述了 5 种常用的测量双变量关联的量值。注意，大部分的值是介于－1 到＋1 之间的，负数是指负向关系，正数是指正向关系。测量结果为 1.0 的意义是误差降低程度为 100％，也就是说完美的预测。

403 **拓展方框 12.2**

伽马

伽马是一种比较简单的用于测量两个定序变量之间关系强度的一种统计方法。这种双变量测量要求你说明在假设中哪个变量是自变量以及哪个变量是因变量。它阐明了其他关联度量的基本逻辑。

伽马要求你依据对另一个变量等级的认识来预测一个变量的等级。本质上，它回答了这个问题：如果你知道变量1的等级情况，你对变量2的预测会怎么样呢？举例来说，如果你知道我在数学这一科目的字母评分等级，你预测到我在文学上的等级会有多准确呢？依据等级是否一样（正的）或相反情况（负的），最好的预测或最大可能伽马是1或－1。两个变量完全的统计独立表示伽马数为0。计算伽马的公式在于使用交叉制表中主要部分的单元格上的数据。

让我们看一个使用2008年美国综合社会调查（GSS）真实数据的简单例子。共计有672个人被问到他们的快乐和健康状况。许多关注健康的教授们和社会科学家们提出情感上的快乐与更健康关联，因此我们检验快乐的人会更健康这一假设。

通过观察原始计数表或者频数表，我们可以从边缘格数据看到，大多数人都很快乐，更多的人表示他们身体健康。

	结合所有的事，你怎样评价最近的日子？			
你如何表达你的日常健康状况	非常快乐	相当快乐	不是很快乐	总计
非常好	63A	100D	19G	182
好	93B	190E	53H	336
不好	27C	77F	50I	154
共计	183	327	122	672

伽马是基于"配对观察"的理念（即，根据自变量和因变量相对排序进行观测值比较）。同序的（相同顺序）配对观察呈正关联，即，当该对的成员在自变量上排名较高时，因变量的排名也较高。异序的（相反顺序）配对的资料显示负关联。在自变量上排名较高的配对成员，在因变量上排名较低。

γ 公式：

$\gamma = [(P-Q)/(P+Q)]$

式中，P＝同序对，Q＝异序对。

伽马（γ）的范围从－1.0到0再到＋1.0，它是按比例减少误差统计的。如果 $\gamma=0$ 意味着从不关联变量中提供的多余信息是不能帮助预测的。γ 的数值越高，则越有实力来预测因变量。γ 可正可负，给出了变量之间的关联方向。当同序对数更多时，γ 将是正的，若存在更多异序对数，γ 将会是负的。

γ 比较自变量和因变量同序的单元格（即，相同的排名）与那些异序的单元格（即，相反的排名），忽略关联的单元格（即，单元格在自变量和因变量上排名相同）。显示在左侧的表有九个单元格。首先，让我们确定所有的"同序"对单元格（每个单元格都有一个字母）。

左上角单元格A和单元格F是同序的。因为他们是沿对角线从左上到右下，这在假设中被预测（即，非常快乐的人都很健康，非常快乐造就良好健康，等等）。其他同序对E：I，B：F和D：H出于同样的原因。在相反的方向是异序对的中心，G：E，E：C，D：B以及H：F。我们把每对的案例数相乘。公式中，同序对数为（A＊（E＋F＋H＋I））＋（D＊（H＋I））＋（B＊（F＋I））＋（E＊I），而异序对数为（G＊（B＋E＋C＋F））＋（D＊（B＋C））＋（H＊（C＋F））＋（E＊C）。用案例中的每个单元格中的
404 数字代替，这就变成了（63＊（190＋77＋53＋50））＋（100＊（53＋50））＋（93＊（77＋50））＋（190＊50）＝23 310＋10 300＋11 811＋95 00＝54 921对同序对。同样有（19＊（93＋190＋27＋77））＋

(100 *（93+27)) +（53 *（77+27)) +（190 * 27）=7 353+12 000+5 512+5 130=29 995 对异序对。把这个放进公式中，(54 921−29 995) /（54 921+29 995）=0.293 5。计算机通常会为我们做这些计算。γ 为 0.293 5 表明弱的正向关联或者说健康和快乐在某种程度上变化趋势是一样的。

理解 γ（+表明正向关系，−表明负向关系）：

γ	意义
0.00 到 0.24	没有关系
0.25 到 0.49	弱关系（正或者负）
0.50 到 0.74	中等关系（正或者负）
0.75 到 1.00	强关系（正或者负）

拓展方框 12.3

相关

对大多数的人来说，相关系数（rho）的公式看起来有点吓人。特别是当资料有好几位数时，手动计算可能是件非常漫长辛苦的工作。今天，我们靠计算机完成这项工作，它的速度非常快而且异常精确。依赖计算机来处理这项作业的问题是，研究者可能并不了解这个系数的意义。这里有个简短、扼要的例子，告诉你相关系数是怎么来的。

相关系数的目的是告诉我们两个变量一起发生或协变的强度。理论上，变量是定比等级的测量值（有些人使用定距层次的变量）。计算这个系数时，我们先把每个变量上的分数转化为 Z 分数。这个过程根据变量的均值与标准差而把所有的变量给“标准化”了。接下来，我们把每个个案的 Z 分数乘起来。这告诉我们变量在每个个案上协变的程度——在两个变量上都有高 Z 分数的个案会变得更大，而两个变量上 Z 分数都低的个案会变得更小。最后，我们把 Z 分数的乘积加总起来再除以总个案数。结果产生的是一种标准化的平均协变数。简言之，相关系数就是 Z 分数乘积的总和，然后除以总个案数。它的值总是介于+1.0 与−1.0 之间，把散点图上一个关系的信息简化成单独的一个数字。

让我们看看年龄与五种小瓶红酒价格之间的相关。首先，任何够勇敢以及没有数学符号恐惧症的人，可以看一看其中一个常用的相关系数计算公式：

$\sum$(Z 分数 1×Z 分数 2) /N

这里，$\sum$=总和，Z 分数 1=第一个变量的 Z 分数（见拓展方框 12.2)，Z 分数 2=第二个变量的 Z 分数，N=总个案数。

下面是如何不直接使用公式，计算相关系数的过程。

			（均值差）		平方差		Z 分数		Z 分数
酒类	年龄	价格（$）	年龄	价格（$）	年龄	价格（$）	年龄	价格（$）	乘积
A	2	10	−2	−5	4	25	−1.43	−0.70	1.00
B	3	5	−1	−10	1	100	−0.71	−1.41	1.00
C	5	20	+1	+5	1	25	0.71	+0.70	0.50
D	6	25	+2	+10	4	100	+1.43	+1.41	2.00
E	4	15	0	0	0	0	0.00	0.00	0.00
总计	20	75			10	250			4.50

均值：年龄=4；价格=15 美元　405

变异数：年龄=10/5=2；价格=250/5=50 美元

标准差：年龄=$\sqrt{2}$=1.4；价格=$\sqrt{50}$=7.1 美元

相关：4.50/5＝0.90

步骤1：计算每个变量的均值与标准差。（标准差的计算，先把每个分数减去均值，然后将所得的差加以平方，再把各个差的平方加总起来，然后除以总个数，得出变异数，然后求该变异数的平方根。）

步骤2：把变量的每个分数转化成Z分数（也就是说，把每个分数减去均值，然后除以标准差）。

步骤3：求每个个案Z分数的乘积。

步骤4：把Z分数的乘积加总起来，然后除以总个案数。

406

表12.4　五种关联测量

λ用于定类层次的资料，是建立在缩减以众数为基础的误差上，全距在0（独立）与1（完美的预测或最强的可能关系）之间。

γ用于定序层次的资料，建立在比较成对变量类别的基础之上，查看个案是否在每个类别上都有相同的顺序。γ的全距介于－1.0与＋1.0之间，0表示没有关系。

τ也是用于定序层次的资料。是根据不同于计算γ的另一种方法，处理一些可能会发生在γ计算上的问题。实际上，有数个统计值皆称为τ（是一个非常受欢迎的希腊字母），这里用的是肯德尔τ值（Kendall's tau）。肯德尔τ值的全距介于－1与＋1之间，0表示没有关系。

ρ也称为皮尔逊积差相关系数（是以著名的统计学家卡尔·皮尔逊之名命名的，它的计算是根据一种积差统计程序），是最常使用的相关测量值，也是人们使用相关这个词而没有提供进一步的说明时所用的相关系数。相关只可以用在以定距或定比层次测量的资料。ρ用在变量的均值与标准差上，说明个案离散点图上某条关系（或回归）线的距离有多远。ρ的全距为－1.0到＋1.0之间，0代表没有关联。如果把ρ平方之后，有时称为R平方，它在误差意义上有独特的比例减低量。R平方告诉你一个变量（例如，因变量）在多大程度上被另一个变量（例如，自变量）所导致。ρ只测量线性关系，它无法测量非直线或曲线关系。举例来说，ρ值为0可能是没有关系，也可能是有曲线关系（见拓展方框12.3）。

χ^2（卡方）有两种不同的用途。它可以和这里所描述的其他量数一样，作为描述统计中关联的测量值，或是用在推论统计之中。作为一个关联的测量值，卡方适用于定类与定序层次的资料中。它的值上限为无限大，下限为零，表示没有关联（见拓展方框12.3）。

关联测量值的摘要

测量值	希腊符号	资料类型	高度关联	独立关系
Lambda	λ	定类	1.0	0
Gamma	γ	定序	＋1.0，－1.0	0
Tau（肯德尔τ值）	τ	定序	＋1.0，－1.0	0
Rho	ρ	定距，定比	＋1.0，－1.0	0
chi-square	χ^2	定类，定序	无限大	0

四、多变量

（一）统计控制

显示两变量间的关联是理解数据的重要一步。但是，仅仅说自变量导致了因变量是不够的。除了时间顺序与关联之外，我们还必须排除其他可能使假设关系虚假的替代解释。实验研究者之所以能办到，是因为他选择了一种研究设计，以此来实际控制会对结果产生作用的其他潜在性替代解释（例如，威胁内部效度）。

在非实验研究中，我们可以对两个变量的替代解释进行统计上的控制（稍后讨论）。通过控制变量来测量可能的替代解释，然后再用多变量表与统计来检查控制变量，协助我们判断某个双变量关系是否为假，也能显示各个自变量对因变量影响的相对大小。

控制变量（control variable）是第三（或第四、第五）个能够为两个变量之间的关系提供替代性解释的变量。它是一种“控制”，用于调整，或者考虑除了假设中主要的自变量和因变量之外的效应。举例来说，双变量表显示身高较高的青少年比身高较矮者更喜欢棒球。但是存在于身高与对棒球态度之间的这种双变量关系可能是虚假的。为什么如此？是因为少男比少女要高以及少男本来就比少女喜欢棒球吗？要检验这项关系是否确实归功于身高，研究者必须要控制性别。通过控制性别，排除了性别在统计上的效果。一旦完成这项处理，研究者就可以看出身高与棒球态度的双变量关系是否仍然存在，或者身高与棒球态度之间的关系是否真的与性别有关。

研究者控制第三个变量的方法，也可以通过查看双变量关系是否在控制变量的各类别之中都持续存在。例如，研究者把性别控制住之后，身高与棒球态度之间的关系仍然存在，这就意味着高的男生与高的女生都比矮的男生与矮的女生更喜欢棒球。换句话说，控制变量并没有产生影响。若果真如此，这个双变量关系就不是虚假的了，控制变量（疑似的替代性解释）没有效果。

如果在你控制了性别变量之后，双变量关系减弱或消失了呢？那就意味着高的男生并没有比矮的男生更喜欢棒球，高的女生也没有比矮的女生更喜欢棒球。这表示起初假设的双变量关系是虚假的，同时也指出是第三个变量（在本例中是性别）而非身高，才是造成对棒球态度差异的真正原因。

统计控制是高等统计技术上的一个关键概念。诸如相关系数之类的关联量数只暗示有某个关系存在。 407
直到研究者把控制变量纳入考虑，否则双变量关系有可能是虚假的。研究者在诠释双变量关系时，都会特别谨慎小心，除非他们考虑了控制变量。

引进控制变量之后，研究者接着讨论自变量的**净效应（net effect）**，即“纯属”自变量的影响量，或是说除了控制变量的影响量之外的自变量影响量。我们简要介绍引入控制变量的两种方法：三变量百分比表与多元回归分析。

（二）百分比表的详析模型

制作三变量表。为了满足因果关系所要求的所有条件，研究者想要“控制”或是查看替代解释是否能够解释因果关系。如果替代性解释可以解释这个关系，那么双变量关系就是虚假的。我们将替代性解释作为第三个变量或控制变量来操作。

你可以通过在三变量或三变量表中有组织地引入控制变量来考虑这类第三变量。三变量表稍微有点不同于双变量表。在某种意义上，它们由多个双变量表组成。一个三变量表针对控制变量的每一个类别，都有一个自变量与因变量的双变量表。自变量和因变量的多个双变量表，称为**偏表（partials）**，每个表对应着一个控制变量类别。偏表的个数则取决于控制变量的类别数。偏表看起来像是双变量表，但是它们只使用一部分资料。只有具有控制变量某些特定值的个案才被放进偏表中。因此，你可以将偏表组合恢复原来的双变量表，而不需要控制变量。

三变量表有三项限制。第一，如果控制变量有四个以上的类别，那么就会很难解释。第二，控制变量可以是任何一种测量层次，但是定距或定比层次的控制变量必须先加以分组（亦即转换为定序资料）。第三，个案的总数是一个限制因素，因为个案会被分布到偏表中的方格内。在偏表中的方格数等于双变量关系的方格数与控制变量类别数的乘积。举例来说，如果控制变量有三个类别，双变量表有 12 个方格，则分表就有 3×12＝36 个方格。每个方格平均最好有 5 个个案，因此研究者至少需要 5×36＝180 个个案。

就像制作双变量表一样，三变量表也是从混合频数分布表开始，但是它不是两元而是三元的混合频数分布表。表 12.5 中有一个三变量表的例子，其中“性别”作为表 12.1 双变量关系的控制变量。

和双变量表一样，混合频数分布表中的每一个组合代表最终完成表（在这里是指偏表）中的一个方格。每个偏表都有最初双变量表中的变量。对三个变量来说，制作三个双变量表在逻辑上是可能的。以表 12.5 为例，变量的组合可能有：（1）性别与态度，（2）年龄与态度，（3）性别与年龄。偏表就是根据最初的双变量关系制作出来的。每个偏表中，自变量是“年龄层”，而因变量是“态度”，“性别”则是控制变量。这时的三变量表包括一对偏表，每个偏表中所显示的是在某一种性别下，年龄和态度的关系。

研究者的理论和对社会世界的理解指出有关最初双变量关系的假设，也告诉研究者哪些变量提供替代性解释（也就是控制变量）。

408 就像双变量表一样，混合频数分布表提供每一个方格（这指的是偏表）的原始计数。研究者再以同
409 处理双变量表一样的方式，把它们转换为百分比（亦即把方格频数除以行总数或列总数）。例如，在女性
的偏表中，左上方格中的频数为10，所以按行计算之后，这个格的百分比是10/17=58.8%。

表12.5 混合频数分布表与三变量分析表

三变量的混合频数分布表

男性			女性		
年龄	态度	个案数	年龄	态度	个案数
30岁以下	同意	10	30岁以下	同意	10
30岁以下	没意见	1	30岁以下	没意见	2
30岁以下	不同意	2	30岁以下	不同意	1
30～45岁	同意	5	30～45岁	同意	5
30～45岁	没意见	5	30～45岁	没意见	5
30～45岁	不同意	2	30～45岁	不同意	3
46～60岁	同意	2	46～60岁	同意	2
46～60岁	没意见	5	46～60岁	没意见	5
46～60岁	不同意	11	46～60岁	不同意	10
61岁及以上	同意	3	61岁及以上	同意	0
61岁及以上	没意见	0	61岁及以上	没意见	2
61岁及以上	不同意	5	61岁及以上	不同意	5
	小计	51		小计	50
任何变量上的缺失资料		4	任何变量上的缺失资料		4
男性总人数		55	女性总人数		54

偏表：男性

	年龄组				
态度	30岁以下	30～45岁	46～60岁	61岁以上	**总计**
同意	10	5	2	3	20
没意见	1	5	5	0	11
不同意	2	2	11	5	20
总计	13	12	18	8	51

缺失个案数=4

偏表：女性

	年龄组				
态度	30岁以下	30～45岁	46～60岁	61岁以上	**总计**
同意	10	5	2	0	17
没意见	2	5	5	2	14
不同意	1	3	10	5	19
总计	13	13	17	7	50

缺失个案数=4

详析范式（elaboration paradigm）是一个阅读三变量百分比表的系统。[1] 它描述引进控制变量后所显现的五个可能的模式。这些模式描述比较偏表与原始双变量表的方式，或是描述考虑控制变量后原始双变量关系改变的情况（见实例方框 12.3：详析范式摘要）。上例的结果非常明显，但是如果差异并不显著，那就需要用到更高级的统计技术了。

五个模式中，**复制模式（replication pattern）**最容易了解。这是出现在偏表复制或重现没有考虑控制变量时双变量表中的关系，这意味着控制变量没有任何影响。**标明模式（specification pattern）**是第二容易了解的模式，它发生在当一个偏表重现原始双变量关系，而另一个偏表没有重现相同的情况时。例如，你发现汽车事故与大专学位之间有强烈的（负向）双变量关系。然后在你控制性别后，却发现这种关系只存在于男生身上（即男生的偏表显示出强烈的负向关系，但是女生的偏表则没有这项关系）。我们称之为*标明模式*，因为研究者可以指出原始关系存在的控制变量类别。

控制变量对阐明模式和辨明模式有相当大的影响。在这两种模式中，双变量表会显示出偏表中看不到或非常微弱的关系。换句话说，你在双变量关系中观察到了自变量与因变量的关系，但是这种关系消失了，而变量在偏表中似乎是独立的。单单看表，是无法区分这两种模式的。它们的差异依据的是控制变量在变量的因果顺序中所在的位置。就理论上来说，控制变量可能出现的两个位置，一个是在原先的自变量与因变量之间（也就是说，控制变量形成干预），另一个是在原先的自变量之前。

阐明模式（interpretation pattern）描述的情况是控制变量介入原先的自变量与因变量之间的关系。例如，你检查宗教出身与堕胎态度之间的关系。政治意识类型为控制变量。你推论宗教出身会影响到当下的政治意识类型与堕胎态度。你提出的理论说，对某个特殊议题（比如堕胎）的态度，在逻辑上，政治意识类型是出现在该态度之前的变量。因此，宗教出身构成了政治意识类型的原因，而政治意识类型又影响到对堕胎的态度。控制变量是帮你诠释这个完整关系的意义的一个干预变量。

辨明模式（explanation pattern）看起来与阐明模式极为近似。两者的差异在于控制变量出现的时间顺序。在这个模式中，控制变量出现在原来双变量关系中的自变量之前。例如，原始的关系是宗教信仰与堕胎态度间的关系，不过，这次的控制变量是性别。性别出现在宗教出身之前，因为一个人的性别在出生时就已经决定了。辨明模式会改变研究者解释结果的方式，它意味着原来的双变量关系是虚假的（参见第 6 章对虚假关系的讨论）。

410

实例方框 12.3 详析范式摘要

模式名称	比较偏表与原始双变量表后看出的模式
复制	分表与双变量表中出现相同的关系
标明	协变关系只出现在某个分表之中
阐明	双变量关系在分表中大为减弱，甚或消失（控制变量形成干预）
辨明	双变量关系在分表中大为减弱，甚或消失（控制变量出现在原来的自变量之前）
抑制变量	没有双变量关系，关系只出现在分表中

① 有关详析范式和它的历史的讨论参见 Babbie（1995：400－409）和 Rosenberg（1968）。

详析范式举例

复制模式

	双变量表			偏表			
				控制＝低		控制＝高	
	低	高		低	高	低	高
低	85%	15%	低	84%	16%	86%	14%
高	15%	85%	高	16%	84%	14%	86%

阐明或辨明模式

	双变量表			偏表			
				控制＝低		控制＝高	
	低	高		低	高	低	高
低	85%	15%	低	45%	55%	55%	45%
高	15%	85%	高	55%	45%	45%	55%

标明模式

	双变量表			偏表			
				控制＝低		控制＝高	
	低	高		低	高	低	高
低	85%	85%	低	95%	5%	50%	50%
高	15%	15%	高	5%	95%	50%	50%

抑制变量模式

	双变量表			偏表			
				控制＝低		控制＝高	
	低	高		低	高	低	高
低	54%	46%	低	84%	16%	14%	86%
高	46%	54%	高	16%	84%	86%	14%

411 **抑制变量模式（suppressor variable pattern）**出现在双变量表显示为独立关系，但是所有的或某一个偏表却显示出有关系的情况。例如，宗教出身与堕胎态度在双变量表中是独立的，但是一旦引进“国家地区”这个控制变量，分表中就出现宗教出身与堕胎态度有关系的征象。控制变量把真正的关系给压了下去，而真正的关系出现在分表之中。

（三）多元回归分析

多元回归是一种受欢迎的统计方法，而它的计算过程超出本书层次。虽然适当的统计软件可以很快就把它计算出来，但是我们仍需要一些统计学背景，以免在计算或解释时犯下错误。多元回归只适用于定距或定比资料。

多元回归的主要优点是可以同时处理多个控制变量（即替代解释）。而百分比表不太可能同时处理一个以上的控制变量。再有，它在社会学上的应用很广，在阅读研究报告或论文时，你可能会遇上它。多元回归的结果告诉读者两件事。第一，给出了自变量和控制变量对因变量的争议预测能力，统计量 R 平方（R^2）告诉我们一组变量“解释”因变量的效力。这里的*解释*是指根据自变量的信息来预测因变量上的分数时，所减少的误差。一个带有数个自变量的良好模型，可以说明或解释因变量上极大比例的变异。

例如，R^2等于 0.50 意味着知道自变量与控制变量就可以改善 50%预测因变量的精确度，或者说在不知道自变量和控制变量的情况下，在用变量预测因变量时，会产生一半的误差。

第二，回归结果给出了每个变量对因变量的影响的方向与大小。这个效果可以精确测量出来。值越高，变量对因变量预测的影响越大。影响的正负号告诉你影响因变量的方向。例如，研究者通过控制所有变量间的相互作用，可以观察出五个自变量或控制变量是如何同时对因变量产生作用的。这对检验陈述多个自变量是造成某个因变量的理论，特别有价值（参见第 3 章因果流程图的例子）。

我们用标准回归系数或希腊字母 β 来测量自变量或控制变量对因变量的效应。它和相关系数相似，范围是（−0.99，0.99），0 表示没有效应。我们可以用统计检验去判断一个系数是否是统计显著性的（本章随后讨论）。两个变量之间的 β 系数等于相关系数。

研究者利用 β 回归系数来决定控制变量是否具有影响力。举例来说，X 与 Y 的双变量相关系数为 0.75，然后研究者对 4 个控制变量做统计处理。如果 β 仍维持 0.75，那就是说 4 个控制变量没有影响。然而，如果 X 与 Y 的 β 值变小了（例如，降低为 0.20），那就意味着控制变量发挥了作用。

考虑一个回归分析的例子，以年龄、收入、教育程度和地区为自变量。因变量是在政治意识类型指标上的分数。多元回归的结果显示，收入与做礼拜的频数对因变量有很大的影响，教育与地区的影响次之，而年龄则没有影响。所有自变量的总效应对预测一个人的政治意识类型有 38%的精确度（见实例方框 12.4：多元回归结果举例）。[①] 这个例子说明高收入、经常做礼拜，以及住在南部地区与保守意见有正向关联，而教育程度较高则与自由意见有关联。收入的影响力是住在南部地区影响力的两倍以上。 412

实例方框 12.4　多元回归结果举例

因变量是政治意识类型指数（高分代表非常偏好自由主义）

自变量	标准化回归系数
地区＝南部	−0.19
年龄	0.01
收入	−0.44
受教育年数	0.23
做礼拜的频数	−0.39
	$R^2=0.38$

图表 12.2 已经概述了描述性统计的类型与方法。接下来，我们将注意力转向推论统计。

五、推论统计

（一）推论统计的目的

本章目前讨论的统计数据是描述性统计。但我们常常想做的不仅仅是描述；我们检验假设，想要了

① 初学者和社会科学的圈外人士有时对多元回归结果显现低水准（10%到 15%）的预测准确性甚感惊讶。对此有三种回应。第一，减少了 10%到 15%的错误，与完全依靠随机臆测相比，真可算是不错的结果。第二，实证主义社会科学尚在发展当中。虽然准确程度不像物理科学那般高，但是已经比十几二十年前任何一条对社会世界的解释都高出许多。第三，在大多多元回归的模型中，具有理论重要性的议题中，整体预测的准确性不如某个特殊变量的作用。大部分假设涉及某些特定的自变量对因变量的作用。

解样本的结果是否在总体中也为真，并且判断结果上所显示的差异（例如说两群体的平均分数）是否大到足以显示关系确实存在，而不仅由于偶然。**推论统计（inferential statistics）**使用概率论，进行正式的假设检验，允许根据样本信息推论总体特征，并且检验所描述的结果源自随机因素，还是来自一个真正的关系。本部分解释推论统计的基本概念，不会涉及推论统计的任何细节。因为这个领域比描述统计要复杂得多，而且需要有统计学的背景知识。

推论统计本着概率抽样的原则，研究者经由随机过程（例如，随机数表或随机计算机程序）从整个总体中选取个案。推论统计是一种精确的方法，能够说明当研究者根据样本结果推论总体时，可能有的信心程度。

如果你读过或听过“统计显著性”或是结果达到“0.05的显著性水平”，你就已经与推论统计会过面了。研究者靠它来执行各种类型的统计检验（例如，t 检验或 F 检验）。统计显著性也用于正式的假设检验，是一种可以决定要接受或拒绝零假设的精确方法。[①]

（二）统计显著性

术语*统计显著性*结果的意思是结果不可能来自机会因素。**统计显著性（statistical significance）**指的是找到一个样本中有而总体中没有的关系的概率。由于概率样本涉及随机过程，总是有可能出现样本结果不同于总体参数的时候。研究者想要估计样本结果是出于真正的总体参数，还是出于随机抽样的随机因素。统计显著性利用数学中的概率论与特殊的统计检验来告诉研究者结果（例如，关联、两均值的差、回归系数）是不是随机抽样过程中由随机误差所产生的，或显示的是社会世界真实发生的。

413 图表 12.2 描述性统计主要类型小结

技术类型	统计	目的
单变量	频数分布，集中趋势测量，标准差，Z分数	描述一个变量
双变量	相关，百分比表，卡方	描述一种关系或两个变量间的相关
多变量	详析范式，多元回归	描述数个变量间的关系，或查看几个自变量如何影响因变量

统计显著性只能说明可能的情况。它不能提出绝对肯定的证明。它叙述特定结果是更可能还是更不可能发生。统计显著性与实际、实质或理论显著不一样，结果可能具有统计显著性，但是可能不具有理论上的意义或价值。例如，两个变量的关联达到统计显著性，可能是由于同时发生，但是它们之间可能没有逻辑上的关系（例如，指甲长度与讲法语的能力）。

（三）显著性水平

研究者经常以水平（例如说，某个检验达到某个水平的统计显著性）来表达统计显著性，而不是使用某种概率。**统计显著性水平（level of statistical significance）**（经常用0.05、0.01或0.001表示）是一种方式，说明结果出于随机因素的可能性，也就是说，一个不存在于总体的关系出现在样本中的机会。当我们说结果达到“0.05的显著性水平”时，这意味着：

——由随机因素造成类似这种结果，100次中只有5次。

——样本结果有95%的可能不是纯粹由随机因素造成的，而且能够精确地反映总体性质。

——纯粹由随机过程造成这种结果的可能性为0.05或5%。

① 进行正式的假设检验时，我们检验零假设。他们通常想要拒绝零假设，因为拒绝零假设等于间接地支持备择假设，即那个他们从理论演绎而来的尝试性的解释。零假设在第6章中已讨论过。

——我们有 95%的信心认为结果是出于总体中的真实关系，而不是随机因素造成的。

这些都是以不同的方式在说明同一件事情。听起来有点像是讲抽样那一章中对抽样分布与中心极限定理所做的讨论。这当然不是巧合，两者都是根据概率理论，据此，研究者可联结样本资料与总体。概率理论使我们可以预测在随机过程中，经过长时间多次出现后会发生什么情形。换句话说，它使研究者能够精确预测长时间多次出现的情形，而不是某一次的特定状况。由于我们只有一组样本，而我们又想推论总体，所以概率理论帮助我们估计那组特殊的样本代表总体的机会有多少。除非我们有整个总体，否则我们无法肯定知道答案，但是概率理论可以让我们陈述我们的信心：有多少可能性样本显示的是一回事，而总体具有的又是另一回事。

例如，样本显示大专男生与女生花在研究读书上的时间并不相同。这个结果会来自不寻常的样本吗？ 414
总体中真的没有差异吗？还是它真的反映出总体中性别间的差异呢？(见实例方框 12.5：卡方)

(四) 第一类错误与第二类错误

如果统计显著性的逻辑是根据陈述结果是否是由随机因素造成的，你可能会问，那么为什么要采用 0.05 的水准呢？这意味着有 5%的机会，结果是随机产生的。为什么不用更确定的标准呢？例如，随机机会的概率是 1 000 次中的 1 次呢？不论是随机还是真正关系造成这些结果，这个决策都会给予它们一个比较小的机会。

对于这种思考方式有两个答案。第一个比较简单的答案是，采用 0.05 是出于科学共同体非正式同意的经验法则。对结果有 95%的信心是可以接受的解释社会世界的标准。第二个比较复杂的答案涉及的是犯第一类错误还是第二类错误之间的交换。研究者可能犯的逻辑错误有两种类型。**第一类错误 (Type Ⅰ error)** 发生在研究者说有关系存在，但是事实上并没有关系存在的情形下。这意味着犯下拒绝虚无假设的错误。**第二类错误 (Type Ⅱ error)** 发生在研究者说关系不存在，但是事实上它存在的情况下。这意味着犯下接受虚无假设的错误（见表 12.6）。当然，研究者都想要避免这两种错误。他们想要在只有当资料中确实有关系存在时才说有关系；只有当资料中确实没有关系存在时才说没有关系，但是他们会面临一个两难的局面：当减少犯某一类错误的机会时，就增加了犯另一类错误的机会。

刚开始时，可能会觉得第一类错误与第二类错误的概念很难懂，但是同样的逻辑两难困局在研究环
境之外的情形下也会出现。例如，陪审团可能会做出错误的决定，判决事实上是清白的被告有罪；或是 415
做出另一种错误的决定，判决事实上有罪的被告清白无罪。陪审团并不想犯下任何一种错误，它并不想让清白者坐牢，也不想让犯罪者逍遥法外。但是它必须在有限的资料下做出判决。同样，制药工厂必须做出是否要贩卖新药的决定。药厂可能犯下说这个药品没有副作用的错误，但是事实上它有使人变瞎的副作用；或者药厂可能因不必要的担心，认为药品会有严重的副作用，而压着不上市，但是事实上这个药品并没有严重的副作用。药厂不想犯下任何一种错误。如果它犯下了第一类错误，药厂可能得面对诉讼，并且危害到某些人。第二类错误不仅阻止药厂卖出可能具有疗效的药品，也使它无法从中获利。

实例方框 12.5 卡方

卡方 (χ^2) 用在两方面。这常造成混淆。作为一个描述统计值，卡方告诉我们两个变量关联的强度；作为一个推论统计值，它告诉我们发现的关系可能源于随机因素的概率。卡方是个使用得相当普遍、相当有检验力的方法，适用于测量定序层次的变量，是一个比用“目测”更精确地告诉研究者双变量百分比表中是否有关联存在的方法。

逻辑上，我们先计算出表中的“期望值”。完全根据边缘格上所提供的信息计算。回想看看，边缘格

是每个变量各自的频数分布。可以把“期望值”想成我们没有查看整个表的主体之前所做的“最佳猜测”。接下来，我们再查看资料与“期望值”的差距有多大。如果差别很大，那么变量间可能有关联存在。如果表中的资料与期望值完全相同或相当接近，那么变量间没有关联。它们是独立的。换句话说，独立意味着表中的状况是我们期望它完全根据边缘格的状况发生。如果关系为独立，那么卡方值会等于零，随着卡方值的变大，关联也随之增强。如果表中的资料远远不同于期望值，那么我们知道表中发生了超过我们期望只来自边缘格的作用（亦即，变量间有关联）。看看下面这个例子，是关于身高与成绩的关联。

416 **原始或观察资料表**

	研究方法的成绩			
学生身高	C	B	A	总计
高	30	10	10	50
中等	10	30	10	50
矮	30	20	50	100
总计	70	60	70	200

期望值表

期望值＝（列总和×行总和）/（表总和）。例如：（70×50）/200＝17.5

	研究方法的成绩			
学生身高	C	B	A	总计
高	17.5	15.0	17.5	50.0
中等	17.5	15.0	17.5	50.0
矮	35.0	30.0	35.0	100.0
总计	70.0	60.0	70.0	200.0

差异表

差＝观察值－期望值。例如：30－17.5＝12.5

	研究方法的成绩			
学生身高	C	B	A	总计
高	12.5	－5.0	－7.5	0.0
中等	－7.5	15.0	－7.5	0.0
矮	－5.0	－10.0	15.0	0.0
总计	0.0	0.0	0.0	0.0

卡方＝各方格差的平方除以该格的期望值的总和。例：$12.5^2=156.25$，156.25÷17.5＝8.93。

卡方＝第一行（8.93＋1.67＋3.21）＋第二行（3.21＋15＋3.21）＋第三行（0.71＋3.33＋6.43）＝45.7。

由于卡方不等于零，所以资料不独立，有某种关联。卡方系数无法告诉我们关联的方向（例如说：负向）。就推论统计而言，我们需要用到卡方表或计算机程式来评估这个关联（例如说，查看这样一个大的卡方值有多少可能性只是随机发生的）。不探究卡方表的所有细节，这个关联是相当罕见的。出现的概率比1 000次中1次都低。对一个有九个方格的表来说，45.7的卡方值的显著性水平为0.001。

表 12.6　第一类错误与第二类错误

研究者陈述的情况	现实中的真实情况	
	没有关系	因果关系
没有关系	没有错误	第二类错误
因果关系	第一类错误	没有错误

让我们把统计显著性与这两类错误的概念结合起来：如果你过分小心并设定一个高的显著性水平，因此很可能会犯下某一类型的错误。例如，你使用 0.000 1 的显著性水平。你把结果全归于随机，除非结果非常罕见到出现了一万次中的那一次。这种高标准意味着你将非常可能犯下说结果是由随机造成的，而事实上并非如此的错误。你可能会犯在确实有因果关系的情形之下，接受虚无假设的错误（第二类错误）。相反地，如果你是一个勇于冒险的研究者，并设定一个低的显著性水平，例如，0.10。你的结果指出某个关系发生的机会是十次中会中一次。你就很可能会犯下说有某个因果关系存在，但实际上这个结果只是随机因素（例如，随机抽样误差）造成的错误。研究者很可能犯下拒绝虚无假设的错误（第一类错误）。总之，0.05 的显著性水平是折中第一类与第二类错误后的结果。

本部分大略描述了推论统计的基本概念。统计技术是精确的，并且取决于抽样误差、样本大小，以及中心极限定理。推论统计的效力在于它们给予研究者以某种确定程度，来陈述特定样本结果在总体中也为真的能力。例如，你进行统计检验后发现一种关系存在达到 0.05 的显著性水平。你就可以说样本结果很可能并不是由随机因素造成的。事实上有 95%的机会，在社会世界中，某个真正的关系确实存在。推论统计的检验虽然有用，但仍有其限制。资料必须来自随机抽样，而且检验只考虑了抽样上的错误。非抽样错误（例如，不良的样本框架或是设计得很差劲的测量工具）并没有被纳入考虑。不要傻到认为这些检验会给你简单的最终答案。参见拓展方框 12.4 呈现的电脑统计程序的讨论。

六、结论

本章讨论了组织定量资料，做好分析的准备，以及分析资料的方法（将资料组织成图表，或是用统计量数做出摘要）。研究者使用统计分析来检验假设与回答研究问题。你看到了资料如何先被编码，然后使用单变量或双变量统计来进行分析。双变量关系可能是虚假的，因此经常需要应用控制变量与多变量分析。你还学习到推论统计的一些基本概念。

刚入门的研究者有时候会觉得如果他们的结果不能支持假设，就表示他们做错了某些事。但是拒绝假设并没有什么不对。科学研究的目的是产生真正代表社会世界的知识，而不是保护不成熟的概念或假设。假设是根据有限知识所做的理论猜测，它们需要被检验。质量良好的研究可以找出错误的假设，质量不好的研究可能支持某个假设。好的研究在于高质量的方法论，而不在于支持某个特定的假设。 417

拓展方框 12.4

电脑统计程序

几乎每个需要计算很多统计量的社会研究者都通过计算机程序来完成。你可以用一个基本的电子表格程序来计算一些统计数据，比如 Excel。不幸的是，电子表格主要为计量和工作簿功能而设计。虽然它们也包括统计功能，但在这方面十分笨拙和有限。有很多专为一般统计计算而设计的计算机程序。由于通过改进计算机技术，产品更新很快，市场上的多种选择可能会让初学者感到疑惑。一二十年前，一名研究者必须懂一种计算机语言或编写简单的程序才能用计算机计算统计数据。

近些年，软件对使用者的要求越来越少。大部分受欢迎的社会科学程序有 Minitab、Microcase 以及 SPSS（Statistical Package for the Social Sciences）。其他的包括 SAS（Statistical Analysis System）、BMPD（bought by SPSS，Inc.）、STATISTICA by stratSoft，以及 Strata。很多人从简单、低成本的研究目的程序开始。今天，私人公司拥有很多程序并且热衷于出售成熟的套装软件产品给不同的公司和政府使用者。

在社会科学统计上使用最广泛的程序是 SPSS。它的优点在于社会研究者已广泛使用它长达 30 多年，它包括很多巧妙处理定量数据的方法，并且涵盖大多数统计量。它的缺点在于，由于它有很多选项和复杂的统计数据，学习起来需要很长时间。此外，它价格昂贵，但有一个便宜的版本，这一“精简”的学生版本包括教科书和练习册。

当计算机技术使使用统计程序更简单时，人们虽然丝毫不懂统计或对程序所做的工作一无所知，但仍然能够使用该程序，这时危险就增加了。他们很容易违反统计学过程要求的基本假设，运用不恰当的统计量，并产生毫无意义但看上去技术上成熟的结果。

好的研究是指能够不让可能的错误或障碍阻止研究者根据资料对社会世界做出真实推论。错误可能会从许多不同的地方进入研究过程，而对结果产生影响：研究设计、测量、资料收集、编码、统计计算与制作表格甚或诠释结果。即使你可以毫无差错地设计、测量、收集、编码和计算，你也必须完成研究过程的另一个步骤——解释表格、图表、统计资料，以及回答问题：这些到底有什么含义呢？唯一赋予事实、图表或统计资料意义的方法就是利用理论、洞察力和理解力。

资料、图表或计算结果不能回答研究问题，事实也不会自己开口说话。身为研究者，你必须回到你自己的理论（也就是概念、概念间的关系、假设、理论定义），然后给予结果意义。不要把你自己锁在刚开始的观念上。有的是创造的空间，要努力找出结果真正的意义，并从其中产生新概念。重要的是要细心地设计与执行研究，才能使你看到真正反映社会世界某些层面的结果，而且不会担心它们是出自研究过程本身的错误还是人为造成的结果。

在我们结束定量研究的讨论之前，最后还要再谈一个议题。新闻工作者、政治家，以及其他人越来
418 越常用统计结果来表达他们的意见或者支持他们的观点。但是这并没有使公开辩论更加正确与提供更多的信息。相反，它增加困惑，也使得了解统计能够做些什么与不能够做些什么的问题更加重要。“你可以用统计证明任何事”这句老话是错误的；然而，一些人可能而且确实误用统计假装证明某一事情。由于无知或刻意的欺骗，某些人利用统计来操纵别人。保护自己免于被统计误导的方法就是不要忽视或逃避那些数字。相反，应当努力去了解研究过程与统计，思考你的所见所闻，提出问题。

接下来我们将开始讨论定性研究。定性研究的逻辑与目的不同于前面各章所讲的定量实证主义的研究取向。更少涉及数字、假设和因果关系，更重视文字、规范与价值，以及意义。

关键术语

bivariate statistics	双变量统计	codebook	编码簿
coding procedure	编码程序	contingency cleaning	列联清查
contingency table	列联表	control variable	控制变量
covariation	协变	cross-tabulation	交叉表
curvilinear relationship	曲线关系	data field	数据栏位

data records	数据记录	descriptive statistics	描述统计
direct-entry method	直接录入法	elaboration paradigm	详析范式
explanation pattern	辨明模式	frequency distribution	频数分布
frequency polygon	频数多边图	histogram	直方图
inferential statistics	推论统计	interpretation pattern	阐明模式
level of statistical significance	统计显著性水平	linear relationship	线性关系
marginal	边缘格	mean	均值
measures of central tendency	集中趋势测量	median	中位数
mode	众数	net effect	净效应
normal distribution	正态分布	partials	偏表
percentile	百分位数	possible code cleaning	可能编码清查
proportionate reduction in error	消减误差比例	range	全距
replication pattern	复制模式	scattergram	散点图
skewed distribution	偏态分布	specification pattern	标明模式
standard deviation	标准差	statistical independence	统计独立
statistical relationship	统计关系	statistical significance	统计显著性
suppressor variable pattern	抑制变量模式	Type Ⅰ error	第一类错误
Type Ⅱ error	第二类错误	univariate statistics	单变量统计
Z-score	Z 分数		

复习题

1. 什么是编码簿？在研究中如何使用它？
2. 研究者如何清理资料和检查编码结果？
3. 描述研究者如何使用光学扫描卡。
4. 研究者可以以什么方式来呈现频数分布信息？
5. 描述均值、中位数和众数的差异。
6. 从散点图中可以看出一个关系的哪三种特性？
7. 什么是协变？如何使用它？
8. 研究者什么时候可以根据散点图对百分比表做出推论从而找出变量间的关系？
9. 讨论三变量分析中“控制”这个概念。
10. 当有人说“统计显著性水平为 0.001”时是什么意思？此时比较容易犯哪一类错误（是第一类错误，还是第二类错误）？

第四部分

定性资料的收集和分析

第13章 实地研究和焦点小组研究 420

实地研究展现人们在其日常生活中自然的活动状况。田野工作者为了获得这些人如何生活、交谈和行动，以及何事能令他们振奋、何事又令他们沮丧的第一手资料，进入他人的世界探险……实地研究也被研究者作为了解他们所观察的活动对于活动参与者而言，具有什么意义的一种研究方法。

——埃默森（Robert Emerson），《当代实地研究》（*Contemporary Field Research*），1页

*性别*是一种身份和表现，这种身份表现是通过日常生活的互动生产和创造的。婚姻是一个性别化的关系，而婚礼是一个仪式化的事件，它具有明确的规范以加强传统的男性和女性气质。同样，新娘送礼会也是性别化的，称其为“新娘”送礼会而非“婚礼”送礼会意味着这是一个女性的仪式。与之相对应的男人的婚前仪式一直是单身派对。在过去的十年中，新的社会形式——男女混合的新娘送礼会正在广为传播。蒙特穆罗（Montemurro，2005）研究了混合的和传统的新娘送礼会。她使用雪球抽样深入采访了51名妇女。在访谈之前的5年里，她作为嘉宾或主持参加了超过280场新娘送礼会。但她关注的却是过去一年的148场。她还作为参与者或观察者参加了五场新娘送礼会：三个传统的（全是女性）和两个混合的。她指出了参加新娘送礼会的人物（年龄、性别、和关系）、仪式的程序、礼物、与会者的行动感受。在传统的新娘沐浴活动中，男性是缺席的外围人士，他们通常一起聚集在家里举办新娘送礼会的另外一个区域或者另一个地点，这标志着送礼会是一种专门的女性空间。许多女性认为传统的新娘送礼会很无聊。蒙特穆罗标识了男女混合的新娘送礼会的三种类型：只有未婚夫参与的、夫妇参与的和以新郎为中心的（“新郎送礼会”）。男女混合的送礼会往往在不同的时间（周末晚上）进行，并且没有传统的送礼会那么正式。他们可能会饮酒、不以拆礼品或者特殊活动为中心。礼品也更加多样，会有更少的女性独有的礼品。在混合送礼会中，性别角色是不同的，但却趋于平等。而只有女性的送礼会保留了传统形式和对于女性气质的期待，男女混合送礼会更趋于包容以及旨在显示地位而不是性别转换。

在本章中，我们将从定量研究转变到定性研究，并且讨论实地研究和焦点小组研究。实地研究包括许多具体的技术，但通常研究者直接观察和参与小规模的社会环境，最常在他或她的家乡文化中。正如你看到的第1章中关于芝加哥贩毒团伙的实地研究（Venkatesh，2008）以及第2章中对纽约市街头小贩（Duneier，1999）的研究。在本章方框中关于新娘送礼会的研究表明，实地研究不仅是关于城市贫困的研究。 421

许多学生对实地研究很感兴趣，因为它涉及与人“相处”，不必处理冷冰冰的数字与复杂的统计，也没有抽象的演绎假设。相反，它有的是在自然环境下直接的面对面的互动。实地研究对那些喜欢观察人

群的人特别具有吸引力。此外，对于你不熟悉的社会世界（如裸体海滩、流浪汉、专业赌徒、街头帮派、警卫队、急诊室、艺术家的领地等），实地研究可能会提供非常精彩的描述。有的实地研究报告读起来就像是惊悚电影或者神秘小说，其中有着令人激动的情节。

在实地研究中，个别的研究者直接与被研究者交谈或对他们进行观察。经过数个月或数年的人际互动，研究者对他们有了深入的了解，这包括他们的生活史、爱好兴趣，以及习惯、希望、恐惧和梦想。结识新朋友、发展新的友谊、发现新的社会世界，都可能充满了乐趣。当然，实地研究也会非常困难与紧张、相当消耗时间和情感，有时还得冒着生命危险。

一、理解实地研究

那么，什么时候应该使用实地研究法呢？实地研究法一般适用于研究涉及体会、理解或描述某个互动中的人群的那些情况。实地研究有助于处理以下问题：社会世界中的人们是如何办到Y这件事的呢？或是，X这个社会世界是什么样的呢？当其他方法（像调查研究、实验）不适用时，例如，研究街头帮派或新娘送礼会，就是应用实地研究的适当时机。

大多数实地研究关注特定的场所与环境。其范围小到一小群人（20人或30人），大到整个社区。初级的实地研究者应该从一个相对比较小的（30人左右或者更少）而且其成员都是在相对固定的背景下（例如，街区、教堂、酒吧、美发沙龙或棒球场）有规律地互动的团体开始研究。实地研究也常被用来研究无形的、不固定在某个地方的社会经验，不过这个时候深入地访问与观察，是了解该地区社会经验的唯一方法——例如，研究被人偷袭者或是自杀者配偶的感觉经验。[①]

为了取得术语使用上的一致性，我们把田野环境下的研究对象都称为*成员*。他们是田野环境下的局内人或当地人，不是属于某个团体就是属于某个亚文化或社会情境，而这些团体、亚文化，以及社会情境，正是实地研究者这个“局外人”想要进入并了解的。

实地研究者已经探索过相当广阔的社会场景、亚文化，以及社会生活的各个层面（见图13.1）。[②] 我的学生已完成了一些短期的、小规模的实地研究，包括美容院、日间托儿所、面包店、赌场、保龄球场、教堂、咖啡馆、自助洗衣店、报警办公室、私人疗养所、脱衣舞俱乐部、文身店和减肥中心等。

（一）实地研究简史

实地研究的起源可以追溯到遥赴远方岛屿的旅行者报告。[③] 13世纪初，欧洲的探险家与传教士描述记载他们所遇到的异文化与异域人物。其他人通过阅读这些描述来了解外国文化。之后，到了18世纪和19世纪，当欧洲的贸易与帝国迅速向外扩张时，出现了越来越多知识渊博的旅行者，关于异域风土人情的游记报告的数量与质量也随之提高。

学术性的实地研究始于19世纪晚期的人类学。早期人类学家只读过探险家、政府官员和传教士的报告，却并没有直接与他要研究的人接触过。这些报告的焦点集中于异域风情，而且是充满了种族主义与民族中心主义的。旅行者很少会说当地的语言，必须要依赖翻译人员。直到19世纪90年代，欧洲人类学

---

① 参见Lofland等（2006：2-20）。

② 有关这些地点或话题的研究，参见Neuman（2000：345-346）。有关儿童或学校的研究，参见Corsaro（1994），Corsaro & Molinari（2000），Eder（1995），Eder & Kinney（1995），Kelle（2000），以及Merten（1999）。有关无家可归者的研究，可参见Lankenau（1999）。有关女性脱衣舞表演者的研究，参见Wood（2000）。

③ 关于实地研究的历史背景，参见Adler & Adler（1987：8-31），Burgess（1982a），Douglas（1976：39-54），Holy（1984），Wax（1971：21-41）的论述。更多关于芝加哥学派的讨论，参见Blumer（1984）与Faris（1967）。

家才开始赴远方大陆旅行以了解其他的文化。

422

小规模场景
飞机场的旅客
酒吧或酒馆
受虐妇女庇护所
摄影俱乐部
自助洗衣店
社会运动组织
社会福利机构
电视台
接待室

社区场景
退休者社区
小城镇
城市民族社区
劳工阶级社区

儿童活动
运动场
棒球小联盟
校园里的孩子
初中女生群体
夏令营

职业
航空服务人员
艺术家
鸡尾酒服务生
捕狗人员
上门销售人员
工厂劳工
赌徒
医学院学生
脱衣舞女
警察
餐馆厨师
社会工作者
出租车司机

越轨和犯罪行为
在身体/生殖器上刺穿或文身
邪教
贩毒和吸毒者
嬉皮士
裸体海滩
神秘仪式
卖淫者
街头帮派、飞车党
住在大街上的人、流浪者

医疗场景和医疗事件
死亡
急诊室
重症监护病房
怀孕与生产
阿尔茨海默病支持团体

图 13.1 实地研究场所/主题实例

英国社会人类学家马林诺夫斯基（Bronislaw Malinowski，1844—1942）是第一位与一群人长期生活在一起，并且记载整个资料收集过程的研究者。20 世纪 20 年代，他把深入田野工作当成一个新方法介绍出来，主张在直接观察、当地人的陈述，以及观察者的推论之间做出区分。他认为社会研究者深度理解一个社区或文化的最佳方式是直接与当地人互动并且和他们生活在一起，了解当地人的风俗习惯、信仰和社会过程。

研究者也使用实地研究法来研究他们自己的社会。19 世纪 90 年代布思与韦布（Charles Booth & Beatrice Webb）同时使用了调查研究与实地研究对伦敦穷人进行观察。布思与韦布直接观察自然状态下的人，使用归纳的资料收集方法。参与观察的实地研究技巧很可能在 1890 年就已经在德国出现。戈赫（Paul Gohre）以学徒身份在一家工厂中做工，并且在那儿生活了三个月，每天晚上回到家都做非常详尽的笔记，他就是通过这个方式来研究工厂生活。他出版的著作深深地影响到大学校园内的学者，包括社会学家韦伯。

美国社会学的实地研究开始于芝加哥大学的社会学系，也就是众所周知的*芝加哥学派*（Chicago school of sociology）。芝加哥学派对实地研究的影响分为两个阶段。第一阶段是从 20 世纪 10 年代到 20 世纪 30 年代，该学派使用以个案研究或生活史为基础的各种方法，包括直接观察、非正式访问，以及对文献或 423
官方记录的阅读。1916 年，帕克（Robert E. Park，1864—1944）草拟了一份研究计划，进行芝加哥市的社会调查。受他出身于记者这个背景的影响，他认为社会研究者应该走出图书馆，到街头、酒吧以及豪华饭店的大厅中亲力亲为地进行直接观察、找人攀谈。早期的研究，例如，《游民》（*The Hobo*）（Anderson，1923）、《轮鞋少年》（*The Jack Roller*）（Shaw，1930）和《帮派分子》（*The Gang*）（Thrasher，

1927）树立了早期芝加哥学派社会学较少分析、侧重对街头生活进行描述研究的风格。

新闻记者与人类学研究的技巧在早期的实地调查中结合了起来。新闻记者的技巧使研究者能够挖掘表面现象与行为幕后的事物，利用报告人，找寻冲突，并且使“真相”曝光。利用人类学技巧的研究者长期加入某个小团体，实施细致的观察，并报道该团体成员如何互动及其对世界的看法。

第二个阶段始于20世纪40年代，至20世纪60年代结束，其间，芝加哥学派通过拓展应用人类学技巧来研究研究者自身所属的社会，把参与观察发展成为一项独特的技术。于是出现了三个原则：（1）研究处于自然状况或*原地*的人群；（2）通过与人群不断重复的直接互动来研究他们；（3）根据社会世界中成员视野的深入理解，发展更广泛的理论的视角。

第二次世界大战之后，实地研究面临着调查研究与定量研究的竞争。20世纪70年代到20世纪80年代的这段时期，实地研究在所有研究中所占的比例已然下降。然而，这段时期的几项转变使实地研究再度活跃起来。第一，实地研究从认知心理学、文化人类学、民俗学和语言学那里，借来了不少概念与技术。第二，研究者重新检验社会科学的认识论基础与哲学假设（见第4章）。第三，实地研究者对他们使用的技术与方法变得更加敏感，他们撰写出一些关于方法论的论著，更系统地把实地研究变成了一门研究社会生活的独特科学方法。

时至今日，实地研究已经有了一套独特的方法论。实地研究者直接观察在自然情境中的成员并与之互动，以求获得一个“内部”的视角。他们中的大多数采用行动主义者或社会建构主义者的观点来看待社会生活。他们并不将人们视为社会力量施加作用的媒介，也不认为社会意义是“就在那儿”等着我们去测量的事物。相反地，他们认为人们通过日常互动来不断地创造与界定社会意义。实地研究者假设，人类经验接受主观现实感应的过滤，这个持续的、动态的、主观的现实感应左右着人们看待事物与采取行动的方式。这些关于社会生活的假设使研究者把焦点集中于日常生活中面对面地协商、讨论和谈判的社会过程，人们通过这些过程来建构和调整社会意义。实地研究者认为研究不但是对社会世界的描述，而且也是社会世界的一部分。作为被建构的社会场景的一部分，研究者出现在田野中这件事本身，就不可能只是个被动的或中立的收集资料过程。研究者本身是一个自觉的拥有社会经验的主体。

（二）民族志与常人方法论

实地研究在当代的两个扩展——民族志与常人方法论——都是建立在社会建构主义者的观点之上的。**民族志（ethnography）**源自文化人类学。[①] *Ethno*意指人类或民间，而*graphy*意指写作或描述某事物。因此，民族志意指描述一群人及其文化。研究者不断地做推论，也就是说，超越能看见的、被说出的事物，逼近真正的意义或间接表达的事物。人们通过某个特定社会情境下的外在行为（例如，演讲、行动）来表现他们的文化（人们想些什么、顾虑些什么、相信些什么）。单凭明确的、外在的行为的展示不会提
424 供完整的社会意义。因此，通过民族志，研究者不但描述人们的生活与行为，也在同时尝试推断行为的意义（例如，隐藏在行为背后的想法与观念）。从所见所闻深入到实际的内在含义与感受是民族志的核心目的。例如，有人邀请你参加“新娘送礼会”，根据你自己的文化知识，你会推断出这是一个非正式的派对，你应该带给即将结婚的人一份礼物。文化知识包括象征符号、歌曲、谚语、事实、行为方式和物品（例如，手机、汉堡）。我们通过看电视、听从父母的教诲、观察他人等来学习文化。

*文化知识*包括*显性的知识*（即我们知道和谈论的）以及*隐性的知识*（即我们间接了解但却很少直接意识到的）。举例来说，显性知识包括社会事件（例如，送礼会）。大部分人能很容易描述出在某个事件中发生了什么事。隐性的文化知识包括未曾明说的、与合适的礼物及送礼方式相关的文化规范。人们一般并没有意识到他们在使用这种规范或者因不确定自己是否恰当地使用了这种规范而感到焦虑。当这类规

---

① Agar（1986），Franke（1983），Hammersley & Atkinson（1983），Sanday（1983），以及Spradley（1979a：3－12；1979b：3－16）对民族志进行了描述。

范被破坏时他们会感到不舒服，但又说不出使他们不舒服的原因。民族志学者描述成员所使用的显性与隐性的文化知识。他们的详细描述与仔细分析，将那些被分别描述的事物重新放在一起。

人类学家格尔茨（Clifford Geertz，1926—2006）说，民族志的关键部分是**深描（thick description）**[①]，即对特定事件丰富、详细的描述（与摘要、概括或对标准化变量的运用相反）。对一个三分钟事件的深描可能要好几页纸。它在一个更大的背景下，准确地捕捉什么戏剧性的事件发生了。它允许多元的诠释与视角，将事件置于更广的社会文化背景之中，所以阅读一份民族志报告的读者可以推论出其更深的文化意义。

常人方法论（ethnomethodology）是20世纪60年代发展出来的一个独特的研究取向，是对常识知识的研究。[②] 为了研究这种常识，常人方法论被应用于自然环境中不断进行的社会互动。常人方法论是实地研究中的一种极端形式，根据现象学哲学和社会建构主义取向综合了理论、哲学和方法论。在梅汉与伍德（Mehan&Wood，1975：3，5）的作品中，他们是这样描述常人方法论的：

> 常人方法论不是一项研究发现，也不是一个方法；不是一种理论，也不是世界观。我把常人方法论看作一种生活形式……常人方法论是试图展现存在于社会学层级之上的现实的一种尝试……它不同于社会学，就如社会学不同于心理学一般。

常人方法论涉及专门化的、非常详细的微观情境分析（例如，简短对话的记录或社会互动的录像带）。与芝加哥学派的实地研究比较，它更自觉地关注方法问题，认为研究发现不但来自所研究的社会生活，而且也得益于所使用的方法。

常人方法论的核心假设是社会意义是脆弱可变的，而不是固定、平稳或确定不变的。意义在持续的过程中不断地被创造与再创。因此，常人方法论者分析语言，包括谈话中的停顿与讲演的情境。他们假设，人们通过默认的社会文化规则来“达成”对常识的理解。常人方法论者希望揭示出那些人们并未意识到但却遵循着的未明示的规则。他们认为，人们使用文化知识与来自特殊社会场景的线索来不断地诠释（例如，想清楚或赋予意义）日常事件的意义。

常人方法论者非常详细地检验日常的社会互动，以确认建构社会现实与常识的规则，在日常生活中是如何使用这些微观层次的规则的，以及新规则又是如何“在匆忙中”被创造出来的。例如，一个实证主义者、定量研究者将标准化的测验问卷或调查访谈看作关于一个人的客观事实，而常人方法论者将他们视作个人发现隐藏的线索和运用常识文化知识的能力，而不是客观的事实。 425

常人方法论者有时使用**破坏性实验（breaching experiment）**来展现和指明日常生活中人们默认的、赖以创造现实感觉的简单规则的力量。在“实验”中，研究者刻意地违反某项默认的社会规范，这项破坏规则的行动通常会招惹非常强大的社会反应（例如，人们变得焦虑和困惑，紧张地笑或者表达受到刺激和生气）。由此可确认默认规则确实存在，并同时说明这类默认规则的存在是使日常生活得以顺畅运作的根本。而这同样也显示了社会现实的脆弱性。举例来说，在一个著名的破坏性实验中，加芬克尔（Harold Garfinkel，1917— ）派学生到附近的商店去，把其他顾客“误认”为店员。刚开始，顾客被弄得糊里糊涂，结结巴巴地解释着。但是如果学生坚持错误的理解，那些被弄得不知所措的顾客不是不太情愿地接受新的情境定义、手忙脚乱地扮演起店员的角色，就是“气炸了”“失去冷静”，违背与其他顾客保持礼貌冷淡互动的更大的社会规范。这个破坏规则的例子显示了社会现实的运作是如何依赖于隐性的知识（例如，店员与顾客的区别）的。电影制片使用类似的情况来制造喜剧效果，来自不同文化、不曾共

---

① 参见 Geertz（1973，1979）关于“深描”的讨论。关于更多的讨论也可参见 Denzin（1989：159-160）。

② 更多关于常人方法论的讨论，参见 Cicourel（1964），Denzin（1970），Leiter（1980），Mehan & Wood（1975），以及 Turner（1974）。关于实地研究与常人方法论的关系，也可参见 Emerson（1981：357-359），以及 Lester & Hadden（1980）的讨论。Garfinkel（1974a）对于常人方法论这个名词的起源做过讨论。

享同一套默认规则的人们，或是对没有明说什么是正当行为、毫不知情的人们，都被看作是幽默的。[①] 之所以被视为幽默的，是因为一个能力健全的成年人违背了一种常见的日常默示规范，扰乱日常的社会现实，以至于产生社会紧张，人们通过笑声来释放这种紧张。如果一个非常小的孩子无意识地破坏了社会规则，几乎没有人觉得这很幽默，而是认为这很“可爱”或者“可悲”。心理健康从业人员将一个人识别和应用日常默认文化知识的能力作为该人心理能力的指标。

（三）实地研究的逻辑

与其说实地研究是一套固定的应用技术，还不如说它是一种研究取向。[②] 实地研究者使用广泛的不同的方法来取得资料。如沙兹曼与施特劳斯（Schatzman & Strauss，1973：14）所说：“田野方法就像一把活动伞，伞下的任何一项技术都可以被用于获得想要的知识，并用于对这个信息进行思索的过程。”实地研究者是一位足智多谋、才华横溢的人，具有能够在田野中靠自己的能力进行独立思考的才智。实地研究涉及拼凑术（在第6章中讨论过），拼凑术不是简单地将信息中的多种部分连接起来，它连接了研究中出现的上下文情景，连接了研究者与被研究者，整合了经验与意义（Kincheloe，2005）。

实地研究立基于**自然主义（naturalism）**原则，而自然主义也被用来研究其他的事物（例如，海洋、动物和植物）。自然主义涉及的是观察在自然情境下的日常事件，而不是在圈套设计下或人造的或研究者制造的情境下的日常事件。研究者了解日常事件的最佳方式是在真实的现实中把握事件，因此研究者必须研究发生在“田野之中”，在办公室、实验室或教室这类可预测的安全情境之外的事件。

另一个实地研究的原则是，实地研究者考察川流不息的社会生活所包含的人们在自然社会情境下运
426 用的多重观点。为了理解社会生活，研究者必须囊括所有的观点。他们先进入成员的“精神世界”或意义体系，然后再回到局外人或研究者的视角。例如，范马恩（Van Maanen，1982：139）指出：“田野工作意味着全心投入，也意味着置身事外，要求忠实也要求背离，要求公开也要求保密，以及最可能是爱与恨的纠葛。”研究者平稳并且快速地转变观点立场，同时从多种不同的角度来审视情境，虽然小组比较有效率，但是在通常情况下，实地研究是由一位研究者独自执行的。这位研究者必须当机立断地行事并保持高度的敏感性（见拓展方框13.1：实地研究者做些什么?）。

拓展方框13.1

实地研究者做些什么?

实地研究者要做的工作如下：

1. 除了要留意不寻常的状况之外，还要观察发生在自然状况下的日常事件与每天的活动。
2. 直接与被研究的人接触，亲身经历田野环境下每日社会生活的过程。
3. 在保持分析性观点、局外人的距离的同时，获得局内人的观点。
4. 随环境的需要，灵活地运用各种不同的技术与人际技巧。
5. 产生的资料形式多为长篇的书面笔记、图表、地图或图片，以提供尽可能详尽的描述。
6. 整体性地（例如，整个单元而不是片段）观察事件，并重视社会场景的个别差异。
7. 理解田野环境下的成员并对他们发展出情感认同，而不只是记录冷冰冰的客观事实。
8. 不仅注意到文化外显的（为社会所认识到的、意识到的、说出来的）层面，也注意到文化默认的（较少被认识到的、内含的、不说出来的）层面。

---

① 不同文化的分裂所引起的误解是常见的主题。

② 关于实地研究与自然主义的一般性讨论，参见Adler & Adler（1994），Georges & Jones（1980），Holy（1984）与Pearsall（1970）的论述。关于实地研究的对照类型，参见Clammer（1984），Gonor（1977），Holstein & Gubrium（1994），Morse（1994），Schwandt（1994），以及Strauss & Corbin（1994）。

9. 观察持续进行的社会过程，而不去打扰、打断甚或对其施加局外人的影响。

10. 面对高度的人情压力、不确定性、道德上的进退维谷和暧昧不明的状况。

由于一位研究者直接投入，成为自己研究的真实的社会生活的一部分，所以他的个人特征与他的研究是无法分割的，这一点与定量研究有很大不同。韦克斯（Wax，1979：509）说：

> 非正式的与定量的方法，通常不太留意研究者的个人特征。电子资料处理不会花工夫去了解研究主持者的年龄、性别或种族。但在田野工作中，这些个人身份的基本方面就显得十分突出，将对实地研究的过程产生重大的影响。

研究者直接涉身田野之中常会带来情感上的冲击。实地研究者可能会感到非常有趣和兴奋，但是它也可能会影响到个人生活、人身安全或是精神状况。比起其他类型的社会研究者，实地研究者更可能会结交新的朋友，重新塑造家庭生活、自我认同或个人的价值观。

> 从事田野工作的代价非常高，这并不是指金钱方面（田野工作与其他类型的研究相比是花费较低的），而是指身体与心理上的消耗。同时过两种生活常令人筋疲力尽。(Bogdan & Taylor，1975：vi)

实地研究需要时间，一项研究可能需要跨越数月或数年的数以百计个小时（如果不是数以千计的话）的直接观察与互动，以维持对某一实地场所的日常访问。正如法恩（Fine，1996：244）在自己对 4 个餐馆厨房的研究中指出的那样："我试图每周有 6 天都去……我试图延长自己的观察时间……我花了一个月的时间在每一个餐馆的厨房进行观察，然后访问了所有的全职厨师，对总共 30 人进行了深度访问，每次访问都持续 1～3 个小时。"

（四）实地研究计划的执行步骤

实地研究的过程比定量研究更有弹性、更少结构化。这使得良好的组织与适当的准备对研究者来说变得异常重要。这也意味着研究的步骤仅可以作为大略的指南或路线图（见拓展方框 13.2：实地研究的步骤）。我们可以将整个实地研究的进程划分为六个部分：准备，田野地点的选择与进入，田野策略，田野中的关系，资料收集和退出。 427

拓展方框 13.2

实地研究的步骤

1. 做好准备、阅读文献并去除焦点。
2. 选择进行实地研究的地点并取得进入的路径。
3. 进入田野，与田野成员建立社会关系。
4. 选择并扮演一个社会角色，熟悉内幕，和田野成员融洽相处。
5. 观察、倾听并收集质性资料。
   - 开始分析资料并且形成可评估的工作假设。
   - 关注田野地点特别的方面并运用理论抽样。
   - 展开对知情者的访谈。
6. 解除关系并离开田野点。
   - 完成分析和撰写调查报告。

注：每个步骤各需要多少时间并不确定，只能大略估算。江克（Junker，1960：12）指出，一旦进入田野，研究者应该预计花大约六分之一的时间进行观察、三分之一的时间记录资料、三分之一的时间分析资料，以及六分之一的时间撰写报告结果。另见登茨（Denzin，1989：176）提出来的实地研究的八大步骤。

步骤1：准备进入这一领域。为田野做准备有四个方面：灵活性，在开始时做好组织工作，去除焦点，明确自我意识。

灵活性。在进行实地研究时灵活是一种重要特质。在实地研究中你将不会遵从清晰的安排、预设和固定的步骤。你并没有一套方法去应用或者进行明确的假设检验，你将根据在特定场合中人们提供的有价值的信息选择技术方法。开始时，研究者期待对资料不做太多的控制，焦点也不要太过集中。你应该根据需要调整研究方向，学习辨认和抓住机会，并且能够迅速适应变化的社会状况。不要将自己锁在最初的错觉之中，而应该保持开放去发现新的想法。找到田野中社会生活的某一部分的最有意义的问题，通常需要耐心、时间、敏感和反应快速。

在开始时做好组织工作。人性与个人因素在任何研究计划中都会起一定作用，但在实地研究中它们最为关键。实地研究常开始于机会巧遇或个人兴趣。实地研究者可以从个人经验出发，像是完成一个作品、有某种嗜好或是做一个病人或演员。[①] 实地研究者运用细心观察与倾听、短期强记和定期记录等技巧。在进入田野之前，缺乏经验的研究者练习观察平常情境的细节，并将之记录下来。对细节的留意与短暂的强记会随着勤做练习而熟能生巧。同样，养成记日记的习惯或个人记事对写田野笔记来说，也是一项很好的练习。和所有的社会研究一样，勤于阅读学术论文期刊有助于研究者了解概念、潜在的陷阱、资料收集的方法，以及解决冲突的技术。一位实地研究的新手应当在开始研究之前阅读大量的田野笔记。此外，实地研究者会发现研读日记、小说、新闻报道、自传和看电影，都有助于熟悉状况与做好进入田野的心理准备。

去除焦点。研究者首先要放空他头脑中的预设观点，并且持一个更宽的视角而不是狭窄的聚焦。然而，一旦研究者社会性地融入了某一场所，就可以开始聚焦自己的研究。**去除焦点（defocusing）**意味着有意识地以新鲜感开始，有高度意识和好奇感，不受假设与预判的影响。它有两种做法。[②] 第一是撒下一张大网，以便看到更广范围的情境、人物和背景——在决定该囊括些什么或该排除些什么之前，先对整个田野背景有一番了解。第二种去除焦点的做法是指不要把自己局限在研究者的角色上。诚如道格拉斯
428 （Douglas，1976：122）所说，把个人经验扩展到囊括严格的专业角色之外的那些经验，是相当重要的。研究者应该走出他们的“舒适区”，在不违反身为研究者的基本承诺下，尽可能多地到田野中去体验。

明确自我意识。一个优秀的实地研究者是一个具有高度自我意识的人。实地研究者需要对自己有所了解，并且对自己的个人经验要有所反省。他可以预期在田野中会出现焦虑、怀疑自己的能力、遭遇挫折和不确定性。尤其在开始的时候，研究者可能觉得他们收集的都是错的资料，而且可能会遇到情感上的波动、孤独和迷茫。他们常感受到自己好像是个双重的边缘人：在田野环境下是个局外人，同时，距离自己的朋友、家庭和其他研究者也很远。[③] 研究者的情绪性格、个人阅历和文化经验的相关性，都使得研究者对自己的局限、个人承诺与内心冲突的了解，变得十分重要（参见下文讨论压力的章节）。正如伊莱瑟夫（Eliasoph）发现，当研究一个乡村或者西部酒吧时，自我意识是必不可少的（见实例方框13.1：在一个乡村与西部酒吧中的实地研究）。

实例方框13.1　在一个乡村与西部酒吧中的实地研究

伊莱瑟夫（Eliasoph，1980）对一个加利福尼亚社区中的几个群体进行了实地研究，以了解美国人是如何躲避政治表达的。其中一个是社交俱乐部。伊莱瑟夫（Eliasoph，1980：270）形容自己是一个“城里来的、穿梭于两岸间的、戴眼镜的犹太人，是具有马克思主义者、无神论者、自由主义者、书呆子、

① 参见Georges & Jones（1980：21-42），以及Lofland等（2006：11-15）。

② Johnson（1975：65-66）曾经对去除焦点做过讨论。

③ 有关边缘化感觉的讨论参见Lofland（1976：13-23）与Shaffir等（1980：18-20）。

空想家和辩论家等一大串名号的博士候选人"。社交俱乐部里的一切对她来说十分陌生。这个名为"野牛"的社交俱乐部，集中在一个名为"希尔拉维多（Silverado）俱乐部"的酒吧中，以乡村和西部音乐为其关注的中心。伊莱瑟夫（Eliasoph，1998：92）是这样描述的：

> 希尔拉维多建在一个大型的、有车辙的停车场上，那儿曾经是一块沼泽地，现在则是一个货车站，离阿马戈（Amargo）镇的核战舰港口有 1.5 英里。海水偶尔冲刷出来的小水沟蜿蜒在林荫路和加油站间。停车场上满是大型四轮驱动汽车，使我的迷你本田车看起来像个玩具……在没有窗户的希尔拉维多里，最初的漆黑被拴在露天舞台后面的一大面"同盟者"旗帜、霓虹啤酒标志和啤酒镜的标准收藏所冲淡，男人们戴着牛仔帽，穿着牛仔衣裤，女人们有着一头卷发，穿着有一层层荷叶花边和粗斜纹棉布的裙子或牛仔裤，扎着背面用亮片绣着她们名字的腰带。

伊莱瑟夫介绍自己说是一个学生。在她做研究的两年中，忍受着烟雾弥漫的房间，价钱昂贵的啤酒和瓶装水，参加了一次婚礼，上了许多节舞蹈课，并参与了数不清的谈话，听到了性别主义者和种族主义者的许多辱骂性的笑话。她倾听并提问题和做观察，然后在洗手间里记笔记。当她与俱乐部成员共同度过几个小时后回到家时，她面对的是一群学院人，他们对于她所研究的人们并不了解。这些人以风趣机智的谈话为中心，力图避免让人感到厌烦。而俱乐部的成员则更多地使用非语言交流，而不是口头交流，无聊，或者坐着无所事事也都没什么大不了的。这项研究迫使伊莱瑟夫去重新审视那些自己曾经认为理所当然的观点和喜好。

田野工作对研究者的自我认同与对事物的看法都会产生强烈的冲击。田野经验可能会改变研究者的人格。有些研究者接受了新的价值、兴趣和道德承诺，或是改变了他们的宗教信仰或政治意识形态。[①] 麦克德莫特（McDermott，2006：161）通过在亚特兰大和波士顿的便利店工作来研究黑白人种之间的关系。她评论道："当我在 Quickie 市场完成了我的工作时，我感觉我是一个非常不同的人。"海亚诺（Hayano，1982：148）根据他从事专业赌博研究的经验评论道：

> 到目前为止，我觉得坐在赌桌旁比坐在学院会议中或是我教课的班上，来得舒适。我的社会生活的重心大部分集中在玩扑克牌上，而且常常，特别是在大赢之后。为了能够花更多的时间在牌局上，我深深感受到想要放弃大学教职的欲望。 *429*

步骤 2：选择地点与获准进入。大部分实地研究发生于一个特定的场所地点。在研究的早期阶段，研究者需要选择田野地点、与其"守门人"处理好关系、获准并进入该场所、扮演某一社会角色、进行一定程度的参与，以及与田野中的成员建立友好关系。

选择地点。实地研究者谈到在某个地点或**田野地点（field site）**进行研究，但这个术语可能会造成误导。这里的地点是指事件或活动发生的情境，即一个社会界定的、界线变动不定的领域。个案、活动或感兴趣的群体可能跨越数个实际的地理区域。例如，大学的橄榄球队可能在球场、更衣室里、宿舍里、集训营内或在外面的某个地方，与人互动。因此，这支球队的田野地点包括上述这五个地方。选择田野地点是个重要的决策，在选择田野地点的过程中，研究者需要记笔记。

你的研究问题会指导你。选择实地研究地点有三个相关因素要注意：资料的丰富性、不熟悉的程度与合适性。[②] 有些地点可能比其他地点更能够提供丰富的资料。如果田野地点中存在社会关系网络、有各种各样的活动，以及随时有不同事件发生，就会提供比较丰富和有趣的资料。刚开始从事实地研究的研究者应该选择自己不太熟悉的田野地点。在一个新的地点，新手研究者比较容易看出文化事件与社会关系。波格丹与泰勒（Bogdan & Taylor，1975：28）说："我们建议研究者选择田野中的主体对他们来说

---

① 参见 Adler & Adler（1987：67 - 78）。

② 参见 Hammersley & Atkinson（1983：42 - 45）以及 Lofland 等（2006：17 - 32）。

都是陌生人的情境，他们对这个情境没有特别专业或专门的知识。”同时，田野研究的初学者可能会害怕完全陌生的社会环境或被它压垮。选出可能的田野地点之后，研究者必须考虑某些实际的问题，像是研究者的时间与能力、田野地点中的人物是否有重大的冲突、研究者个人的性格与感情，以及进入这个地点每个部分的途径。

研究者的先赋特征可能会对研究者对地点的进入造成限制。例如，非裔美国研究者不可能有希望去研究“三K党”或“新纳粹党”徒，虽然有些研究者已经成功地突破先赋特征所设下的限制。[①] 有时“局内人”与“局外人”所组成的团队可以一块合作。例如，局外人道格拉斯与一位局内人成员弗拉纳根组成一个研究团队，一起研究裸体海滩；一个白人与一个黑人合作研究黑人住宅计划。[②]

实际进入某个地点可能是一个问题。地点是个连续体，一端是开放与公共的场所（例如，公共的餐厅、机场的候机室），而另一端则是封闭与私人的场所（例如，私人企业、俱乐部、某人家中的活动）。研究者可能会发现某个田野地点不欢迎他们或不允许他们进入，或是法律上或政治上的障碍限制了他们进入的资格。机构（例如，学校、医院、监狱）的法令规章也对进入的资格设下限制。此外，机构审查委员会可能会在研究伦理上限制实地研究（在第5章有讨论）。

实地研究通常是一个案例研究，但选择一个田野点并不等同于聚焦一个案例研究。田野地点是一个社会活动发生的空间或位置。一个案例是一个类型的社会关系或活动。一个案例可以扩展到一个田野地点的边界之外和链接到其他社会环境。研究者可以先选择一个田野地点，再确定要在其中加以考察的案例。

应对守门人。大多数现场都有守门人把关。**守门人（gatekeeper）**是指拥有某种正式或非正式的权威来掌控他人能否进入田野地点的人。[③] 他可能是站在某个角落的凶汉、某个医院的管理人员或某个企业的老板。非正式的公共场所（例如，人行道、公共等候室）很少会有守门人；正式组织则必须取得权威人士的同意。守门人是一个有正式头衔或是没有头衔的领导者，人们在田野地点中需要遵守他的要求，并
430 且通常需要花费一些时间来判断谁是守门人。（见实例方框13.2：守门人与进入）实地研究者期待有与守门人协商、争取进入田野从事研究的机会。守门人可能无法体会对概念距离或伦理平衡的需求。研究者必须划出不能妥协的底线，以维护研究的真实完整性。如果一开始有许多限制，那么过了一阵子之后研究者通常会再进行协商，而且随着双方培养出互信之后，守门人很可能会忘掉他们最初的要求。和守门人打交道需要伦理上、策略上的灵活机敏。守门人并不关心研究发现，除非这些发现成为别人批评他们的证据。

实例方框 13.2　守门人与进入

在其对芝加哥低收入住房项目中的一个犯罪帮派“黑人国王”的研究中，文卡特斯赫（Venkatesh，2008）发现自己很难进入田野。他详细描述了自己获准进入的方式以及如何幸运地遇到了具有同情心的帮派领袖J. T.——这位帮派领袖不仅是进入帮派活动的关键守门人，也是进入住房项目的关键守门人。作为一名出身于加利福尼亚郊区中产阶级的南亚裔大学研究生，文卡特斯赫天真地带着一堆调查问卷进入了这个项目。面对破旧的高层住宅项目中的极端贫困、危险与日常生活的现实状况，他是毫无准备的。在进入一栋大楼后不久，他就被一帮凶恶的年轻人堵在黑暗、肮脏、散发着尿味的楼梯间里盘问。在

① 犹太研究者曾经研究过基督教徒（Kleinman，1980），白人研究者曾经研究过黑人（Liebow，1967），而成人研究者也曾经与年轻小伙子混得很熟（Fine，1987；Fine & Glassner，1979；Thorne & Luria，1986）。有关实地研究中种族、性别与年龄的角色，也参见Eichler（1988），Hunt（1989）与Wax（1979）。

② 参见Douglas & Rasmussen（1977）和Yancey & Rainwater（1970）。

③ 更多有关守门人与进入渠道的讨论，参见Beck（1970：11-29），Bogdan & Taylor（1975：30-32），Corra & Willer（2002）以及Wax（1971：367）。

J. T. 出场之前，他们误将其当作一名墨西哥裔美国人（及其敌对帮派“拉丁国王”的成员）并似乎准备要伤害他。文卡特斯赫（Venkatesh，2008：17－19）对此写道：

“J. T. 向年轻人瞥了一眼，然后转向了我。‘你不是芝加哥人。’他说，‘你真不应该在这一带穿行。这会受伤的。’他开始向我抛出一些问题……我在那大半个晚上坐在冰冷的台阶上，尽量避免碰到突出的金属碎片。我也想睡个觉，但我太紧张了。”

次日下午，文卡特斯赫带着半扎啤酒回来了。

“‘要啤酒吗？’我说，并扔给他一瓶，‘你跟我说过，如果我想要了解伙计们的生活是什么样子的，就应该和大家一起出去逛逛。’J. T. 没有回答。好几个人难以置信地大笑起来：‘他是个疯子！我跟你说过的！’其中一人说：‘尼格认为他要跟我们一起出去逛！我还是觉得他是个拉丁国王帮派的。’最后，J. T. 开口道：‘好吧。既然这位哥们想要逛逛，’他平静地说，‘那就让他逛吧。’”（Venkatesh，2008：23）

在获准进入田野地点的过程中，文卡特斯赫犯了很多失误与过错，遭遇了严重的人身危险，克服了恐惧与不确定性，并获得了一些神奇的好运气，特别是遇到守门人的好运气。

与守门人打交道是研究者进入田野地点新的层次或新的领域时，会一再出现的问题。此外，守门人也可能会影响研究的方向：“甚至大多数最友善、最合作的守门人或赞助者，都会对研究的执行与发展造成影响。就某种程度来说，民族志作者会被卷入已有的朋友-敌人圈子、既有的势力范围，以及与此相应的界限。”（Hammersley & Atkison，1983：73）在有些田野地点，守门人的同意可能会造成某个污点，而阻碍了成员的合作。举例来说，如果监狱中的犯人知道典狱长批准研究者进入监狱做实地研究，他们可能会表现出不合作的行为。

进入和获准的策略。进入或获准进入田野地点的过程，通常取决于常识判断与社交能力。田野地点通常有不同的层级或领域，不论进入的是哪个层级或领域，都会面临有待解决的问题。进入就好像剥洋葱一样，剥开一层又有一层，而不像打开一扇大门。而且，进入的协定与承诺不见得总能得到保证。研究者需要有退出的计划，或日后回来重新协商的准备。由于研究的特定焦点可能在研究过程后期才浮现出来，或到了研究后期有所改变，所以研究者最好尽可能避免在某些特定层面上，被守门人阻拦住。

我们可以把进入田野与获准进入想象成一个**逐渐进入的阶梯（access ladder）**（见图 13.2）。研究者都 431
是从最底层的阶梯开始，因为这层的进入权最容易取得，而位于这层阶梯的研究者只是收集公开信息的局外人。下一级阶梯需要更高层级的进入许可。它发生于在场的严谨观察开始之后。一旦开始进入田野地点进行观察之后，研究者变成被动的观察者，不再询问成员说了些什么，但是你应该缓慢地渗透进他们的社会生活。利用在田野里的时间，研究者观察可能较为敏感的特定活动，并且针对其所见所闻寻求成员的澄清解惑，但要达到这个层级较为困难。最后，研究者可能试图去塑造某个互动过程，以便从中获得特定的信息，或是设法查看敏感度较高的资料。这是阶梯中最高的一个层级，很少有研究者能够达到这一层，要走到这一层必须获得最高程度的信任。[①]

扮演社会角色。你在日常生活中扮演许多社会角色——女儿或儿子、学生、顾客、运动迷等，并且与他人维系社会关系。对于有些角色，你可以进行选择，而另一些角色则是早已为你构造好了的。几乎没有人能选择扮演儿子或女儿的角色。有些角色是正式的（例如，银行出纳员、警官），其他的角色则是非正式的（例如，调情者、年长公民和哥们儿）。你可以转换角色，扮演多重角色、用某种特别的方式来扮演某个角色。

实地研究者在田野中拥有两种角色。一种是在田野地点中的社会角色（如顾客、患者、雇员），另一种是田野研究者的角色（将在下文讨论）。哈林顿（Harrington，2003）指出，一个田野研究者的成功取决于他有多么熟练地协商象征性的互动过程，例如展现自己或扮演社会角色。哈林顿（Harrington，

---

① 改写自 Gray（1980：311）。也参见 Hicks（1984），以及 Schatzman & Strauss（1973：58－63）。

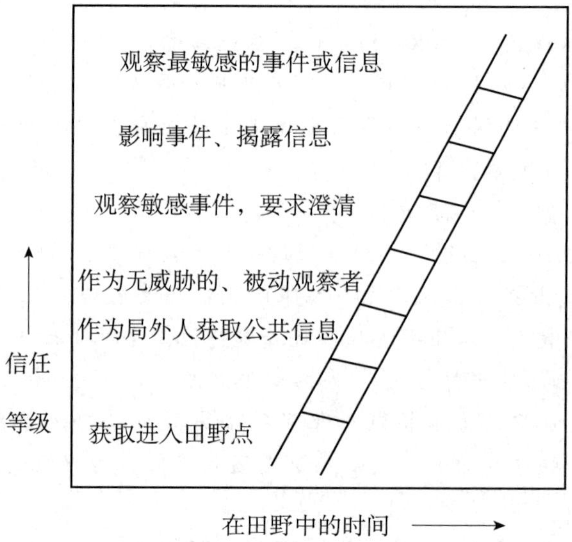

图 13.2 逐渐进入的阶梯

2003：609）观察到：

> 研究者进入田野需要面对的不仅是参与者，还有参与者先前的对世界的认知分类，这种分类将会应用于研究者，作为一种获得身份的方式，并且想出如何与他们互动的方式……研究者必须在某种程度上不对当地成员的身份产生威胁。

你必须就先前存在的社会角色进行交涉，这些社会角色属于更早的田野互动范畴。这些分配的角色和你在田野中的表现会影响你进入的难易程度，也关系到你能否成功发展出社会信任和安全合作。一些现成的角色提供了进入田野地点内所有区域的途径，提供了观察及与所有成员互动的能力，提供了四处活动的自由，提供了平衡研究者与成员各自需求的方法。有时，研究者创造一个新的角色或修正某个现成的角色。举例来说，法恩（Fine，1987）在研究青春期之前的男孩时，构造了一个“成年朋友”的角色，并且在扮演这个角色时几乎不带一点成人权威。通过这个角色，他能够观察到青少年文化与行为中的许多部分，而那正是在正常情形下观察不到的。选择扮演某个田野角色要花些时间，而且研究者有可能随着时间的流逝而扮演数个不同的田野角色。

研究者能够选择的田野角色受到先赋因素与体型外貌的影响。研究者可以改变一部分的外貌，例如，
432 衣着服装与发型，但无法改变先赋特征，例如，年龄、种族、性别和吸引力。尽管如此，这些因素在取得进入田野的路径时很是重要，而且还会对研究者能够扮演的角色设下限制。格尼（Gurney，1985）报告说，身为女性，在男性主宰的环境下，需要额外的协商与“激烈的争取”。尽管如此，她的性别给予她不少洞识，并且创造了男性观察者所无法创造出来的情况。

因为许多角色对于不同性别来说情况不同，所以性别成了一个重要的考虑因素。当环境被认为是危险黑暗的、由男性控制的（例如，警察、消防队员的工作）时，那么女性研究者常会遇上较多的困难。她们可能会遭遇回避，或被限制在性别刻板印象（例如，“可爱的小孩”“吉祥物”“喧哗者”）的框架之中。男性研究者在男性控制的、常规性与行政工作的田野场所（例如，法院、大型办公处所）常遇到更多的问题。在女性主宰的田野场所中，男性研究者可能不被接受。在两性都有涉及的场所，男性与女性研究者都有可能进入并获得接受。[①]

---

① 更多有关先赋地位（特别是性别）的讨论，参见 Adler & Adler（1987），Ardener（1984），Ayella（1993），Denzin（1989：116－118），Douglas（1976），Easterday 等（1982），Edwards（1993），Lofland 等（2006：22－24），以及 Van Maanen（1982）。

就接触田野地点的各个层面而言，几乎任何一个角色都有其限制。例如，酒吧中服务生的角色限制了他与顾客间亲密的行为，或是对聚集在其他角落的顾客观察的机会。实地研究者在选择角色（或指定角色）时相当谨慎，不过他也知道所有的角色都有得有失。

大部分的社会场景包括派系、非正式团体、层级和敌对双方。某个角色会使研究者获得某个派系的接受或排斥，使他作为权威人士而受到礼遇或是被视为任听指挥的下属，被某些成员当成朋友或当成敌人。研究者知道，通过扮演某个角色，他可能结交到有助于研究进行的朋友，也可能树立了会阻碍研究进行的敌人。

危险或高风险是某些情境（如警察的工作、暴力犯罪团伙）的一方面特征，还会影响社会角色。你应该意识到安全风险，通过这种意识，决定你愿意做的事。一些观察者认为实地研究者应该分担情境中的风险，以了解它和它的成员。例如，韦斯特马兰德（Westmarland，2000）认为一个实地研究者只有接受警察的建议，在冲进一个暴力犯罪现场时穿上安全背心才能躲避子弹。承担风险意味着一些研究者可能会差点出事或是受伤。

除了物理伤害之外，你可能还会面临法律或经济风险，你在田野中的行动可能会摧毁你的职业和声誉。研究某些情境（例如，精神病院、治疗中心、战区）可能会使研究者产生情绪性心理不适以及摧毁研究者的内心幸福感。对于研究高风险情境的实地研究者，例如研究市中心的毒贩，本书为其提供了一些保证安全的建议（见拓展方框 13.3：在不安全的情境中保证安全）。

拓展方框 13.3

在不安全的情境中保证安全

1. 第一印象很重要，选取一种个人风格，并在该情境中举止得当。
2. 了解“市井生活”并与之一致，不要在穿着或举止上过于像一个外来者。
3. 介绍你自己，你是谁，以及你为什么来这儿。
4. 搜寻物理环境中有明显标志的危险情况（例如，似乎要塌陷的楼梯、似乎要坍塌的屋顶）。
5. 保持警觉并做好准备，以在面对可能的危险状况（遇到偏执狂、性侵犯、抢劫、偷窃、枪击、警察袭击以及逮捕）时能够迅速反应。
6. 找一个“保护人”（意思是找到情境中的一个权势人物，同他在一起能够让其他人对自己产生强烈的信任感，同时他会提供语言/行动上的保护）。
7. 建立一种自信的思想状态，不要看起来像个受害者。过分胆小的行为会招致攻击。
8. 具备“第六感”，用谨慎的态度和常识来判断变化的状况。储备一些钱以备万一。
9. 建立一个“安全地带”，由那些你信任并感觉相处较好的、接纳你的人组成。
10. 如果感觉不适，最好离开该情境，下次再来。性侵犯或强奸的威胁，往往是女性研究者会担心的一个实际问题，必须慎重对待。

资料来源：Adapted from Bourgeois (1996), Lee-Treweek and Linkogle (2000), and Williams and Dunlap (1992).

进行一定程度的参与。我们可以通过参与的程度来安排研究角色。一种极端是在外部研究，而另一种极端是完全在内部研究。一些学者发展了这种系统以讨论研究角色问题（见图表 13.1）。 433

图表 13.1　实地参与

江克（Junker，1960；Denzin，1989；Gold，1969；Roy，1970）描述了四个研究人员角色：
1. 纯粹的观察者。研究人员在一个单向镜的后面或是一个“看不见的角色”，如窃听门卫。
2. 作为参与者的观察者。研究人员从一开始就被知晓，但是接触有限。
3. 作为观察者的参与者。研究者是公开的，并且是田野中某成员的亲密朋友。

续前表

4. 纯粹的参与者。研究者作为一个成员和内部共享秘密信息。

甘斯（Gans，1982）提供了一个类似的方案，但他将中间的两个类别更改成了参与研究者。他强调了每种等级的参与或分离的联系/情绪的程度。

阿德勒和阿德勒（Adler & Adler，1987）提出三种角色：

1. *外围成员*。研究者在他的信仰或不适感的基础上研究情景限制，并在他自己和田野成员之间保持距离。

2. *积极成员*。研究人员承担田野内成员的角色，并通过一个典型角色的介绍成为一个田野内成员的参与者，保持高水平的信任，并且周期性地退出田野点。

3. *纯粹成员*。研究者将成为一个完全忠诚的成员，面临着同样的情感的人。他“入乡随俗”，离开现场和回到一个研究者的身份是极其困难或不可能的。

你参与的程度将取决于你在田野中与成员的协商、田野环境的特点与你个人的舒适程度以及你在这一田野地点中所扮演的社会角色。你也许会在田野中从局外人发展为局内人。每种参与的程度都有它的优势与弊端。不同的田野研究者也会安排不同的参与程度。例如，一些人批判阿德勒（Adler，1978）的完全参与使其丧失了研究者视角。他人则认为这是理解田野中成员的社会世界的唯一途径。

极端的在田野地点外部研究的角色可以节省成员接受的时间、产生更少的问题，有时可以帮助研究者打开视野。这种角色具有联系功能并且可以保护研究者的自我身份认同。梅（Rueben May）在研究特雷娜（Trena）的酒吧时，在18个月里扮演这种角色，一周去三四次。梅（May，2001：174）这样说：“我的目标是作为一个民族志研究者去记录特雷娜的日常生活方式和规则，越不显眼越好……我花了很多时间去倾听顾客的话语和他们认为重要的话题。”即使这没有消极的风险（参见接下来要讨论的主题），但这种作为局外人的研究不可能像局内人的体验那样有深度，并且很有可能会产生错误的解释。

434 许多学者拒绝外部观察者的角色并且认为获得对田野内成员理解的唯一方式是加入他们，参与到实地情境之中。霍利（Holy，1984：29-30）观察到：

> 研究者不参与到调查对象之中是为了观察他们，但是当完全参与到他们的生活之中时却无法进行观察……通过与研究对象共同生活来进行研究……在调查对象的社会生活中主动参与可以分享同样的意义……这种情境下的调查意味着对被研究的文化的社会化。

极端地参与到内部的角色可以分享成员的生活经历。它帮助你完整体验社会成员的亲密生活世界。尽管如此，缺乏一定的距离、对成员过分同情或过度参与的研究是有一定风险的。读者会对你的报告产生疑问，收集资料很困难，对你自己的冲击可能是巨大的，并且你可能会缺少完成一个严谨的资料分析所要求的一定的社会距离。①

建立关系。研究者想要一进入田野就开始建立关系。在某种程度上，要做到这一点，只需要简单地与田野成员一起相处并需要一定的时间、韧性与开放心态。为了与田野成员建立密切的关系，研究者要与田野成员培养友好的关系，共享相同的语言，与田野成员一起欢笑、一起流泪。这是获得对成员的了解，进而超越了解达到同理心即从另一个人的视角来观察与体会事物所要迈出的一步。

建立友好关系并不总是那么轻而易举。社会世界并不全都是和谐的、充满了热情与友善的人们。环境中可能包括了恐惧、紧张和冲突。可能有不开心、不值得信任或不诚实的成员。他们可能会做一些打扰研究者或让研究者觉得恶心的事。有经验的研究者会准备好面对一系列的事件或关系。然而，他们会发现不可能介入田野中的每个角落和与每一位成员都发展出亲近的关系。对于那些无法形成合作、同情

---

① Roy（1970）根据他对美国南部组织工会的研究，极力主张推出一个“Ernie Pyle”的角色。这个角色是以第二次世界大战时一位战地记者的名字起的，研究者“跟着部队”就像一位参与观察者一样。Trice（1970）讨论过身为局外人的好处。Schwartz & Schwartz（1969）针对参与者观察与不同角色的效果提出了一份非常有价值的讨论。

和共事的场景，研究者需要掌握不同的技巧。[1] 同时，研究者也有可能就此接受了他们所见所闻的表面意义，但并没有因此而受骗上当。诚如沙兹曼与施特劳斯（Schatzman & Strauss，1973：69）所说："研究者'什么都信'，同时也'什么都不信'。"

步骤3：应用策略。 一旦你处于一个田野地点，你需要很快应用一系列策略：协商、使社会研究平常化、决定多大程度的透露、聚焦和抽样、承担陌生的态度、关注社会故障和应对压力。

*协商。*社会关系是协商出来的，而且形成于田野过程之中。[2] 研究者需要和田野成员进行协商，直到发展出稳定的关系，新成员才能够进入田野地点、培养信任、得到资料，并减少敌对反应。研究者预期会展开一次又一次的协商，并一遍又一遍地解释他们正在田野中做什么。接触越轨者群体与精英通常需要特别的交流，才能获得进入的资格。例如，为了接触越轨亚文化，实地研究者会动用私人的交情，接触处理越轨者的社会福利机构或执法机构、刊登广告征求志愿者、提供某项服务以获取接近他们的途径（例如，咨询），或是前往有越轨者游荡的地区，然后加入某个越轨者群体。例如，哈珀（Harper，1982）加入身无分文的滑板团，与了解街头生活的流浪汉为友，以取得接触这些人的途径。巴特（Bart，1987）表示，身为女性主义活跃分子的出身背景与非专业的举止，是使她能够进入一个非法女性主义堕胎诊所的基本条件。麦克德莫特（McDermott，2006：160）说：

> 因为我在卡罗来纳州的南部长大，并且曾在当地的便利店当雇员，所以我能适应亚特兰大的生活。我可以说当地话并且很轻松地理解当地人的口音，事实上，我们需要穿制服……意味着我适应所有人，着装也是如此。[3]

在发展出当地的社会关系后，你应该在数个月或数年内保持这段关系。接近精英或专业人士常要靠运气或私人关系。[4] 霍夫曼（Hoffman，1980）动用她家人的关系，并且通过要求进行访问的私人推荐信的方式，取得接触董事会有钱人士的机会。丹齐格（Danziger，1979）因她的父亲是一名医生而得以接触到医生的活动。约翰逊（Johnson，1975）之所以能够进入一间社会工作机构，是因为他提到该机构中的 435
某某人是他太太的朋友。

*使社会研究平常化。*实地研究者不仅观察和调查田野成员，同时也被田野成员所观察和调查："当田野工作者开始研究他人之时，他人也开始了他们对田野工作者的研究。"（Van Maanen，1982：110）诚如韦克斯（Wax，1979：363）所说，田野工作不是一个孤立的个人所从事的研究成果，而是田野中每一位成员所共同创造出来的作品。在公开的实地研究中，刚开始时成员通常对研究者的存在感到十分的不自在。他们大多对实地研究没有什么概念，分不清楚社会学家、心理学家、咨询人员和社会工作者的差别。他们可能把研究者当作外来的批评人士、间谍，要不就是当成救世主或无所不知的专家。

不隐藏身份的实地研究者必须使**社会研究平常化（normalize social research）**，即协助成员重新界定社会研究，使他们对社会研究的认识从一无所知和有点害怕，转变到懂得社会研究是平常的和可以预期的。他们可以通过以下方法帮助成员适应社会研究：讲述他们自己的经历，随时间推移一点一点地解释研究计划的内容，表现得没有威胁性，容忍情境中的一些轻微越轨行为（例如，轻微违反官方规定的行为）等。[5] 举例来说，在一次有关社工人员的研究中，当社工人员发现约翰逊（Johnson，1975：99-104）能够接受他们的一些轻微越轨行为（例如，提前离开工作岗位偷跑去游泳），并且听他说他认为其他社工人

---

① 参见 Douglas（1976），Emerson（1981：367-368），以及 Johnson（1975：124-129）对研究者是否始终应该保持耐心、礼貌、体贴的问题所做的讨论。

② Gans（1982），Johnson（1975：58-59，76-77），以及 Schatzman & Strauss（1973：22-23）都讨论了田野中的协商问题。

③ 进入以及取得进入越轨团体的田野渠道在 Becker（1970a：31-38），Hammersley & Atkinson（1983：54-76），Lofland（2006：30-47）以及 West（1980）的论述中都有讨论。接近精英人士的渠道则在 Hoffman（1980）中有所讨论。

④ 参见 Lofland（2006：22-25）。

⑤ 关于"平常化"的讨论，参见 Gans（1982：57-59），Georgas & Jones（1980：43-163），Hammersley & Atkinson（1983：70-76），Harkens & Warren（1993），Johnson（1975），以及 Wax（1971）。Mann（1970）讨论过如何告诉成员关于研究者角色的问题。

员也在做这类事之后，就接纳了约翰逊。同事们在麦克德莫特（McDermott，2006）抓住了扒手和同意在便利店独自值夜班后接受了她，这证明了她很坚韧，并且她不害怕“平凡的、费力不讨好的工作”。

另一个使社会研究平常化的方法，是用成员听得懂的方式向他们解释什么是社会研究。诚如法恩和格拉斯纳（Fine&Glassner，1979）以及勒马斯特斯（LeMasters，1975）发现的那样，有时，让成员知道他们会被写进一本书里去，会是相当有效的做法。勒马斯特斯对威斯康星州一间街坊酒店进行研究时，他成了该酒店五年来的常客，一星期有好几个夜晚他都会待在该酒店里。勒马斯特斯（LeMasters，1975：7）是这样说明他是如何向成员解释他在做什么的：

> 开始的时候，我扮演顾客的角色，不过是一个喜欢喝酒与打撞球的人。最后很难再撑下去，因为我花在酒店的时间开始引发问题。后来我才知道，有些常客认为我一定是州政府酒类酒品委员会派来的间谍……当我在酒店被问到为什么会来到店里时，我提出了下面这个立场：社会学家必须要对美国社会的各个层面都有所了解，才能做个好老师。而且我发现绿洲酒店里的男男女女有助于我了解蓝领劳工对美国社会的感受，以及我对经常接触到的都是白领工作者感到厌烦，而在酒店内所接触的人、事物则令我有新鲜感。以上的陈述句句属实。

透露的策略。研究者必须决定要透露多少关于他自己与研究计划的事。透露一个人的生活、爱好、兴趣和背景，可以建立信任与亲密的关系，但是研究者也将因此而丧失隐私权，此外他们还需要保证研究焦点绝不脱离田野中发生的事件。

透露是个连续体，一端是完全隐秘的研究，田野中没人知道有人正在进行某项研究；而另一端，所有人都知道研究计划的具体内容（参见第5章中的秘密研究）。透露的程度与时机全靠研究者的判断与当时情境下的特殊情况。研究者越是感到安全，他便越可能有所透露。

除非有很好的理由，否则研究者应该将研究计划透露给守门人，或让其他人士知晓。即使在上述不利情况下，研究者也可以透露自己的研究者身份，但他可以表现出顺从、无害，并且对无威胁性的问题感兴趣（参见下文“可接受的不胜任者”）。麦克德莫特（McDermott，2006）讲述了一个隐藏的故事，她想研究工人阶级经济重组的影响，但是没有透露她真正的兴趣在种族态度这个议题上。麦克德莫特（Mc-
436 Dermott，2006：36）陈述道：“如果我在一开始就说明了自己研究的真实目的，那么将很有可能会影响资料的效度……”她向与她一起工作的人进行了汇报，并且在她离开的时候揭露了她研究的真正目的。

在你选择了一个田野地点并且获准进入后，你必须学习一些窍门，并且与田野成员一起发展这些窍门，在田野中扮演一个角色，并且要维持社会关系。在面对这些问题之前，你应该问：我将如何展示自己？成为一个“测量仪器”对我意味着什么？我应该如何承担一个“陌生人的态度”？

人们或明或暗地把自己呈现在他人面前。通过体貌特征、言谈举止，我们向他人展示我们是谁，我们是哪一类人，或是想要成为什么样的人。自我呈现传递出一个象征信息。它可能表示“我是个严谨勤奋的学生”，“我是个热诚关怀别人的人”，“我是个冷静的家伙”或“我是个反叛者和党派动物”。同时呈现许多个自我是有可能的，自我的呈现有可能因场合的不同而有所差异。

实地研究者对于如何在田野中呈现自己，保持高度的自觉。举例来说，在田野中该穿些什么？最好的做法是在尊重自己的同时也尊重被研究者。不要过分讲究穿着，以免冒犯到他人或过分显眼，但是也不必老是模仿被研究者的穿着。一位研究街头游民的教授不必要穿得和游民一模一样，也不必表现出和游民一样的言行举止。非正式的穿着与举止就够了。同样，当研究企业行政主管或高层政府官员时，研究者需要穿比较正式的服装，表现出比较专业的举止。[①]

研究者必须知道，自我呈现在某种程度上会影响田野关系。然而，诚实通常是最好的对策。一个人很难表现出一个完全不符实的自我，或与真正的自己相差极大的自我。

---

① 更多有关田野情况下的角色问题，可参见 Barnes（1970：241－244），Emerson（1981：364），Hammersley & Atkinson（1983：88－104），Warren & Rasmussen（1977），以及 Wax（1979）。关于衣着服装，参见 Bogdan & Taylor（1975：45）以及 Douglas（1976）。

举例而言，保持自己本来面目、告知自己是犹太妇女的个人背景，使得迈尔霍夫（Myerhoff，1989）得以进入犹太老人之家，并与院中的老人们发展出友好的关系。同时，她对自己身为犹太人的了解与认识，也因田野互动而有所改变。斯塔克（Stack，1989）开始时是个局外人，一个研究低收入黑人工业社区的白人妇女。最后，她被她所研究的妇女接受，发展出了类似亲人的关系。为她取的小名“白人加罗琳”（White Caroline）就是接纳与亲密的表示。她常做些小的恩惠行为，诸如：驾车载人到医院、社会福利中心，或是载他们去购物，探望生病的小孩，等等。她有这番成就是通过她与其他人互动的方式办到的——她的开朗及她乐意与他人分享她的感情。虽然安德森（Anderson，1989）是黑人酒吧中的一个黑人，但他发现社会阶级是个障碍。场景是芝加哥南端贫穷的黑人社区中的一家街角酒吧和酒类零售店。安德森发展出赢得他人信任的社会关系，并且颇受“照顾”。这发生在当他结交上“赫尔曼”这个朋友之后，那是个机智聪颖、很好相处的人，是在这个地盘上交友广阔的万事通。安德森成功“扮演一个低调、无足轻重的角色……不去破坏这类场景下对社会秩序共同的定义”（Anderson，1989：19）。

*聚焦和抽样。*一旦进入田野，研究者先有一个大致的图像，然后再把焦点集中在少数特定的问题或议题之上（见图 13.3）。[①] 研究者只有在田野中生活过一段时间、亲身体验后，才会决定聚焦在哪些特定的研究问题上，发展出相关假设来。刚开始的时候，似乎所有的事件都有关；但过上一阵子，研究者就会选择性地把注意力集中在某些特定的问题与主题上。

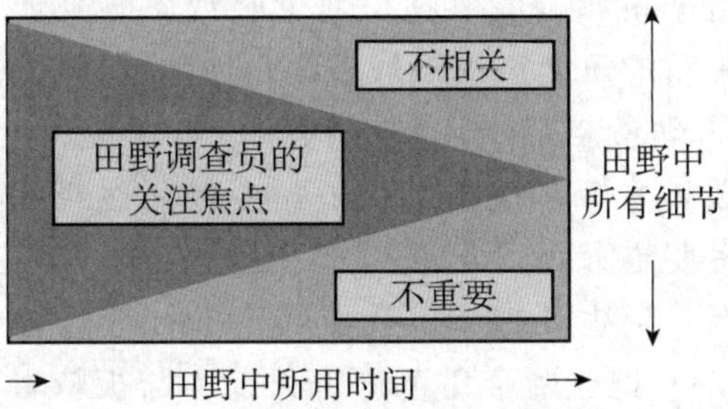

图 13.3　田野研究聚焦

实地研究的抽样不同于调查研究，虽然有的时候两者都使用滚雪球抽样法（见第 8 章）。[②] 关于新娘送礼会的研究就使用了滚雪球抽样法。在实地研究中，我们经常使用理论抽样，它受到研究者正在发展 437
的理论的指导。实地研究者针对时间、状况、事件类型、地点、人物类型或感兴趣的情境进行抽样。

麦克德莫特（McDermott，2006）在一个工人群体中抽样，混合了波士顿的相邻种族和亚特兰大的一个种族，因为她想比较北部城市和南部城市的条件。为了充分了解情境是如何保持不变和改变的，研究者可以观察在不同时间里的某个情境：在一天的所有时间、一星期内的每一天，以及一年四季，他们都能进行观察，据此获得对田野场景情况变与不变的整体感受。进行时间抽样时，最好是选取重叠的时段（例如，抽样的时间为早上 7 点到 9 点、8 点到 10 点、9 点到 11 点等）。

研究者之所以进行地点抽样，是因为完全集中在一个地点，可能有了研究的深度，但得到的却是个狭隘的观点。坐在或站在不同的地点有助于研究者获得对整个场景的感觉。例如，学校教师间的交往行为常发生在教师休息室里，但也可能发生在教师们聚集的酒吧里，或在举行临时教师会议的教室里。此外，研究者也会因追踪成员的路径而进入不同的田野地点。

实地研究者进行人物抽样，是将自己的注意力集中在不同的人物上，或与不同的人物（前辈与新人、老人与年轻人、男人与女人、领导者与追随者）进行互动。正因为研究者要区分不同类型的人，或面对

① Lofland（1976）以及 Lofland 等（2006）对锁定焦点有一番非常有价值的讨论。Spradley（1979b：100－111）也有不错的讨论。

② 关于实地研究的抽样问题，参见 Denzin（1989：71－73，86－92），Glaser & Strauss（1967），Hammersley & Atkinson（1983：45－53），Honingmann（1982），以及 Weiss（1994：25－29）。

持对立看法的人，他就要试着与所有类型的人物都有所互动并进行了解。

例如，研究者抽样选出三种田野事件：常规的、特殊的和非预期的。常规事件（例如，开店做生意）每天都会发生，不要因其常规性而认为它们不重要。特殊事件（例如，公司年度聚会）是事先计划、公开发布的。这类事件集中了成员的注意力并且会展现采用其他方式无法观察到的社会生活层面。非预期事件是研究者在场时突然发生的事件（例如，当管理者生病，一天无法监督店内的劳工，就出现了没有上司督导的员工）。在这些事件中，研究者看到了某些不寻常的、未事先计划好的、很少有机会看到的事。

陌生的态度。人们很难察觉自己很熟悉的事物。我们所居住的日常世界充满了数以万计的细节。如果我们总是注意每一件事，我们将会因为负荷过多的信息而深受其苦。通过忽略周遭大部分事物，以及依赖习惯性思考，我们才能应付过去。不幸的是，我们无法从熟知中辨别差异，总是假设他人感受的现实与我们的并无二致，故倾向于认为我们自己的生活方式是自然的、正常的。对熟悉事物的“盲点”导致在熟悉的环境中进行实地研究并不容易。事实上，“对自己文化的深切了解，不仅使人们产生洞识，而且也制造盲点”（McCracken，1988：12）。通过研究其他文化或亚文化，关于什么是重要的、怎样做事情，研究者会遇到截然不同的假设。这种文化冲撞或称文化震撼，有两方面好处：一方面使研究者比较容易认清文化要素，另一方面有助于发现自我。

实地研究者利用**陌生的态度（attitude of strangeness）**来获得这两种好处。陌生的态度意指质疑与留意一般细节，或通过陌生人的眼睛来察看一般事物。陌生感帮助研究者克服观察一般事物细节所必须面对的烦琐无聊，有助于研究者使用新的角度审视一般事物，使他看到成员平常不易察觉的层面。

人们很少能够意识到自己视为理所当然的习惯。例如，当某人送给我们一份礼物时，我们会道谢，并对这份礼物赞美一番。相反，送礼习俗在许多文化下，还包括抱怨礼物不够。陌生的态度有助于使默认的文化清楚可辨，例如，送礼者期望听到“谢谢”与“这份礼物真好”，否则就会感到泄气。实地研究者同时采取陌生人与局内人的观点。陌生人把事件当成特定的社会过程看待，而局内人则把事件看成自然而然的事。戴维斯（Davis，1973）把这两个角色称为火星人与皈依者。火星人认为所有的事物都是陌生新奇的，质疑所有的假设；而皈依者则接受每一件事，一心想要成为信徒。研究者同时要有这两种观点，以及迅速转换这两种观点的能力。[①]

438 陌生感也会鼓励研究者重新思考他们自己的社会世界。完全沉浸在不同的背景之下，能够破除思想与行为上的旧习惯。面对不熟悉的状况时，不论遇到的是不同的文化，还是从陌生人的眼光来审视熟悉的事物，研究者都会发现这时进行反省与自省不但变得较为容易，而且进行得也较为深入。

关注社会故障。**社会故障（social breakdown）**发生在两种文化传统或社会假设无法弥合的情况之下。故障凸显社会意义，因为故障发生时，平日所隐藏的期望与假设变得清楚明白。这个情况下常出现误解或不知所措，因为可以适用多个潜在的社会规则。举例来说，我走进一家餐厅，坐好，等服务生来提供服务。等了20分钟后，还没有见到服务生来服务，我就有气了。我环顾四周，看不到任何一个服务生。我看到顾客从另一扇门进来，手里拿着自己的食物，方才了解是我弄错了。我潜在的期待是这是一家提供服务生到桌边点菜服务的餐厅；事实上，这是家要求顾客到柜台自行点菜、拿取食物的餐厅。一旦我了解了适用于这个情境的规则，我就可以解决这个故障。

故障会造成尴尬是因为弄错文化意义会使人看起来愚蠢、无知或没有教养。举例来说，你接到一张8点赴会的邀请函。你穿上你惯常的服装——旧牛仔裤加上皱毛衣。宴会8点开始，你迟到了：8点半才到达。门是开的，所以你就走了进去。结果你大吃一惊，发现每个人都穿着正式地坐在餐桌前，而晚餐早在30分钟前就已经开始了。所有的人都瞪着你，你觉得无地自容。你的文化期望（这是个非正式的学生聚会，会中有吵人的音乐声，有人跳舞、喝啤酒，以及穿非正式的服装）并不符合这个情况（这是个正式的晚宴，来这里的人都准备用餐、进行高雅的谈话、表现出专业的形象）。这项故障使“所有的人都知

---

① 参见 Gurevitch（1988），Hammersley & Atkinson（1983），Schatzman & Strauss（1973：53）对实地研究中“陌生性”的讨论。

道”或都假设的、未曾明说的社会规则变得十分明确。

故障可能是未预期的，也可能是为了检验行动假设刻意制造出来的。就像常人方法论者的破坏实验，研究者可能以违反社会规则的方式来证明默认规范的存在及其重要性。研究者观察没有事先计划的故障，或是制造微型社会故障来观察人们的反应，以便明确地指出其中隐含的社会期望。

应对压力。田野工作可以令人感到收获丰富、振奋雀跃和充实满足，但它也可能会是相当困难的：

> 田野工作当然是属于那种独树一帜、不一致程度较高的活动。它经常是不方便的，至少有时会造成身体上的不舒适，常令人感到尴尬，甚至就某种程度来说，总是让人觉得很紧张。（Shaffir，et al.，1980：3）

新的研究者会遭遇尴尬窘境，体验到不适，会被田野中的繁杂细节“吞噬”。举例来说，备受尊崇的实地研究者韦克斯（Rosalie Wax，1971）在她研究第二次世界大战期间美军为日裔美国人变动军营位置的报告中说，她忍受着 48.9℃的高温、污秽肮脏的生活环境、痢疾和蚊子所带来的不适。她感到孤立无助，哭过好几次，而且下意识地不断进食以致重了 30 磅。进入田野后的数个月中，她觉得自己是完完全全的失败者，她不被成员信任，还和营地的行政人员打了起来。

维持某个“边缘性的”地位要承受相当大的压力，特别是当研究的背景充满了极端情绪时（例如，政治竞选活动、宗教皈依），要做个不涉入的局外人是相当困难的。田野工作的寂寞和孤立无援与建立友善和互通情感的愿望结合在一起，造成研究者过度投入。研究者可能**入乡随俗（go native）**，抛弃专业研究者的角色，而成为被研究团体的完全成员。或者，研究者可能觉得在成员消除戒备之心时，获知其隐私细节令他充满了罪恶感，因而促使他过度倒向成员的一边。[①] 就像文卡特斯赫（Venkatesh，2008：176－ 439
177）在他的芝加哥帮派研究中评论的那样：

> 我开始觉得精神上有些分裂，即使我是研究项目中的一员，但有时我发现自己说话的不同方式——在海德公园的另一个背面。我发现我对于一种完全的社会科学领域感到愤怒……我感觉其他学者仿佛生活在泡沫之中……我没有将我的挫败分享给我的女朋友、室友和我的朋友——他们中的大多数是我完全的支持者——我仅仅自己保存了这些经验，我感到难堪。事实上，我有时会为这个团伙和他们的暴力行为辩护，或是对项目条件浪漫化……我变得安静和沉默。我的学生甚至一些同事认为我不好接近。谣言流传我太有野心、太冷漠。但是我只是认为必须和他们一起生活。

实地研究中经历某种情感压力是无法避免的。与其压抑情感反应，实地研究者不如敏锐地观察自己的情感反应，可以通过写日记、做心情记事和内心感觉记录，或是向田野地点外的有同理心的朋友诉说告白等方式，来应对实地研究的紧张与压力。[②]

步骤 4：维持关系。当你在田野中维持关系时，你需要使用很多社会策略和技能。

调整和适应。实地研究者随着时间的推进，发展并修正社会关系。刚开始显得冷漠的成员后来可能变得充满热情。他们也可能一开始表现得非常友善，而稍后才表现出担心和疑惧。研究者置身于一个非常微妙的位置。计划初期，对田野地点上的一切事物尚未充分了解的时候，研究者不会与成员形成亲密的关系，因为情况可能有所变化。然而，如果他真的交上了亲密的朋友，他们可能会成为盟友，为研究者辩护、帮他争取获准进入。

实地研究者要掌控自己的行为或外貌对成员的影响。举例来说，某位外形颇具吸引力的研究者与异性成员的互动可能会招致冲突、挑逗和嫉妒。研究者对此类田野关系要有所认识，并且学会处理它们。[③]

除了培养社会关系之外，实地研究者也要能够中断这些关系，或从这些关系中退出。要想培养与其

---

① 参见 Gans（1982），Goward（1984b），以及 Van Maanen（1983b：282－286）。

② 参见 Douglas（1976：216）与 Corsino（1987）。

③ 有关异性访谈所牵涉的紧张关系，参见 Warren & Rasmussen（1977）的讨论。

他人的关系，或是探索田野环境的其他层面，可能需要中断与某个成员的关系。随着友谊关系的结束，退出所带来的情感伤痛可能对研究者与成员都会产生重大的影响。研究者必须在社会感受与研究目标之间寻求平衡。

魅力与信任。实地研究者需要用社交技巧与个人魅力来建立友好关系。信任、友善和受欢迎，不但能够促进交流，而且有助于研究者了解其他局内人的感受。没有任何奇门怪招可以达到这个效果。对他人表现出真诚的关心、兴趣、诚实和分享感受是不错的策略，但这也不是十分简单的，这要根据特定场景和成员而定。你的行为举止应该是无威胁的，尽可能地适当、温暖、友好。

许多因素会影响到信任与友好关系：研究者如何呈现自己，研究者选择扮演的田野角色，以及田野中所发生的具有鼓励、限制甚至无法取得信任的事件。信任不是一次就能获得的、永久有效的东西。它是个逐步发展的过程，是长时间经过许多社会细节逐渐建立起来的（例如，个人经验的分享、讲故事、姿势、暗示、面部表情）。它不断地被重新创造，而且一旦建立起来之后，失去它比建立它似乎更为容易。建立信任很重要，但是有了信任并不保证所有的信息都会透露给你。信任可能局限于特定的领域。举例来说，在有关金钱事务上建立起信任，并不表示会透露给你有关亲密约会行为的信息。可能在不同的调查领域上，研究者都需要重新创造信任感，而且还需要经常不断地肯定与确认。

有些成员可能不是那么大方、乐于合作。**冷脸迎人（freeze-outs）**者是指那些表现出不合作态度或是
440 明显不乐意参与的成员。实地研究者不可能得到所有人的合作，而温暖关切的关系可能只有在长期抵制之后才能出现。

友好的关系帮助研究者了解成员，但是了解是发展深度关系的先决条件，而不是目的。了解是在研究者克服了对新的、不寻常的语言与社会意义体系的初始困惑后慢慢发展起来的。一旦研究者对成员的观点有所了解，下一步便是学习从成员的视角进行思考与采取行动。这就是情感认同，或称为采纳他人的观点。情感认同并不一定意味着同情、同意或赞同，它意味着能够像他人那样感觉事物。[①] 友好的关系有助于建立了解与最终的情感认同，而情感认同的发展会加深友好的关系。小说《杀死一只知更鸟》（*To Kill a Mockingbird*）中的一段话指出了友好关系与情感认同式了解的关联：

> “首先，”他说，“如果你能够学到一招半式的简单把戏，史考特，你会和所有人都处得很好。你绝不可能真正了解一个人，除非你从他的观点来思考世事。”
>
> “先生？”
>
> “直到你进入他的立场、成为他本人。”（Lee，1960：34）

施加小的恩惠。在田野中发展出交换关系，交换包括小礼物或恩惠，也包括顺从与尊敬。[②] 研究者通过在小的方面提供帮助而得到成员的接受。当接近敏感性议题的路径受到限制时，交换是颇为有用的。研究者可以帮些不要求回报的小忙，不至于让成员感到有所亏欠。当研究者与成员享有共同的经验又再度碰面时，成员会想到那些小恩惠，于是打开方便之门，当作回报。举例来说，法恩（Fine，1987：242）表示当他把提供小的恩惠作为扮演“成年朋友”角色的一部分时（例如，开车带小男孩去看电影），他真的学到许多东西。法恩（Fine，1996：x）还报告说，在研究餐馆厨房期间，他洗土豆、挑豆子，做了许多小的杂务。

避免冲突。打架、冲突和意见不合都有可能在田野中出现，研究者也可能研究立场对立的团体。在这种情况下，研究者会受到要支持哪一方的压力，并且接受成员对他是否可以信赖的考验。在这种场合里，研究者通常想要保持中立的立场，小心翼翼地处理双方的关系。这是因为研究者一旦与某一方结合，他必会失去接近另一方的路径。[③] 另外，研究者将会只以某一方的观点来看待局势。尽管如此，仍有人

---

① 参见 Wax（1971：13）的讨论。

② 参见 Adler & Adler（1987：40-42），Bogdan & Taylor（1975：35-37），Douglas（1976），以及 Gray（1980：321）。

③ 参见 Bogdan & Taylor（1975：50-51），Lofland 等（2006：57-60），Shupe & Bromley（1980），以及 Wax（1971）。

(Van Maanen，1982：115) 指出，真正保持中立是一种假象。研究者与成员牵扯在一起，卷入关系与承诺编织的网络中时，完全避免冲突就变成不可能的事。

表现出感兴趣。实地研究者要在田野中保持一副**兴趣外露**（**appearance of interest**）的样子。有经验的研究者会通过他的言谈与举止（例如，面部表情、去喝杯咖啡、办个小聚会），表现出对田野事件的兴趣与关切，即使他并不是真的那么感兴趣。这是因为如果实地研究者表现出厌烦或一副事不关己的样子，就会破坏他辛苦建立起来的田野关系。当研究者对田野地点的活动表现得不感兴趣时，向田野成员传递了这样的信息：他们是枯燥乏味的，研究者一点儿也不想待在这里——这样做是几乎无法建立信任、亲密关系与强社会纽带的。暂时戴上一副关切之情溢于言表的面具，是日常生活中常见的小骗术，也是更一般的表示礼貌的一种社会规范。①

当然，选择性不关注（亦即不瞪着看或是看似没有注意到）也是某种表示礼貌的行为。如果某人犯了一项社交性错误（不经意地用错一个字、放了个屁），礼貌的做法是当作没注意到。选择性的视而不见、听而不闻，田野中也用得到。它让机警的研究者有机会不经意地听到或看到当事人并不想公开的交谈或事件。

可接受的不胜任者。研究者是来田野中学习的，而不是去做专家的。视田野场景而定，研究者可以 441
是个友善天真的局外人，也可以是个**可接受的不胜任者**（**acceptable incompetent**）——一个有兴趣学习田野中的社会生活但在该环境中只是部分胜任（技能或知识），并被田野成员当作一名不具威胁性、需要引导或教育的人而接受的人。②

刚开始时，实地研究者可能对田野场景或地方文化知之甚少。他们可能会被视为可以欺凌的傻瓜，也可能因为不熟悉当地的场景而成为众人嘲笑的对象。即使当研究者有了丰富知识时，他们亦应有所保留，希望据此引出成员的看法。当然，研究者也可能在这方面做得过了头，显得贫乏无知，而得不到田野成员的重视。

步骤 5：观察与收集资料。本部分讨论如何得到高质量的田野资料。田野资料是研究者的经验和记忆，以及田野笔记的记录。

吸收和体验。研究者是测量田野资料的工具。如洛夫兰德（Lofland，2006：3）等人观察到的：“在研究中研究者和田野成员一起生活和感受他们的生活，研究者会成为研究的主要工具或媒介。”这句话有两层含义。第一，要求研究者机警敏锐地观察田野上所发生的事件，训练有素地进行资料记录。第二，这会对个人产生影响。田野工作涉及社会关系与个人情感。实地研究者对于要把什么视为资料有相当大的弹性，并且允许他们自己的主观见解与情感涉足其间，或称为“经验资料”。③ 个人的主观经验是田野资料的一部分，这些经验不但本身价值非凡，而且对诠释田野事件也极为重要。实地研究者并不试图追求客观，也不排除个人反应，而是把他们对田野事件的感觉当成资料。举例来说，卡普（Karp，1973；1980）在其研究色情书店时私下所感受到的紧张，是其资料的关键部分。在田野中他个人所感受到的不自在，透露了存在于这个背景下的某些动态张力。另外，“如果避开不将我们的反应写下，我们就无法检验它。如果不让我们的主观感受悠游其间，就无法完全融入田野。”（Kleinman&Copp，1993：19）

实地研究能够提升研究者对自身感觉的认知。举例来说，研究者可能不会完全意识到自己对裸体的感觉，直到他们置身于某个支持裸体主义的团体之中；研究者可能也不知道自己对私人财物的感觉，直到他处于一个人人都在“借”东西的背景之下。研究者自身所感受到的惊讶、愤慨或疑问，之后都可能

① 参见 Johnson（1975：105－108）的讨论。

② 关于可接受的不胜任者或学习者角色的讨论，参见 Bogdan & Taylor（1975：46），Douglas（1976），Hammersley & Atkinson（1983：92－94），Lofland 等（2006：55－57）以及 Schatman & Strauss（1973：25）。

③ 参见 Strauss（1987：10－11）。

成为反省与洞察的机会。[①]

观察和倾听。研究者在田野中所做的绝大多数的事是全神贯注、仔细地看与听。他们使用所有的感官，集中精神去看、去听、去闻、去尝或去摸。研究者成了吸收所有资料来源的工具。实地研究者小心翼翼地察看实地环境，以了解掌握氛围环境。他们会问：地板、墙壁和天花板是什么颜色？房间有多大？窗户和门在哪里？家具是如何摆放的？状况好不好（例如，全新的还是破旧的，干净的还是肮脏的）？用的是什么样式的电灯？有什么声音或味道？

为什么要留意这些细节呢？你可能已经注意到了，商店与餐厅都会特别规划灯光、颜色和播放流行音乐，以制造某种气氛。你或许知道，二手车的销售员都会在车内喷洒新车用的香水；大型购物中心中的商店会有意地释放制作糕点的味道。这些微小的、未被察觉的信号会影响人们的行为。

在田野环境中进行观察常是项烦琐沉闷的工作。你需要有耐心并且有能力将注意力集中在日常生活中的细节上。西尔弗曼（Silverman，1993：30）曾说："如果你到电影院去看动作片，诸如汽车追逐、拦路抢劫等，那你不太可能会觉得做个好观察者是件易事。"相对于电影中一闪而过的画面，实地研究的动
442 机出自对详尽细节的深度好奇。经过谨慎细心地观察、倾听，那些透露出"正发生什么事"的细节，令优秀的实地研究者深深着迷。实地研究者相信，社会生活的核心是通过世俗的、琐碎的和日常的事件来进行交流的。这就是常被人们所忽视的、但实地研究者需要学习如何留意观察的信息。

除了实地环境之外，研究者还要观察田野上的人及其行动，注意每个人身上可观察到的外形特征：年龄、性别、种族和身材。人们依据与其互动的对象是 18 岁、40 岁还是 70 岁，男人还是女人，白人或非白人，矮小瘦弱还是高大魁梧，而进行不同的社会互动。当留意这些特征时，研究者也要被包括在内。例如，陌生的态度凸显了对某个团体种族组成的敏感度。在一个多种族的社会里，没有留意某个白人团体的种族组成，是因为研究者也是白人，所以对种族差异缺乏敏感度。同样地，"缺乏对性别的敏感度，是在研究过程中，没有注意到参与者性别的情况"（Eichler，1988：51）。

研究者记录诸如此类的细节，是因为可能就此而显露出某些重要的事物。所以，宁可犯下把每件事都记录下来的错误，也不愿意漏掉可能有重大意义的细节。举例来说，"一名高大魁梧的 19 岁白人男子冲进一间明亮的房间，同时另一名年约 60 岁、矮小臃肿的黑人女子悠闲地在一张软椅上坐下"，远比"有个人进来，另一个人坐下"透露出更多的信息。

实地研究者注意外貌体型上的特征，例如，整洁、衣着和发型，因为它们传递了足以影响社会互动的信息。人们花大量的时间和金钱来选择服饰、造型、梳妆、打扮、刮胡子、熨衣服、使用防臭剂和香水。这是他们表现自己的一部分。甚至不化妆、不刮胡子、不用除臭剂的人，也在表现自己，通过他们的外形来传递带有某种象征意义的信息。没有人的穿着是"正常"或是看起来"正常"的。这类陈述等于在说，研究者对社会信号缺乏敏感度。

人们在做什么也是重要的。实地研究者会留意人们坐在哪里、站在哪里、他们走路的速度，以及非语言的交流。人们通过非语言交流来传达社会信息、感情和态度，非语言交流包括动作、表情，以及人们坐或站的姿势（呆若木鸡地站着或无精打采地坐着等）。人们通过对自己在团体中位置的界定与目光的接触，来传达彼此间的关系。研究者通过观察哪些人站得较近、看起来较放松或使用眼神接触，来解读人们的社会交流。

实地研究者也留意事件发生的情境：谁在现场？谁刚到或刚刚离开？屋子很热很闷吗？这种细节有助于研究者界定意义与了解何以会出现某种状况。研究者如果不在意这些，那就不但会流失一些细节，而且也无法完整了解整个事件的经过。

在田野研究中，机缘巧合与偶遇是很重要的。许多时候，实地研究者直到后来才发觉他所观察的事

① 参见 Georges & Jones（1980：105－133），以及 Johnson（1975：159）。Clarke（1975）指出，在实地研究中要认识这一点，并不必然要坚持"主观主义"的立场。

物之间的联系。这有两点暗示，首先，在所有时间里，敏锐地观察和优良的记录是重要的，即使“看上去什么也没发生”。其次，隔段时间回头看看也是很重要的，要学会正确看待等待的时间。许多实地研究者都提到，他们花了很多时间来“等待”。新的实地研究者则会因他们似乎在“浪费”时间而感到失望，无论这些时间是花在等待他人，还是花在等待事件发生上。这些新手需要明白的是，等待的时间是实地工作的必要部分，是有价值的。

实地研究者要知晓场景的节奏，按其他人的日程表行事，观察事件是怎样在他们的时间流程中发生的。再有，等待的时间并不总是被浪费的。等待的时间是反应、观察细节、发展社会关系、建立友好关系，以及转变成场景成员熟悉的人所必需的。等待的时间也体现出研究者是忠于职守和严肃的，毅力是实地研究者需要培养的显著特征。研究者也许会对进入场景、完成研究，然后再继续他自己的“真实生活”这个过程不耐烦，但对于田野场景中的人们而言，这就是真实的生活。研究者应该使自己的愿望服从田野场景的需要。

一个优秀的实地研究者要细心倾听措辞、口音以及不准确的用语，不但倾听说了什么，还要注意是怎么说的，以及话中的含义，还有措辞、口音与不准确的语法。举例来说，人们常使用用像“你是知道的”“当然”或“等等”之类的用词。实地研究者应当知道这些措辞背后的含义。研究者试图倾听每一件事，但是当许多对话同时进行或隔桌偷听时，要听到所有的内容，就不是那么容易了。好在重要的事件与主题通常都会被反复提起。 443

过一段时间，互动的人们就会发展出共同的符号与用语。他们不是创造新的词语，就是为平常的用语界定新的意义。新词源自特定的事件、假设或关系。知晓与运用这类语言可以显示出属于某个特殊亚文化的身份。实地研究者要学习这类特殊语言，或称为**暗语（argot）**。[①]

研究者必须从一个前提开始，那就是他们的世界所使用的文字与符号具有的意义可能不同于他们研究对象的世界。他们必须适应新的词语，以及那些不同于他们熟悉的情境下的用语（Bogdan & Taylor，1975：53）。

实地研究者要发现暗语是怎样与社会关系或意义保持一致的。暗语提供给研究者许多线索，帮助其了解什么是成员所重视的事物以及他们看待世界的方式。举例来说，道格拉斯（Douglas，1976：125）在其裸体海滩的研究中发现“苍蝇”一词。它是成员对那些围坐在魅力四射的裸体女郎身边的男性的称呼。

卡托维奇与戴蒙德（Katovich & Diamond，1986）在其对一家度假村所有权公司销售实务的研究中，一个以正式雇员、另一个以实习生的身份，进行了 6 个月的观察与非正式访问。他们以接待中心为分析的舞台，在那儿有一连串针对潜在购买客户的事件会出现，而且常用的暗语也会在那儿讨论。举例来说，当财务经理进门，在销售员与潜在买者间的讨论中“有意无意地暗示”信息，现场就出现“有意无意地暗示”的实况。这种舞台事件的目的是在刺激购买。常见的玄机是：一家已经买了 20 户的大公司正好决定它其实只需要 15 户，所以突然间出现了 5 间特价户；早先的客户要求融资被拒，所以低价销售他的财产；或是说只有少数特许会员才能享受特价方案。

实地研究者来回游走于田野暗语和局外世界之间。斯普拉德利（Spradley，1970：80）举出一个引自他的“都市游牧民族”研究中的暗语例子：“哪个好汉没待过牢房”。这句话的意思是：一个人不会被认为是亚文化（即好汉）的真正成员，除非他因醉倒街头而被捕，或是他在城市或乡村的监狱里住过一夜（即待过牢房）。实地研究者在田野上待过一段时间后，他们用起暗语来可能就驾轻就熟了，但是如果太快就讲起暗语来，并不是明智之举，反而会让田野成员觉得你很蠢。

记笔记。在实地研究中，信息过载是常见的，并且会极大地考验研究者的能力，不论这位研究者在记录资料方面是多么训练有素。大部分田野资料是以田野笔记的形式出现的。完整的田野笔记包括：地图、图表、照片、访问记录、录音带、录像带、备忘录、从田野上带回来的物品、在田野中记下的重点，

---

① 关于暗语，参见 Becker & Geer（1970），Spradley（1979a，1979b），以及 Schatzman & Strauss（1973）的论述。

以及离开田野后所做的详尽笔记。实地研究者期望能填满许多笔记本与档案柜，或将同样的资料输入电脑。他们花在写笔记上的时间比花在田野上的时间还多。有些研究者用3小时的观察就写出40页没有空行的笔记。稍加练习，即使是研究新手在田野中每个小时也可写出数页笔记。

写笔记是件无聊、沉闷的工作，它需要自我约束。笔记包括描述从记忆中抽取的大量描述性细节。埃默森和他的同事（Emerson，et al.，1995：40）认为一个好的田野笔记要和进行行动和评论时一样具有头脑，“如果说民族志研究者在田野里花费多长时间是重要的，那么比这点更重要的是写田野笔记的时间……在离开田野地点后立刻撰写田野笔记，会提供更新鲜的、更具细节性的回忆”（强调原创）。如果
444 可能的话，在一天的想法和兴奋开始消逝前，不要将事件复述给他人，就开始写田野笔记。将新鲜的记忆倾倒入田野笔记中，这种强烈的即时性常常会使情感得到释放并且激发有洞察力的反思。你每在田野地点停留一个小时就要分配半个小时来写田野笔记。

笔记必须要简洁、有组织，因为研究者将会反复回头查阅笔记。笔记一旦写下，就成了珍贵的私人物品，应该妥善收藏、谨慎保密。田野成员有权要求不透露他们的姓名，在笔记中研究者也常使用假名。有敌意的当事双方、敲诈勒索者或执法官员都对田野笔记感兴趣，所以有些研究者用代码撰写田野笔记。

研究者的心理状态、关注程度，以及田野中的情况都会影响记笔记。在记笔记之前，研究者通常会先花上1～3个小时在田野上进行简短的观察。约翰逊（Johnson，1975：187）曾说：

> 观察记录的数量与质量随以下因素而变化：田野工作者想休息或筋疲力尽的感觉、对特殊事件的反应、与他人的关系、酒精饮料的饮用量，以及间断观察的次数等等。

田野笔记的类型。实地研究者有多种记笔记的方式。[1] 这里推荐的几种方法（见拓展方框13.4：记笔记时应注意的事项）仅作为建议。完整的田野笔记有几种类型或层次，下面介绍5种不同类型的笔记（见图13.4）。通常，最好的做法是把一次观察期间内所记的笔记全都集中在一起，分别用单独的纸张来区分笔记的类型。有些研究者的笔记还包括直接观察后所做的推论，但具有明显区分标志，如括弧或彩色墨
445 水等。笔记的类型不同，数量也有差异。举例来说，6小时的田野观察，可能产生1页的速记笔记、40页的直接观察笔记、5页的研究者推论，以及2页包括方法、理论和个人日志的笔记。

拓展方框13.4

记笔记时应注意的事项

1. 在每个实地研究阶段结束后尽快记录下笔记，在观察尚未被记录下来之前不要与他人交谈。
2. 每一次实地访谈的笔记都从新的一页开始并记录下时间与日期。
3. 大略记下重点，配合关键字、词或说过的第一件或最后一件事，只作暂时帮助记忆之用。
4. 两边留下较宽的空白，以便随时添上新的重点，如果事后想起什么，随时回头记下。
5. 为打印笔记做计划，将不同层次的笔记分开，以便将来找起来比较方便。
6. 依序将发生的事件记下，并记下事件持续的时间（例如，等了15分钟，坐了一个小时的车）。
7. 记下的重点尽可能具体、完整和详尽。
8. 使用常用分段符号和引号。最好确实记住用到的语句，用双引号标出，用单引号表示改写后的用语。
9. 记下当时并不十分重要的、很琐碎的谈话或例行性的谈话。也许后来这些谈话会变得很重要。
10. “跟着感觉走”并且快速将之记下，不要担心拼写问题或“想法过于疯狂”。确保没有人会看到你的笔记，用假名、代号。

---

① 更多关于记录与整理田野资料的讨论，参见Bogdan & Taylor（1975：60－73），Hammersley & Atkinson（1983：144－173）以及Kirk & Miller（1986：49－59）。

11. 绝对不要完全用录音带来代替田野笔记。

12. 涵盖图表或情境地图，并且大略记述在观察期间你自己与其他人的活动路线。

13. 笔记中记录下研究者自己的话语与行为，另以单独篇幅记下自己的情绪反应与想法。

14. 避免使用评断性的概括性用字，举例来说，尽量避免记下“好恶心的水槽哦”，改记为“水槽充满铁锈，好像好久都没有人清洗过，食物残渣、脏碗筷好像被搁在这里有好几天了”。

15. 定期重新阅读笔记，记录下重读时产生的想法。

16. 要预留多份备份，将之锁好藏好，并将备份分藏于不同地点以防火灾、水灾和盗窃。

直接观察	推论	分析	个人日志
10月4日，周日。凯的咖啡店，下午3点。45岁左右的高大白人男性，超重，走进来。他穿着棕色短裤。他是一个人来的。坐在了卡座上。凯经过他身边，问道：“你想要什么？”男人回答：“黑咖啡，现在上。”她离开了，男人点了一支烟开始读菜单。下午3点15分。凯打开了收音机。	凯今天看起来很友好，在哼着歌。她变得严肃和谨慎。我认为当她紧张时她就会打开收音机。	女人由于之前的抢劫案而害怕那个独自走进来的男人。	下雨了。我和凯相处得很舒适，但今天很无聊。

图 13.4　田野笔记的类型

1. *速记笔记*。在田野中要写出好的笔记几乎是不可能的事。即使是公开的观察者，在公共场所里挥笔疾书，也是很怪异的事。更重要的是，低头写笔记时，研究者就无法看到与听到当时的情况。记笔记的注意力本该用来进行田野观察。田野场景的特性决定了是否应该在田野中记笔记。研究者也许能够记录，成员也可能预料到研究者会记录，或者也有可能研究者必须要隐蔽起来记（例如，躲到洗手间里做记录）。正如麦克德莫特（McDermott，2006：88）在田野地点中的一个重要互动之后记录的内容：“我匆忙地冲进洗手间开始狂乱地记录……”

速记笔记（jotted notes）是在田野中记下的。它们往往是诸如字词、短语或图画这类不太显眼的用于提示记忆的东西，通常写在随手可得的东西（像是餐巾或火柴盒）上。通常研究者会把这些速记笔记并入直接观察笔记中，但不能完全取代它们。

2. *直接观察笔记*。田野资料最基本的来源是**直接观察笔记（direct observation notes）**。它是研究者在离开田野后，立刻写下的笔记，日后他还会有所增添。这些笔记应该按照日期、时间，以及每次进入的地点，整理出先后顺序，它们是研究者将其所见所闻用具体特定的字眼做的详细描述。在尽可能的范围内，它们应该是对特殊的字、词或行动所做的精确记录。

研究者的记忆会因勤于练习而有所改善。新的研究者能够很快回想起田野中听到的准确的字词。逐字的陈述应该用双引号，将之与改写的话区别开来。对话的附属项目（非语言交流、小道具、语气、速度、音量、手势）也应加以记录。研究者记录下实际说过的话，不做任何的整理修改；也记下包括不合文法的谈话、俚语和错误的表述（例如，记下的是“我回家，莎”，而不是“我要回家了，莎莉”）。

研究者要在笔记中记下具体详尽的细节，而不是摘要。例如，研究者并不写“我们谈到了运动”，而 446
是写道：“安东尼与萨姆和乔森发生争执。安东尼说幼狮队下一周会赢，因为它高价请来一位新游击手恰佩塔。他说这队比梅茨队强，因为梅茨队的内场手很差。他指出上周幼狮队以 8 比 3 击败波士顿队来佐证。”研究者记下有谁在场、发生了什么状况、发生在哪里，以及在什么时间、在什么状况下发生。初学者也许没记笔记，因为“没发生什么重要的事”。有经验的研究者知道在“没有事情发生”时，事件也能透露不少信息。举例来说，成员即使在琐碎的对话中，也可能传递情感，分出远近亲疏的体验。

泽乌巴维尔（Zerubavel，1981）提出了一个在田野中考虑时间的有效的方法，他关注社会生活的节奏，并主张社会活动的协调是以时间的组织为基础的。

你需要在直接观察笔记中关注和记录的有四种时间模式：（1）顺序结构——什么最先发生、其次发生、最后发生等等——事情发展顺序（无序、前后顺序）；（2）持续时间——社会事件的时间长度（太长、太短）；（3）时间定位——某天、某一周、某个月、某年的某一时间的社会意义（太早，太晚）；（4）再发生——与社会规范有关联的某个事件或者一个时间循环的重复（太经常，不够充足）。

3. *推论笔记*。为了做到“设身处地”或“易地而处”，实地研究者努力倾听成员说话。[1] 这涉及三阶段的过程。研究者只是倾听而不使用任何分析性的类别；研究者将其现在所听到的与他们以前听到的或其他人所说的话加以比较；研究者用自己的解释来推论或揣测这些话语的含义。在日常互动中，我们同时进行这三个步骤而且很快就做出我们的推论。实地研究者学习去看去听，而不骤下推论或强行解释。研究者不掺杂任何推论的观察，就构成了直接观察笔记。

研究者可以将自己的推论记录为一个独立部分，它对于直接观察来说是至关重要的。人们从未亲眼看到社会关系、情感或意义。他们看到特定的外在行动，听到说出来的话语，然后再依靠文化背景知识、情境所提供的线索，以及行动或言谈，赋予其社会意义。例如，人无法看到爱与恨；人只是看到与听到特定的行为（脸红、大声说话、粗野的动作、猥亵），然后根据这些行为做出推论（这个人生气了）。

人们经常根据他们的所见所闻来推论社会意义，但他们所做的推论并不都是正确的。例如，我的侄女来看我，并且和我一同到店里去买风筝。柜台的店员（看着我）微笑着问她：“你和你‘爸爸’今天是不是要去放风筝？”这位店员观察我们的互动，然后推论我们是父女关系，而不是叔侄关系。她看到了一名成年男子与一个小女孩，听到了他们的话语，但是她没有推论出正确的社会意义。研究者把推论出来的意义与直接观察记录分开，因为行动的意义并不总是不证自明的。有时候，人们试图去欺瞒他人。例如，一对毫无关系的男女在汽车旅馆内登记为史密斯先生、夫人。更常见的是，社会意义是模棱两可的，或是充满多重的可能性。例如，我看到一对白人男女，两人的年纪都快30岁了，同时走出车门而且一同进入餐厅。他们找了一张桌子坐下、点餐，表情严肃地小声谈话，有时前倾身体去听对方说话。在他们站起来准备离开时，这位女性带着悲伤的表情而且似乎快要哭了出来，那名男性则短暂地将她搂在怀里，之后便一起离开。我看到的是一对要分手的夫妇，两个朋友在议论另一个朋友，还是两人正在讨论该怎么办，因为他们两人都发现自己的配偶与对方的配偶有染？抑或是一对他们的父亲过世不久的姐弟呢？**分离推论（separation of inference）**使研究者在重新阅读直接观察笔记时，可以想到多个不同的意义。如
447 果研究者不把推论独立记录，他们或许会丧失其他可能的意义。乔拉（Tjora，2006：433）发现：你可能想“将‘你知道’发生的和你‘认为’会发生的都记录下来”……不要将它们和真实观察到的混在一起。

4. *分析性备忘录*。研究者进入田野之后，对该怎样进行研究，要做许多的决定。有些行动是有计划的（例如，进行访问、观察特殊的行动等），而其他行动则是试探性的。实地研究者在分析性笔记中保留关于研究方法的想法，记录了自己的计划、用到的技巧、伦理考虑和程序上的选择，以及对技巧策略所提出的自我批评。

在实地研究中，理论浮现于资料收集过程中，在研究者整理田野笔记的过程中得以理清。分析性笔记对于研究者赋予田野事件意义的尝试有持续性的记录。研究者会将想到的写在笔记中，在笔记里，研究者通过提出想法间的关联、构造假设、提出猜测和发展新概念等方式，仔细思考笔记内容。

分析性备忘录（analytic memos）包括方法论策略和理论的笔记。它们收集了你的想法、系统性地岔开、切入理论，并记录你的决定。在这里研究者深入阐释概念，使概念在研究者仍处于田野中时就得到

---

[1] 关于推论，参见 Schatzman & Strauss（1973：69）的论述。

扩展。通过反复阅读思考这些备忘记录，研究者修正或发展更为复杂的理论。

5. *个人笔记*。如前所述，个人的感觉与情绪反应会成为资料的一部分，并会影响研究者在田野中的所见所闻。研究者在笔记中保留一个类似个人日记的部分，记录他个人的生活事件及其感觉（“我今天很紧张，我想可能是因为昨天和……打架有关”或“这个阴暗、沉闷的日子令我头疼”）。

个人笔记有三项功能：为研究者提供一个处理压力的路径；构成个人反应的资料来源；有助于研究者日后重读笔记时，评估他所做的直接观察或推论。例如，如果研究者在观察期间心情很好，也可能影响到研究者的观察所见。

6. *访谈笔记*。如果研究者进行实地访谈（将要讨论），他要自己分开记访问笔记。[①] 除了记录问题与答案外，研究者需要制作**封面页（face sheet）**。这构成访问笔记的开始页，上面列出日期、访问地点、被访者的特征、访问的内容等。这有助于研究者下次再阅读到这些记录时，能够了解其中的含义。

7. *地图、图表和手工制品*。实地研究者经常制作地图，并且绘制田野场景的特征图。[②] 这满足两个目的：帮助研究者组织田野事件，帮助他人想象田野地点的状况。例如，研究者观察一家有15张凳子的酒吧时，可以画出15个圆圈来代表，并且把每个圆圈编上号码，以简化记录（例如，“藤田进来坐上12号凳子，这时10号凳子上已经有菲比在座了”）。

实地研究者发现三种类型的地图是颇有帮助的：空间、社交和时间地图。第一种有助于解读资料的位置；后两者构成资料分析的初步形式。*空间地图*依据物体所在的地理空间，定出人、设备以及其他事物的位置，以显示活动发生的场所（图13.5a）。*社交地图*显示在场的人数与类型，以及他们之间的权力、影响、友谊和劳动分工等（图13.5b）。时间地图显示人员、物品、服务和交流的来去过程或时间表（图13.5c）。

我们除了可以利用地图来分析田野地点外，很多研究者还收集来自田野地点的手工制品和物件。这些物件（例如，小册子、菜单、咖啡杯、T恤衫、参与者的名单、派对礼帽）作为证据是来自田野地点的可视物。你可以利用它们加强记忆、解释主题或者象征一些活动或事件。

8. *设备记录的资料*。照片、录像带与录音带是实地研究中相当有用的辅助工具。不过，它们绝对无法取代田野笔记或研究者亲自到场研究。它们也不可能在所有田野场所使用，只能在研究者与田野成员 448
发展出友好关系后才能使用。录音机或录像带提供非常接近事实状况、他人可以回顾的永久记录。它们有助于研究者回想发生了什么事件、未发生什么事件或无回答等这类容易遗漏的状况。尽管如此，使用 449
这些器具会造成干扰，增加人们被监视的感觉。依赖这些器具的研究者必须留意相关的问题（例如，确定电池是否有电、是否有足够的空白带）。再者，重听录音带或重看录像带是相当消耗时间的。例如，可能要花上超过100个小时的时间去听50个小时的田野录音。磁带的录制是很贵的，而且不够精确：它们不总是能够传达微妙的情景意义或是喃喃自语。[③]

步骤6：退出田野地点。田野中的工作可能持续数个星期，也可能持续数年之久。[④] 不论是哪种情况，在某个时间点，田野工作势必要结束。有些研究者指出，当理论建构终止、达到终了阶段时，田野工作自然也就结束了。其他学者认为，如果不主动终止，田野工作可能会一直做下去没完没了，因此需要毅然决然地切断关系。

有经验的实地研究者预先设定了脱离与退出田野的程序。对研究者与成员而言，依据涉入的强度与待在田野的时间长短，这个过程可能都是相当具有杀伤力、能带来极大痛苦的。研究者在离开田野时，可能

---

① 关于田野访谈笔记，参见 Burgess（1982b），Lofland 等（2006：99－108），以及 Spradley（1979a，1979b）。

② 有关实地研究中的地图的讨论，参见 Denzin（1989：87），Lofland 等（2006：88），Stimson（1986），以及 Schatzman & Strauss（1973：34－36）。

③ 更多关于田野录音的问题，参见 Albrecht（1985），Bogdan & Taylor（1975：109），Denzin（1989：210－233）以及 Jackson（1987）的论述。

④ 关于退出田野地点的讨论，参见 Altheide（1980），Bogdan & Taylor（1975：75－76），Lofland 等（2006），Maines 等（1980）以及 Roadburg（1980）。

a.空间地图

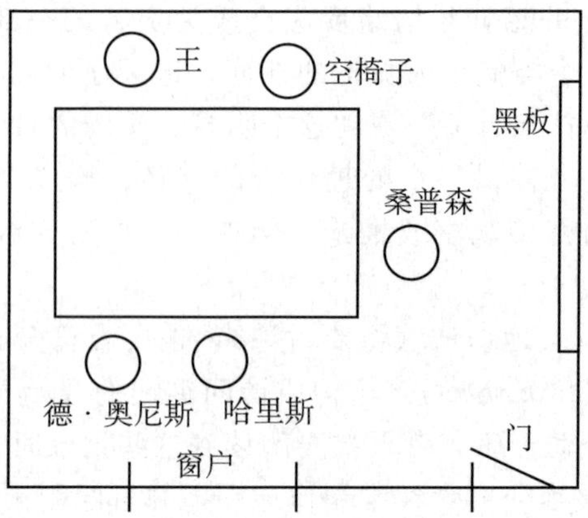

b. 社交地图

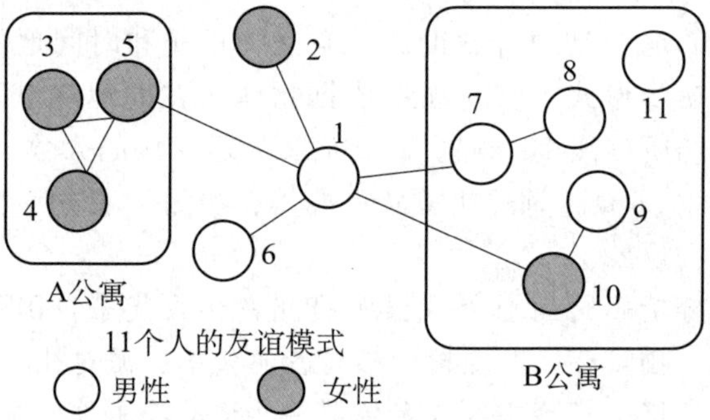

c.时间地图

Buzz酒吧的一周

	周一	周二	周三	周四	周五	周六
10：00开门	老酒鬼	老酒鬼	老酒鬼	老酒鬼	旷工或早退	钓鱼
17：00	看足球的人	邻居和打桥牌的人	垒球队（男人之夜）	年轻人	大声音乐，混杂人群	单身或无约会者
1：00关门						

图 13.5　田野研究使用的地图类型

会经历切断亲密友情的情感上的痛苦。研究者在离开之前和之后，会有罪恶感、情绪沮丧。研究者可能发现很难就这样离开，因为牵涉太多私人感情。如果投入田野的时间很长、很深入，田野的文化又不同于研究者本身的文化，那么回到自己原来文化中的研究者，可能需要好几个月才会适应。

一旦研究者决定要离开田野，原因可能是研究计划自然地走到了尽头，不再能了解到什么新鲜事，或是因为外部因素强迫研究到此为止（例如，工作期满、守门人命令研究者离开）。研究者会选择一个退出田野的方法。研究者可以快速离开（在某一天离去不再返回），或慢慢地退出，减少每星期涉入的程度。研究者也需要决定如何告诉成员以及做出多少预先提示。

退出的程序取决于个别的田野情境以及所发展出来的关系。一般而言，研究者在离开前期应该让田野中的成员获知。他们在离开前要先实现当时商议的或是早先承诺的事项，干干净净地离开。有时候，举行个仪式或典礼作为离开成员的信号，比如欢送会或是和每个人握手道别。在退出后与田野成员保持朋友关系也是可能的，女性主义研究者往往更喜欢这样。

离开会影响成员。有些成员可能感觉受到了伤害或被遗弃，因为一个亲密的社会关系就此结束。他们的反应可能是试图把研究者拉回田野，使他像是他们的一员。他们也可能会发怒或怨恨。知道研究者实际上仅仅是个局外人的这种认识，也可能使田野成员变得冷漠和疏远。不管怎样，除非完成离开或脱离的程序，否则田野工作还不能算结束了（见总结回顾方框 13.1：实地研究过程概述）。

二、实地研究访谈

到目前为止，你已经学到了实地研究者怎样进行观察与记笔记。他们也对田野成员进行访问，但是实地访谈不同于调查研究的访问。本部分介绍实地访谈。

实地研究者使用无结构的、无既定方向和深度的访谈，这在很多方面都不同于正式调查研究的访问（见表 13.1）。[①] 实地访谈包括：提问、倾听、表现出兴趣，以及记录说过的话。

实地访谈是研究者与一个或多个田野成员的“联合产品”。成员成了主动的参与者，他们的洞见、感觉和合作，构成了讨论过程中揭露主观意义的基本部分。“访谈者的存在与涉入的形式，不可忽视地影响着受访者的反应，如他如何倾听、参与、鼓励、打断、离题、开始某个话题和结束回答等。”（Mishler，1986：82）

实地研究访谈有许多种名称：*无结构的*、*深度的*、*民族志的*、*开放式的*、*非正式的*和*长期的*。一般而言，实地访谈涉及一个或多个在场的人、发生在田野中，是非正式的与无固定方向的（即，受访者可以把访谈引向许多不同的方向）。[②] 450

总结回顾方框 13.1　实地研究过程概述

第一步：准备进入现场
- 灵活
- 组织
- 去除焦点
- 自我意识

第二步：选择并进入田野地点
- 选择一个地点
- 处理与看门人的关系
- 进入和访问
- 扮演社会角色
- 采取一定程度的参与
- 建立融洽的关系

第三步：应用策略
- 协商
- 使研究平常化
- 透露的策略
- 聚焦和抽样
- 承担陌生的态度
- 注意社会故障
- 应对压力

第四步：保持在该领域的关系
- 调整和适应
- 运用魅力和培育信任
- 施加小的恩惠
- 避免冲突
- 表现出兴趣
- 可接受的不胜任者

第五步：收集和记录数据
- 吸收和经验
- 看和听
- 数据记录
- 田野记录类型：

---

① 关于田野访谈的讨论，可参见 Banaka（1971），Bogdan & Taylor（1975：95-124），Briggs（1986），Burgess（1982c），Denzin（1989：103-120），Douglas（1985），Lofland 等（2006），Spradley（1979a），以及 Whyte（1982）的论述。

② 参见 Fontana & Frey（1994）。

1. 速记笔记
2. 直接观察笔记
3. 推论笔记
4. 分析性备忘录
5. 个人笔记
6. 访谈笔记
7. 地图、图表和手工制品
8. 设备记录的资料

第六步：退出田野地点

实地访谈包括相互的经验分享。研究者可能和成员诉说他的背景，以取得他们的信任，从而鼓励信息提供者开口说话，但不是强迫回答或是使用引导性的问题。研究者想鼓励和引导一个相互发掘的过程。在威尔金斯的关于青年亚文化的研究中，威尔金斯（Wilkins，2008：21）说她在做实地研究时意外怀孕和成为单身母亲“以意料之外的方式改变了我的社会位置”，促进了她对偶像模仿者（扮演波多黎各人的白人青少年）的研究机会。

实地访谈中，成员依照平时说话、思考和组织事实的方式，来表达他们自己。研究者记下成员说的笑话和故事的原始形式，不把它们重新包装成标准化的格式。焦点在于成员的观点和经验。为了能接近成员的经验，研究者以具体的例子或情况来问问题。例如，应当问：“可以告诉我关于你在六月辞职的一些事情吗?”而不是问：“你为什么辞职?”

实地访谈以一连串的方式发生在一段时间内。研究者从建立友好关系开场，引导谈话，避开评论性的或高敏感性的话题。除非已经建立起亲密感，否则研究者会尽量避免深入探索内心感受的问题。尽管如此，研究者仍然预期成员会有所顾忌。在多次会面之后，研究者或许能够深入到敏感议题的探询，寻求理清不太敏感的议题。日后的访问中，研究者可以重新用一种不带判断的语气，回头检验以前谈过的话题，查阅对比答案，做最后的确认。例如，“上次我们谈话时，你说自从这家店扣减你的薪水之后，你
451 就开始偷拿店里的东西。是吗?”

表 13.1 对比实地访谈与调查访问

典型的调查访问	典型的实地访谈
1. 有个明确的开始与结束。	1. 没有很明确的开始与结束，访问可以在以后随时提出。
2. 使用同一份标准化的问卷，以相同的顺序来访问所有的被访者。	2. 问题与提问顺序都以特定的访问对象与情境而有所变动。
3. 访问员随时保持中立。	3. 访问员对答案表示感兴趣，鼓励受访者进一步深谈。
4. 访问员问问题，被访者提供答案。	4. 好像与友人交谈，但是带有比较多的访问问题。
5. 几乎每次只单独面对一位被访者。	5. 访谈可以发生在团体的情境之下，或是有他人在场的情形下。
6. 有着专业化、正规化的语调和焦点，偏离主题的谈话常被忽略。	6. 穿插着笑话、故事或其他偏离主题的话题、奇闻逸事，并且都被记录下来。
7. 封闭的问题是常见的类型，少有深入的盘查。	7. 开放式问题是常见的类型，深入盘查也是常见的现象。
8. 访问员单独控制访问的进程与方向。	8. 访谈员与田野受访者共同控制访问的步调与方向。
9. 访问发生的社会情境常被忽略，被认为不会造成太大差异。	9. 访谈的社会情境受到注意，并且被视为解释答案意义的重要变数。
10. 访问员试图将交流模式塑造进一个标准框架之中。	10. 访谈员随田野成员的规范与语言而做调整。

资料来源：Adapted from Briggs (1986), Denzin (1989), Douglas (1985), Mishler (1986), Spradley (1979a).

实地访谈是一个“谈话活动”，比较接近朋友之间的谈话，而不像调查研究访问中的刺激反应模式（见第10章）。你应该比较了解朋友间的对话，往往有其非正式的规则，并且含有下列成分：（1）问候语

（“嗨，很高兴再次见到你”）；（2）没有明显的目的或目标（我们不会说“现在让我们来讨论上个周末我们做了哪些事”）；（3）避免明确的重复（我们不会说“你可以再说一遍你刚才所说的”）；（4）提问（“你昨天看那场比赛了吗?”）；（5）表示感兴趣（“真的吗？我真希望当时我在那儿!”）；（6）表现不知情（“没有，我错过了。发生什么事了?”）；（7）轮流说话，短暂的会面是均衡的（不是一个人总是在问问题而另一个总是在回答）；（8）简略（“我错过了*德比*那场，但我正赶去*印第看*”，而不是说“我错过了*肯德基德比*场的赛马比赛，不过我会去看*印第安纳波利斯*的 500 辆汽车竞赛”）；（9）当两者说的话都不可接受时，有一暂停或短暂的沉默；（10）结尾（我们不会说“我们结束这谈话吧”，而是在要离开时，先口头表示说“我必须要回去工作了，明天见”）。

实地访谈与朋友间的对话也有所不同。实地访谈有个明确的目的：了解田野成员与背景情境。研究者在访问中会包括一些不同于朋友谈话的解释与要求。例如，研究者可能会说“我想要问你关于……” 452
或是“你可以看看这个吗？看我写得对吗?”实地访谈是不太均衡的，较高比例的问题来自研究者，他表现出更多不知情与感兴趣的姿态。也包括重复询问，要求成员详细说明语意不清的简略说法。[1]

实地研究者留意**线索标记（marker）**。在田野访问中，线索标记是“受访者所提到的一个稍纵即逝的、对某个重要事件或感觉状态的参考线索”（Weiss，1994：77）。例如，在访问一位年约 45 岁的医生时，他述说高中时代的生活时，偶尔提到那段日子并不好过，“大约是在我姐姐出车祸受了重伤的时候”。或许这个人从来没有提到过他的姐姐，或者那次意外事故。受访者顺便提到这事，无意指出这是在那段时期重要的事。研究者应该记下线索标记，稍后可以再加以询问：“之前，你提到你姐姐在车祸中受伤，你可以多说说那件事吗?”更重要的是，访问员要会倾听。研究者不会这样做：经常打断、重复述说受访者的话语，提供联想（例如，“噢，那就像是 X”），坚持问完被访者已经开始回答的某个问题，尽力控制访问过程，或者坚持某个思路、忽略新的线索。[2] 也许你将会了解到一些意料之外的事，例如姐妹的一次事故导致了他对医药的兴趣，所以选择当了一名医药师。

（一）生活史

生活史、生活事件或传记性访问是一种特殊类型的实地访谈。它与口述史（见第 14 章）有部分重叠。[3] 过去的故事有很多种目的，而这些目的可能影响访问的形式。在**生活史访谈（life history interview）**中，研究者对某个特定人物进行访问并且收集关于他的私人生活的细节资料，这个提供信息的人通常是一个年龄较大的人。“生活事件这一概念用来指称回忆性信息本身，而不包含生活史这一概念通常涵括的确切证据”（Tagg，1985：163）。研究者问开放式的问题，以捕捉人们如何理解他们的过去。故事的精确程度不如故事本身来得重要。研究者知道当事人有可能重新构造整个故事，或是在过去的历史中添加进现在的解释；当事人有可能“重写”自己的故事。不过，主要的目的是在捕捉受访者如何看待/回忆过去的事件，而不只是呈现某种客观的事实（见拓展方框 13.5：生活史访谈）。

研究者有时使用生活事件坐标方格，通过这个坐标方格，他们询问当事人在不同的日子、不同的生活场景中所发生的事件。坐标方格是由个人生命中每隔 10 年发生在诸如迁移、求职、就学、家庭事件等分类上的事件所构成的方格表。研究者可以使用物件（例如，旧照片）补充访谈资料，并且在访谈过程中，可以拿出这些物件以激起讨论与回忆。“作为经验操练的生活撰述仰赖大量的资料：信件、档案和访谈记录。”（Smith，1994：290）

麦克拉肯（McCracken，1988：20）提供给我们一个有关物件如何帮助他了解受访者看事物的方式，进而协助访问进行的例子。麦克拉肯在这位年约 75 岁女士的客厅中进行访问，刚开始时他认为这个客厅

---

① 有关对话比较的问题，参见 Briggs（1986：11），Spradley（1979a：56－68）与 Weiss（1994：8）。

② 见 Weiss（1994：78）。

③ 关于生活史访谈，参见 Atkinson（1988），Denzin（1989：182－209），Nash & McCurdy（1989），Smith（1994）以及 Tagg（1985）。

中有的只是很多乱七八糟的物品。在要求这位妇女解释每个物件的意义之后，可以很清楚地看出，每一件物品对她来说都是一段回忆或纪念。这个房间是这位女士生命中关键事件的陈列馆。访问者只有从这个新的角度来审视这些物品，他才开始不再将这些物品与家具视为毫无生命之物，而是将它们看作散发出特殊意义的东西。

有时候，研究者能够找到某人既存的文件档案；但其他时候，研究者必须到处搜寻这些文件，并建立文件档案。找出这些文献资料是项浩大的工程，需要仔细审查、分类和组织信息。访问与文献资料共
453 同构成了生活事件的基础。

拓展方框 13.5

生活史访谈

生活史或生活事件访谈通常包括2～10个要进行记录的开放式访谈，通常有60～90分钟。这些访谈满足两个目的。第一，它们可以帮助受访的报告人重建其生活记忆。以一个叙事性故事的方式重述并回忆一个人的生活事件具有治疗性的功效，并能够将个人智慧传递给下一代人。第二，这些访谈可以产生新的关于生命周期、自我发展以及人们如何经历某些事件的定性资料，它们可以被存档并添加到类似资料中［例如，南缅因大学的生活事件中心（The Center for Life Stories at University of Southern Maine）就是这样一个档案馆］。第三，生活史访谈可以提供给研究者对他人生活的深入了解。这往往是一个受益匪浅的经历，不仅带来一种亲密的个人关系，而且有利于个人的自我反省，从而增强个人自我意识。其程序如下：

1. 研究者着手准备，包括阅读背景材料、改善自己的访谈技巧、联系报告人、获取访谈许可，并承诺访谈的匿名方式。

2. 研究者进行一系列访谈，进行录音或录影记录。研究者引出以前获得的任何关于报告人的历史，给予其完全的尊重，总是真诚地表现出对他的话抱有兴趣。研究者会问一些开放式问题，但却是灵活的，而并不局限在一个问题上。研究者类似一个向导，知道什么时候提一个能够开启某个故事的问题；表现出强烈的关注，并且完全是持非判断性的和鼓励性的态度。很多时候，研究者会提供照片或物品来帮助激起受访者的回忆和往日的感受。

3. 研究者转录访谈记录的过程分为四个阶段：（1）为每盒录音带做一个概要；（2）进行一字不差的逐字转录，仅做很少的编辑修改（例如，增加句子、段落，等等）与“演出说明”（例如，笑声、咳嗽声）；（3）复查整个副本，看其中意思是否清晰，并进一步编辑，进行细微的重排；（4）让受访者审查副本，看有哪些需要调整或修改。

4. 研究者向受访者致谢，同时对谈论的主要话题进行注解，并/或将其送至档案馆。

资料来源：Adapted from A. B. Atkinson & John Hills，1998. “Exclusion，Employment and Opportunity，” *CASE Papers* 04，Center for Analysis of Social Exclusion，LSE. http：//sticerd. lse. ac. uk/case/.

（二）实地访谈的问题类型

在实地访谈中，实地研究者问三种类型的问题：描述性、结构性和对照性的问题。所有的问题都是一起询问的，但是各类问题分别在研究过程的不同阶段，问得比较频繁（见图13.6）。早期阶段，研究者主要问的是描述性的问题。然后研究者逐渐增加询问结构性问题，直到中间阶段、进入分析阶段之后，它们成为问题的主要部分。对照性问题出现于实地研究进入中期之后，而且数量一直增加，到了结束阶段时，这类问题的数量会超过任何其他类型的问题。[①]

① 问题的种类改写自 Spradley（1979a，1979b）。

研究者问描述性问题的目的是，了解场所背景、获得关于成员的资料。描述性问题可能是关于时间或地点的问题。例如，“洗手间在哪里?”“送信的卡车什么时候会到?”“星期一晚上发生了什么事?”他们也可能会问关于人物与活动的问题：“谁坐在窗户边?”“你叔叔的长相如何?”“开幕仪式中出了什么状况?”也可能是关于物件的问题：“你何时使用军用刀具?”“在处理紧急漏水的工作中，你会携带哪些工具?”要求受访者举个例子或经历也属于描述性的问题。例如，“你可以给我一个所谓很棒的约会的例子吗?”“你做邮局办事员时有何经历?”描述性的问题也可以询问假设的情况：“如果学生考试时翻书，你会如何处理?”还有一类描述性的问题，问及成员有关这个背景情境的暗语：“你把副警长称作什么?”(回答是“县头”。)

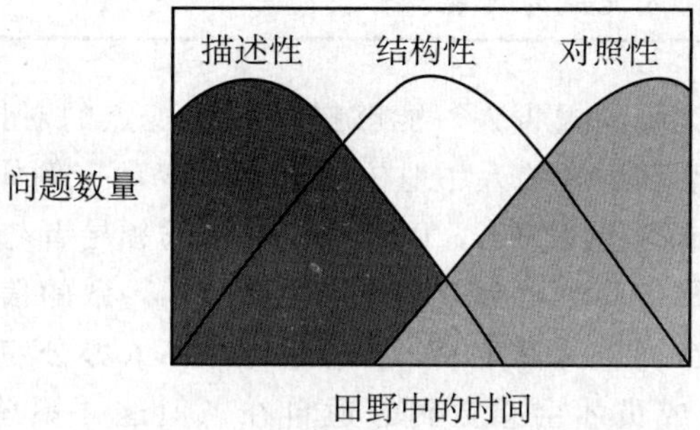

图 13.6 实地访谈中的问题类型

研究者进入田野一段时间，开始分析资料之后，便开始使用结构性问题，尤其是在做主题分析时 454
(将在第 15 章中讨论)。询问结构性问题应始于研究者将特殊的田野事件、情况和谈话组织成概念类别之后。举例来说，研究者在高速公路上卡车休息餐厅的观察记录显示，餐厅员工非正式地把光顾卡车休息站的顾客做某种分类。经过初步分析之后，研究者构造了一个关于顾客种类的概念类别，然后使用结构性问题请成员确认这些类别。

提出结构性问题的方法是，询问成员某个类别除了研究者指出来的部分之外，是否还包括其他部分。例如，“除了常客、揩油者、来上厕所的人和拖欠客之外，还有其他类型的顾客吗?”此外，研究者会追问问题来加以求证：“揩油者是你服务的一类顾客吗?”“你会称呼一个……(什么样的)客人为揩油者吗?”“来上厕所的人会吃一份三道菜的晚餐吗?”

对照性问题建立在已经被结构性问题验证过的分析之上。当研究者要求成员确认相似性与差异性时，问题的焦点集中在同一类别内的不同部分之间或不同类别之间的相似性或差异性：“你这里似乎有许多不同类型的顾客，我曾听你称呼一些客人为‘常客’，另一些为‘来上厕所的人’。常客与来上厕所的人有何相似之处?”或者问：“拖欠客与揩油者之间的差异，是揩油者不付小费吗?”或问：“有两种客人来这儿只是为了上厕所——一家人与单身男子。对于这两类人，你都称他们为来上厕所的人吗?”

报告人。实地研究中的报告人是与实地研究者发展出紧密关系的成员，他会告诉研究者田野上发生的事情，或提供相关信息。① 理想的报告人有四个特征(见拓展方框 13.6：理想的实地研究报告人)。

拓展方框 13.6

理想的实地研究报告人

1. 应是熟悉田野文化，而且所处地位足以目睹所有重要事件的成员。报告人生活在这个文化之下，呼吸这里的空气，参与这个背景下的日常活动，无须深入思考。这个人对于田野文化有着多年的亲身经

① Dean 等 (1969)，Kemp & Ellen (1984)，Schatzman & Strauss (1973)，Lofland 等 (2006：93－94)，Spradley (1979a：46－54)，以及 Whyte (1982) 皆对实地研究中的报告人进行了讨论。

验，不是新的成员。

2. 当下正置身于田野之中的成员。虽然那些曾经的田野成员对田野的回想可能会为研究者提供有用的启发，但他们从田野的直接参与中脱离得越久，越有可能重新建构他们的回忆。

3. 愿意花时间与研究者相处的成员。访问可能要花上好几个小时，有些成员确实没空接受长时间的访问。

4. 非分析性的成员会是个比较好的报告人。非分析性的成员熟悉而且懂得使用当地的民俗理论或实用常识。这正好与分析性成员相对，分析性成员事先分析背景情境，并使用从媒体或教育中学得的分类。即使是受过社会科学教育的成员，也可以学习以非分析性的方式作答，但是这只有在他们把所受的教育搁在一旁，采用田野成员观点时，才能成为可能。

实地研究者可能会访问多种类型的报告人。能够提供有用观点的对比类型的报告人包括：新人与老前辈、位居事件中心的人与身处活动边缘的人、地位最近有所变动（例如，升迁）的人与地位稳固的人、受到挫折或需要帮助的人与快乐或有保障的人，以及大权在握的领导者与听命行事的属下。

455 当研究者对不同类型的报告人进行访问时，要考虑到混杂的与不一致的信息。

访问情境。实地研究者知道在拥挤的餐厅中，要想进行像私人办公室中的谈话，是不可能的。[①] 通常访问是在成员的家中进行，这样成员才会感觉到舒适自在。但这并不总是最好的方法。如果成员心猿意马或者那里没有隐私权，研究者通常会移到另一个场所（例如，安静的餐厅或大学的办公室）进行访问。

访问的意义受到其格式塔的影响；这意味着整个调查者与报告人的互动是在一个特定的情景下。同样，一些值得注意的非语言交流形式（例如，耸肩、手势等）所增添的意义也应该被记录。

三、资料的质量

（一）质量的含义

在实地研究中，高质量资料一词的含义是什么？定性研究者如何取得这种资料呢？[②] 对遵循实证主义取向的定量研究者而言，高质量资料是指有信度与效度的资料；它们针对同一个“客观”真相，提供给所有研究者精确、一致的测量值。与之相比，遵循诠释研究取向的实地研究者不假设有个单一客观真相的存在，相反，他们主张田野成员主观地就某个社会情境下的经历和体验做出诠释。田野成员认定为真的事物，实际上是源自社会互动与诠释。所以，高质量的田野资料捕捉的是这类过程，并且帮助外界了解成员的观点。研究者想获得“丰富的”资料，这意味着资料将是多样化的，而且研究者将要在很长一段时间内系统地收集资料。实地研究者并不通过消除主观观点来获取有质量的资料；相反，有质量的资料包括研究者的主观反应与经验。有质量的田野资料来自研究者全然沉浸在田野成员的社会世界所获得的真实经验的详尽描述。[③]

---

① 访谈情境背景在 Hammersley & Atkinson（1983：112－126），Schatzman & Strauss（1973：83－87）中都有讨论。Briggs（1986）指出，非传统性的人口与妇女在无结构的访谈中比使用标准化的表达形式更能顺利沟通。

② 更多有关资料质量的讨论，参见 Becker（1970b），Dean & Whyte（1969），Douglas（1976：7），Kirk & Miller（1986），以及 McCall（1969）的论述。

③ Douglas（1976：115）指出使用“刚性数字”来“说谎”比使用自然情境下的详尽观察资料容易得多。

（二）实地研究的信度

田野资料的信度涉及一个问题：研究者对于田野成员或事件的观察具有内在与外在的一致性吗？**内部一致性（internal consistency）**是指排除常见形式的人为欺骗之后，对某个人或某件事已知的全部内容而言，资料是否可靠可信。换句话说，这些片段拼凑起来符合一个完整连贯的图像吗？例如，在不同的时间与社会情境下，某个成员的行动前后一致吗？

外部一致性（external consistency）是通过其他人的观察、其他不同资料来源的检验和交叉验证获得的。换句话说，观察所得的资料适合所有的情境吗？例如，其他人能够证明研究者对某位成员的观察吗？有其他证据证明研究者的观察吗？

实地研究的信度也包括了没有说过或做过，但期望或预期中应该发生的事。这种遗漏或缺失资料可能是重要的，但不太容易被发觉。例如，当研究者观察一名出纳员结束他这一轮的工作时，注意到该出纳员没有算抽屉中有多少钱。只有在换班之前其他出纳员总是有结算钱款的举动时，研究者才有可能注意到这项遗漏（见第 15 章中关于消极案例方法的讨论）。

实地研究中的信度取决于研究者的洞察力、敏锐性、怀疑精神，以及提出的问题。他从不同的角度（法律、经济、政治、个人）来观察成员和事件，并且在内心中盘问：这些钱是从哪里来的？那些人整天在做什么？

实地研究者依赖于成员告知的信息，这使成员及其陈述的可信度成为信度的一部分。为查验成员的可信度，研究者会问：这个人有理由说谎吗？他所处的位置能知道这件事吗？这个人的价值观是怎样的？他的价值观是如何影响他说的话的？他这么说是为了取悦我吗？有什么东西会限制到他的自然流露？ 456

实地研究者评估信度时，会将主观性与情境一起纳入考虑。他们知道个人的陈述或行动受到主观认识的影响。陈述来自某个特定的视角，并且受到个人经验的影响。研究者并不评断某个陈述是否真实，而认为陈述本身有其用处。从研究者的观点来看，即使是不正确的陈述与行为都有可能透露某些信息。

如前所述，行动与陈述会受到当时情境的影响。在某个情境下所说的话，在其他情况下可能会有所不同。例如，当被问及："你会跳舞吗？"在一个充满出色舞者的公共场所中，成员可能回答"不会"，但是在一个只有少数人跳舞跳得不错的、不同音乐节奏的半私人场合中，该成员可能回答说"会"。这不表示该成员在说谎，而是他的答案受到情境的影响。其他的可信度障碍包括误导研究者的行为：误报、规避、谎言与伪装（见拓展方框 13.7：田野资料信度的障碍）。[①]

拓展方框 13.7

田野资料信度的障碍

1. *误报*是因生活中的不确定性与复杂性所引起的非刻意不实报道。例如，一所医院的护士可能会说某件事是"院方的政策"，但是事实上没有任何这类书面的政策。

2. *规避*是刻意不想透露某些信息的举动。常见的规避包括有不回答问题、答非所问、转移话题或故意以模糊和模棱两可的话语作答。例如，当在晚宴上提起利用应召女郎招揽客户这个话题时，一位销售员显得很不自在。他说："对，很多人使用应召女郎。"但在稍后的单独谈话中，在小心翼翼的追问下，该销售员被引导说出答案，透露他本身也使用这个方法。

3. *谎言*是有意误导视听的不实言论或故意提供的错误观点。例如，某个帮派的成员提供给研究者假名字与假地址，或教堂的执事为了使他的传教工作看起来成就非凡，而夸大教众的人数。道格拉斯

① 改写自 Douglas（1976：56 - 104）。

（Douglas，1976：73）说："在其他所有我知之甚详的研究环境中，说谎是相当常见的，在研究者和成员间都是如此，尤其是在那些对成员真的很重要的事情上。"

4. **伪装（Fronts）**是大家心知肚明的谎言与欺骗。这可能包括使用道具和与人同谋。例如，某个酒吧事实上是非法下注的场所。表面上，该酒吧似乎是合法的，是在出售饮料，但是它真正的生意只有在谨慎调查之后才能被发现。伪装并不总是恶意的。常见的例子是圣诞老人，一个为儿童们扮演的"伪装者"。

（三）实地研究的效度

实地研究的效度是研究者对自身关于资料的分析能准确代表田野中的社会世界，所具有的信心。可复制性不能作为标准，因为实地研究事实上是无法复制的。田野的基本面貌会改变、社会事件与情境会变、成员会有所不同、个别研究者也会有所不同等。有四种类型的效度或检验研究精确性的方法：生态效度、自然历史、成员确认与胜任的局内人表现。

1. **生态效度（ecological validity）**是研究者描述的社会世界与成员自身世界相符合的程度。生态效度询问：研究所描述的自然状况是否不受研究者的存在与程序的干扰？如果没有研究者在场，事件仍然会发生，那么该研究计划就具有生态效度。

2. **自然历史（natural history）**是指对计划执行过程所做的详尽描述。开诚布公地交代研究者的行动、
457 假设和程序，以方便他人进行评估。从自然历史的观点来看，如果局外人能了解并接受那个田野地点与研究者的行动，该研究计划就具有效度。

3. **成员确认（member validation）**发生于当研究者将田野研究结果带回来给成员看时，由他们来判断研究的合适性。如果成员认为研究者的描述能够反映他们真实的社会生活，那么这个研究计划就具有成员效度。成员确认有其限制，因为情境中相互冲突的观点，会产生对研究者的观察结果不一致的看法，而且如果结果中没有呈现某团体有利的一面时，还可能出现其成员反对的情况。此外，也有可能成员认不出这个描述，因为不是从他们的观点所做的陈述，或是不符合他们的目的。[1]

4. **胜任的局内人表现（competent insider performance）**是指非田野成员能够像其成员那样有效地进行互动，并被认为像成员一样。这包括能够说并且了解局内人的笑话。有效的田野研究给人十足的田野社会生活的味道，并且提供足够的细节，让局外人可以表现得像个局内人。它的限制是，不可能对每个情境下的社会规范都了如指掌。再者，局外人能够像成员一样，可能纯粹是由于局内人出于客气礼貌，不想指出社交上的失礼之处罢了。[2]

四、实地研究的伦理困境

实地研究者亲自直接地涉入他人的社会生活会引起许多道德上的两难问题。当研究者独自一人在田野上、没有时间去做道德决定时，两难问题就出现了。虽然研究者在进入田野之前，对一般性的伦理议题已经有所了解，但是在田野的互动与观察过程中，这些议题都是不期然地出现的。我们将讨论实地研究中的五个伦理议题：暗中研究、保密、涉及违法行为、有权势的人和出版实地研究报告。[3]

---

① 参见 Bloor（1983）与 Douglas（1976：126）。

② 更多有关实地研究效度的讨论，参见 Briggs（1986：24），Bogdan & Taylor（1975），Douglas（1976）和 Sanjek（1990），以及 Emerson（1981：361-363）。

③ 参见 Lofland 等（2006），Miles & Huberman（1994：288-297），以及 Punch（1986）。

1. *暗中研究*。关于伦理议题，争论最激烈的议题是关于暗中研究与公开研究的。[①] 它涉及更广泛的欺骗问题，包括：研究可能是完全保密或暗中进行的；可能用的是虚假的角色、名字或身份；或是在某些方面对成员有所误导。有些研究共同体中的学者支持暗中研究或欺骗，并且将其视为进入田野、获得对社会生活许多层面充分了解的必要手法。其他学者则完全反对使用这种手段，认为这会摧毁研究者与社区间的信任关系。[②] 虽然这种手段的道德状况是令人质疑的，但是有一些田野场所或行动只能暗中研究（见第15章）。

对于研究者来说，暗中研究绝对不是更好的，也绝不比公开研究容易，因为很难维持伪装，而且总是担心有朝一日会被识破。诚如洛夫兰德等人（Lofland，et al.，2006：39）所说："就像自然主义研究中其他的伦理两难问题一样，我们相信对于伦理问题敏感的、深思的、博识的调查者，是判断是否有理由从事暗中研究的最佳人选。然而……我们建议你不要从事暗中研究……在你认识到你与当地的机构审查委员会之间的协商产生了问题、争议和困境之前。"

2. *保密*。研究者从田野中获得的私人性的隐秘知识，通常是私下提供的。研究者在道德上有很强的义务对资料保密。这包括保守资料的秘密不让田野中的其他成员知道，以及在田野笔记中，以假名取代成员的真实姓名。有时实地研究者不能直接引述一个人的话。策略之一是在报告时，找些相关的档案证据来代替被调查的人提供的信息，使这些档案（例如，旧的备忘录、报刊文章等）充当信息的来源。

当一个实地研究的调查者和一个田野中的成员发展了在研究之外的亲密关系、个人关系时，一个更加严峻的伦理困境问题就出现了。由于深度信任，田野中的成员可能单独与这个田野调查者分享隐私秘 458
密。正如豪厄尔（Howell，2004：346）在研究墨西哥瓦哈卡的妇女时所发现的那样：

> 民族志研究者会细节性地呈现他们的调查对象的生活和环境，以充分描绘当地的文化和个人事件。除了那些一般大众想隐瞒的信息，这些信息涉及无数的敏感话题……包括不忠、财富积累、犯罪活动和暴力……文化和个人敏感主题（例如性侵犯）也许很难甚至不可能去和陌生人诉说，或者像熟人证实……当有人向你诉说这些经历时，维持道德准则的标准出现了……当这些信息在值得信任的"朋友"关系间的人倾诉时，这种情况变得很复杂。其中一个人也许仍然处于民族志研究者的位置上去发表作品，但这可能会毁灭另一个人生活的秘密……越来越准确的事实呈现是重要的——包括暴力和惧怕暴力——这会影响信息知情者诉说的机会，并选择迫使民族志研究者去小心地讨论这些秘密，而这些秘密不一定有必要在研究中被揭露出来。但这样做强化了重新考虑保密、背叛和权力问题的重要性。

3. *涉及违法行为*。对从事违法的、不道德的、不合伦理的行为的人进行研究的研究者，了解并在有时候会参与违法活动。费特曼（Fetterman，1989）称此为**犯罪的知识（guilty knowledge）**。这种知识不仅执法的政府官员对之深感兴趣，其他越轨分子同样也对之充满了兴趣。研究者面对一种两难局面，一方面要与越轨者建立信任与友好的关系，另一方面要注意不要涉入太深以致违反自己做人的基本道德准则。通常，研究者与越轨者之间会达成某种明确的协定。

4. *有权势的人*。实地研究者倾向于研究社会上处于边缘的、没有权势的人（例如，街头游民、穷人、儿童、科层制度下的下层劳工）。有些人批评研究者忽视了有权势的人，然而社会上有权有财的人可以雇用强力的守门人并能轻易阻截你接近他们的路径，与此同时，也常有有权势的人批评研究者偏袒较无权势的人。

贝克尔（Becker，1970c）以**信用等级（hierarchy of credibility）**这个词来加以解释。信用等级指出那些研究越轨者或组织内低层下属的人通常被视为有偏见的研究者，而那些研究有权势的人则被认为是值

---

① 暗中进行敏感性研究在 Ayella（1993），Edwards（1993），以及 Mitchell（1993）的论著中皆有所讨论。

② 参见 Douglas（1976），Erikson（1970）和 Johnson（1975）。

得信赖的研究者。在有层级结构的团体或组织当中，大部分人假设位居顶端或接近顶端的人有权界定事物应该是什么样子，也假设位高权重的那些人有较广的眼界，其所处的位置也可以有所作为。因此，“迎合官场作风的社会学家将可免受心存偏见的指控”（Becker，1970c：20）。当实地研究者沉浸在较无权势者的世界，深入了解这些人的观点时，其传递的正是一个难得耳闻的观点。他们可能就此会遭到心存偏见的指控，因为他们给了社会上某部分人以发言权，若非如此，这些人的声音在社会上根本不可能被听到。

5. *出版实地研究报告*。研究者所得到的和报告出来的隐秘知识，制造了隐私权与知情权之间的两难问题。研究者永远无法做到在不违反隐私权或不伤害他人名誉的前提下揭露所有的秘密。可是，如果研究者无法公开自己的所知所闻，则会致使这些信息与细节都被隐藏起来。当研究者无法完整确切地描述事件的时候，其他人就会质疑他所发表的这份缺失关键细节的报告。

459 有些研究者提议让成员阅读报告，以确认其正确性、并取得他们的同意出版。对于边缘群体（例如，毒瘾者、娼妓和精神病患等），这可能做不到。但是研究者仍然必须尊重成员的隐私权。另外，审查或自我审查制度也可能有其风险。有一种妥协的方式，是揭露那些真实的但却不是不讨人喜欢的材料，除非大规模的争论很有必要或者需要展示一个准确的全部图景。①

五、焦点小组研究

焦点小组（focus group）是一种特殊的定性研究技术，是在一个群体讨论的场景下，对人们进行非正式的访问。② 在过去20年中，焦点小组研究发展迅速。焦点小组的程序是：研究者在一间房间中聚集6到12个人，由一个主持人主持，针对一个或更多的主题进行讨论，讨论一般持续90分钟。主持人受过训练，往往不直接提问，而是促进所有成员自由、开放式地讨论（即，不让个别人支配整个讨论）。群体成员应具有同质性，但是不可以包括较亲近的朋友或亲戚。在一项典型研究中，一位研究者使用了4至6个相互分离的群体。焦点小组的主题可以是大众意见（例如，种族关系、工作场所中的平等）、个人行为（例如，艾滋病的治疗）、一种新产品（例如，某种早餐麦片）或一位政治候选人（见实例方框13.3：关于父亲缺位与男子气概的焦点小组研究）。研究者经常将焦点小组与定量研究结合起来，这种结合有它特定的长处和弱点（见拓展方框13.8：焦点小组的优点与局限）。

实例方框 13.3　关于父亲缺位与男子气概的焦点小组研究

亨特等人（Hunter，et al.，2006）针对年轻的男性非裔美国人开展了焦点小组研究，探讨父亲缺位的成长环境。由于不到百分之四十的非裔美国人是在父母双全的家庭下成长的，研究者对青少年和青年男性是如何培养自身男性气概的进行了研究。研究者在一个当地的社会活动中心开展了两次焦点小组访谈，在这个活动中心，许多年轻人打篮球，他们的家庭也在此接受社会服务。每次焦点小组访谈持续75～90分钟，会进行录音和文字转录。焦点小组共有20名15～22岁的非裔美国人，是研究者通过律师和活动中心其他相关人士联系到的，其中大多数（92%）参与者学历在高中以下或者还在学校念书，绝大

① 关于出版实地研究报告，可参见 Barnes（1970），Becker（1969），Fichter & Kolb（1970），Goward（1984a：179－184），Lofland 等（2006），Miles & Huberman（1994：298－307），以及 Wolcott（1994）。

② 更多有关焦点小组的讨论，参见 Dykema（1999），Churchill（1983：179－184），Krueger（1988），Labaw（1980：54－58），Morgan（1996）。

多数（91%）在只有母亲的单亲家庭长大，所有参与者都处于低收入水平或处于较低的工人阶层状态。该焦点小组的首要问题是，“成为一个男人”对于参与者来说意味着什么，以及他们希望成为什么样的男人。在对录音进行文字转录并分析后，研究者发现，父亲的缺位对于这些年轻人对男性气概的理解有着核心性的影响。这一信息主要通过以下两种方式呈现：关于父亲和男性气概的总体视角，以及特定的关于父亲如何在孩子年幼时对其产生影响的自述。父亲的缺位则是把总体视角和个体自述联系起来的关键。研究者根据焦点组参与者的发言总结了以下四方面的主题：（1）有一些事情只能从父亲身上学到，（2）父亲已经没有什么可再教导的了，（3）母亲既担任母亲的角色又担任父亲的角色，（4）“我”会成为一个男人，而我的父亲并不是真正的男人。

提供清晰的介绍和仔细地选择焦点小组的参与者可以很好地影响他们的结果。正如威贝克、达尔格伦和奥伯格（Wibeck，Dahlgren & Oberg，2007：262）观察到的：“由于焦点小组的参与者的解释框架和以前经验的不同，在讨论开始之前确保所有参与者清楚参与焦点小组的前提是十分关键的。”尽管参与者应该具有适度的同质性，但是不能确保他们有意愿与开放心态来坦率地分享自己的信念与观点。例如， 460
讨论一个性别敏感议题时，一类性别的在场是不够的。霍兰德（Hollander，2004）发现许多参与者仍然害怕泄露污名化、创伤经历（强奸、家庭暴力）。霍兰德（Hollander，2004：626）认为：“在焦点小组访谈的过程中个体参与者所说的不足够作为可信赖的经历。参与者可能会夸大事实、隐瞒事实或者根据社会情境来诉说经验。”情境不仅包括其他参与者也包括主持人，同样也包括更大的社会背景（例如主要的社会事件和倾向）、制度背景（例如焦点小组中的位置和发起人），还有社会地位背景（例如人们所处的不同社会地位或立场）。焦点小组访谈应该通过社会地位被区分。例如，不要混合管理者和他们的雇员，应该把他们放入不同的组别。同样，将老师与学生混合在一个组中也是不明智的，因为当处于更高或者更低的地位的人在场时，人们的反应是非常不同的。

拓展方框 13.8

焦点小组的优点与局限

优点

- 其中的自然情境让人们能够自由地表达观点和看法。
- 边缘化社会群体的成员，其公开表达得到鼓励。
- 人们感觉自己被赋予权力，尤其表现在行动导向的研究计划中。
- 为调查研究者提供了一扇了解人们如何谈论调查话题的窗户。
- 使定量调查结果的解释更为容易。
- 参与者会互相询问，并互相解释自己的理由。

局限

- 存在“两极化效应”（群体讨论后观点更加极端化）。
- 一次焦点小组会议仅能讨论一个或少数几个话题。
- 调解人可能会不自知地限制群体成员的开放性和自由表达。
- 焦点小组的参与者产生的想法比个人访问要少。
- 焦点小组研究很少报告研究设计/计划的全部细节。
- 研究者无法调和单独个体的回答与焦点小组背景下的回答之间存在的差异。

六、结论

在本章中，你了解了实地研究及其过程（选择一个地点、获准进入、在田野中创建关系、观察与收集资料，以及做实地访谈）。实地研究者在资料收集阶段便开始分析资料和展开理论化工作。

现在你能够体会下面这句话的含义了：在进行实地研究时，研究者直接与被研究者发生牵连，并且把自己整个地沉浸在自然原始的情境中。从事实地研究通常比从事其他类型的研究，对研究者的情感、个人生活和自我意识造成更大的冲击。实地研究不容易操作，但这种方法对于研究其他研究方法所无法企及的社会世界中的某些层面来说，是最佳的方法。

好的实地研究要综合多种技术。除了很强的自我感知以外，最优秀的实地研究者拥有难以置信的倾听和关注细节的能力，以及惊人的耐力、对他人的敏感和移情思考能力、极强的社交技巧、非常强的迅速代入他人角色思考的能力、在人或事件中发现细微关联的能力，以及良好的书面表达能力。

当研究者想要研究小团体中当下正在发生的人际互动时，实地研究方法是最佳的选择。这个方法对微观层次或小团体面对面的互动最具价值。如果关心的是宏观过程与社会结构，这个方法就没有多大功效了。它对发生在遥远的过去的事件，或是穿越数十年的过程，几乎是毫无用处的。下一章所讨论的历史比较研究法，则比较适合调查这些类型的事件。

461 **关键术语**

acceptable incompetent	可接受的不胜任者	access ladder	逐渐进入的阶梯
analytic memos	分析性备忘录	appearance of interest	兴趣外露
argot	暗语	attitude of strangeness	陌生的态度
breaching experiment	破坏性实验	defocusing	去除焦点
competent insider performance	胜任的局内人表现	ecological validity	生态效度
direct observation notes	直接观察笔记	ethnomethodology	常人方法论
ethnography	民族志	face sheet	封面页
external consistency	外部一致性	focus group	焦点小组
field site	田野地点	fronts	伪装
freeze-outs	冷脸迎人	go native	入乡随俗
gatekeeper	守门人	hierarchy of credibility	信用等级
guilty knowledge	犯罪的知识	jotted notes	速记笔记
internal consistency	内部一致性	marker	线索标记
life history interview	生活史访谈	natural history	自然历史
member validation	成员确认	normalize social research	社会研究平常化
naturalism	自然主义	social breakdown	社会故障
separation of inference	分离推论	thick description	深描

复习题

1. 芝加哥学派发展的两个主要阶段是什么？什么是新闻杂志模式与人类学模式？
2. 列出“方法论实用主义”的实地研究者会做的10件事中的5件。

3. 对实地研究者来说，为什么在开始进行实地研究之前，做好文献阅读是件重要的事？这与去除焦点有何关系？

4. 指出对于初次从事实地研究的研究者而言，所谓好的实地研究地点的特征。

5. “自我呈现”会如何影响实地研究者的工作？

6. 什么是陌生的态度？有何重要性？

7. 当研究者选择要扮演哪种田野角色时，有哪些相关的考虑因素？研究者的决定将如何影响其涉入程度的不同？

8. 指出三种确保实地研究资料质量的方法。

9. 比较实地研究与调查研究中访问的异同，以及实地访谈与朋友间谈话之间的差异。

10. 不同类型或不同层次的田野笔记指的是什么？各有何目标？

464

第14章 历史比较研究

社会学的解释必然是历史性的。因此，历史社会学不是某种专门社会学，而是它的本质。

——菲利普·艾布拉姆斯（Philip Abrams），《历史社会学》（*Historical Sociology*），2页

不做比较的思考令人不可思议。而且，在缺乏比较之下所做的科学思考与科学研究都令人匪夷所思。没有人会惊讶于社会科学家的工作从一开始就充满各种或隐含或明显的比较。

——斯旺森（Guy Swanson），《比较研究的框架》（*Frameworks for Comparative Research*），145页

尽管基督教传教士已经有300年的活动时长，但人们看到的只有两个基督教徒比例很高的东亚国家：菲律宾和韩国。西班牙天主教两百年的统治，有助于解释菲律宾的天主教徒众多，但是韩国的基督教徒却多是新教徒。在（1953年）朝鲜战争结束之前，韩国很少受到西方的影响。而如今，每三个韩国人中，就有一个是基督教徒。相比之下，日本和中国的基督教徒比例约为2%。凯恩和帕克（Kane &Park，2009）对韩国为什么有这么多基督教新教徒提出了疑问。他们认为宗教信仰皈依的微观层次理论无法解释韩国的情况，因此他们发展了一种地缘政治文化理论来解释它。他们的资料来源于以英文和韩文撰写的关于韩国和东亚的历史、文化和政治的约150部书籍。他们指出，西方帝国主义列强在19世纪对东亚实施的不平等条约和统治，催生了民族主义的排外运动。日本，而非西方，在1910年殖民朝鲜，并实施了残酷的镇压。朝鲜的民族主义者将排外情绪指向了日本。日本不信任在朝鲜的少数
465 新教传教士。这些传教士后来加入了对摆脱日本殖民统治满怀热情的那些民族主义者。通过比较19世纪末和20世纪上半叶的基督教在日本、中国和朝鲜的发展状况，凯恩和帕克展示了新教在朝鲜是如何与民族主义独立运动相融合的。与中国和日本的排外情绪阻碍了基督教的皈依不同，朝鲜的新教传教士抵制外国（日本人）的统治，并成了表达民族主义情绪的工具。因此，当今韩国的基督教力量，就被与"某些宗教信仰在历史上的某个特定时间的传播"相吻合的"韩国在地缘政治网络中的位置"所解释了。

有时候，我们希望去考察宏观层次的问题或长时期的社会变化的问题。我们无法对整个社会进行实验，调查主要局限于目前，而且现有的统计手段仅适用于某些国家的一些主题。田野调查最好用于研究目前的小规模环境。为了比较整个文化或社会，以了解横跨数十年或一个世纪的宏观模式或长期趋势，我们转向历史比较（historical-comparative，可缩写为"H-C"）研究［被称为"*比较历史*"（comparative-historical)］。这种方法使我们能够解决许多令人兴奋的、涉及整个社会的或随着时间的推移的模式的"大问题"。另一个好处是，它可以使其他研究技术中发现的许多方法论问题变得清晰。

诸如涂尔干、卡尔·马克思和马克斯·韦伯等想要解释社会的转型（从一个前工业形式到现代工业

化形式）的社会学的奠基者们，都使用了一种历史的和比较的方法。通过揭示长期的和横跨不同社会的运作的过程，它有助于我们理解整个社会为何以一种特定的方式运作。历史比较研究极大地推进了概念发展和理论，经常在过去的思考中引起重大的修正。正如马奥尼（Mahoney，2004：93）所说，“在概念创新方面，比较历史的研究者们为许多最为重要的社会科学的概念提供了先导性的定义”。历史比较研究经常使我们修正理论和理解。举例来说，英格拉姆和里夫希茨（Ingram & Lifschitz，2006）研究了两百年来苏格兰的造船业。他们发现，那些家族企业和企业之间的人际关系创造了有利可图的、欣欣向荣的企业。现代法人公司的崛起以及向法人组织形式的转变被认为会使旧业务“现代化”并使得利润提高。作者却发现，在这种情况下，公司法人形式不但没有提高盈利能力和推动行业发展，反而导致增长放缓，盈利能力下降。

历史比较研究是解决社会理论中许多中心问题的一个有力工具。基础研究人员比应用研究人员更多地使用历史比较研究来考察社会科学中的许多问题，因为历史比较研究对于扩大基础知识至关重要。

一、历史比较研究的简史

19 世纪社会学的奠基者们就实施了历史比较研究。当时，文化人类学、人文地理学，社会学、历史学、政治科学和经济学等领域几乎没有分隔。这产生了在许多概念、理论和研究方法上的很好的共享。随着 20 世纪初期社会科学的专业化和分割化，历史比较研究衰落了。人类学家越来越注重文化和比较，历史学家研究过去，其余等等依此类推。历史比较研究被归入其他学科的小分支领域。除了少数例外，比如马克·布洛赫（Marc Bloch，1886—1944）、乔治·霍曼斯（George Homans，1910—1989）、罗伯特·默顿（Robert Merton，1910—2003）和卡尔·波兰尼（Karl Polanyi，1886—1964），在第二次世界大战之前几乎看不到社会学的历史比较研究。①

在二战之后，国际交流的改善、殖民帝国的解体，以及冷战形成的新的地缘政治激发了比较研究的兴趣。到了 20 世纪 50 年代，我们开始看到一些具有重大理论意义的历史比较研究。② 466

到了 20 世纪 60 年代至 20 世纪 70 年代，有几个因素刺激了历史研究的回归。第一，一些历史学家从社会科学中引入了定量研究技术。这促进了不同领域之间的交流。关于流动性、铁路的扩张和投票的统计研究，向历史学家展现了定量数据的力量，并给定量研究者们提出新的问题以应用他们的技术来解决。第二，使用调查技术的研究遍布各国，而且研究者们使用先进的定量技术以寻求跨国家的一般性。第三，马克斯·韦伯和卡尔·马克思的一些历史比较著作，被首次翻译成英文。“对韦伯著作的翻译，对于 20 世纪 60 年代的历史写作的影响，可能比任何其他的来自社会科学的单一影响都要大”（Stone，1987：13）。第四，20 世纪 60 年代的历史比较研究取得了理论上的突破，它作为一种研究手段激发了人们的兴趣。③

---

① 早期著作包括如下：马克·布洛赫，《封建社会》，马尼翁（L. A. Manyon）译，（Chicago：University of Chicago Press，1961；原著出版于 1939—1940 年）；乔治·霍曼斯，《13 世纪的英国乡民》（Cambridge，MA：Harvard University Press，1941）；罗伯特·默顿，《17 世纪英国的科学、技术与社会》（New York：Harper & Row，1970；原书出版于 1938 年）；卡尔·波兰尼，《大转型》（Boston：Beacon，1957）。

② 它们包括贝拉（Bellah，1957）的《德川宗教》（*Tokugawa Religion*）、本迪克斯（Bendix，1956）的《工业中的工作与权威》（*Work and Authority in Industry*），以及斯梅尔赛（Smelser，1959）的《工业革命中的社会变迁》（*Social Change in the Industrial Revolution*）。

③ 有三本这样的作品，分别是蒂利（Tilly，1964）的《旺代》（*The Vendee*）、穆尔（Moore，1966）的《专制与民主的社会起源》（*The Social Origins of Dictatorship and Democracy*，1966），以及汤普森（Thompson，1963）的《英国工人阶级的形成》（*The Making of the English Working Class*）。蒂利对 18 世纪 90 年代的法国的研究，结合了定量的逻辑与新的历史资料。摩尔对英国、印度、日本、德国、美国与苏联的研究，追踪了某些事件与某些社会群体的联盟的结合，是如何造成一些国家发展出民主的政府，而另一些国家却发展出非民主的政府的。汤普森对 1840 年以前的英国的研究，阐述了普通人的生活、言论与行动。“对大量新社会史的启发来自汤普森的《英国工人阶级的形成》。毋庸置疑，欧洲历史上从未有过如此深刻和迅速地影响了美国历史学家的作品。”（Novick，1988：440）

到了20世纪70年代，一些关于如何进行历史比较研究的新模式出现了。①

在20世纪80年代，历史比较研究大为扩展。在1983年，美国社会学学会创建了一个专门的历史比较分会，而且，科恩（Melvin Kohn，1987）在他对该学会所做的主席讲话中指出，跨国研究正在经历一次重大复兴。在主要的学术杂志上，使用某些历史比较研究的形式的文章逐渐增多。举例来说，在20世纪70年代末，历史比较研究的文章在主要的社会学杂志的文章中占18%；而这个比例，在20世纪80年代增长到28%，在20世纪90年代及21世纪初则增长到40%。②

二、适合历史比较研究的研究问题

历史比较研究是用于解决一些大问题（诸如“重大的社会变革是如何发生的?”以及“当前的一些社会安排为何在某些社会中采用了某种形式，但在另一些社会中却并非如此?”这些问题）的一个有力方法。我们可以像在本章开篇的方框中关注“基督教为何在韩国大行其道，但在其附近的东亚国家却并非如此”的研究一样，解决宏观层次的问题。在第2章，你读到了关于20世纪40年代的华沙犹太人地区的研究，这些研究考虑了为何有些人面临灭绝起而斗争，而另一些人却非如此。你也读到了为何拉丁美洲的一些前殖民地依然贫穷，而另一些却非如此。③

历史比较研究非常适合研究产生特定结果的一些社会因素的组合（比如一场内战、一个税制系统、一个宗教）。它也适用于比较整个社会系统，以发现不同社会的共同之处和独特之处，以及研究长期的社会变化。一位历史比较的研究者经常将理论建构于或应用于一些特定的案例。举例来说，法国有一个高度集权的中央政府并且政府对经济广泛干预，而且左翼政党经常赢得选举。然而，美国有一个分权的体系，强大的自由市场，以及薄弱的左翼政治。理论可能显示，法国向其高收入的公民征税的幅度会超过美国，但研究者却发现了相反的结果（见实例方框14.1：为什么两个国家以不同的方式征税）。我们可以用历史比较研究的方法建立一个理论来解释这两个案例中的差异以及非预期的结果。使用历史比较研究，我们可以比较文化单位或国家，并且跨越时间建构理论概括和进行分析。④

历史比较研究可以加强概念化和理论的建构。通过观察一些历史事件或不同的文化背景，我们产生新的概念并拓展理解。我们不太可能将概念限制在单一的历史时期或单一的文化中，而是同时将我们的想法建立在特定文化和历史背景下的人们的经历中。⑤

阅读历史比较研究时的一项困难是，读者通常需要一些关于过去的文化或其他文化的知识来充分了解这项研究。一个只知道他自己的文化或缺乏历史知识的人，可能会发现即使是经典理论家们都很难读懂那些历史比较研究。举例来说，如果不了解封建制度下的欧洲以及马克思写作时所处的世界的情况，
467 是很难读懂马克思的《共产党宣言》的。在那一时间的那个地方，农奴们生活在严重的压迫之下。封建社会包括城市中以等级为基础的着装规范和强制农奴将其大量产品交给地主的奴役制度。独一无二的教会拥有广泛的土地所有权，而且在贵族、地主和教会之间存在紧密的家族联系。现代的读者可能会问，

---

① 这一时期颇有影响力的著作包括Anderson（1974a，1974b），Hector（1975），Paige（1975），Skocpol（1979），Tilly等（1975），以及Wallerstein（1974）。

② 这与前一时期（1985—1989）约28%的情况相比，是一个大幅度的增长。相比之下，1976年到1978年的历史的或比较的论文，占学术期刊论文的百分比大约为18%。更多关于历史比较研究的历史的信息，可参见Calhoun（1996），Johnson（1982），Kohn（1987，特别是脚注1），Lipset（1986），Novick（1988），Roy（1984），Skocpol（1984），D. Smith（1991），Warwick & Osherson（1973），以及Zaret（1978）。

③ 参见Mahoney（1999）关于历史比较研究的主要作品。

④ 关于对跨越时间单位和文化单位的概括和分析之间的差异的讨论，参见Firebaugh（1980）与Smelser（1976）。

⑤ 更多讨论，参见Calhoun（1996），McDaniel（1978），Przeworski & Teune（1970），以及Stinchcombe（1978）。

如果当时的状况是如此糟糕，那些农奴为何没有逃跑？需要知道，农奴们很难依靠树根、浆果和狩猎在欧洲的森林中存活下去。此外，没有人会帮助一个逃亡的农奴，因为传统社会并不乐意接纳陌生人，而是畏惧他们。要理解经典理论家的历史比较研究，“一个人必须能够欣赏被其视为理所当然的他们当时的时代特征以及他们对过去的解释”（Tuchman，1994：310）。

实例方框 14.1 为什么两个国家以不同的方式征税

摩根和普拉萨德（Morgan & Prasad，2009）研究了为什么法国和美国采用不同的税收制度。两种主要的税收类型是消费税和所得税。*消费税*往往是累退的（即低收入者交税更多）但却促进了经济增长，并避免了因*所得税*的累进（即高收入者交税更多）而产生的政治抗议。采用消费税的政府可以发展一个更大的福利国家。与之相比，所得税是累进的（即高收入者交税更多），但会阻碍经济增长，产生政治抗议，并限制福利国家的规模。为了解释一个国家为什么依赖于这个税或那个税，两位作者比较了法国和美国的国家政府是如何发展其税收制度的。在发达国家中，美国对国家所得税的依赖程度接近于最高水平，而法国则是最低水平。矛盾的是，在发达国家中，美国有着最强大的“自由市场”经济以及最低程度的政府干预，并且左翼政党近乎缺席。相反，法国有一个很强大的中央政府、对经济广泛干预，以及强大的左翼政党经常赢得选举。人们可能会期望在法国，而不是在美国看到累进税，比如所得税。然而，法国的大部分收入都依赖于一种国家消费税。而在 1920 年之前，美国从间接消费税转向主要依靠所得税。两位作者通过考察从 19 世纪末到 20 世纪初期两国的政治、经济和治理模式，解释了两国的不同路径。他们说明，抵制工业化的抗议运动和特定形式的政府集权解释了当今两国的税收制度以及其他特征。两位作者发展了一种适用于两个案例的理论，而且他们得出结论：除非我们研究第一次世界大战前几十年发生的事情，否则我们无法解释当今社会的主要方面。研究中主要的证据形式包括关于两国的事件和模式的丰富的历史细节。两位作者在提出和拒绝各种替代解释的同时，用证据建立了严谨的理论论证。他们的参考书目列出了约 100 本英文和法文的书籍和文章，约三分之二的引用作品是关于两国的历史话题的。

三、历史比较研究的逻辑

在历史比较研究上和在术语上的混淆是不一致的。研究者们将他们的方法描述为*历史的*、*比较的*、*跨国的*、*跨文化的*或*历史比较的*。研究者们使用了各种各样的具体技术来进行历史比较研究。造成混淆的另一个来源是，是否有独特的历史比较方法，或者我们恰好使用相同的研究方法去研究在过去的或在不同社会中的社会生活。马奥尼（Mahoney，2004：81，脚注 1）将历史比较研究称为“一个研究领域，其特点是使用系统性比较以及随着时间推移的过程的分析来解释诸如革命、政体和福利国家这样大规模的结果”。他将历史比较研究与诸如理性选择分析、解释性分析、博弈论和民族志等其他在历史社会学中的方法区分开了。 468

一些社会研究者使用实证主义的、定量的方法去研究历史的或比较的问题，而另一些却依靠定性的、解释主义的或批判的方法。根据拉金和扎雷特（Ragin & Zaret，1983），历史研究的涂尔干式（或实证主义）的方法和韦伯式（或解释性）的方法运用了不同的逻辑。[①] 奥耶（Øyen，1990：7）对这类混淆做了

① Brown（1978），Johnson（1982），Lloyd（1986），McLennan（1981：66－71）提供了对历史比较研究的实证主义与非实证主义的方法之间的关系以及科学的现实主义哲学转向的讨论。参见 Murphey（1973）关于历史研究的讨论。关于比较研究，参见 Hymes（1970）与 Mehan（1973）。

概述：

> 区分不同类型的比较研究的词是冗长的，而且不是很精确。诸如跨国、跨民族、跨社会、跨系统、跨制度和多民族、多社会、多文化等概念，以及宏观层面上的比较，既被用于作为一般比较研究的同义词，也被用于表示具体的比较类型。

我们可以使用你在第2章看到的三个维度——案例、时间和资料类型来组织历史比较研究。研究可以聚焦于一个案例或一个国家发生的事情；比较一小部分国家（2个至6个），或考察许多个国家（12个至100个）。研究可以聚焦于现在、过去的某一时间段，或跨越许多年。最后，资料可以主要是定量的或定性的。如果我们对三个维度进行交叉分类，我们将得到18种逻辑上可能的历史比较研究的类型（见表14.1）。难怪在历史比较研究的构成上会存在如此多的混淆。虽然当前的大多数社会科学研究是在研究者的本国进行的，但历史比较研究是非常多样化的。

大部分历史比较研究都在18个格子的11个中（1、4、5、7、8、10、11、13、14、15和16）。这包括整个单一国家的列。许多历史比较研究试图确定普遍的或接近普遍的进程。他们想要发现在很长的一个时间段内，跨越所有人类社会、或至少在一种主要的社会类型（即高度工业化、农业化的社会）中运转的进程或关系（Ember & Ember，2001）。然而，大多数研究仅考虑一个社会和一个时间段的资料，因此只有最小的普遍性。我们无法自信地说，基于这些资料的解释是否仅适用于那一个社会，是在大多数人类社会中都能发现，还是只针对一个具体时间点或者跨越一大段历史。

表14.1　历史比较研究的逻辑上可能的类型

	比较的维度		
时间维度和资料类型	单一国家*	少数国家	许多国家
过去某一时间			
定量资料	1	2	3
定性资料	4	5	6
跨时间			
定量资料	7	8	9
定性资料	10	11	12
当前			
定量资料	13	14	15
定性资料	16	17	18

注*此处的“国家”不同于当前的研究者以及受众的国家。

一些研究者试图获得世界上近170个国家的许多资料，例如舍弗（Schofer，2004）为一项关于世界科学扩张的研究所确定的120多个国家的资料，或者森格（Sung，2003）从一项关于妇女政治参与的研究中获得的包括99个国家在内的资料。然而，许多社会的资料不可获得或不可比较，因此大多数比较研究局限于10至20个国家。马奥尼（Mahoney，2003）（在第2章中讨论过）研究了15个南美国家，萨顿（Sutton）关注了跨15个国家的监禁（见实例方框14.2：跨15个国家的监禁率），马德尔和沙列夫

(Mandel & Shalev，2009) 调查了跨 17 个国家的男女收入差距的规模（见实例方框 14.3：跨 17 个国家的性别收入差距）。

其他研究者聚焦于 2 至 4 个案例的比较。举例来说，弗莱泽（Fretzer，2000）研究了在法国、德国和美国的公众对移民的态度，甘格尔（Gangl，2004）比较了福利国家政策以及德国和美国的失业状况。维特纳和法伦（Viterna & Fallon，2008）调查了在南非、阿根廷、加纳和萨尔瓦多的关于性别平等的政治运动。他们选择了这 4 个案例，是因为它们清楚地展示了在改善性别平等方面的成功和失败，并且在其理论框架中具有不同的特征。 469

实例方框 14.2　跨 15 个国家的监禁率

许多使用国家作为分析单位的跨国研究依赖于既有的统计资料。举例来说，萨顿（Sutton，2004）进行了一项关于 1960 至 1990 年的 15 个国家的定量的、统计的研究。许多研究者早就注意到，监禁率并不是紧密地追随着犯罪率而变动。萨顿检验了鲁施（Rusche）和基希海默尔（Kirchheimer）的论点，他们说，失业率导致监禁率的上升，因为监禁是控制人口中多余的、可能会不守规矩的、失业的工人阶级男性的一项政府尝试。基本上，当许多工人失业时，监狱是满的；但当经济繁荣时，监狱是空的。萨顿从 15 个国家的政府统计年鉴、诸如世界健康组织和国际劳工组织这样的国际机构的出版物，以及先前的确定了几个国家的如其工会化模式、政党结构等特征的社会科学的研究中收集了资料。萨顿发现，原先的论点只得到有限的支持，但他却用资料证明了几种其他因素的强效应。他争论说，失业对监禁的效应可能是虚假的（参见本书第 2 章、第 4 章和第 10 章对虚假关系的讨论）。他发现，一个国家的政治和劳动力市场结构的具体特征似乎是具体的失业模式和不同的监禁政策这两者的成因。简言之，与低收入者和劳动者具有更多政治权力的时候相比，当低收入者和劳动者在政治上比富有者和企业主软弱时，失业率和监禁率都上升了。

实例方框 14.3　跨 17 个国家的性别收入差距

马德尔和沙列夫（Mandel & Shalev，2009）研究了跨国的男女收入差距的规模。他们记录：

> 近几十年来，女权主义学者已经使人们注意到福利国家政策对女性经济自主权的重要性。就像对阶级不平等的改善一样，福利国家强有力地影响了女性相对于男性的生活机会。这种见解极大地扩展了对性别不平等和福利国家的研究，特别是从比较的视角来了解的研究。(Mandel & Shalev，2009：1873)

马德尔和沙列夫将收入的性别差距划分为“基于阶级的”和“基于性别的”两部分。换言之，收入的性别差距取决于一个国家中有多少女性达到了阶级结构的顶部以及这个国家的阶级不平等的程度。作者考虑了在 17 个发达国家中的福利国家政策是如何影响每一部分差距的。福利国家采用三种形式：自由的、社会民主的、保守的。一些政策鼓励家庭对社会福利的责任，另一些依赖于政府公职，还有一些政策鼓励私人市场措施。通过研究那些社会计划和阶级结构非常不同的国家中的性别不平等，作者能够区分出性别不平等的几个原因。他们发现，一个国家的阶级结构及其社会计划的混合以一些特定的方式结合，造就了收入的性别不平等的不同水平。福利国家的角色对处于不同阶级位置的女性有不同的影响。作者认为，我们不能将“家庭政策”（性别）与“社会政策”（阶级）分开处理。

许多调查聚焦于当前，但另一些却仅限于过去某一时点的一个社会，例如艾因沃纳（Einwohner， 470
2003）关于 1943 年的波兰华沙的研究（在第 2 章中讨论的）和埃迈（Emigh，2003）关于 15 世纪的托斯卡纳区的研究（将在第15章中讨论）。一小部分研究关注长时间段，比如拉赫曼（Lachman，2003）关于从16世纪到18世纪的4个欧洲国家中的精英的研究、马奥尼（Mahoney，2003）对跨两个世纪的美洲西班牙殖民地的调查（第2章所述）、佩蒂特和韦斯顿（Pettit & Western，2004）关于美国的黑人和白人在1964年至1997年的监禁率的研究（第2章所述），以及拉格尔斯（Ruggles，2007）对美国从1850年到2000年的同居下降的调查（见实例方框14.4：150年间美国同居的下降）。

实例方框14.4　150年间美国同居的下降

在19世纪中叶，近70%的老年人与其成年子女同居。到2000年，只有不到15%的老年人还这么做。其原因一直存在争议。人们考虑到的主要原因是，老年人不再贫穷，而且在晚年能负担得起独居生活。拉格尔斯（Ruggles，2007）研究了这个问题并发现，这种情况与年轻的一代，而不是其年老的父母更有关系。同居问题与基于家庭的生产的减少和雇佣劳动的增加的经济变化、年轻一代的受教育程度的提高、更高的地域流动性联系在一起。更多离婚或分居的新家庭模式以及职业女性机会的增加也是影响因素。拉格尔斯详细研究了关于家庭组成、职业和地理位置的多年来的人口普查数据。为获得从1850年到1950年的数据，他需要输入来自普查员手写的手稿的缩微胶片副本的数据。

一种独特的、定性的历史比较类型的社会研究，不同于实证主义的方法和极端的解释性方法。使用个案研究和定性资料的历史比较研究，不符合严格的实证主义准则。个案研究可以是非常重要的。没有案例研究，学者“将继续推进关于某一特定领域的不恰当的、过时的或完全不相关的理论观点”（Bradshaw & Wallace，1991：155）。案例研究可以详细阐述历史过程并说明具体的历史细节，但严格遵循实证主义社会科学方法的研究者批评使用少量案例的历史比较研究，因为它无法产生那种实证主义科学的概率性因果概括的类型。[①]

基于解释性社会科学的实地研究和历史比较研究都关注于文化。每种研究都要求我们透过那些我们研究的人的眼睛去观察，去重构他们的生活，并深入研究特定的个人或群体。有一种极端的解释性方法假设，每一个社会环境都是独一无二的，是不可能进行比较的。这种方法重现了特定的主观体验并描述了细节。如斯通（Stone，1987：31）所说，传统历史学“处理的是在特定时间、特定地点的特定问题和一组特定的行动者”。一种独特的历史比较方法借鉴了民族志和文化人类学，而且一些历史比较研究尝试去重现另一时间或另一地点的现实，但借鉴民族志的优势并不需要采用极端的解释性方法。[②]

一种独特的历史比较研究方法通过使用定量资料来补充定性资料和分析，将对特定历史或文化背景的敏感性与理论概括结合起来。历史比较研究的逻辑和目标，更接近于实地研究的逻辑和目标，而不是传统实证主义方法的逻辑和目标（见表14.2）。

（一）与实地研究的相似之处

第一，在历史比较研究和实地研究中，研究者的观点都是研究中不可避免的一部分。在两种类型的
471 研究中，解释都是核心。“研究者-解释者”在时间、地点和世界观上的位置都很重要。历史比较研究并不试图产生一套单一的、明确的客观事实，而是用新的想法和证据去面对旧事物或关注多种世界观。我们对历史证据的解读，受到对过去和对生活在当下的认识的影响。

---

① 参见Goldthrope（1991，1997），Lieberson（1991）以及Treiman（1977）。与之相反的观点，参见Burawoy（1977），Goldstone（1997），Mahoney（1999）以及Rueschemeyer & Stephens（1997）。

② 更多关于对人类学的借鉴的讨论，参见Biersack（1989），Desan（1989），Johnson（1982），Sewell（1980），Stone（1987）以及Walters（1980）。

表 14.2　对研究方法之间比较的总结

定性与定量方法的区别

主题	实地研究与历史比较研究	定量研究
研究者的视角	作为一个组成部分纳入研究过程	从研究过程中排除
获取资料的方法	沉浸于许多细节中以获取理解	精确地操作变量
理论与资料	使用基于资料与概念之间对话的扎根理论	用经验资料检验演绎的理论
提出发现	对一个意义系统进行翻译	假设检验
行动/结构	意义是由人们表现和建构的，但却处于结构内	研究社会的力量形塑行为的方式
法则/概括	使用取决于情境的有限概括	发现普遍性的、与情境无关的法则

独特的历史比较研究方法的特征

主题	历史比较研究的方法
证据	从碎片化和不完整的证据中重新建构
失真	避免使用研究者自己所知道的、超出社会或历史背景之外的因素
人的角色	将人在某个情境中的主观意识考虑进来，并且将其动机作为因果关系的因素来使用
原因	将原因视为偶发性的、视情况而定的，在表面之下，并且是多种要素组合的结果
微观/宏观	对整个个案进行比较，将微观层次与宏观层次或社会现实的层面联系起来
跨越情境	在某个情境及跨越不同情境的具体细节之间移动，以便进行更抽象的比较

第二，实地研究和历史比较研究都研究了多种多样的资料。在两种类型的研究中，作为研究者，我们都沉浸于资料中，以获得对事件和人的共情式理解。我们试图捕捉主观的感受，并观察日常的活动是如何表达重要的社会意义的。

我们通过大量的事件、行动、符号和文字来探究，筛选和关注社会生活的一些特定的方面。这意味着我们必须组织资料并将注意力聚焦于发展概念的基础上。我们研究将文化戏剧化的仪式和符号（如游行、服装、物品的摆放），并调查行为的动机、原因和理由。举例来说，伯雷奇与科里（Burrage & Corry，1981）使用重大公共事件（游行、盛会、节日和皇室访问）中行会出现的官方顺序的记录，测量了 14 世纪到 17 世纪在伦敦的职业地位的变化。①

第三，在实地研究和历史比较研究中，我们都使用*扎根理论*。理论通常在资料收集的过程中浮现出来。我们开始研究资料的时候并没有一个固定的假设。相反，我们通过与资料的对话来发展和修改概念和理论，再将理论应用于对资料的重新组织。因此，资料收集和理论建构交互影响。汤普森（Thompson，1978：39）将此称为“一个在理论与证据之间的对话，一个通过一方面的连续不断的假设和另一方面的经验研究进行的对话”②。 *472*

第四，实地研究和历史比较研究都涉及转译。虽然我们的意义系统通常区别于我们所研究的人的意义系统，但我们尝试去进入并理解他们的立场。在我们掌握了我们所研究的人的生活、语言和视角之后，我们届时的工作就是将其“转译”给其他阅读研究报告的人。

第五，实地研究和历史比较研究的研究者都关注行动、过程和一连串事件。他们认为时间的推移在

① 参见 Desan（1989），Griswold（1983），Ryan（1989）有关仪式与文化象征意义的讨论。

② 参见 Carr（1961：35，69），McDaniel（1978），Novick（1988：604），Ragin（1987：164－166）有关对话隐喻的讨论。

一项研究中至关重要。两类研究的研究者都对能动者（即积极参与变革的人和组织）和结构（即约束行动和观念的固定的规则）之间始终存在的张力很敏感。他们都将社会现实同时视为创造和改变生活的人，以及对人类的选择施加限制的事物。[1]

第六，在两种类型的研究中，概括和抽象理论都是有限的。在微观层次的实地研究和宏观层次的历史比较研究中，我们的知识是不完整的和暂时性的。重复性研究是不现实的，而且我们很少能够推断命题或检验假设来发现固定的法则。相反，每个研究人员都汇集了一组独特的证据来建立合理的解释，并提供有限的概括，从而慢慢地推进知识。

（二）历史比较研究的特征

尽管与实地研究有许多相似性，但一些重要的差异使历史比较研究与之有所区别。历史比较研究"本身就是一个研究领域，在这个研究领域中，研究人员通过整理大量随时间推移的资料来推断因果关系。事实上，一个普遍的观点是，对随时间推移的过程的分析，是因果推断的核心基础。"（Mahoney，2004：88）我们可以确定历史比较研究的六个特征：证据的类型、控制失真、对人类能动性的认同、因果关系的规范、连接微观与宏观层次、背景和比较的交替使用。

1. *证据的类型*。历史比较研究的证据是有限的和间接的。我们很少能直接观察或密切接触我们所研究的人，但可以从证据中重新构建发生的事情。历史证据依赖于过去残存的资料，通常以文件（例如信件和报纸）的形式存在。我们被那些没有被毁掉的，留下痕迹、记录或其他证据的东西所限制。

我们必须通过沉浸于并吸收关于背景的细节来解释证据。举例来说，我们想要研究100年前或是在一个不同文化中的家庭的工作。为此，你需要了解家庭的整个社会背景（例如工作的性质、沟通的形式、交通技术）。你应该研究地图，学习法律和现行的政策，并研究人们的烹饪和饮食的习惯。你应该弄清楚儿童游戏、学校教育、医疗护理、预期寿命，以及社会习惯。举例来说，你需要知道"家庭成员的到访"意味着什么。它会受到路况（比如泥泞的道路）以及无法提前打电话等条件的影响。那些在农场工作的需要经常照看动物的人，他们的生活需要持续地关注，他们的生活节奏和优先次序可能与你的习惯所不同。你需要对人们的日常生活节奏和日常经历有一种感觉。

2. *控制失真*。我们对过去或另一种文化的重构，可能会轻易地失真。与我们所研究的人相比，我们通常更加意识到发生在过去的、在远离我们所研究的位置的事件以及在我们所研究的时期之后的事件。
473 这种意识会造成比生活在过去或在孤立的社会环境中的人们可能拥有过的更强的一贯性。"简而言之，历史解释在事件继续发生的时候超越了任何理解。我们所重构的过去，比发生时的过去更具有一贯性。"（Lowenthal，1985：234）我们的更广泛的意识会使我们产生一种错觉，认为事情的发生是因为它们不得不发生，或者它们是整齐地组合在一起的，而这可能会也可能不会是普通人所经历的。

我们无法轻易地通过我们所研究的那些人的眼睛去观察。当前的知识以及时间的变化会使我们对事件、人物、规律甚至物理对象的看待方式失真。举例来说，留存至今的老建筑比那些没有留存的建筑物更加持久和坚固。此外，一个存留的建筑物会因其出场的背景而在2010年看起来与在1810年看起来不同。当1810年的建筑物刚建起来并沿着类似的和老的建筑物矗立时，生活在那时的人们看待它的方式与在21世纪的我们看待它的方式不同。我们会将其视为古老的和具有历史意义的，但他们却以不同的方式对待它。

3. *对人类能动性的认同*。在所有的研究中，我们认同人们有能力学习、做出决定并根据他们学到的内容采取行动，从而改变事件的进程。当我们研究随时间推移的过程时，我们需要考虑人们有意识地去做事情的能力。这限制了我们主张所有社会都能支持类似于法则的概括的能力。[2] 举例来说，一群人是否

---

① 更多的讨论参见Sewell（1987）。

② 参见Roth & Schluchter（1979：205）。

知道自己过去的历史或从中获取感悟。作为拥有这种知识的结果，他们避免过去的错误，并有意识地改变事件的进程。当然，人们不一定会学习或按照他们所学来行动，如果他们确实行动起来，他们也不一定会成功。尽管如此，我们还是需要纳入人们的学习能力，这会在历史比较的解释中引入一定程度的不确定性。

我们想要弄清楚有关的人是否将各种行动的起因视为合理的。人们的世界观和知识是调节因素。它们形塑了人们视为可能或不可能的东西。我们必须要问，人们是否意识到某些事情。举例来说，如果一支军队知道敌人的袭击就要来了，并因此决定在半夜穿过一条河，那么，这项穿过河的行动就比当这支军队不知道敌人在接近的时候有一番不同的意义。

4. *因果关系的规范*。在历史比较研究中，为建立因果关系，我们通常采用组合性解释，使用过程分析，并研究偶然性。**组合性解释（combinational explanation）**类似于化学反应，我们必须在特定条件（温度、压力）下，将几种成分（化学物质、氧气）加在一起以产生结果（爆炸）。这区别于简单的线性因果解释。其逻辑更近于“A，B 和 C 在具有条件 G 的时间和地点 Z 一起出现，然后导致了 D 结果”而不是“A 造成了 B，B 造成了 C，C 造成了 D”。正如拉金（Ragin，1987：13）所总结的：

> 大多数比较主义者，尤其是那些定性取向的比较主义者，对一系列相似案例的历史事件或结果及其原因感兴趣。历史结果通常需要复杂的组合性解释，而且这样的解释很难以符合主流定量社会科学规范的方式来证明。

举例来说，马克斯·韦伯的解释赋予文化因素以与经济、人口和社会结构因素同等的重要性。他通过理想类型采用了一套因果因素的组合。它既不是一种可去检验的演绎性的形式理论，也不是一种归纳性的、针对具体问题的理论。[1]

我们对于因果效应的思考，通常依赖于过程分析。[2] **过程分析（process analysis）**（也被称为*过程追踪*）确定了具体的干预因果机制，它们在过程中的地位/作用与对后续事件的影响，以及其影响的持续时间。简而言之，我们精确地研究一个过程是如何随时间的推移而呈现的。在发展因果解释（第 2 章所讨论 474
的）和创建对案例的详细分析（第 6 章所讨论的）时，要记得指定因果机制的重要性。过程分析涉及通过确定一个或多个影响结果的原因（自变量）的具体机制来概述一个过程。

找到一个关联是不够的，我们必须详细说明一个因素影响另一个因素的方式。在记录两个事件之间的关联（例如上升的离婚率与妇女经济机会的改善）后，我们要寻找一种在特定情况下将因和果联系起来的机制，以查明这种关联是否是因果关系。举例来说，我们观察到，越来越多的女性在家庭之外工作，独立获取财产从而获得对财务资源（例如银行账号）的控制，以及不断上升的离婚率。要说一个现象造成另一个现象，我们必须分析一段时间的过程。我们必须找到与离婚有关的财务资源控制的具体内容。

历史比较研究也研究偶然性，即，一个因素并不总是导致另一个因素，而是偶然性的，或取决于其他条件的存在。举例来说，女性对资源控制的提高与离婚率的上升可能仅在一些特定条件（例如法制环境、宗教传统，经济-技术的发展水平）下发生。

5. *连接微观与宏观层次*。历史比较研究侧重于整个案例，而不是跨案例的单独变量。我们将整个案例视为多层次来处理。这意味着我们必须掌握那些表面现象，以及揭示那些一般性的、隐藏的结构，那些看不见的机制，或那些因果过程。我们整合了微观层次（小规模的、面对面的互动）和宏观层次（大规模的社会结构），而不是单独描述微观层次或宏观层次的过程；我们研究并连接现实的两个层次或层面。[3] 举例来说，我们通过阅读日记或信件来研究个人传记的细节，以获得这些个体的经历：他们吃的食

---

① 参见 Kalberg（1994）。

② 参见 George & Bennett（2005），Gerring（2007），Mahoney（2004），以及 Munck（2004）有关过程分析或过程追踪的讨论。

③ 更多关于对表面事件的洞察的讨论，参见 Bloch（1953：13），Lloyd（1986），McLennan（1981：42-44）以及 Sewell（1987）。

物、他们的休闲追求、他们的穿着、他们的疾病、他们与朋友的关系，等等。我们将此微观层次的观念连接到宏观层次的过程：移民的增长、生产的机械化、普罗大众化、紧缩的劳动力市场等等。

6. *背景与比较的交替使用*。历史比较研究在研究具体的背景和做一般性的比较之间转换。我们研究具体的背景，记录相似性和差异性，然后通过与我们在其他情境和背景中所发现的东西进行比较来概括它。之后，我们使用我们从始于比较而发展出的概括再来看具体的背景。比较的研究者跨越文化-地理单位（例如城市区域、国家、社会）进行比较。① 历史的研究者调查过去的背景，通常在一种文化（例如时期、时代、年代、纪元）中进行排序和比较。② 当然，我们可以将两者结合起来以研究一个或多个历史背景下的多种文化背景，但每个时期或每个社会都有其独特的因果过程、意义系统和社会关系。这就在背景中的具体细节与我们为跨背景建立连接所应用的抽象概念之间产生了一种创造性的张力。

在比较分析中对跨文化概念的使用，类似于在历史研究中对超越历史的概念的使用。③ 在比较研究中，我们将一个背景的细节转译为通用的、理论化的语言（参见本章稍后对语言学的概念的讨论）。“比较的研究者会因此而被视为在进行一场介于系统特定类别的‘文化界限’和系统包容性类别的‘无内容’之间的持续不断的斗争”（Smelser，1976：178）。

年鉴学派。历史比较研究源自**年鉴学派（Annales School）**④，这是一群与一种研究方法相关的法国历
475 史学家（如，Marc Bloch、Fernand Braudel、Lucien Febvre、Emmanuel Le Roy Ladurie），是以1929年创立的学术期刊《年鉴：经济、社会与文明》（*Annales：Économies，Sociétés，Civilisations*）命名的。该学派的取向可以概括为四个相互关联的特征：整体-综合的分析、**时代的精神（mentalities）**的集合、具体-抽象的整合，以及被称为**长时段（longue dureé）**的定位长期结构（见拓展方框14.1：年鉴学派）。年鉴学派从几个方面影响了历史比较研究。它鼓励对不同类型的资料进行整体性的整合，强调对不同的主观意识的敏感性，将非常具体的细节与抽象理论联系起来，并将事件置于一个长期底层结构的大背景下。

拓展方框 14.1

年鉴学派

此学派的取向可以被概括为四个相互关联的特征：整体-综合的分析、时代的精神的集合、具体-抽象的整合，以及长时段的结构。

1. *整体-综合的分析*。年鉴学派系统地应用了一种综合的、完整的、整体的或跨学科的方法。年鉴学派的研究者将地理学、生态学、经济学、人口学与文化因素结合起来以生成一幅过去的全貌。他们将物质生活和集体信仰或文化的多样化条件融合为一种对过去文明的全面的重新构建。

2. *时代的精神的集合*。该学派使用了一个无法直接翻译为英文的法文术语——时代的精神。它意味着一种独特的世界观、视角，或一套关于生活的假设，即组织思维的方式或在一个时代盛行的有意识和无意识的认知、信仰和价值观的整体模式。因此，我们尝试去发现在一个历史时期内形塑了关于现实的基本方面的主观体验的思想的整体布局：时间的本质、人类与物理环境的关系、真理如何被创造等等。

3. *具体-抽象的整合*。年鉴学派的方法将具体的历史细节与抽象理论结合在一起。理论采取模型或深底层结构的形式。因果或组织原则解释了日常的事件。年鉴学派历史学家们既探求形塑表面事件的深层运行的潮流，也关注个体的行动。

4. *长时段的结构*。该学派对于认识长时段的结构或模式感兴趣。与关注几年到几十年间的特定个人或事件的传统历史学家相比，年鉴学派的历史学家研究一段长达一个世纪或更长时间的长时段的变化。

---

① 参见Naroll（1968）有关创造差异的困难的讨论，亦可参见Whiting（1968）。

② 参见第15章中有关历史分期的讨论。

③ Bendix（1963），Przeworski & Teune（1970），以及Smelser（1976）讨论了超越历史的概念。

④ 更多关于年鉴学派的信息，参见Braudel（1980），Darnton（1978），Hunt（1989），Lloyd（1986）以及McLennan（1981）。

他们假设日常社会生活发生的方式通常在基本的组织原则内运作，这些原则在一个地点非常缓慢地逐年变化。他们使用“长时段”这个术语来指代地理空间（例如西欧的封建主义，或15世纪至18世纪的地中海）中的很长一段时间或一个历史时代。

四、历史比较研究计划的执行步骤

在这一节，我们转向实施历史比较研究的过程。除了一些例外之外，实施历史比较研究并不涉及一套严谨的步骤，也不使用复杂的或专门的技术。你可以从一个宽松的模型或一套初步的概念开始，并将其应用于一个具体的环境。

（一）研究对象的概念化

为展开一项历史比较研究，你要熟悉这个环境并将你正在研究的内容概念化。你可以从一个宽松的模型或一组初步的概念出发，并将其应用于一个具体的环境。这些临时性的概念包含着你用来观察世界、 476
将观察“打包”以及收集证据的隐含假设或组织类别。如果你尚未熟悉该历史时代或比较的环境，你需要展开定向阅读（几本通论性作品）。这会帮助你掌握具体的环境，集合组织概念，细分主要问题，并制定问题清单。[①] 概念与证据交互作用以促进研究。举例来说，斯科克波（Skocpol，1979）从在宏观社会学理论和具体的革命历史中产生的困惑出发开始了她对于革命的研究。革命史与既有理论之间的不切合激发了她的研究兴趣。

不管我们是否意识到或明白这一点，我们都将具体的细节组织进分析性范畴之中。研究者最好清楚地认识到这一过程，并避免**培根谬误（Baconian fallacy）**。这种谬误以培根（Francis Bacon，1561—1626）命名，它假定我们在研究时没有预先形成问题、假说、想法、假设、理论、范式、成见或任何类型的推测。

（二）找出证据

下一步，是通过广泛的文献工作来找到和收集证据。你将使用许多索引、书目和参考文献列出的图书馆包含的内容。对于比较研究而言，这意味着要聚焦于具体的国家或单位以及每个国家或单位中的特定类型的证据上。在一项重要研究中，你可能会花费数月甚至数年的时间去图书馆收集资源，前往不同的专业研究图书馆，以及阅读书籍和文章。比较研究通常涉及对一种或多种外语的学习。

当你掌握了文献并做了详细的笔记时，你完成了许多具体的任务：（在卡片上或在电脑上）创建有完整出处的文献清单，做完既不过于简单也不过于冗长的笔记（即多于一句话但少于几十页纸的引述），并创建一个基于主题或工作假设的文件。

你将基于你在证据中的发现来调整初始的概念、问题和关注点。新的议题和问题会随你阅读一系列不同层次的分析（例如关于特定话题的一般背景和详细叙述）的研究报告和关于某个主题或跨主题的多项不同的研究而产生。

夸达格诺（Quadagno，1988）实施了一项关于老年人与福利计划的研究。这始于她对美国关于老年人的计划的历史的兴趣。她从关于老年人的计划的政府记录入手。不久，她发现了南方的政治压力的重要性，所以她花费数月去学习关于美国南方的历史。当这个议题展开时，她研究关于社会计划的文献。

---

① 关于定向阅读的讨论，参见Shafer（1980：46-48）。

之后，随着调查的拓展，她研读了与其他社会福利计划有关的理论性和经验性的讨论，这些讨论启发她去与广泛的西欧计划进行比较。在西欧，社会民主党派代表有组织的劳工并与其密切合作。这些党派在这些国家中塑造了大部分社会计划。因此，夸达格诺的研究转向美国的劳工史。劳工官员和劳工史的记录引导她去考察雇主的行为和私营部门的权力。夸达格诺（Quadagno，1988：x）说："我游走于理论与档案文件之间，每一组新的经验观察都引导我对影响福利政策的因素的概括。"

（三）评估证据的质量

当你收集资料之后，你要问两个问题：证据与新出现的研究问题和不断发展的概念之间有多相关？证据有多么准确有力？相关性的问题是一个难题。随着研究焦点的转变，原本不相关的证据可能会变得相关。同样，一些证据可能会激发新的探究途径以及对另外的确认性证据的搜寻。

477 当你阅读证据的时候，你在寻找三件东西：隐含的概念框架、特定的细节，以及经验性的概括（关于大家都同意的事实的陈述）。你会评估关于证据的替代性解释，并寻找"沉默的证据"，或其中的证据无法解决事件、主题或议题的那些案例。举例来说，当你研究一群最成功的男商人时，你可能会发现那些文件系统性地忽略了对其妻子及众多仆从的讨论。这种"沉默的证据"，对于发展对事物的全面理解以及提出新的探究领域可能会很重要。

在所有研究中，你试图去避免在证据中的谬误。费希尔（Fischer，1970）提供了一个关于这些谬误的宽泛列表。举例来说，*虚假证明*的谬误，即未能将某事物置于其完整的背景下。有证据表明，所得税增加了50%，但其影响脱离背景后是没有意义的。研究者必须问：其他税降低了吗？收入增加了吗？所得税的增加适用于所有收入吗？每个人都被同等地影响了吗？

另一种需要避免的历史证据的谬误是**时代错置（anachronism）**，即显示一个事件、说法、对象、人物或情境看起来发生于其实际发生时间的之前或之后，超出其真实的时间范围的谬误。举例来说，在一部设定为1939年的电影中，出现了一个带有直到1972年才被创造出来的字体的文件。大部分人不知道这一字体是何时被创造出来的，但它的创造者在看到这部电影时会立即认识到这一时代错置了。[①] 你应当精确地掌握事件的顺序，并注意在对证据中的事件的年代测定中出现的矛盾。

（四）组织证据

当你收集证据，并找到新来源的时候，你就已经在组织资料了。显然，疯狂地记笔记并让其随意地堆放是不明智的。你通过记录低级的概括或主题开始初步的分析。举例来说，在一个关于革命的研究中，你发展了一个主题：富有的农民支持旧政权。你可以在笔记中记录这一主题，并稍后赋予它意义。下一步，你组织证据，使用理论观点以激发组织资料的新方式，并为新的问题而质询证据。资料和理论的交互作用，意味着质询证据以发展新的概念。这要求你持续不断地研究证据，质问其意义。正如克莱门斯和休斯（Clemens & Hughes，2002：207）所警告的那样："危险在于依赖一种简单的'反思'模式，它将文本或记录作为'真正'发生的、人们'真正'相信的或'真正'的社会是如何的证据。"

（五）综合

下一步是对证据的综合。你不断地提炼概念，并转向一个通用的解释模型，但是在你拥有大部分证据后，这个过程会加速。当你这么做的时候，你就修订了旧的主题或概念，并产生了新的主题或概念。具体的事件赋予概念以意义。你想要寻找跨越时间或单位的模式，并用类比法找出相似性与差异性。你可以将不同事件组织为一连串事件序列，并将其分组，以创建一幅更大的图景。然后，你发展出一个合理的解释，它将概念和证据都纳入一个连贯的整体。你想要阅读和重读笔记，并基于组织方案对它们进

---

① 参见 Wilkinson（2005）。

行排序和处理。你试图去寻找其中的联系，并以不同的方式查看证据。

综合将具体的证据与一个关于潜在关系或因果机制的抽象模型联系起来。你可能会使用一些隐喻。举例来说，导致革命的大规模群众的不满就像一辆过山车：人们的期望先是急剧上升（陡峭的爬升），但随后却突然下降（快速、深度掉落）。模型是敏感装置。你发展出一个解释模型，然后寻找新的证据来验证模型中的具体联系，评估模型与证据的接近程度，并做相应调整。这意味着你要从抽象到具体来回切换（见第15章）。

许多历史比较的研究者标示关键性指标和支持解释的证据。一个**关键性指标（critical indicator）**是确凿的证据，通常足以推断出一种具体的理论关系。你要为一个解释模型的关键部分去搜寻这些指标。这些指标精密地证实了理论推论，并且出现于许多细节提供了明确的解释之时。举例来说，关于两国之间的敌意的关键性指标是正式宣战。关于某个社会团体的政治权力上升的关键性指标是拥有大量成员认同并拥护其地位的正式组织的形成。与之相比，支持性证据则表明一个模型中那些不太属于核心部分的指标，它搭建了整个背景或情境。这样的证据通常不够丰富或较为薄弱，缺乏明确而确凿的理论解释。 478

（六）撰写报告

最后一步，是将证据、概念和综合分析组合成一份研究报告。在历史比较研究中，你撰写报告的方式是极其重要的。将证据、论点和结论汇编成一份报告总是很重要的。与定量方法相比，精心打造的证据和解释，是历史比较研究成败的关键。你必须将大量证据提炼成为清楚的阐释，并准备大量的脚注，将证据和论点编织在一起，从而为读者传达一幅连贯的、令人信服的画面（见第16章）。

五、历史背景下的资料与证据

（一）历史证据的类型

历史，意味着一些过去的事件（例如法国从越南撤军的*历史*）、一份关于过去的记录（例如一部法国对越南的干预的*历史*），以及一门研究过去的学科（例如*历史*学科）。① **历史编纂（historiography）**是进行史学研究或进行历史证据的收集和分析的方法。历史社会学是历史比较研究的一部分。它：

> 是处理历史资料的一种方法，是历史编纂的一个类型，它试图以社会学的模型和理论来解释并理解过去。……另外，历史资料可以用来说明和检验社会学的概念、原则和理论的有效性。（Marianpolski & Hughes，1978：104－105）

我们利用四种类型的历史证据：原始资料、二手资料、历年记录和回忆文献。② 传统历史学家严重依赖于原始资料。历史比较研究通常使用二手资料或结合不同类型的资料。举例来说，夸达格诺（Quadagno，1984）研究了美国社会安全法案以评估政治权力的理论。在她引述的47个证据来源中，有23个原始资料（那一时期的信件、备忘录、官方报告、报纸和杂志上的文章）3个回忆文献（回忆录或口述史）以及21个二手资料（历史学家与其他研究者的著作）。

***原始资料*。原始资料（primary sources）**是信件、日记、报纸、电影、小说、衣物、相片以及等等其他曾经存在于过去并存留至今的事物。我们可以在**档案馆（archive）**（一个储存旧记录或旧文档的专用地点）中、在私人的收藏中、在家庭的壁橱中以及在博物馆中找到它们（见拓展方框14.2：使用档案性资料）。当今的文件和物品（我们的信件、电视节目、商业广告、服装、汽车）将是未来历史学家的原始资

---

① Shafer（1980：2）对此进行了深入讨论。

② 参见 Lowenthal（1985：187）。

479 料。一个经典的原始资料的例子是：你在一个满是灰尘的阁楼里找到一个丈夫在战争中写给妻子的一捆发黄的信件，他们已经去世十年了。在比林斯和布利（Billings & Blee，2000）关于肯塔基州社区贫困问题的书中，他们的资料包括来自联邦人口普查（1850年至1910年）关于个人和农业的手稿；税收卷、契约、遗嘱和法庭记录；报纸；州会计委员会的记录，访问传教士的信件和报道；以及县和州一级的官方数据。两位作者将个人、关系与家庭联系在一起以创建长达60年的关于个人和家庭的纵向档案。施瓦茨（Schwartz，1997：493）在其关于亚伯拉罕·林肯如何在非裔美国人社区成为被公认的倡导种族平等的历史伟人的研究中说："我的研究是基于各种各样的证据的，包括奴隶叙事、演讲、印刷品、照片、民意调查、传记和教科书。我最依赖的是三家黑人报纸——自由派的《芝加哥卫报》（*Chicago Defender*）、温和派的《纽约世纪报》（*New York Age*），以及保守派的《亚特兰大世界日报》（*Atlanta Daily World*）上关于林肯纪念日的议题。"

拓展方框 14.2

使用档案性资料

档案文件是原始的历史材料的主要来源。档案是在私人收藏、博物馆、图书馆或正式的档案馆中的记录性材料（文件、照片、信件等）的累积。

定位和获取

发现是否有一份关于某个主题、组织或个人的收藏存在，可能是一个冗长的、令人沮丧的任务，它涉及很多信件、电话和转介。如果关于某个人或某个主题的材料确实存在，它可能会分散于各个地点。取用机会的获得可能依赖于呼吁家庭成员对私人收藏的善意，或前往遥远的图书馆，以及查看许多落满灰尘的装有旧信件的盒子。同时，研究者可能会发现时间是有限的（例如，一个档案馆一周只开放四天，从上午十点开放到下午五点。但研究者却需要40个小时来检阅材料）。

分类和组织

档案材料可能是未分类的，或是以各种各样的形式组织的。其组织方式可能反映了与研究者的兴趣不相关的标准。举例来说，信件和文件可能是按时间顺序排列的，但研究者感兴趣的是被研究者在30年的时间里写给其四位专业同事的信件，而不是日常账单、家庭通信，等等。

技术和控制

档案性材料可能会以其原始形式呈现，以微缩文件的形式或以更少见的电子形式呈现。研究者可能只会被允许做笔记，不得做备份，或者他们只被允许查看整个收藏的被挑选出来的部分。研究者因不得不在一个特定的房间里阅读落满灰尘的文件以及只能在档案馆每日向公众开放的数小时内用铅笔做笔记等限制而变得沮丧。

追踪和回溯

在档案性研究中，最困难的任务之一，是通过材料去追踪公共事件或人物。即使所有的材料都在一处，同样的事件或关系也可能以多种形式出现于多个地点。研究者通过对成堆的文件整理分类，以找到这里或那里的一项项证据。

苦差事、运气和意外惊喜

档案性研究通常是艰苦的。花费大量时间熟读部分地可辨认的文档可能会非常乏味。同时，研究者将经常发现馆藏中的漏洞、一系列论文中的空缺，或已经被损毁的文件。但对于之前未接触过的材料的细致的阅读和检查，可以产生惊人的新连接或想法。研究者可能会发现未预料的、显示新的调查线索的证据（Elder，et al.，1993；Hill，1993）。

已出版的和未出版的书面文件是最重要的原始资料类型。你可能会发现它们以其原始文件的形式呈现，或保存于缩微胶片或缩微胶卷中。它们通常是过去人们的话语、思想和感受得以保存下来的唯一记录。书面文献有助于研究会写作和有文化的人的社会与历史时期。书面的原始资料，特别是那些留存下来的文件，往往是官方组织中的精英或领袖所写的。这意味着很容易忽视那些贫穷的、不识字的、官方社会机构以外的人的观点。举例来说，在美国，奴隶们读书识字是违法的，因此关于奴隶经历的书面的原始资料一直是间接的、很难找到的。 480

在电子通信、电脑和视频技术广泛应用之前，书面的文字是记录事件和观点的主要媒介。事实上，不留永久物理记录的交流方式（例如，电话对话、电脑记录，以及电视或收音机的广播）的传播，以及那些极大地取代了信件、书面账簿和报纸的交流方式，可能会使未来历史学家的工作更加困难。在 2010 年 4 月，美国国会图书馆宣布，它将会把自 2006 年 3 月开始的来自推特（Twitter）社交网络的公开推文编入档案（网址：http：//blogs. loc. gov/loc/2010/04/how-tweet-it-is-libarary-acquires-entire-twitter-archive/）。

二手资料。原始资料具有现实性和真实性，但是时间的实际限制，会将依赖大量原始资料的研究限制于一个较窄的时间框架或地点内。为了获得一幅更广阔的图景，我们使用**二手资料（secondary sources）**，即那些经年累月研究原始资料的专业历史学家的著作。

历年记录。一些组织定期维护的文件或现有的统计档案被称为**历年记录（running records）**。一个例子是一家乡村教堂中的文件，其中包含了自 1910 年至今的每一件结婚与死亡的记录。罗伊（Roy，1983）在研究 1886 年到 1905 年美国主要企业的董事会时，使用的就是历年记录。他的证据来自 150 份原始资料、官方的报告与统计，以及商业年鉴，其中的一些至今仍未出版。

回忆文献。个人基于回忆的、关于其过去的生活和经历的陈述或著作被称为**回忆文献（recollections）**。它们可能以回忆录、自传或访谈等形式呈现。由于记忆并不完美，回忆通常会出现不同于原始资料的情况。在收集**口述史（oral history）**（一种回忆文献的类型）时，你要和老人进行关于其过去的经历或事件的无结构访谈。这个方法，对于获取非精英群体或不识字的人的资料，是非常有价值的。口述史的技术始于 20 世纪 30 年代，时至今日已有专门致力于此的专业协会与学术期刊。[①] 当研究者使用口述史或者回忆文献时，对回忆的研究提示其要谨慎（见拓展方框 14.3：回忆的七种致命错误）。如沙克特（Schacter，2001：9）所述：

> 我们倾向于将记忆视为家庭相册中的快照，只要存储得当，它就可以被精确地恢复为与其被存储时相同的情形。但是，我们现在知道，我们并不是以照相机记录事物的方式来记录我们的经历的。……我们只是抽取了我们经历的关键要素并将其储存起来。随后，我们对我们的经历进行重建或重构，而非恢复其副本。有时，在重构的过程中，我们将我们在那段经历之后获得的情感、信仰甚至知识加入了进去。

拓展方框 14.3 481

回忆的七种致命错误

沙克特（Schacter，2001）观察到，记忆缺失或错误记忆有以下几种形式：

1. *短暂性*。随时间推移而经历的缓慢的、持续的记忆衰退的情况，以致一个事件在过去发生得越久

---

① 更多关于口述史的信息，参见 Dunaway & Baum（1984），Sitton 等（1983），以及 Thompson（1978）。关于美国口述史的主要收藏的指南，亦可参见 Prucha（1987：78－80）。

远，人们对它的回忆就越不详细。

2. *心不在焉*。过于关注某一想法或事情，以致分散了人们对其他事情的注意力，使这些通常是很简单的事情被忘记的情况（例如，关注于某个重大项目却忘了拿车钥匙）。

3. *阻滞*。一个人无法成功地搜寻其曾拥有过但却想不起来的信息，尽管当时他努力去回忆了（通常被说成是“它就在我嘴边”）。

4. *张冠李戴*。错误地将幻想当成现实，或一个人将其从某位朋友那里所听到的或自己在电影里所看到的当成自己的经历。

5. *受暗示性*。对被问到的问题持开放态度，以致一个人开始扭曲他的记忆，并相信没有发生过的事情发生了。

6. *偏见*。回忆事情时的失真，它通常将那些出现于所回忆的事件之后的想法、情感或信念插入回忆中。

7. *固执*。尽管努力去忘记，但还是不能忘记某些事情。

两个使用20世纪早期美国女性口述史的研究的例子，说明了研究者如何将各种文件与口述史结合起来。布利（Blee，1991）研究了“三K党”中的女性，卢肯与沃恩（Luken & Vaughan，2006）对女性进行了关于成长、组成家庭以及搬到各种家庭去的问题的访谈（见实例方框14.5：“三K党”的女性；实例方框14.6：关于“标准美国家庭”和合适的儿童抚育的口述史）。

一些人对过去进行“再创作”，以使其更符合当前的信念，或以一种自我美化的方式（即，以一种更积极的方式不准确地回忆自己）来记住过去。年长的成年人（通常自其五十岁左右时开始）比年轻人更容易忘记过去事件的具体细节。教育程度越高、思想越活跃的年长的成年人所丢失的记忆越少，但是在一定程度上，个人或集体的记忆失真相对来说却经常发生。[①]

（二）使用二手资料的研究

用途和限制。社会研究者通常使用二手资料以及历史专家所写的著作和文章作为过去情况的证据。[②]如斯科克波（Skocpol，1984：382）所说，这类材料的使用并未被系统化，并且“比较历史社会学家对于二手资料作为证据的有效使用，至今尚未得出明确的、共识性的规则与程序”。二手资料具有限制，需要谨慎使用。

二手资料的历史证据的限制，包括不准确的历史解释以及对感兴趣的领域缺乏研究。我们不能使用这样的资料来严格地检验假设。*事后*（在事实之后的）解释由于无法使用统计控制或复制而不能满足可证伪性的实证主义标准。[③] 然而，其他人的历史研究，就其在其他方面的用途而言，在发展一般性的解释上，扮演了非常重要的角色。举例来说，这些研究证实了随时间推移的趋势的出现和演变。[④]

潜在问题。连篇累牍的二手资料呈现出的是如迷宫般错综复杂的诸多细节与解释。你必须把这些大量的描述性研究转化为一幅可理解的图景，它必须符合并反映证据的丰富性。同时，它必须能连接大量具体的时间段和场所。你在使用二手资料时，面临四个潜在问题：隐含的理论、有所选择的证据、叙事写作，以及历史编纂的学派。

1. *隐含的理论*。研读历史学家的著作可能会是有问题的。[⑤] 历史学家并不会提出不带理论色彩的、客

---

① 参见 Schacter（1995）和 Schacter（2001：20－21）。

② Bendix（1978：16）在历史学家的*判断*和社会学家的*选择*之间进行了区分。

③ Merton（1957：93－94）讨论了*事后*解释的局限性。

④ 关于历史社会理论中的法则与趋势的差别，参见 Applebaum（1978b），McLennan（1981：75）。Murphey（1973：86）对此议题提供了有用的讨论。

⑤ 在此使用的“*研读*”一词，意味着将理论框架与分析目的带进文本中。我们“通”读具体的细节和历史学家的解释（即，扫过一遍，但却并非是不加留意的）以发现底层结构中的模式。相关讨论参见 Sumner（1979）。这与 Novick（1988）及 Winkler（1989）所讨论的历史编纂学中的客观性问题有关。

观的“事实”。他们含蓄地搭建原始资料的框架、对信息进行分类并使用概念。历史学家的概念通常是报纸杂志、历史行动者的语言、意识形态、哲学、当前的日常语言，以及社会科学的混合物。它们可能是含糊不清的，应用起来前后不一致，而且不是可互斥或可穷尽的。 482

实例方框 14.5　“三 K 党”的女性

在《“三 K 党”的女性》(*Woman of the Klan*）这本书中，布利（Kathleen Blee，1991）表示，在她的研究之前，没有人曾研究过这些估计有 500 000 名的在美国最大的种族主义、右翼运动中的女性。她暗示，这可能是由于一个认为女性是不关心政治的、消极被动的假设。她对之前 60 多年来的一个秘密社会组织的未知成员的长达 6 年的研究，显示了历史学研究和社会学研究中所需的独创性。

布利聚焦于印第安纳州，那里在 20 世纪 20 年代的鼎盛时期，有多达 32%的白人新教徒女性是“三 K 党”的成员。除了回顾关于“三 K 党”的已出版的研究以外，她还研究了包括报纸、小册子和未出版的报告在内的文件。她在六个以上的大学、政府以及历史图书馆开展对原始资料和二手资料的文献研究。在她书中的历史图片、速写和地图给予读者关于这一主题的直感。

查找信息是困难的。布利并没有获得成员的名单。她通过将很少的一些残存的名册拼凑起来以确认“三 K 党”女性，她查找将妇女确定为“三 K 党”成员的报纸讣告，审查公共通知或反“三 K 党”的文件中的“三 K 党”女性的姓名，并采访幸存的“三 K 党”女性。

为了在“三 K 党”活动的 60 年后找到幸存者，布利必须既坚持又灵活。她向印第安纳州的每一家当地报纸、教堂公告、广告增刊、历史学会和公共图书馆都邮寄关于她的研究的通知。她获得了 3 份书面的回忆录、3 份未记录的采访以及 15 份有记录的采访。大部分为她提供消息的人超过了 80 岁。他们将“三 K 党”回忆为其生命中很重要的一部分。布利通过报纸和其他书面证据证实了他们的部分回忆。

关于“三 K 党”的成员资格仍存在争议。在访谈中，布利并未透露她对此的观点。虽然她接受了测试，但她保持中立，并没有公开谴责“三 K 党”。布利（Blee，1991：5）说：“我自己在印第安纳州（我从小学到大学所生活的地方）的背景和白人的皮肤让我的信息提供者假设（缺乏表明相反的口头证据）我与她们具有相同的世界观。”她并未发现“三 K 党”女性是野蛮的、无知的和充满仇恨的。布利关于女性为何加入“三 K 党”的问题取得了意想不到的回应。大部分人对此问题表示困惑。对她们而言，这不需要任何解释——这只是“一种成长的方式”以及“一种聚会并享受的方式”。

举例来说，一位历史学家将 19 世纪某个镇上的一群人描述为上层阶级。但是他从未界定过这个术语，也未能将其与社会阶层的理论联系起来。方法论上的问题是，历史学家隐含的理论限制了其证据。你可以尝试通过通读一系列无序的概念，去发现关于某些解释（某些可能会与那些历史学家在二手资料中隐含地使用的解释相反的解释）的证据。

2. *有所选择的证据*。历史学家的选择程序是不透明的。历史学家从所有可能的证据中选择某些信息。如卡尔（Carr，1961：138）所说：“历史因此是一个依据历史意义的选择过程。……历史学家从浩如烟海的事实中选取那些对其目的有意义的事实。”但是，你并不知道这是如何完成的。由于不知道其选择过程，你必须依赖于历史学家的可能有偏差的判断。[①] 举例来说，一位历史学家阅读了 10 000 页的报纸、信件和日记，并将这些信息归纳为一本 100 页的书中的总结以及有所选择的引述。你并不知道这位历史学家所舍弃的信息是否与他的目的有关。

代表性的历史学家的研究实践同样引入了个人的偏见。对原始资料和现存文物的严重依赖，与非理

---

① 关于历史学家使用概念的方式的讨论，参见 Bonnell（1980：161），Finley（1977：132），以及 Goldthorpe（1977：189－190）。关于在这种情况下的选择的讨论，参见 Abrams（1982：194）以及 Ben-Yehuda（1983）。

论的取向相结合，产生了对特定人物的行动的关注。这种特殊主义的、微观层次的观点将注意力从整合
483 性的主题或模式上引走。这种对于特定个体的活动的重视本身也是一种类型的理论取向。[①]

实例方框 14.6 关于"标准美国家庭"和合适的儿童抚育的口述史

卢肯与沃恩（Luken & Vaughan，2006）使用口述史和档案性研究去研究1900年至1930年，三个政府机构［儿童局（Children's Bureau）、拥有你的家（Own Your Home），以及更好的美国家园（Better Homes in America)］是如何组织一场旨在创造"适合养育子女的家庭环境"的运动的。这些机构一起发起了全美"标准美国家庭"运动。它将合适的儿童抚育与创造一个适宜的家庭环境联系起来。这个运动经常忽视人们的实际生活，试图将父母的生活方式和抚养儿童的方式与商品房和家居用品市场协调起来。作者将口述史与他们对标准美国家庭运动的分析结合起来。他们将这一运动解释为阐明有关儿童抚育的适当住房安排的具体阶级、性别和种族标准的话语。父母拥有而非租用房子；那是一所家庭住宅，而非一套住房或公寓。这个家是在郊区的，或者如果它必须在一个城市里，它就要在一个公园附近。这个住宅要通风良好，干燥，阳光充足，温度可控，并且易于清洁。每个孩子都要有一个单独的卧室，并配有适合特定孩子年龄和性别的适当配色方案、家具和玩具。这个运动与木材公司、存贷款机构、房地产协会、建筑工人、儿童发展专家、医生、家居装饰者、学者以及报纸和杂志出版商的活动相协调。

这一研究的两位作者，将普通人谈论和思考其日常活动的方式与包括原始文件、记录、广告和照片在内的广泛的档案性研究连接起来。在四次约2个小时的访谈中，他们采访了菲尼克斯市区的5名年龄至少为60岁的女性。卢肯与沃恩询问了这些女性整个人生中的"家庭工作"并探询了她们整个生命历程中所形成的家庭的生活条件。两位作者为每个女性的访谈录制并转录了约10到12个小时的录音带。卢肯与沃恩（Luken & Vaughan，2006：302）说：

> 当我们审查录音副本时，我们注意到这些女士详细说明了她们的少女时代和做母亲时的经历。除了告诉我们作为孩子生活的地方以及她们抚养孩子的地方之外，她们让我们意识到她们所做的事情、她们所使用的材料、与她们互动的人，以及她们对其活动和环境的享受或厌恶。她们的叙事为我们揭示了住房与日常世界中的儿童抚育之间的联系，并且她们提供了一个探索儿童与住房相关的生活以及形塑这些经历的社会关系的机会。

---

3. *叙事写作*。历史学家在撰写*叙事史*时，同时也在组织证据（见拓展方框14.4：历史中的叙事）。这使得未界定概念的问题以及证据的选取复杂化了。在历史性叙事中，作者围绕一个单一的、连贯的"故事"按照时间顺序组织材料。他将故事的每一部分都根据其在事件发生的时间序列中的位置与故事的其他部分连接起来。所有部分一起形成一个整体。紧急性与偶发性是叙事类型中的关键要素——也就是说，如果X（或X加Z）发生了，那么Y将发生，以及如果X（或X加Z）没有发生，其他的事可能会随后发生。偶发性创造了早期事件和后续事件之间的逻辑上相互依存的关系。由于其时间逻辑，叙事的组织不同于研究者确定统计模式以推断原因的定量解释。

叙事的一个难处，在于组织证据的工具——时间顺序或在一个以故事为基础的事件序列中的位置——并不能单独表示理论的或历史的因果关系。换句话说，叙事只符合建立因果关系的三项标准（见第3章）中的一项——时间顺序。当历史学家将没有因果意义的事件列入叙述中时，叙事方法会掩盖潜在
484 的因果模型或过程。作者将这样的事件列入，是为了丰富背景或情境，或是为了增色。这样的事件可能

---

① 参见Barzun & Graft（1970），Braudel（1980），Cantor & Schneider（1967），Novick（1988），以及Shafer（1980）。这些研究大部分都关注于文物中所记载的历史细节的汇编上，包括集体传记的那些细节。这将注意力集中于特定的历史人物及其行为和动机上。它采取了一种"个人主义的-唯意志论的"倾向，并且研究也变成了表意的描述。亦可参见Block（1977），Laslett（1980），以及MacIver（1968）。

并没有直接的或迟缓的因果效应。而且，很少有叙事史学家会明确陈述联合效应或交互效应的运作方式。当历史学家讨论造成某个事件的三个条件时，你并不知道是否这三个条件必须同时运作，才能得到某个因果效应，而任何单独的两个条件或是任何单一的条件都无法得到相同的结果。[①] 叙事的组织结构可能会导致相互矛盾的发现。你必须通读那些薄弱的概念、未知的选择标准，以及不明确的因果逻辑。在叙事的背后，可能隐藏着某一历史学家的社会理论，但这个理论通常是隐而不露的。

拓展方框 14.4

历史中的叙事

许多历史学家以传统叙事的形式写作，这可作为历史比较研究者的一项二手资料：

叙事的特征

1. 它述说一个故事或传说，带有一个完整的剧情以及几个次要情节、分水岭和高潮。
2. 它遵循时间顺序与事件出现的先后顺序。
3. 它关注于具体的个人，而非结构或抽象的观念。
4. 它主要是特殊性的和描述性的，而非分析性的和一般性的。
5. 它将事件呈现为独一无二的、无法预测的和偶发性的。

叙事的优点

1. 对阅读而言，它是多彩的、有趣的，并且具有娱乐性。
2. 它给出在不同时代中的整体的生活感受，因而读者有身临其境的感觉。
3. 它表达了过去人们主观感受现实的方式，并帮助读者对过去的人物产生情感上的认同。
4. 它围绕个人与特定的事件，混合社会现实的许多方面。

叙事的缺点

1. 它隐藏了因果理论和概念，或是使其显得模糊不清。
2. 它使用华丽的辞藻、日常的语言和常识性逻辑进行说明，因此受制于语意失真以及各种修辞手段上的逻辑谬误。
3. 它易于忽视正常的或日常的状况，而注重独特的、戏剧性的、非凡的和不寻常的现象。
4. 它很少建立在预先的知识的基础上，并很少创造一般性的知识。
5. 它易于变得过度个人主义，夸大某些特定人物的角色及其自由地形塑事件的能力。

4. *历史编纂的学派*。历史学家受到历史编纂的学派、个人的信念、社会理论，以及开展研究时的当前事件的影响。当今的历史写作以一种不同于 30 年前的写作的方式研究原始资料。另外，在历史的领域中，有多种历史编纂的学派（例如，外交学的、人口学的、生态学的、心理学的、马克思主义的、思想文化的）。每个学派都有其自身的规则来搜寻证据并提出问题。卡尔（Carr，1961：54）警告说："在你研究历史之前，先研究历史学家……在你研究历史学家之前，先研究其历史与社会环境。"

（三）使用原始资料的研究

在考虑二手资料的使用时，历史学家成为主要的议题。当你使用原始资料时，一个主要问题是，在

① 关于叙事的讨论，参见 Abbott（1992），Gallie（1963），Gotham & Staples（1996），Griffin（1993），McLennan（1981：76－87），Runciman（1980），Stone（1987：74－96）。

过去所有书面的或使用过的东西中，只有一小部分存留至今。而且，存留下来的是以前曾经存在过的东西的一组非随机样本。洛温塔尔（Lowenthal，1985：191－192）评论说：“过去的思想与事物存留的遗迹，代表的只是前代人当时的构造中极其微小的一部分。”当你尝试去阅读原始资料的时候，你想以一个当代的但却生活于过去的人的眼光和假设来这么做。你要将关于后续事件以及现代价值观的知识“排除”
485 或隐藏起来。坎托和施奈德（Cantor & Schneider，1976：46）说：“如果你阅读原始资料时，不以一颗开放的心，不设法进入作品的灵魂，不以他们的角度来阅读这些作品，那么你就是在浪费你的时间。”举例来说，当你阅读一位奴隶主所写的一份资料时，说教式地批判奴隶制度，或指责作者未能看到奴隶制度的罪恶，都是无谓之举。你要将道德判断隐藏起来，并成为一个道德相对主义者。你必须“像……研究对象一样思考和相信，发现他们在自己的眼里是如何表现的”（Shafer，1980：165）。

找出原始文件可能是一件耗时的任务。你必须通过专门的索引进行搜索，并前往档案馆或专门的图书馆。原始资料通常位于满布灰尘的偏僻房间内，室内满是装有大量褪色文件的硬纸盒。这些文件可能并不完整，未经整理，而且损坏程度不等。一旦你找到这样的文件或其他的原始资料，你必须通过令其经受外在批评和内在批评以对其进行评估（见图14.1）。

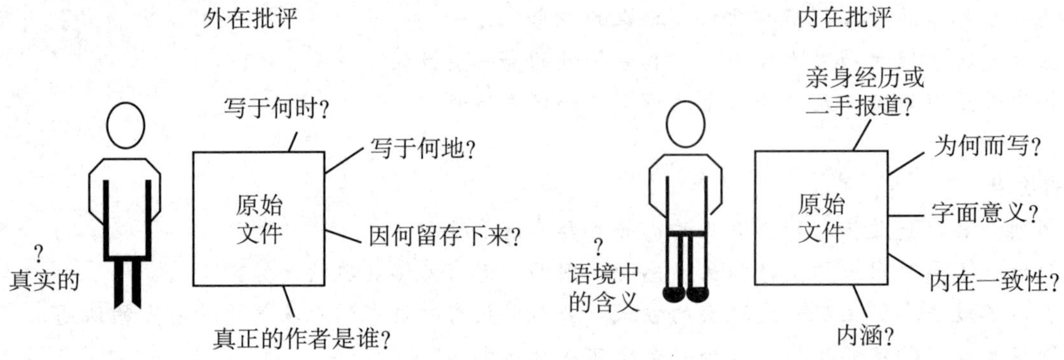

图14.1　外在批评与内在批评

外在批评（external criticism）意味着文件本身的真实性已经被评估，以确定它不是假的或伪造的。鉴定涉及质疑文件是否是在其所声称被创造的时候被创造出来的，它是否在它应该在的地方，以及它是否由声称为其作者的人所著。还有当初为何要制作文件，它又是如何存留下来的？

一旦文件通过了真迹鉴定，你就使用**内在批评（internal criticism）**检查文件的内容以建立可信度。你要评估该文件的作者是直接亲历了事件还是传递了二手信息。这要求你对被记录的东西的字面意义及其微妙的内涵或意图都进行检查。你需要注意文件中提及的其他事件、资料或人物，并探寻你是否可以核实它们。你需要检查隐含的假设或价值立场，并考虑文件产生时的相关情况（例如，在战时，或在极权主义的政权之下）。文字的含义，即使在同一种语言中，也会随着时间的推移而不断变化，所以你必须考虑文件在其创建时的语言的用法，以及文件中那些陈述的语境，以提取其含义。

原始资料中可能会出现的一种失真，是**删改（bowdlerization）**——一种旨在维护道德标准或提供某
486 一特定形象的故意扭曲。举例来说，你发现一幅拍摄了某个建筑物正面的照片。事实上，垃圾与啤酒罐散落在该建筑物的四周，而且它的油漆已经剥落。然而，该照片拍摄了建筑物的很少有垃圾的一部分，并且被框住了，这样垃圾就不会被显示出来；照片修补技术则使褪色、剥落的油漆看起来是新的。发表于某家报纸社会版的关于一场富人聚会的专栏文章上的客人名单，将实际未出席的名人也列入其中的做法，则是另外一个例子。[①]

---

① 更多关于原始资料的讨论，参见 Barzun & Graff（1970：63－128）。Cantor & Schneider（1967：22－91），Dibble（1963），Mariampolski & Hughes（1978），Milligan（1979），Platt（1981），Shafer（1980：127－170），以及 Topolski（1976）。Bloch（1953：79－137）有关历史批评的讨论，至今仍然是有价值的。

除了原始资料和二手资料以外，你还可以使用托波尔斯基（Topolski，1976）所说的**非基于资料的知识（nonsource-based knowledge）**。这是你可以获得的、关于过去的、并不来源于具体的原始资料或二手资料的知识。这种知识可以来自逻辑推理。举例来说，A 与 B 二人是一对在重视性忠诚的一夫一妻制社会中的已婚夫妇。当 B 有婚外恋时，A 可能会嫉妒。它还包括此前重大事件的知识，这些事件形塑了所研究内容的背景。例如，你要研究 20 世纪 20 年代末的法国。你应当意识到，这一时期大部分年龄介于 18 岁到 40 岁之间的法国男性在第一次世界大战中被杀掉了。当前的知识，同样也能够帮助你去理解过去的事件。举例来说，你知道黑死病是一种通过老鼠携带的跳蚤所传播的疾病，而且是糟糕的卫生条件导致的结果。然而，生活在过去的人并未意识到这种疾病的成因。

六、比较研究

（一）比较研究的类型

比较的方法。比较研究关注于各单位之间的相似性与差异性。它放大了在其他类型的研究中出现的议题。[1] 如霍尔特与特纳（Holt & Turner，1970：6）所说："原则上，在跨文化比较研究和实施于某个单一社会中的研究之间并没有差异。如果有差异的话，则在于某些类型的问题的重要程度。"比较的视角暴露了研究设计的弱点，并有助于提高研究质量。比较研究更多的是一种取向，而非一种单独的研究技术。在这一节中，我们要考虑其优点。

比较研究揭示了跨单位（比如城市、国家、文化）运作的社会生活的各个方面，而非仅限于一个单位的特征。在所有研究中，我们都想要在某种程度上进行概括。实证主义研究者对发现适用于各种社会的社会行为的一般性法则或模式感兴趣。尽管如此，很少有实证主义研究是比较的。拉金（Ragin，1994：107）说：

> 比较研究者研究不同案例之间相似性和差异性的模式，并试图对它们的多样性进行解释……定量研究者同样研究不同案例之间的差异，但却有一个不同的侧重点；其目标是为了解释一个变量与另一个变量的共变，通常跨越多个案例……定量研究者通常对这些案例只有宽泛的了解。

比较的取向改善了测量与概念化。我们为了研究许多社会单位或环境而发展的概念，不太可能仅仅应用于一个具体的文化或环境。在我们将同一个概念应用于不同的文化或环境中之前，很难发现隐藏的偏见、假设和价值观。不同的社会环境提供了各种各样的事件或行为。一种文化的范围比一般的人类行为的范围要窄，因此在某个单一文化中的研究聚焦于可能的社会活动的有限范围内。举例来说，假设有两名研究者——希斯-平与阿卜杜尔（Hsi-Ping & Abdul）——研究儿童断奶年龄与情绪问题发作之间的关系。希斯平只研究美国的资料，该资料显示断奶的年龄从 5 到 15 个月不等，并表明情绪问题随断奶年龄的提高而稳定地增加。因此她得出结论，断奶较晚造成了情绪问题。阿卜杜尔研究了来自 10 种不同文化的资料，并发现断奶年龄从 5 到 36 个月不等。他发现，情绪问题发作的比例随断奶年龄的提高而提高的现象只到 18 个月，之后它达到了最高峰并降到较低的水平。阿卜杜尔得出了更为精确的结论：断奶年 487
龄在 8 到 18 个月之间的小孩比较可能有情绪问题，而更早或更晚断奶都会减少发生情绪问题的机会。对于这个关系，希斯-平得出错误的结论，是因为美国儿童断奶年龄的范围较为狭窄之故。

比较研究的一项优点是其排除因果关系或为因果关系提供替代性解释的能力。举例来说，威尔（Weil，1985）研究了受教育的年限与不宽容之间的关系。过去的研究发现，这一关系在美国存在，而且大部分的研究者认为，教育开阔了眼界并减少了不宽容。在查看了多个国家的情况后，威尔（Weil，

---

[1] 关于比较研究的优势与局限的讨论，参见 Anderson（1973），Holt & Turner（1970），Kohn（1987），Ragin（1987），Smelser（1976），Vallier（1971a，1971b），Walton（1973），以及 Whiting（1968）。

1985：479）得出结论说，这一关系“在非自由民主的国家或前几十年内没有自由民主的政体形式的国家，与那些已经施行一段时间自由民主的国家相比更加微弱或并不存在，甚至有时呈现出相反的趋势”。换言之，这种关系并非是普遍性的，而是仅适用于某种特定类型的政府。教育以其国家的官方价值观对人们进行社会化，而非具有一种增进宽容的普遍效应。在那些官方价值观包含宽容的国家，教育会增进宽容；而在其他国家，教育并没有这种效果。过去的研究仅考虑了一小部分重视宽容的国家。

与那些非比较的研究相比，比较研究更为困难、成本更高、耗时更多。同时，我们经常在比较研究中遇到对等（稍后将讨论）的问题。比较研究者很少能用到随机抽样。首先，如果以国家作为分析单位，在世界上仅有约190个国家，而且并不是对于所有国家都能获得充分的信息。一个非随机子集（如一些贫穷的国家、一些非民主国家等）是不可用的。另外，在某些国家拥有超过10亿的人口，而另一些国家的人口只有10万的情况下，我们能将所有的国家都当成同等的单位处理吗？如果案例的数量很少，我们倾向于将其特殊化，并把每个案例视为独一无二的，但这却限制了概括。举例来说，你要研究5个案例（例如，国家），但是各单位在20个方面彼此互不相同。当不同的特征超过分析单位的数量时，难以检验理论或确定关系。

比较研究者通常应用理论，而非检验理论。尽管历史比较研究具有使用组合性理论，以及将不同案例作为一个整体考虑的能力，但却很难通过一个实验来严格地检验理论。举例来说，你对经济衰退的影响感兴趣，但你无法在某一组国家遭遇经济衰退时，使其他组的国家不遭遇经济衰退。相反，你必须要等到经济衰退发生后，再去观察这个国家或单位的其他特征。

比较研究的四种类型。如之前所讨论的那样，历史比较研究以及比较研究的不同类型有极大的差异。科恩（Kohn，1987）曾经讨论过比较研究的四种类型。前两种类型符合一种特殊的历史比较研究取向：（1）使用国家作为研究对象或个案研究的比较研究；（2）使用国家作为研究背景。第三种类型是实证主义的，国家在其中是分析单位。第四种类型是多国家研究。[1] 在这一节中，我们要考虑四种类型中的每一种类型。

1. *个案研究的比较研究*。这种**个案研究的比较研究（case-study comparative research）**方法比较特定的国家或文化单位，但却并不做广泛的概括。这类研究提出的问题的例子如下：加拿大与美国之间有何不同？在日本、中国和韩国，人们是如何度过老年时期的？美国和俄罗斯的教育体系在哪些方面相似与不同？你集中研究有限数量的个案。这里的“个案”是一个从文化上定义的群体，通常是一个国家。通过深入研究很小数量的个案，或只是一个个案，相对而言，几乎没有必要去关心不同单位的对等问题。这种方法有助于辨别在少数个案中保持不变或变化的元素。[2] 本章开篇关于基督教在韩国的研究以及对法国和美国的税制的比较作为例证说明了这一类型的比较研究。

488 2. *文化背景研究*。对作为不同社会或单位类型的代表的案例的研究被称为**文化背景研究（cultural-context research）**。马克斯（Anthony Marx，1998）做了一个关于在美国、南非和巴西的种族关系的研究。他研究了这三个不同的文化环境中的一些普遍的观点、种族的关系、官方的政策，以及与种族相关的法律。他并不是任意地或随机地选择这三个国家来进行研究的。他之所以选择这三个国家，是因为它们代表了三种不同类型的用以组织种族群体之间关系的种族政权或制度。每个国家提供了一种不同的文化背景，他可以在其中研究某些共同的主题、模式和过程。

3. *跨国研究*。这种研究类型中的分析单位是国家。你可以跨多个国家测量变量而不用给它们命名，将各国家的独特特征转换为变量。两个之前讨论过的研究符合这一类型的研究：萨顿关于15个国家的监禁的研究以及马德尔和沙列夫对17个国家中的收入性别差距的研究。尽管有许多独立的民族国家，但很少能获得超过50个国家的资料，而且通常我们使用的资料要少得多。

---

① Bollen等（1993），Chase-Dunn（1989：309－333），以及Ragin（1994a）提供了相似类型的清单。亦可参见Ragin（1989）对科恩类型学的批评。

② 参见Ragin（1987：49－50）。

4. *多国家研究*。使用一种多国家的单位（例如，全球的某个区域如第三世界），并聚焦于作为单位的国家集团之间的关系的比较研究即**多国家研究（transnational research）**。它将国家视为国际体系的一部分，而非孤立的存在。这类研究的一个例子是沃勒斯坦（Wallerstein，1974）对 15 世纪以来一个“世界体系”的长时段发展的研究。他的著作催生了一个新的思想流派——*世界体系理论*，这个理论又激发了另外的历史比较研究。

（二）被比较的单位

文化与国家。为了方便，我们经常使用民族国家作为分析单位。它是用来思考当今世界各地人们的分歧的主要单位。虽然民族国家是当今时代的支配性单位，但它既不是一个必然性的单位，也不是一个永久性的单位。事实上，它只存在了约 300 年。

民族国家是一个从社会上和政治上定义的单位。它指的是一个对人口聚集的领土拥有主权（例如，军事控制和政治权威）的政府。经济关系（例如，货币、贸易）、交通路线以及通信系统在领土边界内整合在一起。领土内的人们通常享有一种共同的语言和习俗，并通常有共同的教育制度和法律制度，以及同一套政治象征（例如，国旗、国歌）。政府宣称代表在其控制下的领土内的所有人的利益。

我们经常使用民族国家作为文化的替代物，而文化更难以被界定为一个具体的、可观测的单位。*文化*指的是一种人们之间基于共享的社会关系、信念和技术力量的共同的认同。在语言、风俗、传统和规范中的文化差异，通常跟随着国家的界线。事实上，享有一种共同的文化，是形成独特的民族国家的主要因素。

一个民族国家的边界，可能并不与其文化的边界一致。在某些情况下，某个单一文化越过了不同国家；在另一些案例中，一个民族国家含有一种以上的文化。在过去几个世纪中，战争和征服破坏或分散了不同的充满活力的文化，并重新安排了它们周围的边界。帝国主义列强将土地和人民划分为多个殖民地，而战争则从几个民族和文化中创造了一些新的国家。举例来说，欧洲的帝国主义列强对曾经是殖民地的国家中的几个文化群体强加了任意的边界。① 同样，新移民或少数民族可能并不会被同化进一个国家的主流文化中。举例来说，一个国家的某个地区（就像加拿大的魁北克省），可能会有一些具有特殊的种 489
族背景、语言、习俗、宗教信仰、各种社会制度以及特殊的身份认同的人。这些不同的国内文化可能会制造地域冲突，因为民族与文化认同是民族主义的基础。②

对比较研究来说，民族国家并非总是最好的单位。你应该去问，对于我的研究问题来说，相关的比较单位是什么？——国家？文化？某个小区域？或是亚文化？举例来说，这有一个研究问题：收入水平与离婚相关吗（即，收入更高的人更不容易离婚吗）？一群有独特的文化、语言和宗教信仰的人生活于一个国家的某个地区，在他们之间，收入与离婚是不相关的。然而，在这个国家中流行不同文化的其他地区，收入和离婚是相关的。如果你使用民族国家作为单位，你的发现就会是模糊不清的，并且你的解释会是薄弱的。反之，如果不假设每个民族国家都享有一种共同的文化，你会发现一个小于民族国家的单位会产生许多不同的结果。

对许多研究目的而言，文化可能比国家更相关，但是在不同的文化和亚文化之间的界限是很难操作化的。不同的文化是难以界定的，是不断演变的，而且是彼此交融的。除了边界纠纷的个案之外，不同国家之间的边界是比较明确的，但它们也会随时间推移而改变。对于某个国家与文化的议题，没有简单的答案。使用适当的研究单位的议题仍然是个严肃的问题。

高尔顿问题。关于比较的单位的议题，与一个以高尔顿爵士（Sir Francis Galton，1822—1911）命名的问题有关。1889 年，高尔顿在皇家人类学会（Royal Anthropological Institute）提出了一个关于泰勒

---

① 参见 Wolf（1982）对 1400 年与 1900 年间世界文化或文明的研究，研究显示在欧洲殖民以及民族国家兴起之前，世界上有许多各自独立的文化与文明存在。

② 相关的例子，参见 Hector（1975）以及 See（1986）。

（E. B. Taylor）的一篇论文的问题。高尔顿的问题指出，当我们比较多个单位或其特征时，我们希望这些单位是不同的并且彼此分开。如果这些单位并非不同，但却实际上是某一更大单位的子部分，我们将会发现的是虚假关系。

举例来说，让我们假设，你研究了 110 个单位，那是加拿大（10 个省）、法国（40 个省）、比利时（10 个省），以及美国（50 个州）的州和省。你发现在说英语和以美元为货币之间以及在说法语和以欧元为货币之间的强关联。很明显，这种关联的存在是因为分析单位（即，州或省）是更大单位（即国家）的子部分。单位的特征是由于它们是某个更大单位的一部分，而不是因为这些特征之间存在任何关系。社会地理学家同样遇到这个问题，因为许多社会与文化散布在整个地理空间中。

高尔顿问题（Galton's problem）在比较研究中是一个重要的议题，因为文化很少有固定的边界。[①] 很难说一种文化在哪里结束而另一种文化从哪里开始，一种文化是否不同于另一种文化，或一种文化的特征是否随时间推移而分散到另一种文化中。当两个不同单位中的两个变量之间的关系实际上是由于某个共同的起因，而且它们并不是真正不同的两个单位时，高尔顿问题就出现了（见图 14.2）。

高尔顿问题源自对跨文化的比较的关注，但是它也适用于历史的比较。它出现于研究者思考单位在不同历史时期下是真的相同或不同的问题时。举例来说，1885 年的古巴与 2005 年的古巴是同一个国家吗？在西班牙的殖民结束后的 120 年，美国影响力的增加、国家的独立，以及共产主义革命是否从根本上改变了这个单位？

（三）跨文化研究中的资料

比较实地研究。许多比较研究者将实地研究用于他们自己的文化之外的其他文化中。人类学家为从
490 事这类研究专门受过训练。在自己的社会和另一种文化中的实地研究之间，存在微妙的差异。在一种不同的文化中从事实地研究，通常更为困难，并对研究者提出了更多要求。

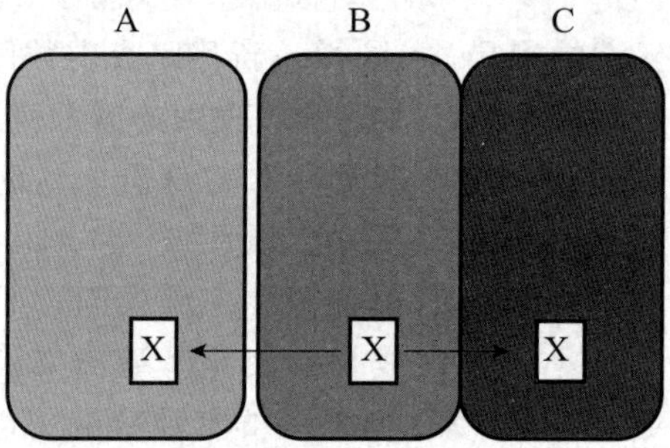

图 14.2　高尔顿问题

当研究者观察到在不同环境或社会中（以 A、B 和 C 来代表）的同一种社会关系（以 X 来代表），并错误地得出结论，认为在这些不同的地方出现的社会关系是独立产生的时候，*高尔顿问题*就出现了。研究者可能相信他发现了存在于这三个分开的个案中的某种关系，但是这一社会关系出现的实际原因，可能是一个已经从一种环境扩散到另一种环境的共享的或共同的起因。这是一个问题，因为在对不同环境和单位的分析（例如，不同社会）中发现某种关系（例如，婚姻模式）的研究者，可能会相信这种关系是独立产生于不同单位的。这种信念暗示，这种关系是人类的共性。研究者可能并未意识到，这一关系之所以存在，事实上是因为人们已经跨越不同单位共享了这种关系。

定性资料的现有来源。比较研究者可以使用二手资料。举例来说，一位对巴西、加拿大和日本的教育制度进行研究的研究者，可以阅读来自包括巴西、加拿大和日本在内的许多国家的学者的描述这三个

---

① 参见 Elder（1973）以及 Whiting（1968）有关高尔顿问题的讨论。

国家教育制度的研究。

整个人类历史上可能存在着多达 5 000 种不同的文化，研究者已经研究了其中的约 1 000 种文化。有一个关于不同文化的民族志资料的非常重要的来源，是**人类关系区域档案（Human Relations Area Files，HRAF）**机构以及相关的*民族志地图集*。[①] 人类关系区域档案的收藏是一份人类学家乔治·默多克（George Murdock）自 1938 年起收集与整理的实地研究报告的独特资料。该书将来自关于不同文化的民族志研究的信息汇集起来，其中大部分是原始的或小型的部落组群。人类关系区域档案根据社会特征或社会实践（例如，婴儿喂养、自杀、分娩）整理了关于近 300 种文化的广泛信息。对某一特定文化的研究被分割开，并且其信息根据其某一特征，与来自其他研究的信息被归类到一起。这使得就某一相同特征比较多种文化变得容易了。举例来说，如果你对继承感兴趣，你可以从中了解到，在已经被研究过的 159 种不同的文化中，有 119 种文化采取父系形式（父亲传给儿子），有 27 种是母系形式（母亲传给女儿），还有 13 种是混合形式。

我们可以使用人类关系区域档案来研究不同文化的几个特征之间的关系。举例来说，为了了解对女性的性侵犯或强奸是否与父权制（即，男性掌握权力和权威）有关，你可以在多种文化中研究性侵犯的存在与父权制的力量。

然而，对人类关系区域档案的使用是有局限性的。首先，原始研究报告的质量取决于最初的研究者待在田野中的时间长度、对语言的熟悉程度，以及先前的经验，还有研究报告的明确程度。另外，最初的研究者所观察到的行为的范围与其调查的深度是有差异的。举例来说，最初的研究者可能会说，在 X 这种文化中，儿童是不受惩罚的。事实上，在这种文化中，儿童是受惩罚的，但却是在私下里。对儿童的*公开*惩罚是禁忌。此外，在人类关系区域档案中对特征的分类可能过于粗略。例如，巫术在一种文化中的重要性，可能只是根据一个“非常重要”到“不是很重要”的取值范围来进行编码的。

另外一种限制涉及人类关系区域档案所包含的文化的范围。西方研究者已经与有限数量的文化进行了接触，并在那里进行了实地研究，而那些文化在这之前并未与外部世界接触过。这些被研究过的文化并不是现存所有人类文化的代表性样本。此外，高尔顿问题（之前所讨论的）可能是个问题。 491

跨文化调查研究。调查研究已经在第 10 章讨论过了。这一部分研究的是当我们在不同文化中使用调查技术时产生的议题。[②] 跨文化调查的限制，原则上与单一文化中的调查的限制并无不同。尽管如此，其规模和严重程度通常要大得多，所以我们必须仔细考虑调查是否是在某一环境中的最好的方法。

在一种不同的文化中的调查研究，要求我们对其规范、惯例和习俗有深入的了解。如果没有这样的深入了解，就很容易在程序上和解释上犯严重的错误。了解另一种语言是不够的。除了熟悉调查方法以外，我们还需要融合多元文化，并对该文化有透彻的了解。在进入其他文化或是计划调查之前，我们需要增进大量关于该文化的知识。与其他文化的当地人民的紧密合作也是极为重要的。在一般情况下，与某种文化保持密切关系，是好的调查研究的关键。

举例来说，温里布（Weinreb，2006）比较了“陌生人”（即，非本地的外来研究者）与“圈内人”（即，本地的研究者）在肯尼亚的调查访谈。他发现，使圈内人访谈者区分于陌生人访谈者的唯一最重要的特征是，访谈者是否认识受访者，或是否被受访者或其家人所认识。他发现，在肯尼亚的农村地区，至少需要一个本地的、圈内的访谈者，以获取对高度的合作与精确性的保证。虽然说当地的语言是必不可少的，它却并不总是足够的。了解当地的习俗与文化并与当地社区有某些社会联系被证明是重要的。

在跨文化调查中，你对所要包括在内的文化或国家的选择，应该同时建立在实质性（例如，理论性、研究问题）的基础和实际性的基础上。你必须根据你将要进行调查的文化来调整调查研究的每一个步骤（问题措辞、资料收集、抽样、访谈等）。一个关键的议题是，来自其他文化的人如何感受这一调查。在

---

① 更多关于人类关系区域档案以及民族志地图集的讨论，参见 Murdock（1967，1971）以及 Whiting（1968）。

② 更多关于比较调查研究的讨论，参见 Burton & White（1987），Elder（1973），Frey（1970），Verba（1971），Warwick & Lininger（1975），以及 Williamson 等（1982：315－319）。

一些文化中，调查与访谈本身可能会是一种陌生的、令人恐惧的，类似于被警察审讯的体验。

文化背景会影响对一项调查的抽样。你必须考虑是否有准确的抽样框、邮件或电话服务的质量，以及去往偏远农村地区的交通。你需要了解诸如人们迁移的频率、人们居住的住所类型、一个住所中的人数，以及有代表性的拒绝率等因素。你必须根据相应的文化调整抽样单位，并考虑一种文化如何定义其基本单位，例如家庭。为了找到抽样所需的人，可能需要特殊的样本或方法。举例来说，埃尔德（Elder，1973）在其对印度的调查中报告说，他对居住在中、高等收入家庭后面的雇工居住区的人抽样不足。

尽管研究者们跨文化及语言的调查已进行了数十年，这样的调查在近几年也更加频繁，但我们仍然在学习关于涉及跨文化的调查设计及问题编写的复杂的方法论的议题。[①] 当包含两种或更多的文化时，一个研究者在自己的文化中进行调查时所遇到的问题或顾虑会被强烈地放大（见实例方框14.7：在两种文化中的调查研究）。直接的语言翻译很少是适用的，而且涉及许多对等问题（本章稍后会讨论对等问题）。

有五个与跨文化调查相关的议题，分别是：文化敏感性、沟通风格、情境敏感性、礼貌性偏见和获取资料。

1. *文化敏感性*。一个比较调查的研究者必须具有很强的文化意识。在一种文化中不会引起争议的话题，在另一种文化中可能会是高度敏感的或甚至是禁忌的。如史密斯（Smith，2004）所说，话题敏感性的不同很大程度上受文化的影响。饮酒在伊斯兰教文化中比在犹太-基督教文化中更为敏感；同居在瑞典
492 很普遍，但在其他地方仍然是敏感的。在泰国谈论国王是禁忌。文化环境也隐含着其他的差异。你可以谈论日本的天皇或英国的女王，而在没有天皇或女王的美国或德国却不能这么做。在一些非洲地区和伊斯兰教的社会中，你应该以复数形式来询问一个男人的妻子。你需要了解地区性差异，在苏格兰的法律中，一个人可以被认定为“有罪”“没有证明犯了罪”，或者是“无辜”；而在英国的法律中，一个人就只有“有罪”或“没罪”两种情况。如布朗（Braun，2003）所强调的那样，受访者在其自己所了解的背景下解释问题，并使用本土性知识、假设和解释来填充意义，即使这些问题源于一个不同的文化语言环境。举例来说，对“如果母亲工作，孩子会受苦吗”这个问题的回答，会因文化而有很大的不同。首先，受访者可能会将孩子想象为一名婴儿或一名不足7岁的孩子。而他们的社会也许有很多可供母亲们广泛选择的、在家附近的、工作时间灵活的兼职工作，而且每个社区都有一个广泛的、免费的高质量儿童看护系统。或者他们的社会也许是这样的：母亲们必须在一定距离以外的地方全职工作，只有很少或非常昂贵的儿童看护设施可用，并且往往离家很远。这里似乎有一个共同的问题是：即使用相同的语言，在不同的文化中可能也不具有相同的含义。比如澳大利亚、英国、加拿大、爱尔兰和美国都使用*社会保障*（social security）这个英语术语，但其在每个国家都有不同的含义，也对应着不同的政府计划。

实例方框 14.7　在两种文化中的调查研究

希尔曼与达默劳（Shearman & Dumlao，2008）比较了在日本和美国的年轻成年人之间的家庭沟通模式。他们调查了173个美国的和131个日本的本科生。两位作者先将问卷交由两名双语人士进行了翻译。他们接着再将问卷翻译回来，以找出译文之间的差异。尽管过去的研究和刻板印象显示，日本人是“群体取向”的，两位作者却发现，与美国的学生相比，日本的青年不再是群体取向的或集体主义的。他们发现不同国家的家庭类型差异很大。美国的年轻成年人报告说，他们的家庭更倾向于共识取向（达成一致意见），而日本人则表示他们的家庭更加自由放任（让每个人都做他想做的事）。这些发现在某些方面与人们普遍持有的观念相反。希尔曼与达默劳（Shearman & Dumlao，2008：206）提到了研究的局限性：“我们使用国家作为对文化的一个间接测度，假定一个国家的土著个体自然而然地代表着一种相对统一的、一般性的文化。”同时，他们使用了先在美国构建起来然后再进行翻译的测量量表。如两位作者所

① 参见 Harkness，van de Vijver & Johnson（2003），以及 Smith（2003，2004）。

说，这在比较调查研究中也可能会是一个问题。“本研究所包含的量表中的西方偏见可能影响了我们的结果”（Shearman & Dumlao，2008：206）。

---

2. *沟通风格*。沟通的模式和风格因文化而异。谈话的节奏和沉默的使用在文化和语言上都有所不同。社会的期许（见第 10 章）、回应的集合（见第 7 章），以及公众回答调查问题的意愿，都因文化而呈现显著的差异。[1] 除了问题本身以外，在不同语言和文化环境下的回应尺度（例如，强烈同意、不同意）也有很大差异。

金等人（King，et al.，2004）描述了一种在具体的文化环境中使用简短的小片段来锚定应答的方法。举例来说，询问某个人是老年人还是中年人可能因社会背景而异。在某个社会中，由于高死亡率，中年人可能意味着 30 岁，而老年人可能意味着 45 岁；而在另一个社会中，人们将 50 岁认为是中年并将 75 岁认为是老年。同样，金等人建议，与其询问一个受访者所拥有的政治影响力是“没有”、“有一点”还是“有很多”，不如提供一套具体的故事或小片段，并要求受访者对其做出相匹配的回应。举例来说，在标准的利克特形式的“问题-应答”中，墨西哥人可能会说他们的政治影响力不是很强大。这是可能发生的， 493
即使他们有一个开放的民主政治制度，因为这一制度可以投票罢免执政党。然而，当给出 5 个有关他们对劣质的当地饮用水可能的反应的小片段——从支持反对派候选人，到发起请愿，到感到投票毫无价值，到向当地领导人寻求帮助，再到默默忍受——时，受访者可能会以反映其实际政治影响力的方式进行回答。研究者可以用一些小片段从统计上来校准一般性的回应。巴拉尼克等人（Baranik，et al.，2008）研究了在美国和其他七个国家所使用的罗森伯格自信心量表，并发现了系统性的文化差异。巴拉尼克等人（Baranik，et al.，2008：1891）警示说：“当进行这种类型的跨文化研究时，研究人员必须提供证据，以证明各国参与者都以一种一致的方式，对用于测量构想的工具做出回应。”

3. *情境敏感性*。跨文化情境下的访谈需要专业化。对访谈者的选拔和培训取决于其他文化的教育、规范和礼仪。访谈的情境引发了诸如隐私的规范、获得信任的方式、关于保密的信念，以及方言的差异等议题。举例来说，在某些文化中，访谈者必须花一天时间进行非正式的讨论，然后才能像温里布（Weinrcb，2006）在肯尼亚农村所体验的那样，获得一次简短的正式访谈所需要的融洽关系。

4. *礼貌性偏见*。比较研究者需要意识到一种社会期许性偏见：**礼貌性偏见（courtesy bias）**。当强大的文化规范导致受访者隐瞒任何不愉快的经历或受访者给出其所认为的访谈者想要的答案时，就会发生这种情况。受访者可能会因文化规范而严重地低估或夸大一些特征（例如，收入、成就、教育）。另外，给出回答的方式（例如，声调、情境）可能会改变其意义（见拓展方框 14.5：对调查问题的跨文化回答）。

5. *获取资料*。在那些有规范限制公开性或保护隐私的文化中，获取资料可能会很难。此外，你来自另一个国家或文化本身可能就是一个显著的障碍。让当地受访者了解你的原籍国家，可能会打开交流的大门，也可能使交流变得很困难。具体的问题，可能涉及了解需要联系的机构和个人、进行联系的适当程序（例如，一封正式的介绍信）、维持友好的方式（例如，礼物馈赠），以及这些安排对研究的质量和可比性的影响。在有些文化中，需要贿赂、获得家族关系或当地政治权威的批准，才能获得抽样框，接触某个城镇的某些地区或特定的受访者。另外，一旦收集到资料，你可能需要采取一些特别的预防措施以保护资料的机密性与完整性。

拓展方框 14.5

对调查问题的跨文化回答

一个陈述或对一个问题的回答的意义，通常取决于一种文化的习俗、其社会情境，以及回答的方式。回答的方式可以根据说出答案的方式来颠倒相同答案的不同意义。

---

[1] Couper & de Leeuw（2003）讨论了无回应问题，Johnson & van de Vijver（2003）描述了社会期许的问题。

说出答案的方式	受访者对问题的实际回答	
	是	否
	说出的答案	
有礼貌的	“否”	“是”
强调性的	“是”	“否”

资料来源：Adapted from Hymes（1970：329）.

调查问卷与多种语言。大部分调查研究者使用一种“询问相同问题”的方法。他们使用一个现有的
494 问题或用一种语言发展出一个问题，再将其翻译成或改编为另一种语言。另一种可供替代的选择，是从一开始就为多种语言设计新的问题。在采用现有问题和创建新问题之间有一个权衡（见图表14.1），它表明对更高质量的调查研究而言，开发新问题是首选。

图表14.1 跨文化调查问题设计

问题来源	优点	缺点
改编或采用现有的问题	容易、廉价和快速	通常为语言文化的适配问题
新的问题方法	文化适配性高，语言问题少	需要高开发成本与更多时间

资料来源：Adapt from *Cross Cultural Survey Methods*, Janet A. Harkness, Fons J. R. van de Vijver, Peter Ph. Mohler, 2003, P. 25. Reprinted with permission of John Wiley & Sons, Inc.

改编问题似乎直截了当，没有意义上的改变，例如当为儿童而改编一个问题时，可以做一些微小的调整，比如将*胃*(stomach）这个词改成*肚子*(tummy)。然而，这种改编有很多可能的缺陷。在理想情况下，翻译者非常熟悉调查问卷设计以及你试图测量的概念。但除了文字以外，你必须意识到那些剩下的未被陈述或暗示的东西。举例来说，一个简单的、日常的问题，“你能打开门吗?”会有多种含义。它可以意味着你有能力这样做，或者它可能会是一个请求，这取决于语言与背景。恰当的性别在许多语言中是一个问题。德语中有三种性别，然而在法语、意大利语和西班牙语中只有两种。在某些语言中，语法规则指明说话者的性别；而在其他语言中，语法规则指明的是某个人所说的人或事。举例来说，你可能无法在未指定性别的情况下打听某个“朋友”的事。“谁是你最好的朋友”这个英语问题，需要向英语使用者提出两个问题，“谁是你最好的男性朋友”以及“谁是你最好的女性朋友”。某些职业，如秘书，可能与某一性别紧密地联系在一起，以至于询问拥有这份工作的是男性还是女性会是非常尴尬的。在某些语言中，性别之外的地位身份被明确地嵌入其中。举例来说，在日本，你不能在未指明你所指的是年长还是年轻的兄弟或姐妹的情况下，去打听某个人的兄弟或姐妹。

(在不同语言中）即使看起来是同一个词，也具有不同的内涵和文化意义。举例来说，由于不同的历史和政治思想背景，英语中的*自由*(liberty）和法语中的*自由*(liberté）翻译成相同的概念，但却有不同的含义。语言和文化的差异也可能出现于同一个国家内。*教育*(education）这个英语单词在美国主要指的是学术科目，然而，在来到美国的说西班牙语的移民中所使用的类似词语教育（educación）则包括学习社会技能，而这却通常不包括在英语中使用*教育*这个术语所表示的内容中。

实现词汇对等的最常见的比较研究技术是**反向翻译（back translation）**[①]。反向翻译（还原翻译）涉及将一个短语、问题或整个文件翻译成一种外语，然后再由另一个人将其从外语版本翻译回原来的语言。举例来说，你将一个英文中的短语译为韩文，再独立地将其由韩文翻译回英文。然后你比较前后两个英

① 更多关于反向翻译的信息，参见 Anderson（1973），Grimshaw（1973），以及 Hymes（1970）。

文版本，以辨别其不一致之处。但即使是反向翻译也可能是有局限的。在一项比较美国和日本大学生对国际问题的知识的研究中，研究者们用英文编制了一份问卷。他们接下来让一支日本大学教师的团队将问卷翻译成日文。他们也对问卷做了调整。当他们运用反向翻译时，发现了"30 处翻译错误，包括一些专业性的错误"（Cogan，et al.，1988：285）。

当对应某一概念的词语，在另一种语言中并不存在时，反向翻译是没有用的［例如，在北印度语中没有对应*信任*（trust）的词，在土耳其语中没有对应*忠诚*（loyalty）的词，在泰语中没有对应*大的争吵*（good quarrel）的词］。因此，翻译可能会需要复杂的解释，或者你可能无法使用某些概念。 495

越来越多的比较研究专家反对使用简单的翻译，包括反向翻译，因为它无法识别所有问题。哈克尼斯（Harkness，2003：42）写道，德文短语"尽情享受生活"（*Das Leben in vollen Zügen geiβen*）被精确地（按字面含义）翻译为英文是"享受乘坐全列火车的生活"（Enjoy life in full trains）。反向翻译技术在此并未抓住该短语在英文中的实际含义——"充分地生活"（Live life to the full）（英式英语）或"最充分地生活"（Live life to the fullest）（美式英语）。这是因为"Zügen"这个词有两个意思，其中一个是"火车"。哈克尼斯（Harkness，2003：35）认为："只要有可能，翻译就应该被整合进研究设计。然而，在实践中，翻译很少被视为问卷设计的一部分，而是被视为一种附加物。"现代的跨文化沟通和翻译理论建议我们采用一种综合的方法。让一支翻译团队用特定的技巧（比如认知访谈和焦点组座谈）检查调查措辞，以讨论调查问题的实际含义。你希望避免**游猎研究（safari research）**这样的倾向，即来自某一种文化的研究团队在自己的文化语言背景下编制计划和措施，然后将其强加于另一种文化的倾向。可供替代的选择是与多元文化研究团队进行联合研究。

反向翻译是几种循序渐进的方法之一，它从一份以一种语言编写并从单一文化视角创建的问卷开始。[1] 然后再将其翻译成一种用于不同文化环境的新语言（见拓展方框 14.6：跨文化调查翻译的方法；以及图 14.3）。

拓展方框 14.6

跨文化调查翻译的方法

1. *实时翻译*。研究者们在一种语言中编制一份问卷并对其进行试点测试。在访谈过程中，会雇用双语访谈者并由其翻译每一个问题与回答。

2. *单一翻译*。研究者们在一种语言中编制一份问卷并对其进行试点测试。由一名熟练的翻译者将其从原来的语言转换为目标语言。

3. *反向翻译*。研究者们在一种语言中编制一份问卷并对其进行试点测试。一名翻译者将其从原来的语言翻译为目标语言。翻译后的问卷下一步将由第二名翻译者翻译回原来的语言。将结果与原始问卷进行比较，并进行调整以纠正所发现的任何问题。

4. *平行翻译*。一个多元文化团体编制了一份问卷，由两个或两个以上的翻译者独立翻译问卷。每位翻译者都会收集来自多个"文化-语言"目标来源的信息。稍后，基于一个多元文化/语言团队的审查和裁定，对问卷进行协调和调整。然后，问卷在多元文化语言的背景下接受试点测试。

5. *同步开发*。一支来自不同语言/文化的翻译者和研究者的团队一起工作，讨论几种语言中的概念和术语的含义及替代性翻译。问卷项目是通过一个去中心性过程（一个对文化特异性与多元文化观念/术语的主/客位区分较为敏感的去中心性过程）而为多种语言/文化背景所创建的。一个独立的多元文化/语言团队，以多种语言审查和裁定问卷。这些问卷由双语文化和单语文化的受访者进行试点测试。

资料来源：See Smith（2004）；Harkness，van de Vijver，and Johnson（2003）；Harkness，Pennell，and Schoua-Glusberg（2004）.

① 参见 Harkness，van de Vijver & Johnson（2003）。

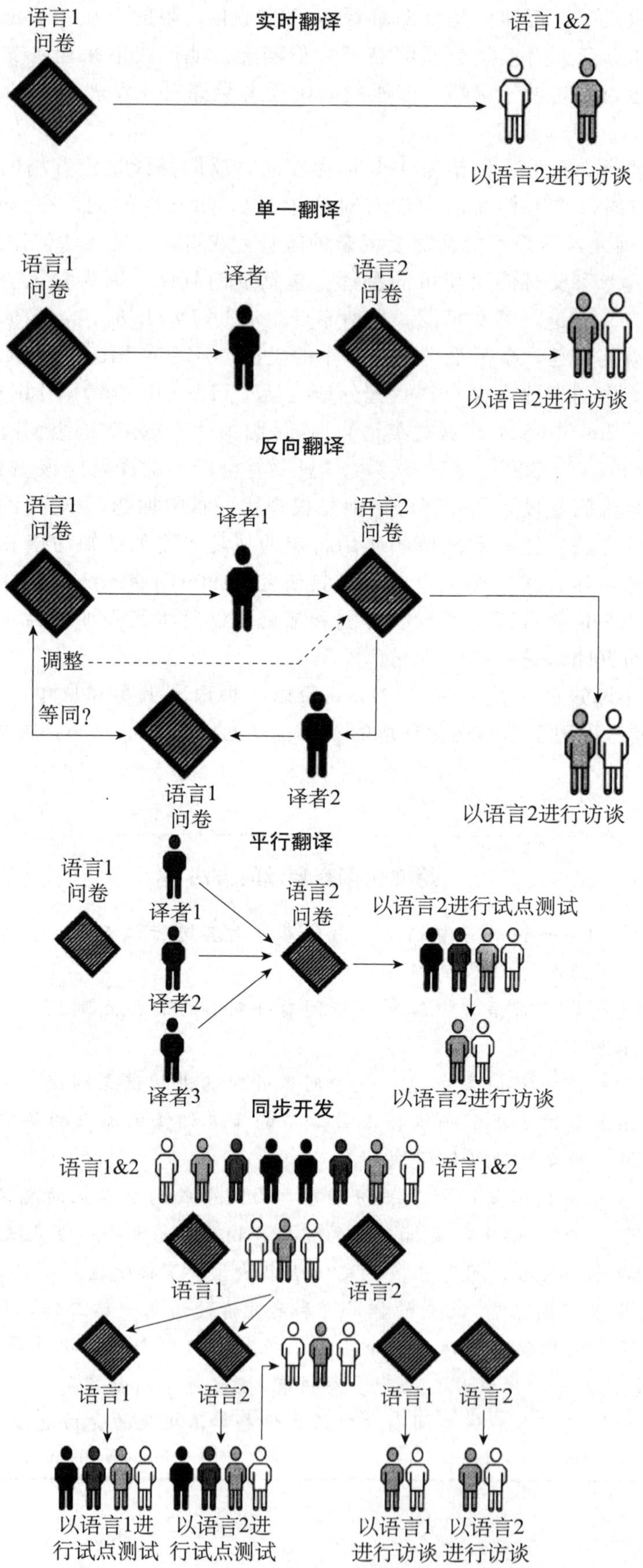

496

498

图 14.3　跨文化调查翻译

较新的方法涉及平行或同步的调查开发。即从一开始，研究者和翻译者的团队就为了用于多种文化环境而以多种语言编写问题并设计问卷。这种新方法有可能避免许多过去的问卷翻译问题。 497

（四）西方文化的偏误

大多数社会研究是由那些在少数几个以先进的西方文化占主导地位的社会中生活、工作或受教育的人所实施的。这导致了一种**西方文化的偏误（Western cultural bias）**以及民族优越感的危险。如米尔达尔（Myrdal，1973：89）所总结的那样，"一种西方的取向必须被当成一种有偏见的取向来看待"。

每种文化都有其自己的假设、思维模式、时间导向以及关于人类生活的基本价值观。所有这一切都影响着思想和社会关系。如果社会研究完全不受文化的影响，或者具有一种独特的除去任何具体文化之外的专业文化，那么文化偏见就不会成为一个问题了。但这是不现实的。我们太容易相信我们被西方文化所影响的那一切（假设、概念、发现和价值观）普遍适用于世界上所有的人。

比较的方法鼓励你去问那些挑战你自身文化传统的问题。[①] 另外，对一种比较的视角的需要，引发你去观察表面现象之外的东西。这些现象可能会是更深层的信念、价值观和人际关系的征兆。通过变成多元文化取向，你可以更好地意识到在做社会研究时出现的问题以及西方偏见方面的问题，并因此可以做出有所改善的社会研究。

被倒置的关注点。在美国之外的以及在美国国内的一些研究者，批评美国社会科学"被倒置"或过于自我中心化。在第二次世界大战之后的这些年里，美国用来实施社会研究的理论和方式成为主导。很多美国人傲慢地认为这是自然的，因为他们的方法和理论是世界上最好的。美国在全球的经济、军事和政治中的主导地位，以及美国流行文化和商业文化的国际力量加剧了这一问题的复杂性。

不幸的是，许多研究者仅从他们自身的文化价值观及信念的角度来看待问题。他们只引用那些在其本国之内所做的研究，而忽略与世界其他地方有关的问题或在世界上其他地区的学者所做的研究（Connell，1990）。

这一"被倒置的"关注点导致了两个问题。首先，美国庞大的研究机构生产了世界上绝大多数的经验性社会科学研究。一种被倒置的关注点会使我们对世界各地的社会关系的理解失真。它仅仅显示了透过美国文化的透镜所见的情况或事件。这可能会造成对更大的全球性议题以及在不同文化环境中的人们的问题的误读或误解。其次，许多社会研究者，特别是那些采用一种实证主义取向的研究者，相信他们正在探索人类行为的普遍规律。如果他们仅基于一种文化视角来制定研究问题，仅研究一种文化，并引用仅实施于一种文化中的研究，其结果如何会是普遍的？他们所建立的仅仅是一国的而非全球性的社会科学。除非通过比较研究证明，否则许多美国的研究者无法超越本国背景的范围对研究结果进行推广，而且他们需要警惕种族中心主义。[②]

某些特定的议题、方法或理论可能局限于和适用于某一国家或一小部分国家，然而另一些议题、方法和理论可能真正对所有人类而言都是普遍性的。因此，同时从一国的社会科学和世界性的社会科学的角度来考虑问题，对于我们而言可能是明智的。[③] 声称社会学和某些其他领域的学科是发现适用于所有人的原理的普遍性科学的说法，通常是被夸大的。这种说法只有在我们有规律地使用跨国家的方法和理念，并将跨文化比较作为我们研究设计的一个构成整体所必需的组成部分的情况下，才是成立的。

人类学家区分了主位与客位的概念及方法。[④] 尽管这是一个过于简单的二分法，但却澄清了一个比较研究的主要议题。一种**主位（emic）**的方法是根据一个本土的显性或隐性的类别及意义系统来分析文化要素。它是对于习俗或信念的"圈内人的"或"当地人的"的解释。客位的概念是在一个特定的文化环境 499

---

① 参见 Frey（1970），Grimshaw（1973），以及 McDaniel（1978）。

② 参见 Bradshaw & Wallace（1996）。

③ 参见 Hiller（1979）。

④ 参见 Ember（1997），Harris（1976），以及 Headland 等（1990）。

下被开发并使用的，而且在其他环境下可能并不存在。它们是在圈内人的文化中恰当的认知和理解。一种**客位（etic）**的方法是根据文化中立性、比较的类别及原则来分析文化要素。它从一种解构的视角来应用对事件、习俗或信念的解释并关注于意义。客位的概念在许多文化中被广泛分享，或在国际科学界普遍存在。

比较社会研究者认识到并使用了主位和客位这两种方法。他们既试图从圈内人对一种特定文化环境的视野出发来理解和观察世界，也试图超越这种环境，以跨越不同文化环境来建立联系并进行交流。种族差异在世界范围内存在，但是种族日益被视为一个主位的概念。基于其对波多黎各地区的明显不同于美国其他地区的许多种族差异的详细研究，格雷夫里（Gravlee，2005：965）认为："种族（是）一种文化界限的概念，它预设了一套根植于美国经验的含义……将种族作为一种分析框架，强加于那些并非显著的主位构造的社会中，这会带来测量和解释的问题。"

还有许多其他主位的例子。或许你想要研究日本和美国的工会。你了解到在日语中工会对应的词是*从业者工会*(rodo kumiai)；然而，如莫厄和川西（Mouer & Kawanishi，2005：xvii）所说：

> 在写到关于日本的工作时，我们所使用的很多概念具有主位的维度（即，一套在日本环境中所特有的内涵）。举例来说，"从业者工会"这个词，在一种通常的或共同的意义上指的是一个为工人而设并由工人所组成的组织。然而，当在日本使用这个术语时，对于大部分日本人来说，其内涵表示的是一种特殊的工会组织方式，工会化率的趋势，左翼和右翼团体之间意识形态斗争的历史，与一种广泛的市民运动的联系，以及一种在国家层次和基层一级组织的具体方法。这个术语也被用来指一系列其他的自助或互助组织，包括信用合作社和农业、消费者或保险合作社。

七、历史比较研究中的对等

（一）对等的重要性

对等在所有研究中都是一个关键议题。① 它涉及我们是否能跨越不同背景做比较。尽管我们生活在一个具体的时间段与文化中，我们能否正确地阅读、理解，或概念化关于来自一个不同历史时期或文化的人们的资料？如果没有对等，我们无法将同一概念或方法用于不同文化或历史时期，做比较即使不是不可能，也是很困难的。它与定量研究中因测量效度而产生的问题是类似的。

对等问题在一个连续统一体上变化。在一种极端情况下，我们会发现某些对于我们的经验来说完全陌生的事物（例如，猎头与同类相食）或者是特定的时间或文化所特有的东西。而在另一种相反的极端情况下，存在一些我们容易忽略但可能会影响比较的细微差异。举例来说，埃尔德（Elder，1973：127）注意到了跨三种欧洲语言翻译"朋友"（friend）这个词时所出现的问题：

> "朋友"在英语中用 friend 表达，在德语中用 Freund 表达，在西班牙语中用 amigo 表达。从技术上讲，它们的翻译是一致的。然而，德语中的 Freund 指的是少数深交的私人朋友；英语中的 friend
> 500 指的是交往不太密切、范围相当广泛的熟识的人；而西班牙语中的 amigo 所指的人，范围非常广泛，其中有些人可能只是在当天才遇到。因此，"你有多少个朋友？"这个问题在三种语言中询问的是不同的事情。

① 更多关于对等的讨论，参见 Anderson（1973），Armer（1973），Frey（1970，1973），Holt & Turner（1970），Przeworski & Teune（1970，1973），以及 Warwick & Osherson（1973）。

（二）对等的类型

对等问题对历史比较研究具有启示意义，因为我们可能会误解或误读不同时代或不同文化中的事件。假设（客位）解释是正确的，我们可能会发现跨越时间或地点（客位）进行比较是困难的。如果我们完全掌握了另一段时期或另一种文化（主位），我们可能依然会发现，与来自我们自己的时代和文化（主位）的其他人沟通是困难的。我们可以将对等问题划分为四种子类型：词汇对等、情境对等、概念对等和测量对等（见总结回顾方框 14.1：对等的类型）。

总结回顾方框 14.1　对等的类型

1. **词汇。**在两种文化中会存在同样的词语、沟通方式、意义和表达吗？如果不存在的话，我们如何了解误传或误译是否造成了我们所发现的差异，或者其中是否存在真正的差异？

2. **情境。**在每一种文化环境中的情境会影响我们所研究的东西的实质性意义吗？如果会影响的话，我们如何了解在不同文化情境中的差异是否解释了我们所发现的差异，或者其中是否存在真正的差异？

3. **概念。**在两种文化中会存在同样的概念或理解社会关系、情境或事件的方式吗？如果不存在的话，我们如何确定概念之间的不匹配是否造成了我们所发现的差异，或者其中是否存在真正的差异？

4. **测量。**我们能否以同样的方式测量在两种文化中的同一种现象？如果不能的话，我们如何了解不同的测量方法是否造成了我们所发现的差异，或者其中是否存在真正的差异？

词汇对等。**词汇对等（lexicon equivalence）**指的是对词语或短语的正确翻译或者发现一个其含义与另一个词的含义相同的词语。这在两种语言之间是最清楚不过的事了。举例来说，许多语言和文化对亲密的人（例如，亲密的朋友和家庭成员）和下属（例如，较年轻的人和地位较低的人）有不同形式的称呼和代词，它们不同于那些在不熟悉的或公开的环境中使用的或对社会地位较高的人使用的称呼。尽管在英语文化中，存在着密切的个人关系与公共关系的概念，但在英语中却没有直接对等的表达的语言形式。在类似法语、意大利语，或西班牙语这样的语言中，在说“你今天过得怎么样”时转化代词，可能表示在地位上或社会关系上的变化。如果某个人要用英语来说，则必须以另一种、或许是非语言的方式来表示。

词汇对等在历史比较研究中具有重要意义，因为词语的含义随时间推移而变化，即使在同一种语言中也是如此。时间的距离越远，一种表达具有不同含义或内涵的可能性就越大。举例来说，如今*杂草*（weed）这个词指的是没人要的植物或大麻，但是在莎士比亚的时代，这个词指的是衣服。

当你试图理解其他观点时，对语言运用中的微妙变化保持敏感是至关重要的。举例来说，休厄尔（Sewell，1980）发现，生活在约一个半世纪以前的人们使用某些术语的方式的差异，帮助他了解他们在意识上与在社会经历上的变化。然而，琼斯（Jones，1983：24）则指出：“利用从语言理论衍生出的基本见解到实质性历史解释的问题，目前处于……一种极为原始的状态。”

情境对等。在不同的社会或历史背景下，对术语或概念的正确应用被称为**情境对等（contextual equivalencc）**。它试图在特定的情境中实现对等。举例来说，在具有不同的主流宗教的文化中，一名宗教领 501
袖（例如，祭司、牧师、拉比）可能会有不同的角色、受训以及权威。在某些文化情境中，祭司是全职的男性专业人士，他们是富有的、受人尊敬的、受过良好教育的社区领袖，他们拥有政治权力。在另一些文化情境中，祭司是在临时性的基础上在一群会众中高于其他人的某个人，但在社区中却没有权力或地位。在这样一种情境下的祭司，可能没有受过良好的教育，收入较低，并被视为纯粹的精神领袖。如果你问及“祭司”而不注意情境，就可能会在解释中犯严重的错误。

情境也适用于跨越各个历史时代。举例来说，*上大学*的意义在当今与在一种历史情境下的意义不同，即那时只有最富有的 1%的人才能上大学，大多数大学仅有不到 500 名学生，都是私立的全男性院校，不需要高中毕业文凭就能入学，而且大学课程由古典语言和道德训练组成。在120年前上大学也与当今的情况不同，当时大多数高中毕业生都参加了提供广泛课程的男女同校的公立大学，并且大学被视为高中的延伸。历史情境改变了上大学的意义。

概念对等。跨越不同的文化或历史时期使用相同概念的能力，即**概念对等**（**conceptual equivalence**）。我们生活于特定的文化与历史时代之中。我们的概念来自我们的经验，并由来自我们自身的文化和时代的知识所形塑。我们可以通过了解其他的文化或时代以尝试来扩展我们的概念，但我们对其他文化或时代的观点是被我们当前的生活情境所影响的。这造成一种持续性的张力，并提出了这样一个问题：我们能否创造出同时既是不同文化或时代的生活经验的真实反映，又是对我们也有意义的概念？

概念对等是一个更大的关于主位与客位的议题中的一个特例，因为概念可能会在跨越不同时代或文化时不相容。是否有可能在两种或两种以上非常不同的文化或历史环境中创造真实、准确并且作为社会生活的有效表征的概念？举例来说，汤普森（Thompson，1967）认为，在前工业化时代，对时间的主观体验及其测量是完全不同的。关于准时和工作日的概念具有非常不同的含义，或根本不存在。对比较20世纪末和16世纪初的工作感兴趣的人，像是在比较“苹果和橘子”。举例来说，虽然*阶层*这个词存在于许多社会，但是阶层体系（即，收入的作用、财富、职业、教育、地位，以及与生产资料的关系）、阶层的数量、成为某一特定阶层成员的内涵，以及阶层的类别或界限，在每个社会中都有所不同，这使跨越几个不同社会的社会阶层研究更加困难。[①]

有时，在不同文化中也存在着相同或相似的概念，但却存在于不同的形式和程度上。举例来说，许多亚洲社会都有一种在“自我的外在、公开的表现与定义”和“自我的私下、个人的表现与定义”之间的明显差异。一个人外在揭示和表现出来的东西，通常在文化上与这个人的真实内在感受相分离。有些语言也从语言学上标明了这一点。在西方文化中，也存在着一种独特的公开、非家庭或非私人情境的自我观念，但与日本和亚洲其他地区相比，它更为微弱，也更不具有社会意义。另外，很多西方文化都假设内在自我是“真实的”，并应该被揭示出来，但这一假设却并不总是被跨文化共享。

在另一些时候，并没有直接的文化对等。举例来说，对于日语中的*イエ*(*ie*)，西方就没有直接对等的概念。其英文翻译是“家族系统”。然而，如亨德里（Hendry，1987：22）所解释的那样：“‘家庭系统’的整个概念是在面对外部影响时，在比较的背景下为了解释日本人的行为而创造出来的概念。”*イエ*这个概念包括一系列可追溯至前代祖先的连续不断的家族血统，并且可以通过由非遗传的男性后代（或收养
502 的儿子）所创建的分支持续到未来。与现代的家庭或甚至扩展家庭相比，它的含义更接近于欧洲封建贵族中的一个世系“家庭”。这个词还可以包括宗教身份以及财产持有的维度（如土地或代代相传的企业）。它可以包含一个人对祖先的责任感，包括支持他们可能做出的任何承诺。*イエ*也被嵌入到与其他*イエ*之间的等级关系的网络中，并表明其在社区中的社会位置或地位。出于种种原因，第二次世界大战后，美国在日本的占领政府合法地废除了*イエ*。在这么做的过程中，他们试图将一种截然不同的、外来文化的概念（西方的核心家庭概念）强加于日本社会。

概念对等也适用于对不同历史时代的研究。举例来说，在一个很大程度上是非现金社会的历史时代，收入是大有不同的，在这个社会中，大多数人都是自己种植食物，自己制作家具、衣服或易货商品。在很少使用货币的情况下，将收入视为所赚取的货币数量是毫无意义的。计算有几头猪、有几英亩地、有几双鞋子、有多少个仆人、有多少辆马车等等，可能会更合适。同样，今天的穷人可能已经完成了8年的学校教育，可能拥有一台黑白电视机，可能住在一间破旧的小房子里，可能有一辆生锈的、破旧的、有15年车龄的汽车。在过去的时代，贫穷可能意味着和牲畜一起睡在谷仓里，在街上乞讨，几乎饿死，从未上过学，以及所有财产只有身上的一件衣服。但是，尽管有物质上的差异，就某些具体的社会以及贫穷的概念来说，今天的穷人与过去的穷人可能是对等的。

---

① 参见Hazelrigg（1973）。

测量对等。**测量对等（measurement equivalence）**指的是在不同环境中使用相同概念的同等测量。如果一名研究者发展出一种适合于不同情境的概念，问题仍然存在：对于同一个概念，在不同情境下是否需要采取不同的测量？阿默（Armer，1973：52）将此概念定义如下："关于测量的对等性，是指在不同社会中使用的工具是否事实上测量的是相同的概念，而不管显性内容和程序是否相同。"他认为，在不同情境下，可能有必要使用不同的指标。我们可以用这样一种态度来衡量同一个概念，即在一种文化中进行调查，而在另一种文化中进行实地研究。然后问题就变成了我们是否能比较基于不同指标的结果。

测量对等的问题表明，为了测量或确定一个理论构想，我们必须研究部分证据的许多来源。当证据以碎片形式存在时，我们必须研究大量的间接证据以确定构想。休厄尔（Sewell，1980：9）在其对 19 世纪早期的法国作品的研究中，注意到了这种类型的过程，他说：

> 我们所追求的概念是部分地和片段性地被陈述出来的，是被人们在行动的热情中写下来的，往往是由一个不知名的人或群体记录的，而且只能在最多样化的形式（清单、在会议上的辩论记录、邮件、讽刺印刷品、协会章程、小册子，等等）中才能获得。在这些情境中，思想的连贯性不在于特定的文本……而在于由大量个别的零碎性的及不完整的陈述、姿势、形象和行动所构成的整个意识形态的话语。

八、伦理

历史比较研究的伦理问题与无回应性研究技术中所发现的伦理问题相同。原始历史资料的使用有时候会引发特殊的伦理问题。首先，基于原始资料来复制研究是困难的。我们关于使用证据以及对文件外在批评的选择标准，给个人研究者的完整性诚实性带来了负担。诺维克（Novick，1988：220）建议：

> 历史学家所看到的第一手的大量证据，通常是尚未发表的。历史学家基于对材料的多年浸淫——当然，还有他为其带来的感知装置与假设——发展出对这一证据的一个解释。历史学家使用某些手段（脚注是一个最明显的例子），以使他们的工作获得某些接近"可复制性"的东西，但其相似性并不是那么的接近。 503

史实中的错误或未能充分记录原始资料可能会导致对历史学家的欺诈的指责，特别是来自反对历史编纂的学派的指责。[①]

其次，保护隐私的权利可能会妨碍收集证据的权利。一个人的后裔可能想要毁掉或隐藏某些包含可耻行为的私人文件或证据。某些主要的政治人物（例如，总统和高级行政人员）可能想要隐藏一些令人尴尬的官方文件。[②]

在比较研究中，我们必须对跨文化互动的政治和文化议题保持敏感性。我们必须了解在一种文化中什么是冒犯性的。敏感性意味着对东道国的传统、习俗以及隐私的意义表示尊重。举例来说，一个人应该尊重这样的禁忌，即一名男子在一位已婚妇女的丈夫不在场的情况下采访这位妇女可能是一个禁忌。

一般来说，我们想要与东道国的政府建立良好的关系。将资料带出该国而不提供某些东西（例如，结果）作为回报是不明智的。有时候，你的祖国的军事或政治利益，或者你的个人价值观，可能与东道国的官方政策相冲突。东道国的官员可能会怀疑你是一个间谍，或者你可能受到祖国的压力而来收集秘密的信息。

---

① 关于大卫·亚伯拉罕这个例子的拓展讨论，参见 Novick（1988：612－622）。

② 关于对存档的资料的讨论，参见 Odette & Martner（2004）以及 Richardson & Godfrey（2003）。

有时候一名研究者的存在或发现，可能会导致外交问题。举例来说，某个人研究一个国家中的堕胎行为，然后宣称政府官方政策强迫许多妇女堕胎，可以预期这会引发严重的争议。同样，如果一名研究者同情反政府团体的事业，那么该政府可能会将他监禁或将其驱逐出该国家。在另一个国家中实施研究的社会研究者，必须意识到这些问题及其行为的后果。

许多来自“富有的”、高度工业化的国家，并在“贫穷的”、正在进行工业化的国家中进行应用经济发展研究的比较研究者，强调使用参与式行动研究（见第2章）。这既是出于实际性的考虑，也是出于伦理上的考虑。发展研究者们了解到，除非他们与当地人密切合作，融入他们的大众信仰，并获得他们的合作支持，否则一个应用研究项目不太可能取得成功或持续下去。[①] 除了常见的应用研究以及学习尊重当地习俗和文化的问题之外，这通常还意味着研究人员必须将教授当地人关于研究设计的要素也列入伦理问题之中。当在偏远的非工业化环境中工作时，研究者可能需要以非常基础的、形象的术语来说明研究的逻辑，以及该项目对当地生活条件的影响（例如，使用新的食品储藏方法、消灭寄生虫、改善饮用水）。

九、结论

在这一章中，你了解了探究历史的和比较的材料的方法论原则，以及针对研究问题的一般方法。当你想要提出有关宏观层面变化的“大问题”，或想要了解跨越时间或跨越不同社会运作的社会过程时，历史比较研究的方法是适当的。你可以以几种不同的方式实施历史比较研究，但是一种独特的、定性的历史比较研究方法在某些重要方面与实地研究类似。

历史比较研究涉及一种不同的研究取向，而不仅仅是运用一套特殊的技术。你可能会使用一些特殊的技术，比如对原始文件的外在批评或反向翻译。然而，最重要的特征是你着手处理问题、探查资料并向解释迈进的方式。

历史比较研究比那些既非历史的亦非比较的研究都难以实施，但这种困难的程度在其他类型的社会
504 研究中要低得多。举例来说，在所有社会研究中都存在某些程度的对等问题。然而，在历史比较研究中，你不能对这些问题等闲视之。它们在你实施研究的方式中处于首要位置。它们将决定你是否能够实施一项研究并解决一个研究问题。

在下一章中，我们转向对定性资料的分析。许多类型的历史比较研究以及实地研究都产生了这样的资料。资料的形式，以及收集资料的研究方法的逻辑，都会对定性资料的分析产生影响。

关键术语

anachronism	时代错置	Annales School	年鉴学派
archive	档案馆	back translation	反向翻译
Baconian fallacy	培根谬误	bowdlerization	删改
case-study comparative research	个案研究的比较研究	conceptual equivalence	概念对等
		combinational explanation	组合性解释
courtesy bias	礼貌性偏见	contextual equivalence	情境对等
cross-national research	跨国研究	critical indicator	关键性指标
emic	主位	cultural-context research	文化背景研究
external criticism	外在批评	etic	客位

① 参见 Mikkelsen (1995)。

historiography	历史编纂	Galton's problem	高尔顿问题
Human Relations Area Files (HRAF)	人类关系区域档案	internal criticism	内在批评
longue durée	长时段	lexicon equivalence	词汇对等
mentalities	时代的精神	measurement equivalence	测量对等
oral history	口述史	nonsource-based knowledge	非基于资料的知识
process analysis	过程分析	primary sources	原始资料
running records	历年记录	recollections	回忆文献
secondary sources	二手资料	safari research	游猎研究
Western cultural bias	西方文化的偏误	transnational research	多国家研究

复习题

1. 历史比较研究有哪些特征？
2. 在实地研究和历史比较研究之间有哪些相似性？
3. 什么是年鉴学派？在其对过去的研究取向中，有哪三个特征或术语？
4. 在关键性指标和支持性证据之间有什么差异？
5. 一个使用外在批评的研究者会提出哪些问题？
6. 使用二手资料的局限有哪些？
7. 什么是高尔顿问题？它为何在比较研究中很重要？
8. 在社会研究中使用比较的方法有哪些强项或优点？
9. 跨国调查研究在哪些方面不同于在某个人自己的文化中的调查研究？
10. 在历史比较研究中，对等的重要性是什么？它的四种类型是什么？

507

第15章 定性资料的分析

> 社会学中大部分最好的作品通常是使用没有统计检验的定性方法完成的。从组织与社群研究、面对面互动的微观研究到世界体系宏观研究等研究领域，都是如此。这些作品既不该被视为研究这些主题的薄弱方法，也不该被视为开始阶段的“探索性”方法。
>
> ——科林斯（Randall Collins），《统计与文字》（*Statistics versus Words*），340页

在实地研究、历史比较研究和一些其他研究领域里，研究者们收集了大量的定性资料描述社会生活中的人们、行为和事件。这些资料以文本、观察笔记、开放式访谈记录、手工艺品、影音带和图像或照片等形式展现出来。不过仅收集资料是不够的，我们还要进行分析。在定性研究方法中，在收集资料的同时，其实分析资料也就开始了，不过这种分析往往是暂时的、不完全的。

分析资料意味着系统地组织、整合和审查。正如研究者所做的，他们在这些特殊的细节之中寻找模式和关系。为了分析资料，研究者们将特定资料与概念连接，推进一般化并明确宽泛的趋势和主题。分析让我们提高认识、拓展理论并增长知识。

定量研究中的资料几乎都以数字的形式展现。定性资料拥有庞大的体积、多样的种类，且灵活多变。与模糊的定性资料相比，数字是精确一致、标准简洁的信息载体。应用数学有一块高度发达的领域致力于数字分析（相关介绍见第12章）。而且研究者用来分析定量社会科学数据的统计学跟那些在各种定量科学和实际应用领域（如：商业、教育、医学、农业、工程学等等）所用的统计学是一样的。过去40年，随着电脑技术的进步，统计学家和计算机科学家已经研究出大批复杂的软件和广泛使用的程序为定量数据分析提供支持。

大量的统计知识和相关的电脑软件中很少有适用于定性资料分析的。定性研究要求系统化和逻辑严密，但是这与统计分析通常有所区别。

大约20年前，很少有定性研究者会解释他们是如何分析资料的。事实上，对定性研究常见的批评正是因为对定性资料的分析不清晰明确或者无法接受公开检验，但现在定性资料分析已经越来越清晰化和系统化了。[①] 现在我们拥有分析定性资料的计算机软件，有一部分还基于数理统计和逻辑关系。尽管如
508 此，我们还会使用多种方法进行定性分析。

本章分为四部分。首先，我们将考察定量和定性资料分析的相似性和差异性，接下来将讨论在分析定性资料的过程中，研究者如何运用编码和进行概念/理论建构。然后，我们将回顾研究者使用的一些主要的分析策略，以及他们思考定性资料和理论间联系的方式。之后，我们可以回顾一些研究者使用的主

① 参见Miles & Huberman（1994）和Ragin（1987）。不应该将这些与处理“定性”资料的统计技术混为一谈（Huberman，1978）。这些是处理那些属于定类或定序层次的变量的高级统计技术（例如，logit模型和对数线性模型），最好称它们为分析分类数据技术。

要分析策略，并展示他们是如何将资料与理论进行连接的。我们也要检验直接的、可观测的证据的缺席对解释的影响。最后，我们回顾一些特殊可行的技巧以检查定性资料的模式。

一、资料分析方法的比较

定性与定量的资料分析形式有其相似和差异之处。这一部分内容我们将关注四个相同点和四个不同点（见总结回顾方框 15.1：定量资料分析与定性资料分析的比较）。

（一）相似性

第一，在这两种风格的研究中，对两种类型的资料所采取的分析形式都涉及*推论*。研究者从社会生活的经验细节中进行推论。推论是指通过判断，运用推理，以及根据证据得到结论的过程。这两种资料分析形式中，研究者都仔细检查经验信息以获得结论。这个结论是通过推理与简化复杂的资料而得到的。这个过程有一些抽象，或者与那些具体资料里的具体细节有一定距离，但是这会随着研究的不同而变化。总之，研究者会忠于原始的真实数据。

这两种资料分析的形式对社会世界所做的陈述均是建立在*充分性*探究的基础之上的，正如莫尔斯（Morse，1994：230）所说的，“在定性研究中，充分性是指所收集的资料数量，而不像定量研究是指研究对象的数目。只有在收集到接近饱和程度的充分资料时，才算达到充分性”。

第二，这两种类型的分析都涉及一种公开的方法或程序。这两类研究者都收集大量的资料，并让他们的这种行动被理解。他们描述资料并且记录他们收集和研究资料的方法，以便让他们所从事的事情开放地接受学界同人们的审查。方法的标准化与能见度在不同的研究中可能并不完全一样，就像金等人（King，et al.，1994：118）指出的，“定性研究中对于研究设计并不总是有清楚的交代，但是至少在每一份研究中都找得到隐隐约约的说明”。

第三，对于所有的资料分析来说，不管是定性研究还是定量研究，比较都是个核心程序。所有社会研究者不是针对证据本身，就是运用相关的证据，对他们收集到的证据的特征进行比较。研究者辨识证据中的多种过程、原因、属性或机制，然后找出模式——相似性与差异性，即相似与不相似的层面。

> （定性）研究者检验跨个案的相似性与差异性的模式，并试图通过它们的多样性做出结论……定量研究者虽然也检验个案间的差异，但是强调的重点不同，他们的目的是要解释一个变量与另一个变量间的协变性，而且通常是横跨许多个个案……传统上，定量研究者则只探究个案间的相似处。（Ragin，1994：107）

第四，在定性与定量形式的资料分析中，研究者都竭尽所能地避免误差、错误的结论以及误导性推论。对于可能出现的谬误或错觉，也都提高警觉。他们从各种不同的解释、讨论与描述中进行筛选，评价对立观点的优劣，从中寻找出最为可靠、有效、真实或有价值的解释。

（二）差异性

第一项差异是定量研究者可以从一组特殊化、标准化的资料分析技术中进行选择。在自然科学和社会科学之间，假设检验和统计方法区别不大。定量分析已经得到高度的发展，并建立在应用数学的基础之上。相反，定性资料分析则较少有标准化的情形。与定性研究方法上广泛的多样性相对应的，是其资料分析方式的多样化。定性资料一个额外的复杂性体现在它通常是需要归纳的。研究者很少在计划开始之时就知道资料分析的具体情况。沙兹曼与施特劳斯（Schatzman & Strauss，1973：108）评论说：“定 509

性分析者并不经常享受到他们定量同行所拥有的、能够预测其研究中分析过程的操作性优势，因此，他们无法根据研究设计之初所建立起的操作模式来修正与调度他们的原始资料。”

第二项差异是定量研究者直到完成了所有的资料收集才开始进行资料分析。直到那时，我们才可以在寻找模式和关系的过程中对数据进行操作。定性研究也可以在处理资料的同时寻找模式或关系，不过他们在一项研究的早期阶段就开始进行分析，同时他们还在继续收集资料。早期资料分析的结果指导后续的资料收集工作，因此，分析并不是研究中一个独立出来的最后阶段，而是一个贯穿整个研究过程的研究维度。

第三项差异是它们同社会理论的关系。定量研究者操作代表经验事实的数字，以检验带有变量建构的抽象假设。相反地，定性研究者则通过将经验证据与抽象概念融合在一起，来建立新的概念和理论。定性分析者并不检验假设，他们只是说明或描绘证据，以表明某个理论、通则或诠释的可靠性。

第四项差异是对社会生活细节的抽象程度或与之的距离。在所有的资料分析中，研究者都要把原始资料分配到一些他们用以进行操作的类别之中，以便据此辨识出其中的模式。在定量分析方面，这个过程是通过统计、假设与变量来实现的，定量研究者假设社会生活可以用数字来加以测量。当他们依据统计定律来操作数字时，这些数字就显示出社会生活的某些特征。相反，定性资料多是以文字形式来呈现的，它们通常是不精确的、含混的，以及基于特定情境而且可能含有一种以上的意义，这不一定总是不利情况。

> 文字不仅在知识上更为根本，我们甚至可以说在学科的社会结构中，它们必然优于数学。因为文字是一种表达形式，具有较大的开放性，它在联结不同领域的论点与经验，以及在打动知识群体读者上更加强有力。(Collins，1984：353)

总结回顾方框 15.1　定量资料分析与定性资料分析的比较

相同点	不同点
二者都从社会生活的经验资料中推论抽象观点。	*定量*研究用一些共享的、标准的技术。 *定性*研究使用许多不同的、非标准的技术。
二者都使用公开的程序并且进行详细的描述。	
二者都会进行比较。	*定量*研究在所有的资料收集完毕后进行分析。 *定性*研究在收集资料的同时进行分析。
二者都避免误差和错误的结论。	*定量*研究检验已经存在的理论和假设。 *定性*研究进行概念化并建立新的理论。
	*定量*研究使用准确的简洁的抽象资料。 *定性*研究使用不精确的、含混的、相对具体的资料。

（三）解释与定性资料

定性研究者不必在严格的表意或通则的对立（也就是，描述特征还是验证普遍法则）中做出选择。当分析定性资料时，研究者发展接近具体资料与情境的解释或通则，并且通常使用不太抽象的理论。研究者可能建立新理论来建构社会生活的实际图像，进而激发理解，而不是去检验某个因果假设。解释倾向于提供丰富的细节、对情境的敏感度，以及能够展示社会生活的复杂历程或是先后顺序。这种解释可能会是因果的，但是也并不尽然。研究者的目的在于，将大量的特殊细节组织成一幅前后一致的图像、模式，或是一组紧密相扣的概念。

定性研究者把解释分为两大类型：极不可能的与可信可靠的。研究者在有支持性的证据的情况下，经深思熟虑后排除某些理论解释，同时添加其他的可靠解释。定性分析可以通过给出与某个解释相矛盾的一系列资料，将该解释排除。资料可能会支持多个解释，但是并不是所有的解释都会同该资料相一致。 510
除了排除不太可信的解释之外，定性资料分析还有助于证实事件出现的先后顺序，或是某个过程的前后步骤。这种时间上的先后顺序是发现变量间关系的基础，也有助于支持因果论证。

有些定性研究者走的几乎完全是描述的路线，避免进行理论分析。一般来说，我们通常把理论与概念交代清楚。如果研究者不提供一种分析性的诠释或理论，那么定性研究的读者可能会用日常生活中他们认为理所当然的那些观念来进行解释，这种观念很少能发展为一般性的知识，此外，他们的常识框架还可能包含来自主流文化价值的未经检验的假设、偏见、民族中心主义，以及缺乏妥善定义的概念。[①]

二、编码和形成概念

定性研究者经常将一般性的想法、主题或概念作为获得通则的分析工具。定性分析经常使用非变量的概念或简单的定类层次变量。

（一）概念化

定量研究者把变量的概念化与概念的精确化，作为变量测量过程的一部分。相反，定性研究者从资料中形成新的概念或提炼概念。概念形成是资料分析的整合部分，而且在收集资料时就已经开始了。因此，概念化是定性研究者组织资料与赋予资料意义的一种方式。

定性研究者根据主题、概念或类似特征将资料分类，来进行分析。他们发展新的概念，形成概念定义，并且检验概念间的关系，最后再根据某种顺序，如对立组别（X 为 Y 的对立）或者一组相似的、已被研究者纳入理论陈述的类别，把概念串联起来。

定性研究者在其通读过资料（如田野笔记、历史文献、二手资料）并提出批判性的问题的过程中形成概念。这些问题可以来自某个学科（如社会学）的抽象词汇，例如：这是个阶级冲突的例子吗？那个情况中存在角色冲突吗？这是个社会运动吗？这些问题也可以是逻辑推理式的，例如：这些事情是以什么样的顺序发生的？在此处发生的这件事与其他地方的情况相比如何？这些情况是相同的还是不同的，是一般的还是特殊的？[②]

在定性研究中，概念与证据是相互依赖的，这尤其适用于个案分析。个案并不是脱离于资料的、预先设计好的经验单位或理论类别，而是由资料与理论共同界定的。研究者同时进行资料的组织与观念的应用，以此创作或详述一个个案。制作或创作一个个案，被称为个案化，也就是研究者将资料与理论结合在一起（个案化在第 7 章讨论过）。确定对什么进行个案处理的过程可以帮助你解决在你实际观察到的事物与你对其产生的观点之间的张力。“作为方法论上的一个步骤来看，个案化可以出现在研究过程中的任何一个阶段，但更多是出现在研究的开始与结束之时。”（Ragin，1992b：218）

（二）定性资料的编码

当研究者进行定量资料的编码时，他把数字形式的变量测量值，整理成一种机器可以读取的形式，以便进行统计分析。与定量研究相比，定性研究中的资料的编码具有不同的意义。研究者将原始资料组织到不同的概念类别中，并且创造主题或概念。定性资料编码并不是简单的抄写工作，它是资料分析的

---

① Sprague & Zimmerman（1989）讨论过清晰理论的重要性。

② 关于问题的讨论，参见 Hammersley & Atkinson（1983：174－206）。

整合部分。这一过程受到研究问题的引导，并引发新的问题。它把研究者从原始资料纠缠不清的细节当中解放出来，并鼓励研究者对这些细节进行较高层次的思考。该过程也会推动研究者迈向理论与一般化概括：

> 编码是一种标签，将意义单元分配给研究中汇集而来的描述性或推论性信息。编码通常被附加在与某个特定情境有关或无关的大小不同的“对象”上——像是词语、短语、句子，甚至整个段落。(Miles & Huberman，1994：56)

511 施特劳斯（Strauss，1987）界定了定性资料编码的三种方法，并建议研究者从三种场景来回顾资料，每次使用不同的编码，对同一批原始资料进行三次编码。施特劳斯（1987：55）警告说：“对于缺少经验的研究者来说，编码是最难了解和掌握的一项操作。”[①]

开放式编码。**开放式编码（open coding）**是在对新近收集到的资料的第一次审查的过程中完成的。在对庞杂的资料进行分类的初步尝试中，研究者定位主题并指定最初的编码或标签。研究者缓慢地阅读田野笔记、历史资料或其他资料，寻找关键词、主要人物、关键事件或主题，并做下记录。然后，在笔记卡片或电脑记录卡的两边记下初步的概念或标签，并用不同颜色的笔或以其他不同的方法，把它们凸显出来。在接下来的分析中，研究者随时准备创造新的主题和改变最初的编码。如果能够灵活地应用理论框架，也将起到一定的帮助作用。开放式编码使深藏在资料中的主题开始浮出水面。这时的主题抽象层次较低，大多来自研究者最初的研究问题、文献中出现的概念、社会情境中成员使用的名词或在深入资料的过程中激发的新思想。正如沙兹曼与施特劳斯（Schatzman & Strauss，1973：121）所指出的那样——研究者应该从具体的资料中发现抽象的概念，以及在抽象概念与特定细节之间进行反复不断的思索。

这类的例子在勒马斯特斯（LeMasters，1975）对一家劳工阶级酒吧进行的实地研究中可以见到。在这个研究中，他发现“婚姻”这个词不断在许多对话中出现。如果他对田野笔记进行了开放式编码，他可能会将一大堆田野笔记都编进婚姻这一主题之下。下面是一个可以对婚姻这个主题进行开放式编码的假设性田野笔记实例：

> 由于刚参加完一个晚会，星期四我打着领带到啤酒屋去，萨姆立刻就注意到了，说：“该死的，我曾经戴过这东西一次——就是我结婚的时候——看看之后发生了什么！上帝呀，下一次将是由殡葬化妆师替我戴上。”我点了杯啤酒，然后问他：“那你为什么要结婚呢？”他笑着眨了下眼睛回答说：“要不然你要做什么？你不能一生都在换同居的女人吧——我单身时，这样的经验已经够多了。”他停下来又叫了杯啤酒，点了根香烟，然后继续说：“一个男人迟早会想要有自己的家、一群小孩和一些你必须结婚才能有的东西。毫无例外——它们完全把你套住了。”我说：“海伦（他的太太）似乎是个不错的人。”他回答说：“哦，她不是个坏人，但是她是个臭女人，让我深恶痛绝，简直把我给气炸了。如果你要去一个舞会，当你刚开始玩得起劲时，太太却说，我们回家吧。”(LeMasters，1975：36－37)

历史比较研究者也使用开放式编码。例如，我曾研究劳工骑士团（Knights of Labor），那是19世纪成立于美国的一个寻求经济与政治改革运动的工人组织。我阅读了某个城镇里有关劳工骑士团运动分支机构相关活动的二手资料。当我在阅读和做笔记时，注意到禁酒党在当地选举中扮演重要的角色，而且当地分支机构的成员对禁酒运动发生过争论。我的主要兴趣是劳工骑士团运动的内部结构、意识形态及其成长，而禁酒运动则是个未预期的新类别。我以“禁酒运动”为标签对笔记进行编码，并且将其作为一个可能出现的主题，包括在整个研究之内（见拓展方框15.1：主题和定性资料的编码）。

---

① 参见 Boyatzis (1998)，Lofland & Lofland（1995：192－193），Miles & Huberman（1994：57－71），Sanjek（1990：388－392）和 Wolcott（1994）有关编码的更多的讨论。

在对 20 名患有 1 型糖尿病的成年人访谈资料的定性内容分析中，格雷恩海姆和卢德曼（Graneheim & Lundman，2003）描述了开放式编码的过程。他们访谈了 1 型糖尿病人生活的各个方面。研究者阅读几次访谈记录后获得一种整体感，然后摘取关于访谈对象患有高血糖症的经历部分，并把这些相关的部分整合到一个文本中，然后形成分析单元。研究者将文本分成意义单元（也就是，关联着同一个中心意义的一系列话语和陈述），然后进行压缩，抽象出扼要的意义单元并用编码对每一个意义单元进行标注。 512

拓展方框 15.1

主题和定性资料的编码

“一个好的主题编码能够保存现象的质性的丰富性。它可以用在研究中的分析、诠释和资料呈现上”（Boyatzis，1998：31）。要将资料编码到主题中，研究者首先需要学会如何“看出”或发现资料中的主题。要想看出主题需要有四种能力：（1）发现资料中的模式；（2）用体系和概念的方式思考；（3）具有相关知识或一定程度的背景知识（例如，了解希腊神话有助于理解莎士比亚戏剧）；（4）拥有相关信息（例如，要想对一个摇滚音乐会的主题进行编码，就要知道很多关于摇滚音乐家和摇滚音乐的信息）（Boyatzis，1998：7－8）。

编码时要注意避免的三个错误（Schwandt，1997：17）是：（1）仅仅停留在描述层次上（而非分析层次）；（2）仅仅将编码当作一个完全的机械的过程；（3）使编码固定下来而不具有灵活性。编码有五个部分：（1）1 到 3 个词所组成的标签或名字；（2）一个涵盖主要特征的定义；（3）一个关于如何发现资料中编码（code）的“标志性”描述；（4）任意排除项和限制条件；（5）一个实例。具体如下：

五个部分的说明

标签：以性别角色争论为例。

定义：以人们言语上的争论为例，定义为：是关于男性和女性行为的冲突或争论，它探讨在两性之间和同一性别内部的相互作用中，由于其性别的不同，哪些行为对于该性别的人来说是恰当的和可接受的。

标志：一个例子是说讽刺的话或开玩笑，或者对一个男性或女性应该做什么（因为其性别不同）而有不同意见（从非常温和地谈论到愤怒地争论）。

限制性条件：只考虑同性别的人之间的争论。任何一种行为（语言上的或非语言上的）都可以成为争论的对象。同性恋者之间和变性人之间的相互作用不包括在内。

实例：教室外面，16 岁的萨拉和杰希卡在探讨昨晚她们各自的约会。萨拉说：“我们去吃了比萨——当然是他付的钱。”杰希卡说：“当然是？你的意思是你期望男方来付钱?”萨拉答：“噢，算了吧。”

尽管有些研究者（Miles & Huberman，1994：58）指出，研究者是先从一份概念清单开始，就这份清单进行编码，但大部分编码的主题是在研究者阅读资料笔记的过程当中产生的。不论研究者开始时是否有份主题清单，他在开放式编码完成*之后*都会制作一个主题清单。这类清单有三种功能：

（1）帮助研究者一眼就看到凸显的主题。

（2）刺激研究者在后来的开放式编码时，去发现主题。

（3）研究者使用这份清单来建构这次研究的全部主题集合，以后分析时，他可以将之重组、筛选、结合、删除或扩展。

定性研究者在编码时对资料涵盖的完整性与细节程度上有很大的差异。有些人对每一行或几个字都给予编码；另一些人则对整个段落进行编码，一些资料没有被编码，而是被废弃或遗留。编码的详细程度视研究问题、资料的“丰富程度”，以及研究者的目的而定（见拓展方框 15.2：定性资料编码的过程）。

开放式编码可以涵盖到研究者收集资料时自己所写的分析性笔记或备忘录。研究者应该针对他们制定的编码，撰写备忘录（见后面关于分析性备忘录的写法的讨论）。

主线编码。这是处理资料的“第二道关卡”。在开放式编码过程中，研究者的注意力集中在资料本

身，并为主题指定编码标签。这时他们并不重视建立主题之间的相关性或使主题所代表的概念精确化。
513 相反，在进行**主线编码（axial coding）**时，研究者从一组已被组织过的初步编码或初始概念入手。在这第二道关卡的处理中，研究者比较重视已经过初步编码的主题，而非资料本身。额外的编码或新的想法可能在这个时候出现，你应该对此进行记录，但是你主要的工作在于回顾与审查初步编码。你一步步地组织想法或主题，并确定分析之中的关键概念的主轴。

拓展方框 15.2

定性资料编码的过程

无论定性资料是以观察性研究的田野笔记、视频或录音、开放式访谈的形式，还是以详细的历史文献的形式展现出来，定性资料的编码都是一个挑战，尽管施特劳斯（Strauss，1987）和其他研究者尝试系统化和简化编码过程，使这个过程表现为固定有序的三个步骤，这三个步骤就是开放式编码、主线编码和选择性编码。一些研究者依靠文本编码软件程序（参见本章后面的讨论）以创建编码，不过这种软件只是在更大的编码过程中的一个工具。

韦斯顿等人（Weston，et al.，2001）详细地描述了他们的编码过程，韦斯顿是这个由6个人组成的团队中的一员，他注意到团队的合作让编码的过程更加清晰。理想的、与扎根理论相关的编码过程，是研究者不带有预先的期望，而以完全开放的心态开始研究，但是这仅存在于理想之中。在现实中，一个人受到的研究训练，对于概念与理论假设的意识，以及来自将会阅读研究报告的读者的期望，都会影响资料编码的过程。在韦斯顿的研究中，编码的过程始于团队研究者创建的一个有四个编码的编码系统，这一编码系统是基于对第一次开放式访谈的记录资料的阅读形成的。这一系统通过将原始资料转化为编码的实例来定义和规范每个编码。之后团队的其他人就用这个系统选择性地为原始资料编码。根据最初的编码系统的经验，团队修改了编码系统并且添加了最初编码的子类型。团队成员分别编码原始资料，在一起开会讨论编码，修改编码系统，如此重复了几次，经过几个月的编码和会议，最初的四个编码变成了三个主要概念，其中两个包含了两种类型，每一种类型有四到七个更精确的编码，这样就产生了34种编码类别。在接下来的两年里，这个研究团队将这个系统应用于好几百页的原始资料里，团队成员继续思考编码、开会讨论并精确这个系统。最终他们的编码系统有四个三级主要概念，每个主要的概念下有七种类型，其中的三种类型下还有两个子类，在每个子类中还有几个精炼的编码，他们总共创建了58个编码。

在接下来的两年里，他们继续检验资料并向科学界呈现他们的成果，同时继续精简和调整编码系统。他们一直遵循*连续逼近*策略（参见本章后面的部分），而经过四年的投入，历经数以百计个小时的会议和反复阅读原始数据，这个编码系统得以固定下来，出现了一些新的编码，并且这个系统的结构也有一些变化。如你所见，一个编码系统不仅仅是编码原始资料的一种方法，它提供了一个支持结构化解释的分析系统。顺便说一下，韦斯顿等人研究的课题当时改善了大学教学情况，这个团队的资料来自6个教授在一个学期内收集的详细的开放式访谈。

迈尔斯与休伯曼（Miles & Huberman，1994：62）曾指出：

> 编码的建构与修订时间早晚的问题，远不如编码间的概念与结构的顺序问题重要。编码应该以前后一致的、各自对研究的重要性等方式联结起来；它们应该是某个主导结构下的一部分。

在进行主线编码时，研究者询问有关原因与结果、条件与互动、策略与过程的问题，并且搜寻那些相近的类别或概念。他提出的问题类似于：已有的概念能否再被分成次级维度或次级类别？能否将某些紧密相关的概念结合成一个更为一般性的概念呢？能否以一种先后顺序（例如，先A，然后B，最后C）
514 或以它们的物理位置（例如，它们发生在哪儿），或是以他们与某个主题的关系而加以分门别类呢？

例如，研究劳工阶级生活的勒马斯特斯（LeMasters）将婚姻的一般性议题分成几个部分（如订婚、结婚）。他标识出所有涉及婚姻部分的笔记，然后把婚姻与性、家务工作的劳力分配、对子女的看法等主题相联系。当主题在不同地方重复出现时，研究者对其进行比较，以便找出新的主题（例如，男人与女人对婚姻有不同的态度）。

在有关劳工骑士团的历史研究中，我寻找了与禁酒运动有关的主题。我找出关于酒吧、饮酒或醉酒，以及这个运动与支持或反对禁酒的政党之间关系的讨论。围绕着禁酒运动而聚集起来的主题也可能包括以饮酒为一种休闲形式、以饮酒为民族文化的一部分、对饮酒的不同观点，以及男人与女人饮酒行为的差异。

格雷恩海姆和卢德曼（Graneheim & Lundman，2003）在他们对糖尿病人访谈资料的研究中使用了主线编码的方法。他们以相同点和不同点为基础比较编码，并将编码分为 6 个子类和 3 个大类。这两位研究者探讨并修订了暂定的类别。讨论和反思的过程使如何分类编码达成一致。最终，研究者确定了潜在的含义（即潜在的内容）的分类，形成了更宽泛的主题。

主线编码刺激研究者对概念或主题之间的相关性进行思考，同时它也引发新的问题。它可能会建议扬弃某些主题，或更深入地检验另一些主题。此外，它还会增强证据与概念之间的相关性。当研究者要确定编码、找出证据时，他会在许多地方发现关于核心主题的证据，并从定性资料中编织起支持这些主题的浓密网络。这与描述信度与变量测量时的多重指标的思想相类似，主题与资料之间的联系会因经验证据中有多重实例的支持而获得增强。①

当我在研究劳工骑士团时，决定以这个运动无法与其他政治团队形成联盟的失败作为首要主题。我阅读笔记以找出劳工与其他政治党派（包括禁酒团体与禁酒党派）之间的妥协与冲突。在进行主线编码时，与禁酒运动有关的一系列概念与主题可以帮助研究者发现禁酒议题如何促进或抑制结盟的形成。

选择性编码。到了研究者已经准备好对资料做最后一关处理的时候，他已经确定了该项研究的首要主题。**选择性编码（selective coding）**涉及的是对资料与先前的编码的浏览。研究者选择性查阅能够作为主题例证的案例，并在大部分或所有的资料收集完成之后进行比较。在发展出成熟的概念，并且确定出几个一般化的观点之后，选择性编码便开始了。

例如，研究劳工阶级社区酒吧生活的勒马斯特斯决定以性别关系作为首要主题。在进行选择性编码时，研究者浏览他的田野笔记，找出男人与女人在谈论约会、订婚、结婚、离婚、婚外情或夫妻关系时的差异。然后比较男人与女人对于婚姻这个主题的每个部分的态度。

格雷恩海姆和卢德曼（Graneheim & Lundman，2003）在他们对糖尿病人访谈资料的研究中采用了选择性编码。他们向读者展示了关于编码、子类、分类和从高血糖症的叙事文本中提取的一个主题，每一项都有非常清楚的案例。

进行选择性编码时，首要主题或概念最后将引导研究者执行搜寻的工作。研究者重新组织先前编码时所确定的特定主题，并详细说明一个以上的首要主题。例如，在劳工阶级社区酒店生活的研究中，勒马斯特斯考察了人们对于婚姻的观点，以便同时了解性别关系主题与生命周期中的不同阶段主题。同样的，在劳工骑士团的研究中，我通过禁酒运动来了解结盟失败的首要主题，也可以以此了解另一个主题——造成运动走向分裂的内在原因是运动内部成员之间种族或宗教的差异。 515

（三）撰写分析性备忘录

定性研究者总是在记笔记。他们将资料记录在笔记上，并写下对他们使用的方法或研究策略的评论。他们必须要养成做笔记的习惯，并要将笔记组织成档案，而且经常要做不同类型笔记的档案：关于方法论议题（例如，资料的出处或是有关伦理的议题）的档案、地图或图表的档案、关于最终的研究报告的所有可能涵括的大纲或章节的档案，以及关于特定人物或事件的档案等等。

---

① 关于定性资料的多重指标测量模型，参见 Horan（1987）和 Strauss（1987：25）。

分析性备忘录是一种特殊类型的笔记（在第13章有讨论）。[①] 它是关于编码程序的想法与概念的备忘或讨论，是研究者写给自己看的。每一个编码主题或概念是一篇独立的备忘录的基础，而备忘录包括对概念或主题的讨论。粗略的理论概念构成分析性备忘录的开始。

分析性备忘录在具体资料或原始证据与较抽象的理论思考之间构筑起一架桥梁（见图15.1）。它包括了研究者对资料与编码的反省与思考。研究者不断增加备忘录的内容，而在用每一种类型的编码审阅资料时都会用到它。因此备忘录成为研究报告中资料分析的基础。事实上，质量较好的分析性备忘录经过改写之后，就可以成为最终报告中的一个完整部分。

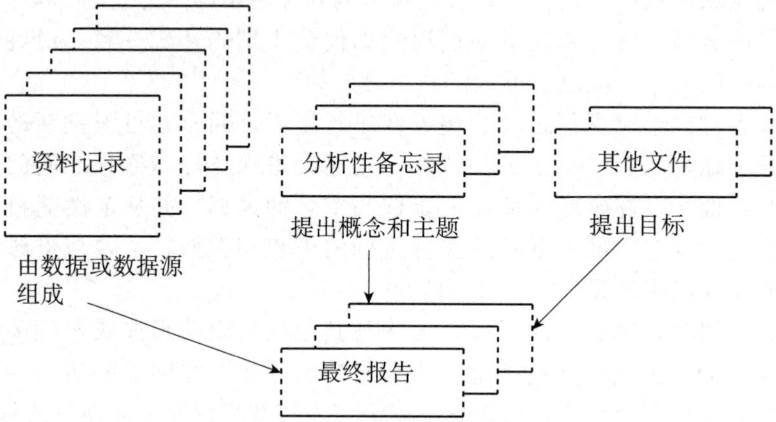

图15.1　分析性备忘录与其他档案

撰写分析性备忘录所需要的物品非常简单：笔和纸、几本笔记本、一叠档案夹，以及笔记的复印件。一些研究者使用电脑，但是这并不是必需的。撰写分析性备忘录有许多方式；每一位研究者都会逐渐形成他自己的风格或方法。拓展方框15.3“撰写分析性备忘录的建议”提供了一些建立在其他研究者的经验基础上的具体建议。某些研究者将笔记复印若干份，然后加以裁剪，将复印件的某些部分归入分析性备忘录的档案中。这一方法在档案的数量较多时很管用，可以把分析性备忘录独立出来，另立一个部分将之归并在整个档案之中（例如，用不同颜色的纸张，或是摆在整份档案的开头）。其他研究者会在分析性备忘录中列
516 出某个主题出现在资料笔记中的位置，这样研究者就可以很容易地在分析性备忘录与资料之间来回穿梭。因为资料笔记包含刻意标注的主题，我们可以很容易地在资料中找到特定的部分。一种折中的策略是随时更新首要主题在资料中的位置列表，同时也包括几个关键部分的笔记的复印件，以便参照。[②]

当研究者查阅与修改分析性备忘录时，他会与同事讨论看法，并带着对新议题的关注，重新回到文献中展开搜寻。分析性备忘录有助于产生根据需要而提出或抛弃的潜在性假设，并且有助于发展新的主题或修改编码系统。

拓展方框15.3

撰写分析性备忘录的建议

1. 在你开始资料收集之后，立即动手撰写备忘录，不要中断，直到你完成最后的研究报告为止。

2. 在每份备忘录上记下日期，以便你能够看出研究的进展、自己思路的发展。由于你会随着研究的进展而定期地修改与增添备忘录的内容，记下日期将有助于你重新阅读冗长、复杂的备忘录。

---

① 更多有关备忘录写法的讨论，参见Lester & Hadden (1980)，Lofland & Lofland (1995：193-197)，Miles & Huberman (1994：72-77)，以及Strauss (1987：107-129)。

② 也参见Barzun & Graff (1970：255-274)，Bogdan & Taylor (1975)，Lofland & Lofland (1984：131-140)，Shafer (1980：171-200)，Spradley (1979a，1979b)，以及Schatzman & Strauss (1973：104-120) 对笔记与编码的讨论。

3. 暂时停下编码或资料记录的工作，先写备忘录。不要拖，这会使创意火花或灵感稍纵即逝——赶快写下来。

4. 定期阅读备忘录，比较编码相似的备忘录，看看是否可以将之合并，或者是否能将编码上的差异交代得更清楚。

5. 为每个概念或主题单独建档。所有关于同一个主题或概念的备忘录都摆在同一个档案、档案夹或笔记本里。以该概念或主题为档案的标签，便于查询。因为随着分析的进展，能够马上筛选或重新组织备忘录，会是件相当重要的事，所以你应该能够以某种方式筛选资料。

6. 将分析性的备忘录与资料笔记分开，因为两者各有不同的功用。资料是证据，分析性的备忘录则带有概念与理论建构的意图，它不在于叙述资料，而在于评述资料间是如何关联的，以及一组资料是如何例证某个一般性主题或概念的。

7. 在分析性的备忘录中，参考其他的概念。撰写备忘录时，思索此概念与其他概念之间的相似处、相异点，以及可能的因果关系。把这些想法记在分析性备忘录中，以便日后进行整合、综合与分析。

8. 如果两种想法同时出现，把它们分开记在两张备忘录上。试着把它们放在不同的主题或概念的备忘录与档案里面。

9. 如果已经没有新东西可以再加进一篇备忘录中，而对于某个主题或概念，资料已经达到饱和，无法进行进一步的资料收集，那么就在该备忘录上指出这一情况。

10. 为备忘录制作一份编码或标签列表，这可使你通过整份列表，对所有的备忘录一览无余。当你定期筛选并将备忘录重新分类编组时，也应当依据新的分类重新组织这个备忘录标签列表。

资料来源：Adapted from Miles and Huberman (1994: 72 - 76), Lofland & Lofland (1995: 193 - 194), and Strauss (1987: 127 - 129). Also see Lester and Hadden (1980).

（四）浮现事实

研究者搜集的经验证据和他们的理论思考以及可见的事实背后的结构有某种程度的关联。这种关系如图 15.2 所示，暗示着研究者所得到的资料，仅仅是发生在可见的表面层次上的情况的一小部分。研究者用这些资料来建构和评价理论及通则。同时，他假设在事实的外在表象之下，存在着深层次的社会结构或关系。

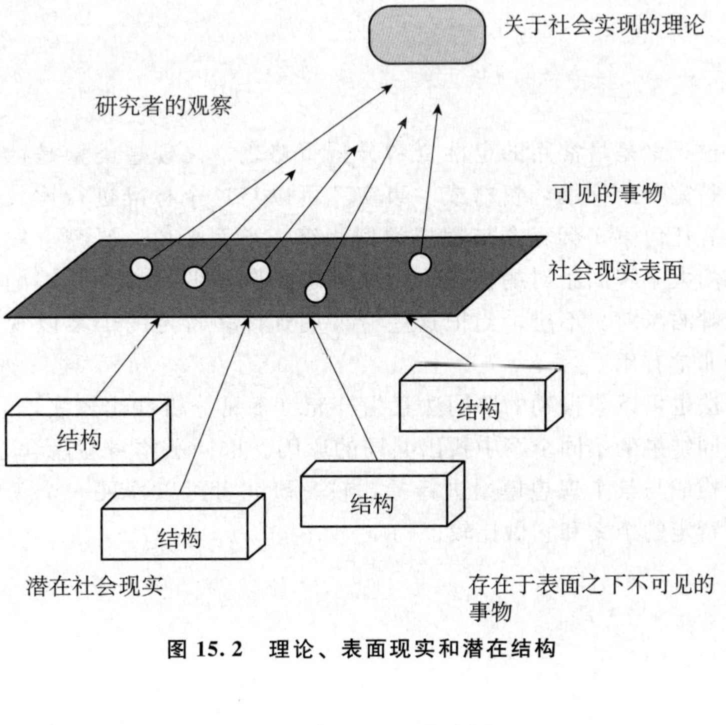

图 15.2　理论、表面现实和潜在结构

我们所看见的表面现实只能部分地反映出那些看不见的、存在于表面之下的事物。借用地质学的名词，在表面上的事件是**浮现事实（outcropping）**。[①] 在地质学上，露出地面的岩层是暴露于地表、人们看得见的那个部分。它是陆地中央固态特性的外部表象，地质学家研究这些岩层以获得关于地表以下的地
517 质构造的线索。

社会世界中有许多我们无法直接观察到的事物，我们看不见两个人之间深刻的恋爱关系，我们可以从一个亲吻、某种爱意的动作，以及亲切的行为中看到其外部表象。同样地，我们无法直接观察到社会阶级之类的社会结构，而是从人们的言行举止、他们的职业预期、物质财产等的差异中，看到其外显表征。有时候，我们会被外部的观察所误导。研究者分析资料以得到表层事实和那些在表面之下未被看见的更深层次的社会结构与力量。

三、定性资料的分析策略

大部分定性研究者在不同程度上使用编码、撰写备忘录和找寻浮现事实的技术。在本部分中，你将学到研究者用来分析定性资料的七种策略：（1）理想类型；（2）连续逼近法；（3）例证法；（4）主题分析法；（5）分析性比较；（6）叙事分析；（7）负面个案法。

正如本章一开始所说的，定性资料的分析策略比定量研究更加多样化，标准化程度相对较低，也更模糊。正如马奥尼（Mahoney，1999：1192－1193）所说："对方法论的清晰描述的缺乏使很多读者难以完全理解并领会（定性资料）研究者的论述。"一些研究者只使用一种分析策略，而另一些研究者则综合使用几种。

*资料分析*通常是指找出资料中的模式——反复出现的行为、目标、阶段或想法。一旦一种模式被辨认出来，我们就会以某种社会理论或是它出现时的情境来加以解释。定性研究者从描述一个历史事件或社会情境出发，进而对这个事件或情境的意义提出更具通则性的解释。

定性研究中的资料会以多种形式出现。例如，实地研究资料包括研究者体验到的未经加工的感觉资料、田野笔记中的记录资料，以及出现在最后报告中的筛选过或处理过的资料（见图15.3）。资料分析涉及检查、筛选、分类、评价、比较、综合，以及思考已被编码的资料，同时还包括核查原始资料与已做成记录的资料。

（一）理想类型

马克斯·韦伯的*理想类型*是最常用的定性资料分析策略之一。理想类型是社会关系或过程的模型或纯粹抽象的思考，它们是完美的标准，资料或"事实"可以与这个标准进行比较。理想类型是一种用于做比较的工具，因为没有任何事实会完全与理想类型相符。举例来说，研究者发展一个关于理想的民主制度，或一个关于理想的大学啤酒派对的模型。这些抽象的陈述罗列着一长串的特征，却并不描述任何一个特定的民主制度或啤酒派对。不过，当把这些特征用到许多特定的个案以观察每个个案符合理想类型的程度时，它们将会非常有用。

韦伯的理想类型方法也可以与穆勒的取同法互为补充（参见分析性比较法）。取同法关注个案间的共同之处，并且从有着相同结果的不同个案中找出共同的原因。取同法本身就隐含着实际个案之间的比较，这种个案比较也可以转换成与某个理想模型进行的比较。研究者可以发展一个关于某种社会过程或关系
518 的理想类型，然后再拿特定的个案和它做比较。

---

① 参见Fetterman（1989：68）。

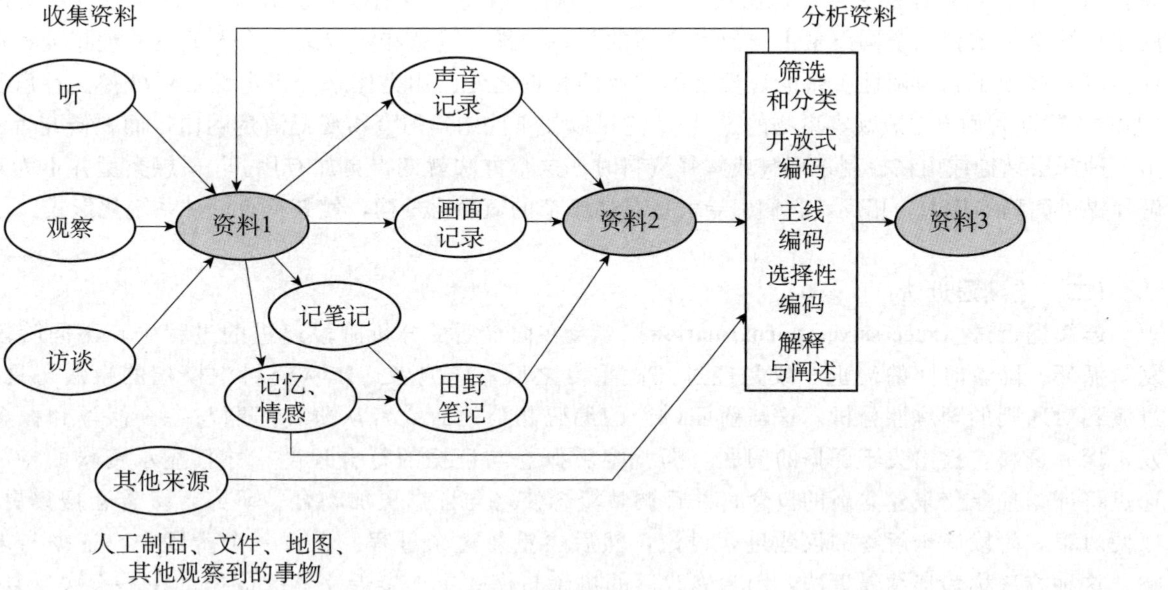

图 15.3　田野研究中的资料

注：资料 1＝原始场景资料，研究者的经历；资料 2＝记录性资料，经历的物理记录；资料 3＝最终报告中选择性的、处理过的资料

资料来源：Adapted from Ellen（1984a：214）。

在定性研究中，研究者可以以两种方式使用理想类型：对比情境和类比。

1. *对比情境*。采取强烈诠释研究取向的研究者，在运用理想类型来诠释资料时，或许会采取一种对特定情境与文化意蕴特别敏锐的方式。他们并不检验假设，或是建构可通则化的理论，而是用理想类型来凸显每个个案的特点，强调独特情境的影响。[①] 进行情境对比的研究者经常挑选呈现鲜明对比或是具有独特特征的个案。例如，在《工业中的工作与权威》（*Work and Authority in Industry*）一书中，本迪克斯（Reinhard Bendix，1956）对截然不同的情境下（沙皇时期的俄国以及工业化中的英国）的管理关系进行比较。当进行情境比较时，研究者并不是使用理想类型来说明某个理论在不同个案下的适用状况。相反地，他强调的是特殊与独特之处。其他分析方法则关注普遍性，而忽略了特殊性。然而，使用理想类型的研究者，却能够展现独特的性质如何调整一般过程的运作。正如斯科克波和萨默斯（Skocpol & Somers，1980：178）解释的那样：

> 毕竟对比来自两个或数个个案的比较。通常要发展这类的对比，就要参照比较广泛的主题、导引性的问题或是理想类型的概念。主题与问题可以作为指出个案间差异的框架，理想类型则可以被用作感应工具——作为建立每个个案特性的基准。

因此，理想类型的用途之一是显示特殊的环境、文化意义，以及某些特定个人的观点对于了解某个社会情境或过程的重要性。理想类型成为一种衬托物，它使研究者更易于找出特定情境的特征。

2. *类比*。理想类型被用作组织定性资料的类比。*类比*是一种陈述，它指出两个物体、过程或事件彼此相似。研究者用类比来交流思想、促进逻辑比较。类比能够通过提到读者已知的某些事物或熟悉的经验，向读者展示存在于资料之中的某种模式。类比可以描述深藏于许多细节中的关系，同时也是从大量具体事件中发现模式的一种捷径。它使对不同个案或情境下的社会过程的比较，变得相对容易一些。[②] 例如，研究者说，X 说话后屋内顿时一片寂静，"像一阵冷风吹过的冰冷"散布其中。这并不意味着这个屋子的气温突然下降或是真的感觉有一阵风吹过，但是它简洁地表达了情感语气上的迅速变化。同样，研 *519*

① 参见 Skocpol（1984）以及 Skocpol & Somers（1980）。

② 有关类比与模型的讨论，参见 Barry（1975），Glucksmann（1974），Harré（1972），Hesse（1970）和 Kaplan（1964）。

究者指出Y社会的性别关系显现出女性“被当作财产看待、被当作奴隶对待”。这当然也不是说两性间的法律与社会关系就完全同奴隶主与奴隶之间的关系一样。这意味着奴隶与主人关系的理想类型在应用到Y社会时，展现了它与两性关系的表现之间主要的相近之处。用类比来分析定性资料就像是种启发性的工具（即能够帮助人们学习或观察事物的工具）。它可以使某些未知的事物变得清楚明白，而在研究者试图通过指出一种深层结构或内在机制来理解或解释资料时，这个方法就变得更加有用。① 理想类型并不为某个特定的解释提供明确的检验。相反，它们引导大量具体细节的概念化重构，使其具有一种系统化形式。

（二）连续逼近法

连续逼近法（successive approximation）涉及在向最后的分析阶段迈进的过程中，不同阶段的不断重复与循环。随着时间的流逝，或是经过几次重复之后，研究者逐步从资料中模糊的想法与具体的细节，过渡到对通则的理解性分析。这与前面讨论的编码相似。研究者从研究问题与一个假设和概念的框架出发，探究资料，提出关于证据的问题，据此察看概念与证据的符合程度，并且显示资料的特征。他也会通过将证据抽象化来建立新的概念，并且调整概念使之与证据更加吻合。研究者接着会搜集更多的证据，以便对第一阶段尚未解答的议题进行讨论，然后再重复这个过程。在每一个阶段中，证据与理论相互影响。这种方法称为连续逼近法，因为修改后的概念与模式更加接近完整的证据，在一次次反复修改之后，它变得更加准确。

对于证据的每一次审视都是临时性的、不完全的。概念是抽象的，但它们却植根于具体的证据，并且反映情境。当分析逐步逼近易受条件和偶然性因素影响的通则化阶段时，研究者就会通过修正通则和它们之间的关联性来更好地反映证据。②

（三）例证法

另一种分析法使用经验证据来说明或支撑一个理论。通过**例证法（illustrative method）**，研究者把理论应用到某个具体的历史情境或社会背景中，或者根据先前的理论来组织资料。事先存在的理论可以提供概念化的**空盒子（empty boxes）**，研究者用经验证据填满空盒子。③ 盒子里的证据证实、修改或拒绝理论，理论可以以一般模型、类比或是一连串的步骤的形式出现（见拓展方框15.4：例证法的三种方法）④。

因为用源于单个个案的资料能例证几个相互竞争解释空盒子，故用例证法研究单个个案不是对解释
520 的一个强有力的测试或验证。此外，用一个个案查找证据来证明一个空盒子无法构建一个通则化的解释，一个通则化的解释需要来自大量个案的证据。

拓展方框15.4

例证法的三种方法

1. *个案澄清*。采用一个理论模型说明或澄清某个特定的个案或单一情境，通过理论的应用使个案更容易被理解。

2. *并列证明*。同时列出多个个案（即单位或时期）来表明该理论适用于多个个案。佩奇（Paige，1975）在对乡村阶级冲突的研究中使用过并列证明法，佩奇先发展出一个造成阶级冲突条件的详细模型，然后用秘鲁、安哥拉与越南等国的证据来证明。

---

① 有关社会理论中类比重要性的讨论，参见Lloyd（1986：127-132）和Stinchcombe（1978）。

② 更多有关连续逼近法以及相关的争论，参见Applebaum（1978a），McQuaire（1978，1979），Paul Thompson（1978），Wardell（1979），Young（1980）。

③ 有关空盒子的讨论，参见Bonnell（1980），Smelser（1976）。

④ 关于例证法的讨论，参见Bonnell（1980）与Skocpol（1984）。Bogdan & Taylor（1975：79）也描述过类似的方法。

3. *模式匹配*。这个方法使对某个个案的观察与来源于理论或其他研究的模式和概念相匹配。考虑到部分理论被曲解，这个方法经过考虑排除一些想法、变量或模式，使可能的解释范围变小。

（四）主题和图式法

研究人类文化和思想之间的关系的认知人类学对定性资料分析有很大的贡献。它把文化当作精神创造物或者是物质世界的认知构成。认知人类学家研究人类是怎样理解和组织客观物质对象、事件和经验的。他们注意到人类以认知范畴为根据弄清事实，以文化范畴为依据梳理事件、物质生活和思想。认知人类学力图发现和证明人类使用的行为规则或思想的逻辑体系。为此，认知人类学概述了在各种情况下人们看到的文化预期和适当的东西，而不是人们实际上做的事情。认知人类学是更广泛的资料分析类型中的一部分，从理论上（通常是含蓄地）阐明了人类或制度怎样对这个世界进行分类。这种分类继而“呈现了人类自己的生活”以组织人类的经验（Bowker & Leigh-Star，1999）。

早期认知人类学家让人们把颜色和植物分门别类，或是把亲戚纳入亲属体系，这种做法有助于人类学家发现构成人类社会行为的组织原则。认知人类学从 20 世纪 50 年代至 20 世纪 60 年代（称为“民族科学”）的研究演变为 20 世纪 70 年代的“民俗模式”或“主题”，之后演变为图式分析。图式是人们用来组织经验的物质世界的抽象的存在和无意识的模式。在图式分析下，研究者既不把一种文化的各部分看作物质性的也不看作象征性的，而是把文化看作众多部分的组成。这些部分在单一的整体中不是静态的，也不是完整的，研究者则用图式将这些部分组织起来。图式是认知单元，比如认知原型、认知命题和认知范畴。研究者通过分析文化的各部分看出它们是否是共享的，检验它们是怎样在人们之间散布开来，并找出图式是如何与行为有关联的。

民族志学者斯普拉德利（James Spradley，1979a；1979b）发展出**主题分析法（domain analysis）**。本节，我们将检验定性资料分析的主题分析系统。斯普拉德利把文化情境中的基本单位界定为一个**文化主题（cultural domain）**，即一个用于组织资料的观念或概念。他的体系集中在对主题的分析上，在以后的分析中再把若干个主题组成类别与范围更为广阔的论题，以便对文化场景或社会情境做出整体性的解释。

文化主题有三个部分：一个主概念、几个从属概念以及一种语意关系。*主概念*是简单的主题名称；*从属概念*是主题之下的次级类型或部分；*语意关系*说明从属概念在逻辑上如何与主题相符。举例来说，在法院情境中证人这个主题下，主概念是*证人*，两个次级类型或从属概念是*被告证人*与*专家证人*。语意关系是“属于某个种类”。因此，专家证人或被告证人都是证人的一个种类。图表 15.1 列出了其他的一些语意关系。 521

图表 15.1　文化主题内的关系形式

定量研究	定性研究
种类	巴士是汽车的*一种类型* （车辆的种类）
部分	轮胎是汽车的*一部分* （汽车的部分）
方式	作弊是在学校获得高分的*一种方式* （学生得高分的方式）
用途	火车的*用途*是运输货物 （运输货物的途径）
理由	高失业率是造成社会不安的*理由* （社会不安的理由）
阶段	攻击是战争的*一个阶段* （战争的阶段）

续前表

定量研究	定性研究
结果/原因	火力发电厂是造成酸雨的*原因* （酸雨的原因）
地点	市镇中心广场是暴民聚集的*地点* （暴民聚集之地）
特征	又高又尖染成彩色的头发是朋克族的*特征* （朋克族的特征）

斯普拉德利的体系是从民族志实地研究分析成员的惯用语发展出来的，但是也可将其扩大应用到其他的定性研究上。举例来说，泽利泽（Zelizer，1985）通过查阅19世纪末讨论针对儿童死亡的态度与行为的文献来研究与儿童有关的社会价值的变迁。她使用的可以说就是主题分析法，其中“对儿童死亡的态度”便是一个主题，而在文献中发现的对各种不同态度的叙述则是从属概念，那些态度可以利用语意关系“属于某个种类”来加以组织归类。斯普拉德利确认出三种类型的主题：民俗性主题、混合性主题与分析性主题。

1. **民俗性主题（folk domain）**包括来自某个社会情境下成员惯用语中的用词。要使用这些词语，研究者需要非常留意语言及其使用。这类主题使用从亚文化惯用语或是历史行动者的语言之中得到的词语之间的关系，来辨识文化的意义。

2. **混合性主题（mixed domain）**包括民俗用语，但是研究者加入了他自己的概念。举例来说，赛跑者的种类是以赛跑者的术语（例如，长跑者、竞赛选手）来命名的，但是研究者观察到其他类型的跑者，在惯用语中并没有特定用语来表述这些人。研究者就给予他们一些标签（例如，罕见的访客、新手、业余跑者）。

3. **分析性主题（analytic domain）**包括来自研究者与社会理论的用语。当情境中的意义是心照不宣的、内含的或是没有被参与者辨认出来的时候，这些用语最为有用。研究者从观察当中推论出有意义的类别、辨识出模式，然后再赋予它们不同的名称。

主题是从资料笔记中建构出来的，构建主题可从以下步骤进行：研究者要研读自己做的笔记，寻找共有的语意关系（例如，某个地点、某种类型的人、某种感觉）以找到社会关系的组织，进而辨识出一份主概念的清单。在上面的例子中，法院情境中的证人和对儿童死亡的态度都是其主题的主概念，一旦
522 研究者掌握一份主概念清单，接着他就可以把笔记中的信息组织成从属概念。研究者对每个主题关系都要准备一份工作清单，这些工作清单包含：主概念、从属概念清单，以及语意关系（见实例方框15.1：主题分析工作表示例）。

实例方框15.1 主题分析工作表示例

1. 语意关系：严格的包含关系
2. 形式：X是Y（的一种类型）
3. 实例：一棵橡树是（一种类型的）树

从属概念	语意关系	主概念
自助洗衣店、旅馆大厅 电机箱、果园 廉价旅馆、地下道 货车、巷子 公共厕所、壁炉	是一种 →	栖息处

结构性问题：你会将巷子称为一个栖息处吗？

从属概念	语意关系	主概念
模范囚犯、守林人		
凶悍厨子、清洁工	是一种	
	→	牢友
囚犯头、监狱		
子弹仔、扫地仔		
割草员、囚犯理发师		

结构性问题：你会将模范囚徒称为牢友吗？

接下来，研究者从他的笔记中找出主题关系的例子，继续进行分析，直到把所有相关的主题都辨识出来为止。然后研究者通过比较这些主题的差异性与相似处，来进行组织整理。最后，研究者重新把主题组织成一些类型或种类，然后再次检查这些重组后的主题，从而建立范围更加广泛的、能够把其他主题作为从属概念涵盖在内的新主题（见拓展方框 15.5：主题分析的主要步骤）这个过程开始于笔记中的具体内容，最终形成一组整体性的逻辑关系。[①]

拓展方框 15.5

主题分析的主要步骤

主题分析正式形成了在大部分类型的定性资料分析中都包含的六大步骤：

1. 重新阅读包含所有细节资料的笔记。
2. 在脑海里重新把细节归类到用来组织资料的想法之中。
3. 从记录主观意义的笔记中，或研究者用来组织资料的想法中建构新观念。
4. 找出这些想法之间的关系，并且根据逻辑相似性将其分成不同的小组。
5. 通过比较与对比各组概念，将这些小组组成较大的类别。
6. 重新组织并结合各个类别，使之成为更为广泛的整合性主题。

（五）分析性比较

英国哲学家、社会思想家穆勒（John Stuart Mill，1806－1873）发展出了进行比较的逻辑方法，这些方法至今仍为人们所采用。他的取同法与取异法构成定性资料分析中**分析性比较（analytic comparison）**的基础。[②] 研究者可以用理想类型法、连续逼近法、例证法和主题分析法从单个个案或众多个案中检验定性资料。但是，分析性比较法需要多个个案，分析性比较法用结合了演绎法和归纳法的准实验法做理论阐释。基本上，研究者确定一组个案的因素，对这些因素的逻辑组合进行分类整理，并且把各个案的因素做比较。从某些方面来看，与定量资料分析相比，统计推理和分析性比较有更多相同特点。分析性比 *523*
较甚至以合理的决策模型的方式使用，例如特别的因素组合，可能做出其他的组合并不能做的某种对人们来说似乎合理的选择。

有时分析性比较又被称为*定类比较*，因为定性资料中的因素通常是定类层次的测量，但也可以是定

---

① 参见 Coffrey 等（2002）中主题分析的一个例子。

② 关于取同法与取异法的讨论，参见 Ragin（1987：36－42），Skocpol & Somers（1980），Skocpol（1984）与 Stinchcombe（1978：25－29）。

序层次的。[1] 研究者将一小组个案（通常3到10个）中的资料组织成具有互斥性和完整性的因素。当分析性比较通过电脑程序（用于定性比较分析的程序将在本章后面部分讨论）正式化时，研究者构建逻辑学家和数学家称为*真值表*的东西。真值表包含了所有逻辑上可能的因素组合以及个案间的结果。这种信息通常被组织成一个看起来与格特曼量表（见第7章）相似的图表（见实例方框15.2:取同法和取异法的例子：斯科克波关于革命的理论），分析性比较法通常在定类层次进行测量，帮助研究者确定因素组合，这与一小部分个案的结果有关。

拉金（Ragin，1994b）将传统的变量取向统计分析与个案取向的分析性比较法进行对比，他认为个案取向的比较“把个案看成事件和结构的复杂且有意义的构造，并且把个案当作独立、完整以及有目的的实体存在”（Ragin，1944b：300）。分析性比较法涉及一小部分个案的定性资料并且采用一种集中的（即一些个案大量深入的细节）而非广泛的（即大量个案的一些不多的细节）资料分析策略。此外，分析性比较法的说明趋向于解释性和结构化，而不是具有法则倾向。这种方法强调个案条件或环境的特定配置的重要性。它承认不同的成因导致同一结果，也认可含有定性差异的各种复杂的结果。[2]

取同法。**取同法（method of agreement）**使研究者的注意力集中在个案间的共同性上。研究者确定某些个案具有某个共同的结果，然后设法找出其共同的原因，尽管个案之间在其他的特征上可能有所不同。这种方法接下来的步骤是一个逐步剔除的过程。如果某些特性不被那些具有某个共同结果的个案所共享，那么这些特性被视为潜在原因的可能性就被排除了。举例来说，研究者查看四个个案，这四个个案都共享两个共同的特性，但是它们也在许多方面大不相同。研究者找出一个或更多的共同原因，用于解释出现在所有个案中的共同结果。同时，排除其他替代的可能性，并确认几个基本的原因。据此，研究者可以说，尽管存在差异，但是关键的相似之处也仍然存在。

524 ***取异法***。研究者可以单独使用**取异法（method of difference）**，也可以结合取同法一起使用。取异的方法通常更强有力，它是对取同法的一种“双重应用”。研究者首先找出在许多方面相似，但在几个关键地方不同的个案。接下来，它就某个因果关系特征，指出在这些方面相似的个案，以及另外一组在这些方面不同的个案。取异法以负面个案（例如，不具有某个因果关系特征的个案）来增强正面个案（例如，具有共同因果关系特征的个案）所提供的信息。于是，研究者寻找具有以下特征的个案：它们带有许多正面个案所具备的原因特征，但是却缺少几个关键特征，并且其结果也不相同（见实例方框15.3：用于研究无家可归者组织的成败的分析性比较）。

实例方框 15.2　取同法和取异法的例子：斯科克波关于革命的理论

个案	成因要素		结果
	国家崩溃	农民起义	革命？
法国	是	是	是
1917年的俄国	是	是	是
中国	是	是	是
英国	是	否	否
1905年的俄国	否	是	否
德国	否	否	否
普鲁士	否	否	否
日本	否	否	否

资料来源：Adapted from Mahoney 1999，Table 1.

① 有关定类比较参见 Mahoney（1999）。

② 参见 Griffin（1993）和 Mahoney（1999）。

（六）叙事分析

叙事是分析一系列事件的相关想法，有丰富的含义，并且在人类学、考古学、历史学、语言学、文学批评、政治科学、心理学和社会学领域有所应用[①]，在第 14 章涉及关于一种历史写作形式的历史比较研究中，我们提到了叙事。此外，叙事指的是定性资料的一种类型，调查和收集数据的一种形式，讨论和呈现资料的一种方法，一组定性资料分析技术和一种理论解释。正如格里芬（Griffin，1992a：419）所说的："叙事既是一种修辞形式也是一种一般且合理的解释形式，它合并了解释与一个事件的理论描述"。

叙事作为检验这个世界的一种方法有如下几个特征：各部分间关系连贯，由一系列的事件形成一个情节，一种更强调重要部分而非不太重要部分的选择，一种时间和地点的具体混合物。研究者使用叙事法有几个目的，他们可以作为个体的人解决"我们是谁"的问题，或者是充当联系我们和更大的群体、社区或国家之间的公关。一些叙事描述了作用在我们身上的社会力量。最后，*元叙事*是主要理念的总体框架，研究者把对全体世代人的想法组织起来［如，对进步、工业化或全球化的想法（Somers & Gibson，1994）］，尽管这个方法用处广泛，但它还是有几个核心的元素（见拓展方框 15.6：叙事的六大特征）。[②]

接下来，我们简要地看一下叙事的几种类型，然后再检验一下叙事分析——定性资料分析法的一种类型。

实例方框 15.3 用于研究无家可归者组织的成败的分析性比较

克雷斯和斯诺（Cress & Snow，1996）用分析性比较来分析他们从美国的 8 个城市中 15 个帮助无家可归者的社会运动组织收集到的实地研究资料（1 500 页的田野笔记）。他们确定了该运动能够获取的四种笼统的资源类型——道德的、物质的、信息的和人道的。他们根据某个此类运动组织是否拥有 14 种特定的资源，其中至少有这四类中的两种，来测量该组织的资源。例如，某种特定的道德资源是一个外部组织公开声明的支持，物质支持包括提供报纸和电话服务，信息支持包括经验丰富的会议组织人员，人道支持包括遵循一定程序定期提供志愿服务的个人。

研究者根据是否运动组织是可行的进行划分（7 个能，8 个不能），其含义是，该组织能够持续一年或一年以上，每个月至少开会两次。他们发现 9 种特定的资源是该类组织维持生存所必需的，这与其他 5 种资源的结合作用是相同的。这 15 个组织的发展建立在这 9 种必要资源和 5 种"其他"资源的基础上，并遵循三种道路中的某一种。

作为原始资料，叙事指的是社会生活的文本展现和实践。叙事是人们如何组织他们的日常实践和主 525
观理解，通过口头或书面文本的形式表达理解和生活经历的质量。叙事是一种形式，在这种形式下，人们构建身份认同并且从微观和宏观层次定位自己在身边所发生事情中的位置。[③]

*叙事文本*指的是类似于故事格式的资料，人们将其用来组织和表达社会生活的意义和认识。"学校教育、诊所、顾问中心、监狱、医院、支持小组和自助组织，在其他许多存储经验的场所，为通过时间传达个人经验提供了叙事框架"（Gubrium & Holstein，1998：164）。我们可以在小说、诗歌、神话、史诗故事、戏剧表演、电影、报纸或媒体报道、布道、口述历史、访谈以及讲述一个人生活的事件中发现叙

---

① 不同的用法参见 Abbott（1995）和 Franzosi（1998）。

② 六个核心元素来源如下：Abell（2001，2004），Abbott（1992，1993），Büthe（2002），Franzosi（1998），Griffin（1992，1993），Gubrium & Holstein（1998），Mahoney（2000），Pedriana（2005），Sewell（1992，1996），以及 Stryker（1996）。

③ 叙述作为社会生活的一种情况，参见 Abbott（2001）和 Somers（1994）。

事的形迹。叙事不仅是一种表达形式，也是一种实践。

*叙事实践*是一种类似于故事的形式，通过人们的主观经验而形成，并且为日常生活和行为赋义。叙事将信息、事件和经过了一些时间的经验组织起来。它从一种特殊的视角提供故事线索和情节。这个特殊的视角指的是一个有动机地表达其意图的行动者的视角。因为叙事情节被放入一群特殊的细节中，用它做普遍的概括比较困难。

拓展方框 15.6

叙事的六大特征

1. 讲述某个故事或传说（即从某种角度呈现了不断演变的事件）。
2. 有一种运动感或过程感（即前后状况）。
3. 包含了复杂、详细的相互关系和联系。
4. 涉及参与活动和做选择的个体或群体。
5. 拥有一致性，即各部分结合在一起。
6. 一系列事件按一定次序发展。

在对委内瑞拉的加拉加斯（Caracas）的研究中，斯米尔德（Smilde，2003）强调他在当地五旬节教会信仰中发现的叙事。一群当地人用五旬节叙事中的故事重新解释他们的生活经验并形成他们的日常生活。这些人改编并使用叙事以重新组织他们对不断发生的生活事件的理解，并且让这些事件保持新的一
526 致。这样，五旬节教会提供的叙事用一种新的自我理解协调了宗教对话。当地人用这种方法重新解释了他们过去的行为并指导他们当前的活动。不仅仅是讲述一个故事，教会的叙事也帮助当地人建构认同并发现生活的意义。

*叙事研究*是调查研究和资料收集的一种方法，它保留了社会生活中叙事性的特质（Chase，2005）。把叙事看作一种研究，研究者尝试在不扰乱、破坏或者减少叙事特性的情况下捕获人们最初的生活经验。叙事研究是一种自我反思，也就是说，把自己放进源源不断的事件中并且自觉地成为“情节”中的一部分，研究本身是参与式的，观察者在某一领域设置或研究历史比较文献，以叙事的方式呈现；叙事研究是一种动态的故事，也是关于一个在特殊背景下社会行动者的一系列的事件。

*叙事呈现*产生于解释性的社会科学方法。通常被称为讲故事（Berger & Quinney，2004），这种陈述模式混合了描述、移情式理解和解释。它消除了研究者和被研究者之间的距离，使研究者在一项研究中能够完整地描述、讨论和解释。研究者和被研究者一起，共同参与创造/收集资料，并且二者都对资料进行思考。这样一种过程使研究者的生活和被研究者的生活交织在一起。作为个体的社会行动者，研究者与研究过程、资料陈述不可分离。为此，一个研究者的个人传记和生活境况经常被包含在这个故事格式和资料陈述、讨论以及解释中。除了表达被研究者的情况，研究者的声音、存在及其主观地出现也被表达。叙事故事的研究者不是与叙事无关的个体或分离的观察者，他的情绪、个人经历和生活事件成为他们所叙述的故事的一部分。

叙事分析（narrative analysis），分析资料和提供某种解释的一种方法，具有多种形式。它被称为*分析性叙事*、*叙事说明*、*叙事结构分析*或*序列分析*。[①] 除了确认叙事的核心元素（前面已经列出），研究者可能用叙事分析技术筹划具体叙事并形成正式的语法/结构。研究者不仅可以识别社会生活的叙事特征，在某种程度上也能分析资料，保持并将其特征公之于众。叙事是组织资料的一个纲要或模型，但它也常作

---

① Abell（2004：288）评论道：“尽管叙述术语和同源概念……被广泛应用于……固定的定义尚未建立。”其中的一些术语包括：分析性叙述（Pedriana，2005）、因果叙述（Sewell，1996）、比较叙述（Abell，2001）、事件-结构分析（Griffin，1993）、历史叙述（Mahoney，2000b）、叙述解释（Abell，2004）、序列分析（Abbott，1995），以及叙述结构分析（Franzosi，1998）。

为解释的一种类型。

一些研究者将几个分析性概念应用于定性资料，然而其他研究者通常在计算机软件的帮助下运用复杂的逻辑系统，这类系统可以概述叙事的框架结构。当研究者检验和分析定性资料的叙事格式和元素——无论它是个体的生活史、一个特殊的历史事件、一个组织多年以来的演变或是一个宏观层次的历史进程时，研究者关注事件（而不是变量、个体或个案）和这些事件之间的关联。研究者发现时间特征（如，顺序、步伐、持续时间、频率）是非常重要的组织概念，他们很快将这一组事件本身当成调查的对象。

弗兰佐西（Franzosi，1998）认为，一旦研究者在资料中认出叙事，他们就尝试在不破坏其意义建构能力和构造的情况下摘录和保存叙事。研究者寻找埃布尔（Abell，2004：293）称为行动联系的东西，也就是社会行动者如何通过行动将某条件或情形转化成另一种，或者简单地让事情发生。研究者绘出叙事顺序的结构的过程既是一种资料分析模式，也是一种解释类型，这正是这个问题的答案：为什么事情像那样发生了？一些研究者相信叙事解释不具有因果关系，但另一些研究者则相信叙事分析是一种因果解 *527*
释，尽管可能会涉及一种与传统实证主义科学方法不同类型的因果关系。①

叙事分析的工具。下面我们将检验三种分析工具：路径依赖、周期化、历史偶然性。

1. *路径依赖*。**路径依赖（path dependency）**是指一个独一无二的起点如何导致一系列事件的发生，并产生一种确定性的路径，这条路径在一系列后续事件中非常明显。它涵盖或限制着正在发生的后续事件的发展方向。在使用路径依赖进行的解释中，结果受到这个过程的早期阶段发生的事件的影响。路径依赖的解释强调一个时期的选择如何限定未来的机会，调整后来的选择，甚至导致事件向未来的选择机会受到极大限制的危机状况加速前进。②

研究者从结果开始，建立一种路径依赖的解释。之后他展示结果如何随着一系列先前事件的发生而发生。随着研究者回溯和说明每个事件对另一个事件的影响，研究者回到整个过程中最初的事件或条件。研究者确定的最初条件是一个“路上的历史岔口”（Haydu，1998：352）。

使用路径依赖进行的解释假设产生最初的事件（某种社会关系）或制度的过程与维持它前进的过程是不同的。可能对于“开始事件”有一种解释，对后续事件的路径有其他解释。研究者经常把开始事件解释为一个偶然过程的结果（即在一个特定时间和地点下，各种因素的一种可能不会重现的特定和独特的组合）。另外，在一个历史时期内有因果关系的过程，可能不会出现在另一个时期。“没有理由认为，一个时期的发现会支持另一个时期中因果关系的陈述。”（Haydu，1998：345）

有两种类型的路径依赖：自我强化和反应序列。③ 研究者用*自我强化*的路径依赖解释，来观察事件一旦开始，就会如何继续自行运转，或如何排除外界因素的影响向某个方向推进后续事件的发展。因此，最初的“激发事件”约束或限制这个过程的方向。一旦这个过程开始，“惯性”便开始起作用，使这个过程沿着同一条路径或轨迹前进。

惯性的一个经典的例子是键盘上的字母 QWERTY 模式。这个模式是低效的，它比其他模式需要更长时间来敲键，并且很难学。QWERTY 模式发明于一个多世纪以前，用于一种最初的、粗糙的、缓慢的机械打字机。发明者设计这种键盘模式来放慢人的打字速度，以防止早期的机器卡住。之后，机械打字机改进了，被电动打字机和电子键盘代替。旧式键盘模式变得没有必要并过时了，但仍保留到今天。过时的、低效的并且很慢的系统具有的惯性是很强的。它阻碍了把现存机器和人转变为一种更理性、更快

---

① 关于叙述分析中的因果关系和解释叙述的讨论，参见 Abbott（2001：290），Abell（2004），Büthe（2002），Griffin（1993），以及 Mahoney（2000b）。关于叙述的讨论，参见 Haydu（1998），Mahoney（1999），Sewell（1996），和 Stryker（1996）。研究者如 Goldthrope（1991，1997）和 Lieberson（1991）质疑叙述法，尽管 Goldstone（1997）以及 Rueschemeyer & Stephen（1997）维护叙述法的效用。

② 参见 Haydu（1998：353）。

③ Mahoney（2000a）对路径依赖方法进行了详尽的描述，并提供了许多有关其用法的例子。Altman（2000）从经济学文献的角度进行了讨论。也可参见 Blute（1997）和 Pedriana（2005）。

的键盘系统的努力。社会制度也是类似的。一旦社会关系和制度以一种特殊的形式产生（例如，将权力下放给当地政府），就很难改变，即使它们在现有情况下不再有效。

*反应序列*路径依赖强调一种不同的过程。研究者关注每个事件如何回应一个刚刚发生的事件。因此，与追溯一个过程的源头不同，研究者研究过程中的每一个阶段，以此来观察某个阶段如何影响下一个阶段。研究者关注的是，后来发生的一系列事件是否改变或逆转了最初事件的发展方向。一个路径不一定是单向的或线性的，它可能“扭曲”甚至逆转进程以否定它之前的方向。

528 对反应序列路径依赖的一种比喻是，一系列事件就像一个前后摇摆的钟摆。单个事件可能会导致这样一种反应：改变或逆转某件事发生之前的事件的前进方向。例如，作为美国长期的民权运动过程中的一部分，对马丁·路德·金的刺杀，导致了民权法更强有力的施行和福利计划的开展。这些事件推动着社会向着更大程度的平等、更少的歧视和扩展的合法权利的方向前进。然而，民权法更强有力的施行和福利计划的开展打乱了既有的地位和权力关系，造成了紧张关系，导致愤怒的白人的强烈抵制。白人试图阻止和逆转民权法的施行，并缩减社会福利计划。后续事件的反应逆转了事件发展路径的方向。

2. *周期化*。在历史比较研究中，历史事实的发展像是不连续的阶段，为了证明这一点，研究者也许会使用**周期化（periodization）**方法将社会事实的发展划分为几个部分或几个阶段。例如，研究者可能将一百年的历史分成几个时期，把连续的时间隔成几个间断的时期，并依据理论为各个时期下定义。理论帮助研究者确定在某个时期内或是不同的时期之间，哪些是具有重要意义的事件，而哪些又是平常的小事。正如卡尔（Carr，1961：76）评论的那样：“将历史分期的做法并不是一个事实，而是一个必要的假设。”不同时期的区分是人为的，它们在历史中并不是自然形成的，但也不是随意被捏造的。

除非完成对证据的检查，否则研究者无法决定历史时期的数量与长短，以及各个时期之间的分界。研究者在刚开始可能有一个关于要划分几个时期以及划分的标准是什么的一般概念，但是在检查过证据之后，他就会调整分期的数量和长短，以及各个分期的起始位置。然后他再用更多的资料再次检验证据，再次调整历史分期。经过几次循环之后，研究者在不断进行理论化和查阅资料的基础上，逐渐把一百年分割成一组不同的历史时期。

3. *历史偶然性*。**历史偶然性（historical contingency）**指的是，特定因素或环境间不可重复的、独特的组合。这个组合是特殊化的，从之前的趋势中无法预料到。正如马奥尼（Mahoney，2000：513）解释的那样：“偶然性是指理论无法预测或解释一个特殊结果的发生，无论是确定的还是可能的。因此一个偶然事件是指发生了意想不到的事。”出现偶然事件的情况可能无法预料，但它一旦发生，就会深刻地影响随后的事件。由于发生了事件之间的许多可能的特殊组合，研究者用理论定义重要的偶然事件以获得解释。

*关键的节点*可以是偶然事件的一部分（见实例方框15.4：路径依赖、关键节点和历史偶然性）。研究者解释一些可实行的选择如何在一个特殊时间点存在。一旦做出了一个选择，许多特殊的事件汇聚在一起，会产生一种强有力的持续影响。研究者将偶然事件与路径依赖结合在一起。

罗伊（Roy，1997）把历史偶然性和路径依赖结合在一起以解释美国大型私营公司的崛起，他认为19世纪中期投资者与政府官员间先前存在的权力关系，并未导致大型私营公司的突起。相反，特定时间和地点下一组独特的因素促使了大型私营公司的出现（即历史偶然性）。大型现代公司一旦出现，就导致了特定群体地位的上升，并促成了使公司这种形式得以保存的新的权力分配。一个由金融家、财富投资者和政府官员组成的精英群体，从私营公司这种商业组织形式中受益，并取得权力地位的上升。他们积极地通过新的法律、政府条例、财政关系和其他条件来支持它。公司这一形式保证了他们不断增长的权力
529 和特权。因此，许多事件同时出现的“偶然性”，从许多可能的公司组织形式中选择了一种特定的形式；这并非不可避免。这种形式一旦形成，就启动了这样一种动力机制：使这种形式能够一直维持下去，并改变周围的环境以使其他替代形式更加不可行。它以破坏替代形式的方式，来强化新的社会和政治安排，并重组经济权力。这样，公司这种组织形式产生了一种路径，随后发生的事件都要依赖这个路径。

路径依赖可能会通过沿着一个方向前进的惯性得到自我强化，或者特定事件可能会产生一种改变其方向的反作用。随着某个时间段内一系列事件的发生，就会出现阶段性的关键节点。最初发动起来的过程或条件可能会抵制改变，又或者偶然条件足够强大并导致方向上的大改变并产生新的事件路径。

实例方框 15.4 路径依赖、关键节点和历史偶然性

研究者结合了路径依赖的概念和叙事分析中的节点，以发现某个特殊的短期情况组合如何沿着一条新的轨道引发后续事件，并且尝试辨别这些关键节点或历史转折点。凯泽和林顿（Kiser & Liton，2002）将这种思想应用于他们对法国 1515 年至 1789 年的研究，他们记录道："特殊的历史转折点改变了变量之间的关系。"（Kiser & Liton，2002：905）他们关注法国反抗税收运动，在 1515 年至 1789 年期间，有 20%的时间发生过反抗税收活动，税收最初是为持续的战事收集费用（这个时期中，65%的时间在发生战争）。投石党运动是一组大规模反抗运动（1648 年至 1653 年），国王的军队成功地镇压了这些运动。在投石党运动之前，税收增加，而且进攻战定期引起当地反抗，但是在投石党运动之后，当地人就很少反抗了。这其中的理论含义是，研究者可能会发现一系列稳定的因果关系并且其运作了一段时间，但在另一个时间段就难以找到足够的证据了。而且，研究者可能会确定一个特殊的事件或短期时间段作为关键节点或跳跃点，在此之后，重要关系发生了戏剧性转变，然后开始以不同的方式运作。这是一种连续性模式，它沿着一条在某个节点被打断的路径，然后重新转入另一条新的轨道。

（七）负面个案法

研究者通常关注资料中明显的证据，然而我们也可以研究资料中*没有*明确显现的事物，或者是没有出现过的事物。首先，研究没发生过的事似乎是违反直觉的，但是一位警觉的观察者能够意识到所有的线索，像关注存在的资料一样关注缺失的资料。在故事"银色马"中，夏洛克·福尔摩斯注意到看门狗在一匹昂贵的赛马被盗期间并没有叫，也就意味着这只看门狗认识偷盗者，福尔摩斯因此而解开了一个谜团。预期的事并没有发生，这是一条非常重要的信息。

负面证据有很多形式（见拓展方框 15.7：负面证据的类型），包括沉默、缺席和遗漏。例如，一位实地研究者注意到在某个社会背景下没有特定年龄、种族或性别的人。这类缺席可能非常明显地透露了这段背景的性质。同样，地上有一些钱却没有人去捡，没人捡可能成为一个重要的线索。也许在某个地点或阶段的历史比较研究中，没有关于某类犯罪（如，仇恨式犯罪、虐待儿童）的报告，研究者就会发现这类报告或发生率的缺失可能和那些已存在的资料同样重要。

负面个案法（negative case method）是一种系统检验预期事物缺失的一种方法。[①] 它将分析性比较中的取异法和偏差个案分析结合起来，偏差个案分析关注大量不符合一般模式的个案（包括定量数据集）中的少许个案，研究者用不寻常的个案理解过程并产生新的想法。 530

拓展方框 15.7

负面证据的类型

1. *未曾发生的事件*。根据过去的经验使研究者预期某些事件会发生，但实际上却没有发生。举例来说，对于美国历史上进步时代的研究，发现大型企业并没有对温和的劳工改革法案投否决票。在他们对

① 关于负面个案方法参见 Becker & Geer（1982）以及 Emigh（1997）。Blee & Billings（1986）在民族志或历史文本中讨论分析了"沉默"。

它表现出多年的敌意之后，这种否决票便已在预料之中了。然而，大型企业实际上却鼓励这种改革，因为它可以减少劳工中日益增长的动乱局面。

同样，由于强势群体的强势地位，能够决定哪些议题会被关注，所以强势群体并不直接介入某些事件，此时可能出现无决策的情况。举例来说，一个有严重空气污染的都市，却没有针对该问题的公共行动，因为“每个人”都知道这些污染企业对于工作机会、国库税收与社区经济的影响力。这些污染工业不会触犯当地关于污染的法规，因为从未有人提议表决过此类法规。

2. *未被人们意识到的事件*。有些活动或事件不会被情境中的当事人或撰写二手资料的研究者注意到。例如，许多雇主认为高学历的女性只适合从事文书工作的这项事实，曾一度并未被人们当作一项议题来关注。直到性别主义与性别平等的社会意识逐渐成长之后，才有一些人认为这种状况限制了女性的工作机会。另一个例子是西部乡村歌曲的作曲者拒绝以某种格式来写歌，虽然他们没有注意到，对歌曲做内容分析之后，很明显能够看出一种格式。某个情境中的成员或参与者没有觉察到某个议题的这项事实，并不意味着研究者也应该忽略它或不去检验这个议题的影响力。

3. *人们想要隐藏的事件*。人们可能误传某些事件以保护自己或他人。例如，精英们经常拒绝讨论不合伦理的行为，而且会销毁或扣留某些文件使社会大众有很长一段时间不知实情。同样地，多年以来，未曾有关于乱伦案件的报道，部分原因在于乱伦违反了一个非常严肃的禁忌，以至于它完全被肃清。

4. *因习以为常而被忽略的事件*。日常生活中的常规事务界定了人们的期望，让人们形成了一种理所当然的态度。例如，电视节目出现在日常谈话中的次数之多，多到很少有人注意到。因为大部分人都有电视机，也经常看电视，所以只有很少看电视的人或细心的分析家会注意到这个问题。再如一位研究者观察某段历史时期，在该时期吸烟是件很普通的事。只有当该研究者不是吸烟者时，或是他生活在一个吸烟成为公共健康话题的时代里，他才会注意到这个事实。

5. *研究者有成见的看法的影响*。研究者必须小心不要让自己被先前的理论框架或预设立场所蒙蔽，看不到社会情境中的反面事件。对于该看什么和哪些资料是相关的这种先入之见，可能会使研究者忽略掉其他相关的或是不具支持性的证据。例如，研究者预期吸毒者与他们的孩子间会有强烈的冲突，并在研究中很快就发现了这个现象，以至于研究者无法看到吸毒者与他们的孩子也在努力建立亲密的关系。

6. *无意识地不记录*。某些事件在研究者看来似乎并不重要，也没有记录的价值。然而，如果对细致的观察详加记录，以批判的角度重新阅读笔记内容、寻找负面的个案，可能会发现一些被忽视的事件。例如，刚开始时研究者没有想到公司野外聚餐有任何重要性，然而，在重新阅读资料笔记、仔细思考之后，他发现公司野餐在建立群体意识上扮演着一个相当重要的象征性角色。

7. *有意识地不记录*。研究者可能省略情境或事件的某些层面，以保护该情境下的个人或亲戚。例如，研究者发现牵扯到某位名人的婚外情，但是他希望能够保护这位名人的良好名声与形象。更严重的问题是违反伦理，这发生在研究者提供的证据无法支持他对资料所做出的论证或诠释之时。研究者应该同时提供支持与无法证实某个诠释的证据，然后读者才能够权衡这两种类型的证据，自行决定是否支持该研究者的诠释。

资料来源：Lewis & Lewis（1980）.

531 负面个案法运用某个特殊个案中的细节信息，这个特殊个案不遵循多数其他个案所支持的理论所期望的那样。研究者用单个个案重新检验理论，发现理论中的背离情况和问题，然后应用从负面个案上获得的思考来修正理论。

比如，埃迈（Emigh，2003）注意到15世纪的托斯卡纳区，处于意大利北部发达的文艺复兴文化的高峰期，依据所有的先决条件，主要的理论预言其正产生一个快速“起飞”到工业资本主义的阶段：高效农业、发达的商业化生产、没有封建贵族、拥有庞大的城市经济和一个稳定的政治组织。然而这一切并没有发生，埃迈想知道为什么这是一个负面个案，她收集这个个案的更深入的信息，然后她揭露了以前没有发现的因素（关于当地的农村投资），这些因素并没有被那些主要理论考虑在内。

图 15.4 总结了这些用于分析定性资料的分析策略。

四、其他技术

定性研究者也使用许多其他的分析技术，这里我们将简要察看其中几种来说明其多样性。

（一）网络分析

社会网络的概念已经在第 3 章的网络理论、第 8 章的雪球抽样中讨论过。定性研究者经常用“图示”表示出一组人、组织、事件或场所之间的关联。使用社会关系图或类似的制图技术，他们可以发现、分析并呈现一组关系。例如，在一家公司中，哈里向休下达一个命令；休与萨姆彼此商量、相互协助；萨姆从桑德拉处取得资料；桑德拉与玛丽交往。研究者发现这组网络可以帮助他们察看与了解复杂社会关系的结构。①

（二）时间分配分析

时间是研究中的一种重要的资源。研究者考察人们或组织花费的时间或投入的时间，据此揭示行为的内在规则或优先顺序。研究者记录下投入在各种活动上的持续时间或时间总量。与第 10 章中讨论的时间预算调查相类似，定性研究者考察投入在活动上的持续时间或时间总量。一个关于人们、群体或组织如何分配他们控制的资源（如，时间、空间、金钱、声望）的分析，可以揭示很多关于他们的真实（与正式宣称的相对的）优势。人们往往没注意或并不明确地承认他们花时间从事的活动的重要性。例如，研究者注意到某些人在会见另一个人时，需要等候，但是另一些人则不需要等候。研究者可以分析等候的时间、谁需要等候、等候时人们会做些什么事情，以及他们是否觉得等候接见是公平的。或者研究者记录下某人的话：公司的某项庆祝活动并不重要，然而，每个人却都要参加，而且每次都要花上两个小时。在忙碌的一周内，在该庆祝活动上集体分配两个小时的时间，显示出它在公司文化中的潜在或内含的重要性。②

（三）流程图和时间序列

除了投入各种活动的时间总量之外，研究者还会分析事件或决策的顺序。传统上，历史研究者把焦点集中在记载事件发生的先后顺序上，不过比较研究者与实地研究者也察看流程或顺序。研究者使用决策树或流程图，它除了显示事件发生于何时之外，同时也指出了决策的先后顺序，并且能够据此了解某个事件或决策如何与其他事件或决策发生关联。例如，一个像做蛋糕之类的简单活动可以用简要的概述表示（见图 15.5）。用图描绘出步骤、决策或事件，然后察看它们之间的关系的想法，这种方法被应用于许多情境。例如，布朗与坎特（Brown & Canter，1985）对买房子的行为发展出一幅详细的流程图，他们根据时间路线与许多行为者（例如，买方、财务官员、测量人员、买方律师、广告商与代理人、卖方、卖方律师）把这个行为分成 50 个步骤。③ 532

---

① 参见 Sanjek（1978）以及 Werner & Schoepfle（1987a）。

② 参见 Gross（1984）以及 Miles & Huberman（1994：85，119－126）。

③ 参见 Lofland & Lofland（1995：199－200），以及 Werner & Schoepfle（1987a：130－146）。

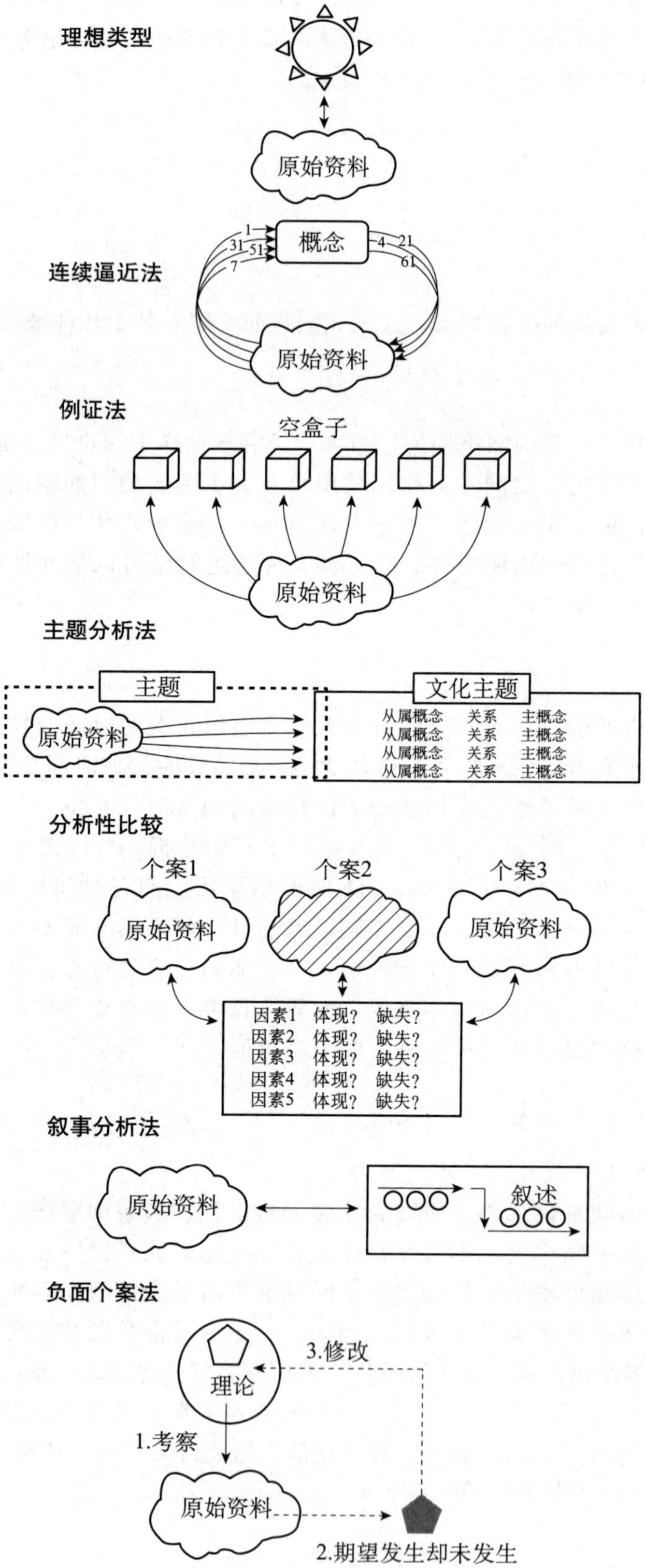

图 15.4 关于定性资料分析中应用分析策略的总结

（四）多重分类过程 533

多重分类是一种类似于主题分析的技术，研究者能将其应用于实地研究或口述史研究。这个技术的目的在于，找出人们如何将他们的经验分类或是将一些事物区分成相似或相异的系统。多重分类过程向来是认知人类学家与心理学家所采用的方法，可以用来收集、检验或分析资料。本部分内容将叙述它的运作方式。研究者给予被研究者一份名词、照片、地点、人名等的清单，然后要求他们将清单的内容分类。受试者或成员使用他们自己设想出来的类别。当分类完成之后，研究者询问他们所使用的标准。然后 534
再给予受试者一份项目名单，要求他们按照他们可能想到的其他方式来分类。这里与瑟斯顿量表（见第 7 章）相似，因为受试者同样是在做项目分类的工作，但是所不同的是这里要求分出的类别数或项目类别并不一样。更重要的是分类的目的不是要建构完整统一的量表，而是要发现人们了解世界的各种不同方式。例如，一位赌徒对一份含有八个赌场的名单进行五次分类，每次分类都出现三到四个类别（Canter，et al.，1985：90）。一种分类是根据“赌场等级”（由高至低）来分组，其他是根据“建筑装饰”“赌资大小”“赢钱程度”“个人偏好”来进行分类。通过检查这些分类，研究者可以看到别人是如何组织他们的世界的。[①]

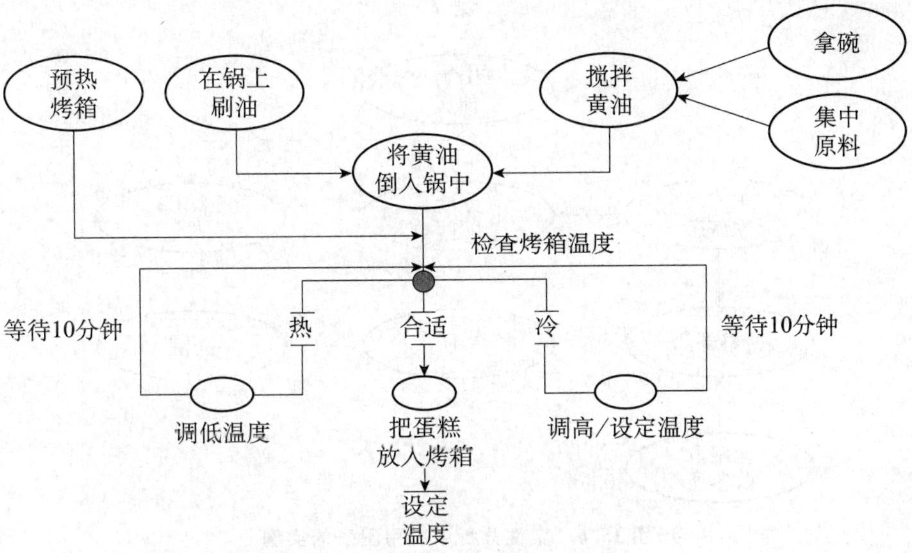

图 15.5　制作蛋糕的部分流程图

（五）图表

定性研究通常以视觉再现的形式呈现资料分析，如图和表。图表帮助研究者组织想法，系统地探究资料中的关系，同时把结果传达给读者。研究者使用空间或时间地图（见第 13 章）、类型（见第 3 章）或社会关系图。例如，法恩（Fine，1987）在他的少年棒球联盟的研究中，使用社会关系图来呈现球员之间的社会关系。除了分类、地图和清单之外，他们还建议使用流程图、组织图、因果图，以及各种清单与网格来进行说明分析（见图 15.6）。

（六）地图

定量和定性研究者都会把资料放入地图，帮助他们看清空间关系并补充或强化其他资料分析结果。比如，巴伦和理查森（Ballen & Richardson，2002）用法国和美国的地图检验自杀率的资料或地理图像，并支持埃米尔·涂尔干社会整合理论和仿效理论。凯泽和林顿（Kiser & Liton，2002）在他们的研究

① 参见 Canter 等（1985），以及 Werner & Schoepfle（1987a：180－181）。

（见实例方框15.4）中呈现了一幅标记了反抗税收运动发生地点的法国地图。维拉里尔（Villarreal，2002；2004）在他的暴力和社会政治变革研究中使用了一幅墨西哥地图。在研究当地仇恨犯罪执法的差
535 异时，麦克维（McVeigh，2003）和同事们提供了一张美国各县地图。迈尔斯和卡尼利亚（Myers & Caniglia，2004）用一张美国区域地图研究报纸是否报道了抗议性事件。在对独特地域文化的持久力的研究中，格里斯沃尔德和赖特（Griswold & Wright，2004）标记了一幅美国地图上的一些地区。地图在分析和呈现资料以支持某个解释时非常有用；但是作为信息的一种视觉再现，地图也有可能产生误导，所以研究者应当谨慎使用（Monmonier，1996）。

例 1

人名	*上大学前是否有工作经验*	*上大学期间是否有兼职工作*	*目前是否怀孕*	*是否有自己的车*
约翰	是	是	无应答	否
玛丽	是	不知道	否	是
马丁	否	是	无应答	是
约西	是	否	是	是

例 2

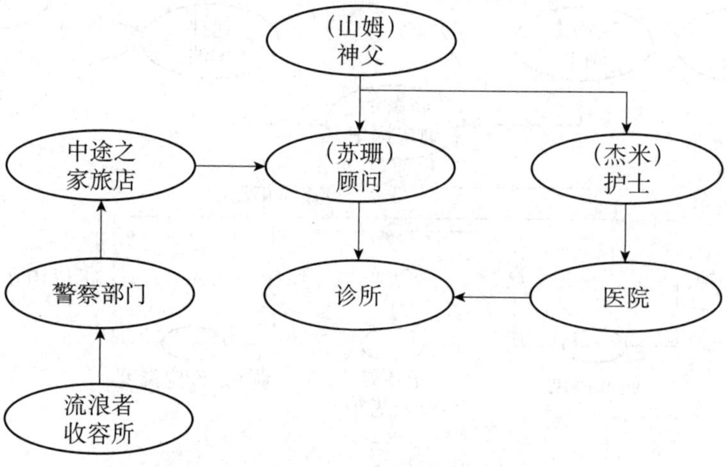

图 15.6 定性分析中应用图表的实例

（七）用于定性资料的软件

20世纪60年代中期以来，研究者已经能够利用计算机技术生成表格、图、统计检验和图表来分析数值资料。相比之下，定性研究使用计算机技术仅从20世纪80年代中期开始。[①] 在文字处理程序中输入笔记的研究者，可以很快地搜索到词组或短语。将这种程序应用到资料编码中，或将编码与分析性备忘录联系起来，这只是一小步，文字程序也能够帮助研究者修改和调整田野笔记的编码和组成部分。

专门为定性资料分析而制作的软件和新的电脑程序正被不断开发和修改。其中大部分都有非常详细的、针对具体程序的用户指南，所以这里进行的综述不涉及具体软件的细节，只涉及目前定性资料分析的主要方法。

全文检索。一些程序执行对文本文件的检索。它们做的工作与大多数文字程序软件的检索功能相似。专门的全文检索程序速度更快，并且能够找到有近似的匹配、有轻微拼写错误或相近读音的词或近义词。例如，当研究者搜索关键词“boat”时，程序也可以告知下列词语是否出现：*ship*、*battleship*、*frigate*、

① 参见 Dohan & Sanchez-Jankowski（1998）和 Weitzman & Miels（1995）对定性资料分析软件程序的全面审查。也可参见 Fielding & Lee（1991）以及 Richards & Richards（1994）。

rowboat、*schooner*、*vessel*、*yacht*、*steamer*、*ocean liner*、*tug*、*canoe*、*skiff*、*cutter*、*aircraft carrier*、*dinghy*、*scow*、*galley*、*ark*、*cruiser*、*destroyer*、*flagship*、*submarine*。另外，使用一些程序检索词的组合或者用连接词（*与*、*或*、*非*）连接的短语，这叫作*布尔检索*［（Boolean searches）以乔治·布尔（George Boole，1815－1864）命名］。例如，研究者可能在较长的文献中检索，在四句话内出现*大学生*、*喝酒*、*吸烟*中任何一个关键词，而在文献的同一部分不出现*联谊*会这个词。布尔检索用与来检索由*大学生*同另外两个行为中的任一个的交集，这两个由*或*这个连接词相连，而连接词*非*则排除了文件中出现*联谊*会的情况。

大多数程序显示关键词或词组以及周围的文本。程序也允许研究者写下独立的备忘录或在文件上添加简短的笔记。一些程序统计找到关键词的总数并给出它们的位置。如果研究者有所要求的话，大多数程序会为文本生成一个非常具体的索引。

文本基础管理。文本基础管理程序与全文检索程序相似。关键的区别是它们组织信息和对搜索结果信息进行分类的能力不同。许多程序产生文本资料的子集，这些子集帮助研究者进行比较和对比。它们允许研究者以一个关键概念对笔记进行分类，或添加实际信息。例如，在资料是关于访问的细节记录的地方，研究者可以在资料上加入关于访问时间、访问的长度、被访者的性别、访问地点等方面的信息。 *536*
然后研究者可以用关键词和附加信息的组合来分类和组织各个访问或访问笔记的各部分。

另外，一些程序有*超文本*的功能。超文本是将术语与其他信息相连接的一种方法。它是这样起作用的：点击术语就会显示一个新的界面（含有相关信息的界面）。研究者可以确定关键词或主题词，然后将它们在文本中链接在一起。例如，一个实地研究者想考察一个叫苏珊的人和有关头发的主题（包括理发、发型、发色、帽子或发套）。研究者可以用超文本链接所有在讨论头发时出现苏珊名字的地方。当鼠标点击苏珊的名字时，一个文本板块很快跳到笔记的另一个地方，就能看到苏珊和头发主题同时出现的所有地方。

一些文本基础管理软件从文本文献的信息中，生成列联表或散点交互分类图。例如，某些学生记一门课程的日志。他们用四种类别（无聊的、刺激的、有挑战性的或有创造性的）中的一种写下每天的感受。这些学生也描述每天的主要活动（如，小组工作、讨论、看录像带、讲座或示范）。研究者可以用学生感受和活动进行交互分类。通过加入其他信息（如男性或女性、学科专业），研究者可以看出不同性格的学生如何感受各种活动，并考察这些感受是否随着展示的主题发生改变。

编码与检索程序。研究者经常为定性资料（文本田野笔记、访问记录以及录像或录音转录）选定编码或抽象语汇。编码与检索程序允许研究者将文本的行、句子、段落或部分进行编码。这类程序也允许对同一个资料的多重编码。除进行编码外，大多数程序也帮助研究者组织编码。例如，一个程序可以帮助研究者做编码间、编码指向的资料间的联系的轮廓或"树"（如树干、树枝和细枝）。基于研究者的编码及研究者明确规定的编码间的关系，定性资料在程序中被重新排列。

以编码为基础建立理论的程序。定性研究者经常对理论的评估和产生感兴趣。以编码为基础建立理论的程序要求研究者先为资料分派编码。这类程序提供操纵或获取编码间对比和比较的方法。编码间的关系便成为研究者检验或产生一个理论的基础。编码间产生的关系类别可能被程序改变。一个程序可能允许"如果……那么"（if－then）逻辑关系类型。例如，科萨罗和海斯（Corsaro & Heise，1990）描述他们如何将有关儿童的实地研究资料编码成独立的事件。之后他们考察了事件之间的逻辑顺序和关系，来寻找其中的法则或隐藏的规则的"语法"。他们找寻的规则引导事件之间的顺序、组合或分离。计算机软件 ETHNO 要求事件间有逻辑关联（如时间顺序、必要的前提条件、同时出现等），然后显示事件的类型。

与其他定性分析程序不同的是，以编码为基础建立理论的程序能够有力地操作编码，以显示时间类型或展示并非直接明显的资料间关系。它使研究者能够更容易地对资料类别进行比较和分类。

定性比较分析（qualitative comparative analysis，QCA）是一种分析性策略和一种使用布尔逻辑或代数学的软件。[①] 查尔斯·拉金（Charles Ragin）1987 年创造了 QCA。一个完整的逻辑系统、数理般的关系成为电脑软件和数字电子的基础。它包括集合论、二元关系、逻辑闸、维恩图和真值表。逻辑原则让研究者将概念组织成集合。举个例子，研究者搜索电脑数据库时通常包含一个关键词和布尔运算符——
537 或（or）、与（and），以及非（not）。

QCA 的优势在于它分析多重同时发生的因果关系的能力，这意味着多个条件的某个组合产生结果，并且不同的条件组合可能产生同样的结果。依靠这个背景（结合），一个特殊的条件可以对结果产生不同的影响。同时，QCA 认为不同的因果路径可能产生同样的结果。QCA 作为一种分析方法和软件，其工作是一个反复的过程，它需要研究者积极参与，正如里霍克斯（Rihoux，2003：354）所描述的：

> 简言之，研究者首先必须生成一份原始资料表，这份表中的每个个案显示一个具体的条件组合（用 0 或 1 值）和一个结果（用 0 或 1 值）。之后软件生成一份真值表，将资料以配置列表的形式展现出来。一个配置是一个给出的一些条件的组合（每个条件接收 1 或 0 值）和一个结果（接收 1 或 0 值）。一个具体的配置相当于几个观测的个案，不同的个案可能显示相同的配置。分析的关键步骤是布尔函数极小化，即将资料中的长布尔表达式（这个长描述用真值表表达）缩小至可以揭开因果规律的可能的最简表达式（极小方程式）。

QCA 可以分析几个个案的特征并应用取异法和取同法，执行逻辑运算以确定一组个案之间共同的或独有的特征，这种代数不是很难，但是浪费时间，并且受制于人为错误而不是程序（见实例方框 15.5：QCA 应用实例）。

概念网络建构程序。这种程序通过展示图表画面或网络来帮助研究者建立和检验理论。展示的画面比图表更有用，它们帮助研究者组织概念或思考资料。这类程序使用研究者在资料中标识的标记或关键概念。然后它们显示标记间的联结或关系。大多数程序给出带有方框或圆圈并由箭头线连在一起的图表来展示。结果看起来与流程图相似，具有概念间相联结的网络。例如，资料可能是一个家庭树，展示几代家庭成员间的关系。家庭成员间的关系（如 X 是 Y 的兄弟姐妹，Z 嫁给了 Y，G 是 X 的孩子）可以用于讨论和分析网络的特征。

（八）事件-结构分析

很多定性研究者在进行叙事分析时按时间顺序组织资料。**事件-结构分析法（event-structure analysis，ESA）**用来帮助研究者以容易看出的因果关系的方式来组织事件的序列。这种方式和与之配套使用的计算机程序（称为 ETHNO）最先用于实地研究资料，但也可用于历史资料。在 ESA 中，研究者首先将资料组织成事件，然后将事件置入一个时间序列中。[②]

ESA 促进叙事分析法。它概括出所发生的事件间的联系。研究者将那些在其他事发生前*必须*发生的事与可能发生的事分开。计算机程序迫使研究者回答有关事件间逻辑关系的问题。例如，一个情境中有 A、B、C、X、Y 几件事。研究者被问道：A 是否必须在 X 前发生才能导致 Y？（如，A 是 X 与 Y 因果关系的必要前提吗？）或者在没有 A 的情况下 X 是否会影响 Y？如果必须有这个条件，那么 A 必须发生在 X 之前这一条件将再次影响 Y。这个过程迫使研究者解释两个事件间的因果关系是不是独一无二的，以及一次性的关系或重复出现的关系是无限的还是有限次数的循环。

事件-结构分析法有其局限性。它不能提供理论或因果逻辑，这必须由研究者来提供。它只生成图或
538 表（通过计算机程序），使我们更容易看到关系。当研究者确定逻辑上可能的关系时，ESA 厘清事件间的链

---

① 参见 http：//www.u.arizona.edu/-cragin/fsQCA/software.shtml。

② 有关事件-结构分析的深度讨论，参见 Abbott（1992），Griffin（1993），Griffin & Ragin（1994），Heise（1991），以及 Issac 等（1994）。

实例方框 15.5 QCA 应用实例

罗西格诺和霍德森（Roscigno & Hodson，2004）曾用 QCA 分析来自工作场所的定性资料。他们对员工反抗感兴趣，包括以工会活动形式的集体回应和罢工行为以及个体形式的如怠工、盗窃和逃避工作等行为。他们想知道是否不满和抵抗的出现是由于工作场所的组织或是车间工人之间的不公平待遇。这些资料（82 个工作场所的民族志）代表了关于组织的有效民族志证据。正如两位作者所记录的："有较好的理由认为组织结构和社会关系彼此互为条件，并且因此对员工不满和反抗策略产生偶然影响。"（Roscigno & Hodson，2004：18）

QCA 迫使罗西格诺和霍德森指定并关注理论上被认为重要的变量。QCA 拥有理论上的严谨、个案取向逻辑和潜在复杂的规则、有条件的配置。它可以帮助确定资料中表示独特属性组合的类型。通过给定性资料编码，作者确定了六项工作场所条件作为解释因素：官僚主义、良好的组织、冲突、虐待、工会的存在和罢工历史。他们用每种可能的证明因素创建了"真值表"，每个都进行编码，1＝存在，0＝缺失。这些配置表示那些要涵盖资料中所有积极、消极和矛盾的个案的因素最小数。研究者也确定六个可能的结果或工人反抗的形式：罢工、社会怠工、逃避工作、装聋作哑、旷工和偷窃。在 QCA 中显示的多种组合的基础上，作者确定了三种类型的工作场所，每种场所都有一种类型的员工反抗：好争吵的工作场所、团结的工作场所和无组织的工作场所。好争吵的工作场所中有较高水平的所有形式的反抗，团结的工作场所显示了较低水平的反抗，无组织的工作场所主要是个体的反抗行为。下面一段文字摘录自研究者的真值表（展示的是笔记中 36 组可能组合的前三项）。

解释层组

B＝官僚主义。官僚主义的组织工作场所，明文规定日常的经营控制程序。

G＝良好的组织。生产实践具有一致性和整合性。

C＝冲突。员工和监管人之间持续的冲突是常有的。

A一虐待。发生在员工个人口头上、情绪上的虐待或身体被监管人虐待。

U＝工会的存在。某工作场所存在工会代表。

H＝罢工历史。工作场所过去有过有经验的罢工现象。

反抗层组

S＝罢工。在观察期间曾发生过罢工现象。

SS＝社会怠工。通过嘲笑和愚弄（的手段）伤害优秀员工。

AV＝逃避工作。发生避开工作和/或工作任务的情况。

PD＝装聋作哑。员工装作不理解某个工作任务或组织程序。

AB＝旷工。旷工是工作场所问题的反映。

T＝偷窃。员工在其工作期间偷窃。

解释层组（所有可能的布局）						个案数量	每种布局下的反抗层组					
B	G	C	A	U	H		S	SS	AV	PD	AB	T
0	0	1	1	0	0	2	0	2	2	1	2	0
1	0	0	1	1	0	4	1	2	3	1	3	1
1	1	1	1	1	0	1	0	0	0	0	0	0

条并标示那些可能不同的事件。ESA 没有建立持久的社会结构框架，这个框架构成事件序列的作用。 539

格里芬（Griffin，1993）对私刑的分析是使用 ESA 的一个例子。在许多的口述史、一本书和一些新闻报道的基础上，他重新建构了 1930 年 4 月发生在密西西比州玻利瓦尔县（Bolivar County）戴维·哈里斯（David Harris）被处以私刑的一系列事件。在回答了许多有关一系列事件间可能的关联是/否问题并分析了这些关联之后，格里芬得出结论：关键因素是原本可以阻止这个过程的地方警察的不作为。图15.7显示了ESA图表的简短概要。

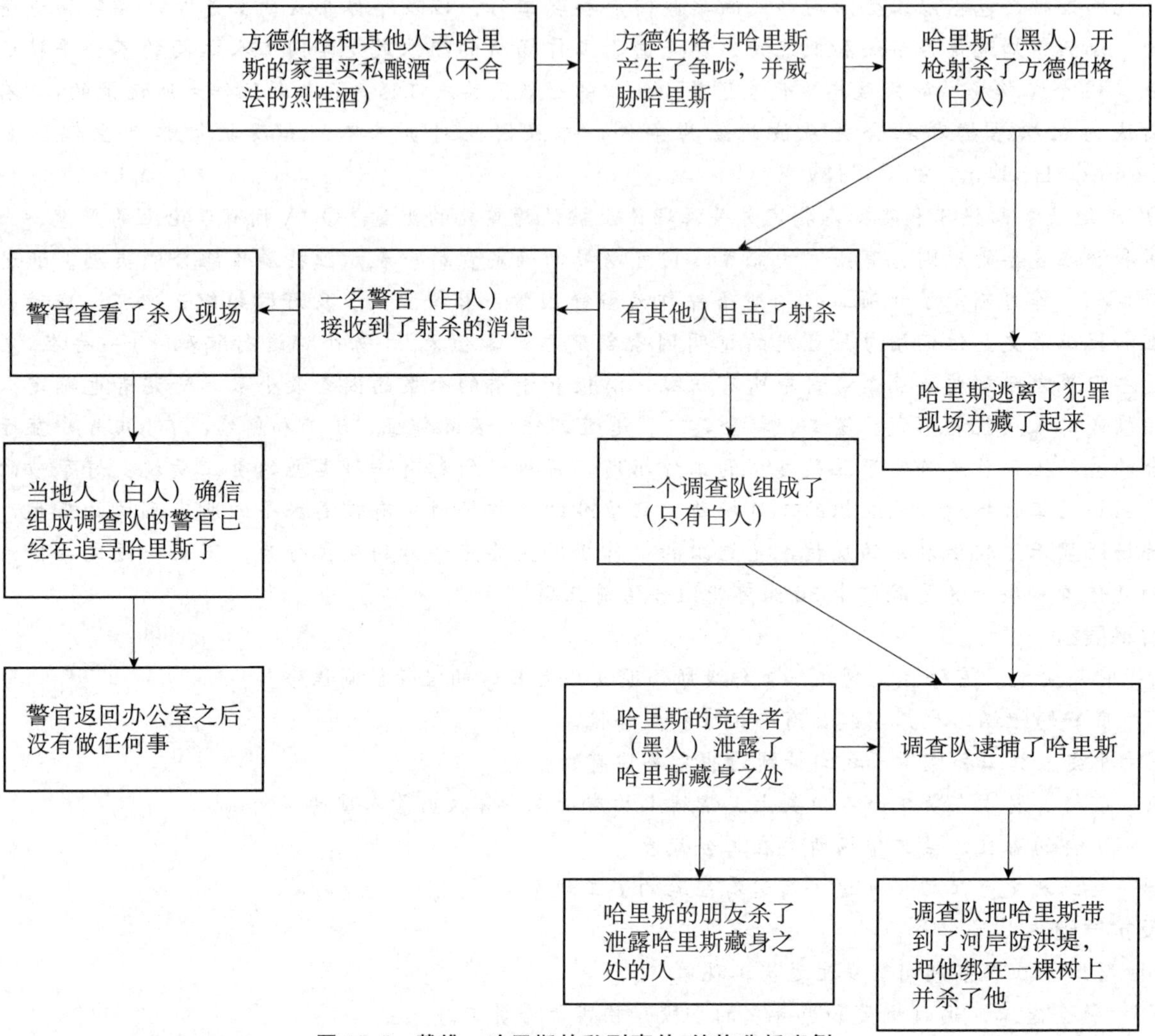

图15.7　戴维·哈里斯的私刑事件-结构分析实例

资料来源：Adapted from Griffin (1993).

五、结论

在本章中，你已经学到了研究者如何分析定性资料。在许多方面，定性资料要比数字形式的资料更
540 难处理。数字有数学的特性，使研究者可以利用统计程序。定性资料分析则需要研究者花更多的工夫不断地阅读资料笔记，反思所读东西，并且根据逻辑与判断来进行比较。

大部分定性资料分析的形式涉及编码与撰写分析性备忘录，这两种工作都需消耗研究者相当大的心力来详细地阅读资料，以及进行审慎的思考。此外，你也学到了研究者在分析定性资料时所使用的方法，不过那些都只是定性资料分析的众多方法中的一小部分。同时你还学会了思考未曾出现在资料之中的负面证据和事件的重要性。

本章结束了这本书讨论的研究设计、资料收集和资料分析的部分。社会研究也会涉及准备一份研究项目的报告，这将在下一章加以讨论。

关键术语

analytic comparison	分析性比较	analytic domain	分析性主题
axial coding	主线编码	cultural domain	文化主题
domain analysis	主题分析法	empty boxes	空盒子
event-structure analysis（ESA）	事件-结构分析	folk domain	民俗性主题
historical contingency	历史偶然性	illustrative method	例证法
method of agreement	取同法	method of difference	取异法
mixed domain	混合性主题	narrative analysis	叙事分析
negative case method	负面个案法	open coding	开放式编码
outcropping	浮现事实	path dependency	路径依赖
periodization	周期化		
qualitative comparative analysis（QCA）	定性比较分析	selective coding	选择性编码
successive approximation	连续逼近法		

复习题

1. 指出定量与定性资料分析之间的四大差异。
2. 概念化过程在定性与定量研究中有何不同？
3. 资料编码在定量与定性研究中有何不同？定性研究者所使用的三种编码方法是什么？
4. 在进行定性资料分析时，撰写分析性备忘录的目的是什么？
5. 描述连续逼近法。
6. 在例证法中，什么是空盒子？它们如何使用？
7. 取同法与取异法之间的差别是什么？研究者可以同时使用它们吗？说明原因。
8. 一个主题的部分有哪些？它们在主题分析中如何被使用？
9. 叙事的主要特点有哪些？
10. 为什么说寻找“负面证据”或资料中没有出现的事物对于完整的分析而言是重要的呢？

第五部分

与其他人交流

第16章

撰写研究报告和社会研究中的政治

542

我们的任务是：以一种理性的、他人能够理解的顺序来组织想法。我们必须在两个层面处理这一问题：必须以一个理论的形式来组织这些想法，或者从狭义上讲，描述导致我们想要解释的现象的原因和条件，并且以一种合乎逻辑、经验正确的秩序将之呈现出来……最后，我们想使我们的文章能够清楚阐述我们已经建构的顺序。我们不想因为文体上的瑕疵而对读者的理解造成困扰。这两项工作实际上融为一体、无法分割。

——贝克尔（Howard Becker），《社会科学家的写作》（*Writing for Social Scientists*），133页

在前面的章节里，我们已经分析了如何进行研究设计、数据收集以及数据分析。然而，直到研究者与其他人分享研究结果的时候，一项研究才算完成。交流研究成果以及细致描述你是如何执行一项研究的，是研究程序中重要的最后一步。形式通常为撰写研究报告。第1章强调了共享主义的标准是如何强调研究者公开他们怎样进行研究设计以及研究发现的。第5章讨论了如何在学术著作中定位前人研究。本章则聚焦于撰写研究报告。

进行一项研究并报告研究结果可能会引起争论。就像在第5章里提到的，做研究可能引起有争议的伦理问题。伦理问题很大程度上涉及保护研究参与者、研究时保持诚信，以及处理来自研究资助者的压力。社会研究还涉及更易引起争议的政治问题。社会研究中的政治因素会影响进行研究和传播研究的可能性，以及其他人可能如何设法滥用这些研究结果。

这一章包括两个主题：撰写研究报告与社会研究中的政治因素。撰写研究报告要求掌握相对简单明了和无争议的规则与技巧，解决社会研究中政治因素的中心问题则不是简单容易的事。这些问题包括研究者进行研究的自由度，在准备研究报告中不受强势社会团体的干预等问题。撰写报告有规则和伦理准则，但是研究中的政治因素没有规则或伦理准则。

社会研究可能并不完美，但是它的最终目的是探索知识、阐述理解和寻求真理。研究者希望研究所有的主题，并且没有阻碍地在科学共同体内外充分地分享其研究方法和研究发现。当强势群体或机构设法阻碍研究，阻止新知识的自由传播，限制对真理的寻求或者滥用研究结果、断章取义时，政治立场上的争议就出现了。这些群体或机构这样做是为了推进他们自己的非科学上的目的和意图。 543

本章的第一部分检验如何撰写定性和定量报告。你需要认真对待研究报告的撰写过程。必须在其中解释如何进行研究和处理研究结果。本章的第二部分着眼于社会研究中的政治因素。我们认为来自强势群体或政府的影响将限制研究者研究什么、如何研究以及在哪里发布研究结果。最后，我们将考察客观性和价值中立的概念。

一、研究报告

（一）撰写研究报告的理由

当研究者完成了一项研究设计或是大型研究计划中的重要部分之后，就是研究者通过研究报告与他人交流的时候了。通过阅读大量出版文章或是专修关于科学与技术论文写作的课程，你会学到许多撰写研究报告的知识窍门。

研究报告是一份书面文件（或根据书面文件所做的口头报告），研究者通过这份文件将研究计划的方法与研究发现告知他人。研究报告并不仅仅是研究发现的简短摘要，它也是研究过程的详细记录。

研究者不能等到研究完成之后才想到撰写报告；研究者必须预先对报告的撰写进行构思，并且在研究过程中细心地做好记录。除了研究发现之外，研究报告还包括执行这项计划的原因、研究步骤的描述、资料的介绍，并就资料与所研究的问题或主题如何产生关系进行讨论。

报告告知他人研究者在研究过程中做了什么和发现了什么。这是传播知识的一种方法。如同你在第1章所读到的，研究报告在构成科学共同体上扮演着重要角色。撰写研究报告的其他原因还包括：交一份课堂作业或完成一项工作分配、对资助研究的机构尽一份义务、说服某个专业团体解决某个问题的特定方面，以及告知一般社会大众研究的发现。告知一般社会大众很少是传递科学结果的主要方法，这通常是与其他研究者交流后的第二阶段的传播。

（二）写作过程

*你的读者。*专业作家指出，你总要知道自己是在为谁而写。这是因为当写作直接针对某个特定读者群时，交流将更为有效。你应该依照主要读者是位老师、学生、专业的社会科学家、实务工作者，还是一般的社会大众而撰写不同的研究报告。当然，写作也应当清楚、正确，并且有完整的组织框架。

老师出于不同的原因让学生写一份研究报告，并且对如何撰写这份报告定下一些规则。一般而言，老师希望看到能反映清晰的逻辑思考的写作与组织框架。学生的报告应该展现出对本质和方法论概念的牢固掌握。达到这项要求的一个好方法，就是能够在*适当的时机*清楚明确地使用专业术语，而不应该过度或错误地使用术语。

若是为学生撰写报告，你需要界定专业术语，并且对报告中的每一部分都做出明确标识。讨论应该以合乎逻辑、循序渐进的方式展开，并且带上很多特定的例子。使用简明的语言来解释在研究计划中如何以及为什么执行不同的步骤。一种策略是以所研究的问题作为开始，然后建构一份报告作为该研究问题的答案。

对于学者，不需要界定专业术语，或是对为什么使用标准程序（例如，随机分配）进行解释。他们最有兴趣的是研究如何发展理论或文献中早先的研究发现。他们希望有一个关于研究设计的既浓缩又详尽的描述。他们相当关注变量是如何被测量的，以及资料收集方法。学者喜欢紧凑而严谨的写作，但是要有长篇的资料分析，以及关于结果的详尽讨论。

544 实务人员比较喜欢针对研究是怎样展开的做简要概述，并通过数张简单图表呈现出研究结果。他们对研究设计的细节、测量、资料收集，或者结果不太感兴趣。他们喜欢看到把研究结果中所隐含的替代行动方案以及每个步骤的实际结果列出梗概。很重要的一点是，作者应该告诫实务人员不要把某个研究的结果过度概括化。尽管实务人员不太需要，但你还是应该把研究计划的细节以及研究结果放在报告的附录里。

如果为一般社会大众撰写研究报告，则应使用比较简单的语言，提供具体的实例，把焦点放在研究发现结果对社会问题的实际意义上。写给一般社会大众看的报告不必包括研究设计与结果的细节，应该注意不要提出一般社会大众所不支持的主张。告知社会大众是一项重要的服务，能够帮助非专业人士对公共议题做出较好的判断。

风格与语气。我们撰写研究报告，采取一种专业风格，并且带有一种独特的语气。报告的目的是清晰、直接和诚实地传递研究的方法与发现。

*风格*指的是撰写者选用文字的类型以及使用句子或段落的长度与形式。语气是作者的态度或是与主题事物的关系。举例而言，一种非正式、对话式的风格（例如，口语、成语、陈腔滥调，以及不完整的句子），带有私人性的语气（例如，这些是我的感觉），适用于给一位熟识的朋友写信，但不适用于撰写研究报告。研究报告的风格是正式的和简洁的（用少许的文字来传达很多信息）。语气表示出与研究主题之间的某些距离，这是专业而严谨的。实地研究者有时会使用非正式的风格与私人性的语气，但这是特例。要避免使用说教性的与辞藻华丽的语言。报告的主要目的是告知，而不是宣传某个立场、说教或是取悦他人。

研究报告应当客观、准确和清楚。反复检验细节（例如，引文的页码），充分展示你执行这项研究计划的经过。如果读者察觉到文章中的疏忽或遗漏之处，他们可能会对研究本身进行质疑。研究计划的细节可能相当复杂，而这种复杂性意味着总会有混淆的危险。这使撰写清晰的报告变得至关重要。实现清晰写作的方式是拥有清晰的思维，这意味着反复思索研究的问题与研究设计、明确界定术语、利用简短的陈述句写作，以及将结论限制在有证据支持的范围内。

组织思路。写作并不是那种只要某人拿起纸笔（或是手触键盘），就会有奇迹发生或是文思如泉涌的事情，尽管许多人都存有这样的假想。实际上，写作是一件苦差事，需要勤奋，并遵循一系列形成最终产品的步骤。撰写一份研究报告与其他类型的写作没有太大差异。虽然有些步骤并不相同、复杂度可能高些，但是优秀的作者在写一封长而复杂的信、一首诗、一份说明书或短篇小说时所注意的大多数事项都适用于撰写研究报告。

首先，作者需要有东西可写。这个“东西”在研究报告中包括主题、研究的问题、设计与测量工具、资料收集的技术、结果及其含义。由于有这么多内容要写，良好的组织结构便显得十分重要。组织写作结构最基本的工具就是大纲。大纲协助作者确保所有的概念与想法都已纳入，而且这些概念间的关系清楚明确。大纲由主题（词语或短语）或句子组成。我们中的大多数人对大纲的基本形式都相当熟悉（见图 16.1）。

大纲能够帮助作者，但如果使用不当的话，也可能会变成一种障碍。大纲仅是一种帮助组织概念的工具。它帮助作者：（1）将概念列出先后顺序（例如，先说什么，再说什么，最后说什么）；（2）把相关的概念组织起来（例如，这些彼此相似，但是与其他的不同）；（3）对一般性的或较高层次的概念与较为特定的概念进行区分，对较特定的概念与更为细致的概念进行区分。

有些学生觉得在写作之前需要一个完整的大纲，而且一旦大纲备妥，就不可能有所偏离。极少数作家一开始就有完整的、详细的大纲。刚开始时大纲是必要的，因为除非你把每件事情都写下来，否则不太可能将所有概念都列出先后顺序，并且组织起来，也不可能区别出一般性与特定的概念。对大多数作者而言，新概念是在写作的过程中形成或者变得清晰的。 545

不只是在完成程度上，开始的大纲可能与最后的大纲不同。对作者来说，写作的过程不仅能够揭示或者理清观念，而且能够激发创造出新的概念、新的概念间的关联、先后顺序，甚至是一般性概念与特定性概念间的新的联结。此外，撰写过程也可能涉及重新分析或检验研究的文献或发现。这并不是指一切从头再来一次是必要的，而是指作者需要对新的见解保持开放的心态，开诚布公而非故步自封地面对研究项目的各个方面。

回到图书馆。研究者在开始进行一项研究计划之前，就应该熟悉相关的文献，但是最有可能的情况是，在完成资料收集与分析后，仍需要再回到文献里。发生这种情况有几个原因。首先，在研究计划开

始与结束之间，可能有新的研究发表出来。其次，完成一项研究计划后，研究者将对何者为研究重心、何者不是研究重心有更清楚的了解。重新温习文献中的研究后，研究者心中可能出现新的问题。最后，在撰写研究报告时，研究者可能会发现所做的笔记并不十分完整，或者在引述参考资料时漏掉了一些细节。与研究开始时相比，完成资料收集后再度回到图书馆查阅资料时，范围更小，而且更具选择性，焦点也比较集中。

Ⅰ. 第一大主题	最重要的主题之一
A. 主题一的次主题	次重要的主题之一
1. A 的次主题	重要性排名第三
a. 1 的次主题	重要性排名第四
b. 1 的次主题	重要性排名第四
（1） b 的次主题	重要性排名第五
（2） b 的次主题	重要性排名第五
（a）（2） 的次主题	重要性排名第六
（b）（2） 的次主题	重要性排名第六
i. （b） 的次主题	重要性排名第七
ii. （b） 的次主题	重要性排名第七
2. A 的次主题	重要性排名第三
B. 主题一的次主题	次重要的主题之一
Ⅱ. 第二大主题	最重要的主题之一

图 16.1 大纲的格式

撰写一份研究报告时，我们中的大多数人会舍弃一些在完成研究计划之前所收集到的资料与笔记，这并不表示开始时的图书馆搜寻工作与文献回顾是在浪费时间与精力。研究者应该期望完成报告之前所做的笔记有部分（比如 25%）因研究找到焦点而变得不相关。不要把那些与文献无关的笔记或参考资料放进报告之中，因为它们会影响研究报告的流畅性与清晰程度。

回到图书馆去证实或扩展参考资料有助于找出研究焦点，也有助于避免剽窃。**剽窃（plagiarism）**是严重的欺骗行为，是在一字不差地使用其他人的语句时，没有正确引证其出处。许多大学开除涉足这种行为的学生。如果一个专业人士在学术期刊上曾经涉及剽窃，整个学术科学同人界会视其为犯了非常严重过错的人。[①] 要仔细记笔记，正确辨识片语或观点的确实来源以避免无意的剽窃。同时注明直接引用的文字和转述的概念的出处。对于直接引用的，应列出引述文字的出处与页码。
546

使用另一个人的书面文字却未加以注明是明显的错误，但是转述则比较不明确。**转述（paraphrasing）**并没有一字不差地使用另一个人的话，而是在浓缩他人观点的时候，用你自己的话来重新表达。我们经常使用转述的表达方式，好的转述需要我们真正理解被转述的内容。这意味着，我们不仅仅是使用同义字替换其他人的表述，转述是借用某个想法、获取其精华，并注明来源出处。[②]

（三）写作步骤

写作是一种过程。学习写作的方法就是不断地写作。[③] 写作需要时间与努力，而且熟能生巧。写作并没有唯一的正确方法，但是好的写作总是脱离不了某些方法。写作过程有三个步骤。

1. *写作前的构思*。从整理文献笔记、列出想法概念、拟出大纲、完成参考文献之引述、组织资料分

① 参见《剽窃案实录》[《附注》，17（2）：2]，或是《知名哈佛心理分析家在系所发现他剽窃后辞职》[《高等教育纪事》，35（15）：1]。

② 摘自社会学写作小组（1991）。

③ 关于撰写研究报告的建议，参见 Donald 等（1983），Leggett 等（1965）。

析之评论等入手，做好准备。

2. *撰写*。通过自由写作，把你的想法写成初稿，即一份有头有尾的完整报告，而不是数页粗略的笔记或一份大纲，整理出参考文献与注释，准备报告的资料，草拟前言与结论。

3. *重写*。从修订内容的连贯性、校对机械性错误、核对引文以及校阅行文的语调与惯用语下手，评断、润饰整篇报告。

很多人发现动笔写作很难。初入门的作者常常直接跳到第二步，这往往导致产生低质量的作品。**写作前的构思（prewriting）**意味着作者从一本装满了笔记、大纲、重点名录的档案夹入手。你需要考虑报告的形式与读者。构思期是很重要的，它处于文思泉涌出现之前的一段刺激期内。

有些人坐下来构思写作时，常会感受到一股莫名的生疏——一种暂时性的写作能力丧失，即*作者障碍*。这种情形发生时，脑中一片空白、手指僵硬、感到惊慌失措。不论是初入门的生手还是专业作家偶尔都会经历这种境遇。如果你遇上了，要保持冷静、慢慢学会征服它（见拓展方框 16.1：终结作者障碍的若干建议）。

许多作家从**自由写作（free writing）**下手，这是一种写下每件快速闪过你脑际的事物的过程。自由写作为脑海中快速涌出的想法与写作之间建立了一个连接。当你无拘无束地写时，你不会停下来重读你所写下的东西，也无须思考最恰当的用词，也不用担心文法的问题或是标点符号，你只要把你的想法尽快写下，保持灵感或是观念的畅通。事后，你总是可以整理你所写出来的东西。

写作与思考纠结一体，几乎无法知道其中一个于何时止，另一个又于何时始。这意味着如果你打算坐下来盯着墙壁、电脑输出报表或是其他不论什么东西，直到你把所有的思绪都弄清楚时才开始写作的话，那你将一无所获。思路过程是可以靠写作本身来点燃的。

重写。或许在一百万个作家中会出现一位天才作家，他在初稿中就能以惊人的准确度与明晰度传递出他的想法。但是对于身为凡人的我们来说，写稿意味着一次又一次的重写是必要的。举例而言，据说海明威（Ernest Hemingway）对《永别了，武器》（*Farewell to Arms*）的结尾修改了 39 次才完稿。[①] 对一位专业研 547
究者来说，重写研究报告数十次并不是件稀奇的事，所以不必觉得沮丧。如果说重写能带来什么的话，那就是它减轻了压力。这意味着你可以很快下笔，写成一份日后再行修改的初稿。你应该计划重写一份草稿三至四次。

拓展方框 16.1

终结作者障碍的若干建议

1. *提早开始*。不要拖拖拉拉等到最后一分钟才动手。这不仅能够给你充分的时间回顾这项工作，而且会降低紧张，因为你有时间先写一份质量较差但是可以再行修正的草稿。谢弗（Shafer，1980：205）曾怒斥说："写作是件苦差事，而作家拖稿的借口简直可以写成一本传奇。"为自己订出第一份草稿的截稿日期，而这个日子最少要比真正的最后截稿日早一个星期。然后就照着做！

2. *休息一下，然后回来再继续做*。有时候我发现如果我出去散一下步、吃点点心、看会报纸，半小时后再回来工作，障碍就不见了。小小的散心解闷（如果是较短的时间）有时还颇有帮助。

3. *从中间开始*。你不一定要从头开始写。从中间下笔，写就是了，即使不是那么直接有关。一旦写作/思维过程开始启动，可能就比较容易进入你的主题。

4. *做些个人特殊的神奇活动*。有些人在写作前会有些不寻常的癖好，或是做些不寻常的仪式行为（例如洗碗、清理书桌、削铅笔）。这些动作可能像是心灵扳机，能够帮助他们动笔写作。那么，就放手去做那些能使你下笔写作的事吧。

5. *把写作分割成数个小单元*。不要感觉你必须坐下来，一口气完成整个写作工作。从那些能够容易

---

① 摘自社会学写作小组（1991：40）。

帮助你开始的单元下手，日后再将这些单元给编织起来。

6. *不要期望完美无瑕。*拟份草稿，这是指一份你可以丢掉、修正和改动的草稿。修改一份拙劣的草稿总是比一开始就要写一份完美的稿子容易得多。

重写可以协助作者以更清晰、通顺、正确、精简的用词来表达自己的想法。重写时，焦点在于清楚的交流，而不在于使用浮夸、烦琐的语言。如莱格特及其同事（Leggett，et al.，1965：330）所说的："绝对不必羞于用简单的语言来表达一个简单的想法。记住，使用复杂的语言本身并不是智慧的象征。"

重写意味着把你所写过的东西仔细阅读一遍，如果必要的话，大声读出来听听看是否妥当。把写好的作品与他人分享是个不错的主意，专业作家总会请人对他的作品提出意见。入门新手很快就会意识到别人对其作品友善与建设性的批评是相当有价值的。刚开始，你可能觉得让别人看自己的草稿，是件很难接受的事。那意味着公开你付诸文字的想法、鼓励别人的批评，不过，批评的目的是理清你的写作，评论者其实是帮了你的忙。

重写涉及两个相关的过程：修订与编辑。**修订（revising）**是插入新概念、增加支持性证据、删除或改动观点、调整句子使意义更加清楚或强化概念之间的转折与关联的过程。**编辑（editing）**是指对写作中比较机械性的层面进行清理与严格检查的过程，例如拼写、文法、惯用语、动词时态、句子长度，以及段落组织。当你重写时，把你的初稿从头到尾彻底读一遍，无须留情地下笔修改。在初稿与重写之间间隔一段时间的话，这进行起来相对容易一些。在初稿中觉得合适的词语可能在一两周之后看起来非常模糊或者粗陋（见拓展方框16.2：关于重写的建议）。

如果你还没有掌握打字技巧，找个文字处理员将文章输入和打印出来是个好方法，至少要在定稿前
548 有一个初稿。因为在一份清楚的打印稿中比较容易看出错误和结构问题。在打印出的复件中，你可以随意自由地剪切、粘贴、删除单词或者移动词组。

拓展方框16.2

关于重写的建议

1. *技巧。*每次重写之后，都进行语法、拼写、标点符号、动词的一致性、动词时态，以及动词与主语是否一致的检查工作。记住每次增添新内容后，就有可能带入新的错误。错误不仅会令人分神，而且也会削弱读者对你所表达观点的信心。

2. *用词。*重写时，再次检查所用的术语，特别是关键术语，据此看你是否用了最准确的词语来表达你所想要说的意思。不要使用不必要的专门技术性术语或是冗长的赘字。应该使用最能表达你真实意思的简单词语。找本辞典来用。辞典是一种基本的工具书，像字典一样，它涵盖了许多同义词，能够帮助你找到完全符合你想要表达的意义的那些词。精确的思维与表达需要有精确的语言。如果你想说的是"均值"（mean），就不要写成"平均数"（average）。当你要说的是"民众"（mankind）或"警官"（policeman）时，就不要说成"人类"（people）或是"警察"（police officer）。不要把"原则"（principle）写成"校长"（principal）。

3. *语态。*研究报告的撰写者常犯下用被动语态来取代主动语态的错误。被动语态的表达方式可能更具权威性，但是这种语态也常使行动者或行动的主体模糊化。举例来说，"学校成绩与更明确的职业生涯计划之间的关系被资料证实"这个被动句最好能用主动句"资料证实学校成绩与更明确的职业生涯计划之间的关系"来加以表达。被动句"被访者对于堕胎的态度被访问员记录下来"若以主动句"访问员记录下被访者对堕胎的态度"来表示，就更容易读懂。同时也尽量避免使用诸如"似乎"或"好像"之类的修饰语。

4. *连贯性。*起承、段落和转折在逻辑上都应该相当周密。尝试一次只阅读整份报告的一个段落。这个段落包含一个完整的概念吗？有一个主题句吗？报告中段落之间有转折的地带吗？

5. *重复*。删除重复的概念、用字，以及不必要的短语。观点应该一次性有力地陈述出来，而不是不清不楚地反复重述。修订时，删除无用的赘字（即不能增加任何意义的文字）与兜圈子的说法（即用数个字来表达一个精确的字即可表达的意思）。宁可单刀直入也不要咬文嚼字。以下是充满赘字的一个句子："摘要上述，就资料所显示的，我们的结论是，X 对 Y 的发生有相当显著的正面效应，尽管事实是，Y 只有在很少的情况下才会出现。""总之，我们的结论指出，X 对于 Y 有极大的正效应，但是 Y 并不常出现"会是更好的表述。诚如希尔文与威尔逊（Selvin & Wilson，1984）所警告的，使用过多唠唠叨叨的赘字或修饰语让人很难读得懂作者到底写的是些什么。

6. *结构*。研究报告应该有一个清楚的组织框架。对各个部分做必要的调整以使文稿的组织更严密，也应该采用标题与次级标题。读者应该能够掌握一篇报告的逻辑结构。

7. *抽象程度*。一篇好的研究报告结合了抽象的概念与具体的实例。一长串未加特定说明的抽象概念是很难阅读的。同样，一大堆特定的具体细节而未做任何阶段性的归纳总结，也很容易失去读者。

8. *隐喻*。许多作者使用隐喻来表达观点。诸如"学术前沿""底线""一针见血"等都是借用其他情景中的形象来传达一些观点的。隐喻可以是有效的交流方法，但是不可使用得过于频繁，而且必须特别谨慎地使用。有些精挑细选的、鲜明的隐喻，能够快而有效地传达某些观点。不过，过度使用隐喻，特别是滥用隐喻（例如，底线），则是松散而毫无想象力的表达方式。

在撰写报告或其他文件时，良好的打字技巧与使用文字处理软件的能力是一种相当重要的技能。严谨的研究者发现，在培养打字能力与学习使用文字处理软件上所投资的时间，日后绝对使他们受益无穷。文字处理软件使编辑更加容易。你也可以通过附加的同义词典检查拼写、查找同义词，以及检查文法。你不可能完全依赖电脑程序来做所有的工作，但是电脑确实使写作变得容易很多。文字处理软件所提供 *549*
的速度与便利是如此的神奇，以至于熟练运用这项技术的人很少回头使用手写或（用打字机）打字的方式来撰稿。

最后一项建议是：在完成初稿之后，重写前言与标题，这样才能更加精确地反映所写的内容。[1] 标题应当简短且具描述性，告知读者报告的主题与主要变量。它们能够描述研究的类型（例如，"一个……的实验"），但是不该有不必要的文字或短语（例如，"一项深入……的调查"）。

（四）定量研究报告

良好的写作原则适用于所有的报告，不过报告的各个部分会因其是一个定量的研究还是定性的研究而有所差异。撰写任何报告之前，应该阅读同类型的研究报告，以便找出范本。

我们先讨论定量研究报告。这类报告各部分的安排大体是依照研究计划执行步骤的次序展开的。[2]

摘要或执行摘要。定量研究报告始于一个简短的概述，即摘要。摘要的长短是不同的，可以少到只有 50 个词左右或是长达一整页。大多数学术期刊的论文在第一页上印有摘要。摘要中提供关于主题、研究问题、基本的发现，以及任何不寻常的研究设计或资料收集特色等的信息。

为实务工作者而写的应用性研究报告有较长篇幅的摘要，称为**执行摘要（executive summary）**。与论文摘要相比，执行摘要包括更多的细节，并且包括研究含义以及该报告所提出的主要建议。虽然执行摘要比普通摘要长，但是也很少超过四到五页。

摘要与执行摘要具有数项功能：对那些不感兴趣的读者，告知他们报告里有什么。对那些想要寻找特定信息的读者，协助他们判断整篇报告是否包含重要的信息。读者利用摘要或提要来筛选信息以决定是否要阅读整篇报告。对于想要阅读整份报告的读者，摘要或提要则快速地提供了关于这份报告的印象，

---

① 关于这点与其他论撰写报告的建议，参见 Fine（1988）。

② 关于纲要与定量研究报告的组织结构的讨论，参见 Mullins（1977：11－30）。参见 Williams & Wolfe（1979：85－116）对论文写作中如何组织观点所提出的好的建议。

使他们能够更轻易与快速地阅读这份报告。

提出问题。报告的第一部分界定研究问题。可以用诸如“引言”“问题界定”“文献回顾”“研究假设”“背景假设”等标题，将之置于一个或多个段落之中。虽然次级标题不同，但是第一部分皆包括了研究问题的陈述以及进行验证的理论基础。它同时对研究问题的重要性提出解释，并提供相应的背景说明。第一部分可以通过显示研究问题的不同解决之道如何带来不同的应用情形或理论结论，来解释研究的重要性。前言部分的内容通常包括文献回顾，以及所研究的问题与理论的关联。前言部分也对关键性的概念做出界定，并且提出研究中要检验的概念假设。

描述方法。研究报告的下一个部分是描述研究者如何设计研究以及进行资料收集。这一部分有许多不同的名称（例如，“方法”“研究设计”“资料”），而且还可以细分出其他的单元（例如，“测量”“抽样”“操作”）。这是用以评估研究计划方法论的最重要部分。这部分为读者提供数项问题的答案：

1. 执行的是什么类型的研究（例如，实验、调查）？

2. 清楚说明资料是如何收集的（例如，研究设计、调查类型、资料收集的时间与地点、使用的实验设计）。

3. 变量是如何测量的？测量是否具有信度与效度？

550 4. 样本是什么？这个研究有多少受试者或被访者？是如何选择的？

5. 研究设计中的伦理议题与特定议题是如何处理的？

结果与图表。描述完如何收集资料的过程、抽样的方法，以及施测方式之后，你接着要呈现资料。这个部分是呈现资料，而不是对资料做任何讨论、分析或诠释。一些研究者把“结果”这个部分与下一个称为“讨论”或“发现”的部分合并在一起。

研究者必须选择如何呈现资料。[①] 分析资料时，查看几十个单变量、双变量和多变量的统计表与统计值，使自己熟悉这些资料。这并不意味着每个统计值或表都要放进最后的报告中。相反，应当选出最少数量的图表或能够充分告知读者的表，使用数据分析技术来总结数据和检验假设（例如，频数分布、均值与标准差、相关系数或是其他统计值的统计表）。

研究者要给读者展现关于资料的一个完整图景，而不是通过提供细节过于详尽的资料或呈现不相关的资料来压倒读者。读者能够做出自己的诠释。所有详尽的统计摘要应该放在附录里。

讨论。在讨论部分，就研究的含义向读者提供一个简洁清楚的诠释。这个讨论并不是做选择性的强调或是派系之间的诠释；相反，它是对研究结果部分所呈现的资料提出坦率直接的讨论。把讨论部分与结果部分分开，好使读者能够检验资料、形成不同的诠释。格罗索夫与萨蒂（Grosof & Sardy，1985：386）警告说：“你的研究报告的安排应该反映出一道严谨的区分，一边是资料（亦即你观察的记录）及其摘要与分析，另一边则是你的诠释、结论和评论。”

初学者常常发现组织好讨论部分是件难事。一种方法是，根据假设来组织讨论，就资料与每个假设的关联展开这种讨论。另外，研究者还要讨论非预期的发现、关于研究结果的可能的替代解释，以及研究报告的不足与局限。

结论。研究者在结论中要重述研究问题和概括研究发现。其目的是在摘要中概述这份报告，因而有时以“总结”为题。结论之后所剩下的部分就是参考文献与附录。参考文献部分中只包括正文中所提及的出处来源或是报告的笔记。附录（如果用到的话）通常包含了有关资料收集方法的额外信息（例如，问卷的用词）或结果（例如，描述统计数字）。定量研究报告中的脚注或尾注，则对正文中的信息再做扩充或提供详细的解说。通过使用它们简洁地提供论证正文内容的相关二手信息。它们不应该影响整篇论文的流畅性。

---

① Grosof & Sardy（1985：386－389）对如何解释定量研究的发现提出了不少建议。

（五）定性研究报告

和定量研究报告相比，很多人发现撰写定性研究报告更加困难。它涉及的规则较少，对结构要求也不多。然而，目的是相同的：交流研究过程与资料收集的经过。定量研究报告讲求以逻辑严密、精练的风格，提出假设与证据。相反，定性研究报告倾向于长篇叙事，如书本般厚的定性研究报告是司空见惯的（见拓展方框 16.3：为什么定性研究报告需要较长篇幅）。

实地研究。实地研究报告很少依照固定格式采用标准化章节，而且也没有将理论概括与资料部分区分开。[①] 它通过频繁引证，采用详尽描述的方式，使理论概括与证据缠绕在一起。尽管不存在撰写实地研究报告的唯一方法（见拓展方框 16.4：民族志写作的四种体裁和修辞形式），但大多遵循了一些普遍模式。

实地研究报告通常试图寻求资料呈现与分析间的平衡，以避免资料与分析之间的不当分割，这被称为**分割的错误（error of segregation）**。这种错误发生在研究者在分析中过度抽离资料，以致读者无法看出彼此间的相关性。[②] 551

拓展方框 16.3

为什么定性研究报告需要较长篇幅

（1）相比于定量研究报告，定性研究报告的资料比较难以浓缩。资料的形式是文字、图片或句子，并且包括许多引文与实例。

（2）除了呈现事实证据与分析性诠释之外，定性研究者可能想要在读者中勾起情感认同与理解等主观感受。特定背景与情境的细节描述，有助于读者更好地了解或掌握整个背景。研究者尝试带领读者进入某个社会背景的主观世界与意义体系。

（3）相比于定量研究者，定性研究者在收集资料、创造分析性类别和组织证据时，较少使用标准化的技术。所应用的技术可能针对个别的研究者或是独特的场景。由于以前并未如此做过，因而，研究者要解释他们做了什么以及为什么这么做。

（4）探索新的背景或建构新的理论是定性研究的一个共同目标。新概念的发展以及概念间关系的检验，增加了报告的长度。此外，理论源自证据，而详细的描述能展现出研究者如何进行诠释。

（5）定性研究者可能使用多样的写作风格，这会增加篇幅。他们享有更大的自由度，可以使用文学技巧来述说一个故事或者重述某个事件的经过。

实地研究报告的语气也不同于定量研究，倾向于较主观的与非正式的语气，私人性较浓。实地研究报告可以用第一人称来写（也就是使用“我”做代名词），因为研究者直接涉入研究情境，与所研究的人产生互动，而且研究者本身就是测量的“工具”。研究者的断定或犹豫不决、感情、反应，以及个人经验，都是实地研究过程的基本特征。

实地研究报告经常比定量研究报告面临更多的质疑。因此评估读者对证据的要求以建立可信性，便成为根本任务。关键就在于向读者提供充分的证据，好让他们相信你对事件所做的陈述，并且承认你的诠释是合情合理的。在实地研究中，读者希望有某种程度的选择性观察，所以关键的议题是其他的观察者如果在同样的实地场所并且检验的是相同的资料，是否能够得出相同的结论。[③]

在呈现证据时，实地研究者面临资料化约的两难困境。大多数资料是以很厚的一本田野笔记的形式

---

① Lofland（1974）归纳了他所识别出来的五大撰写实地研究报告的风格（原创、小说、详述、记事、交叉穿透）并且对这些风格接受评价的方式提出了讨论。

② Lofland & Lofland（1984：146）对隔离的偏差进行了讨论。

③ 参见 Becker & Geer（1982：244）以及 Schatzman & Strauss（1973：130）针对这点与其他相关议题的讨论。

呈现的，但是作者不能直接与读者分享他的观察或会话记录。举例来说，贝克尔及其同事（Becker，et al.，1961）在其医学院学生的研究《身穿白制服的男孩》（*Boys in White*）中，大约记录了5 000页单行间隔的田野笔记。实地研究者在一篇研究报告中，只能引用5%的田野笔记内容作为引文。剩下的95%不是就此作废，只是没有地方可以容纳它们。因此，作者要慎选引用文字，然后再以间接的手法把其他的资料传递给读者。尽管文献回顾经常出现在实地研究报告的开头处，但是实地研究报告并没有固定的组织框架，而是存在许多可接受的组织形式。洛夫兰德（Lofland，1976）的建议如下：

1. 前言：
   a. 研究情境最一般性的层面。
   b. 整个情境的主要梗概。
   c. 资料收集的方式。
   d. 关于背景的细节。
   e. 报告的组织框架。
2. 情境：
   a. 分析性的类别。
   b. 情境与其他情境的对照。
   c. 情境随时间变化的发展。
3. 策略。
4. 总结与建议。

证据组织与分析的设计也不尽相同。[①] 举例来说，作者可以根据*自然史*的角度（见第13章）——就如这些事件好像是你发现的一般来呈现事件的情境经过，或者使用年代史的做法——追寻某个情境的某个层面或其中人物的兴衰起落、生涯历程。另一种可能的做法是以**镜头焦距（zoom lens）**的方式来组织

拓展方框16.4

552

民族志写作的四种体裁和修辞形式

阿德勒和阿德勒（Adler & Adler，2008）确定了用于实地民族志研究写作中的四种体裁和修辞形式：传统、主流、后现代和公众民族志。

*传统风格*是最古老的形式，见于致力于实地研究的学术期刊，强调可读性和可及性，避免高水平词汇或长且复杂的句子使读者负荷过多。通常来说，作者会使用主动语态而非被动语态，并且朴素地撰写以使受过教育的外行读者也能读懂研究报告。研究报告始于某个主题或理论性问题以及一个简短的文献回顾。方法部分是研究者的个人经历，涉及背景设置、所遇到的人，以及打造的关系。作者描述他们在实地中遇到的事物和他们在特殊的时间或地点收集到的资料。读者通常能获得一种主观的视角，以及一种感觉——研究者"的确在那里"。有的时候呈现关于资料分析的讨论，但是大多数传统的作品并不会提供具体详尽的分析。资料部分常常按以下顺序进展：呈现某个概念，接着详细阐述这个概念，然后进行资料说明，资料通常以一种叙述形式展现。通过补充、超越，并/或修改现存的理论推进理论，并且经常转换多种形式风格。作者经常通过从头建构理论组织研究报告。

*主流风格*出现在主流学术期刊中，因为这些出版物中的同龄评论家可能并不熟悉定性/解释社会学，他们可能推动民族志作者朝实证主义发展。正如传统风格，通过收集深入的、第一手的、自然的资料，作者描绘了一个可进入的世界。然后，相比传统的风格，主流风格引起了不同的讨论，主流风格与读者之间的距离更远，更多以一种专家权威的语气叙述。主流风格研究报告的前言更紧凑、更生硬，并且比

---

① 参见Hammersley & Atkinson（1983）以及Van Maanen（1988）。

传统风格中的前言更正式。相对于可及性，主流风格的重点是社会科学修辞标准的一致性，通常模仿实证主义、定量研究报告。前言部分比传统风格中的更长，在这些部分中，作者界定术语，并且提供一种不同类型的文献回顾，它们更长、更深入，并且经常有多重细分。广泛的文献回顾意味着知识以一种统一的、直线式发展的方式推进，并且构建于先前的学术贡献基础上，这些学术贡献与某种更加实证主义的方向是一致的。方法部分同样也更长，详细阐述方法以证明使用定性方法的合理性，并解释其认识论基础。主流风格的作者极少讨论他们与研究主题、参与者以及背景的个人联系，因为这种表述有可能成为主流观众们说明对其偏见的证据。作者通常介绍研究过程，就如这个过程是事先计划好的而不是归纳的和临时出现的。他们使用有客观和中立语气的被动语态。相对于传统风格对研究方法模糊、具有印象主义的讨论，主流风格经常讨论所使用的某种技术或电脑程序。主流风格的资料和结果部分常常有副标题，并且包括某种形式的图表。这种修辞形式使研究者和所呈现的资料分离开来。

从 20 世纪 90 年代才开始运用后现代风格，并且趋于出现在一些具有后现代倾向的学术期刊中，相比于传统风格，后现代风格作者拒绝遵守客观性、效度和信度规则，以及研究者权威的概念。相反，他们坚信实施或撰写实地研究时不是以固定或单一的标准。从后现代风格所具有的原则来看，后现代风格具有大量的实质性的经验贡献、审美价值、反身性、对受众的影响，以及人的生活经验的可信性。写作倾向于人道主义或艺术的形式，通常是一种书面的故事叙述，用一种通俗的方式写某个情节、寓言以及阐明观点。研究者-作者高水平自我袒露和自我意识或反身性的主动语态比较常见。后现代风格有时会使用第一人称，因为作者的经历穿插在那些对个人经历半离式的讨论中。作者的个人经历可能是基本的或唯一的资料来源。后现代风格遵循一种非直线式、不定的形式，频繁地转换语气和方向，不清晰地概述整 553
个报告的组织结构。

公众民族志风格是最近的形式，它自觉地尝试将社会科学的发现带给受教育的外行观众，它的目标是教给公众社会科学知识。公众民族志通常依赖于民族志或实地研究，因为这种形式的研究最容易被大众所接受，这种风格见于设计在书店非小说类文学作品区域销售的书本中，出现在全国性报刊的专栏版述评或更高雅的知识杂志中。在书本版本中，作者设法用可视地图、图片和丰富的描述吸引读者注意。公众民族志对方法的讨论很短也不太正式，也许没有文献回顾，作者将方法论或文献引用归入脚注或附录中。这种写作风格类似于小说，有长长的引用和非常详尽的描述。这种风格中的理论介绍要么缺失要么十分有限。

报告——开始时采用广角，然后逐渐缩小锁定在某个特定的主题之上。叙述可以从对所有文化的普遍论述，到对某些特定文化的一般论述，再到对某个特定文化现象的论述，最后进入对某些特定事件的特定论述。[①]

研究者也依据关键概念和主题来组织实地研究报告的结构。作者在抽象的分析性主题和来自研究群体所使用的类别中的主题之间做取舍选择。后者给予读者一种对情境的生动描述，并且为读者展现出其所使用的语言、概念、类别，以及信仰方面的知识。[②]

实地研究者在报告中也讨论他们的方法，但是这个部分在报告中的位置与形式则没有固定模式。其中一个技巧是，交错介绍关于背景的描述、取得进入的途径、研究者的角色，以及参与者/研究者的关系，将之纳入证据与分析的讨论中。如果采用被范马恩（Van Maanen，1988：73）称为“表白式”（confessional）的写作风格，那么会强化这种方法的特点。当你使用的是年代史法、变焦镜头法或是组织主题法，那么对资料收集方法的讨论一般是在开头或者结尾处。在书本一般厚的报告中，作者通常将方法论的议题放在独立的一篇附录中。

---

① 参见 Spradley（1970：162－167）。

② 参见 Van Maanen（1988：13）。

很多实地研究报告包括誊写录音记录的手稿、地图、照片或说明分析性类别的图表。为了补充数据，我们通常把它们放置在接近其所补充讨论之处。图片从视觉上呈现正文中所描述的背景，而且从被研究者的角度呈现该背景的意义体系。例如，实地研究的论文有完全以照片的形式展现的，也有以剧本的形式或者纪录片的形式来展现的。[①]

直接亲身涉入某个社会情境的个人细节，凸显了伦理关照的重要性。研究者以一种保护被研究者隐私权、避免报告的出版会伤害到他们的方式撰写。[②] 我们通常在田野报告中改变研究对象的姓名以及确切的调查地点。实地研究中的亲身涉入会使很多研究者在报告中做一个篇幅简短的自传。举例来说，在《街角社会》（*Street Corner Society*）一书的附录中，作者怀特（William Foote Whyte，1955）详细说明了他父亲与祖父的职业、他自己的嗜好与兴趣、他的职业、他如何进入研究所就读，以及结婚如何影响到他的研究。

554 ***历史比较研究。***历史比较研究报告的撰写并没有唯一的方式。最常见到的是，研究者“述说一个故事”或是以一般的分析性类别来描述细节。报告的撰述经常不仅是描述，还包括有限的普遍化与抽象的概念。

历史比较研究（H-C）报告很少对他们的研究方法进行详尽的描述。他们通常很少用明确的部分或附录描述其研究方法。偶尔，像书本般厚的报告中会包含一篇描述主要参考文献的论文。较常见的是，以许多详细的脚注或文末尾注来识别资料来源与其他证据。举例来说，一份20页的定量或实地研究报告中一般有5～10个注释，而一篇同样长度的历史比较研究报告可能会有40～60个注释。

历史比较研究报告可以包含图片、地图、图表或统计表。它们出现在讨论与之有关的证据的部分中。图表、表格等作为讨论的补充，令读者对报告所描述的地点与人物有较好的体会，常与引文连用。历史比较研究报告不像定量研究那样有特定的假设。相反，作者试图建构一张由意义或叙述细节所织成的网，并组织证据本身以进行诠释与理论概括。

有两种基本的历史比较研究报告结构模式，分别为按照主题和按照年代顺序。大多数的作者交错使用这两种类型。举例来说，他们可以在主题之内按年代顺序或是在年代时期内按主题来组织信息。偶尔也采用其他的结构类型，如按地点、人物或主要事件。如果报告真正的目的在于比较，那么作者还有其他的选择，像是在主题之间进行比较（见拓展方框16.5：撰写历史比较研究报告时应考虑的十大特色）。[③]

在撰写研究时，有些历史比较研究者仿照定量研究报告并且使用定量研究的技巧。他们扩大了定量研究的应用范围，而不是采用某个独特的历史比较研究的方法。他们的报告效法定量研究报告的模式。

你已经在第15章读到了叙述分析，使用叙述策略的研究者通常采用叙事的风格撰写研究报告。他们按照时间顺序组织资料，并且他们通过具体的人和事件去努力“陈述一个故事”。

（六）研究计划书

什么是研究计划书？研究计划书是一份提供给评审审查的研究计划或者方案。它可以是一份交给教师的受监督的课题，作为取得学位文凭的条件之一（例如，硕士论文或博士论文）；也可以是一份对基金会之类的机构所提出的研究计划。它的目的在于说服评审这位研究者有能力成功执行所提出的研究计划。如果计划书写得不错、组织完整，同时也显示出经过了仔细的筹划，那么评审对于研究计划能够顺利完成，就会有更多的信心。

计划书与研究报告近似，不过是写于研究开始之前。计划书叙述研究的问题及其重要性，提供文献回顾并且对研究将采用的技术和方法及其适当性进行详细说明。

定量研究的计划书包含研究报告的大部分内容：研究题目、摘要、问题陈述、文献回顾、研究方法

---

① 参见Dabbs（1982）和Jackson（1978）。

② 关于撰写实地研究报告的伦理关怀这类问题的讨论，参见Becker（1969），Punch（1986），以及Wax（1971）。

③ 参见Barzun & Graff（1970）以及Shafer（1980）就撰写历史研究所提供的卓越的建议。

或研究设计，以及参考文献。但是，计划书不包括结果、讨论与结论的部分。计划书对于资料的收集与分析（例如，统计类型）提出一套计划。通常包括执行阶段的流程以及每个阶段所需时间的预估。

定性研究的计划书比较难写，因为研究过程本身缺乏结构，而且很难事先预知。你可以先准备一份主题/问题的陈述、文献回顾，以及参考文献。你可以利用下列两个方法来展现你具有完成你所提出之定性研究的能力。第一，你准备一份写得不错的研究计划书，包括对文献、问题的意义与资料的来源的广泛讨论。这表明，你对定性研究以及研究这个问题所用方法的适当性皆相当熟悉。第二，描述一个你已经 555

拓展方框 16.5

撰写历史比较研究报告时应考虑的十大特色

1. *时序*。历史比较研究者对事件出现的时间先后顺序相当敏感，并且会将一系列的事件排出顺序，以此来描述某个过程。例如，研究某条法令的通过或是某个社会规范的演进的研究者，可能会把整个过程分割成一组前后衔接的阶段。

2. *比较*。相同性与差异性的比较是历史比较研究的核心。要明确做出比较，确认相同与相异之处。例如，对两段历史时期或两个国家中的家庭结构进行比较的研究者，从列出家庭在每个不同背景下所具有的相同与相异的特征入手。

3. *偶发事件*。研究者常常发现事件、行动或是情境取决于他人，或是受到他人的制约。简要列出某个事件与其他事件如何关联，至为关键。举例来说，对地方性报纸的出现进行研究的研究者注意到，这取决于识字的普及。

4. *起源与结果*。历史比较研究者追溯事件、行动、组织甚或社会关系在历史时间上的起源，并且追踪其结果对后世的影响。举例来说，解释奴隶制度结束的研究者往前追溯 50 年，从许多运动、演讲、法令以及行动中寻找废除奴隶制度的起源。

5. *对无法比较的意义之敏感性*。意义随时间的改变而改变，也因文化之不同而有所差异。历史比较研究者向自己提出问题——某个文字或社会类别在过去与当前是否具有同样的意义；或是，某种文化下的某个词在另一种文化下是否具有直接对等的翻译等。举例来说，在学费极端昂贵、年龄介于 18 岁至 22 岁的人口中只有不到 1%的人能得到大学学位的历史时期，与大学教育相当普遍的 20 世纪相比，大学学位是具有完全不同的意义的。

6. *有限的普遍化*。历史比较研究中过度普遍化一直是个潜在的问题。极少数研究者在历史比较解释中寻求严格固定的规律。他们修正陈述或是避免僵硬的决定论。举例来说，不采用一种地毯式的陈述模式——欧洲白人定居之地土著文化的摧毁是先进科技文化发展不可避免的结果；相反地，研究者可能列举出共同解释特殊历史社会情境下土著文化遭到破坏的一系列特定因素。

7. *关联*。几乎各种类型的社会研究都用到关联的概念。和其他领域一样，历史比较研究者确认在同一时间与地点一起出现的因素。举例来说，检验某个城市 19 世纪的犯罪率，探究是否大量人口移入该城市的年代与高犯罪率有关联，以及那些被逮捕的人士是否大多为近期移民。

8. *部分与整体*。把事件放回原来的情境极为重要。历史比较研究的作者描绘出一个过程、组织或是事件中各部分间的关联，以及事件背后的情境。举例来说，研究某项 18 世纪特殊政治仪式的研究者，描述该仪式如何组成 18 世纪政治体系的一部分。

9. *类比*。类比可以是非常有用的，不过过度使用或使用不适当的类比是非常危险的。例如，一位检验 X 国人对离婚感受的研究者，将之描述为就像 Y 国人对“死亡的感觉”。这个类比就需要对 Y 国人对“死亡的感觉”先做一番描述。

10. *综合*。历史比较研究者经常将许多特定的事件与细节综合成一个具有解释力的整体。综合结果源自把许多小的总结与诠释编织起来，并构成前后连贯的主题。例如，法国大革命的研究者，综合关于社会结构、国际压力、农业失序、变动不定的民众信仰，以及政府财政上出现的问题，将之整理成一个完整连贯的解释。研究者在导言中或结论中以叙事的形式总结其论述。这就是埋藏在描述中的主旨或主题。因此，理论的普遍化与论据融为一体，这也体现出，结论是从详尽的论据中归纳出的。

556 做过的预试定性研究。这能表明你的动机、对研究技巧的熟悉度，以及完成一份事先没有结构模板的研究报告的能力。

用来寻求经费补助的计划书。研究补助费提供完成一项有价值的计划所需要的资源。那些主要目的在于使用经费谋取个人私利或声望、逃避其他活动或者是建立“帝国”的研究者，是不大会成功的。撰写研究计划以取得经费赞助的策略，已经变成一项名为**经费申请术（grantsmanship）**的事业。

有不少赞助研究计划的机构。大学、私人基金会以及政府机构，都有为研究者提供经费赞助的方案。经费可以用来购买设备、支付自己或其他人的薪水、购买研究所需的耗材、负担收集资料所需的差旅费，或是出版研究成果的经费。研究经费的竞争程度差异极大，依经费来源而定。有些机构收到 4 个申请会赞助 3 个，而其他的机构中赞助的不足 1/20。

赞助社会研究的机构虽然很多，但是可能没有一个愿意赞助某个特定的研究计划。研究者需要对赞助机构做一番调查并且探问：什么类型的研究会得到经费赞助——是应用研究还是基础研究？是哪类特定的主题，还是特定的研究技术？截止日期是什么时候？需要什么类型（例如，篇幅、详细程度）的研究计划书？给的大部分经费是多少？研究计划书的哪些部分（例如，设备、人事、差旅等）会或不会得到赞助？有不少关于赞助机构的信息。大学里负责研究经费审批的图书管理员或行政人员是很好的信息来源。举例来说，私人基金会的名单在一本年度出版物《基金会指南》（*The Foundation Directory*）中详细列出。《社会科学家的联邦基金指南》（*The Guide to Federal Funding for Social Scientists*）则列出了美国政府提供研究资助的信息。美国有许多通信刊物和全国性的电脑数据库，订购者可以查阅赞助研究计划的信息。有些机构定期发布**征求研究计划书（request for proposals，RFP）**，征求执行某个特定议题的研究计划书。研究者需要知道有哪些资助来源，因为这是帮助研究者成功地把研究计划书发送给适当的赞助机构的基础。[①]

研究者需要在研究计划书中展现过去的成功纪录，特别是作为所申请计划的研究主持者时。负责整个研究计划的研究者称为**首席调查者（principal investigator，PI）**，有时也被称为*计划主持人*。研究计划书通常包括：首席调查者的履历表或是学术简历表、其他研究者的推荐信，以及过去的研究记录。通常，把经费投资在一份由具备研究经验的学者而不是初出茅庐的新手所主持的计划上，审查者会觉得更放心。研究者可以在以首席调查者的身份寻求经费赞助之前，先做好执行小型研究计划的记录，或是积累协助资深研究者从事研究的经历。

研究计划的评审者要对研究计划是否符合赞助机构的目标做出判断。大多数资金来源对他们将赞助的计划类型有相关的说明。举例来说，赞助基础研究的方案以追求知识进步为其目标；赞助应用研究的方案经常以改善服务的提供为其目标。赞助机构会要求研究者陈述计划的页数、申请书的份数、截止日期之类的项目。切实遵守所有的指示。如果一个研究者连关于研究计划书篇幅的规定都不能遵守，审查人员为何要把数千美元交给他去支持其复杂的研究项目？

研究计划书应该简洁专业。赞助机构所提供的申请规定通常会要求研究者对于需要的时间、服务与人
557 事，提出详细的规划。研究者对于这些项目应该给予清楚与实事求是的说明。过度地高估或是低估、不必要地增添或省略基本的支出，都会减损审查者对计划书的评价。对所提出的研究计划编列预算是件复杂的工作，这通常需要技术上的协助。举例来说，对于必须支出的工资水准、附加福利金额等信息可能都不易取得，最好是请教校内的主管经费的领导或是有经验的计划申请人。此外，取得规章的认同和许可通常是必

① 更多有关为研究计划基金撰写研究方案的讨论，参见 Bauer（1988），Locke 等（1987），以及 Quarles（1986）。关于计划书撰写，Krathwohl（1965）是一本有点过时但是颇为有用的短篇介绍。

要的（例如，机构审查委员会的认可。见第 5 章）。研究计划也应当包括关于发表研究成果的特定计划（例如，出版、对专业团体发表等）以及对该计划是否达到原定目标的评估计划（见图表 16.1）。

图表 16.1　一份成功的研究计划书的相关因素

1. 提出的是个重要的研究问题：对基础研究来说，是建构在以往的知识基础之上，并代表着知识上的一项实质进步；对应用研究来说，记录了一个主要的社会问题，并且允诺找出解决之途径。
2. 遵照所有的要求，内容工整；有清楚陈述的目标，容易操作。
3. 对研究程序提出完整的描述，包括高标准的研究方法论、适用于研究问题特点的研究技术。
4. 对于研究结果的传播以及研究计划是否达到原定目标的评估，提出具体的计划。
5. 设计妥当，显示出经过用心的规划。编列出符合实际的预算与日程安排。
6. 研究者具有成功完成研究计划的必备经验与背景。

计划书是研究者与赞助机构之间的一种契约。赞助机构通常会要求研究者提供一份结项报告，其中必须包括：经费使用的细节、研究发现，以及针对计划是否达到预期目标的评估。如果经费使用不当、未能按照计划书完成研究计划或者无法提供结项报告，可能会导致严重的后果。研究者陷入未来再也无法获得经费赞助的窘况，甚至面临法律的诉讼。经费运用的严重失当可能会导致整个机构（如，大学、企业、医院）被罚钱，使他们将来也无法获得经费赞助。

在研究计划书送到赞助机构后，整个审查过程所需时间从数星期到几乎一年不等，这取决于赞助机构。大多数的情况下，审查者将一大堆计划书排出名次，只有得分高的计划书能获得经费赞助。研究计划经常交由同行匿名评审，评审者可以从计划书所附的履历表中了解申请者的情况，然而申请者则无法知道评审者是谁。有时计划书是交由一群非专业人士或非研究者来评审的。研究计划的申请说明会告之申请者计划书是交由学科领域中的专家还是学识丰富的一般读者来评审，或两者皆有。一般而言，要求赞助经费越多的研究计划，会受到越严谨的评审。

如果你的研究计划得到赞助，应该好好庆祝一番，但不能过于高兴。如果研究计划书遭到拒绝，也不必感到沮丧，这是更可能发生的情况。第一次或第二次提出研究计划书时，遭到拒绝是常有的事。许多赞助机构会提供书面的评审评语。如果有的话，一定要记得向他们索取。有时，礼貌地通过电话与赞助机构人员攀谈，也可能会获知计划书没被接受的理由。可以根据评审意见来加强并且重新提出计划申请书。大多数赞助机构接受申请人重新提出经过修正的研究计划，而且修正过的研究计划在后来的竞争中可能更具竞争力。

二、社会研究中的政治

有关社会研究的天真观点认为研究的执行和撰写是一个单纯的过程，是在社会政治的真空中进行的，与更大社会范围的压力或关注完全隔绝。更为实际的观点则认为，做社会研究时，研究者面对一批有关伦理和政治的问题。有关研究者的伦理包括保护研究参与者、遵守伦理道德进行诚实的研究、避免资助人的干预，以及公开明确地发布研究结果。在受资助的研究中，社会研究中的政治与很多问题交叠（相关内容见第 5 章）。而且，很多社会研究者还将面对经济或者政治上的强势团体，而他们试图限定研究者能研究什么、怎样展开研究，以及怎样发布研究结果。 558

（一）研究中的限制

研究中的直接限制。政府或社会中的强势团体可能试图限制自由的科学探究。一些研究限制一直存

在，但在特殊的时间段或地点，这些限制变得非常有约束力。在非民主社会中，对社会研究进行控制或审查，是常态而非例外的现象。特别是对具有政治敏感性的问题尤其如此，这也包括民意调查在内。因此，在20世纪末期的东欧、南非，社会研究一直受到怀疑，并且被限制在“安全”的主题上，或者被强行用在支持政府的官方政策上。[①] 在一些国家，自从军事政变之后，社会学研究本身就被视为颠覆行动，而遭到禁止。在极端的个案中，当纳粹于1937年发动对大学与研究中心的“净化”时，有40%的德国科学家因为政治原因而遭到解聘。[②] 在美国有数百位教授与研究者遭到整肃，因为他们不愿意公开宣誓反对共产主义，并与20世纪50年代的麦卡锡（McCarthy）调查行动合作。在那个时候，拒绝接受强制的效忠宣誓、支持种族整合或提倡性教育教学的人士，都被怀疑是颠覆分子，并且饱受被解聘的威胁。例如，单是在加利福尼亚大学，就有25位教授因为拒绝签署一个效忠宣誓而被解聘。[③]

在社会研究中有两种限制：（1）守门人，他控制了接近资料或主题的路径；（2）在如何收集官方统计资料上的控制。守门人可能会限制研究的主题，也许想保护他们自己或他们所属的组织免于被批判或遭遇尴尬。他们经常限制研究者接近他们所管的主题或领域。举例来说，在1997年，美国陆军从一份发放给9 000名士兵的153项的问卷中删去了有关性骚扰的若干个问题。消除这6个问题的理由是“高级军官担心回答会令军方十分难堪”（Schmitt，1997）。作为该项计划顾问的两位研究者，一位社会人类学家和一位法学教授，被弄得很烦恼，并记录道，从问卷较早版本得出的初步研究结果暗示，军方基地的性骚扰与问及士兵某些行为（如，去脱衣舞夜总会、看X级电影等）的问题相关。作为“守门人”的军方官员不希望听到这些问题，因为所涉及的回答可能会使军事基地由于自己的普遍做法而尴尬。

另一种限制涉及由政府或其他大型组织收集的官方统计资料或现有统计资料（相关讨论见第11章）。不论机构是否决定收集信息、怎样收集，都会影响到研究的结果。通常，政治因素会影响到在官方统计资料中如何界定现象（诸如：失业、收入、教育成就和贫困程度等），以及是否收集这类信息的问题。[④]

许多社会科学家通常依赖于由美国人口普查局所收集的数据来进行人口学、经济以及其他方面的研究。人口调查的最初目的是分配各州和地区的选举代表。后来，人口普查局开始为制定政策、提供社会计划以及按区域人口数量分配资金而收集信息。它已经成为社会科学资料的主要资源和许多方面的官方统计数据的集散地。严重失真（如，故意超过或少算一些人或面积的数目）削弱了基于人口普查局统计数据所得出的研究结果的权威性，阻碍了充分的民主代表性，并且破坏了社会计划或基金的公平分配（见第11章）。

依据现有数据的研究者依赖政府来提供信息或文件。在美国，根据1980年的《文书削减法案》（Pa-
559 perwork Reduction Act）成立了信息和管理事务局（Office of Information and Regulatory Affairs），由它来决定是否有必要收集信息与保存档案记录。这个法案造成来自政府委托研究的出版物少之又少。此外，这个法律“有时也被用来限制不支持行政部门政策目标的信息”（Shattuck & Spence，1988：47）。例如，在卫生领域，以维护环境为重点、间接批判企业或政府政策的研究计划，比那些以传统疾病为焦点、间接责备受害人的研究计划，更可能遭到以“削减文书”为理由的反对，而不予出版。在缩减成本的名义下，联邦机关停止收集信息、阻止信息的公开流通，并且把信息收集的工作转交给私人企业。美国政府出版机关的销售店面数量被裁减，而价格则被提高。而不收集某些特定信息的官僚决定也具有某种研究信息和政策意涵。

政治家影响引起的限制。不幸的是，在科学共同体之外的人会因社会研究不符合他们的社会或政治

---

① 关于苏联社会科学研究，参见Keller（1988，1989）与Swafford（1987）。也参见《苏联社会学家呼吁关注她的科学》（《附注》，1987：2）。

② 参见Greenberg（1967：71）。

③ 更多有关20世纪50年代那10年及其对社会研究者的影响，参见Caute（1978：403－430），Goldstein（1978：360－369），以及Schrecker（1986）。

④ 参见Block & Burns（1986）以及Starr（1987）。

价值，而对社会研究大肆抨击。某位政治家或评论者可能听到属于某个争议范围内的研究计划，对这个计划有所误解，然后就利用这个状况来吸引媒体的注意力。举例来说，南伊利诺伊大学的哈里斯·卢宾（Harris Rubin）教授想要探究 THC（一种大麻中含有的活性物质）对性冲动的影响效果。关于这个问题几乎没有任何科学证据存在，只有互相对立的神话。他非常小心地遵守所有程序与手续并取得所有审查许可，在科学界同人审查后，国家心理卫生机构决定赞助这项研究计划。然而，某位保守的议员从报纸中知道了这个研究议题以后，就在国会中提出修正案来禁止进一步的赞助。除此之外，卢宾教授必须将这个计划的所有经费退还给联邦政府。虽然科学共同体争论说政客不应该干涉合法的研究，但经费仍被取消。政治家可能害怕支持社会研究可能会造成竞争对手因此向投票人宣扬：政府显然是拿钱给学生"去嗑药和观看色情片"。[①] 1989 年，当时政府赞助一项主要针对性行为的全国调查研究，目的在于遏制艾滋病的流行，结果却遭到国会一些议员的阻拦，因为他们认为让研究者去探究人类性行为是不当之举（见实例方框 16.1：美国国会问题研究基金）。[②]

实例方框 16.1　美国国会问题研究基金

1998 年，南加利福尼亚州的代表马歇尔·森福特（Marshall Sanford）说，他希望削减国家科学基金（National Science Foundation，NSF）对"科学价值"值得质疑的研究所提供的资助。显然，他认为自己比科学界对科学价值的判断更好，他引用了关于 ATM 和"弹子"的研究。NSF 官方发现国会议员所提到的研究，ATM 的缩写代表*异步传输模式*，是一种高速信息技术，而不是*自动出纳机*；而"弹子"是物理学家在原子理论中用于描述次原子粒子的词语，也不是像国会议员所设想的那样是一种游戏。森福特与同来自加利福尼亚州的另一个代表一起，提出惩罚 NSF 的要求，因为他们认为 NSF 支持了没有必要的、纯粹浪费的研究。这些研究包括，调查为什么人们冒着浪费财力的风险去加入社会团体，男性和女性的社会行为的区别，以及为什么潜在的政治候选人决定竞选公职。其他国会议员们为 NSF 辩护，并指出这些批评是错误的结论、政客的草率研究，而不是 NSF 通过严格的同行评议过程所支持的研究类型（Lederman，1998）。

美国参议院取消了国家卫生机构对青少年的性行为所进行的一项研究计划。这项研究是要调查 24 000 个青少年的社会活动、家庭生活和性行为，以期对了解艾滋病和其他性传播疾病提供背景知识。许多研究者说他们并不想在这个议题上表达自己的意见，因为担心这会使他们自己成为政治团体的靶子。一些 560
表达意见的人则说，一些具有极端政治意识类型的少数团体有能力阻止重要研究的推进，这简直是"可耻的行为"和"骇人听闻的"。一位研究者指出，一个计划被取消不是因为它不具科学性或无关紧要；相反，一个计划被取消是出于"我们不需要知道它"这类意识的决定。[③]

对社会研究的批评，即使不具争议性，但由于对研究的误解，也会伤害到所有研究者。政治家可能会试图停止科学共同体认为正当的研究，或者会推动一些不具科学价值的幼稚计划。申请政府赞助的研究者有时候以一种并不吸引人的方式来陈述他们的计划。大众对研究者的嘲笑或者研究基金拒绝给予赞助，也会导致研究者的自我审查，并助长大众对社会研究的消极意见（见实例方框 16.2：政治性攻击对研究的"激冷效应"）。

---

① 参见 Bermant（1982：138）。Nelkin（1982a）对社会科学研究中的那些"遭禁"的主题进行了讨论。

② 《性行为调查惨遭失败》，《纽约时报》（1989 年 7 月 26 日，7 页）。

③ 参见 Stephen Burd《科学家对干涉他们工作的事件增加的担心获得国家卫生研究院的支持》，《高等教育编年记事》（1991 年 10 月 2 日）。

实例方框 16.2 政治性攻击对研究的“激冷效应”

在21世纪初期，被称为传统价值联盟的美国国会代表将社会和医学研究人员作为靶子，而这些研究人员将获得国家卫生研究院（National Institutes of Health，NIH）资助的一系列主题的资金支持。结果，研究人员报告说他们正在进行自我审查。肯普纳（Kempner，2008）在2005年和2006年进行了两项调查。其中一项涉及对这些争议中提到的30名首席调查员的随机抽样进行访谈，另一项调查是向所有参与这些争议的首席调查员发送调查问卷（86个回应）。她发现，由于政治争议，大多数人改变了他们的研究实践。在政治攻击之后，研究人员避免在他们的研究提案中使用某些术语，或者将研究调查的重点转移到较不具有政治敏感性的主题上。

国家安全和对社会研究的限制。军事机密与国家安全在美国于第一次世界大战和第二次世界大战期间成为主要的议题。大部分研究关心的是武器制造技术，但是社会研究者在从事外国研究、军事利益问题，以及对政府本身的研究上，都受到限制。美国的安全机构像国家安全局与中央情报局，对社会科学与自然科学研究都具有强大的影响力，这种状况一直持续到20世纪50年代冷战开始。

在冷战期间，政府对美国社会科学针对非西方社会的研究控制更加严格，特别是从20世纪40年代后半期到20世纪60年代中期。中央情报局和国家安全局更加紧密地暗中监视大多数研究中心和学术协会。在这段时间，国家安全局与军事机构以及一些政治性基金会给社会科学研究提供了大部分资金，这些研究涉及其他社会，政府监视研究者的写作和陈述以符合政府政策。秘密为政府机构工作或与之合作的学者能迅速得到研究资助并且事业有所进展。独立的研究者或那些询问关于政府政策问题的研究者很少能得到研究资助，并且面临着事业受限的问题。开展与政府政策对立的研究几乎是不可能的。[①]

20世纪60年代有项政府研究计划引起了相当大的争议。美国军方赞助的**卡密勒特计划（Project Camelot）**牵扯到前往智利进行政治叛乱与动员研究的知名社会研究者。这个计划的数个方面都引起了争议。第一，这个计划的目的是找出如何防止第三世界国家的农民与弱势群体采取独立的反抗独裁者的政治行动。这种反暴动研究通常是由中央情报局进行的。研究者被指责利用自身的技术与知识服务于军事
561 利益，损害了处于劣势地位的第三世界国家民众的利益。第二，其中有些研究者根本不知道经费的来源。第三，官员们并没有告知智利政府的研究参与者有关这个计划的信息。一旦智利人们发现，他们就会要求研究终止，并且让所有研究人员都离开其国境。[②]

20世纪60年代后期与20世纪70年代，进行研究的自由度有所扩大，对跨文化研究者的限制放宽了，被政府列为机密文件的数量也减少了。美国国会在1966年通过《信息自由法案》（*Freedom of Information Act*，FOIA)，并在1974年强化了这项法律。该法律向学者与民众开放了许多政府文件，只要他们向政府机关提出申请。研究的开放与自由的趋势持续了大约15年，20世纪80年代情况发生了逆转。

20世纪80年代后期，美国联邦政府扩大列入机密文件的数量并且减少了能够被公布的信息。[③] 国家安全的定义被扩大，列入政府机密文件的系统增大，即使并没有政府机关或赞助者涉及研究，研究也被加上了所谓“敏感地带”的新限制。新的规则使得对已经在公共领域的信息和文件进行分类变成更加容易的事。此外，军事与安全官员可以限制美国之外的研究者入境，不准他们参与学术会议或参观美国教室、图书馆以及研究中心。[④]

---

① 参见 Cumings（1997），Sanders（1979），以及 Simpson（1993）关于冷战期间美国政府对区域研究和国际相关学术研究的影响。

② 卡密勒特计划在 Horowitz（1965）中有所描述。

③ 参见 Dickson（1984），Nelkin（1982b），以及 Shattuck & Spence（1988：2）。

④ 参见 Shattuck & Spence（1988），Josephson（1988）。也参见《图书馆员收取计划费将减少资料流动量》，《纽约时报》（1989年2月21日）。

在冷战期间，中央情报局的情报人员经常伪装成社会研究者潜入外国获取信息。1986 年以前，中央情报局一直有全面禁止研究者对外透露研究经费来自中央情报局的规定。之后，这些规定有所松绑，只限于那些中央情报局认为透露经费来源会对美国不利的个案。例如，有位哈佛教授与中央情报局签署一份合约，承诺不泄露这本关于美国对外政策的学术著作是得自中央情报局的研究经费资助。[1]

跨国研究涉及特殊的伦理议题。学界谴责情报人员假冒研究者的身份、隐瞒研究经费来源的做法。在其他国家进行研究的伦理守则强调与当地政府官员的合作、对研究参与者的保护，以及把信息留在当地国等方面的具体做法。然而，研究者可能会发现来自本国政府的干扰，或是基于他对非民主社会民众基本人权的保护，都可能会使他将研究中来自当地政府的信息隐瞒起来。[2]

冷战之后，世界各地的社会学研究的独立性和研究多种社会的学术自由都有所提升，但是自从 2001 年 9 月 11 日之后，美国政治发生了变化，恐怖袭击可能导致了更多的政府监控以及对跨国研究的影响。

通过控制研究基金的间接限制。政治影响社会研究的最常见方式是控制研究基金。这与赞助研究中的议题类似。大规模的社会研究可能相当花钱，费用会高达百万美元。研究经费通常来自私人基金会或者联邦政府。

大部分官员认识到，一个开放自主的社会科学共同体，是通往无偏见的有效知识的最好途径。同行审查过程会促进自主的研究，这是因为向政府机关申请赞助研究的计划书会交给研究同行来审查，而后者会根据计划书对政府机构的科学价值来进行评审。虽然政府赞助大部分的基础研究，但由来自全国许多学院、大学和研究中心的研究者执行研究。

社会研究的总经费与大企业花在研究上的经费或是联邦政府花在其他活动上的经费相比，其实是小巫见大巫。在美国，大部分社会研究的经费来自联邦政府，大学与私人基金会的赞助项目在数量、范围和金额上，都比较有限。因此，对于大型研究计划，研究者向联邦政府申请经费赞助。

在第二次世界大战之前的美国，一些财力雄厚的家族建立的私人基金会（卡内基、福特、洛克菲勒和塞奇）出钱赞助了大部分的社会学研究。这些基金会致力于找出工业主义早期的重大社会问题的相关信息，也想要切断激进分子与社会研究者之间的联系，并且保护已经建立起来的社会制度。数年之后， 562
“社会科学研究的生产因而变得规范化或惯例化，而从大众观点来看，社会科学的研究与赞助组织间的关系也变得更加模糊”（Seybold，1987：197）。私人基金会重新指导社会研究的努力方向，使它从早期集中于应用、行动导向、批判、关注邻里、涉及当地参与的研究取向，转向独立的、专业的、实证主义和学术的研究。第二次世界大战之后，政府研究经费开始增加。在整个 20 世纪 60 年代，私人基金会仍扮演着决定研究优先顺序的重要角色，只不过在这个时候，联邦政府赞助开始逐渐超越私人赞助。[3] 政府对研究的赞助持续增长，但是对社会科学与社会学的赞助仍旧很少。在美国，支持社会学研究的经费还不到联邦补助基础研究经费的 1%。

在美国，社会研究经费可以向数个联邦机构申请，这些机构包括：国家科学基金、国防部、司法部、劳工部、商业部、家庭与城市发展部、教育部、国家人文捐赠基金、小型企业局，以及隶属于卫生与个人服务部的许多部门。联邦政府本身也雇用一些研究人员，但大部分社会研究是由学院与大学或是独立的研究机构开展的。

在它们的早期历史中，由于政治原因，美国社会研究的主要基金来源（国家科学基金和国家卫生研究院）只支持基础性实证研究。为了赢得自然科学家的支持，为了应对一般认为社会科学是“毫无价值”的认识，并抵制那些说社会科学是“左翼”的保守派的指责，非实证社会研究以及应用性研究被排除在外。另外，国家科学基金避免支持有争议性的研究课题（如，性、政治权力等）。这是由于一种顾虑，即在 20 世纪

---

① 更多有关中央情报局与社会研究者的讨论，参见 Shattuck & Spence（1988：39－40）以及 Stephenson（1978）。

② 关于跨国研究的敏感情况，参见 Fuller（1988）与 Van den Berge（1967）。

③ 关于这方面的讨论，参见 Bannister（1987），Blumer（1991b），D'Antonio（1992），Hyman（1991），Ross（1991）与 Seybold（1987）。

50年代和20世纪60年代的政治环境中，这些课题的研究可能会危及公众对社会科学研究的支持。

政治进程决定了有多少资金流向不同社会研究机构以及应用/基础的资金分割。虽然各机构内的科学审查委员会对送审的申请计划书进行科学价值的评估，但是决定总经费额度的则是政府官员。政治家基于政治党派和意识形态利益决定优先事项，它们会影响到可获得研究经费的额度（见实例方框16.3：政治因素对美国犯罪研究的影响）。

实例方框16.3 政治因素对美国犯罪研究的影响

斯维尔斯伯格（Savelsberg，2002）和同事探究1951年至1993年美国的政治压力是否改变了犯罪议题的社会研究方向。他们查找学术期刊文章并探究政治变化是否会通过为研究提供资助影响研究，以及学院或大学中的学术组织的改变是否会影响理论使用（如：个人问题相对于社会力量或不平等）、话题检验（如街头犯罪和毒品相对于白领犯罪），以及犯罪视角应用（如：微观层次的执行相对于宏观层次的执行或理解犯罪行为）。他们发现，由机构资助的、试图推进政治议程的研究，以及为了更好地协调，更能响应政治利益而新设立的、不是作为一个独立的研究共同体而存在的学术部门，都对所进行的研究类型产生了影响。尽管如此，当机构提供资金时，新的组织单位影响研究者研究什么主题和检验什么理论，这些因素并不影响资料是否支持这些理论。因此，政治力量的确影响研究者所关注和努力的理论、主题和视角，但是政治因素并不影响研究人员如何设计或执行研究，也不影响他们所确定的研究结果。

社会学研究的意识形态批判使国家科学基金赞助社会科学研究的经费在1976年和1980年之间，以相
563 同币值而言，减少了24%。虽然有人为此大声疾呼，但是在1980年和1983年之间经费仍然再度减少了17%。一些政治领导人认为研究结果支持了他们意识形态对手的政策。应用研究的资助经费也被政客削减。结果造成数个社会科学学科的专业协会结合起来形成一个游说组织：社会科学联合会（Consortium of Social Science Associations，COSSA）[①]。

赞助社会研究经费的总体水平90年以来似乎没有变动。20世纪20年代后期私人社会科学研究委员会赞助的研究经费，曾经就通货膨胀与学术专业的规模而做调整，这或许比20世纪90年代初期国家科学基金赞助的研究经费还多。[②]

政治价值会限制研究人员可以检验的问题并且设置研究优先顺序。通过关注某些研究问题并限制选择，拥护团体试图塑造所开展的研究以及我们所拥有的关于社会的信息。例如，政客们可能会为应用研究拨款，以论证监管成本对大公司来说是多么“沉重”，但却拒绝为调查监管对消费者的好处的研究提供经费。政客们可能会提高对吸毒者所犯罪行的研究的经费，但却会削减对公司行政部门犯罪进行研究的经费。他们提供新的研究经费给关于如何促进企业精神的研究，同时则削减就社会政策方案缩减对民众的影响进行研究所需要的经费。[③]

政治意识形态对所有科学研究的干涉状况在2001年至2008年期间有所上升，2004年科学家关怀联

---

① 参见Dynes（1984）对社会科学联合会的讨论。

② 与1989年全国科学基金会分配13 600万美元的经费给社会科学相比较（D' Antonio，1992），社会科学研究中心在1924—1928年在社会科学上支出了2 000万美元（Gieger，1986：152）。在20世纪20年代末期，学术界社会科学家的人数大约是1/10，而且1美元的购买力为现在的6倍多。社会科学博士（包括心理学、教学或从事基础研究人员）在1986年，大约有129 000人（科学与工程人事录：全国回顾，全国科学基金会文献，90-310）。学术界全部高等教育人数在1930年不到83 000人（美国历史统计，1970：表H696），20世纪20年代四年的2 000万美元，即每年500万美元，大约相当于1990年的3亿美元。1929年家庭税前收入中值为2 335美元（美国历史统计，1970：表G308）。

③ 更多有关20世纪80年代政治与经费减少对社会研究的影响，参见Cummings（1984），Himmelstein & Zald（1984）以及Zuiches（1984）。更多关于经费来源对研究影响的一般性讨论，参见Galliher & McCartney（1973）以及Dickson（1984）。

盟发表的一份由 8 000 名主要科学家签署的声明表示：布什政府将科学政治化到了过分的程度，急剧地背离两个政党的总统和政府存在已久的实践（Kevlevs，2006：761）。

许多社会研究者所论及的议题直接与社会的信仰、价值和政策相关。利益群体和意识形态坚定的政客们对于这些议题定有他们自己的优先研究顺序，这常常与科学共同体的决定并不一致。这会对社会研究提出社会需求和推进知识的能力产生积极和消极的影响。它保证政治家与能发声的公共团体所关心的问题被凸显出来；同时，被具有政治影响力的团体界定为重要的社会问题可以因此而得到研究。但是如果科学研究不支持流行的公共神话（例如：死刑具有震慑作用），政客和拥护团体就通过不断分配资金设法找出支持非科学性的、大众看法的证据。同时，科学共同体的焦点议题可能得不到研究经费支持。

科学共同体有某种自由度来确定研究问题，但是对政治强势团体影响较小的问题或是没人游说的议题，只会得到有限的研究经费。这种经费上的不平衡也造成了关于各种议题的知识之间的不平衡。最后的结果是，关于强有力的政治群体所关心的议题我们获取了很多的知识，而对于无权势的社会部门的观点，我们却一无所知。

在美国，政客们可以拒绝那些经过了对科学价值进行严格同行评议的研究计划书，即使这些政治家从未阅读过计划书，却可以因为政治意识形态原因反对计划书中的研究主题。[①] 例如，2005 年，众议院扣留了两份同行评议的美国国家精神健康协会（National Institute of Mental Health）研究计划书的资金。一份关于处理鸽子的视觉感知，另一份则是检验心理特质如何促成成功的婚姻。请求阻止资助这两项研究的是一名国会议员——得克萨斯州一个没有科学专业知识的房地产开发商。这种政治干预破坏了同行评议进程。实际上，这名国会议员在阻止美国国家精神健康协会的两项关于人类自我表达和价值系统的研究资助时并未成功。[②]

专用资金或"猪肉桶"研究资金。 从 20 世纪 90 年代开始，美国的政治家们日渐回避政府对研究进行财政的支持分配时的科学审议检查程序。政治家们为在大学或研究机构进行的某项计划"指定"或拨出专用资金。政治家是基于政治偏爱来分配资金的，而不是由科学界见多识广人士评估的众多计划书之间基于研究计划质量或价值的竞争，很明显，"猪肉桶"（pork barrel）政治——这个由政治家们分配资金给主要的政府计划的方法，不是基于重要性或高优先级，而是因为他们拿钱来做交易，拿钱给自己选区的支持者——风气已经蔓延到对研究的经费资助上。 *564*

逐渐地，一些州或选区的研究者们获得大量基于政治而非研究的科学价值的经费资助，而其他研究者几乎什么也得不到。举例来说，通过非竞争性的政治决策的决定，水牛城的纽约大学获得了 12 000 000 美元用以进行交通伤害的研究。在 1989 年到 1993 年之间，政治上定向拨款的研究经费的总量翻了一倍，这种状况在其后几年里仍然如此。1996 年以来，经费增长了 5 倍多，约每年 20 亿。

这种政府研究经费的政治性分配给大学和研究机构带来了压力，使他们迎合有权势的政客们。譬如说，1995 年，新罕布什尔州没有获得定向拨款的研究经费。但 4 年后，在新罕布什尔州共和党议员贾德·格雷格（Judd Gregg）成为拨款委员会主席时，新罕布什尔州的研究者们因此而获益，从政府获得的经费数量攀升至第七位。2001 年，当参议员约翰·麦凯恩（John McCain）在试图结束这种猪肉桶开支时，美国参议院以 87 票对 12 票否决了他的提案。很多政治家"以猪肉为荣"（proud of pork）并吹嘘他们基于政治徇私而不是科学价值所"带回家"的钱。为了获得研究经费，大学和研究机构愈加发现，他们必须下功夫迎合政治偏好、游说议员，而不是支持在以价值为基础的同行审阅程序中具有竞争力的研究计划。[③]

正如 2010 年 4 月 29 日发行的《内部高等教育》（*Inside Higher Ed*）中所报道的："毫不惊讶，学术界专

---

① 参见《国家卫生研究院 1991 年预算缩减 310 万美元，国会反对全国科学基金会赞助的 31 项研究计划》，《蓝色卷宗》（1992 年 5 月 27 日，3 页）。

② 参见自然神经科学社论（2005）。

③ 有关讨论参见 Brainrd & Borrego（2003），Brainard & Southwick（2001），Cordes（1998），Payne（2003a，2003b），以及 Savage（2001）关于迅速增加的猪肉桶学术费用。

项资金的主要接收者居住在国会中部分最强势人群所代表的州中。在接受学术专项基金的前25名之中，……有4个密西西比州的机构很大一部分因素是因为森·萨德·科克伦（Sen. Thad Cochran）——这个州的资深参议员，是参议院拨款委员会中共和党的首席。”（见表16.1）一项研究指出，专项资金可能会增加大学中获取它的人的研究出版物的数量，但会降低所增加的大量出版物的总体质量（Payne，2002）。

很多研究机构和大学转而向民间捐赠（富有的个人、公司或者基金会）寻求研究资助。民间捐赠的资金经常伴有一系列附加要求。比如说，一位私人捐赠者因为受捐大学中的一位研究者公开批评了他所支持的政策，就撤回了已经捐赠的450 000美元的资金。[①] 有些捐赠者希望支持没有附加条件的独立研究，但是很多捐赠款的使用会产生微妙的压力，助长特别的政策立场、意识形态立场或者政治议程。大学和研究机构试着避免来自私人捐赠的研究经费基金的局限性，但是他们必须平衡捐赠者给的现金与抽象理想之间的关系，如研究者进行研究、发表任何有助于知识增益的研究成果的自由。一些大学或研究机构通过允诺限定公开自由的调查来解决返还或者拒绝一笔捐赠资金的难题。

知识传播的限制。科学共同体的一个主要标准就是公开发布知识。强势群体或机构能通过限制信息的流动、限制出版或者让研究员保持缄默来影响社会研究。

1997年的一条新闻报道举例说明了研究结果被封锁的状况。[②] 一家制药公司生产了一种被广泛用于治疗甲状腺疾病的药物，该公司阻止一所大学研究团队发布表明该药物无效的研究结果。作为研究资金的交换，研究者已经签署了一份合约，该合约授予了公司否决出版的权力。其他的研究表明，当医药公司
565 资助研究时，98%的公开发布的研究结果显示药物具有有效性。这比研究经费不是来源于医药公司资助的研究结果的数据要高很多。一些人认为，当一个公司花数百万美元赞助一项研究时，即使研究发现对其新产品不利的消极结果，这种结果也可能被隐瞒。研究者可能被给予股票或者经济刺激，因而只说明积极的发现或延迟发布研究结果。一半以上的接受医药或生物工艺公司资助的大学研究者称，私人捐赠对他们如何进行研究会施加影响。

表16.1　2010年接收国会专项资金最多的15所高等教育机构

高等教育机构	总专项资金
1. 塔斯卡卢萨的亚拉巴马大学	$58 755 000
2. 密西西比州立大学	$47 919 000
3. 得克萨斯A&M大学	$40 150 000
4. 北达科他大学	$39 660 000
5. 北达科他州立大学	$37 040 000
6. 密西西比大学	$33 655 000
7. 夏威夷大学	$33 503 000
8. 马萨诸塞大学波士顿分校	$33 002 000
9. 犹他州立大学	$27 190 000
10. 新墨西哥矿业及科技学院	$27 000 000
11. 路易斯安那州立大学	$26 650 000
12. 南密西西比大学	$22 590 000
13. 西弗吉尼亚大学	$21 920 000
14. 路易斯维尔大学	$20 150 000
15. 肯塔基大学	$19 709 000

资料来源：“The Academic Pork Barrel，2010” from *Inside Higher Ed*，April 29，2010；http：//www.insidehighered.com/news/2010/04/29/earmark（accessed May 16，2010）.

---

① 参见Golder（1996）。

② 参见Lawrence Altman，《专家在药物资料里发现了偏误》，《纽约时报》（1997年4月29日）。

有关医学或生物技术的研究并不是会因利益和发布研究结果冲突的唯一领域。1997 年，一位康奈尔大学的教授在一次城镇会议上做了一项 10 分钟的调查，该调查是有关美国最大的疗养院公司——贝弗莉公司（Beverly Enterprise）（该公司开设了 700 家疗养院）的劳工行为的调查。这位教授的证据有多年研究积累的支持，并被国会报告文件、报纸的报道、法院记录、采访以及其他学者所收录。在 1998 年，这家公司控告该教授诽谤，要求其赔偿 225 000 美元并要求收回多年研究的文档和资料。这被称为**反对公共参与的战略诉讼（Strategic Lawsuits against Public Participation，SLAPP）**，而且其目的就是停止公众证明。

这种实践起始于 20 世纪 70 年代，公司进行"战略诉讼"以使有争议问题的反对派保持沉默。

一项有关公司犯罪的研究被延期，并且在受到该研究采访的管理人员的诉讼威胁后改变了研究结果；一项有关寄宿学校研究的出版被叫停，其原因是该校的行政人员希望更改他们在采访中所说的话，以及不同意研究者的发现而要对书中内容做出改动；在其他案例里，一位受到利益冲突指控的有问题的研究者威胁要提起诉讼，以迫使研究团队其他人员修改他们的文章。[①]

2002 年到 2004 年，美国联邦政府曾受到严重指控，称其限制发布与美国政府的政策立场相矛盾或政府不支持的科学信息。这些改变包括审查关于避孕套功效的资料、阻止公布能证明禁欲没有性教育有效的证据，以及控制美国国家癌症研究所在其网站上发布一个关于流产促进乳腺癌发生的声明，尽管大部分研究显示这两者之间并无关联。此外，政府官员因为政治顾问而非科学家的反对删除了全球变暖的报告。环境保护署称他们不会分析反对官方管理政府政策的污染研究。一位美国农业部研究者，研究怎样通过饮食以减少养猪场臭气，开发出同样可以检测大气污染物的应用程序。此研究无意间也显示了大规模生猪圈养通常违反联邦的污染限制规定，并且产生了抗药性细菌。养猪业的一位成员获悉此项研究，于是联系到研究者主管，并禁止其在研究会议上呈现研究结果或将研究发给科学期刊。[②]（见总结回顾方框 16.1：对政治问题的总结） 566

总结回顾方框 16.1 对政治问题的总结

研究中的直接限制

1. 政府（或者治安委员会）禁止、迫害、监禁或威胁从事以下活动的教授和研究者，这些活动包括：研究缺乏广泛赞同的主题、公开讨论"受到禁止的"思想或发表政府反对的声明。

2. 政府部门官员或者大型组织封锁官方文件或统计信息的数据，或者试图限制官方数据被收集或可公开获得的途径。

3. 政治家和高官批评、攻击或制造公众压力来阻碍他们在个人、宗教或意识形态方面不赞同的合法社会研究。

4. 政府官员试图封锁或删改研究，因为他们相信它可能危害国家安全，或他们为了自己的军事目的或秘密情报收集的目的而试图暗中控制社会研究。

控制研究基金的间接限制

1. 限制或减少研究经费，从而阻止可能挑战深信不疑的意识形态信念或政治观念的新知识的生产。

2. 控制接受资助的主题或问题，改变新知识，以便为某一政策立场提供支持。

3. 政客们违背参议院审议程序，而支持政治拨款，以政治偏好或支持家乡的朋友而不是研究的科学价值为出发点，依次进行研究资金的分配。

4. 局限存在于研究者用以实现政治目标的技术、工具或服务上，而与科学研究的过程、花费、时间

---

① 参见 Punch（1986：18－19；49－69）；Sheryl Gay Stolberg，《研究发现，送给科学研究者的礼物是有线索可循的》，《纽约时报》（1998 年 4 月 1 日）。有关疗养院"SLAPP 诉讼"，可参见 Steven Greenhouse，《康奈尔大学教授向要挟诉讼开战》，《纽约时报》（1998 年 4 月 1 日）以及全国公共电台早间版的新闻（1998 年 4 月 27 日）。

② 参见 Block（2003），Clymer（2002），Krider（2004），Lee（2003），以及科学家关怀委员会（2004）。

或指导研究的复杂性无关。

研究结果发布的局限或偏见

1. 如果研究者在公众论坛自由发表意见或者公开出版他们的研究结果，则会被威胁诉诸法律或者受到惩罚。

2. 在研究者被允许同科学界或公众分享研究结果前，非科学家（如，公司或政府官员）要求对其预先审批或筛选。

3. 政府或其他有影响力的人通过不正当手段促成他们想要的研究结果，科学界认为这些结果是有严
567 重缺陷的、缺乏说服力的或者不充分的，但是这些结果却能促进政客们的政治议程。

（二）研究发现的传播

实证主义研究者认识到，价值在两个领域必然发挥作用。第一，研究者可以选择一个主题领域或研究问题。虽然主题领域中有的是研究的“科学边缘”地带，但是研究者可以根据个人的偏好来选择研究问题。① 第二，一项研究完成后，研究者的价值会影响他们将在何处传播其研究发现。科学共同体期望研究者报告研究发现，而赞助机构也需要一份报告，但是除此之外，就全看研究者自己的决定了。

牵连模型。研究完成之后可能产生的是被卢尔（Rule，1978a；1978b）称为**牵连模型（models of relevance）**的伦理-政治问题。卢尔检验社会研究者对他们的研究及其用途所持的立场，并且指出这些立场可以分为五种基本类型（见拓展方框 16.6：牵连模型）。

拓展方框 16.6

牵连模型

1. *没有任何净效应*。社会科学的研究发现不会产生多大的社会好处。持这个论调的著名社会科学家，包括威廉·格雷厄姆·萨姆纳（William Graham Sumner）、维弗雷多·帕累托（Vilfredo Pareto）、赫伯特·斯宾塞（Herbert Spencer）、爱德华·班菲尔德（Edward Banfield），以及詹姆斯·Q. 威尔逊（James Q. Wilson）。这些保守的社会科学家认为，研究的成果可以被用来开发任何人的自我利益，他们还相信，长期来看，社会科学所产生的广大知识对社会所造成的危害与带来的好处一样多。

2. *直接与正面的效应*。社会科学的知识促进全人类生活的改善。自由主义社会科学家，如罗伯特·默顿便持这个立场。他认为关于社会关系的知识将会带来一个更为理性的世界。有关社会问题的研究结果，使我们对社会世界有更为深入的了解，使我们知道如何能够将社会改良得更加美好。举例来说，林德布洛姆与科恩（Lindblom & Cohen，1979）极力主张重塑社会科学的方向，朝解决社会问题的方向迈进。

3. *针对特定对象：无产阶级*。社会科学应该被用来增进劳动阶级的利益及其社会地位。这是马克思主义的社会研究的最佳用途的模型。根据这个说法，所有的社会科学落入三个类别：细枝末节的研究、有益资产阶级的研究和有益无产阶级的研究。与批判科学研究取向相符，认为研究发现应该被用来宣扬与捍卫无产阶级的利益，协助劳工揭露与打击社会上的剥削、压迫、不正义和压榨行为。

4. *针对特定对象：劣势群体*。社会科学应该被用来帮助社会上的劣势团体或是缺乏特权的团体。这个模型与卡尔·曼海姆或赖特·米尔斯相关，比马克思主义的立场更具广泛性。他们认为社会上有许多社会团体（像是妇女、消费者、少数族裔、同性恋者，以及穷人）缺乏权力，并且主张这些团体都受到社会上掌握教育、财富、知识的有权势的人的压迫。社会研究者应该保护那些在社会上欠缺发言权、受到掌权者操作的群体。有权者会出于自己的目的而使用或资助社会科学研究。由于社会研究者在社会上

---

① 更多有关研究者如何选择研究问题的讨论，参见 Gieryn（1978）与 Zuckerman（1978）。

具有非常独特的角色，而且居于一个能够了解所有社会领域的地位，所以他们有义务扶弱，与劣势者分享他们所创造的知识。

5. *针对特定对象：政府*。社会科学的合适角色是帮助形成社会决策的制定者，特别是政府官员。这个模型是参议员丹尼尔·帕特里克·莫伊尼汉（Daniel Patrick Moynihan）在政府的国家科学基金的政策报告中提出来的，这也是常见于非民主社会的模型。与第二个模型（只强调正面效益）非常相似，不过它加上了政府最具有利地位来使用社会研究的发现并且会全心全意投入根除社会问题的假设。同时，这个模型也与第一个模型（没有任何净效应）相近，不过带有在效忠国家的条件下，“出售”或是把研究发现提供给出价最高的竞标人的意味。该模型假设政府是从全民最大利益出发的，研究者基于爱国的义务，必须把他们所知道的一切提供给掌握政治权力的官员。

牵连模型是社会科学家所持立场的理想型。研究者是否是一名技术人员，负责生产关于社会如何运 568
作的有效、可信的信息，然后交由别人使用？还是研究者属于一个独立的专业共同体，对于要提出什么研究问题以及要如何使用研究结果，有自己的决定权？在一个连续体上，一个极端是对研究或其使用缺乏关心或控制能力的没有道德的研究者，他提供其他人要求的知识，而且仅止于此。这是许多纳粹德国时代的科学家所采取的用来合理化他们与纳粹的合作的立场，后来则被归类为犯下了“违反人性的罪行”。他们“只是服从命令”和“只是做他们的工作”，却“不进行任何质疑”。而另一个极端是，对研究及其使用拥有完全控制权的研究者。

第 4 章所讨论的社会科学研究取向与不同的牵连模型有关，也和不同的政治观点有关。[①] 实证主义者倾向于遵循“直接与正面的效应”或“针对特定对象：政府”的模型。诠释型研究者遵循“没有任何净效应”或“针对特定对象：劣势群体”的模型。批判的社会科学家遵循“针对特定对象：无产阶级”或“针对特定对象：劣势群体”的模型。

特定研究者或研究计划通常会横跨不同的模型。例如，怀特（Whyte，1986）描述员工所有权的研究就横跨了三种特定的对象（无产阶级、劣势群体，以及政府），再加上直接与正面的效应。

自从卢尔发展牵连模型之后，一种新的政治化模型随着美国非政府的私人**智囊库（think tank）**的数目和规模上的极大增长而逐渐出现。这个第六种模型是“针对特定对象：财力雄厚的个人与公司”。它认为社会研究可以反映研究者个人的政治价值，帮助财力雄厚的团体实现维持或扩展它们权力的政治目的。智囊库是由财力雄厚的个人、企业和政治团体赞助的研究与宣传组织。例如，从 20 世纪 80 年代早期到 20 世纪 90 年代，快速成长的曼哈顿机构（Manhattan Institute）、卡图机构（Cato Institute）、文化遗产基金会（Heritage Foundation），以及美国企业机构（American Enterprise Institute）。它们持有特殊的政治意识形态观点，并且采用社会研究或伪科学的方法推进它们的议程。智囊库付费聘请研究人员，赞助研究报告，同时也吸引大众关注那些支持它们政治观点的研究结果（见实例方框 16.4：调查研究中的伦理、政治以及滥用）。

实例方框 16.4　调查研究中的伦理、政治以及滥用

最重要的专业公众意见组织——美国民意研究协会，用非同寻常的手段尖锐地批评了两个组织，它们在调查研究中明目张胆地从事不道德行为以达到狭隘的政治目的。1997 年，该协会发现伦兹（Luntz）研究公司的弗兰克·伦兹（Frank Luntz）“屡次拒绝公开研究的基本要素”。他的调查显示共和党在 1994 年 11 月提出的“和美国缔约”提案获得强烈的民众支持，而其他研究者却并未发现如此高的支持率。伦兹广泛散布他的发现，但却拒绝公开基本的关于研究方法的信息，而这是符合伦理的调查所要求的。

---

① 参见 Brym（1980）论知识分子在社会上的角色。

三年后，美国民意研究协会因竞选电话有限公司严重违反保密性而对其提出批评。竞选电话有限公司声称使用列有全部威斯康星州投票人姓名和电话号码的单子来进行调查。事实上，这家公司只考虑了有关调查回答的详细信息，以及威斯康星州共和党人的电话号码。美国民意研究协会声明说："严厉谴责任何伪装的调查，以及出于除了合法调查研究之外的任何目的而向回答者提供诱导信息。"在这个案例中，该公司将其伪装成一个合法的调查组织，但实际上却是为政治竞选活动投票摇旗呐喊的党羽。这家公司歪曲了其调查研究的真实本质。到美国民意研究协会调查、证明这种不道德的行为时，这家竞选电话有限公司也就不存在了。

资料来源：See AAPOR Website，www. aapor. org/main1. html.

---

569 智囊库研究的质量差异很大，缺乏同行审查，而且缺少有力的证据，不过它们擅长提出建议。这些研究的读者群不是科学共同体，而是政客、新闻工作者，以及公众。其首要目的也不在于增进知识。相反，智囊库研究者进行带有意识形态色彩的政策取向研究，试图塑造大众的思维并影响政治辩论。他们得到显著的媒体宣传、名声和财富。同时，缺乏与大众媒体接触的传统社会科学家却在微薄的经费支持下进行研究，并且发现自己对同样的公共议题进行的比较严谨与谨慎的研究却遭到漠视，社会大众和新闻记者经常被对智囊库研究结果的广泛宣传所淹没。

研究发现发表之后。科学共同体的规范是公开发表研究发现。一旦研究发现成为公共领域的一部分，研究者就失去了对它们的控制力。这意味着，其他人可以出于他们自己的目的而使用这些研究发现。虽然研究者可能是根据自己的价值标准来选择研究主题的，但是一旦研究发现公开，其他人可以利用它们来支持相反的价值。

例如，某位研究者想要增进某个美国原住民部落的政治权力。他研究部落的社会运作，包括他们在社区中取得较大权力的社会障碍。一旦这些研究发现被公开，部落的成员就可以利用这项研究结果来破除这些障碍。但是，反对者也可以利用同样的研究发现来限制部落的权力并强化那些障碍。

影响未来行为的研究发现。你曾经因为读到某些研究发现而做出与以往不同的行为吗？如果有，你并不是唯一这样做的人。有时候研究发现的传播会影响到社会行为。有个例子是政治民意调查结果的效应。民意调查会影响选民的政治倾向，也就是说部分选民会改变他们的意见，以符合民意调查的发现。①

其他社会研究发现也会影响行为。事实上，研究发现的广泛传播可能会以一种否定或者不同于原始研究发现的方式影响人们的行为。例如，一份研究发现，专业人士可能对他们子女的学术成就施加很大的压力，结果产生了高度焦虑与不快乐的小孩。如果专业人士读到这项研究发现，他们可能会改变自己教养小孩的行为。然后，数年之后的另一份研究可能会发现，与其他群体相比，专业人士教养子女时并没有特别要求子女们有更好的学术表现。

对于影响社会行为的研究发现，研究者有数项回应：

1. 它们破坏了人类社会行为的可预测性与规律性，动摇了复制的可能性。

2. 它们只改变琐碎的行为，所以这只对从事非常有限的应用领域的研究者来说是个议题。

3. 它们改变人类的行为，因为人类行为中只有少数不可改变的定律，而且人们会使用公共领域的知识来改变他们的生活。

不论如何，社会研究并没有揭露人类关系与行为的全部复杂性。即使社会研究能够做到，而且这些知识也被充分与正确地传播给所有民众，社会研究者仍然必须研究哪些人类行为会改变以及如何改变。

学术自由。大多数的学生都听过**学术自由（academic freedom）**，但是少有人了解它的含义。学术自由

---

① 关于研究结果对日后大众行为与意见的影响，参见 Marsh（1984），Noelle-Neumann（1974，1984）以及 Price（1989）的有关讨论。

是一种开放与绝大部分不加限制的氛围，在这里观点与信息可以自由地交换。在开放的民主社会，许多人肯定知识自由，相信应该给予学者免受干预的自由。这种思想建在这样一种观念之上，即相信基本的民主制度、无偏见知识的进步，以及言论的自由需要观念与信息的自由流通。学术自由与研究的自主性有关。对研究议题的新观念、研究发现的诠释、理论或假设的发展，以及对概念的公开讨论，都需要学 570
术的自由。

学院、大学和研究机构之内的学术自由，为科学研究提供了所需的自由讨论与公开交换意见的氛围。要使知识有所进展，研究者、专家和学生需要一种环境，这种环境下他们可以自由地发表或争辩不同的看法，有时候甚至是不被大众所接受的意见或立场。亦即，一种在开放讨论中、上课时、公开谈话时或出版物中，人们没有顾虑地从各种观念的各种维度展开充分探析的环境。

你可以通过没有学术自由的地区普遍缺乏社会研究的情况，领会学术自由的重要性。那些想要限制讨论或强迫灌输某个观点的社会-政治拥护团体和政府官员，可能会威胁学术自由。对学术自由的钳制将限制社会知识的增长，并且损害研究过程的完整性。

学术自由在 19 世纪末是个很重要的议题，那时社会科学在大学中正在被制度化。在早期，大学教授会因政府官员或经济精英不喜欢他们在课堂上或出版物中所表达的观点而失去教职。在美国社会科学的早期，大学官员会因著名学者在课堂上所传授的内容或文章中所撰写的观念而强迫其离职，例如凡勃伦(Thorsten Veblen)。任期制［是指教职员工在经过一长段试用期后（一般是六年），没有强有力的理由不能被解聘的概念］的发展促进了学术自由，但是它并没有就此保证完全的学术自由。任期制很大程度上减少了大学对教授和研究人员仅仅因为其倡导不受欢迎的观点而进行的解雇——。[1]

对社会科学的政治打击并不是新鲜事。这反映了独立追求知识与想把自己的信仰强加于他人的政治团体之间的冲突对立。这些打击提出一个问题：从较大的文化价值而言，社会科学应该拥有多少的自主性？社会研究的发现经常与基于非科学知识体系（例如，宗教或政治意识形态）的社会信仰相抵触。大概在 400 年以前，在自然科学被接受之前，伽利略就面临这个问题。他根据自由思考的科学而得到的天文学发现与官方的基督教教义相抵触。在严刑峻法的威迫下，伽利略被迫公开撤回他的发现。强迫伽利略保持沉默使知识的进展减缓了长达一代人之久。进化论所受到挑战同样也说明了科学知识与大众信仰两者间的冲突。

学术自由是产生优质研究的组成部分。科学研究涉及比了解技术知识（例如，如何获得随机样本）更多的事物；它需要自由与开放讨论的精神，根据科学证据进行批评而不论价值的高低，以及深入探究社会生活的所有领域。当学术自由受到限制时，这些价值便会受到威胁。

三、客观性与价值中立

有些人主张社会科学必须要像自然科学一样客观、无偏见，另外有些人则认为价值中立、客观的社会科学是不可能的。部分疑惑是因为每个名词至少有两种可以选择的定义，有时候两个不同的术语则共用一个定义（见图表 16.2）。

实证主义观点坚持科学是价值中立、无偏见和客观的。它认为这些定义是融为一体的。价值中立的保证在于，逻辑-演绎、正式理论，以及区分事实与以价值判断为基础的概念。科学共同体免于偏见，接受自由与公开讨论的指导。基于完备的价值中立与客观性，科学所揭示的是唯一、一致、毫不暧昧的

---

① 关于社会研究者在社会上的历史发展，Bartiz (1960)，Schrecker (1986)，Schwendinger & Schwendinger (1974)，以及 Silva & Slaughter (1980) 做过一番讨论。

真理。

韦伯、古尔德纳（Alvin Gouldner）和曼海姆是讨论社会科学家在社会中的角色的三位主要的非实证主义社会思想家。韦伯（Weber，1949）批判事实与价值的分离在社会科学中并不是十分清楚的，他指出对社会事实或具有社会意义的行动进行界定的，都是负载着价值的理论。因此，社会理论必然包含价值判断的概念，因为所有关于社会世界的概念都是由特定文化下的成员所创造出来的。我们不能完全排除
571 社会概念的文化含义，而且具有社会意义的行动只有在文化情境下才能获得理解。例如，当我们研究种族团体时，并不是对种族之间的生理差异感兴趣。种族是一个社会概念，它之所以被研究是因为处于文化中的成员对种族现象所赋予的社会意义。如果人们没有将这种社会意义加诸可观察的种族差异上，那么种族也就变成一个毫无意义的概念了。

图表 16.2　客观、价值中立和无偏见

1. *客观*
   a. 与*主观*相反；外在的、可观察的、事实的、精确的和定量的。
   b. 合乎逻辑的；为明确的理性程序所创造；不带有个人的或任意的决断；遵守事先确立的特定规则。
2. *价值中立*
   a. 不带任何形而上的价值或假设；没有*超验*的、哲学的成分；无关道德的。
   b. 不受私人偏见或文化价值的影响；不带个人意见；不接受缺乏证据支持的观点；中立的。
3. *无偏见*
   a. 消除非随机的错误；没有系统错误；具有技术上的正确性。
   b. 不受私人偏见或文化价值的影响；不带私人观点；不接受缺乏根据的观点；中立的。

其他的社会研究者继承韦伯的观点。例如，穆尔（Moore，1973）就曾探问，优势群体（例如，英裔、白人）中的研究者作为“局外人”是否可能精确地研究作为少数的种族群体，因为这些研究者的问题、假设和兴趣来自盛行的、非少数族群的观点。白人文化中占据主流地位的文化、价值和信仰体系，适合去探究作为少数的种族群体的重要问题并真正理解其亚文化吗？类似的问题也发生在性别议题上。① 来自不同的文化背景并不会排除研究者研究某个团体的资格，但会要求他们付出更多的关注并具有较高的敏感度。

韦伯（Weber，1949）也认为社会科学家在他们研究的社会问题上，不可避免地会采取某种立场。当研究者应用学界所接受的研究技术时，他们*必须*不偏不倚（即保持中立、排除个人意见与无论据支持观点之介入），把注意力放在社会世界运作的方法与机制上，而不是目的、价值或规范目标上。研究者的价值观必须与研究发现分开，而且应该只在以个别公民身份说话时，才可倡导某种意见。

古尔德纳（Gouldner，1976）对价值中立、客观的社会科学的概念提出抨击。他认为价值中立的概念被用来掩饰某种特定的价值观点。事实上，价值中立本身也是一个价值——支持“价值中立”的价值。古尔德纳说完全的价值中立是不可能的，科学家与其他专家使用这个名词来掩饰他们自己的价值。他建议把价值明确地交代清楚。研究者进行研究的动力，可能受到比冷眼研究世界更大的欲望所驱策。研究者受强烈的希望影响变革的道德愿望驱策，这并非意味着将不会做出优质的研究。

曼海姆（Mannheim，1936）也对*价值中立与客观性*的概念提出批判。他看出社会中的知识分子——特别是那些涉及社会研究的人——具有一种独特的社会角色。个人在社会中的社会地位会塑造他的看法与观点，然而，社会研究者与其他人士不同，他们不会被他们的社会地位所塑造，因为他们做出特别的努力试图了解其他人的观点并且深入社会的所有层面。与其他大部分人相比，社会研究者较少地受权力精英约束，也较少受到流行的观点、风气和狂热分子的影响。他们能够也应该采取**关系立场（relational position）**——一种与任何其他特定的社会团体保持距离，但是又与所有的团体保持接触的立场。他们应

① 社会学女性地位委员会（1986）。

该与社会保持距离或置身于社会边缘，同时还要与社会的所有部门（即使是经常被漠视或隐而不见的部门）维持关系。

四、结论

与社会研究的伦理与政治一样，交流研究结果也是大多数科学事业的一个主要部分。社会调查者面 572
临的政治问题的"解决方案"包括三个方面。第一，研究者需要清楚这些问题，意识到潜在危险，并采取社会政治环境的现实主义观点而不是天真的社会研究的观点。第二，研究者应该联合其他人一同倡导对抗外部压力的独立研究。第三，研究者需要向普通公众以及主要机构的领导宣传社会研究独立性的价值和重要性。

我想通过敦促你们——身为一个社会研究的消费者或新入行的社会研究者——保持自我意识来结束这一章。我们应当意识到研究在社会中的位置，以及社会研究本身所处的社会情境。社会研究者带给广大的社会一种独特的视角。我们对我们自身、科学共同体以及社会都负有责任，我们需要了解社会科学是如何获得它今日在社会中的地位的。

关键术语

academic freedom	学术自由	editing	编辑
error of segregation	分割的错误	executive summary	执行摘要
free writing	自由写作	grantsmanship	经费申请术
models of relevance	牵连模型	paraphrasing	转述
plagiarism	剽窃	prewriting	写作前的构思
principal investigator（PI）	首席调查者	Project Camelot	卡密勒特计划
relational position	关系立场	request for proposals（RFP）	征求研究计划书
revising	修订	Strategic Lawsuits against Public Participation（SLAPP）	反对公共参与的战略诉讼
think tank	智囊库		
zoom lens	镜头焦距		

复习题

1. 讨论在撰写研究报告的过程中，写作前的构思、自由写作、重写、编辑和完稿之间有什么关系。
2. 在组织定量和定性研究报告时，主要的不同点有哪些？
3. 执行研究的计划与最终的研究报告有哪些相同和不同之处？
4. 政客们的行为对社会研究有哪些类型的限制？
5. 有哪些方式可以控制研究经费对研究选题的影响？
6. 政府以及那些提供研究资金的赞助者使用的标准与科学共同体成员使用的标准有哪些不同？
7. 在过去的 20 年中，美国政府的研究基金有些什么趋势？它们是如何影响那些执行中的研究的？
8. 卢尔牵连模型的来源是什么？它有哪些用途？
9. 学术自由是如何支持或反对某个相关立场的？
10. 从事客观性和价值中立的研究具有哪些含义？

术语汇编

A

abduction　溯因推理：一种对理论化的取向，在这种取向下，几种不同的框架被应用于资料和理论
112 之中，每一个框架都在其中被重新描述与重新评估。

abstract　摘要：对一篇学术期刊文章的简短总结，经常出现在文章的开头，它也是定位学术论文的
130 参考工具。

academic freedom　学术自由：是一种概念，研究者和/或教师能够自由检验所有的主题和讨论所有的
569 意见，而不受任何来自教师、学者和科学家所组成的共同体之外的人或权威的限制、威胁或干涉。

acceptable incompetent　可接受的不胜任者：当一个研究者开展实地研究时，为了学到更多关于田野
441 地点的知识，假装缺乏技能和知识。

access ladder　逐渐进入的阶梯：指实地研究者开始可能只能看到和了解关于公共的和无争议的事件，
431 但随着时间的流逝和不断努力，或许能够获得更多隐藏的、隐私的和有争议的信息。

359 **accretion measure　增值测量：**对人们的行动或人们离开后所余的残留物进行非反应测量。

action research　行动研究：它是应用研究的一种，其首要目标是促进社会变迁、提出以价值为导向
30 的政治社会目标。

adaptive sampling　自适应抽样：可能被使用的一种非概率抽样技术，用于隐藏总体，可以使用多种
270 方法进行识别和招募，包括雪球抽样或推荐法。

183 **alternative hypothesis　备择假设：**与零假设相对的假设，认为自变量对因变量有影响。

anachronism　时代错置：一个历史比较的研究者通过将一个事件、说法、对象、人物或情境置于其
477 实际发生之前或之后所犯的错误。

analytic comparison　分析性比较：定量资料分析的一种技术，指研究者运用取同法和取异法来发现
522 在一组个案中影响结果的因素。

analytic domain　分析性主题：研究者通过运用（为了理解某种社会环境而发展出来的）分类或术语
521 所形成的一种文化范畴。

analytic memos　分析性备忘录：定性研究者记录的笔记，根据对资料中细节的考察而发展出更为抽
447 象的概念、主题或假设。

Annales School　年鉴学派：一群发展了一种研究方法的法国历史学家，这种研究方法是整体性的，
474 将对日常生活的具体细节的关注与抽象理论的构建结合起来，并关注长时段的社会范围内的结构性变化。

anonymity　匿名：研究者对研究对象的伦理保护，研究对象维持匿名状态，他们的身份信息也被保
152 护起来免于曝光，并维持不为人知的状态。

appearance of interest　兴趣外露：实地研究中的一项技术，指研究者在实地地点通过假装对被研究

者的行动感兴趣并感到兴奋，以维持和被研究者的关系，即使他们事实上一点也不感兴趣。 440

applied research 应用研究：研究致力于为特定问题提供实际的解决方案，满足临床和实务工作者最迫切的、特定的需求。 27

archive 档案馆：一个原始资料和历史文件的专用图书馆或收藏室，使其可供研究。 478

argot 暗语：一个亚文化或群体的特殊的语言或术语，在互动中经常使用。 443

artifact 人为因素：实验研究的一个对象；指不属于假设但影响实验操作或结果的混淆变量的类型。在实地调查研究中，它指的是人类创造的具有文化意义的实物；具体地说，是指成员使用的或他们赋予其意义的对象，我们研究这些对象是为了更多地了解一种文化环境或其成员。 293

association 关联：指两个事件、特征或因素的同时出现，即当一个事件发生或出现时，另一个事件也有可能发生或同时出现。 75

assumption 假设：指建构理论解释所必需的、有待检验的一个理论起点或观念。 61

attitude of strangeness 陌生的态度：实地研究中的一项技术，指研究者通过在内心中适应作为第一次“看见”它或作为外来者“看见”它，来研究田野地点。 437

attribute 属性：变量的种类或者水平。 178

axial coding 主线编码：是定性资料分析的第二步，研究者在这一阶段组织和联结编码，并挖掘关键的分析类别。 512

B

back translation 反向翻译：通过让不同的翻译者翻译回原始语言，然后比较原始文字和翻译版本，从而将书面材料翻译成第二种语言。 494

Baconian fallacy 培根谬误：假设研究者可以在没有任何预先形成的问题、想法、假设、理论或推测的情况下进行研究的错误想法。 476

basic research 基础研究：被用于推进关于世界是如何运作的基础性知识的研究，它关注“为什么”的问题，致力于建立或检验理论解释。科学共同体是其主要受众。 26

bivariate statistics 双变量统计：处理两个变量的统计方法。 393

blind review 匿名评审：为可能出版的研究报告进行评估的过程，评估者不知道研究者的名字，研究者也不知道谁是评估人。 15

Bogardus social distance scale 博加德斯社会距离量表：该量表是用来测量两个或者更多的拥有较多成员的社会组织间的社会距离，意为一组成员对各种社会交往的舒适程度或与其他群体的成员的亲密程度的限度。 231

bounded autonomy 有限自主性：一种批判的社会科学所使用的、对人的能动性以及因果关系的一种取向，它假设人的行动是基于主观性选择及原因的，但却仅限于其可识别的限制范围内。 111

bowdlerization 删改：旨在维护一种特定的（通常是良好的）形象的对过去的故意扭曲。 485

bracketing 悬置法：诠释的社会科学研究者的一种策略，用于辨别那些被认为是理所当然的对社会情境的假设，并随之将其放在一边或暂时搁置。通过认识并分离人们在日常生活中所使用的普通的、“明显的”意义，研究者可以更好地理解它们的角色。 106

breaching experiment 破坏性实验：一种研究技术，实地研究者有意地运用它来打破社会规则与行为模式，从而揭示社会意义与社会关系的某些方面。 425

bricolage 修补术/拼凑术：运用现有的各种材料，以富有创意的方式，可以即兴完成实际任务。 177

C

case-study comparative research 个案研究的比较研究：研究者在其中深入比较一到两个特定文化（或文化单位，例如宗教）的比较研究。 487

case-study research 个案研究：它对一小部分个案在一段或多段时间内一切详尽信息进行收集，然后

42 进行深度的研究。

207 **casing　个案化**：在定性研究中建立大量个案。

causal explanation　因果解释：是根据因果关系或将原因变量作为造成某些结果的因素之一所表示的
74 一种关于事件发生的原因或事物运作方式的理论解释的类型。

causal hypothesis　因果假设：关于至少有一个自变量和一个因变量的基于经验检验的因果关系说明
180 的陈述或命题。

causal laws　因果法则：一般性的因果效应规律，被用于社会理论的因果解释；实证主义社会科学的
96 一个主要目标就是发现因果法则。

causal mechanism　因果机制：是因果解释的组成部分之一，它指明了主要自变量对主要因变量的影
76 响过程。

central limit theorem　中心极限定理：一种数学关系，它表明，当大量的随机样本被从总体中抽出来
250 时，形成一个正态分布，一个变量的分布的中心值等于它的总体参数值。

130 **citation　引文**：学术出版物的位置的详情，帮助人们迅速找到论文。

classical experimental design　经典实验设计：一个有随机分配、一个控制组、一个实验组、每组有一
286 个前测和后测的实验。

closed-ended question　封闭式问题：受访者必须从一组固定的答案中进行选择的一种调查研究的提问
323 类型。

cluster sampling　整群抽样：一种随机抽样类型，它具有多个步骤，常常用于覆盖大的地理区域，集
257 合的单位被随机地从这些区域中选择，然后样本便从这些被抽取的集合单位或集群中获得。

code of ethics　伦理准则：专业组织发展出来的用于指导研究实践以及区分合乎伦理与不合乎伦理的
155 行为的原则和指导意见。

384 **codebook　编码簿**：一个描述变量赋值和计算机可读格式位置的过程的文件。

coding system　编码系统：一组应用于内容分析的说明或规则，用于解释研究者如何系统地将符号内
363 容由文本转化为定量数据。

cognitive interviewing　认知访谈：一种用于试调查的方法，研究人员试图了解一份调查问卷，并通
350 过访谈受访者的思考过程，或者让受访者随着回答调查问题而“说出思考”，来对问卷加以改善。

cohort study　同期群研究：它是一种纵贯研究，它收集的是（在某一时期）有着共同经历的一类人
46 在不同时期的信息。

collaborative encounter model　协作性接触模型：一项特殊的调查访谈，在其中，受访者和访问员是
249 协同工作的，以达到研究人员所期望的调查问题的意义，并做出准确的回应。

combinational explanation　组合性解释：在历史比较研究中经常使用的一种解释，它强调了几种因素
473 在某些条件下共同作用，以产生一种结果，而不是一种因果关系的线性序列。

commissioned research　委托研究：这种研究由非研究者（个人、组织等）邀请或要求、并资助进行。
37 研究者本身对研究问题、方法和结论展示的自决和控制程度是有限的。

compensatory behavior　补偿性行为：当控制组的参与者为没有受到处理进行弥补而对他们的行为进
296 行修正时，所产生的威胁内部效度的行为。

competent insider performance　胜任的局内人表现：研究者“通过”作为被研究群体的成员，以证明
457 实地研究的真实性和可信赖性的行动。

computer-assisted personal interviewing（CAPI）　电脑辅助个人访谈：访问员调试一台手提电脑并能
321 够帮助受访者通过耳机听取问题，和/或通过屏幕阅读问题随后输入答案的技术。

computer-assisted self-administered interviewing（CASAI）　电脑辅助个人自填问卷调查：受访者在电
321 脑屏幕上阅读问题或通过耳机听取问题，然后移动鼠标或敲击键盘输入答案的技术。

computer-assisted telephone interviewing (CATI) **电脑辅助电话访问**：访问员坐在电脑屏幕前，从屏幕上阅读问题，然后直接将答案输入电脑的技术。 338

concept classification **概念分类**：指一种复杂的、多维度的概念，它具有多个介于单一概念与复杂的理论解释之间的子类型。 65

concept cluster **概念丛**：指一组相互关联的概念的集合，它们具有共同的假设，彼此相互指涉，并在社会理论中一同运作。 65

conceptual definition **概念定义**：可以被清晰地书面表达的对一个概念的谨慎和系统的定义。 201

conceptual equivalence **概念对等**：跨越不同文化或历史背景的观点或概念的相似性。 501

conceptual hypothesis **概念假设**：假设的一种类型，指研究者用抽象的和概念化的术语表达变量，以及用理论的方式表达变量之间的关系。 204

conceptualization **概念化**：为抽象的观念/概念发展出清晰的、严格的、系统的概念定义的过程。 201

concurrent validity **同时效标效度**：依赖先前存在和已被接受的测量方式检验一个概念的指标的测量效度。 213

confederate **同谋者**：一个为研究者工作的人，担当另一个受试者，或者在受试者面前扮演某个角色，用一个封面故事去欺骗。 286

confidence intervals **置信区间**：一个取值范围，通常比在样本中发现的特定值高一些和低一些，在这个范围内，研究者有确定的和高度的信心说总体参数值落在其中。 252

confidentiality **保密**：对研究对象的伦理保护，研究对象的资料会被保密或者不让公众知道，信息不会以一种连接特定个人与其回答的方式显示出来，而仅以聚合的形式（例如，百分比、平均数等）公开呈现。 153

confounding variable **混淆变量**：在实验研究中，并非预设的假设所检验的因素，却影响相关变量并威胁内部效度。 277

construct validity **建构效度**：一种使用多个指标的测量效度类型。它有两个次级类别。一种是看相似的指标能够达到多好的会聚，另一种是看不同的指标的差异有多大。 213

constructionist orientation **建构主义者取向**：一种对社会现实的取向，它假设人们所创造并使用的信念与意义，从根本上塑造了现实对他们而言的样子。 102

content research **内容分析**：在这种方法下，某沟通中介的内容被系统地记录下来并进行分析。 49

content validity **内容效度**：要求一种测量能够代表概念的定义的所有方面的测量效度。 212

context effect **语境效应**：调查研究中的一种结果指受访者听到的整体语气、背景或一组话题影响他们如何阐释后续问题的含义。 331

contextual equivalence **情境对等**：跨越不同文化或历史时期的社会角色、规范或情境的相似性。 500

contingency cleaning **列联清查**：使用计算机清理数据，在其中，研究人员审查了在逻辑上不可能存在的组合。 386

contingency question **相倚问题**：指由两部分组成的调查题目，其中受访者对前一个问题的回答指向他是否进入下一个问卷题目或更具体相关的第二个问题。 323

contingency table **列联表**：显示两个或更多变量的交叉表的一个总结形式，它通常以一个变量类别的行或列的百分比的形式来表达双变量定量资料中的变量。 397

continuous variables **连续变量**：用连续统一体测量的变量，变量属性间精细顺序的无穷的数字是可能的。 218

contract research **委托研究**：一种应用研究，由政府机构、基金会、公司等赞助（支付），研究者同意依照赞助者的研究问题开展并在一定期限内完成研究，据此收取固定费用。 158

control group **控制组**：在实验研究中没有受到处理的受试者。 285

control variable **控制变量**：“第三个”因子，展示双变量关系是否有其他解释。可能在其他变量之前
406 或其他变量之间。

242 **convenience sampling** **方便抽样**：非随机抽样的一种类型，指研究者选取那些偶然出现的人。

convergent validity **趋同效度**：一种类型的测量效度，使用多个指标看看相似的指标能有多好的趋同
213 程度或“相符合”。

conversational interview **会话式访谈**：基于协同接触模型的一种灵活的方法，在其中，访问员会根据
341 具体受访者的理解来调整访谈问题，但每个问题都保留了研究者的意图。

cost-benefit analysis **成本收益分析**：是一种由经济学家发明的应用研究工具，它为特定事件（或项
34 目、政策等）过程的输入和产出附上货币价值，然后研究者对二者的平衡进行比较评估。

courtesy bias **礼貌性偏见**：当存在很强的文化规范来“维护面子”或将不愉快的信息隐瞒于其他人，
493 包括社会研究者时，就会出现这种判断。

393 **covariation** **协变**：两个变量共同变化的概念，例如知道某一变量的值可以为另一个变量提供信息。

cover story **封面故事**：一种欺骗，在其中，实验者向参与者讲述一个虚假的故事，如此参与者就会
286 按照实验者的意愿行事，并不会获知真实的假设。

covering law model **覆盖因果律模型**：一种实证主义社会科学的原则，指一些高层次的、很抽象的理
98 论，覆盖了许多低层次的、更具体的情形并且这些情形可以从其中演绎出来。

213 **criterion validity** **效标效度**：依赖某些独立的外在证明的测量效度。

478 **critical indicator** **关键性指标**：在一个具体的文化或历史环境中，对一个概念的清楚、确凿的测量。

critical social science（CSS） **批判的社会科学**：社会科学的三种主要研究取向之一，强调对表面层
108 次的扭曲的反抗，现实的多重层次以及基于价值立场的、为人们赋权的行动主义。

cross-tabulation **交叉表**：把两个变量的数据放进列联表的过程，表示变量类别交互部分上的百分比
397 或个案数量。

cross-national research **跨国研究**：研究跨多个国家的几个变量的资料（通常是定量的），并对资料进
488 行分析的比较研究。

crossover design **交叉设计**：设计所有组在不同的时期接受同样的刺激，以此来接受同样的不舒适或
152 利益，并防止不平等关系产生的一种实验设计的类型。

cross-sectional research **横剖研究**：一切对多个个案在某一时点的信息进行收集和分析的研究都是横
44 剖研究。

crucial experiment **关键实验**：对同一现象的相互竞争的解释，通过直接对比和评估显示一个比另一
181 个好。

cultural domain **文化主题**：一个人们在其中有规律地进行互动，并发展出一套可以被分析的、共享
520 的理解或“小型文化”的文化环境或场所。

cultural-context research **文化背景研究**：聚焦于比较少数几个代表不同理论类型的社会或文化，以
488 便对同一类型的其他社会进行概括的比较研究。

curvilinear relationship **曲线关系**：两个变量间的一种关联，随着一个变量增加后，另一个变量显现
396 出变化的模式，例如，一开始下降，然后上升，然后又下降；不是线性关系。

D

384 **data field** **数据栏位**：计算机记录的一列或多列数据，表示特定变量信息的位置。

384 **data records** **数据记录**：基于计算机，并包含个案的变量信息的单位或报告。

data **资料**：数字形式（定量）和非数字形式（定性）的信息和证据，它是按照规则或以确立的步骤
9 认真收集的。

debrief **汇报**：在实验后通过与参与者交谈获取信息，如果实验中使用了欺骗，给出一个真正的实验

解释或了解他们的观点。 303

deception 欺骗：研究者对受试者说的关于实验本质的谎言，或者通过他（她）的行为或环境创建一个错误的印象。 286

deductive direction 演绎取向：指发展或证实某一理论的一种取向，它从某些抽象概念与理论关系出发，迈向更为具体的经验证据。 69

defocusing 去除焦点：实地研究早期使用的一项技术，指研究者除去了他过去的假设和预想，对田野地点中的事件变得更为开放。 427

demand characteristics 需求特性：实验研究中，参与者获得了假设的相关线索并选择相应的行为的一种反应类型。 297

dependent variable 因变量：基于因果关系的假设中，因变量是因自变量发生影响或者产生结果的变量。 179

descriptive research 描述性研究：它的首要目标是通过文字和数字描绘出事件（研究对象）的轮廓，比如画出"肖像"，描述类型分类，或是为回答"谁""何时""何地""如何做"等问题规划出大致步骤。 38

descriptive statistics 描述统计：研究者用来描述数据基本模式的一种普通的简单统计方法。 386

design notation 设计符号：用来展示实验部分并用它们制作图表的一种符号系统。 292

determinism 决定论：一种对人的能动性以及因果关系的取向，假设人类的行动在很大程度上是由可以被识别的、外在于个体的力量所造成的。 97

deviant case sampling 异常个案抽样：非随机抽样的一种类型，特别由定性研究者使用，指研究者有目的地选择不常见的或不一致的个案，并将其作为一种提供有关社会过程或环境的更深刻的洞见的方式。 269

dialectic 辩证的：一种批判的社会科学所强调的变化过程；社会关系在其中存在着不可化解的内在矛盾，随着时间推移，它们将会引发剧烈的混乱以及社会关系的彻底重组。 110

diffusion of treatment 处理扩散：当处理从实验组"溢出"时，对照组的参与者由于获知了处理转而修正自己的行为，造成内部效度的威胁扩散。 296

direct observation notes 直接观察笔记：在实地研究中记录的笔记，指尝试囊括研究者在田野地点听到或看到的所有细节与特点。它们以某种方式写下来，以便允许日后的多种阐释。 445

direct-entry method 直接录入法：直接将数据录进电脑的过程，不需要条形编码和光学扫描纸。 386

discrete variables 离散变量：指其属性只能以不同类别的有限的数据进行衡量的变量。 218

discriminant validity 区别效度：测量效度的一种类型，指在"不同概念的指标存在差异"的思想下，多个指标间的有效性。 214

domain analysis 主题分析法：定性资料分析的一种方法，用于描述或分析一个文化主题的结构。 520

double-barreled hypothesis 双重负载假设：令人困惑的、未设计好的假设，有两个自变量，分不清哪一个变量或者是其联合效应起作用。 183

double-barreled question 复合问题：包含一个以上的问题，并造成受访者的困惑或模棱两可的回答的一种调查询问。 316

double-blind experiment 双盲实验：实验研究的一种，在这个实验中，参与者和为实验者服务且直接与参与者打交道的人都不知道实验的细节。 296

E

ecological fallacy 层次谬误：解释中的一种错误类型，其中，在大规模的分析单位上发现的关联关系的经验数据被极大地过度概括，并被作为陈述关于更小单位上的关系的证据。 186

ecological validity 生态效度：通过展示研究者对田野地点的描述与那些田野地点中的成员相匹配，以及研究者的在场对于田野并未形成干扰来证明的实地研究的真实性与可信性。 456

editing 编辑：作为重写的一部分，是写作过程的一个步骤，作者整理语言并使之变得更为严谨，以

547 及检查语法（如动词一致、用法）、调整句子长度和重组段落结构以使之更便于交流并强化其风格。

elaboration paradigm 详析范式：一种用来描述在加入控制变量后，将双变量列联表与偏表比较时明
409 显存在于表格之间的模式的系统。

499 **emic 主位**：在某一特定文化环境中开发和使用的概念或方法，可能并不存在于其他环境。

empirical generalization 经验概括：是一种范围较窄的、准理论性的陈述，它通过使用一些不太抽象
84 的概念来表述某些经验性模式或描述某些经验性规律。

empirical hypothesis 经验假设：假设的一种类型，指研究者以特殊的经验的术语表达变量，以及用
204 可观察的、经验术语表达测量出的指标之间的关联。

empirical 经验的：可以观察并通过人的感觉可以体验（如接触、看见、听见、闻见、尝试）的事件
9 或事物，或者是间接使用方法拓展这种体验。

519 **empty boxes 空盒子**：在一个解释中，作为例证法的一部分的概念类别。

epistemology 认识论：一个关于知识的创建的哲学领域；它关注于我们如何了解我们所知道的事物，
93 或什么是达到真理的最有效的方法。

equivalence reliability 等值信度：指标之间的信度，假设所有的指标都测量同一个概念，使用不同
209 的具体指标能产生一致的结果的测量方式。

equivalent time-series 相等时间序列：在一段时间内，一组有几个重复的前测、后测和处理的实验
288 计划。

359 **erosion measures 耗损测量**：对由于人们的活动导致的表面的磨损或损害的非反应测量。

error of segregation 分割的错误：当进行定性研究写作时出现的一种错误，指作者把具体的经验的
550 细节与抽象概念分离得过于严重。

ethnography 民族志：实地研究所强调的一种方法，指从一种文化的局内人的眼光对这种不同的文
423 化进行非常详尽的描述，以促进对其理解。

ethnomethodology 常人方法论：社会科学的一种取向，指把哲学、社会理论和方法结合起来，用以
研究常识性知识。研究者用它来研究在小范围的环境中普通的社会互动，以揭示人们用来建构并维持其
424 日常社会现实的规则。

499 **etic 客位**：普遍存在于国际科学界并在多元文化环境中被广泛分享的概念或方法。

evaluation research 评估研究：它是应用研究的一种，用于评估项目或政策是否有成效、是否达到其
28 目标。

event structure analysis（ESA） 事件-结构分析：通常使用计算机软件以进行分析的一种定性资料分
析方法，它推动研究者详细说明一系列众多事件间的联系；并通过探究某一事件是否在逻辑上不得不遵
537 循另一事件，还是恰好遵循另一事件，以澄清因果关系。

executive summary 执行摘要：放在报告开头部分的关于研究计划的发现的概要，它是为应用的、非
548 专业的受众提供的，通常比摘要长一些。

exhaustive attribute 穷尽属性：一种原则，指在量表或其他测量方式中的回答类别应当为所有可能
221 的回答提供一种类别（如，每种可能的回答都符合某种类别）。

existing statistics research 现有统计资料研究：研究者多次检验和对定量数据进行统计分析，而这些
49 数据是政府机构或其他组织之前已经收集到的。

286 **experimental design 实验设计**：实验的计划、准备部分。

285 **experimental group 实验组**：在实验研究中受到处理的受试者。

295 **experimental mortality 实验减损**：由于参与者没有参与实验全程而形成的对内部效度的威胁。

experimental realism 实验现实性：一种外部效度，让人感觉到现实性，如此实验的事件对参与者产
302 生真实影响。

experimental research 实验研究：研究者对一部分实验参与者的实验条件加以严格控制，然后比较其与未受控制的组的差别，以此确定“控制”本身是否有用。 47

experimenter expectancy 实验者期望：由于实验者间接地使参与者意识到假设或实验者所渴望的结果，而产生的一种反应类型。 296

explanation pattern 辨明模式：详析范式的一种模式，双变量列联表显示了一种关系，但是偏表没有，控制变量发生在自变量之前。 409

explanatory critique 解释性批判：批判的社会科学所使用的一种解释类型，其中的解释既解释了事件发生的条件（或说明为什么），同时又批判了这些条件（或指出差异、揭露谎言、辨别矛盾）。 112

explanatory research 解释性研究：它的首要目标是解释为什么事件会发生，同时建立、阐述、扩展或检验理论。 40

exploratory research 探索性研究：它的首要目的是去了解那些很少被人们认知的事件或现象，提出研究初步想法，为进一步提出精确的研究问题做准备。 38

external consistency 外部一致性：在实地研究中获得资料的信度的一种方法，指研究者运用多种信息来源交叉检验并核实定性资料。 455

external criticism 外在批评：通过准确定位原始历史资料创建时的地点和时间，对其真实性进行评估（例如，确定它是否是伪造的）。 485

external validity 外部效度：将发现类推到特定研究之外的能力。 300

F

face sheet 封面页：在访谈或田野笔记最前面的一页，涉及日期、观察地点、访谈、背景等。 447

face validity 表面效度：测量效度的一种类型，指一个指标作为判断其他指标，尤其是那些在科学共同体中的指标的测量方式时“具有意义”。 212

factorial design 因子设计：同时考虑多个自变量影响的实验计划。 290

fallacy of misplaced concreteness 误置精确性谬误：当一个人在定量测量中使用了太多的数字，目的是造成这样一种（错误）印象，即资料是精确的。 375

false consciousness 虚假意识：一种批判社会科学所使用的观点，指人们经常有虚假的或误导性的有关经验性条件以及他们真正的利益的观念。 111

false consensus 错误共识：把自己的想法投射到别人身上的一种倾向，换句话说，人们假定每一个人都和他的想法一致。 4

field experiment 实地实验：发生在自然环境下的研究。 302

field research 实地研究：一般是定性研究，研究者直接到研究对象生活的自然环境当中，通过一段时间观察和记录他们的行为等方方面面。 51

field site 田野地点：研究者开展实地研究的一个自然场所。 429

first-order interpretation 第一级诠释：诠释来源于被研究者的观点。 177

floater 游离者：尽管缺乏回答某个调查问题的知识或观点却无论如何都会作答且往往给出不一致答案的调查研究受访者。 327

focus group 焦点小组：人们在一个应用某种定性研究技术的讨论环境中以小组形式接受非正式“访谈”。 459

folk domain 民俗性主题：以田野地点中的被研究者所使用的暗语和分类为基础的一种文化范畴。 521

formal theory 形式理论：是一种一般性的、适用于多种具体的话题领域的理论类型。 72

free writing 自由写作：写作过程中最初的一步，作者尽可能快地将自己的观点落在纸面上，不必顾虑语法或拼写错误。 546

freeze-outs 冷脸迎人：指在实地研究中拒绝与研究者合作或拒绝参与这项研究的被研究者。 439

frequency distribution　频数分布：表明一个变量类别的个案分布的表格，也就是每个分类的数量或
386 百分比。

frequency polygon　频数多边图：有关相连的点的一张图，表明多个个案如何落在一个变量各个类
389 别中。

456 **fronts　伪装**：人在田野地点中的言行，呈现出一种不同于实际发生的事情的印象或表现。

full-filter question　全过滤问题：一种调查研究的问题类型，指先询问受访者是否有某个观点或知道
326 某个话题，然后只有那些有观点或知识的受访者才被询问关于这个话题的特殊问题。

functional theory　功能理论：是一种使用——强调相互依赖的各个部分如何适应与运作以维持整个
83 系统，以及其中某些特定部分如何互补并为整个系统提供专门的支持作用的——结构性解释的理论类型。

funnel sequence　漏斗次序：调查问卷中对调查研究问题的组织方式，指从一般的问题开始，逐步过
331 渡到具体问题。

G

Galton's problem　高尔顿问题：在分散自某个单一来源且各单位并非真正独立个案的多个个案或单
489 位中，发现其特征之间的相关或关联的潜在困境。

429 **gatekeeper　守门人**：控制进入某个环境的门径的具有官方或非官方角色的人。

go native　入乡随俗：实地研究者的一种行动，研究者完全融入当地人中，并失去了所有的距离感或
438 客观性，变得像被研究者那样。

grantsmanship　经费申请术：利用策略和技巧来寻找适当的资金来源，并为获得研究资助准备高质
556 量的研究方案。

grounded theory　扎根理论：是归纳性社会理论的一种类型，通常应用于定性研究之中，它通常是通
70 过在经验观察之间进行比较来向抽象理论发展的。

guilty knowledge　犯罪的知识：那些不广为人知，但却为研究者所了解的，有关田野地点中人的非法
458 的、违背伦理或不道德的行动的信息。

guttman scaling index　格特曼量表指数：研究者在资料收集后使用的一种量表，目的是揭示出存在
234 于回答之间的层级模式是否存在，如那些给出“高水平”回答的人也有可能给出“低水平”的回答。

H

halo effect　光环效应：不以中立、平等的方式进行评价，而是允许利用人、地点或事物的先前声望
4 粉饰其评价的事件。

Hawthorne effect　霍桑效应：以一个著名的个案命名的反应结果，实验者对他们身处实验这一事实
300 而非实验处理做出反应。

hermeneutics　诠释学：一种与诠释的社会科学相关的方法。它源于对文本材料的宗教性研究或文学
101 性研究，它通过对文本的深入探究，将其整体与部分联系起来，从而揭示更深层次的意义。

hidden populations　隐藏的总体：参与秘密的、越轨的或隐藏的行动的人，以及那些难以定位和研究
270 的人的总体。

hierarchy of credibility　信用等级：一个可信度排序的概念。它指的是，在实地研究中，研究者了解了许多有关社会弱势成员的信息，这些人的观点极少被听到。当研究者描述其发现时，被指责为有“偏见”；同时，由那些有权势的人陈述的对立观点却被接受为“无偏见”的，而这仅仅是因为他们的社会地
458 位更高。

387 **histogram　直方图**：一种展示单变量频次或百分比的图形，一般用垂直的线表示数量或占比。

historical contingency　历史偶然性：叙事分析中的一种分析概念，通过指出在某个特殊时间和地点所
528 聚集在一起的因素的特定组合，以解释某一个过程、事件或情形。

historical-comparative research　历史比较研究：一般是定性研究，研究者对历史上不同时期的和/或

另一个社会的事件与环境资料进行考察。 52

historiograph 历史编纂学：历史学家所使用的有假设和重点的方法的理论，以及历史学家在撰写历史研究时所采用的理论观点。 478

history effects 历史效应：由于在实验期间某些事物出现并影响因变量，而产生的对内部效度构成威胁的结果；它是无计划的，而且处在实验者的控制之外。 294

Human Relations Area Files（HRAF） 人类关系区域档案：一份对关于许多文化（大部分是尚无文字的文化）的民族志的广泛的编目和全面的收藏，它允许研究者跨文化单位去做比较。 490

hypothesis 假设：指一种可以从经验上加以检验的，但却尚未检验或未经经验资料验证的理论命题。它最常用于演绎的理论化取向之中，并可以被重新表述为一种预测。 68

I

ideal type 理想型：指概念分类的一种类型，它所呈现的是对某一事件、过程或想法的纯粹的抽象化模型。它被运用于社会理论的建构与资料的分析之中。 65

ideology 意识形态：指一种非科学的、通常是基于政治价值或信仰的，并具有一定假设、概念、概念间关系以及解释的“准理论”。它是一个拒绝改变的封闭体系，无法直接通过经验资料进行证伪，而且其提出的是规范性主张。 58

idiographic 表意性（解释）：一种诠释的社会科学所使用的解释类型，其中，解释是一种对某一社会情境或社会环境的——带有具体细节而抽象程度却有限的——深入描述或描绘。 105

illustrative method 例证法：定性资料分析的一种方法，研究者采用社会理论中的概念，并将其视为装有特定经验实例及描述的一些空盒子。 519

independent variable 自变量：基于因果关系的假设中，自变量是对因变量产生影响的变量类型。 179

index 指数：对一个概念或变量的多次分别测量进行求和或将其联合起来。 223

inductive direction 归纳取向：指发展或证实某一理论的一种取向，它从具体的经验证据出发，迈向更为抽象的一些概念与理论关系。 70

inferential statistics 推论统计：基于随机抽样的应用数学的一个分支，使研究者能够对在样本中获得的测量与在总体中参数是一致的置信区间做出准确论断。 412

informed consent 告知同意：一份用于向参与者阐述研究方面的内容，并在研究开始之前征得他们自愿参与的同意的陈述，通常是书面性的。 149

innumeracy 科学盲：缺少定量素养，没有根据数字和其他数学概念推理的能力。 11

institutional review board（IRB） 机构审查委员会：美国的大学、医院和研究机构的委员会，它要求遵守联邦法律规定，从而确保涉及人类的研究能以合理、道德的方式进行。同时，在研究开始之前，需要考察研究的细节。 149

instrumental knowledge 工具性知识：这种知识以任务-目标为导向，通过研究的结论来回答基础和应用研究关注的问题、研究对象等。 36

instrumental orientation 工具取向：一种对于社会知识的“手段-目标”取向，在这种取向下，知识就像一种可以被人们用来控制其环境或实现某些目标的工具或手段。 99

interaction effect 交互效应：两个自变量同时作用且联合作用于因变量的结果，且大于每个自变量单独效应之和。 290

interactive voice response（IVR） 交互式语音应答：电话访问中的一种技术，在电话访问中，受访者听到电脑自动提问的问题，并通过按键式的电话录入或语音激活软件来指出他们的答案。 338

intercoder reliability 交互信度：在内容分析中与多个内容编码员的等效可靠性，需要在编码员之间保持高度的一致性。 365

internal consistency 内部一致性：在实地研究中获得资料的信度的一种方式。考虑到关于一个人或

事件的所有信息都已经知晓，研究者对资料进行可信性检验，看看它们是否能形成一幅连贯的图画，以
455 试图避免常见类型的欺骗。

internal criticism　内在批评：评估原始历史资料的真实性和可信性，以确定其作为过去发生的事件
485 的记录的准确性。

internal validity　内部效度：通过实验设计，在处理和因变量的联合间，消除潜在的替代性解释，从
292 而研究者加强因果解释的逻辑严密性的能力。

interpretation pattern　阐明模式：详析范式的一种模式，双变量列联表显示了一种关系，但是偏表
409 中没有，控制变量在干扰因果解释。

interpretive explanation　诠释性解释：是根据被社会性地建构出来的意义与主观世界观所表示的一种
84 关于事件发生的原因或事物运作方式的理论解释的类型。

interpretive social science（ISS）　诠释的社会科学：社会科学的三种主要研究取向之一，强调有意义
101 的社会行动、被社会性地建构出来的意义以及价值相对主义。

interrupted time-series　间断时间序列：跨多个时间点对因变量进行随机测量的一种实验计划，而处
288 理则发生在这些测量过程中，通常只有一次。

intersubjectivity　主体间性：实证主义社会科学评估经验证据的一个原则，声称不同的人通过运用其
99 感觉，可以就经验世界中的事物达成一致。

interval-level measurement　定距测量层次：一种测量层次，它确定了不同属性、等级、类别之间的
219 差异，并测量类别之间的距离，但这里没有真实的0存在。

intervening variable　中介变量：合乎逻辑或者适时地出现在自变量之后、因变量之前，连接二者的
179 因果关系。

J

jotted notes　速记笔记：在实地研究中，研究者不引人注目地写下的笔记，而在田野地点这样做是为
445 了便于日后"唤起记忆"。

junk science　垃圾科学：一个公共关系术语，用于指责那些产生了某个倡导团体所反对的结果的科
10 学研究，即使研究做得很恰当。

L

302 **laboratory experiment　实验室实验**：一个人为设置且高度受控的实验研究。

latent coding　隐性编码：内容分析编码的一种类型，指研究者确定诸如主题或主旨等主观意义，然
365 后在交流媒介中系统地定位它们。

289 **latin square design　拉丁方格设计**：测量顺序或受试者受到处理的时间次序是否有影响的实验计划。

level of abstraction　抽象层次：是概念的一种特征，其范围是从经验性的、具体的——通常很容易在
64 日常经验中观察到的——事物到非常抽象的、无形的精神创造物。

level of statistical significance　统计显著性水平：一组数字，研究人员用它作为一种简单的方法来衡
413 量统计关系在多大程度上是由于随机而不是变量间真实的关系而产生。

level of measurement　测量层次：一种在变量的测量中将信息组织到四个一般层次的体系，范围是从
218 定类层次到定比层次。

leverage salience theory　杠杆效应理论：一种调查研究合作的假设，即不同的受访者在调查采访中发
336 现不同的方面，以凸显并决定是否基于访谈的不同具体方面进行合作。

lexicon equivalence　词汇对等：在不同的语言中，或在由一种语言到另一种语言的翻译中，以相似的
500 词语或短语来表达其相同的含义。

life history interview　生活史访谈：指一个人描述他的整个一生的开放式访谈。它是口述史的一个次
452 级类型。

likert scale 利克特量表：用于调查研究的一种量表，指人们以若干定序层次类别术语的方式表达观点或其他的回答（如，同意、不同意），这些等级沿着连续体被排列。 226

linear relationship 线性关系：两个变量不同属性或层级之间的一种正向或负向的关联，当绘制在散点图上时，关联的基本模式遵循直线而非曲线的形式。 394

linear research path 线性研究路径：研究是清晰的、有逻辑性的、一步一步的、直线性的，通常在定量研究中使用。 168

logic in practice 实践逻辑：一种基于学徒身份模型和关于实际关注点与具体经验的共享的默会知识的研究逻辑，是定性研究的特征。 167

logic of disconfirming hypothesis 证伪假设的逻辑：零假设的逻辑，这一逻辑以如下观点为基础：对经验证据的确认只能为某种关系的存在提供一个薄弱的个案；与收集支持性证据的思路相反，对“无关系存在”进行检验，能为关系存在的可能提供更严谨的、间接的支持。 182

longue dureé 长时段：年鉴学派的一种概念，指很长的一段时间，通常为一个世纪或更长时间，其间社会生活中的基本模式或结构保持稳定，并形塑日常生活。 475

longitudinal research 纵贯研究：一切对多个个案在多个时间点的信息进行收集和分析的研究都是纵贯研究。 44

M

macrolevel theory 宏观层次的理论：指聚焦于较长时期内（许多年、数十年、一个世纪或更长时间）所发生的、宏观层次的社会生活（例如，社会制度、主要社会阶层、整个社会或世界区域）与社会过程的社会理论。 71

manifest coding 显性编码：内容分析编码的一种类型，指研究者首先提出特殊单词、短语或符号的列表，然后在交流媒介中发现它们。 364

manipulation check 操纵检验：分开检测自变量或因变量以核查它们的测量效度或实验现实性。 298

marginal 边缘格：列联表中行合计或列合计。 399

marker 线索标志：田野地点中的个人简要提及的参考标志，它实际上暗示了一个非常重要的事件或感觉。 452

matrix question 矩阵型问题：将一组具有相同答案选项的问题以紧凑的形式组合在一起的一种调查研究的问题类型。 333

maturation effect 成熟效应：由于成长的自然过程、烦恼以及其他在实验中出现并影响因变量的因素，而在实验中产生的一种威胁内部效度的结果。 294

meaningful social action 有意义的社会行动：指在人们主观上所重视的社会环境下的社会行动，诠释的社会科学研究将其视为社会现实最重要的方面。 102

mean 均值：一种对一个变量的集中趋势的测量，它表示算术平均，即所有分数的和除以它们的总数。 389

measurement equivalence 测量对等：在不同文化或历史背景下能准确表示一个概念或变量的测量的相似性。 502

measurement reliability 测量信度：变量测量的可靠性或一致性。 208

measurement validity 测量效度：经验的指标和指标用来测量的概念定义在多大程度上能够相互“匹配”。 211

measures of central tendency 集中趋势测量：一种统计度量方法，它将一个变量的数据分布信息汇总为一个数字。 389

mechanical model of man 人性的机械模型：在实证主义社会科学中所使用的一种有关人的本质的模型，声称观察人们的外在行为并记录作用于他们身上的外在力量，足以对人类的思想和行动提供充分的

96 解释。

median **中位数**：一种对一个变量的集中趋势的测量，表明一半的个案高于且一半个案低于的某个点
389 或数值。

member validation **成员确认**：通过让被研究者（如成员）阅读或确认研究者报道内容为真实的，来
457 证明一项实地研究的真实性和可信性的方法。

mentalities **时代的精神**：年鉴学派的一种概念，即在特定的历史时期，一种关于日常意识的和对日
475 常生活的假设的普遍性模式。

meso-level theory **中观层次的理论**：指聚焦于在一个中段时期内（几个月、几年或十年期间）所运
71 作的、中观层次社会生活中的关系、过程与结构（例如，组织、运动与社区）以及事件的社会理论。

meta-analysis **后设分析**：一种文献回顾的特殊类型，研究者从众多研究调查中整理出研究结果，并
125 运用统计技术找出其共同点。

method of agreement **取同法**：定性资料分析的一种方法，指研究者比较一组个案中相似的特征，正
523 是这些特征使这些个案具有一个共同的重要结果。

method of difference **取异法**：定性资料分析的一种方法，指研究者聚焦于个案之间的差异来比较个
523 案间的特征，这些特征使得一些个案具有共同的重要的结果，同时其他的个案却没有。

microlevel theory **微观层次的理论**：指聚焦于短时期内所发生的、微观层次的社会生活（例如，个
71 人之间或在小群体中所发生的面对面互动与相遇）的社会理论。

middle-range theory **中层理论**：是一种介于一般性框架与经验概括之间的社会理论，它的抽象程度
84 与理论范围是有限的，而且是以可从经验上加以验证的、能够与可观测的现象相联系的陈述形式呈现的。

mixed domain **混合性主题**：将被研究者所使用的暗语和分类与研究者为了进行分析而发展出来的分
521 类结合起来的一种文化范畴。

models of relevance **牵连模型**：一组理想型的方法，社会研究者用它来理解开展研究的目的和对研
567 究结果的应用。

389 **mode** **众数**：一种对一个变量的集中趋势的测量，它表示最频繁或最常见的得分。

209 **multiple indicators** **多重指标**：运用多种程序或多种具体测量来提供关于某一变量水平的经验证据。

mundanerealism **现世实在性**：一种外部效度，在这种效度中，实验条件看起来是真实的，非常类似
300 于实验环境之外的设置或情况。

mutually exclusive attribute **互斥属性**：量表中的回答类别的原则，或其他的测量也应当这样组织，
221 从而一个人的回答只符合一种类别（如，类别不应当相互重叠）。

N

naïve assumption model **自然假设模型**：一种特殊的标准化调查研究类型，其中没有沟通问题，受访
341 者的回答完全符合他们的想法。

narrative analysis **叙事分析**：既是一种讲述某个故事的历史写作类型，也是一种定性资料分析的类
型，这种方法会呈现一系列按年份串联的事件，在这些事件中，个体或集体的社会行动者都扮演某个重
526 要的角色。

natural attitude **自然态度**：诠释的社会科学所使用的一种观点，指我们假设常识的世界是稳定而真
104 实的，并且没有剧烈变化地从过去延续到未来；我们这样做，是出于完成日常任务的实际需要。

456 **natural history** **自然历史**：对研究计划实施过程的详细描述。

naturalism **自然主义**：指研究者应当按照事件在自然的日常进行的社会环境中发生的样子来检验事
425 件的原则。

naturalistic generalization **自然类推性**：将从一个人为创造的、受控的、类似于实验室实验环境获得
300 的知识精确地推广到“现实生活”的自然环境中去的能力。

needs assessment 需求评估：是应用研究的工具，它收集关于需求、事件、关注和担忧等的描述性资料，涉及特定的强度、深度、广度等方面。 33

negative case method 负面个案法：定性资料分析的一种方法，聚焦于不符合理论期望的某一个案，并运用个案中的细节以完善理论。 529

negative relationship 负向关系：指两个变量或测量之间的一种关联，在这种关联下，当一个概念或测量增加时，另一个概念或测量会减小；或者当一个概念或测量出现时，另一个概念或测量会消失。 78

net effect 净效应：在控制变量对两个变量的效应被统计消除后，一个变量（通常是自变量）对另一个变量（通常是因变量）的效应。 407

network theory 网络理论：是一种使用——强调在一个交互关联的网或网络中的位置与联系以及这一网络的形态或整体模式的——结构性解释的理论类型。 82

nominal-level measurement 定类测量层次：最低、最不精确的测量层次，指在一个变量的多个类别间只有类型的差异。 219

nomothetic 通则性（解释）：在实证主义社会科学中所使用的一种解释类型，它主要依赖于因果法则和类似于法则的相互关系。 97

nonlinear research path 非线性研究路径：研究是周期性的、重复的或反复的模式，通常在定性研究中运用。 168

nonreactive research 非反应研究：一种社会研究类型，其中被研究者并不知道自己正在被研究的事实。 359

nonsource-based knowledge 非基于资料的知识：对研究者而言，基于推理或对历史环境的深入了解可获得的一般信息。 486

normal distribution 正态分布：一个钟形的频数多边形，在中间位置达到顶点，两边有同样的曲线斜率，是许多自然发生现象的分布形式，是许多统计理论的基础。 389

normalize social research 社会研究平常化：研究者在实地研究中使用的技术，使得被研究者觉得研究过程更为舒适，并有助于他们接受研究者的存在。 435

norms of the scientific community 规范的科学共同体：不正式的规则、原则和价值，规范科学家们实施他们研究的方式。 13

null hypothesis 零假设：认为自变量对因变量没有显著影响的一种假设。 183

nuremberg code 纽伦堡准则：是鉴于纳粹进行的不人道的医学实验，而在第二次世界大战的战争罪行审判之后被采纳的一个道德、伦理行为的国际准则。它是涉及人类的研究的伦理准则的起点。 155

O

one-shot case study 单次一组研究设计：仅仅有一个实验组，一个后测，没有前测的实验计划。 287

ontology 本体论：一个探讨“存在的本质”或“存在的内容”的哲学领域，即探寻“现实是什么”以及“现实的基本范畴是什么”的哲学领域。 92

open coding 开放式编码：是定性资料编码的第一步，审查资料并将它们压缩成初步的分析类别或编码。 511

open-ended question 开放式问题：一种调查研究的提问类型，在其中允许受访者自由提供任何关于问题的他们希望呈现的答案。 323

operational definition 操作性定义：变量的定义，指根据特定的活动进行测量或指出它在经验世界中的含义。 203

operationalization 操作化：从概念的定义到一组特定的活动或测量方式的移动过程，使得研究者能够经验地观察它。 203

oral history 口述史：在一次关于某个人回忆他所经历的过去的事件、信念或感受的访谈中所获得的

480 事件的编年史。

order effect 顺序效应：调查研究中的一个结果，指在其他问题之前被问及的一个话题或某些问题，
330 影响了受访者对随后问题的回答。

ordinal-level measurement 定序测量层次：测量层次的一种，指确定同一个变量不同类别间的差异，
219 并允许这些类别按照等级排序。

outcropping 浮现事实：定性资料分析的一个方面，通过识别出具有代表意义的深层次的结构关系来
516 认知社会事件或特征。

overgeneralization 过度概括化：是这样一种叙述，它大大超出基于数据和研究者获得的经验观察所
4 能证明的范围。

P

45 **panel study 同组研究**：它是一种纵贯研究，它收集的是同一个人群（个案）在不同时间点的数据。

paradigm 范式：一种对理论与研究的一般性的组织框架，包括基本假设、关键议题、质的研究模
94 型，以及寻求答案的方法。

248 **parameter 参数**：从一个样本进行估计的整个总体的一个特性。

546 **paraphrasing 转述**：用自己的话重申作者的想法，并给予原始来源适当的说明。

parsimony 简约性：越简单越好；在其他条件不变的情况下，能够以更少的复杂性以解释更多内容
57 的社会理论是更好的。

partially open question 半开放式问题：调查研究的问题的一种类型，指给受访者一组固定的答案进
324 行选择，但另外，还提供“另一个”类别，使他们可以说出一个不同的答案。

407 **partials 偏表**：在三变量列联表中，在控制变量后自变量和因变量在每个类别上的组合表。

participatory action research 参与式行动研究：是行动研究的一种，研究参与者积极参与和帮助研究的设计与执行。它通过让更多人参与到集体行动中，强调知识创造和参与的民主化。它的基本假设是：
30 政治知识是从对研究的参与中获得的。

path dependency 路径依赖：叙事分析中的一种分析概念，它解释的是在一个过程或一系列事件中，
527 一个特定的开始可以引发某种结构化的次序，使得这些事件在随后的时间发展中遵循这种可识别的轨迹。

percentile 百分位数：对一个变量的离散状况的测量，它表明了某个数值或点及以下的个案的百
391 分比。

periodization 周期化：将社会事实的时间发展划分为几个部分或几个阶段；某个实地研究者可能会
528 在一个持续过程中发现其部分或阶段（如典型的一天、年度周期）。

placebo effect 安慰剂效应：当参与者没有受到真正的处理，而是受到了无效的或仿制的处理却表现
297 出如同受到真正的处理的反应。

plagiarism 剽窃：偷窃其他人的观点，通过一字不差地使用其他人的语句和概念而未正确地注明出
545 处来实现。

population 总体：包含许多案例的大群体的抽象概念，研究者从中获得样本，并将样本结果推广
241 其中。

positive relationship 正向关系：指两个变量或测量之间的一种关联，在这种关联下，当一个概念或
78 测量增加时，另一个概念或测量也会增加；或者当一个概念或测量出现时，另一个概念或测量也会出现。

positivist social science（PSS） 实证主义社会科学：社会科学的三种主要研究取向之一，它强调对
95 因果法则的探究、谨慎的经验性观察，以及价值无涉的研究。

possible code cleaning 可能编码清查：通过使用计算机搜索不可能存在的个案的回复或答案类别来净
386 化数据。

285 **posttest 后测**：处理后测量实验中的因变量的测试。

postulate of adequacy 适当性假设：一种诠释的社会科学的原则，指解释应当在常识性的表述中能够让被研究者所理解。 *105*

practical orientation 实践取向：社会知识的一种实用取向，人们在日常生活中应用知识；知识的价值是与一个人每天实践的理解和选择相结合的能力。 *107*

praxis 实践：一种批判的社会科学评估解释的方式，它将理论性解释置于真实生活的实践中进行评估，随后产生的结果被用于完善解释。 *113*

predictive validity 预测效标效度：测量效度的一种，它依赖未来事件或行为的出现，在逻辑上与对概念指标的核实一致。 *213*

preexperimental designs 前实验设计：缺少随机分配或者走捷径的实验计划，比经典实验设计要弱得多；在一个研究者不能使用经典实验设计的所有特征时的替代性选择，但是这一研究设计有较弱的内部效度。 *287*

premature closure 过早妄下断语：在收集科学标准要求的证据数量或深度之前结束调查并做出判断或得出结论的行为。 *4*

prestige bias 声望偏差：调查研究设计问题时的一个难题，发生在一个受到高度尊敬的群体或个人与某一答案选项联系在一起的时候。 *315*

pretest 前测：处理前测量实验中的因变量的测试。 *285*

prewriting 写作前的构思：写作之前的一个步骤，在这个过程中，作者组织笔记，列出想法列表，概述思想，并确保书目的引用是完整的。 *546*

primary sources 原始资料：关于过去的事件或关于被创造并应用于过去时间段的社会生活的定性或定量的资料。 *478*

principal investigator（PI） 首席调查者：研究一项计划的首要负责人，他接受一个组织的赞助或资助。 *556*

principle of voluntary consent 自愿同意的原则：绝对不要强迫任何人参与研究，除非他们明确而直率地表示愿意参与。 *149*

probability proportionate to size（PPS） 概率与规模成比例抽样：整群抽样中的一种调整，这时单个的群没有同样数量的抽样元素。 *261*

probe 追问：当受访者的回答不清楚或不完整时，访问员为引出适当的回答而提出的后续问题。 *345*

process analysis 过程分析：对一个因果过程的研究，研究者在其中追踪整个一连串的事件及其干预机制，包括事件的持续时间和早期事件对后续事件的影响。 *473*

Project Camelot 卡密勒特计划：20 世纪 60 年代在智利由美国军方资助的一项有争议的社会研究计划，其违反了道德原则并且引起了重要的政治关注。 *560*

proportionate reduction in error 消减误差比例：许多统计量中测量两个变量关联强度的逻辑，强关联关系减少了在用自变量信息预测因变量时的绝大部分误差。 *402*

proposition 命题：指关于两个或多个概念之间关系的理论性陈述。 *68*

pseudoscience 伪科学：用专门术语和表面上是科学的语言陈述的观点或信息，目的是获得接受，但它缺乏科学方法的系统的严谨性。 *10*

pseudosurvey 伪调查：当某人使用调查的形式以说服或误导别人时进行的调查，它确实也没有兴趣收集合法的调查信息。 *351*

purposive sampling 立意抽样：非随机抽样的一种类型，指研究者使用多种方法确定所有可能的个案，这些个案所在的总体具有高度的特殊性，难以获得。 *267*

Q

qualitative comparative analysis（QCA） 定性比较分析：在布尔逻辑的基础上检验各种解释性因素

536 的组合和各种观测指标，以帮助研究者确定复杂的、偶然的因果关系的定性资料分析方法和计算机软件。

quasi-experimental designs 准实验设计：计划比前实验设计更强；经典实验设计的变体被用于特定
287 情形，或者当研究者对自变量的控制力较弱时。

quasi-filter question 半过滤问题：包括“没有观点”“不确定”“不知道”等答案选项的一种调查研
326 究的问题类型。

quota sampling 配额抽样：非随机抽样的一种类型，指研究者首先确定一般的类别，个案或人将从
242 这些类别中选取，接着他在每个类别中选择预定数量的个案。

R

random assignment 随机分配：在实验研究开始时，使用随机过程将参与者分到不同的组中，如此实
282 验者将可以把这些组视为等同的。

random sample 随机样本：使用数学随机方法的样本，比如随机数表或计算机程序，使总体中的每
249 个抽样元素被选进样本的概率相等。

random-digit dialing（RDD） 随机拨号方法：电话访谈中随机选择案例的一种方法，将所有可能的
261 电话号码作为抽样框。

randomized response technique（RRT） 随机化应答技术：调查研究中的一项特殊的技术，用于非常
敏感的话题；通过这项技术，受访者随机收到某个问题，而访问员却不知道受访者正在回答的问题是
321 什么。

random-number table 随机数表：一份不含有任何模式的数据列表，为了选取案例和其他的随机化目
249 的，研究者用它来产生随机过程。

390 **range 全距**：对一个变量离散状况的测量，表明了一个变量的最大值与最小值。

ratio-level measurement 定比测量层次：最高的和最为精确的测量层次，指变量的属性能够按照等级
219 排序，属性之间的距离能够精确地测量，同时存在着绝对零点。

reactivity 反应性效应：由于一个普遍的外部效度威胁（参与者意识到他们身处一项实验中并正在被
300 研究）的出现而导致的结果。

recency effect 近因效应：调查研究中的一种结果，指受访者倾向于选择最后一个答案而不是谨慎考
327 虑所有选项。

recollections 回忆文献：关于过去经历的陈述或著作，这些经历是在时间过去之后收集的，并且是
480 以一段记忆为基础的或是通过对旧物品、照片或笔记的回顾而激发起来的。

reconstructed logic 重构逻辑：一种基于改编的、标准化的、程序化的调查知识的研究逻辑，实践中
167 有明确的规则、正式的程序和技巧，是定量研究的特征。

reductionism 简化论：解释中的一种错误，其中，在小规模的分析单位上发现的关联关系的经验数
187 据被极大地过度概括，并被作为陈述关于更大单位上的关系的证据。

reflexive knowledge 反思性知识：这种知识被广泛用于检验基础或应用研究的假设、特定语境、道
36 德价值定位等方面，包括研究过程本身以及研究的寓意和推广。

reflexive-dialectic orientation 反思性辩证取向：一种批判的社会科学所使用的、对社会知识的取向；
在这种取向下，主观性与客观性这两方面被糅合起来，以提供从单独的任意一方都无法获得的结合性见
114 解。知识的价值，在于其作为整合观察、反思与采取行动的一个过程的价值。

reification 物化：批判的社会科学所使用的一种观点，指当人们脱离了并忽视了他们与其自身的创
111 造物之间的联系时，他们就会将它们视为是外来的、外在的力量。

relational position 关系立场：由卡尔·曼海姆提出的一种主张，指专业的学术研究者和知识分子占
据了独特的社会位置。他们与社会上主要的群体分离，这将他们置于最为有利的位置，从而能够发展出
571 公正无偏的知识。

relativism 相对主义：诠释的社会科学所使用的一个原则，指没有哪一种观点或价值立场比其他的观点或价值立场更好，所有的观点或价值立场对那些信奉它们的人而言都是同样有效的。 107

replication pattern 复制模式：详析范式的一种模式，偏表单独显示了如同在双变量列联表中自变量与因变量之间那样的关系。 409

representative reliability 代表性信度：跨越小组和次级总体的信度；跨越不同的社会群体产生一致结果的一种测量方式。 208

request for proposals（RFP） 征求研究计划书：由资助组织发布的一份通知，它征求关于研究方案的书面计划。 556

research fraud 研究欺骗：是指研究者伪造或自创并非真正收集到的资料，或谎报研究执行方式的违反伦理的行为类型。 144

response set 答案定势：调查研究中的一种效应，指回答者倾向于同意一系列的每个问题，而非仔细思考每个问题的答案。 228

revising 修订：校正过程，它是重写的一部分，在其中，作者增添观点或证据，并删除、重新安排或改变原有的观点，以增进清晰度和更好地表达意思。 547

rules of correspondence 对应法则：研究者用来连接抽象概念和他们在具体社会现实中使用的测量操作的规则。 204

running records 历年记录：在较长时期内以相对一贯的形式保持并用于统计研究的现有的文件、报告或文档。 480

S

safari research 游猎研究：来自某一种文化的研究者将其观点、想法和问题强加于另一种文化，并将所研究的文化仅视为一个需要研究的奇特对象的研究。 495

sample 样本：研究者从较大的集合中选取的较少的一组个案，并将其推广到总体中。 240

sampling distribution 抽样分布：从同一个总体中获得的许多随机样本所产生的一种分布。 250

sampling element 抽样元素：被选取的一个个案或单位的名称。 244

sampling error 抽样误差：样本偏离总体的代表性的程度。 249

sampling frame 抽样框：总体或总体的最佳近似群体中的案例名单。 246

sampling interval 抽样间距：抽样比的倒数，在系统抽样中用它来选择个案。 252

sampling ratio 抽样比：样本中个案的数量除以总体或抽样框的个案数，或是样本中总体的比例。 247

satisficing 满意即可：当回答调查问题时避免耗费认知努力，并且给出最低要求的答案，以满足调查问题或访谈情况的最低要求。 326

scale 量表：常用在调查研究中的定量资料测量的一种类型，它获取一个变量连续体的密度、方向、水平或潜能。绝大多数是定序层次的测量。 226

scattergram 散点图：基于描绘两个变量的每个个案值来表达两个变量之间统计关系的图形。 394

scholarly journal article 学术期刊论文：以科学共同体成员为其主要读者的专业刊物上的文章，是在科学共同体内传播新的观点与发现的主要形式。 15

scientific community 科学共同体：一群人的集合，他们共享一个规则和态度的体系，这一体系支持并推进了科学知识的生产。 12

scientific literacy 科学素养：理解和应用科学知识、科学概念、科学原则、科学理论解决问题以及基于科学推理的基础上做出决定的一种能力，从而以一种反映科学界核心价值的方式进行互动。 11

scientific misconduct 不当科学行为：是指涉及研究欺骗、剽窃和其他违反伦理的行为，对科学共同体在执行研究或撰写研究报告方面，所共同接受的做法的重大偏离。 144

secondary sources 二手资料：由历史学家或其他未直接参与事件或场景的人所报告或撰写的用于历

480 史研究的定性和定量的资料。

177 **second-order interpretation 第二级诠释：** 定性的诠释来源于实施研究的研究者的观点。

selection bias 选择偏差： 是威胁内部效度的一种先入之见，于实验伊始组别在因变量上不相等时
294 出现。

selective coding 选择性编码： 是定性资料编码的最后一步，研究者检查先前的编码，以确定并选择
514 可支持发展出来的成熟的概念化编码分类的资料。

selective observation 选择性观察： 不是以一种中立和平衡的态度，而是以一种加强了先前观点的方
4 式进行检验的过程。

semantic differential 语意差异： 一种量表，指人们被呈现在一个话题或事物以及许多对立的形容词
或副词列表面前。他们通过在两个形容词或副词之间的若干个间隔中的一个上做出标记，来表明他们的
233 感觉。

separation of inference 分离推论： 实地研究者撰写直接观察笔记的流程，即把他实际上观察到的内
446 容与其推论或相信应该发生的内容分开记录。

sequential sampling 连续抽样： 非随机抽样的一种类型，指研究者试图尽可能多地发现相关的个案，
270 直到时间截止、资金耗尽或他筋疲力尽，或直到没有新的信息或个案的多样性不会增加为止。

sequential theory 序贯理论： 是一种通过使用结构性解释概述某一序贯模式并指明事件发生的一系
80 列有序的顺序、阶段、步骤或次序的理论类型。

simple random sampling 简单随机抽样： 研究者创建抽样框并使用纯随机过程来选择案例的随机抽
249 样，使总体中的每个抽样元素都有相等的概率被抽中。

skewed distribution 偏态分布： 在变量类别上的个案分布不是正态的，也就是说，不是钟形的，更
389 多的是在极端的一边，而不是两边数量一致。

Strategic Lawsuits Against Public Participation（SLAPP） 反对公共参与的战略诉讼： 由财大气粗、
565 富有权势的组织用来威胁研究者并阻止他们公开表达观点或揭示信息的一种诉讼类型。

323 **sleeper question 测谎题：** 利用不存在的人或事以检验受访者是否诚实的一种调查研究的问题类型。

snowball sampling 雪球抽样： 非随机抽样的一种类型，指研究者从一个个案开始，接着在从这个个
269 案得来的有关相互关系的信息的基础上，找出其他的个案，然后不断重复这一过程。

social breakdown 社会故障： 社会规则与行为模式在一个田野地点中无法按照预期而运作的失败，
438 这种失败揭示了大量与社会意义及社会关系有关的东西。

social desirability bias 社会期许偏差： 一个调查研究中的难题指受访者给出“规范的”答案或社会
322 接受的答案，而不是给出真实的答案。

social impact assessment 社会影响评估： 是应用研究的一种，它记录了当某一新变化在特定社区内
31 发生时，可能对社会生活各个方面产生的影响与后果。

371 **social indicator 社会指标：** 社会福利的量化指标。

social theory 社会理论： 一组相互关联的思想，它将有关社会世界和解释其如何运作的知识进行浓
9 缩、系统化和组织化。

solomon four-group design 所罗门四组设计： 将参与者随机分配到两个控制组和两个实验组，仅有一
290 个实验组和一个控制组接受前测，四个组都接受后测的实验计划。

special population 特殊群体： 因为年龄、监禁、潜在的强制或者不具备身体、精神、情绪及其他方
151 面的完整能力的研究参与者，可能会缺乏足够的自由或意识去授权自己对参与一项研究的自愿同意。

specification pattern 标明模式： 详析范式的一种模式，双变量列联表显示了一种关系，但是偏表显
409 示没关系。

spuriousness 虚假关系： 一种表面上的因果关系，实际上是一种错觉，由于一个尚未被察觉的或最

初隐藏的因素产生了影响，但这个因素对自变量和因变量都有一定的影响，造成了这二者间存在某种关系的错误印象。 189

stability reliability 稳定性信度：跨越一段时间的信度；假设一个人正在测量的内容自身不发生变化，跨越不同的时间点能够产生一致的结果。 208

standard deviation 标准差：变量离散程度的一种测量尺度，它表示数值与均值间的平均间隔。 391

standard-format question 标准格式问题：答案选项不包括“没有观点”或“不知道”等选项的一种调查研究的问题类型。 326

standardization 标准化：通过给出测量不同单位的共同基础，在统计上不断调适测量尺度，从而允许进行诚实的比较的步骤。 225

static group comparison 静态组别比较：有两个组，没有随机分配且仅有后测的实验计划。 287

statistical independence 统计独立：两个变量没有统计关系，即当我们知道一个变量的值时，不能推断出另一个变量的信息，变量间没有关联关系。 394

statistical regression effect 统计回归效应：由测量工具提供极端值以及随机误差的均值化趋势而来的一种对内部效度的威胁。 295

statistical relationship 统计关系：基于基础应用数学的对两个变量是否互相影响的表达式，也就是他们之间是否有联系或是独立的。 393

statistical significance 统计显著性：在样本结果中，一个发现或统计关系的可能性，是由于随机因素，而非整个总体中真实存在的关系而产生的。 412

statistic 统计值：具有多种含义的词，包括从样本中进行计算得出的总体参数值的数值估计。 248

stratified sampling 分层抽样：随机抽样的一种类型，指研究者首先确定一组具有互斥性和完备性的类别，将抽样框按照类别划分，然后使用随机选择的方法从每个类别中选取案例。 256

structural explanation 结构性解释：是通过概述一个整体结构，并强调这一结构中的不同位置以及各个位置之间的相互依赖性、距离或关系来表述的一种关于事件发生的原因或事物运作方式的理论解释的类型。 78

structured observation 结构化观察：观察在一个高度组织化的社会环境中所发生的事情的方法，它遵循观察与记录的系统性规则。 364

subjects 受试者：实验研究中，参与者的传统称谓。 284

substantive theory 实质理论：是一种专门针对某一特定话题领域的理论类型。 72

successive approximation 连续逼近法：定性资料分析的一种方法，指研究者在经验资料和抽象的概念、理论或模型之间不断地来回移动，随时调整理论并完善资料的整理。 519

suppressor variable pattern 抑制变量模式：双变量表显示独立，但是在一个或两个偏表中显示出了关系。 411

survey research 调查研究：一般是定量研究，研究者系统性收集一个大样本的数据资料，询问被调查者相同的问题、记录他们的回答。 49

systematic sampling 系统抽样：研究者在抽样框中运用抽样间距在每 K 个（如，第 12 个）案例中选择一个案例的随机抽样。 252

T

tailoring 适应：通过让访问员强调访谈中受访者认为突出的和有积极价值的具体方面，来鼓励受访者在调查研究访谈中的合作。 336

target population 目标总体：具体指定的、包括许多案例的大群体，研究者从中抽取样本并将样本结果推广至其中。 246

tautology 同义反复：解释中的一种错误类型，其中影响因素（自变量）和导致的结果（因变量）总

184 是一样的，或前者是后者的另一种说法，叙述某些“就定义来说是正确”的表面上的因果关系。

technocratic perspective　技术统治论视角：一种应用取向，在这种取向下，研究者不加怀疑地接受任何研究问题，并局限于政府、企业或官僚机构所要求的研究范围内，不加批判地为他们实施应用研究，
99 并顺从地为官员们提供决策所需的信息。

teleology　目的论：解释中的一种错误类型，其中因果关系是无法被经验检验的，因为影响因素并没
184 有在结果之前出现，或者因为影响因素太模糊、太笼统以致无法被经验测量。

telescope　压缩：指调查研究中的受访者在回答有关过去的事情时压缩时间，他们过多地报告近来的
320 事件，过少地报告久远的事件。

testing effect　测试效应：由于前测中的测量过程对因变量产生影响，而产生一种威胁内部效度的
295 结果。

361 **text　文本**：内容分析中处于交流媒介中、被测量的象征意义的一般性名称。

62 **theoretical concept　理论概念**：指在理论中经过深思熟虑、谨慎定义并明确表述出来的概念。

theoretical explanation　理论解释：是一种通过使用某些更为一般性的概念或抽象原理来说明为什么
73 某件事物会以某一特定形式呈现或发生的逻辑性论证或“故事”。

theoretical framework　理论框架：指一个很有一般性的，包括假设、概念与具体的社会理论的理论
85 体系。

theoretical sampling　理论抽样：非随机抽样的一种类型，指研究者选择特殊的时间、场所或事件进
270 行观察，目的是发展社会理论或评估理论观点。

thick description　深描：定性资料的一种类型，研究者企图在非常详尽的描述中，捕捉关于一个社会
424 环境的所有细节，并传达对这个环境的亲密感及处于这个环境中的人的内部生活。

think tank　智囊库：是由一个或多个研究者、作者、新闻工作者以及其他人组成的组织（通常是非
568 营利、非政府的），这个组织发展、改善、详细说明以及宣传相关政策问题。

178 **third-order interpretation　第三级诠释**：由研究报告的读者给出的定性诠释。

Thurstone scaling　瑟斯顿量表：一种量表，指研究者给一组评判者许多项目，并让他们把这些项目
230 分配到一个连续体的不同类别中去，然后考虑分类的结果并选择评判者一致同意的那些项目。

time budget survey　时间预算调查：受访者记录一段时间内活动的时间和持续时间的详细信息的一种
340 特殊类型的调查。

time-series research　时间序列研究：它是一种纵贯研究，它收集不同时间点不同的个案和人群的
44 信息。

transcendent perspective　超验视角：指研究者与被研究者一起发展研究、考察人们的内心生活，从
107 而获得一种亲密熟悉的关系，并与被研究者密切合作以创造相互理解。

transformative perspective　变革视角：指研究者通过能够转变人们的主观理解、并为人们了解参与社
114 会政治活动如何能显著地改善其生活条件而提供深入见解的方式，超越现实的表面层次而进行探索。

488 **transnational research　多国家研究**：研究并比较跨国单位的比较研究方法。

284 **treatment　处理**：实验研究中的自变量。

164 **triangulation　三角校正**：指从不同角度分析事物提高精确性的一种想法。

414 **Type Ⅰ error　第一类错误**：错误出现于一种关系不存在时说它存在；错误拒绝虚无假设。

414 **Type Ⅱ error　第二类错误**：错误出现于一种关系存在时说它不存在；错误接受虚无假设。

typification　典型：一种非正式的、在日常生活被人们用于组织并分类事件流以及他们所体验的情境
105 的模型或图式，通常是共同知识或常识的一部分；它简化了并有助于组织生活的复杂性与流动性。

typology　类型学：指为了形成一组相互联系的子类型，通过交叉分类或将两个或以上的简单概念结
66 合起来所创建的一种概念分类或“准理论”。

U

unidimensionality 单向性：当使用多重指标测量一个概念时的原则，所有的指标应当一致地结合在一起，并表示单一的概念。 221

unit of analysis 分析单位：指我们所考察的社会生活的单位、个案或组成部分。它们是发展概念（可从经验上加以测量或观察的概念）与分析资料的关键。 69

univariate statistics 单变量统计：处理单一变量的统计方法。 393

universe 总体：可以通过关系与假设来进行概括或解释的、个体所处的整个类别和分类。 173

unobtrusive measures 无干扰测量：非反应测量的另一个名称。它强调被研究者不知道这一测量，因为测量方式没有侵入到他们的生活中。 359

V

value-free science 价值无涉的科学：一个实证主义社会科学的原则，指社会研究应当以客观的方式进行，即仅以经验证据为基础，而不从道德-政治价值出发进行推断。 99

variable 变量：一个能赋多种值的概念或其经验测量。 178

verstehen **理解**：一个德语单词，意味着移情式的理解（即，共享意义的深入理解），它在诠释的社会科学中，是社会研究的主要目标。 101

voluntarism 唯意志论：一种对人的能动性以及因果关系的取向，它假设人的行动基于个人的原因与主观性选择。 104

W

Western cultural bias 西方文化的偏误：在进行比较研究时，使用西方先进社会的观点和视角（在很大程度上对当地的、非西方的文化议题、价值观或视角不敏感的观点和视角）做判断。 498

whistle-blower 揭发者：是能够认识到一个组织中的不道德或非法行为，宣示反对这些行为的意见，试图通过组织内的渠道阻止这些行为却没有成功（可能会因此而受到惩罚），但是仍然坚持己见并通过组织外的渠道反对这些行为的人。 156

wording effects 措辞效应：在调查研究中，当特殊的术语或字眼的使用强烈地影响一些受访者如何回答一个调查问题时所产生结果。 329

Z

zoom lens 镜头焦距：一种组织实地研究报告的方式，作者以泛泛的主题开始，然后逐渐将其聚焦得更狭窄、更具体。 553

z-score Z 分数：分数分布中一个标准化的定位，基于它高于的或者低于的标准差个数。 391

附　　录

五位数随机数表

10819	85717	64540	95692	44985	88504	50298	20830	67124	20557
28459	13687	50699	62110	49307	84465	66518	08290	96957	45050
19105	52686	51336	53101	81842	20323	71091	78598	60969	74898
35376	72734	13951	27528	36140	42195	25942	70835	45825	49277
93818	84972	66048	83361	56465	65449	87748	95405	98712	97183
35859	82675	87301	71211	78007	99316	25591	63995	40577	78894
66241	89679	04843	96407	01970	06913	19259	72929	82868	50457
44222	37633	85262	65308	03252	36770	51640	18333	33971	49352
54966	75662	80544	48943	87983	62759	55698	41068	35558	60870
43351	15285	38157	45261	50114	35934	05950	11735	51769	07389
11208	80818	78325	14807	19325	41500	01263	09211	56005	44250
71379	53517	15553	04774	63452	50294	06332	69926	20592	06305
63162	41154	78345	23645	74235	72054	84152	27889	76881	58652
17457	68490	19878	04981	83667	00053	12003	84614	14842	29462
28042	42748	55801	94527	21926	07901	89855	21070	80320	91153
32240	24201	24202	45025	07664	11503	97375	83178	26731	45568
87288	22996	67529	38344	29757	74161	16834	40238	48789	99995
39052	23696	42858	85695	50783	51790	80882	97015	81331	76819
71528	74553	32294	86652	15224	07119	45327	69072	64572	07658
76921	04502	78240	89519	02621	40829	88841	66178	01266	10906
45889	22839	77794	94068	85709	96902	19646	40614	03169	45434
10486	79308	75231	33615	42194	49397	91324	79553	66976	83861
42051	14719	80056	74811	58453	04526	90724	36151	09168	04291
47919	11314	80282	09297	02824	59530	31237	26311	62168	46591
19634	40589	28985	40577	33213	52852	17556	85342	66881	18944
10265	45549	38771	38740	48104	63990	73234	19398	33740	97345
74975	33526	36190	25201	19239	06254	02198	99109	01005	20983
37677	76778	15736	57675	81153	59651	69262	89250	75156	59164
18774	15979	26466	80236	65400	24272	02088	09307	33426	11230
93728	14965	85141	27821	53791	38728	66369	29415	55330	99228
34212	15590	41336	23614	26153	19466	44176	80885	00015	40077
81984	54478	45226	97338	14064	45768	13538	49093	05691	69720
72755	15743	00552	89374	85400	37392	26598	71917	64275	16125
13162	57044	75982	15819	23385	40860	51585	44542	39656	91139
64686	62224	34124	79171	73909	26196	54057	63264	72089	06658
00157	64594	03178	75774	32315	34443	37224	85593	55251	42666
84194	83591	82152	24311	22414	43244	81542	31491	42075	17275
05776	60399	65218	89299	20273	30071	53077	18853	56652	63896
33365	18314	81074	49433	10884	75467	56085	14731	98085	60895

67928	38976	38480	59980	23156	72335	33489	59420	67819	51874
64394	45154	81851	54228	73095	97217	16908	90242	92869	17311
73000	20948	57065	70195	87563	41590	85047	71743	94916	50534
63555	03388	96638	16591	13641	73342	59131	63144	63587	62084
84005	02035	08182	16395	44928	08897	44750	71378	67522	20180
42593	35102	14577	38102	60403	04540	53992	27069	69574	76682
49519	49517	88147	83375	87045	57466	91259	06680	45586	36257
42149	01579	83056	19423	28165	25620	68035	17919	09120	59078
66192	98427	10152	96970	89990	34604	49632	46533	63362	43151
16124	88620	87074	37851	77131	73855	03740	10306	63858	04349
35492	47334	57189	26465	70078	14477	00881	00929	86907	73764
54503	40155	94734	20689	32475	62851	13216	21419	95502	36783
88063	53451	15642	67345	06935	70644	68570	79176	31975	83082
83689	14426	40357	34906	56282	96104	83796	57663	88627	17521
40393	72810	00681	15351	28858	72086	99090	39741	17914	27385
76648	61322	06817	64674	50317	52373	78223	84222	14021	43432
42091	27088	37686	88033	68007	71009	24018	49568	64351	94130
78925	41509	14319	92389	85492	40880	01487	85509	48316	62618
61915	98081	87996	53798	51485	38912	85858	43392	64678	44458
29504	66960	42645	54547	20615	77035	79942	33972	46112	78290
90170	97643	46284	34591	42692	72933	66166	98389	37460	14545
96439	06806	76714	80084	57685	37447	44901	64699	89142	64657
98365	28725	84376	50634	79289	31106	71351	10533	57545	27399
74794	91013	89791	54236	02369	35317	31103	82481	52256	94510
37499	85907	16293	17673	13373	06599	50138	19860	46716	36928
77530	25960	33671	54383	25144	82627	99266	75134	96539	47242
67990	35106	05214	82928	39824	11128	31390	76293	52809	54881
07355	29187	09357	94498	69697	92515	89812	90794	44738	46806
40716	05787	68975	38937	44033	50064	25582	09428	10220	42455
97748	64395	13937	60406	99182	92720	80805	26242	81943	40341
83682	18775	60095	78600	03994	30313	21418	58563	47258	75582
73506	30672	18213	37887	26698	87700	75784	86878	74004	88636
36274	02333	43132	93725	87912	90341	74601	77001	30717	60002
73508	00852	94044	98474	12621	91655	55258	85551	76122	68052
06488	12362	60020	66902	90734	73689	22382	40896	09028	72925
20201	31560	98885	32275	46818	76114	07959	65639	33267	98595
49947	13114	06773	06454	95070	26564	08974	11640	76202	86105
79928	50600	06586	72129	37233	02564	83265	32579	21234	83535
76360	86412	36240	20210	17692	80482	67007	15474	23198	74250
54601	84643	66759	57661	16434	61708	93185	75957	61056	90678
23441	63863	95238	59665	55789	26180	12566	58645	15125	76707
47093	90509	48767	09874	23363	84954	09789	30178	28804	93294
93603	11580	94163	85561	71328	88735	69859	84563	25579	52858
68812	15299	99296	45906	37303	49507	70680	74412	96425	38134
69023	84343	36736	52659	90751	20115	89920	44995	17109	96613
76913	03158	83461	27842	03903	34683	89761	80564	45806	88009
99426	99643	00749	79376	44910	27490	59668	93907	73112	46365
59429	08121	06954	28120	17606	22482	91924	00401	16459	15570
38121	05358	01205	00662	73934	97834	56917	64058	05148	87599
97781	32170	99914	75565	79802	38905	17167	08196	46043	72094
79068	21760	78832	93795	67798	54968	87328	46494	74338	89805
46601	04015	00484	39366	56233	22622	90706	02327	60807	39009

本书参考文献及索引部分请至中国人民大学出版社官网（http://www.crup.com.cn/）下载，输入书名即可获取。

译后记

本书是劳伦斯·纽曼《社会研究方法：定性和定量的取向》教材的第七版，上一版读者反响尚可，近时也有读者问起新版事宜，我们希望新版不辜负读者的期待。此次的翻译工作主要由笔者及笔者指导过的研究生共同完成，前后一共经历了三次译校过程。参与者分别为：朱鲲鹏、林思成、陈虹梅、黄尔瑶、江沛、李运秋、许斌清、鹿杨。全书文字最终均由笔者负责，读者若发现有不当之处，欢迎发来邮件告知（我的邮箱：haodahai@sina.com）。最后，感谢中国人民大学出版社的潘宇博士、编辑盛杰和王一名为此书出版做出的努力。

郝大海谨识

2020 年 07 月 21 日

图书在版编目（CIP）数据

社会研究方法：定性和定量的取向：第7版/（美）劳伦斯·纽曼（W. Lawrence Neuman）著；郝大海等译. --北京：中国人民大学出版社，2021.3
（社会学译丛）
ISBN 978-7-300-28462-0

Ⅰ.①社… Ⅱ.①劳… ②郝… Ⅲ.①社会学-研究方法 Ⅳ.①C91-03

中国版本图书馆CIP数据核字（2021）第024604号

社会学译丛
社会研究方法
——定性和定量的取向
（第7版）
［美］劳伦斯·纽曼 著
郝大海 等 译
Shehui Yanjiu Fangfa

出版发行	中国人民大学出版社		
社　　址	北京中关村大街31号	**邮政编码**	100080
电　　话	010-62511242（总编室）		010-62511770（质管部）
	010-82501766（邮购部）		010-62514148（门市部）
	010-62511173（发行公司）		010-62515275（盗版举报）
网　　址	http://www.crup.com.cn		
经　　销	新华书店		
印　　刷	涿州市星河印刷有限公司	**版　　次**	2007年1月第1版
规　　格	215 mm×275 mm　16开本		2021年3月第7版
印　　张	35 插页2	**印　　次**	2025年8月第4次印刷
字　　数	1 026 000	**定　　价**	148.00元

Pearson

尊敬的老师：

您好！

为了确保您及时有效地获得培生整体教学资源，请您务必完整填写如下表格，加盖学院的公章后以电子扫描件等形式发我们，我们将会在 2～3 个工作日内为您处理。

请填写所需教辅的信息：

采用教材			□ 中文版 □ 英文版 □ 双语版
作　者		出版社	
版　次		ISBN	
课程时间	始于　年　月　日	学生人数	
	止于　年　月　日	学生年级	□ 专科　□ 本科 1/2 年级 □ 研究生　□ 本科 3/4 年级

请填写您的个人信息：

学　校			
院系/专业			
姓　名		职　称	□ 助教 □ 讲师 □ 副教授 □ 教授
通信地址/邮编			
手　机		电　话	
传　真			
official email（必填） （eg：×××@ruc. edu. cn）		email （eg：×××@163. com）	
是否愿意接受我们定期的新书讯息通知：　□ 是　□ 否			

系/院主任：＿＿＿＿＿＿（签字）

（系 / 院办公室章）

＿＿年＿＿月＿＿日

资源介绍：

——教材、常规教辅资源（PPT、教师手册、题库等）：请访问 www. pearson. com/us/higher-education。（免费）

——MyLabs/Mastering 系列在线平台：适合老师和学生共同使用；访问需要 Access Code。（付费）

100013　北京市东城区北三环东路36号环球贸易中心D座1208室

电话:（8610）57355003　传真:（8610）58257961

Please send this form to：郭笑男（Amy）copub.hed@pearson.com/Tel：5735 5086